西藏年鉴

2008

西藏年鉴编辑委员会

图书在版编目（CIP）数据

西藏年鉴.2008/《西藏年鉴》编辑委员会编.—拉萨：西藏人民出版社，2009.5

ISBN 978-7-223-02645-1

Ⅰ.西... Ⅱ.西…Ⅲ.西藏-2008-年鉴 Ⅳ.Z527.5

中国版本图书馆CIP数据核字（2009）第052282号

西藏年鉴（2008）

主　　办	西藏自治区人民政府办公厅 西藏自治区地方志办公室
编　　著	西藏年鉴编辑委员会
责任编辑	杨芳萍　晋美旺扎　格藏才让 李广
设　　计	王景远
出版发行	西藏人民出版社
印　　刷	西藏新华印刷厂
成品尺寸	889×1194　1/16
插　　图	363幅
字　　数	1100千字
版　　次	2009年5月第1版
印　　次	2009年5月第1次印刷
印　　数	01-5000册
书　　号	ISBN 978-7-223-02645-1
定　　价	498.00元

编辑说明

一、《西藏年鉴》由西藏自治区人民政府办公厅和地方志办公室主办，自 2000 年开始每年出版，是大型综合性、权威性、史料性年刊。《西藏年鉴》(2008) 坚持以马克思列宁主义、毛泽东思想和邓小平建设中国特色社会主义理论为指导，坚持为西藏改革开放、全面构建和谐小康社会、实践新时期跨越式发展战略目标服务的办刊方针，由《西藏年鉴》编辑部编辑、西藏人民出版社出版。

二、《西藏年鉴》(2008) 翔实、全面、系统、客观地记载了 2007 年西藏自治区政治、经济、文化、社会等各方面的发展状况。为各级领导了解区情，实施科学决策提供依据，为各行业、各部门、各单位查寻资料，为国内外各界人士了解、认识、研究西藏提供可靠的信息，也是西藏自治区精神文明建设和对外宣传的窗口。对西藏与各省、市、自治区进行社会、经济、科技发展等方面的合作交流、实现经济快速发展将起到极大地促进作用。

三、《西藏年鉴》(2008) 分特载、西藏综述、政治（包括党委、人大、政府、政协、群众团体和工商联、法制）、军事、经济（包括发展和改革、商务，财税、金融、保险、证监，管理与监督，农牧业、林业、水利，交通、民航、邮政、通信，国土资源、城乡建设、旅游，气象、地震、电力、石油销售，环境保护、地矿勘查）、社会事业（科技、教育、文化、广电传媒，卫生、计划生育、体育，民政、劳动和社会保障）、市地县（区、市）、大事记、统计资料、发展风貌图片彩版宣传等九个篇目。根据编辑需要，雪域风云录篇目分例在各单位内容中，不再单列。

四、《西藏年鉴》(2008) 采用分类编辑法，由篇目、类目、部（门）目、条目组成。篇目下设类目，类目下设部（门）目，部（门）目下设若干条目。条目标题统一使用黑体字加【】表示。彩版单独标页，便于查阅。

五、《西藏年鉴》(2008) 所用稿件均由自治区各部、委、办、厅、局、地县（区、市）及驻藏部队负责撰写，并经撰写单位领导审核。所用综合性资料、数据，一律截至 2007 年底。年鉴中的“统计资料”由自治区统计局提供，正文中的数据由各单位提供。数据一般以现行价格计算。本卷“统计资料”，因统计口径等原因，有关部门所用数据与“统计资料”中的数据不尽一致，采用时请予注意。

六、《西藏年鉴》的编辑、出版、发行，得到了各级领导、各企事业单位和广大读者的大力支持，在此表示衷心感谢。有极少数单位因特殊原因，本期没有刊载。

欢迎广大读者对本书的编辑工作提出宝贵意见，以便把《西藏年鉴》编得更好。本书采用了部分作者的图片或文字，望作者见稿后与我们联系，以便支付稿酬。

编　者

2008 年 12 月

西藏年鉴编辑委员会

目 录

特 载

第一篇 西藏综述

第二篇 政治

第三篇 军事

第四篇 经济

第五篇　社会事业

第六篇　地（市）、县（区、市）

第七篇 政府 2007 年大事记

第八篇 统计资料

第九篇 彩色部分

MAIN CONTENTS

Special Preface

Chapter 1 Tibet Summary

Chapter 2 Politics

Chapter 3 Mititary Affairs

Chapter 4 Economic

Chapter 5 Affairs

Chapter 6 Regions Cities Districts Counties

Chapter 7 Important Events

Chapter 8 Statistical Data

西藏自治区行政区

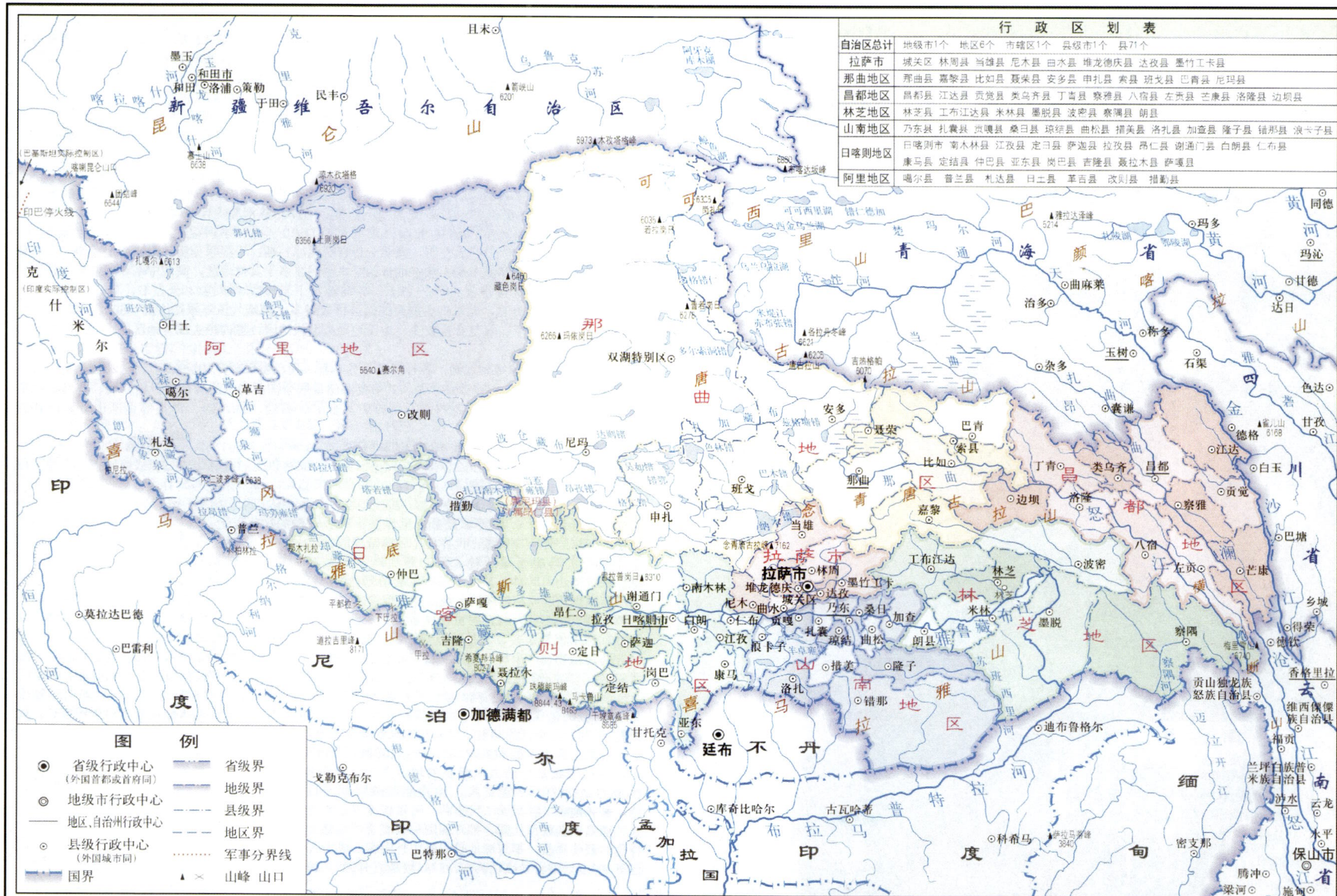

行政区划表	
自治区总计	地级市1个 地区6个 市辖区1个 县级市1个 县71个
拉萨市	城关区 林周县 当雄县 尼木县 曲水县 堆龙德庆县 达孜县 墨竹工卡县
那曲地区	那曲县 嘉黎县 比如县 聂荣县 安多县 申扎县 索县 班戈县 巴青县 尼玛县
昌都地区	昌都县 江达县 贡觉县 类乌齐县 丁青县 察雅县 八宿县 左贡县 芒康县 洛隆县 边坝县
林芝地区	林芝县 工布江达县 米林县 墨脱县 波密县 察隅县 朗县
山南地区	乃东县 扎囊县 贡嘎县 桑日县 琼结县 曲松县 措美县 洛扎县 加查县 隆子县 错那县 浪卡子县
日喀则地区	日喀则市 南木林县 江孜县 定日县 萨迦县 拉孜县 昂仁县 谢通门县 白朗县 仁布县 康马县 定结县 仲巴县 亚东县 岗巴县 吉隆县 聂拉木县 萨嘎县
阿里地区	噶尔县 普兰县 札达县 日土县 革吉县 改则县 措勤县

比例尺 1：8 000 000

2007年9月18日,胡锦涛总书记在人民会堂亲切接见李素芝

2007年2月17日,自治区党委书记张庆黎率领慰问团在西藏军区段禄定政委等同志陪同下，前往77611部队慰问基层官兵。

2007年7月27日,西藏自治区党委议军会在拉萨召开

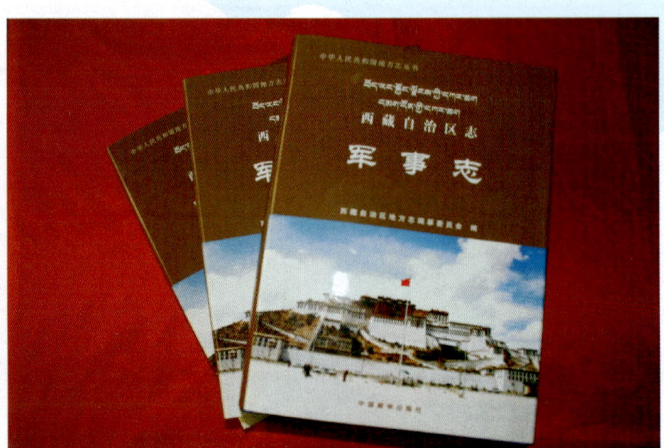

《西藏自治区志·军事志》出版发行

自治区第八届人民代表大会第六次会议

自治区主席向巴平措在自治区八届人大六次会议上作政府工作报告

自治区主席向巴平措参加自治区第八届人民代表大会第六次会议分组审议会

自治区常务副主席郝鹏参加自治区第八届人民代表大会第六次会议分组审议会

自治区常务副主席吕革木参加自治区第八届人民代表大会第六次会议分组审议会

自治区人民代表大会代表分组讨论

自治区人民代表大会代表分组讨论

自治区人民代表大会代表分组讨论

自治区党委书记张庆黎在党委政协工作会议上讲话

自治区主席向巴平措在党委政协工作会议上讲话

2007年1月8日至9日，自治区党委政协工作会议在拉萨召开

自治区党委常委、区政协党组书记、副主席巴桑顿珠在自治区政协八届五次会议上作常委会工作报告

自治区政协副主席乔元忠在自治区政协八届五次会议上作提案工作报告

2007年1月10日至15日，自治区政协八届五次会议在拉萨召开

自治区常务副主席白玛赤林出席自治区党政代表团慰问天津援藏干部座谈会

中共天津市委书记张高丽会见西藏自治区党政代表团团长、自治区常务副主席白玛赤林一行

自治区副主席德吉出席2007年全国“扫黄打非”盗版非法出版物集中销毁活动现场

自治区副主席德吉就我区妇女儿童工作进行调研

全区经济工作会议隆重召开

自治区党委书记张庆黎在国庆招待会上和外国专家在一起

自治区主席向巴平措访问斯洛文尼亚并与斯官员交谈

自治区常务副主席郝鹏会见美中关系委员会会长斯蒂芬·欧伦斯

自治区常务副主席吴英杰会见美国英语协会会长戴恩誉一行

自治区外办主任巨建华会见德国自民党青年政治家代表团

全区外事工作会议在拉萨召开

西藏自治区港澳事务办公室正式挂牌成立

自治区高级人民法院罗布顿珠院长、索达常务副院长参加“送温暖、献爱心”活动捐赠仪式

自治区高级人民法院罗布顿珠院长视察扶贫点萨嘎县雄如乡

自治区高级人民法院罗布顿珠院长在刑事审判法庭开工典礼上讲话

自治区高级人民法院部分干部参加法治宣传活动

全区法院召开第五次民事审判工作会议

自治区高级人民法院索达常务副院长在全区法院“两深化、五转变”教育活动总结大会上讲话

自治区高级人民法院理论中心组学习党的十七大报告学习会

全区法院部分中基层法院院长会议

全区法院开展“两深化、五转变”教育活动动员大会

自治区党委常委、政法委书记、公安厅党委书记、厅长王宾宜

自治区党委常委、常务副主席白玛赤林(左二)在司法厅厅长荣生(右二),副厅长加永仁青(右一)陪同下视察监狱工作

自治区司法行政工作会议

自治区司法厅党委理论中心组学习会

自治区司法厅开展“12·4”法制宣传日法制宣传活动

自治区司法厅向自治区县司法局发放车辆及办公设备

自治区党委书记张庆黎看望慰问消防部队官兵

自治区党委书记张庆黎看望慰问消防部队官兵

自治区主席向巴平措为荣记集体一等功的布达拉宫消防大队颁奖

自治区主席向巴平措等自治区领导参观地震灾害紧急救援器材装备

特　载

政府工作报告

——2008 年 1 月 12 日在自治区八届人大六次会议上

自治区主席　向巴平措

各位代表：

本届政府从 2003 年至今五年届满。现在，我代表自治区人民政府向大会报告工作，请予审议，并请政协各位委员提出意见。

过去五年工作回顾

五年来，在党中央、国务院和自治区党委的领导下，在自治区人大、政协的监督支持下，本届政府始终坚持以邓小平理论和“三个代表”重要思想为指导，树立和落实科学发展观，紧紧依靠全区各族人民，坚定不移地走中国特色社会主义道路，坚决贯彻党的十六大、十七大精神，认真落实自治区第六次、第七次党代会和八届人大的部署，认真实施“一产上水平、二产抓重点、三产大发展”的经济发展战略，推动科学发展，着力改善民生，促进社会和谐，圆满完成了各项目标任务。“十五”计划胜利完成，“十一五”规划进展顺利，跨越式发展势头强劲，人民生活显著改善，社会局势更加稳定。我们在全面建设小康社会的伟大征程上迈出了坚实的一步，正处于历史上发展和稳定的最好时期。

经济总量迈上新台阶，是经济增长最快的五年。2007 年全区生产总值突破 300 亿元大关，预计达到 342 亿元，人均 GDP 超过 12000 元，按可比口径计算均比 2002 年翻了近一番。经济连续七年保持 12%以上的增长速度，五年年均增长 12.7%，投资消费协调拉动经济增长的局面开始显现，进入了跨越式发展的黄金时期。

产业结构进一步优化，是产业建设起色最大的五年。特色农牧业茁壮成长，优势矿产业发展开始起步，旅游产业规模快速扩张，年接待人次突破 400 万。三次产业结构实现了由“三一二”到“三二一”的重大转变，2007 年比例为 56.2∶28.0∶15.8。

财政实力持续壮大，是保障能力最强的五年。地方财政一般预算收入连续五年保持 20%以上的增长，2007 年突破 20 亿元，翻了两番；五年累计实现税收收入 81.8 亿元，2007 年达到 23.4 亿元。历年财政滚存赤字全部消化。财政支出翻了一番多，2007 年一般预算支出达到 275 亿元，有力地保障了教育、卫生、社会保障、维护稳定等各项支出需求。

投资力度不断加大，是基础设施提升最明显的五年。五年全社会固定资产投资累计达 1005.6 亿元，年均增长 19.9%，比上个五年增长 1.8 倍。以青藏铁路通车为标志，发展“瓶颈”得到缓解。市政和农村基础设施建设加强，城乡面貌焕然一新。

社会消费日趋旺盛，是市场最活跃的五年。旅游、通信、汽车、住房等成为新的消费热点，农牧区消费需求快速增长，城镇消费稳步增长，2007 年社会消费品零售总额突破 100 亿元，达到 112 亿元，比 2002 年翻了一番多。

多种所有制经济竞相发展，是改革开放成效最突出的五年。非公有制经济蓬勃发展，在吸纳就业、搞活流通、增加税收等方面的作用日益突出，2007 年占全区经济总量比重达 40.6%，比 2002 年提高 22.7 个百分点。国企改革取得阶段性成果，上市公司发展能力增强。体制机制不断创新，发展环境进一步优化，招商引资累计 130.39 亿元，比上个五年增长 18 倍。进出口总额达到 12.53 亿美元，比上个五年翻了近一番。

农牧民生产生活条件显著改善，是农牧民得实惠最多的五年。以安居工程为突破口、“八个基本解决”为基础的社会主义新农村建设取得显著成效，义务教育、农牧区医疗制度和最低生活保障制度覆盖农牧区，农牧民人均纯收入连续五年保持两位数增长，2007 年达到 2788 元。

五年来，我们始终贯穿为民务实这一执政理念，权为民所用，情为民所系，利为民所谋，围绕改善农牧民生产生活条件、增加农牧民收入这一首要任务，从人民最关心、最直接、最现实的利益问题着手，真心实意地为人民谋福祉、办实事，西藏各族人民发自内心地拥护以胡锦涛同志为总书记的党中央，走中国特色社会主义伟大道路的决心和信心更加坚定，我们党和伟大祖国的感召力、向心力、凝聚力空前增强。

五年来，我们重点抓了八个方面的工作：

一、突出首要任务，注重文明进步，新农村建设扎实推进

我们按照建设社会主义新农村的要求，围绕安居乐业，完善政策，加大投入，农牧民生产生活条件显著改善、收入大幅度提高，传统农牧业正在向现代农牧业转变，生产生活方式正在向科学文明迈进。自治区对“三农”的投入达 165 亿元，比上个五年增长了 1.3 倍。实施了最严格的耕地草场保护制度，建设了 88 个农业综合开发区，农田草场水利基本建设得到加强，农牧业综合生产能力进一步提高，结构调整稳妥推进，粮油肉保持基本自给，乡镇企业总产值、多种经营总收入比 2002 年分别增长 1.2 倍和 1.5 倍，农牧业产业化经营迈出新步伐。农业标准化工作起步实施。坚持因地制宜、保持特色、量力而行、尊重群众意愿的原则，实施了安居工程，解决了 11.4 万户农牧民的安居；“八个基本解决”不断推进，解决了 219 个乡镇、1490 个行政村通公路、102 万农牧民的安全饮水、111 个中心乡镇通邮和 3712 个行政村通电话的问题，解决和改善了 65 万农牧民用电问题，完成了近 2 万例白内障复明手术，农牧区碘盐推广人口覆盖率达到 40%，县乡村的标准医疗设备基本配齐。初步形成了特色农牧业、劳务输出等多轮驱动的增收机制，有效增加了收入，2007 年农牧民人均纯收入比 2002 年增长 83.3%。以科学文明进步为导向，大力实施科学知识和劳动技能培训，共安排了 1.4 亿元，培训农牧民 130 万人次，新型农牧民正在成为社会主义新农村建设的主体。

二、突出缓解瓶颈，注重长远发展，基础设施条件明显改善

我们在国家的大力支持下，着力解决束缚发展的“瓶颈”问题，交通条件得到极大改观，能源水利通信建设步伐加快，项目前期工作力度加大，重点项目建设和监理进一步加强，为可持续发展奠定了坚实的基础。青藏铁路建成通车，开启了西藏经济社会发展的新纪元。林芝机场正式通航，“两桥一隧”顺利贯通，那曲物流中心动工建设。青藏、川藏、滇藏、新藏、中尼公路改扩建工程进展顺利，全区公路通车里程达到 4.86 万公里，新增黑色路面 2952 公里，43 个县通油路。金河、直孔、狮泉河水电站建成发电，一批县、乡、村电站建成发电，巴河雪卡、老虎嘴电站开工建设，藏中电网不断完善，青藏铁路供电工程、昌都电网工程顺利实施，第三期农网工程全面实施，电力装机总容量 60.8 万千瓦，比上个五年增长 61.7%，用电人口达到 185 万。江雄水库、重要城镇防洪堤基本建成，满拉、墨达、雅砻灌区建设进展顺利，雅江江北灌区开工建设。“县县通光缆，乡乡通电话”目标提前完成。以柳梧大桥为代表的城镇基础设施相继建成。自治区政府门户网站开通运行。“117 项目”、70 个对口援藏项目、40 周年大庆项目顺利建成，“十一五”规划的“180 项目”已开工 139 个。

三、突出特色规模，注重增强后劲，优势特色产业加快发展

我们坚持规模特色并重和优势产业、优势区域优先发展的原则，加强引导扶持，特色优势产业建设扎实推进，正在成为跨越式发展的重要支撑力量。五年共整合资金 10.8 亿元，扶持发展特色农牧业项目 173 个，有力地促进了农牧业的产业化经营，农牧民的商品意识、市场意识、竞争意识不断增强。地质找矿取得重大突破，整顿和规范矿产资源开发秩序成效明显，玉龙铜矿一期工程开工建设，扎布耶盐湖锂资源开发二期工程正式启动，5100 矿泉水市场前景看好，优势矿产业发展有了一个较高的起点。出台了进一步加快发展旅游业的决定，大力实施旅游主导产业发展战略，旅游业带动作用进一步增强。2007 年，旅游总人数达 402 万人次，比 2002 年增长 3.6 倍；旅游收入 48 亿元，增长 3.8 倍，相当于西藏生产总值的 14%。建筑建材业发展势头良好，高争、华新水泥已成为我区水泥市场的主打品牌。藏医药业、绿色食品业、民族手工业都有新发展。积极实施品牌战略，中国驰名商标、全区著名商标分别达到 3 件和 35 件；中国名牌产品、国家免检产品、西藏名牌产品分别达到 2 个、7 个、12 个。

四、突出重点难点，注重协调发展，社会发展水平全面提升

我们坚持统筹经济社会发展，统筹城乡发展，以农牧区为重点，加大对边远地区和条件艰苦地区的扶持力度，大力推进教育、卫生、科技、文化等社会事业发展，公共服务水平进一步提高。坚持优先发展教育，促进教育公平，五年共投入 82.2 亿元。建设了 437 所乡镇规范化小学，改扩建了 93 所初级中学和 5 所职业院校，全面实现“普六”，63 个县实现“普九”，青壮年文盲率由 32%下降到 4.8%，“两基”攻坚规划确定的任务全面完成。小学学龄儿童入学率达 98.2%，比 2002 年提高了 9.9 个百分点。初中入学率达到 90.7%，比 2002 年提高了 42.7 个百分点。“三包”学生补助标准由 2002 年小学生每生每学年 600 元、初中生每生每学年 800 元分别提高到 1200 元、1350 元。城镇学生义务教育阶段学杂费、书本费全部免除。从此，真正意义上的义务教育覆盖全区城乡。高等教育、职业教育、继续教育和民办教育取得新进展。西藏大学新校区建设工程竣工，西藏职业技术学院挂牌成立。基层医疗条件得到改善，改建了 58 个县级卫生服务中心、新建 553 个乡镇卫生院。以免费医疗为基础的农牧区医疗制度惠及全体农牧民，补助标准由 2002 年的 30 元提高到 100 元。地方病、传染病防治取得重要进展。覆盖城乡的卫生医疗体系、疾病预防控制体系和突发公共卫生事件医疗救治体系逐步健全。农牧区药品监督网络和供应网络建设扎实推进。人口和优生优育工作得到加强。科技体制改革、科技创新和农牧业适用技术引进推广力度加大，牦牛、藏系绵羊胚胎移植技术取得重大突破，太阳能、沼气等技术广泛应用，农牧业科技服务体系逐步健全，科技特派员制度全面推行，建立了西藏科技孵化器，科普工作不断加强。文化基础设施进一步改善，“西新工程”、“村村通工程”、农村电影“2131 工程”、文化资源信息共享工程继续实施，广播、电视人口覆盖率分别达到 87.8%和 88.9%。文化遗产保护工作进展顺利，藏戏等 7 大类 15 项 24 个点被列入第一批国家非物质文化遗产名录，投资 3 亿多元对布达拉宫、罗布林卡、萨迦寺“三大重点文物”进行保护维修，又有 8 处文物点列入全国重点文物保护单位。我区登山健儿成功登顶 14 座海拔 8000 米以上高峰，成为世界上第一支登遍所有海拔 8000 米以上高峰的登山队，创造了集体登山世界新纪录。在全国第八届少数民族传统体育运动会上，我区获得了历史最好成绩。社会科学、新闻出版、妇女儿童、文学艺术等事业全面发展，人防、审计、统计、科协、地震、老龄等工作取得新成绩。

生态环境保护与建设得到高度重视和加强。出台了实施《国务院关于落实科学发展观加强环境保护的决定》的意见。编制了《西藏生态安全屏障保护与建设规划》，前期工作进展顺利。自然保护区规范化建设积极推进，天然林保护、退耕还林、天然草地保护与建设和重点区域造林绿化工程深入实施。狠抓环境污染治理，严格执行环境影响评价制度，生态环境监管得到加强。砂金矿全面禁采。启动了农牧区薪柴替代工程。积极推广清洁能源，加强节能减排工作，有力推进了资源节约型、环境友好型社会建设。

五、突出优化环境，注重增强活力，改革开放呈现新局面

我们以建立社会主义市场经济体制为目标，继续深化改革；以对祖国内地为重点，继续扩大开放，发展环境不断优化。以“三个长期不变”为主的农牧区基本政策不断完善，草场承包经营责任制进一步落实。粮食流通体制改革有序推进。农村综合改革不断深入。积极培育农牧区市场，农牧民参与的各类专业合作组织发展到 248 家。设立了区地两级国有资产监管机构，完善了国有资产监管体系。以建立现代企业制度为方向的国有企业改革取得重大进展。行政管理体制改革稳步推进。行政审批制度改革力度加大，取消和调整了 156 个行政审批项目，对企业投资项目实行了核准制和备案制。财政管理体制逐步完善，保障能力显著提高。国有土地有偿使用制度改革积极推进。对外贸易持续增长，边境贸易总额 6.76 亿美元，外商直接投资 8257.97 万美元，分别比上一个五年增长 89.9%、6.6 倍。加强了与西南、西北兄弟省区市的经济、科技、文化交流与合作。中印乃堆拉边境贸易通道恢复开放，口岸建设进一步加强。招商引资力度加大，成效明显。

非公有制经济快速健康发展，到 2007 年底，全区非公有制经济从业人员达到 24.5 万人，比 2002 年底增长 1.5 倍，非公有制经济税收 14.3 亿元，占全区税务部门组织收入的 68.4%，已成为推进跨越式发展的生力军。外事工作紧密配合国家总体外交，为我区对外开放、经济社会发展和政治局势稳定作出了重要贡献。

六、突出扶贫扶弱，注重改善民生，发展成果惠及各族人民

我们按照以人为本的要求，着眼于维护社会公平，着力解决民生问题，城乡人民生活水平和质量显著提高。认真落实就业和再就业政策，强化政府促进就业职能，多渠道、多方式增加就业岗位，五年新增城镇就业 10.15 万人，安置公益性岗位就业 2700 人，城镇登记失业率连续五年控制在 4.3%以内。高校毕业生就业工作积极推进。就业援助制度逐步建立和完善，零就业家庭和“35、45”人员的就业困难得到有效解决。复转军人得到妥善安置。以城镇职工基本养老保险、基本医疗保险、失业保险、工伤保险、生育保险等制度为主要内容的社会保障体系已经建立。基本养老保险覆盖范围逐步扩大，实现了应保尽保。在全国率先实现了城镇居民医疗保险全覆盖。城镇居民最低生活保障标准由 2002 年的 170 元提高到 230 元。建立了特困群众医疗救助制度。建立农村居民最低生活保障制度，将年收入低于 800 元的农牧民全部纳入了保障范围。农牧区“一孩双女”困难家庭扶助制度全面实施。五保户供养标准由 2002 年的 588 元提高到 1500 元。建立了农牧区老干部、老党员、老模范的生活补贴制度。统一开工建设了 4560 套廉租房和 14000 多套周转房，国企房改和机关干部职工住房补贴稳步推进。妥善处置拖欠农民工工资和土地征用、拆迁中存在的问题，保障了群众的合法权益。自然灾害救助、教育资助、司法救助稳步开展。扶贫开发力度进一步加大，全区重点扶持人口由 107 万下降到 27 万。残疾人事业得到重视和加强。

七、突出长治久安，注重团结进步，和谐西藏建设稳步推进

我们坚持发展稳定两手抓，加强民族宗教工作，深入开展反分裂斗争，大力推进社会主义精神文明和民主法制建设，社会更加和谐稳定。牢牢把握共同团结奋斗、共同繁荣发展的民族工作主题，坚持中国共产党的领导，坚持社会主义制度，坚持民族区域自治制度，“三个离不开”的思想深入人心，藏语言文字工作得到重视，民族干部的培养使用得到加强，兴边富民行动向纵深推进，边境地区和人口较少民族地区发展加快，各民族融洽相处、团结和睦。自治区成立 40 周年庆祝活动圆满成功。全面正确地贯彻党的宗教工作基本方针，认真实施宗教事务条例及自治区实施办法，寺庙爱国主义教育进一步深化，重视爱国宗教力量建设，依法加强了对宗教事务和宗教活动场所的管理，积极引导宗教与社会主义社会相适应。

社会主义精神文明和民主法制建设得到加强。始终坚持马克思主义的指导地位，扎实推进社会主义核心价值体系建设，深入开展了社会主义荣辱观教育和马克思主义“四观”、“两论”教育，进一步打牢了各族人民团结奋斗的共同思想基础。积极开展群众性精神文明创建活动，社会文明程度不断提升。认真贯彻实施民族区域自治法，依法接受人大的监督，支持人大代表履行法定职权，自觉接受政协的民主监督，依法行政工作稳步推进，基层民主建设取得新进展。军政军民团结进一步巩固。坚决贯彻中央确定的反分裂斗争工作方针不动摇，紧紧依靠群众，坚持重心下移，打牢斗争基础，深化寺庙教育，严密防范和严厉打击了达赖集团和境外敌对势力的各种渗透破坏活动，挫败了达赖集团的猖狂进攻，打击了分裂势力的嚣张气焰。平安西藏建设全面启动，社会治安综合治理取得新成效，社会治安状况进一步改善，人民群众的安全感不断增强。认真实施信访条例，矛盾纠纷排查调处工作制度不断完善，涉及人民群众切身利益的热点、难点问题得到有效解决。基层政权和政法机构建设得到加强。社会局势连续18年保持基本稳定，正在走向长治久安。

八、突出勤政为民，注重社会管理，政府行政能力不断提高

我们坚持为民务实，转变职能，强化服务，依法行政，从严治政，政府行政能力和服务水平不断提高。制定自治区级各类应急预案78项，应急管理工作不断加强，取得了预防“非典”、防治禽流感等重大胜利，应对和处理复杂局面的能力进一步提高。深入贯彻落实《行政许可法》和《全面推进依法行政实施纲要》，行政监察和执法监督力度加大，行政行为进一步规范。政府管理创新积极推进，建立了重大事项集体决策、专家咨询、社会公示、决策评估等工作机制，成立了自治区发展咨询委员会，科学民主决策已成为政府的一项基本制度。电子政务建设加快，政府管理信息化稳步推进。工商行政管理、质量技术监督、价格调控、食品药品监管和安全生产管理工作进一步加强。积极开展纠风和执法监察工作，政务公开、村务公开、厂务公开普遍推行，源头治理腐败工作取得新进展，损害群众切身利益的突出问题得到有效解决。治理商业贿赂专项工作深入开展。加大查处违纪违法案件力度，查处各类政纪案件601件。重视理论学习和实践锻炼，公务员队伍整体素质不断提高。

各位代表，2007年，是“十一五”时期改革发展的关键一年。我们深入贯彻落实科学发展观，紧紧围绕首要任务，扎实推进以安居乐业为主要内容的社会主义新农村建设，进一步改善了农牧民生产生活条件，保持了农牧民收入的持续快速增长；紧紧围绕第一要务，抓住青藏铁路通车的历史机遇，着力扩大投资消费，投资继续保持较快增长，消费成为拉动经济增长的重要力量；紧紧围绕农牧区社会发展这个重点，全面完成了“两基”攻坚，基本配备了县乡医疗设备，有效地促进了社会发展；紧紧围绕改善民生这个执政目标，提高了城乡特困群众医疗救助标准，全面推行农村居民最低生活保障制度，人民生活水平有了新提高；紧紧围绕改革开放这一时代主题，着力优化环境、强化服务，非公有制经济快速发展，新的开放格局初步形成，继续保持了经济社会跨越式发展的良好势头，继续保持了社会局势日益稳定的大好局面。2007年全区生产总值比上年增长14%；地方财政一般预算收入增长37.4%；全社会固定资产投资增长16.2%以上；社会消费品零售总额增长24.9%；居民消费价格总水平涨幅控制在3.4%；城镇新增就业1.8万人，城镇登记失业率控制在4.5%。

各位代表，在我区社会主义建设事业取得辉煌成就的今天，我们要始终牢记，党中央、国务院一直高度重视西藏工作、关爱西藏人民，特别是党的十六大以来，以胡锦涛同志为总书记的党中央在党的西藏工作历史上树立了新的里程碑。在自治区成立40周年之际，中央出台了关于进一步做好西藏发展稳定工作的意见，为我们进一步指明了前进的方向；为了西藏的跨越式发展和西藏各族人民的福祉，中央赋予我们更加优惠的40条政策，为我们建设了“40大庆”工程；在西藏跨越式发展的关键时期，中央在为我们确定了“十五”期间的“117项目”后，又召开国务院常务会议，专题研究我区“十一五”规划项目方案，确定了180个建设项目。党中央、国务院的关怀，我们永远铭记在心！

我们要始终牢记，一笔又一笔凝聚着全国各族人民深情厚谊的援藏资金，从祖国的四面八方汇集到西藏，送来了祖国大家庭的温暖；一个又一个改善农牧民生产生活条件的援藏项目，遍布西藏的农村牧区，记录着历代援藏人的光辉业绩；一批又一批讲政治顾大局的援藏干部，为了西藏的发展，奉献了自己的汗水、鲜血甚至生命。全国人民的无私援助，镌刻着西藏发展的历史丰碑！

各位代表，本届政府所取得的成绩，是自治区党委正确领导的结果，是全区各族人民团结奋斗、艰苦努力的结果，得益于历届政府打下的良好工作基础，离不开自治区人大、政协的监督和支持。在此，我代表本届政府，向全区各族人民和驻藏人民解放军、武警官兵以及各族各界爱国人士，向为西藏的革命和建设做出贡献的老领导、老同志，向所有关心和支持西藏现代化建设的港澳台同胞、广大侨胞以及外国朋友，表示衷心的感谢和崇高的敬意！

回顾五年的发展历程，我们深切体会到：高举中国特色社会主义伟大旗帜，以邓小平理论和“三个代表”重要思想为指导，深入贯彻落实科学发展观，是我们从胜利走向胜利的强大思想武器；坚持中国共产党的领导、坚持社会主义制度、坚持民族区域自治制度，是西藏人民幸福安康的必然选择；中央的亲切关怀，全国人民的大力支援，是我们奔小康、谋跨越的坚强后盾；西藏各族人民的自力更生、艰苦奋斗，是建设团结、民主、富裕、文明、和谐的社会主义新西藏的根本动力。

在推进西藏的跨越式发展和长治久安的伟大进程中，我们必须始终坚持科学发展观不动摇，按照第一要义是发展、核心是以人为本、基本要求是全面协调可持续、根本方法是统筹兼顾的要求，全力建设社会主义和谐社会。必须始终坚持“一个中心、两件大事、三个确保”的新时期西藏工作指导思想不动摇，凝聚力量，实干兴藏，创业富民。必须始终坚持发展是解决西藏所有问题的基础和关键不动摇，紧紧抓住青藏铁路通车的历史机遇，理清发展思路，转变发展方式，提高发展质量，推动西藏在科学发展的轨道上实现跨越式发展。必须始终坚持稳定压倒一切的思想不动摇，深入开展反分裂斗争，加强基层基础工作，夯实思想和社会基础，确保西藏稳定和国家安全。必须始终坚持执政为民、改善民生不动摇，突出改善农牧民生产生活条件、增加农牧民收入这个首要任务，确保人民生活水平不断提高。必须始终坚持高举民族团结的旗帜，牢固树立汉族离不开少数民族、少数民族离不开汉族、各少数民族之间也相互离不开的思想，坚持巩固和发展平等、团结、互助、和谐的社会主义民族关系，把全区各族人民的智慧和力量凝聚到小康西藏、平安西藏、和谐西藏建设的伟大事业中来。

在看到成绩的同时，我们也清醒地认识到：尽管我区有了长足的发展，但由于特殊的地理环境和历史原因，西藏仍属于欠发达地区，与全国平均发展水平还有较大差距。尽管我们在发展农牧区方面做了大量的工作，也收到了很好的成效，但农牧区基础设施和社会事业发展仍然滞后，农牧民增收的长效机制尚需进一步探索建立。尽管我们以特色、规模、质量和效益并重为目标，理清了产业发展的思路，但特色产业的发展与规模化、市场化的要求还有较大差距，自我发展能力有待进一步提高。尽管我们致力于改善基础条件，取得了显著成绩，但基础设施建设还难以满足跨越式发展的要求，交通能源瓶颈制约严重。尽管我们在改善民生方面采取了一系列有力措施，取得了很大成绩，人民生活有了很大改善，但是与全国相比我区还有很大差距，并且区内城乡之间、腹心地区与边远地区、资源富集地区与资源贫乏地区的差距还比较大。同时，发展环境还需继续优化，招商引资工作有待加强；就业压力明显加大，就业观念落后与就业市场化的矛盾日益显现；社会管理和公共服务有待进一步强化；政府机关工作作风还需不断改进；反分裂斗争的形势依然严峻，维护社会稳定的任务仍很艰巨。对这些困难和问题，我们必须认真研究解决，把西藏的现代化建设不断推向前进。

今后五年工作建议

今后五年，是贯彻落实党的十七大精神的重要时期，是全面建设小康社会的关键时期。十七大报告，科学回答了举什么旗、走什么路、以什么样的精神状态、朝着什么发展目标继续前进等重大问题，富有深刻的理论性和思想性，集中了全党智慧、凝聚了各方共识、顺应了时代潮流、反映了人民心声，是坚持和发展中国特色社会主义的政治宣言和行动纲领，是马克思主义的纲领性文献。我们要认真学习、深刻领会、融会贯通，把思想和行动统一到党的十七大精神上来，高举中国特色社会主义伟大旗帜，坚持和发展中国特色社会主义理论体系，坚定不移走中国特色社会主义道路，深入贯彻落实科学发展观，始终坚持新时期西藏工作指导思想，走出一条中国特色、西藏特点的发展路子，奋力夺取全面建设小康社会新胜利。

今后五年政府工作的总体要求是：在自治区党委的坚强领导下，高举中国特色社会主义伟大旗帜，以邓小平理论和“三个代表”重要思想为指导，深入落实科学发展观，全面贯彻党的十七大精神，按照自治区第七次党代会的部署，紧紧抓住青藏铁路通车的历史机遇，大力实施“一产上水平、二产抓重点、三产大发展”的经济发展战略，认真实施自治区“十一五”发展规划纲要，继续解放思想、坚持改革开放、转变发展方式，推进新农村建设，完善基础设施，壮大特色产业，加快社会发展，建设生态文明，加强民主法制，维护社会稳定，发展和谐文化，注重改善民生，走生产发展、生活富裕、生态良好、造福西藏各族人民的文明发展道路，推动西藏在科学发展的轨道上实现跨越式发展、在社会和谐的进程中实现长治久安。

今后五年经济社会发展的主要预期目标是：全区生产总值年均增长12%。农牧民人均纯收入年均增长13%。地方财政一般预算收入年均增长15%以上。城镇登记失业率控制在5%以内。万元地区生产总值能耗控制在国家规定范围内，大气和水环境质量保持优良。经济建设、政治建设、文化建设和社会建设协调发展，社会更加和谐稳定。

一、着眼科学发展，加快推进小康西藏建设

围绕首要任务，推进社会主义新农村建设。始终把领导精力、政策措施、资金投入、项目安排向“三农”倾斜。加强农牧业综合生产能力建设，调整种植结构，推广饲草料、经济作物种植；推进农牧结合，转变饲养方式，实现产业化经营，做大做强畜牧业；加快农牧业生产标准化步伐，促进传统农牧业向现代农牧业转变。建立健全以农技推广为重点的综合服务体系。完善农牧业防抗救灾体系。切实加强农牧区基础设施建设，继续实施以安居工程为重点的“八个基本解决”，着力改善农牧民生产生活条件。大力倡导自力更生、创业兴家，发展非农产业，开展劳务输出，鼓励和组织农牧民参与工程建设、旅游服务、交通运输和农村公共设施养护等，扶持和发展农牧民专业合作组织，建立农牧民稳定增收的长效机制。以崇尚科学、追求文明为方向，以实用技术、劳动技能为重点，加大教育培训力度，着力培养有理想、有文化、懂技术、会经营的新型农牧民。探索建立激励机制，充分发挥农牧民在新农村建设中的主体作用。

投资、消费合力拉动，保持经济快速增长。积极争取中央投资，建设一批对跨越式发展有支撑作用的重大项目，保质保量地完成“十一五”规划项目。做深做细项目前期工作，开工建设拉日铁路、藏木水电站、旁多水利枢纽等重点工程，搞好区内五条国道改建整治和扎墨公路、贡嘎机场专用公路建设，把干线公路基本建成沥青路，90%以上的县通沥青路，乡镇和行政村通公路，乡镇客运覆盖率达到80%。大力发展水电，积极开发利用新能源，加强电网建设，实施“户户通电”工程，提高供电覆盖率。加快推进“三江”水电资源开发前期工作，到“十一五”末力争开工建设1～2个大中型水电站。实现乡乡通邮、90%以上的村通电话。提高建设项目管理水平。进一步引导和扩大民间投资，拓宽投资领域，形成政府投资主要提供公共服务产品、民间投资驱动产业发展的格局。统筹建设城乡市场体系，搭建统一便捷的消费平台，加强市场监管和诚信体系建设，倡导现代消费方式，转变消费观念，积极培育消费热点，着力提高城乡居民消费能力。

坚持规模与特色并重，实现特色产业建设新突破。以特色农牧业、优势矿产业、旅游业、文化产业、藏医药业、建筑建材业为重点，按照区域经济特色化、特色经济产业化、产业发展规模化的要求，突出特色，扩大规模，实现特色与规模的有机统一。围绕特色优势资源的开发，建设特色产业基地，引进和培育一批有实力的旅游企业、文化企业、农牧业产业化龙头企业、矿业企业，注重扶植壮大本地企业。鼓励各类企业开拓区外市场，促进我区特色经济的发展壮大。实行政府扶持、政策引导、企业主导、市场运作，建立有利于特色经济发展壮大的体制机制和政策措施，加强产品质量监测体系建设，大力实施品牌战略，增强综合竞争力，切实把资源优势转变为产业优势和经济优势。改造传统服务业，发展现代服务业，大力提升发展层次。

坚持重点突破，推进区域协调发展。紧紧依托青藏铁路，构建优势特色产业体系和较为完善的基础设施，坚持优势地区优先发展，重点区域加快发展，以城镇化促进城乡、区域协调发展。集中力量将藏中经济区建成特色农牧业产业带、特色精品旅游走廊、加工业核心区和对外开放的前沿，成为辐射全区的核心经济区；充分发挥“靠西朝东、接轨东南”的纽带作用，立足旅游、能源和矿产等资源优势，促进东部经济区融入成渝经济圈；发挥连接新藏、构建西部战略通道的边贸优势，大力开发旅游资源，建设白绒山羊基地，重点发展优势矿产业，促进西部经济区外向发展。突出重点，加大资金项目支持力度，发展各具特色的县域经济。坚持传统与现代相结合，突出地域特色，重点建设地市所在地城镇，辐射带动小城镇建设，构建切合实际、布局合理的城镇体系。突破行政区划界限，适当合并乡镇，沿路、沿江、沿边适度集中人口和生产要素。加大对人口较少民族地区、边境地区发展扶持力度，使边境地区与腹心地区差距明显缩小，边境群众生活水平达到全区平均水平。

发展社会事业，提供优质公共产品和服务。优先发展教育，加大投入，促进教育公平。坚持育人为本、德育为先，全面实施素质教育。全面普及和巩固九年义务教育，促进义务教育均衡发展。全面扫除青壮年文盲。积极发展高中教育。重视学前教育和特殊教育。扩大内地西藏班（校）规模，注重德育教育，提高办学质量。大力发展职业教育，提高高等教育质量。规范民办教育。加强继续教育。推进乡镇小学规范化建设、初中标准化建设、高中和幼儿园示范性建设、职业学校特色化建设和高等学校现代化建设。加强师资队伍建设。以农牧区为重点，完善覆盖城乡居民的公共卫生服务体系、医疗服务体系、医疗保障体系、药品供应保障体系，为群众提供安全、有效、方便、价廉的医疗卫生服务。坚持公共医疗卫生的公益性质，实行政事分开、管办分开、医药分开、营利性和非营利性分开，推进医疗卫生体制改革。提高突发公共卫生事件应急处置能力。搞好乡镇卫生院建设。繁荣民族医药事业。落实好碘缺乏病、大骨节病等综合防治措施。加大碘盐推广力度，农牧区碘盐推广覆盖率达到 85%以上。基本实现无白内障障碍区的目标。充实基层卫生技术人员。统筹解决人口问题，提高出生人口素质，促进人的全面发展。以农牧区为重点，积极开展爱国卫生运动。坚持引创结合，加大农牧业先进适用技术引进推广、再创新力度，抓好农畜品种选育、藏医药、高原生物资源开发、太阳能利用、生态环境保护等重点领域的技术攻关，加快建立技术创新与服务体系，做好科普工作。切实加强知识产权保护工作。繁荣哲学社会科学。深入实施人才强区战略，深化干部人事制度改革，加强人力资源建设。按照建设和谐文化的要求，深化文化体制改革，完善扶持公益性文化事业、发展文化产业、鼓励文化创新的政策，增强文化发展活力。加强文化建设和管理，净化文化市场。加快广播影视基础设施建设。重视文物和非物质文化遗产保护，弘扬优秀民族文化。广泛开展全民健身运动，努力提高竞技体育水平。

建设生态文明，促进人与自然的和谐。实施西藏生态安全屏障保护与建设工程。推进重要生态功能区、重点资源开发区和生态良好区的生态保护与建设，规范自然保护区建设。加强气候变化对策研究。加强对草场的保护与建设，有效遏制草原退化沙化，防止水土流失。加大对森林资源的保护力度，切实抓好造林绿化工作，实施防沙治沙工程。建立和完善生态补偿机制。加强矿产资源开发管理，落实矿产开发环境影响评价制度。加强水资源统一管理和集中式饮用水源地保护。建成七地市的污水处理厂和重点县城垃圾处理设施。继续实施薪柴替代工程，适宜地区农户基本普及沼气。加大节地、节材、节能、节水、资源综合利用力度，认真落实节能减排各项措施。严格环境执法与监管。从每个单位、每个家庭做起，建设资源节约型、环境友好型社会。

创新体制机制，增强发展活力。按照构建充满活力、富有效率、更加开放、有利于科学发展的体制机制的要求，深化改革，扩大开放。完善和落实党在农牧区的基本政策，深化农牧区综合改革，稳妥推进耕地和草场承包经营权依法流转。建立健全资源有偿使用制度。执行最严格的耕地草场保护制度。深化粮食流通体制改革。完善优良畜种推广补贴机制。以建立现代企业制度为方向，深化国有企业改革，发展混合所有制经济。优化国有经济布局和结构，培育大型企业集团。加强国有资产管理，实行国有资本经营预算制度。积极推进财税体制改革，完善公共财政体系，增强县乡政府提供公共服务的能力。完善地方税收制度，强化税收监管。加快形成统一规范透明的自治区对下财政转移支付制度。完善特色产业发展资金使用办法。建立健全中小企业信用担保体系。用足用活中央赋予西藏特殊优惠的金融政策，以农牧区为重点，增加服务品种，改进服务方式，加大金融对地方经济发展的支持力度。培育和发展资本市场，增强直接融资能力。推进公平准入，平等保护物权，落实鼓励政策，改进政府服务，毫不动摇地鼓励支持引导非公有制经济加快发展。以祖国内地为重点，加强横向经济技术交流与合作，大力发展开放型经济。完善和落实招商引资政策，优化投资环境，拓展引资领域。强化口岸建设，加快边境贸易发展，扩大自产产品出口，优化进口结构。突出首要任务，深化援藏工作内涵，探索互利双赢的援助和受援方式。加强与国外的经济、技术、文化交流与合作，让世界了解西藏，让西藏走向世界。

二、立足强基固本，扎实推进平安西藏建设

深入开展反分裂斗争。始终坚持把反分裂斗争摆在维护稳定工作的首位，坚决贯彻中央对达赖集团的斗争方针，认清达赖集团的反动本质，理直气壮地揭批达赖，旗帜鲜明地反对分裂，健全反分裂斗争工作机制，严密防范和抵御达赖集团的渗透，严厉打击各种形式的分裂破坏活动，牢牢掌握反分裂斗争主动权。加大对危害国家安全案件的侦破力度。加强和改进外事外宣工作，进一步挤压达赖集团的国际活动空间。

切实加强社会治安综合治理。始终坚持打防结合、预防为主、专群结合，依靠群众的基本方针，完善社会治安综合治理工作机制，加快构建完善高效的社会治安防控体系。深入开展专项整治行动，依法打击各类违法犯罪活动，进一步增强人民群众的安全感。高度重视人民内部矛盾的排查调处工作，拓宽社情民意表达诉求渠道，积极主动地预防和妥善处置群体性事件，高度警惕和严密防范分裂主义分子和其他敌对势力插手利用人民内部矛盾制造事端。进一步强化边境管控工作，有效遏制非法出入境。

重视和加强公共安全。强化安全教育，落实安全生产责任制，健全安全生产监管体系，加强安全生产设施建设，提高安全生产应急救援能力。继续实行安全生产一票否决制，严格执行重特大安全生产事故责任追究制度。进一步健全灾害预警应急机制和重大自然灾害社会动员机制。以道路交通安全、产品质量和食品药品安全、生产安全为重点，切实加强安全监管。重视做好森林防火和草原防火。加强突发公共事件应急管理体系建设，提高应急处置能力。

大力加强基层基础建设。改善基层政法部门的基础设施条件，增加基层公用经费支出，继续改善乡村干部工作生活条件，发展壮大乡村集体经济，加强基层干部队伍建设和基层民主政治建设，深化乡镇机构改革，不断强化基层政权。健全基层群众自治机制，完善民主管理制度，搞好城乡社区建设。建立健全城镇多层次住房保障体系。做好双拥工作，加强国防动员和人民防空工作。

三、倡导文明进步，努力推进和谐西藏建设

做好民族和宗教工作，为建设和谐西藏凝聚更大力量。牢牢把握各民族共同团结奋斗、共同繁荣发展的主题，高举民族团结旗帜，坚持中国共产党领导，坚持社会主义制度，坚持民族区域自治制度，巩固和发展平等团结互助和谐的社会主义民族关系。推进兴边富民行动，扶持人口较少民族的发展。重视少数民族干部和妇女干部的培养和使用。规范和推广使用藏语言文字。全面贯彻党的宗教工作基本方针，依法加强宗教事务管理，积极主动做好宗教工作，促进宗教关系的和谐。深化寺庙爱国主义教育，加强宗教界爱国力量建设，维护祖国统一、维护民族团结、维护社会稳定。帮助爱国守法寺庙改善水电路等基础设施条件。发挥宗教界人士和信教群众在促进经济社会发展中的积极作用，积极引导宗教与社会主义社会相适应。

加强社会主义精神文明和民主法制建设。巩固马克思主义的指导地位，坚持不懈用中国特色社会主义共同理想凝聚力量，用以爱国主义为核心的民族精神和以改革创新为核心的时代精神鼓舞斗志，用社会主义荣辱观引领风尚，巩固全区各族人民团结奋斗的共同思想基础。推进社会诚信建设，加强社会公德、职业道德、家庭美德、个人品德建设，深入开展群众性精神文明创建活动，形成良好的社会风尚。各级政府依法接受同级人大监督，支持人民政协履行职能，保证人民当家作主的权利。支持“两院”公正司法。加强政府法制建设，深入开展“五五”普法，弘扬法治精神，提高公民的法律素质。扎实推进村务公开和厂务公开。

切实改善民生，确保人民共享发展成果。实施积极的就业政策，完善市场就业机制，转变就业观念，加强就业培训和指导，建立统一规范的人力资源市场，实现比较充分的就业。抓好高校毕业生就业工作。动态消除零就业家庭，积极解决“35、45”人员就业困难。完善政策，加大扶持，鼓励自谋职业、自主创业。以基本养老、基本医疗、最低生活保障制度为重点，加快完善社会保障体系。强化社保基金监管。完善城镇职工基本医疗保险、城镇居民基本医疗保险、农牧区医疗制度。扩大社会保障覆盖面，重视解决被征地农牧民、进城务工人员的社会保障问题。积极构建以廉租住房、经济适用住房为重点的住房保障体系。完善城乡社会救助体系，加强慈善公益事业建设。拓展社会福利保障范围，推进社会福利制度由补缺型向适度普惠型转变。加强社会救济，关心残疾人等社会弱势群体。强化防灾减灾工作，妥善安排受灾群众的生产生活。加大扶贫开发力度，逐步提高扶贫标准。做好优抚安置和老龄工作。健全公共服务，促进公平正义，努力使全体人民学有所教、劳有所得、病有所医、老有所养、住有所居。

2008年工作重点

今年是全面贯彻落实党的十七大精神的重要一年，是新一届政府的开局之年，也是我区完成“十一五”规划的攻坚年，做好各项工作意义重大。经济社会发展的主要预期目标是：全区生产总值增长12%以上，农牧民人均纯收入增长13%以上，地方财政一般预算收入增长20%左右，城镇新增就业1.8万人，城镇登记失业率控制在4.5%以内，居民消费价格总水平涨幅控制在3.5%左右。

今年的政府工作，建议重点抓好以下几个方面：

一、着力推进以首要任务为重点的新农村建设

继续坚持因地制宜、保持特色、量力而行、尊重群众意愿的要求和宜改则改、宜建则建的原则，实施农牧民安居工程，力争完成5.2万户的安居建设任务。加大投入，强化措施，进一步改善农牧民生产生活条件，解决64个乡镇、406个行政村通公路和10.39万无电人口用电问题，完成3万户沼气池建设任务，解决25万农牧民的饮水安全问题，解决40个乡镇通邮问题，实现670个行政村通电话，完成1399个村级组织活动场所的建设任务，农牧区碘盐推广人口覆盖率提高到45%以上，白内障患者得到及时治疗。认真做好农牧区结核病和大骨节病防治工作。

提高农牧民组织化程度，发挥特色农牧业、劳务输出、非农产业、采集业等多种渠道增收的作用，确保农牧民人均纯收入达到3150元。积极培育农牧民经纪人，大力发展农牧民专业合作组织，在农畜产品加工销售、劳务输出、农村旅游等方面提高农牧民组织化程度。扶持龙头企业，加快农牧业产业化发展步伐，有效增加农牧民收入。

统一规划，整合资金，分类指导，注重实效，结合农牧区精神文明建设，加强科学知识和劳动技能培训教育。安排5000万元，培训农牧民13万人次。

继续实行最严格的耕地草场保护制度，做好全区第二次土地调查工作，全面摸清我区目前土地资源家底。加强农田草场水利基本建设。抓好良种、农田病虫草害防治等适用技术推广，提高粮食单产和品质。制定促进农牧结合、转变饲养方式的政策措施，积极推广牧区繁育饲养、农区育肥；抓好畜禽品种改良，提高畜牧业综合生产能力。加强动植物疫病防控，提高农畜产品质量安全水平。

二、着力推进以扩大投资消费为重点的经济增长

坚持投资消费双拉动，切实做到争取国家投资有新进展，扩大民间投资有新举措，消费拉动有新突破，力争经济增长12%以上。进一步做好“十一五”规划项目的衔接落实，全面完成前期工作，切实做好项目环评，力争开工建设青藏铁路延伸线拉萨至日喀则段、阿里昆莎机场、和平机场、邦达机场、青藏电网联网和林芝至拉萨220KV输电线路等重点工程，继续抓好青藏、川藏公路改扩建、青藏铁路那曲物流中心、新藏公路、林芝巴河雪卡水电站、老虎嘴水电站等工程的建设。安排好完工工程的竣工验收，切实建立项目后评价机制。做好藏木水电站和扎墨公路、贡嘎机场专用公路、黑昌公路、安狮公路、旁多和拉洛水利枢纽等重点项目的前期工作。严格落实项目建设“四制”，加强重大建设项目稽察，进一步提高管理水平。建立有利于全面激活民间投资的机制，确立企业投资主体地位，努力扩大民间投资。完善自治区信用担保公司功能，解决企业贷款难的问题。金融机构要充分运用中央赋予西藏的特殊优惠金融政策，千方百计扩大有效信贷投入。对各部门落实中央赋予我区的特殊金融优惠政策情况进行年度考核。支持有条件的企业上市融资。

努力扩大消费需求。加快推进“万村千乡”市场工程和“双百”工程建设，新建和改造200个农家店。建设5个地区级农畜产品批发市场及部分县级交易市场。切实提高农牧民现金收入，稳步增加城镇居民收入，努力提高困难群众基本收入，增强社会购买力。倡导诚实守信的社会风尚，围绕群众关注的价格和收费问题，加大市场调控、监管和规范力度，创造良好的消费环境。积极培育旅游、休闲娱乐、健身、保健等消费热点，增强群众消费预期，切实扩大即期消费。各商业银行要积极研究出台扩大教育、住房、汽车、家用电器等方面消费的信贷政策措施，推广多种形式的互联互通的银行卡业务。全年社会消费品零售总额力争突破130亿元。

三、着力推进以规模化为重点的特色产业建设

科学制定特色产业发展规划，健全完善政策措施，不断提高管理服务水平，为特色产业发展营造更加有利的环境。集中力量培育品牌形象好、技术力量强、管理水平高、带动作用大、有竞争实力的企业，切实扩大生产经营规模，提高发展质量。按照集中使用、培育龙头、注重长远、带动群众的原则，以特色农畜产品规模化经营、文化旅游经济集约发展为重点，用好用活特色产业发展资金，集中力量培育3～5家优势特色产业企业。实施大企业大集团战略，力争在组建矿业集团、藏药集团、建筑建材集团上迈出实质性步伐。加快推进巨龙铜矿、雄村铜矿、扎布耶盐湖的开发建设，进一步规范矿业开发秩序。加强地质勘查工作，为全区经济社会又好又快发展提供矿产资源保障。加强资本运作和市场营销，打造核心品牌，提升产品档次，做大做强矿泉水业。改善旅游基础设施和配套设施，大力整治旅游市场秩序，规范和改进旅游公共服务，加强宣传促销，整体包装推介西藏旅游主题形象，促进旅游经济上规模、上水平，旅游总人数突破500万人次、总收入达到60亿元。培育文化产业骨干企业，打造西藏特色文化品牌，提高文化产业整体实力。

四、着力推进以改善民生为重点的社会建设

巩固“两基”攻坚成果，完成7个县“普九”和4个县扫盲的任务。进一步完善“三包”政策。以实用技术培训和职业技能建设为重点，推进职业教育特色发展。以优化教育结构、深化教学改革、提高教育质量为重点，推进高等教育质量工程建设。促进教育公平，完善农村义务教育经费保障机制，落实困难学生资助制度，保障经济困难家庭学生接受教育的权利。强化监管，注重质量，组织实施好教学点和初中改造、小学规范化建设、高中改扩建等工程。做好进城务工人员子女接受义务教育工作。完成15个县卫生服务中心补缺建设、23个乡镇卫生院的新建任务，建成9个县疾病预防控制中心，新建3个社区卫生服务站。大力充实农牧区医疗卫生队伍。加强农牧区优生优育工作。不断完善食品药品监管措施，确保食品药品安全。充实基层科技队伍，完善县乡科技示范、推广、服务网络，重点建设科技孵化器、农牧业成果转化基地和太阳能应用示范基地。贯彻落实全民科技素质行动计划纲要，让更多的科技进村入户，惠及广大农牧民群众。建设4个县综合文化活动中心、20个县级新华书店和20个乡镇综合文化活动站，建设21个文化信息资源县支中心，完成660个行政村“农家书屋”建设。开工扎什伦布寺、桑耶寺等6个重点文物维修工程，开展第三次全国文物普查。完成10个城镇福利院和10个乡镇敬老院建设。逐步建立党委领导、政府负责、社会协同、公众参与的社会管理格局，开展城镇社区管理建设试点。认真做好全区第六届村（居）民委员会换届选举工作。切实做好北京奥运会火炬接力西藏区内传递和珠峰传递活动的各项工作。

主动工作，创造条件，力争西藏生态安全屏障保护与建设工程年内立项实施。做好主体功能区规划的研究和编制。完成生态补偿研究和试点。加强工程环境执法监管。加大节能减排工作力度。

千方百计扩大就业，完成新增就业1.8万人。设立区地两级全民创业专项资金，加大对自主创业的扶持力度。在政府原有购买2700个公益性岗位的基础上，再增加3000个公益性岗位，优先用于解决零就业家庭和“35、45”人员的就业困难。重视做好残疾人就业工作。做好高校毕业生就业指导服务工作。完善城乡社会救助体系建设。继续抓好基本养老保险、基本医疗保险和最低生活保障等工作。适当提高城乡最低生活保障标准。加强价格监测，注重物资储备和供应，优化供给结构，防止因价格上涨过快引起城乡居民特别是困难群众生活水平降低。妥善安排特困群体的基本生活。加大扶贫开发力度，着力解决低收入人群的发展问题。规范用工行为，加强执法监督，维护进城务工和进藏务工人员的合法权益。适当提高最低工资标准并严格兑现。加快建设廉租房、经济适用房，切实解决部分群众的住房困难。认真研究，创造条件，增加城乡居民财产性收入。严格实行安全生产一票否决制和领导责任制，搞好道路交通、食品药品等安全生产专项整治，保障人民群众生命财产安全。

五、着力推进以体制机制创新为重点的改革开放

深化农牧区综合改革，在适当合并乡村工作上有所突破。继续落实草场承包经营责任制，建立和推行草原禁牧休牧、草畜平衡制度。扩大农牧业商业保险试点范围。将各部门管理的企业分期分批划转国资委监督管理。调整盘活国有资产，积极推进国有企业改革，确保完成年度改革任务，妥善安置分流人员。整治发展环境，促进非公有制经济快速发展。加大财政转移支付力度，重点向贫困地区、边境地区、农牧区和条件艰苦地区的公共服务倾斜，加大对社会建设、社会稳定、改善民生的支持力度。优化财政工作流程，提高资金使用效益。全面推进部门预算，规范政府采购行为。加快人事制度改革，扩大公务员招考范围，加强公务员培训和再教育，完善人才市场。落实招商引资政策措施，力争招商引资有较大幅度增长。用好外贸发展专项资金，加快外贸发展，力争全年进出口贸易总额达到 3.6 亿美元，自产产品出口有较大幅度增长。

六、着力推进以反分裂斗争为重点的维护稳定工作

认真贯彻中央关于反分裂斗争的一系列指示精神，按照自治区党委的安排部署，深入揭批达赖，强化联动工作机制，进一步加强国家安全人民防线建设，铸就反分裂斗争的铜墙铁壁。强化工作责任制，加强社会治安综合治理，依法打击各类违法犯罪活动。进一步加强民族宗教工作，巩固和发展民族关系，依法管理宗教事务。及时妥善调处人民内部矛盾。建立健全应急管理体系，尽快形成联动工作机制。推动平安西藏创建活动，为 2008 年北京奥运会和西藏的发展稳定营造安定祥和的社会环境。

努力建设人民满意的政府

我们的政府是人民的政府。在新形势下，各级政府肩负着光荣使命与责任。我们必须与时俱进，开拓创新，牢记“两个务必”，始终坚持执政为民、求真务实、勤政廉政，努力建设法治型、服务型、廉洁型政府，真正做出经得起实践、人民、历史检验的实绩，决不辜负党的重托和人民的期望。

一、解放思想，提高政府创新活力

坚持走中国特色、西藏特点的发展路子，进一步解放思想，着力转变不适应、不符合科学发展观的思想观念，树立以人为本、全面协调可持续发展的科学发展观；转变计划经济的思维模式，树立适应改革开放、发展社会主义市场经济的思想意识；转变安于现状、不思进取的惰性思想，树立与时俱进、敢闯敢干、锐意进取的精神风貌；转变谨小慎微、夜郎自大的狭隘观念，树立海纳百川、兼收并蓄的博大胸怀和互利共赢的开放思想；转变墨守成规、因循守旧的僵化思想，树立敢于开拓创新，一切从实际出发，善于把中央大政方针与本地区、本单位实际相结合，创造性开展工作的理念。解放思想不能停留在会议讲话和文件中，必须体现在促进本地区本部门本单位发展的工作思路和方法措施中，落实到深化改革、扩大开放、加快发展的具体决策和工作部署上。各级政府尤其是领导干部必须带头解放思想、转变观念，不断研究新情况、解决新问题，真正做到勇于变革、勇于创新，永不僵化、永不停滞。

二、转变职能，提高政府服务质量

扎实推进行政管理体制改革，着力转变职能、理顺关系、优化结构、提高效能，形成权责一致、分工合理、决策科学、执行顺畅、监督有力的行政管理体制。大力推进公共服务体系建设，真正把政府职能转变到经济调节、市场监管、社会管理和公共服务上。积极推进政企分开、政资分开、政事分开、政府与市场中介组织分开，减少和规范行政审批，凡属政府应该承担的，就必须有效管理、优化服务；凡属企业自主经营的，就必须减少干预、放开搞活；凡属市场可以调节的，就必须尊重规律、依法监管。着力推进政务公开，实行限时办结制、服务承诺制，积极主动地为基层、企业和群众解决实际问题。

三、依法行政，提高政府管理能力

牢固树立法治观念，提高依法行政、依法办事的自觉性。深入贯彻实施《行政许可法》和《全面推进依法行政实施纲要》，依法规范行政行为，做到在执政方式上遵循法治原则，在决策过程中依照法律程序，在具体工作中坚持依法办事；善于运用法律手段处理经济事务，调整各种经济关系和利益关系，坚决反对和纠正滥用行政权力干扰和损害市场经济秩序的行政行为；扎实推进行政立法工作，健全有利于促进发展、稳定、和谐的规章制度；推行综合执法，加强行政执法监督，实行行政执法责任制、过错追究制和行政赔偿制度，切实把政府管理工作纳入规范化、法制化轨道，努力提高政府依法管理经济社会事务、维护社会稳定、处理复杂问题的能力和水平。

四、恪尽职守，提高政府行政效能

各级政府和工作人员必须增强责任意识，切实履行职责，不断加强行政效能建设。自治区的工作部署和重大事项一经法定原则和程序作出决策，必须雷厉风行，坚决贯彻，坚决落实，决不允许敷衍塞责、推诿扯皮、阳奉阴违，确保令行禁止、政令畅通。各级政府必须明确职责，健全职能，防止权责脱节，减少职能交叉，一心一意抓发展，聚精会神搞建设。进一步完善行政首长负责制、绩效考核制和监督约束机制，实行无为问责制和责任追究制，坚决纠正行政不作为和行政乱作为。大力加强督查督办，及时协调推动，确保工作部署事事有着落、件件有成效。加快电子政务建设，加强政务服务中心建设，优化简化办事程序，提高工作效率。

五、为民务实，提高政府的公信力

始终不渝地坚持全心全意为人民服

务的根本宗旨，保持同人民群众的血肉联系，把群众呼声作为第一信号、群众需要作为第一选择、群众利益放在第一位置、群众满意作为第一标准，真诚倾听群众呼声，真实反映群众意愿，真情关心群众疾苦，真正做到“民之所欲、常在我心”。始终不渝地发扬求真务实精神，大兴求真务实之风，兢兢业业地抓好工作的推动和落实，着力解决人民最关心、最直接、最现实的利益问题，以实实在在的工作成效取信于民。继续大力精简会议、文件，切实改进会风、文风，提倡开短会、讲短话、行短文；严格控制和规范各种检查、评比、达标活动，切实减少不必要的应酬接待，不作表面文章，不搞形式主义。突出制度信用、政策信用和程序信用，全面加强政府诚信建设。坚决整治乱收费、乱罚款和各种形式的摊派等损害企业、投资者和群众利益的行为，以规范的管理、严明的纪律、优质的服务，提升党和政府在人民群众中的威望和信誉。

六、科学民主，提高政府决策水平

建立健全领导、专家、群众相结合的科学民主决策机制，完善重大问题集体决策制度、专家咨询制度、社会公示制度、社会听证制度和决策责任制度。所有重大决策，都要在深入调查研究、广泛听取意见、充分进行论证的基础上，通过集体讨论研究决定，这必须作为政府的一项基本工作制度。建立健全决策后评估机制，及时调整和完善有关决策，不断提高决策的科学化水平。重视做好自治区发展咨询委员会各项工作，发挥积极作用。制定出台《自治区政府重大决策程序规则》。充分发挥人民群众的首创精神，拓宽渠道，鼓励社会各界和广大群众向政府建言献策。

七、清正廉洁，提高政府公务员素质

加强廉政建设和反腐败斗争，注重治本，建立健全教育、制度、监督并重的惩治和预防腐败体系。认真落实党风廉政建设责任制，严格要求、严格教育、严格管理、严格监督政府机关工作人员。坚决抵制和反对一切消极腐败现象，加大在土地批租、工程招投标、产权交易、政府采购、矿产资源开发等领域的反腐倡廉力度。重点加强对领导干部、人财物管理使用、关键岗位的监督，健全质询、问责、经济责任审计、引咎辞职、罢免等制度。坚决纠正损害群众切身利益的不正之风，大力查处各种违法违纪案件，对任何腐败分子，依法严惩，决不姑息。切实加强各级行政学院建设。认真实施公务员法，深化公务员管理制度改革，健全和完善公务员培训考核机制。各级公务员务必加强政治理论、法律知识、科学知识和业务知识的学习，提高建设西藏、服务人民的能力和本领，真正成为一支政治坚定、业务精通、作风优良、人民满意的高素质队伍。

各位代表，本届政府任期已满，新一届政府即将产生。我们务必牢记为民宗旨，实现好、维护好、发展好最广大人民的根本利益，做到发展为了人民，发展依靠人民，发展成果由人民共享。

各位代表，中国共产党第十七次全国代表大会，开启了中国特色社会主义建设的新的伟大征程。完成今后五年的各项任务，向全面建设小康社会的目标迈进，各级政府肩负着重大的历史责任。让我们在自治区党委的领导下，更加紧密地团结在以胡锦涛同志为总书记的党中央周围，高举中国特色社会主义伟大旗帜，以邓小平理论和“三个代表”重要思想为指导，深入贯彻落实科学发展观，认真落实党的十七大精神，按照自治区第七次党代会的部署，万众一心，开拓进取，为夺取全面建设小康社会的新胜利、谱写人民美好生活新篇章而努力奋斗！

第一篇 西藏综述

西藏自治区概况

地 理

【名称由来】根据考古发现，早在距今5万年以前，西藏就有人类活动。今日西藏境内的某些高海拔地区甚至“无人区”也是古代人类生存的场所。7世纪吐蕃政权建立，并统一了青藏高原。藏语称西藏为“播”，所以唐时称西藏为“吐蕃”、“吐番”，“蕃”或“番”在汉唐之时的西北方言中读音同“播”，是藏语西藏的音译。元明时称西藏为乌斯藏，由于在祖国的西边称“西藏”，“西”表示在祖国的方位，“藏”是乌斯藏的略写。西藏全称西藏自治区，是中华人民共和国的五个省级自治区之一。1965年7月经第十五次全国人民代表大会批准，于9月1日西藏自治区正式成立。

【世界屋脊】西藏是世界上最高的青藏高原的主体部分，美丽富饶的西藏平均海拔高度在4000米以上，素有“世界屋脊”之称。由于亚洲重要的河流大都发源于此，有“亚洲的水塔之称”，是“名山之宗、江河之源”。远古时期，青藏地区是一片汪洋大海，在据今三千万年前，在亚欧板块与印度板块的巨大碰撞下，发生了“喜马拉雅运动”，隆起了世界最年轻的高原——青藏高原。西藏是地球上平均海拔最高、地壳厚度最大、隆起形成时间最晚、最年轻的高原，是除南极和北极之外世界最高的地方，也称为“世界的第三极”。这里的自然景观世界独有，地形地貌千姿百态。西藏高原群山连绵，峰峦叠嶂，雪峰林立，既有白雪皑皑的高山，绿草如茵的宽阔草原和清澈见底的河流湖泊，也有争奇斗艳的万种花卉和郁郁葱葱的原始森林及十分丰富的野生动植物资源，更有那幽深的藏传佛教、令人神往的圣湖、神山和充满神秘色彩的喇嘛寺庙、世界独有的高原自然风光和民俗民风。

【位置与面积】 西藏自治区地处祖国的西南边疆，南起北纬26°52′，北到北纬36°32′，西起东经78°24′，东至东经90°06′。东西长约1900千米，南北宽约1000千米。面积约122万多平方千米，占全国总面积的1/8，仅次于新疆维吾尔自治区，居全国第二位。北与新疆维吾尔自治区、青海省毗邻，东隔金沙江和四川省相望，东南部在横断山区和云南省相连，西部和南部与印度、尼泊尔、不丹、缅甸等国以及克什米尔地区接壤，边境线长约4000千米，是中国西南边陲的重要门户。

【地形与山脉】 西藏平均海拔4000米以上，地形可分为三个阶梯，藏北高原平均海拔4500米以上，位于昆仑山、唐古拉山和冈底斯山、念青唐古拉山之间，占全自治区面积的2/3。藏南谷地平均海拔3500米左右，在冈底斯山和喜马拉雅山之间，即雅鲁藏布江及其支流流经的地方。藏东高山峡谷区平均海拔3500米以下，为一系列由东西走向逐渐转为南北走向的高山深谷，系横断山脉的一部分。总的特点是西北高东南低。西藏地形的主要特征表现为：高原辽阔，群山巍峨，平原狭长，峡谷深邃，冰川广布。

西藏有许多著名的大山，从走向来看主要有两组，一组是近东西走向的，从南向北依次为喜马拉雅山、冈底斯山、念青唐古拉山、昆仑山；另一组是近南北走向的横断山脉。在这些巨大的山脉之间，又有许多分支山脉，使西藏成为一个“山脉的海洋”。

喜马拉雅山脉巍峨蜿蜒于西藏高原最南缘，由许多平行的山脉组成，山脉的走向自西段的西北—东南向，到东段转为东西向，并向南突出，呈一弧形。山脉全长约2450千米，宽约200～300千米，平均海拔在6000米以上，超过7000米的高峰有50多座，超过8000米的山峰有10座。海拔8844米的世界第一高峰珠穆朗玛峰就耸立在喜马拉雅山中国和尼泊尔的边界上。

【河流与湖泊】 西藏河流众多，境内河流流域面积大于1万平方千米的有20余条，大于2000平方千米的有100条以上。西藏外流水系主要包括雅鲁藏布江、金沙江、澜沧江、怒江、狮泉河、朋曲、察隅曲等，流域面积约58.88万平方千米，约占西藏总面积的49%。

雅鲁藏布江是世界上海拔最高的大河之一，发源于西藏南部桑木张以西喜马拉雅山北麓的杰马央宗冰川，被藏族人民视为母亲河。全长2506千米，流经23个县和珞瑜地区，流域面积23.92万多平方千米。雅鲁藏布江绕南迦巴瓦峰后，形成了世界上最大的峡谷——雅鲁藏布大峡谷。在全国各大河流中雅鲁藏布江水能蕴藏量仅次于长江，居全国第二位，流量居全国第三位。

西藏高原以湖泊众多闻名于世，全区大小湖泊共2000多个，湖泊总面积约2.4万平方千米，占全国湖泊总面积的30%以上，其中面积超过100平方千米的湖泊有47个。面积1000平方千米以上的有西藏三大湖泊纳木错、色林错、扎日南木错均分布于藏北。著名的羊卓雍错在藏南。

气　候

【气候特点】 夏秋季多夜雨，冬季干燥多风，气压低含氧少，由于日照多辐射强，冬季白天仍暖意洋洋，晚间气温才降至零下。其主要的特点表现为：空气稀薄，含氧量少；光照充足，辐射强烈；气温偏低，年温差小；干湿分明。

【气压】 西藏气压年平均大都在625百帕以下，仅为海平面气压的一半。空气平均为海平面空气密度的60%～70%。由于空气稀薄，含尘量少，高原天空分外碧蓝，在白云的衬托下景色分外艳丽。西藏高原空气含氧量比海平面减少35%～40%，水的沸点大部分地区在84℃～87℃。

【日照】 西藏的纬度低，海拔高，空气稀薄，所含杂质和水汽少，透明度好，当阳光透过大气层时能量损失小，太阳直接辐射可占大气上界太阳辐射的50%，是全国太阳辐射量最多的地区。著名的“日光城”拉萨年日照时数为3005小时，比同纬度的东部地区日照总时数多1000小时左右。

【气温】 西藏夏季平均气温不高，除藏东南一角和喜马拉雅山南翼外，雅鲁藏布江中游谷地温度最高，但也只有15℃左右，藏北高原的大部分地区气温低于8℃，是我国盛夏温度最低的地区。人们常用“一年无四季，一日见四季”来形容西藏气温年变化小、日变化大的特点。

【降水】 西藏降水季节分配不均匀，雨季、旱季非常明显。雨季内各地雨量非常集中，一般要占全年总降水量的90%左右，每年4～9月为雨季。西藏每年10月至次年3月，降水量少，被称为“干季”，也叫“风季”。高原夜雨是西藏气候的又一特征，夜雨主要出现在雨季。而白天，由于辐射强烈，云层吸热蒸发，云不易旺盛发展，所以降水不易形成。夜雨的优越性很大，夜间下雨，温度降低，可以减少农作物呼吸作用所消耗的养分。昼晴夜雨既为农作物生长提供了水分，有利于农作物的光合作用。

行政区划

西藏自治区是中华人民共和国的五个自治区之一，是一个以藏族为主的民族自治区。西藏现行的行政区划分为一个地级市，6个地区和73个县(市、区)。其中，拉萨市辖7个县和1个县级城关区；林芝地区辖7个县，行署设在八一镇；昌都地区辖11个县，行署设在昌都镇；山南地区辖12个县，行署设在泽当镇；日喀则地区辖17个县和1个县级市，行署设在日喀则市；那曲地区辖10个县，行署设在那曲镇；阿里地区辖7个县，行署设在狮泉河镇。拉萨市是西藏自治区首府所在地，是全区政治、经济、文化的中心。

人口和民族

【人口】 2007年，全区总户数62.21万户，人口273.59万人（常住人口284.15万人），人口密度2.28人/平方千米；出生3.08万人，出生率11.3‰（常住人口为16.4‰），死亡1.17万人，死亡率4.3‰（常住人口5.1‰），新增1.91万人（常驻人口新增3.15万人），人口自然增长率为7‰(常住人口增长率为11.3‰)，其中男性人口为136.91万人，女性人口为136.69万人，性别比例（女=100）100.17:100，农业人口227.67万人，占人口的83.2%，非农业人口45.92万人，占人口的16.8%。

【民族】 西藏是藏民族的发源地和聚居区，藏族遍布西藏各地，是西藏自治区人口最多的民族。2007年藏族人口为2602788人。除藏族外，西藏还有汉族110429人、回族2228人、门巴族9747人、珞巴族2988人、纳西族1246人、蒙古族276人、怒族420人、傈僳族19人、土族166人、独龙族28人、满族389人、白族99人、布衣族45人、维吾尔族14人、苗族205人、彝族135人、僜人1640人、夏尔巴人2059人及其他民族858人。

自然资源

【地热资源】 西藏的地热蕴藏量居全国第一位。三江（怒江、金沙江、澜沧江）构造带、雅鲁藏布江断裂带和那曲至尼木断裂带均为地热活动的最有利地区，已发现温泉、沸泉、间歇喷泉、热水河、放热地面等各种形迹的地热显示区600多处，估算总热流量为每秒55万大卡，相当于标准煤约240万吨/年所释放的热量。当雄县境内的羊八井地热田是目前中国最大的高温湿蒸气热田，也是世界已获开发利用的大型地热田之一。

【光照资源】 西藏太阳辐射强，光能丰富，西藏的太阳年总辐射值达140～200千卡/平方厘米，是中国东部沿海地区的1倍以上。西藏丰富的光照资源，补偿了由于高海拔所引起的气温低的不足，使西藏许多农作物的分布上限成为世界同类作物分布的最高限。青稞、春小麦分别在海拔4750米和4400米的高度种植成功。另外，充足的光照和日照时间，使作物的光合作用强化，而较大的昼夜温差，可使作物夜间的呼吸作用微弱，有利于农作物的有机质的积累。因此，西藏成为全国小麦和青稞的高产区之一。太阳能的开发利用，对于改善西藏的能源构成具有重要的意义。

【水资源】 西藏的水资源相当丰富，据统计，全区水资源总量4482亿立方米(不含地下水)，按全区人口和耕地计算，人均占有水量和亩均占有水量均居全国首位。西藏各河流径流量大小相当悬殊，雅鲁藏布江是区内最大的河流，平均年径流量仅次于长江、珠江、黑龙江，居全国第四位。西藏的年径流深度从藏东南向藏西北递减。西藏的广大农区雨量较少，春播、冬播都要进行灌溉，灌溉是保证农作物稳产、高产的基本条件，而西藏充足的水资源(特别是外流区)为西藏农业的稳定发展创造了极为有利的条件。西藏南部和东南部河流水量充沛，河床大，蕴藏着极为丰富的水力资源。西藏的水能资源理论蕴藏量为2.01亿千瓦，占全国水能理论蕴藏量的15.83%。其中可开发的水能资源为5660万千瓦，占全国可开发的水能资源的17.1%，居全国首位。雅鲁藏布江是西藏水能资源最丰富的一条河流，理论蕴藏量为1.13亿千瓦，占全区理论水能蕴藏量的56.22%，其中可开发量为4837.14万千瓦，占全区可开发量的80.96%。特别是雅鲁藏布江的峡谷地形很适合建筑水坝，拦洪蓄水。

【风力资源】 西藏是全国大风(≥8级或17米/秒)最多的地区之一。高原地区年平均大风日数多达100～150天，最多可达200天，比同纬度中国东部地区(5～25天)多4～30倍，是全国大风日数最多、范围最大的地区。小型风力发电机具有移动方便的特点，风能对流动性大的牧区是最合适的能源类型。随着风能进一步开发利用，草场的大量牛粪就可作为有机肥料，促进牧草的生长。

【森林资源】 西藏多类型原始森林是青藏高原乃至全国森林资源的重要组成部分。根据和平解放以来多次调查统计，有林地面积约60666667公顷，全区森林覆盖率为9.84%。西藏森林分布很不均匀，绝大部分森林分布在藏东南地区，活立木总蓄量20.84亿立方米，居全国第一位，藏东南林区是全国第二大林区——西南林区的主要组成部分之一。西藏森林植被组成部分古老、特有种多。成林树种中属西藏和喜马拉雅特有种的就有14种和3个变种，如西藏红豆杉、林芝云杉、墨脱冷杉、察隅冷杉、长叶云杉、喜马拉雅红杉、西藏冷杉、喜马拉雅长叶松、乔松、巨柏、西藏柏木、垂枝柏等。西藏森林资源大部分保持完好，具有很高的科研价值和良好的生态、经济效益。

【植物资源】 西藏高原生态环境复杂多样，为各类植物的生存提供了有利的条件，是一个巨大的植物王国。据统计，全区高等植物种类约6400余种，隶属于270余科和1500余属。裸子植物在全世界共有12种，西藏就分布有7种；被子植物有15科33属120种。野生药用植物有1000多种，比较有名的有藏红花、雪莲、冬虫夏草、贝母、胡黄连、大黄、天麻、三七、党生、秦艽、丹参、灵芝、鸡血藤等。

【动物资源】 西藏有哺乳动物142种，鸟类488种，爬行类55种，两栖类45种，鱼类68种，昆虫2305种。其中一些是中国特有的珍贵动物，在世界上亦是稀有的。西藏的野生动物资源有：兽类33种，主要有孟加拉虎、雪豹、金钱豹、云豹、金猫、兔猫、小灵猫、果子狸、黑熊、小熊猫、红腹松鼠、赤狐、藏狐、长尾叶猴、熊猴、野牛、野牦牛、马麝、林麝、白唇鹿、扭角羚、藏原羚、藏羚羊、岩羊、野驴、盘羊等。另外还有数量众多的鸟类和鱼类资源。其中白唇鹿、野牦牛、雪豹等被列为世界珍品。西藏是野生动物的乐园，藏北大草原的野生动物可与非洲大草原比美。西藏的家养动物有绵羊、山羊、猪、牦牛、黄牛、犏牛、驴、骡、犬、鸡、兔等。

【矿产资源】 西藏已发现矿产101种，各矿床、矿点2000多处，在全国已发现的160余种矿产资源中，西藏就有99种。已探明储量的矿藏有30多种，其中储量居全国前十位的有：铬、铜、火山灰、菱镁矿、云母、硼、砷、泥炭、钼。在矿产资源中，具有重要经济意义和开发价值，在全国占优势的矿种有铬、铜，釉硼为主的盐类矿产、地热等。铬铁矿居全国首位，锂的远景储量居世界前列，铜的远景值储量列全国第二，石膏的储量居全国第二，已探明硼矿、菱美矿、重晶石、砷的储量居全国第三位。此外，石油也是潜在的优势资源。

【草地资源】 作为中国五大牧区之一，西藏拥有8207万公顷草原，其中可利用草地7077万公顷。畜牧业是西藏主要的产业，占全自治区国民收入的1/3强。西藏草场分为8个大类，16个亚类，38个主要草场型。高山草甸草场是西藏面积最大、质量较好的草场，是区内草场中的一个主要类型。主要分布在那曲地区东部，昌都与拉萨地区北部，山南地区南部，日喀则地区北部和西部以及阿里地区西部山体中、上部位也有一定数量。约占西藏面积1/2的藏北草原是西藏主要的草原，面积约为60万平方千米，当地人称为“羌塘”。

自然灾害

【旱涝】 西藏是洪涝灾害十分频繁的地区，有史书记载，20世纪西藏分别于1917年、1920年、1962年和1998年发生过4次大洪水，其中前两次大水导致拉萨市一片汪洋。但洪涝灾害在西藏大范围的出现机会较少，西藏山体林立，山高坡陡，局部洪涝每年均有发生。局部洪涝常引起山洪暴发和泥石流，冲毁公路、桥梁和农田，尤其容易造成川藏公路和中尼公路交通中断。旱灾主要有春旱和夏旱（伏旱）两种。春旱指6月上旬雨季推迟来临造成的干旱，西藏主要农区的雨季一般开始于6月上旬，此时正值小麦、青稞分蘖、拔节期，作物需水量大，而雨季推迟至6月中、下旬，严重影响播种和出苗。此外，春旱推迟牧草返青，也不利于放牧。夏旱主要指7～8月期间雨季中的间遏性干旱，这时期正是小麦、青稞抽穗、灌浆期，需水量较大，如遇干旱，造成严重减产。西藏典型的旱灾出现在1983年7～8月，主要农区降水减少五成以上，干旱持续40天以上，造成部分河流断流，农作物减产。

【冰雹】 多冰雹是高原一大特色，也是西藏农区灾害性天气之一。西藏有两个多雹中心，一个在羌塘高原东南部，如申扎、班戈、那曲、索县一带，全年雹日在28～35天，是全国雹日最高的地区；另一个在藏南山原湖盆区，如定日、浪卡子、隆子等地，全年雹日10～20天，是冰雹对西藏农牧业生产影响最显著的地区。西藏地区的冰雹集中发生在6～9月，其中6月和9月为过渡季节，北方的冷空气比较活跃，南方的暖湿气流水汽充沛，在动力和热力的共同作用下，对流旺盛，形成冰雹的机会较多。因此，6月和9月西藏雹日最多，七八月冷空气势力偏北，高空环流形式比较稳定，故雹日相对较少。西藏冰雹大部分为小冰雹，随降随融，一般不会造成较大的损失。

【霜冻】霜冻的温度指标是：日最低气温2℃为轻霜冻，-2℃为重霜冻，最低气温小于2℃时期为霜冻期。平均在8月上、中旬霜冻开始出现在羌塘高原中北部；藏南帕里、错那一带在8月下旬；藏东北丁青、索县和藏南定日、浪卡子等地在9月中、下旬；藏东三江流域、雅鲁藏布江下游和察隅曲流域最晚，10月下旬到11月下旬出现霜冻。终霜冻在雅鲁藏布江下游和察隅曲流域为2月下旬；三江流域的雅鲁藏布江中游河谷农区为3月上旬至4月下旬；羌塘高原和藏南喜马拉雅山区为6月中、下旬。无霜冻日数的分布随海拔高度的升高而显著减少，羌塘高原为60～80天，喜马拉雅山区为80～120天，雅鲁藏布江中游、三江流域北部为120～180天，雅鲁藏布江下游和察隅曲流域在200天以上。西藏每年均有部分地区农作物遭受不同程度的霜冻危害，造成减产，严重时颗粒无收。西藏在长期生产实践中，积累了不少预防霜冻的经验，增强作物抵御霜冻的能力，适时早播，修建防霜墙，采取熏烟等措施，减少霜冻的影响。

【风灾】青藏高原是中国大风最多的地区之一，大风持续时间长，分布范围广。大风日数远比同纬度其他地区多，年平均大风日数达100～150天，最多可达200天。西藏共有两条风带，年风能储量930亿千瓦时，居中国第七位。海拔4500米以上，地形开阔，山脉走向与高空风风向一致的地区，全年大风日数均在100天以上，最多的年份达284天（安多）。海拔在3000米以下，山脉呈东西走向的藏东南地区，大风日数最少在10天以下。藏北高原具有大风持续时间长、风力强、灾害严重的特点。西藏大风多集中出现在1～5月，尤以3～4月最多，该时期大风时数最长的地区一般是羌塘高原的那曲、班戈、改则、狮泉河一带，另一个是喜马拉雅山北麓定日、浪卡子、隆子等地。大风风向在藏北高原上，以西风最多，如那曲占66%。藏南河谷地区的大风风向与河谷走向一致，也以偏西风为主。大风灾害有时可以吹散畜群，拔起草根，吹蚀土壤，使越冬作物根系裸露，造成死苗。如1974年2月4日、8日、14日藏北高原曾出现一次罕见的连续性大风，风力达12级，造成申扎、班戈、那曲、安多、聂荣、比如等6个县15个乡镇遭受风灾，造成牲口严重缺草，膘情迅速下降，加之大风后的降温，使母畜早产、流产、幼畜缺奶冻饿死亡，损失很大。

自治区经济社会发展情况

【年度特点】2007年，在自治区党委、政府的坚强领导下，全区各族人民高举邓小平理论和“三个代表”重要思想伟大旗帜，以科学发展观统领经济社会发展全局，紧紧围绕新时期西藏工作指导方针，努力构建小康西藏、平安西藏、和谐西藏，大力实施“一产上水平、二产抓重点、三产大发展”的经济发展战略，国民经济呈现出“速度快、效益好”的良好发展态势，以民生为重点的社会事业全面进步，城乡居民的收入水平和生活质量稳步提高。

【国民经济快速发展】初步核算，2007年，实现全区生产总值（GDP）342.19亿元，按可比价格计算，比上年增长14.0%。其中：第一产业增加值55.33亿元，增长4.3%；第二产业增加值96.57亿元，增长15.9%；第三产业增加值190.29亿元，增长16.2%。人均GDP达到12109元，增长12.6%。

在全区生产总值中，第一、二、三产业增加值比重分别为16.2%、28.2%、55.6%，与上年相比，第一产业所占比重比上年下降1.3个百分点，第二产业提高0.7个百分点，第三产业提高0.6个百分点。

全区居民消费价格总水平比上年上涨3.4%。其中：城市上涨2.9%，农村上涨4.2%。服务项目价格上涨3.7%；消费品价格上涨3.3%。在各类消费品中，烟酒及用品、衣着、居住类和食品类价格上涨幅度较大，分别上涨了2.5%、2.0%、7.1%和6.6%，其他各类价格略有上涨或下降。商品零售价格上涨1.7%；农业生产资料价格上涨1.1%；工业品出厂价格上涨1.1%。

年末全区就业人员156.86万人，比上年末增加8.66万人。年末城镇登记失业率4.3%。

【农牧业生产平稳发展】全年粮食作物种植面积171.77千公顷，比上年增加0.11千公顷。其中：青稞面积117.99千公顷，增加1.71千公顷；小麦面积40.29千公顷，减少1.20千公顷。油菜籽面积23.05千公顷，减少1.00千公顷。蔬菜面积19.66千公顷，增加0.67千公顷。全年粮食产量93.86万吨，比上年增长1.6%；油菜籽5.23万吨，下降4.0%；蔬菜45.06万吨，增长0.3%。

年末牲畜存栏总数为2417万头只，比上年末减少21万头只。其中：牛661万头，增加10万头；羊1675万只，减少28万只。全年猪牛羊肉产量22.88万吨，比上年增长0.8%；奶类产量28.94万吨，增长4.8%。全年木材产量35.68万立方米，比上年增长0.3%。

【工业和建筑业较快发展】全年工业实现增加值25.71亿元，比上年增长17.1%，其中规模以上工业企业实现增加值22.54亿元，增长17.6%。全区规模以上工业企业实现产值41.36亿元，比上年增长18.4%。其中：轻工业实现产值14.70亿元，增长18.7%；重工业实现产值26.66亿元，增长18.2%。在规模以上工业中，国有及国有控股企业全年实现产值21.60亿元，比上年增长12.6%。按登记注册类型分，国有企业实现产值13.82亿元，增长13.6%；集体企业实现产值1.85亿元，下降6.2%；股份制企业实现产值17.45亿元，增长31.0%；股份合作企业实现产值0.68亿元，下降28.5%；外商及港澳台企业实现产值3.98亿元，增长41.4%；其他经济类型企业实现产值3.58亿元，增长1.0%。

全年规模以上工业企业实现利润总额5.61亿元，比上年增长42.0%。其中：国有及国有控股企业实现利润2.72亿元，增长66.5%；集体企业实现利润0.25亿元，下降1.8%；股份制企业实现利润2.50亿元，增长47.8%。规模以上工业企业产品销售率93.6%。

规模以上工业全年完成水泥产量159.66万吨，下降0.5%；发电量15.17亿千瓦时，增长14.7%；铬矿石12.86万吨，增长20.5%；啤酒8.35万吨，增长31.9%；中成药（藏医药）1039.00吨，增长5.2%；自来水0.91万吨，增长17.5%；瓶（罐）装饮用水1.19万吨，增长2.6倍。

全年建筑业实现增加值70.86亿元，比上年增长15.4%。

【固定资产投资快速增长】全年全社会完成固定资产投资271.18亿元，比上年增长16.7%。其中民间投资90.79亿元，增长36.5%。

按经济类型分，国有经济完成投资169.92亿元，比上年增长7.7%；集体经济完成投资4.56亿元，下降16.8%；其他各种经济类型完成投资59.90亿元，增长72.1%；个人投资36.72亿元，增长7.3%。按地域层次分，城镇完成投资231.64亿元，比上年增长14.8%；农村完成投资39.54亿元，增长29.6%。在农村投资中，农户投资34.93亿元，增长35.9%；农村集体投资0.57亿元，下降57.5%。按产业分，第一产业投资完成14.03亿元，增长4.8%；第二产业完成39.20亿元，增长47.6%；第三产业完成217.95亿元，增长15.4%。

全年房地产开发投资完成11.68亿元，增长31.2%。房地产开发施工房屋面积114.71万平方米，比上年增长6.4%；竣工房屋面积41.27万平方米；商品房销售面积60.78万平方米，增长6.4%。

从资金来源渠道看，全年共到位资金347.19亿元，比上年增长41.8%。其中：国家预算内投资204.56亿元，增长87.6%；国内贷款4.62亿元，下降2.1%；自筹资金84.09亿元，增长25.0%；其他投资51.40亿元，下降13.6%。

【国内贸易持续活跃】2007年实现社会消费品零售总额112.01亿元，比2006年增长24.9%。其中：城市消费品零售额56.36亿元，增长30.1%；县及县以下消费品零售额55.65亿元，增长20.0%。分行业看，批发和零售业零售额88.57亿元，增长23.7%；住宿和餐饮业零售额18.80亿元，增长27.6%；其他行业零售额4.64亿元，增长37.7%。主要消费品种，服装鞋帽针纺织品类零售额增长18.0%，石油制品类零售额增长30.4%，汽车类零售额增长21.5%，金银珠宝类零售额增长14.2%，食品、饮料、烟酒类零售额增长68.0%。

【对外贸易发展平稳】全年进出口总额达3.93亿美元，比上年增长19.8%。其中：出口总额3.26亿美元，增长46.8%；进口总额0.67亿美元，下降36.8%。

全年对亚洲出口29289万美元，比上年增长38.5%；对欧洲出口1043万美元，增长64.0%；对北美洲出口1698万美元，增长515.2%；对大洋洲出口27万美元，比上年下降37.2%。

在进出口贸易中，边境小额贸易实现进出口总额24892万美元，占进出口贸易总额的63.3%，比上年增长41.3%。其中：出口24585万美元，增长43.3%；进口307万美元，下降33.3%。

全年审批利用外商直接投资项目19个，协议利用外商直接投资4172万美元。实际利用外商直接投资金额2418万美元。

【交通、邮电和旅游发展迅速】全年完成货运量384.82万吨，比上年增长6.7%，其中：公路运输完成360.00万吨，增长4.1%；铁路运输完成12.41万吨；航空运输完成1.18万吨，增长10.2%；管道运输完成11.23万吨，下降1.6%。全年客运总量680.10万人次，增长12.3%，其中：公路运输完成460.00万人次，增长3.4%；铁路运输完成88.85万人次；航空运输完成131.25万人次，增长19.2%。

年末公路总通车里程48611公里，比上年增加3798公里，其中有铺装路面总里程2537公里，增加553公里。

年末全区民用汽车保有量达到15.91万辆，比上年末增长12.6%。

全年完成邮电业务总量30.93亿元，比上年增长43.5%。其中：邮政业务总量1.33亿元，增长18.0%；电信业务总量29.60亿元，增长45.0%。全年新增局用交换机6.67万门，总容量达到41.63万门。新增固定电话用户2.35万户，达到70.57万户，其中：城市电话用户67.85万户，乡村电话用户2.72万户。新增移动电话交换机30.00万门，总容量达110.00万门。新增移动电话用户13.20万户，达到了73.72万户。年末全区固定及移动电话用户总数达到144.29万户，比上年末增加15.52万户。电话普及率达到52部/百人。

全年接待国内外旅游者402.94万人次，比上年增长60.4%。其中：接待国内旅游者366.40万人次，增长55.4%；接待海外旅游人数36.54万人次，增长136.0%。全年实现旅游总收入48.52亿元，比上年增长75.1%。实现外汇收入13529万美元，比上年增长122.0%。

【财政、金融和保险较快增长】全年完成地方财政收入23.14亿元，按同比口径计算，比上年增长34.0%。其中一般预算收入20.14亿元，增长38.3%。在一般预算收入中，增值税增长38.5%，营业税增长26.2%。地方财政收入占GDP的比重为6.8%。

财政总支出279.36亿元，按同比口径计算，比上年增长38.1%。其中一般预算支出275.37亿元，增长37.6%。用于教育的支出32.77亿元，比上年增长

12.1%，医疗卫生支出17.03亿元，增长74.5%。

年末全部金融机构本外币各项存款余额643.36亿元，比上年末增长17.9%，其中城乡居民储蓄存款160.13亿元，增长13.9%。全部金融机构本外币各项贷款余额223.83亿元，增长9.7%。金融机构累计现金收入766.35亿元，增长19.1%；累计现金支出796.80亿元，增长18.8%。现金净投放30.46亿元，比上年多投放3.01亿元。

全年保险公司保费收入2.68亿元，比上年增长37.4%。其中：财产险保费收入0.36亿元，比上年增长44.0%；人身意外伤害险保费收入1693万元，下降8.0%；机动车辆险收入2.12亿元，增长33.3%。全年共支付各类赔款8287万元。

【教育、科学技术成绩显著】全区普通高等教育院校6所，年内招生8046人，在校生26767人，毕业生5859人；各类中等职业教育学校7所，年内招生6654人，在校生18958人，毕业生10288人；普通中学117所，其中高中年内招生16307人，在校生44215人，毕业生12332人；普通初中年内招生50707人，在校生135995人，毕业生39463人；普通小学884所，年内招生51890人，在校生320589人，毕业生52238人；特殊教育学校招生78人，在校生268人。年末幼儿园在园幼儿11110人，比上年增加1961人。全区小学学龄儿童入学率达98.2%，比上年提高了1.7个百分点。

全年共承担国家科技项目21项，安排自治区级重点科技项目78项，全区取得省部级以上科技成果1项。受理专利申请97件，授权专利68件。

全区共有气象台站48个，气象雷达观测站点6个，卫星云图接收站点7个，地震台站（阵）17个，水文监测站32个。

【文化、卫生和体育和谐发展】年末全区共有专业艺术表演团体28个，文化馆、站203个，公共图书馆4个，博物馆2个。中、短波广播发射台和转播台38座，电视台5座。广播人口综合覆盖率和电视人口综合覆盖率分别达85.8%和86.9%。出版报纸84358千印张，各类杂志390.3万册，图书1191.9万册。

年末全区共有卫生机构1343个，其中：医院、卫生院763个，疾病预防控制中心、卫生防治

机构80个，妇幼保健院、所、站55个。实有病床床位7469张，其中医院、卫生院7091张。卫生技术人员9095人，其中执业医师4270人。每千人病床数和卫生技术人员数分别达到了2.64张和3.20人。我区运动员在国内、国际竞技体育比赛中共获得金牌7枚、银牌4枚、铜牌5枚。全年销售体育彩票2409.75万元，筹集公益金801.44万元。

【人口、人民生活和社会保障成绩显著】根据人口变动抽样调查资料推算，年末全区总人口为284.15万人，比上年净增加3.15万人。其中，城镇人口56.55万人，占总人口的19.9%；乡村人口227.6万人，占总人口的80.1%。人口出生率为16.4‰，死亡率为5.1‰，自然增长率为11.3‰。

全区城镇居民人均实现可支配收入11131元，比上年增长24.5%；农牧民人均纯收入2788元，增长14.5%。城乡居民家庭恩格尔系数分别为50.9%和57.1%。年末城镇居民人均住房建筑面积32.7平方米，农牧民人均居住面积达到21.7平方米。全年自治区投入6.20亿元，地县配套1.74亿元，对口援藏省市配套0.45亿元，完成5.83万户农牧民安居工程建设。年末已有30.34万户农牧民住上了宽敞明亮的新居。

年末全区参加基本养老保险的职工人数8.09万人，领取养老保险金人数3.05万人。参加失业保险人数为7.50万人，领取失业保险金的人数9人。参加基本医疗保险人数为17.30万人，以免费医疗为基础的农牧民医疗制度全面建立。全年发放低保救济金6245余万元，全区共有3.60余万人的城镇居民得到政府最低生活保障救济。年末全区各类收养性社会福利单位床位3677张，收养各类人员3370人。全年销售社会福利彩票11000万元，筹集社会福利资金3636万元，直接接收社会捐赠款362万元。

【资源、环境、安全生产协调发展】全年新发现矿产地5处，有3种矿产新增探明储量；地质勘查实施地勘项目170项，完成钻探实物工作量9.61万米。

全年完成造林面积19.07千公顷，其中：用材林2.81千公顷；经济林1.59千公顷；防护林13.13千公顷。

全年共投入400万元，加强企业污染治理。拉萨市全年空气质量优良率达98.4%。全区共有各类环境监测站8个，水质监测站61个，水土保持监测站6个。全区共有自治区级以上自然保护区15个，其中国家级自然保护区9个。自然保护区面积40.83万平方公里，占我区总面积的34%。

全年共发生各类事故889起，比上年下降12.9%；死亡489人，下降14.8%；直接财产损失1038.41万元。亿元GDP生产安全事故死亡人数为1.43人，下降27.8%。全年道路交通万车死亡人数为27.53人，减少10.27人。

注：

1.本公报为初步统计数，正式数据以《西藏统计年鉴—2008》为准。

2.对外贸易、交通、邮电、旅游、财政、金融、保险、教育、科技、气象、环保、文化、卫生、体育、社会福利和保障、资源、安全生产方面的数据均由自治区有关部门提供。

3.GDP、各产业增加值、农业和工业产值绝对数按现价计算，增长速度按可比价计算。

第二篇 政　治

中国共产党西藏自治区委员会

自治区纪检（监察）工作

【年度综述】2007 年，自治区各级纪检监察机关认真学习贯彻党的十七大精神，深入贯彻落实科学发展观，围绕中心、服务大局、求真务实、开拓创新，全面履行党章赋予的职责和任务，按照建立健全教育、制度、监督并重的惩治和预防腐败体系的要求，以更加务实的作风，更加扎实的工作，深入推进我区反腐倡廉建设，各项工作成效明显。

【充分履行监督检查职能】2007 年，自治区纪委常委会把确保中央政令畅通和自治区党委重大决策部署的贯彻落实作为首要政治任务，切实加强对全区各级党政组织对贯彻落实中央关于西藏工作一系列大政方针的监督检查，确保中央政令畅通。在党的十七大召开期间，区纪委、区党委组织部下发《关于在党的十七大期间进一步严肃政治纪律确保我区社会局势稳定的通知》。切实加强对深入贯彻落实科学发展观的监督检查，及时制止和纠正了个别地方采挖铁砂河沙、破坏植被等违背科学发展观的做法。切实加强对贯彻落实自治区党委重大决策部署的监督检查，多次派出检查组对农牧民安居工程建设、食品药品安全等涉及各族群众切身利益的重大问题进行检查，及时发现问题、提出建议、堵塞漏洞。

【切实加强思想政治教育和领导干部廉洁自律工作】认真学习胡锦涛总书记在中央纪委七次全会上的重要讲话精神，在全区党员干部中大力倡导“八个方面”良好风气，要求党员干部特别是领导干部切实做到“五讲”、“六不”。深入开展“落实年”活动，整治服务质量差、工作效率低、纪律松散等突出问题，机关作风明显好转。认真贯彻中央关于地方换届工作的纪律要求，加强监督检查，确保了换届工作顺利进行。制定《关于全区党政机关小汽车配备标准、使用管理和报废更换的规定》，对全区党政机关超标准小汽车进行清理，收缴超标小汽车 128 辆。出台《关于禁止领导干部借婚丧喜庆事宜大操大办收钱敛财的暂行规定》，对领导干部在婚丧喜庆期间借机敛财、大吃大喝、铺张浪费的不良风气进行整顿，得到了社会各界和广大群众的认可和好评。召开国有企业党风建设和反腐倡廉工作座谈会，对企业领导人员廉洁从业提出明确要求。

【大力开展“廉政文化建设年”活动】区纪委常委会把 2007 年作为自治区的“廉政文化建设年”，明确提出要通过深入开展“十个一工程”和“六进”活动，以群众喜闻乐见的晚会、讲演、书画展览等形式为载体，广泛进行党纪条规教育、典型示范教育和警示教育，进一步增强广大党员干部的党员意识、宗旨意识和廉洁从政意识，使廉政文化家喻户晓、深入人心。一年来，全区各级纪检监察干部和文艺工作者创作出了一大批富有时代气息和民族特色的文艺节目、廉政歌曲、廉政小品等，开展了形式多样、丰富多彩的廉政文化宣传教育活动。编辑出版《廉政文化在中国》（西藏卷）和《廉政教育读本》，录制播出《清政廉洁得民心》新闻专题片，成功举办《雪域正气之歌》大型廉政文艺晚会和廉政文化书画展。在自治区监狱挂牌成立警示教育基地，先后有 12 批 1860 名党政干部接受警示教育。

【深入开展执法监察和专项治理工作】损害群众利益的不正之风得到有效遏制。协调配合有关部门加强对建设工程招投标、经营性土地使用权出让、政府采购、医药购销等活动的监督检查，整顿规范了市场秩序。督促配合有关部门加大清理拖欠工程建设款和农民工工资力度，全区共清理拖欠农民工工资 1600 多万元，占拖欠总额的 99.4%。加大药品集中招标采购工作力度，为患者减轻负担 653.6 万元。加强对高考报名、考试、录取等工作的全程监督，共取消 194 名考生的高考报名资格和 43 名考生的录取资格。对个别地方教育乱收费、截留、挪用“三包”经费等问题进行了调查处理。清理评比达标表彰活动项目 170 个，保留 34 个，其余的予以撤销或合并。主动参与重特大责任事故调查处理工作，对 4 起责任事故的 6 名责任人进行了责任追究。在西藏人民广播电台开播“政风行风热线”栏目，请自治区人事厅等49个部门和单位的负责同志走进直播间，宣传惠民政策，解答听众提出的问题。

【不断加大查办案件工作力度】2007来，全区各级纪检监察机关共收到群众来信、来访和电话举报1108件（次），初核违纪线索594件，了结360件，查办立案件134件。给予党纪政纪处分111人，其中地（厅）级干部3人，县（处）级干部16人，乡科级干部51人；组织处理5人，移送司法机关2人。为国家挽回经济损失1219.7万元。

【源头治腐工作领域进一步拓宽】2007年初，区党委、政府主要领导与各地（市）、区直各单位党政主要负责人签订了为期3年的新一轮党风廉政建设责任书。各地各部门紧密结合实际，细化责任内容，层层签订了党风廉政建设责任书。年末，区纪委派出检查组对部分地市和部门落实党风廉政建设责任制情况进行了抽查。制定出台了关于加强基层党风廉政建设的实施意见、基层党组织负责人述职述廉实施办法等制度。协调督促有关部门制定、出台了完善和推进部门预算改革、企业投资项目备案、政府投资项目管理、政府采购工作等有关制度。在深入调查研究、广泛学习考察的基础上，提出了我区行政服务中心和公共资源交易中心建设意见。

【认真开展巡视工作】区党委两个巡视组对山南、那曲两个地区及所属6个县和14个厅局进行巡视。重点对新农村建设、工程项目招投标、政府采购、药品集中招标采购、经营性土地使用权招拍挂情况进行了解，形成了一批有价值的巡视成果。巡视成果受到了区党委和被巡视单位的高度重视，促进了一些重大问题的解决。

自治区组织工作

【扎实做好“迎接十七大、贯彻十七大”的各项工作】2007年，自治区组织部认真贯彻落实中央和区党委关于十七大代表选举工作的要求及部署，坚持标准，严格程序，精心组织，扎实抓好我区出席党的十七大代表候选人初步人选推荐提名、确定十七大代表候选人预备人选、十七大代表选举等工作。同时，制定下发了《关于在全区基层党组织和广大党员中开展“迎十七大创先争优”活动的通知》，在全区基层党组织和广大党员中扎实开展了“迎十七大创先争优”活动。党的十七大召开后，认真贯彻落实中组部和区党委有关通知精神，在全区组织系统迅速掀起学习宣传贯彻党的十七大精神的热潮。

【认真做好人大、政府、政协领导班子换届的各项工作，各级领导班子结构进一步优化、整体功能进一步增强】高度重视市县乡人大、政府和地（市）县政协换届工作，制定下发了《关于认真做好市、县（市、区）、乡（镇）人大、政府和地（市）、县（市、区）政协领导班子换届工作的通知》和《关于做好全区各地（市）、县（市、区）政协换届有关工作的意见》，要求各级组织精心准备、周密部署、明确任务、严肃纪律，切实做好换届工作。以优化结构、增强班子整体功能、配强党政正职、推进干部交流为重点，认真审核了各地（市）委上报的换届方案，按照《干部任用条例》和综合考核试行办法的要求，对换届人选进行了深入考察。通过换届，一批政治素质好、善于领导科学发展、作风扎实的优秀干部走上了各级领导岗位。同时，认真做好自治区人大、政府、政协换届相关工作。积极配合中组部干部考察组做好自治区人大、政府、政协换届人选集中考察工作，切实做好自治区人大、政府、政协换届人选材料和第十一届全国人大代表、全国政协委员推荐人选材料报送工作。

坚持干部队伍“四化”方针和德才兼备原则、“三个离不开”方针和“五湖四海”原则，把政治合格放在首位，严格按照《干部任用条例》的规定，运用体现科学发展观要求的综合考核评价试行办法，不断深化干部考察办法，在区体育局、区公安厅、拉萨市发改委等单位开展综合考核评价办法试点工作。进一步深化干部人事制度改革，积极推行以“两推一述”为主要内容的竞争上岗和公开选拔工作。干部交流力度进一步加大。

与区纪委联合下发了《关于在各级人大、政府、政协换届工作中进一步严肃纪律的通知》，进一步严肃换届纪律，努力为换届工作营造风清气正的良好环境。同时，认真做好12380举报电话及来信来访的受理工作，加大干部日常监督管理的力度。

【大力加强党的基层组织建设和党员队伍建设，进一步巩固和发展先进性教育活动成果】派出4个检查组对全区贯彻落实保持共产党员先进性长效机制四个文件情况进行调研和督促检查，向中央办公厅、中组部上报了我区贯彻落实情况。研究制订了万名干部下基层活动调研提纲，从区、地（市）、县、乡抽调10380名干部组成74个工作组，深入全区74个县（市、区）开展宣讲党的十七大精神和加强基层基础工作，编译、印发了《西藏自治区农村党支部工作手册》，汇总形成了《关于我区农牧区基层组织建设调研情况的报告》。

在基层组织建设方面，派出调研组深入林芝、昌都、那曲3个地区及其11个县、20个乡镇、19个村，对农牧区基层组织建设和党员队伍建设中的热点、难点问题进行专题调研。加强对村级活动场所建设工作的指导。扎实做好老党员、老干部、老劳模生活补贴发放工作。协调有关部门妥善解决了村干部的误工补贴。认真做好我区规模以上非公企业建立党组织工作，56%以上的非公有制企业建立了党组织。机关、企事业单位、学校和科研院所等基层组织建设进一步加强。

在农村党员干部现代远程教育工作方面，成立了领导机构和办事机构，认真开展调查摸底工作，研究制定实施意见和相关工作职责，建立领导协调小组成员联系点，拟于2008年1月下旬召开西藏自治区农村党员干部现代远程教育工作会议，对全区农村党员干部现代远程教育工作进行安排部署。

在党员队伍建设方面，研究起草了《西藏自治区2008—2012年发展党员工作规划》，以藏、汉两种文字印制下发《流动党员活动证》，设立了流动党员咨询服务专用电话。同时，认真落实区党委党的建设工作领导小组部署的各项工作任务，对全区党建工作作出安排部署。做好民主生活会的组织指导和《西藏自治区志·人事志》的修订工作，拍摄了8部党员电教片。

【扎实抓好干部教育培训工作，干部队伍整体素质不断提高】研究起草了《西藏自治区〈干部教育培训工作条例（试行）〉实施办法》和《西藏自治区2006—2010年干部教育培训规划》并认真组织实施。以党政干部为重点，扎实抓好“三支队伍”的教育培训。坚持不懈地抓好用马克思主义中国化的最新成果武装广大干部头脑的工作，抓好县以上党政领导干部和乡镇主要领导的教育培训，在培训工作中充分发挥各级党校、行政院校及其他培训机构的作用，依托对口支援省市、中央国家机关、中央企业、中央党校、国家行政学院、三所干部院校及区内外高等院校，分层次、分类别、多渠道、多形式大规模培训干部。全区共举办各类培训班320期，培训各级各类干部18500人次。同时，开展了藏红花示范推广等引智项目8个，选派106人出国（境）学习培训。

【进一步做好人事人才工作，为建设小康西藏、平安西藏、和谐西藏提供人才保证和智力支持】深入拉萨、日喀则、山南、林芝实地调研，研究起草了《关于进一步加强人才队伍建设的实施意见》报区党委办公厅审定。会同自治区财政厅制定下发《西藏自治区人才资源开发专项资金管理暂行办法》并抓好启动实施工作。切实做好接收“博士服务团”成员和推荐“西部之光”访问学者人选工作。

高度重视知识分子工作，认真贯彻落实人事部《关于印发〈关于加强专业技术人员继续教育工作的意见〉的通知》精神，扎实抓好专业技术人员继续教育工作。举办高级专业技术人员研修班，邀请上海市留学回国人员赴藏开展专家服务活动，选派部分专业技术人才到中央国家机关和科研院所挂职锻炼。向人事部申报7个留学回国人员科技活动择优资助项目。做好我区中国工程院院士遴选推荐工作，选拔推荐16名“百千万人才工程”国家级人选，组织区外专家服务团到我区讲学和开展短期服务活动。认真做好专业技术人员资格考试和职称业务考试工作，并对长期在艰苦边远县乡工作的专业技术人员和从事藏汉翻译、藏医药、西藏古籍抢救、藏族民间艺术的专业技术人员实行了免考职称外语政策。确认了406名专业技术人员的高级专业技术职务任职资格。

妥善做好445名军转干部安置工作，其中计划分配92人，自主择业353人。认真落实自主择业军转干部医疗保险政策，切实做好企业军转干部解困工作。加强军转工作机构和各项基础建设，为进一步做好军转工作奠定了坚实基础。

【继续推进高校毕业生就业制度改革，会同有关部门做好就业指导服务工作】高度重视高校毕业生就业制度改革工作，研究起草了《关于切实做好2007年我区高校毕业生就业工作的意见》报自治区人民政府批转实施。通过各种新闻媒体对2007年我区高校毕业生就业的9项政策和措施进行广泛深入的宣传。主动加强与区党委办公厅、区人民政府办公厅、区教育厅等部门的沟通，协调人才需求情况和高校毕业生公开考录有关事宜，认真组织实施2007年高校毕业生公开考录工作。通过计划分配、专项考录、西部计划志愿者和“三支一扶”人员招募、学历升级、举办人力资源洽谈会等渠道，全区共有7636名高校毕业生实现就业，占高校毕业生总数的95.41%。同时，认真组织实施区直机关事业单位公开考录公务员（工作人员）工作，目前该项工作正有条不紊地进行。

【把握政策、统筹协调，认真做好实施公务员法和机关事业单位工资制度改革工作】召开了全区实施公务员法工作会议，制定下发了《西藏自治区实施〈中华人民共和国公务员法〉工作方案》及其配套文件，扎实抓好审批方案、组织过渡考试、公务员登记、检查验收等工作，圆满完成了实施公务员法的各项工作任务，确保了干部队伍的稳定和社会稳定。

对完成公务员登记工作的机关事业单位及时安排工资套改，确保公务员登记与工资套改工作相衔接，圆满完成了全区工改增资兑现工作。认真做好调整西藏特殊津贴标准实施工作。研究制定我区体育运动员、地质勘探事业单位和测绘系统测绘队工作人员收入分配制度改革实施意见。妥善解决“以工代干”人员、爱国统战人士等人员的工资和生活待遇，为乡镇聘用干部建立了岗位津贴。

【扎实做好干部对口支援工作】积极加强与对口支援省市、中央和国家机关、中央企业的沟通，认真做好第五批援藏干部需求计划的协调落实工作。经多次沟通协商，最终确定由17个省市、60个中央和国家机关部委、17户中央企业为我区选派第五批援藏干部853名。同时，制定下发了《关于做好第四批对口支援干部援藏期满考核工作有关问题的通知》，加强对各地市和区直各受援单位第四批援藏干部期满考核工作的指导和协调。根据自治区党委、政府的要求，切实加强对轮换工作的组织领导，精心制订轮换工作方案并认真组织实施，确保了整个轮换工作安全有序地进行。认真贯彻落实区党委提出的真诚关心、真情爱护援藏干部的要求，妥善安排好第五批援藏干部，主动听取他们的意见和建议，及时了解他们的生活情况和思想动态，帮助他们克服困难。及时按干部管理权限及法律程序呈报、办理第五批援藏干部任职手续，保证他们有职、有权、有责，为他们尽快适应环境、进入角色积极创造条件。

【紧紧围绕全区工作大局，进一步加强和改进机构编制工作】理顺了纪检监察机构、区政协文史民族宗教、外事、水上交通安全、社会治安综合治理、统计、司法公证等机构的管理体制和工作机制。起草了《西藏自治区政府国有资产监督管理委员会（西藏自治区经济委员会）职能配置内设机构和人员编制方案》报自治区编委批准印发。在深入调研的基础上起草《关于请求调整西藏部分机构的请示》上报中央编办。完成了中央编办给我区下达的乡镇周转行政编制和森林公安系统政法专项编制的落实工作。

继续开展乡镇机构改革试点工作，认真总结试点经验，研究提出了关于乡镇机关职能配置模式和进一步建立健全为农牧民提供直接服务的乡镇事业机构的初步意见。开展了乡镇编制和实有人员监督检查工作。进一步完善了机构编制台帐。草拟了《西藏自治区机构编制管理规定（草案）》。

继续做好自治区高原生物研究所等8个事业单位机构和人事制度改革试点工作，配合试点单位对内部运行机制、人事管理、绩效考核、分配方式等进行积极探索，先后形成各种探索性的制度规定300多条，分别在各试点单位试行。对西藏藏医学院机构编制调整、西藏大学内设机构调整和后勤集团改制、西藏商报和区财政厅会计师事务所改革提出意见。协调区教育厅对全区中小学教职工编制进行分解，逐级下达到学校。积极推进事业单位法人登记管理工作，完成法人年检事业单位778家，新办理法人登记17家和变更登记34家。对全区开展事业单位网上登记进行调研并提出意见。认真做好人员编制卡片管理工作。

【领导名录】

区党委常委、部长：尹德明
常务副部长：武金辉
副部长、人事厅厅长：边巴扎西
副部长、编办主任：唐明英
副部长：李晓云、许　鹏、邹　立
部务委员、纪检组长：强　秋
部务委员、人事厅副厅长：谭超运
皮大中
部务委员、编办副主任：王岐海
解海源
副巡视员、研究室主任：段胜前

自治区宣传思想工作

【区党委高度重视、加强领导，指导宣传思想工作整体推进、全面发展】自治区党委常委会2007年工作要点，以及在自治区七届二次、三次全委会和全区党员领导干部大会等重要会议上，自治区党委都对宣传思想工作进行了专门部署，提出了明确要求。自治区党委书记张庆黎亲自深入宣传文化系统视察指导、调研座谈、出席活动，就加强宣传思想工作多次发表重要讲话，作出一系列重要批示。列确副书记代表自治区党委分别在全区宣传部长会议和宣传部长座谈会上作了重要讲话，出席宣传文化系统的活动，主动听取宣传文化系统的工作汇报，及时指导宣传文化系统的各项工作。自治区党委的高度重视和坚强领导，为做好宣传思想工作指明了方向，创造了良好的条件，提供了有力的保证。

适时召开全区宣传部长会议和全区宣传部长座谈会，认真研究部署全年各项宣传思想工作，并把2007年确定为宣传思想工作的“管理年”、“落实年”，紧紧围绕经济建设这个中心和发展稳定两件大事，解放思想，开拓创新，全面推进理论武装、新闻出版、文艺文化、思想道德建设、精神文明创建、文化体制改革和对外宣传等各项工作，以胡锦涛总书记“6·25”重要讲话精神为重点，兴起了马克思主义中国化最新成果学习宣传贯彻的新高潮；以迎接学习宣传十七大为重点，兴起了西藏改革开放、现代化建设和党的建设辉煌成就展示宣传的新高潮；以重大纪念活动为重点，兴起了以爱国主义教育为重点的宣传教育新高潮；以贯彻全区党员领导干部大会精神为重点，兴起了反对分裂、揭批达赖集团反动本质思想教育的新高潮，宣传思想工作呈现出蓬勃发展的良好态势。

【把握首要政治任务，明确工作主线，把迎接学习宣传贯彻党的十七大贯穿全年工作始终】迎接学习宣传贯彻党的十七大精神，是宣传思想工作的首要政治任务，是全年工作的主线。

十七大召开前，以统一思想、宣传成就、鼓舞士气、营造氛围为主，在理论学习宣传研究方面，围绕胡锦涛同志“6·25”重要讲话精神，以科学发展观和构建社会主义和谐社会等重大战略思想为主要内容，以理论学习中心组为龙头，以县处级以上党员领导干部为重点，不断深化理论学习，积极组织理论宣传，着力加强理论研究，营造了良好的理论氛围；在社会思想道德建设方面，编写迎接党的十七大藏汉文宣传提纲，广泛开展“我和我的祖国”等主题教育活动，深入推进“迎奥运、讲文明、树新风”等群众性精神文明创建活动，营造了良好的思想道德氛围；在文艺文化方面，组织迎接党的十七大胜利召开的专场文艺晚会《党的光辉照西藏》和《歌唱新生活》、《颂歌献给党》等20多组广播电视特别文艺节目，精心组织优秀精品特别是“五个一”工程奖优秀作品的展演展播，营造了良好的文化氛围；在舆论宣传方面，开辟了《展示新成就、迎接十七大》、《民族团结、共创和谐》等专题专栏，大力宣传我区“一个转折点、两个里程碑”特别是党的十六大以来西藏发展稳定和党的建设的光辉实践、巨大成就，在全区唱响了共产党好、社会主义好、民族区域自治制度好、改革开放好的主旋律，为党的十七大胜利召开营造了良好的舆论氛围。

十七大召开期间，以新闻报道和舆论宣传为主，组织全区广大党员干部收听收看十七大盛况，组织中央驻藏新闻单位和区内各级各类新闻媒体，选派精兵强将一线把关、全力投入，用最好的版面、最好的时段、最好的栏目，同时组织西藏电视台首次开辟了《直通北京》专题，浓重热烈、及时准确地宣传报道党的十七大，宣传报道全区各级党组织、各族人民学习十七大精神的情况，在全区掀起了关注十七大、聚焦十七大、学习十七大的高潮。据不完全统计，仅《西藏日报》藏、汉文版和《中国西藏新闻网》，就刊发以十七大为题的各类新闻文字稿件近3500篇、图片稿件3000余篇，专版34期，理论版15期，评论30篇，社论10篇。

十七大召开后，以理论宣讲、中心组学习、政策解读为主，集中各种力量，开通多种渠道，采取多种形式，全面推进党的十七大精神的学习宣传。党的十七大刚一结束，区党委就把宣讲党的十七大精神与加强基层基础工作有机结合，在全区组织开展了声势浩大的“万名干部下基层”活动。在这次活动中，按照区党委的统一部署和要求，编写宣讲提纲，组织学习材料，培训宣讲人员，承担宣讲任务，加大报道力度，营造强势舆论氛围。通过“万名干部下基层”

活动，使党的十七大精神的宣讲工作覆盖到了全区各地市、各单位和所有县乡镇及绝大多数行政村，成为行动最快、规模最大、声势最强、影响最广的宣讲活动，深受基层干部群众的欢迎。

【紧扣发展主题，服务经济建设，营造经济社会又好又快发展的浓厚氛围】围绕区党委七届二次、三次全委会和全区经济工作会议精神，大力宣传建设小康西藏、平安西藏、和谐西藏的重大意义、重大决策部署，大力宣传区党委政府为建设社会主义新农村制定的一系列亲民、为民、富民、惠民政策，大力宣传各地市各部门贯彻区党委重大决策部署的新举措、新做法，大力宣传区党委政府加强基层基础工作、解决事关农牧民群众切身利益问题的生动实践，大力宣传农牧民脱贫致富的先进典型，进一步鼓舞全区人民携手并肩奔小康的昂扬士气。

围绕"一产上水平、二产抓重点、三产大发展"的经济发展战略和"十一五"规划的各项工作目标，着力宣传自治区党委政府为实现经济社会又好又快发展所做出的重大决策和采取的重大举措，着力宣传在全区各族干部群众团结奋斗下，西藏经济社会发展的良好态势、丰硕成果、典型经验，着力宣传我区借助青藏铁路通车大好机遇发展特色经济、特色产业、特色旅游的喜人局面，着力宣传各族干部群众在以安居乐业为突破口的社会主义新农村建设中，豪情满怀、奋发向上、信心百倍的精神风貌。据初步估算，2007 年，组织区内主要新闻媒体对经济社会发展方面的报道量，在全区营造了"聚精会神搞建设，一心一意谋发展"的强势舆论氛围。

围绕服务基层、推动发展，组织"话剧送欢乐到基层"、"送电影下乡"、"国产新片进农村"、"心连心"慰问演出、"和谐新农村"、"农牧民的微笑——西藏建设社会主义新农村"摄影展、"送欢乐下基层"、"为千家农牧民拍合家欢"等活动，进一步丰富基层农牧民群众精神文化生活，为促进基层基础建设提供精神文化动力。

【牢记第一责任，服务社会稳定，夯实反分裂斗争的思想基础和群众基础】针对达赖集团散布的"中间道路"、"大藏区"、"高度自治"、"文化灭绝"等主要谬论，在唱响主旋律、加强正面宣传的同时，发挥传统媒体、网络媒体的作用，积极开展舆论斗争，推出《是比丘还是政客》、《是"和平"还是暴力》、《西藏文化是被"毁灭"了吗》等系列理论文章和评论、言论，集中火力、据理力争，深刻揭露达赖集团分裂祖国的反动本质，有力批驳达赖集团散布的各种谬论，强势回击达赖集团的舆论攻击，积极引导群众思想和社会舆论。

针对美国在 10 月 17 日授予达赖国会"金质奖章"，按照中央和区党委的部署和要求，及时汇集研判舆情，制定统一口径和应急预案，主动掌控网络和媒体舆论，有针对性地开展宣传教育活动，社会局势和群众思想状况未产生大的波动，有力粉碎了西方敌对势力精心策划的这一阴谋。

坚持正确舆论导向，把握舆论主动权。以正面宣传西藏、引导国际舆论为重要突破口，加强"请进来""走出去"工作，在中央外宣办的统一安排下，组织接待了英国、德国、美国、俄罗斯、墨西哥、印度、尼泊尔等 30 多个国家的外交官、主流媒体记者 9 批 81 人次来藏参观、采访，他们回到本国后，相继发表言论、撰写文章，把在西藏的真实见闻宣传给本国公众，对争取国际舆论起到了积极的促进作用。配合自治区有关部门完成了向巴平措主席率中国西藏政府代表团赴东欧三国访问，配合中央外宣办在俄罗斯、法国、奥地利成功举办了"中国西藏文化周"、"法国·世界著名摄影家眼中的西藏"、"中国西藏发展论坛"等重大活动。拍摄制作介绍我区农牧民安居工程的 DVD 光盘，编辑出版《西藏人口》中、英文小册子，让镜头说话，让事实说话，让活生生的现实说话，有利地戳穿了达赖集团的谎言，揭穿了达赖集团反动政客的真实面目。

加强对新闻出版工作的指导和协调，组织全区深入开展"扫黄打非"活动，依法收缴政治性反动书籍及音像制品，从源头上有力封堵反动思想的传播渠道，挤压达赖集团的宣传渗透空间。同时，安排组织出版反分裂、反渗透优秀出版物 30 余种，编发《国外舆情摘报》编写对外表态口径，制定应对突发事件的工作预案，知己知彼，争取主动，掌握话语权。

【抓住根本，促进和谐，用社会主义核心价值体系引领社会思想舆论】抓住社会主义核心价值体系建设这个根本，着眼于巩固马克思主义在我区意识形态领域的指导地位，坚持不懈地用马克思主义中国化最新成果武装党员、教育干部群众，特别是把学习领会和贯彻落实科学发展观作为一项关系西藏发展稳定的重大战略任务来抓，用科学发展观武装头脑、指导实践、推动工作。在区党委理论学习中心组的示范带动下，全区不断掀起理论学习高潮，科学发展观和构建社会主义和谐社会等重大战略思想不断深入人心。结合纪念邓小平"立足民族平等，加快西藏发展"重要谈话发表 20 周年，从自治区到各地市都举办了理论研讨会，学习领会党的民族理论，研究探讨发展稳定中的重大现实问题。召开了全区理论工作座谈会，认真总结党的十六大以来全区理论武装工作取得的成就和经验。开展"厅局长谈推动科学发展、促进社会和谐"活动，切实把党的最新理论成果转化为谋划发展的正确思路和领导发展的实际能力。高举当代哲学社会科学和藏学研究旗帜，制定《西藏自治区"十一五"时期哲学社会科学研究规划》，加强哲学社会科学研究和藏学研究工作，推动哲学社会科学的繁荣发展。

着眼于坚定共同理想信念，坚持不懈地开展中国特色社会主义共同理想的教育，用共同理想统一思想、凝聚力量。组织媒体开办了《在五星红旗下》、《深入揭批达赖维护祖国统一》、《新生活新发展新变化》、《党外人士谈家乡变化》、《团结进步共创和谐》等专题专栏，开展"我和我的祖国"等主题教育活动，引导干部群众充分认识团结稳定是福、分裂动乱是祸的道理，在广大干部群众中进一步增强了西藏是祖国不可分割的一部分的意识，增强了维护祖国统一、维护民族团结、维护西藏稳定的自觉性；进一步坚定各族人民坚持中国共产党的领导、坚持社会主义制度、坚持民族区域自治制度和建设小康西藏、平安西藏、和谐西藏的信心决心。

着眼于弘扬民族精神和时代精神，抓活动，抓典型，抓建设。围绕青藏铁路通车一周年，组织举办了社会各界人士座谈会，开展了“铁路为我送安康、我为铁路保平安”和“颂路护路共创和谐”主题教育活动，用大家的亲身经历和切身感受，充分说明青藏铁路是惠及西藏各族人民的经济线、团结线、生态线、幸福线。围绕纪念和庆祝建党86周年、建军80周年、香港回归10周年，以组织举办《和谐颂》、《我们的队伍向太阳》等大型文艺演出为抓手，深情地讴歌了伟大的祖国、伟大的中国共产党，艺术地再现了驻藏部队官兵与西藏各族人民同呼吸、共患难、心连心的感人画卷，豪迈地唱出了政通人和、物阜年丰的盛事赞歌，极大地激励和鼓舞了各族人民的精神力量。

充分发挥先进典型的教育示范作用，先后推出了人民的好老师桑杰顿珠、世界文化遗产的忠诚卫士布达拉宫消防大队、人民的好警察尼加、“钢铁运输大队”武警边防运输大队等一批建设小康西藏、平安西藏、和谐西藏的先进典型，大力弘扬以爱国主义为核心的民族精神和以改革创新为核心的时代精神。

大力加强爱国主义教育基地建设，完成了布达拉宫雪城的保护利用工作，将拉萨火车站纳入自治区级爱国主义教育基地，增加自治区级爱国主义教育基地帕拉庄园的软件建设。按照中央和区党委有关领导同志的批示精神，成立了“红色遗迹”抢救保护工作领导小组办公室，全面启动了“红色遗迹”抢救保护工作，确定了全区首批9个“红色遗迹”保护项目，重要历史和革命文物保护工作扎实推进。

着眼于树立和践行社会主义荣辱观，以马克思主义祖国观为重点，进一步深化马克思主义“四观”、“两论”教育，突出“以热爱祖国为荣、以危害祖国为耻”和“团结稳定是福、分裂动乱是祸”以及“三个离不开”的思想教育，广泛开展社会主义荣辱观教育。大力开展未成年人思想道德建设，在全区中小学生中广泛开展了“祖国在我心中”、“小手牵大手共树荣辱观”的主题教育活动，倡导和谐理念，培育和谐精神，夯实社会和谐的思想道德基础。

着眼于促进社会和谐，以关注民生、解读政策为重点，引导公众情绪。始终坚持把宣传党的主张与体现群众的意愿相结合，在大力宣传党的方针政策、强化对政策法规予以深刻解读的同时，深切关注民情，及时反映民声，注重为民服务。围绕高校毕业生和困难家庭的就业问题，围绕涉及人民群众切身利益的社保、住房、医疗等问题，围绕干部群众关心的教育、环保、社会治安等问题，在主流媒体深入宣传区党委政府出台的政策、采取的措施和群众得到的实惠，特别注重对热点难点问题的引导，把公众情绪引向健康有序的轨道，最大限度地化解思想矛盾、形成思想共识、营造和谐氛围。

把握正确导向，贴近工作实际，全年工作亮点不断充分发挥各级各类媒体作用，提升舆论引导水平。积极协调和组织中央驻藏新闻媒体和区内主要新闻媒体，深入开展阶段性、战役性宣传报道，各主要媒体围绕不同阶段的主题宣传所开设的栏目专版最多、稿件数量最多、报道形式最活。“万名干部下基层”活动开展以来，积极协调中央主要媒体加强对西藏宣传工作的同时，在我区主要媒体开设“中央媒体看西藏”专栏，刊播宣传我区的各类新闻稿件560篇（条）。围绕“新发展、新变化、新生活”主题宣传活动，人民日报驻西藏记者站上送稿见报105篇，其中，头版头条7篇；新华社—西藏分社发稿4000多篇，采用3900余篇；中央人民广播电台驻藏记者站发稿2200多篇，采用1800多篇；中新社西藏分社发稿126篇，被海内外媒体转载刊用1008条次；发稿量采用量都较2006年有突破性增长，发挥了宣传西藏不可替代的特殊作用。西藏日报全年受到中宣部新闻阅评小组表扬7次；西藏人民广播电台全年上送中央两台稿件220多篇，采用60余篇；西藏电视台全年上送中央电视台新闻稿件180余篇，采用70余篇。

文化体制改革正式启动，文艺作品精彩纷呈，优秀节目多部获奖，精选节目推向奥运。召开了文化体制改革领导小组第一次会议，对文化体制和文化产业发展作出安排部署。召开了自治区第四次文代会，完成了自治区文联及十大协会的换届选举工作。文化产业起步顺利，发展势头看好。围绕文化大发展大繁荣，不拘一格推出新作、推出新人，打造特色，培育市场。精心打造的大型对外交流精品节目《天上西藏》和区内常态精品节目《幸福在路上》进入最后修改阶段，大型民族风情歌舞《雅鲁藏布》、《珠峰彩虹》等一批具有浓郁民族和地域特色的节目陆续上演。歌曲《藏族人家》、电影《江孜·1904》、电视剧《茶马古道》、京剧藏戏《文成公主》获全国第十届精神文明建设“五个一”工程奖，其中京剧藏戏《文成公主》还成功入选2006年—2007年国家舞台艺术精品工程10强；8个门类的27部优秀作品获自治区第二届精神文明建设“五个一”工程奖。为展示西藏文化魅力和人民群众崭新精神面貌，积极协调相关部门，努力争取我区精品文艺节目走向2008北京奥运。最近，我区推荐的《幸福在路上》文艺精品专场，被正式确定为全国15个省参加奥运演出的剧目之一。藏戏歌舞《吉祥奥运》、堆谐歌舞《珠峰赞歌》、大型鼓舞《雪域的祝福》三个节目正积极争取参加奥运会前的文艺演出。

结合农牧民安居工程建设，组织设计制作了集艺术性、思想性、政治性为一体的系列爱国主义主题宣传张贴画，不仅解决了农牧民群众新房建起后“墙上挂什么”的问题，同时达到了深入宣传维护祖国统一、维护民族团结的目的，受到农牧民群众的广泛欢迎。

第一次在全区范围内发起了一场社会各界广泛参与的思想道德讨论、评比活动。西藏军区副司令员兼西藏军区总医院院长李素芝被推荐评选为全国敬业奉献模范，山南建筑公司党组书记、经理单增被推荐评选为全国诚实守信模范，另有2人获全国见义勇为模范提名、2人获全国孝老爱亲模范提名、2人获全国助人为乐模范提名、1人获全国敬业奉献模范提名。

完成了《党的十六大以来西藏宣传文化工作的主要成就和基本经验》等一批重点课题的调研报告。向中宣部报送的舆情信息多次受到领导批示，向区党委报送的信息量和采用量突破历年纪录，在综合考评中位居区直部门第三。

【突出目标管理，强化责任意识，以管理促落实、促发展】试行目标管理责任制。2007 年，率先在新闻系统试行目标管理责任制，与区内主要新闻单位层层签订《新闻宣传工作目标管理责任书》，明确目标任务、考核办法、奖惩规定。试行目标管理责任制的单位和部门工作积极性、工作效率、工作质量明显提高，西藏日报记者的写稿量达到了过去的一倍甚至二三倍，报道触角延伸得更深、更广。拉萨、山南、那曲等地委宣传部也与各县委宣传部签订了目标管理责任书，年初签订，年底考核，机制一变，天地更宽，一年来成效明显。

草拟了《关于我区重要会议和领导同志活动新闻报道的规定》，制定了《关于改进和加强我区突发事件新闻报道工作的意见》、《关于进一步加强广播影视宣传管理意见》等制度。在对外宣传管理方面，围绕"采访线"工程建设和对外网络宣传，着重加强对外国记者赴藏采访的管理，制定我区网络评论员管理办法，规范网上新闻登载资质管理等相关工作。在部机关管理方面，以建立健全各项规章制度为抓手，强化机关管理，规范机关工作，制定了《部机关考勤制度暂行办法》等 5 个内部管理办法。

加强宣传文化阵地的建设和管理。组织实施了广播—电视"安全播出工程"和中央广播电视节目无线覆盖工程，协调相关部门完成西藏卫星广播电视节目传输到北京地面光缆线路前期准备工作，完成调度指挥平台的扩容改选工程和全国地级以上城市地面无线广播电视监测项目建设。为保证在十七大召开之前做好新闻报道的各项基础工作，按时落实了转星调整和转发器调整相关工作。

自治区统一战线工作

【年度特点】2007 年，自治区各级统战部门认真贯彻自治区第七次党代会和自治区统战民族工作会议精神，理清思路、狠抓实干，着力在加强学习培训、狠抓贯彻落实，突出宗教重点、维护和谐稳定，培养代表人物、壮大爱国队伍，开展调查研究、完善政策措施等方面做了大量卓有成效的工作，为我区的发展和稳定作出了新的贡献。

【积极参加万名干部下基层活动】按照区党委的统一部署各级统战部门选派优秀干部参加"万名干部下基层活动"，深入田间地头，走进农家牧户，深入浅出宣讲十七大精神，调查研究基层实情，走访慰问困难群众，提出了解决问题和困难的对策建议，为加强农牧区基层基础工作发挥了积极作用。

【狠抓培训、提高能力】坚持以会代训强化理论政策武装，举办地县统战部长、统战干部、乡镇宗教工作干部培训班 4 期，共培训 299 人，选送部分县级统战部长到中央社院学习，各地市也相继举办多期培训班，有效提高了各级统战干部的理论素养、政策水平和工作能力。

【加强建设、改善条件】自治区"党外人士之家"综合楼主体工程基本完工，拉萨、昌都、那曲等地统战部门办公楼重新修建，日喀则统战部办公楼修建已纳入援建项目，西藏佛学院筹建工作有条不紊的进行，各级统战部门工作条件逐步改善。

【继续深化教育】组织多个工作组，采取重点寺庙蹲点宣讲、一般寺庙巡回宣讲等方式，在僧尼中开展以维护祖国统一、反对民族分裂为主要内容的爱国主义教育和以党的宗教政策、法律法规为主要内容的法制宣传教育，色拉寺、甘丹寺等重点寺庙的深化教育工作较为顺利，并在扎什伦布寺、强巴林寺开展了创建和谐寺庙试点工作，推动寺庙爱国主义教育的进一步深化。

【有效处置事件】加大依法管理宗教事务的力度，妥善处理宗教领域的复杂敏感问题，确保了十七大期间我区宗教领域的稳定。

【培养爱国力量】区地县涉宗部门分层次加大对宗教人士的培训力度，举办各类培训班 22 期，培训僧尼 696 人。推荐部分活佛、僧人到北京高级佛学院学习深造，鼓励和支持僧人考取宗教学衔，尽可能为他们的进步创造条件，目前全区有 11 名僧人获得拓让巴学位，22 人获得格西拉让巴学位。对宗教界代表人士作了适当政治和实职安排，有 475 名民管会成员在各级人大、政协、佛协中任职，为他们发挥作用搭建平台。积极落实寺管会成员的生活补助，调动他们的工作积极性。

【加强佛协组织建设】组织宗教界爱国人士深入寺庙开展宣教活动，对宗教教义做出符合社会进步要求的阐释，教育引导信教群众倍加珍惜民族团结和祖国统一，发挥佛协组织的桥梁和纽带作用。以举办中国佛协西藏分会成立 50 周年庆祝活动之机，帮助佛协全面加强思想建设、组织建设、班子建设，佛协面貌发生了新的变化。

【认真抓好统一战线成员思想政治工作】组织党外人士认真学习全区党员领导干部大会、全国藏传佛教工作座谈会等精神，引导他们充分认清达赖政治上的反动性、宗教上的虚伪性和手法上的欺骗性，进一步增强了统一战线成员坚持中国共产党的领导、坚持社会主义制度、坚持民族区域自治制度的"三个坚持"的自觉性。通过走访慰问、联络交友，及时了解掌握党外人士的思想状况，做有针对性的教育引导工作，把党外人士的思想认识进一步统一到中央及区党委的决策上来。通过组织培训和区内外参观考察，鼓励和支持党外人士积极为我区经济社会又好又快发展献计出力，有效提高了党外人士参政议政的能力。

【认真抓好换届人事安排工作】在新一届地市政协委员中，党外委员平均年龄比上届下降 3.54 岁。自治区新一届党外政协委员中，新任的占 44. 44%，大专以上学历的占 52.78%，完成了我区全国人大党外代表、全国政协党外委员的人选考察、推荐、提名工作。各级工商联的换届工作顺利完成，新一届自治区工商联非公有制经济代表人士占执委的 54.2%，占常委的 45.1%，占副会长的 69%，对部分新任执委进行了培训。

【基础调研工作取得新成效】各级统战部门坚持把调查研究作为基础性工作，围绕民族、宗教、非公经济、境外藏胞、创建和谐寺庙等内容，开展大量实地调查和研究，全年形成有情况、有分析、有对策、有建议的调研报告 120 余篇，其中 3 篇获得全国统战理论研究优秀成果奖，33 篇获得全区统战理论调研优秀成果奖，西藏自治区党委统战部首次荣获全国统战理论研究优秀组织奖。

【调研成果的转化有了新进展】在深入调查研究的基础上，制定下发《关于在全区寺庙开展创建和谐寺庙活动的意见》、《关于地（市）、县（市、区）政协换届人事安排的意见》、《关于加强对境外藏胞组织或个人捐赠、投资项目审批管理的意见》，出台《西藏自治区藏传佛教活动场所外来学经人员管理办法》、《自治区党外人士因私出境管理办法》、《自治区藏传佛教寺庙僧尼请销假制度》，形成《关于妥善应对各各类突发性事件的政策预案及处理原则》、《自治区涉台突发公共事件应急预案》等 8 项规章和办法，对促进我区统一战线工作制度化、规范化发挥了重要作用。起草《西藏自治区藏传佛教寺庙学经班管理办法》、《关于境外藏胞回国探访管理暂行规定》等意见和办法，进一步规范有关工作。同时，启动西藏统一战线外宣网，为展示我区统一战线精神风貌、工作实绩和研究成果提供了新平台。

【重大课题的研究有新突破】按照区党委和中央统战部的部署，由区党委统战部牵头，组织区内外专家学者，就西藏经济社会发展现状及未来发展战略这一重大课题，进行深入研究和探讨，提出了到 2020 年我区中长期发展战略建议，得到区党委和中央统战部的充分肯定，并获得全国统战理论研究优秀成果一等奖。

自治区政法工作

【大力强政法队伍建设】2007 年，自治区政法机关一是按照自治区七届二次全会和自治区党员领导干部大会的要求，深入揭批达赖反动本质，永葆政法干警忠于党、忠于祖国、忠于人民、忠于法律的政治本色。从根本上清除政法队伍中极少数人存在的模糊认识和错误倾向，彻底解决好极个别干警“政治不纯、思想不纯、作风不纯”等突出问题。二是圆满完成社会主义法治理念教育活动，有力地促进了各项政法工作，锤练了队伍，干警的执法司法水平明显提高，成效显著。三是在全区狠抓清理和规范警车及警灯、警报器使用和管理工作。进一步规范了警车、警灯、警报器的使用和管理。四是深入贯彻落实《中共中央关于进一步加强人民法院和人民检察院工作的决定》和区党委《关于贯彻〈中共中央关于进一步加强人民法院和人民检察院工作的决定〉的意见》，有力地促进了法院和检察院的各项工作；全区公安机关全面推进“三基”工程向纵深发展，成效显著；司法行政机关、国家安全机关也结合本部门实际，在广大干警中深入开展思想政治教育。

【以确保党的十七大胜利召开为目标，以反分裂斗争为龙头，全力维护我区社会政治稳定】一是坚持对敌斗争方针，严厉打击和严密防范达赖集团和敌对势力的各种分裂破坏活动，有力地挫败了达赖集团新一轮反扑，确保了全区社会稳定。二是加强情报信息研判工作，牢牢把握对敌斗争主动权。公安、安全等有关部门加大了情报信息的收集力度，拓宽了情报信息的渠道，增加了情报信息来源，提高了情报信息质量。三是加强边境管理，严厉打击非法出入境活动，加强对非法出入境人员的审查、遣送工作。四是进一步加强对寺庙僧尼的控管和教育引导。公安机关切实加强了各项专门工作，严密控制重点寺庙和重点僧尼，有效地防止了区内寺庙僧尼利用护法神问题制造事端。五是妥善处理群体性事件，严防西方敌对势力和达赖集团插手利用。各级政法机关按照《西藏自治区矛盾纠纷排查调处工作机制》，进一步完善领导责任制，落实属地管理措施，加强排查调处工作力度，增强了依法妥善处理的效果。六是严密防范和严厉打击“法轮功”等邪教组织活动，加大教育转化工作力度。七是加强安全保卫工作，确保重大活动安全。全区政法机关圆满完成了党的十七大、全国“两会”、全区“两会”、三大节日、“3·10”敏感日、“五一”黄金周、“护法神”等重要部位、重大节日、宗教节日、敏感日期间的安全保卫工作。

【深化“严打”整治斗争，保持我区社会局势持续稳定】深入开展“严打”整治斗争。全区各级政法机关在“严打”整治中，严厉打击各种犯罪活动，同时坚持“打防结合、标本兼治、重在治本”的方针，狠抓了社会治安整治，强化了治安管理，严厉打击“黄、赌、毒”等社会丑恶现象，加强了对重点人口的监管工作，有效减少了各种违法犯罪活动，使当地社会治安进一步好转。

充分发挥政法机关在维护社会主义市场经济秩序中的重要作用，有力地打击了各种经济犯罪和职务犯罪，为国家挽回了损失。

【进一步加强社会治安综合治理工作】一是召开五个专门工作领导小组会议，健全和完善了各项工作制度，有力地推动了平安建设工作。二是制定出台了《关于进一步加强我区流动人口治安管理服务工作的意见》，进一步明确了指导思想、总体目标和工作任务，提出了工作措施，细化了考核考评办法，进一步推动了我区流动人口管理和出租房屋管理工作。三是积极预防和妥善解决因资源纠纷引发的不稳定因素。从有关部门抽调人员，组成了督导调研工作领导小组，赴昌都、林芝、日喀则、那曲和拉萨开展了矛盾纠纷排查调处工作督导和调研。对当前我区矛盾纠纷排查调处工作存在的问题和困难进行了全面分析，提出了对策和建议。四是进一步加强综治干部培训工作力度，大力开展综治宣传工作。3 月底在江苏省举办了县综治委主任培训班，来自区内 50 个县的综治委主任参加了为期 15 天的培训。全区各级司法行政部门大力开展法制宣传教育活动，积极推进公务员学法用法工作，积极开展“民主法治示范村”的创建工作，深入开展寺庙法制宣传教育，举办了全区寺庙民管会主任培训班，积极开展了法律援助工作。五是全面加强社会治安综合治理工作，为我区经济社会发展创造良好的治安环境。六是成功举办了“9·16”平安西藏大型宣传活动和文艺晚会，在全区营造了创建平安西藏的良好氛围。

【进一步完善青藏铁路护路联防各项工作措施】一是积极采取有力措施，全面加强青藏铁路西藏段反恐怖袭击防范工作。区政法委组织政法部门就有关情况进行了深入调查研究，进一步完善突发事件应急机制，加强情报收集和信息研判，加强对重点目标、重点人员的控管，加大了专案侦查和专项整治，确保了青藏铁路西藏段的安全。二是三级铁路护路联防组织充分发挥作用，护路联防工作落到实处。三是大力开展爱路护路宣传教育。四是积极开展专项整治，解决铁路沿线突出的治安问题。

自治区党校（行政学院）工作

【加强理论学习】2007年，自治区党校理论学习方面主要采取了以下措施：一是严格中心组学习制度，保证学习时间、人员，确保学习效果，提高学习质量；二是以中心组的学习带动全校（院）各支部和教职工的学习；三是分散与集中学习相结合，自学与讨论相结合，研讨与交流相结合，理论学习与推动工作相结合；四是充分发挥党校理论教学优势，积极举办各种形式的报告会、专题讲座、研讨会；五是组织教职工撰写理论文章、心得体会，在《西藏日报》以及有影响的刊物上发表；六是把理论学习的情况，作为县以上干部年终述职的重要内容和科以下干部年终考核评议的重要依据；七是选派了14名骨干教师参加区党委学习贯彻十七大精神宣讲团和全区万名干部深入农牧区进村入户宣讲十七大精神活动。在此基础上，组织骨干教师积极主动地到机关、部队、学校、农牧区开展专题讲座，送教上门。

【不断完善“一个中心，四个方面，一个突出”的教学布局，做到教学内容的与时俱进】一是把党的十七大精神作为教学中心内容，切实贯彻到教学的各个环节中去，在教学内容、课程设置、教学方法、教材建设等方面体现这一中心。二是突出党的十七大精神在教学中的地位和分量，强化对十七大报告历史地位、思想精髓、科学内涵和基本要求的系统讲授，使十七大精神及时进课堂、进教材、进头脑。三是继续开展民族理论、民族政策、民族法律法规以及民族基本知识的教育，开展维护祖国统一、加强民族团结的思想教育，引导各族干部群众真正懂得团结稳定之益、分裂动乱之害，珍惜来之不易的安定团结的局面，在思想上筑牢反分裂斗争的钢铁长城。四是紧密结合我区实际，加强了党中央关于新时期西藏工作一系列战略决策的教育，进一步增强坚持党的领导、坚持社会主义制度、坚持民族区域自治制度的自觉性和坚定性。五是进一步加强党风廉政教育，加强“两个务必”和老西藏精神的教育，增强学员的党性锻炼，引导学员把马克思主义中国化的最新成果转化为坚定的政治信仰、科学的世界观和方法论以及立身做人的基本准则。

【创新教学方法，进一步提高教学质量】一是继续加大研究式教学的力度；二是因需施教，推行“菜单式”教学，以增强培训的针对性；三是开展体验式教学；四是进行了致力于提高学员综合素质和能力的案例式教学，学员对案例式教学表现出了浓厚的兴趣，提高了运用理论知识去分析实际问题、思考实际问题、解决实际问题的能力；五是实行“请进来教学”。为了丰富和体现教学的社会实践感和现实感，先后邀请了区党委、政府的领导以及地（市）、区直部门的27位领导、专家到党校做报告，丰富了教学内容，提高了教学层次，增强了理论联系实际的能力。

【加强反腐倡廉教育，提高学员拒腐防变能力】为深入贯彻胡锦涛总书记在中央纪委第七次全体会议和七届二次全会上的重要讲话精神，认真贯彻自治区纪委第二次全会精神，依据藏党办发[2006]1号文件“把反腐倡廉教育纳入各级党校、行政学院和其他培训机构的教学计划”的要求，在主体班次学员中大力开展反腐倡廉教育和保密意识教育，取得了明显成效。

【加强教学管理，认真落实教学任务】为了切实搞好各班次的小组讨论、全班交流、双向交流、单元开卷考试等教学组织活动，2007年试行了对一些班次采取了项目负责制的管理方式，各教研部积极参与。实践证明，这种做法分工明确，责任到位，收效良好。

【进一步加强了学员管理工作力度】2007年首次在本科班、中青班实行了量化管理，制定和完善了各项规章制度。同时，进一步加强了学员的入学教育和党性、党风教育，先后安排各主体班学员到自治区监狱进行说法警示教育，让学员亲眼目睹贪欲之害，犯法之祸；安排参观了雪城，亲身体验新旧社会对比，增强对社会主义的无比热爱，感受社会主义大家庭的温暖；观看爱国主义影片，激发学员的学习和爱国热情，学员管理水平得到明显提高。

【培训力度进一步加大】全年共举办24个班次，培训、轮训人数达1544人，总课时量达3000余课时。

【严格函授教学管理工作，确保平稳过度】2007年，分院所属八个学区报名人数4480人，共录取3857人：其中本科2093人、大专（高中起点本科）1764人，在职研究生41人；毕业学员2783人；分院组织专家对毕业学员的毕业论文进行了全面审查，杜绝了网上下载和抄袭现象；派出专家到阿里、昌都、那曲、日喀则、林芝、山南等学区协助组织论文答辩；顺利完成2005级毕业论文答辩；在各类考试中共查处违纪考生130人次，维护了党校函授教育的良好声誉；经自治区党委批准，函授部正式更名为研究生部；成立了研究生部筹备工作小组，目前正开展各项筹备工作。

【围绕重大理论问题和现实问题，加强理论研究，不断提高科研水平和质量】一是申报国家社科基金项目八项（一般项目七项、青年项目一项）；二是根据区党委的部署，与自治区社会科学院、西藏日报社联合成功地举办了庆祝青藏铁路通车一周年西藏社会各界座谈会、“马克思主义中国化”理论研讨会，受到了区党委及宣传部的高度肯定，在区内外产生了良好的影响；三是积极组织教研人员参加自治区横向课题研究；四是督促检查落实了2006—2007年度全国党校系统调研课题的结项工作，五项课题待结项；五是组织完成了校级课题的申报、管理工作；六是发布、设立2007年度校级招标课题四十个，现已申报批准八项；七是对已完成的2006年度五项校级课题进行了验收；八是对自治区党校教研人员承担的国家社科基金课题进行了检查，并召开了课题进展汇报会，上报区社科规划办；九是《民族区域自治制度的发展与完善—西藏自治区自治条例研究》和《印度对我国西藏政治研究报告》两项国家级课题正式通过鉴定验收并结项；十是组织教研人员在《西藏日报》等省级刊物上发表了《闪耀着马克思主义光芒的纲领性文献》、《建设和谐西藏的意义和途径的思考》理论文章58篇；十一是在校刊《西藏发展论坛》上增设了“党的十七大精神”、“构建和谐社会”、“科学发展观”、“建设社会主义新农牧区”等栏目，刊登了一批质量较高、具有现实性的文章；《西藏发展论坛》继2004年之后，2007年再次荣获西藏自治区优秀期刊奖；十二是《西藏干部法律读本》、《党的建设原理简明教程》、《民族、宗教、统一战线理论和政策》教材的编写和修订工作进展顺利；十三是在暑假期间，组成三个调研组分别到昌都、山南、日喀则三个地区开展了调研工作，形成了《藏东经济发展的区域布局与重点产业支撑研究之昌都经济概况篇》等调研报告。

【坚持党校姓党的原则，切实加强党的建设和队伍建设】一是切实加强党组织建设。经区直机关工委批准，正式成立了机关党委，新增两个党支部。二是狠抓党风廉政建设。校（院）党委与县以上领导干部签订了《党风廉政责任书》，并构建了落实责任制的实施机制；制定并出台了《西藏自治区党校、行政学院关于开展“廉政文化进校园”的实施方案》，同时把党风廉政建设和廉政文化纳入教学计划，对学员进行廉政教育。三是进一步加强班子和队伍建设。任命了纪检书记和副巡视员各一名；为加强行政学院工作，正式任命了现任党校副校长的领导同时担任行政学院副院长；制定实施了《自治区党校、自治区行政学院引进人才的若干规定（试行)》并从区内外引进了6名急需人员；自治区党校（院）首次进行了“两推荐、一陈述”选拔县处级干部工作，确定了拟任正处级领导岗位3个、拟任副处级领导岗位7个，取得了良好的成效；调整和充实了科级干部。四是顺利完成了赴西部四省区考察学习任务。以校（院）党委书记拉巴为团长的一行16人赴西部四省区学习考察团，考察学习结束后，在个人总结的基础上形成了教学、科研、人事制度管理及行政后勤工作四个分报告和总报告。

【大事记】1月15日　校党委书记拉巴出席了全国党校校长会议，并走访了珠海、厦门、汕头对口党校进行答谢，确定了援助意向。

2月7日　全区新闻出版（版权）工作会议于2007年2月7日在拉萨隆重召开；自治区党校校刊《西藏发展论坛》继2004年之后，再次荣获西藏自治区优秀期刊奖。

3月14日　中央党校函授学院共有4013人报名，其中报考大专班(含高中起点本科班)1940人，本科班2000人，在职研究生班73人，招生形势喜人，报名人数达4500余人，再创历史新高。

3月20日　举行春季开学典礼。自治区党委副书记、党校校长张裔炯同志出席开学典礼并作了重要讲话。

3月23日　自治区副主席、昌都地委书记孟德利同志为党校学员作了题为《昌都的现状与前景》的专题报告。第十三期中青班、第九期公务员培训班、2005级经管专业干部培训班等三个班次的学员和教研人员听取了报告会。

3月30日　隆重举行教学科研综合楼开工典礼。自治区党委副书记、自治区常务副主席郝鹏出席开工典礼并发表了重要讲话。

4月20日—23日　函授分院所属八个学区2007年入学考试工作结束。报名人数4401人；其中免试人员911人，应试人数3490人。应试人员中报考大专(高中起点本科）的有2128人、报考本科的有1362人。

4月24日　第七期区直系统处级干部理论培训班开学典礼。区党委常委、秘书长公保扎西出席开学典礼并作了题为《切实增强三种意识，大力推进领导干部作风建设》的讲话。

4月25日　召开了机关党委成立大会，选举了校党委委员、副校长牛治富等七位同志为第一届机关党委委员。区直工委副书记齐明同志宣读了《关于区党委党校（行政学院）成立机关党委的批复》文件。

4月25日　自治区党委组织部干部二处处长达瓦欧珠同志，代表自治区党委组织部宣布了周阳光同志为校党委委员、纪委书记，次仁卓玛同志为副巡视员。拉巴、牛治富、张新坡、冯鹏志、普布次仁、扎西泽仁为行政学院副院长的任命决定。

5月24日—25日　成功的举办了全区党校校长工作座谈会。会议听取自治区领导就全区党校工作的重要讲话；传达学习中央党校、国家行政学院年度会议精神和全区党员领导干部大会精神；总结近三年来全区党校工作，对今后一个时期的工作提出要求；交流办学经验；就加强函授办学转型中的工作提出要求。

6月25日　中央党校副校长石泰峰同志，在自治区党委常委、秘书长公保扎西的陪同下，赴自治区党校视察工作。听取了校党委书记拉巴同志的工作汇报。

6月27日　由自治区党校申报的2007年度8项国家社科基金项目课题中，潘建生同志主持的《党在西藏领导宗教工作的历史考察和历史经验研究》(批准号：07BDJ013)获本年度国家社科基金一般项目立项。

6月29日　组织县处级以上党员干部和在校学员认真学习了胡锦涛总书记6月25日在中央党校发表的重要讲话精神。

7月27日　区党委副书记、自治区常务副主席、行政学院院长郝鹏在区政府办公厅、自治区发改委、财政厅、建设厅及党校负责人的陪同下，视察了在建工程教学科研综合楼工地，并听取了项目的进展情况汇报。同时还与党校、行政学院的教师和学员进行了座谈。

9月6日　举行2007年秋季学期开学典礼。自治区党委副书记、党校校长张裔炯同志出席开学典礼并作了重要讲话。

9月8日　举行了2007级本科班和在职研究生班开学典礼，区党委组织部部委委员、人事厅副厅长谭超运出席并作了重要讲话，中函西藏分院院长格桑培杰介绍了中央党校函授教育的办学情况，明确提出在收尾阶段继续坚持党校函授教育的办学方针和原则，并对2007级学员提出了具体要求。

9月30日　根据张裔炯校长的批示精神，以党委书记拉巴为团长组成的西部四省区学习考察团。行程近7000公里，先后在青海省委党校、甘肃省委党校，甘肃省行政学院、宁夏区委党校、内蒙古区委党校进行了考察。考察团在个人总结的基础上形成了教学、科研、人事制度管理及行政后勤工作四个分报告。

10月15日　举世瞩目的中国共产党第十七次全国代表大会隆重开幕，全体教职工和学员共300多人怀着激动的心情认真收看了开幕式盛况。

10月19日　举行学习十七大精神首场报告会。校党委委员、副校长普布次仁教授作了题为《马克思主义中国化最新成果的纲领性文献》的辅导报告。

11月23日　自治区党校研究生教育工作筹备组召开第一次全体会议，会议讨论研究了《区党委党校关于在职研究生教育工作实施方案》。

11月26日　全区地(厅)级领导干部十七大精神学习研讨班在自治区党校举行开班典礼。自治区党委副书记、区党校校长张裔炯出席开班典礼并作了重要讲话。自治区党委常委、宣传部部长崔玉英，自治区党委常委，组织部部长尹德明，自治区党委办公厅常务副秘书长高扬，自治区党校党委书记、副校长拉巴以及主办单位领导参加了开班典礼。开班典礼由区党委常委、组织部部长尹德明主持。

11月27日　根据自治区党委的总体部署，自治区党校（院）选派14名专家教授和骨干教师参加了西藏万名干部下基层活动。

12月12日　全区宣传理论骨干党的十七大精神学习研讨班在自治区党校举行开班典礼。出席开班典礼的领导有区党委宣传部副部长王明星、区党校副校长普布次仁、区党校副巡视员次仁卓玛。

12月22日　校党委书记拉巴赴北京参加全国行政学院院长会议，拜访了国家行政学院院长姜异康同志和中央党校新任常务副校长李景天同志。

12月27日　自治区党校（院）再次被评为拉萨市年度社会治安综合治理先进集体荣誉称号。

12月28日　召开全校教职工大会，牛治富副校长主持会议，并就2007年工作作了总结，部署了2008年工作要点，表彰了2007年度优秀公务员。

自治区党史研究（地方志）工作

【启动《中国共产党西藏历史图志》】该图志是西藏和平解放以来第，一部以图文形式反映党在西藏50多年来工作的大型史书。区党委高度重视此项工作，成立了以区党委主要领导担任的编委会，编辑室设在党史研究室。7月18日，区党委副书记、人大常委会主任列确同志主持召开区党委专题会议，研究部署《图志》编纂工作。

编写《图志》工作启动后，区党史研究室向各地市、区直、中直各单位发出征集党史图片、刊物、画册的通知，向老同志、老领导发出提供历史图片的函，得到各方的大力支持，先后共收集图片资料近5000张，文字资料180件，约45万字，画册45本，各种刊物12种。编写小组长途跋涉近万公里到北京、成都、那曲、格尔木、西宁、青藏沿线以及山南、拉萨等地采访老同志、老领导，拍摄、收集大量历史图文资料，及时抢救、收集大批珍贵的历史资料。编写工作进展顺利，现已完成近30余万字和2000余幅图片的《图志》初稿。

【认真做好“红色遗迹”抢救摸底、调研工作】2007年4月份，区党史研究室向新华社记者反映党在西藏“红色遗迹”需要抢救保护的情况，在新华社《国内动态清样》2007年184期上刊载，受到中央领导重视，李长春、刘云山同志专门作出重要批示，区党委主要领导也作了重要批示。按照批示精神，区党史研究室进行大量的摸底调查工作，制定抢救保护党在西藏“红色遗迹”规划，并上报区党委，受到有关领导的好评。

【获奖图书】大型文献纪录片《新西藏》在中央党史研究室召开的全国党史研究室主任会上被评为党史影视系统特等奖。《天宝与西藏》、《张经武与西藏解放事业》在中央党史研究室召开的全国党史研究室主任会上被评为党史图书系统两个一等奖。

【《中共西藏简史》】为保证编写质量，区党史研究室反复对资料进行审改，补充、核定。

【积极协助有关部门做好纪念邓小平同志《立足民族平等，加快西藏发展》重要谈话发表20周年理论研讨会】2007年是纪念邓小平同志《立足民族平等，加快西藏发展》重要谈话发表20周年，区党史研究室与宣传部等有关部门联合举办了理论研讨会，并从各地党史部门征集论文20余篇，其中，区党史研究室撰写的《论“立足民族平等，加快西藏发展”的思想内涵》一文，在研讨会上作为主要交流文章之一。

【积极筹备谭冠三同志诞辰100周年纪念活动】2008年1月，是原中共西藏工作委员会第二书记、十八军政委、西藏军政委谭冠三同志诞辰100周年。区党史研究室向区党委呈报了《关于谭冠同志诞辰100周年纪念活动的请示》，得到区党委领导的重视，并作出批示。为办好这个纪念活动，区党史研究室做了大量的前期筹备工作，核对谭冠三同志准确的生辰日期，征集相关文字资料110件，约40万字。编纂出版《谭冠三同志》历史画传。撰写《谭冠三同志与老西藏精神》的纪念文章，将在《西藏日报》上发表，还组织撰写了自治区领导在纪念会上的讲话稿。

【完成了中央党史研究室、区党委下达

的专项任务】完成中央党史研究室下达的课题《从党的十六大到十七大》（西藏篇）。区党史研究室在时间紧、任务重、人手缺的情况下，从各行各业收集最新的数据资料，认真撰写，在较短的时间内完成了近 5 万字的文稿，受到中央党史研究室的好评。

积极主动参与党的十七大精神宣讲活动。10月到11月根据自治区《关于全区万名干部下基层宣讲党的十七大精神和加强基层基础调研工作实施方案》的文件精神，按照区党委的部署要求，以区党史研究室主要领导为组长的西藏日喀则昂仁县联合工作组先后深入17个乡镇，191个行政村，宣讲20余场，走访近万名农牧民群众，获取了大量的情况，形成了20多份有价值的调研材料。在下乡宣讲十七大精神的同时，组织人员到交通系统等有关单位开展宣讲十七大精神活动以及讲座。

完成了中央党史研究室下达的 2006—2007 年党史成果统计以及自治区党委党史研究学习、贯彻十七大精神情况汇报工作任务。

【加大对地、县志的指导力度】自治区党史研究室在人员非常紧张的情况下，先后到拉萨、昌都、日喀则、山南及桑日、琼结、芒康开展地(市)县志志稿审改工作，同时听取阿里地区修志工作和《江达县志》编修工作汇报，提出了具体的指导意见和建议，帮助地、县解决修志工作中存在的问题。

【顺利完成《拉萨市志》、《山南地区志》的总编工作】拉萨市作为西藏政治、经济、文化的中心，在西藏的历史上具有举足轻重的地位。区党史研究室非常重视《拉萨市志》的编纂工作，把《拉萨市志》作为自治区地方志办公室2007年重点工作来抓。4月，专门抽派4名同志和区内外专家学者集中两个月时间对《拉萨市志》进行总编，着重对志书编纂指导思想、政治、体例、结构、内容、史实、文风、保密等进行严格的审查和修改。

9月，区党史研究室采取集中力量、合力攻关的方式，派 3 名同志到山南集中两个月时间对《山南地区志》进行修改、总编。对志稿的篇目设计，体裁的运用，语言文字，史实的核实，保密等方面进行严格的审查和修改。

【树立精品意识，确保志书质量】严格三级审稿程序，严格把关，确保志书质量。一年来，先后初审了《民俗志》、《文学艺术志》，复审了《政务志》、《民政志》、《畜牧志》、《武警志》，终审了《政务志》、《司法行政志》、《农业志》、《武警志》、《拉萨市志》、《日喀则地区志》、《山南地区志》、《桑日县志》、《琼结县志》等志书，验收了《拉萨市志》、《芒康县志》、《桑日县志》，总编了《海关志》、《拉萨市志》、《山南地区志》，同时对《旅游志》、《环境保护志》、《金融志》进行了补充修编。

【志书出版发行工作硕果累累】经过区党史研究室和志书承编单位的共同努力，现已出版发行《军事志》、《公路交通志》、《粮食志》、《拉萨市志》、《审判志》、《检验检疫志》，《体育志队》、《审计志》、《金融志》、《海关志》等志稿正在编辑出版之中。

【党史、地方志期刊编发工作有条不紊】《西藏党史资料》、《西藏地方志》坚持正确的政治方向，不断完善组稿机制，拓宽稿源渠道，加强栏目建设，提高刊物质量，广泛征集保存了一批有价值的党史资料，刊登了一批有质量的方志理论文章，向区内外介绍了我区史志事业发展状况。2007 年共编发《西藏党史资料》4 期，刊登文章 68 篇，图片 45 张，近 30 万字；编发《西藏地方志》刊物 4 期，刊登文章 40 余篇，图片 30 余张，近 30 万字。

自治区保密工作

【周密部署全区保密工作】2007 年 3 月 30 日召开自治区党委保密委员会第五次会议，传达学习中保委第五次会议和全国保密局长保密办主任会议精神，研究部署了我区 2007 年度的保密工作。4 月 18 日召开全区保密工作会议，传达贯彻中保委第五次会议和全国保密局长保密办主任会议、全国保密科技工作会议精神，总结工作，研究问题，分析形势，部署任务，表彰了全国、全区“四五”保密普法先进集体和先进个人、2004—2006 年全国、全区保密工作先进集体和先进工作者。

2007 年，区、地两级保密委员会加大了领导保密工作的力度，主要领导亲自过问，直接参加保密检查等，各地市、各部门保密委员会(领导小组)分别召开保密工作会议，传达学习区党委保密委员会第五次会议和全区保密工作会议精神，总结工作经验，安排部署工作。各地市保密工作部门还结合会议进行保密知识专题讲座、保密技术演示、播放警示教育片，自治区副主席、拉萨市委书记秦宜智专门对拉萨市贯彻全区保密工作会议精神作出要求。山南、林芝、那曲等地还下发《全区保密工作会议精神传达提纲》，落实保密工作会议精神。拉萨市、日喀则等地所属各县还专门召开保密工作会议，传达三级保密工作会议精神，研究部署本县保密工作。阿里地区还在保密工作会议上表彰了保密工作先进集体和先进个人。

各地市、各部门为加强对保密工作的领导，根据人员变动情况，及时调整充实保密委员会(领导小组)成员，确保了组织领导。全区已经初步形成主要领导亲自抓，分管领导具体抓，有关部门协调抓，层层明确领导职责，层层落实责任，协调配合、齐抓共管的保密工作新格局。

【进一步加强保密宣传教育】一是在党校培训班和其他培训班对领导干部、涉密人员、公务员进行保密教育。日喀则对新录用机要员和地委办公室全体干部职工进行保密知识培训。林芝地区保密局加强对副科级以上党校进修干部的保密教育力度。阿里地区保密局对 10 余家地直重要部门开展保密教育，在党校进行 3 次保密讲座。二是运用广播、电视、报纸等新闻媒介，面向社会广泛宣传保密工作的方针、政策和保密法律法规，自治区保密局为领导干部和涉密人员进行讲课和播放教育片 14 场次，共有 4200 多人接受教育。山南、林芝、昌都等地市保密局利用“法制宣传日”上街进行保密普法宣传。三是发挥《保密工作》和《西藏保密》在保密宣传教育中的作用。认真做好《保密工作》征订、征稿、通联工作，做到学好刊，用好刊。全区共订阅《保密工作》1800 多套。编发内部刊物《西藏保密》6 期，4200 份。各地市积极编发简报、信息和内部刊物，在辖区内进行保密宣传。四是利用西藏电信公司短信平台，发送保密宣传短信，进行保密教育。五是制作内含保密知识的“保密本”2500 册，分发给领导干部和涉密人员。六是组织保密干部、涉密人员进行保密培训。在四川保密干部培训中心顺利举办了 3 期培训班，共 183 人参加。组织各地（市）保密局技术干部共 9 人到厦门参加“涉密计算机违规外联监管系统”培训班。七是完成了全国保密系统先进工作集体和先进个人的评选推荐工作，昌都地区保密局被授予“全国保密工作系统先进集体”荣誉称号；阿里地区保密局局长扎红被授予“全国保密工作系统先进工作者”荣誉称号。八是增加保密宣传经费投入。山南地区保密局争取资金 1.5 万元编写了《保密知识汇编》，昌都地区保密局共投入 1.2 万元，购买、配发保密宣传图书。

【强化技术防范工作】一是对党政机关涉密计算机违规上网实行监控管理。根据 2007 年全区保密工作检查发现个别单位涉密计算机上外网的问题，自治区保密局充分利用保密技术装备，现已完成党委办公厅、人大办公厅、政府办公厅、政协办公厅的涉密计算机单机登记注册工作，对涉密计算机进行实时监控，2007 年将逐步扩大到区(中)直机关。七地市保密局和自治区发改委也已完成涉密信息网络监控系统的配备。二是做好重大涉密会议及重要涉密活动的保密技术保障工作。在全区党员干部大会、维稳工作会议、区党委七届三次会议等重大会议期间，区地两级保密工作部门积极配合相关部门做好保密服务，会前检查会场环境、会中安放屏蔽器和提示牌、会后监督检查，自治区保密局全年安装手机屏蔽仪共 203 台次，拉萨 65 台次，日喀则 50 台次，山南 40 台次，林芝 90 台次，那曲地区保密局还在安装手机屏蔽仪的基础上，专门派人监督手机的保密管理。三是开展涉密信息系统分级保护定级工作。采取摸底调查、重点抽查、复查核实等方式进行分级保护的业务指导，已完成全区 196 家单位的分级保护备案工作。四是进一步加强对涉密载体的制作、阅读等各个环节的保密管理；加强对涉密人员、要害部门部位、涉密会议、涉密活动、涉密工程等全方位的管理；加强对网络、计算机、存储介质、手机等新技术产品的保密管理。确保每个环节、每个部位的保密工作都有章可循，有法可依。拉萨市达孜县制定涉密计算机信息系统和涉密移动储存介质管理规定，进行严格管理。拉萨市当雄县、墨竹工卡县、城关公安分局会议室专门配备手机存放柜。山南地区加查县专门建立查阅室，限定机密文件只能在室内阅读，严禁带出和复印。洛扎、加查、浪卡子等县保密办对各单位电脑联网制定严格的测评程序，并签订上网保密责任书，登记备案后方可联网。五是加强保密技术防范设备的配备。山南地区保密局投入 18 万元配备检查工具、电子数据销毁及数据鉴定专用机、网络监控系统等，全地区配备保密防护软硬件 500 余件，山南地委办公室投入 37 万元建立屏蔽机房和会议室，山南地区教体局投资 5 万元建立规范的试卷保密室。日喀则地区保密局投入 22 万元保密技术经费。林芝地区部分单位保密要害部门、部位增配了密码柜、视频信息保护仪、碎纸机及红外报警器。昌都地区保密局投入 4 万多元，配备保密设备。那曲地区保密局投入 20 多万元进行了硬件防护建设。

【强化职能，加强督促检查】一是开展保密检查。自治区保密局为做好全区保密工作开展了检查工作，检查前组织检查人员进行培训，下发检查通知和方案，全区各地各部门广泛开展自查，86 个单位上报了自查报告，在各地各部门自查和分析报告的基础上又对区直 40 多个单位进行了抽查，从而顺利地完成了保密检查工作。区党委副书记、保密委员会主任张裔炯和区党委常委、秘书长、保密委员会副主任公保扎西等区党委领导还亲自到区党委办公厅、区国土厅及测绘局、拉萨市当雄县进行保密检查，并作了重要讲话，鼓舞了士气，增添了信心，对进一步做好我区当前和今后一个时期的保密工作起到了重要作用。自治区安全厅全年开展 8 次检查，有效地促进了保密工作。二是突击检查。自治区保密局和拉萨市保密局对 16 家打字复印店进行突击抽查，并协调相关部门对违规商家进行整顿。三是开展专项督促检查，自治区保密局组织开展 5 次全区专项检查，对检查中发现的问题和存在的隐患，当场提出整改要求。特别是开展了集中清理取缔涉密文件资料交易的专项行动，两级保密工作部门积极配合，认真检查，清理整顿，取得了实效。十七大期间，保密工作部门积极协调，通过检查、抽查，改进工作，确保国家秘密的安全。四是完成区党委主要领导办公场所及住所、车辆等的保密安全检测。五是认真落实保密科学技术“十一五”发展规划，加强保密防护产品和检查产品的推介工作。积极筹备“西藏自治区涉密载体销毁中心”，目前机构编制已到编委会研究阶段。昌都地区涉密载体销毁中心经地区编委批准设立，核定事业编制 2 名，经费来源为全额拨款，现已申请到 67.1 万元经费用于销毁中心建设。六是抓好国家统一考试保密管理。根据国家统一考试的保密管理规定和具体要求，加强统一考试的监督管理，实行国家统一考试备案制度，掌握情况、实时监督、密切配合，还对试卷保密室进行达标检查。2006 年自治区保密局参与各类统一考试的试卷押运、考场监督 10 余次，确保了国家统一考试的安全保密。七是对具有涉密网络集成资质的单位进行保密管理和年度审查。八是进行相关材料的保密审查和密级鉴定。自治区保密局对《西藏年鉴》、《政务志》等材料进行审查。　自治区保密局还对相关部门提交的材料进行密级鉴定，提出定密意见。九是严厉打击泄密案件。自治区保密局全年调查、处理 3 起涉嫌泄密事件。

此外拉萨市还将保密工作纳入市直部门作风和效能建设综合量化考评体系，加强对党政机关的保密管理。

西藏自治区人民代表大会常务委员会

【立法工作】2007年，自治区人大常委会不断加强和改进立法工作，及时把改革发展稳定急需的立法项目纳入立法工作计划，使立法工作更好地适应全区经济社会发展的需要，共审议通过法规草案8件，批准拉萨市人大常委会法规1件。为加强道路运输管理、维护道路运输市场秩序、保障道路运输安全、促进道路运输业的健康发展，自治区八届人大常委会第三十次会议修订了《西藏自治区道路运输条例》；本次会议还审查批准了《拉萨市城镇房地产管理条例》。自治区八届人大常委会第三十一次会议修订的《西藏自治区社会治安综合治理条例》，是一部维护社会治安秩序，促进社会和谐稳定，推进平安西藏建设，构建社会主义和谐社会的重要法规；为进一步规范自治区人大常委会人事任免工作，实现党管干部和人大常委会依法任免干部的有机统一，本次会议还修订了《西藏自治区人民代表大会常务委员会人事任免办法》。自治区八届人大常委会第三十二次会议修订的《西藏自治区文物保护条例》，较好的解决了我区文物保护工作中出现的新情况、新问题，标志着我区文物保护法制化建设进入了新阶段。自治区八届人大常委会第三十三次会议审议通过的《西藏自治区水利工程管理条例》，对加强水利工程管理、保障水利工程安全和正常运行，发挥水利工程的综合效益，将起到十分重要的促进作用。自治区八届人大常委会第三十四次会议审议通过的《西藏自治区人民代表大会常务委员会讨论决定重大事项的规定》，是一部规范常委会行使讨论决定重大事项职权的重要法规，对重大事项作出了进一步的界定，标志着人大常委会的工作步入了更加规范化和制度化的轨道；为切实保障信访人的合法权益，维护信访活动的正常秩序，开创信访工作新局面，加强新时期的信访工作，本次会议修订了《西藏自治区信访条例》；为进一步实现种子产业的健康发展，维护品种选育者和种子生产者、经营者、使用者的合法权益，本次会议还审议通过了西藏自治区实施《中华人民共和国种子法》办法。

自治区人大常委会遵循维护国家法制统一，从西藏实际出发的原则，坚持以人为本、立法为民，在继续加强经济立法的同时，重视规范社会管理、发展社会事业等方面的立法，立法工作稳步推进，立法质量不断提高。人大各专门委员会加大法规起草阶段的协调、调研、论证工作力度，提前介入法规的起草工作，在法规的针对性、科学性、民主性、可操作性上狠下功夫，对提高法规草案质量和加快立法工作进度起到了积极作用。开展了借鉴国外立法经验的工作，自治区人大常委会立法考察团于3月10日至18日，赴尼泊尔就文物保护方面的立法进行了考察，学习和借鉴了尼泊尔在文物保护、管理和维修等方面好的经验和做法。

【监督工作】常委会抓住关系改革发展稳定全局和涉及群众切身利益、社会普遍关注的重大问题，组织执法检查、听取专题工作报告和开展专项工作评议，先后对《中华人民共和国人民防空法》、西藏自治区实施《中华人民共和国人民防空法》办法和《中华人民共和国科学技术普及法》、西藏自治区实施《中华人民共和国科学技术普及法》办法实施情况进行了检查。听取和审议了2007年上半年国民经济和社会发展计划执行情况与下半年国民经济和社会发展计划安排的报告；关于2006年度西藏自治区本级预算执行的审计工作报告；批准了西藏自治区2006年财政决算和2007年财政预算收支变化情况的报告；听取和审议全区电力工作情况报告、2007年中华环保世纪行·西藏行活动情况的报告、我区“两基”攻坚工作情况的报告和自治区旅游产业发展情况的报告，提出了具体审议意见。

专项工作评议取得实效。自治区八届人大常委会第三十次会议无记名投票推定自治区民政厅、农牧厅为2007年专项工作评议对象。自治区人大常委会及时成立了专项工作评议调研组，对民政厅城乡最低生活保障、城乡医疗救助、自然灾害救助的开展情况和农牧厅农牧业特色产业发展、农牧民增收情况进行专项工作评议前的调查研究。自治区八届人大常委会第三十二次会议对自治区民政厅社会救助专项工作和农牧厅农牧业特色产业发展、农牧民增收专项工作进行了评议，审议通过了自治区人大常委会对民政厅、农牧厅专项工作评议意见。民政厅、农牧厅在自治区八届人大常委会第三十三次会议上报告了评议意见的整改情况。

【干部任免工作】按法定程序严格任免国家机关工作人员。一年中，常委会共任免人大干部19人，任免政府组成人员6人，任免法官、检察官132人，撤销检察官职务1人。

【全区人大监督工作座谈会】全区人大监督工作座谈会于9月27日至28日在拉萨召开。自治区人大常委会副主任洛桑顿珠全面回顾了八届人大常委会的监督工作，并就今后一个时期的工作进行了安排部署；讨论了《中共西藏自治区人大常委会党组关于贯彻实施监督法的意见》（征求意见稿）；自治区“一府两院”负责同志就学习贯彻监督法作了交流发言。与会同志结合张庆黎书记的重要讲话，就贯彻实施监督法，进一步加强和改进人大监督工作，交流经验，提出建议，达到了统一思想、提高认识的目的。

自治区党委书记张庆黎同志在重要讲话中强调，要充分认识加强人大监督工作的重要意义，增强依法行使人大监督职权的使命感、责任感：一是加强人大监督工作是建设好社会主义民主政治的需要；二是强化人大的监督职能，是宪法和法律得到有效实施的重要保证；三是加强人大监督是避免“人亡政息”的根本途径。张庆黎同志要求，坚持原则，依法做好人大监督工作：一是坚持党对人大监督工作的领导；二是在监督工作中正确处理好人大常委会与“一府两院”的关系；三是认真贯彻民主集中制原则；四是改进方法，注重实效；五是确定监督工作重点，完成好监督工作的各项任务。

自治区党委副书记、人大常委会主任列确同志在闭幕会讲话时要求，要通过深入学习、领会中央和自治区有关人大监督工作的重要指示精神以及这次会议精神，把监督法的各项规定和会议精神，很好地落实到各级人大监督工作的实践中去：一是要抓好会议精神的传达学习宣传工作；二是要积极贯彻落实好监督法实施意见；三是切实负起责任，推进监督工作再上新台阶；四是工作既要积极主动，同时又要规范合法。

【自身建设】为了适应新形势新任务对人大常委会工作的要求，切实履行宪法和法律赋予的职责，进一步发挥好自治区人大常委会在社会主义经济建设、政治建设、文化建设与社会建设中的作用，经区党委批准，自治区人大常委会第二十九次会议审议通过了《西藏自治区人民代表大会常务委员会关于设立内务司法工作委员会、代表人事选举工作委员会、农牧环境资源工作委员会的决定》。根据此决定，自治区人大常委会设立了内务司法工作委员会、代表人事选举工作委员会、农牧环境资源工作委员会。

西藏自治区人民政府

自治区外事工作

【年度综述】2007 年，在自治区党委、政府和外交部的领导下，自治区外事办公室全面贯彻党的十七大、中央外事工作会议、中央涉藏外事工作会议及自治区外事工作会议精神，努力为国家总体外交、为西藏跨越式发展和长治久安服务，充分发挥外办“参谋、管理、协调、服务”的职能，全方位开展外事工作并取得了新进展。

【有的放矢，增强涉藏外宣效果】通过“请进来，走出去”，积极推动“以外事促外宣”工作，向外界充分展示我区发展成就和崭新面貌。在接待工作中，有针对性地请自治区领导、相关部门领导和企事业负责人与外宾会谈、介绍情况；安排外宾参观我区社会、经济、教育、卫生等领域项目，让其亲眼目睹我区在中国共产党的领导下所取得的实实在在的发展与变化。通过举办海外展览会、参与国际会议等方式，多渠道、多层面开展外宣活动，展示了我区自和平解放以来，特别是改革开放以来，在经济建设、社会协调发展、民族传统文化保护、宗教信仰自由等方面所取得的巨大成就，以大量事实有力地批驳了达赖分裂集团在国际上散布的谎言。

【着力改进和规范出国管理工作，“走出去”工作成效显著】2007 年，全区因公出国（境）人数为 379 批 1107 人次，其中省级领导 13 批 15 人次。全年共组织 4 批藏学家、活佛代表团出访美国、瑞典等 9 个国家，在俄罗斯、法国成功举办“中国西藏文化周”活动。

根据中央有关指示精神，结合我区实际，制定、下发了相应的实施细则和管理办法；对出国（境）人员进行外事纪律和安全形势教育，修订了《因公出国人员须知》；及时转发了《中纪委、中组部、外交部、公安部关于加强因公出国（境）团组境外纪律的通知》，切实加强出国（境）团组管理。

【加强边界管理，推进睦邻友好】根据中尼过牧协议换文的规定，为尼边民过牧提供便利。积极做好中尼边界第三次联检部分地段补测的准备工作，指导我仲巴县与尼方木斯塘地区地方官员就过牧、边贸等举行地方官员会晤，协调中尼边界热索桥修建对外沟通和交涉事宜。多方协调，为在藏 44 名特困尼侨减免《居留证》延期许可费共 44000 元，积极做好我区向尼灾区援助 30 万人民币物资的相关工作，积极协调相关部门恢复中尼客运直通车运营。加强印度香客来藏朝圣工作，全年接待印度官方进藏朝圣 15 批 670 人次，印度民间香客团 249 批 7522 人次，并就印度香客接待和管理、中印边境西段部分通道情况等问题赴阿里进行实地考察调研。会同林芝外办赴察隅县对中缅边界西藏段进行边界调查，实地了解日东边贸市场和缅民在我境定居的情况，为今后开展边界联检提供了依据。

【坚持对外开放，大力开展对外交流与合作】2007 年共接待来访的外国党宾、国宾、议会、外交官和友好人士 317 批 1142 人次，其中重要团组：斯里兰卡前总理、美国国会议员助手团、欧洲议会代表团、英国议会中国小组代表团等。

做好外国记者来藏采访工作，加强舆论引导，广泛开展“借力宣传”。全年共接待外国记者 32 批 170 人次。通过尼泊尔驻拉萨总领馆渠道，积极推动我区与尼泊尔的高层互访，促进多领域的交流与合作；根据双边领事条约规定，协调相关单位安排尼领馆官员探视尼籍案犯及被拘犯罪嫌疑人 4 批 31 人次，尼公民探视 3 批；向尼政府移交被盗文物 28 件。全年共接待美驻成都总领馆官员和工作人员来藏公访 4 批 23 人次。加大对境外非政府组织在藏项目、外国专家及留学生的服务和监管工作，最大限度地发挥项目效益。办理外国人和台胞等前往非开放地区 1923 批，总计 10929 人次。

充分利用友城友协民间对外交往渠道，为我区经济社会发展牵线搭桥。激活与美国博尔德市的友城关系，推动与之开展实质性交流与合作；结合“中国—俄罗斯年”和“俄罗斯—中国年”的举办，逐步恢复拉萨市与俄罗斯卡尔梅克共和国埃利斯塔市友城交往活动；积极促成尼泊尔博克拉市政府代表团访问林芝，使尼方对林芝各领域的发展有了进一步了解，决定与林芝正式结为友城。全年共接待来自加拿大、法国、意大利和西班牙等国民间友好团组6批51人次。

【积极开展外事涉外业务培训，提高外事涉外干部综合素质】进一步加大外事涉外工作培训力度，举办了全区外事涉外干部培训班和全区因公出国（境）业务培训，承办了外交部地方外事涉外干部培训班。应自治区党校邀请，先后派出授课组，对在党校培训学习的各级领导干部进行了系统的国际形势、外交政策、涉外知识、国家安全、外事纪律和保密教育。举办了二期因公出国（境）专办员培训。通过一系列培训，全区外事涉外干部业务能力和外事涉外意识有了一定的提高。

自治区民族宗教工作

民族工作

【全面贯彻中央民族工作会议精神】2007年初，自治区党委召开了全区统战民族工作会议，根据张庆黎书记“全区各级党委、政府学习贯彻中央民族工作会议精神和中央政治局关于西藏发展稳定工作会议精神要与学习贯彻五中、六中全会精神结合起来，贯穿于自治区‘十一五’规划中，扎扎实实地抓好贯彻落实”的指示精神，及时召开了全区民宗局长学习贯彻全区统战民族工作会议精神座谈会，对全区学习贯彻会议精神进行了安排部署，全区上下掀起了学习贯彻中央民族工作会议精神的热潮，切实把会议精神贯彻到民族宗教工作之中。

【积极排查调处民族关系中不稳定因素，城市民族工作得到加强】针对在新形势下民族关系中出现的新情况、新热点，不断加强民族工作，积极消除不稳定因素。及时处理在《高原瀑布》刊物上登载的有损穆斯林感情的诗文，避免了扩散及不良影响，维护了穆斯林的权益，受到了好评。

【积极推进兴边富民行动，边境地区及区内人口较少民族聚居区经济社会得到全面发展】积极推动兴边富民行动。自治区民宗委积极向国家民委争取扩大兴边富民行动规模，在原有的5个兴边富民行动重点县的基础上又增加了普兰县、定结县、萨嘎县，资金总额从原有的2700万元增加到3600万元。根据国家安排的资金，在调查研究的基础上，组织人员编制《兴边富民行动“十一五”规划》和《西藏自治区人口较少民族事业发展“十一五”规划》。按照要求，认真做好2007年项目的论证筛选和审核工作，对边境县和人口较少民族聚居区给予了重点帮扶。依照自治区的安排部署和边境地区发展总体要求，全区共投入少数民族发展资金6896万元。其中，安排边境县农牧民安居工程项目资金6000万元，解决了5000户住房问题；用于解决和改善全区人口较少民族、边境地区农牧民群众的基础设施配套建设资金896万元，安排项目40多个。极大地改善了边境地区、人口较少民族地区农牧民群众行路难、饮水难、上学难、照明难、就医难、增收难的现状。干部群众普遍反映这一资金项目是“兴边工程”、“富民工程”，成效显著。同时，积极与财政协调下达给各地(市)民族工作经费162.5万元。

【积极调动社会力量，为我区社会事业发展做贡献】由国家民委经济司牵头，山东省民委牵线搭桥，在自治区民宗委和区教育厅的积极配合下，山东省泰安市康平纳毛纺织集团公司为西藏边境县乡镇72所小学的学生捐赠总价值502万元共计19000套具有民族特色的毛呢服装，表达了对山东省委、省政府及山东人民的一片爱心，受到了自治区领导和边境人民群众的赞扬。在西藏民族团结发展促进协会的努力下，广泛发动社会力量，动员内地企业为我区教育事业捐助了50万元，资助西藏大学、西藏师专、拉萨中学等500名大中专贫困学生，并筹集资金慰问达孜县敬老院14名孤寡老人。

宗教工作

【贯彻落实中央和区党委重大决策部署】2007年5月，针对当前我区的严峻形势，自治区党委审时度势，及时召开了全区党员领导干部大会和全区统战民宗寺教工作座谈会，全面分析了当前我区社会稳定工作面临的严峻形势，部署了当前及今后一个时期我区深入开展反分裂斗争、维护社会稳定工作。9月，党中央召开了全国藏传佛教工作座谈会，研究部署了做好藏传佛教工作的相关方针政策。对于指导我区宗教工作必将产生重要的作用。一是传达学习了座谈会议精神，进一步统一思想认识，加深对中央和自治区关于宗教工作方面的一系列重要指示的理解和掌握，牢固树立“西藏的稳定涉及全国的稳定”、“稳定压倒一切”的思想，切实增强做好新形势下宗教工作的责任感和紧迫感。二是认真研究工作，进一步理清工作思路，再次对今后一个时期的宗教工作进行周密部署。三是指导、督促各地（市）深入学习会议精神，为进一步做好宗教工作打下了坚实基础。

【全力维护三大寺稳定工作】1.顺利完成甘丹寺“俱力护法神”迎送工作。年初，自治区民宗委积极配合拉萨市做好甘丹寺“俱力护法神”迎送工作，多次参加拉萨市召开的专题会议，研究前期工作方案，制定详细工作措施，确保了甘丹寺“俱力护法神”迎送工作的顺利完成。同时，选派3名同志进驻哲蚌寺和色拉寺工作组，指导拉萨市做好深化寺教工作和回访工作，并重点加强了对色拉寺3个供奉有“俱力护法神”重点部位的监控，及时消除各种不安全隐患。

2.分析研究，制定工作预案。针对当前藏传佛教工作面临的严峻形势和分裂与反分裂斗争的态势，及时研究工作对策，制定工作预案，先后形成《关于对当前宗教领域的形势分析与对策建议》、《关于当前及今后一个时期加强藏传佛教工作的意见》、《关于近期维稳工作情况及下一步工作建议》等一批具有前瞻性的措施意见，为区党委提供决策参考。

3.召开座谈会，部署维稳工作。10月11日、12日、13日，分别召集色拉寺、哲蚌寺、甘丹寺、大昭寺和小昭寺管委会主任、副主任、经师、堪布、格贵等有关负责人召开座谈会，在听取寺庙管委会对近期的寺庙管理工作和维稳工作情况汇报后，自治区民宗委主要领导就做好党的十七大期间寺庙稳定工作进行了全面部署和具体安排。

4.深入寺庙、掌握动态。根据区党委统战部牵头的宗教工作联席会议的具体分工，加强对色拉寺、扎基寺、小昭寺和仓姑寺的检查回访工作，重点对色拉寺经师、堪布和色拉寺所属的市区4座寺庙的负责人分别进行了谈话，了解寺庙情况，掌握僧人动态，协助寺庙管委会和驻寺工作组工作，严格执行寺庙僧尼请销假制度，密切关注来寺参观朝佛人员和旅游观光者的各类活动，严密防范不法分子乘机扰乱寺庙正常秩序。

5.严格制度，强化措施。在督促、检查驻寺工作组并不断落实寺庙管委会的各项制度（重点是值班制度）的基础上，为确保万无一失，10月17日，再次抽调区民宗委18名同志进寺值班，按照预案和要求，周密部署、精心组织、落实责任、不留死角，加强了色拉寺和扎基寺等的严守防范工作，落实24小时值班制度，积极做好应对和处置突发事件的准备，确保了寺庙稳定。

6.加强情报信息的收集研判。对色拉寺供奉"俱力护法神"等重点部位、重点人员实施重点管控，及时掌握寺庙和僧尼动态。不间断地加强与各工作组成员、寺庙管委会负责人的沟通联系，做到分析判断准确，措施到位、人员到位、工作部署到位，从而使寺内的各种动态和僧人的活动始终在掌控之中。

7.妥善处理"10·17"敏感日朝佛和各大寺院提前粉刷涂料问题。在自治区民宗委与拉萨市委、市政府和拉萨市城关区各级党政组织的共同努力下，采取果断措施，使"10·17"当日赴寺庙朝佛群众和烧香人员较往常相对有所减少，色拉寺、小昭寺和扎基寺等寺庙各项佛事活动正常，10月17日色拉寺举行的三场法会和粉刷寺庙外墙涂料的相关工作推迟到十七大闭幕和十七届一中全会后进行，避免与"10·17"敏感日发生冲突，确保了寺庙稳定。

8.起草提供相关对外口径。根据自治区5人领导小组的工作安排部署，对10月17日哲蚌寺僧人强行粉刷涂料事件发生后的宗教领域相关敏感问题，制定了对外宣传统一口径。及时起草并向自治区领导提供在十七大期间接受记者采访时所用的相关宗教领域敏感问题的对外统一口径。

9.依法维护全区宗教领域的和谐稳定。根据自治区党委、政府的指示，自治区民宗委向各地（市）民宗局连续下发了《关于国庆节及党的十七大期间我区宗教领域稳定工作的通知》、《关于切实做好党的十七大期间我区民族宗教工作领域维护稳定工作的通知》，要求各地（市）认真做好寺庙管理工作，密切关注达赖集团利用宗教对我区进行渗透活动的新动向，遵照"及时发现、加强疏导、严密控制、果断处置"的工作原则和方法，做到未雨绸缪。由于领导重视、部署细致、工作到位、措施得力、方法得当，在全区宗教领域内未出现大的影响社会稳定的事件。

【依法管理宗教事务取得新进展】1.根据《宗教事务条例》和《西藏自治区实施〈宗教事务条例〉办法》的有关规定，自治区民宗委先后依法取缔了7处非法修建的宗教活动点，加强了对寺庙僧尼和周边信教群众的法律法规和政策的宣传教育，积极做好正面引导工作，将负面影响降低到最低限度。

2.根据自治区党委领导的指示，针对山南地区桑耶寺和阿里地区江扎寺非法修建的大型露天宗教造像，及时起草下发了《关于对山南地区桑耶寺、阿里地区江扎寺非法修建露天宗教佛像情况的通报》，要求两地区坚决依法取缔，认真做好寺庙僧众的思想教育工作，同时要求各地（市）吸取教训、引以为戒，按照国家和自治区相关法律法规和政策规定，严格把握好"两条底线"的工作原则，坚决杜绝修建新的宗教活动点。

3.针对四川省石渠县色须寺举行第八次雪域各教派共同祈愿大法会和青海省囊谦县贡牙寺举行噶举派祈祷世界和平大法会问题，自治区民宗委对全区各寺庙所收到的此"通知"作为反动宣传单进行了全部收缴，对收到法会"邀请函"情况进行了全面检查，并下发通知要求各地（市）、县在党的十七大前后和北京奥运会期间加强对寺庙僧尼的管理，认真做好思想教育和正面引导工作，严把僧尼外出审批关，严禁本地僧尼特别是活佛前往其他藏区参加各种宗教礼仪活动，同时也不得邀请其他藏区宗教界人士来藏。

4.妥善处理四川省宗教代表团未经批准擅自来藏考察问题。10月13日，由四川省佛教协会组织的宗教代表团一行29人，不按《宗教事务条例》相关规定，事前未与我区协商，擅自组团来藏参观考察。考虑到我区宗教领域的稳定，避免出现影响稳定的新问题、新事件，经过与四川省宗教局多次协商联系，在昌都、林芝两地的积极努力下，顺利将代表团一行劝回四川，未造成不良影响。

此外，依照《西藏自治区实施〈宗教事务条例〉办法》的有关规定，积极办理了日喀则地区昂仁县桑丹林寺、扎什伦布寺僧人跨地域开展宗教活动问题；承办阿里地区改则县麻米寺活佛转世、山南地区桑耶寺青朴沟景区旅游开发、那曲地区次久旺扎拉康改建佛塔、那曲地区选派僧人赴浙江省佛学院学习等具体工作；对旅瑞藏人出资援建拉萨市嘎则寺、日本记者团采访我区寺庙和宗教界人士等提出了具体意见和建议。

【宗教法规建设步伐加快】经过长期调研和多方论证，起草了《藏传佛教教职人员认定办法》、《藏传佛教寺庙担任或者离任堪布职务的规定》、《西藏自治区外来学经人员管理办法》、《西藏自治区关于〈藏传佛教活佛转世管理办法〉实施细则》，并多次召开座谈会广泛征求相关涉宗部门和本委业务处室意见后，现已上报自治区政府待批。积极参与自治区党委统战部、自治区寺教办、自治区文物局、自治区旅游局等相关部门的规章、法规的起草修订工作，充分发挥职能部门的重要作用。

【全区重点寺庙民管会主任培训力度不断加大】按照《2006年—2010年西藏自治区宗教教职人员培训规划》的要求，

针对全区重点寺庙现有民管会班子现状，2007年9、10月份分别举办了两期全区重点寺庙民管会主任、副主任培训班，来自全区100座寺庙的103名民管会主任、副主任参加了培训。在培训工作中，始终以贯穿爱国主义教育为主线，突出反分裂斗争教育，重点讲授了《宗教事务条例》和《西藏自治区实施<宗教事务条例>办法》等有关政策法规，组织参训学员分组开展讨论。同时，指导、协助各地（市）开展了7期培训工作，承担相应地区的培训授课工作任务。通过培训，他们开阔了眼界，增长了知识，增强了对寺庙管理的责任感和使命感，特别是到内地学习参观考察，使他们了解了祖国的强大、河山的美好，使他们提升了对祖国的热爱之情，收到了良好的效果。

【属地管理原则进一步落实】一是基层领导干部对宗教工作重要性的认识逐步得到提高，切实解决了不敢管、不会管、不愿管问题，将寺庙管理工作纳入到领导和管理之下。二是加强寺庙民管会班子内部建设，尤其是加强对哲蚌寺管委会班子，明确分工、责任落实、团结协作、和睦相处。三是指导、帮助拉萨三大寺起草、修订寺庙民主管理制度，帮助色拉寺管委会起草制定《色拉寺文化补习班管理制度》。四是指导各重点寺庙严格落实请销假制度，严格控制、审批我区寺庙僧尼和活佛跨地域举行宗教活动。

【寺庙维修进一步加大力度、僧尼实际得到妥善解决】2007年，对全区94座重点寺庙下拨448万元寺庙维修补助经费，有效地解决了寺庙维修难的问题。经过长期调研和积极努力，现已落实解决了未列入全国、自治区级文保单位的其他寺庙民管会主要成员岗位补贴。目前正在进行全区重点寺庙民管会主任、副主任和成员的统计汇总工作。

【宗教工作研讨会取得实效】召开了宗教工作理论研讨会。以全面贯彻党的宗教政策，积极引导宗教与社会主义社会相适应为主题，进行了认真的座谈、研讨，各地（市）民宗部门和区直相关部门的同志积极发言，提出了许多建设性意见，对促进宗教工作的开展起到了积极的作用。

【维稳工作措施具体，制度得到落实】认真贯彻落实区党委维稳工作会议精神，及时了解情况，掌握动态，认真研究制定预案。结合全区民族宗教工作实际，分析形势、研究工作、明确任务、强化措施，积极做好全区维护稳定工作。尤其是在“十七大”期间，成立了自治区民宗委维稳工作领导小组。及时制定上报《喜迎“十七大”学习“十七大”工作方案》，根据民族宗教工作的特殊性和重要性，制定和完善了维护宗教领域稳定各项工作方案、政策预案和口径预案，为应对和处置宗教领域各类突发性事件做好充分准备。同时，根据自治区党委、政府统一部署，认真落实自治区民宗委领导寺庙联系点制度，由自治区民宗委主要领导带队，有关业务处室参加，深入色拉寺、扎基寺、小昭寺、仓姑寺进行回访检查，掌握情况准确，了解问题细致。坚持24小时值班制度，每日一报制度，保持高度警惕，做到人员到位、措施到位、工作到位，以临战的姿态，确保了党的十七大期间，僧尼思想基本稳定，宗教领域基本稳定。

【民族宗教外事外宣工作有较大进步】2007年，自治区民宗委先后接待了美国、斯里兰卡等国的7批100余人的访问团体。积极组织推荐宗教界爱国人士出访俄罗斯。组织接待内地省（市）民宗部门赴藏考察团10多批400余人。在外宣工作中，严守外事工作纪律，以有理、有节、正面的介绍和回答，驳斥了西方反华势力和达赖集团在国际上对我国的造谣诬蔑，增进了与各国宗教界人士的了解和友谊，在国际社会上占据了有利地位。

【全区民族宗教局域网建设全面推进】2007年，自治区民宗委投入30万元资金改善了办公自动化条件，完成了局域网建设并投入使用。对全区1700多座宗教活动场所和全区4.6万名僧尼的档案数据进行了详细核实，为全区民族宗教局域网的正常运作打下了良好的基础。目前，全区宗教活动场所和宗教教职人员数据录入工作基本完成，得到了自治区领导的充分肯定。

【《两志》和《西藏自治区概况》编纂工作基本完成】《宗教志》、《民族志》编纂工作经征求方志办意见，已进入补充修改阶段，年内完成。与《宗教志》出版相配套的《那曲地区寺庙历史精要》初步编修工作全部完成，现全面进行输入、校对和修改阶段。按照国家民委的要求，积极完成了《西藏自治区概况》的修订工作任务。

自治区扶贫（农业综合）开发工作

【年度情况与特点】2007年，国家和自治区共投入扶贫开发、农业综合开发资金52230万元。全区扶贫开发总投资为35004万元，其中中央财政扶贫资金30800万元，自治区配套资金3000万元，项目管理费300万元，大骨节病搬迁生产补助资金724万元，自治区培训资金180万元。由自治区扶贫办安排扶贫开发项目239个，投入资金21404万元。全区农业综合开发总投资17226万元，其中中央财政资金13076万元，自治区配套资金4150万元，共安排实施开发区19个，实施产业开发项目22个。通过全区扶贫农发部门和项目区群众的努力，有力地改善了农牧民群众生活生产条件，提高了农牧民素质，促进了农牧业增效、农牧民增收和农牧区经济发展。全区低收入人口由85万下降到75万，重点扶持人口由32万下降到27万；农业综合开发区农牧民人均纯收入较上年增加500元，扶贫农发在我区新农村建设中发挥了重要作用。

【坚持以科学发展观统领两大开发】2007年，全区扶贫农发工作以重点扶持人口、农村低收入人口和19个农发区群众为主体，加强农牧业科技推广应用培训，不断提高农牧民的科技应用水平和劳动技能，培育与新农村发展相适应的新型农民。在扶贫农发项目的选定、整乡推进扶贫规划的制定等环节，都注重让群众参与，广泛听取群众意见，调动群众参与项目投入的积极性，使选项更加科学、更加符合实际。按照群众意愿，2007年共建设农牧业基础设施建设项目和交通、能源、科技、人才培训项目162个，产业化经营项目118个，完成低产田改造6040公顷；改良天然草场、草场围栏、人工种草17753公顷；新建水渠475.17公里，新修水塘13座，新增库容18.55万立方米，改善和扩大农田草场灌溉面积13353公顷；修建乡村道路258.84公里，桥梁、渠系建筑物1618座。以上项目群众自筹资金和投劳折资7855万元，受益人口达到4.5万户、20万人。在项目的实施中，全区特别注重农牧民参与工程建设。各级扶贫农发部门把农牧民群众能够承担的工程，全部交给项目区群众完成，使项目区群众在项目建设中就直接受益。经初步统计，农牧民在扶贫农发项目建设中直接增收3500万元，人均增收175元。同时，注重经济发展、社会发展与生态保护相结合，短期发展与可持续发展相结合，实行山水田林路综合治理，经济、社会、生态效益并重。通过农牧业基础设施建设，提高了项目区农牧业综合生产能力和抵御自然灾害能力，粮、油、肉、奶制品产量有了较大增长，项目区群众生活水平显著提高，生态环境、生存环境明显改善。

【紧密结合新农村建设推进两大开发】 2007年，围绕新农村建设的“二十字”方针加大工作力度，进一步推动项目区新农村建设。围绕生产发展，狠抓项目区基础设施建设和支柱产业，完成了自治区政府重大项目建设中扶贫农发项目建设任务，推动了农村生产力的发展。围绕生活宽裕，狠抓农牧民增收，发挥比较优势，在优化产业结构上下功夫，通过大户带动、项目推动、基地促动、协会联动等形式，带动农户增收。围绕乡风文明，狠抓新型农民培育，倡导农村生活新风尚。逐步健全农牧区科技推广、培训体系，在开展提高劳动技能的同时，广泛开展科普教育，通过培训教育，提高农牧民的科技文化素质和致富能力，逐步破除陈规陋习，积极引导宗教与社会主义社会相适应，逐步消除贫困文化现象。围绕村容整洁，狠抓农村建设的整体规划和贫困户安居工程。2007年，自治区扶贫开发办调剂了大量资金，实施贫困户安居工程和农村基础设施建设。同时，通过整乡推进扶贫工作，科学规划新农村建设内容。围绕管理民主，狠抓基层组织建设。通过定点扶贫、整乡推进扶贫等工作，加强基层组织建设，把政治素质好、致富能力强、群众公认、乐于带领群众致富的人选配到了村级班子中。在条件成熟的地方，成立农村专业经济协会，为新农村建设提供强有力的组织保证。

【坚持开发式扶贫方针不动摇】 针对农村贫困人口享受最低生活保障后，对扶贫开发工作的一些不同看法，自治区扶贫开发办派人深入基层，加强调查研究，掌握第一手资料，为科学决策提供依据。通过调研一致认为，农村低保是从生活保障层面对贫困人口的救助，只解决贫困人口的温饱问题；扶贫开发是从增强贫困地区的发展能力入手，给予项目扶持，奠定发展基础，解决的是根本的脱贫致富问题和长远的发展问题，两者不能互相替代。全区“十一五”确定的扶持对象没有变，扶持标准没有变，扶贫开发政策没有变，开发式扶贫的方针没有变，工作力度只能加大不能减弱。因此，在2007年的具体工作中，继续坚持开发式扶贫的方针，因村因户制宜采取帮扶措施，加大开发力度，通过加强基础设施建设，发展生产，增强群众自我发展能力；通过发展特色产业，增加收入，增强群众自我积累能力。

【加大产业开发力度】 2007年，产业扶贫在巩固2006年以特色建材为主的特色产业开发成果的基础上，全年安排实施了种植、养殖、农畜产品加工、林下采集、家庭旅游等产业开发项目，这些项目使全区36个县、82个乡镇、6万多群众直接受益，人均增加现金收入500元以上，尤其是特色建材开发项目增收效益更为明显。该项目转移劳动力5291人次，直接受益人口达到2.6万人，项目区人均增收1000元，参加项目建设的群众最低收入达5000元，最高收入达到15000元。农业综合开发走“龙头+基地+农户”的产业化发展路子，通过“扶龙头、建基地、带农户、连市场”的开发模式，完成了黄牛改良5万头，禽类养殖20万羽，牲畜育肥3800万头(只)，蔬菜、花卉种植200公顷，水产养殖80万尾，扶持肉食品加工、青稞加工转化、蔬菜、花卉销售等龙头企业22家，加工肉类0.05万吨，青稞1.65万吨，销售蔬菜48万斤，年产值达9897万元，辐射带动农牧民6900人，人均增收723元。产业项目大力促进了农牧民增收，为建立农牧民增收长效机制奠定了基础。

【部门联动，定点帮扶，形成开发合力】 区党委、政府调整充实自治区扶贫开发领导小组后，自治区扶贫办积极协调各成员单位，按照职责分工，以不同方式支持参与扶贫开发。区、地、县各部门响应区党委、政府的号召，通过选派人员、确定项目、投入资金、智力支持等，大力开展定点扶贫工作，使定点扶贫乡镇的基础设施进一步改善，基层组织建设进一步加强，农牧区经济进一步发展。选派的定点扶贫干部发扬艰苦奋斗的优良作风，走村入户，了解民情民意，帮助基层理思路、定规划、明举措，做了大量卓有成效的工作。各部门共同关注贫困地区、关心贫困人口、帮助贫困地区发展的“大扶贫”格局逐步形成。通过相关部门密切配合和全力支持，保证了我区扶贫农发工作顺利开展和各项任务的圆满完成。

【健全和完善两大开发管理机制】 2007年，全区扶贫农发部门按照国家和自治区关于扶贫农发项目建设管理的要求，坚持用制度管权、管钱、管人、管事，确保了各项工作正常顺利开展。为推行阳光政务，自觉接受社会监督，对2007年实施的扶贫农发项目在《西藏日报》上进行了公示；各地市扶贫(农发)办也在项目建设前、建设中及建成后，及时向项目区群众和社会公告项目资金投入情况和建设内容，充分尊重群众的知情权、参与权和监督权。同时，健全选项、立项、建设、验收、管理、资金使用等方面的全面评价和绩效考核机制，加强项目前期工作和项目实施过程中的督促检查；组织有关部门认真开展项目竣工验收工作；不断完善措施，强化项目后续管理；制定项目建设绩效考核办法，组织系统干部进行绩效考核培训。通过这些措施，全区扶贫开发项目从建设质量到建设效益都达到了国家要求，在国务院扶贫办组织的绩效考评中评定为B级，在全国通报表扬。农业综合开发，加强制度建设，出台优惠政策，引入产业化经营项目竞争机制。2007年，在《西藏日报》上刊登产业化经营项目，征招项目建设单位；制定出台了《西藏自治区农业综合开发资金和项目管理实施细则（试行）》、《西藏自治区农发产业化经营项目指导意见》，进一步为农业产业化项目引入竞争机制提供了政策依据。

扶贫开发

【继续落实贫困户安居工程建设】根据自治区安居办下达的年度计划，2007年自治区扶贫开发办完成7640户的贫困户安居工程建设任务和1221户的地方病重病区群众搬迁任务，使用中央财政扶贫资金10000万元。

【稳步推进整乡推进扶贫】2007年全区共实施整乡推进扶贫乡（镇）30个，整村推进扶贫试点村4个，共实施项目127个，其中基础设施建设项目72个、特色产业开发项目55个，安排资金4891.6万元。

【全力实施面上扶贫项目】2007年审批下达面上扶贫项目110个，其中基础设施建设项目63个、特色产业开发项目41个、其他项目6个，安排资金4393.4万元。另外，下达扶贫项目管理费300万元，农村沼气项目建设配套资金325.26万元。

【认真落实大骨节病搬迁群众生产安置工作】2007年集中解决昌都地区362户搬迁群众的生产生活安置问题，下达补助资金724万元，基本完成自治区党委、政府下达的大骨节病区群众搬迁任务。

【加强扶贫培训】安排扶贫培训资金769.6万元，实施培训项目89个，培训人员达到27024人（次）；其中贫困劳动力转移培训6276人，实用技术培训18758人，定点扶贫及整乡推进扶贫等干部培训1990人；组织400名贫困青年赴内地培训就业，是2006年选派人数的8倍。

【大力开展定点扶贫工作】2007年，全区44名党员省级干部在44个县建立了扶贫联系点，并多次深入实地开展调研，帮助解决实际问题；区、地576个部门，选派1429名干部，深入389个乡（镇）村，开展定点帮扶工作。累计落实帮扶项目332个，投资5895.1万元，捐款捐物折资3463万元。

【存在以下问题和不足】一是扶贫资源整合力度不大，资金投入与实际任务有较大差距。二是贫困地区基础设施滞后的瓶颈仍未打破，扶贫开发在产业开发上还未取得根本性突破，群众增收的长效机制还未形成。三是重点扶持人口大部分分布在边远地区、自然灾害频发地区和生存环境恶劣地区，这些人口的增收致富还需全社会的共同参与和各方面的大力支持。四是资金项目管理机制、资源整合机制、部门联动机制、全社会参与机制、群众参与机制需要健全和完善。五是贫困户安居工程建设工作相对滞后，配套设施建设不到位。

农业综合开发

【继续加大土地治理力度】2007年土地治理项目总投资17175万元，开发建设总规模21340公顷，其中低产田改造5520万公顷，草场建设15820公顷。

【大力推动农业产业化经营】2007年区农业综合开发产业化经营项目总投资达11978万元，其中国家投资4166万元，自治区配套1740万元；实施种养业、农畜产品加工业和农产品销售流通等产业化经营项目22个，其中种养基地项目14个，加工项目8个。主要是建设高效日光温室450栋、养殖奶牛4440头（其中犏奶牛1000头），确定了3家农业产业化龙头企业。

【加强科技推广应用】2007年全区共安排农业综合开发科技推广经费629.4万元，用于蔬菜种植、牲畜短期育肥、奶牛养殖、农畜产品加工等实用技术的示范与推广。全年推广面积达到2100公顷；举办各类先进实用技术培训班20期，培养了一大批懂技术、会经营的新型农牧民。

【积极培育农牧民专业合作社】2007年，全区各级农发部门按照《中华人民共和国农民专业合作社法》，培育各类专业合作社12家，参与农户达1000余户，辐射带动群众5000多人。

【存在的问题】1.土地治理标准需进一步提高；2.农业综合开发产业化龙头企业数量少、规模小、带动能力弱，产业结构调整需进一步加大；3.农业综合开发项目中科技推广应用水平还需进一步提高。

自治区人民政府驻成都办事处

【基本情况】西藏自治区人民政府驻成都办事处是西藏自治区派驻内地的综合性办事机构。办事处机关设办公室（政工人事处）、接待处、退（离）休人员服务处、经济信息联络处、纪委（监察室）、干部保健处共6个职能处室。下属有西藏成办医院（四川大学华西医院西藏成办分院）、天湖宾馆（原西藏成办第二招待所）、西藏圣地阳光宾馆（原西藏成办第三招待所）、顺江苑接待站、西藏成都干休所、西藏双流干休所、西藏成办社会保险事业管理局等企事业单位。共有职工643人，其中在职326人，离退休人员317人。同时还协调代管西藏驻蓉部分企事业单位。

【接待工作】2007年，成都办事处全年共接待进出藏客人24万人次，其中省级干部及随从9260人次，团队1200多个，内地西藏班师生879人次，代售机票4万张，车辆安全行驶27万公里，收到很好的经济效益和社会效益。同时，为不断提高接待服务质量，办事处自筹资金180多万元，着重对接待楼二号楼的接待大厅、餐厅、3~4楼客房和天驰接待服务中心售票处进行了改造装修。至此二号楼改造全面完成，接待条件有了极大的改善。全年天驰接待服务中心实现营业收入697.69万元，上交税金30.3万元。

天湖宾馆以创三星级酒店为目标，在科学分析的基础上，制定出“稳定区内客源，积极有效的开发区外客源，提升宾馆综合竞争力，大胆参与市场化进程”的发展规划。筹集资金400万元，完成了对部分硬件设施的更新改造，使国有资产得到了较大的升值。与此同时，积极引进兴熙北餐饮集团资金，整体承包经营宾馆北楼，投资200多万元全新打造“兴熙北天湖店”，进一步提升了宾馆的形象和接待能力，为明年申评三星级饭店打下了良好的基础。宾馆全年实现营业收入1002万元，上缴税金66万元。

圣地阳光宾馆以创星为目标，以客房创收为重点，提高土地使用效率，盘活固定资产，严格控制非经营性支出，开源节流，控制成本。本年度投入资金150万元，完成了28套客房标准间的改造（至此170套客房经过三年全部改造完毕）及北2楼2间包间的装修改造，为宾馆创星做好了各项基础工作。同时，利用闲置土地新增11套出租房，确保国有资产的保值增值。宾馆充分挖掘内部潜力，积极完善客房中心服务制，从根本上改变了传统的服务方式，既节约了人力资源，又提高了工作效率。宾馆全年实现营业收入460万元，上缴税金30万元。

成办医院进一步增强医院的整体医疗技术水平。按照“达到国家二级甲等医院标准”的四年发展规划，自筹资金488.2万元，购买了先进的医疗设备和新修建消毒供应室，为医院今后的发展打下良好的基础。进一步加强了与华西医院的合作，先后设立了华西医院肿瘤二病区和肾内科二病区、骨科病区和脑外神经科病区，产生了良好的社会效益和经济效益。狠抓医疗行风建设和医院精神文明建设，认真落实医疗质量考核指标，建立了三级医疗质量控制体系和七大质检小组，积极推进医院争创“二级甲等”工作。全年总收入3695.7万元，实现利润近300万元。全年收治病人33369例次，治愈好转率91.5%。开展手术694例，健康体检3963人次，干部保健门诊705例次。全年无重大医疗事故发生。

顺江苑按照规范化、高质量、个性化的服务要求，加强管理和服务，圆满地完成各项重大接待服务工作。

退（离）休人员服务处、西藏成都干休所、西藏双流干休所、老干科等离退休人员管理部门共管理着5857名离退休人员，其中包括西藏安置在内地各省市的5535人。为切实做好老干部管理和服务工作，真正让老干部满意，西藏成都干休所、西藏双流干休所等离退休人员管理部门，紧紧围绕“让上级组织放心，让老同志满意”的工作思路，全面贯彻执行中央、自治区有关老干部工作的各项方针政策。一是认真落实离退休同志的政治、生活待遇。按照“政治上尊重老干部，思想上关心老干部”的工作方针，坚持离退休同志阅文制度、情况通报制度和定期走访制度，坚持组织离退休同志年度体检和上门巡诊制度，定期组织专家讲授保健知识，做好离退休同志的医疗、预防和保健工作，切实使离退休同志感受到党和政府对他们的关怀和组织的关心。全年老干部管理部门共为离退休同志传阅文件500余份，《内部参考》100余期，看望生病住院离退休同志170多人次，为离退休同志送医、送药、巡诊1400多人次。二是加强离退休支部建设，充分发挥离退休支部的战斗堡垒作用。严格按照《关于进一步加强和改进离退休干部党支部建设工作的意见》，不断加强离退休支部建设，严格党的组织生活，确保离退休各支部学习资料、活动场地、活动经费“三落实”。三是开拓进取，创新老干部管理工作。针对离退休同志安置散、分布广的特点，为适应跨省安置工作量不断增长的需要，退（离）休人员服务处开拓创新，努力提高管理服务水平，完成了西藏成办代管且易地安置的5000多名离退休同志基础信息资料库建立工作，对离退休同志的30多万条信息进行了系统、全面的收集、整理、录入和核对，实现了离退休同志自动化、网络化管理，既实现了资源共享，又提高了工作的透明度。

【认真开展信息收集、整理、上报工作】本着及时、准确、全面的原则，不断拓展信息工作的广度和深度，努力提高信息的质量和采用率。全年共收集、传递、处理和上报信息528期2917条。上报党办、政办的信息在驻内地五个办事处中得分都名列第一，得到自治区党办、政办的充分肯定，也为领导及时掌握情况，制定方针政策提供了信息基础。

【社会工作】社会保险部门结合西藏驻内地参保单位实际，经与有关单位协调沟通，落实了西藏驻川企业职工基本养老保险按当地实施办法执行的意见，为西藏驻川企业职工基本养老保险政策执行的连续性、稳定性提供了保障。全年共征收失业保险金29.7万元，养老金251.7万余元，发放养老金311万元。

【领导名录】

党委副书记、主任：葛裕涛

党委委员、副主任：王国荣、张裕庭

党委委员、区纪委驻成办纪检组组长：张道泰

党委委员、巡视员：詹裕康

自治区人民政府驻北京办事处

【强化服务，团结协作，圆满完成各项接待任务】2007年，自治区人民政府驻北京办事处坚持把做好自治区党的十七大代表、“两会”代表团、自治区赴各援藏省市、企业回访党政代表团服务接待作为接待服务工作的重中之重，加强领导，精心安排，周密部署，保障到位，得到区党委、政府有关领导同志的肯定。圆满细致地完成了党的十六届七中全会、中央经济工作会等参会领导、十个省级领导带队出国考察团组、欢迎中央各部委第五批和大型国企第三批援藏干部团192人进藏及内地藏族中学生返藏、新生入学在京中转等接待服务，共接待自治区领导2728人次，接待参加中央在京召开的全国性会议66个402人次、出国团队12个165人次、其他团队65个1424人次，接待来京保健就医省级领导145人次、地级14人次、其他58人次。积极与北京有关部委、医疗、民航、机场、火车站等单位联系，圆满完成了春节、藏历年联谊慰问，国航、首都机场有关领导赴藏考察交流和北京医疗专家

赴藏考察、讲座、学术交流等工作。与专职司机和挂靠单位分别签订了“交通安全责任书”，加强交通安全知识、交通法规的学习和车辆自检工作，全年安全行驶32万公里，确保了各级领导在京期间出行的安全畅通。

2. 加强联络，拓展空间，经济文化交流得到有效推进。积极开展经济联络和招商引资工作，推进了陕西红石投资公司进藏投资、北京光起管理模式有限责任公司与区内有关部门领导和企业家进行论坛讲学筹备、5100矿泉水公司开拓北京市场和西藏文化基金会申报筹备等工作；协助区内有关部门做好在京政务工作，圆满完成了驻京中央重要骨干企业援藏工作座谈会、昌都地区歌舞团进京慰问援藏企业演出、法国大使宴请自治区领导、西藏电网公司在京成立会、青藏高原冰川冻土变化对区域生态环境影响评估与对策第五次工作会、自治区领导参加香山论坛等会务、联络、协调等工作；拓展服务领域和职能，牵头组织了与外交部领事司座谈联谊活动，为在京驻外机构进藏办理进藏函29件、38人次，办理出国签证58个团组、268人次，主动拍摄了藏餐标准制订研讨会、青藏高原原生植被保护与恢复研讨会、中国西藏攀登世界14座海拔8000米以上高峰探险队庆功大会等西藏在京重要政务活动电视新闻；主动承担自治区领导和自治区各部门在京召开重要会议、进行重要公务活动采访报道工作，就办事处设立西藏日报、西藏人民广播电台、西藏电视台驻京联合记者站做了积极协调和筹备工作；深入贯彻落实自治区扶贫工作会议精神及“十一五”定点扶贫工作，在全体干部职工中发起了“扶贫帮困做贡献、携手共建甲玛乡”主题捐赠活动，累计投入25万元援建沙石厂项目，使甲玛乡龙达村贫困户切实摆脱了贫困，积极协助墨竹工卡县做好斯布牦牛产业化前期工作，配合甲玛乡政府加强基层组织建设，为深入做好办事处对口扶贫工作奠定了坚实基础。

【把握要点，确保质量，信息工作得到进一步加强】专门召开了2007年信息工作会议，对做好2007年信息采集编报工作做了安排部署。规范信息采集编报工作，制定下发了《西藏驻京办事处政务信息工作暂行规定》。利用在京优势，参与了全国各省市驻京办事处信息协会成立20周年庆典等有关活动，较好保持了全国各省市驻京办信息协会的信息源。加大自采信息编报力度，《安置在河北省的部分西藏返内地离退休老同志现状令人堪忧》信息得到区党委主要领导高度重视，《中央民族大学第二届内地生源定向西藏工作毕业生欢送会在京召开》等信息得到区党办、区政办的充分肯定。

【以人为本，耐心细致，把组织关心、关怀落到实处】认真做好离退休人员经费管理、核拨工作，分赴北京、天津、成都、双流和河北省的保定、邯郸、邢台、唐山、秦皇岛等21个市、县，行程6800余公里，走访慰问了234位离退休老同志，占总人数的51.65%；积极与中央组织部、区党委老干部局联络协调，安置退休干部工人16人；及时发唁电安抚家属，认真做好深入细致的思想工作，积极化解矛盾，办理离退休干部工人后事15人；对涉及经费管理、医药费审计、异地安置、信访处理等12个方面的服务工作进行了分类细化，主动了解离退休老同志思想、生活、身体状况，对60岁和80岁年龄段的老同志分别进行登记造册、整理归档，积极向区党委和有关部门反映有关情况，想方设法帮助老同志解决实际困难，进一步完善了离退休人员服务流程，推进了离退人员服务工作的人性化、科学化、规范化。

【自我教育，自我提升，机关服务保障工作得到加强】深入开展“无差错”学习教育活动，通过完善岗位职责、细化工作流程、加强业务学习培训等措施，努力杜绝重要公文、重要事项、重要会议、重要接待、重要管理工作中的差错，成功承办了西藏驻内地办事处主任联系会，有力提升了机关办文、办会、办事工作质量和水平。坚持信访工作无小事，着力把不稳定因素解决在萌芽状态，受理群众来信、来访13批（件）46人次，帮助原西藏物资公司退休人员圆满解决了退休费问题，落实了代管人员工资和医药费等遗留问题。努力提供规范到位的后勤服务，圆满完成了公务员工资改革政策宣讲及工资套改、测算、补发等工作，组织了适合老干部的各项文体活动，对部分职工宿舍楼外进行了整治粉刷，对供暖费、固定资产和房产档案资料进行了彻底地清查、登记，开通了电子政务网，有力地提高了工作效率。

【倾心服务，打造品牌，树区企形象增效益】1.提素质、树形象，加大员工教育培训工作力度。三家企业通过外派中层干部到有关宾馆、饭店考察培训，安排英语培训、礼仪礼貌、服务技巧、安全生产等岗位技能培训，实行“传、帮、带”、“一对一”培训，积极参加国管局、市旅游局、卫生局等行政管理部门迎奥运师资、手语、紧急救护、卫生防疫检测、新《劳动合同法》、消防安全综合治理和节能降耗减排及垃圾处理等服务培训，使员工培训达到100%，进一步提高了员工管理能力和服务水平。通过开展评选“服务礼仪之星”、“岗位技能之星”等活动，使员工学有榜样，做有标准，较好地带动了员工整体素质和服务技能的提升。在国管局办管司迎奥运服务技能比赛中，珠穆朗玛宾馆获得中餐摆台技能二等奖和前厅服务技能优胜奖，西藏大厦荣获冷餐雕刻最佳艺术效果奖、最佳技法奖，客房做床三等奖、优秀奖，前台接待优秀奖。西藏大厦还在中央国家机关窗口行业会议上作了奥运培训工作经验介绍及展板成果展示，应邀参加了首都窗口行业“迎奥运微笑服务行动”成果展示活动。

2. 抓质量、重提升，积极完善硬件服务设施和环境。积极改善接待服务硬件条件，珠穆朗玛宾馆对接待楼客房及门前楼体进行了翻新改造，餐厅挂上了北京市卫生局颁发的食品卫生A级牌，成为2008北京奥运会餐饮服务单位。喜马拉雅宾馆按照经济型酒店定位对客房进行了装修，增加了必要的服务设施，使宾馆条件有了明显改善和提高。西藏大厦按期圆满完成了二期工程，进一步提升了接待服务能力。

3. 抓管理、促经营，努力提高企业经济和社会效益。三家企业单位纷纷结合自身优势，既注重经济效益的稳步提高，更注重服从服务于西藏的使命和责任，不断深化服务内涵，加强经营管理，获得了经济、社会效益的双丰收。三家企业全年实现营业收入5370万元，其中珠穆朗玛宾馆1088万元、喜马拉雅宾馆328万元、西藏大厦3954万元，营业收入和利润创历史最高水平。

【获奖情况】西藏驻北京办事处荣获2007年度“首都文明单位”、“中央国家机关文明单位”。

北京西藏大厦荣获2007年度“中央国家机关文明单位”、“首都窗口行业奥运培训工作先进单位”、“第一届首都文明服务示范窗口”等荣誉。

【领导名录】

党委书记、副主任：张国英（6月退休）

马升昌（5月任职）

党委副书记、主任：强　新

党委委员、副主任：陈启华（5月任巡视员，不再担任党委委员、副主任职务）苏温明（5月任职）、赵国庆（5月任职，兼纪检组组长）、刘茂林（5月任职）

自治区人民政府驻上海办事处

【接待工作】2007年，上海办事处接待工作与同期相比有明显增加。接待宗旨是“有求必应”，无论来沪人员是领导干部还是普通的农牧民，都会一视同仁，坚持高标准、严要求，耐心细致、热情周到，努力搞好服务，受到来沪人员的普遍好评。

【老干部工作】1.首先从政治上关心老同志，其次是从生活上照顾好老同志。严格按照区党委政府的统一部署落实“两个待遇”即：政治待遇和生活待遇上开展工作。

2.走访慰问工作。2007年“三大节日”来临之即，协助区老干部局开展了华东地区离退休省级干部和山东、江苏、上海部分离退休干部的“三节”慰问工作，并且召开了安置在上海的西藏离退休干部87人迎新春茶话会。有针对性地在高温、中秋节期间对部分住院、重病、高龄老同志进行了登门走访56人。对代管单位和部分自管人员进行了电话慰问，还委托联络员对部分人员进行走访慰问，共计慰问达500余人。

3.财务管理工作。2007年除了往年正常的一年三次汇寄工资和每月集中汇寄报销医药费和预决算工作外，增加了六次调整离退休金的工作量，汇寄增资和工资医药费近5000余人次。4月份协助区老干部局对财务和固定资产进行了清产核资。每月集中审核报销医药费汇寄月均60人次。全年汇寄700多人次。2007年做总帐明细帐达5000余人次。汇寄兑现企业住房补贴450余人次。

4.安置工作。2007年对浙江省、上海市干部工人13人进行了易地安置。在安置过程中对居住在杭州市的离退休同志进行了看望，并召集大家在杭州市老干部活动中心聚餐、座谈，对在管理中存在的问题征求了大家的意见。

5.房改兑现工作。2007年对机关、事业所有人员住房补贴兑现工作进行了排查和对11名有遗留问题人员的住房补贴进行了测算兑现。对企业离退休干部工人450人进行了房贴的兑现工作。

6.做好信访、接待工作。对老同志来往信件和来电做到有问必答，来往信件主要是医药费的报销等有关老同志切身利益的事情，进一步完善了来往信件的收发工作和首问责任人工作。2007年共处理老同志信件和接待老同志达997人次。

7.做好老同志病重、病故的后续工作。2007年处理去世离退休人员后事共计32人。对安置在上海的去世人员，尽量去参加老同志遗体告别，并送花圈。

【信息宣传及招商引资工作】1.为更好地促进汉藏佛教界的交流与合作，宣传我区的民族宗教政策，展现我区社会发展的大好局面，推动我区民族教育事业的发展，推广藏传佛教的文化精髓，展示雪域高原的佛教圣迹，经报区政府办公厅批准，由中国佛教协会副会长、上海佛教协会会长、上海玉佛寺方丈觉醒大和尚率团，“雪域·心之旅”上海佛教界赴西藏参访团于8月6日至8月12日对我区进行了参观访问。参访团在藏期间，资助20万元人民币为自治区佛教协会助刻大藏经《丹珠尔》；捐款50万元人民币捐建了日喀则觉群希望学校。参访团回到上海后，对此次参访活动给予了高度评价，今后将继续组织类似的参观访问活动。

2.按照区政府领导的要求，上海办事处积极帮助上海西藏大厦联系协调上海有关单位，争取早日实现上海西藏大厦土地所有权从无偿划拨转为有偿使用。

自治区人民政府驻格尔木办事处

【接待工作】2007年，格尔木办事处共接待自治区党委、政府和自治区各部门领导及赴格工作组共638人。热情周到的接待服务工作，受到了来格各级领导和干部、职工的好评。同时，办事处受自治区有关部门的委托，为其代储代运各类进藏物资1000余吨，支持和方便了有关部门的工作。

【协调服务工作】加大与当地政府的交流与联系，积极做好基地职能转换的前期调研工作。围绕格尔木西藏基地的下一步发展趋势，办事处多次在基地单位进行调研并与格尔木市相关部门进行商讨、交流。在详细了解当地的能源、矿产资源、工业基础、产业政策以及为促进当地经济发展所出台的各项优惠政策的基础上，分门别类形成了5个方面的调研报告。为下一步抓住青藏铁路全线通车的重大历史机遇，开发利用基地的现有资产和基地职能转变，掌握了有关信息和第一手资料。

加大协调服务力度，为基地单位排忧解难。经协调，使基地拥有铁路专用线的8个单位免交5年的铁路技术服务费1000余万元。同时与青藏铁路公司达成了2007年免收20%铁路技术服务费的协议；协调解决了藏格粮食储备中转库250车天然气管因品名不符，格尔木车站拒绝送车中转的事宜，使企业避免了上百万元的经济损失，赢利40余万元；促使基地各铁路专用线单位达成了统一市场价，避免了为盈利而竞相压价，相互拆台的局面。2007年基地铁路专用线单位效益明显好于往年，转运总量达到了55万吨；根据自治区人民政府办公厅的要求，经协调，与铁路方面达成协议，每日为办事处预留3张进藏火车票。2007年共为基地单位干部、职工、学生和途经格尔木的自治区各级领导代购车票364张；协调解决了藏格物资转运站铁路专用线被封线、与格尔木市自来水公司的债务和供水问题、车皮分配计划等事宜；参与西藏地质五队与安徽铜陵有色集团公司的合作议项，配合该公司在格尔木市的调研工作。

全力做好协调服务工作，确保青藏公路畅通，努力优化青藏公路运输环境。高度重视和大力支持青藏公路养护、保通工作，积极协调解决在公路养护工作中存在的各类问题，帮助常年坚守在公路沿线上的养护工人解决实际困难。在治理超载超限和预防道路交通事故中，做了大量的协调服务工作，为优化青藏公路的运输环境起到了积极作用。据统计，截止10月底，经青藏公路发运进藏物资113万吨，出藏物资40万吨，客运3万人次。

【社会保障工作成效显著】基本养老保险基金的申报、征收及发放工作。2007年，基地参加基本养老保险申报的单位27个，申报人数989人，应征收养老基金989万元，已征收养老金830万元，征收率为84%。清欠往年欠费71万元。社会化发放养老金的退(离)休人员336人，发放养老金616万元。

失业保险基金的申报、核定、征收及发放工作。2007年，基地参加失业保险申报的单位27个，参加申报人数1510人，核定应征收失业基金223万元，实际征收190万元，征收率为85%。清欠往年欠费4万元。发放失业救济金0.24万元。

劳动就业和再就业工作。圆满完成了150个公益性岗位的安置工作。2007年公益性岗位工资财政补贴1472580.00元，1月~9月份已支付578160.00元；2007年1月~11月份共培训驾驶员和养路工190人。2007年与基地16个单位签订了目标责任书，共安置194人，职业指导人数353人次，职业介绍226人次，职业介绍成功194人，成功率86%。技术等级鉴定51人，合格率100%。

认真做好社会保障基金专项稽核工作。根据自治区有关厅局的统一安排和部署，2007年对自治区交通厅格尔木运输总公司等九家重点单位进行了稽核，对发现和存在的问题，及时向有关单位下达了整改通知。

认真做好基地医疗保险工作。截止2007年10月底，参保单位22个，参保人员1312人，其中：在职职工998人，退休人员314人。同时建立了个人帐户。2007年应征收基本医疗保险费528万元，实际征收502万元。对参保患者住院情况进行了审查，截止10月底，申请定点医院住院的参保患者25人，结算报销住院费用12人次，报销住院费用8.6万元，支付个人账户医疗费120万元。

退（离）休职工的服务工作。利用节假日、休假、出差、学习等机会看望慰问了退（离）休职工500余人，发放慰问金5万余元。安置退休人员45人。并依据有关文件规定，解决了他们的实际困难；认真审核、汇总、上报了基地企业退休人员的基本养老金，调整后的基本养老金已及时发放到位。

【促进医院工作】对医院现有管理模式进行大幅度调整，整合医疗设备和技术力量，强化综合服务能力。精减机构，集中优势扩大医疗服务市场，提高经济效益。积极开展医疗质量、服务态度评比活动取得了较好的经济效益和社会效益。截止10月底，格办医院共完成门诊和急诊3493人次，收治住院病人425人次，抢救危重病人13人次，配制合剂10.8万毫升，检验检查1810人次。为迎接全国计划免疫评审工作，先后派出12名医务人员历时9天，对格办小学学生强化乙肝疫苗接种580人次，常规接种285人次。为基地征兵、大中专招生和职工健康检查3500余人次。

【兰州办事处工作和谐有序】加强离退休老同志服务工作，认真落实两个待遇。以人性化服务为根本，政治上关心，生活上照顾。针对大多数老同志进入“双高期”，及时调整服务方法，加大服务力度。积极组织老同志开展丰富多彩的文体活动，陶冶了情操，丰富了晚年生活。以狠抓经济收入和按时收缴综合商贸楼、出租房屋的各项租赁费用为重点，通过建立健全各项规章制度，做到责任到人，奖罚并举，较好地完成了2007年的经济指标任务，在保证了兰州办事处招待所职工工资的同时又弥补了经费的不足；认真做好接待服务工作。截止11月底，兰州办事处共接待区内过往人员和到兰州工作的各级领导干部及工作人员共1631人次。其中：省级领导7人次，地厅级领导30人次，县级及一般干部和工作人员1166人次。学生261人次，团队9个167人次。兰州办事处克服人员少和经费不足的困难，积极协调民航、铁路及相关部门，最大努力地化解了两起计240余名在兰州上学的藏族学生假期回区内车票难买的矛盾。就青藏铁路通车后兰州办事处的职能定位、发展趋势等方面积极开展调研，研究和思考在“营建陕甘青藏经济圈”中，兰州办事处如何抓住青藏铁路通车的重大历史机遇，利用兰州的区位、资源、市场等优势，更好的为我区经济社会的发展服好务；完善落实各项规章制度，加强了对车辆、药品和财务的管理；狠抓职工政治理论、业务知识的学习和思想道德教育，稳定了干部职工队伍。

自治区人民政府驻西安办事处

【联络工作】2007年，自治区人民政府驻西安办事处共上报信息197期，累计采用82条，得分289分。其中，政办采用信息65条，得分207分，首次达到达标要求；党办截止10月份采用信息17条，得分82分。这是办事处信息工作多年以来所取得的最好成绩，改变了长期以来信息工作的被动局面。

经济联络方面，一是积极配合自治区招商局筹备参加了第十一届西洽会，在会议准备及举行期间，积极与陕西省委、省政府密切联系，在会馆布置、行程、住宿、展品宣传、资料收集方面做了大量的工作，保证了代表团工作的顺利完成，得到有关领导的好评。二是借助自治区领导出席西洽会和来西安出差开会的有利时机，增进了两省区的沟通和联系，加强了政务交流联络，同时促进了援藏工作。三是积极协助林芝地区和陕西杨凌地区的经济合作项目对接。

促成林芝地区行署领导与杨凌示范区管委会进行合作洽谈，协调组织杨凌示范区科教局专家赴林芝开展技术培训，并达成了帮助林芝地区进行中药材资源普查、制定产业发展计划的协议，向林芝地区科技部门和农业部门提供花卉种植栽培技术培训的协议，对当地特色产业的发展具有很好的推动作用。四是协调安排宝丰机电制造公司到拉萨、林芝、日喀则等地考察当地电力、三级并网及小型水电安装项目，该公司实地考察后，拟在拉萨开发区建立一个仓储和物流中心。五是协助自治区藏药厂在西安市长安区投资藏药项目的有关工作。自治区藏药厂拟在长安区筹办藏药厂西安临床开发中心、西安藏医院，积极协助与西安有关部门进行了联系、沟通。六是加强与各省市驻西安办事处的工作联系和交流，先后与上海、山东、广东、江苏、天津、甘肃等省市驻西安办事处进行了联系交流。

【老干部、老工人的安置和服务管理工作】办事处服务管理的老干部、老工人近2700人，这些同志分别安置在西北五省区和河南、山西等地，安置分散，呈现出点多、线长、面广、管理困难的特点。为此，以老干部处为主经常派人下去慰问，了解情况，听取他们的意见，帮助他们解决生活中的困难和问题。2007年需要安置的退休干部、工人共86人，按照有关部门下达的安置任务组成2个安置小组，从6月份开始，分别赴甘肃、新疆、青海、陕西、河南、山西等省区，开展安置工作。截止11月底，共安置62人，其中干部20人，工人42人，剩余人员的安置工作正在紧张进行当中。2007年三节慰问期间，通过面对面座谈、委托代管单位慰问、发慰问信等形式对离退休干部、工人进行慰问，慰问人数达750余人，其中离退休干部200余人，退休工人550余人。同时还对企业离退休干部、工人的住房补贴进行了发放，目前为止共发放住房补贴2618万元，其中干部住房补贴434万元，工人住房补贴2184万元，发放工作未出现任何差错。耐心做好离退休人员的来电、来函、来访工作，对他们提出的问题和反映的意见都及时进行了回复，做到事事有结果。

四个干休所积极创新，认真落实离退休人员的两项待遇。在政治待遇上，充分发挥基层党组织的战斗堡垒作用。组织离退休老同志加强了政治理论学习；按时发放离退休费，按照政策规定及时准确报销医药费和调整补发了老干部退休费。在日常工作中，经常深入老同志家中，问寒问暖，实行上门服务，做好老干部的医疗保健工作，开展了定期巡诊和年度健康检查工作。根据实际情况开展了大量适合老年人的文体娱乐和旅游活动使他们的身体得到锻炼。

【强化服务意识，提升服务水平，搞好接待服务工作】抓好思想认识，增加了硬件设施配备，大力改善接待条件规范接待程序，细化工作环节，做到高标准高水平服务。2007年，认真做好了十一届西洽会自治区党政代表团、北院开发建设领导小组、自治区职工安置工作组、自治区纪委等部门参加西安全国性会议的领导和工作人员等团队以及区内进出藏人员的接待服务工作。目前为止，共接待区内领导干部620余人次，是2006年的2倍多，其中省级干部12位，共32人次，与2006年同期相比也是大幅攀升。在接待工作中，做到服务热情周到，工作细致，从未出现差错，得到自治区有关领导和被接待者的一致好评，圆满完成了全年的接待任务。

【认真做好办事处北院开发的各项前期工作】2007年4月份，郝鹏常务副主席到办事处检查指导工作，对该项目进行了实地考察，并就下一步的开发工作做出重要指示。宫蒲光副主席先后两次到西安指导北院开发建设工作，确定了开发建设的原则和工作计划，并就开发项目相关优惠政策问题与西安市政府以及相关部门的领导进行了会谈和沟通。在自治区的高度重视和北院开发领导小组的直接领导下，项目建设的各项工作进展顺利。办事处党委高度重视北院开发工作，一手抓开发，一手抓安置，做了大量卓有成效的工作。开发建设工作方面：一是根据自治区专题会议纪要精神，迅速组建了机构，并从办事处抽调得力干部，还聘请了专业技术人员，全面开展前期工作。二是按照自治区关于西藏大厦的定位要求，委托中国建筑西北设计研究院作了项目的可行性论证和总体规划方案，报自治区审批，完成了项目的立项工作。三是积极与西安市政府和有关部门协调优惠政策落实。多次就土地变性费的返还和城市基础设施配套费的问题与西安市政府及有关部门进行协商和座谈，得到了西安市政府的积极支持，目前该项工作正在紧张进行当中。四是完成了商住楼项目的招商工作，通过几个月对所接触的开发商的经济实力、开发业绩、资信等方面的考察，初步确定了合作开发商，并签订了合作意向。对职工安置方案进行了多次研究和反复修改，对职工做了大量、耐心细致的思想工作。为下一步拆迁方案的制订和顺利实施奠定了良好的基础。

中国人民政治协商会议西藏自治区委员会

【全体委员会议】八届五次会议　2007年1月10日至15日在拉萨举行。政协第八届西藏自治区委员会共有委员463人，出席会议委员358人。全国政协副主席、自治区政协主席帕巴拉·格列朗杰主持开幕会和闭幕会。会议听取并审议了政协第八届西藏自治区委员会常务委员会工作报告；听取并审议了政协第八届西藏自治区委员会常务委员会关于政协八届四次会议以来提案工作情况的报告；列席自治区人民代表大会第六次会议，听取并讨论政府工作报告和其他有关报告；审议通过中国人民政治协商会议第八届西藏自治区委员会第五次会议政治决议和其他有关决议；审议通过政协第八届西藏自治区委员会提案委员会关于政协八届五次会议提案审查情况的报告；学习中共十六届六中全会、自治区第七次党代会和区党委政协工作会议精神；通过选举事项。会议期间共收到提案 314 件，经提案委员会审查立案 313 件。西藏自治区党委、人大、政府主要领导应邀出席大会开幕式和闭幕式。党委、人大、政府主要领导参加了小组讨论并作了重要讲话。区党委常委，区政协党组书记、副主席巴桑顿珠作闭幕讲话。

【常务委员会会议】第 14 次会议　2007 年 1 月 6 日至 7 日在拉萨举行。全国政协副主席、自治区政协主席帕巴拉·格列朗杰主持开幕、闭幕会。会议审议通过政协第八届西藏自治区委员会常务委员会第十四次会议议程；审议通过关于召开政协第八届西藏自治区委员会第五次会议的决定；审议通过政协第八届西藏自治区委员会第五次会议议程（草案）；审议通过政协第八届西藏自治区委员会常务委员会工作报告和报告人；审议通过政协第八届西藏自治区委员会常务委员会关于政协八届四次会议以来提案工作情况的报告和报告人；听取常委会工作报告、提案工作情况报告起草情况的说明和自治区政协各专门委员会工作情况的报告；人事事项。

第 15 次会议　2007 年 1 月 13 日在拉萨举行。会议审议通过政协第八届西藏自治区委员会第五次会议政治决议（草案）；审议通过政协第八届西藏自治区委员会第五次会议关于常务委员会工作报告的决议（草案）；审议通过政协第八届西藏自治区委员会第五次会议关于政协八届四次会议以来提案工作情况报告的决议（草案）；审议通过政协第八届西藏自治区委员会提案委员会关于政协八届五次会议提案审查情况的报告（草案）；听取有关人事事项的说明；通过候选人名单（草案）；审议通过选举办法（草案）；审议通过总监票人、监票人名单（草案）。

第 16 次会议　2007 年 6 月 11 日至 12 日在拉萨举行。全国政协副主席、自治区政协主席帕巴拉·格列朗杰主持开幕、闭幕会。会议的主要任务是传达贯彻全区党员领导干部大会精神；听取自治区人民政府关于 2007 年上半年经济社会发展情况的通报。

第 17 次会议　2007 年 11 月 15 日至 16 日在拉萨举行。全国政协副主席、自治区政协主席帕巴拉·格列朗杰主持开幕、闭幕会。会议审议通过政协第八届西藏自治区委员会常务委员会第十七次会议议程；传达学习中国共产党第十七次全国代表大会精神；传达学习自治区党委七届三次全委会议精神；讨论通过《中国人民政治协商会议西藏自治区委员会关于学习贯彻中国共产党第十七次全国代表大会精神的决议》；其他事项。

第 18 次会议　2007 年 12 月 27 日至 28 日在拉萨举行。全国政协副主席、自治区政协主席帕巴拉·格列朗杰主持开、闭幕会。会议审议通过政协第八届西藏自治区委员会常务委员会第十八次会议议程；审议通过关于召开政协第九届西藏自治区委员会第一次会议的决定；审议通过政协第九届西藏自治区委员会第一次会议议程（草案）；协商决定政协第九届西藏自治区委员会委员组成名单；审议通过政协第九届西藏自治区委员会第一次会议列席人员名单；审议通过政协第八届西藏自治区委员会常务委员会工作报告及报告人；审议通过政协第八届西藏自治区委员会常务委员会提案工作情况报告及报告人；传达学习全区经济工作会议精神；听取区政协各专门委员会工作情况报告。

【专门委员会工作】提案委员会　八届政协一次会议以来，共提交提案 1593 件，经审查，立案 1567 件。其中，经济建设方面的提案 886 件，占 56.54%；科教文卫体方面的提案 450 件，占 28.72%；政法、统战、社保和其他方面的提案 231 件，占 14.74%。这些提案分别送交 43 个承办单位办理，到目前为止，全部提案已经办复，提案所提问题已经解决和正在解决的占 75.56%，创造条件逐步解决的占 18.57%，留作参考的占 5.87%。未立案的转为委员来信处理。八届政协常委会为推动提案工作质量，分别于 2005 年 7 月和 2007 年 6 月召开了两次提案工作座谈会，同时，表彰优秀提案者 93 名、先进承办单位 35 个、提案办理先进个人 51 名。编辑了《重点提案选编》和《重点提案和优秀复文选编》。共召开 23 次承办单位座谈会，听取办理工作介绍，沟通情况，交流经验。五年共走访 37 个承办单位，发函征求意见 8 次，为改进政协工作创造了条件。

经济资源环境委员会　2003 年至 2005 年，连续三年与全国政协人口资源环境委员会联合，针对我区发展草原畜牧业、草场现行使用管理制度，保护高寒草原生态系统等方面进行了综合调研。形成《关于西藏自治区草场保护与建设》、《关于我区草原保护与大力发展畜牧业》等 3 篇调研报告和两篇关于西藏藏北环境监测、草原生态功能区划的专题学术报告。温家宝总理、回良玉副总理对调研报告作了重要批示。2006 年，在分管副主席的带领下，先后在山南、林芝、日喀则三个地区数十个农业县开展调研，形成《关于我区建设社会主义新农村和实施安居工程的调研报告》。区党委张庆黎书记、自治区向巴平措主席分别作重要批示。同年，和全国政协经济委员会、人口资源环境委员会组成联合调研组，对亚东口岸及沿线进行调研。接着又组织有企业委员参加的赴东北三省学习考察小组，形成《关于我委赴东北三省学习考察报告》。2003 年、2005 年，分别成功举办了以共谋农牧区改革与发展、展望十一五为主题的“政协西藏经济发展论坛”。连续两年召开了我区“非公有经济恳谈会”。2007 年又与全国政协经济委员会、人口资源环境委员会联合主办了以“加强区域经济合作，加快构建南亚陆路大通道”为主题的论坛。

社会科教文卫体育委员会　五年来，召开分管副主席参加的主任办公会议 7 次，组织委员开展专题调研和视察 9 次，完成专题调研报告 9 份，召开座谈会 3 次。2003 年“非典”期间，在分管副主席的带领下，积极配合政府组织政协委员对贡嘎机场、甲竹林镇防“非典”工作进行了一次视察，形成《自治区政协委员视察贡嘎机场、甲竹林镇防“非典”工作情况报告》。组织政协委员视察“三大文物”维修工程。对拉萨地区城镇职工基本医疗保险制度改革试点工作运行情况进行了一次调研。为进一步促进我区全民健身活动蓬勃发展，分别对老干部活动中心、居委会等四个健身点进行了调研。走访了山南地区桑日县三乡一镇，对农牧区医疗卫生工作情况和农牧区人口与计划生育情况进行了深入调研，形成了《西藏自治区政协调研组关于山南地区桑日县农牧区医疗制度改革工作情况的报告》和《自治区政协社会科教文卫体育委员会、区人口计生委联合调研组赴山南地区桑日县开展人口与计划生育情况调研报告》。2006年前往那曲地区比如县，对该县实施“普六”教育情况进行了调研，形成《赴那曲地区比如县对“普六”工作调研情况的报告》。先后对山南地区、林芝地区、拉萨市及城关区科技为“三农”服务情况进行了深入细致地调研，形成《自治区政协社会科教文卫体育委员会关于科技为“三农”服务的调研报告》，区党委张庆黎书记对报告作了重要批示。2007年8月，召开了由全国政协教科文卫体委员会主办，西藏自治区政协协办，西部和东部十八省（区、市）政协参加的“以乡镇卫生院为重点的农村医疗卫生服务体系建设”研讨会。

文史民族宗教法制委员会　五年来，召开主任会议30次，全体会议8次，专题调研13次，专题视察15次，形成调研、视察报告18篇，走访民族宗教人士25次，召开座谈会、讨论会35次，举办法制讲座4次，征集史料236篇237.4万字，编辑史料149万字，出版文史资料10册。在2007年全国政协五年工作总结大会上《西藏文史资料选辑》藏文版获得了优秀文史资料图书荣誉奖，《西藏文史资料选辑》汉文版被评为三等奖，《西藏旅游》被评为提名奖。2003年在分管副主席的带领下，深入昌都、林芝地区对纳西民族乡和南伊珞巴民族乡经济、政治、文化、生活情况进行了调查。2005年深入山南错那县四个门巴民族乡进行了专题调研，形成《自治区政协文史民族宗教法制委员会赴山南地区错那县四个门巴民族乡视察调研报告》。2006年深入日喀则地区聂拉木、拉孜、萨迦、康马、亚东等5个边境县就兴边富民行动实施情况进行视察和调研，形成《关于日喀则地区部分边境县实施兴边富民行动情况视察报告》。深入那曲地区四县15座寺庙，对寺庙爱国主义教育工作进行督察调研，形成《赴那曲地区寺教工作督察组调研报告》。深入昌都地区9县、18个乡（镇）26座寺庙，就寺庙爱国主义教育工作相关问题进行了调研，形成《关于昌都县等九县宗教工作调研情况报告》。2007年6月，深入日喀则地区6县9座寺庙，就学习、宣传、贯彻《宗教事务条例》、《西藏自治区实施〈宗教事务条例〉办法》的情况进行了调研。

【重要活动】区党委政协工作会议　2007年1月8日至9日，区党委政协工作会议在自治区政协礼堂隆重召开。这次会议是自治区党委在新世纪新阶段召开的一次专门研究政协工作的重要会议。会议期间，张庆黎同志、向巴平措同志分别代表自治区党委和自治区人民政府作了重要讲话。与会同志认真学习讨论了《中共中央关于加强人民政协工作的意见》（中发〔2006〕5号）、《中共西藏自治区委员会关于贯彻〈中共中央关于加强人民政协工作的意见〉的实施意见》（藏党发〔2006〕17号）和两位领导的重要讲话，并就加强党对新世纪新阶段政协工作的领导，进一步做好我区政协工作提出了很多意见和建议。这次会议是一次总结经验的会议，分析形势的会议，提高认识的会议，部署工作的会议，在我区人民政协工作史上具有承前启后、继往开来的意义，对于巩固和发展最广泛的爱国统一战线具有重大而深远的影响。

自治区政协迎春节、藏历火猪新年茶话会　2007年2月14日，在自治区政协举行。全国政协副主席、自治区政协主席帕巴拉·格列朗杰出席。自治区党委、人大、政府、政协、西藏军区领导同志，高法、检察院、以及武警西藏总队有关负责同志，在藏全国政协委员、八届区政协部分委员、区（中）直单位负责人以及拉萨市委、市人大、市政府、市政协和城关区政协主要负责人，自治区政协部分老领导和著名党外爱国人士遗孀代表共140多人应邀出席。各族各界人士欢聚一堂，共叙友情，喜庆佳节并观看了文艺演出。区党委常委、区政协党组书记、副主席巴桑顿珠致辞。区政协党组副书记、副主席德吉措姆主持茶话会。

自治区政协传达学习区党委七届二次全委会精神　2007年3月29日，区政协机关举行干部职工大会，传达学习区党委七届二次全委会精神。区政协秘书长罗松多吉主持会议，并就区党委七届二次会议的主要精神以及国务院第167次常务会议、西藏“十一五”工作任务分解的有关情况向大家作了传达。会议传达了张庆黎书记在区党委七届二次全委会上的重要讲话。在拉萨的副主席，各专委会正、副主任，全体干部职工及退休支部的老同志出席会议。

全区政协提案和视察工作座谈会　2007年6月13日至15日，全区政协提案和视察工作座谈会在拉萨召开。会议以邓小平理论和“三个代表”重要思想为指导，全面落实科学发展观，深入贯彻《中共西藏自治区委员会关于贯彻〈中共中央关于加强人民政协工作的意见〉的实施意见》和区党委政协工作会议精神，传达贯彻全国政协提案工作座谈会和视察工作座谈会精神，总结交流我区的提案工作和视察工作，讨论修改《政协西藏自治区委员会关于加强和改进提案工作的意见》（讨论稿）和《政协西藏自治区委员会关于加强和改进视察工作的意见》（讨论稿），部署今后的提案工作和视察工作，表彰自治区政协八届三次会议以来的优秀提案、提案办理先进集体和先进个人。全国政协副主席、自治区政协主席帕巴拉·格列朗杰出席闭幕会。区党委常委、区政协党组书记、副主席巴桑顿珠作闭幕讲话。

“和谐机关创建从我做起”教育活动　2007年5月上旬至6月上旬，自治区政协机关开展“和谐机关创建从我做起”教育活动。区政协机关专门利用一个月时间集中开展“和谐机关创建从我做起”教育活动，是按照新时期新任务对机关工作提出的新要求，以创建和谐机关为主题，自行组织开展的一次重要活动。此次活动经历了学习动员、思想沟通和自我剖析、总结验收三个阶段，达到了预期目的：一是理清了思路，明确了目标；二是反对分裂、维护稳定的自觉性和坚定性进一步增强；三是思想政治工作进一步强化；四是落实制度，改进措施，推动了工作；五是融洽关系，促进了和谐；六是做到了教育和工作两不误、两促进。

自治区政协组织党外人士学习胡锦涛总书记“6·25”讲话精神　2007年7

月5日上午，自治区政协组织在拉萨的自治区政协党外常委、委员，学习胡锦涛总书记6月25日在中央党校发表的重要讲话精神。通过学习，大家表示一定要把思想统一到胡锦涛总书记的讲话精神上来，以“四个坚定不移”的要求，始终保持清醒头脑，始终坚定政治立场，始终保持务实作风，充分发挥优势，认真履行职能，不辜负党和人民的重托和期望，为建设小康西藏、平安西藏、和谐西藏作出新贡献。区政协副主席拉敏·索朗伦珠主持学习会并就进一步学习贯彻胡锦涛总书记的讲话精神提出了三点要求。区政协副主席扎门·赤列旺杰在会上传达了胡锦涛总书记的重要讲话精神。

2007 政协西藏经济发展论坛　2007年7月17日，全国政协经济委员会、人口资源环境委员会和西藏自治区政协首次联合主办，甘、青、川、渝、宁西部五省区市政协协办的“2007 政协西藏经济发展论坛”在拉萨隆重举办。此次论坛的主题是加强区域经济合作，构建南亚陆路大通道。论坛会期间，来自全国政协、中央统战部、中国社会科学院、中国地质调查局、复旦大学、西部五省区市政协的代表和专家学者，围绕加强区域经济合作，中国与印度等南亚国家经济贸易合作情况及发展，利用青藏铁路发展西藏经济，推动西藏旅游业发展，矿产资源勘探和水利建设等问题，作了全面深入的探讨，提出了许多中肯的建议。全国政协副主席、自治区政协主席帕巴拉·格列朗杰，全国政协常务副秘书长杨崇汇，区党委副书记张裔炯，区党委常委、区政协党组书记、区政协副主席巴桑顿珠，区人大副主任多吉，自治区副主席尼玛次仁，区政协副主席拉敏·索朗伦珠、曲加、加保、平措、乔元忠、才旺班典，区政协秘书长罗松多吉以及全国政协经济委员会、人口资源环境委员会的各位委员、专家、学者和五省区市政协代表出席论坛会。

2007年7月23日，区党委、政府、政协与以肖作福为团长，巴桑、王思齐为副团长的全国政协民族和宗教委员会赴藏考察团举行座谈会。考察团围绕“青藏铁路建成通车对沿线民族地区经济社会发展的推动作用”，进行了十几天的考察。自治区党委副书记张裔炯，区党委常委、区政协党组书记、区政协副主席巴桑顿珠，区党委常委、区政协副主席洛桑江村，自治区副主席甲热·洛桑旦增，区政协党组副书记、副主席德吉措姆，区政协副主席拉敏·索朗伦珠、次仁卓嘎、曲加、平措、乔元忠、扎门·赤列旺杰，秘书长罗松多吉及区直有关部门负责同志参加了座谈会。肖作福从五个方面谈了到西藏的感受，从六个方面提出了要求。张裔炯代表区党委、政府、政协，向以肖作福团长为首的考察团一行不顾高原反应，先后深入我区有关地市和部门，进行实地考察、指导工作，表示衷心感谢。座谈会由巴桑顿珠主持。

西部地区政协农村医疗卫生服务体系建设研讨会　2007年8月7日至9日，由全国政协教科文卫体委员会主办，西藏自治区政协协办，西部和东部十八省（区、市）政协参加的“以乡镇卫生院为重点的农村医疗卫生服务体系建设”专题研讨会在拉萨召开。这次会议的主要任务是交流和探讨在建设新农村的有利条件下，如何加强农村医疗服务体系建设。尤其是围绕农村卫生院的建设，为我国西部地区（经济欠发达地区）农村卫生工作能得到相应的发展，探索出一条农村医疗卫生服务体系建设的新思路、新措施。全国政协教科文卫体委员会领导、西部和应邀的东部有关省区市政协领导，区党委常委、区政协党组副书记、区政协副主席洛桑江村，自治区副主席德吉，区政协副主席次仁卓嘎、曲加和秘书长罗松多吉出席会议。全国政协教科文卫体委员会副主任孙隆椿主持开幕会并讲话，洛桑江村致开幕词。会上，甘肃、宁夏、新疆等省区市政协作了大会交流发言。

自治区政协机关传达学习全区维护稳定工作会议精神　2007年9月27日下午，自治区政协机关召开干部职工大会，传达学习全区维护稳定工作会议精神。区党委常委、区政协党组书记、副主席巴桑顿珠结合政协工作实际，就如何贯彻落实全区维护稳定工作会议精神作了重要讲话，讲话内容包括保持清醒头脑，认清当前形势，统一思想认识；抓好全区维护稳定工作会议精神的贯彻落实，全力做好当前的维护稳定工作；以良好的精神状态和求真务实的工作作风，做好2007年后几个月的工作等五个方面。会议传达了全区维护稳定工作会议精神和《自治区党委办公厅、自治区人民政府办公厅关于转发〈区维稳办关于做好党的十七大期间维护稳定工作的通知〉的通知》，并对“十一”国庆节和党的十七大期间的机关安全保卫工作进行了安排。

自治区政协组织收看收听党的十七大开幕式实况　2007年10月15日上午，中国共产党第十七次全国代表大会在北京胜利召开。自治区政协全体机关干部职工怀着无比激动的心情，认真收听收看党的十七大开幕式盛况，聆听了胡锦涛同志代表十六届中央委员会所作的题为《高举中国特色社会主义伟大旗帜，为夺取全面建设小康社会新胜利而奋斗》的报告。大家一致认为，党的十七大是在我国改革发展关键阶段召开的一次十分重要的会议，对于进一步开创中国特色社会主义事业新局面具有十分重要的意义。胡总书记的报告高瞻远瞩，高屋建瓴、气势磅礴、内容丰富、思想深邃、主题突出、论述精辟，体现了马克思主义中国化最新理论成果，是一个思想性、理论性、时代性和指导性非常强的好报告，是一个完全顺应全党全国各族人民共同心愿，完全符合中国特色社会主义发展要求的好报告。大家纷纷表示，坚决拥护，完全赞同。要深入学习，深刻领会，将十七大精神的学习与工作紧密相结合起来，把学习贯彻十七大精神的成效体现到岗位上，落实到工作中。

【重要文件】八届委员会常务委员会工作报告（2007年1月10日）（摘要）第一部分：在过去的一年里，《中共中央关于加强人民政协工作的意见》的颁布实施，为人民政协事业的进一步发展指明了方向，提供了依据；中共十六届六中全会胜利召开，作出了关于构建社会主义和谐社会的重大战略部署；全区党员领导干部大会和自治区第七次党代会的召开，对建设小康西藏、平安西藏、和谐西藏作出了全面部署。区党委高度重视我区人民政协事业的发展，始终把政协工作列入重要议事日程，2006年底制定和出台了《中共西藏自治区委员会关于贯彻<中共中央关于加强人民政协工作的意见>的实施意见》；2007年新年伊始又隆重召开政协工作会议，专题研究加强我区人民政协的工作，张庆黎书记、向巴平措主席在会上的重要讲话，对我区人民政协事业发展具有重要的指导意义。我区人民政协事业发展迎来了大好机遇，形成了党委重视、政府支持、政协主动、各方配合的良好局面。（一）以学习贯彻《意见》为动力，全面推进政协工作；（二）围绕我区"十一五"规划确定的奋斗目标建言献策，协商议政取得新成效；（三）深入开展反分裂斗争，为建设平安西藏、和谐西藏做出新贡献；（四）全面加强政协自身建设。第二部分：2007年工作任务。（一）深入学习贯彻落实区党委政协工作会议精神，努力提高履行职能的整体水平；（二）以科学发展观为指导，为实现经济社会跨越式发展积极建言献策；（三）继续深入开展反分裂斗争，促进我区社会局势长治久安；（四）高举爱国主义、社会主义伟大旗帜，牢牢把握团结、民主两大主题，发挥人民政协的政治优势，共建和谐西藏；（五）进一步加强人民政协自身建设。

张庆黎书记在区党委政协工作会议上的讲话（2007年1月8日）（摘要）一、紧密结合西藏实际，充分认识加强人民政协工作的重要性。二、围绕中心、服务大局，进一步开创我区政协工作新局面。第一，始终把推动各族各界人士自觉做到"三个坚持"作为政协履行职能的根本政治任务。第二，始终把反对分裂、维护稳定作为政协履行职能的第一政治责任。第三，始终把促进我区经济社会又好又快发展作为政协履行职能的第一要务。第四，始终把加强民族团结、推进和谐西藏建设作为政协履行职能的重大使命。第五，始终把加强自身建设作为政协履行职能的坚实基础。三、切实加强和改善党对人民政协的领导，促进人民政协事业不断有新发展。第一，要把加强对政协工作的领导作为党委总揽全局、协调各方的重要任务。第二，要大力支持各级政协积极履行职能。第三，充分发挥政协党组的领导核心作用和共产党员的先锋模范作用。第四，努力创造重视支持人民政协工作的良好局面。

向巴平措主席在区党委政协工作会议上的讲话（2007年1月8日）（摘要）一、全面加强人民政协工作，对于建设和谐西藏具有重大意义。在新的形势下，进一步加强人民政协工作，是落实科学发展观、构建社会主义和谐社会的客观需要和必然要求。（一）全面加强人民政协工作，是又好又快地推进跨越式发展的需要。（二）全面加强人民政协工作，是促进西藏长治久安的需要。（三）全面加强人民政协工作，是实现好、维护好、发展好最广大人民根本利益的需要。二、自觉接受政协的民主监督，进一步提高政府的行政能力和水平。第一，要切实增强接受人民政协民主监督的自觉性。第二，要建立健全接受人民政协民主监督的机制。第三，要认真办理政协委员提出的意见和建议。三、大力支持人民政协工作，为进一步提高政协工作水平营造有利条件。一是要着力支持人民政协参政议政。二是要进一步畅通政府与政协的联系渠道。三是要为政协开展工作提供必要支持。

中共西藏自治区委员会关于贯彻《中共中央关于加强人民政协工作的意见》的实施意见（2006年12月20日）（摘要）一、充分认识新世纪新阶段加强人民政协工作的重要性。1.加强人民政协工作，是建设社会主义政治文明的必然要求。2.加强人民政协工作，是提高党的执政能力的必然要求。3.加强人民政协工作，是实现社会和谐稳定的必然要求。4.加强人民政协工作，是确保西藏经济社会跨越式发展和长治久安的必然要求。二、进一步规范和加强人民政协的政治协商。5.认真搞好人民政协的政治协商。6.明确政治协商的内容。7.统一政治协商的形式。8.规范政治协商的程序。三、积极支持人民政协的民主监督。9.支持人民政协的民主监督。10.规范民主监督的形式。11.建立健全民主监督机制。四、充分发挥人民政协的参政议政作用。12.支持人民政协的参政议政。13.各级党委、政府要加强与人民政协的联系和沟通。14.各级党委、政府及有关部门要加大政协建议案、提案和调研报告的办理力度。15.支持人民政协的联谊和交流活动。五、切实加强人民政协自身建设。16.重视发挥政协委员的主体作用。17.重视发挥党外人士在人民政协中的重要作用。18.重视发挥界别在人民政协中的独特作用。19.重视和支持政协机关建设。20.积极为人民政协事业发展创造条件。六、进一步加强和改善党对人民政协的领导。21.把政协工作列入党委重要议事日程。22.充分发挥政协党组在政协组织中的领导核心作用和共产党员的模范作用。23.各级党委要高度重视政协领导班子的思想、作风和组织建设。24.加强人民政协的理论学习和宣传工作。

中国人民政治协商会议西藏自治区委员会关于认真学习贯彻中国共产党第十七次全国代表大会精神的决议（摘要）（2007年11月16日中国人民政治协商会议第八届西藏自治区委员会常务委员会第十七次会议通过）会议指出，人民政协事业是中国特色社会主义事业的重要组成部分。在全面建设小康社会、加快推进社会主义现代化的新的发展阶段，人民政协肩负着崇高而神圣的使命。政协各参加单位、各级组织和广大委员一定要把学习贯彻中共十七大精神同学习贯彻区党委七届三次全委会议精神结合起来，认真贯彻落实区党委的《决定》，充分认识加强基层基础工作的重要性，以着力解决人民群众最关心、最直接、最现实的利益问题为切入点，高度关注民生，充分反映民情，更好体现民意，深入基层，深入实际，深入群众，大力开展调查研究，认真履行职能，强化基层基础工作，为促进发展、维护稳定奠定坚实基础。会议强调，学习贯彻好中共十七大和区党委七届三次全委会议精神是当前和今后一个时期人民政协的首要政治任务。会议号召，政协各参加单位、各级组织和广大委员一定要更加紧密地团结在以胡锦涛同志为总书记的新一届中共中央周围，在区党委坚强领导下，认真贯彻落实好中共十七大和区党委七届三次全委会精神，求实务实抓落实，勤政廉政讲公正，同心同德，埋头苦干，开拓创新，履职为民，为建设小康西藏、平安西藏、和谐西藏努力奋斗。

【领导名录】

主　席：帕巴拉·格列朗杰

副主席：巴桑顿珠、洛桑江村、德吉措姆（女）、拉敏·索朗伦珠、尧西·旺堆、次仁卓嘎（女）、曲加、加保、珠康·土登克珠、平措、金毅明（汉族）、乔元忠（汉族）、才旺班典、策墨林·单增赤列、扎门·赤列旺杰 秘书长 罗松多吉

群众团体、工商联

自治区总工会

【深入持久地进行职工思想教育和有针对性的形势政策教育，着力提高职工思想政治觉悟】2007年，自治区各级工会在学习贯彻党的方针政策的同时，深入开展爱国主义、集体主义、工人阶级优良传统教育和反分裂斗争教育，深入揭批达赖集团政治上的反动性和宗教上的虚伪性，增强了广大职工维护祖国统一，维护民族团结、反对分裂的坚定性和自觉性。党的十七大期间，下发了《自治区总工会关于做好党的十七大期间各项工作的通知》，要求各级工会在党的十七大召开前组成工作组，深入包括农民工、非公有制企业职工在内的困难企业、改制企业和职工人数较多的企业，开展职工队伍思想状况排查工作，并开展了“关爱职工，促进和谐”为主题的各类活动，为党的十七大召开营造了良好的环境。一年来，全区工会共接待来信来访27件次，涉及145人次，通过“12351”职工维权热线反映情况2件次，各级工会妥善解决，全年没有发生大规模集体上访事件。

【围绕自治区工作大局，团结动员职工为经济发展做贡献】各级工会找准围绕中心、服务大局、服务职工、发挥作用的切入点和着力点，结合本地区、本行业特点，广泛开展比、学、赶、帮、超等劳动竞赛。区总工会结合西藏实际先后下发了《关于开展群众性建功立业劳动竞赛和经济技术创新活动的意见》、《关于在全区职工中开展“当好主力军、建功‘十一五’、和谐奔小康”竞赛活动方案》等。全年各级工会开展各类技能培训班20期，参加培训的职工570人，开展技术比赛、交流16次，职工参与人数485人，职工提出合理化建议67件，技术革新9项；表彰“五一劳动奖章”获得者10人，4家企事业单位和班组获得“五一劳动奖状”称号。

【职工代表大会制度、平等协商集体合同制度、厂务公开制度和三方协商等机制建设在全区国有企业、事业单位取得了重大进展】主要表现在，国有企事业单位都建立了职代会制度，并已向非公有制企事业单位延伸，特别是《关于在全区国有企业改制中坚持和完善厂务公开民主管理工作的意见》印发后，全区各级工会加大了对推行厂务公开工作的指导，有力推动了国有企业改革健康、有序、规范进行；截止2007年底，全区国有企业基本都已建立了职工代表大会制度，427家企业签定了集体合同，241家企业实行了厂务公开，职工代表能较好行使权利，自治区2家单位荣获全国推动厂务公开民主管理工作先进单位，4家单位荣获全国厂务公开民主管理先进单位。

【协助党政解决职工群众的生产生活问题】协助党政促进企业失业人员实现就业。2007年是全区工会实施第二轮“三五五三”促进企业失业人员就业计划的第一年，各级工会充分发挥自身优势，为企业失业人员就业创造条件，共举办电脑操作、汽车驾驶、保安、餐饮服务、烹饪、家政服务、美容美发等各类职业技能培训班5期，培训失业人员266人次，职业介绍250人次，247名失业人员实现了就业和灵活就业，为169名企业困难职工子女送了岗位，投入培训资金31万元。扎实推进“送温暖”工程。三大节日期间全区共慰问困难职工9712户，其中慰问困难劳模43户，农民工2986人，投入慰问金达1058.55万元。全区各级工会举行全国劳模“三金”发放仪式，分别为143名全国劳模发放全国劳模生活困难补助金、特殊困难帮扶金、节日慰问金41万元。自治区领导出席了区总工会在拉萨举行的发放仪式。深入开展“工会金秋助学”活动。对全区108名考入区外大学及内地西藏班的困难职工子女进行了资助，发放资助金30.7万元。对考入区内院校的部分学生，各院校审批给予减免学费。发挥自治区总工会困难职工帮扶中心的作用。共帮扶困难职工172人，发放资金51.1万元；医疗救助1203人，发放救助金115.3万元。安排了4批共80名全区党政机关在职干部、职工赴广西、海南、云南、青岛疗养或休养，发放疗养补贴9.6万元。

【基层组织建设得到加强】自治区总工会下发了《关于落实全区组建工会和发展会员工作目标的通知》，向各地市、产业工会分解了任务。2007年，全区新建基层工会组织223个，发展工会会员8231人，其中，发展农民工会员3218人、非公企业会员1868人。“创建学习型组织、争做知识型职工”活动进一步深化。各级工会在“创争”活动领导小组的领导下，制订了实施意见，并向基层和班组延伸。部分企事业单位在鼓励职工自学的基础上，加大职工教育经费的投入，利用各类职业学校、培训机构、职工之家等，把职工职业教育和学历教育结合起来，成效显著。在全总召开的全国“创争”活动表彰会上，9家单位荣获全国学习型优秀（先进）班组称号、10名个人荣获全国知识型职工优秀（先进）个人。“创争”活动的深入开展，提高了职工群众建功立业、技术创新的能力。

【自治区总工会七届五次全委会】1月29日，在拉萨召开。会议深入学习党的十六届六中全会、自治区第七次党代会以及全总十四届四次执委会精神，认真总结了2006年全区工会工作，安排部署

了 2007 年工作，表彰了 2006 年全区组建工会、发展会员先进单位。自治区党委常委、组织部部长尹德明代表自治区党委、政府出席会议并发表讲话。他指出，一是要在深入学习贯彻党的十六届六中全会和自治区第七次党代会精神，进一步提高做好工会工作的认识上下功夫。二是要在团结动员广大职工建功立业，为推动自治区经济社会又好又快发展和社会稳定上下功夫。三是要在积极维护职工合法权益，发展和谐劳动关系上下功夫。四是要在加强工会自身建设，提高做好工会工作的能力和水平上下功夫。他强调，各级党委、政府要站在加强党的执政能力建设的高度重视、支持工会创造性地开展工作，认真听取工会对涉及职工切身利益的重大事项的意见和建议，特别要帮助工会解决遇到的实际困难和问题，为工会工作创造良好的工作环境。会上，自治区总工会党组书记、主席央金做了题为《围绕中心服务大局在构建社会主义和谐社会中充分发挥工会组织作用》的工作报告。报告全面总结了 2006 年的主要工作，认真分析了工会组织所面临的形势，确定了全区 2007 年工会工作总体要求和工作重点。会议还讨论通过了《西藏自治区总工会关于开展创建劳动关系和谐企业的意见》、《西藏自治区总工会关于开展“当好主力军、建功十一五、和谐建西藏”竞赛活动方案》。

【庆祝“五一”国际劳动节暨全国五一劳动奖颁奖大会】4 月 28 日，在自治区政协礼堂隆重举行。自治区领导张庆黎、尹德明、公保扎西、洛桑顿珠、杨海滨、德吉措姆、刘廷华等出席大会，自治区党委常委、自治区组织部部长尹德明主持大会。自治区党委副书记、自治区主席向巴平措代表区党委、政府发表讲话。仪式上，自治区总工会党组书记、主席央金宣读了《中华全国总工会关于授予 2006 年度先进集体和先进个人全国五一奖状、奖章的决定》。出席颁奖大会的自治区领导向荣获全国五一劳动奖状的 4 个先进集体和全国五一劳动奖章的 10 名先进个人颁发了奖牌和证书。会上，聂拉木海关关长郭萨代表五一劳动奖获得者发言。

【庆“五一”劳动者之歌文艺晚会】2007 年 4 月 27 日，在拉萨市民族宫举行。丰富多彩的文艺节目全部由全区各行各业的职工自编自演，充分展示了新时期西藏工人阶级坚持科学发展、追求和谐稳定的美好愿望和远大理想，反映出了西藏各族劳动者多姿多彩的新生活和健康向上的精神风貌，以歌舞、诗歌朗诵等形式热情讴歌了在党的正确领导下，西藏发生的巨大变化，以饱满的热情迎接党的十七大胜利召开。整台文艺晚会在热烈、欢快、祥和的气氛中进行。自治区领导张庆黎、向巴平措、巴桑、董贵山、王宾宜、洛桑江村、白马赤林、金书波、尹德明、公保扎西等与全国“五一”劳动奖章、奖状获得者、先进集体代表和拉萨地区的 800 余名职工一同观看了演出。

【全国劳模和先进工作者“三金”发放仪式】1 月 19 日，在自治区总工会举行。143 名享受“三金”待遇的全国劳模和先进工作者每人发放生活困难补助金 3000~4000 元，特殊困难帮扶金 2000~8000 元，春节慰问金 500 元。自治区人大副主任群培、自治区副主席杨海滨、自治区政协副主席策墨林·丹增赤列出席，自治区党委常委、区党委组织部部长尹德明代表自治区党委发表讲话，他说劳动模范是广大劳动者的杰出代表，劳模精神是新时代劳动者的光辉旗帜。长期以来，以劳模为代表的西藏工人阶级和广大劳动者在自治区党委、政府的领导下，始终高举邓小平理论和“三个代表”重要思想伟大旗帜，全面贯彻落实科学发展观，刻苦学习，钻研技术，爱岗敬业，勤奋工作，无私奉献，为西藏改革发展稳定事业作出了突出贡献，有力地推动了经济社会跨越式发展和社会局势长治久安。他希望广大劳模要深入学习自治区第七次党代会、全区经济工作会议精神，紧紧围绕实施“一产上水平，二产抓重点，三产大发展”的经济发展战略，继续发扬劳模精神，自觉肩负起时代赋予的历史使命，牢固树立大局意识、政治意识、责任意识，以坚定的信念和奋发有为的精神状态，积极投身到推进跨越式发展和全面建设小康社会的伟大实践中，倍加顾全大局、倍加珍惜团结、倍加维护稳定，继续争当促进全区经济发展、社会进步的“领头羊”和“排头兵”，做维护社会稳定、促进民族团结的中流砥柱。发放仪式上企业劳模代表、农牧民劳模代表、科研人员劳模代表先后发了言。自治区总工会党组书记、主席央金主持了发放仪式。

【自治区领导看望慰问劳模】4 月 29 日，自治区党委书记张庆黎在自治区领导尹德明、公保扎西、尼玛次仁以及自治区总工会主席央金的陪同下，专程前往自治区交通厅公路局、自治区体育局登山队和拉萨火车站，亲切看望全国劳模和先进工作者。张庆黎先后走访慰问了 3 名劳模和先进工作者，向他们献了哈达，送上了“五一”节日慰问金，与他们进行了亲切的交谈。在全国劳模顿珠家中，张庆黎询问了他的身体和家庭生活情况，对顿珠退休不褪色、离岗不离党的无私奉献精神给予了高度评价，并鼓励他说，要继续把 3 所希望小学的教育办好，进一步加强对学生的爱国主义教育，培养出更多有益于社会的人才。在看望拉萨火车站的自治区劳模徐海平时，他说，青藏铁路通车运营，为西藏经济社会的发展带来了千载难逢的大好机遇，标志着西藏经济社会发展驶入快车道，但是也必须看到，西藏反分裂斗争尖锐复杂，广大铁路职工要保持清醒的政治头脑，勇于承担各项工作任务，确保“五一”黄金周铁路的安全畅通，张庆黎书记还通过电话向坚守在世界海拔最高的那曲、安多站铁路职工致以节日的问候，祝贺他们“五一”节快乐。最后，张庆黎还看望了全国先进工作者次仁多吉，预祝他能够成功征服世界第 14 座高峰，为西藏争光，为祖国争光。3 名劳模表示，今后在平凡的岗位上，继续发扬新时期劳模精神，为建设团结民主富裕文明和谐的社会主义新西藏努力工作，谱写更加精彩的人生。

【深入国有勘探企业采矿区调研】以自治区总工会党组书记、主席央金为组长的调研组，深入自治区地勘局地质二队三公司驱龙铜矿、地勘局工程勘察施工集团公司拉不多铜锌矿、自治区国资委矿业发展股份有限公司尼木铜矿、罗布萨铬铁矿、山南地区江南矿业公司，就国有矿业企业经济效益、工作环境、包括农民工在内的职工队伍结构、职工工资、社会保障情况、工作环境、安全生产状况、职工基本生活保障、生活环境、业余文化生活、职工的思想状况、工会工作基本情况进行了深入调研。总体来看，随着国有矿业企业的经营体制转变、资本结构优化和管理水平提高，国有矿业企业利用西藏矿产资源丰富的优势，充分发挥职工的生产积极性，经济效益稳步增长，实现了企业效益和职工利益的双赢。各企业重视矿山安全生产工作，认真贯彻“安全第一，预防为主”的方针和管理理念，建立健全各项安全生产规章制度，不断完善和规范岗位安全操作规程，加强安全管理工作，层层落实、层层负责，形成了一整套切实可行的安全生产制度。矿业企业属资源开发型企业，各企业始终注重环境保护工作，均成立了安全、环卫部门，设置专职环卫人员，对环境保护、环境卫生等工作进行督促、监督和研究，逐步成为健康、安全、绿色环保型企业。针对存在的问题调研组与企业和有关部门交换了意见，企业行政表示尽量给予解决。

【第二届中国职工艺术节“安源杯”全国职工舞蹈展演】10月24日，西藏自治区总工会赴江西萍乡参加了第二届中国职工艺术节“安源杯”全国职工舞蹈展演活动。西藏自治区总工会选送区交通厅职工待业青年舞蹈队表演的舞蹈《草原春潮》，从全国各地、各部门和各单位选送的30个舞蹈节目中脱颖而出，一举夺得金奖，同时还获得了编导奖、作曲奖和服装设计奖，自治区总工会获得优秀组织奖，为西藏争得了荣誉，为西藏职工增添了光彩。

【举行全区患大（重）病困难职工救助金发放仪式】经过3个多月深入细致的摸底和审核，对由于子女教育、自然灾害、家庭月收入低于当地最低生活保障线经政府救济仍十分困难的患大（重）病的职工给予700—1200元的一次性救助。1月30日举行了救助金兑现仪式。自治区人大副主任群培、自治区副主席尼玛次仁、自治区政协副主席扎门·赤列旺杰出席仪式。仪式上，自治区领导为1095名患大（重）病的企业困难职工发放救助金95.5万元，其中，15种门诊特殊病患者679名，其他疾病患者416名。

【为患病职工上门送医送药】“帮扶进万家、真情促和谐”为主题的送医送药活动不断深入。4月27日，自治区总工会主席央金、副主席蔡毅德分别带领“帮扶进万家、真情促和谐”送医送药活动小组的30名专家、医护人员，专程来到拉萨市、自治区交通厅、国资委、司法厅、电力厅、地勘局所属企事业单位的10户困难职工家庭，开展免费送医送药上门服务活动，根据患病职工病情赠送了价值3000余元的药品，每户发放五一节日慰问金500元。

【举办国有企业困难职工失业子女驾驶技术培训班】自治区总工会、拉萨市总工会联合举办的国有企业困难职工失业子女驾驶技术培训班于11月1日开班。自治区总工会副主席黄建国出席了开班典礼，并发表讲话，自治区总工会经过精心组织和安排，投入专项资金18万元，以期解决部分零就业家庭困难的职工失业子女的就业问题。经过筛选、面试和基础文化考试后的60名学员已顺利招录到培训班，以全脱产的形式在拉萨详安驾校参加90天的学习培训。

【企业困难职工失业子女进京就业】西藏自治区总工会为企业零就业家庭和困难职工失业子女开展了“送岗位”活动。1月19日，自治区总工会和拉萨市金盾保安公司联合培训2个月的150名企业困难职工失业子女向北京输送的保安人员培训班结业典礼暨欢送仪式隆重举行。自治区人大副主任群培出席仪式并发表讲话，自治区政协副主席策墨林·丹增赤列以及自治区有关单位的负责人出席了结业典礼。

自治区妇女联合会

【年度特点】2007年，自治区妇联一是坚持党的领导，创新工作思路，围绕中心谋划妇女工作；二是坚持贯彻落实科学发展观，以增加农牧区妇女收入为核心，以提高妇女素质为着力点，统筹城乡妇女发展；三是坚持在发展中维护妇女儿童合法权益、在发展中促进城乡妇女的和谐；四是坚持以党建带妇建，加强妇联自身建设，干部队伍整体素质不断提高；五是坚持调查与研究，分析研究妇女工作的重点、热点、难点问题，提出建议对策，不断提高服务妇女、服务基层、服务民生的工作水平。六是坚持调动一切积极因素，加大协调与配合力度，社会化妇女工作新格局逐步形成。2007年8月21日，全国妇联副主席、书记处第一书记黄晴宜在全国妇联地县妇女干部西藏培训班的书面讲话中指出：“自治区各级妇联围绕中心，立足区情，发挥优势，真抓实干，各项工作开展得有声有色，取得了显著成效，呈现出四个突出特点：一是围绕大局，工作着力点准。二是思路清晰，工作针对性强。三是突出特色，工作成效显著。四是勇于奉献，团队作风扎实。”

【坚持科学发展，加大统筹推进城乡妇女协调发展的力度】认真落实科学发展观的要求，引领妇女积极参与社会主义新农村建设，动员组织妇女为促进经济社会又好又快发展发挥半边天作用。

实施“2231工程”。积极争取培训资金41.6万元，举办农牧区妇女技能培训。各级妇联增强培训工作的计划性和针对性，分别制定了培训规划。举办了计算机、科学种植、养殖、编织、卫生健康知识、民族手工艺产品制作等劳动技能培训，2007年各级妇联组织共培训妇女23.7万人次，超额完成19%。组织妇女劳务输出26.6万人次，超额完成33%，创收18176.8万元。开展城市待业妇女的就业和创业培训，共培训妇女4304人次，超额完成43%。1674名妇女实现就业，超额完成67%。为加强妇女就业服务，自治区妇联与自治区就业局等有关部门协调成立自治区妇女劳动就业指导中心。

开展扶贫工作。自治区妇联共争取项目资金2147.3万元，各地市妇联争取国内外项目资金达167万元，这些资金全部用于帮助农牧区修建母亲水窖、农村妇女培训基地建设、养殖、种植、改水、妇女技能培训、修建学校、卫生保健、民族手工艺制作等。继续实施小额信贷,贷款户22586户,贷款金额为22959万元。进一步加大定点扶贫点的工作。2007年自治区妇联在扶贫点投入项目资金60.9万元。首次建立了两乡农牧区妇女培训示范基地,投入资金近58万元。派出2名干部长期在扶贫点工作,各地市妇联在各自的点上采取多种形式开展扶贫。2007年自治区妇联被拉萨市委、市政府授予“十五”期间定点扶贫工作先进集体。

深化“巾帼建功”、“双学双比”活动。调整重组了自治区“双学双比”、“巾帼建功”活动领导小组,合并为一个领导小组,并召开了领导小组第一次会议。为发挥示范带动作用,在日喀则江孜县热索乡努康村和达孜县塔杰乡巴嘎雪村创建“巾帼示范村”,并被全国妇联授予全国“巾帼示范村”称号。继续做好尼木县塔荣镇尚日村“双学双比”示范基地工作。重点在卫生、电信、银行等服务行业开展了“争创巾帼文明岗、优质服务迎奥运”活动。并在青藏铁路通车运营一周年之际,首次表彰了青藏铁路公司拉萨站“巾帼建功”活动先进集体1个,先进个人2名。各地妇联也对“巾帼建功”、“双学双比”先进集体、个人进行了表彰。

【突出工作重点,深入推进维护妇女儿童权益工作】积极拓展维护妇女合法权益的工作面。加大宣传力度。各级妇联分别制定了《2005—2010年普及法律知识五年规划》,开展了以“深化妇女普法教育,促进构建和谐乡村、社区”为主题的“三八”妇女维权周活动。活动期间组织妇女观看了保障妇女权益知识宣传片,向群众发放法制宣传材料6万余份,设立了宣传展板和法律咨询点、举办维权干部培训班及维权知识讲座等,进一步提高了我区妇女的维权意识。完善信访工作制度。制定了自治区妇联领导信访接待日和信访工作预案。参与源头维权。配合自治区人大法制委对《西藏自治区实施〈中华人民共和国妇女权益保障法〉办法》进行了两次修改,并初拟定修改内容。充分发挥妇联陪审员的作用,参加拉萨市城关区法院审理案件11件。积极参与由自治区公安厅组织的“打拐”专项行动。认真做好信访和维权热线工作。2007年共接待来信来访319人次,结案率达95%以上。接听维权热线电话29件(次),处理率达100%。

积极推动两纲实施。努力“实施妇女儿童发展纲要”,举办了妇女儿童发展纲要知识竞赛和县长培训班、妇儿工委成员单位联络员培训班。与自治区统计局共同召开了2007年度两纲监测统计工作会议。在全国两纲示范县山南地区乃东县首次开展分性别统计试点工作。协调有关部门为对口扶贫县林芝地区波密县投入项目资金10万元。启动“母亲健康快车,手拉手护平安工程”妇女健康筛查公益活动。组织北京协和医院等妇科专家为我区3500名妇女进行了妇女健康检查,共投入资金85万元。在“三八”国际妇女节期间,各级妇联和区直各单位妇委会慰问了老党员、老模范、贫困妇女和孤寡老人,为贫困妇女、儿童捐款捐物达11.8万元。

加强培养选拔女干部工作。各级妇联组织均建立了妇女后备干部信息库,并及时向组织人事部门推荐优秀妇女后备干部,借助县、乡(镇)等换届之机,及时向当地党委、政府提出在各级班子中配备女干部的建议。自治区妇联对全区副县(处)级以上女领导干部进行系统的统计、整理、分析,形成了《全区副县级以上女领导干部分析报告》。拉萨市妇联利用换届的契机,向组织部门推荐后备妇女干部57名,提拔任用14名。

【关注未成年人健康成长,进一步加强家庭教育工作】实施“春蕾计划”。2007年争取到“春蕾”高中女童班1个,学制为三年,经费18万元。空军向蓝天春蕾西藏贫困女大学生家庭捐款4万元,帮助她们完成学业。实施涉外项目。在拉萨市城关区绕赛居委会和尼木县续迈乡投资近15万元建立了儿童活动场所。开展爱心行动。通过自治区妇联牵线搭桥,有7名贫困学生得到我区爱心人士的资助,帮助她们完成学业。启动了为我区孤残贫困儿童编织爱心毛衣的“恒爱行动”,该活动得到了20余万元物资的援助,将使1200名孤残贫困儿童直接受益。“六一”儿童节前夕,自治区党委常委尹德明,自治区副主席、自治区妇儿工委主任德吉分别带队深入到拉萨市达孜县、城关区和林芝地区工布江达县江达乡等,慰问了46户贫困、残疾儿童家庭,送去价值3万多元的慰问品。邀请首都儿科所专家赴我区林芝地区工布江达县江达乡为儿童进行卫生保健咨询、义诊健康服务及送物送药活动,受到广大妇女的欢迎。各级妇联“六一”儿童节期间为贫困儿童购买了价值22万余元的学习和生活用品,送医送药并进行义诊,还举办了丰富多彩的迎奥运画展、少儿文艺汇演等青少年宣传教育活动。举办“西藏儿童发展电视论谈”,全面宣传我区儿童事业的新发展。筹备并成立了西藏自治区家庭教育学会。表彰了10名家庭教育先进集体和10名先进个人。为新创建的四个家庭教育进社区示范点授牌。与自治区电信公司共同合作开展“西藏家校通”家教信息互动教育平台活动。区妇联编制了适用于农牧区家庭的家教藏文教材3000册。以迎接十七大、迎奥运为契机,广泛开展了“为国教子,以德育人”,“共建和谐,从我做起”等多种形式的家庭亲子互动教育活动,受到了家长和学校的欢迎。在城关区雪小学开展了“亲子携手、强健体魄、保护环境、共建和谐”为主题的家庭道德教育宣传实践月活动,宣讲家庭教育知识,进行了环保迎奥运知识竞赛以及体育活动等。各级妇联开展家教知识培训49期,有4000多名家长参加。

【加强工作协调,全力征集妇女儿童文物】根据全国妇联的要求,上报了自治区和七地市妇女儿童文物清单,分配了征集任务,安排专职人员负责此项工作。通过大量的协调,特别是基层妇联的大力支持协助和艰苦细致的工作,自治区妇联、那曲、林芝、山南、日喀则妇联共征集文物190余件,经过自治区文物专家的鉴定,其中三级文物两件,一般文物57件。这部分经过鉴定的文物已上报全国妇联,得到了全国妇联有关方面的表扬和赞赏。

【加强横向联系,重视发挥区直妇委会的作用】2007年,各区直、中直单位领导高度重视妇女工作，加强对妇委会（女工委）的领导，支持妇委会开展工作。区直大部分妇委会在无专职人员、无专项经费的情况下，结合自身实际，认真贯彻执行执委会的各项任务，开展了一系列组织学习、技术培训、岗位创优、争当先进、帮扶济困、文体娱乐以及“自尊、自信、自力、自强”和“八荣八耻”教育等活动，大力倡导“奉献、友爱、互助、进步”精神，促进了妇女干部职工综合素质不断提高，激励了妇女立足本职、岗位成才、弘扬行业新风和参与经济社会发展的积极性和创造热情。在区直妇委会的努力下，我区 40 个单位获得了全国巾帼文明岗，18 人获得巾帼建功标兵荣誉称号。表彰自治区级巾帼文明岗 1 个，巾帼建功标兵 2 名。地市妇联、妇委会积极组队参加了自治区妇联承办的“北京奥运会体育展示现场表演啦啦操选拔比赛暨2007 年全国万人健美操锻炼标准大赛西藏分赛区比赛”和全国亿万妇女健美操大赛，并取得了优异的成绩。

共青团西藏自治区委员会

【创新形式，注重实效，青少年思想政治教育工作有了新提高】2007 年，团区委把社会主义核心价值体系贯穿教育始终，以理想信念为核心，以爱国主义为主题，以社会主义荣辱观为基础，扎实推进青少年思想政治工作。深入开展理想信念教育。以邓小平理论、“三个代表”重要思想、科学发展观、构建社会主义和谐社会等我们党理论创新的最新成果和我区改革发展稳定的光辉实践为教育内容，通过灵活多样、富有成效的方式，激励、教育青少年进一步坚定跟党走中国特色社会主义道路的理想信念。大力开展爱国主义教育。制定实施《关于在小康西藏、平安西藏、和谐西藏建设进程中进一步加强青少年爱国主义教育工作的意见》，引导青少年继续深入揭批达赖集团，加强民族团结教育。在党的十七大、香港回归祖国 10 周年、建军 80 周年、建团 85 周年和迎接北京奥运会等重大时机，深入开展“我与祖国共奋进，我与西藏同发展”主题实践教育活动，不断深化全区青少年爱国主义教育。进一步加强青少年思想道德建设。针对不同群体特点，深入开展“民族精神代代传”、手拉手、“三下乡”、“四进社区”等丰富多彩的思想道德体验活动，打牢了青少年团结奋斗的思想基础，彰显时代主流价值。

【围绕中心，突出重点，服务西藏经济发展迈出新步伐】贯彻落实自治区第七次党代会和七届二次全委会提出的我区当前改革发展稳定的目标任务，围绕党政中心工作，找准共青团工作结合点，带领各族团员青年投身经济建设主战场，以实际行动服务小康西藏、平安西藏、和谐西藏建设。扎实推进青春建功新农村行动。联合相关部门，挖掘社会资源，开展“青春建功新农村、爱民固边共和谐”、“青春建功新农村、号村携手共和谐”活动，启动实施西藏希望工程苗圃职业教育培训计划，创新共青团服务新农村建设的载体和手段。后天，将在日喀则召开第六次全区农村青年工作会议，对此项工作进行全面部署。积极扶持小型农村青年增收成才项目，有序组织青年农牧民劳务输出，促进农村青年就业转移。开展全区第二届十大杰出青年农牧民评选活动，成功选树具有鲜明时代特征的优秀青年典型，在广大青年中形成良好导向。深入开展形式多样、健康向上、富有时代感和地域特色的青年文化活动，促进乡村和谐。逐步深化“青工技能振兴计划”。围绕企业创新创效，指导全国青工技能振兴计划试点单位深化工作，开展技能培训、岗位练兵、技术比武等活动，提高青工素质，增强企业团员青年效率意识。举办“西藏青年导游技能大赛”，开展全区交通系统技能比武，引导团员青年在调整产业结构、转变经济增长方式中发挥作用。

有效服务城乡、区域协调发展。结合农牧区实际，调动城市资源，深入实施大学生志愿服务西部计划、希望工程圆梦行动等工作。广泛开展青年志愿者政策法律咨询、科技致富信息发布、医疗卫生服务、文体交流联谊、矛盾纠纷调处、弱势群体资助等活动，全年选派“西部计划”志愿者 215 名。组织开展“盛世庆回归·爱心聚圣城藏滇港茶马古道公益助学步行筹款”和西藏希望工程实施 15 周年庆典等活动，广泛募集社会资金。年内累计接受各类捐款和筹资 700 多万元，改扩建希望小学 26 所，资助大中小学生 1500 多人。

【奉献诚信，倡树新风，服务和谐西藏建设作出新贡献】围绕和谐社会建设，着力把青少年精神文明创建活动与和谐创建结合起来，把青年文化建设融入到和谐文化建设之中，激发青年的活力，调动青年的积极性，为促进和谐西藏建设作出了新贡献。

加强青年志愿者工作。加大各地市县青年志愿者协会、服务站建设力度，组建专业化青年志愿者服务队开展社区、驻村志愿服务，进一步规范了我区志愿者管理工作。相继组织开展了“雪域天使·服务奥运”万人签名、“绿色奥运·人文奥运·科技奥运”奥运志愿者招募宣传等活动，在全社会广泛宣传志愿服务精神，扩大了青年志愿者工作的影响，目前我区奥运志愿者报名人数已突破 2000 人。

深化青年文明号活动。进一步完善青年文明号的申报、培训、评选、管理、考核和监督工作机制，命名了 8 家第 13 批自治区级青年文明号集体和 10 家全区青年文明号流动红旗单位。举办青年文明号“创新创效”、“庆七一、颂回归、迎奥运、促和谐全区青年文明号统一行动共庆青藏铁路通车一周年”等活动，进一步提升青年文明号的带动力和社会影响力。

丰富保护母亲河行动品牌内涵。联合有关部门共同开展节能宣传、节能咨询、节能产品展示和征文活动，在全社会倡导节约光荣、节约时尚的理念。广泛开展“天天环保”、“绿色奥运”、“绿手帕”等青少年生态环保宣传实践活动，在青少年和社会公众中大力倡导绿色理念。采取多种形式建设青年林，大力推进“保护母亲河高原绿色希望工程”。

推进青年文化行动。继续深化乡村青年文化艺术节、大中学生校园文化艺术节、社区青年文化节等传统文化活动品牌，丰富活动内容，引领文化潮流。通过选报优秀人才和作品参加共青团精神文明建设“五个一工程奖”和“宣传共青团工作优秀新闻作品奖”评选表彰，加强青年文化人才队伍、青年文化品牌和青年文化精品建设。进一步加强团属报刊、网站、活动中心等青少年文化活动阵地的建设。

加强青年统战外事工作。12月将举办首期西藏宗教界青年代表人士考察学习班，开展以青年宗教职业者为重点人员的定期走访活动，进一步团结、教育和引导青年宗教职业者为祖国统一、民族团结和社会发展多做贡献。选派基层团干部和少数民族优秀青年人才赴内地经济发达省市进行挂职和培训，帮助他们开阔视野，提高素质，增强本领。认真做好全国青年民族团结进步表彰活动，我区优秀青年和单位当选全国各族青年团结进步先进个人和集体。选派我区优秀青年代表参加中国青年代表团出访交流，全年组织26人赴韩、日、法等8国友好访问。组织西藏青少年代表团、雪莲少儿艺术团赴内地和香港进行交流。

【立足当前，着眼长远，服务青少年成长成才展现新作为】做好青年人才工作。深化实施大中学生素质拓展计划，帮助青年，勤奋学习，提升素质，健康成长。联合人事、劳动、教育等部门，举办青年创业发展论坛、“全区大学生创业计划大赛”和SIYB培训班，创建就业实习基地，帮助559名高校毕业生走上工作岗位。

做好各类典型选树工作。开展了“全区青年民族团结进步杰出（优秀）奖”、“全区十佳少先队员、十佳少先队辅导员”等评选表彰活动，选树了大批青少年典型，激励了更多青少年奋发成才。服务青少年健康成长。成立自治区未成年人保护委员会。拓展优秀“青少年维权岗”创建领域，深化实施“为了明天预防青少年违法犯罪工程”，健全完善“12355”维权和心理咨询服务热线，深入实施青少年法制教育，有效开展网络文明行动，不断提高预防青少年违法犯罪工作的整体水平。深化“社区志愿服务和谐行动”、“真情助困进万家”扶贫帮困活动，为困难青少年群体提供切实帮助。

【强基固本，继承创新，团的基层基础工作实现了新发展】坚持以农牧区、学校为重点，以团的基层组织建设、队伍建设和机制建设为主要内容，以“五四红旗团委”创建与党建带团建的有机衔接为抓手，针对行业特点推出新的建团模式，实现了团的建设协同发展。

切实加大团建创新力度。深入全区19个县34个乡镇深入开展团的基层基础调研工作，明确工作方向和重点，抓好党建带团建工作。组织举办“百千万”培训工程培训班，培训全区地县团干部和新任团干部100余人。开展创建“学习型机关、和谐型机关、服务型机关”作风建设活动和“学理论、促工作、学先进、比奉献”迎接党的十七大创先争优活动，在全区各级团组织形成了团结协作、创新拼搏、共促和谐、共谋发展的新风尚。

团属外围组织得到了新的加强。成功召开了自治区青联七届一次全委会和自治区学联第五次代表大会，通过建立青联委员活动日制度、学联主席团联席会议制度，引入学联提案及提案反馈制度，规范工作机制，进一步增强了青学联组织的凝聚力和吸引力。履行“全团带队”职责，胜利召开自治区第四次少代会，通过制定实施《关于进一步加强西藏少年队工作的意见》、《西藏少先队工作达标创优考评细则》、《少先队辅导员工作纲要》和开展县级少工委试点工作，全面加强了少先队工作。指导西藏青年书法家协会完成换届。团报、团刊和青少年理论研究工作围绕大局，不断创新，有了新的提高。团属企事业单位加强经营管理，取得了新的成绩。

自治区工商业联合会

【年度综述】2007年，自治区工商联坚持以邓小平理论和“三个代表”重要思想为指导，认真学习深入贯彻党的十七大、全联十大和区党委第七次党代会及自治区一系列会议精神，全面落实科学发展观，紧紧围绕党委、政府的中心工作，以促进经济发展为第一要务，以当好政府的助手为第一责任，以促进“两个健康”为第一本领，以“三个充分发展”为第一工作目标，按照“理思路、强班子、打基础、抓落实”的工作思路，积极履行职责，拓宽服务领域，创新工作思路。经过一年的探索和实践，各项工作都取得了明显成效。

【理思路，谋划发展制定新举措】思路决定出路。为进一步理清工作思路，工商联进行积极探索，付出了辛勤努力。一是圆满召开了区工商联四大，形成了很好的工作报告。报告明确提出了今后五年区工商联工作总体思路上的“七大重点”，非公有制经济发展上的“六个转变”，着力培育50家重点骨干非公有制企业，为非公有制企业办“十二件实事”及自身建设的“七项工作”，是各级工商联要正确把握的指导方针和抓好落实的工作要求，是做好我区工商联工作的共同思想基础。二是工商联投入大量人力财力，与自治区社科院共同完成了课题《西藏民营经济发展报告》研究成果。《西藏民营经济发展报告》总结回顾了西藏50年来尤其是改革开放近30年来民营经济的基本情况和发展特点，分析评估了当前西藏民营经济面临的形势和发展潜力，描绘了民营经济发展的前景预期，提出了促进民营经济持续健康发展的对策措施建议。这必将为区党委、政府科学决策提供重要的参考依据，必将对全社会重新认识西藏民营经济、促进民营经济快速健康发展产生十分重要的意义。三是党的十七大和全联十大的胜利召开，《中华全国工商业联合会章程》的修订实施，为我区工商联下一步工作指明了前进方向。

【强班子，创新工作肩负新使命】加强领导班子建设，是一项带有全局性的工作。领导班子建设是创新工作和完成使命的组织保障。2007年，工商联抓了以下工作：一是区工商联四大产生了新一届领导班子，选举产生了83名执委、31名常委、副会长、会长。新一届工商联领导班子由14人组成，其中非公有制经济人士副会长9人，顺利完成了新老班子政治交接，为工商联各项工作开创新局面提供了有力的组织保障。新一届领导班子在政治素质、参政议政能力、组织领导水平等方面，胜任和适应新形势下统战工作和工商联工作的新要求。新班子中，社会经历丰富、业绩突出的新社会阶层人士的加盟，加强了领导班子力量，优化了领导班子层次和结构，为新一届领导班子注入了新鲜血液。二是全联十大上我区有 3 名同志当选为全联十届常委会委员（其中非公有制经济人士 1 名），5 名同志当选为全联十届执委会委员（其中非公制经济人士 3 名），这为我区工商联和非有制经济人士在全国工商联这个大舞台上发挥参政议政作用，提供了平台，畅通了渠道。三是根据自治区有关文件精神和要求，工商联严格按照程序，完成了 1 名非公有制经济人士党的十七大代表和 2 名全国政协委员、10 名自治区政协委员候选人的政治推荐工作。四是根据工商联事业发展的需要，完成了机关处室负责人和工作人员的交流调整。各处负责人进行了轮岗，工作人员进行了调整，各处室人员结构更加优化合理，努力做到全体干部职工人尽其才，才尽其用。

【打基础，着眼长远发展出实招】抓好的基础性工作，是工商联顺利开展工作的前提。一是区工商联与区社科院共同完成了课题《西藏民营经济发展报告》研究成果，填补了我区民营经济发展研究领域的空白。二是通过历届班子多年的不懈努力和协调争取，总建筑面积 11000 平方米、投资 2500 万元（设备），集办公、商务、培训于一体的的标志性工程——区工商联商会大厦，已投入使用。商会大厦的建成使用，极大地改善了工商联机关的工作、学习环境，提升工商联的服务形象，增强工商联的吸引力和凝聚力，为工商联工作适应新形势、开创新局面奠定了坚实的物质基础。

【抓落实，重点工作实现新突破】抓落实是一个单位、一个领导工作的起码要求。2007 年，按照“定事、定人、定时间、定目标”的工作要求，采取有效措施，狠抓各项落实，在落实上取得了新突破。一是认真学习各级会议精神，统一和提高思想认识。积极组织机关和离退休干部职工、直属会员认真学习贯彻党的十七大、自治区党员领导干部大会和维护稳定工作会议及区党委、政府一系列会议精神，进一步统一和提高了广大干部职工和非公有制经济人士的思想认识。二是加强制度建设，管理进一步规范。工商联党组制定出台了一系列党建工作措施和制度，进一步明确了区工商联机关党建和非公有制企业党建工作的基本要求，目标任务，提供了抓好党建工作的制度保证，初步建立起长效机制。修改完善了机关管理制度，机关作风、后勤管理和档案管理等逐步规范化、制度化，机关作风明显好转。三是建立激励机制，实行目标责任制管理。工商联年初与机关各处室签订了目标管理责任书，明确了各处室的工作目标，落实处室责任，并进行年终考评，实行奖惩，既增加了处室工作压力，又激发了处室工作动力，推动了工商联各项工作的顺利开展。四是“三库”建设进展顺利，服务水平不断提高。建立健全了人才库、项目库和会员数据库，清退了部分不符合要求的会员，编制了招商引资项目书，服务“两个健康”的能力和效率不断提高。五是加强了信息报送，提高了信息采用率，增强了工商联与党委、政府的信息沟通。六是加强培训工作，开阔了非公有制经济人士视野，进一步提高了他们的政策理论水平和思想觉悟。七是深入开展调研，积极建言献策，发挥参政议政作用。八是加强援藏工作，积极与全联协调、沟通对口支援工作，努力建立长效机制。九是明确了兼职副会长的工作职责，制定了非公有制企业新的入会办法和新的会员入会会费标准办法。十是广泛宣传党和国家的方针政策、法律法规，教育非公有制经济人士进一步增强政策意识、法律意识，引导民营企业家自觉做到“爱国、敬业、诚信、守法、贡献”，承担社会责任，做合格的中国特色社会主义建设者，为建设小康西藏、平安西藏、和谐西藏贡献力量。十一是以规模以上非公有制企业为重点，加强企业党的组织建设。工商联党组按照胡锦涛同志的重要批示精神，研究制定了《关于进一步加强非公有制企业党建工作的意见》，进一步探索了非公有制企业党建工作的思路和方法。十二是落实目标责任，推进党风廉政建设。工商联党组年初与区党委、政府签订了 3 年党风廉政建设目标责任书，积极开展了“廉政文化进机关”活动和知识竞赛，健全完善了惩治预防体系的领导机制和工作机制。十三是坚决贯彻“旗帜鲜明、针锋相对、主动治理、强基固本”和“标本兼治、重在治本”的工作方针，进一步统一会机关干部职工的思想认识，切实抓好反分裂斗争和维护社会稳定工作，筑牢维护社会稳定和反分裂斗争的基础。十四是积极开展对口帮扶工作，努力建立健全对口帮扶长效机制。区工商联制定了对口帮扶工作方案，切实解决对口帮扶单位的实际困难，展示了工商联和非公有制经济人士勇担社会责任的时代风采，树立工商联和非公有制经济人士为新农村建设和社会公益事业积极做贡献的典范和品牌形象。

【存在的困难和问题】一是各地区工商联组织机构未理顺，编制不明确，组织建设明显落后于形势发展的需要。二是干部职工理论、政策、专业知识学习还有待加强，对“有为才会有位”的重要性的认识不够。三是能力建设有待加强，机关干部的自身素质、服务能力、民营企业家的综合素质有待进一步提高。四是对服务对象的底数不清、情况不明。五是有的处室抓落实没措施，工作没进展，责任心不强，主动性不够。

自治区文艺界联合会

【基本情况】西藏自治区文学艺术界联合会（简称“西藏自治区文联”）成立于 1981 年 10 月，是全国成立最晚的省区文联。西藏自治区文联机关内设办公室、组织联络部、文艺理论研究室、编辑事务部等 4 个部室；下属《西藏文学》、《西藏人文地理》、《西藏文艺》（藏文）、《邦锦梅朵》（藏文）、《西藏文联通讯》等 5 个期刊，一个基金会（西藏珠穆朗玛文学艺术基金会）以及一个互联网站——“西藏网”。西藏自治区文联实行团体会员制，共有 17 个团体会员，包括西藏作家协会、西藏民间文艺家协会、西藏美术家协会、西藏摄影家协会、西藏书法家协会、西藏戏剧家协会、西藏音乐家协会、西藏舞蹈家协会、西藏曲艺家协会、西藏影视艺术家协会等 10 个自治区级文艺家协会和拉萨市文联、日喀则地区文联、山南地区文联、林芝地区文联、昌都地区文联、那曲地区文联、阿里地区文联等7个地市级文联。

【认真筹划、精心组织，成功召开西藏文联第四次代表大会】2007年，西藏文艺界关注的西藏文联第四次代表大会经过充分筹备，于8月6日在拉萨胜利召开。在为期5天的会议中，来自全区各地的340多名代表，肩负全区广大文艺工作者的重托，认真履行代表职责，审议通过了大会工作报告、《西藏自治区文学艺术界联合会章程》修改草案，选举产生了第四届西藏文联委员会和主席团，选举产生了西藏文联所属10个文艺家协会新一届理事会和主席团，圆满完成大会各项任务。

【围绕中心、开展活动，进一步增强文艺工作服务大局的能力】在春节藏历新年前后，组织摄影家深入农村、牧区，开展“送欢乐、下基层，为千家农牧民拍合家欢”活动，并于10月会同区党委宣传部、区农工办、区文化厅、区农牧厅在布达拉宫广场举办“《农牧民的微笑》——西藏建设社会主义新农村摄影展览”，以近200幅摄影作品，生动地展现我区新农村建设的成就。在5天展览期间，先后有5万名国内外旅人、区内干部群众、部队官兵、青年学生和僧尼参观了展览，受到各界广泛好评；与区文化厅共同组织喜迎“十七大”西藏话剧送欢乐到基层活动，深入到林芝地区43个乡镇村和军营、学校，演出43场次，有8万多基层农牧民群众、军人、学生观看演出；为配合西藏廉政文化年活动，与区纪委共同举办“廉政文化建设美术、书法、摄影展”；在党的十七大胜利召开后，举办“西藏自治区学习宣传贯彻十七大西藏美术、书法作品展”，我区50多位书画家，怀着对党的无限热爱，挥毫泼墨，抒发激情，为展览奉上80多幅精心创作的书画作品；西藏作协在山南地区举办“全区社会主义新农村建设山南笔会”。

【加强交流、扩大影响，广泛开展对外文化交流活动】我区文学艺术家先后有20多人次赴美国、俄罗斯、新加坡、尼泊尔、澳门等国家和地区及深圳、张家港等国内省区市进行文化交流、办展、演出；先后接待澳大利亚、新加坡及四川、广西、上海、湖南、新疆、青海、云南、河北、湖北等国内外文学艺术家50多人次来藏采风、展演、开展学术交流，举办笔会。成功举办摄影三地展、平遥·国际摄影展西藏展，自治区文学艺术界联合会车刚同志获国内摄影最高奖项——中国平遥2007国际摄影大展中国优秀摄影师大奖。特别是在尼泊尔举办的《中国西藏摄影艺术展》，生动地展示西藏雄奇壮美的自然景观和绚丽多姿的民族风情；展示了勤劳勇敢的西藏各族人民在建设美好家园中创造的灿烂文化；展示了我国改革开放以来西藏翻天覆地的变化，受到尼泊尔各界和游客的欢迎和广泛关注。这次展览为今后每年在尼举办一次类似活动积累了经验。

通过这些文化艺术交流，展示了西藏社会主义新文化的发展成果，树立了社会主义新西藏的良好形象。同时，我区文学艺术家从参加文化艺术交流活动中，进一步拓宽了文化视野，在汲取不同国家、不同民族、不同地区优秀文化精华中得到艺术上的提高。

【西藏作协】协会第四次全区代表大会召开，选举产生了新一届协会理事会和主席团；与《西藏人文地理》杂志社、雅鲁藏布江大酒店、西藏岗日民俗艺术馆联合举办“西藏刚日文化讲坛”，定期邀请区内外著名文化学者和专家，免费向广大会员和社会公众进行讲座；接待了中国作家协会、四川巴金文学院、湖南、青海、云南、河北、湖北省作家协会等兄弟省市作家协会进藏采风；应中国作家协会邀请，协会主席扎西达娃同志到莫斯科进行文化交流；出版《西藏文学丛书》（七本），丛书由长篇小说、散文、纪实文学、文化建设与文艺管理等方面专集组成；举办“全区社会主义新农村建设山南笔会”。

【西藏美协、西藏书画院】协会第四次全区代表大会召开，选举产生了新一届协会理事会和主席团；协会主席韩书力率中国美术家协会代表团访问印度，和当地的艺术家进行艺术交流，并宣传和介绍西藏当代美术；接待了新加坡画廊、美术馆、香港亚洲艺术杂志出版人和澳大利亚大地艺术家访藏团一行；完成了中国文联组织的《同一个世界》画展（泰国风光作品）任务；组织西藏书画界和财政部教科文司、广西艺术学院在拉萨的联谊笔会；配合上海原弓艺术机构、雅昌艺术网、凤凰卫视《当代美术》等杂志社共同在西藏博物馆举办“透明之局——原弓当代艺术西藏邀请展”；在文化部、财政部联合实施的国家重大历史题材美术创作工程中，协会主席韩书力创作稿《和平解放西藏》入选由国家文化部、财政部联合实施的国家重大历史题材美术创作工程项目；和西藏书法家、西藏摄影家协会一道配合自治区纪委举办了“廉政文化建设美术、书法、摄影展”；和西藏书法家协会一道承办由区党委宣传部、西藏文联主办的“庆祝十七胜利召开——西藏美术书法作品展”。

【西藏摄协】协会第四次全区代表大会召开，选举产生了新一届协会理事会和主席团；组织摄影家深入农村、牧区，开展“送欢乐、下基层，为千家农牧民拍合家欢”活动；联同区党委宣传部、区农工办、区文化厅、区农牧厅在布达拉宫广场举办“《农牧民的微笑》——西藏建设社会主义新农村摄影展览”；成功举办澳门、大连、西藏摄影作品联展，参加平遥·国际摄影展西藏展，自治区文学艺术界联合会车刚同志获国内摄影最高奖项——中国平遥2007国际摄影大展中国优秀摄影师大奖；在尼泊尔举办《中国西藏摄影艺术展》，生动地展示西藏雄奇壮美的自然景观和绚丽多姿的民族风情，展示了勤劳勇敢的西藏各族人民在建设自己家园中创造的灿烂文化，展示了我国改革开放以来西藏翻天覆地的变化，受到尼泊尔各界和游客的欢迎和广泛关注。

【西藏书协】协会第四次全区代表大会召开，选举产生了新一届协会理事会和主席团；和西藏美术家、西藏摄影家协会一道配合自治区纪委举办了“廉政文化建设美术、书法、摄影展”；和西藏美术家协会一道承办由区党委宣传部、西藏文联主办的“庆祝十七胜利召开——西藏美术书法作品展”；组织作品参加中国书法家协会举办的首届西部书法作品展；在全国第九届书法篆刻作品展中，李运熙同志的草书入展。

【西藏舞协】协会第四次全区代表大会召开，选举产生了新一届协会理事会和主席团；编排和策划了大型西藏舞蹈诗画《天上西藏》、迎接党的十七大文艺晚会、奥运会开幕式演出西藏选送节目《雪域的祝福》，承担了《幸福在路上》、《藏秘》、《和谐西藏》等晚会；重新整理、登记、注册西藏舞蹈家协会会员和全国性会员。

【西藏曲协】协会第四次全区代表大会召开，选举产生了新一届协会理事会和主席团；参加中国曲艺家协会第四次全国代表大会，会上，协会主席平措扎西当选为中国曲艺家协会理事，协会顾问土登当选为中国曲艺家协会顾问；组织编排节目参加第三届全国少数民族曲艺展演，其中说唱“八荣八耻”荣获一等奖，扎念弹唱《农民的心里话》获二等奖；培养了10多名青年曲艺演员。

【西藏剧协】协会第四次全区代表大会召开，选举产生了新一届协会理事会和主席团；与区文化厅共同组织喜迎“十七大”西藏话剧送欢乐到基层活动，深入到林芝地区43个乡镇村和军营、学校，演出43场次；组团参加2007（张家港）长江文化艺术节活动，在艺术节上西藏文联荣获优秀组织奖，日喀则民族艺术团的节目《打阿嘎》荣获优秀节目奖。

【西藏音协】协会第四次全区代表大会召开，选举产生了新一届协会理事会和主席团；与自治区教育厅、团委等五家单位共同举办了全区首届少儿歌曲创作大奖赛，共征集反映当代我区少儿精神风貌的新创少儿歌曲200多首，并评出奖项；筹备“青少年儿童音乐创作大赛获奖作品电视颁奖晚会”，与西藏电视台联合举办电视歌手转播《西藏原创》节目。

【西藏民协】协会第四次全区代表大会召开，选举产生了新一届西藏音乐家协会理事会和主席团；编辑出版西藏民间传说集《心田甘露》精选本、《中短篇西藏民间故事》、《西藏建筑总览》，反映西藏民俗文化的《西藏民俗志》也通过初审；《西藏民间文学三套集成》（藏文卷）编辑出版工作正在进行；参与全区非物质文化遗产保护工作，积极申报并列入自治区非物质文化遗产名录的有多个项目；组织我区民间企业、民间艺人参加“全国第八届民间工艺博览会”，分别获得“中国民间文化品牌企业”和“中国民间工艺品牌艺术家”荣誉称号；组团参加了由中国民间文艺家协会在北京举办的迎接2008年奥运会民间手工艺品遴选活动；我区唐卡艺人旦巴的作品《千手观音》获得第八届山花奖·民间工艺美术奖；选送的拉萨市曲艺队青年演员阿旺念扎讲述的“打工趣事”、“吝啬师博和他的徒弟”，在首届中国故事节评选活动中，荣获首届中国故事节表演银奖。

【西藏影协】协会第二次全区代表大会召开，选举产生了新一届协会理事会和主席团；参与摄制了一批深受广大群众喜爱的《雪域情》、《格达活佛》等影视作品，协会独立承制的故事片《回到拉萨》进入后期制作阶段；自制的《高原五彩路》、《放歌西藏》、《雪山架彩虹》、《寻访古格王国》等一大批反映时代变化、展示当今西藏的电视作品获观众普遍好评。其中，为青藏铁路通车一周年制作的九集电视纪录片《壮美天路》，在青藏铁路通车庆典时播出后，引起国内外广泛关注，铁道部领导对该片给予高度评价。由中央新闻电影制片厂驻拉萨记者站的扎西旺加、次仁多吉参与主创的大型电视纪录片《极地跨越》、《走进非洲》、《郑和下西洋》等纪录片，在中央电视台播出后，引起国内外强烈反响。到2007年，我区影视剧译制片时长已达500小时。西藏影视家协会和西藏电视台共同承办的2007年春节藏历年电视综艺晚会，深得国内外众多观众喜爱，此节目在全国电视“金鹰奖”、“星光奖”等各类评比中获奖。与西藏电视台共同推荐的歌曲《天路》、踢踏舞《踏地狂舞》、原生态节目“堆谐”《飞旋踏春》等节目被中央电视台春节联欢晚会采用，在全国文艺界引起强烈反响。

【文艺期刊工作】为迎接第四次全区文代会的召开，《西藏文学》编选西藏小说选《夏日无痕》、西藏诗歌散文选《西藏行吟》、西藏报告文学评论选《镌刻在西部的忠诚》和《西藏文化建设与文艺管理文集》，《西藏文艺》编选西藏诗歌散文选《雪山赞歌》（藏文）、西藏小说评论选《时代明镜》，《邦锦梅朵》编选西藏民间传说集锦《心田甘露》（藏文），《西藏文学》加大培养文学新人力度，重点扶持、培养有文学潜质的文学新秀，在刊物上开辟“新人新作”栏目，《西藏文艺》开辟社会主义新农村建设专栏，反映西藏社会主义新农村建设的新成就新变化新生活。《西藏人文地理》与团区委西藏青少年基金会共同承办了“2007共同关注西藏希望工程圆梦行动”西藏启动仪式，帮助6名因生活困难将与大学失之交臂的孩子们园了大学之梦，并在本刊刊出《圆梦行动——寻找散落在那曲草原上的学生》专题；推出多个涉及西藏与藏族文化的人文类和地理与自然生态类独家原创专题，提升了本刊的知识性、可读性与文化品质；2007年发行量稳步提升至2万册，在北京、上海、广州、成都、拉萨等城市初步建立发行网络，并进入国内主要城市。

中国佛教协会西藏分会

【年度综述】2007年，佛协西藏分会在自治区党委、政府的正确领导和高度重视下，在名誉会长帕巴拉·格列朗杰的亲切关怀下，始终高举邓小平理论和“三个代表”重要思想伟大旗帜，用科学发展观统领宗教工作，认真贯彻中央关于新时期西藏工作的指导方针，围绕“一个中心、两件大事、三个确保”，促进社会和谐这一问题，进一步认清分裂与反分裂斗争的长期性、复杂性、艰巨性，始终保持清醒的头脑，不断增强居中意识，团结引导宗教界人士为西藏的稳定发展做出应有的贡献。

【加大反分裂斗争力度，全力做好维护稳定工作】宗教界人士要紧紧围绕自治区党委和政府的中心工作，加大反分裂斗争力度，确保社会局势稳定。2007年自治区党委审时度势，召开全区党员领导干部大会，继续揭批达赖集团、深入开展反分裂斗争，这是促进社会和谐稳定的一次再动员、再部署。切实加强反分裂斗争的自觉性和坚定性，要着眼长远，立足做好当前工作。佛协西藏分会同达赖集团的斗争，关系到祖国统一、国家主权和安全这个中华民族的核心利益，核心利益至高无上，核心利益不可侵犯。实践证明，维护祖国统一，保持社会和谐稳定，是西藏经济发展和社会进步的前提，是西藏各族群众的利益所在、福祉所系。佛协西藏分会珠康会长心系牧民，长期深入基层，一如既往地宣传党的政策，放弃“十一”节长假，深入那曲班戈县向广大牧民宣传全区维稳工作会议精神，宣传党的政策，了解牧民疾苦，为牧民排忧解难，解决了很多实际困难，为此该乡党委还发来感谢信。特别是敏感时期，切实加强领导，确保本会的维护稳定工作落到实处，就加强和调整值班制度及门卫制度、报平安制度和主要领导带班制度等，做了进一步安排。为了更好地做好十七大期间的维护稳定工作，佛协西藏分会党外领导带头，倡导首先要做好自己寺庙的工作，管好自己寺庙的人。

【积极开展各项工作，发挥佛协西藏分会的桥梁作用】2007 年，佛协西藏分会在有关部门的大力支持和协助下，向全区寺庙发出了《关于开展和谐寺庙创建活动的倡议书》，把倡议书制作成小册子、大海报，由各地市民宗局和佛协负责发放到每个寺庙及每个僧尼手中，还通过新闻媒体大力宣传，因而此项活动在各个寺庙和僧尼当中影响较大，反应良好，也得到了有关领导的好评。

为体现对基层宗教工作的重视及关怀，佛协西藏分会正副会长、正副秘书长、综合处长等领导和干部组成四个工作组，深入我区七地市十多个县及三十多座寺庙进行以构建和谐社会为主题的调研工作。同时调查了解贯彻《宗教事务条例》等法规和执行寺院规章制度情况，了解基层佛协人员状况、机构编制、行政经费、办公条件等。在佛协西藏分会资金十分紧缺的情况下，给各地市佛协共 35 万元经费，并向每个地市佛协赠送了一台电脑。

协助中国藏语系高级佛学院，对西藏自治区藏传佛教噶举派情况进行了调研。3 月 26 日至 4 月 13 日由中国藏语系高级佛学院院长助理土观仓活佛一行到我区对藏传佛教噶举派寺院进行了调研，佛协西藏分会仲贡·土登达杰活佛等人全程陪同到山南、日喀则、拉萨市等七个县二十多座噶举派寺庙，为 2007 年拟招噶举派首届学衔班进行了专题调研，同时，2007 年 5 月份协助中国藏语系高级佛学院圆满完成了在拉萨的各项招生任务。

组织三大寺、大昭寺、热堆寺的民管会主任、管理处负责人及格西拉让巴考评委员会成员，就 2007 年终考格西拉让巴学位及颁证仪式的有关问题进行了具体的讨论和认真的部署。3 月 17 日正式在大昭寺举行了 2007 年度晋升格西拉让巴学位立宗佛协西藏分会答辩并向考生颁发了格西学位证。自治区副主席尼玛次仁、区党委统战部、区民宗委、区寺教办、拉萨市政府领导及协会正副会长、秘书长等出席了学位立宗答辩及颁证仪式。整个活动按部署圆满完成。

佛协西藏分会《西藏佛教》藏文版刊物继续按时保质保量的出版发行，同时深入基层征稿、拍摄。特别是汉文版《西藏佛教》在多年争取和准备的过程中，从热地副委员长和胡春华常务副书记到现在的各有关领导给予了极大的关怀，2007 年终于出版发行了汉文版《西藏佛教》刊物。这必将对藏汉文化交流及国内外文化交流起到积极的促进作用。同时，佛协西藏分会印经院工作不断推进。《甘珠尔》和《丹珠尔》印经院工作是佛协西藏分会的一项重要工作，为全面贯彻党的宗教信仰自由政策，抢救中华民族文化，满足信众需求，加强和提高了刻印质量。

根据拉萨三大寺及大昭寺和热堆寺五寺每年举行江法会时信教群众和周围的村民，特别是麻风病人的愿望，积极向自治区和拉萨市有关领导提出建议，修建柏油路，安装卫星电视设备，对此上级领导极为重视，已列入建设计划。

在区党委统战部、区民宗委和区寺教办、拉萨市委指导协助下，6 月份佛协西藏分会在“甘丹寺”举行了 2008 年度晋升格西拉让巴学位预考活动，考试考核严格按照历史定制和宗教惯例，采取轮流答辩，当场打分的形式，坚持公开、公平、公正的原则。佛协西藏分会在较复杂的环境中做出了优异的成绩。

根据自治区“十一五”定点扶贫工作安排，2007 年佛协西藏分会副秘书长带队一行 3 人多次前往定点扶贫的尼木县卡如乡进行调研，同时对该乡提出急需解决加工面粉榨油厂问题进行了研究，现已投入资金 77600 元，建起了加工厂。还对该乡赠送了一台电脑，旧办公设备 39 件，并动员干部职工为该乡贫困户捐款。

为关心退休干部职工的切身利益，2007 年佛协西藏分会组织退休干部职工到青海、甘肃等地参观学习，通过在兄弟省市的参观学习，开阔了视野，更加感受到祖国大家庭的温暖。

【积极开展友好往来】2007 年佛协西藏分会会长珠康·土登克珠、副会长达扎·单增格列前往俄罗斯参加俄罗斯“中国年”并对法国进行了访问，佛协西藏分会副会长直孔穷仓·洛桑强巴赴芬兰进行访问。佛协西藏分会实事求是地介绍了在中国共产党的领导下，在社会主义祖国大家庭中西藏所发生的翻天覆地的变化和全面贯彻执行党的宗教信仰自由政策的真实情况，得到了中央有关部门和区党委领导的好评。

为增进上海、西藏两地佛教界的交流，精心搞好接待，要把这次汉传佛教和藏传佛教的交流，作为宣传自治区党委贯彻中共中央关于宗教工作的一系列指示的一项任务，要充分体现党的宗教政策在西藏的全面落实的批示精神，接待了由全国政协委员、中国佛教协会副会长、上海市佛协会长、上海玉佛寺住持觉新大和尚率领的僧人和居士组成的上海市佛教界 140 多人赴藏参访团。由于上级领导的高度重视和相关部门的大力协作，加之准备工作得当，各项接待工作抓到实处，在交通安全、卫生问题等工作上未出现任何问题，整个活动圆满完成。

法 制

自治区检察工作

【改进执法条件和执法环境】2007 年，全自治区共为检察机关落实办公、办案经费 2536 万元；全区 81 个检察院的“三房”建设任务已全部完成，完成总建筑面积 62887.2 平方米，总投资 13203 万元；投入 2700 万元信息化建设资金，开通了 7 个分市院和 35 个基层院二、三级专线网，实现了“人手一机”的目标，其余 38 个县院的三级专线网正在建设中。落实了检察官津贴。

2006 年以来，各级党委领导到检察机关现场办公解决问题 73 次，经常听取检察院的工作汇报，加强对检察工作中重大事项和问题的协调，明确规定不允许任何人、任何组织非法干预司法活动，不允许向检察院下达创收指标，确保党的路线方针政策和国家法律在检察工作中得到正确执行。

【严厉打击达赖集团分裂破坏活动和严重刑事犯罪活动，全力维护社会和谐稳定】 一是抓会议学习贯彻，深入开展揭批达赖集团的反动本质。二是抓现行案件的办结，严厉打击达赖集团的分裂破坏活动。三是抓寺庙教育和法制进寺庙工作，配合党政机关对寺庙进行综合治理。四是抓非法偷越国边境问题的监督，促进边境地区稳定。

结合我区实际，出台了《西藏自治区人民检察院关于贯彻宽严相济刑事司法政策的意见》和《西藏自治区人民检察院侦查监督部门办理未成年人刑事案件规定》。对未成年犯罪、初犯、偶犯和轻微犯罪案件，依法适用轻缓的刑事司法政策，充分体现依法从宽的一面，坚持教育、感化、挽救方针，根据案件具体情况，对涉嫌犯罪但没有逮捕必要的，依法不捕 360 人；对犯罪情节轻微，依法不需要判处刑罚或者免除刑罚的，决定不诉 95 人。不捕未成年犯罪嫌疑人 36 人。深入开展创建优秀“青少年维权岗”活动，为维护全区社会和谐稳定做出了积极贡献。

【全面履行法律监督职能，努力维护司法公正】依法严厉打击刑事犯罪活动，积极参与化解社会矛盾，努力营造和谐稳定的治安环境。全区检察机关始终把维护社会稳定摆在重要位置，充分履行对犯罪嫌疑人审查批捕、审查起诉等检察职责，积极参与社会治安综合治理，与公安、法院、司法行政等部门相互配合，打击犯罪，保护公民和法人合法权益，努力为我区改革发展创造稳定的社会环境。2007 年以来，共批准逮捕各类犯罪嫌疑人 2055 人，提起公诉 1882 人。积极参加整顿规范市场经济秩序工作，按照从重从严方针，依法批准逮捕走私、制假售假等犯罪嫌疑人 73 人，提起公诉 43 人。

认真落实检察环节社会治安综合治理措施，积极参与化解社会矛盾，努力减少社会不稳定因素。从维护人民根本利益的高度，认真解决群众告状难、申诉难和投诉案件久拖不决的问题。开展了清理来信来访积案和集中处理涉法上访、涉检信访专项工作，共受理群众控告、举报和申诉 139 件，依法处理了信访案件 85 件，4 件上访多年、久诉不息的案件得到妥善处理。积极参与社会治安防控体系建设、平安创建活动，配合有关部门对一些治安乱点进行集中整治；开展矛盾纠纷排查调处工作，在党委领导下依法参与、妥善处置重大群体性事件。

依法查办和积极预防职务犯罪。全区检察机关不断加大反腐败工作力度，努力提高执法水平和办案质量，依法查办了一批职务犯罪案件。全区检察机关共受理职务犯罪案件线索 127 件，初查 117 件，立案侦查 39 件 42 人，侦查终结 35 件 39 人，移送起诉 28 件 32 人。其中，立案侦查涉嫌贪污贿赂 5 万元以上、挪用公款 10 万元以上大案 26 件；立案侦查涉嫌职务犯罪的县处级以上领导干部 9 人，抓获在逃职务犯罪嫌疑人 2 人。通过办案为国家挽回直接经济损失 214.8 万元。

预防职务犯罪工作成效显著并不断向纵深发展。全区检察机关立足检察职能，认真开展预防职务犯罪工作。结合办案，加强对典型案件发案原因、特点和职务犯罪易发多发行业、领域犯罪态势的分析，研究防范对策，及时建议有关部门健全制度、堵塞漏洞。共开展个案预防 12 项，深入重点行业和领域开展系统预防 11 项，在重大公共投资和国家建设工程项目中开展专项预防 9 项，提出检察建议 24 件。开展以案说法，进行预防警示教育 70 多次，17700 多人接受了教育。在工程建设、政府采购等领域建立行贿犯罪档案，提供查询 6 次。努力从源头上预防和减少职务犯罪，有效地促进了党风廉政建设和反腐败斗争的深入开展。

依法履行诉讼监督职责。依法加强对刑事诉讼活动的监督。坚持打击犯罪与保护人权并重。对应当立案而不立案的，依法监督侦查机关立案 8 件；对应当逮捕而未提请批捕的，追加逮捕 1 人；对不应当逮捕的，决定不批准逮捕 360 人。对应当起诉而未移送起诉的，追加起诉 3 人；对不应当起诉的，决定不起诉 95 人。对认为确有错误的刑事判决、裁定，依法提出抗诉 7 件。

依法加强对民事审判、行政诉讼活动的监督。坚持维护当事人合法权益与维护司法权威相结合。对认为确有错误的民事行政判决、裁定提出抗诉 6 件，法院审结 6 件，其中，改判、撤销原判发回重审和调解结案 5 件。向人民法院发出再审检察建议 4 件，法院采纳 1 件。对认为原审判决、裁定正确的，主动做好当事人的服判息诉工作，共息诉 22 件，维护了司法权威和社会稳定。

依法加强对监管活动和刑罚执行活动的监督。审查减刑裁定 1291 人次，发现减刑不当 7 人次，提出纠正意见 7 人次，已纠正7人次；审查假释裁定12人次；审查暂予监外执行8人次，提出纠正意见2人次，已纠正2人次。到监管场所开展巡视检察1195次，发现并消除不安全隐患175件次，提出检察建议和纠正意见218件次。同时，按照高检院部署，坚持把查办司法不公背后的职务犯罪作为加强诉讼监督、增强监督实效的重要措施，共受理案件线索2件2人，初查2件2人，立案侦查2件2人。

依法查处司法不公背后的职务犯罪案件。坚持把查处司法不公背后的职务犯罪作为加强诉讼监督、增强监督实效的重要措施。立案侦查涉嫌徇私枉法、帮助犯罪分子逃避处罚、民事行政枉法裁判犯罪的人员2人。

专项工作进一步深入开展。一是积极参加打黑除恶专项斗争，批准逮捕黑恶势力犯罪嫌疑人27人，提起公诉102人（含积存），已判决93人。二是依法严厉打击“涉铁”犯罪案件，确保青藏铁路的安全畅通，共受理提请批准逮捕“涉铁”案件16件53人，经审查，批准逮捕15件42人；受理移送审查起诉15件35人，经审查，提起公诉15件34人。三是与五部门共同开展了核查纠正监外服刑罪犯脱管、漏管专项活动，共核查清理1355人次，其中，脱管70人次，漏管22人次，在脱、漏管人员中纠正106人次，处理监外服刑又犯罪人员3人，监督有关部门对失去监外执行条件的罪犯收监执行2人。四是与行政执法、司法部门集中开展治理商业贿赂专项工作，共立案侦查涉及国家工作人员的商业贿赂犯罪案件20件20人，涉案金额542.1万元。2007年，我区的打黑除恶斗争和核查纠正监外服刑罪犯脱管漏管两个专项工作受到高检院表彰。

【提高科技强检水平】为适应时代发展的要求，把科技强检提高到了重要议事日程，以信息化建设为重点，大力提升检察科技水平。区检院和全区分市院、县（区市）院建成了一级、二级、三级专线网和局域网，并已全部投入使用，实现了网上办公、网上办案、网上读书和网上看报，建立了内部信息发布网站和相关信息库系统。许多检察院配置了多媒体示证系统和同步录音、录像系统。广大检察人员学科技、用科技的积极性普遍提高，为实现办公自动化和办案现代化奠定了基础。

【加强援藏工作】工作援藏方面，有122个检察代表团、742人次进藏考察，2007年4月和12月，院党组成员亲自率团赴部分对口援藏机关进行回访，进一步加深了相互间的了解，沟通了感情，落实了援藏任务。智力援藏方面，浙江、江苏、广东等18个省市检察机关安排我区50名中青年业务干部到当地检察机关进行岗位实践锻炼，最高人民检察院对我区59名检察干警进行了反贪和反渎业务培训，提高了我区检察干警的素质。云南省检察院继续为我区33名参加司法考试的干警提供培训，有效增强了全区检察工作的可持续发展能力。资金和物资援藏方面，2005年援藏座谈会确定了三年完成2004万元援藏资金的目标，目前，高检院和对口援藏检察机关的援藏资金已到位1460.2万元，物资价值116.06万元。其中，区检院账上到位926.5万元，分市院账上到位463.7万元。为全区检察工作可持续发展提供了强劲动力。

【推进检察改革，保障司法公正】不断探索人民监督员制度试点工作的新措施。人民监督员共监督检察机关拟作撤案、不起诉处理以及犯罪嫌疑人不服逮捕决定的三类职务犯罪案件4件4人。探索开展人民监督员对查办职务犯罪工作中有无立案不当、超期羁押、违法搜查扣押冻结等五种情形的监督，促进了严格文明司法。

不断创新检务公开的新方法。充实检务公开内容，按照《最高人民检察院关于进一步深化人民检察院检务公开的意见》。在原来“检务公开”的基础上，又补充了检察人员工作纪律、检察官任职资格、职务犯罪立案标准等方面的内容；拓宽公开途径，在坚持传统做法的基础上，建立了一系列制度，为人民群众行使知情权、参与权和监督权进一步创造了条件；完善诉讼参与人权利保障机制，实行权利义务告知制度，推行检察人员违法违纪投诉制度，保护当事人的合法权益。

不断完善和健全检察机关内部监督制约的新制度。实施检察机关的纪检监察部门对办案过程全程跟踪监督和对办结案件回访制度；推行讯问犯罪嫌疑人全程同步录音录像制度，规范侦查行为；落实对职务犯罪案件立案、逮捕实行备案审查，作撤案、不起诉决定报上一级检察院审批制度，加强对下级院办案工作的监督；对不服检察机关处理决定的申诉案件，由专门部门复查，共复查不服检察机关不批准逮捕、不起诉、撤案的申诉案件2件，依法改变原处理决定1件。

不断增强自觉接受人大及其常委会监督的工作新机制。正确处理好接受人大监督与依法独立行使检察权的关系，自觉把各项检察工作置于人大及其常委会的监督之下，认真贯彻人大及其常委会的决议和决定。共向同级人大常委会专题报告工作169次。加强与人大代表的联系，邀请人大代表视察工作99次252人，广泛听取对检察工作的意见和建议。认真办理人大代表的建议、批评、意见及转办案件。对代表、委员们提出的意见和建议，及时予以办结并答复。

自治区审判工作

【年度情况与特点】2007年，自治区高级法院全面启动了狠抓落实、夯实基础的各项工作，坚持把公正、高效、权威的司法要求落实到审判工作全过程，服务第一要务、维护局势稳定、促进社会和谐的能力进一步提高。2007年全区法院共受理各类案件14386件，审结13798件，同比分别上升9%和11.54%，综合结案率为95.91%。

【突出重点抓稳定】牢固树立“稳定压倒一切”的思想，深入贯彻落实全区党员领导干部大会精神，进一步坚定审判机关的政治立场，时刻保持高度的敌情观念和维稳意识，不断提高“后达赖时期”反分裂斗争的能力，依法严厉惩处危害国家安全的犯罪分子，牢牢把握反分裂斗争主动权。坚持“严打”方针不动摇，始终将打击重点放在杀人、抢劫、盗窃、毒品等多发性严重刑事犯罪上，继续深入推进“打黑除恶”和反偷渡等专项斗争，及时审判了一批社会危害大、影响恶劣的案件。全年共受理各类刑事案件4043件，审结3982件，审结率为98.49%，同比上升5.9个百分点，判处犯罪分子2172人，保护了国家、集体和公民个人生命财产安全，确保了社会稳定和民心安定。

全面落实最高人民法院统一行使死刑核准权的决定，先后制定完善了《死刑案件流程管理规定》、《死刑案件办案规则》、《死刑案件质量评查》等规章制度，签订了《死刑案件目标管理责任书》，协同公安、检察、司法部门研究制定《办理重特大刑事（死刑）案件办案证据规则》，进一步规范了死刑案件审判管理。从2007年1月1日起，死刑二审案件全部实现开庭审理。准确把握“宽严相济、少杀慎杀”的刑事政策，采取抓基础、把关键等措施，依法高质高效地审理了一批死刑案件，无一枉判，无一错杀，确保了死刑核准制度改革的顺利进行，得到了自治区党委和国家核准机关的充分肯定。

【应对挑战抓亮点】在市场经济体制逐步完善，青藏铁路全线运行，给西藏经济社会发展带来千载难逢大好机遇的新形势下，积极应对经济社会大开放、大发展，人、财、物大聚集、大流通，各类矛盾纠纷集中涌现的新挑战，及时召开了第五次全区民事审判工作会议，着力转变“重刑轻民”的观念，积极推行“刑民并举”的审判工作格局，把民事审判工作的独特优势和注意力集中体现在全力保障“一产上水平、二产抓重点、三产大发展”，促进经济社会又好又快发展上，体现在有效化解各类社会矛盾、促进社会和谐上。实行民事审判工作目标管理责任制，强调解，促和解，加大民事审判工作对经济社会和人际关系的调整力度，及时准确地审理新型民事案件，弥补了规则缺陷，规范了经济社会秩序，有效消除了影响我区改革发展稳定的不利因素；牢固树立民本意识，从爱民、便民、利民、护民出发，妥善化解就业、就医、住房和社会保障等领域的纠纷，促进民生问题的解决；依法优先审理并执行“双拖欠”案件710件，标的8118万元；对经济上确有困难的当事人及时提供司法救助，共缓、减、免交诉讼费347件273万余元，充分保障了弱势群体的诉讼权益，有效防止了民事案件向刑事案件的转化，个案问题向群体性问题的转化，普通纠纷向政治性事件的转化，非对抗性矛盾向对抗性矛盾的转化。全年共受理民事案件7682件，审结7484件，结案率为97.42%，同比分别上升36.23%、39.09%和7.41个百分点。

【转变作风抓效率】把推进法院改革与加强管理、健全机制有机结合起来，推行目标管理责任制，以抓落实为重点，以转变作风、提高效率为目标，建立了9项长效机制。紧紧围绕司法公正这条主线，树立审判质量第一的观念，坚持以事实为根据，以法律为准绳，严把事实关、证据关和适用法律关，做到是非分明、责任明确、处理正确。积极探索构建提升结案率、调解率、维持率、服判息诉率，降低改判与重审率、来信来访数、申诉率的“四升三降”审判考评体系。树立高效及时的观念，推行小审限制度，明确从收案到结案各主要环节的工作期限，健全落实承办人、合议庭、领导审核、审判委员会的审限责任制，确保了案件在审限内审结，杜绝了当事人等着判案、盼着判案甚至求着判案的现象。严格案件流程管理，对案件的立案、分案、审理、结案、归档等环节实行全程跟踪监督。2007年，在受案数大幅度上升的情况下，综合结案率同比上升1.5个百分点，民事案件调解率同比上升6.74个百分点，维持原判率同比上升4.2个百分点，服判息诉率同比上升2.53个百分点，申诉申请再审案件同比下降27.12%，来信来访同比下降16.79%，特别是缠访、闹访、集体访同比下降了69.57%。加强执行工作的专项治理，着手建立联动威慑机制，初步实现了执行工作信息化管理，促进了执行工作的规范化和科学化。全年共受理各类执行案件2295件，执结1916件，执结率达到83.49%，同比分别上升26.8%、35.11%和4.16个百分点，执结标的达1.28亿元。

【完善制度抓队伍】按照“抓班子、带机关、促基层”的思路，全面加强队伍建设。深入开展以“深化反分裂斗争教育、深化社会主义法治理念教育和转变思想作风、学风、工作作风、领导作风、生活作风”为主题的“两深化、五转变”专项教育活动，将队伍管理纳入目标管理体系，创新考核方式，加大考核力度，提升了队伍整体素质，法院队伍的政治意识、大局意识、责任意识、廉政意识和社会主义法治理念进一步增强，工作效率有了较大提高；抓住换届契机，积极发挥干部协管作用，加强各级法院的领导班子建设，班子的年龄、文化、民族、知识结构更趋合理；投入资金680万元，采取走出去、请进来、坐下来等方式，加强教育培训力度，选派96名法官到内地法院跟案学习和锻炼。经过积极申请和争取，最高人民法院正式批准成立了国家法官学院西藏分院，先后邀请了17名优秀法官和法律专家进藏授课，举办了13期培训班，受训人员达1100余人（次）。选派办案骨干深入一线、深入基层，现场帮教、指导办案，法官队伍总体办案能力和水平进一步提高。在自治区党委、人大的高度重视和亲切关怀下，与有关部门一道，主动汇报，多方协调，法官短缺现象开始缓解。

【围绕审判抓保障】有31个基层法院完成了审判综合楼和周转房建设，总建筑面积4.25万平方米，总投资5748万元；建成19个人民法庭，总建筑面积9500平方米，总投资1045万元，在建人民法庭12个；六个地区刑场建设已经立项，并将进入实施阶段；自治区高级法院刑事审判综合法庭和诉讼案卷检索中心正在紧张建设中；全面启动了二级专网建设，逐步推行网上立案、网上阅卷。后勤保障、资金投入、人员配备进一步向基层倾斜、向审判一线倾斜。

自治区公安工作

【全面推进“三基”工程建设】2007年，自治区公安系统召开全区公安机关“三基”工程建设工作会议，对全区“三基”工程建设进行再动员、再部署。公安厅党委积极主动向自治区党委、政府汇报我区公安机关“三基”工程建设工作情况，得到了区党委、政府的高度重视和大力支持，2007年1月底，自治区党委、政府在拉萨召开了全区公安机关“三基”工程建设工作会议，会议出台了《西藏自治区党委、政府办公厅关于进一步加强公安机关基层基础建设的意见》。

强化督导力度，确保“三基”工程建设措施到位。为切实加强厅领导联系指导各地公安机关“三基”工程建设的力度，2007年4月，厅党委研究决定建立公安厅领导联系点，各位厅领导先后多次深入基层对各地“三基”工程建设开展情况进行了调研，撰写出调研报告，为领导决策提供了第一手资料，有力地推动了全区公安机关“三基”工程建设。

坚持典型引路，推进全区“三基”工程建设向纵深发展。通过近两年的“三基”工程建设，全区公安机关“三基”工程建设领导小组先后发现、推出和树立了八宿县、工布江达县、堆龙德庆县、琼结县等在“三基”工程建设中表现突出的一批先进单位，并分片组织召开了西藏公安机关“三基”工程建设现场交流座谈会，对深入推进我区“三基”工程建设发挥了重要作用。

公安基层基础工作全面推进，“三基”工程建设成效显著。1.警力下沉、从优待警工作进一步得到落实。全区公安机关继续按照精简机关、充实基层、贴近实战的要求，积极推进警力下沉，充实基层一线，有效缓解了基层一线警力不足的状况。同时继续大力推进公安机关主要领导进同级党委班子或由政府副职兼任工作。目前，全区7个地、市公安处、局和43个县公安（分）局主要领导已进入同级党委班子或由政府副职兼任或职级高配；另外，全区公安机关认真落实民警体检、休假制度，解决了广大民警的后顾之忧。2.基层实力进一步增强。一是不断加强县级公安机关经费保障标准的落实工作。二是召开全区公安机关基础设施建设工作会议，认真研究部署了今后全区公安机关基础建设工作。3.基础工作进一步夯实。一是起草了《西藏自治区规范县级公安机关机构设置工作实施方案》，对全区县级公安机关内设机构设置和区、地（市）、县三级公安机关内设机构规格及增加领导职数提出了指导性意见。二是按照公安部《关于实施社区和农村警务战略的决定》要求，各地科学划分了警务区，进一步规范了警务室建设和设置。三是补充、更新、完善了相关部门的数据库数据信息，保证了数据库相关信息的鲜活、准确、全面，为维护全区信息网络秩序和安全奠定了坚实基础。4.信息化建设进一步加强。全区公安信息通信网络基础设施和信息中心软硬件支撑平台已基本建成，网络安全保障体系日趋完善，全区三级网地面网络开通率达到98.7%。5.民警的“基本功”进一步扎实。公安厅严格按照“四统一、五规范”和“三个必训”的要求，结合西藏实际，研究制定了不同层次、不同警种、不同岗位民警的教育训练内容，努力提高民警的综合素质。2007年，公安厅共举办初任岗前培训班1期，调训112人；警衔晋升培训班1期，调训133人；其他各类业务培训班12期，调训530人。举办基层警务实战教官培训班1期，为基层一线实战单位培养输送67名合格教官。

【充分发挥职能作用，严厉打击各类违法犯罪，确保全区社会局势稳定】深入开展反分裂斗争，确保国家安全和西藏长治久安。1.深入学习贯彻自治区党员领导干部大会和全区维稳工作会议精神，立场坚定、旗帜鲜明。2.牢固树立“情报信息主导警务”的理念，努力获取深层次、内幕性的情报信息。3.加强寺庙管理和网上斗争，严密控制工作阵地。4.加大危安案件的查处力度，严厉打击危害国家安全犯罪。5.严厉打击非法出入境活动，加强对非法出入境人员的审查、遣送工作。2007年，全区公安边防部门和边境地区公安机关共抓获非法出入境人员450人，藏协办和遣送站完成了3批次411人（含2006年部分未遣送人员）的遣送任务。6.深挖“法轮功”犯罪，积极开展防范处置邪教工作。7.全力以赴投入以十七大为重点的各项安全保卫任务。2007年，全区各级公安机关紧紧围绕各种节假日和敏感时段的安全保卫工作，以全区维稳工作会议和区党委专题会议精神为指导，坚持早介入、早部署、早安排，全警参与、全力以赴、连续作战，积极开展了各项公安保卫工作，先后圆满完成了重要部位、重大节日、重要会议和宗教敏感日期间的安全保卫工作和“中央领导在藏视察工作”以及“201”、“518”等专项安全保卫工作。此外，公安厅还根据公安部的通知要求，结合实际，切实做好北京奥运会火炬接力珠峰传递及境内传递的各项安全保卫工作，有力地维护了全区政治局势的稳定。

严厉打击各类犯罪活动，切实提升人民群众安全感。1.积极开展专项斗争，严厉打击刑事犯罪。一是继续深入开展“打黑除恶”专项行动。2007年，全区各级公安机关共打掉涉嫌带有黑社会性质的犯罪团伙5个、恶势力犯罪团伙6个，依法打击处理涉黑涉恶人员105名，收缴各种作案管制刀具30余把，枪支1支，查获、收缴、冻结赃款81.7万元。二是严厉打击各类刑事犯罪活动。各级公安机关按照“什么问题突出就解决什么问题，哪里治安混乱就整治哪里”的原则，始终保持了对刑事犯罪活动的高压态势。2007年，全区各级公安机关共立刑事案件5401起，破3967起，破案率为73.4%。立案与2006年同期相比下降了3.5%。2.严厉打击经济犯罪，维护我区良好的社会主义市场经济秩序。全区各级公安机关全年共受理各类破坏社会主义市场经济秩序案件153起，破105起。涉案总价值16057万元，挽回经济损失1007万元。3.严厉打击各类毒品犯罪，积极消除毒品危害。全区公安机关禁毒部门以遏制毒品危害、遏制毒品来源、遏制新吸毒人员滋生为目标，积极开展堵源截流、禁毒严管战役等工作，严厉打击了各类毒品犯罪活动。2007年，全区公安机关共破获各类涉毒案件72起，与上年同期相比立案下降12.2%，缴获毒品海洛因0.319千克，大麻104.02千克，冰毒0.12千克，冰毒片剂1240片，氯铵酮1.891千克，摇头丸13粒。同时，全区公安机关禁毒部门还积极开展毒品危害宣传活动，努力提高人民群众远离毒品和禁毒意识。4.充分发挥技侦优势，加大打击犯罪力度。2007年，全区公安技侦部门共侦办各类案件734起，打掉各类犯罪团伙28个，抓获犯罪嫌疑人609名，缴获反宣品1787张、枪支15支、汽车57辆、海洛因106.023千克，挽回经济损失折合人民币16144.82万元。5.切实加强监管场所的管理。全区公安机关依法进一步加强监管场所的管理，提高管理水平，切实保障在押人员的合法权益；积极在监管场所开展深挖犯罪工作，认真开辟打击犯罪第二战场，极大地推动了侦察破案工作，保证了刑事诉讼、行政执法活动的顺利进行。全区公安监管部门全年共获取深挖犯罪线索106条，直接破获犯罪案件8起，抓获5名犯罪嫌疑人。

积极开展治安行政管理工作，全力维护社会稳定。1.切实加强社会治安管理工作。一是全区公安机关坚持处罚与教育并重的原则，2007年共受理治安案件7801起，查处7057起，查处率90.5%，查处违法人员11363人。二是积极开展治爆缉枪专项行动，不断强化枪支弹药、危爆物品的安全管理。全区公安机关全年共收缴非法炸药11840.15斤、雷管24211枚、导火索16604.73米；收缴各类枪支1028支、子弹13009发；管制刀具2834把，极大地消除了各种潜在隐患。三是认真开展了治理自行车被盗问题和整治油气田及输油管道生产治安秩序专项行动，取得了较好的社会效果。四是进一步强化身份证管理工作，积极稳妥地推进全区集中换发第二代居民身份证工作。2007年，全区共制发二代居民身份证282364张，完成公安部规定数额的117%。五是集中开展了以打击盗窃破坏电力、电信、广播电视设施违法犯罪专项行动，共查处违反治安管理案件6起，刑事立案26起，破案30起（其中包括带破其他隐、积案11起），缴获财物总价值15.178余万元。六是积极开展扫黄打非工作。共收缴淫秽光碟61盘、盗版光碟1452盘、图书口袋本110册、盗版图书209册，清理网络淫秽色情等有害信息230多条，发现上报网上淫秽色情网站43个。2.切实加强消防管理工作。全区公安消防部门坚持“安全第一、预防为主”的方针，继续深入开展以“进学校、进企业、进家庭、进社区、进农牧区、进寺庙”为主要内容的消防宣传“六进”活动，着力提高全民消防意识；同时积极深入重点单位、要害部位以及寺庙、学校、商场、宾馆等人员密集场所进行安全大检查，及时消除隐患、堵塞漏洞、防患于未然。2007年，全区共发生火灾216起，死亡12人，伤14人，直接经济损失351.9万元。与上年同期相比事故起数下降6.5%，死亡、受伤人数、经济损失分别上升100%、27.3%、11.2%。3.切实加强道路交通管理工作。全区公安交通管理部门以“降事故、保安全、保畅通”为目标，以深入实施“畅通工程”和创建“平安畅通县区”活动为载体，取得了“四项指数”全面下降的良好成绩。2007年，全区共发生各类道路交通事故638起，死亡438人，伤741人，直接经济损失642.0万元。与上年同期相比，四项指数分别下降15%、18.3%、26%、12.1%。4.切实加强外国人管理工作。全区各级公安出入境管理部门全年共处理各类涉外案（事）件878起1014人，有效地维护了正常的出入境管理秩序。5.积极预防和妥善处置各类群体性事件。2007年，全区各级公安机关结合本地实际和人民群众关心的热点问题，加大了对辖区社会矛盾纠纷的排查力度，及时掌握因人民内部矛盾纠纷可能引发群体性事件的情况信息。2007年，公安厅主要领导全年共接访3起17人，办结率为100%；全区公安机关共受理群众来信来访409批（件）892人次，与2006年同期相比来信来访总数下降了22.5%，全区全年共发生群体性事件28起，参与总人数1018人（次）。与上年同期相比群体性事件发生数减少16起，下降36.4%。

【获奖情况】一、全国公安机关基层执法质量服务队工作先进集体1个：西藏自治区公安厅驻拉萨市公安局北京中路派出所服务队。

全国公安机关基层执法质量服务队工作先进个人（2人）：马有乾同志（昌都地区公安处法制科民警）、扎巴同志（林芝地区公安处法制科民警）。

二、全国公安信访工作先进个人1人：刘乃保同志（拉萨市公安局纪委信访室民警）。

三、全国公安机关警务督察工作先进集体1个：拉萨市公安局警务督察大队。

全国公安机关警务督察工作先进个人2人：次仁多吉同志（日喀则地区公安处警务督察大队）、王平同志（昌都地区公安处警务督察大队）。

四、全国公安机关信息通信网运行管理工作先进集体1个：昌都地区公安处信息通信科。

全国公安机关信息通信网运行管理工作先进个人1人：赵铭同志（女）（那曲地区公安处信息通信科）。

五、全国公安机关督办工作先进个人1人：次旦卓玛（女）（西藏自治区公安厅刑侦总队二支队副支队长）。

六、全国公安机关打击侵犯知识产权犯罪“山鹰”行动先进个人1人：多吉班旦（西藏自治区公安厅经侦总队三支队副支队长）。

七、公安部授予西藏消防总队拉萨市消防支队布达拉宫消防大队为“布达拉宫模范大队”荣誉称号。

八、向西藏自治区党委报送信息先进集体：西藏自治区公安厅办公室。

九、全区维护稳定情报信息工作优秀奖：西藏自治区公安厅办公室。

十、西藏自治区政协先进提案承办单位：西藏自治区公安厅。

【领导名录】
区党委常委、政法委书记、厅党委书记、厅长：王宾宜
厅党委副书记、常务副厅长：杨光明
厅党委副书记、副厅长：尼玛次仁
厅党委委员、副厅长：张文生、益西多吉、安晓晖、刘同平、彭秀江
厅党委委员：洛珠、林清海、李乐民、琼色、白玛、邓泽波

自治区公安交通管理工作

【全区道路交通事故情况】2007年1至12月份，自治区共发生交通事故638起，死亡438人，伤741人，直接经济损失6420054元。与2006年相比事故起数减少113起，下降15.05%；死亡人数减少98人，下降18.28%；受伤人数减少260人，下降25.97%；直接经济损失减少890657元，下降12.18%。发生一次死亡3人以上的特大交通事故22起，死亡90人，伤109人，与2006年相比事故起数

减少 9 起，下降 29.03%；死亡人数减少 65 人，下降 41.94%；受伤人数减少 17 人，下降 13.49%。其中：发生一次死亡 5 人以上特大交通事故 3 起，死亡 28 人。与 2006 年相比事故起数减少 7 起，下降 70%；死亡人数减少 53 人，下降 65.43%。发生一次死亡 10 人以上特大交通事故 1 起，死亡 15 人。与 2006 年相比事故起数减少 1 起，下降 50%；死亡人数减少 10 人，下降 40%。

【全区道路交通死亡控制指标情况】 2007 年自治区安全生产监督管理局下达的全区道路交通事故死亡人数控制指标为 536 人，截止 12 月 20 日，全区道路交通事故死亡人数为 438 人，占全年交通事故死亡控制指标的 81.72%。2007 年以来，我区发生道路交通事故造成交通死亡事故的主要原因：一是超速行驶交通违法行为突出，共造成道路交通死亡事故 124 起，死亡 179 人，占死亡事故总起数的 39.12% 和死亡总人数的 40.87%。二是临危采取措施不当造成交通死亡事故 27 起，死亡 37 人，占死亡事故总起数的 8.52%和死亡总人数的 8.45%。三是未取得机动车驾驶资格的人驾驶机动车造成道路交通死亡事故 24 起，死亡 26 人，占死亡事故总起数的 7.57%和死亡总人数的 5.94%。四是酒后驾车造成道路交通死亡事故 14 起，死亡 19 人，占死亡事故总起数的 4.42%和死亡总人数的 4.34%。五是货运机动车违法载人造成交通交通死亡事故 6 起，死亡 9 人，占死亡事故总起数的 1.89%和死亡总人数的 2.06%。六是违法占道行驶造成道路交通死亡事故 10 起，死亡 19 人，占死亡事故总起数的 3.16%和死亡总人数的 4.34%。七是因疲劳驾驶违法行为造成道路交通死亡事故 4 起，死亡 6 人，占死亡事故总起数的 1.26%和死亡总人数的 1.37%。八是肇事逃逸 14 起，死亡 22 人，占死亡事故总起数的 4.42%和死亡总人数的 5.02%。九是因其他违法行为造成道路交通死亡事故 91 起，死亡 116 人，占死亡事故总起数的 28.71%和死亡总人数的 26.48%。

【整治路面行车秩序，为构建和谐西藏创造良好的交通环境】 一是确保三分之二以上的警力上路执勤，重点加强对城市道路、国道、省道和旅游景点专线的的交通安全管理工作；二是加大路面的查控力度，整顿道路交通行车秩序，严格依法查处超速行驶、客车超员、未取得机动车驾驶证的人驾车、酒后驾驶、疲劳驾驶、货运机动车载人等严重交通违法行为；三是加大了对客运企业的管理力度和客运车辆驾驶人的检查力度，对 7 座以上客运车辆做到逢车必查、逐车登记，充分发挥移动雷达测速仪作用，最大限度地发现和查处超速交通违法行为。对客车超员的交通违法行为，做到了发现一起查处一起，加强了地区间的工作配合和信息沟通，采取发放限速卡方式，切实形成了地域间联防联动机制；四是对货运机动车载人的交通违法行为，采取就地卸客转运的管理措施，坚决防止群死群伤恶性交通事故的发生；五是密切加强与当地旅游、交通、气象等部门的配合与沟通，及时发布旅游景区路况和气象信息，重点对自驾车驾驶人提示在高原驾驶机动车旅行的安全常识及注意事项，使其谨慎驾驶车辆，严防旅游客车特别是自驾旅游车辆超速、酒后和疲劳驾驶等交通违法行为，确保了旅客的安全；六是各地、市公安交通管理部门在全力维护城镇道路交通秩序和道路交通安全的同时，在重点国、省道，县乡道路共设置了 60 余个公安交通安全检查服务站（点），有效的震慑了各种交通违法行为；七是紧紧抓住“旅游旺季”交通事故高发的特点，采取强力手段预防交通死亡事故，重点整治道路交通秩序混乱影响交通安全畅通的交通违法行为；八是根据公安部《关于开展公路危险路段排查工作的通知》和《公路危险路段标准》的要求，在 2006 年排查整治工作的基础上，2007 年在全区范围内开展了公路危险路段排查工作，共排查出公路危险路段 20 余处。

全区各级公安交通管理部门积极开展整治路面行车秩序等专项整治工作，集中查处各类道路交通违法行为。据不完全统计，全年全区各级公安交通管理部门共出动警力 4 万余人次，出动车辆 8000 余台次，查处各类交通违法行为 82，975 起。在对交通违法行为的处理工作中，采取教育与处罚相结合的原则，按照《道路交通安全法》和道路交通安全违法行为处理程序规定，依法给予了相应的处理。

【严格车辆和驾驶人管理，提高管理和服务水平】 1.严把机动车入户、检验关。2007 年全区共注册登记各类机动车 17173 辆。2.严把机动车驾驶人考试、发证关。2007 年全区共新办理机动车驾驶证 14360 人。3.全面建设机动车/驾驶人管理信息系统。目前，全区启用了新的机动车/驾驶人管理信息系统。4.全面取消“藏 o”公安专段号牌和“藏 o”黑牌工作。认真落实区党委 2007 年第 32 次专题会议精神，截止 12 月 20 日，已办理转移登记中外合资专用段民用汽车号牌 240 辆，办理转移登记及更换新警车号牌的警用汽车 525 辆，办理转移登记及更换新警车号牌的“藏 o”公安民用专段号牌 1072 辆。

【全面开展交通安全宣传教育，不断增强广大交通参与者的法律意识和交通安全意识】 进一步推动交通安全宣传进农村、进社区、进单位、进学校、进家庭，根据中宣部、公安部、教育部、司法部、国家安全生产监督管理总局等五部（局）4 月 21 日联合召开的实施“保护生命、平安出行”交通安全宣传教育工程电视电话会议精神，交警总队及时向各地、市交警部门下发了《全区开展交通安全宣传“五进”活动的实施方案》，并成立了交通安全宣传领导小组，负责督促、检查和落实全区交通安全宣传教育工作的实施，同时组成专门的宣传小组，指导各地、市积极开展交通安全宣传“五进”活动，充分利用广播、电视、报纸、报刊等新闻媒体，以“以人为本、关爱生命”为主题，以农牧区乡村、学校、单位、社区为载体，针对农牧区、社区、单位、学校、家庭的不同特点，开展了形式多样、内容丰富的交通安全宣传“五进”活动；通过交通安全宣传进农牧区、进社区、进单位、进学校、进家庭，使道路交通安全法律、法规家喻户晓、人人皆知，不断增强广大交通参与者的交通法律意识和交通安全意识，把维护良好的道路交通秩序工作变为广大人民群众的自觉行动。

自治区司法行政工作

【监狱劳教工作取得明显成效】2007年，自治区监狱劳教系统按照司法部提出的“三个绝对不能、四个绝对不允许”和“三个杜绝”以及司法厅党委“一个确保、两个提高、三个到位”工作要求，着眼于维护稳定，坚持把确保监狱、劳教场所的安全稳定作为监狱劳教工作的首要任务抓紧抓好。建立健全以防控、排查、应急处置、领导责任四项机制和人防、物防、技防三道防线为主要内容的安全稳定长效机制，较好地完成了各项监管安全指标，保持了监所持续安全稳定，监管改造秩序正常。坚持以提高教育改造质量为中心，认真落实《教育改造罪犯纲要》和《劳动教养人员教育矫治纲要》，教育改造质量不断提高。监狱刑释人员重新违法犯罪率低于全国平均水平。危安犯、“法轮功”罪犯教育改造成效明显。积极开展狱所务公开，执法透明度进一步增强。监狱外事接待和对外宣传工作取得明显成效。现代化文明监狱、劳教所创建工作不断推进。罪犯劳教人员医疗卫生工作逐步推进，司法中心医院门诊量、业务能力、诊治水平不断提高。按照司法部的部署和要求，较好地完成了监狱体制改革、监狱布局调整、信息化建设中的大量前期工作。研究制定并上报了全区监狱体制改革方案。协调、落实了新建昌都监狱建设用地。完成了拉萨监狱改扩建、信息化建设项目调研论证工作和波密监狱林芝中转监区建设任务。全年，罪犯劳教人员脱逃率为零、全区监所未发生重、特大案件、未发生监所管改造事故和生产安全事故，监所形势保持良好。

【普法依法治理工作迈上新的台阶】普法依法治理工作紧紧围绕党和国家工作大局和自治区党委、政府中心工作，按照“五五”普法规划的总体要求，以“学法律、讲权利、讲义务、讲责任”为主题，深入推进法制宣传教育进机关、进农牧区、进社区、进学校、进单位、进企业、进寺庙工作，以领导干部、公务员、青少年、寺庙僧尼、企业经营管理人员和农牧民为重点，不断提高全体公民的法律意识和法律素质，全面推进依法治理工作，不断提高各级政府和社会组织依法管理水平。加强对公务员特别是领导干部的法制宣传教育，草拟了《关于进一步加强领导干部学法用法的实施意见》，并举办了以学习贯彻物权法为主题的全区第五次省级干部法制讲座。举办了全区司法行政系统法制宣传骨干物权法学习培训班。自治区劳动保障部门组织举办了劳动合同法、就业促进法学习培训班。积极开展农牧区法制宣传教育工作，制定了《关于加强农牧民学法用法工作的实施方案》；青少年法制宣传逐步迈向经常化、制度化，结合全区实际，转发了《中小学法制教育指导纲要》；深入推进寺庙法制宣传教育，拉萨市、昌都地区、山南地区等地市组织普法工作者深入寺庙，采取入寺蹲点、专题宣讲等方法进行以维护社会稳定、促进社会和谐为重点的法制宣传教育；专项法制教育深入开展，按照《关于加强奥运法制宣传的通知》精神，制定了《西藏自治区奥运法制宣传工作实施方案》。青藏铁路沿线法制宣传教育活动得到认真组织实施。普法工作的针对性、实效性逐步提高，为全区和谐稳定发展营造了越来越好的法制氛围。利用社会治安综合治理宣传月、“12·4”法制宣传日等时机，通过多种形式进行法制宣传教育活动。

【人民调解工作和基层司法行政工作得到加强】以提高人民调解员和司法助理员的业务水平技能为重点，通过各种方式提高队伍的调处能力和业务水平。加强安置帮教工作的制度化、规范化建设，全区普遍建立了安置帮教工作协调小组，认真开展了刑释解教人员摸底工作、安置帮教工作。不断加强人民调解队伍建设，全区目前已建立各级人民调解组织3650个，调解员达25955人，司法助理员 692 人。全区各级人民调解组织按照“调防结合、以防为主”的调解工作方针，把防止民间纠纷和矛盾激化作为工作重点，调处了大量的民间纠纷。全年，各级人民调解组织共受理民间纠纷5334件，调解成功5025件，调解成功率为94%，防止民间纠纷激化和民转刑案件58 件，有力地维护了基层社会局势的稳定。截止目前，全区共有54个县市区设立县司法局，有人员编制，配备了一定数量工作人员；54 个县中，除拉萨市城关区、昌都县、那曲县外，均已完成或大体完成基础设施建设；尚有19个县未设立司法局，无人员编制，但基础设施建设均已下达投资并开工。73 个县司法局基础设施建设下拨投资总计4000余万元，其中国家发改委下达1700余万元，自治区发改委贷款下拨2300余万元。

【法律服务工作取得新进展】2007 年，全区律师事务所已发展到 17 家，有 79 名执业律师。认真贯彻落实国务院法律援助条例，积极加强法律援助机构建设，新建了27个县级法律援助机构，填补了全区没有县级法律援助机构的空白，初步实现了法律援助机构三级网络建设。目前，全区共有35个法律援助机构，85名法律援助工作者，其中在县级司法行政机关从事法律援助工作的有44人。自治区法律援助中心荣获了由中华全国妇女联合会和全国妇女“巾帼建功”活动领导小组授予的“巾帼文明岗”荣誉称号。全年，全区律师共办理各类案件1615件；全区公证机构共办理各类公证 9199件；全区各级法律援助机构共办理法律援助案件 667 件、同时还为群众提供法律咨询4750件次，代写法律文书832件。

第三篇 军 事

西藏军区

【自治区党委书记张庆黎慰问基层官兵】2007年2月17日上午，自治区党委书记张庆黎率领自治区慰问团在西藏军区段禄定政委等同志陪同下，前往中国人民解放军77611部队慰问基层官兵，并与连队官兵共进年饭、喜迎新年。慰问活动中，张书记参观了连队荣誉室，深入班排与战士们亲切交谈，向战士们赠送了节日慰问品，为连队题词“发扬优良传统，再创新的辉煌”，并作了重要指示。张书记指出：春节期间，为了我们伟大祖国西南边陲的安宁，为了西藏的发展稳定，为了让全区各族人民过一个祥和的节日，驻藏官兵舍小家为大家，戍守在祖国西南边陲，充分体现了人民子弟兵的崇高精神。希望在新的一年里，驻藏部队按照胡主席的一系列重要指示，把部队管理好、建设好，推动全面建设又好又快发展，为捍卫伟大祖国做出新的更大的贡献。

【自治区党委召开议军会议】7月27日，自治区党委议军会在西藏军区顺利召开，会议由自治区党委书记、西藏军区党委第一书记张庆黎主持，自治区政府向巴平措主席、西藏军区董贵山司令员、王增钵政委出席会议并讲话。自治区党委政府和西藏军区机关相关部门共50人参会。会议集中对3个方面10个具体问题进行了研究，针对西藏军区提出的一些对部队建设影响较大的现实问题，研究了解决方案。党委议军会在自治区近年来是第一次召开，军地一致认为：会议成果对于加强西藏方向国防和军队建设、巩固和维护西藏军政军民团结及民族团结的大好局面、促进西藏快速发展和长治久安，将产生积极而深远的影响。

【学习宣传贯彻党的十七大精神】西藏军区部队在党的十七大召开期间和召开后，对学习宣传贯彻十七大精神的重大意义认识到位、行动迅速、组织严密。组织官兵及时学习《十七大报告》、《人民日报》、新华社、《解放军报》等重要文章和中央主要媒体的重点报道。十七大代表董贵山和王增钵同志，运用自身学习成果，紧紧围绕十七大主题、报告主线、国防和军队建设目标、《党章》的精神实质等重点内容，带头深入部队宣讲十七大精神；十七大代表巴桑同志还同部队宣讲骨干一道深入农牧区，用藏语向广大藏族同胞宣讲十七大精神，受到热烈欢迎，截止11月下旬，近120名团以上领导干部，深入基层、深入边防、深入哨所宣讲200多场次，帮助官兵准确理解十七大精神。各级坚持读原文、学原义，把大会报告作为学习的基本教材，组织官兵逐字逐句地学习，逐条逐段地理解，逐个观点逐个观点地领悟，对大会报告的主题内容和精神实质有了全面准确地掌握，切实提高了思想政治觉悟和政治理论水平，更加坚定了“听党指挥、服务人民、英勇善战”的信心。

【宣扬西藏军区边防某团成功规避特大泥石流灾害事迹】8月10日，西藏错那县发生特大泥石流自然灾害，西藏军区边防某团科学预测、果断决策、正确指挥，及时将处于严重灾害威胁区域的官兵和群众撤离，成功避免了重大自然灾害可能造成的人员伤亡及武器装备和财产损失，受到了军委总部、上级首长的高度赞扬。随后，西藏军区充分调查、核实了这一事迹的典型事实，并在西藏区内媒体和成都军区宣传的基础上，于10月份协调中宣部在中央媒体进行了集中宣传。10月10日在解放军报头版头条刊用长篇通讯《高度责任感创造奇迹》，并配评论员文章《责任重如山》；11日在专题新闻版以大半个版面刊出启示性报道《“零伤亡”是这样创造的》，并配发言论《越是安全越要抓安全》。中央电视台军事频道连续3天播出《西藏军区边防某团以科学发展观为指导推进部队全面建设》3篇系列稿件。新华社、人民日报、光明日报等20多家中央新闻媒体同期刊播稿件80余篇(条)。这次宣传是在党的十七大召开前夕展开的，成为了与会代表热议的话题，在全国全军产生了广泛而深远的影响。

【开展纪念建军80周年活动】“八一”建军节前后，西藏军地通过多种形式，热烈庆祝中国人民解放军建军八十周年。7月21日，西藏军区组织驻拉萨片团以上单位开展“拥政爱民一条街”活动，掀起了部队拥政爱民工作热潮。7月28～30日，西藏军地连续举办了三场双拥晚会，营造了双拥工作浓厚氛围。7月31日，西藏自治区党委、政府和军区联合召开“纪念建军八十周年暨双拥工作表彰大会”，会议共表彰了34个全区双拥模范城(县)，18个爱国拥军模范单位、18个拥政爱民模范单位，10名爱国拥军模范、10名拥政爱民模范。自治区党委书记张庆黎和西藏军区政委王增钵分别就做好当前形势下的双拥工作做了重要指示。

【《西藏自治区志·军事志》出版发行】《西藏自治区志·军事志》是西藏有史以来第一部完整的军事志专业志书，是一部填补西藏军事历史空白的专业志书。在上级军事志指导小组、西藏军区军事志领导小组和西藏地方志编纂委员会的具体指导下，经过西藏军区修志工作者八易寒暑的辛勤耕耘，终于于2007年付梓问世。《西藏自治区志·军事志》全面记述了西藏自吐蕃政权建立至公元2000年以来1300多年军事活动的历史，系统总结了西藏军事斗争的宝贵经验和优良传统，热情讴歌了西藏各族同胞团结一致、共御外侮的不屈精神，充分展现了以十八军为代表的中国人民解放军解放西藏、保卫边疆、艰苦创业、无私奉献的卓越功勋，是一部客观、全面记述西藏军事历史和现状的志书，具有较强的“存史、资治、教化”作用。

【军地联合规划人民防空应急准备工作】12月21日，西藏军地联合召开规划人民防空应急准备工作会议。会议传达学习了全国人防应急准备工作会议精神、国家人防办和战区人防工作有关文件，通报了西藏地区人防执法情况，部署了西藏人防今后一个阶段的主要工作。2007年，围绕国防动员“三个转变”加强宏观控制与综合协调，加强了国防动员信息化建设。积极推进国民经济动员工作，着重解决了机构设置与人员编制问题。狠抓国防教育落实，完成了拉萨市尼木县烈士陵园电视专题片拍摄制作等工作，组织召开了西藏自治区全民国防教育座谈会暨表彰会。稳步推进人民防空工作，迎接了西藏自治区人防办和人大法工委联合执法工作组的全面检查，顺利通过了军区人防办“准军事化”建设检查验收。

【调查国防动员潜力】为准确掌握西藏自治区国防动员潜力，扎实做好国防动员准备，根据西藏自治区国防动员委员会要求和年度工作安排，西藏自治区各级国防动员委员会采取属地管理、以业务分工和行业系统为主、自下而上、分类逐级实施的办法，于4～8月，在全区范围内开展了国防动员潜力调查，准确掌握了西藏自治区国防动员各项数据，做到了全面、真实、准确、可靠、及时。

【外事工作】6月10～19日，德国联邦情报局驻华代表波克火博士来藏旅游观光。游览了布达拉宫、西藏博物馆、大昭寺、罗布林卡、火车站、纳木错、扎什伦布寺、珠峰大本营等景点。期间，西藏军区张兵参谋长于6月12日、18日两次礼节性会见和宴请了波克火一行，并转达了西藏军区首长的问候。8月22～23日，瑞士国防部战略情报局汉斯·威格米勒局长一行3人赴藏参观访问。西藏军区金毅明副司令员会见、宴请了代表团一行。期间组织代表团参观了布达拉宫、大昭寺、八廓街、西藏博物馆等著名景点。12月4～15日，西藏军区第一次单独组团先后对尼泊尔、印度两国进行了友好访问，此次组团出访体现了军委、总部和成都军区首长机关对西藏军事外交工作的重视和关心，为今后一个时期在西藏方向与周边邻国深入开展军事友好交流合作、增强与周边邻国互信和了解、维护边境地区的和平与稳定、营造睦邻友好的周边环境和互信合作的安全环境，摸索了方向，拓展了思路，提供了借鉴。

【配合总政在藏实施扶贫帮困工程】5月，由总政出资58万元，西藏军区指导林芝军分区会同援助西藏发展基金会、林芝地区行署和工布江达县人民政府共同组织实施“阳光工程”和“育人工程”正式启动。“阳光工程”计用38万元为工布江达县娘蒲乡146户农牧民购买太阳能设备，并组织安装和培训；“育人工程”计用20万元，资助20名来自林芝地区边远贫困农牧民家庭的大学生完成学业。工程实施过程中，西藏军区严格按照总政有关指示精神，组织技术人员深入工布江达县娘蒲乡，挨家挨户指导农牧民安装、使用太阳能设备，举办操作技能和排除故障培训班，并对资助的20名贫困大学生进行了严格挑选。7月15日，“阳光工程”顺利竣工，所有太阳能设备全部安装、调试完毕。10月10日，总政工作组对“阳光工程”和“育人工程”进行了验收，对西藏军区所做工作给予了高度评价。

【建立维护国防利益和军人军属合法权益法律保障机制】9月19日，西藏军区政治部牵头协调，联合西藏自治区党委政法委、自治区高级人民法院、自治区人民检察院、公安厅、民政厅、司法厅、财政厅、劳动和社会保障厅、国土资源厅、自治区双拥工作领导小组办公室、自治区人民防空办公室等11个单位，下发了《西藏自治区维护国防利益和军人军属合法权益法律保障工作若干规定（试行）》。该文件从组织机构、工作职责、工作制度、人员培训和经费保障等方面对开展维权工作做出了具体规范，以制度形式首次对西藏地区维护国防利益和军人军属合法权益法律保障工作机制进行了明确规定，是西藏自治区有史以来第一个军地维权工作的专门规范性文件。

【参加和支援社会主义新农牧区建设】根据部队积极参加驻地新农村建设规划要求，7月份，拉萨警备区举办第二期为期一周的农牧民种养技能培训班，参加培训农牧民60人，由部队种养技术骨干轮流上课25课时，并聘请地方2名农林专家进行种养现场指导，无偿为驻地群众传授种养技能和日光温室搭建技术，提供资金和物资帮助。通过技能培训方式，积极参加驻地社会主义新农牧区建设，使驻地农牧民群众进一步掌握了脱贫致富的技能。

【组织屯垦部队参与地方新农村建设】为积极响应建设社会主义新农村的号召，探索和实践屯垦部队发展路子，昌都军分区组织屯垦部队于3月30日～5月25日承建完成了昌都县卡若镇加卡乡村级公路建设工程。公路全长780米、宽6米，工程总造价为45万元，用夹沙石120吨、水泥180吨，共动用兵力8000余人次、各种工程机械900余台次。村级公路的建成，有力地支持了当地经济发展，为今后屯垦建设积累了经验。

【拉吉被评为十大爱国拥军新闻人物】 拉吉，西藏岗巴县昌龙乡乃村人。自上世纪60年代初部队进驻以来，她始终如一日关心爱护边防哨所战士，多次受到国家民政部、解放军总政治部表彰。1997年7月，被民政部、总政治部授予“拥军优属模范个人”荣誉称号。2001年4月，被西藏自治区和西藏军区授予“拥军优属模范个人”荣誉称号。2003年10月，被全国拥军拥属拥政爱民工作领导小组、中华人民共和国人事部、民政部、总政治部授予“爱国拥军模范”荣誉称号。2003年12月，被民政部、总政治部授予“拥军模范”荣誉称号。2007年8月，在国家民政部、解放军总政治部等单位联合举办的“感谢人民—激励军营80年爱国拥军模范”十大新闻人物评选活动中，拉吉被评为“感谢人民—激励军营80年爱国拥军模范”十大新闻人物。

【开展扶贫帮困、创建文明那曲活动】 结合当地自然环境，立足自身条件，那曲军分区组织官兵为驻地群众办好事。利用周末、节假日，为群众义诊4000余人次，免费送药150余种（价值3万余元）；进一步深化“学、教、做”活动成果，依托“青年民兵之家、光明夜校”等阵地，组织各类培训班8期向农牧民群众传授种植、养殖、医疗技术，继续开展团以上干部“一帮一”接力助学活动，为53名贫困学生捐资63600元；发动官兵开展“献爱心、送温暖”活动，为灾区和贫困群众捐款15万余元，捐赠衣物1207件（套）；全年出动兵力1300余人次，各种机械装备20个工作日、300余台次，清理垃圾100余吨，积极为创建文明那曲、和谐那曲做贡献。

【扑灭森林大火】 4月中旬～5月上旬，巴嘎、八一镇东南侧地域、波密县城西卡达村附近地域先后发生森林火灾，应地方政府求援，经请示西藏军区同意，西藏军区某部立即启动抢险救灾应急方案，成立了灭火指挥部，并组织所属部队迅速机动，连夜展开灭火行动。针对各灭火地域山势险峻、坡陡沟深、土质松软，火灾现场风势较大、风向不定、火情无常而且落石较多等实际，采取直接扑打、加宽隔离带、外围沿边压制、分段扑救等灭火方法，在最短的时间内，有效地控制了火情。三次灭火行动共出动官兵1700余人次，车辆50余台，扑灭面积共计12.5平方公里，开辟隔离带30多公里，保证了当地居民的生命和财产安全，将经济损失减小到了最低程度，受到了当地政府和西藏军区领导的高度赞扬。

【绿化林芝机场】 3月，西藏军区某部主动与地方林业部门联系，积极请缨绿化任务。在确定绿化林芝机场周边荒地后，先后组织军工1500余人次，动用军车500余台次，共植树造林80公顷，种植草坪32000平方米，极大地改善了机场生态环境，被驻地群众称为“绿衣使者”，受到当地群众和政府的好评。

【《高原病发病机制及防治措施研究》获国家科技进步一等奖】《高原病发病机制及防治措施研究》课题经西藏军区总医院几代人长期的不懈努力，完成了全部研究工作。一是系统观察分析了我国不同海拔高度高原病的发病特点、规律和诱发因素，从不同层次系统研究了高原病的发病机制，并在急性高原病和慢性高原病的发病机制研究上获得了多项新的发现。二是系统研究了高原肺水肿和高原脑水肿的发病特点、规律和诱发因素。证实了缺氧性肺动脉高压和肺泡壁微血管通透性增强是高原肺水肿发病的直接原因，血管活性物质分泌失衡和肺血管内血栓栓塞均参与了其发病过程。采用“吸氧+氨茶碱+地塞米松+一氧化氮+速尿”等治疗方法，成功救治高原肺水肿患者3000余例获得成功，创造了很高的经济效益和社会效益。三是系统研究高原心脏病与高原红细胞增多症的发生机制与临床特点，明确了肺动脉高压是高原心脏病发病的中心环节，提出了HAPC患者红系祖细胞增殖能力加强及对EPO敏感性增强是导致外周红细胞增多的主要因素。首次提出了HAHD的临床分型、分期方案及一套行之有效的综合救治方案和高原红细胞增多的中医分型和中医中药以及高压氧、胃大部切除等综合治疗方法，并取得了很好的疗效。四是研究了急性高原病的预防措施，研制出高原康胶囊等预防药物，并广泛应用于临床，取得了显著效果。五是主编并出版了《高原病学》和《高原红细胞增多症》专著两部。2006年度总后卫生部组织专家组对该项课题进行了鉴定、评审，专家组认为该课题的研究水平处于国际领先，被评为国家科技进步一等奖。该成果的取得打破了该院无高等级国家奖的历史，为该院科技工作注入了新的活力，使科技工作迈上了新的台阶。

【设立中藏西医结合治疗高原病重点专科】 中藏西医结合治疗高原病，在高原医务工作者的共同努力下，在治疗和预防高原肺水肿、高原红细胞增多症、高原心脏病、轻症高原病、高原脑水肿、高原病的预后恢复、高原地区良性前列腺增生等方面收到良好的效果。在长期的临床试验和应用的基础上，开发出一批具有中藏西医结合特色的医院制剂，如高红冲剂、花虫胶囊、茵黄胶囊、高原康胶囊等，临床应用效果显著。随着西部大开发战略的开展以及青藏铁路的开通，内地和高原的联系进一步密切，来参与西藏高原经济建设的人员逐年增多，高原病的发病人数也随之大幅增加，为了进一步解除高原病给人民带来的痛苦，积极吸引内地人员来藏参与建设，稳定和发展西藏，在以前中藏西医结合治疗高原病的基础上，进一步拓宽高原病的治疗范围和研究深度，充分发挥中藏西医治疗高原病的特色和优势，在军队系统“十五”重点专科（专病）建设项目的基础上，国家中医药管理局和总后勤部卫生部决定组织实施军队系统国家中医药管理局“十一五”重点专科（专病）建设项目。在各单位组织申报的基础上，经过专家复审、终审，确定了军队系统国家中医药管理局“十一五”重点专科（专病）项目。2007年7月批准设立了《中藏西医结合治疗高原病重点专科》，该专科挂靠在西藏军区总医院。

【西藏军区总医院被国务院授予“拥政爱民模范单位”】 西藏军区总医院先后3次被国务院评为“全国民族团结进步先进集体”，被团中央、国家民委评为第四届“全国各族青年团结进步先进集体”，13次被西藏自治区、拉萨市评为“拥政爱民先进单位”，2007年12月，被全国双拥领导小组、国家民委、总政治部表彰为“拥政爱民模范单位”。一是大力加强拥政爱民和民族宗教政策教育。长期以来，总医院党委始终把拥政爱民工作作为加强医院全面建设的一项重要任务，采取各种形式和方法抓好我军性质宗旨教育、宣讲驻藏官兵拥政爱民的光荣传统、强调中央做好藏区工作的指示要求、介绍西藏党委政府关心支持部队建设的感人事迹，激发广大官兵拥政爱民的政治热情，积极倡导官兵学习民族语言、学唱民族歌曲、广交民族朋友，培养了一批会藏语、懂政策、善做群众工作的骨干，引导官兵争做民族团结的模范，融洽与藏族群众的感情，打牢全心全意为人民服务思想基础。二是广泛开展巡诊义诊活动。医院每年坚持组织得力人员深入到农牧区传播科学医疗和卫生常识，仅2004年以来就先后派出400余批次医疗队深入到拉萨、林芝、山南、那曲等边远农牧区巡诊，行程达60多万公里，医治地方群众20余万人次，完成手术800余例，减免医药费2000余万元。医院的各临床科室都开设了1～2间“爱民病房”，收治地方患者，并编配了藏族医生、护士。先后为驻地群众、僧尼和边远农牧民群众发放《免费医疗证》1万余个，为驻地僧尼办理“健康档案”4000多个。并对娘热乡敬老院10多名孤寡老人和贫困户实行重点医护，定期巡诊。对前来就诊的边远地区经济特别困难的农牧民，医院不但免去全部医疗费用，还发动官兵为他们捐赠路费和生活费，以实际行动把党的温暖洒遍雪域高原。三是积极支援驻地开发建设。近年来，西藏军区总医院先后参加了驻地基础设施、医疗卫生和重点工程20多项。医院结对帮扶驻地娘热乡，先后为该乡平整乡村道路12公里，栽种树木2000余棵，投资10余万元安装了自来水管，长期免费供应自来水，群众人均年收入从1997年的596元上升到2006年底的3335元，翻了近6番，成为了拉萨市远近闻名的“小康示范乡”。医院结对帮扶当雄县人民医院，无偿援助价值30万元的医疗器械和药品，派出临床经验丰富的专家轮流进驻该院进行传、帮、带，培训了一大批医护骨干。医院主动承担西藏大学医学院、拉萨市卫生学校等单位的教学和实习指导任务，每年接收地方实习生、进修生100多名，选派专家为地方培训医护人员3000多名，多数人已经成长为各县、乡医院（卫生所）的业务骨干。医院主动承担了青藏铁路唐古拉至拉萨段的医疗保障任务，投入了100多万元医疗设备器材、80余万元的药品、40余万元的基础设施建设费用，在那曲、当雄分别设立二级医疗站，并派出5批127名医护、后勤人员担任保障任务，抢救重患者500余人次、为沿线群众巡诊2000余人次，保障了数万名筑路大军的身体安康，创造了“高原病零死亡”、“沿线鼠疫零发生”等高原医学奇迹，受到了铁道部领导和沿线群众的一致好评。

【李素芝被评为全国“敬业奉献道德模范”】9月，西藏军区副司令员兼总医院院长李素芝荣获全国“敬业奉献道德模范”称号，受到胡总书记等党和国家领导人的亲切接见。李素芝，男，汉族，山东省临沂人；1954年4月出生，1970年12月入伍，1971年10月入党，大学文化；1976年7月毕业于解放军第二军医大学，因学习成绩优异被留校从事医务工作；1976年10月自愿进藏，现任院长、主任医师、博士生导师。先后荣立二等功2次、三等功4次；1998年享受国家政府特殊津贴；2004年6月被评为全军“优秀共产党员”；2004年9月被中共西藏自治区委员会和西藏自治区政府授予“全区民族团结进步先进个人”荣誉称号，并被作为全国全军重大典型进行了广泛宣传，并形成独具时代特色的“爱岗敬业、无私奉献”的“李素芝精神”；2005年5月被国务院授予“全国民族团结进步模范个人”荣誉称号，并受到胡总书记及党和国家领导的亲切接见。2006年4月，作为全国重大典型、全军唯一代表，参加了全国学习宣传先进典型工作座谈会，并作了大会交流发言。2006年5月，军委主席胡锦涛签署通令，给李素芝记一等功一次。2006年11月，获中国医院协会“2006年度中国医院优秀院长奖”，被总后勤部、国家卫生部表彰为“军队支援西部地区医院先进个人”。在西藏工作31年来，李素芝同志始终牢记我党我军宗旨和自己肩负的神圣使命，热爱部队，热爱西藏，爱岗敬业，无私奉献。他外科主刀30多年，手术13000多例，抢救垂危病人、重大手术600多例，被誉为“高原一把刀”。担任院领导以后，他仍不放松临床工作，坚持每周做4至6例手术，重大手术亲自主刀。2000年以来，他亲自主刀开展了首例高原浅低温心脏不停跳心内直视手术、包括双瓣替换术、法乐氏四联症、单心室、大动脉转位等，到目前为止，共为600余例先天性心脏病、风湿性心脏病患者免费治病，手术成功率达98.6%。2003年以来，做肾移植8例，手术成功率达100%。先后成功开展主刀高原首例背驮式全肝移植术、高原首例冠状动脉内支架植入术、高原首例腔静脉滤网植入术等新业务、新技术。他结合丰富的临床实践经验，积极开展科研工作，不断撰写学术论文，先后发表有价值的学术论文230篇，获得科技成果奖30项，开展新技术134项，其中17项创世界医学奇迹、32项属国内首创、34项填补高原医学空白，获国家和军队科技进步奖20项。他组织研制的高原康胶囊、花虫胶囊、高红冲剂、九二接骨灵等15种药品，临床应用治疗高山病效果明显。李素芝同志心系基层官兵，时时心系民族团结和西藏社会稳定工作，关心农牧民群众疾苦，他跑遍了西藏边防连队和哨所，行程逾百万公里，为军民巡诊21万余人次，发放“免费医疗证”12000多个，为高海拔官兵和驻地寺庙僧尼建立“健康档案”1万多个，为保障西藏军民的身体安康，维护西藏边防稳定、社会稳定、部队稳定作出了突出贡献。如今，西藏急性高山病发病率从上个世纪80年代的50%~60%，下降到现在的2%~3%，治愈率达到100%，驻藏部队连续10年没有一名官兵因急性高山病死亡。

武警部队西藏自治区总队

【强化高原政治意识，思想政治建设效果明显】2007年，武警部队西藏自治区总队始终把培育高原忠诚卫士作为落脚点，以保卫学习贯彻十七大为主线的政治教育贯通全年。认真学习胡主席“6·25”重要讲话和庆祝建军80周年讲话精神，深入开展主题教育、高原特殊教育、干部专题教育和经常性思想教育，用“老西藏精神”教育人、培育人、塑造人，牢固树立“西藏无小事、事事连政治”的意识。运用“三互”（互帮、互学、互管）、“双四一”（上级对下级：知道他们在哪里、干什么、想什么、需要什么、思想工作及时跟上；下级对上级：随时报告自己在哪里、干什么、想什么、需要什么、遇到突出问题依靠组织解决）等有效载体，增强思想政治工作的针对性和有效性，部队思想定，政治上绝对可靠。

【着力提高遂行任务能力，中心任务完成圆满】牢固确立中心居中意识，加强党委对中心工作的领导，确保了全区执勤目标绝对安全。高度关注反分裂斗争形势和社会动态，成功处置各类突发事件，完成临时勤务上千起，有力地维护了西藏社会稳定。特别是“10·17”、“11·04”执勤任务完成出色，得到中央首长、公安部和武警部队领导的充分肯定。高度重视反恐力量建设，反恐作战能力明显提升。

【坚持按纲抓建，基层建设逐步规范】不断强化《纲要》意识，继续推进两个《实施办法》的落实，严格按标准考核评定先进和标兵中队。高度重视基层党组织建设，战斗堡垒作用越来越明显。贯彻以人为本治军理念，尽力改善生存生活条件。改进抓基层作风，派出多批工作组检查指导调研基层，促进工作在末端得到落实。坚持分类指导，突出小散远直单位、边远县中队和多年未进入先进行列单位，基层建设平衡发展。

【深入贯彻从严治警方针，部队继续实现安全发展】牢固树立高原安全发展观，强化全员安全观念，深化治理“五个重点问题”、“四不”问题和总队年初确定的“七个重点问题”（始终把小散远直单位安全作为重点方向、突出执勤目标安全这个核心、坚持把人车枪弹和内部关系以及风气建设作为重点、特别严防群死群伤、保障官兵执行任务中的安全、坚决杜绝政治性问题发生、切实杜绝经济违法违纪问题发生），把“不亡人、不丢枪、不跑犯人、不超生和无重大责任事故”作为基本目标，严格落实“五大责任制”（主官领导责任、分管领导责任、业务对口部门责任、单项工作责任、蹲点帮扶责任），实行全员额、全时间、全方位的管理。多个支队被总部表彰为“连续3年以上无严重行政责任事故、无执勤事故、无案件支队”。抓紧抓实保密工作，经验被全军和武警部队转发。坚持不懈地狠抓风气建设，部队风气进一步好转，得到地方党委、政府和人民群众的肯定和好评。

【以改善条件、规范管理为重点，后勤综合保障能力明显提升】立足高原、立足长远、立足现实，着眼从根本上解决部队的特殊困难和突出问题，多次完成总部、国家财政部进藏调研任务，争取基本设施建设资金数亿元。在弄清底数、科学论证的基础上，制定出基本设施综合整治《总体方案》和《实施计划》，3年内基本解决水、电、暖、氧、房和室内设施、室外场地配套问题。切实关注干部的切身利益，成都经济适用房即将竣工交付使用，启动拉萨经济适用房建设，并在成都购置建房用地，解决干部的后顾之忧。大力加强后勤应急保障力量建设，严密组织任务中的保障工作。坚持党委理财，以“四类经费”管理为重点，年度经费实现收支综合平衡，后勤保障能力得到整体提升。

【重视“三支队伍”建设，综合素质有所提高】干部队伍坚持“五位一体”（教育、管理、培训、考核、任用）抓建设，加强大学生干部的岗位锻炼，注重对少数民族干部的培养使用；认真贯彻《团以下干部考核选拔暂行办法》，坚持“五看两不用”（看基本素质、看工作干劲、看工作政绩、看发展潜力、看群众公论，不用群众通不过的干部、不用搞不好团结的干部。）原则，严格依据考核结果选用干部。高度重视基层干部培训工作，总队先后举办军事、政工、后勤干部集训，支队对基层干部进行了一次轮训。加强士官的教育和管理，组织开展教育整顿，坚持经常性的管理教育与专项整治相结合，落实月分析讲评制度，坚持奖优罚劣，严厉处理违纪违规士官；严格按标准、条件、程序选取士官，部队反响较好。加大党员教育力度，增强党员意识，重视党员发展和保留，党员作用得到充分发挥。“三支队伍”综合素质明显提升，一批先进个人受到总部以上单位表彰。

【强化双重领导意识，警政警民关系不断巩固】站在政治的高度和西藏特殊地位来看待双重领导的重要性，认真执行地方党委、政府的指示，主动请示汇报工作，求得支持。坚持把群众纪律作为政治纪律来遵守，严格执行民族宗教政策，坚持善待群众，尊重少数民族风俗习惯。大力为西藏人民做好事、办实事，积极开展捐资助学、扶贫济困、警民共建、参加地方公益和经济建设等活动，警政警民关系更加密切。

【把党委班子建设作为重中之重，核心领导作用得到充分发挥】认真落实“两个武装”，严格中心组学习、领导干部理论集训、课题研究牵引理论学习等制度，重视抓好高科技和现代管理知识的学习，严密组织专题教育，党委班子“八种能力”（讲政治的能力、组织指挥的能力、科学决策的能力、宏观驾驭全局的能力、微观组织落实的能力、领导信息化建设的能力、依法从严治警的能力、密切联系群众的能力）有所提高。注重依据“十六字”原则严格规范党委议事活动，对照《党委工作条例》和《党委议事规则》，检查分析贯彻民主集中制情况，严格落实首长分工负责制，党委议事坚持原则，程序规范，注重抓大事、议大事，凡涉及部队建设的重大问题都做到会议研究，集体决策，坚持“四个符合”（符合组织原则、符合制度规定、符合上级要求、符合群众利益），做到“四不决策”（没有三分之二的常委参加不决策、情况不明确不决策、研究重大问题没有两个方案不决策、讨论干部任用不到三分之二以上常委不决策），有效防止了决策失误。认真落实《关于加强党委班子团结的决定》，注重在团结的时候抓团结，在讲原则的基础上讲团结，营造了“同吃苦、重感情、干事业、谋发展”的良好氛围。始终把党风廉政建设作为党的建设的重要内容，支持纪委履行职责，不良风气、违纪问题得到有效解决，党委班子和各级领导以实际行动赢得了官兵信任，树立了威信。

【武警部队赠送图书】1月，武警党委、政治部和驻京14家出版社向西藏总队赠送价值600余万元的图书、杂志，给总队文化建设增添了新的内容，配发基层后受到官兵的热烈欢迎。

【警卫勤务】1月8日至17日，总队出动兵力圆满完成自治区人大、政协“两会”召开期间代表住地、会场警卫及拉萨市区武装巡逻和机动处突任务。

2月，总队出动兵力，圆满完成自治区参加全国“两会”代表乘火车进京青藏铁路西藏段沿线的警卫勤务。

4月7日至9日，总队出动兵力，担负泰国公主诗琳通在拉萨参观、访问期间的警卫勤务。

5月，总队按照自治区统一部署，派出兵力担负自治区党委召开全区党代会和党员领导干部会议期间的警卫勤务。

6月25日至26日，欧洲议会议员代表团在西藏考察访问。期间，总队根据自治区党委、政府的统一部署，出动兵力完成代表团在藏活动期间的警卫勤务。

8月10日至16日，总队派出兵力圆满完成那曲2007年度“羌塘恰青赛马艺术节”安全保卫勤务。

8月26日至28日，总队派出兵力担负日喀则“珠峰文化旅游节”开幕式、篝火晚会、文艺演出、物资交流会的现场警卫勤务和机动备勤任务。

【党委扩大会议】1月28日至29日，总队党委召开二届四次全体（扩大）会议，总队党委委员出席会议，支队级单位部门领导、总队机关处室领导列席会议。会议在传达学习武警党委一届三次全体（扩大）会议精神的基础上，党委副书记李功民代表总队党委常委会作题为《深入贯彻落实科学发展观扎实推进部队建设科学安全和谐创新发展》的工作报告，全面分析总结部队2006年建设形势，安排部署2007年度工作任务；党委书记亢进忠作题为《立足高原实际落实科学发展观全面提高部队建设起点和工作标准》的讲话。

7月14日至15日，总队党委召开二届五次全体（扩大）会议，总队党委委员出席会议，总队、支队两级机关干部和大（中）队主官列席会议。会上，党委书记亢进忠作题为《保持清醒头脑坚持连续抓建圆满完成下半年各项工作任务》的工作报告，总结分析上半年部队建设形势，安排部署下半年工作任务；党委副书记李功民作题为《精细抓落实科学谋发展以“两个确保”的优异成绩迎接党的十七大召开》的讲话。

【专题教育】3月9日至16日，总队党委机关开展“增强事业心责任感、有效履行职能使命”学习教育活动。教育活动期间，亢进忠政委作动员讲话，强调要充分认清党委机关开展“增强事业心责任感、有效履行职能使命”学习教育活动的极端重要性；要求联系岗位实际准确把握事业心责任感的深刻内涵；切实加强教育活动的组织领导，确保教育圆满顺利、取得实效。刘成俊副政委、苟春燕副政委，政治部陆宝荣主任分别作辅导授课，并观看录像片。邀请十八军老同志作报告，3名优秀机关干部作经验交流发言。通过教育，总队机关干部事业心责任感明显增强，立足本职岗位，为部队建设和西藏繁荣稳定做贡献的热情高涨。

【干部培训】4月，总队举办基层政工干部培训，各中队政工干部，政治处（部）主任，组织、干部、宣传股（科）长，大队（教导队）教导员、司令部政治协理员参加培训。培训采取法规学习、课堂讲授、专题讨论、模拟演练、观摩见学、示范授课、经验交流等方式进行。期间，亢进忠政委结合多年的工作实践体会，并通过大量调查研究，就基层政工干部应具备的基本素养、当前基层政治工作中存在的问题和原因、基层政治工作的主要内容和方法、抓好工作落实应注意把握的问题进行了系统深入的讲授，全面提高了基层政工干部做好政治工作的能力。

5月，总队举办2007年度基层军事主官培训，各基层单位拟任、现任中（大）队长、指挥学院教员代表参加培训。培训采取专题辅导、分组讨论、经验交流、观摩示范等形式进行。通过培训，参训军事干部的综合素质得到全面提高，为加强部队全面建设奠定了坚实基础。

【捐资助学】2007年，总队“送温暖、献爱心”捐资助学基金达60余万元，资助贫困学生400余名。“六一”儿童节前夕，总队出资20万元，为日喀则江孜县“武警希望小学”修建20吨储水罐水塔，彻底解决了学校多年吃水难问题。

【总部领导调研、检查指导工作】6月5日至7日，武警部队参谋长王建平中将随国务院工作组赴藏参加青藏铁路第十次领导小组会议期间，深入总队检查指导工作、提出具体要求，并转达吴双战司令员、隋明太政委对西藏总队官兵的亲切问候。

8月7日至9日，武警部队后勤部部长何映华少将在总队亢进忠政委、后勤部冯家海副部长的陪同下，对总队基层单位执勤设施、文化设施、营房建设以及官兵吃水、取暖、用电、就医情况进行了检查、调研。

8月21至28日，武警部队副司令员梁洪中将、国家财政部国防司副司长李军率联合工作组一行深入总队调研指导工作，听取总队特殊困难和突出问题专题汇报。期间，联合工作组深入支队、中队对各单位的特殊困难和突出问题进行广泛调研，并深入细致地了解西藏官兵的生存、生活条件，全面掌握官兵的实际困难。

【参加严打整治行动】7月，总队配合公安机关在林芝地区开展代号为“利剑”的打黑除恶行动，一举铲除带黑社会性质的犯罪团伙，抓捕犯罪嫌疑人63名，缴获钢管24根、砍刀5把、警棍1根、K粉29包、海洛因5包、赌资10万余元，有力地维护了社会稳定。

9月，总队派出兵力配合昌都公安机关开展严打整治行动，经过11小时的战斗，抓获犯罪嫌疑人16名，缴获私藏炸药35斤，导火索40根，管制刀具31把，查扣有问题的车辆1台。

【党委书记暨《纲要》培训】7月15日，

总队举办党委书记暨支队主官《纲要》培训，两级机关和基层大（中）队主官参加培训。培训期间，党委书记亢进忠就如何当好书记、带好班子传授经验；刘成俊副政委从认清形势、抓住关键、强化按照《纲要》抓基层打基础的职责意识作辅导授课。通过培训、研讨，支（大）队党委书记进一步明确当好书记的重大责任，参训人员履职尽责抓工作的自觉性明显增强。

【处置突发事件】8月8日，昌都地区左贡县发生一起绑架勒索案。接到处置命令后，总队迅速派出兵力赶赴事发地，配合公安机关进行处置，成功解救人质1名，抓获犯罪嫌疑人2名，有力地维护了人民群众的生命财产安全。

8月13日，那曲地区江苏路中段发生一起群体性械斗事件，形势十分严峻。接到处置命令后，总队迅速出动兵力赶赴械斗地点，配合公安机关进行处置。通过采取隔离、劝阻、抓捕首要的方法成功平息械斗事件，收缴藏刀、铁棍等械斗工具20余把（根），抓捕械斗首要分子15名，有力地维护了那曲地区的社会稳定。

【驻高原藏区部队生活设施综合整治观摩会】8月11日，武警驻高原藏区部队生活设施综合整治试点观摩会在总队召开。武警部队后勤部何映华部长和总部相关部（处）领导以及四川、云南、青海、甘肃、西藏总队后勤部长和相关处室负责人参加。观摩会采取"现场观摩、对口部署、汇报讲评"的方式进行，以"一个项目、多种模式"的形式展示六类设施建设和使用情况，重点对驻高原藏区部队官兵吃水、用电、取暖、洗澡、吸氧及生活设施六类特殊困难和突出问题进行试点论证。

【首长看望慰问官兵】8月27日，全国人大常委会热地副委员长在自治区党委常委、政法委书记、公安厅厅长王宾宜和总队李功民总队长、亢进忠政委的陪同下，亲切看望慰问总队官兵，对总队为维护西藏社会稳定、促进西藏经济发展做出的贡献给予充分肯定，要求广大官兵一如既往地在政治上、思想上、行动上与党中央、中央军委保持高度一致，积极投身武警部队全面建设，忠实履行职能使命，圆满完成任务。

12月27日，自治区党委书记张庆黎到总队直属单位看望慰问官兵，勉励广大官兵发扬"老西藏精神"和青藏铁路精神，为西藏的发展和稳定，为西藏边防巩固、繁荣昌盛，做出新的更大的贡献。

12月28日，自治区党委副书记、政府主席向巴平措率领自治区慰问团在亢进忠政委的陪同下，深入总队医院看望慰问伤病员，详细了解伤病员的病情和诊治情况，并向伤病员赠送慰问品。

【中国共产党第十七次全国代表大会代表——扎西平措】男，藏族，西藏人，1976年6月出生，1995年12月入伍，1998年6月入党，大专文化。入伍后，历任排长、副中队长等职，现任西藏总队某中队副营职中队长，武警上尉警衔。经自下而上遴选、推荐，9月27日扎西平措当选为中国共产党第十七次全国代表大会武警部队代表，并出席中国共产党第十七次全国代表大会。

【学习宣传党的十七大会议精神】10月，党的十七大召开期间，总队组织官兵认真收听、收看大会实况，引导官兵结合身边事谈感想、讲体会、写决心书。大会结束后，总队开展传达学习党的十七大会议精神活动，十七大代表扎西平措，向官兵介绍大会概况、传达大会主要精神。年底，总队、支队组织年终考核工作组深入各单位对十七大精神进行宣讲辅导。通过学习、宣讲，总队官兵纷纷表示："一定用十七大精神统一思想、指导行动，深入贯彻落实科学发展观，大力弘扬'听党指挥、服务人民、英勇善战'的优良传统，始终旗帜鲜明地反对分裂，随时准备上一线、打头阵，为构建小康西藏、平安西藏、和谐西藏做出应有的贡献"。

【主要领导调整】11月26日，国务院总理温家宝、中央军委主席胡锦涛签署命令，任命西藏总队副总队长郭毅力为西藏总队总队长，原总队长李功民调武警黄金部队任职。

【抢险救灾】2007年，总队参加各种抢险救灾80余次，出动兵力3万余人次，车辆1000余台次，抢救遇险群众30人次，抢运各种物资100余吨。

【支援地方建设】2007年，总队共出动兵力8425人次，车辆110台次，植树16000余株，种草4.7万平方米，支援地方重点工程项目18个，培训各类技术人员1300余人次。

【扶贫帮困】2007年，总队组织医务人员深入街道、社区、敬老院，为驻地人民群众义务巡诊6000余人次，为2000余名群众提供医疗咨询服务，免费送药10万余元。为特困患者减免各种医疗费用14万余元，免费给2000余人次群众接种乙肝疫苗，给1700人次群众注射麻疹免疫疫苗。推行为民工减免15%住院费用政策、为老弱病残人员开设绿色通道等措施，为孤寡老人发放免费医疗卡20余张。"五一"国际劳动节期间，总队组织官兵开展以"高原武警、服务人民、奉献社会"为主题的爱民助民活动，投入经费5万余元，服务群众3万余人次，受到地方党委、政府和社会各界的高度赞誉。

西藏公安消防总队

【全年火灾情况】2007年，西藏自治区共发生火灾217起，死亡10人，受伤11人，直接财产损失345.6万元（不含森林、草原、军队、矿井地下部分火灾，下同）。同比上年，起数减少31起，下降12.5%；死亡人数增加1人，上升11.1%；受伤人数减少4人，下降26.7%；直接财产损失增加5.9万元，上升1.7%。发生较大火灾1起，死亡3人。无重大及特别重大火灾发生，全区火灾形势基本稳定。

【圆满完成十七大消防安全保卫任务】总队党委先后召开10次会议，研究部署十七大消防安全保卫工作，并提请区公安厅下发了《西藏自治区"十七大"期间消防安全保卫专项行动方案》。全区消防部队从9月30日至10月23日进入二级战备。自治区政府主席向巴平措、吴英杰常委、王宾宜常委等自治区主要领导，先后8次针对我区十七大消防安全保卫工作，作出重要指示批示。总队先后派出两批12个由总队党委常委带队、公安厅派员参与的督导组，深入各地市督导十七大消防安全保卫工作，确保圆满完成十七大消防安全保卫任务。自治区党委张庆黎书记称赞西藏消防部队"是一支英雄的部队"。

【公安部授予布达拉宫消防大队荣誉称号】2007年，布达拉宫消防大队先进事迹宣传工作，得到公安部、自治区党委、政府、部消防局和区公安厅党委的高度重视和大力支持。6月1日，自治区人民政府批准给布达拉宫消防大队荣记集体一等功，部队内部迅速掀起学习布达拉宫消防大队先进事迹热潮。8月27日，自治区人民政府在西藏人民会堂隆重召开了授予布达拉宫消防大队集体一等功表彰大会。8月28日，自治区公安厅党委决定，在全区公安机关和公安现役部队中广泛开展学习布达拉宫消防大队先进事迹活动。9月20日，公安部授予"布达拉宫模范消防大队"荣誉称号命名大会在拉萨隆重举行。

【西藏地震灾害紧急救援总队成立】2007年8月11日，西藏地震灾害紧急救援总队依托消防总队正式成立，自治区主席向巴平措、中国地震局副局长赵和平、自治区党委常委白玛赤林、自治区副主席尼玛次仁出席成立仪式，并将逐步成立各地市西藏地震灾害紧急救援分队，为进一步拓展消防部队职能，提高处置灾害事故的抢险救援能力，提供了又一服务平台。

【实战能力稳步提升】全年，总队通过各种渠道积极争取经费，共投入1700余万元，购置水灌消防车5辆、消防装备检测维修车1辆、抢险救援车6辆，购置特勤消防器材、个人防护装备等9000余件（套），全区消防部队个人防护装备全部达到配备标准。同时，大兴科技练兵，修订了七类灾害事故处置预案，创新了12项训练操法，全区普及了抗缺氧操。派出骨干赴天津、广州学习特勤业务，并发挥好传帮带作用；大力开展"六熟悉"和灭火实战演练，认真制（修）订灭火救援预案，举办了体能技能大比武，部队实战能力显著提高，圆满完成了元旦、春节、藏历新年、青藏铁路通车周年庆典、"萨嘎达瓦"、雅砻和珠峰文化艺术节、羌塘赛马文化节、"燃灯节"等重大节日的消防安全保卫任务。2007年，全区消防部队扑救火灾176起，抢险救援和社会救助500余起，有效保护了人民群众生命财产安全，得到了各级党委、政府和社会各界的广泛赞誉。

【全区社会火灾形势持续平稳】全年，自治区主要领导对消防工作作出指示批示近30次，自治区各级政府召开各类消防工作会议40余次，印发涉及消防工作的文件80余份，政府领导现场办公50余次，研究解决涉及消防安全的重大问题30余个；各地（市）行署（政府）均召开了消防工作会议或联席会议；各地普遍制定了本地区《"十一五"期间消防发展规划》。全区消防工作会议在拉萨成功召开，推动了消防安全责任制的进一步落实。督促指导全区进一步完善了火灾隐患举报奖励等系列规章制度，各地（市）成立了遏制重特大火灾事故暨重大火灾隐患排查整治领导小组和重大火灾隐患技术论证小组，强化了政府挂牌督办，多数单位自觉建立了消防安全管理机制。召开了全区县公安局、公安派出所三级消防监督工作（农牧区消防工作）现场会，确定以拉萨市夺底路派出所、日喀则地区白朗县公安局为试点单位。根据自治区人民政府甲热·洛桑丹增副主席与公安部消防局李世雄副局长会谈精神，为保证"西藏三大文物维修工程"消防设施施工质量，总队派员随同"自治区三大文物维修工程办"对全国部分消防工程一级施工企业进行考察。2007年，制定了《西藏消防产品普查整治工作实施方案》和《2007年度在建建筑工程消防产品监督抽查工作方案》，开通了"西藏消防产品监督网"，全区消防产品市场进一步规范。进一步加强了自治区重点工程建设项目消防设计论证、全区城镇总体规划审查和易燃易爆场所消防安全评估工作。全年论证审查项目420余个，提出意见、建议1580余条，消除了一批先天性火灾隐患。

2007年，全区各级公安消防机构开展各类专项治理169次，检查各类单位10288家次，整改火灾隐患7543处，行政处罚241起，罚款总额56.76万元，依法责令停产停业57家，取缔3家；审核建筑工程931个，审核面积4007152平方米；消防验收工程369个；检查消防产品安装、维修单位27个、销售单位43个、消防产品188件（套），消除因产品质量问题带来的火灾隐患31处；下发了《消防违法行为、火灾隐患整改督办通知单》29份，提出督办意见134条，社会消防安全环境明显改善。

【成立全区首批合同制政府专职消防队伍】拉萨市人民政府发文明确了多种形式消防队伍建设、培训和经费保障等内容。在拉萨市5个县成立了合同制政府专职消防队，共27名专职消防队员。

【在《西藏日报》开辟"平安西藏消防专刊"】2007年5月，经积极协调，在《西藏日报》上开辟了"平安西藏消防专刊"。全年出版28期，刊发稿件近300余篇，发行140余万份。

西藏公安边防总队

【年度情况和特点】2007年，西藏公安边防部队深入开展爱民固边战略，抓基层，打基础，全力以赴做好维护稳定工作，出色完成了"十七大"、"8·08"、"10·17"、"11·04"等重大敏感时期的安全保卫工作，连续侦破多起大案要案。1名同志荣膺"全国优秀人民警察"光荣称号，2人荣获全国道德模范先进个人提名奖，1个单位、2名个人被评选为全国公安边防部队群众工作标兵单位和标兵个人。总队后勤部运输大队"牦牛精神"得到中央统战部部长刘延东和公安部领导、自治区领导的高度赞誉。通过一系列扎实有效的工作，巩固了边境地区持续稳定的社会局势，赢得了各级党委、政府和领导对公安边防工作的充分肯定和高度赞誉。全国人大副委员长热地，自治区党委书记张庆黎，自治区党委副书记、自治区主席向巴平措，自治区党委副书记张裔炯，自治区党委常委、政法委书记、公安厅党委书记、厅长王宾宜等领导先后亲临总队机关和基层部队检查指导工作，看望慰问边防官兵，帮助解决边防工作中存在的各种实际困难，促进了部队建设全面、健康、快速发展，公安边防部队在维护西藏发展稳定中的特殊作用得到进一步发挥。

【深入实施爱民固边战略，强力打造和谐稳定的边境环境】1. 大力创建爱民固边模范村，积极参与边境新农村建设。以服务社会主义新农村建设为目标，以构建平安和谐边境为己任，大力开展创建爱民固边模范村活动，与自治区团委一道组织开展了“青春建功新农村·爱民固边共和谐”主题实践活动。日喀则、阿里、山南、林芝边防支队，结合辖区实际，分别确定了爱民固边模范村试点村庄。截止2006年底，四个模范村共建立帮扶对子73个，投入帮扶资金30万元，为群众解决困难339件，帮助村民人均增收280余元。各边检站、边防派出所也结合辖区实际，开展了和谐家庭、和谐邻里、和谐村委、和谐寺庙创建工作，已取得了初步成效。山南地区错那县勒乡一村被山南地区评为“爱民固边模范村”。日喀则支队昌果一村创建爱民固边模范村的做法，得到了公安部孟宏伟副部长、公安部边防管理局陈伟明局长及自治区领导的充分肯定。

2. 大力实施关爱无助儿童工程，认真践行党中央亲民爱民政策。按照“把关爱无助儿童工程做成边防部队参与和谐西藏公益事业的知名品牌”的要求，积极协同综治委、民政、劳动保障、妇联、共青团、教委等部门和社会力量，最大限度地为无助儿童提供生活、学习、法律等方面的救助。成立了总队、支队、大队、所站为重点的关爱无助儿童四级领导机构，依托四级救助中心，配合民政、计生、村委会、儿童福利机构等开展普查，对排查出的无助儿童建立了个人基础资料信息库，实施分类救助；积极争取春蕾计划、希望工程、民政救助等扶助资金，实行重点救助；筹集资金112万元，成立了“关爱无助儿童助困基金”，实现了关爱无助儿童工作的制度化、规范化发展。截至年底，共收养孤儿7名，助养贫困儿童39名，资助73名失学儿童重返校园。

3. 坚持群众工作主线，继续深入开展走访活动。一是积极构建社会联动机制。利用各地平安创建的有利时机，依靠地方党委政府，加强与公安机关等相关部门的协作，在边境辖区构建起了以公安边防部队为主体、群防群治力量为补充、社会各界力量为依托的大群防格局。二是建立群众工作长效机制。根据总队出台的《西藏公安边防总队群众工作办法（试行）》，积极开展大规模、高密度走访帮扶活动，全面掌握辖区人口动态。共走访辖区群众26531户128325人，达到了责任区民警对辖区熟悉率100%、群众对责任区民警知晓率100%、群众对边防工作满意率100%的目标。总队、支队领导还利用当兵之机，深入基层走访，督促检查走访活动。三是广泛开展“送温暖、献爱心”活动，热心为群众做好事、解难事、办实事。积极参与抢险救灾、救死扶伤行动，进一步深化了警民情谊。全年共为群众做好事、办实事、解难事1108件，向党委、政府和有关部门汇报反映群众困难73件，解决62件，参与地方抢险救灾67次、救死扶伤39次，为人民群众挽回经济损失60余万元。

4. 加强边境基层干部轮训，积极推进边防派出所警官兼任边境村“两委”班子成员。按照区党委“加强基层政权建设、促进边境平安稳定”的要求，协同区、地两级党校，举办了边境县、乡（镇）基层干部培训班，对1756名边境县、乡（镇）的基层干部进行了轮训，增强了法制、边防观念和国家主权意识，提高了边境基层干部依法管边治边护边的能力和水平，极大地巩固了基层政权，促进了边境平安和谐。充分发挥四级主官已进入地方公安机关和基层党政领导班子的优势，大力推进警官兼任村官的做法。6月13日，区党委组织部、区公安厅党委正式批准边防派出所警官兼任边境村“两委”班子成员。在加强基层组织建设、带动村民建设社会主义新农村和宣传十七大精神中发挥了积极作用，开创了警地共建新模式。

【发挥政治工作优势，推动部队建设又好又快发展】1. 深入学习宣传贯彻党的十七大精神。党的十七大召开后，总队党委把学习贯彻党的十七大精神作为当前和今后一个时期的重要政治任务来抓，迅速掀起学习宣传贯彻党的十七大精神热潮。一是总队党委常委采取党委理论中心组集中学习与个人自学相结合的办法，对十七大精神进行了反复认真的学习。二是结合部队实际，制定了具体的学习方案，对学习贯彻十七大精神进行了周密地安排部署。开展了“百名警官进农牧区宣讲十七大精神”活动，发放宣传资料万余份，为群众宣讲20余场次，使党的十七大精神深入人心，极大地增强了群众自力更生、艰苦创业和思富裕、谋跨越、促和谐、奔小康的信心和决心，进一步坚定了群众永远跟党走的信念，得到当地党、委政府的肯定与支持；举办了学习贯彻党的十七大精神辅导班，分2批对总队团职干部进行了集中培训，进一步统一了思想，提高了认识；利用总队局域网开辟了“学习贯彻党的十七大精神”专栏，刊发了一些认识深刻的理论文章和值得推广的学习经验，进一步把学习活动引向深入。三是突出重点，切实抓好十七大精神的贯彻落实。总队利用常委下连当兵、考核支队级领导班子、检查指导工作的机会，深入基层一线宣传党的十七大精神，营造出浓厚的学习氛围，充分调动了广大官兵的参与热情，确保了学习效果。

2. 大力弘扬公安边防精神，深入开展思想政治教育。全区公安边防部队始终坚持把弘扬公安边防精神作为当前和今后一个时期部队政治教育的重要内容，利用3个月时间，集中开展了“弘扬公安边防精神，全面推进爱民固边战略”主题教育活动。在部局宣讲团宣讲的基础上，总队和各支队级单位相继组建了宣讲团，为部队官兵、友邻单位、驻地学校、农牧民群众、寺庙僧尼共宣讲18场次，近2万人接受了教育。公安边防精神根植于警营、辐射到社会，成为官兵的价值追求和社会关注的热点。

以学习贯彻自治区党员领导干部大会精神为契机，全面启动了“忠诚教育”活动，编印了《教育宣讲提纲》，组成3个宣讲组到全区部队宣讲。通过集中授课、入户宣讲、召开群众大会、组织群众现身说法和新旧社会对比等形式，深刻揭批达赖集团反动本质，推动爱国主义教育进村进户进寺庙进学校，打牢了维护稳定、反对分裂的思想基础和群众基础。

3.突出宣传重点，积极培树典型。围绕部队中心工作，充分运用简报、报刊、电视、广播、局域网等载体，全方位、全过程、多角度、多体裁地进行宣传报道，部队在社会媒体、内部刊物和局域网上的发稿数量和质量明显增加，影响力和知名度得到较大提升。2007年，全区边防部队在省级以上媒体播发影音、图文稿件269余篇（条）。加强对老典型后续培养，选树和推广新典型，树立和宣传了裴奕、晏启权两个突出典型和以群众工作标兵为代表的不同层面的一批有较大影响力的新典型，塑造了雪域边防正气浩荡、英雄辈出的良好形象。一年来，共有1个单位被评为自治区青年文明号，1个单位被评为社会治安综合治理先进单位，1个单位被评为贡献奖，3个单位荣立集体三等功，1个单位被评为“全国优秀公安派出所”，1人被评为全国“巾帼建功”标兵，1人被评为全区民族团结进步先进个人，2人荣立个人一等功、3人荣立个人二等功、45人荣立个人三等功。

【强化“三基”工程建设，打牢公安边防工作基础】1.积极创造条件，努力实现边防派出所增编。一是组成专项调研小组，赴全区各地开展基础资料调研，为增设65个边防派出所提供了翔实的基础资料。5月，又主动配合中央赴藏考察调研组，圆满完成了总队增编基础工作调研。二是研究制定了《中缅、中印、中不边境基础资料调研采集工作方案》，对中缅、中印、中不边境开展全面细致的基础调研，逐步整理形成了结构比较完整的全区边境基础资料信息库，实现了“基础资料信息化”，为领导决策提供了客观依据。

2.扎实开展苦练基本功活动。按照“三懂五会”的目标，继续开展“三学四练”活动，实现了新突破。坚持岗位练兵与专业培训相结合，继续选派5名医生到深圳医院进修，12名干部到云南、广西总队挂职学习。特别重视藏语学习，在全区部队每周利用两个半天进行藏语学习的同时，继续依托西藏大学举办成人藏语大专班。按照机关“先带头、先过关、先过硬”的要求，突出抓好官兵的文化理论、业务技能和军事训练，激励和促进官兵立足岗位，强化学习，打好基础。各级领导带头参加学习和军事训练，为官兵做出了表率，部队再次掀起苦练基本功热潮。坚持“三个必训”原则，从优化教学方法、提高教学质量，改革培训机制入手，全面提升培训质量。

3.全面推进信息化建设，进一步加快科技强警步伐。完成了总队到部局一级网的升级改造、部局至总队指挥中心《综合指挥系统》等软件的安装测试工作和部局至总队的高清视频会议改造工程；制定了全区视频会议系统建设方案，开通了全区大队级单位电视电话会议系统；制定下发了《西藏公安边防总队应急处突通信保障预案》；结合西藏边防实际拟写了《三维实战指挥系统可行性报告》和《三维实战指挥系统建设方案》，并做好了方案的前期论证和准备工作；按照四个严禁八条纪律的要求，认真开展网络和信息安全保密大检查，制订下发了《西藏边防总队计算机安全保密和移动存储介质使用管理规定（试行）》，确保了网络和信息安全。总队出资70余万元为50个有条件的基层单位配发了130台电脑，拓宽了“绿色网吧”的辐射面，丰富了警营文化生活。

4.努力提高边检服务质量和水平。认真贯彻落实全国边检工作会议精神，狠抓“公安部提高边检服务水平十二项措施”的落实，积极开展强化职业精神、提供优质服务活动，初步实现了边检执法质量和服务水平的突破。一是成立了由各级军政主官挂帅的活动领导小组，制定了《西藏边防总队落实勤务规范化、提高边检服务水平活动方案》及实施细则和《学习、大讨论方案》，召开了西藏公安边防总队提高边检服务水平暨社会监督委员会座谈会，成立了提高边检服务水平监督工作领导小组和社会监督委员会，加强了内外监督。二是开展了以强化服务理念、提高服务技巧、掌握服务礼仪为重点的素质技能培训。认真履行“三项承诺”，全面实施爱民暖心工程、关爱体恤工程、素质提升工程、信息基础工程，真心、主动、热情、优质地为出入境旅客和群众服务。三是召开了提高边检服务水平现场会，进一步规范了验证动作、执勤用语、台内物品摆放，执勤人员的服务行为更加规范标准。一年来全区边防检查站推出便民利民措施40条，发放宣传单和便民服务卡1万余张，做好事68件，为旅客解困245次。四是加大资金投入，优化培训环境。总队投资20万元在聂拉木边检站建成了拥有先进教学设备的检查员培训基地；公安厅为总队解决了价值140多万元的执勤和办公设备，自治区商务厅为亚东边检站执勤官兵解决了57万元的执勤、生活保障经费，拉萨边检站争取地方资金40万元对边检执勤现场进行了改造，提升了边检工作科技含量。各单位还立足我区边检工作实际，以落实勤务规范化建设为重点，从规范执勤现场、执勤设施和勤务组织入手，大力推进勤务规范化进程，营造了良好的通关环境，塑造了良好的国门形象，赢得了赞誉。

5.打牢执勤执法工作基础。坚持“立警为公、执法为民”，认真开展社会主义法治理念教育和法律知识学习。制定了《西藏公安边防总队社会主义法治理念教育活动实施方案》，通过视频系统，对社会主义法治理念教育和法律知识学习做出了全面部署。各级把法治理念教育和法律知识的学习作为提高服务质量和提升执法水平的标志，采取有力措施抓好落实。2006年4月，总队在教导大队举办了全区公安边防部队法制骨干培训班，对35名基层法制骨干进行了集中培训。在举办的各类培训班中，开设了社会主义法治理念知识讲座。组织官兵收看了部局组织的远程执法教学讲座，部队的法律素质和执法能力得到有效提高。总队机关全体官兵先后参加了由区政法委、公安厅组织的社会主义法治理念教育理论考试和部局组织的“三考”法律知识考试，均取得了较好的成绩，合格率为100%，得到了上级部门的充分肯定。

6.狠抓部队正规化建设。一是严格

落实《公安边防部队内务规定》，制定了《西藏公安边防部队内务规定实施细则》，印制了《西藏公安边防总队内务规定》小册子，举办了一期由基层主官、警务人员参加的内务规定集训班，提高了基层领导正规化管理能力。各单位还结合自身实际，开展了为期 1 个月的条令学习月活动，把学习贯彻内务规定作为当前和今后部队建设的一项基础性工作，列入重要议事日程，纳入政治教育计划和党委理论中心组学习内容，开辟了学习专栏，掀起了学习贯彻执行内务规定的热潮。各级按内务规定规范部队管理，规范部队四个秩序有了较大提高。二是立足实际，贴近实战，强化警械使用、犯罪嫌疑人盘查抓捕、犯罪嫌疑车辆查控、集体战术训练和维稳演练。积极备战全国公安边防部队军事大比武。组建了特勤队，配齐配强了特勤队人员，强化技能培训，提高了特勤队快速反应和处置突发事件能力。

【严厉打击边境违法犯罪，全力维护边境地区和谐稳定】1.深入开展反偷渡专项整治。按照“堵源截流、打头断线、打防结合、以防为主、专群结合、标本兼治”的方针，进一步加大对边境地区偷渡活动的严打整治力度，明确防范重点，灵活执勤方式，在边境地区易于潜入潜出的漏、失控地段增设执勤卡（点），不断提高对偷渡分子的发现截获率。妥善调处民事纠纷及其他人民内部矛盾，查处发生在辖区内的治安案件，对辖区存在的各类上访苗头进行认真排查，切实消除了边境地区不和谐、不稳定因素，保证了边境地区政治社会局势的持续稳定。

2.增强情报侦查工作服务现实斗争的能力。发挥情报工作“尖刀”作用，准确把握当前边境犯罪的规律和特点，不断健全打击偷渡、走私、贩毒工作机制，大力加强情报侦破工作，在“破大案、打团伙”上有了新突破。一是将情报触角通过网络延伸至境外，加快情报工作信息化步伐，积极筹备“网络监听室”的前期准备工作。二是注重加强情报协作，密切与西藏军区、安全厅及国保、反恐、禁毒等部门的配合，建立了情报交流、联席会议、线索协查、案件协办等工作机制，拓宽了情报来源，为打击分裂、维护稳定提供了有力的支持。2007 年，全区部队共查获偷渡案件 115 起，抓获偷渡人员 279 人、组织者 2 人、运送者 8 人；收缴小口径步枪 1 支、子弹 118 发、炸药 505 公斤、雷管 25 枚；查获走私红木 669 根、21.5 吨，走私豹皮 6 张、豹骨 5.5 千克、虎皮 1 张、虎骨 10.5 千克、大麻脂 82 公斤、海洛因 740.5 克。

3.扎实做好外国人管理工作。认真落实全国公安机关外国人管理工作会议精神，将外国人管理纳入派出所实有人口管理。召开了加强外国人管理电视电话会议，就加强外国人管理进行了全面部署。总队、支队还多次召开专题会议，研究制定强化外国人管理措施、方案和应急机制，组织官兵反复演练。对辖区内非法入境、非法居留、非法就业的“三非”外国人进行了全面调查、清理。妥善处置了“4·25 ”事件，受到公安部和自治区领导的充分肯定和高度评价。

4.大力整治边境辖区治安热点问题。一是加强社会治安综合治理。注重发挥联防组织作用，加大对集市、边境贸易点等人员密集复杂场所的巡查力度，加强对旅社、寺庙、僧尼等重点部位、重点人口的排查，严格对放牧、采挖虫草等容易引发群众体性事件、影响社会治安形势稳定等问题的管理和整治，及时发现和排除隐患，有效维护了辖区治安稳定。二是重视做好群体性事件的研判调处工作。充分发挥边防群众工作优势和治保组织在调处群体性事件中的特殊作用，加强对群体性事件的研判和预防，提高了发现和处置能力，实现了总队党委提出的把群体性事件解决在基层、解决在萌芽状态的工作目标。三是加强寺庙管控。坚决落实社会治安综合治理进寺庙的要求，继续组织精干力量对辖区寺庙进行了全面排查，对僧尼的基本情况进行详细了解并登记造册，对违反边防法规的宗教活动坚决予以取缔，对利用宗教从事分裂破坏活动人员坚决依法严厉打击，较好地解决了长期以来存在的寺庙和僧尼管理不完善的问题，对寺庙和僧尼的管理由被动应急向主动治理转变。四是协助党委、政府正确处理群众上访、信访问题。“两节”、“两会”期间，各单位在党委政府的领导下，对辖区涉法涉诉问题进行了重点疏理，积极排查调处上访和信访隐患苗头。集中开展治安隐患排查，发挥边防部门职能作用，配合公安机关认真开展防火、防盗、防毒、防自然灾害事故等常识的宣传教育，消除各类治安隐患，有力地促进和维护了辖区稳定。

自治区人民防空工作

【积极推进军事斗争人防应急准备进程】2007 年，自治区人民防空办提高了做好应急准备重要性、紧迫性的认识，强化了“三个意识”（大局意识、真打真准备，立足我区现有条件抓应急准备意识）逐步增强责任感、紧迫感，逐步克服消极等、靠、要、拖的心态，增进了应急准备作为人防部门当前工作的重中之重的共识。

统筹兼顾，突出重点，狠抓应急项目，突出抓了以信息化为核心指挥平台为基础指挥通信警报建设。应急指挥中心、两个地区指挥所设计审查，争取财政专项资金，着手完成空情接收装置，督促落实拉萨市警报设施扩增和音响覆盖率，积极贯彻全国人防应急准备工作会议精神。

认真进行应急准备评估工作，找出差距，明确下一步的主要工作思路和应采取的措施，加快了应急准备的进程，强化了人防机关和队伍应急能力建设。

根据《人民防空应急准备评估工作实施暂行办法》和《人民防空应急准备实施计划》，对人民防空组织指挥、信息保障、防护工程、专业队伍、人口疏散，重要经济目标防护，人防队伍能力建设等七大体系，82 项指标，按照规定进行了逐项评估，为今后进一步开展应急准备建设缺啥补啥打下了基础。

【执法检查工作开展顺利，取得实效】为切实落实国家人民防空办公室国人防[2007]48 号《关于组织〈人民防空法〉执法检查的通知》要求，准确查找和分析人防法律、法规在我区贯彻实施中存在的突出问题和主要原因，研究并提出切实可行的改进措施。

2007年4月26日，《西藏自治区人大常委会关于开展〈人民防空法〉及〈实施办法〉执法检查的安排意见》下发全区，成立了由自治区人大常委副主任洛桑顿珠任组长，各地（市）相关自治区人大代表以及人大法制委员会、自治区人民政府法制办、西藏军区司令部、自治区人民防空办公室等单位派人组成的执法检查组，于2007年4月27日至5月18日，重点在拉萨、日喀则、林芝地区对人防法律、法规实施情况进行了执法检查。执法检查组重点检查了拉萨市、日喀则、林芝等国家人防重点城市（镇），检查组深入实地查看、召开座谈会等形式，分别听取了两地一市人民政府（行署）、同级军事机关以及发展改革、规划、城建、财政、教育、司法、编办等相关部门人防法律、法规实施情况的汇报，通过检查后形成的《自治区人大常委会执法检查组关于检查〈人民防空法和西藏实施办法〉实施情况的报告》，经2007年5月29日自治区八届人大常委会第三十一次会议审议认为《报告》全面客观地反映了我区实施人民防空法律法规取得的成绩，实事求是地指出了存在的问题，并针对存在的突出问题提出了符合我区实际的建议，并将《报告》以藏人大办发[2007]21号文印送自治区人民政府办公厅，通知提出请自治区人民政府及有关部门对检查发现的问题和执法检查报告中提出的建议给予高度重视，继续采取措施，加快我区人防事业的发展。

此次执法检查得到人大常委会的高度重视，直接组织，措施得力，已开始引起各级政府及有关部门的重视，影响我区人防事业发展的重点难点问题，有望取得突破，执法检查有力推动了我区人防事业的科学发展。

【“准军事化”建设，开始步入正规划轨道】1.提高思想认识，把“准军事化”建设摆上重要位置。成立了“准军事化”机关建设领导小组。由人防办党组书记、主任任组长。我们在全办召开了“准军事化”机关建设动员大会，把“准军事化”机关建设同人防基础建设、应急准备建设、人防体制改革摆在同等重要位置，一并纳入年度工作的重要内容，全面组织实施，2007年根据上级军事机关的要求，本办积极开展和落实我区人防指挥所等军事禁区和保护区的申报和确定工作。

2.加强领导自身建设，推动人防事业发展。办领导班子讲政治、重学习，讲团结、重原则，讲风格、重和谐，突出了“四个坚持”。即坚持政治理论学习，提高政治理论水平。特别是通过开展“保持共产党员先进性教育活动”和“社会主义荣辱观教育”，班子成员的政治理论水平和落实科学发展观的能力不断提高，不断增强了大局意识、责任意识、忧患意识和节俭意识。4年来，组织干部职工向对口扶贫单位捐款近10万元，捐物近300件，每年重大节日和特殊情况，向困难党员、职工开展“送温暖”活动，建立了党风廉政建设责任制和监督制约机制，一把手和各处负责人，层层签订了党风廉政建设责任书，实行了政务公开，截至目前，全办没有发生一起违法违纪问题。

3.狠抓队伍建设，提高干部职工整体素质。“准军事化”机关建设的中心环节是队伍整体素质建设问题。大力支持干部、职工函授学习和在职培训入手，加大学习、培训力度，不断提高干部职工素质。

4.“准军事化”机关建设开始步入正轨。依据《人民防空机关“准军事化”建设标准》，首先，从班子自身建设入手，采取行之有效的措施，不断提高班子的领导能力和政策水平。其次，通过开展“保持共产党员先进性教育活动”和“社会主义荣辱观教育”，不断提高干部职工的思想政治理论水平。第三，近三年来，先后选派10名业务骨干到防化指挥学院、通信指挥学院和理工大学等院校学习深造，提高了干部职工的业务素质。第四，开展荣辱观专题教育，提高了道德素质，转变了作风，使干部职工树立了正确的世界观、人生观、价值观。第五，建章立制，规范管理。先后制定了《西藏自治区人民防空办公室工作制度》、《西藏自治区人民防空办公室工作手册》，建立了考勤、会议、学习等各种登记，基本完善和落实了战备值班制度。这些规章制度使各项工作规范、标准、有序，使“准军事化”机关建设开展步入了规范化、制度化轨道。

2007年7月30日—7月31日，自治区人防办接受了成都军区人防办“准军事化”建设验收组的检查验收，自治区人防办的做法也得到了验收组的肯定和好评。

2007年自治区人防办工程处被评为“全国人防工程建设与管理先进单位”，先后有十二人次获得国家、战区人防系统的表彰，荣誉的获得，体现了自治区人防办在机关“准军事化”建设中取得的初步成效。

【援藏工作】自治区人防办特向国家人防办上报《关于申请全国人防系统开展支援西藏人防建设项目的请示》，申请援藏计划项目9个，总投资为13710万元。

按照“西南战区对口支援西藏人防建设实施意见”精神，贵州省人防办、云南省人防办以技术援藏的方式，对口支援日喀则人防指挥所和林芝人防指挥所建设项目的前期工作。目前，在两省人防办的大力无私支持下，项目的前期工作进展顺利，林芝人防指挥所已通过初步设计审查，贵州省人防办还为日喀则人防指挥所设计无偿解决20万元设计经费。

第四篇 经　济

发展和改革、商务

自治区发展和改革工作

【年度综述】2007 年，自治区生产总值稳步迈上 300 亿元大关，连续 7 年保持了 12%以上的增速；城镇居民人均可支配收入突破万元大关，农牧民人均纯收入达到 2788 元，连续 5 年保持两位数增长；财政收入突破 20 亿元，社会消费品零售总额突破 100 亿元，全年旅游人数突破 400 万人次，以安居乐业为突破口的社会主义新农村建设取得重大进展，标志着我区在跨越式发展的征途中跃上了一个新台阶，在全面建设小康社会的征程上站在了一个新的历史起点上。

【经济发展势头强劲，年初各项目标顺利实现】2007 年全区生产总值达到 342.19 亿元，增长 14%，比年初计划高出 2 个百分点，创“九五”以来新高。其中，第一产业实现增加值 54.89 亿元，增长 4.2%；第二产业实现增加值 98.48 亿元，增长 16%；第三产业实现增加值 188.82 亿元，增长 16%。三次产业比重由 2006 年的 17.5∶27.5∶55 调整为 16∶28.8∶55.2。跨越式发展步伐加快，经济结构进一步优化。

【安居乐业并举，社会主义新农村建设扎实推进】2007 年，自治区党委政府始终把改善农牧民生产生活条件、增加农牧民收入作为全区经济社会发展的首要任务，按照“生产发展、生活宽裕、乡风文明、村容整洁、管理民主”的要求，以安居工程为突破口，以增加农牧民收入为核心，扎实推进农牧区各项发展措施的落实，积极推动“一产上水平”。一是围绕“八个基本解决”，继续实施农牧民安居工程、乡村公路、三期农网、农村饮水安全等农牧区基础设施建设工程，进一步改善了农牧民生产生活条件。完成了 5.6 万户 29.6 万人农牧民安居工程建设；完成游牧民定居 7681 户，实施了 25 个县、393 个游牧民定居点、4557 户配套设施建设；建设 1.3 万户农村户用沼气池；解决或改善了 18.29 万人的用电问题；解决了 5 个县通油路和 94 个乡（镇）、848 个建制村通公路问题；解决了 33 万人饮水安全问题，碘盐覆盖率达到 52%；解决了 61 个中心乡镇通邮和 700 个建制村通电话问题。“八个基本解决”得到有效推动。二是全年共落实扶贫资金 3.48 亿元，重点实施了贫困户安居工程、30 个乡镇的整乡推进扶贫和村级组织活动场所及基础设施综合配套建设；安排人口较少民族发展专项资金 400 万元，着重解决乡村道路、小型农田水利及人畜饮水安全等基础设施建设，人口较少民族区域发展条件不断改善。三是着眼于发展现代农业，加快农牧区流通体系建设。完成“万村千乡工程”农家店 300 家，“双百市场工程”稳步推进；加快了 4 个地（市）农产品批发市场建设步伐，争取农产品批发市场建设补助资金 1000 万元，完成农牧区流通基础设施建设规划，落实基层农贸市场和边贸市场建设资金 1.2 亿元。四是加快传统农牧业向现代农业的转变，通过农牧业增产增效、特色产业开发、发展非农产业以及劳动力转移等多项措施，积极拓宽农牧民增收渠道，全年完成劳务输出 70 万人次，实现收入 9.5 亿元，农牧民人均纯收入达到 2788 元。农牧区面貌日新月异，呈现出安居与乐业并举、发展与增收共进的良好态势。

【着力推进产业建设和扩大消费，经济增长方式日趋合理】2007 年，自治区按照“一产上水平，二产抓重点，三产大发展”经济发展战略的总体要求，着眼于增强自我发展能力，狠抓产业建设、狠抓消费拉动。一是着力推进特色农牧业发展。积极推进、重点扶持饲草奶牛基地等 71 个农牧业特色产业基地建设，全面实施了提高粮油单产行动，农机化工程扎实推进，实现了种植业提质增效；规范和加快畜牧良种引进推广，加强疫情防控，实现了畜牧业稳步发展。二是积极扶持以资源为依托的二产发展。矿产业发展持续增温，绿色食（饮）品加工业、藏药业和民族手工业等特色优势产业发展迅速。通过实施品牌推进战略，至 2007 年底，我区已有 2 个中国名牌产品、12 个西藏名牌产品和 23 家质量信誉 AAA 级企业。甘露藏药、奇正藏药、高争水泥、雪域圣毯、拉萨啤酒、圣鹿食用植物油等一批我区品牌产品发展势头良好，销量稳步提高。5100矿泉水作为铁路动车组专用产品，打开了全国市场。铬铁矿开采及市场销售工作良好，铜、铅、锌等有色金属资源开发开始步入规范化轨道。区内水泥产品已占全区市场绝大部分份额。5100矿泉水已具备了年产30万吨的生产能力，全年销售量达1万吨，是2006年的10倍。规模以上工业全年完成铬矿产量12.86万吨；水泥159.66万吨；啤酒8.35万吨；瓶（罐）装饮用水1.19万吨。玉龙铜矿1万吨电解铜工程、扎布耶锂业二期工程前期工作、高争日产2000吨水泥二期项目、拉萨经济开发区基础设施建设、达孜工业园集中开发区、自治区藏药厂如意珍宝系列藏药现代化高技术产业化示范工程等重点产业建设项目进展顺利。三是突出“四个注重”大力推动三产发展。注重政策扶持、投入支持、产品开发、品牌建设和龙头带动，紧紧抓住青藏铁路通车的历史机遇，从发挥好“两个最大限度”入手，协调配合相关部门，积极推进以旅游业为主导的第三产业发展。按照自治区党委、政府《关于进一步加快发展旅游业的决定》精神，参与研究完善促进旅游业率先跨越式发展的政策措施，协调加快旅游规划编制，大力推进旅游企业改革，鼓励农牧民参与旅游业发展，加快旅游配套基础设施步伐，全区全年共接待游客402.9万人次，增长60.4%。实现旅游总收入48.5亿元，增长75.1%。在旅游业的带动下，交通运输、邮电通信、住宿餐饮、文化娱乐等相关产业也实现了较快的增长。全社会完成货运总量384.82万吨，比上年增长6.7%，其中：铁路完成12.4万吨，增长5.9倍；公路360万吨，增长4%；民航1.18万吨，增长10.2%；管道完成11.23万吨。全年完成客运680.1万人次，其中铁路旅客运输88.85万人次，增长2倍。公路客运量460万人次，同比增长3.4%，航空运输131.3万人次，增长6.8%。全区电信业务总量累计完成30.9亿元，比2006年增长43.5%。金融机构存款余额642.44亿元，增长18%；贷款余额223.47亿元，增长9.7%。第三产业呈现整体推进的良好局面。四是积极促进消费拉动。通过加强市场建设、大力发展旅游、工程建设、增加农牧民现金收入等手段，着力扩大社会消费规模，全区社会消费水平显著提高。配合有关部门，积极推进“万村千乡市场”、“双百市场”工程建设，建设完成4个地市农产品批发市场，基层农贸市场和边贸市场建设项目相关规划和前期工作全面推进。全年社会消费品零售总额达到112亿元，增长24.9%，高出投资增长8.7个百分点。零售、住宿餐饮等服务行业也呈整体增长态势。初步测算，消费支撑经济增长7.7个百分点左右，比上年增加约1个百分点，消费的经济拉动作用明显增强，拉动能力显著提高。

【围绕投资拉动，基础设施建设步伐加快】2007年，自治区坚持投资拉动，加强项目建设管理，基础设施又有了新的改善。一是积极做好中央投资争取工作。在国务院第167次常务会议审议通过我区“十一五”规划项目方案后，政府主要领导亲自带队，自治区发改委派出干部长时间驻京，协同有关部门，积极加强与国家有关部委的沟通、汇报和衔接，截至2007年底，180项目已经有139个开工建设，已完成48个。国家投资到位111多亿元，同比增长24%。二是努力扩大社会投资。加大招商引资力度，全年实现签订各类招商引资项目328项，协议资金226.8亿元，招商引资实际到位资金46.56亿元，完成年初目标的116.4%，比2006年同期增长26%；民间投资90.8亿元，增长36.5%；援藏资金5.5亿元。全社会固定资产投资总额达271.2亿元，增长16.7%。三是狠抓重点项目建设。自治区重点工程建设项目78个，完成投资131.6亿元。着重加大了交通、能源、水利、农村基础设施和产业建设投入，体现了向农牧区、向基层倾斜的原则。全区公路通车里程达到4.86万公里，新增黑色路面752公里。拉萨柳梧大桥通车，阿里昆莎机场前期准备工程全面实施，拉日铁路、墨脱公路、贡嘎机场专用公路、西藏生态安全屏障等一批国务院领导关心和支持的重点工程项目前期工作进展顺利。直孔水电站建成发电，巴河雪卡水电站和藏中电网应急电源工程顺利实施。全区新增电力装机容量5万千瓦。旁多水利枢纽工程、藏木水电站等开发工作加快。在党的十七大召开之际，区党委、政府集中安排了一批项目开工，鼓舞了干劲，体现了关怀，效果非常好。区高法审判法庭、山南地区劳动就业服务中心、林芝工布自然保护区、青藏铁路那曲物流中心、老虎嘴水电站、昌都邦达机场改扩建工程等一批重大项目开工建设。川藏公路、滇藏公路、新藏公路、中尼公路等干线公路、通县油路和乡村公路建设进度加快。农村饮水安全工程，农牧业特色产业生产基地，满拉、墨达、雅砻和山南江北灌区，天然林资源保护工程，县乡水电站等农牧林水项目按计划进行。四是着力提高项目建设管理水平。充分发挥评审中心和咨询公司的作用，坚持标准、科学地做好项目的审查论证。协调项目建设单位和有关部门，严格落实工程项目建设“五制”，坚持了重点项目建设协调会议、重点项目稽察制度，对能源、交通、水利、“两基”攻坚、退牧还草、基层政权建设等36个项目进行了两次大规模稽察，项目建设质量、进度、效益不断提高。同时，按照国家的要求，加大工作力度，积极做好招标代理机构的推荐工作。

【特色产业逐步发展壮大，自我发展能力有所增强】按照自治区发展优势特色产业的总体战略，根据自身资源禀赋和市场条件，加快发展特色农牧业、优势矿产业、藏医药业、建筑建材业、民族手工业、绿色食品业等特色产业。农牧业特色产业方面，自治区整合资金3亿元，推进了饲草奶牛基地、优质青稞基地、绵羊育肥基地、藏猪藏鸡生产基地等64个特色农牧业开发项目建设，项目区累计受益人口达36.4万人，人均增收660元。玉龙铜矿环评得到国家环保总局批复同意，采矿权范围申请已获国土资源部批准，一期工程和110千伏昌都—玉龙输变电配套工程已正式开工建设。巨龙铜矿首采区地质勘查工作全部完成。扎布耶盐湖锂资源开发产业化示范项目已竣工验收，二期项目可研评审工作已完成。拉萨、山南、日喀则、那曲等4个地（市）28个藏毯编织车间投入生产。拉萨国家级经济技术开发区建设进展顺利，注册企业92家，注册资金8.3

亿元，产业涉及藏医药、农副产品加工、高新技术等多个领域，目前这些企业已完成了项目开工前的各项准备工作。5100矿泉水和圣鹿核桃食用保健油作为西藏名牌食品，已开始进入内地市场。

【民生问题有效改善，社会事业全面发展】2007年，坚持以人为本，下真功夫解决了人民群众最关心、最直接、最现实的利益问题。一是加大教育投入力度。着眼于全面完成“普六”，基本实现“两基”的目标，继续加大对农牧民中小学建设投入。教育事业完成投资4.72亿元，建设了39所乡镇规范化小学，完成了13所初级中学建设。继续实施西藏高等职业学院等5所高等院校的改扩建工程和那曲、山南等地中等职业技术学校建设。全区74个县已全面完成“普六”，人口覆盖率达到100%，63个县达到国家“两基”验收标准，“普九”人口覆盖率达90.2%，义务教育普及水平得到进一步提高。高中阶段办学规模不断扩大，高等教育不断加强，各级各类教育得到快速健康协调发展，小学、初中、高中阶段和高等教育入学率分别达到98.2%、90.97%、42.96%和17.4%，青壮年文盲率下降到4.76%。二是加快卫生基础设施建设步伐。对达孜县等25个县卫生服务中心、日喀则地区人民医院和林芝、山南、昌都地区藏医院进行了改扩建，新建了65个乡（镇）卫生院的业务房和5个地区的优生优育服务设施。三是加强文化基础设施建设。“三大文物”维修保护工程进展顺利，“十一五”文物保护工程已经启动。继续实施“文化信息资源共享工程”、“非物质文化遗产保护工程”、“西新工程”、“村村通”广播电视工程、电影“2131”等工程，广播电视人口覆盖率分别达到87.8%和88.9%。四是加强资源和环境保护工作。加大与国家有关部委的衔接汇报力度，积极推进《西藏生态安全屏障保护与建设规划》审批。推动西藏天然林保护、退耕还林、退牧还草项目建设，积极推进污染减排工作，确保水和大气主要污染物排放总量控制在国家规定指标内。万元GDP电耗约500千瓦时，低于全国平均水平。严格环境准入，全面落实环境影响评价和“三同时”制度，禁止新建高耗能高污染企业，全区空气质量继续保持良好状态。

【各项改革扎实推进，政府职能切实转变】一是积极推进国有企业改革。配合相关部门出台了我区《深化国有企业改革的意见》，继续以股份制改革为主要形式，积极吸引区内外有技术、管理、资金、市场优势的投资者参与区内国有企业改革。自治区人民政府同国家电网、华能、华电、国电、大唐、中国石油、中国水电顾问集团和中国水利水电建设集团签订了能源方面的合作协议。大力发展国有资本、非公有资本参股的混合所有制经济。全区国有企业、国有控股、参股企业达358家，总资产超过300亿元，税收超过5亿元。二是积极推进粮食流通体制改革。制定印发了《西藏自治区粮食质量监管细则（试行）》、《西藏自治区粮食流通监督检查细则（试行）》、《西藏自治区粮食收购资格审核管理办法（暂行）》，制定印发了《关于深化我区国有粮食企业改革的指导意见》、《西藏自治区储备粮管理办法》、《西藏自治区储备粮实行实物垂直管理的工作方案》，新的粮食流通体制基本框架初步构建。三是大力推进投资体制改革。进一步完善政府对企业投资的管理制度，出台了《西藏自治区企业投资项目核准暂行办法》。四是加大开放力度。积极参与区域经济合作，强化区位功能。做好自治区党政代表团到援藏省市回访工作的协调与服务，加强同援藏省市、中央企业的联系，落实回访取得的成果，加强了对外经济合作，扩展了援藏工作内涵。五是围绕招商引资工作，做好政策的清理，修订和完善了招商引资相关政策。加强一站式服务中心的工作，提高办事效率，树立良好形象。大力发展非公有制经济，加快体制机制创新，全区吸引民间投资90.79亿元，增长36.5%。全区个体工商户达到7.7万户，私营企业达到4236户。

【全力推进“十一五”规划实施，可持续发展基础日益牢固】根据中央12号文件精神和《西藏自治区“十一五”时期国民经济和社会发展规划纲要》，积极编制审定区域规划、行业规划和专项规划，逐步形成了自治区“十一五”规划体系。自治区主要领导同志带领有关部门多次赴京汇报衔接“十一五”时期投资、项目和政策等事宜。经国务院第167次常务会议审议通过，国家发展改革委印发了《西藏自治区“十一五”规划项目方案》，为我区经济社会跨越式发展提供了强有力的保障，奠定了坚实的基础。

【领导名录】

党组书记、副主任：普穷
党组副书记、主任：金世洵
党组副书记、副主任：余和平
党组成员、副主任：徐建昌、何本云、胡新生
党组成员、纪检组组长：松绕
党组成员、粮食局党委书记：吴国汉
党组成员、招商局局长：田福利
副巡视员：次仁多吉
副巡视员;巴桑（女）
铁路办常务副主任：巴桑（男）

自治区商务工作

【国内贸易】2007年，自治区商务系统围绕全年社会消费品零售总额突破100亿元的目标任务。对青藏铁路运营后物流、人流、资金流、信息流带来的深刻影响进行系统研究，不断挖掘青藏铁路通车对流通和消费的促进和带动作用，积极协助那曲物流中心建设。借助旅游业发展的强劲势头，加速改造提升传统服务业，大力开发与旅游业相关的度假村、农(牧)家乐和餐饮、住宿、休闲娱乐等服务业市场。

加大培育力度，推动消费不断增长。通过完善促进消费的政策，进一步培育餐饮、服务、休闲娱乐等消费热点，大力培育旅游、住房、汽车等消费亮点，积极培育教育、信息等新的消费增长点，促进结构升级，推动消费快速增长。2007年实现全区社会消费品零售总额112亿元，同比增长24.86%，消费成为与投资并驾齐驱的拉动经济增长的主导力量。

全年，住宿、餐饮业销售额达22.6亿元，同比增长43%；美容美发业销售收10.9亿元，同比增长20%。

进一步加快现代流通业发展步伐，不断加大对流通企业的金融、财政等政

策支持力度。通过向国家有关部门申请流通企业贷款项目和服务业发展引导资金等多项措施，积极培育基础较好、实力较强的大型商贸流通企业集团。10 家重点联系企业全年实现销售收入 14.3 亿元，同比增长 61%。大力推广连锁经营、物流配送、特许经营电子商务等现代流通方式，加快行业态结构调整。全区连锁店、超市和便利店已达 2091 个，大型连锁企业均已实现网络化和信息化管理。现代物流企业已发展到 150 家，全年营业收入达 1. 2 亿元。

切实做好生活必需品市场的稳定和供应工作。启动每日监测制度，开通“西藏商务天气预报”，制定保障供应应急预案，加强了与 56 家应急商品重点流通企业的信息沟通，跟踪监测全区 7 地(市)粮油、肉类、水产品、果蔬等四大类 64 个品种商品的市场运行情况。6 月份开始，由于受内地生猪、冻猪肉价格上涨的影响，导致我区生猪、冻猪肉货源紧缺，价格普遍上涨。对此，积极采取有效措施，广泛组织冻猪肉货源，扩大区外采购，加大地区间货源调剂，保证全区重点市场的猪肉供应，有效应对了市场的异常波动。

碘盐推广明显加快。认真落实碘盐目标责任制，加快碘盐网点建设。加大对自治区盐业公司督促指导工作。全区共建设食盐销售网点 87 个，碘盐覆盖率达到 53%，其中：农牧区碘盐覆盖率达到 40. 8%，城镇碘盐覆盖率达到 80.2%。

“万村千乡市场工程”、“双百市场工程”扎实推进。一年来，“万村千乡市场王程”按照统一采购、统一配送、统一标识、统一月服务规范的要求，累计新建和改造农家店 375 家，新建和改造农家店累计新增销售额 5700 万元，吸纳富余劳动力达到 1128 人，创造税收 122 万元。“双百市场工程”稳步实施，完成丁对冷链系统、检疫检测中心和安全监控中 3 个准公益性项目的验收工作。2006 年的 6 个准公益性项目正在实施当中。通过“万村千乡”和“双百”市场工程的实施，政府得民心、企业得效益、农民得实惠的多赢局面开始显现。

“双进工程”成效明显。围绕“便利消费进社区，便民服务进家庭”的双进工程，对全区社区数量和社区商业网点情况进行了摸底，开展商业示范社区的评选、验收和评审工作，确定了拉萨市城关区雪社区等 4 家自治区级商业示范社区。

加强行业监管，将整规工作逐步引向深入。加强对成品油市场和直销、典当、拍卖等特种行业的监管和整顿工作，进一步完善行业发展规划，严格审批制度，加大日常监管力度。启动成品油市场重大节日和特殊时期每日一报制度；进一步规范零售商促销行为；严格直销、典当、拍卖等行业准入；加大对行业协会监督指导力度，推动行业健康有序的发展。

大力整顿和规范市场秩序，净化市场和消费环境。各级整规办会同领导小组成员单位，以食品药品安全、保护知识产权、打击商业欺诈等为重点，大力开展专项整治。各级商务部门结合各地实际，组织协调有关部门，有针对性地开展了成品油、碘盐、再生资源等市场专项检查。责令 6 家加油站限期整改，没收土盐、无碘盐和假冒碘盐 75 吨。积极组织开展“诚信兴商宣传月”、“保护知识产权宣传周”等活动，全面营造诚实守信、重视知识产权保护的社会风气。节日商品市场的检查监督力度不断加大，确保了节日市场稳定，最大限度减少食品安全事故发生。

【对外贸易】一年来，全区商务系统围绕对外贸易总额突破 3 亿美元的目标任务，坚持一般贸易和边境贸易并重，保存量，找增量，加大政策研究、指导和支持力度；加强边贸市场和出口基地建设，不断拓展贸易空间，在巩固对外传统市场的同时，积极开拓印度等南亚市场；大力培育集研发、生产、出口、品牌于一身的外向型龙头企业，努力扩大自产产品的出口；积极培育和发展藏毯产业；协调组织中尼贸易洽谈会，为实现目标任务打下了坚实基础，对外贸易再创历史新高。

对外贸易增长速度加快。全区对外贸易总额达 3.93 亿美元，同比增长 19.81%。边境小额贸易大幅增长，完成进出口总额 2.49 亿美元，同比增长 41.28%，首次突破 2 亿美元大关。

自产产品出口增幅加大，为农牧民增收作用不断增强。全年实现自产产品出口 5050 美元，同比增长 25%；边民互市贸易日趋活跃，全年实现边民互市贸易总额 2.9 亿元，与 2006 年持平。通过羊毛、农产品、活畜等自产产品出口和边民互市贸易，为农牧民转换现金 6.63 亿元，增加收入 1.32 亿元。

龙头企业培育初见成效，进出口企业成长速度明显加快。全年对外贸易额超过 500 万美元的企业达到 16 家，其中超过 1000 万美元的达到 9 家，以上企业进出口额占全区对外贸易总额的 93.1%，已成为我区对外贸易的主要力量。

出口产品结构不断优化，农畜林等特色产品出口规模不断扩大，对外贸易的质量和水平不断提高，对全区经济增长的促进作用不断增强。

充分发挥区位优势，积极参与区域经济发展。帮助企业搭建平台，拓展国内外市场，2006 年认真组织企业参加了渝洽会、春秋季广交会、西博会、昆交会、青海国际藏毯博览会、藏尼贸易洽谈会、秋季广交会、民族商品交易会、乌洽会、厦洽会，共推介招商引资项目 116 个，签订各种合同 10 个，合同金额 5726 万美元。

【利用外资和接受国际援助】2007 年来我区投资的外商呈明显增多趋势。全年共审批设立外商投资企业 19 家，合同利用外资 417255 美元，实际利用外资 2418 万美元，同比增长 58. 83%，是我区实际利用外商直接投资数额最大、增速最快的一年。香格里拉酒店、拉萨瑞吉酒店、肯德基快餐等一批重点引资项目取得积极进展。在自治区相关部门配合下，首次推行并顺利完成外商投资企业联合年检。

新增国际多双边无偿援助项目 5 个，受援金额 581.67 万美元，比 2006 年同期增长 2.17 倍。其中，德国政府将无偿投入 400 万欧元用于太阳能新技术开发和农牧民技能培训。受援项目的实施将对改善农牧民生活、促进农牧区发展起到积极作用。“走出去”工作取得新突破，我区交通公路勘察设计院承担的尼泊尔沙拉公路勘察设计项目已成功通过商务部验收，西藏宏基建设实业(集团)有限公司在沙拉公路建设项目上中标，实现了我区企业对外承包工程零的突破。在自治区外办、财政、海关、检验检疫等部门的配合下，圆满完成自治区政府交办的对尼泊尔30万元物资援助任务。接待美国国会议员助手代表团、美国中国商会、德国驻华大使、加拿大驻华大使等9个重要访团，圆满完成了各项涉外交流活动。

拉萨国家级经济技术开发区建设取得新进展，招商引资平台作用开始显现。一年来，我们把开发区作为“二产抓重点”的突破口，坚持以提高引进外资质量、优化出口结构为重点，致力于发展高新技术产业和高附加值服务业，促进开发区向多功能综合性产业区发展，加大指导与协调力度，不断推动开发区建设。到目前为止，A区2.51平方公里基础设施已基本完成，企业入驻的“八通一平”条件基本满足，修建区内道路16.26公里，投入基础设施及配套建设费用4.6亿元。注册企业120余家，注册资金10.4亿元，产业涉及藏医药业、农副产品深加工、手工艺品、电子信息技术等领域。全年实现税收9113万元。

【口岸和边贸市场建设】2007年，口岸建设方面主要做了以下工作：一是狠抓了口岸建设总体规划的编制工作。二是按照打造“通关便利、服务周到、功能完备”的精品贸易通商口岸的要求，加快推进中国西藏与尼泊尔经贸磋商机制建设，狠抓了樟木口岸管理和联检大楼建设，改善了通关速度和环境。加快了普兰、吉隆、日屋等口岸的基础设施建设。三是认真做好亚东口岸恢复开放的前期准备工作。狠抓了洞青岗边贸市场的后续管理，2006年该市场交易总额达到446万元人民币。四是积极探索口岸管理体制的新模式，抓紧完善改革方案，进一步理顺口岸管理体制。认真开展了“加快吉隆口岸建设，促进扩大开放”的专题调研，向区党委、政府提出了建设性意见。五是围绕兴边富民战略，进一步加强边贸市场建设，不断完善我区重要的传统边贸点的交易条件，巩固和发展边民互市贸易，拓宽边境地区农牧民增收渠道。

2007年全区口岸出入境旅客12.3万人次，同比增长1.5倍；出入境边民163万人次，同比增长6.9倍；进出口货物8.04万吨，同比增长36.27%；出入境货值2.59亿美元，同比增长45.26%。出入境交通工具2.86万台(架)次，同比增长1.2倍。

自治区粮食工作

【粮食宏观调控进一步加强】2007年，自治区粮食局完善青稞最低收购价政策。经自治区人民政府同意，会同有关部门联合下发了《关于印发2007年青稞最低收购价执行预案的通知》，为切实保护种粮农民利益和种粮积极性提供了政策支持，对促进粮食稳定增产、种粮农民持续增收发挥了作用。为了有效掌握当地粮源、自治区粮食局及时下发粮食收购通知，指导各地市场抓好粮食收购工作，满足和方便群众的售粮需求。

建立粮食监测报告制度，坚持定期监测区内外粮食供求状况和市场动态，指定专人负责搜集整理粮油市场信息，及时上报《粮食市场动态监测情况》，提高了粮食市场信息的准确性和实效性。及时下发了《关于促进粮食产销合作发展的指导意见》等文件，指导各地（市）积极开展粮食产销协作，推进粮食产销区之间建立长期稳定的产销协作关系，切实做好粮源组织工作，强化宏观调控。同时，配合工商等执法部门加强对粮食市场的监管，形成执法合力，严厉打击各类违法违规行为，有效地维护了粮食市场的正常秩序和消费者的合法权益。

积极做好全社会粮食流通统计工作。切实做好全社会粮食流通统计工作，对工作中存在的问题，及时下发通知，明确工作要求，落实工作措施。各地（市）积极工作，克服困难，想方设法完成统计工作任务，基本能上报有关数据，为做好我区粮食宏观调控工作奠定了基础。完成了2006年度社会粮食供需平衡调查工作，基本掌握了粮食消费、农户存粮、省外粮食购进量等流通情况，为搞好粮食宏观调控提供了依据。

建立粮食应急预警机制。根据《西藏自治区粮食应急预案》要求，七地（市）制定出台了粮食应急预案，以及时应对各种突发事件引发的粮食市场和价格异常波动。全区确定粮食应急加工指定企业22户，粮食应急供应指定企业89户，初步建立了粮食应急机制。昌都、阿里、那曲地区建立了应急粮食储备，有效增强了粮食宏观调控的物质基础。

自治区粮食局与各地（市）粮食局签订了自治区储备粮管理责任书，各地（市）粮食局分别与辖区内的自治区储备粮代储库签订了代储合同，明确了各自职责，初步建立了自治区储备粮实物垂直管理机制。制定下发了《西藏自治区储备粮代储资格认定管理办法（试行）》，明确了自治区储备粮代储单位代储资格条件、申请、审核、发证和管理等，规范了自治区储备粮代储管理，完善了管理体系。

【粮食流通体制改革积极推进】完善粮改政策措施，新的粮食流通体制框架基本建立。联合制定印发了《西藏自治区粮食流通监督检查细则（试行）》、《关于深化我区国有粮食企业改革的指导意见》。我区粮食流通体制改革的政策措施基本配套，以粮食专员（市长）负责制、直接补贴、应急预案和粮食行政执法为主要内容的政策支持体系初步建立，保护了广大粮食生产者、经营者、消费者的利益和我区的粮食综合生产能力，国有粮食企业走向市场，参与市场竞争，多种市场经营主体参与粮食经营，呈现经营主体多元化局面，初步建立了适应社会主义市场经济发展要求和符合我区区情的新的粮食流通体制基本框架。

落实粮食专员（市长）负责制，推广粮食流通体制改革。2007年3月，自治区人民政府组织召开的全区粮食专员（市长）负责制座谈会，就全面有效落实粮食专员（市长）负责制进行了安排部署。2007年4月底，经自治区人民政府同意，自治区粮食局组织召开了全区粮食工作会议，会议总结了全面放开粮食购销市场以来的粮食流通工作，安排部署了2007年粮食流通工作，进一步贯彻落实了自治区粮改政策和全区粮食专员（市长）负责制座谈会精神。各地（市）粮食行政管理部门按照会议要求，在及时向当地党委、政府汇报会议主要精神的同时，全面分析了粮食流通工作的现状及存在的主要问题，提出了下一步工作建议和改革思路。各地（市）党委、行署（政府）高度重视，各地（市）粮食行政管理部门认真学习贯彻落实会议精神，结合本地实际，安排部署了2007年的粮食流通工作。

【国有粮食企业改革迈出新步伐】着力解决国有粮食企业“三老”问题，减轻国有粮食企业历史包袱。积极解决“老人”问题。在自治区党委、政府的关心重视和有关部门的支持下，国有粮食企业职工和事业性质储备库职工参加社会基本养老保险问题已基本解决，各地（市）正在贯彻落实中。关于适当放宽国有粮食企业单位职工退休年龄问题，正在积极与自治区有关部门沟通协商。继续抓紧销售“老粮”，2007年底“老粮”销售占界定数量的94%，在2008年销售完毕。完成了政策性粮食财务挂帐的清理和认定工作，积极配合自治区财政等有关部门向国家财政部、农发行等部门汇报并上报了我区政策性粮食财务挂帐情况。从企业剥离上划到自治区粮食局集中管理工作正在协调落实。

推进我区国有粮食企业改革工作，促进国有粮食企业转变经营机制根据自治区人民政府[2007]18号专题会议纪要精神，各地(市)抓紧制定本地(市)国有粮食企业改革方案，积极推进国有粮食企业改革工作。昌都地区行署批转了《昌都地区国有粮食企业改革实施方案》，并召开了地区国有粮食企业改革工作会议，实行国有粮食企业分级管理。那曲地区召开地区粮食企业改革工作会议，按照属地管理的原则，将原由地区粮食行政管理部门垂直管理的县(区)粮食企业的人、财、物全面移交当地县(区)人民政府。

日喀则地区解决了粮食监督检查专项经费4.2万元，阿里地区解决了该项经费5万元，林芝地区解决2万元。昌都地区于2007年底经地区编办批准，在全区率先设立了地区粮食局监督检查科，填补了我区粮食行政管理部门监督检查机构的空白。

注重全社会粮食流通监管，提高粮食流通管理和服务水平。一是加强粮食收购资格审核管理工作，截至2007年底，全区已办理粮食收购许可证的粮食经营者114户，其中国有粮食企业78户，非国有粮食经营者36户。二是继续指导各地(市)建立非国有粮食经营者粮食经营档案，初步掌握了我区非国有粮食经营库情况。三是对国有粮食企业粮食库存进行了全面认真的检查，为做好粮食宏观调控、改进和加强库存粮食管理提供了科学依据。同时，积极开展粮食收购市场专项检查和粮食质量专项整治工作，促进了粮食质量安全水平的提高。

财税、金融、保险、证监

自治区财政工作

【年度情况与特点】2007年，西藏自治区实现生产总值342.19亿元，按可比口径计算，比上年增长14.0%。其中：第一产业增加值54.89亿元，增长4.2%；第二产业增加值98.48亿元，增长16.0%；第三产业增加值188.82亿元，增长16.0%。第一、二、三产业增加值占自治区生产总值比重分别为16.0%、28.8%和55.2%。人均生产总值达12109亿元。全社会固定资产投资271.18亿元，比上年增长16.7%，全年进出口总额达3.93亿美元，比上年增长19.8%。社会消费品零售总额达到112.01亿元，比上年增长24.9%，商品零售价格指数为101.7。居民消费价格指数为103.4。

在国民经济继续高速增长的同时，西藏地方财政预算收支任务得到了较好地完成。全区地方财政一般预算收入完成20.1亿元，比上年增长38.33%。全区地方财政一般预算支出为275.4亿元，比上年增长37.55%。剔除结转下年继续使用的资金，收支相抵，收入大于支出1.3亿元。

【增加“三农”投入，促进社会主义新农村建设事业发展】2007年全自治区安居工程建设任务52112户，实际完成58335户，超计划11.94%，实际完成投资35.398亿元。其中，自治区补助资金6.61亿元，地（市）补助8550万元，县（市、区）补助5310万元，援藏投入4620万元，农牧民自筹26.94亿元（含金融部门发放的农牧民安居工程建设贷款5.04亿元）。村级组织和基础设施综合配套项目2007年计划完成1306个，实际完成831个，累计完成投资2.52亿元。其中：自治区补助资金1.96亿元，地市配套2400万元，县（区、市）配套800万元，群众投劳折资2400万元。

2007年共批复农牧业特色产业项目55个，项目总投资3.03亿元，其中财政投资1.25亿元。修订了《农牧业特色产业资金管理办法》。加大了对农牧民政策补贴的力度，提高了标准，在对种粮农民实行直接补贴的基础上，对化肥、柴油等农资实行了综合补贴。总体补贴标准由上年的1元/亩提高到4元/亩，补贴资金总额达到1004.2万元。建立了能繁母猪保险制度，制定了《西藏自治区能繁母猪保险保费补贴方案》，保费金额为每头猪60元，保险金额为每头1000元。农牧民人均纯收入达到2788元，连续五年实现了两位数的增长。2007年，全区5地（市）23个县已完成16263户沼气建设，建设总投资5366.79万元，其中：中央补助资金3577.86万元（补助2200元/户），占总投资的67%；自治区补助资金975.78万元（补助600元/户），占总投资的18%；地（市）配套资金（含援藏资金）162.63万元（补助100元/户），占总投资的3%；县（市、区）配套资金（含援藏资金）162.63万元（补助100元/户），占总投资的3%；群众自筹资金487.89万元（含自筹现金300元/户、劳务投入折价500元/户），占总投资的9%。

安排落实379家农家店的清算资金303.2万元；完成了2家“双百市场工程”建设，落实资金475万元；实施了拉萨肉食品公司冷链系统建设项目和仁鑫农贸蔬菜批发市场检疫中心与安全中心建设项目。

2007年下拨各地（市）林业建设资金2.08亿元，其中安排落实拉萨市、日喀则和山南地区2005年超面积造林资金3495.8万元、全区重点区域生态公益林建设资金1.53亿元、2006年第二批森林生态效益补偿资金1096.4万元、林业资源清查及有害生物防治资金525.7万元。安排资金1280.4万元，支持森林防火工作。启动了西藏高原国家生态安全屏障保护与建设工程前期工作。

【努力优化经济结构和发展环境】（一）支持经济结构调整，促进三次产业协同带动经济增长。积极发挥财政资金的杠杆作用，综合运用财政预算、税收、价格补贴、财政贴息、贷款担保和政府采购等财税政策手段，调整财政投资方向，完善财政投资方式，逐步减少直接投资，积极引导社会资源的合理流动，促进了资源的优化配置。2007年，财政用于企业技术改造、民族手工业发展、科技应用与开发和外经贸发展促进资金分别达到1575万元、175万元、5600万元、6952万元，比上年相比继续增长。通过整合资金，西藏农牧业经济结构调整步伐明显加快，各类龙头企业和农村专业合作经济组织发展迅速；优势矿产业、建筑建材业、高原绿色食（饮）品业、藏医药业和民族手工业发展取得新成绩；安排旅游发展专项资金806万元，以林芝、昌都为中心，以青藏铁路沿线为重点的精品特色旅游线路建设成效明显。

（二）支持基础设施建设，不断改善经济发展环境。2007年，全区财政预算内基本建设支出达到85.15亿元，比上年增加26.58亿元，增长45.37%；整合和筹措资金2.35亿元，开展水利、电力、交通等重点基础设施项目前期工作；安排专项投资12.83亿元，实施了布达拉宫、罗布林卡周边环境整治和干部职工周转房、廉租住房等重大公共基础设施建设工程；安排资金9324万元，加强农村公路养护，保障农村公路畅通。高度重视农牧区基础设施建设，加大投入力度，支持小型农田水利建设，突出解决农村用水难、用电难问题。创新财政支持方式，采取以奖代补、项目补助等手段引导和支持农牧民积极开展修筑水渠等农村小型基础设施建设。集中财力，突出重点，大力支持沼气项目等农村薪柴能源替代工程建设，促进农村可持续发展。推进“村村通电话”工程建设，安排资金1000万元，实施“乡乡通”传真工程安排资金150万元，对农牧民实现信息化给予了大力支持。

【高度重视社会事业发展和基层政权建设】（一）加快教育事业发展。全区教育支出达到33.57亿元，比上年增长14.82%，重点完善了农村义务教育经费保障机制，免除了城镇学生义务教育阶段的学杂费、书本费、作业本费，真正意义上的义务教育已覆盖西藏城乡，基本解决了全区中小学教学仪器及试验室设备；落实“三包”政策，加大“两基”攻坚力度，全力支持“普九”和扫盲攻坚，建立健全家庭经济困难学生资助政策体系。坚持新增教育经费向基层倾斜，年内两次提高“三包”标准，年人均标准从上年初的1100元提高到1300元。整合安排义务教育阶段设备购置经费1.29亿元，加大教育专项扶持力度，基本满足了义务教育阶段中小学教学实验仪器设备需要。专项安排全区义务教育阶段城镇学生学杂费补助经费756万元，在全区范围内实现了免费义务教育。按照“养事不养人”的原则，提高了公办中小学临时工工资待遇，规定了中小学临时工工资最低标准。

（二）推动文化事业繁荣。全区文化体育与传媒支出达到7.23亿元，比上年增长51.19%，支持广播电视、文化遗产保护、重点文物维修和文化产业发展。积极推进文化创新，安排落实精品剧目经费2350万元，支持西藏文化精品剧目创作公演；安排全国文化信息资源共享工程专项经费164万元，用于曲水县、南木林县、琼结县文化信息资源共享工程设备购置；加强文化遗产保护与利用，安排落实2007年非物质文化遗产保护补助经费1985.5万元；安排国家重点文物保护专项补助经费190万元，用于朗塞林庄园保护维修工程和文物征集等项目；安排文物维护资金584万元，用于7地市96座寺庙重点文物的保护维修及布达拉宫雪城保护与利用。

（三）促进卫生事业进步。全年医疗卫生支出达到17.16亿元，比上年增长75.82%，重点支持了农村医疗机构、疾病控制服务体系建设、村卫生室医疗设备配备和干部职工体检补助，推进疾病直报网络系统建设、推进疫病控制和医疗救治体系项目建设。农村三级卫生服务网络和城市社区卫生服务体系建设取得新成绩，基本建立了集医疗、疾病预防控制、妇幼保健和计划生育为一体，多功能一体化的县级卫生服务中心。乡（镇）卫生院基本具备常见病、多发病诊治能力，能开展计划免疫接种、消毒接生等工作，药品品种由原来的十几种增加到现在的200多种，基本做到小病不出乡。全区村级卫生室配备了医疗器械，使乡村卫生医疗机构具备了普通常见病诊治和计划免疫接种工作的能力。重大疾病防控和突发公共卫生事件应急处置能力显著提高。加强消除碘缺乏病工作力度，全区到2007年底60%的县基本实现消除碘缺乏危害目标，碘盐市场覆盖率提高到52%。

（四）保障公共安全支出。全区公共安全支出达到17.76亿元，比上年增长31.39%，提高了地（市）级政法机关公用经费和业务经费标准，加大了平安西藏建设专项资金的投入。提高了地市级政法部门公用、业务经费标准，年人均标准为：公安机关2.2万元，法院机关1.8万元，检察机关1.8万元，司法机关1.6万元，政法委机关1.6万元。安排专项经费1170.6万元，区地县三级政法系统保障标准全面确立。

【积极妥善解决好各类民生问题】（一）社会保障工作取得新成绩。2007年，全区社会保障和就业支出达到17.30亿元，比上年增长68.33%。扩大了企业职工基本养老保险覆盖面，进一步规范了养老保险省级统筹，全年养老保险基金收入达到6.62亿元，基本养老保险基金支出6.70亿元，在中央财政的支持下，养老保险基金收支运行平衡。以政府购买公益性岗位和安排大中专毕业生就业为切入点，积极促进我区失业人员就业再就业工作。2007年安排资金3000万元，购买公益性岗位2700个，促进“35、45”人员、残疾人、零就业家庭实现就业再就业。同时，通过公开招考教师、乡镇机关和乡镇政法系统工作人员、开展“支教、支医、支农、扶贫”活动，安排了大学毕业生8003人就业。制定出台了20多项就业再就业配套优惠政策，形成了全区比较完善的促进就业再就业政策体系，享受对象由国家规定的四类人员扩展到九类人员；就业困难援助对象也拓展到城镇“零就业家庭”、享受城镇低保人员、城镇规划区内被征地农牧民和残疾人等困难群体。对从事个体经营的失业人员，按每户每年8000元为限，依次减免其当年实际应缴纳的营业税、城市维护建设税、教育费附加和个人所得税。

（二）城乡居民最低生活保障制度普遍建立。2007年将全区家庭年人均纯收入低于800元的农牧民纳入了农村居民最低生活保障范围，覆盖23万人农牧民。农牧民免费医疗标准从年人均90元提高到100元。农村养老保险制度开始试点。对城镇低保人员发放临时性物价补贴。针对2007年以来我区居民消费价格总水平涨幅较高，居民生活成本有所上升的实际，城镇居民最低生活保障在已安排的临时性价格补贴标准每人每月28元的基础上每人每月增加10元。企业离退休职工养老金三年连调，达到1483元，参加调整的退休人员27343人，倾斜对象3583人，月人均增资318元。积极落实涉农商业保险试点赔付工作。兑现那曲地区双湖特别行政区、日喀则地区拉孜县因灾损害赔付资金213万元。安排“三老”人员补贴资金1860万元，用于对全区8593名老党员、4562名老干部、82名老劳模发放生活补贴。

为应对2007年成品油上涨给相关行业及低收入人群带来的影响，建立了成品油价格财政补贴机制，对种粮农民、城市出租车、林业、城市公交和农村道路客运、城镇低保人员进行补贴。再次减免城市出租车的部分养路费，城市出租车养路费由现行的90元/月减免至60元/月；对林芝地区和昌都地区分别给予定额补贴；对城市公交企业，按照拉萨市公交企业的实际耗油增支部分给予补贴；根据《西藏自治区成品油价格财政补贴机制农牧区客运补贴办法》确定的补贴办法实施，对农村客运进行补贴。

继续深化住房制度改革。行政事业单位干部职工周转房建设已在区直、地（市）、县、乡四级展开。加快落实廉租住房制度，制定了《西藏自治区城镇最低收入家庭廉租住房保障管理暂行办法》，下达城镇廉租住房建设资金2.85亿元，用于4560套廉租住房建设。稳步推进住房分配货币化改革工作，加快了行政事业单位工作人员一次性住房补贴和按月补贴资金的审核拨付进度，及时拨付了自治区本级因公务员增资增加的住房公积金配套资金。国企房改工作进展顺利，1959年3月28日之前参加工作国企职工的政府激励资金已拨付完毕。

【扎实推进财政管理体制和运行机制创新】一是继续加大对地县财政的支持力度。2007年，自治区财政在第二批转移支付分配方案中，不仅考虑了按因素计算的标准收支差，还考虑了按实际财力与支出需求测算的可调控财力情况。按照扩大公共服务保障范围的要求，提高一般性转移支付规模。增加基层组织保障经费，创新农村公共服务保障机制原则，将新增财力性补助、新增农村科技和综合服务体系经费补助、新增基层组织保障经费、新增边境地区补助、新增产粮大县补助、后勤服务社会化改革奖励等新增因素纳入了2007年对下转移支付测算方案中，扩大了转移支付涵盖范围。

二是积极推进预算管理制度改革和国库集中支付制度改革。在117个部门和七地（市）本级部门全部推行部门综合预算，并在县级部门开始试点。自治区本级部门在预算编制上全面推行部门综合预算，实行了人员经费结合工资银行代发据实编制、公用经费按定额标准编制、项目支出实行“一事一核”并推行项目库管理。国库集中支付改革试点已扩大到所有地（市）和绝大部分县（市、区）；政府采购范围已扩大到财政资金购买的多数货物和服务，采购规模达到19.30亿元，节约资金5833万元，资金节约率为3.02%。

三是积极做好国有资本经营预算工作。根据《国务院关于试行国有资本经营预算的意见》精神，研究制定了西藏自治区国有资本经营预算管理制度，出台了相关制度和政策，从2008年开始试点。制定了西藏自治区国有资本金收益收缴管理办法、国有资本经营预算编报管理办法。

四是深化矿产资源有偿使用和矿业权有偿取得制度改革。加强对矿产资源勘查专项资金的管理，制定了《西藏自治区矿产资源勘查专项资金管理办法（试行）》。为深化矿产资源有偿使用和矿业权有偿取得制度改革，理顺矿产资源收益分配关系，制定了《西藏自治区探矿权采矿权价款收入管理办法》。

五是推进行政事业单位国有资产管理改革。从完善制度入手，强化了行政事业单位国有资产收益管理办法，督促部分单位按照规定上缴2005年至2007年的国有资产收益2080万元。改革全区党政机关公务用车管理制度，清理、收缴、处理了区直党政机关超标车辆。

六是继续推行县级机关后勤社会化改革。2007年对各县机关后勤社会化改革进行验收基本合格县达28个。

七是积极推行行政事业单位工作人员出差、休假、会议住宿宾馆定点制度。根据财政部的统一部署，通过政府采购并报请财政部核准了103家出差、休假、会议住宿的定点宾馆。

八是加强基层基础工作。创新“以钱养事、以事养人”公共服务保障机制，构建服务主体多元化、服务行为社会化、服务形式多样化、政府扶持和市场引导相结合、无偿服务和有偿服务相结合的新型农村科技和综合服务体系，确保农村科技和综合服务体系的建设和运转。2007年根据全区农牧民所需服务的实际需求，农村综合服务补助标准人均增加14元，使人均补助标准达到50元/年，服务内容涵盖基层党组织运转、科技服务、畜禽疫病防治服务、水电运行服务、广播电视、文化体育、农机补助、乡村医疗和疾病控制服务等。

【财政监督有序进行，依法理财迈上新

台阶】推进依法理财。认真贯彻国务院《全面推进依法行政实施纲要》和《财政部门全面推进依法行政依法理财实施意见》，依法行政、依法理财的自觉性不断强化。

切实加强财政监督。先后对涉农专项资金、教育“三包”经费、中央政法补助资金、自治区林业勘察规划研究院森林资源区划界定专项资金、二类清查专项资金、中央补助地方清洁专项资金等进行了监督检查；对拉萨市乡镇企业贷款贴息资金和龙头企业贷款贴息资金进行了专项检查。选择了部分资金量大的部门预算单位，针对预算单位存在的虚列支出、隐瞒结余、私自安排预算外支出项目、挪用项目资金等违规问题，分别进行了严肃处理。

强化会计作息和执业检查管理。根据《财政部关于地方开展2007年会计信息质量检查和会计师事务所执业质量检查的通知》的要求，结合西藏自治区实际，先后对自治区党委宣传部、质监局、西藏金阜会计师事务所有限公司、西藏申达会计师事务所、西藏华立会计师事务所、西藏天驰公路材料科技发展有限公司、西藏海特实业开发有限公司等单位的会计信息和执业质量进行了检查，对发现的一些问题，及时进行了整改。

【年度获自治区以上表彰奖励情况】 2007年度被自治区人民政府评为西藏自治区“十一五”规划编制工作单位，被自治区党委办公厅评为自治区党委系统督查工作先进单位，被自治区政协办公厅评为先进提案承办单位，厅妇委会被中华全国妇女联合会评为全国三八红旗集体荣誉称号。

【领导名录】

党组副书记、厅长：　丁业现

巡视员：　罗红英

纪检组长：　吴雪生

副厅长：　次成甲措、艾俊涛、文秋良、范光才

自治区税务工作

【税收收入情况】 2007年，自治区共组织各项税收收入236077万元，同比增长27%，其中：税务部门组织收入234404万元，同比增长27%，增收49629万元，其中：中央级收入为107690万元，同比增长31%；地方级收入为126714万元，同比增长23%。海关代征税收1673万元，同比增长43%。

税务部门组织收入情况。税收收入完成229022万元，同比增长27%。其中：国内增值税完成83503万元，同比增长34%；营业税完成70691万元，同比增长15%；企业所得税完成28437万元，同比增长29%；外商投资企业和外国企业所得税完成1574万元，同比增长14.90倍；个人所得税完成14524万元，同比增长30%；其他各税完成12957万元，同比增长42%；车辆购置税完成17336万元，同比增长26%。其他收入完成5382万元，同比增长17%。其中：教育费附加完成4313万元，同比增长24%；税务部门其他罚没收入294万元，同比下降22%；税务系统行政性收费687万元，同比下降3%；耕地占用税完成88万元，同比增长2.39倍。海关代征税款1673万元，同比增长43%。

【税收收入特点】 一是各月收入均呈高速增长态势，平均增速达25%，月均增收4136万元。二是全区工业生产继续保持快速增长，固定资产投资稳中有升，消费市场持续活跃，经济健康、快速发展，为税收增长奠定了良好的基础，各税种普遍增收。流转税入库15.4亿元，同比增长24%，增收3亿元，占增收总额的61%。三项所得税（内、外资企业所得税和个人所得税）入库4.5亿元，同比增长34%，增收1.1亿元，占增收总额的23%。海关代征进口税收入库1673万元，同比增长43%，增收504万元，占增收总额的1%。三是西藏地方税收制度完善成效显著。如：西藏扩大资源税征税品目以及调整部分资源品的单位税额标准等。全年采矿业实现增值税17919万元，同比增长1.7倍，增收11341万元，拉动增值税增长7.3个百分点。印花税完成1268万元，同比增长37%，增收340万元。四是组织税收收入能力不断增强。全区各级税务机关深入贯彻落实自治区党委、政府和国家税务总局对税收工作的各项要求，全面实行税收科学化、精细化管理，不断提高税收征管的质量和效率，组织收入能力显著增强。五是各级党委政府、社会各界积极支持税收工作，广大纳税人理解和支持税收工作，依法诚信纳税意识不断增强，为税收工作提供了良好的社会环境。

2007年税收收入形势较好，首先得益于西藏经济持续较快发展。2007年，西藏经济承接上一年增长态势，生产继续大幅增长，产销衔接顺畅，市场消费稳定增长，居民消费物价指数持续回升，为税收快速增长奠定了坚实的基础。同时，全区税务系统针对薄弱环节，狠抓“两基”，即基层建设和管理基础工作，大力推进信息化建设，深入开展税法宣传教育，切实加强税收征管，促进了税收收入稳定增长。

【依法治税】 坚持“依法征税，应收尽收，坚决不收过头税，坚决防止和制止越权减免税”的组织收入原则。认真落实执法范本，强化执法监督。加大案件查处力度，集中力量打击偷骗税违法行为。认真做好食品药品加工业、石油石化销售业、以农副产品为主要原材料的生产加工业、高收入行业的个人所得税、旅游业、电力生产销售业、房地产业、采矿业、烟草、出版发行等行业的专项检查。加强税法宣传教育，进一步扩大税法宣传的辐射面和影响力。

【税制改革】 根据国家内外资企业所得税合并方案，结合我区正在进行的企业所得税优惠政策清理结果，并认真做好两税合并政策的宣传和衔接等准备工作。根据国家新出台的车船税政策，主动配合财政部门进行调查研究，提出车船税征收实施办法。对开征契税的可行性进行了分析研究。建立了房地产交易最低计税价格体系，统一了全区核定征收企业所得税应税所得率等。认真落实国家出口退税调整政策。认真落实涉农

税收优惠政策。积极落实促进下岗失业人员再就业、西部大开发、鼓励高新技术产业发展等税收优惠政策。进一步优化管理业务流程，推进征管体制改革。

【税收征管】深入实施增值税申报纳税“一窗式”管理，加强审核比对，堵塞征管漏洞。加强对海关完税凭证、货物运输发票、废旧物资发票、农副产品发票等“四种票”抵扣的管理，防止不法分子骗抵税款。加强对货物运输业的税收管理。做好企业所得税汇算清缴工作，将应补缴税款及时足额征收入库。强化代扣代缴工作，加强对高收入行业和人员的个人所得税征管。大力清缴欠税，严格缓缴税款审批，全面开展欠税清查。进一步优化纳税服务，对税源信息实行“一户式”储存管理，减轻纳税人负担。建立分税种、分行业、分地区和各级分别负责、区局集中监控的税源监控体系，全面落实税收管理员制度，提高税源管理水平。深入开展纳税评估，细化评估指标体系，认真做好纳税评估工作。切实加强各税种管理，提高税收管理精细化水平。加强对建筑安装业营业税的征管。从税源控管上研究可行有效的征管办法，采用多种措施加强征管，最大限度避免和减少税收流失。开展以“依法诚信纳税，共建小康社会”为主题的全国税收宣传月活动，促进经常性税法宣传教育工作。推进税收管理信息化建设，加快信息资源整合步伐，运用科技手段提高征管水平。

【领导名录】
党组书记、局长：袁庆杰
党组成员、纪检组长：群培
党组成员、副局长：陈文通、格桑次仁、旺堆、杨承碧
党组成员、总经济师：谢学忠
党组成员、总会计师：穷达
助理巡视员：次仁南木加

中国银行业监督管理委员会西藏监管工作

【年度特点】2007 年，西藏银监局在自治区党委、政府的正确领导下，认真贯彻西藏经济工作会议精神，坚持以科学发展观统领全局，重视对金融机构总体风险的把握、防范和化解，努力提高银行业监管水平，改进监管方法和手段，注意促进辖区银行业金融机构内控机制形成和内控效果的不断提高。实现了西藏银行业体系稳定和安全运行，切实保护了广大存款人和银行消费者的利益，有力的支持了西藏经济跨越式发展。

【年度情况】2007 年，西藏银监局积极督促辖区银行业金融机构认真贯彻落实中央赋予西藏的特殊优惠金融政策，以科学发展观为指导，合理把握信贷投向，全力支持西藏经济发展。西藏经济在投资和消费的共同拉动下，继续保持跨越式发展的良好势头。西藏银行业金融机构运行平稳，金融秩序稳定，存款持续增长，贷款稳定增加。截至年末，我区银行业金融机构总资产为 602.68 亿元，同比增加 95.68 亿元，增长 18.87%；总负债为 607.56 亿元，同比增加 102.39 亿元，增长 20.27%；所有者权益为-4.88 亿元，同比减少 6.71 亿元；实现账面利润（含部分利差补贴和特殊费用补贴）3.61 亿元，同比增加 0.23 亿元。截至 12 月末，全区银行业金融机构各项存款（本外币）余额 643.36 亿元，比年初增加 97.61 亿元，增长 17.89%；各项贷款（本外币）余额 223.83 亿元，比年初增加 19.70 亿元，增长 9.65%。

【加强监管，促进辖区银行业金融机构稳健经营，健康发展】西藏银监局坚持将各种监管手段和监管环节有机结合起来，强化监管工作的系统性、连续性和有效性，进一步更新监管理念，创新监管方式，开创了西藏银行业监管工作新局面。一是狠抓降低不良资产，资产质量明显提高。按照风险为本的监管思路，西藏银监局坚持从西藏实际出发，以不良贷款“双降”为着力点，督促辖区内各银行业金融机构努力提高资产质量。截至 2007 年 12 月末，全区银行业金融机构不良贷款余额为 36.05 亿元，比 2006 年底增加 7.24 亿元；不良贷款率为 16.58%，比 2006 年底上升 2.08 个百分点。二是严格依法规范监管行为，加大现场检查力度。坚持以银监会现场检查内容和要求为依据，注重以风险为本的监管，注重发挥非现场监管对现场检查的引领作用，注重现场检查方法与成效。全年共开展了 12 次现场检查，检查机构 71 个，通过有效的现场检查，促进了辖区内各银行业金融机构在资产质量、风险管理和内控制度建设、风险集中度等方面较以前有了明显改善。三是加强非现场监管。通过切实强化非现场监管工作，提高非现场监管发现问题的能力，结合现场检查，认真查找银行风险点，及时进行风险提示。针对异地经营贷款、大额贷款、不良贷款反弹等问题，全年共对 4 家机构下发了 16 份风险提示。四是加强对银行业金融机构的市场准入的监管，支持金融创新。始终坚持把准入监管作为监管重点，在综合评估、统一规划的基础上，严格按照法律规定的实施程序、审批权限和时限要求，规范办理各类行政许可事项，完善准入管理制度，确保高质量的金融机构、合格的高管人员和市场急需的金融产品进入市场。

【认真开展专项工作，有效控制辖区内各银行业金融机构各类风险】一是深入开展案件防控工作，切实促进各银行业机构完善内控制度建设。为切实加强对辖区银行业金融机构的管理，遏制案件，西藏银监局在辖区银行业金融机构开展了以加强制度建设为主要内容的查防银行案件专项治理工作，制定下发了《关于进一步加强西藏银行业金融机构案件专项治理工作的意见》。通过开展此项工作，辖区各银行业金融机构案件防控工作进展顺利，内部管理力度明显加大，防范和化解风险能力明显增强，全年全辖区没有发生案件。二是推进处置非法集资工作，防范社会稳定隐患。按照银监会提出的“地方为主、部门配合、明确职责、打防并举、综合治理、重在治本”的总体原则，就处置非法集资工作向西藏自治区人民政府汇报，在政府及各部门的积极配合下，认真落实了非法集资处置工作。三是认真开展银行业突发事件应急预案的演练。为预防或最大限度地减少西藏自治区银行业金融机构突发事件给金融业及其他产业带来的经济损失，预防或最大程度地减轻西藏银

行业金融机构突发事件给金融消费者权益带来的损害，维护西藏金融稳定，西藏银监局结合西藏辖内银行业金融机构实际，按照自治区人民政府、银监会应急管理工作安排，完成了银行业突发事件应急预案的演练。

【深化监管服务，积极支持西藏经济社会发展】一是认真贯彻落实中央赋予西藏的特殊优惠金融政策，贯彻落实国家宏观调控政策，积极支持西藏经济发展。坚持从大局出发，督促西藏各银行业金融机构认真贯彻落实中央赋予西藏的特殊优惠金融政策。要求各银行业金融机构进一步深化对金融与经济相互促进、协调发展重要性的认识，正确处理好支持经济发展与防范和化解金融风险的关系，把促进经济发展作为第一要务，紧紧围绕西藏每年经济工作会议精神，抓住西藏面临的重要发展机遇，按照经济发展和市场变化的要求，结合自身业务特点和优势，加紧制订和实施业务发展规划，增强市场营销观念，科学确定市场定位，积极开拓新的业务领域，不断挖掘优质贷款项目，充分发挥新增贷款对经济发展的支持力度，实现金融与经济的共同发展。二是立足西藏实际，深入开展调研工作。西藏银监局顺应形势的发展变化，根据监管工作的难点、热点问题，有重点的针对西藏房地产信贷方面的问题；举世瞩目的青藏铁路正式通车运行对西藏经济社会发展的影响；西藏银行业信贷投入与经济增长等，积极开展调研10余次，为深入了解掌握辖区内经济社会发展变化情况和银行业的实际，采取切实可行的监管措施，加强监管起到了积极的作用。三是加大了沟通协调和金融宣传工作力度。

中国人民银行拉萨中心支行

【年度情况及特点】2007年，辖区人民银行系统立足西藏实际，以推动自治区经济可持续发展为目标，以提高自治区经济增长的速度、质量和效益为原则，按照西藏经济结构调整的总体要求与重点，及不同地区、产业和行业情况，坚持“保重点、破难点、促热点”和“区别对待、有保有压”的信贷工作思路，明确信贷政策实施的重点，因地制宜，分类指导，督促各银行机构用好、用活、用足中央赋予西藏的一系列特殊优惠货币政策，对信贷资金的配置方向和规模及时进行窗口指导，引导商业银行在合理配置信贷资金基础上适度加大有效信贷投入，以信贷结构调整促进经济结构优化升级，支持全区经济又好又快发展。

截至2007年末，西藏金融机构本外币各项存款余额为643.36亿元，比年初增加97.61亿元，增长17.89%，同比多增7.45亿元。其中，人民币各项存款余额为642.44亿元，同比增加97.89亿元，增长17.98%；比年初增加15.80亿元，增长2.9%，同比多增2.03亿元。全区金融机构本外币各项贷款余额为223.83亿元，比年初增加19.70亿元，增长9.65%，同比少增5.31亿元，增速同比下降4.31个百分点。其中，人民币各项贷款余额为223.47亿元，同比下降4.96个百分点，比年初增加19.76亿元，增长9.7%，同比少增5.31亿元，增速同比下降4.33个百分点。从贷款投向看，支持重点较为突出，“三农”、国家和自治区重点建设项目、特色经济和支柱产业、上市公司和调控企业以及个人消费贷款增长明显。

积极支持社会主义新农村建设。截至2007年末，全区农牧业贷款（含农业生产贷款、扶贫贷款、粮食贷款和乡镇企业贷款）余额为45.37亿元，较年初增加2.62亿元，增长6.12%，全年累计发放农牧业贷款28.46亿元。农牧户小额信用贷款余额达25.20亿元，比年初增加3.90亿元，增长18.29%，“钻石、金、银、铜卡”贷款证已达355257张，覆盖了全区89.51%的农牧户，使用率达87.1%。全区扶贫贴息贷款余额11.30亿元，比年初减少0.86亿元，下降7.04%，全年累计发放扶贫贴息贷款6.90亿元。同时，积极支持农牧民安居工程建设，截至2007年末，辖区各商业银行发放农牧民安居工程贷款余额达8.49亿元，比年初增加2.34亿元，增长37.94%，全年累计发放安居工程贷款4.22亿元。自2005年发放农牧民安居工程贷款以来，共支持了56529户农牧户，建筑总面积达1585.81万平方米。

继续加大对重点建设项目的支持力度。辖区各商业银行分支机构加大贷款项目的营销力度，认真做好重点建设项目的垫贷工作，有力地支持了项目早日开工建设。全年累计发放重点建设项目贷款14.12亿元，支持了一大批涉及交通、能源、城市改造和教育等项目。截至2007年末，重点建设项目及前期费用贷款余额为47.97亿元，比年初增加2.71亿元，增长5.99%。

突出支持特色经济发展，促进产业结构调整。截至2007年末，辖区银行机构向藏医药业、旅游业、民族手工业、矿产业等特色产业发放贷款余额达13.65亿元，比年初增加0.89亿元，增长6.97%。如建行西藏分行向玉龙铜矿、西藏华钰矿业开发有限公司开发的拉屋铜铅矿、山南扎西康铅锌矿等项目累计发放贷款3.3亿元。这些贷款的发放为我区特色经济的发展提供了金融支持，促进了自治区产业结构的调整、优化和升级。

继续支持重点调控企业和上市公司的发展。截至2007年末，农业银行、中国银行、建设银行三家商业银行分支机构向自治区确定的31户重点调控企业发放贷款余额达17.55亿元，比年初增加4.82亿元，增长37.86%，2007年1-12月累计发放13.22亿元。向8家上市公司发放贷款余额达7.24亿元。如建行西藏分行2007年上半年向西藏旅游股份有限公司、西藏天路交通股份有限公司等31户重点调控企业累计发放贷款达2.15亿元。

不断加大消费信贷的有效投入。辖区银行业金融机构认真贯彻执行国家和自治区有关消费信贷政策措施，进一步做好住房、住房装修、汽车等消费贷款，搞活消费市场，拉动经济增长。截至2007年末，全区消费贷款余额39.41亿元，比年初增加6.19亿元，增长18.62%。其中，个人购（建）房贷款余额为35.01亿元，比年初增加4.66亿元，增长15.35%，1－12月累计发放17.00亿元。

【切实防范金融风险，维护金融稳定，金融稳定工作取得新进展】一是加强对辖区金融风险的监测、分析、评估与预警。重点加强了对信托、证券机构的监测，有效地防范了系统性风险的发生。客观、科学地对辖区金融机构风险状况及时作出评价，完成了《西藏2006年金融稳定报告》。二是深入金融机构开展调研，分析、掌握各金融机构风险状况，提高了风险预警能力。着力推进西藏金融稳定评估指标体系建设，积极完善西藏地方法人金融机构金融稳定监测指标。三是切实加强金融稳定再贷款管理，加大不良资产处置力度。对辖区内再贷款实行了分类管理，将已到期尚未偿还的再贷款资金转入了逾期账户管理。积极督促农行西藏分行继续加强再贷款涉及无效资产和资金损失清收、处置工作。再贷款管理取得阶段性重大成果。四是密切关注，积极支持辖区商业银行股份制改革，有效防范和化解系统性金融风险。目前，全区金融运行平稳，态势良好。

【加强和改进外汇管理，外汇管理工作取得新突破】紧紧围绕“推改革、促流出、重监管、抓手段”，认真贯彻落实国家赋予的优惠外汇管理政策，优化审批程序，提高服务质量，重点做好农牧民自产产品的出口和边境互市贸易，促进了对外贸易经济的发展。截至2007年11月末，我区边贸进出口总额为2208万美元，同比增长48.24%，占全区进出口贸易的63.59%。全区银行结售汇总额13467万美元，同比增长72.32%。

一是加快制度建设，完善内部管理。先后制定了《国家外汇管理局西藏自治区分局外汇违法（负面）信息披露工作实施细则》、《国家外汇管理局西藏自治区分局资本项目外汇管理内控制度》等，进一步完善了内控风险管理。二是加快经常项目服务创新，促进贸易便利化。通过简化审核手续，严格办理时限，有效提高了服务质量和服务效率。成功试运行了远程核销业务，切实降低了企业经营成本。三是加强资本项目外汇管理监测力度。积极开展2007年度外商投资企业网上联合年检工作，加大了外资外汇登记及外商投资企业验资询证工作力度，有效防范了非法外汇资金的流入。四是加大国际收支核查力度，切实提高外汇收支分析质量。积极开展国际收支统计申报和现场、非现场核查，纠正了不规范行为。加强国际收支分析、边贸监测等工作。五是立足边境地区金融稳定大局，充分发挥外汇管理服务职能，积极促进外币兑换业务持续、规范开展。六是加强调研分析。对进出口贸易和边贸进行了调研，发现了问题，掌握了情况，提出了对策。

【认真做好金融服务工作，金融服务质量明显提升】统计研究工作。一是加强各类金融统计数据的收集、整理工作，积极推进“金融统计数据集中”，加大了对全区经济金融运行中的重点、热点和难点问题的调研力度，提高了分析能力，为特殊优惠货币政策的决策提供了参考依据。二是加强和完善课题管理，实现课题研究的规范化、制度化，营造“大调研、大信息”的工作氛围和格局，组织和承担了辖区各级人民银行课题的选题、申报、管理、结题等工作。三是积极推动调研课题成果化，加大了向金融刊物的投稿力度。四是组织成立中国人民银行拉萨中心支行金融研究成果评奖领导小组，开展辖区人行系统2007年度金融研究成果评奖活动，有力地促进了辖区人民银行系统调研工作的进一步提高。五是认真完成《银行家问卷调查》和分析上报工作。认真做好金融学会秘书处工作，积极组织会员单位开展科研活动。组织完成了西藏金融学会第四届理事会增选工作。

征信工作。结合西藏自身实际，坚持建设与服务并重的原则，积极发挥征信体系的激励惩戒作用。认真做好西藏征信分中心成立及挂牌等工作，切实履行征信分中心工作职责。一是积极推动西藏征信体系建设，组织召开西藏征信体系建设工作座谈会，撰写《关于加强西藏信贷征信体系建设的意见》，已提交政府研定。二是加大银行信息收集力度，扩大信息收集覆盖面，开发新的信息源。加强对数据库数据质量管理，不断提高数据质量。三是建立企业个人信用信息基础数据库运行监督制度，规范个人信用报告查询业务，认真做好异议处理工作，努力提升征信服务水平。四是非银行信息采集实现零的突破。企业拖欠工资、环保信息已录入系统，企业质检信息的采集已达成初步协议。五是全面启动中小企业信用体系建设工作，积极探索西藏农牧区信用体系建设方法。召开了西藏中小企业信用体系建设座谈会，撰写了《西藏自治区中小企业信用体系建设实施方案》，拟提交政府批转全区执行。六是积极开展征信宣传教育，提高公众诚信意识。编写了《2007年拉萨中心支行征信宣传教育工作计划》，创办了《西藏征信动态》，开展了形式多样的征信宣传活动。七是加强征信市场管理，完善贷款卡年审管理，加大检查监督力度。八是加强征信体系建设调研工作。完成了重点课题《构建西藏征信体系建设的调查与思考》。截至11月底，企业信用信息基础数据库已录入西藏全区借款企业3452户，入库本外币贷款余额129亿元，占全区各项贷款余额的57%，信用证、保函、银行承兑汇票等业务也同时进入了征信系统。个人信用信息基础数据库已录入西藏全区个人信贷账户23万多个，录入消费信贷余额55.94亿多元，占全区各项贷款余额的24%。企业和个人信用信息基础数据库合计入库贷款余额占全区各项贷款余额的81%。

支付清算工作。积极推进现代支付体系建设，加强各业务系统的管理和维护，确保全区资金清算渠道的畅通，切实服务于社会公众的日常支付需要，不断满足社会公众多样化、个性化的支付结算需求。一是积极推动支付网络体系建设。完成了支票影像交换系统、支付管理信息系统、公民联网核查系统、人民币账户管理系统（二期）的上线运行及优化升级。二是改进个人支付结算服务质量。针对拉萨银行机构排队难的问题，中国人民银行拉萨中心支行提出了应对措施。《金融时报》6月26日对我区缓解银行排队的对策作了肯定性报道，自治区领导对中国人民银行拉萨中心支行及时抓落实进行了表扬。三是加大了非现金支付结算工具在农牧区的推广力度。四是大力推进我区银行卡产业发展，积极推广非现金结算工具。支持了银联西藏分公司的筹建工作，努力实现全区银行卡刷卡无障碍目标。目前，银行卡业务已步入专业化、市场化轨道。

反洗钱工作。一是及时修订了《金融机构反洗钱联席会议制度》，首次将证券、保险业纳入反洗钱监管范畴，制定并推行《金融机构反洗钱报告制度》。二是组织开展对银行、证券、保险业的反洗钱现场检查。三是积极探索非现场监管机制，认真贯彻执行《反洗钱非现场监管办法（试行）》。四是加强与公安、反贪局、征信、外汇管理等反洗钱工作部门的沟通协调合作。五是提高大额可疑交易监测分析质量，做好大额可疑数据交易线索的分析上报工作，积极配合反洗钱局开展反洗钱专项行动。

国库工作。一是积极推进财税库银横向联网进程，认真完成我区区级财税库横向联网前期准备工作，制定了《西藏自治区横向联网实施方案》。二是建立健全国库风险控制体系，有效防范了国库资金风险。三是圆满完成了国库实地业务、集中支付业务和国库经收业务的检查工作。四是切实加大国库监督管理力度，进一步规范代理国库业务操作。五是做好财政集中支付改革的指导工作，制定《西藏自治区区级单位财政国库管理制度改革资金银行支付清算办法》，同时加强了对代理银行的监督管理。六是进一步提高国库会计核算质量，准确及时地办理各级预算收入的收纳、划分、报解、入库等工作。七是认真做好国债宣传、发行、兑付和已兑国债的销毁工作。截至11月底，累计组织发行国债10056.3万元。

货币发行和现金管理工作。合理摆布发行基金，实行有区别的现金管理政策，保证了合理的现金供应，促进了农牧区商品流通。一是发行基金调运、管理做到了安全无事故。全年调运发行基金14次。从总行重点库调入发行基金20.99亿元，从拉萨库向各地区调运52.57亿元。二是做好残损人民币的回收、清分和销毁，提高了流通中人民币的整洁度。截至11月底，全区共销毁残损人民币9.57亿元。三是加强发行库管理和检查。对阿里、山南、日喀则、林芝地区发行库和代保管库进行检查，对存在的问题进行通报和责令限期整改。全面推行库房规范化管理，完成发行库区封闭式改造，增加了查库频率。四是认真履行反假货币工作职责，组织开展了大规模反假货币宣传，提高了人民群众的反假货币意识和识假辨假能力，切实维护了广大人民群众的切身利益。截至2007年11月底，全辖共收缴并上交假人民币126.5万余元。

科技工作。一是完成各类新系统的推广运行及旧系统的升级换版。二是认真做好技术支持服务保障工作，确保应用系统和十七大期间西藏辖区人民银行网络与信息系统安全运行。三是加强计算机信息安全管理。制定并与各地区行签订《年度计算机信息安全责任书》。积极开展计算机信息安全检查，确保各类系统正常运行。

【获奖情况】2007年8月，拉萨中心支行被自治区文明办评为“自治区文明单位”。

2007年，拉萨中心支行国库处被人民银行总行工会评为“2003~2006年国库系统先进集体”。

2007年，拉萨中心支行科技处被人民银行总行评为人民银行“学习型组织”标兵单位。

【领导名录】

行长：严思勃

副行长：旺堆、索郎、张伟、单曲、李隆仕

纪委书记：虎新菊

工会主任：王学军

中国农业银行西藏自治区分行

【年度情况】2007年，中国农业银行西藏自治区分行各项存款余额为299.58亿元，较年初增加50.18亿元，增长20.12%；各项贷款余额106.74亿元，较年初增加2.55亿元，增长2.45%，累计发放贷款59.74亿元，累计收回57.18亿元。不良贷款余额（按五级分类）为32.40亿元。

【积极稳妥地做好股份制改革各项基础工作】及时成立了由行长挂帅的股份制改革领导小组和各专业工作小组，并抽调精干人员组成股份制改革办公室，各级行也按照分行的要求成立了相应的股改工作机构，使全行上下都把股份制改革和发展作为各项工作的重中之重来抓，精心安排，狠抓落实，取得了阶段性成效。一是为明确股份制改革工作各项议事制度和工作责任，分行党委多次召开专题会议，研究股份制改革工作，并结合实际，制定了《农行西藏分行股份制改革协调机制（试行）》、《农行西藏分行股份制改革工作目标责任制考核办法（试行）》等制度措施，对工作职责、工作进度、工作质量、信息报送等进行了明确，并把分行机关职能处室和各二级行（部）股份制改革工作的完成情况纳入全行绩效考核内容进行按季考核，从而调动了全行员工参与股份制改革工作的积极性。二是开展股份制改革调研，积极争取政策支持。全行上下围绕改革发展问题开展了广泛深入的调研，特别是9月下旬，分行在股份制改革发展任务十分繁重的情况下，由四位党委成员带队，组成4个工作组深入到昌都、林芝、山南和那曲中心支行的37个经营机构，调查了解和指导各行股份制改革、业务经营、服务“三农”等工作，形成了《农行西藏分行股份制改革调研报告》、《西藏分行服务“三农”总体方案》、《农业银行股份制改革背景下西藏农行服务“三农”的实践与思考》等调研材料，为上级行及有关部门的决策提供了参考依据。同时加强了同自治区党委和政府的汇报协调，自治区政府召开会议专题研究了中国农业银行西藏自治区分行股份制改革工作中土地、物业、资产确权等问题，使中国农业银行西藏自治区分行的股份制改革工作得到了有关部门的积极支持和配合。三是积极稳妥地做好股份制改革各项准备工作。大力开展了不良资产摸底清查、尽职调查工作。本着“实事求是、尊重历史、客观公正”的原则，做好不良贷款责任认定与追究工作。扎实开展资产评估确权工作。截止年底，已累计完成529宗土地确权工作，确权率达99.44%；累计完成767宗房产确权工作，确权率达99.35%，达到了预期的目标。四是完成法律尽职调查工作书面资料归集312卷，并按要求将资料上报总行，在总行的法律尽职调查工作评比中名列全国农行系统第三名。

【加强市场营销，优化经营结构，促进城区业务稳步发展】一是抓好存款业务营销工作，进一步优化了资金成本结构。截止12月末，全行低成本存款余额

2790727万元，占比为93.15%，同比上升3.27个百分点。同时，广泛深入地开展了“金钥匙一春到万家”和规范化服务精细化管理等活动，并以西藏银行业信贷产品推介会为平台，加强“四金”产品的宣传，强化员工的服务理念教育，采取有力措施使全行服务质量得到了不断提高，带动了存款总量的快速增长和结构的不断优化。二是加强信贷营销工作，优化信贷结构。各级行认真贯彻实施自治区“一产上水平、二产抓重点、三产大发展”的经济发展战略，始终坚持“区别对待，有保有压、有进有退”的信贷原则，努力拓展有效信贷市场。加大了对国家及自治区立项的重点项目和基本建设项目的贷款投入，全年营销基本建设项目垫资贷款1.36亿元，余额为7.69亿元，有力地支持了我区交通、能源、水利、科教文卫等基础设施建设。全年共评定“AA”级以上信用等级客户30户，授信额度达45.35亿元。制定下发了《农行西藏分行小企业信贷管理实施细则》，积极支持产权清晰、机制灵活、发展前景和效益良好的中小企业。统一整合了全区个人信贷合同文本，规范了个人信贷业务流程，简化贷款手续，提高办结效率。全年累计发放个人贷款11.04亿元，余额达18.19亿元。通过以上措施使全行新增贷款大部分投向优势行业和优质客户，信贷结构趋于好转，有力地促进了地方经济结构的调整优化。三是积极推广新业务产品，加大了收入结构调整力度。全年实现中间业务收入5665万元（其中银行卡收入3724万元），较年初增加2292万元，完成全年计划的131.74%，多元化的收入格局逐渐形成。大力拓展银行卡和电子银行业务。截至12月末，全行设置ATM机90台，POS机372台；银行卡发卡量483240张；银行卡存款余额达269431万元；POS特约商户达312家；网银业务网点13个，注册客户达2827个，累计交易金额6.56亿元。并完善了网银业务功能，完成了电话银行上线推广工作；大力开展金穗贵宾卡服务，调整了金穗卡自助设备取现额度和次数，推广了银行卡自助设备转账及异地存款业务，进一步减轻了营业柜台压力，充分发挥了银行卡自助设备的效益。理财类产品竞争力明显增强。已代销141只开放式基金，全年交易金额达11.01亿元；全年代销凭证式国债2050万元，兑付国债资金3340万元。积极开办国际业务，各项外币存款余额为4.7万美元，外汇业务经营利润5.5万美元，为实现本外币一体化奠定了基础。

【增强科技支撑能力，做好新推广项目上线工作】按照总行统一部署，完成了会计监管系统、不良贷款尽职调查系统、支票影像系统、CAS与CMS实时交换系统（DIS系统）、财务管理信息系统（FMIS系统）、第三方存管系统、身份证联网检查系统、电子渠道客户信息系统、支付密码系统等的上线工作。对信贷管理系统（CMS）、反洗钱系统、大小额支付系统、计算机辅助审计系统、财务会计报表系统、1104工程系统等各类管理系统进行了升级维护，并配合总行完成了数据中心迁移切换等，增强了功能，畅通了运行环境。同时，做好各级行网络系统的改造工作，制定完善了计算机突发事件的应急处置机制、预案和演练，加强了计算机的安全生产管理，确保了各应用系统的持续稳定运行。

【加快发展农牧区金融业务，积极支持新农村建设】一是加大农牧户到户贷款投放力度。继续做好“钻、金、银、铜”四卡的发放工作，进一步提高贷款证使用率，支持了农牧民春耕生产、接羔育畜、庭院经济、外出务工以及草场承包经营、城乡市场流通等各个环节的合理资金需求。截止12月底，农牧户到户贷款余额达34.40亿元，较年初增加了5.04亿元，增长17.39%，其中，小额信用贷款余额25.20亿元，较年初增加3.90亿元，增长18.29%，新发贷款证17537张（其中，钻石卡288张），发卡总数达到355257张，发证面达89.51%，贷款证使用率达87.10％。二是积极支持农牧民安居工程建设。创新推出了《中国农业银行西藏自治区分行农牧民安居工程贷款暂行办法》，着重强调了必须坚持的信贷原则和操作规程，将农牧民用于发展生产和安居的信贷资金分开操作、分开管理，保证了农牧民安居工程贷款的规范发放和管理，为有效支持农牧民安居乐业，改变农牧区面貌提供了重要支撑。全年累计发放农牧民安居工程贷款4.22亿元，余额达8.49亿元，全年共支持房改户19643户，占全区已实施安居建设5.2万户的37.78%，建筑面积达996万多平方米，使全区11万农牧民的居住条件得到改善。三是坚持“突出重点，兼顾一般”的原则，围绕我区重点贫困县乡，加大扶贫到户贷款投放力度，对持有铜卡和人均收入1300元以下的农牧民、游牧民定居和地方病病区群众搬迁项目、能够带动贫困户脱贫致富的富裕户以及直接惠及农牧民增加收入的农牧业特色产业项目、农业产业化龙头企业项目等，都积极发放扶贫贷款予以支持，全年累计发放扶贫贷款6.80亿元，余额达11.30亿元。通过加大有效扶贫贷款投入，促进了农牧民脱贫致富。四是大力支持农牧业特色产业的发展，促进农牧民增收。按照自治区提出的区域经济特色化、特色经济产业化、产业发展规模化的要求，从建设新农村的全局出发，坚持“扶优限劣、有保有压”的政策，按照“优势资源、优势区域、优势产业、优先发展”的农牧业特色产业发展总体思路和有关具体要求，积极投放贷款，支持了自治区农牧厅等有关部门安排的2007年48个农牧业特色产业建设项目，有力地推动了农牧区特色种植业、养殖业、加工业的发展，为提高全区农牧民收入起到了积极的作用。择优支持了农牧业产业化经营龙头企业和乡镇企业、民族手工业等的发展，全年累计发放各级农业产业化企业贷款1.60亿元，贷款余额为3.67亿元，促进了企业技术进步和提高效益。同时，通过进一步清理和确认粮食企业政策性挂账占用贷款等措施，加大了对粮食贷款的管理力度。全行累计发放粮食贷款9152万元，累计收回9742万元，贷款余额为52636万元。

【进一步强化风险管理，加大不良资产清收处置力度】到12月末，累计清收不良贷款本息28539万元，完成年计划1.5亿元的190.26%。同时，按照总行的安排对全行疑难资产、特殊资产进行了专项清理和调查；积极做好了落实悬空债权、城市信用社无效资产的清收处置工作。制定了《中国农业银行西藏分行风险资产管理信息系统2007年推广方案》，借助和利用现代科技手段实现非现场风险管理监管和控制。

【深化内部改革，完善激励机制】积极推进薪酬分配制度改革，制订了《2007年绩效考核综合评价办法》和分行机关综合考评办法等，按季考核各行、各部门工作业绩，并与绩效工资分配挂钩，兑现了效益工资，进一步激发了经营活力。继续深化用工制度改革，优化人力资源配置。根据总行有关精神，先后制定下发了《中国农业银行西藏自治区分行员工轮岗交流管理暂行办法》、《关于做好2007年员工管理工作的通知》等，对各分支机构高管及重要岗位人员交流、轮岗情况进行了摸排，加强了对员工的管理。推进财务集中改革，完善费用考核激励机制。各行完成了财务管理信息系统的推广应用工作，并完成了县支行以下财务核算同步上收各二级分行的目标。各级行按照“控制机构费用，提高效益费用，实行以收定支，绩效挂钩”的费用分配思路，在兼顾艰苦地区特殊困难的基础上，继续建立完善以效益为核心的费用考核激励机制，调动了各行抓经营、增效益的积极性。

【强化内控建设，保障各项业务依法合规经营】全面落实“四项制度”建设和案件防范工作责任制，落实干部异地交流、员工行为排查、重要部门和岗位人员轮换等工作。加强对案件高发行和高风险业务的重点治理，继续做好商业贿赂专项治理工作，严厉惩处各类违规违纪案件。充分发挥审计等监督部门的作用，加大监督检查力度。顺利推进审计体制改革，建立了隶属于分行的各行审计办事处 7 个，审计工作的独立性、有效性不断增强。深入开展党风廉政建设，做好信访工作。层层签订了《党风廉政建设责任书》，做到了党风廉政建设与业务经营的同部署、同安排、同考核，进一步加大了人事、信贷、财务等重要环节的监督力度，规范了决策和经营行为，从源头上预防腐败现象的发生。依纪依法开展信访核查工作，建立定期排查制度，对重要信访件和上级机关要求查办的信访件进行认真核查，对查证的问题进行严肃处理。高度重视安全保卫工作。各级行认真贯彻落实总分行金库管理专题工作会议精神，层层签订了《安全保卫工作责任书》、《社会治安综合治理目标责任书》及《金库安全管理责任状》，与当地公安部门签订了联防协议，开展了金库安全大检查和枪支弹药管理全面检查，及时指导纠正存在的问题。同时，加大了反洗钱政策宣传普及力度，全年向人行报送可疑交易报告达5000余份，维护了正常的金融秩序。全年未发生刑事案件和治安灾害事故，并成功堵截了2起诈骗案件，为客户挽回经济损失 3.5 万元，确保了经营安全。

【获奖情况】年内全辖有 5 人分别获得全国“金融五一劳动奖章”和农行系统“十大杰出青年”、“劳动模范”、“青年岗位能手”称号，8人获得“西藏自治区银行业服务明星”先进个人；1名员工获得全国少数民族传统体育运动会银牌；9个单位分别荣获“全国巾帼文明岗”、“全国银行业文明规范服务示范单位”和农行“先进单位”、“女职工文明示范岗”、“模范职工之家”称号。

中国建设银行西藏自治区分行

【年度经营发展情况】2007 年，中国建设银行西藏自治区分行全口径存款余额177.47亿元，比年初新增33.29亿元，增幅23.08%；日均余额152.02亿元，比上年新增20.7亿元，增幅15.76%，其中一般性存款日均余额150.54亿元，比上年新增20.62亿元，完成总行计划114%，企业存款日均余额 120.99 亿元，新增14.78 亿元，完成总行计划 108%，储蓄存款日均余额29.55亿元，新增5.29亿元，完成总行计划 131%。年末各项贷款余额76.6亿元，比年初新增7.45亿元，完成总行计划 95%，其中公司类贷款 64亿元，比年初新增 5.9 亿元，完成总行计划101%，个人类贷款12.59亿元，比年初新增1.55亿元，完成总行计划77%。按五级分类不良贷款余额 28335 万元，比年初增加431万元，不良率3.67%，比年初下降0.37个百分点，比总行计划低0.2 个百分点。全行实现考核利润 18,626 万元，比上年减少51万元，完成总行计划124%。中间业务净收入2037.1万元，比上年新增 731.8 万元，完成总行计划120%。

【拼市场抢分额，资产负债业务稳步发展】2007 年，随着国家进一步加强宏观调控，信贷增长总量受到一定限制；另一方面，公司客户在现金管理、结构融资、财务顾问等方面的金融需求日益扩大。储蓄也早已不再是个人客户理财的唯一选择，个人消费金融业务正在引领个人银行市场的发展方向。面对市场与客户需求的深刻变化，西藏区分行业务发展方式着力推进了两个根本转变，即业务结构向传统业务和战略业务并重转变，扩大优质市场份额；客户结构向重点项目客户、机构客户和中小企业客户协调发展转变。

2007 年，中国建设银行西藏自治区分行加强重点客户营销和区域联动营销，分行组建了八一工程、水利电力、优质矿业、交通行业、社保行业、综合类客户等 6 个客户服务团队，直接参与重点项目和客户的营销与服务，培育优质公司客户群体。认真贯彻落实国家宏观调控政策和总行信贷政策，按照“有保有压”的原则，积极调整信贷结构，加大重点项目、重要行业、重点产品和重大优质客户的支持力度，扶优汰劣，取得了较好成效。一是对巴河雪卡电站、老虎嘴电站、旁多水利枢纽、玉龙铜矿、三江流域开发、藏电东送、青藏铁路后续配套工程等重点项目，无论在前期工作中，还是在项目建设期间，通过垫贷、固定资产投资贷款、流动资金贷款、周转贷款，以及审价咨询、结算等多项金融服务工作积极支持项目建设和竣工投产。二是以重要行业和特色产业为龙头，对政府类机构客户、西藏大学、“三甲”医院、“八一”工程、高争水泥、西藏军区农垦团、那曲物流中心、华能西藏公司、客运公司、酒钢龙泰矿业公司在资金、结算等方面全方位地支持，促进了我区产业结构调整和升级，为我区做大做强特色优势产业、培育新经济增长点发挥了积极作用。4月份，西藏区分行成功营销了西藏军区并争取到该客户第一笔定期存款5000万元。武警西藏森林总队、拉日铁路指挥部、自治区公安厅、客运公司等一批优质客户先后落户该行。三是着力支持中小企业和非公有制经济发展。根据总行下发的《中小企业营销指引》，结合西藏实际，对重点、优质中小客户优先支持，做到早支持、早投放、早受益。通过“速贷通”和“成长之路”渠道，着力培育了一批优质中小客户，不仅满足了中小企业客户的金融服务需求，而且提高了西藏区分行金融服务水平。

在抓好公司业务发展的同时，采取有效措施促进个人业务健康发展。一季度“牵手建设银行，尊享新年祝福”，三季度“个人结购汇，建行送好礼”，四季度“金秋银冬，争创先锋”等一系列营销竞赛活动，重点营销理财卡、利得盈、龙卡通、基金、账户金等理财产品，做好重点单位代发工资、CTS第三方存管等业务，联动营销、捆绑营销借记卡贷记卡工作，同时完成理财产品系统、企业网上银行全国实时转账、收单业务系统、个贷新系统等上线工作，巩固和拓展优质客户群体，提升了全行个人业务的市场竞争力。

【创新业务品种，中间业务收入创历史新高】2007年，中国建设银行西藏自治区分行全辖所有的营业机构均开办了基金等理财产品营销新业务，基金、理财产品销售火爆成为中间业务的关键词。个人高端客户在现金管理、投资信托、子女教育、购置房产、医疗保健、文化消费等方面，向银行提出了更多更新的金融服务需求。以财务顾问、上市咨询等为主的投资银行业务，以个人住房贷款、汽车消费贷款、保险、信用卡、基金、银证转账等为主的个人消费金融业务，以及公司、个人客户资产管理业务等等，正在成为西藏金融市场新兴业务的热点。西藏区分行顺应客户财富增值需求，大力拓展基金、理财产品等总行适时推出的新产品、新业务，通过理财产品新系统，对内销售了一期“利得盈”产品，对外销售了“摩根富林明”理财产品，通过证券系统销售基金18000万元，取得了较好的中间业务收入。在营销组合上，客户经理注重将资产业务、中间业务、电子银行、国际业务、信用卡、特约商户以及审价咨询等业务捆绑销售，为客户提供一揽子的金融服务，促进了资产负责业务特别是中间业务的迅速发展。

【强化管理，经营效益大幅提升】为提高财务资源配置和使用的有效性、合理性，发挥其最大限度的价值创造。西藏区分行坚持以经济增加值为核心的激励与约束机制，坚持以经济资本为核心的风险与效益约束机制。对电子银行、网点装修及业务转型、信息项目及战略性业务给予优先安排，提升全行重点业务、战略性业务的市场竞争能力和持续盈利能力；完善综合经营计划考核体系，按照“分类定位、突出价值、兼顾效率、战略导向”原则对考核体系进行调整和完善，基本解决了业务发展中的中短期与长期，局部与整体的突出矛盾，调动了各方面的积极性和创造性，促进了各项业务的又好又快发展；推进全面成本管理，降低经营成本，进一步规范财务管理，明确成本控制工作流程，实现成本控制工作制度化、程序化、科学化，同时加大集中采购力度，扩大采购范围，规范采购流程，严肃采购纪律，最大限度地节约费用，降低经营成本。

【多策并举，不良资产攻坚战取得实质性成效】加强资产质量管理，防范和压缩不良贷款，打好不良资产攻坚战，是西藏区分行一项重要而又刻不容缓的工作。加大对重大不良贷款项目的直接经营力度，对潜在不良贷款则提前介入；创新拓展并灵活运用直接催收、诉讼、减免息、以物抵债等处置手段，尽最大努力处置不良资产，进一步提升了不良资产处置的效率和效果。全行累计处置不良资产11405万元，完成总行计划的223%；实现超值现金回收1683万元，完成总行计划的237%。

【大事记】

2月9日—10日，区分行在拉萨召开全区建行工作会议。

2月11日，自治区党委书记张庆黎视察了建行区分行个贷中心、中心机房和拉萨市城西支行。

5月28日，总行人力资源部冯丽英副总经理一行进藏检查和指导区行人力资源部管理工作。

5月拉萨宇拓路支行荣膺全国级“青年文明号”。

7月20日，建行总行党委委员、副行长辛树森到西藏区分行调研。其间，辛树森副行长与自治区副主席白玛才旺进行了座谈。

7月28日—30日，总行首席风险官朱小黄一行7人对区行进行工作调研与指导。其间，朱小黄首席风险官与自治区政府副主席白玛才旺进行了座谈。

8月8日—10日，总行范一飞副行长到西藏进行调研。

8月31日，由人行拉萨中心支行严思勃行长率领的调研组一行到建行那曲分行进行调研。

10月12日，“情系西藏—中国建设银行与中国建投奖（助）学基金”启动仪式在布达拉宫广场举行。该基金由中国建设银行和中国建银投资有限责任公司共同出资，通过中国扶贫基金会向西藏大中学生提供资助。基金资助金额500万元。

12月31日，自治区副主席白玛才旺在人行拉萨中心支行、区银监局领导和区分行行长颜克忠等的陪同下，代表自治区人民政府亲切看望慰问北京中路支行正在进行年结的员工。

【受省、部级以上表彰情况】公司业务部公司业务部2006年度公司及机构业务先进集体。

公司业务部米玛坚参2006年度公司及机构业务先进个人。

公司业务部景二林2006年外汇业务营销能手。

公司业务部扎西顿珠2006年总行级青年岗位能手。

公司业务部刘洁集团客户关系树清理工作先进个人。

计划财务部文武2006年总行级青年岗位能手。

资产保全部资产保全部2006年度最佳现金回收行。

资产保全部欧小平2006年度资产保全业务百佳工作者。

资产保全部戴卫华2007年度资产保全业务百佳工作者。

信贷审批部杨莉2006年度中国建设

银行优秀风险经理。

风险管理部伍文江 2006 年度中国建设银行优秀风险经理。

纪检监察部刘斌 2006 年度中国建设银行反洗钱工作先进个人。

林北支行毛剑萍 2006 年度中国建设银行反洗钱工作先进个人。

林北支行陈小琳 2006 年总行级青年岗位能手。

城西支行次仁片多 2006 年总行级青年岗位能手。

个人金融业务部个人金融业务部 2007 年度信用卡市场份额奖。

个人金融业务部个人金融业务部 2007 年度信用卡受理环境特别奖。

总行人力资源部 2006 年度离退休干部管理先进集体。

总行周青荣 2007 年度离退休干部管理先进个人。

付佑安 知识型职工优秀个人。

朵森格支行 知识型职工先进集体。

【领导名录】

党委书记、行长： 颜克忠

党委副书记、副行长： 罗文章

党委委员、副行长： 严仕成、韩文贞

党委委员、纪委书记： 次仁顿珠

工会主任： 杨培源

总审计师： 杨劲青

巡视员： 罗布桑珠

中国银行西藏自治区分行

【存款业务】2007 年，中国银行西藏自治区分行人民币存款余额 104.93 亿元，较年初新增 16.87 亿元，完成总行下达计划的 183.37%。其中人民币公司存款余额 81.26 亿元，较上年末新增 14.07 亿元，完成总行下达计划的 200.95%；人民币储蓄存款余额 23.39 亿元，较上年末新增 2.86 亿元，完成总行下达年计划的 143.09%；金融机构存款余额 2879.85 万元，较上年末下降 582.94 万元。

2007 年，中国银行西藏自治区分行各项外汇存款余额 1326.36 万美元，受人民币升值影响，较上年末下降 190.02 万美元。其中，外汇公司存款余额 551.47 万美元，较年初新增 4.76 万美元；外汇储蓄存款余额 774.89 万美元，较年初下降 194.78 万美元。

【贷款业务】2007 年，中国银行西藏自治区分行人民币贷款余额 32.28 亿元，较上年末新增 8.64 亿元，完成总行下达计划的 431.91%。其中，公司贷款余额 22.18 亿元，较上年末增长 6.4 亿元，完成总行下达计划的 640.4%；零售贷款余额 10.1 亿元，较上年末新增 2.23 亿元，完成总行下达计划的 223.43%。

【中间业务】2007 年，中国银行西藏自治区分行实现中间业务净收入 1，834.34 万元，完成总行年计划 140.13%。其中，国际结算产品线实现收入 222.57 万元，完成总行年计划 105.99%；国内支付结算产品线实现收入 105.73 万元，完成总行年计划 151.05%；个人金融产品线实现收入 704.43 万元，完成总行年计划 115.48%；银行卡产品线实现收入 405.76 万元，完成总行年计划 106.78%；托管产品线实现收入 365.26 万元，完成总行年计划 3652.6%；公司产品线、金融机构产品线、资金产品线实现收入 30.58 万元，完成总行下达计划的 105.45%。

【精神文明建设】2007 年，自治区党委、自治区人民政府和西藏军区授予中行西藏自治区分行“爱国拥军模范单位”称号，是我区金融系统获此殊荣的唯一单位。西藏自治区党委宣传部授予中行西藏自治区分行“西藏自治区文明单位”称号。经过巩固和验收，分行营业部保持了全国“青年文明号”、“中国银行业文明规范服务窗口”、总行级“文明优质服务先进单位”等荣誉称号。林芝地区支行巩固了“中国银行业文明规范服务窗口”的荣誉称号，2007 年又被评为总行级“青年文明号”，林芝支行工会被评为总行级“模范职工之家”，林芝支行行长罗玉珍同志被全国妇联评为“巾帼标兵”。日喀则地区支行被总行评为精神文明建设先进单位，被地区评为综合治理先进单位，珠峰分理处被评为总行级“巾帼文明示范岗”。中行西藏自治区分行组队参加总行“迎奥运服务竞赛”，在 32 家一级分行中荣获团体第 15 名。组队参加西藏自治区金融业务技能比赛，获得团体第 1 名。

中国人民财产保险股份有限公司西藏分公司

【年度情况与特点】2007 年，人保财险西藏分公司在自治区党委、政府和社会各界关心、支持、帮助下，在总公司党委、总裁室的坚强领导下，以党的十七大精神为指导，全面贯彻落实科学发展观，围绕中国人保新的发展战略，紧扣又好又快跨越式发展这一主题，认真贯彻落实《国务院关于保险业发展的若干意见》、全国金融工作会议、全国保险工作会议、全国人保财险分公司总经理会议和西藏经济工作会议精神，按照总公司“盈利性、成长性、规范性”的要求，坚持“激活点、强化线、提升面”战略举措，以积极进取的“重塑人保形象、再创人保辉煌”目标引领发展，继续解放思想、大胆创新，在市场主体增加、竞争激烈的情况下，克服高原严重缺氧、人才匮乏、条件艰苦、服务面积占全国 1/8 和社会经济落后等诸多困难，发扬西藏人保“团结、奋进、忠诚、奉献”精神，制定全新工作思路，提出具体工作要求和应对措施，在雪域高原打造了西藏人保一流品牌，实现了西藏人保又好又快跨越式发展。

截止 2007 年底，全年实现保费收入 21697.7 万元，同比增长 28.39%，突破二亿元大关；已赚净保费 18063 万元，同比增长 13.1%。提前 24 天完成全年保费收入挑战目标任务，提前 63 天完成全年挑战目标实收保费任务。10 个考核单位全面完成 2007 年挑战目标保费任务，其中区分公司大商部、那曲支公司、格尔木营业部 3 个考核单位于区分公司完成总公司挑战目标任务前提前完成任务，有 8 个考核单位全年保费收入超过千万元。

【服务社会能力进一步增强】至 2007 年底，公司累计承担风险金额 685 亿元，同比增长 56.5%；共处理赔案 9920 件，同比增加 2274 件；已决赔款 7987.4 万元，较上年同期增加 1775.6 万元，同比增长 28.58%，其中车险赔款 6108.5 万元，同比增长 18.65%；非车险赔款 1878.9 万元，同比增长 76.65%。未决赔案估损金额5753万元，同比增长74.89%。赔付率56%，简单已决赔付率 36.81%，费用率35.76%，综合成本率91.76%。“理赔无忧”活动不断完善深入，保险事故处理的质量和速度明显提高，理赔案件增多，结案周期缩短。

【深入优化人力资源配置，大力加强了队伍建设】2007 年，人保财险西藏分公司加强员工教育培训工作，提高员工素质和能力。为增强公司的竞争能力，提高员工素质和能力，满足公司及员工个人发展的需要，制定并实施了《员工教育培训发展三年规划方案》，较好的完成了2007年员工教育培训工作。组织理赔技能、业务渠道技能、财务核算、办公自动化培训9次，参训人员达386人次，累计课时123小时。选派89人次参加总公司举办的境内外培训，其中境外 7 人次。组织53人参加理赔定损人员定级考试，其中46名参加初级考试，7名参加中级考试。组织28名新进人员参加总公司新员工入司考试。

全面启动员工增值工程。按照员工增值工程活动要求，2007 年为员工增值活动基础年，是全面实施4321的计划年。

积极应用和推广HR系统，加强人力资源管理信息化。派员参加总公司在海口举办的HR系统应用与推广培训；采集全区系统编内和编外员工信息，及时准确录入员工信息；应用合同模块和薪资模块将全辖正式员工劳动合同和机关本部正式员工薪资录入HR系统；应用人员管理模块及时对HR系统进行维护。

以实施《劳动合同法》为契机，全面开展员工清理整顿工作，规范用工管理。全辖系统共清退36名员工，合理控制了用工数量和人工成本，实现人员数量、结构、效率、成本的最优配置。

着手进行绩效考核与评估，激发员工潜能和工作热情。特别是将考核结果与浮动工资、年终奖金挂钩，极大地提高了员工的工作积极性和主动性，在员工中形成了争先创优的局面。2007 年 9月份在全区系统内开展了一期“争先创优”活动，共有13名优秀员工获得“争先创优”表彰。

积极推进人力资源管理制度建设，为人事管理提供制度保障。完成了员工培训办法、员工考勤管理暂行办法、地市分公司员工薪酬发放办法，地市分（支）公司班子成员请假制度加强因公出差报批办法，机关本部员工差旅费报销办法，机关本部公务用车补贴管理办法，机关本部理赔中心查勘人员现场查勘实行差旅包干办法，退休人员待遇办法等，已初步实现以制度管人管事。

【强化财务管理，为精细化管理提供保障】2007 年，人保财险西藏分公司以实施新会计准则为契机加强财务会计工作。按照人保财险总公司的统一部署，克服时间紧、任务重的重重困难，全力以赴推进新会计准则实施，建立全面预算管理体系，强化预算管理，加强资金集中管理，为准确计量、如实反映和核算公司经营状况及成果，提高会计信息质量、会计核算和财务分析的质量提供了有力保障。

2007 年，人保财险西藏分公司积极配合外部监管部门的审计、检查工作，强化依法合规经营意识。在国家审计署对总公司2006年度资产负债及损益情况进行全面审计时全力配合总公司开展了自查自纠专项活动；在四川保监局、成都监察稽核中心对自人保财险西藏分公司2006年度财务工作进行全面财务检查中，上下联动，全力配合，及时提供各类财务检查所需资料，积极配合完成了检查和整改工作。

完善经营绩效考评体系。逐步完善了费用与主要业务规模挂钩的经营绩效考评体系；加强了对各分支机构日常经营管理，按照《财务综合评价评分办法》合理评价预算完成情况、经营效率和效益情况等相关财务指标执行情况，加强对分支机构的管控力度。

优化配置资产，提高固定资产管理水平。认真对现有固定资产的清理和盘查，对新增固定资产进行严格控制和管理，保证了现有资源得到有效使用，降低了使用成本。

加强数据质量整理工作。对各项业务数据规范性、完整性、准确性等进行了多次清理，使公司业务数据质量得到进一步的改善，保证了上报数据质量的准确性和及时性。

【利用奥运平台和西藏人保成立20周年广泛宣传，全面打造西藏人保一流品牌】2007年是西藏人保成立20周年。在发展创一流、服务创一流的同时，充分利用奥运平台和西藏人保成立20周年这一难得机会，大力进行了自我宣传，自我推广，全面打造西藏人保一流品牌。

通过年初西藏人保系统工作会议大力宣传西藏人保品牌。邀请自治区党委、政府领导参会并讲话，邀请区直各单位主要负责人参会并与其座谈，从而加强了与客户的联系与合作，拉近了关系，稳定了老客户，开拓了新市场。

加大与报社、电台、电视台的合作，提高人保公众形象。以分公司成立20周年为中心，以总公司王银成副总裁率工作组赴藏考察指导工作为契机，在党委、政府信息，总公司信息，各报社、电台、电视台上报、发表、发布信息和新闻报导共126篇（次），深入街道、学校、社区、农村宣传78次，使宣传工作做到了“报纸有文字、电台有声音、电视有图像、街道有广告”。

利用奥运平台，在“十一”黄金周开展了客户自驾游和客户节活动。在分公司的统一安排下，各分支机构纷纷行动起来，利用各种宣传形式，开展了宣传活动，扩大了人保的影响力。

将宣传党的十七大精神与宣传西藏人保相结合，努力为西藏各族人民提供民生保障。组织16位党员干部参与自治区党委“万名干部下基层”十七大宣讲团，深入基层、学校、社区宣传党的十七大精神，宣传和谐社会建设、宣传人保品牌、保险知识和险种，提高了西藏人保在社会中的影响，为今后加强网点建设奠定了坚实的基础。

【加强信息技术建设，优化运维流程，提高信息系统效能】一是采用了 ISo9000系列的体系架构，对运维规范进行了修订，提高规范的科学性、覆盖面和可操作性。二是初步建立数据管理体系，逐步推进标准化工作，加强数据管理，深化数据应用，做到在事前、事中、事后几个环节加强控制。三是深化数据应用。重点解决数据口径与总、分公司数据使用方式的问题。四是推广车险新理赔系统，通过理赔流程再造，将定损、报价、核损等功能纳入整体流程管理，提升理赔系统的业务处理能力。五是IT工作层面强调战略的协同和资源的整合，服务集团大局，做好网络依托建设工作。根据总公司统一部署，增加了3条到总公司的专线，把到各地区的专线带宽提到了2M，同时部署了到各地区的VPN网络，提升了对公司营业网点的支持能力，为业务发展提供了保障。六是在OA设备资源未到位的情况下，搭建模拟测试环境，做好OA培训工作，为推广OA系统，提高办公效率奠定了基础。七是全面实施了防病毒体系建设，提高了公司整体防病毒能力。八是积极推进95518改造，解决应用瓶颈，满足发展需求。九是严格自购设备管理，特别在VPN设备管理，降低成本。

【重大理赔】2006年11月30日昌都地区交警队车辆出险，2007年4月4日赔付，赔款金额88.7万元。

5月12日，西藏自治区那曲地区双湖特别行政区发生雪灾，7月5日赔付，赔款金额59.7万元。

5月29日，西藏自治区财政厅车辆出险，6月26日赔付，赔款金额40.59万元。

7月19日，西藏自治区日喀则地区拉孜县发生洪水灾害，8月22日赔付，赔款金额88.7万元。

7月28日，西藏交通实业发展总公司一工地出险，8月21日赔付，赔款金额41.79万元。

8月6日，西藏华新水泥有限公司管道爆炸，10月17日赔付，赔款金额400.5万元。

【重大承保】1月1日，公司承保西藏天路交通股份有限公司建筑工程一切险，保费金额62.36万元。

1月1日，公司承保西藏自治区那曲双湖特别行政区农牧民养殖保险，保费金额61.29万元。

1月1日，公司承保西藏自治区日喀则地区拉孜县农牧民养殖保险，保费金额56.07万元。

1月14日，公司承保西藏云天工程建筑有限公司国道214线建筑工程一切险，保费金额43.87万元。

4月28日，公司承保西藏电力公司林芝巴河老虎嘴水电站项目建筑工程一切险，保费金额40.03万元

6月16日，公司承保区烟草公司财产保险综合保险，保费金额51.43万元。

7月12日，公司承保农行西藏分行营业部责任保险，保费金额58.04万元。

8月31日，公司承保西藏自治区教育厅校（园）方责任保险，保费金额200万元。

9月13日，公司承保西藏高争建材股份有限公司财产保险综合险，保费金额77万元。

中国证券监督管理委员会西藏监管工作

【年度情况与特点】2007年，西藏证监局以推进公司专项治理、提高公司规范运作、保护投资者合法权益、推进辖区资本市场健康稳定发展为主要任务，切实履行辖区监管责任制，探索监管创新。一年来，西藏辖区上市公司股权分置改革工作、上市公司专项治理工作全面完成，上市公司质量进一步提高。全面实现证券公司综合治理工作目标，证券公司进入常规监管并实现创新发展。与当地政府部门进一步加强联系，监管合力明显增强。协同相关部门积极开展严打非法证券活动。认真开展治理商业贿赂专项工作。进一步加强内部管理，力抓党建和廉政建设，加强监管调研和干部队伍建设。通过一年来的努力，西藏证监局证券监管工作取得显著成效，内部管理及机关文化得到全面提升，干部队伍整体素质全面提高，监管合力进一步加强，确保了辖区证券市场持续健康稳定发展。

【认真开展上市公司治理专项工作，切实提高公司治理水平】局党委将上市公司治理专项活动作为2007年的一项重点工作，成立了由局党委主要负责同志为组长的上市公司治理专项活动工作领导小组，为把上市公司治理专项活动落到实处，切实起到督促企业规范运作的目的，西藏证监局结合辖区实际，将治理专项活动计划为六个具体阶段，提出了每个阶段的工作任务和时间要求。首先向辖区各公司下发《关于西藏辖区开展加强上市公司治理专项活动有关事项的紧急通知》，要求公司进行自查自纠，其后组织召开上市公司董事会秘书工作会议、董事长工作会议，通报治理专项活动自查阶段的工作情况，对在治理专项活动存在的认识不足、工作流于形式等问题，要求各公司进一步提高认识，加强领导，切实做好上市公司治理专项活动后续工作。为保证专项活动的效果，西藏证监局结合每一阶段的具体任务以及不同公司的实际情况，采取举办座谈会、约见谈话、协助指导公司制定相关制度、与个别公司控股股东、实际控制人座谈商讨解决相关问题、约见公司董、监事及高管人员谈话、现场查阅、符合性测试、询问有关人员、征询中介机构、下发高管调查问卷等多种方式，严格督促落实公司治理专项活动的开展，有力地推进了辖区上市公司治理活动的全面展开。

2007年11月15日，西藏辖区上市公司专项治理工作按计划全部完成，西藏证监局此项工作在上市部上市公司监管工作考评中获评“A”级。

【贯彻落实辖区监管责任制，全面完成股权分置改革工作】为推动西藏药业的股改，妥善解决西藏药业与贵州益佰股权转让纠纷、达义物业的债务纠纷工作，西藏证监局通过专项核查、监管谈话、下发监管关注函等多种方式，督促各方协调解决贵州益佰股权转让纠纷、达义物业债务纠纷问题，为公司完成股权分置改革扫除了障碍。2007年9月，全辖区上市公司全部完成了股权分置改革工作。

【加大现场检查力度，突出一线监管优势，提高公司规范运作水平】将上市公司治理专项活动、证券公司综合治理和其他监管工作有机结合，按照证监会的统一要求，按照“明确职责、责任到人、完善规程、加强协作、强化落实”的总体思路和“说得清、管的住”的原则，结合日常监管中掌握的上市公司、证券公司风险状况，加大了现场检查的频率和范围，取得了较好的效果。在做好上市公司治理现场检查、证券公司整改验

收工作的同时，结合一线监管责任制的要求和日常监管中掌握的情况，对辖区上市公司、证券公司重新进行了风险划分，并据此制定详细的现场检查和专项检查计划。截至年底，除对 8 家上市公司专项治理活动进行现场检查外，完成了西藏药业的专项核查、ST 珠峰、ST 雅砻 3 家上市公司和西藏证券及辖区基金代销机构的专项检查。树立了监管权威，提高了监管效率、效果。

【重视非现场监管，提高监管工作的敏锐性】（一）认真做好定期报告的事后审查、审核工作。按照证监会相关规定，进一步完善上市公司、证券公司定期报告审核格式、内容、程序，认真做好定期报告的审核工作。就公司资金占用、担保等事项出具专项审计报告并就新旧会计准则衔接中的调节事项要求公司年报审计会计师做出专项说明。为使辖区上市公司更好的完成年报披露工作，与辖区上市公司的主审会计师进行了审计事前事后沟通，从日常监管的角度，向会计师提出公司 2006 年度的审计重点，要求会计师恪守职业道德，提高审计质量。同时，通过与会计师的事后沟通，对公司的风险状况有了进一步了解。对年报审核中发现的问题分别与公司高管进行沟通，通过要求公司报送书面材料、发监管提示函、现场检查等方式掌握问题的真实情况，并督促公司制定具体措施加以防范和化解。及时将公司风险状况报告当地政府，共同防范和化解风险，提高监管效率。

（二）加强信息披露的日常监管工作。一是在做好信息披露日常审核的基础上，努力提高监管敏锐性，积极防范上市公司、证券公司风险。根据日常监管信息，密切关注 ST 珠峰重组工作后资产的持续经营能力；针对 ST 雅砻第三大股东股权被拍卖事宜，要求公司进行说明；针对西藏发展信息披露存在的“打补丁”现象，要求公司从制度上完善信息披露事务的管理；针对西藏药业、ST 珠峰、ST 雅砻股价异常波动的情形，分别采取到公司现场询问、下发监管关注函等方式，要求公司认真履行信息披露义务。二是认真审查临时公告，客观公正、实事求是地分析各种信息的真实性、准确性和完整性，保持合理的质疑。分析各项指标变动的真实性和合理性；关注各类报告的历史性、延续性；分析各类报告的关联性、系统性。进一步完善了重大公告报告制度和与交易所的信息沟通制度，应用三方联动机制，加强了信息的防假、纠假、打假工作。三是对重大资产收购、置换、重组，关联交易，对外担保，变更募集资金投项等重要公告，由各责任人审核其合法、合规性，揭示可能存在的风险，关注事态发展，并提出相应的监管意见，及时与交易所责任人沟通，及时揭示风险，进一步提高了上市公司信息披露监管的有效性，取得了较好的监管效果。四是按照证监会要求，督促西藏证券按期实施信息公开披露制度及做好营业场所“投资者园地”的信息公示工作，鼓励公司采取各种形式披露财务报告和重大信息，如网络平台等，提高信息的透明度，通过实时跟踪及检查督促，切实提高了公司信息披露质量，有效控制了辖区资本市场的风险。

【加强对高管、控股股东及实际控制人的监管】一是进一步完善对上市公司高管人员、控股股东及实际控制人监管的各项基础性工作，规范高管人员、控股股东及实际控制人行为。以完善公司制度为核心，以教育、沟通和检查为手段，督促股东正确履行权利，对股东违法违规行为坚决打击。对辖区上市公司中存在的运作不规范、资金占用、巨额担保、关联交易、控股股东股权质押等高风险公司、高风险环节严加监管，有针对性地采取监管手段，有效、及时防范和化解上市公司风险，做到“三及时”。二是做好证券公司董事、监事和高管人员的资格核定工作，充分利用证券公司高管人员数据库系统，做好董事、监事和高管人员的持续监管工作。进一步完善与区财政厅、信托投资公司的合作监管与沟通机制，督促西藏方董事、监事和高管人员切实履行职责和义务，维护西藏证券公司和投资者利益。

【鼓励支持优质上市公司做大做强，实现上市公司再融资】积极支持与鼓励有意向并具备再融资条件的企业在资本市场实现再融资，帮助其解决再融资过程中遇到的问题。2007 年，辖区有两家公司通过非公开发行方式直接融资 6.17 亿元，其中西藏旅游募集资金 2.04 亿元、西藏天路募集资金 4.13 亿元。

【大力培育和发展拟上市公司，壮大资本市场后备资源】针对辖区后备资源不足的突出问题，紧紧围绕发展壮大支柱产业，特别是特色经济这个重点，积极配合自治区相关部门，加大对企业实行公司制改造和建立现代企业制度的工作力度，多次深入企业调研，并就企业改制、上市发行的规则进行宣讲，帮助企业对治理结构、财务状况及发展思路进行分析和政策指导。一方面，积极帮助企业实现定位和转型，壮大资本市场后备资源，另一方面，切实培育合格的市场主体，严把证券市场“入口”关。

【加强组织领导和协同配合，完善上市公司综合监管协作体系】为推动辖区资本市场的改革开放和稳定发展，2007 年 3 月，在自治区党委、政府的大力推动下，在西藏证监局的积极协调下，西藏成立了由自治区分管金融和国资工作的两位副主席分别担任组长、第一副组长，证监局、财政厅、国资委等各相关部门为成员单位的推进西藏资本市场改革与发展领导小组。2007 年，按照领导小组工作部署，西藏证监局积极开展相关工作，一是召开上市公司联席会议，定期通报上市公司发展与规范的有关情况，统筹研究解决工作中遇到的重大问题，建立信息共享、沟通便捷、职责明确的提高上市公司质量的协调机制。二是及时向领导小组上报辖区证券市场动态，分析上市公司及证券公司存在的风险，提出解决问题的建议。三是陪同自治区政府领导前往上市公司实地进行考察调研，掌握第一手资料，有针对性地解决问题，化解风险。四是将辖区上市后备资源情况及时上报领导小组，积极开展相关培育工作。

【化解风险隐患，督促指导辖区证券公司持续、健康、规范运作、做大做强】（一）全面完成辖区证券公司整改达标验收工作。在西藏证监局的积极督促协调下，西藏证券增资扩股后续工作于 4 月初全面完成，同时，于 4 月 16~17 日对西藏证券进行现场核查验收，验收报告报机构部审核后，以三方签字确认方式固化整改效果，西藏证券已由综合治理转向常规监管，为公司后续发展奠定了良好基础。

（二）进一步强化净资本等风险监控指标的监管，督促公司建立动态的净资本补充机制。西藏证监局在日常监管中充分运用以净资本为核心的风险监控指标，加强风险监控，促进监管手段向指标监管、定量监控转变，形成动态的监控机制，增强了监管的科学性、及时性，提高监管效率、效果。同时，积极协调公司主管部门和股东，督促西藏证券建立动态的净资本补充机制，持续符合净资本指标要求，目前各方已基本形成由股东进行补充的意见，并将尽快按照西藏证监局要求签订相关的协议。

（三）完善监管方式，提高监管效率。针对西藏证券由综合治理转向常规监管的实际情况，为进一步提高监管效率，西藏证监局在原有监管措施的基础上，建立了与西藏证券通过 OA 系统实施日常持续性监管的机制，通过 OA 系统，对公司日常经营运作、重大决策事项、风险控制指标、高风险控制点等实行实时监管，同时监管意见也通过 OA 系统实时发出，有效提高了监管效率。

（四）提高服务意识，遵守市场规律，依法指导、帮助、督促西藏证券创新发展。在督促指导西藏证券加强基础性制度建设的基础上，积极引导、推动公司利用增资扩股和行业资源重组整合的机遇做大、做强，积极协调解决公司在发展过程中遇到的困难和问题，帮助、推动公司进行新营业网点和业务资格申请，进行产品创新、服务创新和组织创新，拓展业务空间，增强盈利能力，转变发展模式，实现可持续发展。

（五）突出重点，全力推进西藏证券客户交易结算资金第三方存管制度的落实。加强组织协调，采取切实有效措施，积极督促、协调、推动辖区证券公司开展相应工作，通过审核总体方案、持续督导、现场检查、约见谈话、日常沟通等各项监管措施，第三方存管工作取得重大进展。截至 2007 年 12 月，西藏证券已基本完成客户交易结算资金第三方存管上线工作，客户上线率达到 99.70%；资产上线率达到 99.55%；小额休眠账户已全部另库存放。实现了下属营业部客户交易结算资金、合格客户、新开客户三个 100%上线，目前工作进度名列全国首位，得到了相关部门的肯定。第三方存管制度的全面落实和按期完成，从制度上有效防范了资金风险，保证了客户资金安全，大大提高了公司抗御风险能力。

（六）认真落实证券公司第一次分类评审工作。根据中国证监会的总体要求，按照《证券公司分类监管工作指引（试行）》规定的程序、内容、要求，本着“客观公正、实事求是”的原则，认真组织实施，力争开好局、起好步，通过严格的公司自评、派出机构初审、机构部终审三级审核机制，圆满完成了本年度分类评审工作，并积累了相关工作经验，为此项工作的持续性开展积累了宝贵经验，打下了良好基础。西藏证券 2007 年分类结果为 B 类 BB 级，处于全国证券公司中上水平。

（七）积极推动西藏证券完善法人治理结构并实现有效运行。本着“指导、督促、协调、规范”的原则，采取得力措施，突出重点，努力提高西藏证券治理水平。一是督促西藏证券尽快完成公司章程的修订工作，完善股东大会、董事会、监事会相关制度，明确权利、义务，形成权责明确，各司其职，有效制衡，科学决策，协调运作的法人治理结构。二是督促公司建立行之有效的合规管理制度，完善内控制度，建立内部激励约束机制，强化内部管理，夯实财务基础，提高抗风险能力。三是督促公司进一步加强董事会建设，规范董事会运行，目前公司已引入了独立董事制度，下一步将督促公司健全合规管理制度。

【加强证券服务机构监管，确保中介机构服务质量和公司财务会计信息质量】 进一步加强了对会计师事务所和资产评估机构在西藏证监局辖区开展证券期货相关业务的持续动态监管。采取发文、谈话等方式，在年报审计前适时介入，提供监管意见，明确关注事项和审计责任，并要求上报审计计划和尽职承诺书；年报审计中加强监管，确保审计质量；年报审计后监督落实相关事项，审阅审计工作总结，并形成年报审计汇总报告和持续监管记录。强化责任追究，对审计过程中出现的违法、违规及未能尽责等问题，依照有关规定严肃处理。同时建立和完善了辖区证券服务机构监管电子档案。

【把握重点、注重实效，推动投资者教育工作深入开展】 一是加强指导，明确任务，促进投资者教育活动有序开展。多次向辖区证券经营机构下发通知，对投资者教育工作进行安排布置，对机构保障、教育内容、长效机制等提出了明确的工作要求。二是为提高投资者教育效果，从辖区投资者以中小散户为主的实际出发，督促证券经营机构认真开展日常性的投资者教育工作。包括完善营业场所投资者教育专栏、广泛张贴打击非法证券活动宣传画、定期开办股民学校，综合运用公司网站、交易系统、培训讲座、手机短信、宣传材料等多种渠道对投资者进行风险警示教育等。三是大力开展专项投资者教育活动。2007 年 5 月份在拉萨市主要街道开展了以“打击非法证券活动、普及证券基础知识”为主题的投资者专项教育活动，通过现场咨询、发放宣传材料等方式开展广泛宣传，参与人数达到 15000 余人次； 7 月份与上交所在拉萨共同举办了有史以来首次大型投资者教育专题报告会，参会人数达到 200 余人，当地和有关媒体都进行了广泛报道，起到了很好的教育效果；自 9 月份起，在《拉萨晚报》设立固定“西藏证券投资者教育专栏”。四是为保证投资者教育工作的贯彻落实，认真开展经常性的督促检查工作，促进了辖区内投资者教育工作的开展和巩固。

【认真开展西藏证券业协会筹备工作】 认真开展西藏证券业协会的相关筹备工作，确定了协会的组织机构、协会章程、运作方式、经费管理等，并于 11 月 2 日正式召开了创立大会，标志着西藏辖区结束了无证券行业自律性组织的历史，协会的正式成立，将对辖区资本市场今后的发展、改革、监管发挥重要作用。

管理与监督

自治区国有资产监督管理工作

【年度情况】2007 年，西藏自治区国资监管工作求真务实、狠抓落实，国有资产监督管理、国有企业改革、国有经济布局和结构调整等各项工作都取得了较大进展。截止 2007 年 12 月底，扣除会计政策变更等不可比因素后，自治区国资委所属企业资产总额达到 59.83 亿元，比 2006 年增长 32.51%，实现主营业务收入 16.07 亿元，比 2006 年增长 7.42%，实现利润总额 3.21 亿元，比 2006 年增长 392.43%，上缴税金 1.84 亿元，比 2006 年增长 39.2%。委属企业职工总人数为 7011 人，工资总额为 1.74 亿元，职工平均工资为 2.48 万元，国有资产保值增值率为 108.51%。

【年度特点】坚定不移地贯彻实施自治区党委、政府提出的“一产上水平、二产抓重点、三产大发展”的经济发展战略，始终把握“理思路、建机制、打基础，强监管、抓改革、谋发展，促优化、争效益”的工作主线，坚持走中国特色西藏特点的发展路子。

【国有资产监督管理取得较好成效】国有资产监督管理制度体系日臻完善。各级国资委从制度建设入手，通过建立健全国资监管制度体系，落实责任，强化监管，坚持以制度管人、管事、管资产，确保了国资监管工作的规范有序进行。2007 年，自治区国资委组织开展了委属企业执行监管制度情况专题调研，针对存在的问题提出了整改措施，同时制定了进一步建立健全制度的工作方案并付诸实施；制定了《自治区国资委所属企业预算管理暂行办法》，建立和完善了企业负责人管理、财务总监管理、职务消费、预算管理和中介机构聘用等方面的规章制度；对《自治区国资委所属企业负责人薪酬管理暂行办法》及其实施细则、《西藏自治区国资委委属企业负责人管理暂行办法》等现行制度进行全面修订，不断充实和完善了各项制度；根据国务院关于实行国有资本经营预算制度的意见，积极配合自治区财政厅，制定了《西藏自治区国有企业资本经营预算的意见》、《西藏自治区国有企业收益收缴管理暂行办法》、《西藏自治区国有企业试编资本经营预算管理办法》；建立了自治区国资委中介机构备选库，聘请了常年法律顾问，依法监管得到保障。各地（市）国资委参照国家和自治区国资监管的有关政策，制定出台了相关管理制度。全区国有资产监管法规体系和制度基本建立。

基础管理不断加强，激励约束机制基本建立。各级国资委紧紧围绕国有资产保值增值，不断加强各项基础管理和激励约束机制建设工作，监管力度不断加大，管理机制进一步健全。2007 年，西藏自治区国资委认真组织开展了“全区国有及国有控股参股企业基本情况大调查”，摸清了企业“家底”。同时，深入部分地(市)国资委及所属企业了解国资监管和国有企业改革工作情况、企业生产经营及发展状况，听取意见和建议。组织人员赴云南、湖南、重庆等省市进行考察，学习借鉴兄弟省市国资监管、国企改革的成功经验和好的做法，进一步开拓了工作思路。建立和完善了企业财务监督、资产运营统计、财务预决算管理和动态监测分析机制。在认真做好企业月报统计和年度财务决算审核及汇总工作的基础上，强化了对企业经营状况、资产质量、成本费用等关键项目的监控，进行动态监测和分析，及时、准确地把握企业运行脉搏，调控能力进一步增强。昌都、林芝、山南等地区全面完成了企业清产核资工作，企业资产质量和运营效率进一步提高。产权登记、财务审计、资产评估、资产划转、产权转让等基础工作进一步规范，国有资产管理能力进一步提高。企业负责人职务消费进一步规范，区国资委所属企业制定了相应的管理办法，规范了企业负责人职务消费行为，企业成本费用进一步降低。企业经营目标落到实处，区国资委对 12 户所属企业 2006 年度经营目标完成情况进行考核，兑现了考核结果。同时与 13 户所属企业签订了 2007 年度经营业绩考核责任书，明确了目标任务。根据自治区政府“将我区国有企业逐步划归国资委监督管理”的精神，结合监管工作及区直国有企业实际，制定了划转方案，与区直企业有关主管部门交换了意见，并向分管领导进行了汇报。

认真履行社会职责，积极促进社会就业。按照自治区党委、政府关于就业、再就业的有关意见，区国资委积极配合自治区劳动保障和教育部门，组织协调监管企业参与 2007 年高校毕业生就业工作，促成 12 户监管企业前往西藏民族学院、西藏大学等大专院校招聘 2007 年应届毕业生，达成意向性用人协议 400 余人次，实际招聘 2007 年应届毕业生 20 多人。同时，圆满完成了自治区下达的 2006 年退伍士兵安置任务。应届大专院校毕业生招聘和退伍士兵安置取得较好效果，为缓解我区就业压力做出了一定贡献。

加强培训，努力提高整体素质。采取多种方式，加大培训力度，委系统干部和广大企业员工整体素质不断提高。2007 年，西藏自治区国资委认真开展 MBA、MPA 培训工作，完成了第五届 MBA 培训，学历班毕业 204 人，学位班授学位 14 人；完成第七届 MBA 招生录取，录取学位班学员 19 人，学历班学员 139 人；第二届 MPA 学位班招生 39 人，教学工作顺利进行；组织开展财务制度培训，选派地（市）国资委业务干部、企业财务人员 30 多人参加国务院国资委举办的财务制度培训；选派委属企业财务人员 17 人参加区财政厅举办的新会计准则、财务通则培训。部分国有企业利用生产经营淡季，积极开展多种方式的业务、技能培训。通过多种方式的培训，委系统干部职工和企业从业人员的业务素质和理论水平进一步提高。

【国有企业改革及国有经济布局和结构调整取得明显进展】新一轮国有企业改革工作全面展开。自治区党委、政府高度重视国有企业改革工作，下发了《关于深化我区国有企业改革的意见》（藏党发〔2007〕9 号），全面启动了我区新一轮国有企业改革工作。召开了全区国有企业改革工作会议，明确了国有企业改革的任务和目标，自治区国有企业改革工作领导小组与各地（市）及企业主管部门签订了国有企业改革目标责任书，落实了改革责任；各地（市）、各行业主管部门组建了国有企业改革工作领导机构，为推进改革提供了组织保障；自治区国有企业改革工作领导小组办公室制订了《自治区国有企业改革宣传方案》，编写了《国有企业改革政策知识问答》，举办了“国有企业改革培训班”，为国有企业改革营造了舆论氛围；自治区相关职能部门制订和细化了国有企业改革配套政策，为国有企业改革提供了政策支持；在自治区财政厅的大力支持下，落实了国有企业改革与发展专项资金，为促进改革发展提供了财力保障。

重点企业改革取得明显成效。2007 年，通过天路股份公司定向非公开发行股票，募集资金 4.1 亿多元，投资建设高争日产 2000 吨级新型干法水泥生产线，这是我区国有控股公司从资本市场募集资金用于工业项目建设的成功尝试；适时启动了西藏矿业定向非公开发行股票工作，以募集资金加快扎布耶盐湖锂资源开发；积极推进资产重组，完成了高争股份与高天水泥以及民爆企业的合并重组，企业竞争能力得到提升，规模效益开始显现；天路集团组建工作进展顺利，旅游集团组建方案基本拟定；8 家上市公司股权分置改革工作全面完成，上市公司市值规模进一步扩大；各地（市）因企制宜，分别采取股份制、联合重组、兼并、转让经营权等多种方式大力推进改革工作，取得明显成效。

企业政策性破产工作加快推进。2007 年，西藏自治区国资委指导督促已批准的政策性破产企业按照法定程序开展工作，对企业上报的《破产工作预案》及向法院申请破产的相关材料进行严格审查，保证了破产工作依法、规范进行；积极争取全国领导小组和有关金融机构的支持，经过与国务院国资委、农总行、信达资产管理公司多次协调，国务院批准同意林盛森工有限公司和林盛新绿营林公司列入 2007 年政策性破产计划；藏北金萨黄金有限责任公司破产清算，完成资产审计、评估、土地清查等基础工作，进入资产处置阶段。

企业债务重组工作取得重要进展。2007 年，拉萨饭店债转股工作完成审计、评估、法律意见等基础工作，职工安置方案经职代会审议通过；西藏宾馆债转股事宜，经过与信达资产管理公司成都办事处协商，在不影响旅游集团组建的前提下，拟着手债转股工作；西藏旅游开发总公司等 4 户企业因客观条件变化，不再实施债转股；与长城资产管理公司成都办事处积极协商剩余企业金融债权划转及确定实施债转股企业等工作。

为减轻企业债务负担，促进企业加快发展，积极实施债权回购，在对我区各类企业不良金融债权摸底调查的基础上，向政府上报了《关于回购我区企业在金融资产管理公司不良金融债权的意见》，并通过政府分别向东方、长城、信达资产管理公司总部致函，由政府分管领导带队与三大资产管理公司总部进行协调，得到了三大资产管理公司的原则支持。

企业住房制度改革扎实推进。2007 年，西藏自治区国资委调整充实了委属企业房改协调领导小组，设立办公室专门负责委属企业房改工作。自治区国资委所属企业基本建立了住房公积金制度，符合自治区房改政策的 8419 名职工，已经参加住房制度改革的 6366 名，占总人数的 75.6%；未实施房改的职工 2053 名，占总人数的 24.4%。

【工业经济发展势头良好】2007 年，通过大力实施“二产抓重点”的经济发展战略，我区工业经济发展势头良好。青藏铁路全线通车运营、林芝机场正式通航、直孔电站建成发电，西藏自治区“十一五”规划项目方案出台，为我区产业建设提供了良好的发展机遇。自治区经济委员会正式成立，标志着我区工业经济发展进入了一个新的阶段。

【圆满完成自治区经济委员会筹建工作】自治区党委、政府高度重视我区工业经济发展工作，决定组建自治区经济委员会，主管全区工业经济发展工作。按照这一精神，自治区国资委牵头组成工作组，在对西部兄弟省区经委的职能配置、机构设置、人员编制及运行方式进行考察的基础上，结合我区实际，上报了组建方案。按照自治区编委下发的“三定方案”，自治区经济委员会于 2007 年 12 月 12 日正式挂牌成立，机构、人员已全部到位。自治区经委的成立，标志着我区有了主管工业经济和产业建设的综合职能部门，必将对我区经济又好又快发展产生重大而深远的影响。

【工业经济加快发展势头良好】工业经济发展速度加快。2007 年，全区工业实现增加值 25.71 亿元，比 2006 年增长 17 .6%，其中规模以上工业企业实现增加值 22.54 亿元，比 2006 年增长 17.6%。全区规模以上工业实现产值 41.36 亿元，比 2006 年增长 18.4%。主要产品产量方面：2007 年完成发电量 16.91 万千瓦时，比 2006 年增长 11.61%；啤酒 8.35 万吨，比 2006 年增长 31.95%；矿泉水 15588 吨，比 2006 年增长 92.11%；铬矿石 12.86 万吨，比 2006 年增长 5.65%。

重点工业项目建设进展顺利。玉龙铜矿一期工程正式通过国家发改委项目核准，已累计完成投资 5.68 亿元，主体工程封顶，并进入安装调试阶段；高争股份日产 2000 吨水泥熟料生产线一期项目正式通过国家发改委项目竣工验收并投产使用，二期项目正式建设进展顺利，土建完成主体工程，已进入设备安装阶段；成都西藏饭店升星改造完成，正式挂牌五星运营；扎布耶盐湖锂资源开发二期工程、雄村铜矿、多不扎铜矿、驱龙铜矿等项目前期工作及拉萨经济技术开发区基础设施建设进展顺利。

企业技术进步步伐加快。2007 年，自治区财政安排技术改造补助资金 1879 万元，解决了 43 个项目的无偿拨款和贷款贴息问题；确定全区民族手工业扶持项目 9 个，安排资金 175 万元；落实中小企业发展专项资金项目 9 个，安排补助资金 490 万元。西藏诺迪康药业股份有限公司国家一类新药重组人脑利钠肽高技术产业化示范工程项目正式列入 2007 年国家高新技术产业化示范工程项目计划，安排补助资金 450 万元。西藏扎布耶锂业高科技有限公司扎布耶盐湖开发一期工程项目获得国家高技术产业示范工程项目称号。

【领导名录】

党委副书记、主任：李震

党委副书记、副主任：帕巴次诚

党委委员、巡视员：严仕金

党委委员、副主任：刘来虎、张涛（援藏）侯长军、江村

党委委员、纪检组长：黄永清

党委委员、副主任：代鹏（博士服务团）

副巡视员：王国新

自治区审计工作

【年度情况与特点】2007 年，自治区各级审计机关共审计和审计调查单位（项目）360 个，查出违纪违规、管理不规范、损失浪费等问题金额 322397 万元，审计决定处理处罚应上缴财政 13906 万元，落实审计决定已上缴财政 4400 万元。向司法机关和纪检监察部门移送违纪案件和违法犯罪线索 12 件；向各级党委、政府、审计署和相关部门报送专题综合性报告、审计简报 28 篇，被采用 13 篇；向有关部门和被审计单位提出审计建议 406 条，被采纳 164 条。审计工作在促进宏观调控，服务经济发展，推进依法行政，促进增收节支等方面发挥了积极的作用。

【财政预算执行审计】一是审计目标定位更有高度。通过对 56 个单位部门预算执行和财政决算进行审计，查出各类违纪违规等问题金额 20784 万元。审计在查错纠弊的基础上，坚持把目标放在加强财政预算管理和强化预算约束力上，放在促进改革并从体制、机制、制度和管理层面分析原因、提出建议上，放在规范财政资金分配和提高财政资金使用效益上。为配合预算执行审计，对 77 个行政事业单位审计，查出违纪违规等问题金额 75719 万元，审计的目标始终放在促进各级领导干部增强依法行政、依法理财的意识上，放在促进被审计单位财务管理的规范和内部控制制度的完善上。二是审计的“民本意识”进一步加强。各级审计机关围绕自治区重大宏观调控政策和涉及人民群众切身利益的问题，对 174 个单位涉及的科教文卫、社会保障、农林环保等财政转移支付资金审计和审计调查，查出违纪违规等问题金额 13892 万元。审计中，着力检查资金管理和政策执行情况，关注资金使用效益和政策执行效果，及时向有关部门反映在专项资金管理、使用中存在截留挪用财政专项资金等问题。日喀则、山南等地区审计局，深化本级财政和县级财政用于农牧区、社会事业、公共服务、社会稳定等转移支付资金的审计，促使政府部门严格按照法定权限和程序行使权力、履行职责。三是审计方法不断创新。审计过程中，坚持把本级财政预算执行情况审计与财政决算审计相结合，注重对大宗转移支付资金从上到下的拨付、到位、管理、落实情况进行跟踪审计，强化预算约束力，保证财政资金安全有效；坚持从财政基本建设专户资金的管理、使用、拨付等环节着手，结合使用大宗基建专项资金项目主管部门进行延伸审计，重点关注财政基建专项资金管理、使用过程中存在的问题；坚持政府采购和国库集中支付审计与财政预算内（外）非税收入执行单位的延伸审计相结合，全面掌握财政预算外专户及非税收入专户资金的管理和使用情况，重点关注隐瞒收入、人为调整年度财力、违规返还财政资金等问题。那曲地区审计局，坚持把揭露问题与整改提高相结合，帮助预算单位将各项收支纳入规范化管理。四是审计成绩得到充分肯定。审计机关针对预（决）算审计中发现的一些带有普遍性、倾向性的问题，及时向自治区政府、财政部门和相关主管部门提出了改进的意见和建议，引起了有关党委、政府和相关部门的高度重视。审计厅向自治区政府上报了《关于 2006 年度自治区本级预算执行的审计结果报告》，并受自治区政府委托向自治区人大常委会作了《关于 2006 年度西藏自治区本级预算执行的审计工作报告》，自治区人大常委会对审计工作，在查处财经领域中的问题，推进依法理财，提高资金使用效益，规范预算管理等方面发挥的作用给予了充分肯定。

【固定资产投资审计】通过对林芝机场、拉萨市金珠西路、曲水至大竹卡公路等项目进行审计，查出各类违纪违规金额、损失浪费和管理不规范金额 90797 万元。拉萨市审计局和日喀则地区审计局，也积极创造条件开展了投资项目审计。一是审计揭示的问题更有深度。审计发现这些投资项目不同程度地存在规避招投标、违规转（分）包工程、出借建设资金、征地拆迁费管理不规范、少缴税费等主要问题。在对林芝机场及曲水至大竹卡段公路整治改建项目进行审计时，揭示了征地拆迁补偿费管理使用不规范、少补偿当地农牧民征地拆迁费等损害人民群众切身利益的问题。二是在投资领域推行效益审计。审计在揭示问题的同时，更加注重分析产生问题的原因，更加注重投资的质量和效益，更加注重生态环境保护以及国家相关政策、措施的落实情况，更加注重从宏观上对建设单位和建设管理单位提出合理化的改进意见。在对林芝机场、拉萨市金珠西路、曲水至大竹卡段公路整治改建项目进行审计时，审减工程价款 2672 多万元。三是注重审计建议的建设性作用。针对建设项目中存在的问题，审计机关提出了加强项目管理、促进改善投资环境、提高投资效益等审计意见和建议。特别针对林芝机场、曲水至大竹卡公路建设项目少补偿当地农牧民征地拆迁费等损害人民群众切身利益的问题，审计厅以《审计信息快报》的方式向自治区政府提出了“政府有关部门要严格按照相关规定管理使用好征地拆迁费；要成立专门的机构，做好征地拆迁补偿及移民工作，使拆迁补偿费如数拨到失地农牧民手中”的建议，引起了自治区政府有关领导的高度关注。

【金融和企业审计】在金融审计方面，按照审计署的统一安排，坚持以财务收支的真实性、合法性为基础，以核实资

产质量为主线，紧紧围绕“风险、效益、管理”的原则，对中国农业银行西藏自治区分行及其分支机构2006年度资产、负债、损益情况进行了审计，揭示了违规发放贷款、个别项目贷款形成损失、内控制度落实不到位、异地经营贷款风险集聚等问题。在审计中，一方面着力揭示了影响国家宏观调控措施落实的重大问题和金融机构经营管理中存在的较大风险。另一方面，高度注重揭露和查处大案要案，通过审计发现并已移送司法机关案件1起，涉案金额1.13亿元。在企业审计方面，通过对16家国有及国有控股企业进行审计，查出违规、管理不规范、损失浪费金额24236万元。审计发现，这些企业不同程度存在少记财政补贴收入、未经批准擅自处置国有资产、漏缴企业所得税、长期投资无收益、有的企业甚至伪造、变更会计凭证等问题。在金融和企业审计中，进一步强化了审计工作的服务意识，不仅发现和揭露了问题，还重点关注并反映了企业和金融机构发展面临的一些深层次问题和困难。针对发现的问题，提出了审计建议和意见，促进加强企业内部管理和内部控制。地市审计机关也增强了为企业发展服务的意识，在对企业审计时，提出了一些强化内部管理、提高经济效益的意见和建议，为推动企业的改革发展起到了较好作用。

【经济责任审计】全区各级审计机关继续坚持“积极稳妥、量力而行、提高质量、防范风险”的原则，受有关部门委托，对60名党政领导干部和7名国有及国有控股企业领导人员进行了经济责任审计。结果表明，干部队伍的整体素质、执政能力和工作水平都有新的提高，为促进我区经济社会又好又快发展发挥了应有的作用。但也存在一些不容忽视的问题：一是查出负有主管责任和直接责任的违规、管理不规范、损失浪费等问题金额72208万元；二是发现挤占建设资金和专项资金、隐瞒财政收入、虚报冒领财政资金等问题；三是揭露了某县人民政府非法出售耕地353公顷、经营主管部门与企业联手弄虚作假骗取项目资金等严重违纪违法问题。经济责任审计普遍受到重视。自治区党委非常重视经济责任审计工作，下发了“成立西藏自治区经济责任审计工作领导小组”文件，这对于扩大经济责任审计工作影响，加强经济责任审计工作的组织领导和计划管理，促进相关部门之间的协作，都起到了积极的促进作用。各级组织部门大力支持审计工作，坚持把经济责任审计，作为考评领导干部，加强党风廉政建设，推进民主政治建设，提高干部管理能力和水平的重要手段。经济责任审计制度建设有进展。起草制订了《西藏自治区经济责任审计工作联席会议制度》、《西藏自治区经济责任审计结果利用办法》、《西藏自治区经济责任审计工作立项制度》、《西藏自治区经济责任审计业务协调制度》等4项制度和办法，在征求相关部门意见后，已上报自治区党委、政府，待批准后执行。经济责任审计思路和方法有创新。各级审计机关不断创新经济责任审计工作思路和方法，围绕党和政府的中心工作，坚持把服务经济发展和社会稳定作为经济责任审计工作的第一要务，努力使经济责任审计工作与科学发展观相适应；在审计方法上跳出了传统的财政、财务收支审计模式，尝试了经济责任审计与财政审计相结合、与企业审计相结合的有效方法，降低了审计成本，提高了工作效率。

【内部审计监督】一年来，全区各级行政机关、企事业单位的内部审计工作，深入贯彻落实科学发展观，坚持“服务大局、深化内控、防范风险、净化环境、促进提高、务求实效”的工作方针，广大审计工作者勤勉工作，忠于职守，依法履行监督职责，为西藏经济社会的发展稳定作出了积极的贡献，内部审计工作越来越受到领导的重视，内部审计的地位日益提高，内部审计的影响不断扩大，内部审计的作用得到发挥。

【“人、法、技”建设】2007年，全区各级审计机关加强了以财务收支管理和廉政纪律为主要内容的自身建设，加强了依法审计和文明审计为根本的作风建设，“人、法、技”建设取得较好成效。组织广大审计人员深入学习了胡锦涛同志在中央党校重要讲话和党的十七大、自治区第七次党代会及七届三次全委会议精神，引导树立正确的世界观、人生观、价值观和社会主义荣辱观，毫不动动摇地反对分裂、维护稳定，确保政治立场的坚定。在各级党委、政府的正确领导和高度重视下，充实、调整了审计机关各级党组班子，战斗力和凝聚力得到加强。审计厅党组坚持“五湖四海”和“三个离不开”的原则，按照“两推”、“一陈述”的程序，报经区党委组织部批准提拔使用了13名县处级领导干部，新提拔使用的这些干部勤勉敬业，群众公认；厅机关先后组织审计机关干部和离（退）休老同志到内地学习考察、参观，组织审计系统部分县处级领导干部到国外短期培训，在拉萨举办投资审计业务骨干培训班，使审计干部队伍的整体素质有了较大提高。审计法制宣传和机关内部管理进一步加强。根据审计署和自治区普法办的要求，制订了《2007年审计机关“五五”普法依法治理工作安排意见》，从制度层面有效保证“五五”普法依法治理工作的顺利开展；结合西藏实际情况草拟了《西藏自治区政府投资项目审计监督条例》，已上报自治区法制办；按照《审计法》和《审计机关审计项目质量控制办法》，开展了审计复核、审计项目质量检查、审计结果落实情况检查；制订了《西藏自治区审计厅审计结果公告暂行办法》和《西藏自治区审计厅审计结果工作流程》，加强推行审计公告制度实施的基础性工作；在2006年的基础上，继续开展优秀审计项目评选，注重发挥示范引导作用，促进审计项目整体质量的提高。内抓管理，外抓纪律，严格执行审计纪律“八不准”和廉政规定，确保审计的独立性。在全区审计系统开展自身财务清理和检查，将清理和检查结果在审计系统内进行通报，同时报送国家审计署，抄送自治区纪检委、财政厅等有关部门，揭露了问题，改进了工作，加强了管理。“金审工程”建设已迈开步伐。在审计署的关怀下，通过中央财政转移支付给我区330万元用于我区审计信息化建设。按照审计署的有关要求，坚持“全区同步”的原则，部署了“金审工程”建设，已委托中国电信西藏分公司，对全区审计信息化建设作了预算和规划。强化了党风廉政建设责任制的落实。全区各级审计机关按照区党委的部署，层层签订了党风廉政建设责任书，细化了责任内容，强化了监督检查。通过对区直、中直、国有企业53个单位回访调查，被审计单位对审计组执行廉政纪律情况普遍反映较好，审计干部业务能力强、作风过硬、廉洁从审，有力地促进了各级审计机关党风廉政建设。

【领导名录】
党组书记：马国超
厅长：贵桑
副厅长：李瑞富、宋民（审计署援藏干部）、张福山（兼纪检组长）

自治区统计工作

【年度情况与特点】2007年，自治区统计局、国家统计局西藏调查总队按照“一个中心、两件大事、三个确保”的新时期西藏工作指导方针，紧紧围绕各级党委和政府的中心工作，坚持以提高统计数据质量为中心，力求统计改革有新突破、统计咨询服务有新内容、统计分析研究有新成就、统计信息化建设有新发展为目标，在促进西藏经济的跨越式发展和社会的长治久安中发挥了的作用。

一年来，自治区统计局、国家统计局西藏调查总队党组，以邓小平理论和“三个代表”重要思想为指导，全面落实科学发展观，深刻领会自治区领导关于《立足科学发展，着眼服务大局，努力开创全区统计工作新局面》的重要讲话精神，根据年初全区统计工作会议确定的我区统计工作的总体要求，以统计援藏为契机，以服务于党委、政府中心工作为主线，锐意进取，不断创新，深化统计体制改革，狠抓统计队伍建设，认真履行职责，突出重点，明确责任，优化统计服务，较好地完成了各项统计任务，为推动我区经济又好又快发展和促进社会全面进步做出了应有的贡献。

【圆满完成了各项年报、定期报表和专项调查任务】统计数据的质量是统计工作的生命。为确保统计年报和定报数据质量，广大统计工作者克服时间紧、任务重、人手少等诸多困难，充分发挥爱岗敬业、乐于奉献的工作作风，发扬“求真、求实、求精、求细”的精神，积极开展各项工作。各级统计部门认真贯彻2006年年报工作会议精神，加强了对年报和定期报表的工作，认真组织实施统计调查，全面落实国家统计报表制度，及时、准确地完成了2006年年报和2007年定期报表数据上报任务。组织完成了2006七地（市）GDP下算和农牧民人均纯收入的核算工作；建立了全区基本单位名录库并实施动态更新维护；进一步加强了部门统计管理，协调指导部门统计工作，积极与有关部门沟通和联系，推进与部门统计的优势互补和信息共享；根据国家统计局的部署和有关单位的要求，认真组织开展了西藏农牧区扶贫监测、群众安全感调查、1%人口抽样调查、国家级旅游卫星账户专项调查、城镇就业和再就业调查、工业企业发展潜力调查、邮政快递服务业市场调查、邮政普遍服务需求等专项调查；通过各项统计专业调查工作，充分发挥了统计部门对经济社会发展的监测功能，取得了大量的统计信息，为各级党委、政府宏观调控和科学决策提供了重要依据。同时，根据国家统计局和自治区党委、政府的要求积极开展了一系列专项调查。此外，还加强了对部门统计业务的指导与检查，部门统计报表工作也取得了较大的进展，极大的丰富了统计调查内容。

【第二次农业普查工作取得阶段性成果】第二次农业普查作为重大的国情国力调查，是2007年统计工作的重中之重，对贯彻落实科学发展观，推进社会新农村建设具有十分重要的意义。一年来，在自治区党委、政府和地方各级党委、政府的高度重视和正确领导下，在有关部门的大力协作下，努力克服普查经费不足、人员抽调困难等不利因素，全力以赴投入到普查中，通过全区各级普查部门和广大普查人员的共同努力，全区第二次农业普查工作取得重要阶段性成果。2007年1月1日，第二次农业普查在拉萨市堆龙德庆县古荣乡加入村正式启动。自治区农业普查领导小组组长、自治区人民政府常务副主席郝鹏同志亲临现场启动仪式，对农业普查工作提出了明确要求，并多次听取农业普查工作汇报，解决有关问题；区局、总队多次组成工作组到各地（市）检查指导农业普查工作。在各级政府、领导的高度重视下，到目前为止，我区农业普查已经完成了普查登记、数据复查、数据审核、快速汇总、光电录入等工作。同时，还认真开展了农业普查事后质量抽查和农业用地核实工作。4月6日，国务院农业普查事后质量抽查组到我区检查农业普查工作，对普查数据质量给予了充分肯定。通过农业普查，摸清了全区“三农”的基本情况，为我区全面建设小康社会和社会主义新农村建设提供了可靠依据。

【统计分析研究质量进一步提高】一年来，区局、总队针对全区经济社会发展中的热点、焦点问题，积极开展基层调研，深入研究经济运行趋势，及时向党委、政府报送有关分析报告，共撰写了各类专题统计分析和调研报告110余篇，区局、总队组织撰写了《青藏铁路通车对西藏社会经济各方面的影响》、《农牧民安居工程进展情况及存在问题》、《构建农牧民增收长效机制的对策与建议》、《西藏与西部地区经济发展比较》、《西藏快递服务业市场调查分析》、《2007年上半年我区消费品市场运行情况及下半年展望》、《上半年全区市场价格运行情况》、《我区国民经济和社会发展跃上新台阶》等多篇分析报告，其中，《我区国民经济和社会发展跃上新台阶》一文受到自治区有关领导、部门的高度重视。部分分析报告获得了自治区党委、政府相关领导的好评。同时认真开展了妇女儿童、农村贫困人口、工业、人口、贸易业、价格等多项监测调查，其中，妇女儿童发展监测工作获得自治区政府妇儿工委的表彰。此外，局、总队将全区统计工作开展情况、经济运行主要指标和统计分析资料以《西藏统计工作动态》、《统计月报》等形式报送给自治区党委、政府领导，为各级领导掌握经济动态，指导经济工作提供了重要依据。

【统计信息服务进一步规范，统计宣传力度不断加大】一年来，自治区统计局、国家统计局西藏调查总队通过定期召开新闻发布会、统计公报等形式，及时向社会发布经济社会发展情况，较好地发挥了统计反映发展、宣传发展、促进发展的作用，为各级党委、政府和相关部门的宏观调控与决策提供了可靠的、丰富的、翔实的依据。此外，完成了西藏统计信息外网建设。统计外网于2007年6月20日正式在互联网发布试运行，随着西藏统计信息网实现互联网发布，进一步加强了统计信息的展示平台，拓宽了统计信息的服务面，满足了社会公众对统计信息的需求。西藏统计信息外部网已经成为西藏统计工作对外服务，展现我区经济社会发展成就的新窗口。同时，我们在继续办好《年鉴》、《月报》、《要情》以外，还充分挖掘统计新闻资源，组织撰写的"新世纪 新跨越——党的十六大以来，西藏经济社会发展取得巨大成就"系列报道，在西藏政府网、西藏日报等媒体上发布，引起了社会较大反响。

【统计方法制度改革取得重要进展】一是根据国家统计局的要求，全面实施规模以上工业企业能源统计制度，积极稳妥地推进大中型工业企业能源联网直报，加大了对重点耗能行业、耗能企业的能源利用状况统计监测力度。二是深化完善了服务业统计制度。积极推进能反映我区服务业发展状况、内部结构和行业发展的统计指标体系建设，加强了对我区服务业发展特点和动态趋势的分析研究，为充分反映服务业发展状况，促进我区服务业又好又快发展创造了条件。三是加强了抽样调查方法在统计工作中应用。规模以下工业已全面应用抽样调查方法，限额以下批发和零售业、住宿和餐饮业也开展了抽样调查方法的试点工作，进一步提高了调查数据质量。四是继续推进 GDP 核算改革，已有部分地市开展了对所辖各县的 GDP 数据下算一级的工作。五是进一步完善了农牧业统计调查指标体系，增加了符合西藏实际的农牧业统计指标和能源统计指标，同时根据国家统计局的要求，认真开展了退耕还林（草）监测调查，使农牧业统计调查工作更加贴近西藏的实际。

【统计体制改革稳步推进】改革创新是统计事业持续发展的动力和源泉，也是"内创和谐、外树信誉、优质服务"的长效机制。2007年6月28日，国家统计局西藏调查总队正式挂牌成立，标志着我区统计工作进入了一个崭新的发展阶段。同时，自治区统计局、总队结合各地（市）的实际情况，制定下达了地（市）调查队"三定方案"，精心谋划、科学实施，积极稳妥地推进了地（市）调查队改革和调查队队长选配工作。有效地保障了调查队改革的顺利进行。经与自治区有关部门积极协调、沟通，自治区编委已经下发了《关于地市统计局机构调整的通知》和《关于自治区统计局有关机构调整的批复》。一是各地市统计局由发改委管理的副处级机构调整为行署（政府）工作部门，为正处级建制。国家统计局各地市调查队与各地市统计局实行合署办公；二是西藏自治区统计局内设机构由副处级机构升格为正处级。

【完成了国家统计局西藏调查总队的组建工作】6月28日国家统计局西藏调查总队成立挂牌。这标志着国家统计局西藏调查总队全面履行所负担的职能，内设的各处（室、中心）经过前一阶段的调整运行，工作基本得到衔接和理顺，各项业务工作开展的有条不紊。为了保证在选任干部上的透明度，局、总队就主任科员以上职务的人选，由人事处牵头找80%以上的干部进行谈话了解，为了避免在用人上的不正之风，对副处长领导岗位的人选进行了公开投票选举、竞争上岗演讲等公开竞争的方式，为了更好的调动大家的工作积极性，在此基础上，对各处（室、中心）的人员进行了调整。7地（市）调查队的机构改革正在有序地进行当中。

【统计基层基础建设明显加强】2007年6月，全国统计系统对口援藏工作会议在拉萨召开，标志着统计援藏工作进入了实质性阶段，给我区统计事业的发展带来了难得的历史机遇。会议上，国家统计局明确表示将继续在资金设备援助上给予倾斜，支持和帮助我区各（地）市统计部门更新部分交通工具。援藏省（市）和我区各地（市）统计部门签定了对口援藏协议书，各援藏省市承诺在资金、设备上加大投入力度，支持受援单位改善办公条件，并解决了部分地区办公设备短缺的问题。在国家统计局和援藏省（市）统计局的大力支持和无私援助下，17 个省（市）统计局为我区 7 个地（市）统计局受援单位配备了计算机55台，打印机19台，援助资金20万元；国家统计局为西藏73个县区配备了计算机、打印机各1台； 11月16日，国家统计局又为我区 7 个地（市）统计局各配备 1 台三菱牌越野车，有力地改善了基层统计部门的交通条件。

【加强了与全国对口援藏省（市）的交流和沟通】自治区统计局、国家统计局西藏调查总队为认真贯彻落实全国统计援藏工作会议精神，加强与对口援藏省市的沟通和协调，局、总队组成五个回访组，于2007年11月5日—11月20日分别带领七地（市）统计局、调查队有关领导到山西、河北、天津、重庆、广东、福建、辽宁、浙江、上海、山东、黑龙江、吉林、湖南、湖北、安徽等 15 个对口援藏的省市开展了回访活动。通过回访，进一步增进了友谊，加深了感情，促进了资金和设备援藏工作，落实了统计智力援藏工作，为继续加强基层统计基础工作奠定了坚实的基础。

自治区工商行政管理工作

【支持产业建设有新进展】2007 年，自治区各级工商行政管理机关紧紧围绕"一产上水平、二产抓重点、三产大发展"的发展战略，坚持开放搞活，营造发展环境，创新服务方式，大力培育和发展特色产业，积极支持国有企业改革壮大，努力促进经济结构的优化升级。内资企业实力增强，2007 年内资企业发展到5010户，注册资金221亿元，比2002年分别增长9.4%和54%，比2006年分别增长1.75%和8.07%。外资企业发展势头良好，2007年外资企业发展到129户，投资总额5.1亿美元，注册资本3.1亿美元，比2002年分别增长37.2%、45.9%和 55%，比 2006 年分别增长 12.17%、14.86%和9.49%。产业发展进一步增强了我区经济实力。

【加快个体私营经济发展有新成果】2007年，各级工商行政管理机关创新政策机制，放宽市场准入，简化审批程序，强化服务意识，提高办事效率，积极鼓励、引导和支持，有力地促进了个体私营经济的大发展。2007年全区个体工商户达到7.7万户，从业人员16.68万人，注册资金18.62亿元，比2002年分别增长59.4%、115%和263%，比2006年分别增长12.21%、24%和29.94%。私营企业发展到4236户，雇工人数8.1万人，注册资本139.62亿元，比2002年分别增长210%、313%和350%，比2006年分别增长24.08%、58.72%和45.80%。非公有制经济的税收2006年首次超过国有集体经济后，2007年更上一层楼，占到68.4%。个体私营经济的发展，在吸纳就业、搞活流通、增加税收、维护稳定方面做出了重要贡献，是西藏经济跨越式发展的生力军。

【服务社会主义新农村建设有新成效】2007年，各级工商行政管理机关立足职能，主动作为，突出安居乐业这个首要任务，深入农牧区，加强宣传动员，积极引导扶持，促进社会主义新农村建设。2007年全区农牧民个体工商户发展到1.75万户，从业人员3.3万人，注册资金2.4亿元，比2002年分别增长83.6%、118%和274%，比2006年分别增长14.5%、34.04%和38.5%。农牧区私营企业发展迅猛，由2002年的26户发展到2007年的429户。经纪人发展到2950人（户），带动年交易额8.85亿元，有力地促进了农牧区经济的发展。

【实施商标战略有新突破】2007年，各级工商行政管理机关高度重视商标事业发展，制定商标发展规划，建立商标培育梯次，发挥企业主体作用，突出重点，宣传引导，全力打造西藏高原特色品牌。2007年全区有效注册商标累计达到1200件，比2002年增长154%，比2006年增长15.6%。推荐认定自治区著名商标四批35件，有3件商标荣获中国驰名商标。品牌意识不断增强，特色产业品牌群开始形成，品牌效应日益显现。驰名商标、著名商标、涉外商标、农产品商标和地理标志的专用权保护力度进一步加强。

【促进就业再就业有新贡献】2007年，各级工商行政管理机关积极提供政策支持，放宽市场准入，实行收费减免，开设“绿色通道”，鼓励以创业促进就业。全区有7684名高校毕业生、下岗失业人员、复退军人、残疾人员从事个体经营或在各类市场主体中实现就业再就业。五年共减免收费3000余万元。为维护社会稳定、促进社会和谐发挥了积极作用。

【食品市场消费安全放心】2007年，各级工商行政管理机关突出重点品种、重点场所、重点部位，扎实开展食品市场专项整治，加强监管执法，清理规范主体资格，强化日常巡查，严厉打击制售假冒伪劣行为，建立食品市场准入制度，积极推进食品安全监管长效机制建设，基本实现了县城以上食品经营主体实行索证索票和建立进货台账达到100%的目标。五年来全系统共查处制售假冒伪劣食品案件1.1万余件，涉案金额1500余万元，有力地维护了食品消费安全。

【广告市场秩序明显改观】2007年，各级工商行政管理机关积极发挥牵头作用，集中整治了医疗、药品、食品、化妆品、美容服务等虚假违法广告。强化广告发布环节的监管，认真落实广告发布的主体责任和责任追究制，健全广告经营单位自律制度、监督制度和资质认证制度，积极推进广告监管长效机制建设。五年来共查处虚假违法广告案件271件，净化了广告市场环境，促进了广告业稳步发展。2007年全区广告经营单位达到324家，广告经营额2.1亿元。

【土特产品市场专项整治取得阶段性成效】2007年，各级工商行政管理机关以清理规范经营主体资格、查处虚假标识和过度包装为重点，加强监管，制定政策，健全制度，着力治本。全系统没收、查扣和强制下架土特产品3.8万余盒，散装产品600余公斤；查扣仿冒包装12万余个、封签5.1万余个，取缔无照经营84户。土特产品质量明显提高，市场秩序明显好转。

【监管制度改革稳步推进】2007年，各级工商行政管理机关全面推行了市场巡查制、企业信用分类监管、商品准入制度、12315维权建设和个体工商户分层分类登记监管等改革，提高了执法效能。建立健全了市场监管执法规章制度。制定了市场主体、市场交易、市场监管、规范执法行为、加强执法监督等规章36个，促进了工商行政管理工作的法制化、规范化、程序化。

【食品安全长效监管机制逐步完善】2007年，各级工商行政管理机关以完善工商监管、经营者自律、社会监督“三位一体”的流通环节食品安全为目标，着力抓好长效监管制度建设，制定了10余项监管流通领域产品质量和食品安全的执法规章，完善并实施重要商品（食品）市场准入制度、食品质量监管责任制度、食品质量承诺制度、食品信息质量公示制度、索证索票制度和进货台账制度，提高了食品安全监管执法水平。

【信息化建设初具规模】2007年，各级工商行政管理机关按照统一规划、因地制宜、分步实施、梯度推进的原则，积极推进信息化建设。编制规划，加大投入，完成了“金信”工程（一期）建设，初步实现了区局与七地市局、部分县局及工商所的联网，开通了电子公文传输系统、广告监测中心、12315指挥中心和门户网站，推行了综合业务系统软件的应用，努力提高现代化监管水平。

【受援工作成效明显】2007年，已落实援助资金1526万元、物资55万元、安排了42名干部挂职学习，总局5年来解决基层建设补助资金、专项业务费、在藏举办执法培训班和信息化设备2900余万元，有力地推动了我区工商事业的发展。

【领导名录】
局长：赵正修
副局长：晁兆峰、徐飞、王树军、晋美次仁
纪检组长：周慧清

自治区质量技术监督工作

【质量管理】2007年，自治区质量技术监督部门加强食品生产源头监管。结合实际、围绕难点、突出重点，将食品生产企业、小作坊全部纳入监管范围，与各食品生产企业签订食品安全承诺书，严格落实食品生产企业、特别是企业法人作为第一责任人的责任。加强对食品生产小作坊的监管力度，2007 年是国家质检总局确定的“食品生产小作坊整治年”，结合专项整治，多措并举，采取限制销售、日常巡查、强制检验、添加剂备案、限期整改、责令停产、依法取缔等多种方法，进一步强化对小作坊的监管机制，全区 1184 家食品生产加工小作坊全部纳入有效监管范围，长期存在的食品质量安全监管重点和难点问题得到有效解决。加强工业产品生产许可证管理，严格省级生产许可证发放，制定了《西藏自治区工业产品生产许可省级发证工作规范》（试行），启动建筑外窗产品类别中的铝合金窗、塑钢窗、彩色涂层钢板窗和验配眼镜等第一批由省级质量技术监督部门负责的生产许可证审批工作。受理 9 家企业的工业产品生产许可证申请，5 家获得生产许可证。

严格落实食品质量安全市场准入制度。食品市场准入范围扩大到 28 大类食品，完成 7 家食品企业的发证、1 家洗涤剂企业（食品相关产品）的发证及 4 家企业的换证工作，全区共 36 家食品生产企业 38 个产品获得食品生产许可证，获证率 75%。

扎实抓好生产加工企业质量状况普查。在 2006 年工业企业普查和食品生产企业质量状况调查的基础上，对全区生产加工企业、小作坊的质量管理、标准化、检验检测能力、产品质量、质量保证能力等情况进行普查，对全区生产加工企业质量状况进行核查，掌握了较准确、全面、科学、翔实的第一手资料，组织编写了《全区生产加工企业质量状况普查工作报告》，为下一步建立分类监管措施和自治区宏观经济管理打下了坚实的基础。

创新质量安全监管措施，完善企业质量档案。在全区生产加工企业质量状况普查的基础上，为每个食品生产加工企业建立质量档案，建立了全区生产加工企业、小作坊动态监管分布图，对获证企业实行一企一档，为下一步实行动态监管打下了基础。加强对水泥、水泥预制构件、玻璃、复混肥、验配镜等 5 类重点产品生产企业质量管理，建立水泥、水泥预制构件、玻璃、复混肥、验配镜生产企业及带肋钢筋、电线电缆生产企业质量档案。全面推行食品生产加工企业添加剂备案制度。建立食品进货验证制度，完善进货检查验收、索证索票、购销台账、质量承诺、不合格食品退市、食品出厂质量检验登记、原材料进厂登记制度，拉萨市、地区所在地城镇进货索证索票合格率达到 98%；县城经营店铺食品进货台账合格率达到 96%；建立原料进货索证制度，企业原材料进货索证率达到 95%。

加强农资管理。将农业生产资料、种子、化肥全部纳入监管范围，违禁农药、兽药和饲料添加剂得到有效遏制。

围绕当地资源，促进特色产业发展建设。以特色农畜产品加工业、藏医药业、民族手工业等特色产业为重点，发展特色工业，培养特色产业，着力培育骨干企业、龙头企业，将特色资源、优势资源培育成为经济发展的支柱产业，并带动相关产业的发展，使资源优势转化为经济优势，形成一批规模较大、竞争力较强、质量较高、信誉较好的高原特色品牌产品，培育出 2 个中国名牌产品、7 个国家免检产品、12 个西藏名牌产品和 23 家质量信誉 AAA 级企业。

优化产业结构。按照科学发展观的要求，围绕转变发展方式，立足西藏实际，采取政策引导、市场运作、部门监管的办法，加快经济结构调整步伐，建立健全企业自律、政府监管、市场机制作用发挥的质量监管体系，全面履行经济调节、市场监管、社会管理和公共服务职能，加强对企业产前审批制度，扶持技术密集、知识密集，低能耗、高产出、高效益的特色产品，积极推进经济增长方式从粗放型向集约型转变，形成有利于节约资源、降低消耗、增加效益的企业经营机制，努力培育科技含量高、经济效益好、资源消耗低、环境污染少、人力资源得到充分发挥的新型工业企业，逐步实现速度、结构、质量、效益相协调，推动经济社会转入全面协调可持续的科学发展轨道。

加快质量兴藏步伐，为西藏经济发展注入新的动力和活力。以质量为中心，建立健全产品质量监管机制，制定促进产品质量提高的具体办法和目标，开展“质量兴业、质量兴厂”活动，引导企业走质量效益型道路，把“质量是企业的生命”的思想贯彻落实到生产经营的全过程，积极推进生产技术、生产工艺、生产设备升级换代，提高产品技术含量和质量水平，增强西藏产品竞争力，推动更多的特色产品走出区门，进入国内市场，推动经济的良性循环和效益的稳步增长。

加大产品质量监督抽查力度。针对西藏产品质量状况，首次编制了 2007 年产品质量监督抽查目录，制定了抽查计划，将复混肥、水泥、钢筋、眼镜、防水建材、手机电池、楼板、成品油、电杆、糌粑、酥油、青稞制品、肉制品、啤酒、白酒、瓶装饮用水、米、面、食用植物油、酱油、醋等与群众生产生活密切相关产品主要产品纳入监督抽查范围，重点抽查了 13 家水泥生产企业的 14 个样品，1 家钢筋生产企业的 2 个样品，1 家复混肥生产企业 1 个样品，31 家楼板加工企业的 44 个样品，136 家加油站的 218 个样品，2007 年检验各类样品 1114 个。

【标准化管理】着眼生产源头，发挥标准化在生产领域、服务地方经济中的基础性作用，制定了全区标准推广、消灭工业产品无标生产具体措施，重点对生产企业标准执行情况进行清理、整治，在生产领域推广标准化生产、消灭无标生产，防止落后的产品标准、落后的生产工艺在西藏组织生产。通过推广标准化生产，企业产品采标率迅速提高，一批国家标准、行业标准、国际先进标准走进企业。完成 22 家企业 64 个产品标准备案，9 家企业 525 个产品的标签认可，20 家企业 53 个食品产品标准技术审查。围绕社会主义新农牧区建设，从群众最关心、最直接、最现实的利益问题入手，优化农业结构，加快发展优质、高产、高效、生态、安全农牧业，大力推广良种良法，科学种植、科学养殖等先进适用技术，加快农业现代化进程，促进传统农牧业向现代农牧业转型。全面展开地方标准制修订，组织各涉农部门对西藏“十一五”农业标准化确定的36项地方标准建设项目进行论证，对16个自治区级农业标准化示范区建设任务进行项目分解，启动了国家级牦牛育肥、藏獒和白绒山羊养殖农业标准化示范区建设，使全区国家级农业标准化示范区总数达到7个。拓宽标准化领域，按照服务“三产大发展”的要求，针对西藏服务业现状，以旅游业标准化为重点，探索交通、运输、餐饮等服务行业标准化管理的办法和途径，在全区开展了服务行业标准化调研，起草了《西藏自治区服务标准化试点工作方案》。

【计量管理】加强计量管理，确保计量准确。抓好定量包装商品计量专项整治，保障定量包装商品、旅游产品、特色产品、零售商品计量准确性。加强重点场所、区域计量监管，商店、商场、超市、宾馆、饭店、酒店、餐饮店、集贸市场计量管理走上制度化和规范化道路。加强计量器具检验检定，全区加油机、集贸市场计量器具、大型工程工地在用计量器具、汽车检测线周期性检定顺利完成。全年检定各类计量器具、衡器3314台，全年计量事业性收费71万余元。

【特种设备安全】继续推进特种设备动态监管体系建设，完善特种设备档案和系统监管网络，对接安全监察数据，推进特种设备安全监察信息化建设，全区特种设备安全监察组织网络初步形成。加大特种设备检验力度，检验特种设备1000余台，下达整改意见书30余份，排查特种设备安全隐患70台（套），锅炉、压力容器、电梯、罐车、槽车、起重设备、游乐设施受检率达95%以上，大型建筑工程特种设备受检率100%。加强特种设备安全监察，特种设备使用登记率、受检率、持证上岗率达95%以上。强化证后监管、严格市场准入，加大重点区域、重点设备监管力度，制定监督抽查、抽检、监管计划，安排了元旦、春节藏历年、“五一”、“雪顿节”、“六一”、“十一”、“两会”期间7次特种设备专项检查。全年整治民用液化气充装站102个、制氧站5个，停业整顿液化气充装站3个，取缔液化气充装站2个。开展车用燃气瓶专项整治，核准拉萨、日喀则两地3家车用燃气瓶安装资格。压力管道、民用气瓶专项整治成效明显，气瓶产权改革步伐进一步加快，气瓶建档不断完善，气瓶定期检验率不断提高，全年全区检定气瓶19万只。

【认证认可管理】理顺认证管理关系，将标准计量处计量认证职能移交认证认可办公室，实行统一归口管理，提高认证工作的有效性。加强计量认证，建立全区计量认证实验室档案，对各实验室资源进行整理、造册，整合各实验室资源，形成合力，全区通过计量认证的实验室31家，其中国家级计量认证实验室5家，省级计量认证实验室26家。加强对认证实验室后续监管，选派4名技术人员参与全区机动车安全技术检验机构计量认证工作，规范各实验室计量认证行为，成功举办全区首届计量认证实验室内审员培训班，培训的学员82人。加强认证管理，对全区生产加工企业档案进行整理和统计，全区有13家藏药企业通过了GMP体系认证，30家企业获得了质量管理体系（ISO9000体系）认证，3家企业获得了环境体系（ISO1400S0体系）认证，3家企业获得了职业健康安全管理体系（GB/T28001-2001）认证，2家企业获得了食品安全管理体系（HACCP）认证，2家企业的6种产品获得绿色产品认证，2家企业的5种产品获得了有机产品认证，1家企业的2种产品获得了CCC认证。在西藏开展认证工作的认证机构达到7家。

【执法打假】围绕食品、农资、建材等质量安全，集中开展执法打假活动，在全区范围内组织了“三大节日”、农资、农村商品市场、絮棉制品、烟花爆竹、食品安全、食品“两打”夏季行动、强制性产品认证、建筑用低压电器、汽车配件、建材及装饰装修材料等专项整治行动。积极组织和配合区有关部门开展了肉制品质量安全、农资、旅游市场、建材市场、食品质量安全、打击自行车盗抢、市场商品价格检查、消防器材用品、月饼专项价格检查、安全防护用品等专项市场清理和监督检查。持续开展粮、油、面、肉制品、酒、瓶装饮用水、食用植物油、酱油、醋、婴幼儿配方乳粉等主要食品违法行为的查处。查处主要案件566起，立案查处案件72起，移送案件2起，其中生产假冒伪劣产品案件9起，无相关许可证案件2起，伪造厂名、产地标志案件7起，标识不符案件3起、标准违法案件3起、计量违法案件6起、其他类型案件22起。责令改正80件。涉案货值294万元，下达处罚决定81万元，实际处罚到位79万元，销毁假冒伪劣产品货值近14万元，监督销毁货值111万余元过期失效药品。

做好产品质量和食品安全专项整治，从9月3日到12月3日，按照国务院和国家质检总局要求，开展了产品质量和食品安全专项整治，八大专项整治任务，20个专项整治目标顺利实现。专项整治期间，检查企业（商户）54633家，对全区29000余户食品生产经营主体进行了清理和规范，查处无照经营492户，查处货值235.52万元，挽回经济损失261.07万元。

【技术机构建设】按照“技术立监”要求，进一步加大技术投入，增加检测设备，提高检验水平。投资近百万元为区局3个技术机构和地市局购置了急需的检验检测设备，缓解了西藏质监系统技术机构建设严重滞后的矛盾，基本满足了当前食品质量检验、工业产品检验、国家和自治区质量监督抽查检验、专项整治检验、各部门委托检验任务。立足实际，推进了技术机构向科学化、规范化方向发展，计量测试所通过国家计量考核；产品质量监督检验所正在创造条件，积极争取通过国家实验室认可考核；特种设备监督检验所质量管理体系建设完成前期准备，资质评审工作稳步推进。

【信息化建设】“金质工程”建设实施方案上报国家信息中心，二次评审筹备工作基本完成。组织机构代码管理进一步规范，全区共办理组织机构代码7099件，其中新办1901件，换证1681件，年检3517件，建成电子档案4250件。加强商品条码管理，对40家企业进行了条码注册登记，对26家企业的条码进行了续展。

【援藏工作】第四、第五批援藏干部顺利轮换。全国质监系统在基本建设、干部培训、技术支援、人才交流等方面继续给予支持。第二次全国质监系统对口援藏工作会议筹备工作准备就绪。

自治区食品药品监督管理工作

【食品安全综合监管】2007年，自治区食品药品监管部门坚持“统筹全局，协调各方”的原则，综合监管合力，积极组织协调有关部门加大综合执法力度。以粮、肉、食用植物油、酥油、边销茶、儿童食品等为重点品种，以城乡结合部、旅游风景区、铁路沿线和农牧区为重点区域，以小作坊、小摊点、小商店、小超市、小餐馆和无证照生产加工为重点整治对象，深入开展食品安全专项整治，进一步规范了食品市场秩序。据不完全统计，在食品安全专项整治中，全区农牧、质监、工商、卫生、商务、进出口检验检疫、食品药品监管等部门共出动执法人员1000余人（次）、车辆283台（次），检查市场主体9000余户，取缔无证照经营48户，停业整顿27户，限期整改32户，暂扣卫生许可证2家，捣毁非法加工店3家；查缴各类不合格食品330余种，货值20余万元。

【食品安全事故应急体系建设】西藏自治区食品药品监管局积极会同拉萨市食品药品监管局开展西藏自治区重大食品安全事故（III）应急演练筹备工作。及时发布食品安全预警公告，提高重大食品安全事故应急保障能力，最大限度地减少重大食品安全事故对人民群众生命健康和身体安全带来的危害。开展了对酥油、糌粑和水产品、粮油制品、肉及肉制品、蛋及蛋制品、奶及奶制品五大类食品12个品种的安全调查与评价，实施检测内容包括氯霉素、苏丹红、青霉素、蛋白质等31个项目。利用检验数据，进行食品安全风险分析，为科学的食品安全评估和预警指标体系，提高食品安全综合监督工作的针对性、目的性和有效性打下了基础。在夏季细菌性食物中毒事件的高发季节，西藏自治区食品药品监管局及时发布食品安全预警公告，提醒公众增强自我保护意识，把好“病从口入”关；告诫各餐饮业单位和集体用餐配送单位严格按照食品卫生许可证核准的方式和范围从事食品生产经营活动；要求西藏各级食品监管执法部门加强对各类食品生产经营单位的监督检查。由于采取多方面的措施，以往细菌食物中毒事件高发地区的发生率有了明显的下降。在内地省市发生的多宝鱼和假劣清真食品事件曝光后，西藏自治区和各地（市）食品药品监管局及时协调相关部门开展了多宝鱼事件排查和假劣清真食品清查工作。

【食品安全综合评价工作】在总结前三年综合评价工作经验的基础上，2007年，西藏自治区食品药品监管局制定了《2007年食品放心工程综合评价方案》。经自治区人民政府同意，2007年，自治区食品安全委员会组织了5个工作组深入到7地（市）、23个成员单位对食品放心工程实施情况进行了综合评价，推动各地（市）落实食品安全工作，促进了食品安全工作的深入开展。

【“五小”整治工作】小作坊、小摊点、小商店、小超市、小餐馆等“五小”食品行业是分布最广、存在问题最多、监管难度最大的食品销售渠道。2007年，西藏各级食品监管部门认真贯彻西藏自治区卫生厅、工商局、质量技术监督局会同西藏自治区食品药品监管局联合下发的《关于开展小作坊、小摊点（流动摊贩）、小商店、小超市、小餐馆等“五小”食品行业专项整治的通知》精神，结合本地本部门实际，开展专项整治工作，切实改变了“五小”食品行业无证无照经营、基础设施不到位、经营管理不规范、环境卫生差等状况，建立健全索票索证制度，消除安全隐患，确保消费者饮食安全，取得了一定成效。同时，进一步加大了对食品卫生安全知识和相关法律法规的宣传力度，切实增强食品从业人员的责任意识和安全意识。

【食品安全示范县建设】2007年在继续做好西藏林芝地区波密县国家级“食品安全示范县”创建工作的基础上，西藏自治区各地（市）食品药品监督管理局按照《关于进一步加强和推进食品安全示范县建设的通知》要求，积极争取本地政府的支持，组织协调相关部门，结合本地实际，认真做好全区7个“食品安全示范县”创建活动。同时，加大了对农牧区食品市场的整治力度，加强了农牧区食品安全网络建设。继续加大对食品安全综合监管员、协管员、信息员培训力度，健全农牧区食品安全监管网络，建立健全县乡食品安全协调机制，落实食品安全监管责任，切实做好农牧区食品安全工作。

【整顿和规范药品市场秩序】一是整顿和规范药品、医疗器械研制秩序。2007年，西藏自治区食品药品监管局完成了对全区17个在审药品和1个医疗器械产品的注册核查工作和对294个文号来源的真实性清查工作，并积极开展了“一药多名”问题集中治理工作。

二是整顿和规范药品、医疗器械生产秩序。西藏自治区食品药品监管局对近年来曾有过违法违规生产行为的企业、GMP跟踪检查中问题严重的企业和药品抽验不合格的企业列为重点整治对象，认真组织开展了检查。在各地（市）食品药品监管局对辖区内药品生产企业GMP执行情况进行全面检查的基础上，自治区食品药品监管局又进行了跟踪检查，确保了各药品、医疗器械生产企业能够严格按照GMP要求进行生产。

三是整顿和规范药品、医疗器械流通秩序。西藏自治区食品药品监管局以清查药品、医疗器械经营主体资格为重点，全面清查了挂靠经营、超范围经营，出租或转让柜台，以及“健字号”、“消字号”、“妆字号”等产品与药品混淆等问题。以药品、医疗器械进货渠道、购销记录、入库验收、在库养护以及从业人员在职在岗等为重点，对全区药品、医疗器械经营企业进行了全面监督检查。一年来，对通过GSP认证的药品批发、零售企业进行了434次GSP跟踪检查。针对在监督检查中发现的部分基层药品使用单位存有过期失效药品的问题，及时会同监察、卫生部门联合下发了《关于进一步清查医疗机构过期失效药品的紧急通知》，在全区范围内开展了专项监督检查工作。对区域性批发企业西藏自治区医药公司麻醉药品和第一类精神药品购销加强了管理，启动了特殊药品经营企业的巡检制度。同时，充分发挥地（市）局综合监管的功能，加大了第二类精神药品的监管力度，在国家局的指导下建立了西藏自治区特殊药品监控信息网络，形成了国家局、自治区局、市局和区域性批发企业间特殊药品动态监控体系。

四是整顿和规范药品、医疗器械使用秩序。严格按照整顿和规范药品市场秩序及医院制剂许可证换证工作的要求，西藏自治区食品药品监管局对1家藏医院制剂室进行了检查验收，换发了制剂许可证。自治区各地（市）局结合工作实际，会同卫生部门制定了加强对医疗机构药房药库管理制度，建立了经常化、不间断、有重点的日常监督格局，加大了对医疗机构药品、医疗器械进货渠道、在库养护、使用情况的监管力度，推进了医疗机构药品、医疗器械规范管理。

2007年，西藏自治区食品药品监管局共受理审查了18项药品注册申请，审核了131项药品补充申请事项，复核了216个品种的质量标准；完成了7个地方药材标准初审、3个地方药材标准的审批及对所有批准文号品种标签和说明书的审核，完成了西藏自治区44个中药保护品种的年度调查工作；审查核发了21个医院制剂批准文号，为1家医用氧生产企业、7家医疗器械经营企业核发了许可证；33家药品经营企业通过了GSP认证，1家药品生产企业通过GMP再认证。西藏自治区食品药品监管部门共查出假劣药品、医疗器械货值130万元；清查销毁过期失效药品一千多个品种（批次），货值550余万元。查处各类违法违规案件223起（移送司法机关16起），取缔无证药品、医疗器械经营户19家，注销1家药品经营许可证和12家医疗器械经营企业许可证，核减1家企业的生物制品经营范围，停业整顿6家，责令限期整改131家，查处超范围、超方式药品经营企业16家，有力地打击了制售假劣药品的不法行为，促进了西藏药品市场的健康发展。

【不合格药品专项清查】2007年，按照国家局的部署，西藏自治区食品药品监管局在全区范围内对“广东佰易”事件涉及的药品、假“人血白蛋白”、假“青霉素V钾片”和中成药非法添加化学药物进行了专项检查。共查出标示为长春海外制药集团有限公司生产的不合格“青霉素V钾片”25150盒；查出标示为中国生物技术集团公司上海生物制品研究所生产的不合格“人血白蛋白”3376瓶。对查出的假劣药品，按规定及时进行了处理。针对人血白蛋白专项监督检查中暴露出的问题，西藏自治区食品药品监管局还在全区范围开展了血液制品、疫苗、菌苗、类毒素苗、抗菌素和诊断用品的专项检查。

【藏药制剂、药材市场检查】西藏自治区食品药品监管局针对在执法检查中发现的销售假虫草、药品经营企业销售医院制剂、无证经营藏药等问题，及时组织在全区范围内开展了藏药医院制剂、冬虫夏草、西红花、雪莲花、红景天等西藏特有药材的质量检查，对存在问题的企业依法进行了处理，净化了西藏药材、藏药制剂市场。

【医疗器械产品专项检查】随着近几年医疗器械产业的飞速发展，西藏自治区食品药品监管局突出了对医疗器械重点环节和重点品种的监督检查。结合实际，依据相关的法律法规，西藏自治区食品药品监管局已授权各地（市）局在一定范围内开展了医疗器械行政审批工作。西藏自治区食品药品监管部门重点对一次性使用无菌医疗器械、隐形眼镜及护理用液、胎儿检测设备、橡胶避孕套及《国家医疗器械质量公告》中涉及的不合格产品和软组织药物导入治疗仪、骨质增生治疗仪、体外结肠净化仪等产品进行了专项检查。对存在擅自变更企业名称和质量管理人员以及各项记录不全等问题的企业，及时下达了责令整改通知书。

【食品、药品抽验】2007年，西藏自治区食品药品检验所完成食品、药品、医疗器械检品共1501批。其中，药品1151批，委托检验168批，不合格26批，不合格率15.47%；注册检验634批，不合格86批，不合格率13.56%；监督抽样160批，不合格18批，不合格率11.25%；国家评价性抽验189批，不合格2批，不合格率1.05%；医疗器械26批，不合格3批，不合格率11.53%；食品324批，其中国家评价性抽验150批；地区评价性检验136批，保健食品4批；地区专项监督抽查34批，不合格10批，不合格率29.41%。

【药品广告审批和管理】西藏自治区食品药品监管局积极会同有关部门开展了药品、医疗器械广告专项整治工作；按照新颁布的《药品广告审查办法》及《药品广告审查标准》的有关要求，加大了药品、医疗器械广告的检查力度；对违法发布广告情节较为严重的“根痛平颗粒”，提请北京市食品药品监管局撤销其广告批准文号；对严重违法发布广告的陕西摩美得制药有限公司生产的“气血和胶囊”采取了暂停销售的行政强制措施。同时，继续加强了药品广告监测工作，集中清理以公众人物、专家名义证明疗效的药品广告；对发布严重违法广告的药品，坚决采取行政强制措施予以下架；对涉及严重违法药品广告的企业，采取更加严格的产品抽验、GMP跟踪检查等监管措施，并作为不良记录予以通报，基本治理了虚假广告欺骗、误导消费者的问题。

【ADR监测】2007年，西藏自治区食品药品监管部门进一步加强了药品医疗器械不良反应监测和上报工作。通过对药物滥用监测数据的分析，了解掌握了全区毒品滥用基本情况，预测了西藏自治区毒品滥用趋势，为制定禁毒政策提供了依据。一年来，西藏自治区ADR监测中心及时向国家局报告药品、可疑医疗器械不良反应（事件）个例报告表109份、药品不良反应/事件定期汇总表2份、药物滥用调查表234份。

【食品药品安全宣传】西藏自治区食品药品监管局按照《西藏自治区食品安全宣传教育纲要（2007—2010）》，制定下发了《2007年食品宣传教育活动要点》，印制了藏汉文《食品安全12守则》和《食品安全“黄金定律”》等宣传资料，编印“药品不良反应知识问答”等科普小册子，利用“关注民生、安全用药”宣传月、“食品安全宣传周”、“3·15”、“三一”（每个地市局确定1个学校、1个社区、1个村镇作为本地区宣传教育活动示范点）、“三进”（食品安全宣传进农牧区、进社区、进学校）等宣传活动，向广大群众宣传食品药品安全基本常识。

【农牧区药品“两网”建设】2007年，西藏自治区各地市充分利用县、乡（镇）、村卫生资源优势，规范现有药房用药管理，在将符合要求的县、乡、村医疗机构药房纳入药品供应网的基础上，还在全区县及县以下建立了116个药品零售供应网点，方便了农牧民群众用药。为加强对药品监督协管员的管理，充分发挥其作用，西藏自治区食品药品监管局制定下发了《药品协管员工作职责》、《西藏农牧区药品监督协管员管理办法》等配套措施。各地（市）局加强了对辖区内聘任的药品监督协管员的培训工作，并发放了《药品协管员证书》和相应的藏汉文宣传资料。林芝地区局在总结波密县药品“两网”建设示范工作经验的基础上，进一步向辖区其他6个县推广示范。拉萨市局为进一步规范供应网点的药品管理，制定了各项药品管理制度和药品配送流程。截止2007年底，西藏食品药品监管部门共聘请药品协管员1116人，建立了覆盖乡（镇）的药品监督网络。

【领导名录】

局　长：卢彦朝

副局长：白玛桑布、周文凯、董寿如、张河战

纪检组长：罗红

西藏出入境检验检疫工作

【年度情况与特点】2007年，西藏出入境检验检疫局检验检疫出入境货物2630批，货值20201万美元，与2006年同期相比（以下简称同比）增长8.2%和24.7%。其中，出境2397批，货值19094万美元；检验检疫不合格31批，全部为出境，货值24万美元，同比分别增长42%和9%。签发普惠制原产地证40份，261万美元，一般原产地证8份，33.2万美元；检疫汽车23840辆次，同比增长27.4%，其中：出境9397辆次，入境14443辆次；检疫飞机444架次。出入境人员查验115327人次，同比增长42%；完成出入境健康检查1478人次，发现病例58人次，其中检出梅毒阳性6例，乙肝14例，丙肝1例，其他37例；预防接种140人次，艾滋病监测231人次；签发从业人员健康证440份；检疫行李269568件，国际邮包1663件；布设实蝇监测点120个，监测虫头数6165头。其中，南瓜花实蝇3962头，桔小实蝇1986头，待鉴定实蝇12种，217头。从852名尼泊尔司乘人员中检出HIV可疑1例、梅毒阳性21例，乙肝9例，丙肝5例；从被检查的739名口岸从业人员中，检出梅毒阳性21例，乙肝52例，丙肝2例。

【产品质量和食品安全专项整治效果显现】领导重视、全面动员。按照国家质检总局和自治区专项整治的总体部署，西藏出入境检验检疫局迅速成立了领导小组，多次召开党组会、处长会、全体职工大会进行动员部署，党组成员带队，23名处及以下干部组成工作组分赴口岸一线检查指导，全局工作重心下移，人、财、物为专项整治工作开绿灯。

突出重点、注重实效。根据西藏的实际，把樟木口岸作为专项整治工作的重点地区，把边贸进出口产品质量和食品安全作为重点领域，把农产品、食品、家电、玩具、轻工纺织类作为重点产品，同时确定严查禁止进境物作为亚东、机场的整治重点，严禁动物及其产品进境作为普兰局的整治重点。坚持打击与整治、扶优与治劣、治标与治本相结合的工作原则，针对不同的工作重点，制定了相应的措施，效果显著。

突出难点、初显成效。在拉萨联合工商、海关等单位对区内三地一市一口岸，开展了为期一个月的进口食品质量安全抽样调查。在口岸对进出口商品加大检验检疫力度，针对流通领域的商品和个体经营商联合工商进行了拉网式的监督检查。在专项整治工作中，共查处存在严重质量问题服装、玩具、皮鞋等出口产品11批，货值49万元；查处未加贴检验检疫标志的出口白酒1万件，货值12万元；查处问题打火机120箱，货值15万元；查处9类12个品种的过期食品；查处了一批单证不全、质量不合格的冻肉产品、食品、化妆品等进口商品；查处无《卫生许可证》的食品经营商户32家。针对存在严重质量问题的商品，会同口岸相关部门开展了声势浩大的集中销毁活动，有力维护了“中国制造”的国际形象。通过为期四个月的“查、治、管、扶、建”五项措施的到位，口岸出口食品已实现了100%加贴“QS”标志；出口家电产品已基本实现100%加贴“3C”标志；对非法进口的敏感货物做到了100%退运或销毁。与口岸从事食品服务行业的商户和出口企业分别签订了食品质量安全承诺书，边贸进出口商品质量显著提高，经营秩序明显改善，口岸食品更加安全。

通过完善《边贸管理办法》，建立口岸食品经销商的实名登记和诚信档案，签订《食品质量安全承诺书》、签订统一的交易合同书等措施确保专项整治效果的长期保持；进一步强化市场采购出口产品的质量监管，全面落实出口水果来自注册果园的要求，努力提升西藏边贸出口产品的质量和档次。

【全力投入小反刍兽疫疫情防控工作】7月初，西藏出入境检验检疫局获悉尼泊尔国小反刍兽疫疫情已逼近西藏部分边境地区后，及时向总局和自治区党委、政府报告，引起了高度重视。总局两次发出《警示通报》，自治区4次召开政府专题会议，3次发出《紧急通知》明确目标任务和措施要求。全力投入防控小反刍兽疫疫情。为了全面落实总局、自治区的一系列工作部署和要求，西藏出入境检验检疫局立即成立领导小组，及时派出工作组远赴阿里疫区，要求各口岸分支机构行动迅速，确保国门的安全。

以普兰口岸为重点，采取关口前移、设卡消毒、口岸巡查等措施严禁贸易性活动物进境，严禁小反刍驮畜进境，严格做好驮畜的隔离检疫，严禁过境寄养、过境放牧行为。在樟木、亚东、机场，进一步加大对进境交通工具、携带物、邮寄物的查验力度，严厉打击非法进口动物产品行为。

充分发挥西藏出入境检验检疫局的

信息、技术优势，密切关注区内外疫情动态，紧密结合西藏的特殊区情多次向自治区政府汇报小反刍兽疫防控工作并提出可行的建议和意见，得到了自治区政府领导的高度重视，许多建议得到采纳。

根据牲畜发病的病理特性，及时组建专家组研制诊断方法，通过课题组专家的不懈努力，“小反刍兽疫快速检测试纸卡研制”取得了成功，填补了我区在防止小反刍兽疫疫情领域的一项空白，得到了相关部门的一致认可。

针对阿里地区基层兽防力量薄弱、技术设备匮乏的实际，西藏出入境检验检疫局派出专家组对地区及所属县的相关人员开展了小反刍兽疫诊断方法培训，并向4个边境县兽医部门分别赠送了疫病诊断所需的仪器、药品和试剂，为阿里地区小反刍兽疫疫情防控工作奠定了坚实的基础，得到了当地政府、群众的热烈欢迎。

初步建立并有效实施口岸外来动物疫病疫情防御屏障，截获禁止入境动物产品300余次，截获并销毁非法偷运入境动物产品1起，扑杀9头偷运入境的黄牛，拦截尼泊尔过牧活羊347只，为疫情防控工作做出了突出贡献，达到了锻炼队伍，积累经验，展现了检验检疫良好形象的目的。

【卫生检疫能力建设得到进一步加强】大力加强口岸卫生检疫工作。进一步完善了《西藏出入境检验检疫局突发公共卫生、核事件应急处置总体方案》，西藏出入境检验检疫局应对突发性公共卫生事件的能力得到了增强；全面加强口岸卫生检疫查验、疫情监测、微生物检疫能力建设。实现了局机关、樟木局对性病、艾滋病、肺结核等烈性传染病项目健康监测能力；首次实现了普兰口岸出入境人员的健康体检和拉萨航空口岸通道上HIV快速检测。

进一步加大口岸卫生监督力度。结合产品质量和食品安全专项整治行动，进一步加强了对口岸食品卫生监督工作，落实了实名登记、质量安全承诺、卫生许可等制度，严肃查处了无证商户；进一步加大了外籍司乘人员、口岸从业人员等高危人群的健康检查，在对尼泊尔司乘人员、口岸从业人员的健康检查中检出HIV可疑1例、乙肝表面阳性41例，丙肝阳性2例，梅毒阳性14例，肝功异常的116例。查处未办理《健康证》的从业人员189人。对发现的传染病例，及时报告总局并向地方防疫部门移送流行病学调查资料的同时按照有关规定做出了处理，防止疫情在口岸传播；首次实现了航空口岸微小气候空气质量监测，为高原航空口岸的微小气候状况建立了本底数据，还首次开展了针对亚东边民及从业人员的传染病本底调查，获得了该区域的基础数据。

【促进发展有声有色】积极帮促西藏特色产品实现出口。西藏出入境检验检疫局始终把扩大我区产品出口，增加农牧民收入为己任，局领导身先士卒带头深入地方、企业调研。在西藏局的帮促下，848吨山南大蒜出口尼泊尔，2吨松茸出口日本，4吨冬虫夏草出口香港，34.7吨蓝湿皮出口荷兰；拉萨啤酒厂、5100矿泉水公司年初成为全区首个获得卫生注册的企业；8家企业的产品向西藏出入境检验检疫局申请地理标志，其中1家企业的产品年内完成了初审。积极利用西藏出入境检验检疫局的信息、技术优势，帮助出口产地农牧民规范使用农（兽）药，帮助企业建立质量控制措施和卫生保障措施，林芝地区朗德鹅业有限公司、西藏春光食品有限公司等一批企业在西藏出入境检验检疫局的帮促下实现了发展壮大。

提高通关效率更好地为企业服好务。针对2006年樟木口岸发生的“10·29事件”，自治区出台了一揽子有关樟木口岸建设与改革的政策，确定了“关口前移、一单两报、共同查验”的通关模式。通过西藏出入境检验检疫局与拉萨海关的共同努力，“手工一单两报、低风险产品共同查验”模式，于2007年7月正式实施，从而大大提高了樟木口岸通关效率。

加强国际间合作沟通协调机制。经总局批准，西藏出入境检验检疫局与尼泊尔农业部首席检疫官一行在拉萨进行了会谈，形成了《会谈纪要》，确定了双方的合作内容和方式；积极推进中尼检验检疫执行层面的合作，初步形成了樟木局与尼方边境口岸相关部门之间的沟通协调机制并应邀组团赴尼泊尔考察，从而进一步促进了中尼检验检疫合作和交流。

发挥自身优势积极拓展检验检疫新领域。局技术中心发挥政府实验室的作用，积极承担质监、工商、药监等执法部门的委托检测，积极争取拉萨地区食品企业的产品检测任务，既服务社会又锻炼了自身；局保健中心积极开拓社会体检，积极参与《西藏地区艾滋病预防及干预》等中外合作项目并获得外方的认可，既拓展了项目又增加了收入；中国质量认证中心西藏分中心依托CQC认证品牌，积极拓展认证业务，西藏天路（上市公司）、5100冰川矿泉水、人保财险西藏分公司等有影响的企业成为获证企业。年内审核新认证企业4家，复审9家，监督审核36家，既扩大了知名度又增加了效益。

【科技兴检亮点纷呈】技术中心顺利通过ISO/IEC17025：2005认可和计量认证监督评审“二合一”现场评审，实验室检测能力、质量保证水平有了新的提升；保健中心通过计量认证监督评审和体检实验室能力验证。首次开展了黄热病预防接种工作，健康体检和科研能力上了一个新台阶。

西藏出入境检验检疫局承担的《西藏拉萨市H5、H9型禽流感血清学监测》科研项目通过了自治区科技成果鉴定，该项研究摸清了拉萨地区H5及H9型禽流感感染情况和免疫状态，为西藏禽流感检疫、监测和防控工作提供了科学依据。鉴定结论认为，该研究在西藏尚属首次，达到国内先进、区内领先水平。

由西藏出入境检验检疫局主持，深圳三方圆生物科技有限公司和深圳检验检疫局动植中心等共同参与的“小反刍兽疫快速检测试纸卡研制”项目通过了国家质检总局专家组的鉴定。专家组认为，该项目所建立的方法简便、快捷、敏感性高、特异性强，便于基层和口岸现场使用，具有一定的创新性，研究成果达到了国际先进水平，标志着检验检疫在该领域具有在西藏的主导能力。

总局立项的《西藏贡嘎国际航空口岸鼠种调查与疾病控制》科研课题，通过了专家组的评审和鉴定。该项目的研究成果填补了国内高原机场鼠传疾病媒介生物学研究的空白，属该领域国内领先水平。

总局立项的《进出口藏香检验规程》（修订）、《水产品中多种农药和兽药残留的系统分析方法研究》、《亚东口岸传染病本底调查》、《国际旅行者高原保健安全措施研究》项目顺利实施；国际合作《西藏地区国境口岸及出入境人员艾滋病预防干预项目》已接近尾声；《西藏边境口岸入境驮畜检疫技术研究》的科研项目已被总局列入2008年科研计划；申请自治区科技厅立项的《西藏边境地区小反刍兽疫检疫技术研究》的科研项目引起了自治区政府的高度重视，全局科研、制标工作全面开花。

科技兴检意识进一步增强。年内30多篇学术论文被各类学术刊物发表，学术气氛更加浓厚。

自治区烟草工作

【专卖管理】2007年，自治区烟草系统重点抓好“内部监督、打假打私、基层队伍建设”三项任务，始终保持卷烟打假高压态势。加强市场监管，围绕“破网络，打源头、抓主犯”的打假工作方针，努力提高卷烟打假工作水平。发挥联合协作机制作用，加强与公安等执法部门的协作，形成以烟草、公安牵头，多部门配合的联合打假机制，深入开展“打网络”专项斗争，完成国家局部署的“打网络”任务。

全年共查获各类涉烟违法案件1039起，查获非法卷烟1918.64件，案值1061万元，捣毁制假窝点3个、分销窝点16个，配合公安机关抓获犯罪嫌疑人21人，判刑2人，刑拘7人，起诉2人。

【销售与网建】2007年，自治区卷烟网络建设以“城网讲标准，农网求实效”为目标，结合全区烟草实际，在县城、重点乡镇、交通要道、旅游景点和驻军所在地设立网点102个。拉萨市城区完成“集中呼叫，统一配送”卷烟网点建设任务。各地区局（公司）结合自身实际，积极探索经营模式，把卷烟销售到农牧区基层，提高了市场占有率，增强了市场调控能力。

根据国家局提出的“整体推进、全面提升”、“按客户订单组织货源”的要求，区局（公司）取消“坐店批发”的形式，加大访销配送力度，开始筹备拉萨市访销配送向县级网点的延伸工作。卷烟分配本着公平、公正、公开的原则，尽量满足客户的卷烟需求。加强客户经理队伍建设和对访销配送员的管理，开展感情营销，真诚为客户服务，逐步形成“呼叫集中、统一配送、营销集中、分片管理”的卷烟销售网络。

【财务管理】规范财务运作。2007年，区局（公司）加强制度建设，强化内部财务管理。更新全区烟草行业财务软件系统，对财务人员进行软件培训，充分利用现代财务信息系统，加强对凭证管理、费用报销、数据录入、档案资料保存等工作的管理监督，实现了财务运作的规范化、制度化。

资金监管。加强资金监管，合理筹措、调度资金，提高资金使用效率。针对各地区局（公司）经营资金和基建资金严重缺乏的问题，2007年先后给6个地区局（公司）投入资金1.3亿元，用于解决经营资金缺乏和各地区局（公司）基建、历史遗留问题，实现了各地区卷烟销售量的快速增长和基础设施建设的明显改善。

清产核资。自治区局（公司）制订下发《西藏烟草行业2006年度同级审计实施方案》，结合行业要求开展主业清产核资工作。对2006年和2007年1～6月的同级审计中，共检查出各类问题129项，区局（公司）提出整改意见要求，各单位限期整改，并对整改情况进行检查。完成西藏烟草行业清产核资各阶段工作，基本达到“摸清家底、明晰产权、做实资产、加强管理”的目的，明确了资产使用、管理权限，确保了国有资产的安全和完整。

成本控制。采用严格的成本费用核算办法，坚决执行工效挂钩政策，控制工资发放总量，努力降低人工费用成本。整合物流资源，最大限度地减少不合理费用开支，强化成本费用的控制力度，费用开支更加规范化、合理化。

【信息化建设】1月1日，西藏烟草商业管理信息系统正式上线，9月通过验收。各地区局（公司）在机房和北郊配送中心安装UPS不间断电源，保证全区烟草行业各大业务系统的正常运行。建立数据质量通报制度，清理核对2006年至2007年数采数据和卷烟代码，实现了统一卷烟代码，提高了工商数采数据质量。根据《国家烟草专卖局关于烟草行业地面视讯会议系统建设有关事项的通知》和《烟草行业地面视讯会议系统建设方案》，区局（公司）结合实际情况制定系统方案，实现了电视电话会议从卫星网到行业骨干网上运行。

【内部管理监督】2007年，自治区局（公司）分企业自查、自治区局(公司)复查、接受国家局抽查3个阶段对辖区内经营企业开展内部管理检查。根据国家局抽查组的意见，制定《西藏自治区烟草专卖局开展2007年内部专卖管理监督补查工作实施方案》，针对全区烟草在经营中存在的薄弱环节及不到位的问题进行及时整改，逐步规范经营行为。自治区局（公司）制定《西藏自治区烟草专卖局关于加强专卖管理监督组织机构建设的实施方案》，设立了内部管理监督处，各地区局（公司）、各县专卖管理所设立了内部专卖管理监督科。开展各地区（局）公司法人经济责任审计和干部离任经济责任审计，先后对5个地区（局）公司法人代表和离任法人代表开展经济责任审计。

【领导名录】

局长、总经理、党委副书记：平措旺扎
副局长、副总经理、党委书记：杨桂选
副局长、副总经理、党委委员：蔡建文
副局长、纪检书记、党委委员：旺啦
副总经理、工会主席、党委委员：乔建民

拉萨海关

【量质并举，深入落实综合治税大格局，超额完成税收任务】2007年，拉萨海关一是对已经审批过的减免税货物加强后续管理和稽查，确保国家税源不流失。二是加大对关区重点税源商品的分析与研究，做到重点掌控。三是充分运用和发挥风险管理平台强大信息功能，加强对重点商品、纳税大户等进行专项分析，同时建立重点商品的预警机制，实时掌握税收动态。四是制定《拉萨海关化验工作制度实施细则（试行）》，与上海化验分中心建立密切联系，加强对进口商品的化验。五是认真学习推广“海关商品归类管理规定”、“商品归类系统”和“海关估价系统”，成功举办了关区“商品归类管理规定暨商品归类系统”培训班，不断提升关员征税工作水平。六是顺利应用《关税监控平台》3.0版，开设《关税监控报告》载体，撰写《关税监控报告》3篇。七是在2007年税率普遍下调，特别是在关区主要税源商品进口大幅下降的情况下，积极联系西藏通信服务公司等企业，广开税源。八是制定了《拉萨海关关于海关税收考核的实施办法》并狠抓落实。2007年，拉萨海关区各项税收考核指标均符合总署要求。全年共征收税款2013万元，（其中关税340万元，进口环节税1673万元）超额68%完成全年税收计划。

【改革整合，不断推进通关业务改革，切实提高监管效能】一是经与相关部门协商，制定跨关区及关区内“属地申报、口岸验放”的通关模式并于2007年10月试行成功。年内还与黄埔、深圳、上海、天津4个海关就实施该通关模式签署了合作备忘录。二是积极与自治区国检局磋商，最终双方就“共同查验”这一难点达成共识，并于2007年7月在樟木口岸正式实施“一单两报”模式，做到了一次申报、一次查验、一次放行。三是为确保监管质量的同时加快通关速度，降低企业成本，促进地方经济发展，实施“5+2”工作制，保障通关快速便捷。全年进出口报关单数达2674份，增长14.5%。四是认真贯彻落实全国地方电子口岸建设经验交流会议精神，推动西藏电子口岸建设不断发展。2007年，西藏电子口岸新增入网企业39家，总计入网达215家。年内，在拉萨海关数据分中心的积极协调下，拉萨海关、中国银行西藏分行、西藏电子口岸三方与西藏两家企业共同签署了开展网上支付业务的各项协议。随后，上述两家企业还在无中行分支机构设立的西藏阿里普兰口岸成功实现通过网上支付开展报关业务。此外，拉萨海关还积极开展了樟木口岸关口前移、拉萨火车货运站海关监管点设立和武警协勤部队进驻等的前期准备工作。全年共监管进出口货物89009吨，增长30%。其中进口3735吨，减少21%；出口85274吨，增长34%。监管进出境飞机391架次，增长37%；汽车17664辆次，增长5%；人员115698人次，增长24%。共查获以反动宣传品为主的各类违禁品966份，增长12%。2007年西藏对外贸易总值达3.93亿美元，增长19.81%，连续6年保持2位数增长。

【查漏补缺，后续监管和企业管理力度进一步加大】一是从风险管理、执法评估、监管职能运行等系统调取大量进出口数据和动态信息并加以风险分析，科学筛选稽查重点商品和重点企业，提高了稽查工作的针对性和准确性。年内共完成了2次一般贸易税后稽查、15次常规稽查、5次专项稽查工作。稽核减免税物资货值达133万美元，涉税达84.5万元人民币，稽查覆盖面达30%。查获了2起医疗垃圾进口案件和1起减免税设备移作关联单位使用案件。二是对民营企业和集体在经营管理上进行指导，帮助企业建立内控机制；同时通过举行企业座谈会、企业管理经验交流会等，召集不同性质的企业相互学习交流经验，取长补短。三是全面评估关区进出口企业的守法情况、经营状况、业务规模等，并据此及时调整企业分类，促使企业规范其进出口经营行为。四是实行报关员资格认证、报关员计分考核、报关员IC卡管理等制度，加大对报关员的培训力度，规范了报关员的从业资格，提高了报关员的守法意识和业务素质；通过对西藏环通报关行和西藏讯通报关行进行专项整顿，规范了报关代理行为和报关市场秩序，改善了通关环境。

【打击走私“不松懈、不动摇、不麻痹”，成效显著】一是综合运用好刑事与行政两种执法手段，从实际出发，坚持以各口岸为重点区域，以毒品、珍贵动植物及制品、反动宣传品、文物、武器弹药等走私活动为打击重点，确保西藏进出口贸易的正常有序开展。其中，深入贯彻落实部分海关旅检现场查缉毒品走私经验交流会议精神，继续开展代号为“雪獒”的查缉毒品走私专项行动，全面加大旅检、邮检、货运各监管现场及边境口岸的查缉力度，拉萨海关驻机场办事处再次成功查获1起进境旅客走私毒品案件，查获海洛因1983克。二是充分发挥打私办的职能作用，加快完善反走私综合治理大格局。认真贯彻落实全国沿海沿边17省（市）打私办主任会议精神，推动召开了西藏自治区打私工作会议，积极加强与自治区政府及其他各职能部门的联系沟通，化解执法矛盾，提升执法效能。三是不断加大情报基础建设，继续贯彻落实一系列加强情报建设的措施，增强情报工作在缉私工作中的先导性作用。四是加强执法检查与监督，确保执法的公平与正义。建立健全了办案逐级审核把关责任制和检查考核机制，提高办案质量。通过以上措施，全年打私工作成效明显，共查获刑事案件9起，案值645.79万元，偷逃税款5.59万元，抓获犯罪嫌疑人13人；行政案件34起，案值150余万元，偷逃税款10.59万元。查获的主要物品有：枪支10支，毒品海洛因2047.94克，虎皮4张，豹皮23张，石斛草4105公斤，淫秽光盘9950张，红木9.3吨。与此同时，在年底开展的执法质量建设考核中，刑事案件的批捕率、起诉率和判决率均为100%，办案质量有了显著提升。

【风险管理取得阶段性成果，应用水平显著提高】1.业务科技一体化成绩显著。积极研发“拉萨海关企业商品提示系统”，成功搭建统一的计算机工作平台，将企业的风险信息、商品的风险信息集中到同一平台上，利用科技手段直接反应在H2000通关系统上，为一线现场提供辅助提示，通过开发该系统为海关业务现场提供辅助参考、为各部门开展分析与应用提供网络化管理环境，为拉萨关区开展风险综合防控工作积累了管理经验。

2.构建风险综合防控体系，形成三

大板块。一是立体板块，整合缉私、监管通关、稽查等7个部门的风险管理资源，落实《拉萨海关风险管理部门联系配合办法》，建立起分析协作机制与互动协作办法，构筑“立体式”的综合防控体系，突出全面性。二是横向板块，整合各业务职能部门的风险分析资源，实现风险管理平台、执法评估系统、TSD贸易统计系统等系统的互补运用，突出预警性。三是纵向板块，加强风险管理信息采集、分析、决策、处置、反馈、评估建设，明确各层级职责，发挥风险分析监控中心实时监控的作用，提高各个层级的风险管理应用水平，突出针对性。

3.发挥风险信息基础先导作用，达到四个百分百。一是以信息化促机制，企业信息整合率达到100%。二是建立管理机制，信息共享率达到100%。三是增强透明度，信息报送部门覆盖率达到100%。四是加强领导，信息量增长100%。2007年通过风险平台报送工作快讯、风险动态、风险分析、经验交流和典型案例共298篇，其中被总署平台采用69篇,采用率约25%，比2006年增长400%。2007年，拉萨海关风险管理信息在全国41个海关排名26位。

农牧业、林业、水利

自治区农牧工作

【**农牧民收入保持增长强势**】2007年，自治区农牧部门紧紧围绕农牧民增收的中心任务，通过农牧业增产增效、特色产业开发、非农产业发展以及劳动力转移等多项措施协调推进，有力地促进了农牧民收入的增加。全区农牧民人均纯收入达2788元，比上年增长14.5%，连续五年实现了两位数增长。农牧民安居工程的实施，财政性支付力度的加大，使政策性因素在农牧民增收中起到了重要作用。农牧民工资性收入明显增加，现金收入比重提高。

【**种植业再夺丰收**】坚持市场导向和因地制宜原则，推进种植业结构调整，全区共落实各类农作物播种面积236400公顷，其中粮食作物160467公顷，经济作物47867公顷，饲草料作物28067公顷。粮经饲种植比例趋于合理。粮食播种面积稳定在160000公顷，突出主产区的粮食生产和青稞生产，给粮食特别是青稞的安全提供了保障。农机化工程扎实推进、农用物资供应到位及时，全年新增农机总动力15万千瓦以上，供应各类农药1003吨，化肥4.8万吨。全区粮食总产达93.86万吨，油菜总产达5.2万吨，蔬菜总产量达45万吨。

【**畜牧业稳步发展**】去冬今春以来，全区各地重视畜牧业防抗灾措施落实，狠抓接羔育幼等生产关键环节的指导和管理，加强动物疫病防治，确保了畜牧业稳定发展。全区各类牲畜年末存栏达2407万头(只、匹)。奶业、禽类养殖发展步伐加快，全区优质奶牛饲养量达12.35万头，比上年增长11.5%；出栏家禽193.5万只，禽肉产量达0.23万吨，禽蛋产量0.24吨，同比分别增长10%、9.5%和4.4%。牲畜出栏力度加大，短期育肥、暖季出栏、淡季上市对群众增收的促动明显。全区牲畜出栏总数达647.5万头(只)，出栏率达26.6%，出栏率提高0.6个百分点。全区肉、奶总产达23.48万吨和29.94万吨，分别比上年增长3.4%和4.8%。渔业资源保护与开发工作得到加强，水产养殖力度加大，经济效益逐步显现。

【**注重龙头带动，乡镇企业实现新的发展**】加强对乡镇企业、农业产业化龙头企业的扶持培育和引导力度，促进了乡镇企业、农业产业化经营龙头企业实现新的发展。全区乡镇企业总数达965家，实现总产值23.5亿元，乡镇企业增加值达5.17亿元，营业收入达19.98亿元，实现利润2.8亿元，分别比上年增长16.3%、14.9%、17.5%和40%，乡镇企业从业人员达5.2万人，工资性收入达3.69亿元，比上年增长15.6%和13.9%。全区国家级龙头企业发展到3家，自治区级龙头企业13家，地(市)级龙头企业54家，初步形成了国家、自治区、地(市)三级龙头企业协调发展的格局和农牧业产业化经营体系的雏形。自治区级农牧业产业化龙头企业产值达10.5亿元，销售收入达9亿元，税后利润1.26亿元，分别比上年增长14.1%、4.8%和7%。

【**注重突出重点，多种经营呈现新的亮点**】劳务收入继续成为多种经营收入增长的主导因素和农牧民现金收入的重要来源，劳务输出工作呈现出由政府组织开始向市场运作与行政推动并举转变、由直接输出开始向先培训后输出转变的新格局。全区劳务输出总人数达70万人次，收入达9.5亿元，比上年增长18.8%。乡村旅游业开始兴起，通过农家乐、休闲林卡、民俗村建设等多种形式，吸引游客到乡村旅游，促进了民族手工业的发展、农畜土特产品的销售和农牧民收入的增加。个体运输业不断发展。农牧区第三产业发展加快。全区多种经营工作开始从自发型向组织型、分散型向聚集型、单一型向综合型、零星型向规模型发展。多种经营总收入达30亿元，比上年增长11.1%。

【**推进品种创新工程，实现农牧业提质增效**】种植业上，推行了农作物主推品种公布推介制度，加强了“125”良种繁育体系建设，农作物良种覆盖率达到80%以上。按照统一规划、分步实施，固定建设、建立种子专业村户的原则，在25个粮食主产县共建设各级麦类作物良繁基地8567公顷，推广主导品种面积达74667公顷，其中藏青320推广面积达44867公顷，占粮食主产县主推品种面积的60%。坚持把统一供种作为良种推广工作的突破口，实行从原种田到大田逐级统供制度，良种统供率达65%，比上年提高5个百分点。坚持良种良法相配套，以良种推广技术为主导，实施提高粮油单产行动，配套跟进农机、植保、耕地质量建设等项技术，促进了粮油单产水平的提高和总产的稳定。实施提高粮油单产行动三年来，累计增产粮食约 4.8 万吨、油菜约 0.23 万吨。

畜牧业上，切实规范良种引进推广工作。制定并印发了《关于加强区外奶牛引进管理工作的意见(试行)》，确保了引进奶牛优质、健康。继续加大黄牛和绵山羊品种改良工作力度，完成黄牛改良 2 万头、绵羊山羊改良 5 万只，特别是以奶业发展为主要目的的黄牛改良工作成效喜人，形成了一批具有一定规模的奶源基地，奶类总产值达 5.93 亿元，占畜牧业总产值的 18.7%。编制了《西藏自治区“十一五”畜禽良种繁育体系建设规划》，开展了 14 个畜禽品种资源调查，系统掌握了畜禽遗传资源数量和分布，为畜禽品种资源的保护与开发奠定了良好基础。

【发挥科技支撑作用，促进农牧业生产力发展】一是根据全区科技大会精神，编制了《西藏自治区“十一五”时期农牧业科技发展规划》，明确了“十一五”时期农牧业科技工作的指导思想、目标任务和对策措施，提出了为“一产上水平”提供科技支撑、人才支撑的工作要求。二是加强农牧民科技和技能培训。在 12 个县实施了新型农牧民培训工程，培训新型农牧民 1.6 万人。围绕特色农牧业开发、提高粮油单产行动、农牧民转移就业、改善农牧民生产生活条件，实施农牧民培训，突出了培训工作重点。进一步规范培训管理，提高了培训成效。三是实施科技入户示范工程。按照“技术人员直接到户、良种良法直接到田、技术要领直接到人”的要求，在 4 个县(市)、31 个乡镇实施科技入户示范工程，共选派技术指导员 277 人，培育科技示范户 4000 户、辐射带动农户 2.9 万户，主推品种 9 个、主推技术 10 项，转变了科技推广方式，实现了科技成果与生产实践紧密结合、科技人员与农牧民群众直接对接，提高了科技推广工作成效。四是有序推进测土配方工作。完成了 25 个粮食主产县、1.8 万个土样采集和送检工作，为下一步实施配方施肥奠定了良好的基础。五是以产地认定和产品认证为手段，以标准化技术规程制定为重点，以特色农牧业开发项目为依托，推进农牧业标准化生产。累计制定无公害农畜产品生产技术地方标准 11 个，认定无公害农产品生产基地 16 个，认证无公害、绿色、有机食品 71 个。

【突出规模和效益，提升特色农牧业发展素质】2007 年，西藏自治区进一步整合农口资金，落实总投资 33500.6 万元，安排了 71 个特色农牧业项目。按照区域集中、规模做大、质量提升、效益提高的工作要求，各地坚持突出重点，相对集中，连片发展，注重龙头企业的培育和扶持，有效延伸了产业链条。2007 年 6 月份，西藏自治区八届人大常委会第三十二次会议西藏对农牧厅加强农牧业特色产业发展和农牧民增收情况进行了专项评议，给予了充分肯定。据调查，经过三年建设，特色农牧业发展取得了明显的经济、社会和生态效益。2006 年，全区农牧渔业总产值达 70.48 亿元，特色农牧业产值所占份额达 10.9%；全区农牧民人均纯收入中，有 238 元来自特色农牧业，占 9.8%；项目区农牧民人均纯收入中，有 660 元来自特色农牧业，其比重达 27%。特色产业以其实实在在的成效已经成为农牧民新的增收点和农牧业经济新的增长点。

【强化扶龙头抓中介，加快农业产业化经营步伐】根据全区经济工作会议提出的“在年内努力培育出几家像样的龙头企业”的要求，加强了对现有龙头企业的考察和调研，选优选强，重点扶持。完成了白朗县康桑农产品加工有限公司、仁布县达热瓦青稞酒厂、林芝县农特公司、拉萨绿宝食品发展有限公司、扎囊县民族手工业公司等农业产业化龙头企业的筹建和技术改造，并投入运营。全区新增地(市)级农业产业化龙头企业 8 家，国家级龙头企业的申报和自治区级龙头企业的筛选工作顺利开展。以《中华人民共和国专业合作社法》为依据，坚持“民办、民管、民受益”和多途径、多方式发展的原则，大力发展农牧民经济合作组织。截止目前，全区各类农牧民专业合作经济组织数量达到 248 家，联系会员 2.36 万户、12.64 万人。加强对农垦企业和直属企业的指导扶持。进一步加快企业经营机制创新，鼓励涉农企业参与农牧业生产、经营、加工、流通各环节，开拓市场、引导生产、加工增值、提供服务，充当产业发展的龙头，在现代农牧业建设中发挥好示范带动作用。西农集团改制开始推进，米林农场优质水果产业初具规模，察隅农场特色产品开发取得初步成效，八一农场蔬菜基地建设的规模效益逐步显现。

【重视项目和资金管理，增强农牧业基础设施保障能力】狠抓项目前期工作，圆满完成了“十一五”规划项目前期工作；加强与国家有关部委的汇报、衔接，得到了项目、资金等多方位的支持。据统计，2007 年全区农牧业基本建设项目总投资可达 8.2 亿元，比上年增长 15%，重点实施了退牧还草、游牧民定居、特色农牧业发展、动植物防疫体系、农村沼气等建设项目。切实加强对项目建设的组织领导，明确工作责任，较好地做到了项目到村、规模到户、责任到人。认真落实项目领导责任制、法人制、合同制、招投标制和监理制，提高了项目建设的规范化水平和质量合格率，确保了项目效益的发挥，夯实了农牧业发展基础。

【坚持深化改革，推进农牧业机制创新】一是积极稳妥落实推进草场承包经营责任制。坚持“草场公有、承包到户，自主经营、长期不变”政策，自 2005 年以来，共在 41 个县、259 个乡、2031 个村落实了草场承包经营责任制，覆盖农牧户达 12.67 万户、68.11 万人；累计承包到户草场面积达 36200000 公顷，分别占全区草场总面积、可利用草场总面积的 44%和 66%，其中冬春草场承包到户面积达 23133333 公顷，占全区冬春草场面积的 85%。二是推进兽医管理体制改革。根据《国务院关于推进兽医管理体制改革的若干意见》和《西藏自治区兽医管理体制改革方案》精神，完成了自治区和部分地(市)兽医行政管理机构、行政执法机构、技术支持机构改革。三是加强农业立法和执法。完成了《西藏自治区实施〈中华人民共和国种子法〉办法》

的立法调研和起草报审工作。加强农业执法，突出狠抓了农资打假专项治理行动和农畜产品质量安全专项行动，联合相关部门重点对种子、农药、化肥、饲料、农机、兽药、疫苗等农资产品和以蔬菜、活畜禽、肉食品为主的农畜产品质量依法进行了监督抽查，共检疫畜禽78.6万头(只)、畜产品27.1万吨，蔬菜例行监测扎实推进，进一步整顿了市场秩序，保护了农牧民和消费者的合法权益，促进了农资市场健康发育，保障了农畜产品质量安全。加强冬虫夏草资源管理，初步形成了政府主抓、部门联动、任务分解、责任追溯的有效工作机制。

【坚持和谐发展，改善农牧区生态环境】一是积极参与编制《西藏高原国家生态安全屏障规划》，主动衔接牧区草原保护与建设项目，为规划的顺利立项奠定了良好基础。二是扎实推进以农村沼气建设为主的农村能源建设项目。编制了《西藏自治区"十一五"农村沼气建设规划》，在5个地(市)、23个县实施了农村沼气建设，共有13217户农牧民用上了清洁能源。三是狠抓了退牧还草工程的实施和管理工作。在12个高寒牧业县实施完成天然草原退牧还草面积1753333公顷，其中禁牧940000公顷，休牧813333公顷，草地补播500000公顷。通过工程建设，使项目区草地产草量提高25%~30%，土表风蚀现象减轻，草地生态功能得到增强。四是开展了草地资源与生态监测工作，较系统地掌握了主要草原类型的植被状况、草原生态环境状况、草原利用和退化状况、草原保护建设效果等情况，为进一步加强草原生态保护与建设提供了科学依据。五是配合农业部开展了草原生态补偿机制调研工作，会同财政部门编制报审了《西藏自治区草原生态补偿机制(试点)实施方案》，提出了减畜出栏补偿、草畜平衡奖励、燃料替代补偿、草原均衡利用补偿等的政策建议。

【受奖情况】

赵文彩　自治区农牧厅计财处副调研员获全区支援青藏铁路建设先进个人

李景辉　自治区农畜产品质量安全检验检测中心获全区环境保护先进个人

【领导名录】

党组书记、副厅长：朱春生
党组副书记、厅长：坚参
党组成员、巡视员：觉阿泽仁
党组成员、副厅长：彭毅龄、兰志明、徐百志、杜杰
党组成员、区乡镇企业局局长：卜龙
党组成员、纪检组长：周惠云
党组成员、副巡视员：次真、高玲

自治区乡镇企业管理工作

【年度情况与特点】2007年，自治区乡镇企业系统全面落实科学发展观，坚持数量扩张、质量提高和结构优化并重，以促进农牧民就业增收为出发点，以"扶企业、上加工、抓劳务、拓市场、育组织"为重点，努力实现乡镇企业、多种经营和农牧业产业化经营龙头企业由加快发展到跨越式发展的新突破。到2007年底，全区乡镇企业达965家，乡镇企业从业人员达51961人（固定工28578人），乡镇企业总产值达到23.5亿元，乡镇企业增加值达到5.17亿元，营业收入达到19.98亿元，利润实现2.3亿元，工资性收入达到3.69亿元（其中固定工收入2.57亿元）。

【多种经营持续增长】农牧区多种经营从采集业、庭院经济等传统领域向劳务输出、特色种养业和农牧区服务业等新的领域拓展，对农牧民增收的促进作用日益加大，尤其是劳务输出已成为农牧民增收的一大亮点。2007年多种经营总收入达到30亿元，其中农牧民劳务收入达到9.5亿元。

【农牧业产业化经营龙头企业稳步发展】我区农牧业产业化经营龙头企业在各级党委政府和有关部门的培育、扶持下，成为推进农牧业产业化经营、带动农牧业结构调整和农牧民增收的重要力量。到2007年，初步形成了三级龙头企业协调发展的格局和农牧业产业化经营体系的雏形。自治区级农牧业产业化经营龙头企业产值达到10.5亿元，销售收入9亿元，税后利润1.26亿元。

【以贯彻落实中央和自治区会议精神为重点，推进社会主义新农村建设】认真贯彻落实党的十七大、十六届六中全会、西藏自治区第七次党代会、全区经济工作会议、全区农村工作会议、全区农牧业工作会议和乡镇企业工作会议精神，把思想和行动统一到中央决策和自治区的具体部署上来，更加重视调整乡镇企业和龙头企业结构，更加重视节约资源和保护环境，注重从体制、机制和观念上寻求乡镇企业和龙头企业发展的新突破，制定和完善促进乡镇企业、龙头企业、民族手工业、劳务输出、农畜产品加工企业加快发展的政策措施，依托资源，面向市场，因地制宜，分类指导，扶优扶强，做精做强，突出特色，发挥优势，继续保持乡镇企业、龙头企业、民族手工业、劳务输出、农畜产品加工企业加快发展的良好势头，为社会主义新农村建设做出了应有贡献。

【以促进农牧民增收为重点，推进劳动力转移就业】按照西藏自治区第七次党代会的要求，紧紧围绕改善农牧民生产生活条件、增加农牧民收入这个首要任务，抓住青藏铁路建设和区内各大中型项目建设的大好机遇，做好农牧区劳务输出的组织工作，特别是为参加拉萨至日喀则支线建设的农牧民施工队的组织筹建工作，积极探索和建立政府引导、能人带动、企业支撑的运行机制。实现由政府组织到市场运作与行政推动并举的转变，实现由直接输出到先培训后输出的转变，确保农牧民施工队成为促进农牧民增收的有生力量，并起到示范作用。同时，把农牧民施工队作为扩大劳务输出、增加群众收入的有效载体。抓住乡村公路建设和基础设施建设项目增多的大好机遇，积极创造条件，组建公路建设施工队和各种类型的农牧民施工队伍，山南、日喀则两地区在劳务输出方面成效显著。同时各地（市）还组织农牧民施工队伍参与公路建设和基础设施建设，逐步优化农牧区就业结构，拓宽就业渠道，广开致富门路，促进农牧区剩余劳动力向非农产业永续转移流动，进一步加大了促进农牧民就业转移的培训力度，自治区财政厅给予了较多的资金扶持，把培训与就业紧密结合起

来，实行培训与转移互动，确保农牧民致富有路子、增收有技能，从而得到更多实惠。

【以培育扶持农牧业产业化经营龙头企业为重点，推进乡镇企业科学发展】农牧业产业化经营龙头企业的发展，打破了过去行业分割和小规模经营的局面，实现了产加销一体化、贸工农一条龙经营，给农牧业和农牧区经济赋予了新的内涵。牢固树立扶持产业化经营就是扶持农牧业、扶持龙头企业就是扶持农牧民的思想，把发展农业产业化经营龙头企业作为农牧业和农牧区经济工作中一项带有全局性、方向性、战略性的大事抓紧、抓好、抓出成效。按照年初乡镇企业工作会议的要求，各地（市）积极响应，那曲2007年新增3家地区级龙头企业，日喀则新增3家地区级龙头企业，山南地区新增2家地区级龙头企业，目前，自治区级龙头企业正在报批中。结合西藏特色经济发展战略的实施，乡镇企业、农牧业产业化经营龙头企业、农畜产品加工企业进入特色资源开发、特色产业建设领域，推动农畜产品由初级加工向精深加工延伸，由数量增长向数量与质量并重转变，由单一组织模式向多元化组织类型演进。

【利用援藏优势，积极开拓区外市场】为了让西藏的特色产品在打入内地市场时形成合力，增强竞争力，根据自治区次仁副主席的指示和要求，自治区乡镇企业局2007年4月份制订了筹建西藏特色产品营销总公司的实施方案，7月份自治区乡镇企业局通过公开招标西藏仁布达热瓦建筑有限公司被确定为获得西藏特色产品营销总公司的企业，目前该企业已经以西藏自治区农牧业产业实业有限公司名称在自治区工商局登记注册。自治区乡镇企业局正在前期工作的基础上进一步深入洽谈上海市和广东省对我区产业援藏相关事宜。同时，利用各种庆典和物交会的有利时机，积极组织，把西藏的特色产品如矿泉水、啤酒、青稞酒、牦牛肉干、绿宝酱菜、藏猪、藏鸡、藏鸡蛋、土豆和净菜等产品推销到各类市场上。奇正藏药厂、金田酒业工贸公司、5100矿泉水厂、西藏圣鹿科技农业股份有限公司、西藏绿宝食品开发有限公司积极开拓区内、区外两个市场，逐步形成区内销售有载体、区外销售有平台的局面，下大力气推进产品整合，把产品源源不断地打入内地市场。

【以开展调查研究为重点，推进乡镇企业服务水平不断提高】各级乡镇企业管理部门按照“一产上水平、二产抓重点、三产大发展”的经济发展战略的部署，深入开展调查研究。一是各级乡镇企业管理部门开展了扶持龙头企业发展和农牧民增收的政策调研，掌握了政策落实情况，了解了政策执行中存在的问题，提出了新的政策建议，为乡镇企业、多种经营和龙头企业的发展提供了决策依据，进一步增强了服务企业的职能。二是采取了与部分农业产业化经营龙头企业、农畜产品加工业结对子的方式，对龙头企业、农畜产品加工业进行重点调研、重点扶持。三是针对企业经营管理等问题，对拉萨市圣鹿科技农业股份有限公司、金田酒业工贸公司、绿宝食品发展有限公司，日喀则地区为罗旦糌粑加工厂、喜孜青稞酒厂等进行现场办公，解决技术改造、产品质量提升、包装策划、企业经营管理等问题。

【以培植农牧民专业合作经济组织为重点，推进农牧民组织化程度的提高】2007年以来，日喀则地区和山南地区进行技术嫁接，兴办不同特色、不同规模的合作经济组织；认真抓好试点示范，树立典型，稳步推进，通过典型示范，让农牧民看到参加合作组织的好处，吸引更多的农牧民参加，不断扩大合作组织的覆盖面。

【以实施多种经营富民行动为重点，推进农牧民增收渠道的拓宽】继续抓好庭院经济、民族手工业、运输业和林下资源采集业。庭院经济的发展突出了重点和特色，着重发展了家庭旅游业和特色养殖业，逐步向规模化、专业化方向发展，做到了典型引路，整体推进；围绕旅游业的发展，各地积极发展民族手工业，抓好具有民族特色的旅游产品开发；大力发展个体运输业，鼓励农牧民抢抓机遇，把个体运输业与农牧区流通结合起来，与农牧区合作经济组织结合起来，把流通作为壮大农牧区经济的突破口；林下资源采集改变以往传统的工作方法，在提高组织化程度的基础上，加强市场、加工、保鲜等领域的信息服务与指导，促进多种经营从自发型向组织化、分散型向聚集型、单一型向综合型和规模化方向发展；大力发展农牧区第三产业，积极培育、扶持和引导多种经营参与餐饮服务业和旅游业，引导农牧民通过发展第三产业，优化乡镇企业结构，拓宽增收渠道，为农牧民增收、全面建设小康社会做出应有的贡献。

【以强化职能为重点，推动企业健康快速发展】由自治区乡镇企业局牵头，拉萨市乡镇企业局具体组织召开了“拉萨市加强银企合作座谈会暨签约仪式”座谈会，中国建设银行西藏分行、中国农业银行拉萨分行负责人及堆龙青达陶瓷有限公司、西藏金田酒业有限公司等26家工业企业代表参加了座谈会，中国农业银行拉萨分行与雄巴拉神水藏药厂、拉萨信通工贸有限公司分别签订了授信协议，中国建设银行西藏分行为西藏金田青稞酒业有限公司、西藏圣信工贸有限公司、西藏拉萨天恩科技发展有限公司三家企业分别颁发了援信证书，有效缓解了中小企业融资困难的问题。

【扶贫工作开展顺利，切实帮助解决扶贫点发展的困难】在自治区党委、政府的统一安排下，区乡企局“十一五”定点扶贫单位是昌都地区洛隆县白达乡，在该局领导的高度重视下，迅速选派得力人手组成扶贫工作组前往扶贫点开展扶贫工作。在白达乡期间，扶贫工作组走村串户、深入到最基层进行实地调研，先后走访了三个行政村及若干贫困户家庭，掌握了大量有价值的第一手资料。根据实地调研掌握的情况，同时结合乡里的实际需要，制定了初步的扶贫规划。回到拉萨后立刻向局领导汇报扶贫工作开展的情况，到各相关部门协调、沟通、落实扶贫的资金和项目，到目前为止落实的项目资金共计63万元。其中，委托乡政府对农牧民开展建筑施工培训，培训的农牧民人数有100余人，花费8万元；对通尼、达龙两村约17公里的灌溉水渠进行了维修，花费48万元，解决了15公顷地灌溉的问题，使600多名农牧民群众受益；给乡农牧民增收协会购买农用运输车1辆，花费7万多元，切实解决扶贫点的一些困难。

自治区林业工作

【年度情况与特点】2007年，自治区林业工作在自治区党委、政府的正确领导下，在国家林业局的大力支持下，认真贯彻落实党的十七大、自治区第七次党代会、全区经济工作会议和林业工作会议精神，以科学发展观为指导，以理清林业工作思路和规范林业工作为突破口，强化管理，狠抓落实，各项工作有了新的起色。全年共落实项目建设资金4.45亿元，比2006年同期增长37%。林业其他项目到位资金2.4亿元；以农牧民安居工程木材供应为主的资源林政管理工作步入规范化轨道，完成农牧民安居工程木材供应43.6万立方米，占年初计划的98.8%；野生动植物资源保护和自然保护区建设得到进一步加强；重点区域造林绿化工程全面启动，造林绿化步伐明显加快，共完成造林绿化24000公顷，占全年计划的106.9%；天然保护林、退耕还林、森林生态效益补偿基金等重点林业生态建设项目稳步推进；林政执法力度进一步加大，森林资源得到有效保护，共受理各类案件388起，处罚485人；森林防火工作得到进一步加强，全年未发生重特大火灾和人员伤亡。使全区生态保护与建设呈现出良好的发展态势，圆满完成了2007年年初制定的林业工作任务。

【进一步理清了全区林业发展思路，加大了规范化管理力度】在2月份召开的全区林业工作会议上，认真分析了当前和今后一个时期我区林业所面临的形势和任务，提出了"一二三四八"的"十一五"林业总体发展思路，即围绕又好又快发展这条主线；抓住林业生态保护和建设两大任务；强化构建比较完善的林业生态、比较发达的林业产业和比较有力的林业支撑保障三大体系；实现由部门办林业向全社会办林业、从粗放式经验型管理向科学化规范化管理、从数量型建设向数量与质量并重型建设、从重保护轻利用向在保护前提下合理开发利用的四个转变；突出抓好农牧民安居工程木材供应管理、重点区域造林绿化等八项重点工作。同时，针对我区林业建设和管理中长期存在规范化管理不够，特别是在重点项目建设、规范执法和办事程序混乱等方面的突出问题，还重点抓了三个方面的工作，收到了很好的成效。

【规范和理顺了三项重点工作】重新调整规范了全区"十一五"森林采伐限额指标，首次将采伐限额指标逐级落实到编限单位，得到了国家林业局的行文认可后，由自治区人民政府下发执行，使我区的采伐限额既合理又能满足经济建设的需要；下半年，在落实第二批森林生态效益补偿基金时，对第一批已实施中存在的突出问题进行了清理规范。特别是针对"超区位、超范围、超面积"等突出问题，结合我区实际，及时向国家林业局申请增加沙漠化和水土流失严重生态区位，已得到国家林业局的正式批复。第一批、第二批共2177867公顷的重点公益林管护任务已落到了"山头、地块、人头"，层层签订了管护合同，实现了管护人员、管护合同、管护责任三落实；退耕还林工程已实施多年，但底数不清、情况不明，从11月下旬开始，委托中南林业调查规划研究院和自治区林业调查规划研究院，进行巩固退耕还林成果专业规划外业调查，并进行全面的清查。外业工作已全部结束，掌握了第一手资料。

【农牧民安居工程木材供应管理工作圆满完成】集中精力对安居工程木材供应中存在的突出问题进行了逐项逐条的整改。林芝地区波密县作为整改试点，县委、县政府和地、县两级林业部门高度重视，组织得力，做了大量工作。各地（市）行署（政府）和林业部门较好地落实了《西藏自治区农牧民安居工程木材供应管理办法》、目标责任书规定的责任和义务，确保安居工程木材供应平稳有序地进行，没有出现大的问题。林芝地区除负责本地区木材供应外，还承担了拉萨、日喀则、山南、那曲、阿里等5地（市）的木材供应任务。地委、行署及地、县林业局，克服重重困难，在人员少、任务重的情况下，完成了17万立方米安居工程木材调运任务。全区安居木材供应工作累计供应木材43.6万立方米，完成计划的98.8%。

【资源林政管理工作日趋规范】严格执行了森林采伐限额管理制度。2007年，我区首次将全区森林采伐限额分解落实到具体编限单位，并将商品材、群众自用材、薪炭材等采伐消耗的林木资源一律纳入森林采伐限额管理，及时向社会公布采伐限额的分配情况，自觉接受监督；加大了林政执法力度。结合"绿盾二号行动"开展突击检查，共查处林政案件326起，查处率为91.06%。特别是对聂拉木县政府和县林业局在珠峰自然保护区内擅自增加木材采伐指标、破坏森林资源，昌都地区林业局票证管理混乱的问题，都进行了认真的查处，并分别在全区林业系统进行了通报批评。在林芝地区工布江达县松多等5个重点木材检查站，安装了远程视频监控系统，实行全天候监控。在木材运输高峰期，派驻由林芝地区林业局主要领导、自治区林业局森林公安局、武警森林部队组成的联合检查组，对全区木材流通量最大的松多检查站进行执法监督，有效地维护了木材的正常运输秩序；狠抓征占用林地管理工作。加强了征占用林地政策法规宣传，各地（市）、县林业部门开始重视征占用林地管理工作，主动与有关部门进行衔接和沟通，为前两年的建设工程补办了手续，并严格按照《占用征用林地审核审批管理办法》的规定，加强了新建工程的审核审批。首次开展了西藏自治区"十一五"期间征占用林地年度定额编制工作，已经国家林业局批准执行，使我区征占用林地管理工作向着规范化、法制化管理轨道迈出了实质性的步伐；加强了林政执法培训工作。4月份，在林芝地区举办了全区林政资源管理和农牧民安居工程木材供应管理培训班，使全区资源林政管理人员依法行政意识和专业水平有了一定的提高，为进一步强化资源林政管理工作打下了良好的基础。

【以重点区域造林绿化工程为龙头的营造林任务基本完成，造林质量有了较大的提高】2007年，全区完成造林绿化面积24267公顷，占全年计划的106.9%，林芝、日喀则、昌都、拉萨、那曲等5个地（市）完成或超额完成了年度造林任务指标。其中，全区重点区域造林绿化工程全面启动，完成7733公顷，占年计划的95.1%，林芝、拉萨、昌都、那曲等4个地（市）也完成或超额完成了年度计划任务。各地加强了对造林绿化的管理工作，严格按照作业设计要求、规范实施，狠抓了地块落实、资金到位、种苗质量、技术培训、管护等重要环节的落实，造林质量有了较大的提高。通过实地抽查验收，平均成活率在80%以上。同时，在自治区财政厅的大力支持下，单独安排2000多万元专项经费，解决了过去几年超面积、超计划造林的历史遗留问题，极大地调动了各地群众造林的积极性，促进了社会的稳定。

【天保、退耕还林等生态建设工程稳步推进】昌都三县天保工程。国家到位资金2357万元，共完成生态公益林建设1342公顷，其中人工造林165公顷、封山育林1177公顷。国家林业局核查工作组来我区检查时认为，我区天保工程进展顺利，资金管理符合国家有关规定。昌都地区及天保三县依托工程建设，充分利用当地丰富的水能、太阳能、沼气资源，配合农牧、水利等部门，组织实施了小水电、太阳能和沼气的开发利用，减轻了因能源短缺对生态的压力。同时，积极开展生态旅游、林下资源的培育和开发工作，带动了后续产业的发展。

退耕还林工程。国家到位资金6370万元，完成退耕还林3333公顷、宜林荒山荒地造林6667公顷。《国务院关于进一步完善退耕还林政策的通知》下发后，自治区政府召开了退耕还林工作联席会议，自治区政府办公厅下发了《关于进一步完善退耕还林政策的实施意见》。西藏自治区林业局于11月中旬开始，组织国家林业局中南林业调查规划研究院和自治区林业调查规划研究院的70多名专业技术人员，分7个大组、32个小组，分赴全区49个工程县，开展外业工作，重点开展了退耕还林农户基本情况调查、退耕还林小班调查、宜林荒山荒地造林与封山育林情况调查、补充完善小班作业设计等工作，外业工作已全部结束。通过这次大规模的外业工作，摸清了底数，掌握了全区退耕还林第一手资料，为下一步编制《全区巩固退耕还林成果专项规划》奠定了基础。

森林生态效益补偿基金工程。国家到位资金1.63亿元，管护森林面积2177880公顷，保证了管护经费足额兑现。起草了《西藏自治区森林生态效益补偿基金管理办法》，并投资100万元制作了宣传标志牌、管护合同、管护人员证、管护情况登记薄等。委托国家林业局中南林业调查规划研究院和自治区林业调查规划研究院开展了第二批森林生态效益补偿基金责任区落实和第一批责任区核实工作，全面系统地调整、纠正了我区以往存在的“超区位、超范围、超面积”的违规做法。同时，与自治区财政厅联合请自治区政府上报国务院，请求扩大补偿范围、提高补助标准。该项工作正在积极争取中。

自然保护区建设工程。工布自然保护区及察隅慈巴沟、芒康滇金丝猴和色林错等3个国家级自然保护区已开工进行基础设施建设；大峡谷二期、雅江中游河谷、类乌齐马鹿国家级自然保护区、珠峰湿地保护项目及玛旁雍错、麦地卡2个国际重要湿地生态监测站等建设项目，国家已批准投资立项，并完成了施工前的各项准备工作。工布自然保护区是目前国家单项投资最大的自然保护区，已到位资金8000万元，于2007年3月开工建设，自治区领导张庆黎书记、向巴平措主席、郝鹏常务副主席出席了开工仪式。已完成了4个管理分局、17个管理站的基础设施建设和交通工具的购置等基础性工作。羌塘、色林错等自然保护区功能区划调整的前期准备工作也正在有序进行。

【森林防火、野生动植物、湿地等保护工作进一步加强】森林防火工作进一步加强。各级党委、政府更加高度重视森林防火工作。在进入防火期前，自治区向巴平措主席签署发布了《森林防火令》。5月20日，根据自治区党委张庆黎书记在《林芝地区林火扑救工作情况报告》上的重要批示，自治区政府召开了全区森林防火工作专题会议，向巴平措主席出席会议并作了重要讲话。林芝、昌都两大林区的地委、行署主要领导，亲自部署，亲自检查，亲自抓落实；明确责任，狠抓落实。各地按照森林防火行政领导负责制的“五条标准”，采取有效措施，把森林防火责任落到实处。林芝地区修改签订了《林芝地区森林防火目标管理责任书》，昌都地区不断充实调整各级森林防火组织，各有林乡镇、村全部建立了护林防火领导小组；严格野外火源管理。昌都地区制定了“六不准”，林芝地区规定了“五不准”，强化村民联防制度等，做好林区闲散人员的管理工作；做好森林防火物资器械储备。根据国家林业局下达的森林防火投资计划，积极争取地县财政支持，及时购置了防火急用设备，完成了36个森林防火指挥部和31个县专业扑火队的装备和物质储备；加强宣传教育，不断提高全民森林防火意识。各级森林防火指挥部和林业部门，充分利用广播、电视、报刊、传单、宣传警示牌等，加强森林防火的宣传教育，提高了全民的防火意识，取得了很好的效果。据统计，2007年全区共发生森林火灾18起，其中一般森林火灾7起、森林火警11起。过火森林面积324公顷，受害森林面积186公顷，圆满完成了护林防火的年度任务，实现了无重特大森林火灾发生、无人员伤亡的“双无”目标。山南地区洛扎县、林芝地区工布江达县再创34年和26年未发生森林火灾的历史新记录。

武警西藏森林部队继续发挥了森林防火灭火主力军的作用。同时，在协助林政执勤和保护野生动植物以及维护当地社会稳定等方面，也做了大量的工作。

破坏森林和野生动植物资源的各类违法犯罪行为受到严厉打击。全区森林公安、资源林政管理部门在武警森林部队的配合下，开展了“区域性严打专项行动”、“绿盾二号行动”等一系列专项打击行动，严惩了一批破坏森林和野生动植物资源的违法犯罪分子。全年共查处各类案件62起，其中刑事案件4起、林政案件58起。收缴木材644立方米，各类野生动物皮张52张，野生动物头（角）7个，猎枪猎具65件。

森林病虫害防治工作成效明显。我区森林病虫害防治工作克服人员少、机构不健全等困难，做了大量的工作，取得了明显成效。完成了26个重点林区县的测报工作，特别是加强了曲水县青杨楔天牛的测报和防控工作；投入防治经费150多万元，防治面积达33333公顷，有效地控制了山南地区春尺蠖的扩展危害，保护了多年的造林绿化成果。同时，林业有害生物预防体系基础设施建设项目已经国家林业局批准，到位资金1100万元，使林业有害生物预防体系建设得到进一步加强。

野生动物疫源疫病防控监测工作得到进一步加强。根据国家林业局的要求，结合我区实际情况，在一江两河及藏南候鸟越冬区域，设立重点候鸟监测点22个，安排监测员44名；在藏北设立重点监测点38个，安排监测员38名。各有关地（市）、县长期坚持野生动物疫源疫病监测信息日报制度，对一江两河及藏南候鸟越冬区域和夏季野生候鸟繁殖区域进行全面监测，及时了解野生候鸟的迁徙及其禽流感发生的变化动态。全年未发现野生候鸟禽流感病例。

【充分发挥林业行业优势，服务“三农”工作，促进农牧民增收】在林业工程建设中，各地（市）、县始终坚持让当地农牧民群众参与林业建设，既提高农牧民参与生态保护与建设的积极性，又能增加收入。2007年，通过天保、退耕还林、森林生态效益补偿基金、重点区域造林等林业建设工程，为农牧民直接增加现金收入在1.8亿元。通过这些林业工程建设，加上大力营造经济林，为促进农牧区产业结构调整，加强后续产业建设，增加农牧民现金收入，起到了很大的促进作用。同时，林芝、昌都、山南等地，充分发挥林下资源的优势，大力开发林下资源，形成了一定的产业优势，也已成为农牧民增收的有效途径。

【存在的问题】1.思想不够解放，对生态保护与建设的重要性认识还不到位，改革创新意识不够强；2.是林业机构不健全，人才匮乏，基础设施建设滞后，管理体制不顺，业务管理能力较弱，还不适应当前林业发展的需要；3.工程项目管理不够规范，特别是个别地县造林任务不能按时完成，造林质量有待进一步提高；4.科技含量不高，产业发展滞后，经济贡献率低。

自治区水利工作

【年度情况与特点】2007年，自治区水利部门认真贯彻落实自治区第七次党代会和区党委七届二次、三次全委会议，全区经济工作会议、农村工作会议精神，以及全国水利厅局长会议精神，紧紧围绕着“一产上水平”经济发展战略，以科学发展观为指导，着眼于推进可持续发展水利，整体推进，突出重点，全面部署、精心组织，积极解决涉及群众切身利益的饮水安全、用电困难、洪涝灾害、农田灌溉等民生问题，不断深化水利管理改革，努力提升水利社会管理与公共服务能力，全年落实国家投资9.1亿元，续建18个项目，新开工建设23个项目。

【水利规划计划工作】水利规划积极推进，雅鲁藏布江、怒江、澜沧江、金沙江流域综合规划、《“十一五”节水型社会建设规划》、《西藏无电地区规划》、《城市饮用水水源地安全保障规划》基本完成；《玉曲河流域综合规划》完成野外勘测，正在加紧编制；旁多水利纽枢工程项目建议书已经中国水电工程顾问集团评估，力争明年开工建设，其他涉水项目年底70%以上可完成审查审批工作；拉洛水利枢纽及配套灌区工程完成了项目建议书；其他项目前期工作进展顺利。

【水利基础设施建设】2007年通过实施农村饮水安全工程，以及6个乡（镇）供水工程，实际解决农牧区30万人饮水安全问题，其中农牧民安居工程基本实现自来水进户；通过实施送电到乡工程、第三期农网改造、农村电气化县以及乡村小水电工程，全年新增电站装机0.6万千瓦(不含送电到乡工程)，新增和改善网外农牧区5万人用电；江雄水库完成主体工程并开始蓄水，江北生态灌区年内开工建设，满拉灌区完成主体工程，墨达、雅砻灌区建设加快推进；全年新建、续建三级以上标准堤防31.3公里，各级政府投入建设资金5837万元，群众投入劳务79.84万个工日，修复水毁工程891处，加固加高堤防46.31公里，疏浚河道127.73公里，改造中低产田4533公顷。全年通过春季农田水利基本建设，以及灌区续建配套和节水改造，病险水库除险加固，新增和改善灌溉面积16567公顷。

【防汛抗旱】2007年国家投入防汛抗旱资金1400万元，建设抗旱水源29处，抗旱监测点6个，防汛应急工程32处，完成2座病险水库除险加固，储备了一批防汛抗旱物资；着手编制《西藏冰湖灾害防治规划》，编制完成防汛抗旱灾害应急预案；完成了满拉、冲巴水库联合调度方案、直孔水电站防洪调度方案；日喀则定结冰湖除险工程、满拉水库水情自动测报系统、国家防汛抗旱指挥系统一期工程等一批项目通过了验收；在上半年各地普遍出现旱情的情况下，通过水利工程的合理调度和科学用水，粮食主产区基本没有受到太大影响。汛期，除小范围发生山洪、泥石流灾害外，江河水势总体平稳，尼洋河干流、拉萨河虽发生超警戒水位，但均未造成大的灾害损失。据不完全统计，2007年全区旱灾损失约6000万元，洪涝灾害损失约1.1亿元。

【水利体制改革】2007年，自治区水利部门工程管理力度进一步加大，重点水利工程机构进一步完善，拉萨河堤防等一批工程完成了确权划界工作，通过公开招考，又有47名水利专业大中专应届毕业生进入水利系统担任乡镇水管员，工程管理得到进一步加强；农村水电体制改革加快推进，大电网覆盖区外绝大多数县成立了县农电公司，农村水电管理体制逐步理顺，运营机制逐步完善，着手组建农村水电技术服务保障体系，对部分农村水电站进行了维修，电站设备完好率明显提高，县级水电站基本实现了扭亏为盈，一批乡村水电站运营状况明显好转；农田水利基本建设新机制取得实质性进展，62个县编制完成了小型农田水利基本建设规划，全年国家投入民办公助补助资金5270万元，实施277

个项目，带动全区农牧民群众投入 8700 万元，同时各地还成立了多种形式的农牧民用水户协会 75 个，自治区财政厅和水利厅联合下发了《小型农田水利工程设施补助专项资金管理办法（暂行）》，使小型农田水利基础设施建设和管理工作得到明显加强。

【政策法规】自治区第八届人大常委会第三十三次会议通过《西藏自治区水利工程建设管理条例》，2007 年 12 月 1 日施行；已完成《西藏自治区取水许可和水资源费征收管理办法》（征求意见稿）、《西藏自治区水土流失防治费和水土保持设施补偿费征收管理办法》草拟工作并已上报政府审议，《水能资源开发利用管理办法》完成草拟工作；结合平安西藏建设，加强水法宣传，以《水文条例》和《水利工程管理条例》颁布实施为契机，加大了水利法规宣传力度，为水利政策法规的贯彻落实创造了良好的舆论氛围。进一步加大了执法力度，为 219 名具备执法资格的同志发放了水行政执法证。启动了全区水土保持监督执法专项行动，对农田水利基本建设新机制、国际河流管理法规前期工作、开发性建设项目水土保持等进行了调研，开展了河道采砂执法检查，配合长江水利委员会开展了水利、交通、电力水土保持执法检查。

【农牧民增收】充分发挥水利建设投资大，项目多的优势，积极吸纳农牧民群众参与水利工程建设。把农牧民能够实施又符合相关政策的工程全部交给农牧民群众实施。加强农牧民水利水电施工技能培训，不断提高农牧民群众参与市场竞争的能力。本着让利于民的原则，把河道采砂权交当地群众，在水利部门的统一规划和技术指导下有序开采砂石料。据不完全统计，全年举办农牧民培训班 16 期，培训 4000 多人次，增加农牧民现金收入 1 亿元。

【水利援藏】2007 年，水利部在自治区召开了水利援藏工作座谈会，明确提出要本着“对西藏特事特办，急事急办，优先考虑，全力支持”的原则，进一步加大水利投入力度，不断丰富援藏形式、深化援藏内涵、拓宽援藏渠道，全面推进项目援藏、管理援藏、人才援藏、科技援藏，切实把“中央关心西藏、全国支援西藏”政策落到实处，水利部援藏工作领导小组成员单位及各对口援助单位按照水利援藏座谈会精神，进一步加大援助力度。水利部第九期援藏工作组与第十期援藏工作组顺利交接，海河水利委员会、澧水集团分别向受援单位派出了援藏干部。黄河水利委员会、江苏省水利厅、湖北省水利厅从资金、物资上加大对口支援力度。2007 年，水利部和各对口援藏单位援助资金和物资近 400 万元，举办各类培训 2 期，共培训干部、职工 78 人次，派出新一轮援藏干部 13 人。

【领导名录】

党委书记：李文汉

厅长：白玛旺堆

巡视员：扎西

副厅长：骆涛、张承红

驻厅纪检组长：丁积成

副巡视员：李克恭

交通、邮政、通信、民航

自治区交通工作

【进一步加强公路建设，建设步伐继续加快】2007 年，自治区交通部门共落实公路建设投资 36.91 亿元，完成投资 41.5 亿元，完成投资再创历史新高。加快改建聂拉木至樟木、米林至朗县、三安曲林至陇等 14 个续建项目，其中拉孜曲夏至老定日岗嘎、康马至亚东、莫洛至桑格尔桑坡等 8 个项目建成并投入使用。新开工建设老定日至聂拉木、门士至巴嘎和普兰支线及吉马至卓拉等 4 个建设项目。全年重点项目建设里程 1500 余公里，新增油路 752 公里，新增 5 个县通油路。截止目前，全区公路通车里程达到 4.86 万公里，油路达到 4714 公里，43 个县通了油路，612 个乡镇和 3525 个建制村通了公路。

【进一步加强公路建设市场监管，管理水平稳步提升】加强监管，严格准入，规范程序，完善公路工程质量监督体系，认真解决和治理公路建设中存在的质量通病问题。强化施工现场的监督指导，开展了公路建设执法大检查，对工程质量、进度、环保、安全、资金使用、建设环境和民工工资等进行全面监督检查和指导，发现问题及时整改。

【进一步加强公路养护，通行条件明显改善】积极开展预防性养护和日常养护，国省干线油路好路率 84%、综合值 83，砂土路好路率 52%、综合值为 56。投资 5100 万元实施养护大中修工程、段道房改建工程和水毁恢复工程，深入开展“标规路、文明样板路和油路小改善”活动，筹资 400 万元实施了标规路 125 公里、文明样板路 70 公里、油路小改善 45 公里。加强路巡路查工作，查处路政案件 414 起，收取公路损坏赔偿、补偿费 898 万元，有效地维护了路产路权。巩固扩大治超成果，加快治超站点建设，启用曲水、工布江达、拉孜三个治超监控站，扩大了治超覆盖面，完善了治超网络。

【进一步加强运输市场监管，提高了运输服务保障能力】加强市场监管，严格市场准入，规范道路运输经营行为，整顿市场秩序，加快运力结构调整，强化行政执法，道路运输业呈现了较好的发展态势，运输服务保障能力进一步增强。完成公路客运量 460 万人次，客运周转量 18.9 亿人/公里，货运量 360 万吨，货物周转量 37.48 亿吨/公里，同比分别增长 3.4%、1.9%、4%、2.3%。同时，按照适度放开、有序投放的原则，投放旅游客运车辆775辆，新增客位12620座，更新车辆152辆，目前旅游车辆总数已达2777辆，满足了社会需求，平抑了运价，适应了旅游业的快速发展。加强水运安全监管，完成了山南和林芝地区船员培训、考核、发证和船舶检验工作。规费征收工作强化费源管理和路检路查，积极开展了规费查漏补征和外挂车辆专项整治活动，清理外挂车辆4057辆。在政策性降低收费标准，费源基数减少的情况下，征收养路费2.7亿元，运输管理规费7751万元。

【进一步加强国有及国有控股企业监管，企业效益稳步提高】认真履行国有资产出资人职责，制定了企业改革规划和国有资产监督管理暂行办法，加强对企业国有资产、干部任免、考核、投资方式、调整产业结构等全方位监管和指导。在深入调查研究的基础上，按照“一企一策”原则，明确了企业改革的指导思想、工作思路、目标任务、计划步骤和措施。实施了厅属企业经济效益审计，摸清了企业资产状况和效益，完成了企业效益目标考核工作，企业经济运行平稳，效益进一步提高。完成总产值7.5亿元，实现利润7153万元，上缴税金3033万元，职工人均年收入32405元。积极抓好职工房改工作，全年完成1390名职工的房改，目前已落实3065名职工房改，占总数的51.9%。

【进一步加强平安交通建设，促进社会和谐稳定】积极开展矛盾纠纷排查调处工作，妥善处理“3·19”旅游车主、“7·13”拉萨至那曲客运经营业户等集体上访；及时调查处理民工工资，调整成立厅“双清办”，妥善处理民工上访167起，清欠民工工资3500余万元；在企业职工房改、离退人员待遇等方面认真落实各项政策；强化社会治安综合治理，落实综治机构和人员，签订综治责任书，加大了敏感日、节假日特别是“十七大”期间的安全保卫工作力度，确保了系统内安全稳定。进一步发扬交通系统扶贫济困的优良传统，广泛开展“送温暖、献爱心”活动，目前纳入交通扶贫救助的困难职工284户511人，2007年发放扶贫救助金89.7万元，使困难职工和弱势群体切身感受到了党组织的关心爱护和社会主义大家庭的温暖。

【着力改善农牧区交通条件，成为交通服务新农村建设的新亮点】从人民群众最关心、最直接、最现实的利益出发，推进农村公路建管养运全面发展，自治区先后制定出台了《关于加快乡村公路建设的意见》、《农村公路管理养护体制改革实施方案》和《关于培育和发展乡村客运市场的意见》及配套规章制度，为农牧区经济发展、农牧业产业结构调整和农牧民增收提供了良好的交通条件。一是加大农村公路通达工程投资力度，落实农村公路建设资金14.65亿元，建设里程9616公里，解决94个乡镇、848个建制村通公路问题。二是认真落实《农村公路管理养护体制改革实施方案》，制定各项配套规章制度，全面推行农村公路管理养护体制改革，农村公路设养里程已达39879公里，补助养护资金9467万元。三是加快乡村客运站场建设，投资1784万元新开工建设11个县乡等级客运站点，目前已建成4个站点。同时，认真做好项目前期工作，积极协调落实投资1655万元，为项目顺利实施提供了保障。四是积极发展农牧区道路运输市场，制定了“三优先”政策，鼓励和扶持社会车辆参与农牧区客货运输，新开通农村客运班线35条。五是积极吸纳农牧民群众参与公路建设和农村公路养护，农牧民参与公路建设养护实现现金收入4.2亿元，再次投入6000万元解决农牧民安居工程综合配套设施部分道路建设。

【积极汇报衔接、争取项目与投资，成为项目前期工作的新亮点】为落实国务院确定的我区“十一五”规划交通项目，自治区领导先后3次进京向交通部、国家发改委汇报、协调，交通厅领导多次赴部衔接、相关处室负责人蹲点北京跟踪落实。上报了青藏公路改建完善工程等18个项目的工可和11个项目的初步设计，项目工可估算总投资达57亿元，其中4个项目已开工建设；13个项目工可已批复，6个项目初步设计已批复；其余项目正在逐项落实。并积极衔接2008年建设项目与投资计划。规划外项目墨脱公路的前期工作取得实质性进展，贡嘎机场专用公路建设方案已确定。

【继续实施安全保障工程，加大危旧桥梁改造力度，成为平安交通建设的新亮点】2007年安排投资2803万元，对8条国省干线公路实施安全保障工程，处理隐患385公里/2437处；安排投资2010万元，改造危旧桥梁30座，有效地解除了安全隐患，改善了公路通行条件，提高了安全保障能力。

【切实加强环境保护工作，成为交通可持续发展的新亮点】以资源节约型、环境友好型交通建设为重点抓手，高度重视交通环保工作，坚持施工与环境保护并重，强化建设项目环保审查，认真落实环境影响评价和“三同时”制度，积极实施环保典型示范工程。召开了交通环境保护大会，出台了加强交通环保工作的有关意见，明确了交通环保工作的指导思想、目标任务、各项措施和长效机制，为交通环保工作向纵深发展提供了保障。

【加快推进信息化建设，成为交通电子政务工作的新亮点】为及时掌握和处置全区国省道和重要经济干线公路的突发事件，建成了西藏交通应急通信工程，并投入使用，该工程集应急指挥调度系统、专用机房和综合信息管理平台及应急指挥车为一体，提高了交通应急通信指挥系统的快速反应和处理能力。建成了运政信息系统和运政OA系统，制作完成了国省道电子地图，稳步推进公路管理部门办公自动化建设，进一步提高了管理水平和办事效率。

【存在的困难和问题】一是公路路面等级低，通达深度不足，还有30个县不通油路，71个乡镇、2375个建制村不通公路，公路建设还需进一步加快，个别地区公路建设环境有待改善。二是公路建设领域违法分包现象仍未有效遏制，层层转包、以包代管问题依然存在，监管工作不到位，影响了工程质量、进度，劳务纠纷和拖欠民工工资问题突出。项目前期工作深度不够，勘测工作不到位，审批周期长，设计变更多。农村公路建设管理有待进一步加强。三是道路运输市场监管存在薄弱环节，运输安全形势不容乐观。四是公路管养体制不顺，县道管养主体失位，公路通行保障能力仍显不足。

【领导名录】
党委副书记、厅长： 赵世军
党委委员、巡视员： 丹增曲扎
党委委员、副厅长： 冉仕平、赵之忠、索朗群佩
党委委员、驻厅纪检组组长： 隋云福

青藏铁路公司拉萨办事处（拉萨站）

【基本情况】拉萨站是青藏铁路的终点站，属一等站。位于拉萨市西南端，拉萨河南岸的柳梧新区，与拉萨市区及布达拉宫隔河相望。既是进入西藏自治区的重要门户和窗口，也是青藏铁路格拉段规模最大的客运站和青藏铁路的标志性工程。拉萨站区总占地面积约51公顷。

拉萨办事处于2005年12月底成立，拉萨站于2006年4月1日由格尔木车务段整建制并入拉萨办事处，实行合署办公，一套机构，两块牌子；机关设有综合办公室、安全技术科2个部门；下辖拉萨西站（属车间性质：主管货运、行车）；1个客运班组和1个运转班组（分别为甲、乙、丙三个自然班）。

【任务完成】截至2007年12月31日，拉萨站实现安全生产549天。发送旅客80.3万人次，到达旅客82万人次；货物发送12.1万吨；货物到达64.7万吨；

【安全工作】认真贯彻落实铁道部、青藏铁路公司运输安全工作会议精神，以规范安全基础管理和创建示范站为主线，以各项安全专项整治为重点，建立健全各项规章制度，大力强化关键作业环节卡控，严格落实各项安全措施，积极强化职工培训，进一步规范岗位作业标准，不断提高客货服务质量，实现了全年各项奋斗目标，保持了运输安全“有序可控、基本稳定”的良好局面。安全大检查和安全专项整治活动期间，重点对安全关键环节、行车和客货运设备进行了全面排查，完善了安全卡控措施。

【规章制度】继续健全完善了车站安全管理体系和各项管理制度。一是修订完善了《站细》、《客细》、《货细》和《拉萨站铁路交通事故和突发公共事件总体应急预案》，及时补充完善了行车、客货运规章；二是“4·18”提速调图后重新审核签订了各种安全协议；三是制定了《拉萨站调车作业方案》并纳入《站细》附件；四是细化了劳动安全、调车作业、防溜、列尾、客运、货装等各项安全措施；五是制定编印了《客运标准化作业指导书》，进一步规范了客运作业流程。全年共制定了27项机制性制度和办法。

【“三品”查堵】为确保“三品”查堵工作做到件件不漏，车站要求每台“三品”检查仪均施行双人双岗监控制度，由2名保安配合，确保了件件携带品过机。对可疑或判明不清的行李物品进行人工开包检查。同时，加强车站东、西两头汽车通道及栅栏处保安值守力度，将携带行包人员一律引导到主进站口进站，确保将“三品”堵在站外车下，做到安检查危工作“严、细、实”。

【货装安全】落实货物装载加固有关规定，加强日常安全教育，严把装车质量关，散堆装货物做到车车过衡，成件货物严格按方案装车，执行货物装载加固质量签认制度。防止超偏载，做到“装一辆重车，保一路平安”。同时，针对格拉段运行距离长的实际，对排空车辆派货运人员认真检查车门、车窗并进行牢靠捆绑加固，由值班干部或货运值班员到现场进行确认，确保了行车安全。

【应急演练】根据青藏铁路高寒缺氧，气候恶劣，沿线人烟稀少，地形复杂，交通不便，且政治敏感性强的实际，车站对职工的应急处理能力进行强化，采取实际应用学习和实地演练相结合的方式。职工在学习各项应急处理预案的同时，积极参与各种应急预案采取现场观摩、模拟演示、问题探讨等形式，进行了实打实、硬碰硬的强化演练，提高了应急处理能力。

【防火演练】12月20日上午，拉萨站组织拉萨西站、路兴公司、拉萨西站警务区3家共同在拉萨西货场门口举行了模拟防火演练。通过此次消防演练活动，西站有关单位职工和人员的消防理论与实践操作能力得到了有效结合和充分检验，对落实“预防为主，消防结合”的方针，确保安全起到了极大的促进作用。

【干部包保】认真落实包保制度，定期深入包保班组，了解职工思想，检查、发现问题，及时制定有效措施，大力整改。值班干部做到对重点区域、岗位、重点时间段进行盯控，监督检查行包、保洁、商场和咖啡厅的安全管理协议落实情况，规范和落实各项作业标准，落实各项安全关键点和卡控措施，杜绝安全管理“盲点”，确保了安全稳定有序。

【环保验收】6月1日上午，由国家环境保护总局环评司司长祝兴祥、铁道部发展计划司巡视员杨忠民带领的青藏铁路格拉段环保工程国家竣工验收组一行，莅临拉萨站对拉萨地区环保工程进行验收。公司党委书记黄弟福、拉萨办事处主任王新文陪同验收组，听取了情况汇报，对污水处理站生态保护和污染防治措施进行了现场检查。

【旅客运输】成立春暑运工作领导小组，制定下发了加强春暑期旅客运输工作的通知，提出了具体要求和安排，根据春暑运期间客流量大而集中的实际，一是加强客流组织，强化旅客引导和安全宣传工作，合理安排客运人员，有秩序组织旅客进出站；二是加强“三品”的查堵工作，做到件件过机，一件不漏，坚决把“三品”堵在站外车下，共查堵“三品”1400件；三是加强售票组织工作，重点对学生票发售作了计划和安排，向媒体及时公告学生票预订电话及相关内容，开通24小时学生票订票电话，合理安排学生票发售组织工作，增开学生票发售窗口，确保学生按期返校，暑运期间共发送学生15880人。加大对客运人员的职业道德和路风路誉教育，全面提高客运服务质量，确保实现了春暑运期

间路风零投诉目标。

【新老兵运输】一是组织召开专题会议，精心组织、周密安排，定职定责，落实到人，对新老兵运输的情况进行了详细调查、摸底，同时宣传了铁路旅客运输有关规定和要求，制定了切实可行的运输组织方案。二是准确掌握驻藏部队退伍军人、到达新兵数量、去向、乘车时间，做到心中有数。三是及时向公司营运部、票务中心上报老兵人数、去向，专设军人售票窗口，集中办理军人购票，四是站内揭挂横幅、播放军歌，营造氛围，以“四优先”的特殊服务标准，保证各部队老兵安全返程和新兵按时到达。2007年共发送老兵3012人次，到达新兵3450人次。

【树标塑型】以创全路党员先进行教育示范站为标准，瞄准一流目标，大力开展“树标塑形”活动，把服务工作体现在“六个零”的人性化服务上，严格落实作业流程“九个”突出。建立提高客运工作质量的多个兴趣小组，设立了“五彩哈达温馨服务台”、“党员示范售票和优质服务售票窗口”等，有效促进了客货服务质量提升。

【售票组织】拉萨是一个旅游城市，客流往来季节性很强，每年5～10月属旅游旺季，是进出藏旅客的高峰期。这期间，4对进出藏旅客列车的运载人数不能满足旅客需求，出现了“一票难求”的客票紧张状况。为了给旅客创造一个良好的购票环境，车站公开售票信息，严格按售票、购票程序及特殊用票审批制度办理，杜绝违规切票、抢票、囤票和违规加价、收费等行为，加强与公安机关联系，大力打击违法倒卖车票人员，为旅客提供良好的购票环境。

【技能培训】一是结合车站“三新”人员较多的现状，重点强化了劳动保护和人身安全知识培训，提高职工自我保护意识，并做到全员培训合格后持证上岗。二是强化业务知识培训。组织客货运职工系统学习客货运规章、《客细》、《货细》及涉及客货运工作的各项《应急预案》，运转职工重点强化对新《技规》、《行规》、《站细》和各类应急预案及非正常情况下接发列车作业标准演练培训。三是认真学习贯彻国务院颁发的《铁路交通事故应急救援和调查处理条例》及铁道部新版《事规》、《救援规则》，同时结合新版《事规》对相关应急预案进行补充和修订，并对职工进行相关应急预案的培训和学习。全年共举办各类培训班12期，培训人员1008人次。四是积极开展职工岗位大练兵活动。结合培训教育重点以及实做的特点，先后开展了6大项职工技术比武活动。

【旅客组织】合理安排人员，在旅客组织过程中做到“一听、四看、两卡死”，提前出务接送车，将接送站人员全部引导到安全线以内。做好站车交接工作，妥善处理因高原病不能出藏旅客48人次。落实重点旅客的登记、交接、信息通报制度。为维持候车秩序和确保旅客旅行安全，在各个候车区域安排客运人员加强巡视。一是主动讯问。检查每名旅客的车票及免费携带的行李，儿童健康登记卡是否填写齐全，对没有旅客健康登记卡的旅客及时发放，说明填写事项，讲解高原旅行常识。二是爱惜公物。引导旅客将笨重行李放在地上，减少对座椅等服务设施的损坏。三是突出重点。对“老、弱、病、残、孕”旅客，做到“三提前”即：提前组织、提前进站、提前上车。四是应急处理。及时发现有高原反应的旅客，通知五彩哈达服务台采取措施。五是组织得当。在客流高峰期，采取了提前预剪、专人带队、分批进站、乘降有序的组织方法。

【特殊旅客救治】每趟列车出发之前及到达前40分钟，车站值班站长都要在候车室巡视，或主动与各次旅客列车车长联系，对始发或到达遇有高原反应严重或重病旅客，立即采取措施。对到达列车提前将氧气、担架、轮椅、救护车等组织在站台等候，列车停妥后第一时间及时采取吸氧等措施，然后快速送到医院救治。全年救护始发和到达高原病人65人次。

【五彩哈达特色服务】在候车大厅设置开办了“五彩哈达”温馨服务台。“五彩哈达”的服务理念是：“白色哈达”代表诚信服务，“红色哈达”代表热情服务，“黄色哈达”代表精细服务，“蓝色哈达”代表洁净服务，“绿色哈达”代表便捷服务。“五彩哈达”温馨服务台配备旅客服务备品：藏汉英旅客健康登记卡、氧气、常用急救药品、体温计、血压计、针线、座椅等。“五彩哈达”温馨服务台服务内容主要是为旅客使用藏汉英三种语言提供问询服务、引导服务、爱心服务。问讯服务：主要针对部分藏族旅客不识字，教他们填写旅客健康登记卡，为国内外旅客解答提出的售票、乘车信息及各次列车运行时间、到达目的地时间、票价、部分停靠站旅客列车换乘时间和当地一些旅游景点、交通等内容，使旅客对自己的旅行做出一个合理的安排和计划，高兴而来，满意而归。引导服务：为不识字的部分藏族旅客主动热情引导，按车次送到指定候车室，引导送亲友人员购买站台票。爱心服务：主要是针对到西藏旅游的外地旅客发生高原反应时，及时提供氧气、常用急救药品、测量血压等服务。同时，对有高原反应的旅客讲解高原病知识和急救知识，做心理引导，消除旅客恐慌，对危重病人在最短时间内做应急处理；对出藏的老、弱、病、残、孕等重点旅客，主动了解他们的需求，知到站、知席别、知困难，快速提供担架、轮椅等服务设施，做到优先检票、优先进站、优先上车“三优先”。并对没有持旅客健康登记卡的旅客及时发放旅客健康登记卡，说明填写事项，方便了国内外旅客。

【救灾物资运输】6月4日6：35分，由武汉铁路局发往自治区的首批5辆救灾物资抵达拉萨西站货场。车站高度重视本次救灾物资运输工作，指派拉萨站副站长齐全长专人负责，提前召开了有关负责人会议，安排部署相关事项，组织人力安全、稳妥、迅速卸货，保证救灾物资及时转发。这是青藏铁路通车以来首批由铁路运输进藏的救灾物资，标志着铁路承担救灾物资运输任务的开端。

【新老兵运输总结座谈会】12月11日下午，西藏军区政委王增钵少将、副司令员刘真学少将，带领军区参谋长张兵、后勤部长徐名敏、政治部副主任余琨、司令部副参谋长王会元、装备部副部长张才刚一行，在拉萨办事处与办事处领导及驻拉萨军事代表处负责人共同召开了2007年度新老兵运输总结座谈会。

【“毛泽东号”机车组事迹报告】6月5日下午，由北京铁路局丰台机务段党委副书记张景和、北京铁路局丰台机务段“毛泽东号”机车组第十一任司机长赵巨孝、北京铁路局丰台机务段运用车间党总支副书记张蕴良组成的“毛泽东号”机车组先进事迹报告团，在拉萨地区作了先进事迹报告。赵巨孝同志代表报告团讲述了“毛泽东号”机车组的光辉战斗历程和改革开放以来，特别是在铁路跨越式发展进程中所创造的辉煌业绩，深刻诠释了新时代“火车头精神”的历史背景、时代特征、深刻内涵以及在新形势下如何继承和发扬并开拓创新“火车头精神”的宝贵经验，拉萨地区各单位广大党员干部职工受到了一次既生动又深刻的革命传统教育、时代精神教育、创新成果教育、典型示范教育，为实现胡锦涛总书记提出的“管好用好世界一流高原铁路”的目标和部党组“把拉萨站创建成为党员先进性教育示范站”的目标，提供了巨大的精神动力。

【“青藏铁路精神”报告会】7月27日下午，由铁道部党校办公室主任李英武、副教授王德、科研所副所长高志华、教师姜秀玉组成的“青藏铁路精神”专题报告团在拉萨站进站大厅作了先进事迹报告。拉萨地区各单位200余人听取了报告。

【两会代表参观】1月17日参加自治区人大会议的代表120余人参观拉萨站。1月22日参加自治区政协会议的委员100余人参观拉萨站。

【领导关怀】4月27日上午，西藏自治区党委书记张庆黎亲临拉萨站慰问广大干部职工及自治区劳动模范、拉萨站副站长兼工会主席徐海平同志，还在行车室与那曲站站长通了话。6月29日上午，原铁道部副部长孙永福一行在公司党委常务副书记王建明的陪同下来到拉萨站检查工作。7月1日上午，刘志军部长抵达拉萨站，对车站设施、设备进行了检查。7月7日上午，中共中央政治局委员、国务院副总理曾培炎在自治区党委书记张庆黎，全国政协副主席、自治区政协常务副主席帕巴拉·格列朗杰，自治区党委副书记、人大主任列确，自治区党委副书记、政府主席向巴平措，铁道部党组书记、部长刘志军，党组成员、副部长卢春房等领导的陪同下视察了拉萨站。7月10日上午，国家商务部副部长高虎城一行在西藏自治区副主席邓小刚的陪同下参观了拉萨站。7月18日7∶30，铁道部副部长胡亚东在公司总经理朱明瑞，副总经理王忠玉、许景林的陪同下检查了拉萨站暑运工作。之后，胡副部长及公司领导乘坐T28次列车前往那曲参加“5100西藏冰川矿泉水”专列首发仪式。同日下午，由全国政协常委、民宗委副主任肖作福为团长，全国政协委员、民宗委副主任巴桑和王思齐为副团长的全国政协民族和宗教委员会赴藏考察团一行30余人，在自治区政协副主席次仁卓嘎的陪同下考察了拉萨站。7月24日晚上，全国人大财经委主任、原铁道部部长傅志寰在公司总经理朱明瑞，副总经理王忠玉陪同下，乘K917次列车抵达拉萨，26日上午在西藏自治区人大副主任多吉的陪同下视察了拉萨西站货运。8月5日上午，全国人大常委会副委员长热地，全国人大常委会副委员长、秘书长盛华仁，全国人大内司委会副主任委员黄镇东，全国人大环资委主任委员毛如柏，全国人大农委主任刘明祖，第九届全国人大华侨委副主任委员林丽韫等60余人的调研组，在铁道部党组成员、副部长彭开宙，西藏自治区党委书记张庆黎，自治区党委副书记、人大主任列确，公司总经理朱明瑞等领导及站领导班子的陪同下视察了拉萨站，9月19日上午，铁道部党组书记、部长刘志军检查了拉萨站安全生产工作。

【获得荣誉】2月7日，自治区政府召开“西藏自治区安全生产先进企业表彰大会”，拉萨站荣获“2006年度安全生产先进企业”荣誉称号。8月2日下午，自治区妇联在拉萨站召开自治区“巾帼文明岗”、“巾帼建功标兵”表彰大会。自治区政府副主席德吉、区妇联主席嘎玛、区总工会副主席黄建国等领导出席。区妇联副主席次仁措姆宣读了中共西藏自治区委员会办公厅对区妇联党组《关于表彰青藏铁路公司拉萨站自治区“巾帼建功”先进集体、先进个人荣誉称号的请示》的批复；区妇联副主席王惠玲宣读了《关于授予青藏铁路公司拉萨站客运班组为自治区“巾帼文明岗”和田明华、斯朗卓玛两名同志为自治区“巾帼建功标兵”荣誉称号的决定》。

【领导名录】

办事处主任、党工委书记，拉萨站站长、党委书记： 王新文

办事处专职党工委副书记，拉萨站党委副书记、纪委书记： 贾军

办事处专职党工委副书记，拉萨站党委副书记、纪委书记： 李涵明

办事处副主任，拉萨站副站长： 齐全长、赵屹、高伟、贾乃林、徐海平（兼工会主席）

自治区公路管理工作

【公路养护生产和抢险保通工作卓有成效】2007年实现公路养护质量指标为：油路好路率84.08%，综合值83；砂土路好路率52.1%，综合值为56，达到了年初下达的养护目标。

全年国省干线公路共计完成清雪打冰911万立方米，备料1023万立方米，铺路面料6480万平方米，清理边沟2413万延米，清理塌方410万立方米，新挖边沟60万延米，疏通和维护涵洞9258道，维护桥梁372座，修补沥青路面65万平方米，修补土路路面3457万平方米，整修路肩1307万平方米，整修边坡359万平方米。

公路水（雪）毁抢险保通工作成绩突出。2007年，部分地区遭遇强降水，造成国、省干线公路交通中断60余次，累计损毁路基972.4公里，损毁路基土方量123.5万立方米；冲坏路面240.1万平方米，局部毁坏桥梁834延米/68座，冲毁挡墙3.8万立方米/697处，坍塌方202.1万立方米/745处。公路管理局曾多次派工作组赶赴各受灾现场指挥抢险

保通工作，通过各级公路养管部门的顽强奋战，最大程度上缩短了交通中断时间。

【公路养护统计和交通量调查工作逐步规范】2007 年在全区试用了西藏自治区公路管理局公路养护统计软件，通过举办公路系统统计业务培训和年度统计工作布置会，对公路管养系统统计人员进行业务知识、技能和统计软件应用培训，提高了养护统计人员的业务水平。公路交通量情况调查工作进展顺利，全区已建成的 73 个交调站中有 67 个运行良好，另外 6 个因公路改建停测。

【开展了以桥梁为重点的交通基础设施安全排查治理专项行动】按照交通部要求对在用桥梁进行了认真核查，针对危桥制定了预警、防范和治理措施，有效遏制了公路桥梁安全事故。

【公共服务迈出关键步伐】积极转变服务理念，把更好地为公众服务作为公路工作的重要内容来抓。全区国省干线公路设置的 36 个救助站全年共为 860 多人次提供了救助服务。

【公路安全保障能力得到提高】全年投资 2803 万元，在 G318、G317、G214、S202、S302、S206、S303 和 X102 等八条线路重点路段实施安全保障工程，处治道路安全隐患 385 公里/2437 处。投资 2010 万元改建和加固危桥 30 座，消除了安全隐患，改善了公路通行条件。

【“标规路”、“文明样板路”和“油路小改善活动”开展顺利】安排 400 万元实施了“标规路”工程 125 公里、“油路小改善”工程 45 公里、“文明样板路”工程 70 公里，效果良好。

【实施公路养护工程的力度进一步加大】全年投资 2000 万元实施公路大中修工程 17 个；投资 1500 万元实施段道房改建和维修工程 19 个；投资 1597 万元实施水毁恢复工程；投资 250 万元解决了 20 个偏远道班（工区）的用电问题。

【公路改建养护配套建设进展顺利】养护管理房屋建设方面，2007 年已完成 4 个配套建设项目，尚有 2 个项目正在实施中；已落实配套建设项目 8 个，总投资 4260 余万元，目前正在进行前期工作。养护机械设备购置方面，全年共完成配套项目投资 2707 万元，新增养护机械 74 台（辆）。通过配套项目的实施，养护机械化水平有很大提升。

【公路信息化建设有序推进】完成了国、省道电子地图的上报工作；投资 114 万元实施了昌都公路管理分局、昌都地区交通局和林芝地区交通局办公自动化建设项目；投资 70 万元完成了公路管理局综合培训楼结构化布线和机房设备购置工作。部分建设项目已如期完成并通过验收，工程质量合格率达 100%。

【农村公路建设投资创新高】2007 年，全区农村公路建设工程总投资 10.2 亿元（含社会主义新农村建设配套建设投资 6000 万元），建设项目总数 228 个（含提前实施项目 33 个），解决 36 个乡镇，437 个建制村的通公路问题，新增通公路里程 3790 公里，改建里程 1535.5 公里。

【农村公路建设管理工作进一步规范】自治区人民政府出台了《关于加快乡村公路建设的实施意见》，明确了农村公路建养责任主体，更好地指导和规范了农村公路建设工作。各地市充分发挥地方人民政府的建设积极性，组织当地农牧民利用县域资源推进农村公路建设步伐。2007 年 6 月，在日喀则地区康马县召开了全区农村公路建设现场会，推广了涅如堆乡农牧民群众自发集资投劳修路的经验，达到了典型引路、相互促进、共同提高的目的。

【加强管理、严格监督，努力提高农村公路建设质量】各单位在农村公路建设过程中悉心探索，积极实践，坚持因地制宜，实事求是的原则，灵活掌握技术标准，完善项目管理措施，加大项目管理力度，实行群专结合的质量监督模式，基本保证了农村公路的建设质量。

【农村公路管理养护体制改革工作全面展开】2007 年是全面落实《西藏自治区农村公路管理养护体制改革实施方案》的第一年，全区设养农村公路 39879 公里。各地按照《实施方案》要求，认真探讨管理养护模式，总结推广好的经验和做法，农村公路管理养护工作做到了组织落实、责任落实、资金落实，实现了建制村级以上的公路“有路必养”，农村公路路况质量有了很大提高。

【继续组织农牧民群众及待业青年参与农村公路建设和养护工作，增加其现金收入】各地（市）交通局能够严格按照上级的要求，积极动员、协调和组织农牧民群众参与农村公路建设和养护工作，努力创造条件增加农牧民群众的现金收入。据不完全统计，2007 年全区农牧民群众参加通达工程建设和农村公路养护共增加现金收入达 1.64 亿元。

【加强公路巡查力度，有效保护路产路权】各级路政管理部门加大执法力度，加强路巡路查工作，及时查处了损坏公路、侵占路权、违章建筑等各类路政案件。2007 年全区共发生路政案件 414 起，破案 409 起，结案 403 起，破案率为 98%，结案率为 98%。收取公路损坏赔（补）偿费 898 万元。

【加大治超工作力度，巩固治超成果】2007 年先后启用了曲水、工布江达和拉孜三个治超检测站。在国道干线上加强了对超重车辆尤其是车货总重超过 55 吨车辆的限制通行工作，对通麦大桥、雪水河大桥制定了限制通行措施，通过全体路政执法人员的不懈努力，确保了我区各条公路的安全畅通。全年共查处单、双超车辆 1407 台次，卸载货物 1210 吨，对不可解体的大件办理超限运输手续 990 台次。

【深入开展公路法规宣传工作】利用报刊、广播、电视、手机短信等载体，采取流动车辆广播、悬挂横幅、发放宣传单、宣传手册等方式，深入开展了以《公路法》、《西藏自治区公路条例》等法律法规为内容的宣传活动，增强了群众爱路护路意识，为做好公路管理工作奠定了良好的基础。

自治区交通运输海事管理工作

【道路客货运输稳步增长，服务全区经济社会发展】2007 年，自治区完成客运量 460 万人次，完成客运周转量 18.9 亿人/公里，与 2006 年相比分别增长 3.4% 和 1.9%；完成货运量 360 万吨，完成货运周转量 37.48 亿吨/公里，与 2006 年相比分别增长 4.1%和 2.3%。

2007 年规费征收工作在青藏线道路运输客货运量大幅下降、全面清理外挂车辆的严峻形势下，全区上下加大稽征力度，全年共完成规费征收 7751.21 万元，同比减少 6.64%，其中运管费 2275.08 万元，货运附加费 4283.8 万元，同比分别减少-15.41%、-7.34%，客运附加费 1192.33 万元，同比增加 20.4%。

【加强行业管理，市场监管能力显著增强】进一步规范客运市场。一是强化班线客运的管理，根据客运市场的实际和供求状况，严格做好市场准入和车辆更新工作，优化车型结构，提高车辆档次，稳步推行客运班线经营期限制。二是根据交通部要求，开展了新版道路运输证件的换发工作，以道路运输证换发为契机，与每一个车主签定了线路经营期限使用合同，并进一步规范了经营许可程序。三是规范全区线路的管理，统一了全区线路标志牌编号，明确了包车运输的审批程序、责任和义务。四是根据我区旅游业快速发展的实际，以市场为导向，按照市场需求有序投放运力，全年共投放旅游车辆 775 辆，共计 12620 座位，确保了旅游客运市场运力运量基本平衡和运价趋于平稳。五是加强了车辆档案的管理，建立健全了车辆技术档案和车辆管理档案，完善了档案内容，安排专职人员对档案进行分类管理。六是加强出租车的管理，深入开展了规范出租车行业管理专项治理工作，严厉打击出租车非法经营。为规范出租车收费行为，拉萨运管处启动了计价收费工作。七是切实加强重点时段的运力组织，及时了解客流动态，做好运力调配，确保了重点时段的旅客运输。

突出重点，发展货运。重点加强对货运车辆的市场准入和危险货物车辆规范经营，以及对小型货运车辆经营的政策引导。危险货物车辆实行公司化规范管理，配送液化气的小型货车，加装液化气瓶防碰撞网格，所有危险货运车辆强制投保承运人责任险。山南运管处统一市内液化气危货运输车辆颜色和车型。针对农牧区小型货运车辆发展迅速的状况，坚持“疏导结合、标本兼治、综合治理、依法监管”的原则，注重政策引导，讲清盲目发展小型货运车辆的经济风险。那曲运管处结合当地实际，采取相应措施，在争取当地有关部门的支持下，开展了小型货车运营专项整治活动，取得了阶段性成果。

积极开展中尼国际道路运输。应中尼双方运输企业对恢复中尼直通客运班车的要求，由区政府、外办、交通厅等部门组成的中国西藏交通代表团，赴尼泊尔就恢复中尼直通客运班车有关事宜进行了商谈，并达成协议。根据中尼两国借道运输协议，日喀则运管处分五批顺利完成了 772 吨借道运输货物的监管任务。

重视培训教育，推进道路运输辅助业发展。认真落实交通部《机动车驾驶员培训管理规定》，加强驾校管理。根据《机动车维修企业质量信誉考核办法（试行）》，启动了对驾校和维修企业的质量信誉考核工作；宣传贯彻《道路运输从业人员管理规定》，完成了客货运、危货驾驶员从业资格证考试试卷的编写，完善了驾驶员考试大纲和培训大纲，建立健全道路运输从业人员档案；对申请换发新版从业资格证的申请人员的从业资格进行重新审核，严把从业人员资格关，换证工作正顺利进行。对内地驾驶员的异地从业实行了备案管理。

与公安交警部门联合组织开展了驾驶员上岗前安全和职业道德教育，分四批对 240 多人进行了上岗前的职业培训，提高从业人员安全意识和职业素质。

【安全管理基础性工作不断强化，道路水路运输安全管理明显增强】2007 年，全区运管部门认真履行“三关一监督”的管理职责，转变管理方式，注重源头管理，安全生产监管工作重心转向督促企业制定安全制度，落实安全责任。全年对运输企业开展了 3 次安全专项检查，对达不到安全标准的 16 家企业下发了整改通知书，并对整改情况进行了再检查，进一步明确企业安全责任，增强企业安全管理意识。对 2 家安全管理不到位、内部管理混乱的企业，取消其经营资格。

监督客运站严格执行车辆进出站检验制度。认真贯彻落实交通部、自治区、交通厅有关做好春节等节假日道路水路旅客运输工作的指示精神，早安排、早部署，狠抓运输安全监管，适时启动节日运力调度预备方案、应急运力调度预案。督促站运双方平等签订进站协议。加大日常路查力度，特别是重点时段，全体运管人员放弃节假日休息上路集中检查，规范了道路运输经营行为，全年查处各类违章 2187 车次。

结合开展水上安全专项整治工作，加强水运安全巡查，督促各级政府履行对渡口、渡船的安全管理职责，强化落实四级安全责任制，加大安全设备投入，全年更换救生衣 500 件、救生圈 80 个，投资 66 万元购置 5 艘充气式应急工作艇。山南地方海事局为各渡口制作设立了安全警示牌，并推广全区应用。

【统筹规划，加快培育和发展乡村客运市场】为适应社会主义新农村建设的需要，加快乡村客运市场的培育和发展，进一步解决乡村群众出行难的问题，提高农牧区经济和社会发展水平，促进我区道路运输业实现又好又快发展，根据道路运输“十一五”发展规划和《西藏自治区人民政府批转自治区交通厅关于加快培育和发展乡村客运市场意见的通知》要求，在交通部、财政厅、交通厅的关心、支持下，通过积极努力，不断加大乡村客运基础设施的建设力度。2007 年开工建设县乡等级客运站 11 个，其中已竣工 4 个，在建 7 个，完成计划投资 1000 多万元，落实了 7 个县级客运站和 39 对客运停靠点共计 1655 万元的地方投资资金。同时加大乡村道路运输市场的培育力度，采取政策扶持和优惠措施，积极开通乡村客运班线，切实解决农牧民群众出行难的问题。全年新开通乡村客运班线 35 条。

【加强基础性工作，逐步规范海事管理】在交通部海事局船检处和四川省海事局的配合下，首批次对我区的23艘船舶进行了实船检验。加强船员的培训管理，完善了船员考试发证制度，通过印发培训大纲，下派工作人员，实地辅导讲课等形式，加大船员培训力度。通过培训考试，对符合条件的16名船员发放了船员适任证书。鉴于我区海事船检机构不齐全、船检师空白的实际，选派2名专业人员赴内地学习培训。

【推进信息化建设，提高办事效率】投资360多万元，完成了运政信息系统和运政OA系统的建设工作，两套系统的建成，提高了运输管理工作效率，推动运输管理和服务水平上了一个新台阶。OA系统在全区运管（海事）部门内的普及运用，实现资源共享和信息的快速传递及反馈，提高了办公效率。

【存在的问题】一是道路运输企业散、乱、弱，企业，在落实安全责任和对道路运输从业人员的管理、安全教育上有待于加强，客运安全形势不容乐观；二是乡村客运站场建设因土地、资金等原因，建设进展缓慢；三是海事基础设施投入严重不足，水运船舶质量低下；四是运政管理、执法人员的整体素质有待进一步提高，在依法行政、文明执法方面与建设服务型政府的要求还有一定的差距。

自治区公路规费征稽工作

【深入分析 科学决策 迎接挑战】2007年，自治区养路费征收管理工作能否再上新台阶，对于征稽局和各处班子来说是一次考验。局、处班子成员在总结过去的基础上，冷静思考、深入分析征费形势，科学决策，迎接挑战。

随着市场经济的不断发展及受“费改税”舆论的影响，养路费征收工作出现了许多新情况、新问题。如养路费征收政策滞后，特别是货运车辆征费标准计量核定、省际间征费标准不一等问题，造成“大吨小标”车辆较多，扰乱了正常的征费管理秩序，影响了交通征稽部门的形象，困扰着当前的公路规费征收工作。面对青藏铁路营运和“治超”工作的有效开展，补征差额养路费几乎为“零”收入；区外车辆对区内运输市场的冲击，区内运输企业基本上全部转行，应征费源不断萎缩，规费征管的难度越来越大，征缴矛盾日益突出，相关部门的负责人频繁地就燃油税改革实施时间发表意见，影响着政府和有关部门对征稽工作的支持力度，直接影响着车主按章缴费意识，影响着养路费征收工作的健康有序开展和征稽职工队伍的稳定。在新时期、新阶段，如何加强和改进公路养路费的征收管理工作，成了当前征稽部门共同关注的焦点。

为配合全国外挂车辆治理工作，交通厅制定了《外挂车辆治理工作实施方案》（藏交发[2007]191号），少数省市挂靠在我区的3476台（25吨以上）车辆纷纷转籍，导致有限的费源进一步减少；由于数次的油价上调，政府以“费式支出”两次降低出租客运车辆的养路费，由每月150元降至现行的90元。在这种形势下，自治区征稽管理局克服各种困难和阻力，采取有效措施，早计划，早安排，早行动，立足抓重点，攻难关，保任务，审时度势，与时俱进，及时调整工作重心，始终保持各项工作平稳、持续、健康进行，始终做到围绕中心工作不动摇，狠抓车辆跟踪归口管理和养路费征收从源头包缴，切实做好养路费征管工作。全区养路费包缴力度较往年明显增强，包缴率明显提高，取得了显著成效。尤其是2007年拉萨、日喀则、阿里、林芝、那曲等处加大控制路面及施工工地车辆，加大稽查力度，认真清欠，堵漏不松懈，做到“应征不漏、应免不征”。

【加强政策法规宣传 营造良好征管环境】为深入贯彻国办发[2006]103号、交公路发[2007]111号文件精神，征稽局及时召开了专题会议，对贯彻文件精神做出了具体部署，要求各处一把手亲自抓，迅速把会议精神传达到每一位职工并结合本单位具体工作情况制定措施，严格执行新的养路费征收时间和滞纳金计算办法，并组织职工学习，使每个职工都能熟练掌握和运用。同时抓好微机系统相关调整、软件修改等技术问题。着力抓好宣传工作，坚持正确的舆论导向，大力宣传征收政策，营造良好的征管氛围。据统计，2007年，各处、所共进行规费政策宣传537天2967人次，设立咨询台8个，出动宣传车432台次，散发藏汉文宣传资料10152份，召开车主座谈会18场，达465人次。通过电视报刊新闻媒体等宣传形式进一步加强了养路费征收政策宣传，局领导和征管处负责人参加西藏广播电台“政风行风热线”使养路费“取之于车，用之于路，利之于民”深入人心，创造了良好的规费征收氛围。

随着全国各省、市、自治区外挂车辆治理工作的开展、深入，我区相关厅、局结合自治区实际，联合制定了《关于在全区开展车辆外挂治理工作实施方案》，将专项治理工作纳入政府领导，为治理工作提供了强有力的组织保证，并结合我区外挂车辆的特点，将治理工作重点放在“劝返”和“准入关”的把关上。一是健全机构，明确责任，为治理工作奠定坚实的组织基础；二是局、处两级分别建立了车辆外挂治理工作领导小组，明确了职能责任，形成了“一把手”牵头，专人负责的工作机制，保证了治理工作的正常开展；三是巩固现有治理成果，有重点、有针对性地治理外挂车辆。截止2007年年底我区外挂车辆已经基本转回原籍，治理工作取得了阶段性成果。

【针对征费薄弱环节 开展专项整治活动】6月28日起在全区范围内开展了声势浩大的“打击各种拖欠、逃缴养路费专项整治活动”，制定了《打击各种拖欠、逃缴养路费行为专项整治活动方案》，全区范围内由局统一指挥，统一行动。各处所通过广播、电视、宣传车在公路口、街道、闹市区进行规费征收政策巡回宣传，采取专项稽查、定点稽查、拉网式稽查，夜间、凌晨突击稽查相结合等方式，严厉打击了恶意拖欠养路费的不法车主。在专项整治活动期间，全区各处、所共查扣各类违章车辆888台，共补征养路费199万元，滞纳金27万元，罚款7万元，进一步净化了征管环境，取得了明显成效。拉萨征稽处，在市内各繁华地带，悬挂宣传养路费规费政策的横幅 52 条；市内 1150 辆出租车进行粘贴宣传标语；组织 11 名内业人员，在拉萨市旧车市场设立宣传点，同时组织外勤所、队及市内稽查大队共 30 余人，通过新闻记者的跟踪报道，对当雄县纳木错乡、羊八井镇“三无”车辆进行归口和整治。山南征稽处，为营造舆论声势，形成整治规模，通过电视台、《山南报》等媒体向全地区范围内通报了专项整治活动。同时，在市内繁华街道进行巡回宣传，使山南地区的漏费率降低到了最低限度。阿里征稽处，在专项整治工作开展中，处领导先后 5 次派遣稽查队与施工工地项目部负责人沟通协调，签订了征收施工车辆（机具）养路费的协议。那曲征稽处，在专项整治宣传动员阶段，对 54 辆长期拖欠逃缴养路费被扣车辆依法进行拍卖，并将拍卖实况和整治活动通知同步在地区电视台进行了播出，在社会上引起了强烈反响。日喀则、林芝、格尔木、昌都征稽处，结合自身的实际进一步加强辖区的路面稽查工作，充分利用所、队的优势，对来往的车辆进行检查，达到应征不漏的效果；并把整治工作重点放在各自辖区的施工工地、矿区及偏远乡镇的欠费车辆。同时加大清理辖区的私家车辆和钉子户的查处力度，有力的维护了征稽执法的严肃性。

通过此次专项整治活动，全局上下团结拼搏，及时调整充实力量，以宣传为导向，从地区到县、乡（镇）社区、走村入户，进一步贯彻落实“车辆跟踪归口管理、养路费从源头包缴”的征管办法，根据费源动态，明确稽查工作重点，进一步加大了稽查工作力度，圆满完成了此次专项治理活动。

【加大科技投入　强化车辆跟踪归口管理】我区地广人稀，车辆分散，车主缴费意识淡薄，近 50%的规费征收额全靠征稽人员路检路查、上户、下乡催缴实现的。据统计，2007 年全区共上路稽查 24418 人次，稽查违章车辆 70026 台次，暂扣车辆 1046 台，补征公路养路费近亿元；下乡、上户 5070 人次，查获各类违章车辆 15910 余台。为减轻工作量，各处运用信息技术、网络技术、通讯技术来提升传统管理，改进服务手段，深化服务层次，并稳步提高职工运用科技手段的能力，使稽查方式由传统的见车就查转变为有的放矢的不停车检查，提高了车辆稽查效率，方便了车主出行。

多年的实践证明，自治区征稽管理局在养路费征收管理方面推出的“车辆归口管理，养路费从源头包缴”是适合西藏实际的举措，在很大程度上缓解了征缴矛盾，减轻了繁重的工作量，实现了车辆从源头管理。特别是对农牧民实行的协议缴费，改以往“先缴费后行车”为现在的“先运行后缴费”，切实减轻了农牧民负担，保护了农牧民的利益，深受农牧民车主的欢迎。各处加强了以权威部门，施工工地，市内家用小车，临牌及外省车辆、农用车、三无车作为重点稽查征收工作，征收票据及时录入微机，健全各自数据库，及时进行上转下载，在稽查工作中充分发挥了电子稽查系统的作用，提高了执法工作的准确度和稽查效率，把养路费足额征收，真正做到了各处应尽的职责和任务。如，山南征稽处，2007 年农用车归口管理工作实现了规范化。7 月份，日喀则征稽处充分发挥三个临时检查站的有利条件，对“东进西出”的来往车辆进行严格检查，达到了应征不漏的效果，保证了国家规费足额征收。

民航西藏自治区管理工作

【基本情况】民航西藏自治区管理局下属拉萨贡嘎机场、昌都邦达机场、林芝米林机场及正在建设中的阿里昆莎机场、准备恢复通航的日喀则和平机场等 5 个机场。随着西部大开发战略的深入实施，西藏民航得到了快速发展，各机场的功能得到不断完善，服务水平、质量进一步提高，安全保障能力逐年增强，已经成为西藏自治区对外交往的重要交通门户。

拉萨贡嘎机场海拔 3569 米，跑道长 4000 米，宽 60 米，飞行区等级 4E 级，能起降 A340、波音 757、A319 等大中型飞机。两次改扩建后的拉萨贡嘎机场候机楼总面积 24000 平方米，设计年旅客吞吐量 110 万人次；昌都邦达机场海拔 4334 米，跑道长 4200 米，宽 60 米，飞行区等级 4D 级，能起降波音 757、A319 等飞机；林芝米林机场，海拔 2951 米，跑道长 3000 米，宽 45 米，飞行区等级 4C 级，能起降 B737、A319、B757 等飞机。已运营的拉萨贡嘎、昌都邦达机场和林芝米林机场均具有较强的地面保障能力，现已开通北京、成都、重庆、西安、广州、上海、迪庆、香港、加德满都等国内、区内和国际航线 17 条，经营西藏民航运输的航空公司有：国航、东航、南航、川航、海航、深航等 6 家。

安全快速发展的西藏民航事业，为促进进出藏人员和物资交流、巩固边防发挥了重要作用。将继续发扬西藏民航艰苦奋斗，无私奉献的光荣传统，牢记“安全工作只有起点，没有终点”这个铁的定律，以科学严谨的态度，实事求是，戒骄戒躁，不负众望，不断提高安全管理水平，不断提高服务质量，为创造更长的西藏民航安全纪录，为促进自治区的持续快速健康和谐发展而不懈努力。

【年度情况与特点】2007 年，民航西藏自治区管理局共保障飞机安全起降 11914 架次，实现旅客吞吐量 131.28 万人次，货邮吞吐量 1.18 万吨，分别同比增长 22%、19.3%、10.3%。其中，拉萨贡嘎机场保障飞机安全起降 10814 架次，实现旅客吞吐量 118.73 万人次，货邮吞吐量 1.17 万吨，分别同比增长 18.0%、13.8%、10.5%；昌都邦达机场保障飞机安全起降 552 架次，实现旅客吞吐量 5.10 万人次，货邮吞吐量 172.10 吨，分别同比增长 5.3%、1.7%、15.0%；林芝机场保障飞机安全起降 548 架次，实现旅客吞吐量 7.44 万人次，货邮吞吐量 132.30 吨。2007 年 8 月 20 日，拉萨贡嘎机场安全保障航班起降 66 架次，刷新了日航班量的最高纪录。

实现主营业务收入 10183.59 万元，其他业务利润 776.97 万元，各项费用 24717.11 万元，利润-13584.89 万元，较好地完成了上级核定的指标。

【强化安全工作组织管理，认真贯彻上级有关安全工作精神，继续深入开展安全生产专项整治活动，安全态势总体平

稳】构建和谐西藏民航是区局的长远目标，“保障航空安全是建设和谐民航的着力点”。根据总局、西南管理局年初工作部署，区局全面落实“安全第一、预防为主、综合治理”的方针，力求“在思想认识上做到警钟长鸣、在制度保障上做到严密有效、在技术掌控上做到坚强有力，在监督检查上做到严格细致、在事故处理上做到严肃认真”，确保了飞行安全、空防安全和航空地面安全，实现了第42个安全生产年。

【经营管理水平进一步提高，市场进一步开拓，主辅业创收能力得到较大改善】青藏铁路的通车运营和西藏航空市场的逐步开放，为西藏民航的发展注入了新的活力。区局积极转换观念、统一认识、理清思路，正确处理安全与效益、安全与服务的关系，从“增收节支、减亏增效”的角度出发，加强财务管理，积极探索市场运作内在规律，力求实现生产效益最大化。

【加大基础设施建设力度，积极完成固定资产投资】（1）积极推进机场建设工作。先后成立了昌都邦达机场改扩建工程指挥部，拉萨贡嘎机场飞行区改扩建及配套设施改造工程、日喀则机场建设工程项目筹备组。

阿里昆莎机场建设工程项目已于7月通过国家发改委主任办公会议，现已上报国务院。可研报告及施工图设计已完成。《昌都邦达机场总体规划》通过西南管理局的评审并批复，《昌都邦达机场改扩建工程预可行性研究报告》通过国家发改委和总参谋部评审并批准立项，《昌都邦达机场改扩建工程可行性研究报告》上报国家发改委和总参谋部等待批复；《拉萨机场总体规划(送审稿)》上报民航总局待批复；《日喀则和平机场恢复通航工程总体规划（初稿）》编制、飞行程序设计、电磁环境检测已经完成。

（2）积极完成固定资产投资和自筹资金下达。全年完成固定资产投资16940万元。

【加强航班正常工作，强化“以人为本”理念，服务质量不断提高】自治区局始终坚持“以人为本”的管理理念，强化服务意识和大局意识，完善服务手段和措施，规范服务标准，改进服务流程。全年先后完成了第四批与第五批援藏干部轮换的运输保障、中央代表团进藏考察的专机保障和“十七大”西藏代表团进出藏在机场停留期间的服务保障。7月，拉萨贡嘎机场通过了由全国民用机场协会组织的现场考评。

【稳步推进法制建设，维护区局合法利益】全年共签订合同180份，合同总金额达20279.76万元，履行情况良好，无一起合同纠纷。

【存在的问题】1.安全基础底子薄，安全压力大，安全投入和设施建设无法与区局运输生产的快速增长相适应；安全监察和行业监管工作需进一步加强，应急管理工作有待改进；军民合用机场管理特别是飞控区管理难度大，空防隐患和危及空防安全的因素较多；鸟击问题突出，鸟害防治工作难度较大；人员违章现象依然存在，不安全事件时有发生，安全意识有待进一步提高。2.管理人才、保障岗位专业技术人才缺失严重，业务突出、技术娴熟的人员所占比例偏小，无法和技术、设备更新速度相适应，人力资源开发工作有待进一步改进和加强。3.内部管理有待进一步规范，各项工作制度的严密性、程序性、连贯性不够完整，“严格不起来、落实不下去”的现象仍有发生，执行力建设有待进一步加强。4.“等、靠、要”思想依然存在，危机意识、忧患意识、责任意识、大局意识有待进一步提高。5.对新时期党风廉政建设和反腐败斗争的新情况、新问题预见性不强，工作还需进一步创新；党员干部权力运行监督还需进一步完善；反腐倡廉宣传教育工作缺乏系统性，审计监督工作还需进一步加强。

【受奖励情况】

先进集体：（1）空港公司平安运输分公司荣获“全区安全生产先进单位”；（2）机务处机务科荣获“自治区先进班组”；（3）昌都航站党委荣获“民航西南地区管理局先进基层党组织”；（4）昌都航站女工部荣获“全国三八红旗集体”。

获得民航总局“航路费清算工作先进单位”、“民航机场管理建设费征收与清算工作先进单位”荣誉称号。

先进个人：（1）央金卓嘎荣获“民航西南地区管理局优秀团员”；（2）袁龙荣获“民航局、民航西南地区管理局先进个人”；（3）张志国荣获“民航局优秀共产党员”；（4）松赞荣获“自治区人民政府编制十五规划先进个人”；（5）次仁登培荣获“民航西南地区先进个人”；（6）洛松次仁荣获“自治区民族团结进步先进个人”。

【领导名录】

党委书记、副局长： 胡勤

局长、党委副书记： 徐波

副局长：白珍、袁斌、李汉成、文斌、四朗泽培、胡金法（阿里昆莎机场工程指挥部总指挥长）、袁灼琼

调研员： 贾央扎巴

自治区邮政工作

【整体业务持续增长】2007年，自治区邮政完成业务总收入1.6亿元，完成集团公司预算进度计划106.76%，比2006年同期增长10.73%。超额完成集团公司计划6.76%，超全区计划的2.53%。全区邮政业务收入又创新高。其中，邮政三大业务板块继续保持持续、稳定、协调发展的良好态势。全年邮务类收入完成4978万元，同比增长17.07%；金融类收入完成6622万元，同比增长8.47%；速递物流类收入完成3775万元，同比增长12.89%。

【企业经济运行质量明显改善，各项财务指标状况良好】2007年全区邮政实现收支-21001万元（含乡邮），完成预算的92.11%，控制在预算范围之内。全区邮政总资产达7.89亿。企业各项财务经济运行指标状况良好。

函件业务实现高速增长。一年来，全区邮政认真贯彻集团公司提出的“函件业务是中国邮政最核心、最基础、最基本的业务”战略方针，把函件业务作为“一把手”工程来抓，新型函件业务取得新成果。其中，区公司与区建行就制作、投递个人贷款账单签订合作协议，

函件项目营销、产品营销活动得到深入开展，截止12月底，完成收入798万元，同比增长47.23%。景点邮资明信片、邮政贺卡、商函占函件收入比重达到55%以上。从函件经营力度和效果上看，区公司大客户中心、拉萨市邮政局做了很多努力，取得了实实在在的效果，希望大家向先进看齐，继续前进，再接再厉，保持函件业务发展的势头。

包裹业务保持稳定增长。2007年对包裹业务开展了市场调查和分析研究工作，针对重点区域和重点市场，组织策划了包裹专项营销，开展了形式多样的主题营销活动，加快了包裹业务的专业经营管理，进一步强化了市场开发力度，上半年包裹业务下滑态势得到遏制。年内，拉萨市局成立了国内、国际包裹服务小组，在包裹业务创新发展上为全区提出了很好的思路。2007年全区包裹业务收入完成1970万元，同比增长12.38%，高于全国平均增长速度。其中，国际包裹继续保持了稳定的增长势头，实现国际及港澳台包裹业务收入272万元，同比增长6.67%。增长速度名列全国前茅。

报刊发行业务实现稳步增长。在一手抓经营效益，一手抓管理规范的工作中，报刊业务经营工作持续得到加强，市场营销力度不断加大，报刊发行合作领域逐步拓宽，发行种类、发行数量继续扩大，重点报刊和畅销报刊得到进一步巩固。报刊专业取得了近年来的最好成绩。1~12月全区报刊业务收入完成977万元，同比增长13.08%。报刊大收订工作取得了可喜成绩，实现报刊一次性收订流转额2970万元，同比增长13.01%，圆满完成区公司下达的计划任务。

集邮业务继续健康稳步发展。按照“大力开发定向邮品，适度从紧，严控成本”的发行策略，专业部门积极发挥项目营销优势，重点做好“集团公司邮票邮品、开发个性化邮票、定向邮品”三项重点业务，集邮营销和个性化服务市场得到培育，重大题材邮品的制作、销售工作明显改善。结合“丁亥年”、“中国人民解放军建军八十周年”、“十七大”、“奥运系列”等主题活动，全年共销售奥运邮品140万元，建军八十周年邮品88万元。开发制作了《金猪贺岁》、《天路之旅》邮折，以及《珠峰风光》、《圣地西藏》、《人物素描》等明信片。全年，全区集邮业务收入完成877万元，同比增长17.4%。

速递物流业务不断发展壮大。围绕加快发展，不断加大速递体制改革力度，进一步深入开展创“优+”服务活动，围绕推进速递一体化专业经营的思路，全面开展五大工程“创建”劳动竞赛。一年来，速递业务经营工作继续得到发展，服务意识明显改善，整体运行质量不断上升。其中，拉萨市邮政局速递生产、经营、管理一体化改革工作稳步推进，以速递邮件营销网、投递网为基础的同城速递业务体系初步建立，与之配套的绩效考核政策、工效挂钩政策、用工政策和损益核算方案逐步完善。2007年邮政速递业务收入完成2330万元，同比增长17.62%。

经过几年的摸索，我区邮政物流通过一手抓管理和核算，一手抓市场拓展，邮政物流业务规模、品牌逐步得以确立。物流市场开发从自发、分散，开始走向专业营销、重点营销，市场份额稳步扩大。2007年全区邮政物流业务收入完成1445万元，同比增长6.02%。到目前，西藏邮政物流已开始拥有一批信誉好、品质优、发展潜力大的客户群体。

邮政金融业务快速增长。全年，邮政金融业务一方面围绕年初的目标，通过完善骨干网点、自助服务终端、投放pos机具、积极开展进商场等服务，改善了服务环境，提高了服务能力，增强了储蓄业务的自然吸储能力；另一方面积极转变经营方式，狠抓对外营销，大力发展中间业务和资产性业务，较好地保持了金融业务的整体发展。到2006年12月底，全区邮政储蓄余额达到20.21亿元，累计平均余额为18.26亿元，已经超过年初平均余额的既定目标。全年累计完成储汇业务收入6622.14万元，同比增长8.47%，其中：储蓄业务收入完成5289万元，同比增长5.70%；汇兑业务收入完成1333万元，同比增长21.07%。

一年来，积极推进收入增长方式的转变。3月22日全区成功开办了定期存单小额质押贷款业务；4月23日拉萨6个网点开办了代理开放式基金业务；与中国人寿西藏分公司签订了《邮保通业务合作协议书》；推出了商务汇款业务。建立了与移动公司和局内报刊资金、财务资金通过商务汇款业务归集资金制度，累计归结资金9334.74万元，实现业务收入51.56万元。到年底，全区已有11个网点开办定期存单小额质押贷款业务，全区邮政累计放贷1042.89万元，计提收入10.61万元；有42个网点开办代理开放式基金业务，销售开放式基金7900.73万元，实现收入122.7万元。11月份，在拉萨市的6个储蓄网点开始代理寿险业务试点。全年发放邮政绿卡6.97万张，为历年发卡量之最，全区结存绿卡用户数为21.95万户，卡均余额名列全国第一。

【坚持做好普遍服务】农牧区邮政通信工作是2006年工作的重点。区公司党组从实践“三个代表”重要思想的高度，切实按照“以城带县、以县带乡、以乡带面”的工作思路开展乡邮工作。重点解决县城到乡镇、行政村邮件报刊的妥投问题，并采取以租带建的形式开办服务网点。年内，乡邮通信建设步伐明显加快。邮路、邮运班期得到加密延伸，重点中心乡镇网点建设规划工作进一步落实，乡邮管理等基础规章制度不断完善，农牧区邮政通信服务覆盖面得到明显提高，乡邮通信网络基本形成。截止2006年末，全区通邮乡镇已达675个，占全区乡镇总数的98%，通邮行政村5744个，占全区行政村的97.3%。农牧区邮路2993条，邮路单程117398公里。全区乡邮通信工作总体运转情况基本正常。

【项目营销拉动业务发展】截止12月底，全区累计实现营销收入893万元，完成计划任务的127.6%。其中，“思乡月”活动销售额达523.04万元，超计划74.35%，实现收入167.05万元，同比增长76.38%。营销活动轰轰烈烈的开展，较好地拉动了业务的发展。其中，招生商函专项营销活动共实现收入10.8万元，采集学生名址1.5万多条，采集率及准确率均达到85%以上；幸运邮天下营销实现收入8.2万元。2008年邮政贺卡专项营销活动累计销售63.5万枚，金额达313.75万元，提前并超额完成集团公司下达的计划任务。11月28日，集团公司李国华副总经理特发贺电指出：西藏区公司立足市场、真抓实干、狠抓落实，提前完成集团公司下达的邮政贺卡业务奋斗目标，为西部地区贺卡业务的发展起到了积极的带头作用。

过去的一年，全区营销项目得到了各局高度重视，营销项目取得了前所未有的突破，许多项目开发在全区均属首次。其中，拉萨市局账单制作实现收入3万多元；拉萨、昌都等局数据库商函实现收入 9.3 万元，填补了我区账单和数据库商函制作的空白。昌都局成功开发《红色记忆——永远的丰碑》邮册，实现收入12万元；拉萨市局开发《西藏自治区人民医院建院五十五周年》和《中国人民解放军建军八十周年暨西藏军区成立五十五周年》纪念邮册，实现收入142.4万元；阿里局与地区工会联合开发扶贫济困明信片，实现收入 2 万元；山南局与地区团委共同开发捐资助学爱心明信片，实现收入 5 万元，为企业制作个性化邮册，实现收入20万元；那曲局成功开发教师节商函和幸运卡业务，实现收入 1 万多元；值得一提的是昌都、山南局在七一营销项目，阿里局在八一营销项目方面都取得了新的突破。

【劳动竞赛推动业务发展】2007 年，在全区范围内开展了以函件业务“春天行动”为主题的竞赛活动。同时，围绕提高速递市场占用率，开展了以速递业务为主的“创‘优+服务’、建五大工程”劳动竞赛和“四保两提高”网运劳动竞赛活动。启动了全区 18 个地市（县）局速递投递服务质量承诺。抓经营、促发展的各类业务知识技能竞赛、劳动竞赛蓬勃开展，极大地促进了各项业务的发展，保证了全年邮政目标任务的完成。

【网络结构不断优化，通信能力明显增强】2007 年集中力量，把提高全网核心能力、提高营销能力和提高营投能力，放在强化网络支撑的重要地位，加大了对各业务子系统和综合业务平台的建设，高度重视“两网互通”工程对邮政业务发展的影响，对营业系统和网运系统互联互通工程建设进行严格管控，精心组织，认真实施，2006 年5月12日圆满完成了邮政两网互通工程。在集团公司的大力支持下，区公司先后完成了拉萨二级中心机房的整体搬迁，以及电子汇兑全国大集中切换、代理核算系统、代理开放式基金系统、联网核查系统、邮政财务管理系统、人力资源管理系统等 7 个系统的成功上线。同时，对全区所有储蓄网点服务器进行了上收，并在省级中心集中。银联卡 2.0 版本改造和电子稽查、短信业务服务等系统完成初验，信息网的支撑作用明显增强。

【加强基础质量管理，名址数据库建设稳步推进】为提高邮资机对经营管理的支撑，业务部门集中精力，下大力气加强邮资机管理、使用、人员培训和数据监控工作，邮资机管理正式进入全面应用和资费稽核阶段。邮政电子化支局系统与量收系统顺利通过集团公司验收。集邮系统、量收系统以及机构代码和机构的核实、更改及添加工作顺利完成。各局克服名址库维护人员少、任务重、时间紧等困难，认真加强各项数据的维护，数据维护工作多次受到集团公司通报表扬。名址库数据质量和数量较往年有较大幅度提高。目前，全区拥有个人授权名址 6.4 万条，精品数据库近 20 万条，组织机构数据 2.8 万条，基础数据 0.9 万条。

【邮政实物传递网建设步伐加快，网运工作进一步加强】随着青藏铁路邮路的开通，为节约航空邮件运输费用，对标准特快邮件的发运计划作了调整。同时积极争取上级补贴，将日喀则至亚东、日喀则至樟木纳入一级干线。并从优化组织作业入手，调整了区内邮件的分拣封发关系，保证了两网互联互通工程的运行。为提高营投效率，邮政实物传递网建设步伐稳步推进。以省会城市为重点的投递网建设得到进一步加强。

目前，根据我区投递网建设实施方案，拉萨市邮政局投递网建设正按计划有步骤地稳步实施，网络建设不断深入，工作力度逐步加大，并在全区率先把投递网建设达标工作落到实处。

全面推进生产管理扁平化、作业流程标准化和生产操作规范化的改革工作进一步落实，已初步建立科学完善的生产管理体系。各地市局邮件处理部门按照“三化”规范要求逐步推进。同时按照集团公司部署，结合拉萨中心局成功经验，制定了拉萨市邮政局速递局“三化”改革方案，并正在组织实施。一年来，全区邮运能力持续增强。全年，全区邮政更新并新增车辆 126 辆。

【狠抓财务管理，为业务发展提供有力支撑】为尽快适应集团化、公司化的财务管理要求，全年，财务工作始终围绕业务发展，加大计财支撑力度。在增量增收的同时，在成本预算安排上进一步扩大对生产经营环节的投入和倾斜。不断重视加强竞争性业务宣传工作，加大宣传费集中管理使用力度。继续加强对非生产性费用开支的控制，充分依靠严格管理，深入挖掘企业潜力，确保生产经营所需要的成本空间。投资建设上，在推进速递、金融、报刊、集邮等专业信息化应用的同时，继续采取以提高重点业务发展能力为核心，加快资源整合利用，提高邮政业务和管理信息化应用水平。结合重点业务发展特点，及时有效地安排生产能力的建设。同时，根据企业发展需要，重点安排各县局营业网点和投递网络的改造，以及各类终端服务车辆、设备和机具的配置。与此同时，强化全面预算管理体系，使全面预算管理对企业经营和管理的指导作用明显增强。一年来，积极推进量收系统建设和应用，使系统在经营分析、加强管理和支撑决策等方面，发挥了重要作用，有效地提升企业经营管理水平。在此基础上，围绕抓大事、抓落实工作，财务部门以调整结构、优化配置、提高效能为目的，积极探索实践资产盘活的新路子，企业闲置资产盘活步伐明显加快。在邮政体制改革之际，财务工作严格按照《企业会计制度》和新的《邮政企业会计核算办法》执行。财务基础数据、基础管理、基础统计工作进一步规范。

【深入开展专项检查工作，提高整体管理效能】2007 年从抓大事、抓落实、抓监督、抓整治入手，积极发挥审计监督、业务视察、安全生产等部门的作用，深入开展专项治理，积极采取措施，堵塞漏洞。深入开展各项审计工作。共完成经济责任审计 2 项，工程项目竣工决算审计 29 项，验证工程投资 3749.04 万元，其中，基本建设项目4个，总投资723.62万元，技术改造项目25个，总投资3025.42万元。

【顺利完成西藏邮政公司挂牌】2007年按照国务院关于邮政体制改革的总体安排，实现邮政政企分开和组建邮政储蓄银行是邮政体制改革的两项主要内容。2006年在经过认真的筹备后，西藏邮政政企分开顺利完成。在此基础上，开始了紧锣密鼓的准备工作，全面着手政企分开后西藏邮政公司挂牌工作。2007年9月4日在集团公司党组的重视下，西藏自治区邮政公司正式挂牌。随后企业新的内部机构成立，按照相应的职务序列，公司内部各部门负责人的聘任工作相继完成，西藏邮政政企分开的改革工作基本到位，邮政公司的成立为我区邮政政企分开工作划上了圆满的句号，它标志着西藏邮政从此开始步入一个新的历史发展阶段。

【稳步推进专业经营体制改革，认真做好邮政储蓄银行组建工作】一是按照集团公司党组部署，积极做好准备，抓紧实施邮储银行组建的前期工作。集中力量，抽调精兵强将对储蓄资产进行清查，认真开展邮储银行组建的前期准备，按照推动和促进邮政业务整体发展的要求，仔细筹划储蓄业务在实施专业化经营改革后的各项工作，最大限度地稳定干部职工队伍，确保各项业务经营在改革中的稳步发展。目前，自治区邮储银行的组建方案已经完成，组建工作基本就绪。

二是稳步推进速递专业化经营。拉萨市邮政局是全国108个开展了速递经营体制改革和损益核算工作的重点城市之一。2006年在速递专业化经营上，更新及新增车辆9辆，改造生产场地400多平米，增加专职营销、分拣和投递人员16人，累计投入资金360多万元用于拉萨市邮政速递改革。目前，区公司在速递损益核算试点的基础上，已制定出西藏邮政速递专业损益核算方案，并开始尝试在速递专业资源配置、成本控制、资费优惠、绩效考核等方面的应用核算工作，为下一步推进我区速递专业化经营奠定了基础。

三是积极推行财务核算改革。2007年区公司本着“简单、透明、实用”的原则，制定了《西藏邮政企业责任中心损益核算办法》，落实了组织机构，建立了西藏邮政损益核算体系。细化了核算方案，设立了相应的责任中心，完成了人员资产划分，明确了结算所需数据的来源和采集方式，充实了会计人员。与此同时，根据集团公司要求，为了配合收支两条线工作的开展，在全区邮政企业开展了资金管理情况的调查。调查全区各级邮政企业银行账户151个。通过清理后应保留的银行账户21个，应调整为一般账户性质的67个，拟撤消的63个。同时，将储汇业务资金以外的报刊业务、代收货款业务、分销物流业务和代收费业务等业务资金，统一纳入企业财务账内管理，业务资金的结算收付由财务部门统一办理，做到“集中存放，统一结算”。在清理账户、规范资金管理的基础上，区公司对地市实行收支两条线管理工作取得进展，企业财务核算改革进一步深入。

【精神文明建设】2007年，拉萨邮区中心局青藏行车小组荣获“全国文明行车小组”，拉萨邮区中心局机要科荣获“全国邮政系统机要先进单位”；林芝局营业班获“全国学习型先进班组”；拉萨市局营业班荣获“全国职工职业道德建设百佳单位”；拉萨市西郊邮政支局、那曲局营业班荣获“全国邮政先进集体”；林芝局、日喀则局营业班获得“全国巾帼文明岗”；拉萨邮区中心局、林芝局分别获得“自治区文明单位”；拉萨市局速递公司被授予“全国青年文明号”；拉萨市局储蓄科、昌都局中路邮政营业厅分别荣获“自治区级青年文明号”；那曲局被集团公司授予“全国用户满意企业”；那曲局团支部被团中央授予全国“五四团支部”；昌都地区邮政局获得自治区“安康杯”竞赛优秀奖。到目前，我区邮政系统获国家级“青年文明号”单位8家，自治区级3家。其中，拉萨邮区中心局驾驶员四清、昌都邮运分局驾驶员洛松贡布获“全国邮政系统先进个人”称号；那曲局强巴次白和日喀则局米玛荣获“全国邮政机要通信先进个人”；林芝永久支局王学龙荣获“全国邮政系统优秀支局长”；阿里局次仁曲珍荣获“全国知识型优秀职工”；拉萨市局巨光燕荣获“全区金融系统技能比赛（点钞）第三名；拉萨市局李娟荣获“第十届全国职工职业道德建设先进个人”、“全国知识型优秀职工”和“全区金融系统服务明星”称号。林芝局、昌都局客户中心分别荣获全国邮政“营销创百优”劳动竞赛优秀营销团队；拉萨市局刘众清、那曲局国杰分别获“营销创百优”劳动竞赛优秀营销员称号。

自治区通信业管理工作

【年度情况与特点】2007年，自治区电信业务总量完成29.6亿元，同比增长45%；业务收入完成15.33亿元，同比增长14.9%。全区电话用户总数累计达到144.3万户，同比增长12.1%，其中固定电话用户总数累计达到70.57万户，移动电话用户总数累计达到73.73万户。全区电话普及率达到52.1部/百人，同比增长5.6%，其中固定电话普及率为25.5部/百人，移动电话普及率为26.6部/百人。互联网用户数达到7.9万户，其中宽带用户达到6万户。网络覆盖不断扩大，全区长途光缆总长度达到2.26万公里。网络容量不断增加，全区固定电话交换机容量达到121万门，移动G网交换机容量达到104万户，C网交换机容量达到6万户。

【“十一五”规划继续稳步推进】“村村通电话”工程进展顺利。全区电信行业站在解决“三农”问题、推动城乡协调发展、构建和谐社会和建设社会主义新农村的高度，充分认识发展农牧区通信的重大意义，进一步树立大局意识和责任感，积极推进农牧区通信发展和信息化建设，“村村通电话”工程继续向偏远村延伸，全年新开通751个行政村的电话，完成年度任务的107.3%。全区累计通电话的行政村已达3889个，占全区行政村总数的65.57%。全面实现了“乡乡通传真”。互联网业务在农牧区得到初步发展，拉萨市“乡乡能上网工程”已初见成效，农牧区综合信息示范点和农牧区远程教育示范学校已开始试点，服务于农牧区经济文化生活的业务显现出蓬勃生机，农牧区信息化水平明显提高。宽带通信推进工程、移动通信广覆盖工程进展顺利，网络传输全面提速，网络覆盖不断扩大。

【“十七大”期间通信保障有力】2007年，通信管理局将确保“十七大”期间通信安全畅通作为中心工作，切实加强组织领导，建立有效的工作机制和工作流程，制定通信畅通与网络信息安全工作方案和应急通信保障预案。组织对安全隐患进行排查和整治，加强对通信枢纽、通信干线等重点部位的“四防”工作。各级电信运营企业高度重视“十七大”期间的通信保障工作，并作为一项重要的政治任务来贯彻和落实，以高度的政治责任感、勤恳的敬业精神、优质高效的服务，确保了党的“十七大”和各个敏感时期的通信畅通，自治区党委、政府高度重视“十七大”期间的通信保障工作，多次召集通信管理局和各电信运营企业负责人召开专题会议，研究部署通信保障工作，并提出了具体要求和措施，对各项工作进行专项检查，及时消除安全隐患。

【行业监管工作继续得到加强】竞争秩序和谐有序，服务质量进一步提升。组织开展了电信市场综合调研、检查以及业务准入许可的审核、审批和年检工作。完成了经营许可证的核发，跨省业务备案，跨省经营单位业务备案的注销，经营单位业务许可证年检等工作。加强了市场监管力度，依法查处了未经许可开展长途回拨业务和无证经营电信业务的企业，进一步在行业中树立和巩固了依法经营的意识，维护了电信市场经营秩序。组织开展了服务质量检查和“诚信服务，放心消费”活动，努力营造和谐的电信消费环境。积极参与了“政风行风热线”活动，督导企业解决用户关心的热点和难点问题。

资费管理成效显著，码号资源规范统一。组织开展了电信资费套餐清理、检查和移动电话计费方式改革工作。对各电信运营企业的756种套餐进行了清理和检查，关停了258种套餐，关停率达到34%，减少了资费种类，简化了资费结构，提高了资费透明度。稳步推进SP代码调整，对全区短消息服务代码情况进行了规范。深入到日喀则地区和江孜、尼木等县，对码号资源的使用情况进行了调研，完成了《西藏自治区电信网码号资源使用规划》的编制工作。

网络信息安全畅通，互联互通长足发展。建立健全了信息安全管理体系和定期联络会议制度。加强了互联网站的备案、审核与清查，完成了非经营性网站的备案、审核。积极打击不良信息，净化网络环境，加大了对各类不良信息的治理和违法违规行为的查处力度，组织开展了依法打击网络淫秽色情专项行动和打击盗窃破坏电信设施专项行动。清理整治了互联网违法信息，排除封堵不良短信息，加强电话终端市场检查。规范了“网吧”经营行为，组织开展了“阳光•绿色网络”活动，积极引导广大网民健康上网、文明上网、安全上网。进一步健全了公共突发事件应急管理工作体系，修订、完善了应急预案。及时安排有关防汛通信保障工作并不定期进行检查。加强行业防雷减灾监督管理，确保防雷减灾各项工作落到实处。互联互通工作取得长足发展，各电信运营企业之间少了抵触，多了了解；少了摩擦，多了合作；少了告状，多了信任；少了猜测，多了肯定，有效保障了网间通信的畅通，维护了全区互联互通工作局面的稳定。专用通信工作围绕加强建设维护力度，规范业务流程，加强客户沟通，提升服务水平，强化内部管理开展，积极提供“安全、保密、便捷、畅通”的通信服务。

职业技能鉴定和通信工程质量监督工作深入推进。完成了电信业务营销员、电信营业员、移动营业员、线务员四个工种的鉴定工作和通信工程师的申报考试工作，并获得了信息产业部职鉴中心颁发的“通信行业职业技能鉴定工作优秀组织奖”。完善了《西藏通信管理局通信建设工程质量监督管理暂行办法》，开展了资质申报年检，强化了工程建设管理，规范了通信建设市场秩序，改善了监督方法，强化了执行力度，提升了执行能力。

无线电管理规范有序。无线电管理工作在管好频率、台站、秩序的基础上，组织开展了无线电台站数据清理登记、应急无线电监测演练、业务技术交流和业务培训等工作。认真落实监测月报制度，加强青藏铁路沿线通信基站管理，做好电磁环境测试和日常监测，迅速排查各种干扰。全年共受理54家单位设台申请，核发和换发电台执照673个，重新清理登记无线电台站6700多个，注销无线电台站90余个。

国土资源、城乡建设、旅游

自治区国土资源管理工作

土地资源管理

【土地资源概况】到2007年底，全区土地总面积为12022万公顷，其中农用地7762万公顷，占全区土地总面积的64.56%，其中耕地36万公顷，仅占农用地面积的0.47%，园地面积0.217万公顷、林地1268万公顷、牧草地6445.9万公顷、其他农用地11.7万公顷；建设用地6.6万公顷，占全区土地总面积的0.055%，其中居民点及工矿用地4.09万公顷，交通用地2.38万公顷，水利设施1.33万公顷；未利用地4253.6万公顷，占全区土地总面积的35.38%。随着国家西部大开发战略的深入推进和青藏铁路的通车运营，西藏经济发展呈现快速增长的态势，各类建设用地的需求量不断增加和草地的不断退化减少，土地资源保护与开发利用的矛盾日益突出，缓解经济社会发展与土地资源的矛盾将是长期而艰巨的任务。

【地籍管理】充分发挥地籍管理的基础依据和跟踪监测作用。农村集体土地确权登记发证工作稳步推进，土地变更步入正轨。土地登记制度不断完善，登记覆盖面不断扩大。完成了国家重点工程青藏铁路西藏区域内铁路用地确权勘界登记发证工作；拉萨市中心区近6平方公里及山南地区4个县城区8.21平方公里的城镇地籍调查工作；羊八井地热电厂土地权属问题得到妥善解决；办理了农行西藏分行在股份制改造中700余宗土地的确权登记；配合自治区第二次农业普查办完成了农业用地普查；完成了土地利用现状变更调查汇总统计，并通过国土资源部检查验收。通过土地利用变更调查，保证了全区各类土地数据的真实性和现势性，为各级政府宏观决策提供了依据。

第二次土地调查工作进展顺利。根据国务院和国土资源部的统一安排，认真组织召开了全区第二次土地调查工作电视电话会议，成立了第二次土地调查领导小组和办公室。结合西藏实际，制定了西藏第二次土地调查工作实施方案，并报经全国第二次土地调查领导小组办公室和自治区人民政府批准实施，为全面开展全区第二次土地调查奠定了基础。

【耕地保护与土地利用】加强耕地保护，加大土地开发整理复垦力度，为各类建设提供良好的用地服务。严格按照自治区党委、政府的要求，站在全面贯彻落实科学发展观和推进跨越式发展的战略高度，正确处理保护资源与保障发展的关系，积极研究探索节约集约用地的新途径，坚守“全区‘十一五’期间基本农田面积不低于31万公顷”这条红线，走出了一条符合西藏区情的土地资源保护与开发的新路子。

为全面加强耕地保护、确保实现耕地占补平衡目标，强化农牧民生存基础，西藏自治区召开全区落实耕地保护目标责任制工作座谈会，自治区党委副书记、自治区主席向巴平措同志参加会议，并发表重要讲话。会上自治区与各地市行署政府签订了《2008年耕地保护目标责任书》。

自治区按照国务院和国土资源部的有关规定，根据2007年度土地变更调查数据，确定了2008年度全区耕地保有面积为361113公顷。各地市耕地保护目标责任分别为：拉萨市53540公顷，山南地区63827公顷，日喀则地区136380公顷，林芝地区27560公顷，昌都地区71260公顷，那曲地区6100公顷，阿里地区2447公顷。基本农田保护面积是根据《西藏自治区土地利用总体规划》确定的，全区基本农田保护面积为310000公顷，各地具体指标为：拉萨市49333公顷，山南地区48000公顷，日喀则地区120667公顷，林芝地区21333公顷，昌都地区63333公顷，那曲地区5333公顷，阿里地区2000公顷。

西藏地域辽阔，但由于特殊的地理环境限制，耕地资源少，仅占全区土地总面积的0.3%，人均不足2亩，且耕地后备资源相对不足，开发整理的制约因素多，进一步稳定和增加耕地的任务难度很大。与此同时，人口尤其是农牧区人口快速增长，区内对粮食的需求也逐年呈钢性增长，粮食安全尤其是农牧区的粮食安全显得尤为重要，保护耕地的形势日趋严峻。要确保西藏的耕地保有量不低于360667公顷，基本农田不低于310000公顷目标的实现，各级政府切实加强了耕地保护特别是基本农田保护，基本实现了耕地总量占补平衡。全区基本农田保护率达85.6%。严格控制非农建设占用耕地，严防以退耕还林还草名义，将大面积农田退耕；严格控制以招商引资、援藏项目名义乱批乱占耕地。各级政府在征收土地中依照相关法律法规和政策规定，保障农牧民的合法权益，杜绝强迫农牧民集体经济组织无偿提供土地的现象发生。对不符合自治区产业政策、未纳入年度用地计划及不切实际的“形象工程”、“政绩工程”占用耕地，一律不予审批。

按照国家、自治区的要求，把节约集约用地放在首位，加强建设用地审查报批和耕地占补平衡工作，严格控制增量，加强对建设用地从审查到批后的全程管理，从源头上杜绝土地资源浪费，促进节约集约用地。对新上建设项目，尽量利用原有建设用地，从严从紧控制农用地转为建设用地总量。确需占用农用地的，要严把农用地转用和土地征收审批关。对不符合规划，没有纳入计划或不符合国家供地政策的项目，一律不予批地。2007年经自治区人民政府批准的建设用地42件，用地总面积544公顷，其中耕地168公顷。重点开展了拉萨市2007年度城市建设用地组件申报工作，经国务院批准用地面积283公顷。为青藏铁路沿线公共基础设施、阿里狮泉河水电站、林芝民用机场等国家重点工程项目办理了用地手续。参与了那曲物流中心临时用地的选址和项目用地的报批，保证了那曲物流中心工程的顺利开工建设。

通过引入市场竞争机制，充分发挥市场对土地资源配置的基础性作用。在继续规范经营性用地招标拍卖和挂牌出让的同时，大力推进工业用地招标拍卖挂牌出让制度，切实加强对土地市场的监管。年度全区共出让土地 244 宗，总面积 143 公顷，总成交价款 37646.3 万元。供应工业用地 8 宗，用地总面积 17 公顷，均为挂牌出让。通过开展国有土地使用权招拍挂出让工作，规范了土地市场，充分显化了国有土地资产的价值，有力地支持了地方经济建设，从源头上有效地遏制了腐败。

认真开展土地开发整理复垦工作。重点实施了森波热土地开发整理项目，新增耕地面积达 319 公顷。全区利用耕地开垦费实施土地开发整理复垦项目 30 个，增加耕地面积 760 公顷。

强化农牧民安居工程建设用地服务工作。为认真做好农牧民安居工程建设用地工作，各级国土资源管理部门以认真负责的态度，热情服务，积极投入到这一伟大工程中，积极为农牧民安居工程建设用地提供服务。农牧民安居工程建设用地，大部分都是利用旧址，即使是重新选址搬迁也做到尽量利用荒地。从而在保护好耕地尤其是保护好基本农田的前提下，各级国土资源管理部门积极为农牧民安居工程提供了优质高效的用地服务。

矿产资源管理

【概况】西藏境内发现的矿种有 101 种，有查明资源储量的矿种 41 种(含矿泉水、地热)，上表矿区 135 个。其中大型 27 个、中型 18 个、小型 90 个。勘查成果表明，位于全国前十位的优势矿产有铬、铜、硼、锂、地热等 17 种，此外，金、铅锌、钼、铁、铂族金属以及矿泉水、油气等非金属矿产也都具有广阔的勘查前景。

查明资源储量的矿床（含共伴生矿产）206 个，其中能源矿产 27 个，金属矿产 118 个，非金属矿产 43 个，地热资源 5 个，矿泉水 13 个。已查明矿床规模达到大型 39 个，中型 49 个，小型 118 个。勘查矿区 127 个，其中勘探 21 个，详查 30 个，普查 76 个。

【矿业权市场及矿业经济】严格探矿权、采矿权管理，全区地质勘查项目持证率达 100%，国有矿山采矿持证率达 100%，集体矿山和其他矿山持证率达 97%。根据国务院和自治区人民政府关于整顿和规范矿产资源勘查开发秩序的要求，按照自治区人民政府制定的《整顿和规范矿产资源开发秩序期间探矿权采矿权申请审查报批暂行规定》，进一步严格探矿权申请审批程序和审批权限，合理有序地开展了新立探矿权及延续、变更探矿权审批工作。截止 2007 年底，有效探矿权为 1023 件，有效采矿权为 201 件。继续推行矿山地质环境恢复保证金制度，全年收取保证金 4200 万元。

全力打好整顿和规范矿产资源开发秩序攻坚战，巩固阶段性整顿成果。依法查处 5 起持勘查许可证非法采矿和非法转让采矿权、3 起偷采砂金等违法行为。联合自治区监察厅、水利厅、环保局等单位对南木林、仁布等县开采砂铁问题进行了调查，及时制止了非法开采砂铁的行为。

加大资源整合工作力度。积极推进墨竹工卡县甲玛铜多金属矿区的资源整合工作，制定了甲玛矿区的资源整合方案，促进企业签订了合作意向书，整合工作进入实质性阶段。

以矿产资源开发为依托，为农牧民增收创造条件。根据西藏国土资源管理实际，为切实增加农牧民群众的收入，全区各级国土资源管理部门积极与矿山企业协商，在生产中尽量使用当地农牧民工，以增加农牧民收入，取得了很好的效果。

【地质找矿】加强地质工作，地质勘查工作有序开展，找矿成果喜人。地质找矿工作成效显著。按照“统筹规划、分步实施、区域展开、重点突破”的原则，确定了矿产远景调查和资源潜力评价、重要矿床勘查、推进矿山开发三个层次，切实加强我区地质矿产工作。与中国地调局联合召开了“西藏冈底斯成矿带找矿现场研讨会”，进一步加强了藏东“三江”成矿带、冈底斯成矿带、班公湖—怒江成矿带、青藏铁路沿线的地质找矿工作。年度区地勘局实施项目 189 项，投入资金约 2.5 亿元，取得了一批重要地质成果，为国家的矿产资源战略储备和发展我区优势矿产业奠定了基础。驱龙铜多金属矿，通过巨龙公司的进一步勘探工作，提交铜金属量 719 万吨、伴生钼 35.6 万吨、伴生银 4220 吨。该矿的单矿床资源储量超过玉龙铜矿，属全国第一，有望成为我国第一个超千万吨的铜矿床（含荣木错拉矿段）。

国家危机矿山接替资源勘查项目取得阶段性成果。西藏自治区曲松县罗布莎Ⅶ矿群、香卡山Ⅷ、Ⅸ、Ⅹ、Ⅵ矿群、康金拉矿区铬铁矿接替资源勘查项目，找矿成果显著，初步估算的铬铁矿资源量大于 15 万吨，按目前矿山开采规模，可以延长矿山生产服务年限 3 年。由于成果显著，危机矿山项目管理办公室又为该项目追加投资 1000 万元。申报的西藏自治区曲松县罗布莎铬铁矿区Ⅰ、Ⅱ、Ⅳ、Ⅴ矿群接替资源勘查项目也获得全国危机矿山找矿项目管理办公室的批准。这两个项目的实施，将对提高山南地区罗布莎、香卡山、康金拉一带铬铁矿的勘查程度和服务地方经济建设具有重要作用。

地质环境管理

【加大宣传工作力度，加强地质灾害防灾、减灾工作】为认真贯彻落实《地质灾害防治条例》、《西藏自治区地质环境管理条例》等相关法律法规，切实做好地质灾害防治工作，充分利用“世界地球日”、“科普一条街”等活动，加大地质灾害防治、地质环境保护的宣传力度。根据西藏地质灾害发育状况和汛期地质灾害防治工作的需要，编制了《西藏自治区 2007 年度地质灾害防治方案》和《西藏自治区突发地质灾害应急预案》，并经自治区人民政府批准执行。与自治区气象局联合开展汛期地质灾害气象预报预警工作。建立和完善了地质灾害巡查、应急调查和速报、月报制度。各级国土资源管理部门经常派出工作组，开展地质灾害巡查及应急调查工作，尤其是昌都、日喀则地区国土资源局工作认真负责，开展了大量富有成效的工作，有效避免了地质灾害的发生。

积极推进基础地质灾害调查和建设项目地质灾害危险性评估，加大了对重点地质灾害治理工作的力度。“十五”期间安排实施了26个县的地质灾害调查与区划工作，已完成调查面积近25万平方公里，调查出地质灾害点2618处。地质灾害危险性评估工作明显加强，完成地质灾害危险性评估及矿山地质环境评价项目105个。加大重点地质灾害防治力度，开展了樟木口岸福利院地带山体滑坡灾害险情应急处置及应急预案演练工作，效果明显。完成了樟木口岸地质灾害整体勘察评价工作，编制了《西藏自治区亚东口岸地质灾害综合勘察评价方案》，对危害较为严重的昌都地区加林村滑坡灾害进行了勘察。

加强矿山地质环境、地质遗迹保护工作。为了保护和合理开发利用矿产资源，下发了《关于加强矿山地质灾害危险性评估和矿山地质环境影响评价工作的通知》，要求在西藏境内从事各类矿业开发的企业必须编制矿山地质灾害危险性评估和矿山地质环境影响评价报告。完成了《西藏自治区矿山地质环境保护与治理规划》的编制工作，实施了革吉县嘎尔砂金矿矿山地质环境治理等项目。组织开展了札达土林国家地质公园地质遗迹保护工作，申报了札达土林国家地质公园第二期地质遗迹保护项目和易贡国家地质公园波密景区地质遗迹保护项目，并获得批准。

国土资源执法监察

【国土资源制度建设】积极推进依法行政、加强国土资源法制建设，初步构建国土资源管理的法律体系。根据《国务院全面推进依法行政实施纲要》、《西藏自治区人民政府关于贯彻落实全面推进依法行政实施纲要的通知》和《国土资源部国土资源管理系统全面推进依法行政规划(2006年至2010年)》要求，加大了对《西藏自治区国土资源管理系统2006年至2010年全面推进依法行政规划》、《西藏自治区国土资源厅推行行政执法责任制实施方案》实施过程的监督力度。编辑出版了《国土资源法律法规汇编》1000余册，并发放到各级国土资源管理部门，不断建立健全国土资源执法监察体系。

【土地执法监察】认真落实《国务院关于深化改革严格土地管理的决定》，进一步巩固土地市场治理整顿的成果，严把土地供应闸门，加大耕地保护力度，将保护任务纳入政府考核范围。严格建设用地报批程序和时限，严格审查各类建设用地报件，防止违法占地、违规圈地。严格按照土地利用年度计划和国家划拨用地目录控制用地规模，使全年农用地转用总量控制在国家下达的计划指标以内。对违法用地继续保持高压态势，坚决查处乱占滥用土地、越权批地和炒买炒卖土地以及改变土地用途进行房地产开发等违法行为，对群众反映的突出问题进行了重点查处，有效遏制了土地违法案件的发生，促进土地市场健康发展。

认真开展土地执法百日活动，取得了良好的成果。2007年9月13日，国土资源部召开了全国土地执法百日行动视频会议，拉开了全国土地执法百日行动的序幕。通过每个阶段的工作，清理工作基本到位，违规违法用地情况基本摸清。全区共查处“以租代征”违规用地8件，面积2.3公顷，主要特点是数量不大，且规模小；未批先用违规用地49件，面积592公顷，其中城镇批次用地28件，面积40公顷，单独选址建设项目用地应报国务院审批的4件，面积134公顷，应报省级政府审批的17件，面积419公顷。广大国土资源系统干部职工在有关部门的大力协助下，真抓实干，圆满完成了土地执法百日行动各项工作任务，通过开展百日行动，地方政府在耕地保护、土地执法监管等方面的共识程度大大提高，违规违法用地高发态势得到遏制，国土资源管理队伍特别是刚刚组建的土地督察队伍经受了锻炼，产生了积极广泛的社会影响。

【矿产执法监察】加强了资源勘查开发和保护工作，整顿规范矿产资源开发秩序进展顺利。先后查处了4起持勘查许可证采矿的非法行为；查处了4起无证勘查、无证采矿等非法采矿行为。继续巩固砂金治理成果，妥善处理滥采砂铁问题，并决定在全区禁采砂铁。积极开展资源整合，启动了甲玛矿区资源整合工作，矿区外围探矿权整合工作也在积极进行。进一步严格矿业权人资质管理、行业准入、矿产资源储量检测和登记统计等制度，服务矿山企业的能力和水平进一步提高。全区的整顿和规范矿产资源开发秩序工作取得了显著的成绩，通过国务院组织的检查验收并给予了高度评价。

【测绘管理】测绘工作取得新成绩。基础测绘工作取得积极成果，测绘保障能力明显增强。积极协助国家测绘局在我区开展1∶5万无图区地形图测绘，启动了《拉萨、林芝河谷地带1∶1万数字线划地形图航测成图》项目，编制出版并发行了1∶100万中国西藏自治区地图等四个公开版地图。全年向社会各界提供各类测绘成果资料64276幅（点、册）。联合七部门开展了地图市场专项检查工作，查收各种违法地图近2万幅，净化了我区地图市场。测绘队伍不断茁壮成长，机构得到不断完善，测绘工作为西藏国民经济服务能力不断提升。

【国土资源基础工作】矿产资源储量管理工作有序进行。全面开展矿山占有矿产资源储量核查、检测工作，已办理矿产资源储量占用登记的达到79%；探索建立矿山储量动态监督管理制度，积极做好矿产资源储量评审及矿业权评估管理工作；开展了涉密地质资料清理，初步清理成果地质资料2163份、参考资料240份；加大了地质资料汇交管理力度，完成地质资料汇交149份。

信息化建设进一步加强。金土工程一期建设各项任务基本完成。西藏自治区国土资源数据中心、拉萨市国土资源数据中心建设完成，实现了厅和拉萨局的网络互联。探矿权管理系统、采矿权管理系统、建设用地审批管理系统、建设用地规划预审（初审）管理系统已初步建成，电子政务系统正在积极建设。

更加关注民生，维护权益服务社会的水平进一步提高。全区各级国土资源管理部门主动与当地农牧民安居工程领导小组办公室联系沟通，认真做好征地报件的组织工作，在建设选址上尽量做到不占耕地或少占耕地，可占荒地的不占耕地，确保安居工程建设顺利实施。

积极创造条件，增加农牧民收入。在实施森波热土地开发整理项目中，使用当地农牧民工 800 余人次，车辆 200 多台次，有效增加了当地农牧民群众的收入。阿里地区矿山企业使用当地农牧民工 2450 人次，增收 337.7 万元，当地劳动力参与矿产资源开发，已成为农牧民增收致富的一个有效途径。

自治区城乡建设工作

【建筑业在国民经济中的地位得到巩固，建筑工程质量稳步提高】2007 年是实施“十一五”规划项目的第二年，中央继续加大对西藏的援助力度，确定了“十一五”规划项目方案，实施 180 个建设项目，全区固定资产投资额达 270 亿元。国家投资力度的加大，有力地拉动了我区建筑业的发展，全区建设系统抓住机遇、苦干实干，较好地完成了各项工程施工任务，建筑业增加值达 70 亿元，比上年增长 28%，处于第二产业中的主导地位，为促进我区经济快速增长发挥了重要作用，项目施工水平、管理水平有了很大提高，体现了西藏能够把中央的投资用好、把项目实施好。为实现又好又快发展，过去的一年，各级建设部门以强化动态监管，加大违法违规处罚力度；以完善和规范招投标市场机制，加强工程质量和安全生产为重点，进一步加强对建筑市场各方主体的监督管理，建筑市场秩序得到规范。全区房屋建筑和市政基础设施工程项目公开招标率稳步提高，达 94.6%。各地市认真组织开展建筑市场综合执法检查自查活动，建设厅还会同有关部门对六地市 14 个县（区）的建筑市场和 46 个建设项目进行了现场交叉执法检查，及时查处和纠正了各类违法违规行为，有力地促进了各项建设工程质量的提高和加强安全生产管理工作。施工图审查工作力度逐年加大，仅自治区审图办审查的 81 个建设项目就提出违反强制性条文意见 190 条、违反设计规范和达不到设计深度意见 3641 条，从源头上消除了质量安全隐患和设计缺陷。各级质监部门积极加大对进入施工现场的各种建材抽检力度，全区工程建设监督覆盖率达 96%，累计发放施工现场整改通知书 156 份、返工通知 42 份、停工通知 26 份、安全通报 19 份，组织工程质量巡查、检查、抽查 2543 次。全区房屋和市政工程质量稳中有升，项目竣工一次性合格率达 100%，拉萨火车站站房工程、青藏铁路拉萨河特大桥工程荣获鲁班奖（国家优质工程）。安全生产工作得到重视，全区各级建设行政主管部门通过开展安全生产月、动态监管、抽查、巡查等形式，进一步加大对建筑业安全生产的监管工作，检查落实建筑安全措施，促进建筑安全生产。

【房地产市场宏观指导和监管力度加大】根据建设部和自治区的要求，各级建设部门积极加大对房地产市场的宏观调控和监管，联合国土、财政、审计、监察、税务、发展改革、工商等部门在全区开展房地产市场秩序专项整治，认真落实建筑面积和户型比例调控措施，加强对商品房销预售的管理，积极向房地产企业和社会公众发布行业信息和预警信息，有效防止损害消费者行为现象的发生，确保了房地产市场的健康发展。2007 年，房地产开发在我区拉动投资消费方面发挥了重要作用，目前在我区注册的房地产企业 85 家，全年房地产开发投资达 10 亿元，比 2006 年增长 23%，开发土地面积 80 万平方米，建成商品住宅面积 70 多万平方米。为加大质量监管力度，2006 年自治区城乡建设厅出台实施了《住宅工程质量分户验收管理规定》，要求所有房地产项目必须实行分户验收，确保商品住宅质量和业主的合法权益。同时，认真贯彻落实《物业管理条例》，切实加强对住宅小区物业服务的管理工作，规范物业服务行为，认真听取业主意见和建议，积极协调处理有关房地产开发和物业管理中出现的矛盾纠纷，为和谐社会建设作出贡献。

【建筑节能研究取得新进展】与西安建筑科技大学协作编制了《西藏自治区民用建筑采暖设计标准》、《西藏自治区居住建筑节能设计标准》，并通过了有关专家的审定和建设部的批准。“两个标准”的编制完成，填补了我区没有地方工程建设标准的空白，为西藏建筑采暖、节能工作的开展和推进奠定了良好基础。同时，积极推广使用环保、节能、可靠的建材产品，建筑节能意识有很大提高。

【城乡规划编制工作取得可喜成绩】2007 年是我区规划工作力度最大、成果最多的一年，各级各部门领导干部规划意识得到了增强，重视规划编制、按照规划实施建设的风气进一步树立。目前，全区县以上城镇均有了总体规划，部分地市、县还根据社会经济和城镇发展需要，组织对城镇总体规划进行适时修编，一些对口援藏省市和中央国有企业把帮助受援市县修编总体规划纳入援藏工作的一项重要内容，认真帮助受援市县开展总体规划编制和修编工作。江苏省援助拉萨市开展的总体规划修编工作已完成总体规划纲要编制，并通过了拉萨市城市规划建设委员会和建设部专家评审；由中规院援助的阿里地区狮泉河镇总体规划修编工作进展顺利；山东省青岛市援助完成了日喀则市总体规划修编，并通过专家评审；日喀则地区白朗县等一批县城已完成或正在开展总体规划修编工作。建设厅在各部门协助支持下还完成了风景名胜区体系规划、城镇用地专项规划、城镇供水设施改造和建设专项规划、城镇垃圾无害化处理设施专项规划、城镇污水处理设施专项规划等一大批专项规划，组织完成了土林——古格国家级风景名胜区和拉萨市八廓街、日喀则市、江孜县历史文化名城历史文化街区保护项目的申报工作，另外还组织力量对全区城镇体系规划进行修改完善，开展日喀则市和江孜县历史文化名城保护规划等专项规划的编制。随着以农牧民安居工程为突破口的社会主义新农村建设的推进，乡村规划也得到了重视，规划延伸到了农牧区，为新农村建设提供了规划指导。

【城乡建设管理进一步加强，城镇功能不断完善】各级建设部门高度重视城镇基础设施建设，加强城镇管理工作，为树立我区良好的城镇形象发挥了重要作用。一是坚持以人为本，完善城乡基础设施建设。拉萨市供暖供气项目前期工作进展顺利，完成了可行性研究报告的编制工作，并开展了太阳能供暖示范点试验。拉萨市罗布林卡、大昭寺周边环境整治工程，拉萨市污水处理厂前期工作等一大批城镇基础设施项目进展顺利；中德合资项目昌都镇污水处理厂已完成初验；其他各地区行署所在地污水处理厂已纳入“十一五”建设规划。组织实施了重点旅游景区景点环保型公厕建设。优先发展城镇公共交通工作顺利开展，《关于优先发展城镇公共交通的意见》出台实施，鼓励拉萨、日喀则等有条件的城镇优先发展城镇公共交通，并组织开展了首届城市公共交通周及“无车日”活动，受到建设部及社会各界的广泛好评。二是加强城镇管理，创造优良环境。2007 年，到我区旅游的人数突破 400 万人次，为配合旅游业的发展，努力创建文明旅游城镇，全区各级城管、环卫等部门积极配合，积极创新城市管理体制，进一步完善城镇“门前三包”责任制，坚持管理重心下移，运用处罚与教育相结合的原则，加大城管和城镇环卫清扫保洁工作力度，加大了对一次性塑料袋、旅游景区强买强卖、尾随兜售、城市“牛皮癣”、乱倒生活垃圾、车辆运输无覆盖等违反城市管理规定的各种行为的查处力度，城镇“脏、乱、差”现象得到有效缓解，城市环境状况得到较大改善。从加强城镇管理工作入手，进一步加强城镇绿化、美化工作力度，取得可喜进展。三是深入开展创建园林城镇活动。各地市对创建园林城镇的认识有了新的提高，拉萨市启动了创建国家生态园林城市工作，《拉萨市绿地系统规划和生物多样性规划》编制工作已基本完成，拉萨市南北山绿化工程建设、公共绿地建设、市政设施和道路改造、城市水环境治理和水功能区保护、城市公共交通建设、历史文化名城保护、绿地认建认养、拆墙透绿、园林式单位和园林居住小区建设等工作有序开展。林芝地区多年来坚持把创建园林城市作为工作目标，积极加强道路绿化、公园绿地建设，取得了较好成效。林芝地区八一镇 2007 年荣获全国人居环境范例奖。日喀则市在总体修编过程中，在城市的性质定位上也把创建高原园林城市作为未来的发展目标之一。

【党政机关、事业单位住房货币化分配工作进入收尾阶段，国有企业房改工作进展顺利】已兑现党政机关、事业单位干部职工的一次性住房补贴 24.87 亿元、按月补贴兑现 4.35 亿元，机关、事业单位住房货币化分配工作进入收尾阶段。国有企业房改工作进展顺利，基本完成了 59·3·28 企业离退休职工住房补贴的发放工作，已审核兑现国企住房制度改革激励资金 3.3 亿元，2008 年内将完成全区国企房改工作。

【住房公积金稳步发展，为职工购房提供有力支持】全区住房公积金归集总额为 42.3 亿元，归集余额为 25.8 亿元，住房公积金提取额 15.7 亿元。全区累计发放住房公积金贷款 11.5 亿元，目前贷款余额为 7.1 亿元，受益职工达 1.3 万户，为解决干部职工购房起到了积极作用。在提高公积金利用率的同时，切实加大监管力度，严格按照公积金管理条例使用、支取、存储公积金，积极采取措施应对公积金归集管理过程中存在的各种风险，有效确保了全区住房公积金的安全运行。

【“两房”建设工作进展顺利，有效缓解干部群众住房困难问题】为解决基层干部职工和城镇低收入家庭的住房困难问题，2007 年自治区安排资金 14 亿多元用于干部职工周转住房建设，安排资金 4.5 亿元专项用于廉租住房建设。各级建设部门积极工作，把“两房”建设作为工作重点，区建设厅加强督促检查工作，及时了解和掌握“两房”建设工作进展情况，协调解决存在的问题，督促落实建设进度，积极推行代建制，确保了我区“两房”建设按计划顺利实施。全区开工建设廉租住房 4560 套，其中 2007 年建成 3260 套；按照“统一规划、统一建设、统一管理”的原则，开工建设机关事业单位干部职工周转住房 14000 多套。为加强周转住房建设管理，自治区人民政府批转了《关于加强我区干部职工周转房建设和管理的意见》，各地（市）结合本地实际制定了实施细则。

【积极为农牧民安居工程建设提供服务与技术指导】各级建设部门结合当地农牧民安居工程，有关专业人员深入施工现场，对农牧民安居工程建设工作提供规划指导，实施质量把关，在新农村建设中积极发挥建设部门的技术优势和作用。为切实做好我区农房改造工程规划建设工作，区建设厅在提出《西藏自治区村庄规划建设指导性意见》的基础上，组织编制并协调自治区出版社公开发行《全区农房改造设计方案图集》，并向农牧区赠送图集 7000 余册。各地市建设局也结合当地农牧民生活习惯、建筑风格，设计了方案，指导当地农房改造。

【努力促进农牧民增收，切实维护农民工合法权益】一是积极开展农牧民建筑技能培训工作。为统一农牧民建筑实用技能培训标准，提高培训质量，区建设厅组织编写了《西藏自治区农牧民工建筑实用技能培训系列教材》。2007 年，各级建设部门充分调动建筑企业的积极性，依托企业和施工现场进一步加大对农牧民建筑实用技能的培训力度，取得了较好成效。区建设厅还以建筑施工混凝土搅拌、砌墙、抹灰、钢筋绑扎等建筑实用技术培训为重点，组织举办农牧民工建筑技能培训班 20 余期、培训农牧民工 3000 余人。二是切实提高农牧民工的组织化程度，努力降低农牧民工进入建设领域的“门槛”。2007 年在拉萨市尼木县、林周县和昌都地区昌都县开展以农牧民为主体的县乡劳务施工组织的试点组建工作，并在全区进行推广。积极协调、建议有关项目主管部门，将凡是技术复杂程度较低的项目尽量使用当地劳务。目前，全区组建以农牧民为主体的县乡建筑施工企业共 61 家。全区建筑业从业人员 10 万余人，其中农牧民从业人员 3 万余人，建筑业每年为农牧民增加收入超亿元。三是加大“双拖欠”纠纷协调工作力度，切实维护农民工合法权益。在做好日常清欠信访接待的同时，全区各级清欠部门将工作重心由清理旧拖欠向预防新拖欠转变，由集中清理向日常监管转变，积极建立预防新拖欠的长效机制，规范劳务用工，指导推动企业依法与农牧民工签订劳务合同，防止转包和违法分包，规范工程款支付，收到较好效果。仅2007年区清欠办就接待上访民工74批次1478人，经协调解决民工工资152万元。各地、各部门清欠办加大工作力度，积极维护农牧民工权益，维护全区社会稳定。

【完善法规制度，健全监管方式】为进一步转变政府职能，深入推进行政审批制度改革，开展了“五五”普法教育活动；完成《西藏自治区关于加强我区干部职工周转房建设和管理的意见》、《西藏自治区城镇最低收入家庭廉租住房保障管理暂行办法》、《西藏自治区城镇房屋拆迁管理暂行办法》的修改、论证、呈报工作，并经自治区政府审定发布实施；制定出台了《西藏自治区建筑市场不良行为记录与公示管理办法》；完成《西藏自治区城镇燃气管理办法》的审定、呈报工作。完成《西藏自治区房屋建筑和市政基础设施工程施工招标投标管理暂行办法》、《西藏自治区房屋建筑和市政基础设施施工招标投标评标计分暂行办法》、《西藏自治区工程建设项目招标代理机构管理暂行规定》修改完善工作。各地市加大市场的属地管理力度，建筑市场、房地产市场管理工作逐步走上法制化轨道。

【专业资格认证工作进展顺利，建设行业专业人员力量有所增强】完成全国注册监理工程师、造价工程师、一二级注册建筑师和造价员等执业注册人员的考试考务工作，1230多名考生参加上述各类考试。截止2007年底，全区建设行业共有高级专业技术人员89名，中级专业技术人员113名，共有各类各级执业注册工程师681名，其中有525名在拉萨注册执业。

在全区各级建设战线广大干部职工的共同努力下，在自治区各有关部门的支持下，2007年我区建设系统虽然取得了新的成绩，但是也存在不足之处：一是城乡规划仍然滞后于经济社会发展，详细规划覆盖面不够；二是对建筑市场包括招投标市场、勘察设计市场、监理市场的整治力度有待加强；三是建设行政执法工作相对薄弱，行业行政执法深度、广度有待加强；四是建筑业企业数量多、规模小，缺乏竞争力。

自治区旅游工作

【年度情况与特点】2007年，全年全自治区接待国内外游客402万人次，实现旅游总收入达到48亿元，分别比上年增长60%和73.3%；其中接待入境游客36万人次，创汇1.32亿美元，分别比上年增长132.5%和116.4%。接待国内旅游者366万人次，实现国内旅游收入38亿元，分别比2006年增长55.3%和66%，旅游总收入达到全区生产总值GDP的14%以上。

一年来，西藏自治区旅游增长速度强势攀升，产业规模迅速扩张，发展质量显著提高，行业运行有序高效，创造了旅游接待人次及旅游收入的历史新高。收入增长超过人数增长，基本上达到了提质增效的目的，呈现出“超常规、井喷式”的发展态势。旅游业在全区各产业中率先实现了跨越式发展，为推进西藏自治区经济结构升级优化、转变经济发展方式作出了积极贡献。

【旅游行业规摸】2007年，西藏自治区旅游产业规模迅速扩张。据统计，截止2007年底，全区旅游企业达到1212家，全行业固定资产达到46.8亿元，全区星级饭店（宾馆）在2006年74家的基础上新增了12家，同时改造升级了3家。另外，非星级饭店（宾馆）也在2006年535家的基础上增加了237家，达到了772家，加上城镇居民家庭旅馆和农民家庭旅馆200多家，全区拥有床位数达5万多张，使西藏自治区的住宿接待能力显著提高；在旅游交通运力方面，旅游定点接待车辆在2006年1840辆的基础上新增937辆，达到2777辆；在旅游景区建设方面，除了新增2A级景区1家，A级景区1家以外，还着力策划包装和打造了一批深受中外游客喜爱的旅游产品，基本满足了旅藏游客的旅游需求；在旅游企业管理方面，新批准成立了12家旅行社，全区旅行社总数达到56家。着力推进了旅游企业改革工作，研究制定了一系列加强行业管理的规章制度；在导游管理与培训方面，举办了一系列导游人员培训班，使全区的导游（景点讲解员）人员在2006年1024人的基础上，培训新增了618人，达到1642人。全年接待游客402万人次，并且发展势头强劲，标志着西藏自治区旅游业规模经济已经开始形成。

【奥运旅游】2007年6月底，自治区旅游局组织有关部门、八家国际、国内旅行社总经理组成旅游促进工作组赴日喀则地区就奥运旅游、乡村旅游示范点、冬季旅游和边境旅游等工作进行调研。此次专项旅游调研工作是西藏自治区旅游局首次组织有关旅游企业专业人士参与的专题调研，在调研中，提出的专业意见，将使开发的旅游项目更好地适应旅游市场需求。

【国际旅游】入境旅游据统计，全年全区接待国内外游客402万人次，实现旅游总收入达到48亿元，分别比上年增长60%和73.3%；其中接待入境游客36万人次，创汇1.32亿美元，分别比上年增长132.5%和116.4%。

2007年，西藏自治区旅游局一方面采取了入藏签证提前预审的办法，并取消了异地办理“旅藏确认函”制度，实行由西藏自治区旅游局统一免费办理，规范和完善了办证制度，及时有效的服务于广大旅游企业；另一方面对办理“旅藏确认函”的工作，采取批件室初审、处长复审、单位主要领导终审的三级审查制度，有效阻止了一批敏感人物进入西藏自治区。切实加强了对入境散客的管理，在进藏火车、飞机上提示外国人必须办理的手续，在火车站、机场设点为入境游客现场办理“旅藏确认函”，并纳入团队管理。同时坚持“团进团出”的团队管理制度，对10人以上大团实行双人管理，在团队运行期间，加强了同旅行社间的信息沟通，采取全程监督的办法，对维护西藏局势稳定起到了重要作用。

出境旅游因西藏旅游的特殊性，目前西藏组团社仅有西藏旅游总公司、西藏国际体育旅游公司、西藏山南国际旅行社为指定出境组团社，且出境人数有限。

【国内旅游】2007 年，西藏自治区接待国内旅游者 366 万人次，实现国内旅游收入 38 亿元，分别比 2006 年增长 55.3%和 66%。一年来，旅游增长速度强势攀升，产业规模迅速扩张，发展质量显著提高，行业运行有序高效，创造了旅游接待人次及旅游收入的历史新高。

据初步调查，全区各地（市）参与旅游经营农(牧)户有 8717 多户，有 34870 多农牧民直接参与旅游服务。乡村旅游收入 2.2 亿元，人均 6383 元，同比分别增长 43.8%和 20%。

春节、藏年新年期间（2 月 18 日—28 日）全区累计接待旅游者 65330 人次，同比增长 19.8%；其中接待过夜游客 13504 人次，接待一日游游客 51826 人次，分别增长 31.9%和 17.2%。实现旅游总收入 4385 万元，增长 21.3%。

2007 年“五一”黄金周是青藏铁路通车后的第一个黄金周，从“五一”黄金周旅游接待情况来看，西藏旅游逐渐成为国内旅游新的亮点。全区旅游接待创同期历史最好水平。据统计，5 月 1 日—7 日全区累计接待游客 339695 人次，比上年同期增长 32.6%，其中，接待过夜游客 141028 人次，接待一日游游客 198670 人次，同比分别增长 24.4%和 39.1%。实现旅游总收入 13556 万元，同比增长 31%。星级宾馆（饭店）日均客房出租率 63%，非星级宾馆（饭店）日均客房出租率 56.5%。

“十一”黄金周接待总人数突破了 40 万人次，创造了同期历史最好水平。据统计，10 月 1~7 日，全区累计接待游客 401550 人次，比上年同期增长 51%。其中，接待过夜游客 189435 人次，接待一日游游客 212115 人次，同比分别增长 28.6%和 79%。实现旅游总收入 13338 万元，同比增长 53.5%。星级宾馆（饭店）日均客房出租率 56.8%，非星级饭店（宾馆）客房出租率 64%。从本次黄金周旅游运行看，过夜游客持续升温，一日游游客大幅增长，区内自驾游特征明显。

【旅游节庆活动】倾力打造“世界屋脊神奇西藏”旅游主题形象，加大旅游宣传促销力度，开展了一系列极具针对性的旅游宣传促销活动，有针对性地在印度、尼泊尔、日本、英国及台湾、香港等西藏传统客源市场以及市场潜力较好的国家和地区开展强大的宣传促销攻势，将开拓冬季旅游市场作为市场营销的重点，收效明显，据统计仅 1—10 月份入境游客即达到 34.8 万人次，较 2006 年同期增长 140%，创汇 1.23 亿美元，增长 155%，入境游客增长速度居全国第一，入境游客比例跃居全国第一。

5 月 25 日—28 日，自治区旅游局和部分旅游企业参加了在四川成都举办的西部博览会旅游交易会，自治区人民政府副主席邓小刚亲临旅游展台予以现场指导。

6 月 21 日—23 日，区旅游局组团参加了由北京市旅游局举办的国内区域性国际旅游展览中规模最大、专业化程度最高的国际旅游博览会。展会期间，散发赠送各类旅游宣传资料、纪念品等达 53000 份；接待专业旅行社、观众近 5 万人次；接待北京电视台、中央电视台、新京报、新浪网、铁路传媒等各类媒体 50 多人次；组团意向洽谈、接待进藏旅游问题咨询等达 200 多人次。参展效果比预期的好。我区展台获“最佳展台奖”殊荣。

7 月 2 日下午，为庆祝青藏铁路通车一周年，自治区旅游局组织相关部门和旅游企业在拉萨火车站举办了“千年唐蕃古道今日青藏铁路”为主题的大型宣传活动。

继 2006 年拉萨市成功举办纳木错国际徒步大会后，第二届西藏纳木错国际徒步大会将于 8 月 4 日至 10 日如期举行。本次活动以“圆你天路之旅—普通市民挑战高原徒步”为主题，以打造世界级高原徒步品牌，展现中国西藏民族特色、促进国际文化交流、助威 2008 年北京奥运为目的，报名将对外国人开放，欢迎和鼓励广大国外徒步爱好者参加。本次活动由拉萨市人民政府、国际市民体育联盟中国总部主办，由拉萨市旅游局、当雄县人民政府、北京每日徒步活动中心承办。

8 月 12 日—18 日，2007 年中国拉萨雪顿节隆重举行。此次雪顿节的主题是：游拉萨历史名城、品雪顿千年文化。2007 年中国拉萨雪顿节以文化为载体，旅游为主题，同时举办了旅游推介、招商引资、经贸洽谈房产博览会、汽车展览会等活动。

8 月 24 日上午，“2007 西藏圣地婚礼港澳台之约”和第二届“藏族佳丽——西藏旅游形象大使大赛”新闻发布会在拉萨举行。

9 月 23 日，在国家旅游局的组织下，区旅游局和市旅游局派相关人员赴日本参加了日本东京 JATA 国际旅游展及中日邦交正常化 35 周年联合促销展，参展人员团结协作，圆满地完成了预定的宣传促销任务。西藏参展人员详细解答了关于西藏旅游及青藏铁路等游客关心和感兴趣的问题，达到了预期的目的，收到了良好的效果。本次国际旅游展上，西藏展台成了中国展区人气最旺的展台，由此可以看出西藏是日本游客最向往的旅游目的地之一。

9 月 27 日，西藏自治区旅游局与西藏自治区文明办联合成功举办“9•27 世界旅游日”“文明与旅游同行”旅游宣传活动。

10 月 13 日—14 日，为贯彻落实自治区党委、政府《关于进一步加快发展旅游业的决定》的精神，自治区旅游局和林芝地区行署依托“雅鲁藏布大峡谷文化旅游节”，在林芝地区举办了 2007 西藏冬季旅游推介会。国家旅游局副局长杜江出席了推介会的部分活动。

11 月 12—20 日，由国家旅游局组织的共有 20 多个省、市、自治区派团参加的 2007 年英国伦敦世界旅游博览会（WTM）开幕。西藏旅游展成为 2007 英国伦敦世界旅游博览会亮点。

随着“冬游”西藏促销力度的不断加大，冬游西藏热潮已在内地开始形成。区旅游局抓住这一有利时机，抢抓机遇，趁势开展新一轮冬游西藏宣传促销攻势，大力推介西藏魅力冬季游，计划从 11 月 28 日起至 12 月底推出“2007 年岁末冬季旅游系列推介实施计划”。

11 月 27 日，为进一步加大冬游西藏在日本市场上的宣传力度，由国家旅游局驻东京旅游办事处与国航共同组织的日本多家主要客源城市旅行商赴藏考察团一行 21 人赴林芝、拉萨考察。

【旅游行业管理】旅游市场监督管理。2007 年，西藏自治区旅游局进一步加大了旅游市场的整顿力度，一是狠抓了旅游龙头企业旅行社的建设。一方面在年初对全区47家旅行社进行了业务年检，对经营业绩差、信誉低、服务质量差的3家旅行社，按照国家《旅行社管理条例》行业标准依法吊销了旅行社业务经营许可证；同时经严格审查新批准了12家国内旅行社。二是着力推进旅游行业标准化管理，学习和借鉴全国各地先进做法，积极研究制定《旅行社星级评定与管理办法》，结合我区实际，继续完善《宾馆饭店星级评定与管理办法》，以建立符合我区实际的市场准入和退出机制。三是整顿规范旅游市场秩序。针对“零团费”、“负团费”等欺诈游客、扰乱旅游市场秩序的行为，以及“黑车、黑导、黑社”等问题，进一步加大了联合检查和流动检查力度，协调工商、卫生部门依法关闭了20多家非法经营的旅游门市部；依法取缔了3家非法经营、欺诈经营的旅游购物商场。加强了对旅游企业经营行为的监管，将经营行为、信誉度同旅行社年检、资质评定有机结合起来，实行黄牌警告、红牌清退的管理制度，使我区旅游市场经营秩序得到有效净化。在拉萨市、日喀则市集中开展了打击“强买强卖”专项行动，取得了良好的社会效果。各级旅游部门加大了对旅游者的宣传引导，引导游客理智选择旅行社，谨防低价诱惑。全年共受理各类投诉196起，其中外宾投诉26起，投诉受理和处理率为100%，投诉率下降7%。

旅游安全管理。2007年，西藏自治区旅游局狠抓旅游安全生产，旅游安全总体形势平稳。一是牢记“安全是旅游生命线”的宗旨，进一步加强了各级、各单位安全生产领导小组的力量，做到安全生产工作天天抓、月月抓、年年抓，警钟长鸣，常抓不懈。全面贯彻落实安全责任制，在原先与各旅游企业签定安全责任书的基础上，进一步明确了安全生产第一责任人，实行“总经理负责制”。二是加大了旅游安全生产宣传教育力度。在旅游从业人员安全生产培训方面，全面实行了岗前安全生产培训与集中安全生产知识教育相结合的办法，做到安全生产教育培训不留空白，保证培训效果。进一步加强了对导游人员、驾驶员的道路交通安全教育，每天用手机短信群发方式警示他们注意安全，在举办的导游人员各类培训班上增加安全生产教育的内容，要求导游人员必须监督和提示驾驶员安全驾驶，并进一步加强了对游客的高原旅游安全告知措施。三是加强了与相关部门合作，以过筛的方式对全区旅游营运企业安全生产工作进行了一次全面排查整顿。配合交警、运管部门加强了对从事旅游汽车营运的驾驶员的管理和监督。四是着力打造集安全教育、安全预警、紧急救援和旅游保险“四位一体”的旅游安全保障机制，进一步加快了GPS旅游安全预警体系建设步伐，对每一位旅游汽车司机、运营车辆进行全方位、全过程及时监督。积极主动配合相关部门加强旅游交通安全、消防安全、食品卫生等安全体系建设，建立科学、规范的管理机制，切实提高和改善旅游安全生产能力，努力营造安全、舒适的旅游环境。

旅游保险管理。8月15日，西藏自治区旅游局开始办理旅行社责任保险续保工作，并实行新的旅行社责任保险方案。要求各旅行社必须在8月25日前办理“2007至2008年度旅行社责任保险”。对不投保的旅行社，暂缓通过业务年检，责成其整改。对旅行社未按责任范围投保和不足额投保的，将依照有关规定予以处理。至此，在原有的“客车座位险”和“旅行社责任险”（基本险）两道保险的基础上，又增加了第三道保险，每位游客累积保险金额达到65万元，极大地增强了旅行社的赔付能力。

旅行社管理。3月中旬，为了推进我区旅行社结构优化升级，更好地顺应旅游业快速增长的需要，区旅游局根据旅行社业务年检和业绩考核情况，决定对未按国家旅游局要求参加2006年度业务年检，且经营业绩状况差的西藏腾飞电力旅行社、山南雅砻旅行社、西藏喜雅旅行社三家旅行社取消业务经营资格。此决定对全区各国际、国内旅行社将起到警示和促进作用。

导游员管理。区旅游局培训中心圆满结束2006年秋冬季全区导游培训、资格考试工作。此次参加全区导游资格培训、考试的有282人，通过了资格考试的共计136人，合格率为48%。区旅游局用两个月时间针对已取得本年度西藏地方导游证的导游员举办了两期2007年冬季导游资格考试培训班，共有200余名持西藏地方导游证的导游员报名参加培训考试。在导游管理与培训方面，举办了一系列导游人员培训班，使全区的导游（景点讲解员）人员在2006年1024人的基础上，培训新增了618人，达到1642人。

旅游饭店管理。11月13日—23日，为增强创新能力提高整体素质，区旅游局举办了全区旅游宾馆饭店经理人员培训班。来自全区各宾馆饭店的总经理、部门经理及各类管理人员30余人参加了培训。

【旅游区（点）与基础设施建设】凯悦、瑞吉、喜来登等一批国际饭店集团相继在拉萨投资，进一步提升了我区宾馆（饭店）的质量水平。社会各界投资宾馆建设、景区景点开发、旅游接待服务的热情高涨，旅游业成为我区吸引投资的最重要领域之一。

旅游招商引资。9月3日，2007西藏林芝雅鲁藏布大峡谷文化旅游节暨林芝旅游招商引资推介会在广州白云宾馆成功举办。来自广东省7市的旅游部门领导、37家媒体代表、87家旅行商代表参加了此次推介活动。

5月25日—28日，自治区旅游局和部分旅游企业参加了在四川成都举办的西部博览会旅游交易会，自治区人民政府副主席邓小刚亲临旅游展台予以现场指导，勉励大家做好旅游招商引资工作。

旅游区（点）与基础设施建设。2007年，目前西藏旅游信息平台网站建设工作已基本完成，已成功开通了西藏旅游商务资讯网和政务网，网络的宣传促销、服务游客、发布政策等作用已开始发挥。基本完成《西藏自治区旅游总体规划》和《西藏自治区旅游“十一五”发展规划》的修编工作。抓紧做好《西藏自治区旅游基础设施“十一五”建设规划》，在东西南北四条旅游环线、两大走廊区域，拟安排了9个建设项目，计划投资3.5亿元。

工农业旅游示范点建设及富民惠民工程。共投入旅游发展资金600多万元，在全区新建农村旅游示范点8个，共计达到23个，通过以奖带扶、小额信贷、贷款贴息等方式积极鼓励农牧民群众参与旅游服务，新增农（牧）民旅馆40多家，新增农家乐、牧家乐16家，进一步增强了农牧民参与旅游的积极性。各地市旅游局结合自身实际举办了符合当地实际的景点解说员、农牧民参与旅游等业务培训班，培训人员1500余人。据初步调查，全区各地（市）参与旅游经营农（牧）户有8717多户，有34870多农牧民直接参与旅游服务。乡村旅游收入2.2亿元，人均6383元，同比分别增长43.8%和20%。

【旅游教育培训】西藏自治区旅游局在人才培养上，充分发挥“三级培训”制度的作用，切实加强旅游从业人员培训，努力提高从业人员的政治、业务素质。截止2007年年底，自治区旅游培训中心共计举办了导游培训班、旅游宾馆饭店经理培训班、援藏导游强化培训班等各类旅游教育培训班11期，共计培训各类人员1800人；各地（市）旅游局培训包括农牧民参与旅游6320人次；各旅游企业也充分利用旅游淡季培训一线员工10万余人次；在天津、四川开设了旅游行政人员研讨班、培训班，培训区、地、县旅游管理人员120人次。注重加强了对导游员政治素质的培养，加强西藏区情、安全生产教育，按照把导游员培养成为维护祖国统一的宣传员、反对分裂活动的战斗员的要求，增强了培训的针对性和实效性。同时，举办了全区第二届青年导游技能大赛，在导游中命名表彰了“十佳”青年岗位能手，激励导游加强学习，提高素质修养，争做文明导游。开展了以加强作风建设为主题的旅游行风建设活动。

【领导名录】

党组书记、副局长：　俞允贵

党组副书记、局长：　巴珠

副局长：王松平、扎诺、孙永平、邓珠

区旅游质量监督管理所所长：　廖礼生

拉萨市旅游局书记：　卓玛

拉萨市旅游局局长：　江嘎

气象、地震、电力、石油

自治区气象工作

【基本情况】西藏自治区气象局内设机构8个：办公室、监测网络处、科技减灾处、计划财务处（基建办）、人事教育处（离退休办）、政策法规处、监察审计处（与党组纪检组合署办公）、机关党委办公室（精神文明建设办公室）；直属事业单位10个：区气象台、气候中心、科研所、装备中心、结算中心、人影中心、防雷中心、信息网络中心、后勤服务中心、培训中心和气象学会。

全区气象部门正式职工总数1019人。干部总数961人，工人58人。其中，藏族职工682人，汉族职工315人，其他少数民族职工22人。学历结构：在岗硕士研究生26人，大学本科学历269人，大专学历229人。职称结构：高级职称116人，中级职称388人。

【气候评价】2007年度全区各地年平均气温普遍偏高，部分站点年、月平均气温超历史极值，特别是10月份全区三分之二的台站月平均气温创历史同期极值；全区年平均气温偏高1.2℃，为近37年来仅次于2006年的第2个最暖的年份。全区平均年降水量、日照时数基本正常。年内降水时空分布不均，个别站月降水总量超历史同期极值，其中聂拉木2月份降水总量达146毫米，创同期极值；狮泉河年总降水量为27毫米，仅次于1982年的21.2毫米。年内局部地区出现了不同程度的大风、雪灾、强降水与泥石流、冰雹等灾害性天气，对农牧业生产、交通运输等造成了一定的影响。

气温。全区年平均气温在－1.6～12.6℃之间，与历年同期值比较，各地偏高0.5～1.9℃，其中林芝地区大部、东部三江流域气温偏高0.5～1.0℃，南部边缘地区、沿江一线中部、藏西北偏高1.0～1.9℃。年内部分站点月平均气温创历史同期极值。

降水。全区年降水总量为27～857毫米，与常年同期比较，狮泉河偏少6成，申扎、定日、江孜、隆子、芒康偏多2～4成，其他各地基本正常。年内个别站点月降水量超历史极值。

日照。全区年日照时数在1610～3460小时之间，与常年同期比较，拉萨市大部、山南地区东南部、林芝地区、昌都地区北部偏多69～260小时，阿里地区、日喀则地区西部、那曲地区中西部、昌都地区南部、米林偏少37～213小时，其余各地正常。

四季气候特征：冬季气温偏高，降水空间分布不均；春季大部分地区气温偏高，降水东、西部偏多中部偏少；夏季气温持续偏高，阿里地区降水偏少；秋季气温显著偏高，全区大部降水偏少。

冬季（2006.12～2007.02）平均气温为－11.5～5.6℃，与常年同期相比较，各地气温偏高0.6～2.8℃，其中阿里地区、拉萨、那曲、索县偏高2.0～2.8℃。冬季降水总量为0～181毫米，与常年同期相比，阿里地区大部、日喀则地区西部、昌都地区大部、拉萨、那曲偏少3成以上，山南地区南部、日喀则地区南部、那曲地区西部偏多3成～3倍，其他各地基本正常。日照时数在407～835小时之间，大部地区偏多20～72小时。

春季（2007.03～2007.05）平均气温为－1.1～12.9℃。与历史同期相比较，除左贡正常外，其他各地偏高0.5～2.1℃，其中拉萨偏高达2.1℃。全区降水总量为0～300毫米，与常年同期比较，阿里地区、那曲地区西部、昌都地区东部、日喀则、隆子、贡嘎、米林偏多3成～2倍，那曲地区中部、雅江流域大部正常或偏少2～8成。全区日照时数在399～938小时之间，与历史同期比较，除班戈、浪卡子、帕里偏少20～36小时外，其他地区日照正常或偏多，其中山南地区南部、安多、当雄、拉萨偏多50～139小时。

夏季（2007.06～2007.08）平均气温为7.6～18.8℃，与历史同期比较，南木林偏低0.9℃，林芝地区、昌都地区、尼木、贡嘎正常，其他各地偏高0.5～1.9℃。全区降水量为14～467毫米，与历史同期比较，阿里地区大部偏少6～7成；定日、申扎、安多、尼木、贡嘎、隆子偏多3～6成，其他各地正常。全区日照时数在317～944小时之间，山南地区大部、拉萨、江孜、类乌齐偏多22～82小时；其他各地正常或偏少，其中阿里地区大部、那曲地区大部、日喀则地区西南部偏少30～139小时。

秋季（2007.09～2007.11）平均气温在－1.9～13.4℃之间，与历史同期比较，各地偏高0.5～2.0℃。全区降水量位0～252毫米，与历史同期比较，阿里地区大部、那曲地区中西部、昌都地区大部、拉萨市大部偏少3成以上，普兰、聂拉木、江孜、尼木、加查、察隅偏多2～6成，其他各地正常。全区日照时数在465～845小时之间，与历史同期比较，日喀则地区西南部、山南地区大部、狮泉河、米林、左贡偏少20～116小时，其他各地正常或偏多，其中昌都地区大部、那曲、波密、察隅偏多50～89小时。

大风。2007年1月11日，日喀则地区昂仁县出现大风天气，大风造成74头牲畜死亡，28顶帐篷受损。1月15～16日，西藏拉萨市、山南地区河谷地区出现浮尘天气，致使贡嘎机场飞机无法正常起飞，约2500余人滞留机场。1月1～23日，那曲地区部分地方出现连续性大风天气，致使各县（乡）遭受不同程度灾害，共造成179间房屋屋顶被掀翻，部分房屋玻璃被吹烂，30间暖棚、147顶帐篷被刮烂，78个羊圈的围墙被风吹倒，4人受伤，死亡大小牲畜220头（只），482头（只）牲畜被风吹盲。

雪灾。2007年1～3月，因大风、强降雪等灾害性天气造成阿里地区措勤、改则、革吉、日土、札达和普兰等县牲畜死亡严重，特别是幼畜死亡率高达80%以上，共死亡牲畜1.6万头（只、匹）。

2～3月，因降雪和雪后降温造成那曲地区申扎、尼玛、安多、班戈县和双湖特区牲畜死亡严重，以幼畜死亡率较高，死亡牲畜16万头（只、匹）。

3月12日～14日，阿里地区南部至日喀则地区西南部出现连续性大到暴雪天气。受其影响，318国道部分路段造成封山、交通中断；219国道狮泉河至仲巴段马攸大坂30多辆车子和200多人受阻多日，冻伤、雪盲十多人；普兰至巴嘎段公路受阻2天。

5月12～13日阿里地区改则县出现暴雪。强降雪造成该县改则、古姆、洞措、物玛、察布和玛米等乡（镇）牲畜（主要为幼、弱、残畜）死亡4.86万头（只、匹），受灾比例达5.46%。其中受灾最为严重是古姆乡和麻米乡，两乡死亡牲畜占全县死亡数的72.3%。那曲地区双湖特区出现强降雪天气，造成牲畜死亡达2万头（只、匹）。其中，幼畜死亡8988只，死亡率占全部总牲畜的3.41%。

6月16日，察隅县四道班驻地发生雪崩，3名人员被雪掩埋，1人死亡。

8月7日，定日县扎西宗乡突降大雪，致使211.2公顷农田受灾。

强降水与泥石流。5月15～22日，林芝地区察隅县多次遭受强降水，引发泥石流灾害，造成部分公路路段损坏严重，塌方路段12公里、马帮道路89.6公里。同时冲毁农田110.67公顷、乡村道路7公里、钢架桥1座、便桥5座和水渠近30条，牲畜死亡64头，房屋受损16间，冲毁经济林木1035棵。

5月，昌都地区左贡县旺达镇绕金乡因雨雪天气，造成12公顷耕地颗粒无收，40棵核桃树被积雪压断，一户村民住房倒塌，牲畜死亡150只（头）。连续降雨导致绕金乡部分骡马驿道严重受损，16条水渠和9座水塘受损。因前期连续性降水，加之修路土质松散，9月8日边坝县金岭乡15公里处的公路段发生一起山体崩塌事件，造成该县后勤服务中心1台小车完全被砸毁，车上4人全部遇难。

7月5日，由于连续性强降雨，致使林芝地区工布江达县朱拉乡色章村发生泥石流。受灾人口47人，损坏房屋12间，泥石流冲毁水坝150多米，耕地0.1公顷，乡村公路450米，涵洞2座；朱拉乡四章村于发生小型泥石流地质灾害，15户84名村民受到威胁，7户民房不同程度进水，冲毁耕地0.13公顷。日喀则地区谢通门县仁钦则乡南加岗、萨2村因强降雨，造成112户757人受灾，受灾农田86.7公顷，冲毁水渠0.1公里、防洪提0.12公里、山洪渡槽1座。

7月22～23日，林芝地区米林县羌纳乡隆巴村农田被淹，河堤被冲垮；波密县易贡茶场发生洪涝灾害，冲毁水渠3条共0.26公里，毁坏耕地2.15公顷，农田1.55公顷，冲跨15米木桥1座。

8月11日，波密县玉许乡林穷村因强降水引发泥石流灾害，40户200多人受灾；冲毁水泥桥1座以及林穷村人畜饮水工程蓄水池、沉沙池、取水口及PE管1公里。泥石流堆积物堵塞、改变部分河道，河水上涨淹没县林业发展有限公司林穷加工点的厂房、设备，并冲走部分安居工程木料。

9月上旬，林芝地区因大范围强降水，多处发生泥石流等地质灾害。据初步统计，波密县古乡、玉许乡，墨脱县墨脱镇、扎墨公路，察隅县古拉乡、下察隅镇等乡镇遭受不同程度的损失。因灾造成1人死亡、7人失踪、9人受伤，冲毁水渠4条共0.53公里、农田2公顷，5处公路被中断，松饶吊桥、玉许木桥被冲毁，冲毁农房2户，6户农房受损，死亡牲畜40余头（只、匹），1辆面包车被毁等。

9月5日，拉萨市曲水县曲水镇曲甫村发生冰雹和洪涝灾害耕地受灾面积近3公顷，粮食减产4200公斤，冲毁防洪坝4.05千米、乡村道路1公里。

9月上旬，由于多次出现强降雨天气，致使拉萨河及部分支流水位上涨，7日墨竹工卡县部分乡村发生水灾。该县扎雪乡道路及工卡镇嘎则村农田、民房等受到不同程度的损坏，冲毁扎雪乡公路桥一座，造成过桥公路交通中断；工卡镇嘎则村农田受灾面积31.3公顷，5户民房受损。

6月12日～9月上旬，日喀则地区聂拉木县、谢通门县、定结、江孜、拉孜等地遭受暴雨袭击，共计堤防决口1.47公里，堤防损坏1.8公里，冲毁公路0.5公里，农作物受灾面积846.19公顷，受灾户752户4654人，死亡大小牲畜5871头只。

7月上中旬～9月份，山南地区各县出现不同程度的强降水引发洪涝灾害，致使贡嘎、加查、错那、洛扎、桑日、隆子等地96户民房损坏13间，受灾人口1672人，农田受灾面积达90.64公顷，死亡大小牲畜166只，冲毁水渠21.5公里、河堤2.1公里、乡村公路38.68公里、桥梁5座、水塘4座。

冰雹。7月18日，日喀则地区昂仁县日吾其乡央曲村突降冰雹，引发山洪，造成104.7公顷耕地受灾，重灾46.67公顷，绝收2.27公顷，494人、3830头（只、匹）牲畜受灾，粮食减产约13.5万公斤。

8月5日，山南地区琼结县加麻乡、拉玉乡和琼结镇3个乡（镇）6个村发生冰雹灾害。琼结镇仲堆一村受灾37户146人；农作物受灾总面积70.13公顷，重灾18.8公顷，轻灾51.33公顷。

8月6日，日喀则江孜日星乡、聂拉木锁作乡受冰雹灾害，受灾农田162.4公顷，绝收67公顷。

8月14日，山南地区贡嘎县岗堆镇多丁村一、二组遭受冰雹灾害，农田受灾面积16.47公顷。

9月10～13日，索县亚拉镇、西昌乡和江达乡三乡镇遭遇短时大风（最大风速19米/秒）、雷电和冰雹（冰雹最大直径20毫米），风灾和雹灾使亚拉镇蔬菜大棚被毁、蔬菜被打烂；雹灾使西昌乡12村24户127人受灾，青稞受损面积20公顷；江达乡共5个村89户445人受灾，青稞受损面积66公顷。江达乡11头牦牛遭受雷击死亡。

雷电。5月12日，那曲地区尼玛县阿索乡出现雷雨天气，该乡1名村民遭雷击死亡，22头牲畜遭雷击死亡。

8月8日，山南地区贡嘎县杰德秀镇秀吾村一户村民遭受雷击，房屋损坏。该村1台变压器和49个电表被烧毁。

9月3日，日喀则地区定结县定结乡定结村15名村民在野外遭到雷击，造成2人死亡，7人重伤、3人轻伤。

9月8日，山南加查县城至安绕镇一带发生雷电灾害，部分单位和私人的家用电器或设备被雷击。据不完全统计，因雷击烧坏各类家用电器27台、有线电视分支器20多部。

【贯彻落实国办49号和自治区41号文件精神】《国务院办公厅关于进一步加强气象灾害防御工作的意见》（国办发〔2007〕49号）出台后，迅即进行了广泛宣传，并向自治区党委、政府汇报。8月份，《西藏自治区人民政府关于贯彻国务院办公厅关于进一步加强气象灾害防御工作意见的实施意见》（藏政发〔2007〕65号）下发实施，进一步推动了全区气象防灾减灾工作。根据“国家应对气候变化方案”，自治区气象局积极代政府草拟“西藏自治区应对气候变化方案”，同时加紧草拟“青藏高原气候变化监测评估”项目建议书并初步经过中国气象局组织的专家咨询。11月16日，自治区人民政府组织召开了西藏历史上规模最大、规格最高的气象防灾减灾大会，贯彻落实十七大精神和全国气象防灾减灾大会精神。区政府、发改委、科技、民政、财政、国土、交通、水利、农牧、林业、旅游、民航、气象等24个部门以及各地市分管领导共126人参加了会议，政府副主席多吉泽仁同志作了重要讲话。会议研究了气象灾害监测预报、预警服务、应急管理等重大问题，提高了对气象防灾减灾工作的认识，增强了防御和减轻气象灾害的责任感，明确了气象防灾减灾工作的要求、任务和措施，促进了部门间的协调合作，增强了全社会防御自然灾害的能力。

【业务技术体制改革】明确业务技术体制改革重点。组织工作组分赴7地（市）和绝大多数县气象局进行了业务技术体制改革专题调研，了解业务技术体制改革进程中存在的问题和困难。结合调研情况，针对观测站点稀疏、人才紧缺两大瓶颈问题，继续把“三站四网”建设作为西藏气象业务技术体制改革的重点，把人才培养和人员的集约化作为重要的支撑，狠抓落实。

加强现代气象业务体系建设。在公共气象服务系统和预报预测系统建设上，建立了区地两级预报和区、地、县三级服务的预报服务业务体制；完善了预报预测业务流程和技术规范，加强了区级集约化业务建设；完善了短期预报、精细化预报等业务流程；建立了西藏区级中短期、短时天气轨道业务平台，制作发布了全区分县预报；开展了气候灾害的监测诊断工作，滚动制作发布全区气象干旱监测报告；开展了病虫害气象条件预报、农业干旱评价工作，制作发布了湖泊、植被覆盖、森林火灾等监测产品。在综合气象观测系统建设上，打破行政区划界限，根据预报服务和社会经济发展的需要合理规划台站布局和探测业务布局，制定了适应西藏自然地理和气候特点的台站建设技术路线，完成JICA项目建设，新建了7个无人值守自动气象站，8个GPS/MET水汽通量观测点，1个近地层通量观测点；在珠峰大本营区域建立4个梯度自动站；2部多普勒天气雷达和3部L波段测风雷达投入业务使用；完成了7个观象台和14个一级站的业务切换工作。在信息与技术保障等业务能力建设上，也取得了明显进展，完成了地、县至区局的地面宽带信息网的前期工作，完成了自动站观测信息GPRS辅助传输系统，建立了大气成分观测资料上传业务。规范了天气、气候、生态与农业气象、人影、雷电、大气成分等各轨道业务流程。

【气象服务】坚持服务宗旨，着力提高预报预测准确率。坚持“以人为本、无微不至、无所不在”的服务宗旨，按照“一年四季不放松、每一次过程不放过”的要求，把预报工作与构建小康西藏、平安西藏、和谐西藏紧密结合起来。狠抓灾害性、关键性、转折性天气预报服务，采取上挂、培训、远程教育等多种形式，培养业务骨干，加强科研工作，加大科研成果转化，努力提高天气气候预报预测准确率。准确及时的预报，积极主动的服务，得到了地方各级党委、政府和有关部门的充分肯定。自治区主席向巴平措同志指出：2007年气象预报服务准确到位，政府对气象部门表示感谢。分管气象的次仁副主席也对气象工作给予了高度评价，赞扬中短期气象预报越来越准确。

注重气象灾情信息发布，人影防雷工作成绩突出。共收集发布灾情信息64期，灾情旬报15期，灾情月报12期，为做好气象防灾减灾工作打下了良好的基础。大力开展人工增雨（雪）防雹工作，共实施人影作业2469次，作业保护面积6233平方公里。利用江孜雷达指挥作业46次，江孜人影示范基地建设取得了新的成效。4月，在藏北干旱草原成功实施了人工增雨（雪）试验，开创了在藏北实施人工增雨（雪）抗旱保牧的先河。进一步加大防雷减灾工作力度，积极推进雷电业务建设，积极开展学校防雷安全检查，努力将防雷减灾工作向农牧区延伸。

加强了短时临近预报现代化建设。突出西藏特色，积极推出具有针对性的公众气象服务产品，受到地方政府和社会各界欢迎。制作发布各类公众气象服务信息89期，决策气象服务信息91期，重要气象报告26期。发布暴雪橙色预警信号1次，强降水蓝色预警信号4次，强降水黄色预警信号1次，强降雪橙色预警信号2次，为各级政府部门防灾抗灾提供了有力的决策依据。

丰富气象服务产品，加强专项气象服务。重点加强对奥运火炬珠峰展示演练气象服务保障及旅游、登山、水文、航空等专项气象服务，提供预报24期，服务240多次。为青藏铁路西藏段提供了每日、五天、十天的天气预报、天气实况及天气趋势预报服务。为中央及自治区有关领导提供了拉萨、贡嘎、林芝、那曲等地区的专线预报服务3期，为昌都北部地震灾区提供专题气象服务3期，为高考、中考提供专题气象服务2期，发布环境空气质量信息365期、地质灾害气象等级预报153期、森林火险气象等级预报212期。为春节、藏历新年、“五一”、“十一”、雪顿节及各地区传统节日提供专题服务13期，为春运提供专题服务30期。升级了气象信息手机短信发布平台，96121气象语音平台正式上线服务。充分发挥农牧经济信息网在新农村建设中的重要作用，共采集信息19610条，平均日信息更新量超过600条，有力地推动了农牧经济的健康发展。

改进服务方式，拓展服务领域。紧密围绕防灾减灾和经济社会发展的决策需求，在决策气象服务产品中，除预报预测信息外，增加了监测产品及影响评估和对策建议，受到各级领导高度重视。张庆黎书记要求气象局每天都要给党委领导传送实时的气象信息产品，并且提出“不要气象服务信息的县委书记不是好书记。”与广播电视部门建立了广播电视插播气象灾害预警信号制度，与交通部门建立了交通安全气象信息交换和发布制度，地（县）气象部门在部分重要公共场所建立了气象信息显示屏等，增强了气象预警信息发布的时效性和覆盖率，全区气象服务受众覆盖率达到85%左右。拓展和强化了空气含氧量、紫外线强度、泥石流滑坡潜势、森林草原火险等级预报服务产品及干旱、积雪、植被、湖泊水位、酸雨等监测评估服务产品，建立和完善了交通、旅游、登山、航空等专业气象服务业务。突出了西藏特色，提高了气象服务的针对性和可用性。

【气象业务与现代化建设】启动了《西藏气象综合观测一体化建设工程》，完成了《西藏自治区生态环境遥感监测与服务系统可行性研究报告》、《西藏自治区防雷减灾管理服务系统可行性研究报告》、《西藏自治区农牧业气候区划与开发利用可行性研究报告》、《珠峰自然保护区生态环境监测及登山旅游气象服务系统建设可行性研究报告》。2007年，从中央和地方两个渠道落实的资金都有大幅增长，中央预算投资增长了2700多万，涨幅为23%；区财政预算投资（不含地县局）超过1000万，增幅达53%以上，保证了业务的稳定运行和各项建设任务的顺利完成。

【科研教育】继续深入贯彻全国气象科技大会精神。继续加强区内外、国内外科研合作。与国际山地中心和挪威贝尔根大学建立了科研合作关系，并派出科技人员出国开展合作研究。与西北区域气象部门联合开展了“西藏雪灾及积雪动态遥感监测业务系统”和“西藏树木年轮温度历史序列研究”两个科研项目；与西南区域气象部门联合开展了“西南地区山体滑坡泥石流预警预报业务系统”研究工作。与中科院青高所、兰州大学、南京信息工程大学、成都信息工程学院及中国气象科学研究院等区内外科研机构，建立了长期的合作机制，开展了多项科研合作，推进了研究型业务的发展。

突出高原特色，加强科研开发和科研成果转化应用。自治区气象局每年筹集50万元建立局设科研项目；全区气象部门共申报国家自然基金项目2个，国际合作项目1个，省部级课题9个，地厅级科研项目21个。《西藏农牧区植被遥感监测及其对气候变化的响应》等科研项目进展顺利，完成了西南多轨道项目论证并通过成都区域中心验收。在核心刊物上发表论文22篇，其中《基于NDVI的西藏高原拉萨地区植被覆盖季节变化与气候要素的关系研究》被SCI收录。由杜军主持编写的《西藏农业气候资源区划》、由除多主持编写的《山地土地利用、土地覆盖变化研究》2本专著出版发行。

【人才强局】采取多种渠道，培养高层次人才。以培养部门优秀人才、引进急需领军人才、建设科技创新团队为重点，积极实施“812”人才工程。建立了学科带头人和青年优秀科技人才两个培养梯队，通过主持专项科研和业务项目压担子，着力培养以正研级高级工程师和博士为主体的，在国内有影响的西藏气象学科带头人以及各类管理、业务技术骨干。与西藏大学、兰州大学、成都信息工程学院合作开展“3+1”人才培养计划，与中科院青藏高原研究所合作启动就地培养研究生方案，优化气象队伍学历、知识、专业和民族结构。

加强交流培训，提高队伍整体素质。加强干部职工的在职教育，积极组织参加区内外、国内外的各渠道、各领域的培训。选派了2名科技管理干部分别到国家局和上海局挂职锻炼，1人到中央台学习，2人到气科院学习，10人到成都高原所考察学习；2人到国际山地中心开展合作研究，2人到贝尔根大学学习，8人到国际山地中心和尼泊尔气象局进行了考察，6人到德国进行了培训学习。交流培养力度进一步加大，全年培训干部职工800多人次，

多种措施并举，气象队伍结构和整体素质不断改善。通过工程手段推进拔尖人才培养，通过加强培训提高全员整体素质，通过加大交流培养管理干部，通过“3+1”改善队伍结构。截至2007年底，全区在岗研究生32人（其中博士2人），在读研究生17人（其中博士1人）；有高级职称人员116人（其中正研级3人），中级职称人员393人；有大专以上学历职工572人。

【科技发展与产业】年内增加了对科技服务的投入，加强了对科技服务与产业的规范管理，下发了“西藏自治区气象局实施《气象科技服务管理暂行办法》细则”，保持了气象科技服务健康稳定发展，总收入比上年增长了15%。其中专业气象服务、防雷工程和防雷检测收入达777.1万元，占总收入的50%。截止2007年12月31日，全区共有12家公司取得防雷工程专业设计或施工资质，有8家单位取得了施放气球资质。科技含量较高的项目发展迅速；同时收到西藏旅游业的快速发展，房地产开发、宾馆招待所项目的收入也有所增加；地（市）局创收能力不断提高，已经成为我区气象科技服务创收的主要力量。

【气象法制建设】加强与自治区人大、政府及有关部门的联系，建立健全西藏气象法规体系，拓展和强化了西藏气象部门的政府管理职能。《西藏自治区气象灾害防御办法》通过自治区人民政府常务会议审议，于2007年4月1日下发实施；“西藏自治区人民政府关于贯彻国务院办公厅关于进一步加强气象灾害防御工作意见的实施意见”，于8月31日下发实施；《西藏自治区人工影响天气管理办法》，12月通过自治区人民政府常委会议审议，将于2007年3月1日正式实施。

认真履行气象社会管理职能。与自治区保密局联合执法，对中科院的藏东南立体气候观测站进行了实地检查。与教育、安监、公安等部门联合执法，对全区大、中、小学的防雷状况进行了专项检查。对全区气象台站观测环境进行了普查，对部分台站观测环境保护问题进行了执法检查。对日喀则、山南、林芝三地区的油库进行了防雷检查。各行业涉外气象台站都建立了资料汇交制度。加强气象法制宣传，利用3.23气象日、12·4法制宣传日、科普一条街等活动，广泛宣传气象法律法规。通过广播电台用藏汉两种语言进行宣传，使更多人了解气象法规、遵守气象法规、维护气象法规。

【领导名录】
党组书记：刘光轩
党组副书记、局长：宋善允
副局长、党组成员：尼玛丹增、旦增顿珠、赵一平（兼党组纪检组长）

自治区地震工作

【地震监测预报工作】2007年，西藏地震台网共监测到在西藏地区及其邻区共发生大于1.0级以上地震1058次，其中：1.0~1.9级地震475次，2.0~2.9级地震466次，3.0~3.9级地震92次，4.0~4.9级地震22次，5.0级以上地震3次（青藏交界处1次）。

2006年年底，自治区地震局召开了年度地震趋势会商会，完成了《2007年度西藏地区地震趋势研究报告》，全年我区共发生5级以上地震2次，这些地震发生后，自治区地震局都积极组织分析预报人员，通过对历史地震和震后地震序列的研究，及时进行会商，提出趋势判断意见。并根据前兆异常变化情况，在震情紧张期间，制定该期间的震情工作制度和具体落实措施，加强地震预测预报工作。2007年5月5日阿里日土、改则交界处6.1级地震和5月7日昌都妥坝5.6级地震发生后，都及时进行会商，提出趋势判断，每天收集报送灾情信息，为各级人民政府进行抢险救灾决策提供了科学准确的依据。

按照《西藏自治区地震局地震灾情速报实施细则》的要求，组织业务人员认真学习、履行职责，确保在区内发生较大地震后能及时准确收集震情、灾情，并快速报送。进一步检查和完善监测中心及台站震情值班人员岗位责任制，加强节假日震情值班，实行局领导亲自带班制度。

【地震应急救援】2007年，我区共发生5级以上地震2次，这些地震的发生给当地人民群众的生产、生活和经济社会的发展带来了不同程度的影响，造成了一定的经济损失。地震发生后，以“震情简报”的形式向自治区党委、政府做了及时的汇报，并立即组织精干高效的地震现场考察队，克服道路险峻、装备落后、天气寒冷等诸多困难，赶往地震灾区进行抗震救灾、地震灾害评估和震后趋势判断等相关工作，全年共出动地震现场考察队3次。由于工作开展及时，受到了当地人民群众和自治区党委、政府领导的充分肯定。

西藏自治区地震灾害紧急救援总队的成立是西藏防震减灾事业发展史上的一件大事，经过多年的努力，2007年8月11日，西藏自治区地震灾害紧急救援总队在拉萨正式挂牌成立。自治区党委副书记、自治区人民政府主席向巴平措，自治区党委常委、常务副主席白玛赤林，副主席尼玛次仁，中国地震局副局长赵和平等领导出席了成立大会。西藏自治区成为全国第24个拥有专业地震灾害紧急救援队伍的省（市、区）。

【地震灾害防御】1.为加强我区工程建设场地地震安全性评价工作和抗震设防要求的管理，防御和减轻地震对工程建设的破坏，根据《中华人民共和国防震减灾法》、《地震安全性评价管理条例》、《西藏自治区实施<中华人民共和国防震减灾法>办法》、《西藏自治区建设工程场地安全性评价管理办法》等有关规定，对青藏铁路拉日支线、贡嘎机场专用公路等工程进行了地震安全性评价工作，加强了抗震设防管理力度。

2.为进一步贯彻落实全区农牧民安居工程建设现场会议精神，检查各地（市）农牧民安居工程实施情况，根据自治区的安排，2007年1月，自治区地震局派人参加了对拉萨、山南、林芝、日喀则等地的农牧民安居工程检查工作。9月，又参加了对农牧民安居工程及配套设施建设落实情况进行的中期检查。

3.防震减灾法律法规体系建设是推进防震减灾“3+1体系”建设的重要保障。根据西藏自治区2008年年度立法要求，结合我区防震减灾工作实际和我区“十一五”期间重大工程项目建设规划，为加强我区水库诱发地震监督预报和重大工程建设的抗震设防管理，自治区地震局向自治区人民政府法制办申报了《西藏自治区水库地震监测管理办法》和《西藏自治区建设工程抗震设防条例》的立法方案。

4.为迎接全国地震科技大会的召

公安部授予西藏“布达拉宫模范消防大队”荣誉称号

自治区党委常委、自治区常务副主席白玛赤林向西藏消防总队副总队长兼参谋长曲登洛松授西藏自治区地震灾害紧急救援总队队旗

西藏自治区地震灾害紧急救援总队成立

西藏消防战士抢救被洪水围困的儿童

自治区党委书记张庆黎在自治区文联第四次文代会开幕式上作重要讲话

自治区党委副书记、自治区人大主任列确等自治区领导参观自治区文联举办的“庆祝党的十七大美术书法展”

自治区文联举办澳门、辽宁、西藏三地摄影展

在2007年8月第四届文代会上新当选的自治区文联主席团成员

自治区领导公保扎西、宫蒲光等考察自治区人防指挥所

自治区人防办领导与工作人员现场办公

自治区人防办领导与兄弟省人防办协商援藏事宜

成功协办西藏自治区人民政府驻内地办事处主任联席会议

成功协办驻京中央重要骨干企业援藏工作座谈会

西藏驻北京办事处深入开展强化服务意识、提升服务水平、深化文明创建活动

西藏驻北京办事处2007年度获省部级表彰

自治区国资委、经济委主任李震在西藏自治区经济委员会挂牌仪式上作重要讲话

西藏自治区经济委员会正式挂牌成立

自治区国资委、经济委主任李震春节藏历年期间看望慰问委属企业困难职工

自治区国资委、经济委主任李震在高争二线施工现场视察工作

西藏自治区国税局党组书记、局长袁庆杰在基层税务机关视察工作

税收宣传月中，阿里地区的中小学生与税务干部们一同上街宣传

税务人员正在森工企业进行检查

全区各地办税服务厅不断优化纳税服务。图为纳税人正在林芝地区国税局办税服务厅使用银行POS机缴税

西藏税务学会成立，自治区领导到会祝贺

西藏税务部门的电视电话会议系统做到了与全国同步

自治区党委书记张庆黎视察农行西藏分行

自治区副主席宫蒲光亲临农行西藏分行业务产品宣传活动现场

中国农业银行总行项俊波行长莅临农行西藏分行调研

农行西藏分行在产品推介会上与客户签订借款合同

中国人保财险公司西藏分公司总经理孙国新陪同中国人保财险总公司总裁王银成在人保财险那曲分公司考察指导工作

中国人保财险公司西藏分公司总经理孙国新陪同中国人保财险总公司总裁王银成在人保财险山南分公司考察指导工作

西藏自治区人民政府与中国人保财险总公司赴藏工作组座谈

王银成总裁在西藏自治区分公司考察指导工作

西藏自治区分公司向华新水泥(西藏)股份有限公司赔款4005000元

自治区党委书记张庆黎视察建行西藏分行 (摄影:刘国宝)

中国建设银行总行辛树森副行长深入建行西藏分行基层网点调研 (摄影:刘国宝)

情系西藏—中国建设银行与中国建投奖(助)学基金启动仪式 (摄影:刘国宝)

建行西藏分行行长颜克忠 (摄影:刘国宝)

建行西藏分行新行员岗前培训汇报表演 (摄影:刘国宝)

建行西藏分行2007年度工作会议 (摄影:刘国宝)

情系西藏—中国建设银行与中国建投奖（助）学基金启动仪式 (摄影:刘国宝)

自治区党委书记张庆黎莅临中国银行西藏分行视察工作并同客户亲切交谈

自治区副主席白玛才旺视察中国银行西藏分行年终决算工作

中国银行西藏分行与拉萨海关签定“网上支付”协议

春节、藏历年期间中国银行西藏分行领导到一线网点慰问职工

中国银行西藏分行举行代售2008年奥运门票新闻发布会

中国银行西藏分行扶贫工作小组整装待发

自治区质量技术监督管理局党委书记、局长李迎春陪同自治区常务副主席郝鹏和副主席甲热·洛桑丹增视察奶制品生产企业指导质量安全工作

自治区质量技术监督管理局党委书记、局长李迎春带队检查超市食品安全

自治区质量技术监督管理局征求服务对象意见和建议专题座谈会

全区质量技术监督工作会议

2007年度全区食品药品监督管理工作暨党风廉政建设工作会议在拉萨召开。图为自治区副主席德吉与各地市签订工作责任书
(摄影:雷有军)

自治区“安全用药 关注民生”启动仪式在拉萨举行 (摄影:雷有军)

国家药品检测车西藏自治区授车仪式在拉萨举行 (摄影:雷有军)

自治区食品药品检验所挂牌 (摄影:雷有军)

农业部牛盾副部长在拉萨市视察　　(摄影:林大德)

全区农村沼气建设启动仪式　(摄影:林木)

小麦高产田　(摄影:林大德)

全区农牧工作会议 (摄影:林大德)

新农村建设 (摄影:林大德)

自治区牧业发展形势良好 (摄影:林大德)

自治区林业局领导与有关部门领导考察青藏铁路沿线生态环境建设情况

羌塘国家级自然保护区的藏羚羊群

自治区林业局防沙治沙造林

雅鲁藏布江大峡谷国家级自然保护区

自治区交通厅厅长赵世军陪同自治区党委书记张庆黎视察新藏公路建设工地，看望参加建设的农牧民群众　　(供图：刘春辉)

自治区主席向巴平措看望道班、运管职工

自治区交通厅厅长赵世军陪同自治区副主席杨海滨在中尼公路现场调研

自治区交通厅厅长赵世军深入山南俗坡下至三安曲林路考察　(供图：刘春辉)

2007年7月7日，铁道部党组书记、部长刘志军、自治区党委书记张庆黎等陪同曾培炎副总理视察拉萨站

2007年7月7日曾培炎副总理视察拉萨站，与站长王新文亲切握手

2007年8月5日自治区党委书记张庆黎、拉萨站站长王新文陪同全国人大副委员长热地，全国人大副委员长、秘书长盛华仁视察拉萨站

2007年4月27日自治区党委书记张庆黎慰问拉萨站，并与那曲站站长通话

2007年7月18日铁道部副部长胡亚东慰问车站职工

2007年7月24日，全国人大财经委主任、原铁道部部长傅志寰到达拉萨，视察拉萨站、拉萨西站

2007年6月29日，原铁道部副部长孙永福在拉萨站检查工作

2007年6月5日，“毛泽东号”机车组在拉萨做先进事迹报告会

《西藏交通征稽》发行仪式

全区征稽工作会议

自治区征稽执法人员上路执法

自治区征稽人员进行军事训练

2007年12月27日，自治区党委书记张庆黎在自治区副主席杨海滨等有关领导的陪同下，亲临拉萨贡嘎机场检查指导工作

东方航空林芝机场RNP验证飞行成功

自治区召开耕地目标管理责任座谈会，并和各地市签订目标管理责任书

国土资源部部长、党组书记、国家土地总督察徐绍史在林芝检查基本农田保护情况

国土资源部部长、党组书记、国家土地总督察徐绍史在检查驱龙成矿带地质勘查工作情况。冈底斯成矿带已成为我国继玉龙成矿带之后的第二条铜金属资源储量超过千万吨的铜成矿带。

自治区国土资源厅党组书记王保生在山南检查耕地开垦整理项目实施情况

国家电网公司党组书记、总经理刘振亚与自治区党委书记张庆黎共同为西藏电力有限公司成立揭牌　(供图：陈宁华)

国家电网公司党组书记、总经理刘振亚和自治区主席向巴平措在拉萨签署《关于共同推进西藏电力建设发展会谈纪要》和《关于共同推进西藏自治区农村"户户通电"工程建设会谈纪要》　(供图：陈宁华)

"十一五"西藏电力发展重点建设项目林芝巴河老虎嘴水电站开工建设，总装机容量10.2万千瓦。　(供图：陈宁华)

总装机容量为10万千瓦的西藏拉萨河直孔水电站建成发电，有效缓解了藏中电网电力供应紧张的局面　(供图：陈宁华)

自治区地勘局多吉局长为全局干部职工做“十七”大辅导报告

自治区地勘局2007年工作会议

自治区地勘局李清波书记、多吉局长在研究地勘工作

多不扎矿区

自治区地勘局专家在多不扎矿区考察

自治区地勘局多吉局长参加“十七”大并当选为中央候补委员

自治区地勘局表彰奖励2007年度先进单位

自治区地勘局地质技术人员到野外检查矿区工作

钻探岩芯

自治区领导吴英杰等视察自治区科技厅能源研究示范中心

自治区科技厅陈永强副厅长在林周县调研

自治区科技厅、科协组织的科普宣传活动

科技含量较高的藏药生产车间

自治区卫生厅党组书记、副厅长张志全在全区卫生工作会议上讲话

卫生工作会议代表合影

改扩建后的西藏自治区人民医院医技楼

新建成的西藏自治区藏医院研究院

自治区人口计生委主任普布卓玛陪同自治区党委常委、党委宣传部部长崔玉英，区政协党组副书记德吉措姆视察自治区人口计生委优生优育宣传点

全区人口和计划生育工作座谈会

2007年全区人口和计划生育工作会议

中宣部、国家人口计生委情系新西藏温暖千万家“三下乡”活动启动仪式

西藏药业威光厂

成都诺迪康生物制药有限公司

现代化生产车间

产品检验

流浪乞讨人员救助管理工作联席会议顺利召开

签订流浪乞讨人员管理救助责任书

西藏自治区庆祝中国人民解放军建军80周年暨双拥模范城（县）命名表彰大会

全区社会救助体系建设现场会

开，广泛深入地宣传“十五”数字地震观测网络项目的先进事迹，在中国地震局震害防御司的组织下，中央电视台派出记者对自治区地震局“十五”项目进行了现场专访，并在央视一、四套及新闻频道上播出。同时，我区的区、地、县三级多家新闻媒体克服路况差、自然环境恶劣等诸多困难，与自治区地震局项目建设人员一道深入阿里、那曲、墨脱等地，对项目建设情况进行报道。一年来，各级新闻机构共派出记者14人次，采访行程近万公里，各级电视台编播我区防震减灾工作情况达60分钟。本年度自治区地震局用于宣传的经费达到11.5万元，通过这些宣传，使各级政府和社会各界对我区防震减灾工作有了新的了解，也更加关注西藏防震减灾事业的发展。

此外，自治区地震局还利用12·4法制宣传日、地震现场考察等时机走上街头、走进学校和深入农牧区开展了形式多样的地震科普知识宣传工作。

【地震科技合作与交流】根据中国地震局有关科技合作项目的要求，自治区地震局与美国雷舍利尔工学院签定了“西藏西部岩石圈结构和地球动力学宽频地震数据的收集和处理”合作项目。此项目于2007年6月完成了野外仪器安装和调试工作，12月，项目组成员又克服重重困难，进行了巡台，确保该项目的顺利实施。

自治区地震局还承担了交通部课题“西藏扎墨公路新改建工程地震活动与主要断裂的关系”，课题组成员冒着生命危险，两次走进墨脱，完成了仪器的安装和调试工作，通过卫星传输得到了从“高原孤岛”传回的第一手资料。

此外，马尼翁和嘉黎断裂活动性研究也已在中水集团立项。

【测震、前兆等分项仪器安装】仪器安装是2007年自治区地震局“十五”项目的主要任务之一，并且涉及的仪器种类繁多，既有国产的，也有进口的，为做好这些仪器安装的工作，在安装之前，自治区地震局技术人员就积极与厂家联系，了解各种测震仪器的技术参数和性能，详细询问仪器安装前需要做的准备，并根据西藏特殊的气候和道路状况，制定周密的单台仪器安装方案，确保各台站仪器安装工作的顺利实施。同时还注重技术人员的培训，确定了“专家培训为先，以自治区地震局技术人员为主”的仪器安装思路。先是在专家的指导下，自治区地震局技术人员参与在拉萨的仪器测试和培训，而到台站的安装工作则由自治区地震局人员独立完成，这样不仅节约了台站安装费用，保证了专家的身体健康，更重要的是使自治区地震局的技术人员在实践中迅速成长起来，成为少数几个能独立完成仪器安装工作的单位之一。

【狮泉河地震台和那曲台阵顺利建设完成】在“十五”中国数字地震观测网络项目西藏部分建设中有两个单项工程是重点也是亮点——狮泉河地震台和那曲台阵。狮泉河地震台位于被称为“世界屋脊的屋脊”的阿里高原上，地处中国、印度、巴基斯坦三国交界处，地理位置十分重要，对填补藏西北地震监测空白区，完善我国地震台网布局有着重要的意义，它的建成也结束了阿里地区无地震监测台站的历史。那曲台阵位于气候恶劣的羌塘盆地，是世界上海拔最高的地震台阵，也是我国目前第一个投入实际观测的台阵，它的建成对青藏铁路沿线的地震监测将发挥重要的作用。

【“十五”信息系统技术集成】信息系统技术集成，是“十五”项目建设完成后，整个系统能否正常运转的关键。2007年年初，自治区地震局集中全局主要技术力量，成立了“十五”项目信息系统集成技术小组，通过聘请顾问，邀请专家指导等方式，在没有“九五”系统，一片空白的基础上，自己摸索、尝试，凭着自己的智慧和汗水把技术系统建了起来，目前已进入了试运行和验收阶段。

【应急基础数据库建设】自治区地震局应急基础数据库建设起步晚，建设任务重，但自治区地震局组织人员赶时间、抢进度，在不到3个月的时间里便基本建成，并在中国地震局组织的评审中，取得了较好的成绩，令兄弟省局和专家们刮目相看。

【活断层研究与地震危险性评价分项】“十五”数字地震观测网络项目之“活断层探测与地震危险性评价”项目是填补我区该领域空白的重大课题，这个项目于2004年正式进入初勘，于2004年5月至9月完成了地球化学勘探工作和地质踏勘工作，并完成了浅层物探、大地电磁、地质调查工作及其他室内工作，在2007年完成了探槽的开挖工作，数据库的建库也即将完成，正在准备接受中国地震局的验收。

【部分制约我区地震监测台站建设的技术难题得到突破】由于受特殊的地理环境制约，西藏现有的通信和供电条件与内地兄弟省区相比还有较大的差距，很多地方无法覆盖，因此通讯和供电成为制约我区地震监测台站建设的难题之一。

1.2007年年初，在前期调研的基础上，与中国卫通甘肃省分公司联系，在拉萨进行了卫星传输系统的测试。经过测试，卫星通讯满足数据传输等要求，结果理想。通过了评审，并批复同意拉萨遥测台网使用卫星传输。从而解决了制约我区地震监测台站建设通讯困难的难题。随后，察隅、日喀则、普兰、改则等台也采用了卫星信道传输方式。卫星传输也成为自治区地震局“十五”测震项目建设中的一个亮点。

2.为解决拉萨遥测台网和普兰、改则无人值守台站的供电问题，先后与河北、云南、陕西等地的十余家太阳能生产企业进行联系、调研，制定了上述台站太阳能供电解决方案。5~6月份，在拉萨实地开展了太阳能供电系统测试。安装到各台站后，太阳能供电设备工作正常，确保了仪器的正常运转。

目前，西藏“十五”数字地震观测网络项目已基本建设完成，各分项正在陆续接受中国地震局的测试和验收。它包括1个现代化的数字信息系统、1个现代化的地震应急处理中心、3个业务数据处理中心、8个有人值守台、2个无人值守台（普兰、改则）、1个区域遥测台网（拉萨遥测台网，含6个子台）、1个地震台阵（那曲，含9个子台）。通过“十五”项目的建设，我区的地震监测能力得到极大的提升，除藏西北、藏东部分地区外，已经基本具备监控 4.5 级地震的能力，拉萨及周边地区能达到3.0级。

【积极协调开展地震系统援藏工作】2007年年初，在自治区地震局的争取下，中国地震局下发了《关于大力支持西藏自治区开展防震减灾工作的通知》，号召全国地震系统从人、财、物等方面大力支持西藏防震减灾事业的发展。目前已有辽宁、四川、甘肃、江苏等省地震局及中国地震局地震预测研究所共向自治区地震局派出援藏干部 6 人。他们先进的思想观念、管理理念和快节奏、高效率的工作作风也使干部职工深受影响、深受鼓舞。

【积极推进组建地（市）地震工作机构，依法开展地（市）防震减灾工作】2006年 6 月，西藏自治区机构编制委员会下发了《关于组建地（市）地震局的通知》（藏机编发〔2006〕13 号）文件，决定成立七地（市）地震局。2007年，昌都、那曲地区地震局相继正式挂牌成立，阿里地区地震局也已下文批准成立，都已开始依法履行防震减灾工作职能。其余地（市）地震局正在筹建之中。

自治区电力工业工作

【基本情况】2007 年，自治区电力公司在职职工总数4385人，其中：藏族和其他少数民族职工2456人，占职工总人数的56%；管理人员778人，生产一线人员3486 人，分别占职工总数的 17.74%和79.5%。具有专业技术职务的426人，占职工总数的9.7%。大学本科以上学历277人，大学专科998人，中专（高中）755人，初中及以下学历2040人，分别占职工总数的6.3%、22.76%、17.2%和46.5%。

2007 年在公司系统内开展了劳动用工、劳动合同执行情况的摸底登记工作。同时基本完成人力资源管理信息化的基本框架、数据资料收集工作，干部管理信息库初步建成。

2007 年，公司接收区内外高校毕业生57名，其中：硕士研究生2名；本科生 29 名；大专生 26 名；政策性安置复退军人 2 名；完成各类职工教育培训项目 55 个（含国家电网帮扶项目 6 个），参培人员2469人次；积极推进技能鉴定工作，共完成公司系统30个工种、累计459人的职业技能鉴定，264人技能鉴定合格，取得国家职业资格证书；对职业技能鉴定考评员、质量督导员、管理人员进行了培训，参培人员均考试合格，获得相应资格证书。

公司进一步推进“四好”领导班子建设，领导班子的执行力、经营管理能力、市场应变能力、开拓创新能力、风险防范能力和驾驭复杂局面的能力得到了锻炼和加强，增强了领导集体的政治意识、大局意识、责任意识和科学决策、民主决策、依法决策的经营管理理念。

在干部队伍建设方面，完成拉萨火电厂、水电勘测设计院、那曲电力公司领导班子的调整和配备工作。根据公司发展需求，共提拔、交流中层领导干部16 人。在系统内召开民主推荐干部大会13 次，共推荐年轻干部和后备干部 336人/次。

【年度情况与特点】2007 年末，全区全口径电力装机容量 60.8 万 kW，较 2006年增加 5 万 kW。其中水电装机 56.2 万kW，火电装机 1.16 万 kW，地热装机 2.4万kW，其它装机 1.04 万 kW。发电量 19.05亿 kWh，用电人口 193 万人，约占总人口的 69%，全区各县府所在地基本有电，乡（镇）、行政村通电率分别为 99.3%和47.86%。全区人均装机容量 215W，人均年用电量 680kWh。

西藏有 4 个独立的地市级以上主电网，即：藏中电网（覆盖拉萨、山南、日喀则和那曲）、昌都电网、林芝电网和阿里电网。主电网以外的县级及以下的小水电和太阳能光伏电站分别由自治区水利部门和自治区科委负责规划与建设，建成后移交当地管理，均是一县一站一网。

藏中电网和昌都电网最高电压等级为 110kV，林芝电网和阿里电网最高电压等级为 35kV。全区地市以上电网共有110kV 变电站 17 座，变电容量 58.25 万kVA；110kV 输电线路总长 1797km；35kV变电站52座，变电容量38.4万kVA；35kV输电线路总长 1546km。

2007 年，西藏除昌都电网供需暂时平衡外，其他地区均不同程度存在缺电问题，藏中电网和林芝电网电力供需矛盾在冬春季尤为突出。入冬以来，藏中电网最大用电负荷为30.5万kW，最大日用电量近500万kW/h，分别比2006年同期增长3—5万kW和100万kW/h。林芝电网电力缺口0.4万kW，日电量缺口0.4万 kW/h。阿里狮泉河电网电量缺口约为0.02万kW/h。随着我区经济社会的快速发展以及对电力需求的迅猛增长，地市电网发电量“十五”期间年均增长近20%，进入“十一五”期间年均增长15%。缺电已成为严重制约西藏经济社会发展的突出“瓶颈”。

【电力企业概况】2007年7月25日，由国家电网公司控股，西藏自治区人民政府参股的西藏电力有限公司（以下简称：公司）成立。公司是国家电网公司和西藏自治区人民政府为加快西藏电力工业建设，促进西藏自治区经济社会发展，根据国家发改委《关于组建西藏电力有限公司有关问题的批复》，在原西藏电力公司基础上共同组建的。西藏电力工业局仍与公司实行“一套机构、两块牌子”的管理模式。公司统一规划、统一建设、统一管理地市电网及其主电网覆盖下的农村电网，经营相关的发输配电业务；按照国家统一规划，合理有序开发西藏电力资源，投资或参与投资建设相关电源项目，促进国家规划电源基地的开发和前期工作的开发；制定并组织实施公司的发展规划和重大生产经营决策；受自治区政府委托，编制西藏自治区电力工业发展规划，开展电力建设项目前期工作和其他工作。

公司经营管理藏中、林芝、昌都和狮泉河四个地市电网。公司注册资本 30亿元人民币。员工人数4385人。

公司经营管理的地市级电网总装机容量43.6万kW，较2006年增加5万kW，其中水电40万kW，占91.74%；火电1.16万kW，占2.66%；地热2.4万kW，占5.57%。供电营业范围为主电网覆盖下的 7 个地市所在地和32个县政府所在地以及部分乡和行政村。公司直属电网完成发电量14.85亿kW/h，完成年计划的101.23%，同比增长12.829%；完成售电量12.42亿kW/h，完成年计划的100.07%，同比增长

12.78%。公司年末劳动生产率为 14.36 万元/人.年，比上年提高 21.49%。

2007 年，公司围绕建设“一强三优”现代公司目标和管理体制与国家电网公司接轨目标，深入推进“两个转变”，继续对所属基层单位负责人实施目标责任考核制，基本建立起了“责任层层传递、考核层层落实”的管理体系，健全了工作机制，强化了对业绩考核指标执行情况的过程监控，实行了月度、季度分析报告制度。同时以业绩考核为契机，开展了全员绩效管理工作。圆满完成了国家电网公司下达的目标责任考核指标和公司的各项考核指标。

2007 年度，公司本部机构设置没有变动。公司下辖基层单位 26 个，较 2006 年多 4 个单位（其原因：一是 2007 年 1 月 1 日那曲电力公司正式纳入公司管理；二是新设西藏电力有限公司林芝巴河老虎嘴水电站工程建设指挥部；三是 2006 年未统计 2 个事业单位。此外，部分基层单位的名称有变更）。其中分公司 14 个，即：西藏电力有限公司拉萨电业局、西藏电力调度通信局、西藏电力有限公司羊八井地热电厂、西藏电力有限公司沃卡电厂、西藏电力有限公司纳金电厂、西藏电力有限公司平措电厂、西藏电力有限公司拉萨西郊电厂、西藏电力有限公司拉萨火电厂、西藏电力有限公司山南公司、西藏电力有限公司日喀则公司、西藏电力有限公司日喀则发电公司、西藏电力有限公司那曲公司（那曲地区电力工业于 2007 年 1 月 1 日正式移交西藏电力有限公司管理）、西藏电力有限公司羊湖电厂、西藏电力有限公司直孔电厂。子公司 6 个，即：西藏电力物资公司、西藏电力建设总公司、西藏昌都电力公司、西藏林芝电力公司、阿里地区电力公司、西藏羊八井地热开发公司。派出临时机构 4 个，即：西藏电力公司直孔水电站工程建设指挥部、西藏电力公司狮泉河水电站工程建设指挥部、西藏电力公司林芝巴河雪卡水电站工程建设指挥部、西藏电力有限公司林芝巴河老虎嘴水电站工程建设指挥部。代管事业单位 2 个，即：西藏自治区水利电力勘测设计院、西藏自治区电力试验研究所。

【电力建设与发展】2007 年 7 月 25 日，国家电网公司党组书记、总经理刘振亚与西藏自治区党委书记张庆黎、自治区主席向巴平措在拉萨就共同推进“十一五”期间西藏电力建设发展、“户户通电”工程建设、发展特高压推动西藏电力外送，以及加快西藏电力有限公司发展等问题交换了意见并达成了共识。刘振亚总经理和向巴平措主席分别代表国家电网公司和西藏自治区人民政府签署《关于共同推进西藏电力建设发展会谈纪要》和《关于共同推进西藏自治区农村“户户通电”工程建设会谈纪要》。

1. 电力项目规划前期工作

根据两个《会谈纪要》精神，公司配合国家电网公司开展了西藏电力中长期发展规划优化调整，优化调整报告已通过国家电网公司组织的审查。

电源建设项目前期工作情况：以满足区内电力发展需要的雅江中游、扎曲、象泉河、澜沧江上游（西藏境内）河段、尼洋河巴河口以下河段水电规划工作取得了重要的阶段性成果。藏木水电站可研报告编制完成，项目建议书已报国家发改委；羊湖抽水蓄能电站二厂预可研和建设必要性论证专题报告编制完成；果多水电站预可研工作正在推进；积极推进金沙江、澜沧江、怒江“三江”水电规划和开发项目前期工作以及藏东南水电基地规划研究工作。

电网建设项目前期工作情况：国家电网公司安排的青藏直流联网工程已完成可研报告审查。老虎嘴电站送出及林芝至拉萨 220kV 联网工程完成初步设计。中部电网 110kV 及 35kV 电网加强与延伸工程可研报告通过审查。七地市城网建设与改造工程完成规划修编。拉萨经济开发区输变电工程完成可研设计审查。

2. 工程建设、投产情况

全年完成重点电力建设投资 10.82 亿元。其中续建项目有：阿里狮泉河水电站、直孔水电站、雪卡水电站、昌都—玉龙 110kV 输电线路、城南变电站及三期农网工程。续建项目中建成投产的有直孔水电站；狮泉河水电站；昌都至玉龙 110kV 输电线路工程。三期农网建设与改造工程基本完成。新开工项目有：林芝老虎嘴水电站工程、藏中电网应急电源建设工程和雪卡水电站送出工程等，新开工项目的建设进度、工程质量、施工安全和工程管理均在受控状态。

在基本建设中，共吸纳农牧民工 35.85 万人次参与工程建设，及时足额支付农牧民工工资共计 1479.55 万元。

【经营管理】2007 年，公司围绕建设“一强三优”现代公司目标，按照“集团化运作、集约化发展、精益化管理、标准化建设”的要求，积极推动与国家电网公司各项工作接轨。公司系统在生产经营、安全生产、规划前期工作、基本建设、人力资源、财务预算、电网调度、电力营销等专业管理工作的接轨已经迈出了实质性步伐，大量的业务工作已经按照国家电网公司的要求开始运作并取得了初步成果。

逐步完善综合计划在编制、审批、执行、控制、调整、考核及监督过程中的管理，有效保证了公司综合计划各项指标的圆满完成。加强了预算管理，特别是强化了成本管理，开展了清产核资工作，提高了资产质量，加强了国有资产管理，资金管理水平和资金运作效率进一步提高，加快了与国家电网公司财务管理接轨的步伐；深入开展增供扩销和内部挖潜，加大电费回收力度，2007 年公司应收用户电费余额同比降低 70.43%。计划与统计工作与国家电网公司要求逐步接轨。公司圆满完成 2007 年度各项财务指标。

2007 年公司在管理水平上取得了比较明显的进步和提高。编制完成了《西藏电力公司输变电工程验收启动管理规定》、《西藏电力公司设备缺陷管理规定》、《西藏电力公司技术监督工作管理规定》等制度，为指导和规范西藏电网安全生产工作实现了良好的开端。启动了“同业对标创一流”工作。

【安全生产】2007 年度，公司认真贯彻落实国家电网公司和自治区安全生产工作部署，加强安全生产管理制度建设，落实各级安全生产责任。认真开展安全生产大检查和安全隐患排查治理，积极开展“百问百查”活动，狠抓电网“三道防线”建设与管理。认真落实国家电网公司安全生产管理帮扶工作组提出的整改意见和措施，狠抓骨干电厂、主输电通道和枢纽变电站的安全管理。定期开展“六复核”工作，对电网继电保护和安全自动装置改造与升级。加强电网稳定分析与控制，完善事故应急预案，加强督促检查，严肃事故责任追究。全年未发生重大电网事故、大面积停电事故、人身死亡事故和重大交通、火灾事故，实现了年度安全生产目标，安全工作和安全形势创历史最好水平。

【营销工作】2007 年，公司积极开拓用电市场，做好用电新增服务，各级电网调度部门科学安排发电出力、调整运行方式，最大限度多发多供，千方百计提高用电负荷率，稳定发展电力市场。营销管理基础工作开始起步，首次开展了营业普查专项工作。截至年底完成销售电量 12.42 亿 kW/h，完成国家电网公司下达责任目标的 103.5%；全年业扩新增容量 11.98 万 kVA，同比增长 14.7%。

电费回收工作实行了“过程跟踪、定期通报、点名分析、重点控制”的电费管理模式，电费回收一改过去次年才能结零的局面，电费回收率创公司系统历史最好成绩。截止 12 月 31 日，公司系统当年电费回收率 98.20%，较国家电网公司下达指标降低 46%，圆满完成应收电费余额指标。山南、林芝和日喀则等地区率先在系统内实现年底前陈欠电费和当年电费双结零。

面对 2007 年冬季严重的缺电形势，自治区党委、政府相继召开了“全区迎峰度冬供电工作电视电话会议”和“全区节能会议”，国家电网公司专门派出工作组赴藏检查指导迎峰度冬供电工作。基本实现了预期供电目标，保证了电力有序供应。

【科技与信息化】2007 年度，公司以适用、成熟新技术和先进设备推广应用为主，以科研为辅，不断推进科技进步工作，逐渐提高公司技术水平和科研水平。完成西藏电网防雷技术研究和操作票应用软件项目。其中由国家电网公司资助的西藏电网防雷技术研究项目已经通过了国家电网公司科技部组织的专家组验收。截止到年底，西藏电网雷电定位监测系统运行良好。通过该项目的实施，公司首次完成了国家电网公司下达的科技项目，为实现与国家电网公司在科技项目管理上的接轨积累了一定经验。

西藏高海拔地区电气设备绝缘运行状况分析与研究、西藏高海拔地区合成绝缘子运行特性分析与研究、藏中电网覆盖区域污秽等级研究等项目，正在进行课题研究。

2007 年是西藏电力有限公司信息化工作快速发展的一年。根据国家电网公司“SG186”工程的总体规划和部署，从规范信息化建设入手，结合公司信息化现状，主要从一体化平台建设、八大业务应用、六大保障体系建设等方面开展工作。由国家电网公司信息办牵头，国电信息中心和其他网省公司等单位成立专家组，西藏电力有限公司配合，编制完成了《西藏电力公司“十一五”信息化发展规划》，并通过了国家电网公司初步评审。规划对网络建设、应用系统、安全防护、发展远景等方面都做了详细设计。建立起了与国家电网公司公文传输的电子渠道。

【体制改革】2007 年 3 月，国家电网公司和西藏自治区人民政府在北京签署了《共同组建西藏电力有限公司的协议》，西藏电力体制改革取得了历史性的重大突破。7 月，刘振亚总经理率团进藏，与自治区举行西藏电力发展会谈，与自治区主席向巴平措签署了《关于共同推进西藏电力建设发展会谈纪要》和《关于共同推进西藏自治区农村“户户通电”工程建设会谈纪要》。自治区党委书记张庆黎和国家电网公司总经理刘振亚为西藏电力有限公司成立揭牌，掀开了西藏电力和西藏电力有限公司发展的新篇章。

2007 年 1 月 1 日，那曲地区电力工业正式移交公司管理。

【帮扶（援藏）工作】2007 年，国家电网公司组织了生产、调度和安全监督三个专家组赴藏对西藏公司安全生产管理开展诊断分析和人才帮扶，完成了“一厂一站一线”示范点标准化建设，制定了安全生产整改计划，完善了管理制度，促进了公司系统安全生产管理理念的转变，推动了安全生产管理工作。国调中心组织了对西藏电力调度通信部门的专业帮扶。在国网公司信息工作部、信息中心和有关网省公司的支持、帮助下，开展了加快西藏公司信息化建设的各项工作。

国家电网公司党组将在“十一五”期间为支持西藏公司技术改造，提高安全装备水平，完善生产经营手段，改善工作生活条件落实一定帮扶资金。2007 年度已完成帮扶资金项目计划，正待批复。

截至 2007 年底，技术改造项目完成的有：藏中电网 110kV 输电线路综合整治前期工作，为 2008 年线路实施改造打下了基础；顺利实施了 110kV 主网架保护双重化改造；推进了“十五”援藏项目纳金电站机电设备改造工程，纳金技改工程于 2007 年 4 月开工，单机出力由 1250 千瓦增容到 1300 千瓦，年底实现了两台机组投运发电的目标。

2007 年，公司按照国家电网公司人才帮扶计划，完成了由各网省公司选派的 41 名管理和专业技术业务骨干进藏的有关接待和安置工作；完成公司级班子成员 4 人/次、所属单位（机关部门）班子成员 45 人/次和 10 名青年专业技术和管理骨干到内地电力企业实践锻炼。

【优质服务】针对冬季电力供应紧张的情况，公司大力倡导“五个不能”（缺电不能缺服务、缺电不能缺责任、缺电不能缺感情、缺电不能缺形象、缺电不能丢宗旨）。公司及所属企业围绕“五个不能”开展了走访用户活动，深入重要用户、大用户、城市居民，听取电力客户批评建议，帮助客户解决困难和问题；及时召开用户座谈会，通报供电情况；安排专业人员上门检查指导用户科学用电、节约用电，努力缓解供需矛盾。年度内圆满完成了党的十七大期间和自治区一系列重大活动的安全、稳定电力供应保障任务。

2007 年，在国家电网公司开展的“百问百查”活动和中央企业优质服务年活动中，拉萨、林芝、山南客户服务中心获得国家电网公司 2007 年度优质服务先进班组的表彰，日喀则电力公司的扎旺同志获得国家国资委 2007 年度优质服务先进个人的表彰，黄楷等 4 位同志获得国家电网公司 2007 年度优质服务先进个人的表彰。

【领导名录】
党组书记、董事长：王庆华
党组副书记、总经理：刘晓明
党组副书记、纪检组长：加央群培
党组成员、副总经理：李华、高应云、张韧
党组成员、工会主席：索朗江村
巡视员：扎西央宗、陈新民

中国石油天然气股份有限公司西藏销售分公司

【基本情况】中国石油天然气股份有限公司西藏销售分公司隶属中国石油天然气股份有限公司，主要从事成品油及石油液化气的批发、零售、代销、运输、储存等业务，并指导、协调、监督、检查所属各单位工作。公司下辖 8 个地区公司（拉萨、日喀则、山南、昌都、那曲、阿里、林芝、格尔木）、2 个专业经销公司（液化气经销公司、润滑油经销公司）1 个采调处（成都）和 1 个直属油库（七二五油库）。拥有成品油储存库 12 座、液化气储存库 1 座、加油站 107 座，总库容量 14.6 万立方米；现有员工 1924 人，其中合同化用工 1116 人，市场化用工 808 人，藏族和其他少数民族 904 人，汉族 1020 人；大中专以上学历的人员 410 人；销售网点遍布全区，拓展区外，西起新疆叶城、东至四川眉山、南起西藏亚东、北至青海格尔木，石油供给线横跨西藏、青海、四川、新疆四省区，地域面积 200 多万平方公里。

【年度特点】2007 年，中国石油天然气股份有限公司西藏销售分公司积极贯彻党和国家及西藏自治区人民政府、中国石油天然气集团公司的方针、政策和部署，始终如一的发扬“特别能吃苦、特别能战斗、特别能团结、特别能忍耐、特别能奉献”的“老西藏”精神，坚持以邓小平理论为指导，身体力行地践性“三个代表”重要思想，大力弘扬“爱国、创业、求实、奉献”的中国石油企业精神，解放思想、实事求是、与时俱进、开拓创新，坚持科学发展观，坚持从严治企，发挥能源供应主渠道作用。并奉行“奉献能源、创造和谐”的企业理念。充分发挥自己的优势，加快建设和完善销售网络，将西藏公司建设成为经济实力雄厚、市场竞争能力、技术创新能力和高风险作业能力更强的成品油销售企业。公司近年来有条不紊的建立和推行 HSE 管理和内部控制管理体系，无论是基础设施，还是管理水平都有大幅度的提高。现已成为西藏自治区内一家实力雄厚、管理规范、信誉良好的大型成品油流通企业，为西藏的经济发展、国防巩固、社会稳定以及人民生活水平的提高作出了极为重要的贡献。历年来多次被评为“安全生产先进企业”、“西藏自治区利税大户”、“西藏自治区民族团结先进单位”、“全国双拥优秀单位”、连续多年被西藏自治区评为“AAA 企业”等荣誉称号。

【经营指标】2007 年购进各类成品油销售 37.3 万吨，完成年度计划的 124.3%，同比增加 4.1 万吨，增幅 12.4%。2007 年销售成品油 39 万吨，完成年度计划的 130%，同比增加 4.8 万吨，增幅 14%。零售成品油 29.7 万吨，完成年度计划的 136.2%。占销售总量的 76.2%，同比增长 4.8 万吨，增幅 19.1%。2007 年新建、改扩建加油站 14 座，改造油库 3 座，完成年度计划 17 座的 100%。2007 年油库、加油站未发生任何等级事故，死亡责任事故为零，1 万元以上环境污染事故为零，油品质量监督抽查符合国家规定的标准要求。

【市场营销】克服市场竞争激烈、油库站改造、运力比较紧张等诸多因素影响，严格落实工作责任制，加大资源衔接力度，及时变更配置计划，2007 年累计进货 37.3 万吨，为实现区内市场稳定供应提供了充足的货源保障。加强货源组织调运，加大协调沟通力度，合理分配运输力量，突出抓好七二五油库和那曲油库改造期间油品调运，2007 年实现管输油品 11.2 万吨，公路调运 42.7 万吨，二、三次输转油品 32.8 万吨，各责任市场资源得到了稳定供应，2007 年未发生一起脱销断档事件。建立完善市场分析例会制度，注重营销策略的研究运用，健全市场分级开发体系，加大市场与客户的开发力度，2007 年销售代表直销总量达到 4.8 万吨，拉萨公司等单位成功组织召开大客户座谈会，公司市场开发能力得到进一步提升。坚持“效益优先、零售优先”原则，特别是在全国资源持续紧张的环境下，努力优化资源的有效配置，积极引导资源向高效市场和终端零售流动，西藏区内高效市场实现油品销售 17.3 万吨，大大提高了公司的销售质量。首次开展的西藏全区液化气市场综合调研，为公司正确制定液化气业务发展决策提供了科学翔实的依据。通过主动开发市场、改进考核模式，2007 年实现润滑油销售 1058.3 吨，同比增幅 23.3%。严格执行西藏自治区政府成品油零售价格政策，及时调整完善与市场相适应的批发价格机制，有针对性地开展加油站“点对点”竞争，拉萨公司和平加油站年销量达到 10220 吨，成为继格尔木公司南山口加油站之后公司又一座万吨级加油站，进一步扩大了公司的市场占有份额。

【加油站管理】强化加油站稽查检查，2007 年集中组织开展了对 79 座加油站的稽查活动，针对现场管理、客户服务、账表填制等存在的共性问题提出整改建议 7 条。各地区公司细化加油站管理规范，强化员工技能培训，严格执行岗位职责，积极落实稽查整改意见，有针对性的强化加油站二级稽查，日喀则公司对所属加油站，2007 年共计开展 15 次“拉网式”检查，加油站促销零售油品 49846.7 吨，稽查促管理、出效益的作用得到了切实发挥，有力地促进了加油站综合管理水平。加强加油站综合服务，积极推广“加油十三步曲”、“收银六步曲”，逐步推行便利店、洗车、送报、送水等延伸服务，通过发放“爱国节油”手册和奥运手机挂饰的方式，有针对性开展 93#高标号汽油促销活动，顺利实施奥运试登珠峰火炬接力供油，不断健全加油站零售客户档案，特别是山南公司巾帼加油站从服务细节入手，大力开展“巾帼文明岗”创建活动，加油站规范化服务水平迈上了新台阶。持续开展加油站“达标创星”活动，2007 年评出达标站 9 座、星级站 13 座，达标站、星级站 2007 年累计实现零售量 9.8 万吨，为公司整体效益的增长起到了重要的支撑作用。2007 年加油站单站日销量达到 6.52 吨，同比增幅 13.9%。

【网络建设】加强投资建设组织领导，积极理顺投资管理机制，有效挖掘内部管理资源，合理分配各部门工作职能，强化专业技术人员的配备，统一管理、专业主导、多方参与、协调有序的投资管理格局为顺利开展基本建设工作提供了强有力的保证。重点加强终端网络建设，坚持新建和收购并举的方式，在高效市场新增日喀则公司星月、拉萨达孜、山南兴旺、山南贡布路 4 座加油站，拉萨火车站铁路接卸库 6.7 公顷土地拿到了政府批准文件，与市场相匹配的营销网络进一步健全。加大基础设施改造力度，以提高库站安全性能和改善一线生产生活条件为重点，改造油库 3 座，加油站 14 座，形象包装加油站 48 座，修建职工住房 12 套，拉萨离退休活动中心动工建设，成都培训中心项目具备施工条件，使基层的生产生活环境持续得到改善。加强项目全过程管理，不断规范基本建设程序，及时派人深入 15 座加油站开展地形测量，广泛组织相关职能部门、地区公司，共同参与 24 个项目设计方案预审和 14 座库站图纸会审，严格按照程序组织开展设计、监理、施工等单位招投标，2007 年深入 24 个施工现场实施有效监督检查，妥善处理了以往年度项目遗留问题 6 个，组织人员及时对 4 座油库、14 座加油站开展竣工验收，公司工程建设质量有了明显的提高。

【企业管理】积极贯彻实施新会计准则，成功实现新旧会计准则转换，顺利完成财务 7.0 软件建账，强化会计信息反映职能，为公司加强经营管理提供了有力支持。加强全面预算管理，密切跟踪预算执行动态，着手制定加油站费用定额标准，严格各项成本费用控制，2007 年实现吨油费用 1035.5 元，同比减幅 2.9%，较预算下幅 5%。不断深化资金集中管理，加油站银行上门收款服务率同比提高了 14.62 个百分点，加油站 POS 机刷卡在拉萨、格尔木公司得到积极推广，现金管理平台的推广实现了货款较快回笼，进一步降低了资金占用成本。及时理顺实物资产管理职能，强化固定资产监督与管理责任，严格资产购置、调剂和转资程序，2007 年集中清查固定资产 5235 项，处置报废资产 468 项，加快盘活变质润滑油等闲置资产，资产集中管理和日常管理相结合的管理体系逐步形成，必将对资产保值增值、提高使用效能提供有力的机制保障。按照“谁赊销、谁清欠”的原则，强化清欠工作责任制，2007 年累计清收欠款 213 万元，清理以往年度坏账 330 万元，切实维护了公司的合法利益。强化财务基础工作，2007 年组织开展资金安全、税收专项等三次财务专项检查，查出各类问题 531 项，提出合理化整改意见 261 条，有效规避企业所得税纳税风险 2027 万元，进一步规范了财务基础管理工作。

大力推行项目审计模式，积极开展一级审计工作，2007 年实施审计项目 7 项，及时提出审计建议 58 条，全部被公司管理层采纳。充分利用外部审计，积极发挥内审作用，加强工程送审程序及资料的合规性审查，开展预算审计项目 26 项，总送审额为 5446 万元，审减额为 990.5 万元，审减率为 18.2%；开展工程结决算审计 86 项，总送审额为 3898 万元，审减额为 622 万元，审减率达到 15.9%。2007 年完成效能监察项目 3 项，提出监察建议 23 条，充分发挥了促进管理和提升效益的作用。积极推进内控管理体系，不断优化内部控制流程，认真整改测试出来的例外事项，例外事项整改落实率为 95%，企业风险管理工作得到加强。突出规章制度建设，2007 年共清理各类规章制度 466 项，新增规章制度 68 项，现拥有各类规章制度 370 项，基本涵盖了企业经营管理的各个方面、各个环节，为公司规范化运作提供了科学的制度保证。加强公司法律事务管理，认真制定公司五·五普法方案，集中组织学习《劳动合同法》，依法办理保龄球馆等历史遗留问题，认真推行供应商（服务商）市场准入制度，2007 年办理各类准入供应商（服务商）31 家，严格实行合同三项审查模式，共办理授权委托事项 40 项，审查签订各类合同 208 份，公司合同法律风险防范系数大大增强。信息化建设有序推进，视频会议系统顺利运行使用，人力资源管理系统成功导入数据，财务网上报销系统正式启动，公司门户网站逐步建设为综合信息平台，电子公文系统成为提高办公效率的便利工具，这些都极大提高了公司现代化管理水平。

【安全管理】加强事故案例和安全法规的学习教育，积极开展“安全生产月”宣传活动，岗位员工的安全意识和安全技能不断提高。层层签订《安全生产合同书》、《安全生产承诺书》，继续推行领导干部定点联系油库站制度，细化分解各级管理人员和岗位人员安全环保责任，安全生产责任制得到了较好落实。加强重要设施和重点部位的安全检查，2007 年安全检查 174 库站次，查出安全隐患 70 项，整改落实 52 项，处罚人员 40 人次，有效遏制了“三违”行为。积极推进 QHSE 体系，继续开展危险源和环境因素识别，泽当油库、太和油库初步完成了 197 项规程的编制，油库站现场受控管理能力得到增强。加强库站应急体系建设，有针对性地开展应急预案演练 24 次，林芝公司在 4·19 火灾危及油库安全的紧急情况下，及时启动油库应急预案，全力确保了油库安全无事故。加强油品数质量管理，统一为油库配置 3 台辛烷值检测仪和 52 套化验仪器，历时两个月集中开展全区存货盘点，为搞好库存商品管理提供了可靠的第一手资料。加强重点领域的安全管理，及时与施工方签订 HSE 安全合同，强化施工现场安全监督检查，确保了工程施工现场特别是七二五油库动火焊接期间安全生产无事故。认真开展社会治安综合治理工作，严格重大节假日期间领导带班与员工值班制度，强化车辆管理和司助人员教育，公司全年重大安全生产事故为零、重大环境污染事故为零、重大交通事故为零。

环境保护、地矿勘查

自治区环境保护工作

【年度特点】2007 年，自治区环境保护工作以科学发展观为统领，紧紧围绕推动科学发展、促进社会和谐这一主题，立足于构建西藏高原国家生态安全屏障，全面推进生态环境保护与建设、污染防治和辐射环境管理工作，严格环境执法监管，各项工作取得重大进展。

【生态环境保护与建设整体推进】西藏高原国家生态安全屏障建设取得重大进展。年初，自治区环境保护局牵头对《西藏高原国家生态安全屏障保护与建设规划》（以下简称《规划》）进行修改完善，形成了《规划》（送审稿）。2 月 12 日，自治区人民政府向国家发展改革委上报了《关于审定西藏高原国家生态安全屏障保护与建设规划（2006—2030 年）的函》。7~9 月，根据国家发展改革委办公厅复函要求，自治区人民政府先后两次召开协调领导小组会议研究，提出了《规划》修改完善的总体思路和具体方案。自治区环保局、发展改革委等协调领导小组成员单位积极与国家各部委进行沟通，认真对《规划》进行修改完善，形成了《规划》（报审稿），于 9 月 6 日上报国家发改委，国家发改委已委托中咨公司对《规划》进行评估。目前，相关部门正在进行评估论证前的准备工作。

规范化建设自然保护区。为解决全区自然保护区面积过大、功能区划不合理等问题，自治区人民政府办公厅于 8 月 10 日召开专题会议，研究当前我区自然保护区建设和管理的有关事宜，并决定开展自然保护区调研。指导拉鲁湿地自然保护区管理站、珠穆朗玛峰自然保护区管理局完成了《拉鲁湿地国家级自然保护区示范建设规划（2007—2011 年）》和《珠穆朗玛峰国家级自然保护区示范建设规划（2007—2011 年）》。针对雅鲁藏布大峡谷国家级自然保护区管理中存在的问题，组织相关人员开展了调研，并向自治区人民政府上报了《关于雅鲁藏布大峡谷管理工作中亟待解决的问题的报告》。

全面开展土壤污染状况调查工作。按照国家环保总局《关于开展全国土壤污染状况调查的通知》要求，制定了《西藏自治区土壤污染状况调查实施方案》，举办了两期土壤污染状况调查培训班，完成了 7 地（市）73 个县（市、区）861 个点位的野外样品采集，共采集样品 2627 个，获得水质监测数据 368 个，有机样品分析数据 17000 多个，此项工作走在了全国前列。

受自治区财政厅委托，自治区环境保护局承担了西藏生态补偿研究任务，邀请相关领域专家参与，制定了《西藏生态补偿研究工作方案》，于 9 月 21 日在自治区财政厅召开了“西藏生态补偿研究座谈会”。10 月 11 日，邀请全国人大环资委等 9 个单位的专家，在北京召开了“西藏生态补偿研究”专家咨询会。根据咨询会提出的意见和西藏生态补偿研究工作方案，完成了包括森林、草地、水资源、自然保护区、矿产资源等 5 个领域生态补偿方案的研究总报告初稿。

【污染防治进展顺利】不断推进污染物总量减排工作。根据西藏自治区人民政府与国家环境保护总局签订的《主要污染物总量削减目标责任书》，自治区环境保护局完成了主要污染企业和全区七地市主要污染物总量核算与分解，确定了全区 30 家重点监控企业。2007 年 6 月 6 日，自治区人民政府召开会议与七地（市）签订了“十一五”主要污染物总量控制目标责任书，并积极落实主要污染物总量减排项目。争取中央环保专项资金，帮助自治区生药厂、自治区藏药厂及其日喀则分厂、拉萨啤酒厂开展了污染治理和清洁生产工作，并督促昌都雪花啤酒厂、西藏芝芝药业有限公司等企业自筹资金开展了污染治理。全区共征收排污费 570 多万元。

启动第一次污染源普查工作。在国家的统一安排下，我区成立了区、地、县三级污染源普查领导小组及办公室，从环保、统计、工商、农牧等部门抽调专人组成工作办公室，组织区、地两级普查指导员参加国家组织的污染源普查师资培训，制定了《西藏自治区第一次污染源普查实施方案》，开展了污染源普查员及普查指导员的招聘工作，上报了污染源清查数。

开展全区重点区域环境综合整治。会同自治区建设厅、交通厅、旅游局向各地（市）下发了《关于开展全区重点区域垃圾清理整治工作的紧急通知》，以青藏铁路沿线为重点，全面开展了重要城镇、交通道路沿线和重点旅游景区（点）的垃圾污染整治工作，取得了明显效果。山南泽当镇城镇生活垃圾采取托管经营模式，在我区城镇垃圾处理市场化运营方面迈出了第一步。

开展了饮用水水源地环境保护规划和地下水污染现状调查工作，并已完成《西藏自治区饮用水水源地环境保护规划》和《西藏自治区地下水污染现状调查报告》。开展了持久性有机污染物的调查。完成了跨国界水体环境调查工作的资料收集和整理等工作。

【辐射环境管理进一步强化】对拉萨市人民医院 I 类放射源安全退役事宜提出具体要求并监督落实。对拉萨远大建材有限责任公司等 6 家涉源单位进行了现场监测，并对密封源运行状况进行了辐射环境影响评估。

电磁辐射设备（设施）申报登记工作进展顺利。印发了《西藏自治区电磁辐射设备（设施）申报登记工作方案》，成立了区、地电磁辐射设备（设施）申报登记工作领导小组，完成了全区广电、电力和通信行业电磁辐射设备（设施）申报登记工作，基本摸清了全区电磁辐射设备底数，为今后加强电磁辐射环境管理奠定了基础。

辐射安全许可工作稳步推进。为自治区质量技术监督局质检所等 9 家使用放射源和射线装置单位核发了《辐射安全许可证》，并将有关情况向相关部门进行了通报。此外，完成了自治区辐射监测实验室及配套废物贮存间建设项目的前期工作。

【环境保护统一监管能力不断提高】全面加强资源开发的环境保护。制定了《〈矿产资源勘查环境保护工作方案〉编制规范（暂行）》，全面加强了矿产资源勘查环境保护工作。2007 年，共审批《矿产资源勘查环境保护工作方案》近 700 个。会同自治区国土资源厅、水利厅、发展改革委、建设厅下发了《关于进一步加强采砂（石）管理的紧急通知》，全面禁止以采砂（石）名义进行选铁或采选其他重砂矿的现象。联合自治区国土资源、安全生产监管等部门，7 次对拉萨市和日喀则、山南、那曲地区矿产资源采选企业进行了联合检查，关停了达孜县帮果岗铅矿普查项目。此外，加强了旅游景区和旅游开发的环境监管。

持之以恒地保护好青藏铁路沿线的生态环境。2007 年 5 月，配合国家环保总局完成了青藏铁路环境保护专项验收。制定了《青藏铁路运营期间环境质量现状监测方案》，开展了青藏铁路环境现状监测和锅炉废气监测，共布设 43 个监测点位，取得 92 个监测数据，编制监测报告 3 份。会同自治区建设厅、交通厅等部门加强了青藏铁路沿线环境综合整治，协调自治区发展改革委、建设厅确定了青藏铁路沿线主要城镇生活垃圾填埋场建设项目。

全面加强建设项目环境管理。认真执行建设项目环境影响评价制度，严格环境准入。2007 年自治区环保局共审批建设项目环境影响评价报告书 51 份、报告表 22 份、登记表 27 份。认真落实“三同时”制度，跟踪调查了 250 个自治区环境保护局已经审批环评的建设项目“三同时”制度落实情况，对自治区环保局逐年审批的 123 个项目下发了建设项目竣工环境保护验收通知，对西藏曲水大桥至浪卡子县公路改建工程等 11 个建设项目进行了环境保护专项验收。在米朗公路和雪卡电站工程建设中继续开展了环境监理工作，有效地保护了项目区的生态环境。

大力推进规划环境影响评价工作。代拟了《西藏自治区人民政府关于加强规划环境影响评价工作的通知》并经自治区人民政府专题会议讨论通过。成立了自治区规划环境影响评价工作领导小组。完成了《西藏自治区拉萨河流域综合规划环境影响报告书》和《西藏自治区年楚河流域综合规划环境影响报告书》、《西藏自治区扎曲（西藏段）水电规划环境影响报告书》的审查。

深入开展环保专项行动。以集中整治饮用水源环境安全为重点，全面组织开展了城镇集中式饮用水源地环境保护、重点监控企业污染治理、重点建设项目环境监察、农产品生产基地及食品加工企业环境监测与监察、矿产资源开发环境保护等环保专项行动，共出动人员 1600 余人次，执法车辆 400 余台次，共检查企业或项目 669 家（个），其中，检查城镇集中式饮用水水源地 86 处，已划定、建成保护区的水源地 69 处，占应建保护区的 80%，完成了年初预定目标。检查农产品生产基地和食品加工企业 134 家，污染企业 81 家，重点工程建设项目 77 个，矿产资源勘查和开采项目 281 个。查处环境违法企业 151 家，其中，关闭、取缔企业 30 家，停产整改、治理 26 家，限期整改 23 家；限期搬迁 9 家，限期补办环保手续 42 家，挂牌督办 63 件（含百日督办环境问题 50 件），处罚 8 家，共处罚金 25 万余元。首次在全区范围内组织开展了跨地区的环保专项行动交叉督查工作，督查工作覆盖了全区 6 个地市 44 个县，占全区 74 县（市、区）的 59%，查处了一批热点、难点环境问题，促进了地市环保专项行动的深入开展，得到了自治区人民政府主要领导同志的高度重视和充分肯定。针对督查中反映出的问题，下发了《关于开展全区环保专项行动“百日”督办工作的通知》，突出督办 50 件重点环境问题，着力整改落实。此项工作目前正在有条不紊地进行。

配合自治区人大开展了以“保护水环境，确保饮水安全，促进人与自然和谐”为主题的 2007 年中华环保世纪行—西藏行活动，对日喀则、山南、林芝、拉萨三地一市 16 个县进行了执法检查，有力地促进了科学发展和社会和谐。

认真开展环境信访工作。全区共接到来信来访举报的环境问题 279 起，受理 279 起，办结 270 起，处理率达到 97%。依法查处了昌都贡觉县、芒康县，拉萨达孜县，那曲县等 5 起因环境问题引发的群体性事件。依法关闭了日喀则南木林、仁布县 12 家砂铁采选企业，相关部门受到责任追究，维护了环境安全和社会稳定。

【环境监测、科研与宣传教育不断深化】在环境监测方面，认真开展水、气、声环境常规监测和集中式饮用水水源地水质监测、酸雨监测、辐射环境质量监测、绿色食品生产基地环境质量监测、重点污染源监测、委托性监测工作。对珠穆朗玛峰、纳木错、羊卓雍湖等典型区域和青藏铁路、直孔电站等重点项目区的环境现状进行了调查监测。截止目前，取得拉萨市环境空气质量监测数据 4015 个，拉萨市功能区和城市区域环境噪声监测数据 2544 个，水环境质量监测数据 1038 个，编制各类监测报告 170 多份，全年取得各类常规监测数据共计 7597 个。布设了 43 个污染源监测点位，取得监测数据 2225 个，编制报告 43 份。启动了辐射环境国控点监测工作。定期上报西藏陆地辐射和土壤监测数据，填补了西藏辐射环境定期监测的空白。与此同时，完成了拉萨市 8 个站点的辐射常规监测和山南雅砻水泥厂等企业的辐射污染源监测。组织申报了《青藏铁路沿线环境质量监测与评估技术研究项目》和《西藏高原国家生态屏障保护和建设关键技术研究与示范项目》。

在环境宣传教育方面，一是开展了纪念“6·5”世界环境日宣传活动。举行了 2006 年西藏自治区环境状况新闻发布会，发布了 2006 年西藏自治区环境状况公报。自治区副主席宫蒲光同志发表了纪念“6·5”世界环境日电视讲话并参加了拉萨市环保志愿服务队的启动仪式和上街宣传活动，西藏日报等新闻媒体刊登了 20 余篇环保文章。二是积极开展环保外事活动。在自治区外宣办和外事办的安排下，接待了欧洲议会、西方主要媒体访藏团等 16 批国外来访团。

【环境保护能力建设得到加强】一是加强干部的业务培训。选派人员到山南和那曲地区对基层领导和环保人员进行环保业务培训，自治区环境监测中心站对全区七地市环境监测站 13 名学员进行了为期两个月的环境监测技术培训，选派 13 人次参加了国家和自治区组织的业务学习班，使全区环保干部职工的业务能力进一步提高。二是为拉萨市和山南、林芝、昌都地区 4 个环境监测站配备了环境监测仪器和车辆，为堆龙德庆等 24 个县环保局配备了环境执法监察取证设备，为琼结等 15 个县环保局配备了环境执法监察车辆及取证设备。三是积极协调相关部门，落实各类环境保护专项资金 5718.5 万元，协调对口援助省市为各地市环保局落实援藏资金 1120 万元，加大了环保投入。四是完成了全区环保系统能力建设情况调查，核查了我区环境监察机构标准化建设基础数据，并上报国家环保总局。五是编制了《西藏自治区"十一五"环境监测站专项实施规划》，完成了日喀则、山南、林芝、昌都 4 地区环境监测站建设项目前期工作，启动了自治区危险废物处置中心和 6 地区医疗废物处置设施建设项目前期工作。此外，对局系统国有资产和经营性资产进行了清查，摸清了家底。

【环境信息】2006 年共编发《西藏自治区环境保护信息》20 期 160 条。

【环境保护机构与队伍】截止 2006 年底，全区共有各级环保机构 99 个，专兼职环保人员 400 余人。

自治区地质矿产勘查开发工作

【年度情况与特点】2007 年，自治区地勘系统在区党委、政府的坚强领导下，紧紧围绕自治区经济发展战略和地勘局 2007 年工作部署，创新发展思路，积极拓展关联产业，周密部署、精心组织，卓有成效地开展了各项工作。切实加强地质工作，做大做强地勘主业，地质勘查取得较大进展，矿产资源保障能力进一步提高，服务经济社会发展的功能进一步强化，地勘经济又好又快发展，地勘队伍和谐稳定，队伍建设取得新成绩。

【地勘主业进一步加强】2007 年，地勘局千方百计克服多种不利因素对地勘项目实施的影响，实现了地勘投入和实物工作量两项指标创历史新高。一是争取到国家资金 7251 万元，地勘局筹措资金 2407 万元，引入社会资金投入地质勘查约 2 亿元。在区财政厅和自治区地勘局的共同努力下，在 2006 年投入千万余元解决地质装备的基础上，筹措资金 1600 余万元，继续改善了急需的各类装备，增强了地勘工作能力，缓解了设备落后状态。全年共开展了各类地勘项目 170 项，第一次使地质勘查经费投入突破 3 亿元。二是完成实物工作量创新高。完成的主要实物工作量有：中大比例尺区域地质填图 128584 平方公里、中大比例尺物化探工作 63403 平方公里、大比例尺矿区地质填图 10523 平方公里、钻探 96142 米、平硐 14736 米、浅井 2912 米、探槽 114473 立方米。

承担的各类地勘项目取得了较好地质成果，部分项目取得重要突破。一是基础地质调查得到加强。全面完成拉萨、昌都地区 14 幅 1：25 万区域地质调查和班公湖—怒江成矿带上 6 幅 1：20 万区域化探工作，开展了拉萨、昌都地区 8 幅 1：5 万区域地质调查野外工作，发现了一批重要的化探异常，并通过异常查证发现了一批重要找矿线索。二是矿产资源调查评价取得进展。开展了冈底斯成矿带上 22 幅 1：5 万矿产远景调查工作，提供了数十处可供进一步工作的矿产地及找矿线索。三是矿区地质勘查取得突破。罗布莎铬铁矿项目在攻深扩边找矿工作中取得重大进展，扩大了资源量，获得了全国危机矿山接替资源办公室好评。四是引资合作矿产勘查项目成果显著。玉龙、驱龙铜矿勘查进入后期，已确认为中国目前最大的两个铜矿床；蒙亚啊、拉诺玛、洞中拉、索打、邦布等 14 个矿山勘查工作全面开展，部分已初步确定具大中型矿床规模。五是缺水地区地下水勘查示范工程效果明显，有效地解决了当地人畜饮水和农田灌溉用水困难。六是科研项目取得重要进展。首次承担了国家科技部"十一五"科技支撑项目，对重要成矿区带找矿将起到重要指导作用。

第五篇 社会事业

科技、教育

自治区科技工作

【把改善农牧民生产生活条件、增加农牧民收入作为科技工作的出发点和落脚点】2007 年，自治区科技部门着力实施社会主义新农村建设科技行动计划、科技支撑计划、农牧业科技成果转化示范基地等专项行动，成效显著。组织实施重点农牧业科技项目 72 项，国家和自治区投入项目资金 5637.5 万元。符合我区农牧业产业化发展和大幅度增加农牧民收入需求的科技项目，通过整合科技资源，集中优势力量，加强部门协作，联合攻关农牧业科技关键技术，在农业示范基地生根、开花、结果。农牧业科技成果转化重点示范优良青稞和小麦新品种 667 公顷，平均亩产增幅达 15%～20%。2007 年自治区在日喀则召开了现场会，决定在全区 25 个粮食主产县陆续推广白朗县科技成果转化示范基地的做法。这些项目的实施延伸了产业链，增加了农牧民收入，探索出了产学研、农工贸结合的运行机制，为推动农牧业产业结构调整、增加农牧民收入发挥了示范引领作用。

【科技富民强县计划和星火计划开展得生机勃勃】以地方特色产业为基础，以项目建设为突破口，在拉萨、山南、林芝、日喀则等地 10 个县实施科技富民强县计划，总投入资金 2114 万元，形成藏丹参种植开发、野生天麻半人工栽培科技示范、芜菁开发利用、绒山羊产业化开发等 10 个科技产业示范基地。大力实施面向农牧区和农牧民的星火科技计划，完善和规范了我区 18 家星火计划服务体系示范点的工作机制和管理措施，充分发挥星火培训基地、星火学校、星火课堂和星火项目的带动和辐射作用。

【深入推行科技特派员制度，农牧区科技服务体系建设步伐加快】全区共聘用 542 名科技特派员，采取人员、实施项目与当地农牧民生产生活对科技的需求挂钩，双向选择，明确责权利。共承担各类科技项目 257 项，进驻 65 个县（区），1600 余个乡（村），占全自治区县（市、区）的 86%，平均在入驻点时间达到 200 天以上，服务包括产前、产中、产后的各个环节。引进示范推广农作物、蔬菜、果树、牧草、畜禽等优良品种三十余个，推广农牧业生产适用技术 20 多项，通过项目带动等各种形式培训农牧民 8.5 万人次，使项目区农牧民人均收入增幅平均超过 15.6%。受到农牧民群众的普遍欢迎，引起了社会的广泛关注，有力地促进了地方农牧经济和社会的快速发展。科技特派员把现代科技传播到千家万户，引导农牧民群众依靠科技奔小康。科技特派员制度的推行，开创了农牧区科技工作的新局面，为加快推进我区建设社会主义新农村提供了科技支撑。

【加强农牧业科技攻关，推进重点科研技术创新】紧密结合我区特色和发展实际，通过项目首席科学家等形式，不断整合资源，优化配置，突出重点，统筹布局，积极推进科研工作机制改革和创新。加强农作物、园艺作物、牧草、畜禽新品种选育科技攻关，筛选农作物优良品系 50 个，牦牛胚胎移植技术生产的犊牛比当地同期生犊牛平均体重提高 36%，澎波半细毛羊新品种通过了国家审定，绵羊胚胎移植技术在我区试验成功，一批蔬菜、水果、花卉、牧草新品种引进、试验取得阶段性成果。着手组建农作物育种重点实验室，前期工作进展顺利；建成了牦牛和青稞综合实验室并开始在科研中发挥作用。农作物和畜禽重大疫病防治研究不断深入。

【藏医药现代化、特色生物资源的研发取得新进展】自治区重点科技项目《藏药材质量标准化研究》通过对常用藏药材的质量标准研究，整理出《37 种常用藏药材地方标准起草书》，已达到了可控的目标，下一步通过药检部门的复核后，将申请地方药材标准，为提升藏药材质量控制打下了初步基础，为藏药现代化和产业化提供了技术支撑。《濒危藏药材种植示范研究》项目的实施，为我区濒危藏药材种植资源的保护和解决我区藏药产业规模化的瓶颈问题提供了科学依据。《那曲地区优质冬虫夏草半野生抚育中试及原生地保护技术研究》项目取得了初步成效，共培育幼虫 4.5 万条，放回自然环境抚育 4.4 万条，为该项目的深入研究打下了基础。

【新能源的研究示范，为实施薪柴替代战略提供了科技支撑】《西藏太阳能沼气生态家园示范》、《四位一体太阳能沼气在西藏高原地区的推广及应用》项目，分别在拉萨、山南、林芝和日喀则建造270余座太阳能沼气池，培训了600多名农村沼气技术人员，使项目区每户农牧民年平均节约2850元，改善了项目区农牧民生活条件，对当地经济发展和生态保护发挥了重要作用，也为我区沼气工程的顺利实施提供了技术保障。开展了《西藏农牧区薪柴替代能源研究示范》项目的规划研究工作，调研了西藏农村能源现状，编制了《替代能源实施规划（2008－2015年）》。

【支持科技型企业取得新成果】为了加快产业科技成果转化，在成都建立了西藏（成都）科技孵化器，首批16家企业正式进入孵化器，支持企业孵化项目 16项，投入资金678.25万元。西藏（成都）科技孵化器的建成，标志着我区科技型企业发展进入新的阶段，也为企业在科技创新中发挥主体作用营造了基础平台。一批藏医药、新能源、特色农牧业资源、特色生物资源、电子与信息技术等入孵项目取得阶段性成果，激发了企业自主创新的积极性、主动性和自觉性。设立了自治区科技型中小企业创新资金200万元，专项支持企业新产品的研究开发，特别是奇正藏药被国家列为第一批技术创新企业后，极大地提高了企业新技术开发的积极性。根据《西藏自治区高新技术企业管理办法》，进行了 2007年度西藏自治区高新技术企业评审，新认定 6 家企业为自治区高新技术企业。至此，我区高新技术企业的总量达到 21家，企业规模、领域以及创新能力都上了一个新台阶。

【发挥科技优势，提高了科技信息服务能力】主要组织实施了《西藏旅游信息管理系统》、《西藏科技共享数据更新与信息网络管理》科技项目；补充完善了“全区旅游景点数据库”、“旅游服务机构数据库”、“旅游线推介及后台管理系统”等，为我区旅游业的发展提供了信息服务平台。同时，拓宽了信息化建设的覆盖领域，相继补充完善和建立了“藏药信息系统”、“藏文星火计划网”、“科技人才数据库”等信息服务平台，提高了科技信息的服务能力。

【推进公益类科研机构深化改革】以提高科研院所的科技创新能力为目标，进一步深化科研机构内部运行机制改革，进一步调动了科技人员和职工的积极性、创造性，增强了干部职工的事业心和责任感，提高了工作效率。进一步深化人事制度、分配制度和管理制度改革，探索经营人员能上能下、科技人员能进能出、收入分配能增能减等运行机制。试行了科研院所科技创新目标责任制和政绩考核办法，切实增强科技创新的动力与活力。初步走出了以市场为导向、产学研相结合的新路子，为推动我区科研机构体制机制改革积累了经验。

【地（市）科技工作各具特色】全区科技大会以来，地（市）县科技工作紧紧围绕本地经济和社会发展中心任务，以服务三农、服务产业为己任，以实用技术的引进、推广为重点，整合有限的科技资源，突出重点、突出区域特色，大力开发本地特色资源，发展特色产业，促使产业上规模、上档次、出效益。大力开展针对农牧民的实用技能培训，提高农牧民的科技素质，提高农牧民的科技能力。切实为当地经济发展和群众增收提供了强有力的技术支持。

【知识产权保护工作得到加强】成功举办了第八期西藏知识产权培训班，邀请国知局专家、世界知识产权组织官员进行授课，培训学员60余名。邀请国知局专家在自治区党校举办了两次“知识产权形势报告会”，受训人员400余名。提高了党员领导干部和从事知识产权管理人员的知识产权保护意识和工作能力。全区专利申请量达到97件，同期增长8%；专利行政执法案件为 9 件；受理了 8 件专利侵权纠纷调处案件，已经结案4件，其数量和质量比往年大幅度提高，有效地保护了专利权人的合法权益。全年发放专利申请资助及奖励费用 9 万多元。全区加强专利保护的意识显著提高，知识产权工作得到进一步加强。

【科普宣传、科技下乡活动和科技培训工作取得新成绩】安排科普项目22项，经费 260 万元，安排农牧民科技培训项目20项，经费130.45万元，举办农牧民实用技术科技培训班57期，培训农牧民1万余人（次）。组织科技新闻系列报道稿 15 篇，专题片 11 部；编译藏文科普成果推广小册子6种，2.4万册，受到农牧民的欢迎。在七地（市）举办了科技活动周，发放资料10万余份，受益群众达6万余人（次）。编译出版了藏文版《现代科普知识读本系列丛书》、《西藏沼气科普常识》、《西藏地区常见药用植物》和《科技基础知识读本》等书籍。首次完成并出版《西藏科技发展报告（2007）》，为自治区党委、政府、各级科技管理部门、科研单位和科技型企业提供了科技工作的重要参考文献。

【科技援藏、区院合作、国际交流工作稳步推进】2007年6月，全国科技援藏工作经验交流座谈会在拉萨成功召开。会上，签订科技援藏项目38项，援助项目资金1821万元。召开了区院科技合作项目初审与评审会，确定了《西藏引进杜泊羊快繁及利用示范》和《冬虫夏草半人工培植关键分子研究》两个合作项目，并分别邀请了中科院院地合作局、成都分院等科研部门进藏调研，联合实施研究项目。科技部、中科院首次启动西藏科技人才建设培养计划，2007 年科技部在上海帮助西藏培训科技管理人才50 名，并建立了培训工作的长效机制；中科院将用 3 年左右时间为我区培养硕士研究生30名。2007年组织申报国际合作项目 3 个，落实经费 482 万元。完成了《提高西藏奶牛生产性能研究》、《喜马拉雅地区城乡太阳辐射、气溶胶总量和成分空间、季节变化研究》等中外合作课题研究；完成与美国新一代基金会新一轮合作项目协议的续签工作，注入合作资金 200 万美元。国际合作培训项目进展顺利，共培训科技管理人员、科研人员50人次。利用国际科技资源，通过我国驻比利时大使馆科技参赞促成了《西藏自然与文化遗产资源信息系统》

中比合作项目，共落实项目资金 400 万元人民币。

【重大事项】（一）科技投入首次过亿元，达到 1.65 亿元，比上年增长 1.32 倍。2007 年度我区农牧业科技进步贡献率达到 36%，科技对我区经济增长贡献率达到 29%。

（二）国家重点科技支撑计划项目首次落地西藏。《西藏高原国家生态安全屏障建设与保护关键技术研究与示范》、《藏医药现代化发展关键技术研究与示范》、《西藏冬虫夏草资源可持续利用关键技术研究与示范》、《西藏牦牛产业化关键技术研究与利用示范》和《西藏农区优质草产品加工关键技术研究与利用示范》项目被列为国家重点科技支撑计划，国家投入资金达到 7778 万元。

（三）组建了省部共建联合实验室。藏医药与高原生物重点实验室被国家科技部批复为省部共建实验室培育基地。

（四）藏医药专家强巴赤列荣获国家 2007 年度何梁何利科学技术进步奖。

（五）由西藏自治区林业调查规划研究院刘务林研究员主持完成的“西藏羌塘生物多样性研究”项目获得 2007 年度国家科学技术进步二等奖。

【领导名录】
党组书记、副厅长：晋美多吉
党组副书记、厅长：马胜杰
党组成员、副厅长：陈新强、蒋丹平
党组成员、纪检组组长：云丹
副巡视员：欧珠次旺

自治区农牧科学院

【年度情况与特点】2007 年，自治区农牧科学院坚持“引创结合，重点突破，夯实基础，支撑发展”的科技工作方针，紧密围绕发展现代农牧业、建设社会主义新农村的重大战略需求和增加农牧民收入的目标，紧紧抓住农牧科技工作重点和关键性措施的落实，为我区“一产上水平”、特色产业发展和农牧民增收提供了有力的科技支撑。

2007 年自治区农牧科学院接转和立项实施各级各类科技项目 136 项，经费 4243.61 万元，同比增长 69.7%。科技项目中，承担国家和自治区重点科研项目 59 项，农牧业科技推广项目 53 项，国际国内合作项目 16 项，软课题及其他项目 8 项。在全区设立科研基点或试验示范基地 37 个，下派科技特派员 105 名，实施科技特派员项目 45 个，全年下乡车辆累计行程 70 多万公里。

【科技创新实现新突破，为我区发展现代农牧业储备了一批新成果】2007 年自治区农牧科学院以突出重点、发挥优势、强化特色为原则，以农牧业新品种选育和农牧业特色产业关键技术研究为重点，实施项目 30 个，加大了农牧业科技创新力度。

重点开展了农作物、畜牧和园艺三大领域的农牧业新品种选育。一是农作物新品种选育实施冬春青稞、冬春小麦、油菜和豆薯类作物育种课题 7 个。增设了全国和全区品种区试，健全了农作物育种研究体系。引进育种材料 300 份，筛选优良品系 50 个，更新各类农作物种质资源材料 2000 份，对入库保存的 12000 多份种质材料进行了清查整理。二是畜禽、牧草育种重点开展了牦牛、绒山羊、藏系绵羊、西藏猪、西藏鸡等特色畜禽新品种选育。牦牛胚胎移植进一步扩大了试验规模，胚胎移植犊牛比当地同期出生犊牛体重平均提高 36%。“澎波半细毛羊”新品种已通过国家畜禽遗传资源委员会羊专业委员会审定，有望成为西藏第一个家畜新品种。绵羊胚胎移植试验共移植胚胎 64 枚，移植双胚受体羊 30 只。藏西北绒山羊本品种选育，使后代个体产绒量增加 75.8 克，年推广种羊 1294 只。西藏猪本品种选育研究，使项目区藏猪繁殖率、断奶成活率、年出栏率分别提高到 90%、85%和 50%。牧草育种选育出优良牧草品种 1 个，采集整理野生牧草标本 100 份。三是园艺新品种选育对已育成的 2 个大白菜新品系加强了制种工作；开展了西藏大萝卜种质资源收集与品观试验；芜菁杂优利用进行了 2~3 代 150 个株系的自交纯化；江孜大蒜新品种选育初选出 3 个新品系；引进 20 个珍稀食用菌菌株，筛选出黄伞、滑菇、杏鲍菇等 6 个适宜我区推广应用的珍稀菌株；核桃选育出 4 个新品系，嫁接繁育核桃苗木 2 万株，成活率达到 92%；引进 7 个苹果品种和 19 个桃品种，观察试验效果良好。农牧业新品种的选育为自治区发展特色农牧业储备了一批良种。

围绕农牧业特色产业发展的关键技术，进行应用基础研究和试验示范。一是农业上重点实施了青稞、小麦、油菜和豆薯类作物高产高效栽培实用技术、中西部农田保护性耕作技术、一年两收技术、平衡施肥技术研究示范等 12 个项目，示范农作物优良品种 16 个，面积 3533 公顷，增产增收效果良好。引进低毒高效新农药 32 种，筛选出新型农药 15 种，开展了西藏飞蝗综合防治技术研究。实施农业综合开发区增产增收实用技术示范 458 公顷，亩增产达 20%~25%。养蜂技术示范项目年产优质蜂蜜、蜂蜡、蜂王浆 25600 公斤，增加农牧民现金收入 59 万元。二是畜牧上主要实施了牦牛繁育综合技术研究与示范、牦牛半人工舍饲综合技术研究与示范、三江型绵羊 DNA 遗传多样性研究、放牧绵羊营养补饲模式研究、疯草综合防治与应用、提高奶牛生产性能及西藏猪旋毛虫病快速诊断研究等项目，进展顺利。三是园艺上主要实施了高海拔地区高原Ⅳ型高效日光温室蔬菜生产技术示范、独一味藏药材种苗快繁技术示范、蔬菜贮藏保鲜技术引进与示范等项目。引进筛选出高效低毒无公害蔬菜专用新农药 9 种。实施的乃东县居委会高效日光温室无公害蔬菜生产示范，平均亩产达到 3500 公斤，亩增产 1600~1800 公斤。四是农产品质量安全检测上重点实施了蔬菜中农药残留例行监测，监督抽查 2398 样、检测 8800 项，自治区农产品专项整治委托检验样品 359 个，全区主要城镇猪肉中磺胺类兽药残留现状调查分析抽检样品 118 个，七地市蔬菜质量安全监测与控制对主要生产基地、批发市场及超市进行了抽测，全区配方施肥检测等项目检测土样 12357 个，检测项目 98856 个。实施的红景天人工栽培与组织培养研究，突破了组培苗根系木质化发育的技术难题。

【产业研发取得新进展，为我区农牧业特色产业发展提供了有效技术依托】2007 年，自治区农牧科学院充分依托科技优势进行产业研发，积极推进我区农牧业特色产业加快发展。

“圣科”牌种子产业全年生产加工各类农作物新品种原种 200 吨。青稞功能食品的开发力度加大，制粒、填充β-葡聚糖胶囊3120盒、青稞速溶粉524罐，申报产品专利9项，授权5项。

红景天饮料厂狠抓产品质量及生产安全，实现了生产、销售大幅度增长。“雅谷都”牌红景天饮料销售突破 4 万件大关，销售收入达到201.66万元，完成税收18.05万元。“甘淳”牌纯净水产品申请国家食品安全认证进入实质性阶段。

2007 年，西藏现代农业示范园区围绕蔬果花种苗繁育与高效种植、生态观光、特色旅游、特种养殖、农产品精深加工等特色产业，引进新品种30个、新技术10项，实施了蔬果花工厂化育苗技术研究与示范及无公害蔬菜生产技术示范等6个研发项目，试验示范无土栽培、立体栽培、水培等栽培技术模式 6 种。积极开展招商引资，启动了一批特色产业项目，入园孵化企业达到10个。举办农牧民培训班 4 期，接待参观考察、观光旅游人员 1325 人（次）。现代农业示范园区已成为我区农牧业特色产业研发的重要平台，是西藏现代农业的展示基地，是农牧业技术成果孵化、集成、示范基地，其科技、经济、社会、生态效益日益彰显。

【成果转化培育新亮点，为我区“一产上水平”提供了有力的科技支撑】2007年，在自治区科技厅的大力支持下，自治区农牧科学院在林周县实施了《西藏农牧业科技成果转化示范基地建设》重大科技专项，在白朗县实施了《粮油丰产栽培技术示范》项目，以建立全区性、综合性和专项性农牧业科技成果示范基地为切入点，加速农牧业科技成果转化为现实生产力。

《西藏农牧业科技成果转化示范基地建设》项目，一是实施麦类作物高产栽培技术示范 817 公顷，在干旱异常严重的情况下，增产粮食 43.66 万公斤，每亩增产36斤。示范种植青稞、小麦、油菜新品种 7 个，示范转化种子精选、种子包衣、精量播种、配方施肥、病虫草害综合防治等先进实用技术10项，提供肥料配方与施肥措施20项，建立了麦类作物高产栽培技术模式。二是牦牛、澎波半细毛羊、黄牛改良科技成果转化，建立示范户100个，人工种草141公顷，完成配种站等基础设施建设，进行了良、种扩繁和育肥示范，育肥牦牛 150 头，分户饲养半细毛羊120只，“冻配”黄牛287头，实施进展顺利，为加快发展特色畜牧业奠定了良好的基础。三是无公害蔬菜生产技术示范生产优质食用菌和无公害蔬菜 3.4 万公斤，增加农牧民收入18.33万元。四是脱毒马铃薯新品种引进与示范，调进一级脱毒种薯80吨，播种24公顷，平均亩产4920斤，比当地品种增产53%，促进了农牧民生产经营理念的转变和设施农业发展。

《粮油丰产栽培技术示范》项目，在白朗县实施1420公顷，平均提高单产50 公斤，示范粮油作物种子处理、精量播种、配方施肥、化学除草和病虫害综合防治等 9 项易学易用栽培技术，建成粮油作物标准化种植的科技示范、展示与辐射基地，为我区粮油作物标准化生产树立了样板。

【科技培训取得新成效，为我区农牧民科技素质提高和增收发挥了积极作用】2007年自治区农牧科学院进一步调整农牧民培训工作思路，明确培训工作重点，因地制宜开展形式多样、内容丰富的农牧民实用技术培训。

一年来，自治区农牧科学院结合自治区培训专项、科研项目、科技成果转化及科技扶贫工作的开展，改进培训方法，提高培训手段，拓展培训内容，累计培训农牧民及乡村干部23620人（次），培养农牧民科技示范户 320 户、科技明白人2100人，出色地完成了四地区九个县的农牧民培训任务，有力地促进了农牧民应用科技能力的提高。根据农牧业特色产业发展要求和农牧民增收需要，翻译发行藏汉文对照科普读物四大类 5 万余册，加大了科普力度。

为提高农牧民培训质量和培训效果，自治区农牧科学院加快发展农牧民远程教育。2007 年，在浪卡子县与聂荣县尼玛乡分别建立农村远程教育卫星示范站点；制作了适合农牧民生产实际需要、图文并茂、播放模式多样化的藏语课件10个；制作藏汉文对照农牧科技教学片 8 部，加快了农村远程教育多媒体资源的开发。

【科技扶贫工作扎实开展】2007 年投资120万元，在加查县开展了农作物结构调整、家畜品种改良、农牧民科技培训、培育科技示范户等工作。一是继续加大“一年两收”套（复）种技术示范推广力度，累计推广 219 公顷，实现产值460.32 万元。二是进一步加快黄牛改良技术成果转化，完成冻配任务 400 头。三是加大核桃苗圃和示范基地开发力度，对加查镇98公顷核桃丰产园进行了技术跟踪服务。四是加大科技特派员项目实施力度，建立科技示范户76户，户均增收 2800 元。五是投资 20 万元，在加查县农牧局建立了农村远程教育网站，促进农牧业科技信息进村入户。六是采取巡回集中办班的方式，举办农牧业科技培训班 6 期。七是按照不脱贫不脱钩的原则，进一步巩固院系统19个县处级以上领导干部一对一扶贫成果，2007 年 10 月，经加查县组织验收，19户贫困户全部脱贫。八是累计捐款捐物折合人民币10多万元，对贫困户、特困户、贫困学生进行对口帮扶。通过上述工作，圆满完成了自治区党委、政府交给的扶贫任务。

2007 年自治区党委、政府确定聂荣县尼玛乡为自治区农牧科学院的对口扶贫点。接到任务后，自治区农牧科学院立即成立领导小组，3位院领导先后深入扶贫点调查，制定方案，选派 4 名科技人员驻点工作。在深入调查研究的基础上，共投资230万元，实施12个项目。主要是：一是围绕发展特色畜牧业，在尼玛乡四村、五村修建育肥示范暖棚417.6平方米，育肥绵羊460只。二是开展牦牛半舍饲饲养技术示范，修建暖棚圈 5 座。三是开展草地改良与保护技术示范，控制草地鼠害面积1200公顷。四是为解决尼玛乡学生、教师、乡干部吃菜难问题，修建高原Ⅳ型高效日光温室2座，进行时令蔬菜和反季节蔬菜生产技术示范。五是广泛开展乡村畜牧兽医、牛羊育肥、人工种草、暖棚圈建造、科学养殖、高效日光温室蔬菜种植及摩托车修理等实用技术培训，培训牧民 648

人。六是以13村为扶贫重点，培训了一批牧民施工人员。七是实施天然草地围栏400公顷。八是全院捐款724250元，其中单位捐款52万元，职工个人捐款204250元。通过全院上下的共同努力，为深入推进聂荣县尼玛乡定点扶贫工作奠定了良好的基础。

【高度重视科研人才的培养与引进，是增强自治区农牧科学院科技创新能力的首要因素】积极贯彻“人才强院，人才兴院”发展策略，通过引进吸收、在职培养等方式，持续推进自治区农牧科学院人才队伍建设。

2007年底全院干部职工总数673人，其中在职484人，离退休人员189人。具有博士学历人数增至8人，硕士学历人数增至23人。具有高级职称人数增至53人。享受国务院特殊津贴的专家增至6名。王保海研究员跻身中国工程院院士候选人。有2名科技人员被评为全国科技工作先进个人。有12名专家被聘为硕士生导师。

自治区农牧科学院与中国农科院研究生院联合创办西藏分院，计划在自治区农牧科学院招收一批在职人员攻读硕士研究生，66名已参加了全国统一的基础理论考试。

【努力加快科研基础设施建设，是增强自治区农牧科学院科技创新能力的基本条件】2007年自治区农牧科学院继续实施项目带动战略，积极争取资金，切实加强了基础平台建设。全院争取基本建设和条件改善项目9大类14项，落实建设资金8707万元，比上年增长46%。其中争取国家投资5542万元、社会投资3165万元。在9大类项目中，除图书资料室、彩虹湾生态园和七一路建设项目2008年上半年建成外，其余6个项目全部建成。特别是投资2000万元的重点试验室、投资1399万元的科研仪器设备购置项目、投资270万元的畜牧所管网改造和综合楼维修工程以及投资210万元的交通车辆、办公设备等购置项目均通过验收交付使用，极大地改善了自治区农牧科学院的科研办公条件。

【切实加大科技项目申报与实施的管理力度，是增强自治区农牧科学院科技创新能力的重要环节】紧紧围绕全院科技工作重点和自主创新的关键，进一步加强科技项目的跟踪管理。坚持把申报各级各类科技项目作为科技工作的头等大事来抓。积极向国家科技部、农业部、发改委和自治区科技厅、农牧厅、财政厅等各有关部门申报和争取科技项目。自8月份以来，自治区农牧科学院积极引导和组织科技人员申报2008年科技项目，申报项目质量明显提高。在自治区科技厅的大力支持下，积极组织申报了《西藏农牧业科技成果转化示范基地建设》和《西藏新农村科技示范点建设》两个重大科技专项，申请经费1.33亿元。在自治区发改委支持下，西藏现代农业示范园区第二期建设项目已下达立项批复，总投资可达2900万元。多次开展较大规模的科技项目跟踪检查和重点抽查工作，确保了科技项目的顺利实施。通过创新管理思路，改进管理方法，提高工作效率，有力地促进了全院科技工作的高效运转。

【大力开展国内外科技合作与交流，是增强自治区农牧科学院科技创新能力的有效途径】2007年在继续加强同中科院、中国农科院、浙江省农科院、江苏省农科院等30多个兄弟院所及农业院校合作交流的基础上，进一步拓展农牧科技合作交流范围，加强了同新疆农垦科学院、内蒙古农牧科学院畜牧所、上海市农业生物基因中心的技术合作与交流。先后派出40多人次赴内地考察学习，有120多个兄弟院所和科研单位的专家和领导来自治区农牧科学院开展学术交流和洽谈科技合作项目。

2007年自治区农牧科学院与国际组织机构签订协议的合作项目有6项，落实经费210万元人民币。全年邀请、接待外国专家15批61人（次），有3名外国专家来自治区农牧科学院工作，组织5批23人出国考察培训和开展学术交流。

【进一步深化科技体制和机制改革，是增强自治区农牧科学院科技创新能力的基本动力】2007年自治区农牧科学院积极推行重大科研项目首席专家负责制、课题主持人负责制，加快推进科技特派员试点工作，实施科技项目经费预算管理办法，建立科技项目课题验收及成果鉴定内部评审制度，开展全院先进课题组、优秀论文评选奖励工作，推荐2006~2007年自治区科学技术奖评奖项目14项，努力探索和建立农牧业科技跨越式发展的激励机制，在确保科研项目数量和经费大幅度增长的同时，全院事业费保持了较快增长速度，确保了农牧科技工作顺利开展。通过集中支付改革实践，合理分工、密切协作，有力地提高了科技项目资金使用效益。

紧紧围绕农牧科技工作，强化服务职能，增强后勤服务保障能力。更新了西藏自治区农牧科学院互联网站，全年对外发布院内各类科技新闻信息140条，更新了机要网络设备，认真执行网络管理规定。积极探索后勤服务工作新路子，推动服务工作规范化、制度化。

西藏社会科学院

【落实年抓落实，积极开展科研活动，宣传思想工作取得新进展】2007年，自治区社科院以“三股风”、“三贴近”和“一个转变”的具体要求，体现服从服务党和政府中心工作的意图，科研工作取得了新进展，发挥了自治区社科院的“智库”支持作用。

加强对现实问题的研究，取得了较好的成绩。根据自治区党委提出的经济发展战略，科研人员紧密结合实际，坚持解放思想，与时俱进，在研究中落实科学发展观，确立社会主义核心价值体系，努力构建社会主义和谐文化、和谐社会，着力加强现实应用对策研究，把贴近现实、贴近决策和贴近区党委、政府中心工作落到了实处。一是完成《2006—2007年度西藏经济发展形势分析报告》，该成果被全国省区经济蓝皮书采用；完成2007年度《西藏蓝皮书》的编辑出版工作；同时起步探索《西藏绿皮书》（2007年版：西藏新农村建设——安居工程）获得成功，又一本皮书系列开始为自治区党委、政府决策服务。二是国家社科基金项目《西藏民族地区“兴边富民”与边疆安全问题研究》、《西藏建设社会主义新农村的目标、重点与政策》等课题进展顺利，通过努力，自治区社科院又一项国家社科基金课题《珞巴族宗教现状调查研究》中标，并及时启动。三是完成自治区软科学课题二项，即2006年西藏自治区软科学重点项目《西藏特色经济发展与科技创新体系研究》课题，于8月份通过自治区科技厅组织的成果验收；自治区软科学课题《推进西藏新农村建设研究》已通过验收。

2007年，自治区社科院科研工作抓落实的一大亮点，就是陆续启动六项重大合作课题，即恰白·次旦平措先生学术思想研究；西藏社会主义新农村建设报告（西藏绿皮书）；发达省市援藏工作社会经济效益分析研究；西藏维护祖国统一、反对分裂史研究；民国时期中央与西藏地方关系史研究；西藏近现代（百年）史研究。这六项重大合作课题既着眼于现实需要，又体现了院党委提出的"开放办院、合作办院"的方针；既本着依据自治区社科院实力与现实条件量力而行的原则，又体现了自治区社科院科研重心围绕国家和自治区党委、政府的中心工作服务的转变。2007年，恰白·次旦平措先生学术思想研究和西藏绿皮书已经取得了初步成绩；发达省市援藏工作社会经济效益分析研究，已进行了课题的初步论证与设计，其他三项课题也都在新年之初为启动实施作筹备。

在做好以上工作的同时，自治区社科院还完成区直有关部门和院部交办的各种理论或政论文15篇；完成区党委宣传部和院部安排的理论文章3篇，即《一个伟人与西藏》、《驳所谓"大西藏"谬论》、《加强民族团结，构建和谐社会》，其中《加强民族团结，构建和谐社会》发表于《西藏日报》后被《新华文摘》转载。自治区社科院还做了编著3部大书的工作，即《西藏自治区概况》、《中国共产党1989年以来的西藏政策》、《中华通鉴·西藏卷》，仅这三部书的最后成果就约140万字。自治区社科院与区财政厅合作的课题《寺庙门票收入管理研究报告》经过努力也已完成。

在狠抓中央精神和区党委部署的落实中，自治区社科院创办和编写具有内部参考性质的《要情》，这是自治区社科院发挥参谋"智库"作用的又一渠道。《要情》编辑部紧紧围绕我区经济社会跨越式发展而突显出来的重大理论与现实问题进行采稿、编写，2007年共完成28期，引起上级领导和有关单位的重视。

为配合党和国家工作的大局，自治区社科院领导及专家学者参加中央相关部门组织的"中国藏学家、活佛代表团"出访活动成效显著。先后参加中央外宣办派出的中国藏学家、活佛代表团成功地访问了捷克和西班牙，参加由国务院新闻办、西藏自治区人民政府、中国驻俄使馆、俄中经贸合作中心在俄罗斯首都莫斯科和卡尔梅克共和国首府埃利斯塔联合主办的"2007·中国西藏文化周"，以及参加由国务院新闻办和中央外宣办派出的中国藏学家、活佛代表团，成功地访问了加拿大和美国。在出访过程中，自治区社科院三位藏学家从自身的经历和学术角度，全面正确地宣传西藏经济社会发展、人民生活变化、自然生态环境的保护、宗教政策、文化教育等实际情况，把我方声音传递到西方主流社会，效果良好，受到中央外宣办的好评。

一年来，科研人员专门撰写反对分裂、揭批达赖，特别是揭批其"中间道路"反动谬论的研究论文、时事政论文30余篇，提交区党委宣传部。其中《"中间道路"的实质是变相的"西藏独立"》、《西藏开展反分裂斗争的若干对策建议》、《"后达赖时期"西藏反分裂斗争的新动向和变化》、《西藏开展反分裂斗争所面临的现实环境及对策研究》、《关于2006年达赖集团主要活动情况的信息汇总》等十余篇先后被《西藏日报》、《西藏统一战线》、《西藏党史资料》等党报党刊采用发表。

十七大期间，自治区社科院15位老中青专家学者和科研人员结合自身经历、专业研究在电台现身说法，客观介绍西藏今昔巨变，得到了广大听众的好评。经粗略统计，全年参与相关媒介节目的自治区社科院科研人员达100人次以上，专家学者约80人次应邀到党政机关、党校、大专院校、寺教培训班以及地、县、乡，进行爱国主义、社会主义荣辱观、构建小康西藏、平安西藏、和谐西藏等方面辅导，全年粗略统计受众达2000人次以上。在学习宣传十七大，当前形势、社会热点发表言论，宣传政策等方面，为受众解疑释惑，收到了良好的效果。

2007年，自治区社科院还完成了中央、区党委及相关部门交办的临时研究课题。主要有中央外宣办交办的《一个藏学工作者眼中的西藏的变化》和《在民族区域自治政策下，西藏的教育、卫生事业得到了蓬勃的发展》，区党委宣传部交办的《发挥宗教在建设和谐西藏的作用》、《浅谈藏传佛教与社会主义相适应的几个问题》和《利用网络宣传西藏传统文化之我见》。

【落实年抓落实，"开放办院、合作办院"的办院方针取得了一定成效】自治区社科院专门成立《恰白·次旦平措学术思想研究》课题组，对恰白先生学术思想、学术生涯以及重要学术著作进行抢救性研究。经过艰苦奋战，课题组在短期内拿出一套四卷本的基础性成果——《恰白·次旦平措学术思想研究丛书》，并于2006年10月成功召开"恰白·次旦平措学术思想研究座谈会"。在座谈会开幕式上，区党委常委、自治区常务副主席吴英杰同志指出，由西藏社科院牵头，努力整合全区乃至全国各地的藏学研究力量和研究资源，形成合力，在跨学科、跨区域性的重大课题方面多做些工作，提高藏学研究在国内国际上的地位。

2007年，自治区社科院涉外合作课题也在接续中有新的进展。一是与美国弗吉尼亚大学合作的《喜马拉雅数码图书馆》历时5年，以网络形式向世界客观地介绍西藏历史、民俗，尤其是当今西藏各族人民生活水平发生变化情况。此项目引起了积极反响，受到我驻美使馆赞赏。一年来通过双方互往、合作，又新制作了多个网页。二是与澳大利亚学者杰夫先生合作，编译藏文文学名著《常啼佛传》，对于向外展示我在保护民族优秀文化及藏学方面不断取得的新成就。三是与奥地利社科院合作，以自治区社科院合作人为第一作者（编、译者）的身份、以西藏自治区社会科学院与奥地利社科院联合出版的形式，又出版了《拉萨河流域早期历史》一书，颇受国际藏学界的关注与好评。用学术成果有力抨击了反华、分裂势力鼓吹的"藏族文化毁灭论"。四是与英国剑桥大学合作的“女性活佛多吉帕姆一世研究”，年内开展了该课题的收集资料、实地考察等工作。

【落实年抓落实，传统学术研究取得实效，自治区社科院藏学研究地位得到不断提升】2007 年，自治区社科院传统学术研究取得成果颇丰：国家社科基金项目《告知四方之宣明之宝——〈札芭岭扎〉译注》已结项；自治区社科院科研所继续与中国社科院民族文学研究所《格萨尔》研究室合作，整理出版艺人桑珠口传《格萨尔》系列说唱本，完成编辑桑珠《格萨尔》说唱本 4 本，到目前共完成 32 本；自治区社科院整理出版新发现的《当许噶塘蚌巴奇本古苯教文书》在藏学界反响较大；完成了《藏族婚俗散论》课题、《语言文字志》基础稿；完成《古藏文注释》初稿；跨年度课题《西藏远古史新探》已经接近完成，《西藏苯教》译著已完成初稿等等。

自治区社科院参与的文物和非物质调查保护开展顺利。遵照胡锦涛总书记两次关于西藏梵文贝叶经保护工作重要批示精神，自治区社科院牵头，协同自治区文化厅、文物局，经过前期调查、联络、协调工作，已经制定了全区《贝叶经保护工作实施方案》，保护工程全面启动，调查摸底工作基本就绪，为 2008 年全面铺开奠定了良好的基础。自治区社科院还有 4 位专家学者参与区文化厅牵头的全区非物质文化保护工程，领受了 7 大项分解课题任务。

自治区教育工作

【以“两基”攻坚为重点，基础教育取得新成绩】2007 年，自治区教育部门始终坚持“两基”重中之重地位不动摇，认真贯彻落实自治区“两基”攻坚工作会议精神，各攻坚县发扬苦抓、苦帮、苦干的攻坚精神，攻坚克难，“两基”攻坚取得显著成效。完成 1 个县“普六”、7 个县脱盲、14 个县“普九”。目前，全区 74 个县完成“普六”，“普六”人口覆盖率达到 100%；70 个县完成扫盲，脱盲人口覆盖率达到 95.6%；63 个县完成“普九”，“普九”人口覆盖率达到 90.2%。青壮年文盲率下降到 4.76%，小学适龄儿童入学率达到 98.2%，初中入学率达到 90.79%，“两基”攻坚规划确定的各项任务全面完成，实现基本普及九年义务教育，基本扫除青壮年文盲。

普通高中教育加快发展。坚持科学规划、合理布局，积极发展普通高中教育。普通高中招生 16329 人，在校生 44215 人。高中阶段毛入学率达到 42.96%。建成高中学籍电子注册系统，初步实现高中学籍管理电子化。

学前教育和特殊教育得到进一步重视，农牧区学前一年教育和城镇学前三年教育有了较快发展。首次参加全国幼儿教具制作大赛，取得良好成绩。加强幼儿园管理，提高学前教育质量，制定了自治区示范幼儿园办学水平评估标准，组织开展全区示范幼儿园办学水平评估。积极促进教育公平，高度重视残疾儿童平等接受教育问题，采取特殊照顾政策，扶持特殊教育事业发展。特殊教育学校学生全部享受“两免”“三包”政策。对能够在普通学校随班就读的残疾儿童少年给予特殊关怀，促进特殊教育事业发展。

深入推进基础教育新课程改革，素质教育得到加强。义务教育课程改革有序推进，全区 28 万名中小学生、1.6 万名教师进入新课改。新课改送教下乡活动深受欢迎，教材建设取得新进展。全年共完成 178 种各类新课改教材、教辅资料的编写、修订、翻译或再版等工作，搜集学科名词术语 2474 条。语言文字、推广普通话工作不断深入，社会影响进一步扩大。

开展“亿万学生阳光体育活动”，实施《学生体质健康标准》。积极组织学生参加艺术展演、歌曲创作活动，推广校园集体舞，开展高雅艺术进校园活动，推进学校国防教育，加强学生养成教育。

加强教育督导工作。召开自治区教育督导工作会议，表彰了教育督导先进集体和先进个人，完成了自治区教育督导委员会换届工作，充实了力量。认真贯彻落实全区教育督导工作会议精神，坚持标准，严格程序，完善环节，加大对“两基”攻坚工作的督导评估力度，完成了 14 个“普九”县、7 个扫盲县和 1 个“普六”县的过程督导与评估验收，完成了 32 个已“普九”县的复查验收工作，为顺利推进“两基”攻坚，巩固“两基”成果提供了有力保证。

【以就业为导向，以服务为宗旨，加强职业教育基础能力建设，职业教育取得新发展】全国、全区职业教育工作会议精神和全区职业教育“十一五”规划得到进一步落实，职业教育进一步扩大规模、深化改革、提高质量。加强了重点专业和特色专业的培育和建设，继续扩大中等职业教育办学规模，改革招生办法，完成招生 8000 余人，中职与普高招生比例缩小到 41:59。

职业教育基础能力建设得到进一步加强，办学条件不断改善。各类职教项目完成投资达 1.1 亿元，实训基地建设取得新进展，完成基地建设 5 个，基本保障了正常的教学需要。

大力开展农村劳动力培训，为新农村建设积蓄力量。新建县级职教中心 12 个。县级职教中心直接面向农牧区、面向农牧民，全年共培训劳动力 25300 人次，提高了农村劳动力素质。

改革职业教育人才培养模式。坚持“以服务为宗旨、以就业为导向”，不断转变办学思想、创新人才培养模式，建立与经济社会发展和劳动就业紧密结合的新机制。以提高学生的技能水平为核心，深化教育教学改革。积极开展工学结合、半工半读实验，探索更加灵活开放的办学模式。推行“双证书”制度，加快重点行业技能型人才的培养。

社会力量办学积极性提高，呈现出良好的发展态势。全区民办教育机构达 88 所，其中学前类和非学历职业培训类机构分别达 47 所和 23 所。初步形成以政府办学为主体，公办学校与民办学校共同发展的新格局。对民办教育机构进行了清理整顿，取缔了 6 所民办教育机构，停止了 2 所民办学校高中部的招生资格，社会力量办学得到进一步规范。

【以优化结构、加强学科建设为重点，积极推进高等教育质量工程建设，高等教育取得新发展】坚持“稳定规模、调整结构、提高质量”的工作方针，采取有力措施，深入实施“高等学校教学质量和教学改革工程”，努力提高高等教育质量和人才培养水平。进一步加强学科和专业建设，不断推进专业设置与管理的科学化，成立了自治区学科发展与专业设置专家委员会；围绕经济社会发展需要，结合高校实际，大力加强“第一类”“第二类”特色专业建设，遴选推荐了14个特色专业建设点；制定了《西藏自治区高等学校精品课程建设管理办法》，评定自治区级精品课程 15 门；组织开展高校教学成果奖评选工作，评选出一、二、三等奖和优秀成果奖21个。

西藏大学顺利通过国家教育部高校本科教学水平评估并取得优异成绩。至此，我区三所本科院校都顺利通过了教育部高校本科教学水平评估。各院校进一步强化了质量意识，树立了教学中心地位，提升了办学实力和水平。

进一步推进高校创新能力建设。以一批重点学科、重点实验室为依托，加强高校创新平台、创新队伍建设，强化自主创新意识，提高创新能力和水平。举办了第二届高校哲学社会科学教学科研骨干研修班，高校人文社科建设得到加强，高校整体科研实力不断增强，高校服务经济社会的能力不断提高。

研究生教育取得新的突破，招生规模进一步扩大，教研力量进一步加强。按照“加快发展、加强建设、优化巩固、保证质量”的要求，改革研究生培养模式，创新研究生教育体制，构建高水平导师队伍，增强高层次人才培养能力。进一步优化研究生教育的层次、类型、学科专业布局。重视内涵建设，全面提高研究生教育质量。

西藏职业技术学院和拉萨师范高等专科学校挂牌成立，标志着我区高等教育形成了综合大学、专业院校和高职高专层次分明、优势互补、文理互融、整体提升的办学格局。目前，全区普通高校本专科在校生达到 26767 人，高等教育毛入学率达到 17.4%。

【以农村寄宿制初中建设和乡镇小学规范化建设为重点，教育投入不断增加，办学条件不断改善，保障水平不断提高】公共财政投入教育的力度不断加大。2007年全区下达教育事业费27.8亿元。教育基建前期工作得到进一步重视和加强，完成了教学点改造、小学规范化建设、农村初中改造、高中建设、高校改扩建规划编制工作，项目前期工作顺利推进。以农村寄宿制初中建设和乡镇小学规范化为重点，加大对农村中小学建设的投入力度，均衡配置教育资源，积极促进义务教育均衡发展。安排 21399万元用于13所农村寄宿制初中建设，截止到 2007 年底，全区共安排 13 亿元用于农村寄宿制初中建设，目前已有85所学校完成建设并投入使用，还有 8 所正在建设。安排 5000 万元，完成 39 所乡镇小学规范化建设。落实高中建设资金8300万元。从地方预算内落实20个县级幼儿园建设补助资金 1000 万元。安排3886 万元，用于自治区财校、山南和那曲职业学校建设。安排 11349 万元，用于西藏藏医学院、西藏大学农牧学院和西藏高职学院建设。继续安排 500 万元支持农村教育信息化建设。

加大教学仪器设备配备力度，努力提高学校配套水平。2007 年自治区财政安排 1.3 亿元，通过政府集中采购，配备了理化生实验仪器设备40套、语音教室 69 个、计算机教室 22 个、初中音体美卫生设备68套；小学科学、数学及音体美卫生器材770套；图书51.9万册、中小学床铺3.72万套、课桌凳6万套、餐桌 1.7 万套和 13 套中学生活用电锅炉，中小学教学仪器设备配备达标率达到85%，极大地提高了学校的配套水平。

教育保障水平不断提高。经费预算落实到校，中小学生人均公用经费和教师公用经费继续提高，年人均公用经费小学、初中、高中分别达到100元、150元、220 元，教师年人均公用经费达到3000 元，保障了中小学校的正常运转。对义务教育阶段实施免收学杂费、免费提供教科书的政策覆盖全区城乡。农牧民子女中小学住校生“三包”经费标准进一步提高，平均生均达到1350元，教育财务管理得到进一步加强。

【加强师德建设，强化教师培训，教师队伍整体素质不断提高】大力加强教师职业道德建设，在全区教师中认真组织学习胡锦涛总书记的重要讲话精神，深入开展“四观”“两论”和社会主义荣辱观教育，大力弘扬“学为人师，行为世范”高尚师德。一大批在思想政治教育、师德建设、教育教学、“两基”攻坚等方面表现突出的优秀教师受到表彰，开展教师慰问活动，向 110 个乡镇 600 余名困难教师发放慰问金30余万元，营造浓厚的尊师重教氛围。表彰优秀教师 237人、优秀教育工作者37人、中小学德育先进工作者37人、高校优秀思想政治工作者16人。

以农村教师队伍为重点，加强中小学教师队伍建设，建立城镇学校与农村中小学对口支援制度和教师交流制度，加强城乡中小学教师的合理流动和配置。实施“师资定向农村分配计划”，加大为新农村建设服务力度，提高人才智力支持水平。2586 名师范毕业生的 85%以上实现了在农村中小学就业，1200 名公招非师范毕业生通过岗前培训后全部充实到边远艰苦地区基层学校任教，74名区外引进人才走向急需专业教学第一线，极大地丰富了农村中小学教师资源，有效地缓解了农村师资紧缺的现状。选派“三支一扶”大学生 205 名到乡村支教，有力地促进了农村教育事业的发展。农村教师队伍结构进一步优化。教师队伍整体素质明显提高。全区各级各类学校教师总数达3.06万人，小学、初中、高中教师学历合格率分别达到 98%、97.2%、90.6%。其中，小学教师中具有大专以上学历的达到71.7%，初中教师中具有本科以上学历的达到61.3%。

创新教师培养模式，进一步完善职前培养和职后培训一体化的教师教育体系和机制，积极鼓励教师通过各种形式提升学历层次、提高业务技能。坚持以新课程、新知识、新技术和师德教育为重点，实施中小学教师全员培训计划。全年共有 21600 多名中小学教师接受了各种形式的培训。深入开展中小学学科带头人、中职学校专业带头人培训工作，抓好高校教学名师评定工作和农村中小学校长的培训工作，中小学教师队伍建设“十百千”工程取得成效。2007 年评选出自治区名校长15名、名教师93名、骨干教师 555 名。评选出自治区高校教学名教师14名。

【内地办学得到进一步重视，对外交流合作不断扩大】教育对口支援西藏工作取得新进展，满足“西藏教育发展的新要求和西藏人民群众对教育的新期待”成为新时期教育援藏工作的出发点和落脚点。全国内地西藏班办学和教育援藏工作会议及教育部全国教育对口支援西藏工作部署会议提出了在新形势下进一步办好内地西藏班、大力推进教育援藏工作的方针和政策，对教育援藏工作进行了再动员、再部署、再落实。全年共落实教育援藏项目 178 个、教育援藏资金 4920 万元、图书资料 159800 多册、人员培训 1049 人、援藏干部和教师 132 人，我区教育受援工作进入新阶段。选派出国留学人员，开展教育国际交流，教育外事工作取得新成绩。

内地西藏班办学得到进一步加强，办学规模稳步扩大。2007 年，共招收初中生 1790 人、高中生 1705 人、大学生 1460 人。德育工作和思想政治工作得到高度重视和加强，教育教学评估和督导机制得到进一步强化，办学水平和教学质量不断提高。

【维护人民群众切身利益，积极推进教育公平】促进教育公平，保证人民享有接受教育的机会，是各级教育行政部门和学校义不容辞的职责。在教育事业发展中，注重教育的普惠性，关注困难群众的受教育权。在全区范围内实现了城乡免费义务教育，义务教育全面纳入公共财政保障范围。进一步建立健全贫困生资助政策体系。中等职业学校农村学生首次全部纳入资助范围。全年共发放各类助学金 1550 多万元，受益学生达 13761 人。

积极做好高校毕业生就业工作，加强就业指导与服务。成立高校毕业生就业指导服务中心，开通高校毕业生就业服务信息网，广泛深入宣传就业改革政策，提供周到细致的咨询服务，努力拓宽毕业生就业渠道。8300 名高校应届毕业生有 7636 人顺利就业，就业率达到 95.41%。

大力实施“阳光工程”，坚持公开、公平、公正原则，与相关部门密切配合，进一步加强对招生考试工作的监督，加强招生录取专项监察，严格执行招生考试工作纪律，层层落实招生考试安全保密制度，充分利用网络、媒体等多种手段，加大招生考试服务工作。各类招生考试工作更公开、更透明、更及时、更公正，成效显著。加大查处力度，普通高校报名考试录取工作中共处理各类违纪考生 230 名。接受招生考试网上免费查询 50 万人次，现场接待考生及家长咨询 3000 余人次，电话接受咨询 3600 余人次。保障了招生公平，维护了考生权益。招生工作赢得了人民群众的广泛赞誉。2007 年完成普通高校招生 8524 人，其中录取本科 4820 人，专科 3704 人。

加强收费管理，推进行风建设。会同有关厅局组成检查组，重点对农村义务教育“三包”经费使用、学校公用经费拨付和学校收费情况进行了专项检查，对违纪违规情况逐一排查纠正。组成工作组对高中“三限”政策执行情况、高校学生饭菜价格和学校经费使用情况进行督查，提出了改进意见，坚持学校收费项目不增、标准不提，进一步规范收费管理。积极参与“行风热线”等行风治理工作。不断改进机关服务水平，认真落实党风廉政建设目标管理责任制。加强信访监察工作，加大矛盾排查力度。加大政务公开力度，开通西藏教育网站、完善西藏教育考试网、规范基础教育网建设，实行教育电子政务，提升了办事效率和服务能力，扩大了群众知情范围，方便了群众办事。2007 年接到群众举报 65 件，办结 63 件，办结率 97%，满意率达到 100%。

西藏大学

【年度情况与特点】2007 年是西藏大学本科教学评估年。学校以评建工作为中心，以党建、大学生思想政治工作、学科建设、科学研究、毕业生就业工作为重点，扎实推进各项工作迈上新台阶。在学校党委、行政的精心组织下，全校师生员工全面落实“以评促建、以评促改、以评促管、评建结合、重在建设”的二十字指导方针，紧紧围绕提高教学和人才培养质量，重点实施好“办学指导思想”、“师资队伍建设”、“教学条件与利用”、“专业建设与教学改革”、“教学管理”、“学风”、“教学效果”、“特色项目”、“宣传报道”、“环境建设”等 10 个重点项目建设工程，扎实工作，稳步推进。在全校师生员工的奋力拼搏和共同努力下，本科教学工作水平评估圆满结束，达到了预期目的。

【办学规模与学科建设】初步形成了普通本专科教育、研究生教育、留学生教育、成人教育、远程教育等多层次、多形式的办学格局。截至 2007 年年底，拉萨校区有各级各类学生 1 万余人，其中全日制本专科学生 7160 人、研究生 180 人、成人生 2949 人(其中脱产生 300 人，函授生 2649 人)，留学生 44 人。

拉萨校区有 42 个本科专业，涵盖了经济学、法学、教育学、文学、历史学、理学、工学、管理学、医学 9 大学科门类。有 8 个自治区级重点学科；有藏语言文学、藏族历史、藏族美术、公共事业管理、藏族音乐、课程与教学论 6 个硕士学位授予点和 1 个教育硕士专业学位；与四川大学联合培养少数民族史和少数民族文学博士生，已经招收了三批学生。学校有 1 个教育部人文社会科学重点研究基地——中国藏学研究所；1 个教育部、自治区重点实验室——西藏大学宇宙线开放实验室；1 个教育部工程研究中心——藏文信息技术教育部工程研究中心；5 个自治区级重点实验室，84 个校级实验室，13 个科研机构。

【机构与师资】学校设有纪委（监察室)、党委（校长）办公室、党委组织部（人事处)、党委宣传部、学生工作部（处)、团委、教育工会、教务处、科研处、研究生处、招生就业处、安全保卫处、财务处、校园规划建设处、国际交流与对外合作处、国有资产管理处、新校区管理委员会办公室、改扩建工程指挥部办公室等 18 个处室，文学院、艺术学院、理学院、工学院、医学院、经济与管理学院、旅游与外语学院、公共教学部、继续教育学院、藏学研究所、图书馆、现代教育技术中心等 12 个教学、科研与教辅机构。

基本形成了一支多民族结合、相对稳定、素质较高的师资队伍。截至 2007 年年底，拉萨校区共有专任教师 562 人。具有研究生学历的 221 人(博士 16 人，硕士 200 人)，占专任教师总数的 39.32%；正、副教授 150 人，占专任教师总数的

26.69%。现有教师中，入选国家“百千万人才”工程 1 人；获国家杰出青年基金资助 1 人次；国家级教学名师 1 人；享受国家或西藏自治区特殊津贴 4 人次；“全国先进教育工作者”1 人；“全国模范教师”1 人；“全国优秀教师”2 人；“全国巾帼建功标兵”1 人；“全国三八红旗手”1 人；荣获“中国工艺美术大师”称号 1 人；入选教育部“新世纪优秀人才支持计划”3 人；入选西藏自治区学术带头人 11 人次；“宝钢优秀教师奖”23 人。

【教学设施与教学条件】2007 年，学校充分利用财政厅划拨的专项资金 919.7 万元和自治区教育厅下拨的 500 万元对老校区总平、学生宿舍电网、学生宿舍、教职工周转房、学生活动中心翻修等 15 项工程进行维修改造。新建道路 1.25 万平方米，新种草坪 2.15 万平方米，维修面积达 4.96 万平方米，老校区校园面貌焕然一新。完成医学实习基地建设工程，医学实习基地建设全部完工并投入使用。做好新校区一期工程建设的后续工作。除工学院 2 号、3 号实验楼在建外，其它工程均已顺利完工并通过验收。2007 年 8 月，理学院、艺术学院、医学院三个学院搬入新校区，整个校区运行良好。

截至 2007 年底，拉萨校区图书馆（含医学院图书馆）馆藏纸质图书约 80 万册。学校加强校园网络建设，对 CERNET 西藏主节点和校园网机房进行了网络拓扑改造，完成了新校区网络建设并投入使用，开通了新校区学生宿舍区网络，在部分会议室和教学楼建设了无线网络；完成了新的校园网门户网站建设，增加了新版办公自动化系统；正式启用了网络教学平台，对课件网站进行了改版建设，在课件网站上挂了近 300 门不同学科的课件资源，并与国内优质课件网站链接；完成了教育管理平台的开发工作并投入使用，为教学服务和管理工作提供了便利的网络平台；完成了 30 多个二级网站的建设并联入校园网；充分利用校园网课件网站上的教学资源和数字化教学系统，与上海交通大学开展跨校选课工作。加强实验室基地建设，规范各实验室，特别是区部共建基础实验室的管理，扩大实验室开放范围，提高实验室利用率。

【科学研究】形成了一批具有民族和区域特色的研究方向。2007 年全校教职员工共申报国家自然科学基金项目 9 项；国家哲学社会科学基金项目 14 项；教育部科技培育项目 1 项，重点项目 1 项；教育部人文社科一般项目 7 项；教育部“十一五”教育科研规划项目 5 项。被立项的国家级项目 8 项、部级项目 8 项、自治区级项目 14 项、横向合作项目 2 项、国际合作项目 5 项、世界自然基金会项目 1 项、校级项目 24 项。共获得经费资助 816.6 万元。截至 2007 年底，已有 11 项结项。艺术学院申报的藏族唐卡勉唐派、钦泽派，被列入国家非物质文化遗产名录，艺术学院成为研究和抢救国家非物质文化遗产——藏族唐卡勉唐派和钦泽派的重要基地。《西藏民族传统体育资源的开发与利用研究》、《藏民族传统体育文化遗产的传承与保护研究》、《发展西藏民族传统体育对西藏综合发展的研究》分别荣获中华人民共和国第八届大学生运动会科学论文报告会一等奖、二等奖。1 人获“青藏高原青年科技奖”。《西藏大学学报》获得国家民族事务委员会文化宣传司、全国社科学报民族系统联络中心组织颁发的“全国民族地区民族文字版学报（期刊）名刊奖”，在“首届全国民族系统学报评优活动”中“藏学栏目”被评为“名栏”。

【党建与大学生思想政治教育工作】学校党委狠抓政治理论学习，继续深入开展反分裂斗争，进一步加强和改进大学生思想政治教育，加强反分裂斗争教育和马克思主义“四观”、“两论”教育，不断提高大学生的政治思想觉悟，继续深入开展党风廉政建设和反腐败工作，为实现学校跨越式发展提供坚强的组织和思想保证。构建起了健全的党组织体系和思想政治工作机制。

2007 年，全校学生共获省部级奖 22 项、国家级奖 14 项。在第十届“挑战杯”全国大学生课外学术科技作品竞赛中，旅游与外语学院的《西藏当雄藏族风情园总体规划》获二等奖，工学院的《智能藏语识别汽车及展厅设计》、经济与管理学院的《西藏跨越式发展中主导产业选择的实证分析》和《西藏经济跨越式发展中的要素贡献分析》获三等奖，工学院学生闫秀桃的设计作品获全国大学生“凌阳杯”电子设计大赛一等奖和全国青少年科技创新奖。高原青年爱心社和摄影协会获“全国高校优秀社团”称号。工学院 2005 级建筑班获“全国先进班集体”称号。

【对口支援】认真贯彻落实教育部实施的“质量工程”，全年共派出 19 名教师和干部赴各对口支援院校进修学习，与 11 个对口支援院校签订了《2007 年-2010 年对口支援协议》。对口支援院校与有关单位接收了西藏大学 14 名推免研究生。各对口支援院校为西藏大学选派了 52 名援藏教师和干部，解决了教师紧缺和管理干部缺乏问题。对口支援院校积极提供财物援助，帮助西藏大学解决设备、图书紧缺问题。南京大学捐赠了 40 台电脑；西南交通大学援助资金 54.4 万元帮助西藏大学工学院开展学科建设和实验室建设；黑龙江电大、哈尔滨电大、青岛电大、辽宁电大、江西电大、广东电大共捐助 26 万元，用于中央电大西藏学院学习点建设；民盟中央捐赠 50 万元、深圳市赛格导航科技股份有限公司捐赠 20 万元，用于图书馆建设；内地兄弟院校及有关部门捐赠价值 1000 多万元的图书、外文数据库、中文数据库等。大力开展科研合作，提升科研水平。理学院与南京大学共同申报了国家自然科学基金项目《基于 CA 模型的滑坡泥石流灾害的模拟研究》；工学院与西南交通大学联合申报了省部级课题《交通建设对藏区农牧民现代化的影响》。2007 年组织申报了藏语新闻综合实验室、音乐学综合实验室、艺术综合实验室、教育技术学综合实验室 4 个区部共建项目，已通过国家财政部组织的专家组审核。

【国际交流与合作】2007 年学校招收各国留学生 49 人，新聘请外籍教师 1 人，顺利完成了留学生课程教学任务，保证了学校的外语教学。接待了自治区政府、人大、外事办、外宣办等安排的驻华使领馆官员、记者以及其他重要外国团队、政要、专家、学者共 415 人次，为学校的对外宣传做出了积极贡献。加强出入境人员的管理，共为 22 名教职工办理了出国（境）手续。加强国际合作与交流，继续与美国弗吉尼亚、中华医学基金会、挪威-中国·西藏大学合作网以及意大利、日本等国建立合作关系，保证合作项目顺利实施。做好留学生安全稳定教育工作，确保了学校本科教学工作水平评估期间和敏感日期间的安全稳定工作。副校长强俄巴·次央教授担任涉藏外宣重点活动之一——中国藏学家、活佛代表团团长出访拉脱维亚、荷兰、爱沙尼亚三国，出色地完成了出访任务，得到了中央外宣办的充分肯定。

【大事记】3 月 23 日，西藏大学召开迎接教育部本科教学工作水平评估誓师大会。自治区党委常委、常务副主席吴英杰出席并讲话；5 月 13 日，教育部许茂祖教授一行 6 位专家来西藏大学，对学校本科教学工作进行实地考察和指导；5 月 23 日，教育部西藏大学发展规划咨询专家组、教育部省部共建地方高校工作咨询顾问李延保教授一行应邀来西藏大学，对《西藏大学总体发展战略规划》、《西藏大学学科与师资队伍建设规划》和《西藏大学校园建设规划》进行咨询论证；7 月 13 日，西藏大学举行新校区启用揭牌仪式。教育部部长周济、副部长赵沁平，自治区主席向巴平措、常务副主席吴英杰，自治区人民政府秘书长周春来，国家发改委、财政部及各对口支援院校的领导出席新校区启用揭牌仪式。周济部长和向巴平措主席为新校区启用揭牌。自治区人民政府副秘书长德吉卓嘎主持揭牌仪式。同日，“对口支援西藏大学协议签字仪式”在西藏大学举行。西南大学、西南财经大学、吉林大学、四川大学、北京师范大学、清华大学、浙江大学、西南交通大学、南京大学、中央广播电视大学与西藏大学签订了对口支援协议；8 月 16 日—20 日，全国人大常委、法律委员会副主席、民盟中央副主席李重庵一行来西藏大学考察访问；8 月 27 日，全国人大副委员长热地在自治区党委书记张庆黎，党委常委、常务副主席吴英杰，党委常委、党委办公厅秘书长公保扎西的陪同下视察西藏大学新校区；10 月 14 日-19 日，教育部本科教学工作水平评估专家对西藏大学进行本科教学工作水平评估。自治区党委常委、自治区人民政府常务副主席吴英杰出席校长汇报会和专家意见反馈大会并作重要讲话。

西藏藏医学院

【年度情况】2007 年，西藏藏医学院在自治区党委、政府，区教工委、教育厅的正确领导和重视关怀下，坚持以邓小平理论和“三个代表”重要思想为指导，深入落实科学发展观，围绕中心，全面贯彻党的教育方针政策，坚持以藏医药教育为主，以教学为中心，以科研促进教学，以医疗保障教学，以产业服务教学，坚持产学研协调发展办学路子，深化教学改革，提高教育质量。经过全院师生员工的共同努力，圆满完成了年度各项工作任务，以教学为中心的各项工作取得了显著成效。

【教学工作成效显著】教学管理进一步规范。制定了《教务教学管理工作规范化建设思路》、《精品课程评选办法（试行)》、《教学能手评选办法（试行)》、《名师评选办法（试行)》、《多媒体教室使用和管理规定（试行)》、《调停课管理规定》等，并修订编写了教务教学管理规章制度汇编《教学一览》（初稿）。教务和教学系（部）团结协作，组织开展了“学风系风建设活动月”活动，通过学习落实《学生手册》，承诺落实“十为与十不为”等系列活动，进一步促进了教学管理工作。特别是在 2007 年下学年师资紧缺的情况下，按照教学计划，教务和各教学系（部），结合实际，统筹兼顾，合理安排，充分利用有利条件，通过开设大课、协调聘请教师授课等措施，确保了教学任务圆满完成。

师资队伍数量进一步充实，质量不断提高。通过引进、毕业生分配和留校等措施，吸收优秀本科生、研究生 7 名，调入年轻骨干教师 3 名。同时，选派了 22 名骨干教师和干部赴内地对口支援高校进修学习，提高素质。2007 年，西藏藏医学院有 5 名教师分别荣获国家和自治区级表彰；西藏藏医学院还对评选出的 12 名优秀教师、4 名优秀政治辅导员（班主任）进行了表彰。

教学质量进一步巩固提高。注重发挥教务处和各系（部）的作用，强化教学管理工作，完善教学监督机制，修订了《教学质量评估实施条例》，建立完善了“课堂教学值班记录制”，并全面组织开展了“教学观摩”活动，以“同行听课制”的方式，进行了教学质量评估工作，以及集中时间，组织学院领导、部门领导和有关教师，分组开展了教学质量评估工作，取得了预期效果。同时进一步建立完善《学院专业课程标准化考试题库建设》，进一步加强准考证制，规范学生考试制度；实施了《考试成绩报表》制，规范成绩的管理。

研究生教育和继续教育工作取得新成效。研究生管理工作进一步加强和规范，按照教学计划，18 名藏医学硕士研究生通过考试和论文答辩，完成学业；组织申报藏医学博士点、藏药学硕士点的前期工作圆满完成。同时，举办了首届网络远程“甘露”藏药营销培训班、国家中医药管理局中医药继续教育项目藏医特色疗法培训与推广运用第一期培训班、全区农牧区藏医临床骨干培训班；以联合办学形式，与日喀则地区职业技术学校开办了藏医专科班，落实了与山南职业技术学校共同培养的首批 57 名藏医专科毕业生的就业工作，为进一步开展藏医药职业技术教育和非学历教育，做了积极有效的探索。

教学研究工作不断深化，成果显著。制定了《优秀教学成果奖评审办法》。组织人员第一次全面修订了《全国藏医专业本科规划教材》，修订了《公共课教材》，编写了《全国藏药专业本科规划教材》。同时，认真组织自治区级教学成果奖的申报工作。其中：《21 世纪藏医本科教育规划教材》、《藏药专业本科系列教材》获得自治区级教学成果一等奖；《公共课教材》、《藏汉文公共系列教材》、《藏医人体解剖图谱全集》、《植物藏药材野外认药实践教学》项目获自治区高校教学成果三等奖。此外，根据《西藏自治区精品课程建设工作的实施意见》要求，积极组织申报精品课程。其中《藏医药理学》、《藏医内科学》和《藏医三大基因学》被评为 2007 年自治区级精品课程。同时，组织申报了教育部第一类、第二类特色专业《藏医学》、《藏药学》和《数字化建设》项目、《构建传统与现代相结合的藏医药高等教育体系与人才培养模式实验区》项目，其中“试验区”项目顺利通过国家初评。全年，学院教师在国家级相关刊物发表论文3篇，省级相关刊物发表论文7篇。

教学条件进一步得到改善。学院图书网络教学综合楼全面投入使用，配套硬件建设得到大力改善。图书馆经过2年多的努力，完成了馆藏《藏医药古籍目录》(135字)。网络中心完成了网络机房与多媒体开放式机房的搬迁和光纤改造工作，构建了学院邮件服务系统，完成了《网络素材库的建设》、《数字化教室》、《构建藏医药科技论文发布门户网站》三个项目的申报工作。同时，继续着力维护藏汉英文版网站的构建和信息更新工作，累计采集各种活动和图片资料50多次，发布信息230余条。实验室建设取得突破性进展。通过申报，与科技部、财政部联合共建实验室7项。包括学院牵头，向科技部申报了“西藏藏医药与高原生物联合实验室”，并批准命名为“西藏自治区藏医药与高原生物联合重点实验室省部共建国家重点实验室培育基地”，正式挂牌开展研究工作。同时，组织申报了中央与地方共建藏医藏药基础实验室建设项目，建成实验室3项，即“藏医药基础实验室”、“藏药学基础实验室”和教育部重点实验室“藏医药重点实验室”。在为教学科研服务工作中，实验标本中心开展实验（实训）次数达138次（276个学时），实验学生6356人次，同比增长2766人次。

实践教学和毕业生实习见习进一步改善。2007年是西藏藏医学院实习生历来人数最多的一年。根据实际情况，改变以往毕业实习生集中一地的作法，一方面充分利用学院现有实习教学医院条件，另一方面积极与昌都、那曲、山南、林芝等地区藏医院沟通协调，合理安排实习生，确保了毕业生实习见习的质量和实效。

【科研工作不断推进，取得新成效】全年共申报院级以上课题和项目30项，中标14项。包括：课题6项（即国家自然科学基金资助项目“藏药多血康对高原多血症红细胞及EPO、HIF基因表达的影响”、以及“十一五”科技支撑计划、国家中医药管理局继续教育项目、教育部数字化教室建设项目各1项，自治区科技厅项目2项)，省部共建重点实验室1项，省部共建特色优势学科/项目6项，西藏科技孵化器项目1项。组织撰写了科研项目建议书5项。目前，“十一五”科技支撑计划、973项目、自治区科技厅项目等均按计划开展研究工作，藏药“四臣止咳颗粒”项目被列入自治区科技厅重点项目。为激励广大教职工积极参与科研工作，学院还制定了《科研成果评审奖励办法》，并确定院级科研经费3万元，组织课题招标工作，共有10项科研课题中标，项目涉及藏医药前期研究及教育教学、文献研究、计算机多媒体课件制作、藏医翻译等。全年，学院共有13项科研课题按计划结题，其中包括2005年度10项院级课题和自治区的3项科研课题。“抗缺氧新产品开发——缺氧康”项目，在结题后，正在申报国家保健食品系列，863子项目《藏药配方大全》于2007年11月出版。此外，《藏医药教育与研究》学术刊物，经申报批准面向全国公开发行。

【教学药厂和门诊工作继续巩固和加强】学院产业生产经营和管理工作规范有序，进一步健康发展。为深化管理，促进发展，学院成立了“清产核资领导小组”和“产业规范化建设领导小组”，加强对产业的领导与监管，并于2007年初委托自治区审计事务所对2006年度及2007年前3个月的各类财务报表进行了审计。同时，组织开展了清产核资工作，对藏药厂自建厂11年来的物料、贵重原材料、产成品、相关文件、证书、合同、各种应收帐款和应付帐进行了清理登记，并在认真研究、论证、听取各方面意见的基础上，完成了藏药厂新老领导班子的交接工作。以上工作，为藏药厂实施改制，加快发展奠定了良好基础。学院门诊工作，全年门诊量累计6600余人次，研制开发了“调血康”、“胆康丸”、“风湿药浴”等新药，完成了年初确定的各项任务指标，取得了较好社会效益和经济效益。同时，积极发挥作用，服务教学工作，取得良好成效。

【校园基本建设进一步改善，后勤服务保障工作不断加强】完成了改扩建项目教学图书综合楼的建设和配套设施的购置安装工作；积极响应拉萨市“创建生态园林城市”倡议，对学院大门、围墙进行了新修；同时继续落实学院改扩建项目，完成了2008年建设项目：学生宿舍楼、职工周转楼、综合门诊楼的前期准备工作。学院饮食服务工作，保证质量，价格稳定，有力地促进了校园稳定工作。交通服务工作，实行了部门公里包干制和凭单派车的管理办法，减少了费用，节约了开支。全年行驶安全，服务到位，确保了学院以教学为中心的各项工作顺利开展。

【发挥特色优势，服务农牧民群众，定点扶贫工作扎实推进，初显成效】坚持以开展了送医药、送文化、送科学知识“三下乡”活动为主要形式，服务农牧区群众。学院先后3次自筹资金计40多万元，以及价值2万余元的藏西药，组织团队赴日喀则地区定点扶贫乡（县）、以及山南地区桑日县绒乡和桑日镇，开展“三下乡”活动，计免费为近500名患者进行了诊治；慰问贫困户41户，送去慰问金1万余元；学院文工团以宣讲十七大精神为主题，为当地农牧民群众展现了精彩的文艺节目，深受当地政府和广大群众的好评。

按照自治区党委、政府开展定点扶贫工作部署安排，学院组成了首批定点扶贫工作组，于年初赴定点扶贫点仁布县切瓦乡，逐步开展和推进扶贫工作，在广泛调查研究，分析情况的基础上，结合县乡（村）实际，制定了五年工作规划，同时积极主动，汇报情况，联系内外，协调左右，落实项目资金和捐物折资共计115万余元。

【把握机遇，用好政策，全力落实好受援工作】依托对口援助工作的开展，学院在落实受援项目、研究生培养、援藏干部（教师）进藏工作、选派教师和干部进修学习等方面取得新进展和新成效。学院与北京中医药大学、江西中医学院签订了“十一五”期间对口支援西藏藏医学院协议书，确定了120万元的援助项目，改善学院办学和教学条件；同时继续落实6所高校（第二批）援助项目，累计资金 170 万元，完成援建项目8个；与北京中医药大学联合培养的2名藏医博士研究生顺利通过论文答辩，获得博士学位；落实教育部“质量工程”教师进修和干部学习锻炼工作，选派了22 名教师和干部到支援高校进修学习；继续落实好对口支援高校选派援藏干部（教师）赴藏帮助学院工作。一年来，北京中医药大学选派的院长助理继续在学院工作，江西中医学院先后选派了 2 名干部（教师）、1 名院长助理进藏开展工作。支援高校选派的援藏干部（教师）品行优良，作风严谨，团结协作，为人师表，强有力地促进了学院的建设与发展。由学院牵头和协调各对口支援高校，在拉萨成功召开了“对口支援西藏藏医学院工作座谈会”。会议总结了工作，交流了经验，增进了理解，加深了友谊，对于进一步深化援助工作，落实援助项目，不断巩固和扩大援助成果起了积极的作用。

文化、广电、新闻出版

自治区文化工作

【专业文艺繁荣发展】2007 年，自治区文化系统专业文艺紧紧围绕自治区中心工作以及迎接十七大、学习宣传十七大和青藏铁路通车一周年等各项重大活动，调整创作思路，提高创作质量，创作推出了《盛世赞歌》、《天上西藏》等一大批贴近实际、贴近生活、贴近群众，融思想性、艺术性、观赏性统一的优秀文艺舞台剧目。相继完成了2007新年音乐会、庆祝建党86周年、香港回归十周年和青藏铁路通车一周年、纪念邓小平同志《立足民族平等、加快西藏发展》发表20周年等十多项文艺演出。据初步统计，全年区直三个专业文艺团体演出200余场次。

其中，话剧《穿越巅峰》荣获纪念中国话剧诞生 100 周年暨全国优秀剧目展演二等奖，第五届中国戏剧文学“金奖”。新编历史剧京剧与藏戏《文成公主》入选2006—2007年度国家舞台艺术十大精品剧目，并荣获国家“五个一工程”奖。话剧演员大旺堆被文化部授予“国家有突出贡献话剧艺术家”，扎西顿珠被授予“优秀话剧艺术工作者”。

文艺研究工作有新进展。完成了《中国曲艺音乐集成·西藏卷》、《中国曲艺志·西藏卷》、《中国民族民间器乐曲集成·西藏卷》的编撰和《西藏文艺志》的初审工作。

【社会文化再创佳绩】2007 年，西藏自治区社会文化紧紧围绕建设社会主义新农村及和谐社会的要求，进一步加强了农牧区文化设施、文化队伍和文化活动建设。广泛组织开展了形式多样、内容丰富的群众性文化活动，群众的基本文化权益得到进一步保障。

非物质文化遗产保护工作全面展开。顺利完成了我区第二批国家非物质文化遗产保护名录、首批国家非物质文化遗产传承人和“中国民间文化艺术之乡”的申报工作；自治区命名了第二批自治区级非物质文化遗产保护名录；成功地参加和组织了成都国际非物质文化遗产节巡街演出活动和首届非物质文化遗产展演活动。

文化信息共享工程深入推进。完成了《2007年至2010年我区共享工程建设规划》制定、全区文化信息共享工程试点县建设及卫星三级站的转星工作；完成了25个县文化信息资源共享工程卫星三级站设备配送和安装工作。成功地举办了文化信息资源共享工程基层点技术人员培训班。顺利建成了文化信息资源共享工程自治区分中心。

群众性文化活动蓬勃开展。自治区举办了“喜迎十七大全区新发展、新变化、新生活”文艺调演、庆祝建党85周年大型专题文艺晚会《和谐颂》等形式多样、丰富多彩的群众文化活动，极大地丰富活跃了群众的文化生活。

【文物保护利用有新进展】三大重点文物保护维修工程进展顺利。年内开工 15 个子项目，完成投资 2401.4 万元。截止 2007 年底，三大重点文物工程已累计开工 134 个子项目，竣工验收 129 个子项目，完成投资的 77%。自治区“十一五”重点文物保护工程前期工作顺利完成。争取到国家投资 5.7 亿元将对大昭寺、小昭寺、哲蚌寺等22个文物保护单位进行保护维修。全区重要历史和革命文物调查保护工作全面启动。“红色遗迹”调查保护工作已全面展开。全区第三次全国文物普查工作的培训和试点工作圆满完成。布达拉宫雪城保护利用工作取得阶段性成果。64 处文物单位报批为第四批自治区级文物保护单位。新修订的《西藏自治区文物保护条例》颁布实施。文物执法监督检查工作取得实效。布达拉宫等32处全国重点文物保护单位的保护范围和建设控制地带划定公布。全区重点文物保护单位接待措施进一步完善，服务能力不断提升，对外开放力度进一步加大，仅布达拉宫接待总人数首次突破百万人。

【文化市场繁荣有序、健康发展】坚持“一手抓繁荣，一手抓管理”的方针，进一步整顿规范了音像市场，开展了打击反动音像制品专项整治行动。加大了网络市场的监管，尤其是加大了校园周边网吧日常监督与专项整治，严厉查处网吧接纳未成年人违规现象，保护了未成年人的身心健康，净化了网络市场。加强了歌舞娱乐场所的管理，规范文化市场经营秩序，有效地遏制了不良文化和达赖集团反动文化产品在歌舞娱乐场所的传播。新批准成立了 9 家从事演出活动和音像制品批发业务的文化公司。加快了文化市场立法步伐，起草上报了《西藏自治区文化市场管理暂行条例》（修改稿），并列入自治区 2007 年立法工作计划。

通过开展各种专项活动和日常检查，有效规范了全区文化娱乐市场，维护了市场的正常经营秩序，促进了全区文化市场的健康有序、繁荣发展。

【文化产业发展势头良好】一是成功组织了深圳国际文化产业博览会、中国西部（呼和浩特）文化产业博览会和北京文化产业创意博览会西藏代表队团的参展工作。充分利用这些平台，宣传展示了我区文化建设成就，推介合作项目，有力地推动了我区文化产业的发展。二是加强了对基层文化产业情况的调查研究。有针对性地提出了进一步加强我区文化产业的意见，得到了自治区党委、政府的充分肯定，为推进我区文化产业健康快速发展提供了依据。三是开展了全区首批文化产业示范基地的评选工作。评选工作得到了各地市文化主管部门的重视和文化企业的积极参与。目前，此项工作正在紧张进行。四是打造民族特色的文化产品和优势文化品牌有新进展。集中推出了一批具有一定市场份额的文化演出产品和具有西藏地方特色，有较高文化品味的民族手工艺品。

【存在的问题】一是农牧区基层文化设施建设滞后，投入不足，多数乡镇、村缺少基本的文化设施，大多基层文化单位业务经费拮据；二是我区现行的文化体制和机制还不能完全适应文化大发展大繁荣的要求；三是文化产业发展缓慢，文化经营管理人才严重不足；四是城乡文化、区域文化发展还不平衡，基层群众文化还较薄弱；五是文化创作力量不足，精品力作不多；六是文物保护管理机构不健全，人员编制严重不足，专业技术性人才十分匮乏等。

【领导名录】
党组书记、副厅长：刘建敏
党组副书记、厅长：尼玛次仁
党组成员、副厅长：喻达瓦（文物局长）、杨守民、辛高锁、扎西多吉
党组成员、纪检组长：沙道训

自治区文物工作

【基本情况】西藏自治区有各类文物点2300多处，各级文物保护单位329处。其中，全国重点文物保护单位35处，自治区级文物保护单位112处，县（市）级文物保护单位182处。其分布为：自治区文物局下属单位有全国重点文物保护单位2处；拉萨市有全国重点文物保护单位6处，自治区级文物保护单位29处，县（市）级文物保护单位3处；日喀则地区有全国重点文物保护单位8处，自治区级文物保护单位26处，县（市）级文物保护单位26处；山南地区有全国重点文物保护单位12处，自治区级文物保护单位23处，县（市）级文物保护单位28处；林芝地区有全国重点文物保护单位1处，自治区级文物保护单位5处，县（市）级文物保护单位18处；昌都地区有全国重点文物保护单位2处，自治区级文物保护单位13处，县（市）级文物保护单位52处；那曲地区有全国重点文物保护单位1处，自治区级文物保护单位5处，县（市）级文物保护单位53处；阿里地区有全国重点文物保护单位3处，自治区级文物保护单位11处，县(市)级文物保护单位2处。全区有历史文化名城3座，即拉萨市、日喀则市和江孜县；世界文化遗产一处三个点，即布达拉宫及其扩展项目大昭寺和罗布林卡。

全区现有各级文物保护管理机构12个、博物馆2个、文物科研机构1个、文物总店1个和文物鉴定机构1个。西藏自治区文物局隶属自治区文化厅，为自治区人民政府的副厅级全区文物行政管理部门，内设机构有办公室（计划财务审计处）、文博处（考古管理处）、宣传保卫处（安防技术管理处），统管全区的文物保护和管理工作。到2007年底，自治区文物局下属有布达拉宫管理处、罗布林卡管理处、西藏博物馆、自治区文物保护研究所4个县级事业单位和西藏文物总店、文物鉴定组2个区级事业单位。拉萨市设有副县级文物管理局，日喀则和山南地区设有正区级文物管理局，昌都、那曲、阿里、林芝地区在地区文化广播影视局内设有文物科；在县级政府机构中，扎达县、江孜县设有正区级文物局。

西藏现有从事文物工作的人员270名，其中藏族占76%。专业技术人员约100人，占总人数的37%；其中获得文博副研究员的13人，文博馆员30人，合计为43人，共占专业技术总人数的43%。

【队伍建设和人才培养】为进一步提高在职人员的业务和管理水平，举办了“《西藏自治区文物保护条例》暨文物法规培训班”、“山南地区文物业务技能培训班”；全区共派出15人次参加了国家文物局举办的各类专业知识培训班；邀请古建专家15人次进藏，利用传、帮、带的形式与我区专业人员共同开展了西藏文物保护和制定文物保护维修工程总体方案的各项工作，不仅促进了我区的文物工作，而且使部分专业人员的业务水平得到了提高。同时，我们还召开了首次全区文物保护工程勘查设计资质和文物保护工程施工资质颁发座谈会，向我区获得2家勘查设计资质单位和7家施工资质单位颁发了资质证书。这标明我区文物保护工程勘查设计和工程施工方面的技能正在不断提升。

【法规建设】1.重要法规的制订情况。2007年7月27日，《西藏自治区文物保护管理条例》经西藏自治区第八届人民代表大会常务委员会第三十二次会议第二次修订，8月3日，《西藏自治区文物保护条例》由自治区人民代表大会常务委员会[2007]8号公告公布实施。目前，正在修订《布达拉宫保护管理办法》。

2.文物普法工作，文物保护法宣传情况。为了学习好、宣传好、贯彻好《西藏自治区文物保护条例》，2007年11月28日至12月4日，自治区文物局与自治区行政学院联合举办了由各地市文化、文物、民宗、公安、消防、海关等部门领导及业务人员共50多人参加的《西藏自治区文物保护条例》暨文物法规培训班，收到了良好的效果，达到了预期的目的。邀请民宗部门共同对西藏自治区全国重点文物保护单位开展实地文物法规宣传和咨询活动，向广大僧尼发放各种宣传资料，介绍文物保护和安全防范知识。

2007年6月9日是我国第二个“文化遗产日”。向全区文化文物部门下发了《关于在全区范围内组织开展我国第二个“文化遗产日”宣传活动的通知》，并制定了“文化遗产日”宣传活动方案。6月8日至9日，自治区和各地市文化文

物部门紧紧围绕“保护文化遗产，建设和谐社会”的中国“文化遗产日”主题，在全区范围内开展了形式多样、内容丰富的宣传咨询活动，共发放各类宣传资料5万多册（张），为进一步营造全社会共同参与文物保护工作起到了很好的促进作用。

平时，在人员流量较多的主要街道设立文物宣传咨询点，向过往的广大干部群众和学生等散发《文物法》宣传单，讲解文物保护的相关知识。同时，还利用自治区寺教办每年举办的“全区寺庙民管会主任培训班”的机会，向学员讲述《文物保护法》、《西藏自治区文物保护条例》、《西藏自治区文物单位消防安全管理办法》及文物保护管理和安全防范知识。

【执法督查与安全保卫】在2007年全区文物工作会上，对贯彻落实《2006年文物安全责任书》成绩突出的进行了表彰奖励，并与区直文博单位和各地市文化（文物）局签订了《2007年文物安全责任书》，各地市文化（文物）局也相继与所辖各县和文物单位签订了《年度文物安全责任书》，强化责任意识、岗位意识、法人负责的工作格局。全区各级文化（文物）部门和重点文物保护单位始终把安全工作作为文物工作的生命线，坚持“人防为主、技防为辅”的安防原则，健全各项制度，做到了有章可循、上下联动的安全防范机制。同时，在重大节日和日常防范中积极主动地会同公安、消防等部门组成专项检查组重点对三级文物单位的值班情况、制度建设和防范措施的落实情况等方面进行安全大检查，及时消除安全隐患、规范不安全行为。另外，还加大了安全防范硬件设施建设的力度，编制了色拉寺、哲蚌寺、小昭寺、扎什伦布寺、夏鲁寺5处全国重点文物保护单位的安防系统设计方案。

各地市和文物单位也加大了文物安防经费的投入力度：拉萨市投资3万元，对哲蚌寺的文物库房进行了加固，制作了消防宣传栏；投入一定资金对小昭寺的供灯房进行了改建。昌都地区投资15万元，对13处安全设施简陋、火灾隐患较重的文物点安装了“三铁”；投资17万元，修建了昌都县肖达寺文物库房。全国重点文物保护单位白居寺和自治区级文物保护单位雍布拉康分别自筹资金26万元和3万元安装了电视监控系统。有力地提高了文物的安全系数。

【文物保护】三大重点文物保护维修工程进展顺利。西藏三大重点文物保护维修工程作为全区文物保护工作的重点，自始至终坚持从人力、物力、组织协调、文物安全等方面给予全力配合。2007年共开工15个子项目，竣工6个子项目，完成投资2401.4万元。截至2007年底，三大文物工程已累计开工134个子项目，竣工验收129个子项目，完成投资25672万元，占工程总投资的77%。

完成了自治区“十一五”重点文物保护工程的前期工作。为了促进全区文物事业的发展，本着“轻重缓急”的原则，申报并经国务院批准，我区15处重点文物保护单位和7处历朝历代中央政府有效治理西藏的文物点为自治区“十一五”重点文物保护项目，中央决定投资5.7亿元（国家发改委投资2.8亿元，财政部投资2.9亿元）实施西藏自治区“十一五”重点文物保护工程。自治区召开了全区“十一五”重点文物保护工程协调领导小组第一次全体会议，专门对重点文物保护工程建设进行了研究部署。目前，哲蚌寺、色拉寺、乃宁寺、古格王国遗址、夏鲁寺等保护维修方案和大昭寺、桑耶寺、扎什伦布寺、藏王墓保护维修工程的可行性研究报告已基本完成。

自治区加大文物保护经费的投入力度，部分文物单位得到了抢救性保护。2007年，自治区财政安排1106万元专项资金，用于昌都向康大殿、日喀则日吾其金塔、山南邓萨提寺等文物单位的抢救性保护维修工作；自治区文物局从事业基金中拿出235万元，分别对昌珠寺、吉如拉康、藏王墓、扎塘寺、强准寺、向达寺、拉加里王宫、敏珠林寺等文物单位进行了抢救性维修保护。

全面启动了我区第三次全国文物普查工作。自治区和各地市成立了相应的文物普查工作领导小组及其办公室；领导小组办公室结合西藏实际，制定了西藏自治区第三次全国文物普查工作方案、实施细则和普查试点工作方案，先后组织召开了我区第三次全国文物普查工作动员大会和试点工作动员大会，编印了全套培训教材，举办了我区第三次全国文物普查培训班。组建了由各地市专业人员参加的37人普查队，于9月5日赴林周县开展了为期45天的普查试点工作，对林周县的10个乡、4512平方公里的面积进行了文物调查，到达率100%，覆盖率100%，全面摸清了该县文物的现状和藏量，检验了普查方案，积累了丰富的普查工作经验，为在全区全面开展第三次全国文物普查工作奠定了很好的基础。各地市也按照国务院和自治区的统一部署，积极主动组织工作组深入到基层摸清家底，为迎接全面普查做了大量工作。

布达拉宫雪城保护利用工作取得明显成效。充实了雪城保护利用工作组；修改、完善了《雪城保护利用工作总体方案》；自治区投入资金700余万元，共征集文物900余件、购置实物279件、复仿制实物430件；借调实物348件；收集各类图片400余张，起草、翻译各类文稿5万余字；完成了雪城概况、导览图、旅游指南、游客须知、各点简介牌和指示牌的制作任务；完成了雪巴列空等11个点的陈列布展工作和游客服务中心演播项目的制作任务；招录聘用了20名讲解员和20名安全保卫人员，成立了雪城管理科；2007年5月31日，组织召开了雪城展区开馆仪式，确保了雪城展区共12个点于6月1日正式对外开放。开馆5个月以来，共接待游客和群众78625人次，日平均接待524人次。受到了国内外游客和社会各界的普遍好评。

扎实开展了全区重要历史和革命文物调查保护工作。已调查登记重要历史和革命文物80多处，目前正在编制图录工作。自治区投入534万元的拉萨关帝庙、吉隆大唐天竺使出铭和亚东嘎举寺这三处保护维修工程已竣工验收；自治区文物局投资20万元对拉萨北郊藏热汉族墓地祠堂及附属设施进行了维修。自治区文物局积极配合“红色遗迹”办公室开展工作。

参与、协助了对贝叶经的摸底调查和建档工作。协助该领导小组办公室并参与制订了《贝叶经保护工作实施方案》，组织业务骨干在全区范围内开展了贝叶经的调查和建档工作。布达拉宫、罗布林卡、西藏博物馆馆藏贝叶经的整理造册和建档工作已完成；拉萨市文物局对哲蚌寺和那林扎寺所藏的14部贝叶经进行了登记和建档；日喀则地区文物局在开展贝叶经调查和建档工作中，在萨迦县白玛曲林寺新发现一部（400页）完整的贝叶经（包括夹经板），并对其作了详细的登录；山南地区文物局对雅砻历史博物馆收藏的11部贝叶经进行了登记和建档。

【积极开展了第三次全国文物援藏资金和项目的落实工作】第三次全国文物援藏工作会议后，陆续与14个省级文物部门、8家文物单位签订了援藏项目、资金和人才培养协议书，协议资金和项目折合718万元。到目前为止，已到位资金563万元（含项目折合资金260万元）。由云南省文物局援助修复的罗布林卡管理处收藏的原西藏地方政府的两辆轿车也已交付罗布林卡管理处。由浙江省文化厅（文物局）、中国文物信息中心分别无偿为我区培训8名讲解员和5名数据库建设人员的工作已经得到落实。

完成了第四批自治区级文物保护单位的申报和公布工作。为加大县级以上文物单位保护和管理力度，促使部分县级文物单位的保护和管理工作再上新的台阶，对部分县级以下文物保护单位的基本情况和现状作了调研，对符合和基本符合自治区级文物保护单位评选条件的拉萨关帝庙等64处文物单位作为第四批自治区级文物保护单位上报自治区人民政府审核批复，向全区下发了《关于公布第四批自治区级文物保护单位名单的通知》，并安排专项资金、部署各地市文化（文物）部门认真做好新公布的第四批自治区级文物保护单位的“四有”工作。

【有序开展了文物建档工作】布达拉宫管理处完成了3276件文物的登记、建档和2040部经书的整理编目、补损上架以及雪城游客服务中心数字演播系统的配制与演示片的制作任务，完成了雪城展区222张（枚）钱币的借调和登记工作，对6200件文物进行了拍照，搬迁唐卡文物60多箱、经书文物1526部，整理经书夹板2万多块；罗布林卡管理处完成了1461件文物和所藏贝叶经的建档工作；西藏博物馆完成了3675幅唐卡和396件佛像的登记、造册工作，对1719件丝织品进行了分类、拍照和建档，为布达拉宫雪城展区借调了20余件文物展品。各地市文化（文物）部门也积极开展文物建档工作，据不完全统计，各地市全年共完成近2万件文物的登记建档工作。

【考古发掘研究】完成了藏木水电站工程建设中文物的调查研究工作，撰写了专题调查报告；完成了国家基本建设中藏中电网应急电源厂址和扎曲水电站规划工程的文物考古调查、勘探工作。

【文博宣传出版】《西藏文物》（半年刊）出版两期，每期印刷500册，向全区各级文化文物部门和文物保护单位无偿发行500册。

根据自治区地方志办公室的要求，积极组织专业人员开展并完成了《西藏自治区志·文物志》补充、完善工作，待评审后报自治区地方志办公室审批。

【对外交流与合作】在文物外事交流合作工作中，我们始终坚持“以我为主，于我有利”的外事工作方针，积极探索，充分发挥独特的宣传作用，努力推进我区文物外事工作的发展。《中国西藏寺殿藏珍》在德国埃森市和柏林近两年的展览反响很好、宣传效果显著，约有25万人次参观了此次展览。展览任务于5月28日圆满结束，142件（组）文物展品于6月7日已全部运回拉萨，于6月13日完成了文物展品的点交、移交和归库工作。在2007年的展览期间，我们共派出三批工作组到现场检查、指导展览工作和开展文物移交工作。

经国家文物局和自治区涉外项目领导小组批准，我区与瑞士贝奇文化基金会合作开展的阿里托林寺壁画保护维修工作进展顺利。

配合自治区外办完成了国外15个重要团体（280人次）在藏考察的接待任务。

【博物馆】该馆从2007年初起，每周星期五在《拉萨晚报》上刊登1件陈列的重要文物介绍文章并设置1道问答题，读者通过拨打热线电话进行回答，对给出正确答案的前5位读者，发给本馆优惠票并提供免费参观服务。截止2007年底，西藏博物馆共举办陈列文物介绍文章和有奖征答活动47期，受到了社会各界人士的认同和广泛参与。

积极落实“三贴近”要求，进一步发挥博物馆爱国主义教育基地作用。西藏博物馆专门安排了一间展厅作为“青少年活动室”，开设了4个专题知识讲座，先后举办了“西藏廉政文化建设书法美术摄影展”、“庆祝党的十七大胜利召开拉萨、武汉书画作品联合展”、“第六届澳门、辽宁、西藏摄影作品展”、“透明之局·原弓当代艺术西藏邀请展”等四个临时展览，全年免费接待30153人次，其中免费接待未成年人近2万人次。

【世界文化遗产】《布达拉宫保护管理办法》的修订工作已列入政府法制办立法规划当中，修订稿已上报政府法制办。

自治区文物局分管副局长随中国代表团参加了新西兰第31届世界遗产会议。中国代表团的成员本着“以我为主，于我有利”的原则，对故宫、布达拉宫等6处我国世界遗产的保护状况、新申报的自然和文化遗产的价值、保护状况等进行了耐心细致的宣传、说明与解释工作，求得了多方的充分认可和支持。会议一致同意，决定对北京故宫、西藏布达拉宫等6处世界遗产的保护状况免予提交本届大会审议讨论。本届会议决议草案称：已经检查和回顾了第29届世界遗产会议通过的决议执行情况，对中国政府及地方政府为改善遗产的保护状况所做出的努力给予了充分肯定，特别是在扩大遗产缓冲区范围以及发展布达拉宫、大昭寺和罗布林卡保护范围方面所取得的进展表示肯定和赞许。按照第31届世界遗产会议的要求，组织开展了编制世界遗产布达拉宫及其扩展项目大昭寺和罗布林卡的保护规划以及缓冲区的信息补报工作；编写了布达拉宫历史建筑群保护状况报告等世界文化遗产的相关工作。

【社会文物管理】文物征集工作。2007年，全区共投资305余万元，征集和收购各类文物1326件。其中，布达拉宫雪城投资65余万元，征集各类文物900件；西藏博物馆投资160余万元，征集各类文物286件；山南地区投资20余万元，接收捐献和征集各类文物200件；西藏文物总店投资60余万元，收购各类文物40件。征集和收购的文物，进一步充实、丰富了馆藏和陈列内容。

文物鉴定工作。完成了江孜县帕拉庄园112件文物的鉴定工作；昌都地区对所辖11个县、101处重要文物点及其馆（寺）藏文物进行了调查，共鉴定各类文物1847件。

【受奖情况】西藏自治区那曲地区比如县被文化部和国家文物局授予“2007年全国文物工作先进县”。

山南地区文物局被人事部、国家文物局表彰为“全国文物系统先进集体”。

西藏公安消防总队拉萨支队布达拉宫大队被文化部、国家文物局授予“文物保护特别奖”。

昌都地区文化局文物科被国家文物局表彰为“全国文化遗产保护工作先进集体”。

日喀则地区文物局局长拉巴次仁，文化部援藏干部、西藏三大重点文物保护工程领导小组办公室副主任常兴照被人事部、国家文物局表彰为“全国文物系统先进个人”，阿里地区札达县文化局副局长达娃卓玛、林芝地区文化局文物管理科科长多布杰、罗布林卡管理处副处长尼玛旦增、拉萨市文物局局长肖元春（援藏干部）被国家文物局表彰为“全国文化遗产保护先进个人”，自治区文物保护研究所副所长哈比布被自治区人民政府表彰为“支援青藏铁路建设先进个人”荣誉称号。

【领导名录】

党组成员、局长：尼玛次仁

副局长：徐非、旦增朗杰

自治区广播电视工作

【年度情况与特点】2007年全区共有广播电台1座4套节目，广播电视台3座7套节目。广播节目播出语种3种，广播节目6套，卫星传送3套，全年播出公共广播节目时间42379小时，其中自制节目21040小时；全区共有电视台5座，计10套电视节目，全年公共电视播出时间42750小时，自制节目4615小时。除汉语节目外，全区各级广播电视台还开办了藏语以及藏语方言如拉萨话、康巴话节目及英语节目。西藏人民广播电台3套节目通过卫星传送，西藏电视台有藏汉语2套卫星节目和1套城市节目。全区广播电视综合覆盖率为87.8%和88.94%。全区有100瓦以上调频广播转播台79座，50瓦以上电视转播台80座，县以上有线电视转播发射台76座，中波广播发射台38座，电视专用上行卫星地球站1座，“村村通”广播电视台、站共有9111座。

【宣传内容丰富，导向正确】2007年，自治区广电局宣传工作紧紧围绕自治区党委、政府的工作部署，充分发挥广播电视宣传形象直观、及时快捷的优势，为全区营造了聚精会神搞建设、一心一意谋发展，旗帜鲜明反分裂、齐心协力保稳定的良好舆论氛围。

圆满完成了“十七大”的宣传报道任务。“十七大”的宣传报道，自治区广电局是按照会前、会中、会后三个阶段进行策划、安排和组织实施的。

5月份，局里成立了由主要负责同志任组长的“十七大”宣传报道工作领导小组；制定了《迎接“十七大”宣传报道意见》，获得区党委好评和批准；以抓好学习胡锦涛总书记“6·25”重要讲话精神宣传为标志，拉开了迎接“十七大”宣传的序幕。电台、电视台在《西藏新闻联播》节目中开设了《迎接十七大展现新成就》、《党的十七大代表风采录》、《红色记忆·永远的丰碑》等专栏；制作播出了《火车站旁的党支部》、《青稞美酒献给党》、《雪山连北京》等80多期专题节目；电台一段时间内还每天播出一首以歌颂共产党、歌颂社会主义为主题的广播歌曲。通过这些工作，为全区上下在十七大召开前夕营造了一种喜庆、团结、奋进的社会舆论氛围。

“十七大”召开期间，西藏人民广播电台、西藏电视台除了完整转播开幕式实况、新当选的中央领导与中外记者见面等重要活动外，集中力量抓了我区十七大代表参加会议活动和我区广大干部群众收看收听十七大盛况、学习领会十七大精神的宣传报道。电视台选派了8名记者编辑主持人和技术人员参加了十七大西藏代表团的宣传报道，首次在北京设立了《直通北京》演播室，做到了当天的新闻当天按时播出。从10月15日开始到10月底，电台、电视台联合组织了20多个报道组，分赴党政机关、企事业单位、街道社区和地县乡村对全区各族各界干部群众学习领会十七大精神的情况进行了及时、全面的宣传报道。

“十七大”结束后，广电局组织电台、电视台大力宣传中央和自治区党委关于学习宣传十七大精神的工作部署，大力宣传自治区组织的“万名干部下基层宣讲十七大精神和加强基层基础工作调研活动”，大力宣传全区各级各部门各单位学习、宣传、贯彻十七大精神的实际行动。电台、电视台在《西藏新闻联播》节目中开设了《学习十七大宣传十七大贯彻十七大》、《万名干部下基层》和《党的十七大报告解读》等专栏。通过舆论引导，全区上下已经并将长时间保持学习十七大、宣传十七大、贯彻十七大的社会热潮。

加强了贯彻落实科学发展观和经济建设、环境保护的宣传。大力宣传各级党委政府和各方面贯彻落实科学发展观的思想认识和具体实践。电台、电视台在《西藏新闻联播》节目中全年开设了《贯彻落实科学发展观》专栏，报道了全区各行各业一大批贯彻落实科学发展观的典型，进一步营造了全区上下以科学发展观统领经济社会发展的浓厚氛围。大力宣传发展是第一要务、是解决西藏所有问题的基础思想，大力宣传自治区党委、政府关于“一产上水平、二产抓重点、三产大发展”的经济发展战略和重点任务、政策措施、工作要求。电台、电视台在《西藏新闻联播》节目中开设了《实现又好又快发展》等专栏；全年共播出经济建设方面的各类稿件34000多篇。大力宣传以旅游业为龙头的第三产业，与旅游等部门开展了多项丰富多彩的宣传活动，对全区旅游业的发展起到了积极的推动作用。大力宣传我区加强环境保护和生态建设的各项举措，进一步增强了社会各界的环保意识。

加强了构建和谐社会、建设社会主义新农村和关注民生的宣传。大力宣传中央构建和谐社会和自治区党委构建和谐西藏的战略思想。电台、电视台在《西藏新闻联播》节目中分别开设了《构建和谐社会》、《建设新农村》和《关注民生》等专栏，制作播出了大量的新闻节目和一大批理论性、实践性、针对性较强的专题节目及其它节目。建设新农村的宣传，按照区党委的要求，突出了以安居乐业为突破口的宣传，体现了正确的舆论导向。关注民生的宣传，除了平时的宣传之外，在2007年年底全区经济社会发展成就性宣传中作了重点安排，大力宣传了党和政府对西藏广大农牧民和城镇居民在住房、教育、医疗、社会保障等方面采取的各项惠民措施。

深入扎实地开展了揭批达赖、反对分裂和加强民族团结的宣传。局里制定下发了《关于广泛深入持久地做好揭批达赖、反对分裂广播电视宣传工作的意见》，全面贯彻了区党委的有关指示精神。电台、电视台在《西藏新闻联播》节目和其它专题节目中先后开设了《新发展新变化新生活》、《维护统一反对分裂》、《在祖国大家庭里》、《藏学家眼中的西藏》、《党外人士谈家乡变化》、《老人谈雪城今昔》等专栏，采取新旧对比的方式，运用具体的事例和数字，进一步揭露了达赖集团政治上的反动性、宗教上的虚伪性和手段上的欺骗性，进一步增强了全区各族人民坚定信念跟党走、坚持社会主义道路奔小康、坚持民族区域自治制度大团结的信心和决心。

电台对外藏语广播《中国西藏之声》、英语广播《圣地西藏》和电视台藏语卫视积极开展有理、有力、有针对性地对外宣传，收到了良好的社会效果，仅2007年以来收到国外听众观众来信300多封。

精心组织了各个重要会议重要活动的宣传报道。大力宣传自治区第七次党代会和七届一、二、三次全委会精神。两台分别在藏汉语新闻、专题节目中开办了《学习贯彻落实自治区第七次党代会精神》、《新任务、新目标、新征程》、《建设和谐西藏》等专栏，全面报道了全区干部群众学习宣传贯彻落实第七次党代会精神，推动经济社会发展、构建和谐社会、加强基层组织建设等方面的新思路、新举措、新成就。共播发稿件4900多篇，较好地完成了各项宣传报道任务。

圆满完成了全国“两会”和全区“两会”的宣传报道任务。全国“两会”期间，电台、电视台共播发“胡锦涛总书记参加我区人大代表团讨论”等各类新闻60多条。全区“两会”宣传报道的内容和形式有所创新，在电台、电视台播发的390多条新闻中，录音新闻达170多条，还制作了广播专题节目30期、电视专题节目26期。

认真抓了纪念邓小平《立足民族平等加快西藏发展》重要讲话发表20周年、庆祝建党86周年、庆祝青藏铁路通车1周年、庆祝香港回归10周年、庆祝建军80周年、庆祝建国58周年等重大纪念活动的宣传报道。

圆满完成了自治区党政代表团赴援藏省市、中央骨干企业答谢考察活动和第四、第五批援藏干部轮换工作的宣传报道。据统计，自治区广电局广播电视共播发藏汉语新闻稿件201篇，这些稿件播出后在全区产生了良好影响。通过宣传，使全区各族人民进一步加深了对中央亲切关怀、全国人民无私支援等情况的了解。

加强了对各类先进典型的宣传。电台、电视台始终注意把典型宣传作为弘扬主旋律、倡导新风尚的重要措施抓紧抓好。“五一”国际劳动节前后，电台、电视台推出了《劳动者风采》系列报道，对全区各行各业的先进集体和先进个人进行了大张旗鼓地宣传。按照区党委的要求，电台、电视台对援藏干部的模范—许晓珠和布达拉宫公安消防中队等先进事迹进行了系列宣传报道，在广大干部群众中引起了强烈反响。

充分发挥文艺宣传在广播电视宣传中的重要作用。成功地举办了2007年春节藏历新年电视综艺晚会。为了庆祝青藏铁路通车1周年，电台于6月底举办了以“颂路爱路、共创和谐”为主题的听众代表演唱会。电视台于7月和9月分别在墨竹工卡县和堆龙德庆县组织进行了以“建设新农村”为主题的“心连心”慰问演出，自治区几大班子领导观看了演出，给予较高的评价，并将文艺演出的“精编版”在电视上多次播出，受到了广大干部群众的好评。

藏语电视宣传取得重大进展。藏语卫视从10月1日起实现了24小时不间断播出，我区成为全国第一个少数民族语言电视全天播出的省份。藏语电视节目制作和译制能力进一步提高。藏语卫视全天开播以来，各方面运行良好。西藏电视台针对观众的不同需求，先后推出了《西藏新闻联播》、《央视新闻联播摘要》、《农牧天地》、《藏语动画剧场》、《每周艺苑》以及藏语影视剧等20多个栏目。这些栏目涵盖新闻、社教、文艺、资讯、体育等多个门类。在对国外藏胞宣传的节目中加大了西藏民族文化保护、民族宗教政策、西藏发展变化等内容的宣传力度。藏语卫视全天播出后，受到了国内外藏族同胞和懂藏语的观众的普遍欢迎。

加大了向中央“三台”提供宣传稿件的力度。截止目前，电视台向中央电视台供稿被采用92条，其中《青藏铁路通车一年来为西藏发展增添活力》和《西藏大力实施安居工程改善农牧民居住条件》两条被中央电视台《新闻联播》节目安排在头条位置播出。电台向中央人民广播电台和中国国际广播电台供稿被采用70条，其中录音报道《西藏20万城镇居民享受基本医保》被中央人民广播电台《全国新闻联播》节目安排在头条位置播出。

对国内国外的宣传不断扩大。电台与内地32家广播报纸媒体建立了宣传合作关系，5月份与中国国际广播电台和深圳商报联合开展的“和谐西藏行”活动共播发各类稿件150多篇。电视台与深圳广电集团建立了战略合作关系，以“挂双台标”的方式在深圳卫视B版(对港澳台宣传)每周播出一档宣传西藏的节目，有力地宣传了西藏，扩大了西藏的对外影响。

藏语译制工作成绩显著。2007年，“两台一司”通过进一步深挖内部潜力，提高工作效率，实现了译制工作的新突破。电台两套民族语言广播节目的日译制量达到25小时30分钟，其中藏语新闻综合频率的节目译制时间每天达16小时30分钟；康巴语频率的节目译制时间每天达9小时。电视台完成了700小时译制任务，比2006年增加200小时。电影公司译制完成故事片16部、转录拷贝654个，科教片译制完成14部、转录拷贝262个；涂磁故事片72个拷贝、科教片46个拷贝，超额完成了年初确定的译制任务。

电影宣传工作稳步推进。围绕中心，服务大局，积极引进电影资源。一是认真组织开展了“送电影下乡”和“优秀国产影片进农村”两大主题放映活动，共放映电影12500多场，观众人数达78万人次。二是配合廉政文化建设，为30多个区直单位的3200多人次放映了《公仆》、《小巷总理》、《村支书郑九万》等影片。三是开展了“优秀国产影片金秋展映、展播月”活动。展映了《青藏线》、《我的左手》、《八月一日》等影片。这些放映活动，弘扬了时代主旋律，歌颂了新时期改革开放和和谐社会建设的伟大成果，取得了良好的宣传效果。

音像出版宣传的社会影响不断扩大。“西藏音像”的品牌效应越来越大。2007年有2件宣传品获得“中国政府新闻出版奖”。

西藏信息港网络宣传导向正确，信息量不断增大，点击率逐步提高。

此外，还完成了自治区党委、政府安排和有关方面联系的其它宣传任务。

【宣传管理工作进一步加强和规范】较好地坚持了编播会制度。根据工作需要，局里定期或不定期地召开编播会议，听取两台一司宣传工作汇报，总结经验，找出差距，研究部署下阶段的宣传工作任务。两台每周一都要召开编播会议。编播会制度的实施，有效地发挥了宣传管理和指导协调宣传工作的作用。

局里与两台和七地市广电局签订了宣传管理目标责任书。局里成立了编审委员会。

制定下发了《自治区广电局关于进一步加强广播影视宣传管理的意见》和《自治区广电局舆论监督准则》等规章制度，进一步重申和明确了宣传工作的纪律。

局里和两台及时制定了重要宣传任务的宣传报道方案。局里全年下发宣传报道方案11个。

开展了净化荧屏和整治不良广告工作。按照国家广电总局的要求，电视台、电台和七地市广播电视台都对播出的节目、广告进行了认真检查。启动了广播电视节目监听、监看工作。

开展了防范虚假新闻工作。贯彻全国防范虚假新闻电视电话会议精神，进一步加强了对采访编辑人员的职业道德教育。

【宣传工作亮点不断，硕果累累】2007年，两台自办节目、栏目达134个，播出时间49562小时；播出稿件64200多篇，其中新闻稿件43300多篇、专题稿件20800多篇；推出系列报道72个、综艺节目734期、文艺晚会36台次；上送中央三台稿件300多篇，被采用162篇。工作中，坚持正确的舆论导向，坚持团结、稳定、正面宣传为主的方针，坚持贴近实际、贴近生活、贴近群众的方针，坚持注重实效、改进创新的原则，宣传工作的质量和水平有了进一步提高。

藏语卫视实现24小时播出，是我区广播影视事业发展的一个飞跃，深受全区各族人民特别是农牧民群众的欢迎。

电台发起并参与的《和谐西藏纪行》多媒体联合采访报道活动，加大了对外宣传报道西藏的力度，拓展了广播宣传的领域。

电视台在“十七大”报道期间开办的《直通北京》电视专栏，增强了节目的现场感，创新了电视报道形式。

电台《政风行风热线》广播节目架起了政府与听众沟通的桥梁，受到听众欢迎，成为广播舆论监督的有益尝试。

电视台三个月内举办了两场“心连心”赴农村慰问演出活动，同志们付出了很大心血。

电台联合山南广播电台共同开展的《直播山南》和《和谐山南》采访报道活动取得圆满成功。这是开门办广播、扩大广播影响的一次新的尝试。

2007年，我区有一批广播、电视作品获得全国级奖和自治区级奖。电台创作的歌曲《藏族人家》、音像出版社制作的电影《江孜1904》获全国第十届精神文明建设“五个一工程”优秀作品奖；广播新闻专题《追逐太阳的青春》获第十七届中国新闻奖一等奖；音像出版社制作的纪录片《天上拉萨》获中国政府新闻出版提名奖(二等奖)；广播系列报道《建设新农村》等3篇稿件获中国广播电视奖优秀提名奖(二等奖)；广播少儿节目《格桑梅朵》获全国“青少年维权岗”称号；电视系列报道《西藏辉煌40年》获中国广播电视奖优秀奖(一等奖)，电视台的专题节目《神奇的天路》获第十七届中国新闻奖二等奖；电视台的专题节目《雪山下的酥油灯》获中国广播电视节目星光奖；电视台的新闻评论节目《构建西藏生态屏障》获全国人大好新闻一等奖；电视台的专题栏目《新闻视点》获“中国新闻优秀栏目”称号；《在西藏》栏目获中国电视文化栏目奖。两台有23篇论文在全国获奖。电视台新闻部获“全国新闻工作先进集体”称号，电视台的何涛和电台的甘韵琪两位同志获“全国优秀新闻工作者”称号。

【事业建设稳步推进】集中力量按时完成了卫星广播电视转星调整任务。中央和国家广电总局要求，西藏卫星广播电视节目要分别于2007年8月1日至31日和9月7日至9月24日两个时段，在全区范围内实施转星调整和转发器调整。这两项任务，涉及全区卫星广播电视节目乡级以上地面接收设施5484个，其中广电系统内3225个，广电系统外2295个；村级卫星广播电视节目接收设施6556个。在时间紧、任务重、工作量相当大的情况下，在自治区党委、政府的高度重视和区党委宣传部的有力指导下，依靠全区广电系统广大干部职工的积极努力和社会各方面的协作配合，确保了在国家规定的时间内，按时按质按量地完成了两次转星调整的任务，受到了国家广电总局和自治区领导的表扬。

实施了农村中央广播电视节目无线覆盖工程。目前，已完成了2007年第一阶段技术方案的制订上报工作，完成了部分设备的招标采购工作，完成了全区各建设单位建设方案的审核工作。

村村通工程、西新工程建设继续进行。组织实施了515个20户以上通电自然村盲村“广播电视收转”所需要设备的招标采购工作。完成了我区新建4座中波转播台和2座实验台的前期准备工作。完成了071实验台的建设任务。对22座中波台机房硬馈和倒换开关进行了改造更新。完成了新建 9 座中波台的收尾建设任务。

电影放映事业逐步推进。农村电影“2131 工程”进一步巩固和加强。截止目前，全区行政村每月放映电影达到 1.6 场次。城镇电影数字化放映开始启动。

加快了有线广播电视数字化网络建设步伐。成功地启动了有线电视数字化工程。目前已在财政厅、建行西藏分行和自治区广电局进行了试点工作，效果很好。扩展了有线电视新用户。1 至 10 月份，新增了拉萨市区和平路、雪域明珠花园、第 10 安居园等 8 处光接点，新增有线电视用户 8000 多户。

广播电影电视藏语译制中心顺利建成。11 月 23 日，向巴平措主席率有关方面负责人视察该工程时给予高度评价。译制中心楼已顺利通过了由自治区发改委、财政厅、建设厅等单位组织的竣工验收。

完成了电视台 600 平米演播室的设备设施改造。

自治区新闻出版工作

【紧紧围绕党和政府工作大局抓精品力作】2007 年，自治区新闻出版部门组织出版了《“三个代表”重要思想在西藏的实践》等 1000 多种学习贯彻“三个代表”重要思想、深入宣传科学发展观以及十六大以来一系列重大战略思想和建设社会主义和谐文化的重点出版物，发表了一大批主题鲜明的理论文章，扩大了主流文化的影响。出版发行了《江泽民文选》1 万套 3 万册，圆满完成了党的十七大文献 30 万册出版印刷发行任务，比十六大文献发行总量翻一番，满足了广大党员干部群众的学习需求。为纪念西藏和平解放 55 周年、江孜抗英斗争 100 周年、自治区成立 40 周年和青藏铁路通车等重大纪念活动，出版发行了《西藏百科全书》等 300 多种献礼出版物。深入开展出版物“进农村”，自筹资金出版发行《西藏农牧民“安居工程”设计方案图集》、《西藏沼气科普常识》等思想性、知识性、实用性很强的系列图书免费赠送基层干部群众。深入开展出版物“进校园”，每年精心挑选 200 多种 1 万多册内容丰富多彩，适合青少年儿童阅读的一系列优秀出版物。深入开展出版物“进军营”，先后向驻藏部队、武警部队免费赠送 30 多万册 100 多万码洋的优秀图书，不断丰富部队官兵的精神文化生活。深入开展出版物“进寺庙”，先后在哲蚌寺、色拉寺、甘丹寺、热振寺建立了“图书阅览室”，挑选了 1 万多种 40 多万册 80 万码洋的优秀出版物送进寺庙，积极配合寺庙爱国主义教育，发挥出版物对僧尼的教育影响作用。

【大力推动新闻出版业持续快速健康发展】一是图书出版紧紧围绕特色旅游、藏医药业、民族手工、高原生物、生态环保、民族文化保护与发展等为重点，现已累计出版各类藏汉文图书 11300 种 2.5 亿多册，本版图书销售码洋首次突破 1000 万元，连续五年保持了 20%的发展速度，有 200 多种图书荣获全国性图书奖，《西藏百科全书》等荣获首届中国出版政府奖图书提名奖。每年完成中小学教材 490 多种 1000 多万册，确保了课前到书、人手一册。二是报刊业有新发展，在全国报刊大量压缩的前提下，全区报纸从 2002 年的 18 种增加到 23 种、增长 28%。2007 年出版报纸 5550 万份，产量 6.85 万千印张，连续五年保持两位数以上的增长速度；全区 34 种期刊出版 267 万册，产量 4.3 万千印张， 连续保持 13.3%的增长速度，报刊广告收入已达 2000 多万元比 2002 年翻两番，实现了 7 地市都有藏汉文两种报纸的目标。三是音像电子出版业连续五年保持 13%以上的发展速度，精心出版了《今日西藏》、《朗玛堆谐》等一系列优秀音像电子出版物，深受人民群众的欢迎，《天上拉萨》荣获首届中国出版政府奖音像电子提名奖。四是发行业连续五年保持快速发展的良好态势，投资 1800 万元新建了出版物物流配送中心，投资 1008 万元新建、改扩建了 35 个县新华书店。目前全区国有、集体、民营发行单位 272 家，发行图书 20 多万种增长 14.3%，发行量 4000 多万册增长 31%，实现图书销售首次突破 9500 万码洋。五是印刷复制业的经济效益明显提高，2007 年各印刷企业总投资 3300 多万元引进国内外先进印刷设备，进行了大规模的技术改造，重点印刷企业基本实现了印前数字化、印中高效化、印后自动化的要求。目前全区印刷、包装、复制企业 378 家，生产产量比 2002 年增长 80%，工业总产值由五年前的 9500 万元上升到 2.3 亿元，全区新闻出版系统固定资产增长 1.3 亿元。2007 年全区新闻出版业总产值 3.8 亿元，占全区 GDP 的 1.2%，连续五年保持了 12%以上的发展速度，从业人员已达 5800 多人。

【积极稳妥地推进新闻出版体制机制改革】认真贯彻落实中央关于“新闻出版业既有一般行业属性，又有意识形态属性，既是大众传媒，又是党的宣传思想阵地，事关国家安全和政治稳定负有重要社会责任”的精神，主要抓了六项工作。一是认真学习贯彻中央《关于深化文化体制改革的若干意见》和文化体制改革的一系列重大决策和部署，一方面学习兄弟省区经验，另一方面认真结合我区实际，提出了积极稳妥的改革思路。二是坚持以发展为主题，以改革为动力，以体制机制创新为重点，以结构调整为主线，进一步壮大实力、增强活力、提高竞争力，基本形成了以公有制为主体、多种所有制共同发展的新闻出版产业格局。三是根据出版事业和产业不同性质，明确不同改革要求，公益性出版事业着重转换机制，而经营性出版产业主要从体制上去突破，配置资源、盘活存量、优化增量，重点培育和发展了一批具有竞争力和影响力的企业。四是认真贯彻落实自治区文化体制改革领导小组的总要求，深入调查研究，试点先行，先易后难，逐步推开，积极稳妥地推动新闻出版体制机制改革。五是认真抓好人民出版社、民族文字出版单位和党报、党刊等公益性事业单位的改革工作，确保党对意识形态工作的领导权，积极推进公益性出版单位内部管理机制、人事制度、劳动制度改革。六是大力推进发行体制改革，完善现代流通体制，进一步加强物流配送和连锁经营建设，逐步形成了统一开放、竞争有序、健康繁荣的现代市场体系。印刷业积极推进国有企业股份制改制工作，努力实现现代企业管理制度。

【大力实施新闻出版产品“走出去”战

略】一是认真学习和贯彻落实张庆黎书记在自治区党员领导干部大会上关于"要动员一切宣传手段，多形式、多领域、多角度对达赖集团分裂主义的种种谬论进行有理有据的批驳。要进一步加强对重要口岸图书发行网点建设和加强在尼泊尔、印度市场涉藏图书、音像制品的展览展销等工作"的指示精神，局党组多次研究并制定"走出去"的指导思想、工作目标和有效措施。二是积极推进边境县新华书店建设，进一步加强亚东、樟木口岸发行网点建设，不断增加重要口岸和边境县书店涉藏出版物的品种和数量，通过边境口岸加大涉藏图书、报刊、音像制品等出版物进入尼泊尔、印度市场，逐步辐射到藏胞聚居区，不断挤压达赖集团的反动宣传空间。三是2007年6月，由新闻出版总署主办，区新闻出版局和中国驻尼泊尔大使馆承办的"感知中国、感知新西藏"为主题的中国图书展销会在尼泊尔加德满都成功举行，这是有史以来规模最大的一次涉藏图书展销活动，产生了积极的影响，取得了显著成效。四是9月，根据新闻出版总署和中央外宣办的安排，以自治区新闻出版局旺堆次仁同志为团长的全国藏区出版、发行、外宣等有关部门组成的中国出版代表团在印度新德里举办了图书博览会，深受当地读者和藏族同胞的欢迎。

【全力推进出版物物流配送和连锁经营建设】一是经过多年努力，积极争取国家支持、对口援藏、职工集资等多种途径总投资1800多万元，新建了自治区出版物物流配送中心，2008年投入运用，这是目前我区规模最大、现代化程度最高、系统集成能力最强、物流技术综合运用最广的大型出版物集散枢纽，已成为我区文化工程的亮点。二是物流配送中心主要体现在商流、物流、资金流和信息流"四流合一"的高度集成，立体储存面积7000平方米，储位1800多个，日加工处理3000个运输包件，日配送能力可为50家书店及连锁网点提供配送服务，各类图书、报刊、音像、电子出版物5万多种56万册（盘）。三是自治区出版物物流配送中心极大提高了我区出版物物流配送能力，实现全区统一管理、统一配送、统一结算，降低发行成本，实现科学管理，解决了我区出版物发行业发展的瓶颈制约。四是现代化、多功能的物流配送中心的建成和运营，实现了我区几代发行人的梦想，标志着全区出版物流通业提升到一个新的发展阶段，大大提高了我区国有发行主渠道的综合实力与核心竞争力，为各级新华书店、民营发行行业提供更好更及时的配送服务，基本满足全区各族各界各层次读者的需求，尤其是更好地为基层农牧区服务，为建设社会主义新农村提供更多更好的精神食粮。同时也解决了一批大中专学生的就业问题。

【全面提升新闻出版和版权管理工作水平】一是在宏观调控方面，研究制定了《西藏新闻出版业"十一五"发展规划》，加强了总体规划，用科学指导事业繁荣和产业发展，基本形成了从静态调整结构转向动态调整结构的新思路。二是在职能管理方面，积极推进政事分开、政企分开、管办分离的职能转变，实现了由管直属单位向管社会、由管理"脚下"向服务"天下"转变，基本摆脱了行政管理部门"既当运动员，又当裁判员"的局面。三是在管理制度方面，坚持以法人准入、市场准入、职业准入、岗位准入为基础的行业管理体系的构建工作，建立公开、公正、平等、规范的出版"四大准入"制度，对实现市场监管、行业规范和事业繁荣、产业发展起到了积极作用。四是在管理手段方面，正在探索综合运用法律、行政、经济、市场、技术等多种手段，向管理要效益、效率，并针对不同情况选择不同手段，解决不同问题，不断完善新闻出版业的管理手段。五是加大出版物审读力度，进一步完善重大选题备案管理，每年审读图书、报刊、音像等各类出版物500多种，确保了我区新闻出版的正确导向，查处了一批违法违规行为，出版物的导向、内容、质量等管理取得了实效，治理了报刊散滥摊派问题，整治了虚假违法广告，纠正了报刊记者站违规行为。六是深入开展"反盗版天天行动"，先后到拉萨中学等10所学校宣讲版权保护知识，参加人员3万多人次，对社会发放宣传资料10万多份，先后查缴盗版盗印图书、音像制品、计算机软件等30万多件。与国家版权局、四川版权局联合查处了《苯教大藏经》侵权盗版大案，案值达7850万元。

【对口援藏取得实质性进展】一是2005年9月在拉萨召开了全国新闻出版系统援藏工作会议。会议审议通过了《全国新闻出版系统援藏工作方案》、《关于西藏新闻出版"雪域东风工程"的设想》等等。《援藏工作方案》包括新闻出版总署无私援助600万项目资金。二是按照总署《关于补充西藏新闻出版"雪域东风工程"材料的通知》要求，按时完成了"雪域东风工程"项目有关补充材料和10个援建项目论证工作，争取国家早日立项。三是全区各级新华书店以主动走出去的方式，积极争取了对口援助图书7千多种18万多册，价值400多万码洋，极大地丰富了各地市新华书店出版物的品种和数量。四是在拉萨举办全区出版社正副社长、总编辑和编辑室主任，报社正副社长、总编辑，期刊社正副主编，印刷复制单位的主要负责人和县级以上新华书店经理等230多人的岗位培训班；8月举办了全区"扫黄打非"领导干部和业务骨干65人的培训班，两期培训班总署领导亲自授课，收到良好效果。五是由四川、山东、上海、北京等20多个省市对7地市报社、新华书店和印刷厂落实援藏资金1097万元，其中由福建省局投资160万元援建《林芝报》印刷厂项目已投入使用，广东省局投资150万元新建《林芝报》办公楼已经全面开工建设，由《羊城晚报》援助《林芝报》12万元的编辑设备、北京日报集团援助《拉萨晚报》25万元印刷设备全部落实到位。

西藏人民出版社

【扎实开展学习宣传贯彻十七大精神活动，努力建设一支能够适应新形势新任务要求的图书出版队伍】2007年，西藏人民出版社结合工作实际，把学习贯彻落实党的十七大精神及区党委七届三次全委会精神当做当前工作的头等大事来贯彻落实。通过学习活动，使西藏人民出版社干部职工进一步增强了政治意识、大局意识、责任意识和阵地意识。切实把思想和行动统一到党的十七大精神上来，用十七大精神武装头脑、鼓舞斗志、指导实践、推动工作。扎扎实实做好图书出版发行各项工作，推动社会主义文化大发展大繁荣。按照西藏自治区党委的要求和自治区新闻出版局部署，充分发挥图书出版行业优势，以高度的政治责任感做好有关学习宣传党的十七大精神出版物的出版发行工作，及时把学习宣传党的十七大精神的出版物送到基层，送到农村，送到学校和社区，送到读者手中，确保党员、干部和人民群众学习宣传党的十七大精神的需求。努力为全面建设小康社会、构建社会主义和谐西藏创造良好的舆论氛围和宣传文化条件，为西藏广大人民群众特别是基层农牧民群众生产更多、更好的精神文化产品，满足人民群众日益增长的精神文化需求。

【牢牢把握正确的出版导向，发挥优势，突出特色，为推动社会主义文化大发展大繁荣、促进西藏图书出版业繁荣发展而努力】西藏人民出版社作为党社，作为西藏自治区唯一的综合性图书出版单位。紧紧围绕自治区党委、政府的中心工作，充分利用图书出版阵地，坚持"为人民服务、为社会主义服务"的方向和"百花齐放、百家争鸣"的方针。弘扬主旋律，提倡多样化，从西藏的实际出发，始终坚持把社会效益放在首位，努力实现社会效益和经济效益相结合，进一步明确党社、人民出版社的公益性质。认真按照自治区新闻出版局提出的"把握导向、主题鲜明、突出重点、总量适度、结构合理、多出精品"的总体要求，做到坚持导向、服务大局、突出特色、打造精品。

为积极配合全区广大干部群众认真学习深刻领会党的十七大精神，西藏人民出版社及时编辑出版了《中共西藏自治区委员会关于认真学习贯彻党的十七大精神，大力加强基层基础工作若干问题的决定》（藏汉对照）、《中共西藏自治区委员会关于建设和谐西藏若干问题的决定》（藏汉对照）、《西藏农牧民安居工程设计方案图集》，并将这三种图书免费赠送到全区 683 个乡镇、6097 个社区办公室、村（居）民委员会。赠送图书册数达近 20000 余册，总码洋为 20 余万元。为我区广大干部群众尤其是基层干部群众学习党的十七大精神提供了学习教材和参考资料。

为配合自治区党委、政府的中心工作，全面贯彻落实科学发展观，围绕深化改革、加快发展这一主题。编辑出版了《西藏蓝皮书·中国西藏发展报告》、《西藏实现跨越式发展的财政政策研究》、《西藏农牧区主要社会经济指标空间变化分析》等以我区经济建设为中心，贯彻落实"十一五"规划纲要的理论研究读物和普及通俗读物。

为认真贯彻落实《中共中央、国务院关于推进社会主义新农村建设的若干意见》，按照中宣部和新闻出版总署《关于进一步加强"三农"图书出版发行工作的意见》要求，编辑出版了《新农村建设环保知识问答》、《西藏一年两收套种复种实用技术》、《西藏沼气科普常识》等农业实用科技、农村基础设施建设、卫生事业、技能培训等藏汉文通俗读物。

为深入揭批达赖集团及境外反动势力分裂祖国的图谋，维护祖国统一，加强民族团结。用大量史料和事实驳斥分裂谬论，及时编辑出版了《西藏地方古代史》、《西藏地方近代史》、《西藏文化概论》等藏汉文图书。

为发展西藏旅游、藏医藏药、生态环境、民族手工艺等特色支柱产业。实现农牧民群众增收致富奔小康的目标，编辑出版了《拉萨餐饮、娱乐、购物一本通》、《松赞干布故居游》、《常用藏药功效手册》、《西藏自然和生态》、《西藏传统建筑概述》、《藏族传统装饰艺术》等藏汉文图书。

为反映时代精神，讴歌我区改革开放和社会主义现代化建设，繁荣和发展我区文学艺术事业，出版了《西藏我的第二故乡》（上、下册）、《藏羚羊丛书》、《甜美的苦役——一位西藏老登山家的回忆》、《山峰云朵》、等导向正确、主题鲜明、贴近生活的原创性文学作品。

为挖掘和抢救藏民族优秀文化遗产，进一步加强古籍整理出版工作，编辑出版了《布达拉宫藏噶举派典籍》、《莲花生大士本生传·明照解脱道》等古籍整理图书。

为进一步扩大西藏人民出版社图书出版的宣传力度，着力打造西藏人民出版社图书品牌，积极组织优秀图书参加全国性的图书评奖。推荐《西藏百科全书》、《西藏自然和生态》、《冰心散文奖获奖作品（单篇）选》、《藏羚羊跪拜》、《雪域抒怀》、《藏族传统装饰艺术》六种图书申报新闻出版总署组织的"三个一百"原创图书评奖，其中《藏羚羊跪拜》一书入选初评。推荐《李素芝》、《红河谷的故事》、《神兵天降》、《耕耘——一个老西藏的笔墨生涯》、《江孜抗英》、《格达活佛》五种图书申报"第十届精神文明建设"五个一工程"文艺类图书奖。推荐《西藏百科全书》、《藏药方剂大全》、《西藏唐卡大全》三种图书申报首届中国出版政府奖（图书奖），其中《西藏百科全书》和《藏药方剂大全》荣获中国出版政府奖优秀出版物提名奖。

为贯彻落实中宣部和新闻出版总署《关于进一步加强和改进未成年人出版物出版工作的意见》的精神，及时出版了《爱国主义教育读本天上人间 可爱的家乡》、《藏族民间故事精选卡通丛书·砍掉核桃树》、《藏语敬语童谣》、《宝宝识字》等少儿读物。

为进一步加强横向联合，拓宽发行渠道，扩大发行范围，增设发行网点，增强服务意识。西藏人民出版社先后组织优秀图书积极参加重大出版对外交流活动，如全国图书交易博览会、北京国际图书博览会、俄罗斯国际书展、尼泊尔"中国图书展销会"等，使重大对外交流活动成为推进西藏人民出版社图书"走出去"的重要平台和有效途径，以提高西藏人民出版社在国内外的知名度和销售总量。2007 年各种本版图书发行总码洋达 851 万元，93.5 万册，比上年增长 2.5%；资金回收率达 85%，连续六年创造了销售历史新高。

2007 年度，共完成本版图书发稿 222 种，出版见书 212 种，总册数达 138 万册，20920 千印张，出版总册数和产量分别比上年增长 62%、64%。

卫生、计划生育、体育

自治区卫生工作

【加强农牧区卫生工作，提高农牧民基本医疗保障水平】2007 年，自治区卫生厅按照建设社会主义新农村的要求，围绕改善农牧民生产生活条件这个首要任务，以贯彻实施《西藏自治区农牧区医疗管理暂行办法》（以下简称《办法》）为重点，进一步提高广大农牧民的基本医疗保障水平，扎实推进社会主义新农村建设。一是加强组织领导和经办机构的建设。自治区和各地（市）调整充实了农牧区医疗协调领导小组，各县调整充实了农牧区医疗管理委员会和监督委员会。二是狠抓了农牧区医疗制度的实施工作。各地（市）结合当地实际，制定了本地、县《办法》实施细则。落实并下拨全区农牧民免费医疗经费 2.48 亿元。三是重点加强了对农牧区医疗基金管理和监督工作。起草了《农牧民医疗经费基金管理和财务管理相关配套文件》，正在征求有关部门意见。针对个别县在基金管理中存在的问题，联合相关部门进行了调查核实，形成了调查报告，上报农牧区医疗基金管理办公室。同时，在全区范围开展农牧区医疗管理运行情况自查和抽查，并根据自查和抽查中发现的问题，制定下发了《关于对当前农牧区医疗制度运行中存在突出问题认真进行整改的通知》，要求各地（市）、县对农牧区医疗制度运行中存在的突出问题进行认真全面整改。四是加强对农牧区医疗制度的宣传工作，完成了宣传小册的印刷工作。各地（市）、县结合当地实际，制定了办法，全面完成了宣传工作计划。

【认真组织实施“十一五”卫生重点建设项目，不断改善基层卫生条件】卫生厅坚持以农牧区卫生工作为重点，加强疾病预防控制体系、医疗救治体系、县乡卫生机构，以及藏医药、妇幼保健基础设施建设项目的建设步伐。通过抓好项目前期和项目管理工作，较好地完成了年初制定的工作目标任务。2007 年已累计下达 7593 万元建设资金用于卫生基本建设项目。

（一）疾病预防控制体系和医疗救治体系建设项目取得新进展。为完善我区疾病预防控制体系建设，通过积极争取，2007 年国家又安排 2700 万元资金，对我区两个地区和 25 个县进行疾控项目建设。截止 9 月中旬自治区发改委已下达投资 1612 万元，用于昌都地区疾控中心以及山南、日喀则、林芝地区和拉萨市的 16 个县疾控中心建设，自治区卫生厅正在积极争取财政厅的支持，申请解决项目配套资金设备资金 211 万元。

2007 年 3 月，自治区紧急救援中心竣工验收，山南地区传染病区和那曲地区传染病区建设项目即将投入使用，医疗救治体系化学中毒基地设备采购工作已完成，进入设备安装阶段。

（二）农牧区基础卫生医疗设施建设工作稳步推进。2007 年以来，自治区下达县乡卫生基础设施建设资金 1760 万元用于新建 5 个乡镇卫生院和完善 12 个县卫生服务中心基础设施条件。

为落实项目资金，6 月初和 9 月中旬，自治区卫生厅派员赴京衔接 2007、2008 年农村卫生基础设施建设中央预算内资金。目前国家发改委已下达我区土建 3000 万元、设备 2000 万元的通知。

（三）加快藏医药、妇幼保健基础设施建设。针对我区各级藏医院、妇幼保健院基础设施条件差的问题，2007 年自治区安排了昌都、山南、林芝等三地区藏医院和山南地区妇幼保健院建设项目，投资达 3008 万元。同时完成了自治区藏医院藏药浴中心和附属设施建设项目。自治区投资 1163 万元的干部保健中心建设项目已开工建设。加强了日喀则地区人民医院改扩建步伐，2007 年下达 779 万元资金用于院内道路改造和职工周转房建设。

【立足藏医药特色和优势，加快藏医药事业发展】卫生厅始终坚持把发展藏医药事业作为卫生工作的重要任务之一，主要做了以下工作：一是积极争取国家投资，着力加强藏医药服务体系建设。“十一五”时期我区 20 所县级藏医院新建和改扩建已列入自治区重点建设项目，已完成项目可行性研究和初步设计，待自治区发改委审定。同时，积极争取资金和项目，加强县藏医科的建设，力争“十一五”期间初步形成以自治区藏医院为中心的全区藏医药服务网络。二是加强藏医药名老专家的传承工作，努力培养高级人才和学科带头人。完成了第三批全国老中医药专家学术经验继承工作，19 名继承人顺利出师。到目前全区 38 名继承人完成了名老藏医药专家学术经验继承工作，成为各级藏医药机构学科带头人。三是加强藏医药专科专病建设及研究工作。我区 8 个地区级以上藏医院、7 个县级藏医院（科）已分别列入国家重点专科和专科建设项目。四是进一步提高农牧区藏医适宜技术的推广和应用，安排 30 万元计划对全区 100 所县以下医疗机构配备传统医疗器具 100 套，并对县乡藏医药技术骨干实施专业培训。五是积极推进藏医药立法工作和藏药产业发展。编制完善了《西藏自治区促进藏医药发展条例（送审稿）》，并上报自治区政府法制办审定。六是与中国民族医药学会联合举办了“2007 全国藏医药学术研讨会”，就如何进一步做好藏医药的继承和发展、发挥藏医药特色优势、有效提高藏医药的诊疗水平等问题进行了深入的探讨和研究。

【加强了重大传染病、地方病防治工作】一是成功处置了 2007 年在拉萨、那曲、山南等地相继发生多起动物间鼠疫疫情，召开了青藏铁路鼠疫防控工作会议，加强了青藏铁路鼠疫防控工作；二是加强了禽流感疫情的防控工作，防止了人感染高致病性禽流感的发生。三是研究起草了《西藏自治区艾滋病防治规划（2006-2010）》和《行动计划》。建立自治区艾滋病确认实验室，加强了艾滋病监测工作，共完成了 13221 人的监测工作。四是对全区 3 地市 8 县开展了碘缺乏病高危地区重点调查工作；加强了碘缺乏病防治的宣传工作；安排 120 万元资金购置碘硒盐。加大对大骨节病的预防，全面启动了氟中毒调查工作。五是加强了学校卫生工作，与自治区教育厅联合下发了《西藏自治区学校卫生管理办法》，对 2007 年学校发生的各类疫情进行了有效的防治。

【继续深入开展医院管理年活动，加强医院内涵建设，着力提高医疗服务质量】召开了 2007 年医院管理年暨全区医政工作会议，制定了《西藏自治区 2007 年“以病人为中心，以提高医疗服务质量为主题”的医院管理年活动实施方案》，并根据《方案》中提出的 6 大工作目标和 40 项重点要求，在全区各级医院深入开展医院管理年活动，并以医院管理年活动为抓手，推动各级医疗机构服务能力和服务质量工作。继续开展“万名医师支援农村卫生工程”，截止目前自治区级医院已派出 20 名医生赴受援单位开展技术、人力支援工作，受援单位已从原来的 4 个增加到 13 个。同时开展了治理医药购销领域商业贿赂专项整治、加强血液安全管理等项工作。

积极开展白内障防治工作，年内，通过各级各类医院和各防盲组织的力量在我区共实施白内障复明手术 6562 例。

【加强妇幼保健工作】2007 年，继续开展“降消”项目和联合国儿基会项目任务，举办了“降消”项目和儿基会项目县网络直报培训班及全区首届健康教育骨干培训班。对孕产妇住院分娩限价标准和农牧区基本用药品种目录进行了研究和修改。

【加强卫生执法监督工作】完成了全区卫生监督机构组建及人员编制实施方案，已报政府。狠抓食品放心工程，加强了食品生产经营企业、学校食堂、生产工地食堂的食品安全检查。2007 年在全区各地（市）开展了以食品卫生、学校卫生、打击非法行医、血液安全、公共场所卫生等内容的专项整治工作和监督检查工作。仅 2007 年上半年就对拉萨市区 339 家餐饮业、食品生产加工企业进行了监督检查。严把食品从业人员准入关，核发卫生许可证 78 份和食品从业人员健康合格证 870 份。同时，加强卫生执法队伍建设，举办了卫生监督专项整治、抽检以及西部地区卫生监督机构能力建设为主要内容的三期培训班，参训人员达 38 人。积极推进食品卫生监督量化分级管理试点工作，在全区各地（市）所在地宾馆、饭店、学校食堂、食品生产加工企业和餐饮业中积极开展食品卫生监督量化分级管理工作。

10 月以来，按照国务院召开的全国产品质量和食品安全专项整治行动电视电话会议精神以及自治区相关会议的要求和部署，积极配合自治区产品质量和食品安全专项整治工作领导小组各项工作，在全区范围内开展了以餐饮消费安全为主要内容的督导检查。

【加强干部保健工作】研究制定《西藏自治区干部保健工作方案》，加强干部保健基地医院建设，加大上海市、广东省对口支援西藏干部保健工作力度，规范日常保健服务，提高全区干部保健工作能力和水平。落实并完成了全区万名干部深入农牧区进村入户宣讲党的十七大精神和大力加强基层基础工作 74 个工作组和省部级领导下乡时常用药品的准备工作。认真做好省部级领导保健工作和干部保健对口支援的沟通协调工作。

自治区人口和计划生育工作

【年度情况与特点】2007 年，自治区人口和计划生育工作以科学发展观为指导，不断探索建立新的工作机制，以能力建设为重点认真落实《中共中央国务院关于全面加强人口和计划生育工作统筹解决人口问题的决定》、《中共西藏自治区委员会西藏自治区人民政府关于贯彻落实〈中共中央国务院关于全面加强人口和计划生育工作统筹解决人口问题的决定〉的意见》（藏党发[2007]14 号）和全国、自治区人口和计划生育工作会议精神，围绕统筹解决人口问题，把握全局、突出重点，以求真务实的精神完成了各项工作任务。

截止 2007 年，全区总人口 284.15 万人，与 2006 年相比增加 3.17 万人，人口出生率为 16.4‰，自然增长率为 11.3‰。全区人口数量保持稳步增长，人口健康水平不断提高。

【进一步深化人口和计划生育、优生优育宣传服务教育工作】（1）继续办好《西藏人口》栏目。始终立足做好人口和计划生育、优生优育宣传教育工作，截止 11 月底，西藏电视台《西藏人口》栏目藏、汉语节目共播出 98 期（藏语 49 期、汉语 49 期）；西藏广播电台《西藏人口》栏目藏、汉语节目共播出 80 期（藏语 31 期、汉语 49 期）；西藏日报《西藏人口》栏目藏、汉语节目共刊出 90 期（藏语 45 期、汉语 45 期）。

（2）积极开展各种宣传服务活动。组织相关单位同举办了以“走近母亲，感恩母爱，共建和谐西藏”为主题的电视访谈节目；同时，自治区人口计生委组织有关单位在拉萨市城关区夺底乡洛欧村开展了系列宣传服务活动：一是发放宣传品和避孕节育药具；二是慰问优秀和贫困母亲 10 户；三是为育龄妇女开展科普知识讲座；四是免费咨询、诊治疾病、发放常用药，免费进行腹部 B 超检查。

2007 年山南地区确定了贡嘎县吉雄镇红星村和扎朗县朗赛岭德吉新村为婚育新风进万家示范村。在红星村举行了“婚育新风进万家”活动示范村挂牌仪式，制作了藏汉两种文字的婚育新风宣传文化墙，在村口设置了“新风尚、新人口、新农村”的大型宣传广告牌。在扎朗县朗赛岭德吉新村创建了人口学校阵地，在活动室张贴生动有趣的宣传图和通俗易懂的生产生活以及婚育新风科普知识宣传图册和宣传音响制品，扩大宣传覆盖面。拉萨市、山南地区为部分县中学高中及初中学生进行了青春期健康教育知识培训，邀请专家讲授如何保持健康心理、卫生常识、心理健康教育的意义等内容，进一步提高了青少年青春期健康教育知识和生活技能，增强青少年青春期的保健意识。

截至2007年，全区各级人口计生部门开展各类融宣传、咨询服务活动118次，免费发放宣传材料7万余份，提供计划生育、优生优育技术咨询、服务21万余人次，常用药品价值6万余元，避孕药具27个品种，共发放宣传品25万余册。同时，以流动服务车为载体，为农牧民育龄群众提供“宣传咨询、药具供应、技术服务”为一体的生殖健康优质服务，全区各级人口计生系统共提供服务10万余人次。全区各地市开展农牧民引导性培训3998人次，对农牧民群众集中进行了有关计划生育、优生优育、生殖保健等相关知识的培训。

【围绕中心、服务大局，为建设社会主义新农村作出贡献】继续实施德政善举工程。顺利完成2007年我区扶助目标人群的摸底、公示、统计、审批、录入等工作。2007年度全区“一孩、双女”户困难家庭扶助目标总人数为25381人，需要扶助资金1522.86万元，其中国家负担1218.288万元，自治区财政负担304.572万元。国家负担的资金已于9月下达，自治区承担的资金已定于11月到位。据预测，2008年全区扶助目标人数为：29346人，扶助资金总需求额为1760.76万元。

加强流动人口服务管理，提升工作水平。经与自治区综治委协调，将流动人口计划生育工作纳入我区社会治安综合治理考核考评范围。制定了《西藏自治区流动人口计划生育工作标准及考核办法》。继拉萨市之后，日喀则、林芝成立了流动人口计划生育工作协调领导小组，并召开了领导小组专门会议，推动地区流动人口计划生育工作。2007年年末，各级人口计生部门协同自治区综治委对全区6地市、38个县、39个乡镇、34个行政村、28个城市安居小区及58个机关、企事业单位检查考评流动人口计划生育管理工作情况，进一步推动了流动人口计划生育综合治理。

根据《国家人口计生委办公厅关于开展全国流动人口计划生育“关怀关爱”专项行动的通知》要求，自治区安排拉萨市、山南地区人口计生委组织开展以“关怀关爱、促进和谐”为主题的宣传慰问农牧民工活动，为他们送政策、送温馨、送药具、送知识，使农牧民充分感受到党和政府的关怀和关爱。

【人口计生各项事业迈出了新步伐】积极做好外援项目工作。积极做好“新农村新家庭——大香格里拉地区人口健康促进”项目工作。在国家人口计生委和项目专家组的具体指导下，我区昌都地区三个项目县2006年底顺利完成基线调查、项目文本制作等前期工作，于2007年正式启动。

加强基础设施建设。积极协调自治区生育健康培训中心综合楼及其配套设施建设项目和拉萨市、阿里地区人口计生管理服务综合楼项目的落实。“幸福工程·救助贫困母亲”项目工作有了新的进展，在拉萨市达孜县开展全国幸福工程组委会落实项目资金28万元。

积极做好援藏项目的衔接工作。在2006年援藏工作会议上，签订了“十一五”期间援助项目协议，协议达成资金合计2060.8万元。经与国家和内地省（市）人口计生委等38个援藏单位协调，据统计，目前，已落实援藏项目资金（包括援助设备）710余万元。

人口发展战略研究工作取得阶段性成果。2005年自治区启动人口发展战略研究工作，2006年完成人口发展战略研究稿，并在拉萨召开了西藏人口发展战略研讨会。

目前，西藏人口发展战略研究已经过北京相关专家评审，现正按照评审意见进行修改完善。

强化干部队伍建设。全面加强委机关二级班子和公务员队伍建设。组织全区七地市及部分县共27名人口计生干部到南京人口学院参加培训。举办了全区人口计生系统干部综合培训班。选派技术骨干70余人次赴内地参加全国会议和培训，4人参加了国家人口计生委组团赴美国、德国、瑞典、日本等国家学习考察培训。落实国家“三千人才工程”作为贯彻落实中央《决定》，转变人口计生工作思路和方法的具体举措，安排了19名基层技术人员在区、地两级11家医疗和保健单位进修。此外，各地市选派14名管理干部和技术服务人员赴各援助省市计划生育技术服务单位进修深造。

【计生工作得到全面发展】（1）信息化工作得到加强。认真做好全区人口和计划生育系统区划代码管理信息系统的各项前期准备工作。了解和掌握我区相关部门使用行政区划代码的情况，提出了建立我区人口和计划生育系统区划代码的初步设想，并选派人员参加了全国人口和计划生育系统区划代码管理信息培训班。目前，已掌握我区民政部门的统计名称和代码，与民政部门进行区划代码的较对，已准确登录全国人口和计划生育系统区划代码管理信息系统并注册，并草拟我区区划代码管理条例。同时，进一步修改完善我区人口计生系统“十一五”信息化建设发展规划。初步提出了信息化建设的原则、目标和任务。提出2008-2010年全区人口计生系统信息化建设可行性方案。同时，强化硬件设施的建设。采购35万元的信息化设备，更换委机关老化的设备。

加强全区流动人口计划生育信息交换平台建设。拉萨市及城关区及其各乡、办事处（乡级）完成了流动人口计划生育信息交换平台建设，6个地区和部分县信息交换平台建设也正在进行中。

此外，为加快机关信息化建设步伐，建立符合委机关实际的内部局域网网页，2007年对委机关内部局域网网页进行了改造。改造后的网页特色鲜明，版块齐全（包括十个版块和具有我区特点的人口和计划生育项目版块如“一孩、双女”“幸福工程”等），更新后的网页方便快捷，能有效地实现信息发布、资源共享。

（2）积极做好避孕药具管理供应工作。免费发放药具18个品种，价值达164万元，创新避孕药具免费发放模式，拓展避孕药具发放渠道，实现多条渠道，多个供应模式。结合实际，走访、调查和了解干部职工对避孕药具的需求，并制作了9个安全套免费发放箱，于2007年5月先后前往自治区妇联、区交通厅、西藏日报社、区文化厅等8个厅局机关免费投放安全套。截止10月，免费发投放安全套7000余只。

【自治区党委、政府召开了全区人口和计划生育工作座谈会】为深入贯彻落实中共中央、国务院《关于全面加强人口和计划生育工作统筹解决人口问题的决定》精神，全面部署我区新时期人口和计划生育、优生优育工作任务。7 月 25 日，自治区党委、政府召集各地市委书记（专员、市长）、自治区各有关部门主要负责同志，在拉萨召开了全区人口和计划生育工作座谈会。

会上，自治区主席向巴平措同志发表了重要讲话。会议强调：人口问题是一个牵动全局、事关长远的重大战略问题。做好我区的人口工作是落实科学发展观，促进经济社会全面协调发展和构建和谐西藏的重要保证，也是对达赖集团和国际反华势力以人权为借口对我攻击诽谤的有力回击。对此，我们必须清醒认识到西藏人口工作面临的形势，切实增强做好人口工作的紧迫感和责任感，坚持以人的全面发展统筹解决人口问题，着力提高人口素质，促进人口与经济、社会、资源、环境的协调发展。各级各部门要切实加强领导，协调配合，采取有力措施，强化领导责任，强化经费投入，强化干部队伍建设，确保人口计生工作的各项目标任务落到实处。同时，要求全区各级党委、政府和人口计生部门认真学习、深入贯彻好自治区《意见》精神，要大力提高出生人口素质，要努力做好农牧区优生优育工作，要加强流动人口计划生育管理和服务工作。

会上，国家人口计生委党组书记、主任张维庆同志作了《深入贯彻学习〈决定〉开创统筹解决人口问题新局面》的重要报告。

【自治区人口计生委召开全区人口计生系统工作会议】2 月 7 日，全区人口和计划生育工作会议在拉萨召开。会议的主要任务是，深入学习贯彻党的十六届六中全会、自治区第七次党代会、全国人口和计划生育工作会议精神，全面贯彻落实《中共中央国务院关于全面加强人口和计划生育工作统筹解决人口问题的决定》精神，总结 2006 年工作，部署 2007 年及今后一段时期的工作。

会上，自治区副主席德吉同志作了重要讲话，她指出：要认清形势，切实增强做好人口和计划生育、优生优育工作的自觉性和责任感。并强调：要突出重点，扎实推进我区人口和计划生育、优生优育工作快速发展，要以新农村建设为重点，不断健全农牧区优生优育服务体系，要以流动人口为重点，不断完善流动人口管理服务体系，要以推行优生优育为重点，不断提高人口素质；要创新机制，努力为经济社会跨越式发展服好务，要创新管理机制，要创新服务机制，要创新工作机制，进一步增强人口和计划生育、优生优育工作的活力和后劲。

会上，区人口计生委主任普布卓玛同志作了《以科学发展观为指导，全面贯彻中央〈决定〉精神，努力开创统筹解决人口问题工作新局面》的工作报告。

【中宣部、国家人口计生委在藏开展“情系新西藏、温暖千万家”“三下乡”活动】7 月 25 日，由中宣部、国家人口计生委组成的“三下乡”慰问团在拉萨市林周县江夏乡江夏村开展了以“情系新西藏、温暖千万家”为主题的“三下乡”送温暖活动。

国家人口计生委党组书记、主任张维庆同志，自治区副主席德吉同志，中宣部，国家人口计生委相关司局领导，区卫生厅、区人口计生委、拉萨市等领导参加了活动启动仪式。仪式上，张维庆主任、德吉副主席等致辞讲话。中宣部、国家人口计生委、修正药业向我区农牧区捐赠了价值 35 万元的宣教设备 20 套、藏汉双语健康系列光盘 500 套以及妇女儿童药品，新农村文化屋 1 个，同时还现场慰问了 20 户贫困户。国家人口计生委主任张维庆、副主任江帆在德吉副主席的陪同下还入户慰问了百岁老人阿麦次仁。

活动仪式后，举行了盛大的文艺演出，自治区人民医院、区妇幼保健院等 10 家单位开展了义诊和宣教活动。此次义诊受益群众 5220 人次，发放藏药 41 个品种，西药 38 个品种，价值 14674 元，发放优生优育、生殖健康宣传品 10 个品种，4000 多份。

自治区疾病预防控制中心

【自治区传染病的流行现状与分析】2007 年 1 月 1 日零时至 9 月 30 日 24 时，全区七地（市）疾控中心通过网络直报系统报告统计，37 种法定管理传染病共报告 2 类 19 种，涉及全区 73 个县，发病总数 6815 例，死亡 11 例，报告总发病率为 245.97/10 万，死亡率为 0.40/10 万；病死率为 0.16%；其中无甲类传染病疫情发生。与 2006 年同期相比，发病数下降 21.81%，死亡数与 2006 年同期持平，病死率上升 23.08%。人群分布：在全区传染病发病的主要人群为农牧民和学生儿童，其中农牧民发病 2874 人，占发病总数的 59.18%，学生儿童发病 1093 人，占发病总数的 22.51%。

【重大传染病爆发疫情应对工作取得较好成绩，应急能力稳步提高】2007 年 1 月-9 月通过突发公共卫生事件报告管理信息系统、电话和传真报告突发公共卫生事件 28 起，涉及全区 5 地区。其中无甲类传染病；乙类传染病暴发疫情 1 起，丙类传染病暴发疫情 18 起，其它传染病 9 起，共发病 2494 例，死亡 2 例。与 2006 年同期相比，突发总数下降了 39.13%，总发病数下降 35.42%。

中心从强化全区传染病疫情和突发公共卫生事件报告、加强对各地市技术指导和专业培训、制定全面有效《预案》、加强常规免疫和应急接种为疫情控制的基本手段这几个重点工作入手，切实提高了全区传染病疫情和突发公共卫生事件应急处置能力。在与西藏卫生支持项目合作举办多期现场流行病学培训班基础上，制定下发了流感、流腮、水痘、炭疽、痢疾等疾病的疫情处置指南、预案。由于以上措施，2007 年 28 起疫情及突发公共卫生事件中 26 起是在自治区疾病预防控制中心指导下由地区、县处置完成，地市、县级处置能力得到检验和提高。在指导地市级开展工作同时，自治区疾病预防控制中心及时、迅速、有效地开展了拉萨地区禽流感疫情处理，涉及 10 人发病、2 人死亡的旋毛虫疫情处理，山南地区隆子县、浪卡子县，拉萨市林周县、当雄县、阿里嘎尔县、普兰县，那曲安多等县动物鼠疫疫情处理。

中心坚持 24 小时疫情值班制度；坚持疫情分析报送制度；中心还尽全力确保重要节日、重要会议活动期间疫情安全和应急准备工作。每次都提早安排应急队伍、疫情值班以及应急物资准备工作，保证了节日、重要活动会议期间疫情监测灵敏、报告及时、处理妥当。

【鼠疫防治工作取得良好成绩，有效监测处置了动物间疫情，防止了人间疫情的发生】根据自治区卫生厅的指示精神，从全区鼠疫防治的战略高度，继续加强对青藏铁路沿线的鼠疫防治工作的领导，做到早安排、早部署，提出了明确的工作任务和工作目标，研究制定了切实可行的工作方案：制定并签发了《青藏铁路鼠疫防治目标责任书》，下发了《2007年全区鼠疫监测方案》、《2007年青藏铁路沿线鼠疫监测方案》等，确保全区及青藏铁路沿线鼠疫监测和预防控制工作的顺利开展。及时组织处理了全区范围内的11县18个疫点的动物鼠疫疫情的处理工作，对重点地区采取保护性灭獭措施，有效控制动物间鼠疫疫情。防止了人间鼠疫疫情的发生，确保了青藏铁路正常运营。

自治区疾病预防控制中心地病所对各地区送检的42份旱獭材料进行了鼠疫细菌学、血清学检验，结果阳性41份，检出41株鼠疫杆菌，判定昌都地区左贡、芒康县为新的鼠疫自然疫源县。阿里地区日土、革吉为血清阳性县。

【结核病防治工作】1-9月，全区共发现新涂阳病人1106例、复治涂阳216人、涂阴病人1679人、肺外976人，共计3977例病人。治愈率为80.63%，较2006年同期提高5%。

为加强结核病防治管理，重点从建立健全结核病防治网络、提高省、地市级结核病管理能力、加强健康教育为主线开展工作。2007年继续推进乡村医生参与结核病防治管理工作，目前拉萨、山南、昌都、林芝、日喀则地区乡村医生参与结核病防治工作基本能够覆盖70%以上的乡镇。为提高管理能力中心首次制定了带有经费预算的《2007年结核病防治工作计划书》并下发给各地市、县，明确了各县病人发现指标等工作任务和经费情况，建立了考评制度。开始采用新的《西藏结核病人免费治疗证》，方便跨区流动病人领药的同时加强了对县级管理访视病人的监督。积极利用“3·24”结核病防治日等卫生宣传活动对广大群众开展结核病防治知识宣传，发放藏汉双语各种宣传材料、宣传画7万余张。在自治区广播电台藏语广播中开办了《防治肺结核、健康你我他》的专栏，每天滚动播出。

中心还加强了对地市、县的督导、培训力度，截止10月底，自治区疾病预防控制中心共对地市、县开展了20次结核病项目督导，范围达7个地（市）95个县次，出动人员72人次。成功举办各级各类培训班13期，培训结防专业人员300人次。

根据国家实施结核病耐药基线调查工作的总体部署，2007年4月初正式启动我区结核病耐药基线调查工作，目前共纳入病人20余例，已送国家参比实验室痰标本16份，工作运行情况良好。

通过不断努力，全区结核病防治总体工作质量在不断提高，比利时项目评估官员，全球基金一轮、四轮项目主管在实地考察后给予了较高的评价，争取到了比利时项目、一轮项目的延期。

【性病/艾滋病规范化门诊建设基本完成，性病/艾滋病检验工作深入开展。全区性病/艾滋病防治工作有待规范】在国家CDC性病中心专家指导下，澳大利亚西藏卫生支持项目的支助下，从门诊布局、规范诊疗、实验室规范操作及规范管理等全方位提高标志我区第一个性病/艾滋病规范化门诊建设基本完成，各方面的指标基本都达到了国家要求的规范标准，得到了85.5分的评估分数，今后还将不断完善软硬件设备。性病门诊截止10月份共诊治患者3781人次，开展了为前来就诊的患者提供VCT服务，截至10月份前来咨询人员达276人次。

性病实验室开展各种检测项目数为1464人次，HIV检测人数为342人次，RPR检测人数为241人次，其中阳性病例28例。其它检测（霉菌，滴虫，真菌，疥虫等）项目检测为470人次。艾滋病实验室2007年共检测HIV血清抗体检测244例，初筛检测652例（含医院、血站送检初筛阳性样本），其中确认19例。经过不懈努力艾滋病感染者中告知率达到80%。性病/艾滋病实验室于2007年参加国家实验室能力验证梅毒血清评比以及梅毒和衣原体检测评比。

中心在继续开展监测报告和健康促进工作的基础上，2007年成功举办了首届“艾滋病高危行为干预队伍培训班”，标志着行为干预工作在全区的启动开展。举办了性病/艾滋病防治工作人员培训班，加强基层防治力量。开展了对示范区工作的督导检查工作。

需要看到的是，全区性病/艾滋病防治工作依旧没有走上正轨，各级防治机构职责尚未明确落实、部门间、系统间的协调工作尚未理顺，全区防治工作目标计划尚未出台，整体工作还需进一步规范。

【我区碘缺乏病防治工作按项目要求继续开展】年内，自治区疾病预防控制中心按照《西藏自治区碘盐监测方案》，对全区73个县进行了居民层次的半定量监测工作，共监测居民食用盐样42229份，其中合格碘盐15790份，非碘盐26439份，碘盐覆盖率为36.2%，非碘盐率为63.8%。说明我区碘盐覆盖率仍然较低。

病情监测工作共触诊检查8—12岁儿童5680人，甲状腺肿大257人、肿大率4.7%。B超检查5433人，甲状腺肿大258人、肿大率4.7%。均低于国家规定的5%的标准。

根据国家卫生部办公厅《关于开展我国碘缺乏病高危地区重点调查的通知》精神和《全国碘缺乏病高危地区重点调查方案》的要求，在国家专家组的指导和协作下，于4—9月，对拉萨市7县1区、林芝4个县、昌都、日喀则、山南地区等16个县开展了现场调查工作，通过调查，初步发现克汀病疑似病例30例，疑似病人确诊等待临床专家组最后确诊。8—10岁儿童甲状腺检查4709人，肿大率4.35%；儿童尿碘检查5578份，尿碘中位数153.2微克/升；育龄妇女尿碘检查2261份，尿碘中位数59.7微克/升、儿童尿碘中位数已经达到国家标准。在西藏碘盐覆盖率较低的情况下，儿童甲肿率保持较低水平，儿童尿碘中位数达到国家标准说明这些年来西藏在碘缺乏病防治工作采取措施是符合西藏实际情况。

【免疫规划工作稳步提高】2007年，免疫规划各项工作均取得了长足的进步，入托、入学儿童查验接种证和查漏补种工作逐步开展；全区计划免疫疫苗得到有效保障，应急疫苗基本满足。免疫规划疫苗常规报告接种率保持在85%以上，各种免疫规划针对传染病得到了有效的控制。

为继续保持无脊灰状态，按《国家脊灰监测方案》，完成150份儿童粪便采集和检验工作；加强了各地 AFP 病例监测工作，全年共报告 6 例，均开展了流调、标本采集、送检和随访工作。完成了 8 个边境县的督导检查工作；组织开展了 0—3 岁约 20 万儿童的两轮脊灰强化免疫活动。加速了麻疹控制工作，加强了麻疹监测报告力度，发病率大幅下降。全面推进病毒性肝炎预防与控制、稳步提高新生儿乙肝疫苗住院分娩接种率和 24 小时首针接种率。

【麻风病、布病、大骨节病、砖茶型氟中毒防治项目正常开展】麻风病：截止 9 月底，全区共发现麻风新发病人 19 例，所有病人均已实施了联合化疗方案治疗。开展健康教育活动 2 次，发放宣传材料 8000 余份；出动 41 人次对江曲医院巡诊 17 次，开展麻风足底溃疡扩创 6 例，通过项目资助，为 12 名麻风残疾特困人员提供了生活费。

布病：2007 年 5 月 2，与德国尼玛协会合作对那曲地区双湖特别区、尼玛县的人间布病感染率调查。共调查 219 人，以血清学方法检测出阳性 15 例，阳性率 6.8%。

氟中毒：5 月在拉萨市举办了《砖茶型氟中毒流行现状调查方案培训班》，通过调查发现我区砖茶型氟中毒严重程度低、流行范围广。首次开展了地方性饮水型氟/砷中毒调查与监测工作。

大骨节病：继续做好病情监测，在大骨节病基金会项目、德国尼玛协会以及中央转移支付项目的支持下，在拉萨、山南、阿里地区开展病情监测、预防工作。共拍片检查 828 人次，检出阳性 85 例，检出率 10.26%。为病区搬迁工作提供科学依据。

【健康教育/慢性病防治工作迈上新的台阶】健康教育工作脱离了过去仅在卫生宣传日上街摆摊设点开展宣传的传统模式。在国家健康教育所指导帮助下，制定了《西藏自治区 2005—2010 年健康教育工作规划》，安排了 7 个县作为项目试点县。举办了首届《健康教育骨干培训班》，培训了 62 名健康教育骨干，为西藏健康教育工作长期发展奠定了一定基础。继续开展“控制烟草项目”，在 3 个地区 3 个县设了项目点开展工作；起草制订了《西藏自治区医疗单位控烟实施方案》《学校控烟方案》。“母子健康保健项目”在 5 个县设立项目点，经干预活动后，30%居民会使用血压测量仪测量血压，主演分娩率较 2006 年提高 8%，2 年中无孕产妇和新生儿死亡，纯母乳喂养知识知晓率达到 70%。

慢性病防治工作主要开展了“国家疾病监测点”工作，涉及 5 个县，监测人口 23 万余人。“死因监测工作”继续开展。2007 年—4 月，全区第三次死因调查回顾工作全面展开，在时间紧、任务重、人员少的情况下，组织了 20 个调查组深入群众家庭开展调查工作，共调查 388540 人中死亡的 2798 人，粗死亡率 072%，达到了国家要求的死亡率调查不低于 0.6%的目标。调查工作得到国家专家组、卫生厅的高度评价。《伤害监测》《慢性病相关危险因素监测》等项目工作也在努力开展。

【公共卫生监测/检验、预防保健服务工作面向广大群众开展】公共卫生监测/检验工作除继续开展对公共场所监测检验，完成所辖食品生产企业 16 家、餐饮业 39 家、宾馆 29 家监测工作、体检从业人员 2193 人、监测样品 1319 份、水质 104 份、食品 434 项、疫情标本 40 份检验等工作外，2007 年还配合国家完成农牧区饮用水环境卫生现场调查工作，完成拉萨、山南地区 6 个县 60 个监测点水样采集检验工作。并争取到国家 CDC 将西藏纳入监测哨点，每年提供一定的经费支持。年内，自治区疾病预防控制中心检验所还将支持各地市疾控中心检验能力提高纳入计划，前后 2 次派出专业人员到地区实验室帮助开展工作，接受地区实验室 2 人进修。

预防保健服务工作继续面向广大群众开展，2007 年 1—10 月完成门诊 13000 人次，其中结核病门诊诊治病人 6200 人次；预防接种 38068 支/次、完成检验 4440 人/份。

【存在的问题】1.经费问题仍然是影响我们工作开展的主要困难。2.疾控系统人力资源匮乏的现状仍然没有根本转变，用人观念及用人机制还需改进。3.中心管理有待进一步加强，工作能力需要进一步提高。5.中心基础设施落后，仍需国家加大投入。

自治区体育工作

【群众体育健康发展】2007 年，自治区群众体育工作坚持以增强人民体质为出发点，认真贯彻《全民健身计划纲要》和《中共西藏自治区委员会西藏自治区人民政府关于进一步加强和改进新时期西藏体育工作的意见》，牢固树立“以人为本、全面协调、可持续发展”的科学发展观，大力掀起“全民健身与奥运同行”的全民健身热潮，着力开创群众体育工作新局面，为构建和谐社会、打造平安西藏作出了努力，群众体育初步实现了社会化、普及化和大众化，各类群众体育活动蓬勃发展。

认真开展发放和安装健身器材等相关工作。给全区 6 地 1 市的农村、学校、社区、机关、企事业单位发放和安装健身路径器材 46 套。组织实施了全区 74 个县 74 所中学“篮板工程”的发放、安装工作，落实配套资金 76 万元。完成了全国“亿万农民健身工程”西藏农牧区体育场地设施建设的调研、立项和报批工作。

积极组织开展群众体育活动。成功组织了全区第三届信鸽大奖赛，2007 年全民健身活动月，“亿万职工迎奥运健步走”西藏地区职工迎奥运健步走，2007 年“蒙牛杯”拉萨市全民健身展示活动等丰富多彩的群众体育健身活动，协助有关单位、学校开展各类体育运动会，活跃了我区各族人民的体育文化生活。

【竞技体育水平提高】我区竞技运动队坚持从难从严从实战需要出发和大运动量训练的原则，注重提高竞技水平。

运动队严格管理，严格训练。紧紧围绕竞技体育以奥运会为最高层次的发展战略，按照“缩短战线、突出重点、强化优势、提高水平”的要求，在训练中突出参加奥运会，突出参加“十一运”出成绩为首要任务，对运动队严格管理，严格训练。与其他省市进行运动员交流，完成了联办运动队和交流运动员的相关工作。

建设体育后备人才基地。自治区体育成人中专学校狠抓教学改革，不断提高教学质量。2007 年毕业生升学率达到100%，为区内运动队培养和输送了优秀体育后备人才，为基层体育工作培养了合格的专业人才。选派部分学生参加了全国城运会、民运会比赛，取得了较好成绩。

发挥各地市重点业余体校的作用，坚持教育和体育相结合的办学方针，努力提高各重点业余体校的办学质量和为运动队输送优秀体育苗子的输送率。

认真组织区内赛事。举办了第二届全区“U－13”足球分区赛，进一步发现、挖掘了青少年足球运动苗子，推动了全区青少年足球运动的发展。成功举办了第三届“商报杯”足球比赛。此项比赛已经成为我区的一项竞赛标准化、运作市场化、人员专业化的体育赛事。

积极参加国内比赛。我区运动员参加全国男子自由式摔跤、女子自由式摔跤、拳击、田径、射箭、马术、散打等项目的比赛，获得 1 个第一名、2 个第二名、2 个第三名、1 个第四名、4 个第五名、1 个第六名、2 个第七名、3 个第八名的成绩，6 人破全区 7 项纪录，1 人达到国家级健将。

积极备战2008年奥运会。2005年“十运会”后，自治区体育局认真总结经验，寻找新的突破口，商请国家体育总局田径运动管理中心、射击射箭运动管理中心、自行车击剑运动管理中心、国家摔跤队和北京体育大学代培了 15 名西藏运动员，争取在 2008 年奥运会上有西藏运动员的身影。马术项目上，利用国家体育总局自行车击剑运动管理中心马术部支援西部地区备战 2008 年奥运会专项经费，派出自治区马术队员前往法国进行了为期 3 个月的训练，准备再次争取奥运参赛资格。

【登山探险有序发展】西藏登山综合培训中心始终把培训登山运动人才作为首要任务，紧紧抓住西藏攀登世界 14 座海拔 8000 米以上高峰探险队圆满完成任务的登山精神为教育契机，坚持“从难、从严、从实际出发”的培训方式，扎实开展登山综合服务培训。共培训和输送登山队员和高山协作人员 70 余名，达到国家级登山运动健将的登山队员有 54 名、国际级运动健将 2 名。为登山爱好者提供 100 多人次的登山协作服务，为内地高校学生暑假期间来藏登山给予向导、教练、物资运输等高山协作服务 30 余次，创造了良好的社会效益。

【体育产业效益较好】自治区登山运动管理中心与国内外登山界进行广泛交流，外联内引，2007 年共接待 109 支登山团队 1000 余名登山客人，经营收入 1700 万元，使山峰所在县获益 68 万元，参与登山服务的农牧民直接收益 418 万元，上缴税 80 万元，上缴中国登山协会服务费、注册费 92 万元。

自治区体育彩票管理中心进一步拓宽我区“电脑型”体育彩票的销售市场，体育彩票销售顺利，管理制度和销售秩序规范。2007 年，经国家体育总局体育彩票管理中心批准，在原有的体育彩票销售网点基础上，根据市场需求，新开设了山南、林芝地区彩票销售网；在山南、林芝地区和拉萨市增加体育彩票销售终端机 46 台；增加了体育彩票超级大乐透玩法。全年共销售体育彩票 2305 万元，获得公益金 766 万元，上缴税金 36 万元，为我区的经济建设做出了贡献，支持了我区体育事业的发展。

西藏旅游股份有限公司加强企业管理，2007 年经营收入 19617 万元。西藏体育服装器材公司 2007 年经营利润 50 万元。

【存在的问题】一、发展我区体育事业，需进一步探索新思路、新办法、新举措。

二、高层次体育人才的培养力度不够，现有的人才素质亟待提高。我区教练员和运动员文化水平普遍较低，缺少高水平的素质教练人才和拔尖的运动员人才。

三、按照“三从一大”的训练要求，训练强度、难度和科学执教、科学训练有待提高。

四、运动员招收录用、退役安置难度大。近几年，我区经济快速发展，社会竞争压力较大，教练员、运动员从事的项目和专业与再就业岗位不符，大部分单位不愿意接收退役运动员，在运动员退役安置上存在突出问题，影响和制约了运动队的建设与发展。

五、体育科研十分落后，距离科技体育甚远。内地和国外有作为的高水平体育科研人员很难请到西藏来从事体育科研工作，自治区体育局培养体育科研人员力不从心。

【大事记】

（一）筹备火炬传递

4 月 20 日参加北京奥运火炬接力珠峰火炬传递活动的登山队员、高山协作人员和电视转播部、火炬研发部、后勤保障部、国家气象局、西藏移动通讯公司测试人员共 168 人，全部抵达珠峰大本营。中国登山协会常务副主席李致新和自治区体育局副局长张江援负责全面指挥和协调工作。

5 月 1 日至 7 日国家体育总局局长、党组书记刘鹏同志携夫人一行 5 人专程赴藏到达珠峰大本营慰问北京奥运火炬接力珠峰火炬传递 2007 年测试登山队员和后勤工作人员。

5 月 9 日参与珠峰火炬传递 2007 年测试的 17 名中国登山队员顺利登顶珠穆朗玛峰，试验了 3 支固液火炬和 3 支固体火炬，完成了火炬测试、信号传输、电视录像拍摄等工作。

5 月 13—14 日国家体育总局副局长、党组副书记胡家燕同志在日喀则亲切接见了参加珠峰火炬传递登山队员和后勤保障人员。

9 月 27 日至 12 月 17 日完成了北京奥运火炬接力拉萨火炬传递 251 名火炬手的选拔、信息采集工作。完成了拉萨市、山南地区火炬传递路线的勘查工作。

（二）其他方面

3 月 13 日至 3 月 25 日区体育局副局长平措江村率西藏马术队马术运动员宇宏等三人赴法国进行马术交流与培训。

5 月 21 日至 23 日西藏组团参加第六届全国城市运动会暨全国青年锦标赛，

我区运动员分别获得女子自由式摔跤72公斤级冠军、63公斤级亚军、55公斤级亚军。

7月9日至29日自治区体育局组成体育交流代表团赴意大利、法国等西欧地区进行体育工作考察和交流。

7月12日西藏攀登世界14座海拔8000米以上高峰探险队7名登山队员，成功登顶海拔8068米的迦舒布鲁姆I峰，完成了攀登世界14座海拔8000米以上高峰的艰巨任务，创造了一个团队以集体形式攀登世界14座海拔8000米以上高峰的世界新纪录。

7月13日至17日举办全区足球裁判员培训班，我区足球裁判和一线教学工作的教师接受了培训，促进了足球裁判员队伍的建设。

7月17日自治区马术队应日喀则地区江孜县委、县政府邀请，派出32名马术运动员参加江孜“达玛节”暨物交会马术表演。

8月8日与奥运同行、迎奥运倒计时1周年活动在拉萨北郊赛马场进行。来自区直机关退休老干部、各大中小学校学生1000余人表演了太极拳、广播体操和健步走等活动。

8月9日国家体育总局和自治区人民政府共同在北京人民大会堂召开西藏攀登世界14座海拔8000米以上高峰探险队庆功大会，国务委员陈至立接见了出席庆功大会的西藏攀登世界14座海拔8000米以上高峰探险队队员，国家体育总局授予了西藏攀登世界14座海拔8000米以上高峰探险队“不畏艰险、勇攀高峰先进集体”荣誉称号，授予次仁多吉、边巴扎西、洛则3名登山队员体育运动荣誉奖章。

8月14日自治区马术队队长达瓦顿珠赴香港参加“好运北京”马术比赛。

8月28日自治区人民政府召开西藏攀登世界14座海拔8000米以上高峰探险队庆功表彰大会，表彰参加攀登世界14座海拔8000米以上高峰的登山队员，作出了《关于表彰西藏攀登世界14座海拔8000米以上高峰探险队的决定》，号召全区广大干部职工学习登山队员先进典型，为建设小康西藏、平安西藏、和谐西藏做出新的贡献。

9月28日至10月5日第七届西藏登山大会在羊八井高山训练学校举行。由自治区登山协会主办、西藏登山队和登山综合培训中心共同承办，来自全国各地的43名登山爱好者参加了大会。

10月我区智障运动员参加上海世界特殊奥林匹克运动会，获得3枚金牌、2枚银牌的成绩，创造了西藏智障运动员的奇迹，填补了西藏没有奥运会奖牌的空白。

10月8日至10月17日我区组团参加第八届全国少数民族运动会，我区运动员顽强拼搏，取得竞赛项目10枚金牌，7枚银牌，7枚铜牌。其中，在押加项目比赛中，我区参加7个级别中55公斤级、61公斤级、76公斤级、85公斤级和95公斤级5个级别的比赛，取得5枚金牌，1枚铜牌。在民族式摔跤比赛中，

我区取得且里西52公斤级、87公斤级，格87公斤级、52公斤级，朝鲜族式摔跤87公斤级，回族式绊跤87公斤级、74公斤级的3枚金牌，2枚银牌，3枚铜牌。在射弩比赛中，我区代表队夺得女子传统弩立姿的1枚银牌。在马术比赛中，我区代表队在1000米速度赛马、跑马拾哈达比赛中，夺得2枚金牌，在3000米、5000米速度赛马、跑马拾哈达、跑马射击比赛中，夺得4枚银牌、3枚铜牌。在表演项目中，我区代表团获得民族健身操项目1个金奖、1个银奖，获得马术表演马上技巧项目1个金奖、1个银奖，响箭、抱石头两个项目分别获得银奖。

【领导名录】

党组副书记，局长：德吉卓嘎

党组成员，副局长：平措江村、赵光华、贾国富

民政、劳动和社会保障

自治区民政工作

【应急救援救灾救助能力进一步提高】 2007年，全区未发生大的自然灾害。但局部灾害频发，全区73个县市的405个乡镇，1609个村遭受了不同程度的雪、洪涝、泥石流、地震、低温冷冻、冰雹、干旱等自然灾害的危害。全区农作物受灾面积达28.3千公顷，比上年增加14.6%；绝收面积1.6千公顷，比上年增加128.6%。各类灾害受灾人口22.9万人次，比上年增加172.6%；因灾死亡36人（其中外来务工人员7人），比上年增加56.5%；倒塌房屋16275间，比上年增加15.3倍；损坏房屋32695间，比2006年增加263.3%；因灾死亡牲畜20.73万头（只、匹），比上年减少36.22%。因灾直接经济损失3.3亿元，比上年增加153.8%。2007年，全区共落实救灾资金4912.1万元，各级政府及时组织开展救灾工作，自治区、地（市）派出工作组指导县、乡政府救灾工作，紧急转移安置灾民2000人，调拨帐篷1287顶，衣被16712件；完成灾区房屋倒塌恢复重建20916间；认真做好春荒冬令受灾群众生活救助工作，全区发放灾民救助卡4.43万张，救助灾民54777人。有效地保证了灾民衣、食、住、医等基本需求，灾区人心安定，社会稳定。

【城乡社会救助体系框架基本形成】 积极规范城市低保。城市居民最低生活保障进一步在规范中完善，巩固了动态管理下的应保尽保，切实保障了城市困难居民的基本生活。全区各地在积极推行分类施保的同时进一步强化对有特殊困难的低保对象，根据其劳动能力、就业情况给予重点照顾；城镇低保对象的动态管理，按照“应保尽保”、“应退即退”的原则，开展了对城镇已保对象进行全面排查，全区清退不再符合低保条件的

共150多户，近400人，改变了以往“只进不退”、“易进难退”的局面，将符合低保条件未保的进行新增纳保，做到有进有出，实现了城镇低保动态管理下的应保尽保。另外，针对肉菜等副食品价格上涨因素，从7月1日起，对城镇低保对象增加了临时生活补助。当年底，全区共有16228户，39550个城市居民得到了最低生活保障，比上年减少4574人，减少10.4%。全年落实低保资金5841.7万元，比上年增长3.74%。享受低保人员中，在职人员5028人，占总人数的12.7%；灵活就业人员20776人，占总人数的52.5%；老年人3098人，占总人数的7.8%；登记失业人员5632人，占总人数的14.2%；未登记失业人员3155人，占总人数的8.0%；未成年在校生1861人，占总人数的4.7%。2007年底，全区城市居民最低生活保障月人均保障水平121.85元，比上年提高14.6%；城市居民最低生活保障平均标准230元，与上年持平。

农村低保实现新突破。2007年，农牧区特困群众生活救助顺利实现向全面推行农村居民最低生活保障制度的转变，五保供养对象实现应保尽保。年初，自治区民政厅会同财政厅下发了《西藏自治区农牧区特困群众生活救助实施办法》，将农牧区特困群众生活救助范围从年人均收入500元以下扩大到800元以下。2月15日，自治区民政厅、财政厅联合发出《关于在全区推行农村居民最低生活保障制度的通知》，要求在全区全面推行农村低保制度，年底前完成。为做好农村低保工作，7月，自治区人民政府在日喀则地区召开了全区社会救助体系建设现场会，重点对实施农村低保工作进行了全面部署。为全面建立农村居民最低生活保障制度，自治区人民政府出台了《西藏自治区农村居民最低生活保障实施办法（试行）》。《办法》的出台，标志着我区农村低保工作走上制度化、规范化的轨道。至当年底，全区73个县（市、区）建立了农村居民最低生活保障制度，实现了特困群众生活救助向低保制度的转变，将年人均收入800元以下的农村居民纳入低保，有61565户，23万人得到了农村最低生活保障，比上年同期增加22.77万人，增长98.2倍。全区发放农村低保资金5130.8万元。平均低保标准22.3元/人、月。

2007年，全区各地深入贯彻《农村五保供养工作条例》，按照自治区民政厅、财政厅《关于切实做好农村五保户供养工作的通知》精神，及时将税费改革以来新增的五保对象全部纳入供养范围，使近年来“应保未保”问题得到妥善解决。年底，全区农村得到五保供养的有14275人，14275户。其中，集中供养1183人，1183户；分散供养13092人，13092户。农村五保供养标准每人每年1500元。

积极推进城乡医疗救助。为切实做好城乡医疗救助工作，自治区民政厅会同财政厅制定下发了《西藏自治区城镇特困群众医疗救助办法实施细则》和《西藏自治区农牧区特困群众医疗救助办法实施细则》，进一步规范了城乡医疗救助的程序、资金的管理与使用，提高了救助标准。自治区财政下达各地（市）城镇医疗救助资金500万元，农牧区医疗救助资金1500万元，有力地保障了城乡医疗救助工作的开展。全区城镇医疗救助882人次，支出救助资金208.63万元，人均医疗救助水平2365.4元；农牧区医疗救助6280人次，支出救助资金684.64万元，人均医疗救助水平1090.2元。

教育救助稳步推进。为切实解决高校贫困家庭学生上学难的问题，继续进行城乡特困家庭子女教育救助，当年审定高校特困生232人，落实教育救助资金103.4万元，人均救助水平4457元。

【优抚安置顺利开展双拥工作取得新进展】2007年元旦、春节、藏历新年期间，全区各地普遍开展拥军优属、拥政爱民活动。据不完全统计，全区共慰问驻军部队438个、伤病员865人、优抚对象3389人次，召开军政座谈会100余次，支付慰问金535.7万元。成功召开了庆祝中国人民解放军建军80周年暨全区双拥模范城（县）命名表彰大会。自治区党委书记、西藏军区党委第一书记张庆黎出席会议并作重要讲话。会议总结2004年以来全区双拥工作，部署新时期、新阶段我区双拥工作任务，命名表彰双拥模范城（县）34个、双拥先进集体36个和双拥先进个人40个。

在纪念建军80周年之际，提高了优抚对象恤补助标准，解决了优抚对象生活方面的实际困难。截至2007年底，国家抚恤、补助各类重点优抚对象4509人，比上年增加116人，增长2.6%。其中：伤残人员716人；带病回乡退伍军人229人；在乡复员军人298人；在乡退伍红军老战士2人；烈士遗属1668人；因公牺牲军人家属496人；病故军人家属984人；参战退役人员116人。

2007年，全区共接收安置退伍义务兵、转业士官684人。其中，接收安置城镇退役士兵、转业士官498名，安置率100%。兑现2006年冬季退役义务兵639人的优待金76.68万元。全区民政部门为优抚对象换发新办残疾证70余个。完成军队移交地方军队退休干部37名和无军籍退休职工22名的审档工作，年底有军队退休干部45人，军队无军籍退休职工1008人。拉萨市、那曲两个军供站建成并顺利交接，争取2008年投入使用。

【加强城乡社区建设构建和谐社会】2007年，认真贯彻党的十六届六中全会通过的《中共中央关于构建社会主义和谐社会若干重大问题的决定》和国务院《关于加强和改进社区服务工作的意见》，以及区党委《关于建设和谐西藏若干问题的决定》精神，深入调研，起草并向自治区社区建设领导小组呈报了《关于加强和改进城市社区建设的意见》，经其审议后已报自治区政府审定，为下一步开展社区建设工作提供了政策依据。完成了《西藏自治区“十一五”社区服务设施建设项目可行性研究报告》、《2007年社区服务设施建设项目可行性研究报告和2008年社区服务设施项目建设方案》，并上报国家发改委和民政部。自治区、各地（市）调整充实了社区建设工作领导小组，为推动社区建设工作提供了组织保障。指导各地建立健全了《社区自治章程》、《社区居民代表会议议事规则》等一系列制度，进一步规范了居委会干部和居民行为，保障了社区成员的知情权、管理权和监督权，增强了社区居民的归属感、认同感和社区自我管理能力。社区便民利服务有效开展。开展了社会工作人才队伍建设工作，拉萨市城关区被民政部确定为全国社会工作人才队伍建设实验县。2007年底，全区城镇社区服务设施70个，其中综合性社区服务中心27个，活动项目215个，参加活动的有75774人次。

2007年底，全区社区居委会有158个，居委会小组591个；社区居委会成员769人。

农村社区建设试点工作正式启动。7月，自治区民政厅发出《关于在全区开展农村牧区社区建设试点工作的意见》。同时，向民政部申报并经其批准，达孜县为全国农村社区建设实验县。下发了《西藏自治区农村社区建设标准（试行）》，对农村社区建设试点工作提出了规范化、具体化的指标。此举得到民政部的肯定。并将《标准（试行）》转发全国各地学习借鉴。截至年底，全区有11个县成立领导小组，制定了实施方案，在村民自治工作较好的14个村开展了农村社区建设试点工作。

【村级建制整合进展顺利村民自治工作稳步推进】村级建制整合全面启动，进展顺利。为贯彻落实自治区党委办公厅、政府办公厅《关于印发〈关于开展村级建制整合工作的指导意见〉的通知》精神，成立了全区村级建制整合工作领导小组。坚持“积极引导、慎重稳妥，统筹规划、合理布局，规模效益、便于管理，实事求是、分类指导，整建结合、有利于发展和稳定”的原则。4月初，自治区民政厅会同区党委组织部制定下发了《关于印发〈全区村级建制整合工作实施方案〉的通知》，民政厅及各地深入开展调研和指导工作。全区各地尊重群众意愿、尊重基层意见，使第一、第二阶段工作顺利完成。截至年底，全区7个地（市）村级建制整合方案已上报，进入审核、审批阶段。2007年底，全区有村委会5746个，村民小组14780个；村委会成员21061人。

村务公开民主管理进一步深化。2007年，自治区民政厅下发了《关于组织开展村务公开民主管理工作督查的通知》。自治区及各级村务公开协调机构对村务公开工作开展情况进行了督查调研，各地积极开展村务公开、民主管理工作，进一步健全了《村规民约》、《村民自治章程》等一系列制度，以制度规范村干部和村民的行为，切实保障了村民在村中大事的知情权、决策权、参与权、监督权，实现了依法治村、制度治村的目标。

【婚姻登记服务水平明显提高】2007年，全区各地（市）县积极开展婚姻登记规范化建设，努力提高服务水平，严格依法登记，切实维护婚姻当事人的合法权益。当年，全区办理结婚登记7801对，其中：内地居民登记结婚7797对；涉外居民登记结婚4对。从结婚年龄来看，25～29岁办理结婚登记的公民占结婚总人数比重最多，占55.5%，20～24岁占32.5%，30～34岁占9.4%，35～39岁占2.0%，40岁以上占0.6%。

2007年，全区办理离婚手续的有1461对（其中涉外离婚的2对），其中，民政部门登记离婚992对（含涉外离婚2对），占67.9%；法院办理离婚469对，占32.1%。

【区划边界地名管理工作稳步开展】积极推进地名公共服务工程。县级地名设置取得新进展。采取试点先行的办法，完成了曲水县试点的地名设置；深入调研，加强对拉萨、林芝、山南、那曲等地（市）地名设置指导检查。2007年底，全区（拉萨市、山南地区）共命名新路名84条，安装路牌883个，大门牌1254块，小门牌4600块。自治区、地、县三级投入地名设置经费160.06万元。地名数据库建设起步。完成了全区7个地（市）、73个县（市、区）682个乡（镇）、9个街道办事处、5904个村地名数据录入工作。如期完成了全区县级行政区域界线第一轮联检工作；及时调处丁青县与巴青县、索县与巴青县，当雄县与班戈县、那曲县（未达成一致意见），仲巴县与措勤县、改则县界线纠纷。完成了勘界档案分类、立卷、归档工作。

2007年底，全区乡镇总数为682个，其中：镇140个，乡542个（含民族乡8个）。

2007年底，全区共有城市街道办事处9个。

【社会福利事业稳步发展】积极推进社会福利社会化进程。扶老、助残、救孤、济困为重点的社会福利迈出新步伐，以居家养老为基础，社区服务为依托，机构养老为补充的社会福利服务体系基本形成，社会福利社会化有了新进展。向国家发改委、民政部呈报了《西藏自治区2007年和2008年流浪未成年人保护设施建设项目方案》和《西藏自治区2007年和2008年儿童福利设施建设项目方案》。当年，安排部级福利彩票公益金500万元，本级福利彩票公益金1500万元，资助7地市22所社会福利院、敬老院改扩建和西藏儿童福利院的发展。截至2007年底，全区收养性社会福利单位172个；床位3294个；收养2464人。

老年福利事业稳步推进。2007年全区老年性服务机构161个，床位2229个，年末收养1478人。其中，社会福利院13个，床位670个，年末收养在院295人；农村五保供养服务机构148个，床位1559个，年末收养1183人。

儿童福利事业取得新进展。2007年底，全区儿童福利院11个，床位1065个，年末收养986人。继续实施残疾孤儿手术康复明天计划，兑现了民政部下拨的2006年度“明天计划”手术（62例）经费54.04万元。民政部预拨本年度“明天计划”手术经费54.04万元，当年实施残疾孤儿手术康复76例，其中外科8例，五官科68例。民政部召开视频会议总结表彰“明天计划”工作，自治区人民医院、措勤县民政局获得“明天计划”先进集体荣誉称号，自治区人民医院外科医生杨军、拉萨市民政局干部巴桑卓嘎获得“明天计划”先进个人荣誉称号。下发了《关于发放使用〈儿童福利证〉的通知》，对全区的孤儿进行调查统计，完成了计算机录入工作；发证统计工作正在进行之中。为使拉鲁温地得到有效保护，积极做好西藏儿童福利院整体搬迁重建前期工作。

救助管理工作规范化水平不断提高。2007年4月，成功召开了第二次全区流浪乞讨人员救助工作联席会议。会议进一步研究对策，部署工作，促进了流浪乞讨人员救助管理工作的新进展。自治区人民政府办公厅下发了《关于加强城市生活无着的流浪乞讨人员救助管理工作的通知》，建立了联席会议制度。2007年底，全区共有救助管理站3个，床位280个。全年自治区救助管理经费支出100万元，共救助生活无着的流浪乞讨人员1864人次。其中救助区内1054次，区外810人次。

殡葬管理工作进一步加强，殡仪服务水平有新的提高。2007年，使用部级福利彩票公益金50万元，添置火化炉一台。2007年底，全区共有殡葬事业单位3个，其中殡仪馆2个，民政部门管理的公墓1个。殡仪馆职工21人；火化炉5台；火化遗体713具。火化量有逐年增加的趋势。

【积极引导社会力量参与慈善事业】大力开展社会捐助活动，组织开展了全区"送温暖、献爱心"社会捐助活动。截至2007年底，全区共建立经常性社会捐助工作站、点81个，其本形成覆盖全区县城的社会捐助网。全年各级民政部门、慈善会共直接接收社会捐款589万元，衣被等防寒用品60144件；间接接收（指民政部、各省、市）捐款630万元。较好地支持了灾区困难群众基本生活的安排工作。

【福利彩票发行量首次突破亿元大关管理工作进一步加强】2007年，自治区福利彩票发行中心与深圳思乐公司合作，在中国电信西藏分公司、建行西藏分行等相关业务部门的大力支持下，更新发行设备，建立了独立的数据机房，顺利完成了新旧系统切换，新系统正式运行。新系统的正式运行，有效规避了彩票资金管理风险，保证了彩票资金安全，保障了福利彩票事业的健康发展。规范站点管理，提升整体形象。福利彩票销售投注站进一步扩展，由2006年的108个增加到153个，增长41.6%；福利彩票年销售量首次突破亿元大关，达到11116.17万元，比上年增长44.52%，筹集公益金3890.66万元。2007年，民政使用本级福利彩票公益金1500万元，资助收养单位22个项目建设。

【老龄事业健康发展】2007年底，全区60岁及以上人口23.39万人，占全区总人口的8.23%。为了适应人口老龄化不断加快的形势，自治区老龄办编制了《西藏自治区老龄事业发展"十一五"规划》，并报自治区政府审定。积极与有关部门协调，兑现80岁及以上老年人健康补贴683.74万元。各项为老服务和老年人参与的社会活动有效开展，"九九重阳节"期间，会同自治区老干部局成功举办了"全区老年人大型文体表演"活动。年底全区有老年法律援助中心1个，老年维权协调组织1个；老年活动中心（站、室）11个。全年接受来信来访2次，有力地保障了老年人的合法权益。

【社会组织建设与管理取得新进展】2007年，完成了《西藏自治区人民政府办公厅关于积极推进行业协会商会改革发展的实施意见》的起草，并呈报自治区人民政府审定后下发。加大宣传与教育，开展了"自律与诚信建设"，"服务社会主义新农村"等活动得到社会组织的积极响应。自治区民族团结发展促进协会开展的"西藏民族团结助学行动"，捐资50万元，资助高中贫困生500名；援助西藏发展基金会开展的捐赠太阳能设备活动，为昌都地区8个县捐赠太阳能设备1085台，价值60多万元；自治区银行业协会在全区银行业文明规范服务示范"服务明星"活动等，提升了社会组织支持经济发展，服务社会的良好形象。强化对社会组织的日常管理，规范年检工作程序，社会组织规范有序发展格局正在形成，在促进经济社会发展中的作用日益显现。

2007年，全区依法登记社会组织20个（社会团体16个，民办非企业单位2个，基金会2个）；对153个自治区本级社会团体、民办非企业单位和基金会进行了年检，其中年检合格150个、基本合格1个、依法注销登记2个。截至2007年底，全区共有社会组织298个，其中社会团体280个，民办非企业单位9个，基金会9个。

【民政事业费稳步增长】2007年民政事业费支出38362.5万元，比上年增长26.9%。其中：抚恤事业费支出3666.2万元，比上年增长19.6%；军队离退休、退职支出7358万元，比上年增长107.8%；城市居民最低生活保障支出5841.7万元，比上年增长3.7%；农村及其他社会救济支出7729.7万元，比上年增长4.6%，其中：农村最低生活保障费5130.8万元，比上年增长119倍，农村五保供养支出2018.8万元，比上年增长159.7%；社会福利费及其他城镇社会救济支出1714.5万元，比上年增长120.7%；自然灾害救济费4912.1万元，比上年降低37.6%；厅本级行政单位离、退休人员费用209.1万元，比上年增长100%；其他用于城乡医疗救助、民政事务管理等民政事业费6931.2万元，比上年增长254.8%。

中央和地方继续加大对民政事业的投入。2007年，中央和地方民政事业费预算安排45227.1万元，比上年增长49.6%，提高了15.7个百分点。其中：中央专项拨款共25574万元，比上年增长46.8%，占民政事业费预算比重56.5%；自治区、地（市）、县三级地方财政民政事业费预算安排19653.1万元，比上年增长53.5%，占民政事业费预算比重43.5%。

【领导名录】

党组书记、副厅长：刘巨元

党组副书记、厅长：单增卓扎

党组成员、副厅长：杨国义、刘家杰、李　波、徐建中

党组成员、纪检组长：索朗措姆

副巡视员：敖新民

自治区劳动和社会保障工作

【就业再就业工作目标任务超额完成】2007年，自治区各级劳动保障部门落实积极的就业政策，狠抓就业再就业工作，控制城镇登记失业率，以开发就业岗位、落实就业扶持政策为主线，以消除零就业家庭、全面做好高校毕业生就业为重点，以开展职业培训、强化就业服务为依托，就业再就业目标任务超额完成，全年实现城镇新增就业1.8万人，城镇登记失业率控制在4.3%以内，保持了就业局势的稳定。

积极开发公益性岗位，重点帮扶以零就业家庭为主的就业困难人员就业。对零就业家庭开展调查统计、建档立卡等基础工作，为零就业家庭提供就业援助，实行动态管理。同时，继续开展"就业再就业援助月"活动，积极为就业困难人员送政策、送服务、送技能、送岗

位、送补贴，就业援助工作取得新进展。第一批政府购买的2700个公益性岗位全部落实到位，第二批政府购买的3000个公益性岗位分配方案也已下达。全区完成了年初确定的动态消除零就业家庭的目标任务，共消除1322户零就业家庭，安排2041人就业。

积极推进高校毕业生就业，就业率达95.4%。与人事、教育部门协商起草了《关于做好2007年高校毕业生就业工作的指导意见》，经自治区政府批准后下发实施。一是联合人事、教育部门组成自治区高校毕业生就业政策宣讲团，深入高校开展就业政策宣讲和咨询活动，引导大学生转变就业观念，提高市场竞争就业意识，共发放宣传资料6000多册。二是积极完善高校毕业生就业政策，把每吸纳1名高校毕业生就业奖励2万元的政策，从国有企业扩大到了非公有制经济单位，通过积极落实政策，促进了高校毕业生就业。三是各地（市）开设了高校毕业生就业服务窗口，安排专人负责为高校毕业生提供失业登记、政策咨询、职业指导、职业介绍、职业技能培训、鉴定和劳动保障事务代理等“一条龙”服务，开展政策咨询、职业指导2000多人次。四是开展以“送岗位、进校园”为主要内容的人力资源洽谈会活动。在西藏大学、西藏民族学院举办了“高校毕业生专场招聘会”，开展了“民营企业招聘周”、“高校毕业生就业服务月”活动，开通了“西藏自治区人力资源信息网”，拓宽了高校毕业生求职渠道，收集发布各类岗位信息3000多个。通过招录公务员、“三支一扶”和举办人力资源洽谈会等多种途径，全区7636名高校生毕业生实现了就业，占8003名高校毕业生总数的95.41%。

加强职业培训，促进培训、就业“一体化”。以市场需求为导向，以促进就业再就业为目标，通过多渠道、多层次、多形式开展职业技能培训，指导创业培训试点地区举办了多期师资队伍和城镇失业人员培训班，使失业人员掌握一技之长，提高职业技能和市场竞争就业能力。全年共举办各类培训班432期，培训城镇失业人员、高校毕业生、转移就业农牧民等各类人员25888人次，完成了全年目标任务的129%，培训后实现就业12661人，就业率达49%。

全年开展职业指导38711人次，提供职业介绍30456人次，介绍成功17652人次，职业介绍成功率达58%。举办人力资源洽谈会16期，组织632家用人单位参加，提供就业岗位5390个，现场达成意向性协议5539人。

职业技能鉴定工作逐步规范，鉴定领域进一步拓展。一是加大社会化职业技能鉴定工作力度。全年共组织6531人参加了职业技能鉴定，涉及10多个行业，近80多个职业（工种），有5736人取得职业资格证书。二是筑牢鉴定工作基础。开发了装载机驾驶员、电影放映员等10多个新职业（工种）的技能鉴定试题，充实了国家题库西藏分库，加强了题库的运行管理，开发了藏菜、藏香制作等具有西藏民族特色的职业培训教材，填补了藏菜、藏香制作等职业（工种）无技能培训教材的空白。三是职业技能鉴定领域进一步拓展。继续在我区高等院校推行“双证制”工作，启动了计算机等级考试工作。在农牧民输出输入量较大的拉萨市、日喀则和山南地区开展了农牧民工专项职业能力考核试点工作。

【社会保障体系建设取得突破性进展】 各项社会保险制度进一步完善，以养老、医疗、失业、工伤、生育为核心的社会保障体系全面建立，城镇居民基本医疗保险制度试点工作在全区全面启动，走在全国前列。社会保险覆盖范围逐步扩大，筹资渠道逐步拓宽，基金支撑能力进一步增强，参保人员待遇水平明显提高，并确保了按时足额发放，为我区经济社会快速发展和构建和谐社会提供了良好的环境。

基本养老保险制度进一步完善，扩面工作取得可喜进展。一是制定出台了《西藏自治区完善企业职工基本养老保险制度实施细则》。到2007年末，全区参加基本养老保险的单位共1602家，参保人数达80874人。其中，非公经济组织从业人员和灵活就业人员为1856名。二是加强了基金征缴与监管，全年共征缴基本养老保险费3.8亿元，征缴率达95%，支付基本养老保险金6.2亿元，确保了基本养老金的按时足额发放。三是继续做好企业退休人员社会化管理服务工作，加强制度化、规范化建设，提高了社会保险管理服务水平。全区实行社会化管理服务的企业离退休人员达7066人，基本养老金社会化发放率达100%。四是按照国家和自治区有关政策，及时调整了27343名企业退休人员的基本养老金，并于2007年10月底全部发放到位，使企业退休人员感受到了党和政府的关怀。同时，按照国家的统一部署，及时完成了我区2008年调整企业退休人员基本养老金的方案，已报经自治区政府同意，呈报国家劳动保障部和财政部审批。同时还完成了建立企业离退休人员基本情况数据库工作，为今后调整企业离退休人员基本养老金奠定了坚实基础。

城镇职工基本医疗保险制度进一步完善，统筹范围不断扩大，待遇水平进一步提高。一是调整和完善了城镇职工基本医疗保险政策，在原有参保范围的基础上，将城乡各类非公有制经济组织及其从业人员和灵活就业人员、党政机关、事业单位聘用人员、国有企业临时工纳入了城镇职工基本医疗保险统筹范围，实现了政策全覆盖。到2007年末，全区参加基本医疗保险的单位共3815家，参保人数达173047人。二是为进一步减轻参保人员个人负担，按照“以收定支、收支平衡”原则，调整了基本医疗保险住院医疗费报销起付标准，三类医疗机构报销起付标准分别由600元、800元、1000元调整为400元、600元、800元。提高了诊疗项目、医用材料和共付段统筹基金支付比例，提高幅度平均在5%以上。同时，为解决企业参保职工和离退休人员大额医疗费用问题，经自治区政府批准，引入了商业保险机制，使企业职工和离退休人员在医疗费报销最高限额6万元以上，还可再享受10万元的商业保险补助，较好地解决了企业职工和离退休人员大病医疗费负担过重的问题。三是医疗保险信息化管理水平进一步提高，完成了自治区本级基本医疗保险个人账户管理系统的升级改造，实现了数据实时自动更新和监控，七地（市）也相继建立了延伸到县一级的基本医疗保险信息管理系统，方便了参保人员，提高了工作效率。

城镇居民基本医疗保险工作全面启

动，举办了全区性的政策业务培训班。由于准备工作到位，基础扎实，城镇居民参保积极性高，参保登记和申报缴费等工作进展顺利。全区参加城镇居民基本医疗保险的人数达9.15万人。

失业保险制度进一步完善，促进就业再就业的功能进一步增强。一是制定出台了职业培训和职业介绍补贴使用管理、失业保险待遇核定、扩大失业保险覆盖面等一系列政策规定，进一步完善了失业保险制度。到2007年末，全区参加失业保险的单位共1716家，参保人员达7.5万人。征缴失业保险费3600万元，支出1400万元，失业保险基金累计结余2.8亿元。二是提高了失业保险金待遇水平，放宽了失业保险金申领条件。失业保险金标准达到月人均370元。三是开展专项检查，加强对就业再就业资金的监督管理，提高就业再就业资金使用管理的有效性、规范性和安全性。四是充分发挥失业保险促进就业的功能。对参保缴费单位按照缴费额10%-30%的比例进行补贴，促进了城镇失业人员就业再就业。

工伤、生育保险稳步推进。工伤保险覆盖范围扩大到了事业单位，认真开展了工伤认定和劳动能力鉴定工作，共认定工伤80人次，劳动能力鉴定82人次，职工合法权益得到保障。到2007年末，全区工伤、生育保险参保人数分别达32670人和88280人。征缴工伤保险费536万元，征缴率达84.02%，支付78万元。征缴生育保险费360万元，征缴率达70%，尚未发生支付。

开展了社会保险基金稽核清欠工作和基金安全宣传教育活动，社会保险经办人员的基金安全意识得到增强。主动配合审计等部门开展了社会保险基金审计工作。全年共对665家参保单位、62757人进行了社会保险稽核，对其中的183家参保单位、20604人进行了实地稽核，共稽核清欠社会保险费4449万元。在全区范围内开展了社会保险基金安全宣传教育活动，使社保战线上的广大职工进一步认识到社保基金是社会保障的“生命线”，是制度运行的物质基础，是广大参保人员的“救命钱”，增强了社保基金是“高压线”的意识，确保了社会保险基金的安全完整。

【劳动关系保持了和谐稳定】通过加大劳动保障监察力度，加强劳动争议调处，大力推行劳动合同制度，加大法制宣传教育等措施，维护了劳动者特别是农牧民工的合法权益。

劳动合同三年行动计划工作取得新成果。全区签订劳动合同15026人。在集体协商的基础上，有12家企业签订了集体合同，涉及职工582人。国有企业职工劳动合同签订率达到100%，集体、私营、外商投资等非国有经济单位劳动合同签订率达到59%。调整了我区最低工资标准，将原最低工资标准495元、470元、445元，调整为730元、680元、630元。并首次公布了我区小时最低工资标准为6.5元、6元、5.5元三个档次，保障了低收入劳动者获取合理劳动报酬的基本权益，促进了职工收入水平的不断提高。同时，积极做好企业工资分配工作，按照“两低于”原则审批了46家企业的调资方案，人均月增资545元，涉及职工1887人。

劳动保障监察仲裁力度进一步加大。积极开展日常检查和专项检查以及仲裁工作，共为劳动者挽回1.2亿余元。一是开展了全区农牧民工工资专项检查和日常检查活动。全年共检查用人单位6673户次，涉及劳动者8.08万人，其中农牧民工5.98万人，涉及金额6090.68万元，为农牧民工追讨工资5975.28万元。二是围绕“公正与效率”主题，坚持公开、公平、公正的办案原则，努力提高办案效率和办案质量，依法维护劳动者和用人单位双方的合法权益。全年共立案1057件，涉及劳动者人数15236人，结案1026件，结案率97%，为劳动者挽回工资6300万元。三是开展整顿劳动力市场秩序、整治非法用工专项行动。联合相关部门，检查用人单位1134家，职业介绍机构14家，监督32家有违法行为的用人单位进行了整改。四是组织开展了最低工资标准执行情况专项检查活动。共检查用人单位2966户，涉及劳动者44128人，其中，962人的工资未达到最低工资标准，已责令用人单位纠正。

劳动保障法制宣传工作得到加强。认真组织开展了《劳动合同法》、《就业促进法》和城镇居民基本医疗保险制度试点宣传工作。首次组队参加了全国“两法”知识电视大赛，并获得了优秀奖，在全国观众面前展示了我区劳动保障队伍的精神风貌，产生了良好的社会效应。同时，认真做好行政复议和行政应诉工作，积极推进依法行政，全年共受理行政复议案件4件，行政诉讼案件3件。

【涉及农牧民工的有关政策得到落实】一是积极开展“春风行动”，通过组织人力资源洽谈会、提供就业服务、公布群众满意的民办职介机构和职业培训机构、加强农牧民工就业技能培训等，提高农牧民工的就业技能。二是提高劳务输出的组织化程度，探索建立劳务输出地与输入地信息对接机制，为农牧民转移就业提供信息服务。同时，积极探索跨省劳务输出，全年组织引导农牧民转移就业73.93万人次，实现劳务收入11.87亿元，人均收入3638元。三是加大农牧民转移就业技能培训力度，开展了农牧民工实用技术培训，主要涉及建筑施工、餐饮服务、藏式绘画等职业（工种）。部分地（市）还开展了跨省委托技能培训业务。全年共培训农牧民工15518人次，促进了农牧区劳动力转移就业。

第六篇 地（市）、县（区、市）

拉萨市

拉萨市招商引资工作

【年度情况与特点】2007年，拉萨市落实招商引资项目200个，比2006年同期下降15.6%，其中2007年新引进招商引资项目130个，续投项目70个；项目协议资金达到155亿元，比2006年同期增长61.5%，实际到位资金26.4亿元，同比增长20%。全年共审批办理招商引资项目批复24个，办理9家驻拉萨办事机构，办理到拉萨市转户手续40份76人，接待国内外客商2000余人次，发放宣传资料5000余份。2007年拉萨市招商局引进项目17个，项目总投资达15.15亿元，实际到位资金5.31亿元，完成年任务的106.2%。拉萨一站式服务中心全年共受理1471件业务，办结率为95%，接待前来咨询人员2038人次，发放宣传资料2000余份。

【招商引资力度进一步加大】招商引资作为全市经济工作的重中之重受到全市各级各部门的高度重视，特别是各县（区）充分利用一切可以利用的招商载体进行招商引资。当雄县利用对口支援地区优势，走出去招商；墨竹工卡县主办甲玛沟文化艺术节进行招商引资，网上招商；达孜、堆龙德庆、城关区、曲水县大力打造工业集中区等，做到了招商工作日常化。

【招商引资规模和质量不断提高】2007年全市招商引资项目投资规模上亿元的达到23个;投资规模在亿元以下5000万元以上的达到17个；投资规模在5000万元以下1000万元以上的达到56个。项目引进领域不断拓宽，涉及农畜产品加工、特色产品开发、旅游、科技、房地产、矿产开发等行业。

【引进外资企业实现新突破】青藏铁路的通车、拉萨市投资环境的进一步优化，吸引了许多国外投资商。到目前拉萨市已成功引进世界著名品牌“香格里拉”，已与香格里拉（亚洲）有限公司签订了在拉萨市东城区兴建“香格里拉五星级大酒店”、在市区内兴建200张床位以上规模的香格里拉酒店项目，项目投资总额超4亿元人民币，目前，该项目入住拉萨相关审批手续拉萨市招商局已基本办理完成；城关区成功引进了两家外资企业，即瑞士投资商在拉萨投资兴建嘎顿酒店项目，第一期投入6500万元，第二期投入超亿元，目前已到位100万元美金；新加坡投资商在拉萨投资兴建悦榕五星级酒店项目，总投资1.5亿元,目前已到位114万美金。

【产业集中区建设步伐加快】建设产业集中区，能够集中有限的资源，在较短的时间内打造出适合工业项目落地生根的平台。拉萨经济开发区不断发挥国家级经济开发区的品牌效应，基础设施逐步完善，已基本实现“八通一平”，投资环境进一步优化，基本形成了四个产业群即：藏药、农副产品深加工、高新技术企业、总部经济。截止2007年10月，开发区引进企业99家，总注册资金达9.7亿元，实现出口额2200万美元，实现税收7568万元。目前，拉萨市已有4个县区建立了产业集中区，即:达孜工业集中区、堆龙羊达工业园区、曲水聂当工业开发区和绿色农产品加工园区、城关区工业园区。其他县也在根据自身的优势，积极规划产业集中区。

【加强招商引资项目库建设】拉萨市招商局于2007年5月9日，专门组织召开了全市落实招商引资项目工作会议，市政府宋义武副市长针对加强招商引资项目工作提出了具体要求，招商引资项目工作得到进一步加强，2007年拉萨市招商局结合各县（区）上报项目、根据拉萨市特有的区位、资源、市场优势，收集、整理了98个符合拉萨市产业导向、市场前景好、吸引力强的项目编印成册，作为重点项目积极对外推介，项目涉及农牧林、农畜产品加工、旅游、特色产品加工、矿产、文化等吸引了许多客商前来咨询和洽谈，为顺利完成全市招商引资目标提供了项目保障。同时，为进一步加大宣传力度，拉萨市招商局积极组织人员收集、整理相关资料，精心编印了《拉萨投资指南》、《拉萨市招商引资项目目册》、《拉萨特色产品宣传册》等宣传资料，同时为配合各类招商引资项目推介会，专门编印了招商引资政策、项目英文宣传册、制作了中英文项目幻灯片等，招商引资基础工作得到进一步加强，为全市招商引资工作顺利开展奠定了坚实基础。

【理清思路，落实措施，进一步加大工业招商引资力度】依托拉萨市资源、区位等优势，进一步突出特色资源开发、优势产业、民族手工业项目等市场前景好、发展潜力大、效益好的工业项目，充实项目库并积极对外推介；同时积极主动、有针对性地与国内外知名企业集团联系，主动推介自己，努力引进更多有实力的大企业和大集团落户拉萨。2007年1-9月全市落实工业项目54个，占项目总数的42.2%，实际到位资金4.9亿元。同时，走访了四川西部牦牛集团总部，初步达成整体搬迁拉萨的合作意向。成功引进了高科技工业项目辽宁天元生物科技有限公司在拉萨兴建羊毛脂超临界萃取项目，总投资1.4亿元人民币，并与香港龙孚投资有限公司达成开发光伏太阳能项目，总投资15亿元，并在经济技术开发区投资1亿元，建厂加工太阳能相关配件。这些项目的投产，对进一步推进全市工业经济发展，促进全市经济发展将起到重要作用。

【加大服务力度，努力营造良好投资环境】投资环境是吸引外来客商的首要条件，只有努力创造更具优势、更具吸引力的投资环境，才能引来投资者，留住投资者。市委、市政府高度重视此项工作，专门成立了拉萨市招商引资工作领导小组，研究解决重大招商引资项目，通过工作领导小组全力推进了全市重点招商项目的落实。同时，拉萨市招商局积极组织人力对拉萨市制定的所有优惠政策的落实情况进行了逐一调研，进一步加大了优惠政策的落实力度，坚定了广大客商的投资信心。拉萨市招商局在招商引资工作中，不论是从项目洽谈、论证、申报到征地、开工以及生产过程的每一个环节都做到全程跟踪服务，不断提高办事效率，简化办事程序，做到了局内零收费服务，积极转变作风，以为投资者服务为中心，不断提高工作效率，以务实、便捷、高效的服务积极帮助投资者办理相关审批手续、协调解决企业在生产经营中遇到的问题，如帮助香格里拉大酒店拉萨有限公司办理相关审批手续、邀请国内十大策划大师石岩为5100矿泉水策划宣传方案等，受到了企业的赞同和肯定。

拉萨市直机关工委工作

【认真学习落实4个《意见》】2007年，拉萨市直机关党组织和广大党员认真组织学习贯彻落实中央《关于加强党员经常性教育的意见》、《关于做好党员联系和服务群众工作的意见》、《关于加强和改进流动党员管理工作的意见》、《关于建立健全地方党委、部门党组（党委）抓基层党建工作责任制的意见》4个文件，结合各自实际，注重实效，保持共产党员的先进性，建立健全长效机制，进一步加强党的先进性建设。

认真开展党的十七大代表候选人选举工作。4月，根据市委《关于做好拉萨市出席中国共产党西藏自治区代表会议代表候选人初步人选推荐提名工作的通知》要求，拉萨市直机关工委坚持民主集中制原则，坚持“自下而上、上下结合、反复酝酿”的原则，对拉萨市出席党的十七大代表候选人初步人选名单予以为期5天公示，并广泛征求、听取所属党组织和党员的意见建议，圆满完成了拉萨市出席党的十七大代表候选人选举工作。

【认真开展学习贯彻党的十七大精神】2007年，拉萨市直机关工委及时向市直各单位基层党组织下发了《中共拉萨市直机关工委关于组织党员干部职工学习党的十七大精神的通知》、《关于深入学习贯彻十七大党章的通知》，要求市直各单位党（总）支部要抓紧制定切实可行的学习计划，集中时间、精力认真组织好本单位党（总）支部的学习贯彻活动，务求取得实效。组织市直机关基层党（总）支部成员在工委党员电教室举行了学习十七大党章动员会暨发放新党章仪式，及时向50个市（中）直单位的3200多名党员发放新党章。

【认真开展慰问活动】在春节、藏历年来临之际，对拉萨市直机关工委所属市直机关23个单位退休党支部书记和市建设局、市农牧局、市交通局、市粮食局等单位30名困难党员进行慰问，代表市直机关向所属3000多名党员赠送了18475元慰问品。

召开党内统计工作表彰会。3月，拉萨市直机关工委召开市直机关2006年度党内统计工作表彰会议，对在2006年度党内统计工作中取得突出成绩的市委组织部机关党支部、市国税局机关党委等25个单位进行表彰。

【深入企业调研】4月，为认真落实中组部和区市两级组织部关于在非公有制企业中建立党组织、加强对流动党员管理工作，拉萨市直机关工委协同市委组织部、市工商联、市工商局等单位前往拉萨市注册的康达汽车有限公司、协和车业等7家非公有制企业进行调查摸底。同时到拉萨市青达建筑公司就该公司的务工流动党员进行登记，共发放了6本《流动党员登记证》。

【举行入党宣誓仪式】4月，在清明节来临之际，为了缅怀革命英烈、传承革命英烈的高尚情操和优秀品质，拉萨市直机关工委组织市直机关19个单位50名新党员在拉萨烈士陵园举行了入党宣誓仪式。

【举办登山比赛活动】6月底，为庆祝中国共产党成立86周年、迎接北京奥运会，拉萨市直机关工委在308团以西的桑迪山举办市直机关党员干部职工“讲文明、树新风、庆七一、迎奥运”登山比赛活动，共有37个市（中）直单位1000多名党员干部职工参加了登山比赛活动，对登上山顶前100名者给予了奖励，并对组织的好的单位颁发了组织奖。

【举办入党积极分子培训】5月，拉萨市直机关工委在市委党校举办了为期一周的市直机关入党积极分子培训班，有66名入党积极分子参加培训，经考试66名学员全部合格，颁发了《结业证书》。

截止2007年11月底，拉萨市直机关工委2007年共发展党员51人，预备党员转为正式党员91人；审批党（总）支部改选32个；接转党组织关系129人（次），其中转入党组织关系57人，转出党组织关系72人。严格按照党费管理的有关规定，拉萨市直机关工委及时对市直单位党费进行收缴和下拨，2007年共收缴2006年度党费290634元，下拨党费40770元。

拉萨市人大常委会

【地方立法工作进一步加强】2007年，拉萨市人大常委会坚持以人为本，立足实际，围绕促进全市经济社会全面发展，本着“不抵触、有特色、可操作”的原则，稳步推进立法工作，认真组织实施常委会五年立法规划和年度立法计划，同时对新一届人大常委会五年立法规划和年度计划提出建议。全年共审议地方性法规和有关法律问题决定的草案4件，其中，公布实施地方性法规1件，废止地方性法规或法规性文件3件，为拉萨市经济社会发展提供了法制保障。

常委会按照年度立法工作安排，依据国家有关法律法规，公布实施了《拉萨市城镇房地产管理条例》。

常委会坚持把新法规的制定与现有法规的清理、修改和废止放在同等重要的位置来抓。为认真贯彻实施监督法，适应拉萨市经济社会发展和人大工作的需要，经常委会第35次会议审议通过，废止了《拉萨市人大常委会监督市人民政府工作的试行办法》、《拉萨市人民代表大会监督市中级人民法院、市人民检察院工作的试行办法》、《拉萨市乡镇人民代表大会主席团工作暂行规定》。

常委会还按照全国人大及自治区人大常委会的要求，认真组织各专委会对《中华人民共和国劳动合同法》、《中华人民共和国企业所得税法》、《中华人民共和国节约能源法（修订草案）》、《中华人民共和国就业促进法》、《中华人民共和国动物防疫法（修订草案）》、《西藏自治区水利工程管理条例》、《中华人民共和国种子法》等法律、地方性法规草案征求了意见和建议，并及时汇总上报。

常委会坚持民主立法、科学立法，不断增强立法工作的透明度和公开性。积极发挥专门委员会在立法工作中的作用，充分听取法律专家、学者的意见。采取座谈会、论证会等多种方式，向社会公开征求与人民群众利益密切相关的重要法规草案的意见。充分发扬民主，集中民智，反映民情，体现民意，使制定的法规科学严谨、公正可行，较好地协调平衡了各方面的利益关系。切实把好起草、初审等环节，加强与市政府有关部门的沟通协调，努力把重大的、有争议的问题解决在起草、初审阶段，保证了立法质量，提高了工作效率。加强立法基础工作，认真做好立法调研，为法规制定和实施创造条件。提前介入法规立项、起草阶段的工作，重视立法可行性论证。在做好当年立法工作的同时，积极做好五年立法规划工作。

【监督工作不断加强】常委会高度重视监督工作，加强了对“一府两院”的监督工作，积极推进依法治市进程。

第一，加强对法律法规实施的监督，促进依法行政和公正司法。《中华人民共和国各级人民代表大会常务委员会监督法》（以下简称监督法）于2007年1月1日起开始实施，为深入贯彻实施监督法，常委会组织专委员会深入市财政局，全面细致地检查了监督法的实施情况，确保了监督法的顺利实施。为促进实施可持续发展，实现旅游、环境和经济社会协调发展，常委会对科学技术普及法、西藏自治区实施中华人民共和国科学技术普及法办法、西藏自治区旅游条例、拉萨市旅游发展总体规划、西藏自治区文化市场管理条例等法律、法规的实施情况进行了检查。要求政府及有关职能部门在经济建设中，牢固树立法制观念、可持续发展观念和环境保护意识，正确处理当前利益和长远利益的关系，实现经济、社会、生态效益的和谐统一。

加强社会治安综合治理，开展法制宣传教育是保持社会长治久安的重要基础工作。常委会听取和审议了《市民政局关于贯彻实施〈城市无着的流浪乞讨人员救助管理办法〉的专题报告》和《市人大常委会执法检查组关于拉萨市贯彻实施〈城市无着的流浪乞讨人员救助管理办法〉情况的执法检查报告》。要求政府及有关部门要依法加大社会治安综合治理力度，落实好城市无着的流浪乞讨人员救助管理办法，做好对城市无着流浪乞讨人员救助管理工作，为改革发展稳定创造良好的社会秩序，促进社会和谐。

第二，围绕拉萨市经济社会发展中的重大问题和群众关心的热点难点问题开展监督工作。在工作监督方面，常委会听取和审议了关于拉萨市2007年上半年国民经济和社会发展计划执行情况的报告、关于拉萨市2007年上半年财政预算执行情况的报告、关于拉萨市2007年财政收支预算调整意见的报告。常委会在充分肯定计划、财政工作取得可喜成绩的同时，对进一步加强计划工作，严格预算管理，提出了明确要求。保证了国民经济和社会发展计划、财政预算得到切实执行，维护财政预算的合理性和严肃性。并积极支持市政府加强对预算执行和其他财政收支的审计，并要求有关部门认真落实审计意见，切实维护预算执行的严肃性。

常委会高度重视农业、农村和农牧民问题，围绕增加农牧民收入、农牧民安居工程、农村交通、农村饮水等社会主义新农村建设方面的议题，听取和审议了市安居办关于拉萨市农牧民安居工程建设实施情况汇报、市交通局关于拉萨市农村公路交通设施工作情况汇报以及市水利局关于拉萨市农村饮水安全工程建设情况汇报，同时通过召开专题研讨会、座谈会、深入乡村及农户等形式开展了深入调研。在了解农牧区交通饮水等基础设施建设、农牧民住房以及农牧民收入构成、增收途径、收入差距、变化趋势等实际情况的基础上，提出审议意见，要求政府及各部门要充分认识改善农牧区交通等基础条件，搞好农房改造，促进农牧业增效、增加农牧民收入、加快农牧区发展、保持农牧区稳定的重要性、艰巨性和紧迫性，加大农村工作力度，把增加农牧民收入，提高农牧民生活水平放在经济工作的首位，加快社会主义新农村建设步伐，促进农牧区经济全面发展和社会长期稳定。

常委会组织专委会听取了市教育局关于“两基”巩固提高专项工作汇报。要求教育部门充分认识加强九年义务教育的重要性，巩固拉萨市“两基”教育成果，切实作好义务教育工作。

此外，各专门委员会还就拉萨市社会医疗管理工作、文化市场管理、知识产权管理等情况进行了调研，并针对存在的问题，向市政府及有关部门提出了改进工作的意见和建议。

第三，常委会还依法对事关拉萨市发展改革稳定的重大事项作出决定、决议。常委会作出了批准2007年拉萨市财政预算收支变更方案的决议。要求政府严格执行人民代表大会批准的预算，维护预算执行的严肃性，切实管好用好财政资金。

【依法行使任免权，推动干部队伍建设】在人事任免工作中，拉萨市人大常委始终坚持党管干部与依法任免相结合的原则，按照有关法律法规及《拉萨市人大常委会任免国家机关工作人员条例》规定，进一步规范了任免工作程序，认真审议各项人事任免案。拉萨市人大常委共任免国家机关工作人员46人，其中免职18人，任命28人。

【密切联系代表，充分发挥代表作用】常委会高度重视，认真办理代表们提出的各项议案、建议、批评和意见，办复率达100%。常委会还认真办理了人民群众来信来访，妥善处理了群众反映比较突出的一些问题。

常委会还不断加强和改进代表工作，为代表履职创造条件。常委会从代表工作实际出发，深入基层广泛征求市人大代表和基层人大对常委会代表工作的意见和建议，认真查找代表工作中存在的不足，积极研究制定相关改进措施，并在实际工作中认真加以落实。常委会在继续坚持代表工作各项制度以及近年来形成的一些好的做法的同时，邀请市人大代表、非常委会委员的各县人大常委会主任列席常委会会议。通过印送人大信息、工作简报、常委会公报、学习资料等形式，帮助代表及时了解全市政治经济和社会发展的重大事项，扩大代表知情、知政渠道。积极落实代表工作经费，采取多种形式开展代表活动，2007年组织了2批基层人大代表分赴林芝、山南等地区进行学习考察和交流，并首次组织基层人大代表赴青海、甘肃考察学习。通过组织代表视察、考察和学习，进一步开阔了代表的视野，增强了代表的责任感、使命感和履职能力，改进和丰富了代表在闭会期间的活动形式和内容，提高了代表工作的针对性和时效性。

【依法顺利完成换届选举工作】2007年全市市县乡三级人大换届选举工作，不仅是全市广大人民群众参与社会主义民主和法制建设的重要实践，也是全市人民政治生活中的一件大事，各级人大常委会都非常重视。为了切实做好此项工作，按照党委领导、人大常委会主办、各方配合的原则，市人大常委会在市委的领导下，把换届选举作为加强基层政权和民主法制建设的契机，加强组织协调、认真安排部署，精心督促指导，实行早动员、早安排、早培训，做到有计划按步骤、依法开展各项工作。对于各县在选举过程中出现的问题，及时给予了指导和解决，确保了全市换届选举工作的依法顺利开展。拉萨市三级人大换届选举工作在各级党委的高度重视和有关部门的密切配合下，依法顺利地完成换届选举任务。

2007年全市57个乡（镇）共选出乡（镇）人大代表2374名；选出县（区）人大代表877名；选出市级人大代表253名；选出出席自治区第九届人民代表大会第一次会议的代表81名。全市选民民主意识进一步增强，代表结构进一步优化，素质明显提高。依法选举产生新一届县、乡两级国家机关领导人员，保证了党委人事安排意图的顺利实现。

拉萨市民族宗教工作

【民族工作】2007年，拉萨市民宗部门极筹备拉萨市第四次民族团结进步表彰大会各项前期工作。

对拉萨市近30家企业的少数民族特需商品（清真食品）和企业基本情况进行了重新清理调整和登记上报等工作。另外，筛选出具有拉萨市民族特色和发展前景的拉萨市八宝藏毯厂、拉萨市地毯厂等五家企业，作为联合国计划署援助西藏传统手工业发展候选项目。

认真排查影响民族关系的消极因素，及时调查处理在《高原瀑布》刊物上登载的有损穆斯林民族感情的诗文，避免了扩散其不良影响。

积极做好“兴边富民”项目及资金的争取和落实工作。2007年，向区民宗委申报堆龙德庆、当雄等县人畜饮水、乡村道路、桥梁建设等五个项目，申报资金共计84万元。为堆龙德庆县、当雄县、墨竹工卡县、林周县争取到兴边富民项目个，资金61万元。

【宗教工作】不断强化工作责任，在宗教敏感日、区市重大活动和节假日，认真制定并实施防范工作预案，做到责任到人头、到寺庙。与此同时，组织专门工作班子，深入市区重点部位和公共场所，密切关注社会面的各种动态。

在自治区党委和五人小组的坚强领导以及市委的直接领导下，确保了“9.27”敏感日、“十一”黄金周、党的十七大以及“10·17”、“11·04”等敏感日的安全稳定。

先后印发了5000册藏、汉两种文字的《西藏自治区实施〈宗教事务条例〉办法（试行）》，并分发到各有关部门和各县区。做到了管委会、民管会（小组）成员及乡镇民宗干事人手一册。

组成联合调研组，对拉萨市流散僧尼的基本情况再一次进行了摸底调查。经调查目前市区的社会流散僧尼约有180人左右。工作组对这些人员的主要成分、主要分布区域、活动特点、形成现状的原因、存在隐患等进行了较详细的调查了解，提出了相应的对策建议。

认真做好藏传佛教活动场所和宗教教职人员数据录入工作。截止2007年7月28日拉萨市属和七县一区的266座宗教活动场所档案、场所图片和5870名僧尼档案、僧尼照片的录入工作已全部录入完毕。

在已经解决部分老僧享有社会最低生活保障的基础上，继续深入调查，会同民政、卫生等部门，努力解决寺庙符合条件僧尼的低保和医保问题。

对参加区民宗委第三、四期重点寺庙民管会主任、副主任培训班的21名僧尼、自治区寺教办第9期寺庙民管全主任副主任（学经班骨干）培训班的13名僧尼、自治区妇联举办的尼姑培训班10

人、共计44人根据各有关部门的要求进行了认真细致的筛选政治审查。

【寺庙文物保护工作】2007年以来，对城关区、尼木、达孜、堆龙、当雄和部分市属寺庙的文物和危房进行了再调研，对所要维修的寺庙进行了现场拍照。同时，以哲蚌寺、色拉寺、大、小昭寺和热振寺为重点，对五座寺庙的整体维修项目进行了再次调查，提出了维修方案，并进行了维修工程设计。五座寺庙维修计划投资2.47亿元。结合新农村建设和农牧民安居工程，对一些重点寺庙的僧舍改造进行了调研。通过认真调查，筛选出了明年亟待维修的16座寺庙。

2007年年初和年底，配合消防支队分别对市属部分寺庙进行了防火、防盗安全大检查。根据消防部门的要求，拟为拉萨市民族宗教局所属9座寺庙建立《文物保护单位消防安全档案》。各寺庙不仅组织了相应的消防人员，而且三大寺、大、小昭寺还成立了专门的消防工作领导小组。把责任落实到了人头。一年来，未发生任何火灾和被盗的现象。

为更好地保护和继承民族优秀文化传统，在“萨嘎达瓦节”、“风马旗”已获自治区级非物质文化遗产保护项目的基础上，2007年将此两个项目申报了国家级非物质文化遗产保护项目。同时还将大昭寺“燃灯节”、热振寺“羌姆”申报了自治区级非物质文化遗产保护项目。2007年，下密院被列入自治区级文物保护单位。

邀请江苏省南京测绘学院对市属寺庙及各县重点寺庙进行了测绘，主要内容为寺庙的剖面图、平面图，为以后寺庙的消防、维修等文物保护工作奠定了基础。

【佛协工作】积极协助佛协西藏分会开展北京高级佛学院学员推荐考试工作，完成了2007年市属三大寺3名僧人格西拉让巴学位晋升考试终考和2008年度全区学经僧人晋升格西拉让巴学位预考。

积极筹备拉萨市佛协换届工作，重点是拉萨市佛协的人事安排，已经完成了全部人选的考察推荐工作，并将相关材料上报市委统战部审批。力争在年底召开拉萨市佛协第四届代表大会。

在党的十七大召开后，组织市佛协理事观看十七大开幕式盛况，拉萨市佛协理事多次参加区、市有关部门组织的各种讨论会。

拉萨市编译工作

【积极完成各项大会及其他材料的翻译和校审、宣读工作】2007年，拉萨市编译部门服从和服务于全市的中心工作，更好地发挥藏语文在拉萨的改革开放和现代化建设中的作用，引导农牧民尽快进入小康社会，充分发挥自身的特长，积极参与科普知识的翻译培训和推广，不断提高农牧民依靠科技发展当地经济的理论素养和专业技能。

积极完成了市委、市人民政府工作会议和八届人大六次会议上的政府工作报告、计划工作报告、财政工作报告、提案办理情况以及党员代表大会上的讲话的翻译、校审和宣读工作。同时还翻译和校审了党的十七大主要精神宣传提纲，寺庙规章制度汇编，拉萨市城镇房地产管理条例以及市委、市政府领导讲话稿等材料，都能做到准确、及时、无误，全年翻译字数共达50多万字。

【狠抓了藏语文工作】拉萨市是具有悠久历史的高原文化名城，是全区政治、经济、文化中心，并越来越引起国内外的极大关注，又是以使用藏语文为主的民族自治区首府，学习使用好藏语文具有特殊的重要意义。

清理整顿社会用字，促进社会用字的规范化、标准化。通过全市藏语文和翻译工作人员的共同努力，全市的社会用字工作逐步走向规范化、标准化、取得了一定的成绩。但随着改革开放的不断深入和市场经济的发展，社会用字的形式，种类也大量增加。拉萨市部分企事业单位、人民团体、以及集体和个体商户的门牌、匾额上的藏汉文字大小不一、潦草错乱、上下颠倒、左右错位、乱翻臆造、随意简化和书写错别字、牌匾陈旧、字迹不清、甚至出现不用藏文等现象，严重影响拉萨市的形象。为此，根据2007年市委市政府和自治区藏语委办的具体安排，社会用字清理检查工作作为全年重点工作之一，从思想上、组织上做了充分准备，召开专题会议，专门研究部署了整治措施和管理方案，针对拉萨市“两会”代表提出的全市存在广告牌、路标、门牌上出现的一系列不规范现象，进行了检查。这次检查面10299家当中有问题的346户，占总检查的3.4%，其中，掉字的42家、译错的22家、错字的1172家、牌匾陈旧的50家、有汉文无藏文的47家、没有汉文的4户，藏汉文比例严重失调的64家。通过整治组一个多月时间的整治，使北京中路、江苏路、林廓路、娘热路和德吉路等主要路段按照整改要求更换和更新门店招牌，进一步规范了社会用字，净化了市容市貌。

拉萨市邮政工作

【经济效益平稳增长，经营目标圆满实现】2007年，拉萨市邮政局坚持以发展为中心，不断调整业务结构，狠抓业务经营，企业经济运行情况平稳。全年完成邮政业务收入预算的100.48%，比上年同期增长8.51%。完成区公司目标计划。

【邮务类业务】邮务类业务收入占总收入的33.73%，同比增长14.21%。其中，函件业务收入完成预算的115.22%，同比增长45.21%；包裹业务收入预算的103.71%，同比增长7.58%；报刊业务收入完成预算的100.69%，同比增长11.84%；集邮业务收入预算的109.30%，同比增长10.65%；信息和代理业务收入完成预算的96.36%，同比增长42.76%。

【函件业务】突出企业、校园、旅游景点邮资封、片的开发，强化“中邮广告”的通商功能，加快账单业务的规模开发，确保了全年目标任务的顺利实现。一是制作各类旅游景点门票34.3万张。制作旅游宣传画册1万册；旅游纪念封5000套。二是开展了函件业务“春天行动”竞赛活动，加大了业务开发力度，进一步做大、做强了函件业务。三是邮送广告DM单以其发布灵活、选择性强、价格低廉、回报率高等特点，深受广大商户的青睐。全年开发邮送广告DM单12期，177000张。四是与中国建设银行西藏分行签订账单协议，账单业务完成7045件。五是将“幸运邮天下”幸运卡的开发和销售作为重点工作，进行统筹安排，发挥优势，强化营销，全年开发4家单位，2.2万张，形成函件业务新的增长点。六是开发“八一建军节”邮资封片5000枚。七是积极与团市委等相关部门联系，举办了第二届少儿书信比赛颁奖暨第三届少儿书信比赛启动仪式，开发了少儿书信比赛专用封4000枚，在丰富了中小学生名址库的同时，进一步拉动了传统函件业务的发展。八是高度重视邮政贺卡的开发和销售工作。调整业务结构，重点开发定制型贺卡，业务收入完成区公司预算。

【包裹业务】首先，改善了窗口服务，继续在营业窗口开展“多说一句话”活动，积极宣传和引导客户使用邮政快递包裹，提高快递包裹的比例，增加业务收入。尼木县局积极与矿产企业联系，大力发展快递包裹，创收额占该局全年包裹业务收入的91%。全局快递包裹比例占32.20%，同比增长39.35%。其次，用好优惠政策，在巩固和维护好现有包裹协议客户的基础上，加大协议包裹客户的开发力度。第三，专、兼职营销队伍积极发挥作用，成为拉动包裹业务发展的一支重要力量。第四，积极开展包裹的专项营销活动。因地制宜，积极制订切实可行的实施方案，提前联系、提前准备、提前布置，在业务旺季时，由生产和管理人员组成工作小组，形成灵活的运行机制，合理分配和利用各种资源，确保了旺季包裹的收寄。揽收军用包裹7751件，同比增长13.92%。第五，扎实开展好包裹业务的投递工作，做好“最后一公里”的服务。

【集邮业务】开发制作《天路之旅》、《西藏风光》、《城关区第二届旅游节纪念册》以及风光邮资片、布宫3D明信片、单枚片等。积极做好新邮预订工作。集邮邮票预订收入比上一年翻了一番。销售2006年年册1100册。重点开发制作了《中国拉萨雪顿节》、《纳木错风光册》、《西藏自治区人民医院建院55周年》和《高原战士》等邮品。

【代理和信息业务】2007年，拉萨市邮政局加快了代理和信息业务的发展速度，取得了一定的经营成果。一是重视各类短信业务的宣传和推广力度，改变宣传方式，制订和落实好了相关激励措施。二是与电信运营商及票务公司合作，积极整合资源。

【金融类业务】金融类业务收入占总收入的43.34%，同比增长8.18%。其中，储蓄业务收入完成预算的102.67%，同比增长7.42%；汇兑业务收入完成预算的108.67%，同比增长11.71%；西联汇款完成业务收入与2006年同期基本持平。金融类业务之所以发展得较好，通过不断提升网点的软硬件条件，全年新增POS机65台，结算资金达3450万元，继续抓好了“代”字类中间业务的发展。截止12月31日，开立基金账户达1190户，累计销售基金5037.78万元；2007年也结束了“邮政储蓄只存不贷”的历史，自2007年3月22日起开办了“小额质押贷款业务”。

【速递业务】速递类业务收入完成预算的96.40%，同比增长12.62%。启动了速递投递服务质量承诺活动，并与各县（支）局、公司签定《服务承诺目标责任书》。顺利完成了速递业务的“一体化”改革，实行专业损益核算，提高了经济效益，推行专业化管理。开展了以速递业务为主的“创优＋服务，建五大工程”的劳动竞赛活动。实现“思乡月”专项营销纯利润同比增长60%。积极做好速递专业“三化”和6S现场管理工作。在大力发展邮政业务的同时，拉萨市邮政局加大了业务宣传力度。

【各类专职营销队伍初步建立，营销能力进一步提高】2007年，拉萨邮政各类专职营销队伍的建立，为邮政各项业务的发展提供了强有力的支撑和促进作用。2007年拉萨市邮政局推行营销人员“底薪＋提成”的薪金分配方式，积极开拓市场，参与竞争，取得了较为突出的经营成果。

【邮政通信能力建设及信息技术支撑工作得到强化】全市邮政系统通信能力建设得到逐步改善。全年完成了8个营业网点的邮政标准化改造项目；5个县局和城区3个网点的改造和维修工程；9个网点的监控安装工程；更新投递车辆13辆，新增乡邮车1辆，投递和速递车辆的更新，大大缓解了邮件投递车辆短缺的问题；完成了7个乡邮中心点的运行工作；新增了藏热路邮政所。全市邮政网点达38处。

在信息化建设方面，按照集团公司提出的“科技兴邮”的战略目标，较为圆满地完成了各项工作。一是积极与业务部门配合，完成了中心局电子化支局系统与生产作业系统的互联互通工作；6个网点储汇业务的“一台清”；汇兑大集中系统的成功上线和运行工作以及储蓄系统的升级改造工程。二是针对原有外线线路故障多的现象，投入14.5万元，进行了DDN线路的改造工程。三是确保了21个电子化支局网点和23台ATM自动取款机的日常运行和维护工作。

拉萨市气象工作

【贯彻落实国务院3号文件继续深入推进】2007年，拉萨市气象局为把国务院3号文件和自治区人民政府41号文件精神落实到实处，加快拉萨气象事业发展，使拉萨气象工作更好地为全市经济建设、社会发展和民生改善服务，2月2日，拉萨市人民政府第2次常务会议研究通过了《关于加强气象事业发展的实施意见》，并于2月7日正式下发实施。

市县政府进一步加大了对地方气象事业的投入力度。2007年当雄县人民政府召开常务会研究，决定对当雄县气象局的事业经费从原来的1万元增加到2万元；墨竹工卡县人民政府明确了县气象局的地方气象事业经费为5000元；尼木县人民政府召开常务会研究，决定解决尼木县气象局农经网信息站的维持经费5万元，从2008年开始列入年度财政预算。有效地保障了各项气象服务工作的开展。政府领导更加关心、关注气象工作。在市政府的支持下，组织召开了全市气象工作会议，总结了2006年气象工作开展情况，安排部署了2007年气象工作要点。多吉次珠市长在政府工作报告中，首次指出2006年拉萨气象工作在构建和谐社会方面取得新的成绩，并要求进一步做好2007年的气象服务工作。2007年以来，拉萨市委常务副书记王向明、副市长计明朗加、分管气象工作的副市长卓嘎等领导，多次莅临拉萨市气象局检查指导工作，解决工作中遇到的困难和问题。

【贯彻落实国办49号和自治区65号文件】为了贯彻好学习好文件精神，首先组织全局干部职工认真学习文件内容，把握精神实质；其次积极向市政府分管领导汇报，要求出台国办49号、藏政发65号相应配套的文件，对拉萨气象灾害防御工作进行系统规划。目前，已完成《拉萨市人民政府关于加强气象灾害防御工作的决定》（代拟稿）的起草和上报工作，正待市政府常务会审议通过。

【气象服务积极主动，受到各方面肯定】气象预报服务方面：全年共发布周中期天气趋势预测28期（6月份开始发布），旬长期天气趋势预测36期，月长期气候趋势预测12期，不定期气象公告21期，汛期短期气候趋势预测1期，城市环境监测公报36期，定期农业气象情报服务36期、非定期农业气象情报服务15期、牧草监测公报3期。雪顿节期间，向雪顿节组委会提供24小时滚动气象预报10期。全年积极主动的决策气象服务信息，为各级政府安排工农业生产提供了强有力的决策依据。

人影工作为农牧民增收保驾护航。7月11日，在市政府和自治区气象局的支持下，组织召开了全市人影工作会议，研究部署了2007年的人影工作。据统计，2007年共开展人影作业311次，发射炮弹2600发，火箭260枚，在34000公顷的作业保护区内基本上避免和减轻了冰雹的袭击。

“农牧经济信息网”为农牧业生产发展搭建平台。农牧经济信息网是旨在为农牧民提供农牧业政策、新闻、招商、劳务、供求、科技等致富信息。通过利用各种途径收集并在“拉萨气象”、“西藏农牧经济信息网拉萨分中心”共发布文字新闻720多条，供求信息91条，招聘信息75条，价格行情信息760多条，图片新闻23条，农牧科技信息116条，其他各类信息30余条。定期更新农业气象、气候预测等内容，确保了页面内容的质量。为社会主义新农村建设提供有力的科技支撑。

“12121”声讯平台与“好易通”气象短信平台拓展气象服务领域。“12121”声讯平台成功改造后，通过宣传使得语音信箱拨打次数稳中有升，5月份拨打次数突破20000次，较往年增长了2倍，取得了良好的社会效益。7月份与铁通西藏分公司协商，初步达成合作意向，并将于12月开通铁通“12121”声讯平台，进一步拓展服务领域。好易通气象短信平台的业务开展情况基本良好，日发送信息量在800条以上，不包括灾害性天气的发送数量。电子气象显示屏服务取得阶段性成果，目前已发展用户4家。

【气象常规业务质量保持较好水平】1-10月各项业务工作完成情况：地面业务：工作总基数为17910.0个，其中观测基数为11066.0，发报基数为4944.0，报表基数为1900.0，消灭出站错情。

自动站业务：工作总基数为57403.8个，其中观测基数为17205.0，操作基数为21436.8，发报基数为14762.0，报表基数为4000.0，消灭出站错情。

高空业务：探空工作基数为32364个。探空平均施放高度为29216米，测风平均施放高度为27977米，球炸率为994‰，出现人为重放球1次，非人为重放球1次，人为早迟测1次，非人为早迟测8次，错情个数为6.0，错情率0.2‰。

辐射业务：工作总基数为2838.8个，消灭出站错情。

酸雨业务：工作总基数为3541.0个，消灭出站错情。

通迅网络传输：传输总报为9214.0个，及时报率为100%。

农业气象业务：观测基数为4736.6个，消灭出站错情。

【气象科研和气象科普宣传工作】气象科研方面：国家自然基金项目《西藏羊卓雍湖对全球气候变化的影响》研究工作进展顺利，目前已经进行了地理信息系统分析、湖泊水位遥感分析阶段；《基于数值预报产品的拉萨市分县区预报方法研究》和《探测业务质量管理系统》两个局设项目基本完成了程序设计工作，开始业务试运行；生态与农业气象轨道《典型生态系统气象监测评估业务能力初步建设》项目，目前已经完成了玉米发育期、生长状况、高度、土壤墒情等田间观测任务。《拉萨市热岛效应气象观测点建设项目》目前已正式启动。

气象科普方面：通过利用3•23世界气象日、“科技周”、“社会治安综合治理宣传月”、“拉萨市青少年气象科普基地”等积极开展科普宣传活动，向广大群众宣传气象知识、防灾减灾知识、气象法律、法规等。根据统计，全年共发放藏汉文气象科普宣传资料20000余份，12121主题书签、课程表8000余个、台历5000个，受益群众达数万人。

气象宣传方面：全年累计发布“拉萨气象信息”第14期；在中国气象报、中国气象局网站发表文章33篇；在西藏日报、西藏科技报、拉萨晚报等媒体发表文章13篇。“拉萨市政府网”政务公开栏目全文刊登了国办49文件和自治区65号文件。通过形式多样的信息交流，有效地宣传了拉萨气象事业发展取得的各项成果，也使更多的人了解了气象，认识了气象。

【业务技术体制改革进展顺利】1月1日对现有的气象站点进行调整切换，顺利完成了拉萨站切换为国家气候观象台业务，当雄、尼木县气象局切换为国家一级观测站业务，墨竹工卡县气象局进入自动站单轨业务运行。L波段雷达高空探测系统和应急设备稳定运行。59-701雷达2007年正式退出了探空业务平台。

拉萨大气成分观测站新增CE318自动跟踪太阳光度计仪器运行正常。完成了拉萨观象台建设的可行性研究报告；完成了拉萨探空站工作室和制氢设备改造更新项目的实施方案的编制。

拉萨市环境保护工作

【开展“创园”、“创模”、“创文明”工

作】2007年，拉萨市环保局认真组织开展“创园”、“创模”、“创文明”工作。统一领导，综合决策，以“创模”班子为基础，建立健全了“三创”工作机制。认真分析各项指标，采取切实有效措施保障指标任务的完成。

【进一步加大城市环境综合整治和污染防治力度】完成城市大气、水环境的指标任务。积极实施《2007年拉萨市整治违法排污企业保障群众健康环保专项行动工作方案》，组成专项整治检查组，重点检查、整治了城关区、堆龙德庆县、曲水县的水泥、选矿、钢铁等重点污染行业的违法排污问题，市政府督察处对此次行动进行了督察，此次专项行动对全市排污企业进行了执法检查。对工业园区（工业企业集中区）、经济技术开发区，在建设、管理和招商引资过程中存在的环境违法问题进行了专项检查。对不能达标排污的企业，实施关闭措施；对违反国家和自治区产业政策的“十五小”、“新五小”企业，一律取缔并销毁生产设施。采取治理工业污染源，控制污染物排放总量，优化调整产业结构，治理餐饮服务业、医疗业、机动车尾气污染等措施来巩固已达标的各项指标成果。开展了整治违法排污企业保障群众健康环保专项行动交叉督查工作。

【继续巩固“禁白”成果】拉萨市环境保护局针对超市、农贸市场等行业进行了白色污染专项整治，对存在问题的业主，下发了《环境违法行为限期改正通知书》，同时严格检查相关单位、业主关于《拉萨市禁止生产销售使用一次性发泡塑料餐具、塑料袋责任书》的落实情况，上半年已没收一次性发泡塑料餐具、塑料袋共70多吨。

【加大生态环境保护力度，努力构建西藏高原国家生态安全屏障】2007年又划定了4处湿地功能区和2处市级自然保护区。到目前为止，拉萨市环境保护局报经市政府同意共划定了19处生态功能区和3处市级自然保护区。

【加快生态环境保护项目的保护、建设步伐】进一步加强了拉鲁湿地国家级自然保护区的保护和生态恢复、生物多样性项目的实施。坚持24小时值班制度，严厉查处和打击破坏湿地的违法行为，共抓获非法捕捞人员20人次、非法倾倒垃圾的车辆18辆；针对降雨量较少、湿地缺水问题，组织专门力量进行了为期一周的灌溉，以保证湿地水量充足；在保护区周边植树4000多株，清除湿地内10多公顷沙子，维修750米的拦水坝。协调、争取117万元，在拉鲁湿地内建设了溢洪坝、拦水土坝，进行了湿地平整和冲沟回填。争取国家级自然保护区专项资金为拉鲁湿地国家级自然保护区安排能力建设资金180万元，建设了值班室、观景台等基础设施，配置了交通工具和通讯工具。

【积极争取，开始实施中国—欧盟生物多样性项目】该项目以拉萨周边湿地及生物多样性保护为主，是中国—欧盟项目中的子项目。目前，拉萨市环境保护局与联合国开发计划署进行了签署，共申请到1260万元人民币，组织了项目启动仪式。该项目的实施，将更有效地促进人与自然的和谐，实现生态资源的可持续利用。

【积极响应市委、市政府创建国家生态园林城市的号召，积极开展机关庭院绿化、美化建设】拆除了单位院内简易出租房8栋，利用该地进行绿化，种植了树木、草皮、观赏花卉，并在办公楼大厅、楼道、办公室内摆放杜鹃等各种花卉和绿色植物。通过以上工作，改善了机关环境和机关工作人员的精神面貌，呈现出一片清新自然的景象，以实际行动促进了人与自然和谐相处，充分体现了作为环保局保护生态环境的宗旨。目前，拉萨市环境保护局机关庭园绿地率达到58%，院内种有红叶李、沙金柏、柳树、杨树、雪松、云杉、杏树、梅花、樱花、月季等丰富的花草树木，营造了一个绿草茵茵的工作环境。

【正常开展了各项环保执法工作】配合自治区环保局，积极做好全市污染源普查工作。进一步推行排污许可证制度，开展建设项目环境管理。继续实施机动车尾气检测和治理。严格执行12369全国举报热线24小时值班制度。开展“绿色护考”行动，加强噪声监管，对全市200多家施工单位、娱乐场所下发《通告》，安排执法巡逻组昼夜值班，对考点周围进行电磁干扰检测，确保考试顺利进行。2007年共受理群众举报300多起，对177个项目进行环境影响评价，发放排污许可证469个，征收排污费350多万元，对18726多辆机动车尾气进行了检测，治理尾气3080多辆。

布达拉宫广场管理工作

【狠抓广场规范化管理和综合治理工作】2007年，布达拉宫广场管理处积极参与创建生态园林城市建设工作，提升城市品位，打造一流广场。布宫广场通过一期改扩建设，绿地面积已达8万多平方米，各类树木465棵。绿地建设标准高，工艺考究，已成为拉萨市构建生态园林城市的一处亮点。布达拉宫广场管理处对广场绿地市场化管理的前期工作进行了认真细致的调研，目前市场化管理各项前期工作已基本就绪。认真做好绿地维护和管理工作。2007年，广场先后补栽和更换花草树木4000余平方米，维修各种景光灯700余盏，更换草坪喷头45个，修建垃圾收集站1个，铺设绿地人行道石板200余米。并组织动员全处干部职工对广场人工湖进行了清理，清理淤泥40余吨。布达拉宫广场管理处配合布宫消防中队对广场内所有消防设施，易燃物品进行了认真检查，及时清除了火灾隐患。对所辖区域内的树木进行了病虫害防治工作，减少了对树木损伤。

青藏铁路通车一周年之际，布达拉宫广场管理处从北京邀请专家编了《天路》、《坐上了火车去拉萨》等主题音乐水形程序，晚间喷泉表演改为每天晚上进行喷泉表演，并延长了表演时间。每天安排干部职工以及保安、保洁人员近40人左右，在广场及其周边进行巡查，保洁人员加班到晚上23：00点左右，不间断的进行地面清扫，确保了广场环境的整洁美观。

指定专人协调负责落实处理“雪顿节”各种工作，确保了广场主会场的按期搭建和雪顿焰火晚会顺利举行，开幕式当晚，布达拉宫广场举行了盛大的焰火晚会，燃放烟花2000枚，为广大市民和游人奉献了一场精彩的视觉盛景，观看的群众达到了9万多人次，广场管理处积极协助市公安局、雪顿办，加强各项安全防范工作，由于前期工作准备充份，“雪顿节”期间没有发生一起事故。

“十七大”期间，86面国旗装点了广场，在广场中心用花卉摆放出了“祖国万岁”几个醒目大字。对“十七大”期间的广场安全工作进行了安排部署，确保十七大期间广场没有发生任何事件。11·04期间布宫广场管理区域内秩序井然。“萨嘎达娃”节期间布达拉宫广场的秩序正常。

【做好政务活动的接待服务工作】严格审批手续，任何活动，特别是重要政务活动报请分管领导审阅后送市委、市政府主要领导批示，商业活动原则上不在广场举行。2007年申请活动35余场，审批通过28场活动，活动期间安排保安人员，协助公安做好外围的维持秩序工作，防止突发事件的发生。特别是在2007年的“迎奥运、盼奥运”活动中，布宫广场作为向世界展示西藏人民迎奥运、盼奥运的一个重要平台，积极配合相关部门举行了奥运火炬展示活动、奥运会一年倒计时活动、奥运会节目拍摄等活动，主办方对服务协助工作非常满意。

【存在的的问题】一是广场接待游客量在逐年增加，造成各项设施损耗较快，设施需要经常的维护管理，而专项维护资金往往不能及时到位，对设施的正常运转造成了影响。二是干部职工文化素质较低，缺乏对干部职工文化及业务学习培训的渠道。三是由于办公环境差，给内部制度的有效落实带来了困难。四是干部职工的学习工作自觉性、主动性还需要进一步加强。

城关区

【年度情况与特点】2007年，拉萨市城关区坚持以科学发展观统领全局，紧紧把握青藏铁路通车运营的重大机遇，认真实施“突出一条主线、抓住两个重点、培育三大产业、实施四大战略”总体发展思路，按照年初全区经济工作会议的部署，求真务实、开拓进取、扎实工作，全面落实科学发展观，仅仅围绕“一产上水平、二产抓重点、三产大发展”的经济发展战略，有力地推动全区国民经济持续、快速、健康、协调发展和全面建设小康社会的目标，经济和各项社会事业呈现出良好的发展态势。

2007年，地区生产总值（现价）实现20.84亿元，比上年实际增长26.38%。其中：第一产业0.62亿元，比上年实际增长8.77%；第二产业3.53亿元，比上年实际增长38.98%；第三产业16.69亿元，比上年实际增长24.74%。人均生产总值32983元。工农业总产值（现价）实现8456.01万元，比上年减少5.57%本级预算财政收入实现10000万元，比上年实际增长25%。

【继续加强对“三农”问题的重视管理和服务】农村产业结构和生产结构进一步调整，农田水利建设得到大力发展，畜牧业、蔬菜、多种经营等发展速度加快，质量和效益得到不断提高。2007年里，全区实现农村经济总收入2.69亿元，比上年增长19.73%。其中：多种经营和乡镇企业收入达2.54亿元，比上年增长20.8%。蔬菜产量达到9188.39万斤，比上年同期增长10.41%。肉食总产量达到195.35万斤，比上年同期增长2.02%；奶类产量1707.79万斤，比上年同期增长166.7%；牲畜存栏数26803头（匹、只）。

【继续加大对城市企业的管理力度并提高其服务的质量和效益】旅游业作为支柱型产业，近两年得到了迅猛的发展。经过认真的调研，逐步确立了在发展旅游业的同时，充分发挥旅游业对交通运输业、餐饮服务业、商贸业，民族手工业等相关产业的带动作用。2007年里经过对城关区属企业的深入调研，确立了区属企业改制后，将有重点地扶持优势传统企业，大力发展服务业，推动传统产业改造和产品升级等举措，这些举措在2007年了极大地促进城关区企业的发展，并取得了良好的效果。2007年全区工业总产值（1990年不变价）实现5335.551万元。工业总收入达5275.03万元，比上年增长24.2%。实现利润1405.6万元。其中：民族手工业收入为2900.95万元，增长17.71%。建筑业收入达3.41亿元，比上年增长37.82%。其中建筑总公司收入为2.39亿元，比上年增长51.61%。贸易行业销售额达2096.59万元，比上年增长32.7%。其中：国有贸易销售额为30万元。服务行业总收入达3.68亿元，比上年增长55.32%。其中：旅游业为2.6亿元，比上年同期增长67.42%。

【项目工作】2007年，在区委、政府的高度重视下，项目工作开展顺利，城关区又有一批重点建设项目的申报、建设和管理工作正在实施。经过不懈的努力，始终坚持年年把握机遇，把机遇转化为实实在在的投资，办成了一些多年来想办而没有办成的大事，其中：重点建设项目投资规模继续扩大，促进了城关的发展，提速了城关经济增长。2007年，城关区实际完成固定资产投资总额10.14亿元。

【有效增加城乡居民现金收入】区委、政府采取了一系列措施，千方百计使农牧民增加收入，并稳定城乡居民收入的增长，促进消费，保持消费继续增长的势头。2007年，区属农牧民人均纯收入达4668元，比上年实际增长18.67%。城镇居民可支配收入达到11700元，比上年增长8.33%，其中：区属城镇居民可支配收入实现5586元，比上年增长4.49%。

【认真抓好科教工作，继续实施科技兴区战略】2007年，城关区不断的加大了对基础教育建设的投资力度，深化了教育体制改革，全面推行素质教育，全区教学、办学水平实现了更高层次的提高。适龄儿童入学率已达100%，在校生人数10006人。计划生育、妇幼保健和卫生防疫工作取得明显成效，乡村医疗卫生条件进一步改善。城关区区属年末人口数49483人，比上年增长2.7%，其中：农牧区人口16191人，比上年增长7.63%。

【商贸业】2007 年"万村千乡"工程布点任务进展顺利，初步确定 8 家农家店为百益超市乡、村级店，"万村千乡"市场工程极稳步推进。哈达集团已成功完成改制工作，企业发展态势良好，取得了较好的社会效益和经济效益，职工待遇稳步提高。雪社区和冲赛康社区被三级商务部门定为自治区级示范商业社区。

上级部门补贴款 28000 元，城关区政府补贴 21200 元，将碘盐实际销售价格定为 0.9 元/公斤，提前完成 2007 年 82 吨碘盐的推广工作任务。为区辖四乡的农牧民分别在三个市场（药王山农贸市场、综合农贸市场、河坝林农贸市场）提供了主要涉及蔬菜类、水果类和鲜肉类的 45 个自产自销免费摊位。

【农牧业】实施了 6.7 公顷大蒜种植、失地农民就业技能培训、牛胚胎移植、藏纸生产技术和开发四个项目；实施了农村服务体系建设和星火培训项目；在娘热乡和蔡公堂乡共完成了 205 座沼气建设项目，均已产气和使用中，该项目的实施得到了广大农户的普遍欢迎，为农牧民节支增收发挥了巨大的作用。积极推进"乡乡有协会、村村有经纪人"目标建设，2007 年开展了农村经纪人的培训工作，共培训农村经纪人 60 人。以职业技能培训中心为重点，共举办农牧民各类技能培训 25 余期，共培训 2500 余人次，2007 年劳务输出达到 2 万人次，实现劳务收入 4800 万元。

【创建园林城市】城关区创建国家生态园林城市领导小组办公室成立以后，动员各单位共投资 25 万余元，实施了当巴社区绿化改造，新增绿地 1500 余平方米；新建了蔡公堂乡垃圾收集池 8 座；娘热乡卫生院及乡政府绿地改造；夺底乡政府大院绿化改造。城关区扎细小区、城关区政协大院等单位已被列入 2007 年拉萨市创建国家生态园林城市和园林式小区候选单位。积极协助拉萨市创园办搞好 11 个公园中城关区三处公园和一处苗圃的用地协调解决工作。2007 年，完成封山育林 1333 公顷；完成成片和面上造林面积 101 公顷，其中完成了工程造林 41 公顷，主要在娘热乡甲喜村五组春季造林面积为 23 公顷；甲喜村六组春季造林面积为 3 公顷；娘热乡巴尔库雨季造林面积为 5.3 公顷；夺底沙荫沟雨季造林面积为 10 公顷；完成面上造林和四旁植树为 49400 多株，主要在蔡公堂乡的白定村；完成安居点植树绿化为 10500 多株。城关区造林整体成活率达到了 80% 以上。

【老城改造】按照"修旧如旧、保持传统风格"的要求，自筹资金改造涉及 4 个办事处的 7 个居委会的 9 座大院，总投资 1677 万元，建筑面积 19505.63 ㎡，该工程于 5 月 14 日开工承建，9 座大院于 2007 年 11 月 15 日顺利的竣工验收。城关区投入维修费 73 余万元加强了对以文物古建大院为重点 57 个大院的保护工作。对部分出现险情的文物古建大院进行了小规模的维修，有效地控制了险情，阻止了破坏扩散。积极创建"国家生态园林城市"工作，结合老城区实际，对老城区居民大院实施绿化工程，引进一批耐寒、耐阴性强的植物，老城区人居环境得到改善。

【乡镇企业】2007 年，拉萨市城关区始终坚持以全面贯彻落实科学发展观为总要求，以服务"三农"为主线，采取狠抓重点、狠抓骨干、狠抓改制的工作措施，乡镇企业取得了良好的成绩。2007 年，城关区乡镇企业和多种经营总收入 17837.29 万元，其中：乡镇企业总产值 3249.66 万元，与 2006 年同期相比增长率 123.54%。增加值是 637.03 万元，总收入 3211.96 万元，完成年计划的 160.59%。其中：工业 321.2 万元，总费用 2916.41 万元，与 2006 年同期相比增长率 170.43%，其中:工业 344.5 万元，实缴税金 24.34 万元，其中:工业 4.44 万元，利税总额 295.55 万元，与同期相比增长 3.70%，净利润 271.21 万元，与同期相比增长 28.39%，工资总额 235.5 万元，与同期相比增长 24.68%，其中：工业 123.99 万元，与同期相比增长 248.09%，固定资产原值 5656.74 万元，固定资产折旧 105.98 万元，固定资产净值 5550.76 万元，资产总额 8250.95 万元。劳务收入 2304.78 万元，劳务输出 11110 人次。

【招商引资】在招商引资上，创新招商方式，落实招商责任，广造发展声势，带动全区动员、全区招商，为招商引资创造了全力推进的招商氛围。2007 年，城关区共落实招商引资项目 49 个，其中上亿元的重点项目为 7 个，协议资金共计约 44 亿元人民币，实际到位资金 6.10 亿元人民币，完成拉萨市下达的 2 亿元目标任务的 305%，完成城关区下达的 4.3 亿元目标任务的 141.86%。

【安居工程】2007 年，拉萨市下达了 402 户建设任务，城关区计划完成 536 户建设任务。区安居工程指挥部认真开展了筹资备料、组织施工、质量监督、安全生产等各项工作，确保了安居工程的进度和质量，整个安居工程进展顺利、总体良好，广大农牧民群众对此表现出了极大的热情和较高的满意度。3 月初，全区农牧民安居工程建设全面启动，2007 年，全区实际竣工的有 409 户，（其中绝对贫困 36 户，相对贫困 79 户，农房新建 125 户，农房修缮 169 户），竣工率占本年度总计划的 76.4%，入住率达到 65% 以上，直接受益群众达到 2454 人，建筑面积达到 65440 平方米，人均居住面积达到 33.9 平方米。2007 年民房改造累计投资 5357.617 万元，其中自治区、拉萨市到位补助资金 1005.32 万元（区市两级补助资金到位率为 100%），城关区到位补助资金 604.7 万元（到位率为 100%），城关区垫资 222.02 万元，乡村补助资金 107.102 万元，群众自筹资金 2133.8 万元，银行贷款资金 442.2 万元，劳务折算资金 842.475 万元。

【外宣工作】截止 11 月，城关区已接待了由美国国会议院代表团、斯里兰卡副总统访华团、美国参议院访华团等来自世界各地的官方访问团体和来自德国、日本、美国、尼泊尔、瑞典等新闻记者、摄制组共 39 批，162 人次来城关区进行家访，在接待过程中城关区的每个外事采访点都能落落大方，有理有节地开展外事接待工作。

【教育事业】全区中小学 95%以上的学生顺利通过了体质健康标准测试。创办了《城关区教师优秀教学论文专刊》；安排

158 人到内地教育发达地区和对口学校考察、挂职、培训，组织 4 名管理人员和骨干教师前往英国、香港等地考察学习。2007 年，城关区 23 名教师被评为"自治区级骨干教师"，全面完成四级骨干教师梯队建设，有 1 名教师被评为国家优秀教师，8 名教师分别被评为自治区级优秀教师、师德标兵。2007 年城关区完成了五期 45 岁以下教师信息技术资格认证培训，培训人次达到 845 人。高质量承办了自治区第四次少代会素质教育成果展示活动，受到了张庆黎书记、列确主任等自治区领导的高度评价。

投入 1510 万元，实施了新建城关区教师培训中心综合教学楼、新建海城小学综合教学楼、新建二小综合教学楼、江苏中学附属工程；对雪小学、海淀小学等 5 所学校进行了规模不等的维修，完成了 6 所学校的"班班通"建设，进一步改善了全区办学条件。建立了每年 100 万元的城关区政府专项助学资金，对城关区 175 名贫困家庭学生进行了资助。广泛开展了"订单式"培训，开设了电脑、驾驶、客房、餐饮、厨师等 10 个培训项目，培训人次达到 1381 人。

【领导名录】

市委常委、区委书记：赤列多吉

人大主任：扎西顿珠

政府区长：唐海蛟

政协主席：李怀伟

（王德龙 申晓东）

林周县

【年度情况与特点】2007 年，林周县进一步加大产业结构调整步伐，集中力量打造特色农牧业和矿产业两大行业，扶持壮大主导产业，努力转变经济增长方式，提高经济运行质量和效益，县域经济发展的实力持续增长。县级生产总值 5.62 亿元，同比增长 17%；人均生产总值 9797.11 元，同比增长 16%；财政收入 1000 万元，同比增长 87%；农牧民人均纯收入 3426 元，其中现金收入 2154.24 元，同比增长 23%；多种经营收入 15670.58 万元，同比增长 67%；劳务输出 54873 人次，劳务输出收入 5873.47 万元，同比增长 18.9%；乡镇企业产值 9450.29 万元，同比增长 140.8%；完成社会固定资产投资 1.65 亿元，同比增长 23.8%。

【以提高农牧业综合生产能力为突破口，促进农牧民群众增收】巩固传统农牧业基础地位。农业方面，合理安排粮经饲作物布局，力求提高土地利用率和土地产出效益，2007 年全县农作物播种面积 11321 公顷，粮油总产 12513 万斤，单产 765.22 斤，其中粮食作物播种面积 9858 公顷，粮食总产 12020.1 万斤，单产 812.9 斤，油菜播种面积 1044 公顷，总产 492.9 万斤，单产 314.9 斤，调剂良种 160 万斤，良种推广面积 12000 公顷。畜牧业方面，继续抓好了畜种改良、家庭示范牧场建设、种草养畜短期育肥及退牧还草工程建设，全年争取农牧业项目资金 2054 万元，天然草场退牧还草三批工程前两批通过终验，共完成围栏禁牧 43333 公顷，完成围栏休牧 33333 公顷，1000 户科技入户示范项目继续推进，主导品种入户率达 80%，主推技术入户率达 100%，示范户增收显著，全县牲畜存栏总数 29.1 万头（只、匹），牲畜出栏率 35.9%，新生幼畜成活率 98.2%，成畜死亡率 0.9%。

【特色农牧业的产业优势正在形成】一是基地示范带动作用明显。在甘曲镇综合养殖基地、畜牧站牦牛短期育肥基地、边交林乡欣然水产养殖基地、卡孜水库综合养殖基地、甘曲镇养鸡场等基地的示范带动下，2007 年全县参与养鸭 68 户 407 人，养殖商品鸭 61.4 万羽，甘曲镇养鸡场累计养鸡 2.5 万多只，带动养殖 50 只以上的养鸡示范户 145 户，全县养鸡规模累计达到 6 万只，边交林乡欣然水产综合养殖基地，以市场为导向，多元化养殖，投放鱼苗 3 万多尾，全县累计发展养鱼 1500 多万尾；卡孜水库综合养殖基地带动群众打破传统观念，积极发展养兔，参与示范农户 11 户，累计养殖 1000 多只，每户每月增收现金 260 多元，经济效益明显。二是与市场的对接渠道逐步拓宽，四川成都丰丰食品公司进一步加强与林周的合作，继续采取订单模式，以 4.8 元/斤的保护价全部回收商品鸭，全年养鸭实现总增收 113 万元，户均增收 1.66 万元，人均增收 2776 元，同时其面向全区的种鸭孵化基地已建成运营。养鸭协会进一步发挥好中介作用，使"基地＋公司＋农户"的产销模式进一步得到巩固。三是科技的贡献率逐步加大。2007 年先后实施了"藏青 320"模式化、标准化种植基地 5333 公顷，亩均增收 60 元，"125"种子田 325 公顷，项目户亩均增收 250 元，目前全县面上选育牦牛 6.2 万头，半细毛羊和改良羊存栏总数 7.5 万只，存栏改良黄牛 5000 余头，2007 年种草养畜短期育肥取得了较好的经济、生态和社会效益，人工种草 867 公顷，全县人工种草已累计发展到 4533 公顷，牦牛短期育肥示范户达 210 户，育肥出栏牦牛 3150 头，示范户户均增收 12750 元，育肥出栏绵羊 15336 只，家庭示范牧场项目 2007 年获得拉萨市 100 万元的支持，全年滚动发展 100 户，使目前全县家庭示范牧场示范户达到了 2532 户。四是实用技术培训逐步增强。就养鸭技术、乡村兽医、种植业技术、田间管理、养殖及疫病防治、科技入户综合培训、民间手工艺技术、社会就业及适用技术等方面的内容，开展农牧民技能培训共 8247 人（次），提高了农牧民群众的科学技术水平，增强了群众增收致富的技能。目前，优质青稞种植、禽鱼养殖、种草养畜短期育肥、家庭示范牧场已经成为林周特色农牧业的四大主导行业，产业优势已经基本形成。

【以新农村建设为契机，改善农牧民生产生活条件】全年固定资产总投资 1.73 亿元，完成投资 1.65 亿元，同比增长 23.8%，实施项目（含结转项目）40 个。安居工程建设，2007 年全县安居工程建设总任务 1183 户，目前已经全部建设完成。在实施安居工程的同时，整合沼气入户工程、水利人畜饮水工程、扶贫整乡整村推进工程、三期农网、"1121"绿化工程等项目资金，加大了资金投入力度，逐步完善农牧民安居工程建设区域的相应配套设施；农村户用沼气建设，1000 户国债项目沼气工程建设全面完成并全部产气投入使用，顺利通过区、市两级验收，使更多的群众用上了清洁能源；水利建设，组织实施了 2007 年农村饮水安全工程建设，建设安全饮水点31个，解决了1256户9566人和43613头（只、匹）牲畜的安全饮水问题，同时加强防汛抗旱工作，安排防汛专项资金3万元，采取人工抽水和疏通水渠等办法，确保2007年干旱地区的农业灌溉用水，使农作物损失降低到了最低程度；三期农网改造方面,统筹南北发展，切实关注农牧民的生产生活，协调落实了三期农网改造项目,解决了2143户群众用电问题；乡乡通油路方面，继续加大乡村公路建设力度,2007年争取投资1880万元，实施了四条通乡油路，使南部7个乡镇全部实现通油路目标，群众出行条件得到很大改善；全年完成植树造林604公顷，比计划指标超额完成104公顷，其中重点区域造林343公顷，义务植树61公顷，荒山造林200公顷，采取垒围墙、挖防畜沟、围网围栏等措施加强新栽林木管护，成活率达85%以上。

【以招商引资为抓手，增强县域经济自我发展能力】2007年，林周县高度重视招商引资工作，大力开展招商引资活动，增强县域经济的自我发展能力。一是整理充实项目库，对原项目库进一步梳理充实，确定了特色产业和矿产业两个方面的招商引资重点，印制了新的《林周县投资指南》，进一步明确了土地、税收等各项优惠政策。二是宣传和推介林周，积极参加各类节会、外出招商等活动，先后参加了西部国际博览会、南京长江三角洲旅游交际会、厦门经贸洽谈会，发放投资指南和旅游宣传画册共计1000余份。在西藏二台天气预报中宣传林周热振国家森林公园，借助拉萨文化艺术节、雪顿节和当雄赛马节等大型文化、商务活动广泛宣传林周，发放旅游宣传画册，展销林周县特色农牧业产品、藏药材、民族服饰、手工艺品等特色产品。通过努力，西藏丰丰食品有限公司林周种鸭孵化基地、林周县养鸡场、西藏中凯矿业、西藏中通矿业、西藏财胜矿业等企业落户林周，同时还有部分原有招商引资企业追加投资，全年引进招商引资项目9个（续投企业3家），到位资金1.05亿元。三是加快工业经济发展，2007年林周县按照“抓大、扶优”的原则，以规范矿产资源开发，着力培育优势矿产企业为发展工业经济的重点，优化经济发展结构。各矿产企业纷纷步入正轨，县域内的天冠三秦、夕瑞德、强瑞等矿产企业都投入资金改进生产线，扩大生产规模，矿山企业在提高环保能力和资源利用效率方面有明显改善，其中，西部矿业林周选矿厂积极创建绿色园林矿区，投资150万元对矿区进行了绿化、美化、亮化，改善了生产生活环境。同时加大对矿产企业税收征收力度，各矿产企业在增加地方财政收入中的作用明显。2007年全县产值超千万的企业3家，乡镇企业总产值达9450.29万元，同比增长140.82%,实现增加值3012.27万元，其中工业经济在全县GDP中的含量约占20%左右，截止11月底，共缴纳税收1632.19多万元，占总税收收入的87%。同时2007年落户的招商企业解决就业岗位约2000个,吸纳本地劳动力300多人，在修桥、修路、修建希望小学、架设电网等公益性事业中共投入资金约300多万元。

【以关注民生问题为基础，建设社会主义和谐林周】教育方面，2007年小学入学率99.31%，小学生在校生巩固率99.01%，初中生入学率98.85%，初中在校生巩固率98.71%，扫盲人数764人，农牧区中小学生“三包”经费标准分别提高到1200元和1350元。县政府召开专题会议，出台了《林周县进一步加强防流控辍保学实施方案》和补充方案，加强农牧区基础教育工作。卫生方面，加强了各类传染病、地方病防治及强化免疫与计划免疫、食品卫生监督、农牧区医疗管理等工作，简化了农牧民就医报销程序。全县的婴儿死亡率控制在28.5‰，孕产妇死亡率控制在114.02/十万，传染病发病率控制在167.9/十万，同比下降41.9%，人口自增率6.66‰，农牧民医疗管理指标筹资率90%。同时采取集中整治和日常监督相结合、食品安全知识宣传等方式，加强全县食品安全工作,全年监督检查30多次，维护了食品市场的正常秩序。社会保障方面，2007年通过政府购买公益性岗位、招聘辅警、举办实用技能培训等形式，千方百计促进就业，实现就业265人。与西藏天林生物有限公司联合培训23名农牧民，派往全国开展藏医药推销业务，实现了由传统技能培训向“定单式”培训的转变。继续做好劳动争议仲裁，保障用工双方合法权益，2007年共受理劳动争议案件13起，其中12起已得到妥善处理，为95名农民工追回工资共计37万多元。养老保险参保人数103人，医疗保险参保人数1705人，失业保险参保人数837人。

【存在的问题】农牧民独家独户的传统经营模式比较普遍，抵御市场风险的能力弱；基础设施建设比较薄弱，群众的生产生活条件还需要进一步改善；农田水利设施基本建设相对滞后，农牧业抵御自然灾害的能力还比较弱；工业经济发展起步较晚，经济发展结构还不够合理；各种导致贫困的因素仍然存在；群众的思想观念还不够解放，发展的后劲不足，制约发展的一些体制机制性障碍还没有完全解决。

当雄县

【年度情况与特点】2007年，当雄县坚持以经济建设为中心，以着力解决关系人民群众切身利益的重大问题，着力解决关系社会经济发展的突出问题，着力解决关系改革发展和社会稳定的重点问题为核心，各项工作呈现出新特点。牧业基础地位不断得到稳固，基础设施建设取得新突破，优化投资环境，提升产业层次，特色产业取得新进展；党建工作求新务实，统筹兼顾，社会各项事业取得全面发展。

2007年全县GDP达3.86亿元，同比增17%；人均GDP实现7479.89元，同比增14.4%;税收收入完成近2000万元(其中地方税收完成735万元)；乡镇企业总产值6115.08万元，同比增60.4%；多种经营收入1.12亿元，同比增19.67%。牧民人均纯收入达到3153元，同比增21.4%,现金收入2460.83元,同比增16%;劳务输出达3.2万人次，同比增1.37%;实现劳务收入3070.59万元,同比增15%。

【援藏工作】2007年，以薛国强同志为书记的北京市崇文区第五批六位援藏干部，按照中央关于援藏工作的统一大要求，牢记崇文区委、区政府的嘱托，团结和带领全县干部群众，认真落实区、市、县委工作部署，求真务实，开拓创新，制定了援藏工作三年规划：制定完成了县机关供暖工程初步设计方案，制定完成了县医院扩建实施方案，制定完成了县政府电子政务建设方案。积极实施铁路沿线牦牛育肥项目，项目总投资1200万元，育肥牦牛5217头。

【基础设施建设取得新突破】完成全社会固定资产投资2.04亿元，实施项目34个，重点实施了退牧还草、市政道路改造、三期农网建设、法院建设、县乡周转房建设、县机关食堂建设、公安消防大队建设、铁路沿线牦牛育肥带建设、农牧民安居工程项目、路桥水涵等项目，这些项目已建成并交付使用。

按照"十一五"规划和建设社会主义新农村的要求，完成了总投3891.5万元安居工程建设1530户，完成建设任务的103.3%。完成了总投资449万的农村饮水安全工程33处，解决了972户6194人，8.05万头（只、匹）牲畜的饮水问题。完成了总投资905.37万元的三期农网工程建设，解决了672户5094人的照明问题。

【牧业基础地位不断得到稳固】随着牧区综合改革的进一步推进，基础产业附加值明显增强，特色产业建设迈出新步伐，牲畜改良、短期育肥、酸奶加工、畜产品销售等一批特色产业基地已初步形成，小型特色产业的效应和辐射带动作用进一步加强，牧业效益明显增加。

为有效改善当雄县生态环境，进一步缓解草场沙化、退化问题，2007年当雄县完成总投资3780万元的退牧还草工程，退牧还草90000公顷，其中：禁牧40000公顷、休牧50000公顷，涉及6个乡镇4778户29147人。

提高适繁母畜比例，加强接羔育幼，提高幼畜成活率，加大牲畜出栏率。2007年各类存栏牲畜达58.3万头（只、匹），总增率2.04%。适繁母畜率45.2%，同比增4%；幼畜成活率97.5%，同比增3.55%，牲畜出栏率44.3%，同比增3.5%；第一产业收入1.55亿元，同比增6%。县政府始终把各类疫病防控工作摆在重要议事日程，圆满完成2007年春秋两季防注任务，防注密度率100%，有效控制了牲畜各类疫病的发生。

【优化投资环境，提升产业层次，旅游业取得新进展】旅游业得到快速发展，为加大旅游基础设施、改善旅游环境，打造特色旅游精品，切实按照生态旅游这一目标，在纳木措景区修建环保厕所2处，念青唐古拉山环保厕所1处。以创建"新型藏北生态旅游小城镇"和"纳木错4A级旅游景区"为重点，实施纳木错旅游精品战略，构建"食、住、行、游、购、娱"协调配套的大旅游格局，制定了《纳木措湖控制性详细规划》和《当雄县旅游整体规划》。2007年当雄县被中国生态旅游协会评为"中国生态旅游大县"，纳木措被评为"2007年东亚旅游十大知名景区"接待国内外游客达24.8万人次，同比增长47.28%。

【积极推进矿业发展，招商引资力度进一步加大】编制了《当雄县矿产资源管理办法》（草案）和《当雄县矿山采选行业准入条件》（草案），《办法》和《条件》中规定了当雄县矿产资源在合理、有序的勘查、开发等方面严格执行《安全生产法》等相关法律法规，为当雄县境内矿产资源的合理利用、有序开发和矿产业的可持续发展提供了政策依据。目前已建成的5100矿泉水厂、西藏华钰公司等企业发展势头良好，已成为当雄县的龙头企业和纳税大户，其中5100矿泉水厂实现收入2572万元，西藏华钰公司实现收入1660.28万元，为当雄经济发展和促进就业起到了积极推动作用。

进一步完善《当雄县招商引资优惠政策》，全年引进项目8个，有汽车修理厂、5100矿泉水二期改造、羊八井温泉度假村扩建、铅锌矿选矿点建设、尼玛铅锌矿点建设等项目，协议资金2.32亿元，到位资金1.039亿元。乡镇企业实现总产值6115.08万元，同比增60.4%。使当雄县招商引资呈现出全民化、规模化的良好势头。

【统筹兼顾，社会各项事业取得全面发展】教育工作取得新进步，"两基"成果进一步巩固，"防流控辍"成效明显，完成扫盲年度目标，顺利通过区市"普九"三年复查。当雄县2007年小学入学率达98.80%；小学在校生巩固率99.44%；初中入学率96.44%；初中在校生巩固率97.82%；扫盲861人。同时加大职业教育培训力度，职业教育学校现有学生244名，教师36名，实用技术专业15个。据调查，向社会输送技术人员达1922人，年均现金收入在9000元左右。

文化事业不断走向繁荣，全力推进广播电视"西新工程"、"村村通工程"和电影"2131"工程，全县广播电视覆盖率分别达到87.6%、94.17%，全县172个自然村广播电视人口覆盖率已经达到70%。结合十七大精神宣讲活动，巡回放映电影1650场次，宣讲大会81场次，座谈会36场次，共计4万人次左右，取得了良好的效果。

贫困救助和低保工作方面，完成了全县特困户统计工作，发放特困户救助资金12.32万元；发放保障资金15.89万元。三大节日，"献爱心，送温暖"活动发放慰问金16.74万元，经常性社会捐款1.06万元，其中1.03万元用于购买口粮7097斤，募捐的衣服、书籍等都发放到了残疾人手中，市民政局拨付的5万元救灾款全部购买口粮3.23万斤，解决了缺粮户1180户6388人。全县应保五保户88人，其中税费改革时核定的五保户30人。

【领导名录】

县委书记：薛国强

人大主任：次仁占堆

县长：琼达

尼木县

【年度情况与特点】2007年，尼木县全面完成了市委、市政府下达的各项指标。国内生产总值完成1.925亿元，其中第一产业4192万元，第二产业6750万元，第三产业8308万元。三大产业比例从2006年的24:30：46调整到22：35：43，产业结构更趋合理。人均生产总值6432元，与2006年相比增长14.5%，比市里指标6285元超额完成147元，超额2.3%。

财政收入425万元，与2006年实际完成相比增长23%，比市里指标420万元超额完成5万元，超额1.19%。乡镇企业产值完成2204.67万元，与2006年相比增长47%，比市里指标2100万元超额完成104.67万元，超额4.98%；多种经营收入完成6623.31万元，与2006年相比增长18.3%，比市里指标6100万元超额完成523.31万元，超额8.57%。农牧民人均纯收入2959.89元，与2006年实际完成相比增长17.3%，比市里指标2944元超额完成0.53%；农牧民现金收入达1764.1元，占人均纯收入的59.6%。劳务输出达12535人次，比市里指标12500人次超额完成35人次，实现劳务收入总额1984.76万元，与2006年实际完成相比增长32.3%，比市里指标1800万元超额完成184.76万元，超额10.2%。对农牧民群众进行技能培训648人（培训3个月以上，且有技能证书），比市里指标200人超额完成448人，超额224%。

【采取积极有效措施，进一步调整优化产业结构】2007年，县委、县政府坚持做强二产的战略，大力发展第二产业，充分发挥资源优势，大力培育发展优势产业和带动力强的基础产业，加快培育壮大支柱产业工作力度，重点抓好矿产业和石材业，积极争取、多方协调，帮助现有的铜矿企业上规模、上档次，不断壮大县域经济总量。以铜矿、采石、藏香、建筑为主的第二产业发展迅速，效益和质量明显提高，市场竞争力不断增强。全年实现工业产值6750万元，比2006年增长32%。三大产业比例由2006年的24∶30∶46调整为2007年的22∶35∶43，第二产业增加值占GDP比重继续攀升，结构更趋合理。在大力发展第二产业的同时，以增加农牧民收入为中心工作，使农牧业生产保持了良好的发展势头，全县农牧业生产总值达4192万元，比2006年增长5.2%，粮经饲比例由2006年的75.4：13.3：11.3调整为74：14：12。牧业生产总体形势良好，年末牲畜存栏数为168387头(只、匹)，仔畜成活率上升到91%，成畜死亡率下降到1.3%，牲畜出栏率提高到38.66%；完成了2000头的黄牛改良任务；牲畜短期育肥基地建设完成人工种草550公顷，牧草长势良好；投资365万元的藏鸡（拉萨白鸡）养殖项目，目前投资已达300万元，修建了4栋育雏室、2栋蛋鸡舍、10栋大鸡舍，已有15000多只藏白鸡入住小区饲养。该项目参加农户150户，年人均可增收2000元。2007年的动物疫病防治工作取得了良好的效果，有效防止了疫病的发生，“五号病”和“禽流感”的免疫率均达到100%。

【加大基础设施建设力度，增强自主发展能力】2007年，争取到项目32个，总投资1.43亿元，主要有农牧民安居工程，县城至尼木、塔荣、续迈、普松四乡镇公路和尼麻公路二期工程，政府职工周转房，沼气工程和三期农网改造等项目。截至2007年底，已开工建设项目32个，已完工27个项目。通过三期农网的改造可使572户3598人用上电，全县的农网电能覆盖率达到89%，基本实现村村通电。在农田水利基础设施建设上实施了2007年一、二期农村饮水安全工程、尼木乡集中连片供水工程和11个小型农田水利基本建设工程，工程总投资449.27万元。一、二期农村饮水安全工程实施了8个点，使410户、2517人、25113头（只、匹）牲畜受益。截止目前，人畜饮水和农村安全饮水共实施60个点，使3705户、23903人、115455头（只、匹）牲畜受益，工程受益率占全县农村总人口的85%。尼木乡集中连片工程使263户、1790人、7312头（只、匹）牲畜受益。11个小型农田水利基本建设工程投资84.27万元，主要有阿嘎水池、普巴水渠、幸福水渠等工程，11个工程建成后总受益1776户、10694人、40188头（只、匹）牲畜，使1073公顷耕地和1183公顷林地保灌。投入121.5万元解决了拥组和亚米二组两个偏远点的通信难问题。全县农牧民群众使用电话1836部，电话覆盖率达到46%。2007年投入108万元，建立了11个基站，同时为各乡配赠了一套传真机设备，提前实现了村村通传真目标。

【加大扶贫攻坚力度，整村推进和整乡推进工程进展顺利】普松乡普松村整村推进项目于2006年开始实施，该项目实施期限为三年，总投资60万元。2006年20万元建设项目有磨面房、藏鸡养殖、梳毛厂建设3个项目，3个项目因资金下拨较晚，2007年才开始实施建设，已建设完毕并通过了拉萨市初验。2007年整村推进项目是农牧民施工队建设项目，总投资31.74万元。施工队的组建主要是从项目区现有建筑人力资源中组织当地从事建筑行业的能人1名，贫困群众30人组成。主要进行建筑和工程预制件生产。整村推进中还整合实施了藏鸡养殖、森岗塘中低产农田改造、黄牛改良、三期农网改造、农牧民技能培训等5个项目，总投资113.9万元。

帕古乡整乡推进2007年实施项目共有19个，其中扶贫项目6个，资金206.26万元；整合项目13个，资金1360.82万元。扶贫项目在3个行政村实施，受益户388户，参与项目建设人员6003人，其中贫困户参与项目建设人员615人。

2007年续建扶贫面上项目有帕古乡古金水池和吞巴乡农桥建设项目，总投资30.13万元，目前两个项目已建设完毕并通过拉萨市初验。2007年申报扶贫面上项目6个，第一批已批复项目3个，分别为：普松乡森岗塘土地治理、吞巴乡藏香销售合作组织、农牧民驾驶培训项目，总投资92万元。普松乡森岗塘土地治理项目的任务已全部完成。吞巴乡藏香销售合作组织项目正在进行人员配备、宣传组建等准备工作，资金下拨就可以开工。农牧民驾驶培训项目于10月30日开学，培训期为3个月。

【招商引资工作取得新突破】2007年，共落实招商引资项目6个，实际到位资金6400万元，增长22.8%，比市里指标6000万元超额完成6.67%。6个招商引资项目分别是：2000万元的冲江铜矿地质详勘、1000万元的厅宫铜矿地质详勘、700万元的藏鸡养殖基地、1500万元的普松岩金开发、300万元的民间商品房续建项目，900万元的尼木铜业新增注册资金。在2007年拉萨雪顿节经贸洽谈会上，尼木县与尼木铜矿、西藏天路、西藏金年达、四川奥林佳旅游筹划公司签订了投资协议，协议资金达3.15亿元。

【开展技能培训，促进就业再就业工作】2007年共开展各种技能培训18期，共培训1408人。其中引导性培训2期，培训760人。技能性培训16期，培训648人。培训结束后有149人实现了就业，月工资均在800元以上。2007年，全县共转移剩余劳动力12535人次，实现劳务收入1984.76万元。

【扎实推进农牧民安居工程】2007年，尼木县安居工程建设任务为1108户，全年完成1149户，超出年初市里下达指标41户。全县安居工程建设总投资为7842.2万元，其中：自治区补助1378.2万元，市财政补助514万元，县级配套50万元，银行贷款1600万元，群众自筹4300万元。

2007年的安居工程，一是在总结2006年安居工程经验的基础上，大力鼓励群众在建房中使用替代材料，大多数建房户基本做到了窗户用铝合金材料，有的建房户还用“工字型”钢横梁，以减少木材的使用。二是因地制宜、以人为本、在户型设计、配套设施、建筑面积、建筑风格等方面，统筹考虑，以满足群众生产生活需求和未来发展需要。三是合理布局、适度集中、尽量做到建设靠乡镇、靠行政村、靠公路、靠江河沿线、靠旅游景点，形成错落有致，别具一格的文明新村。四是继续抓好“三点八片”的规划建设。

【加大对口支援工作力度】2007年6月北京市门头沟区第五批援藏干部来到尼木县开始了为期3年的援藏工作。工作中，援藏干部迅速摸清了县情，理清了工作思路，全身心投入到全县经济社会跨越式发展和维护社会局势长治久安的实际工作当中。援藏干部通过网络博客《我拿什么奉献给你，尼木的教育》的文章，联络山西26名爱心人士为尼木县卡如乡中心小学的贫困学生捐赠1.15万元现金和价值1万元的棉衣、棉裤和学习用品。同时积极联系门头沟区、潭柘寺镇、北京市妇联、北京市商务考察团、北京电气有限公司等多家单位、企业代表先后组团到尼木县考察，相关合作正在进一步洽谈之中。

【社会事业全面进步】2007年，尼木县扎实推进骨干教师工程、素质教育工程、改善教学条件工程，以不断提高教育水平，取得了很好的成效适龄儿童入学率小学达98.91%，；小学在校生巩固率99%，；初中入学率96.32%；中学在校生巩固率97.9%；扫盲人数2246人。

合作医疗覆盖率达100%。婴儿死亡率37.7‰；孕产妇死亡率418.4/十万；传染病发病率为399.6/十万；农牧区医疗管理指标筹资率为97.3%，比市里指标90%高7.3个百分点。

在乡村文化事业建设中，坚持正确的舆论导向，加强对县“流动电影队”的建设和管理，全力推进广播电视“村村通”工程，基层文化设施得到极大改善。全县共有文化站1个，文化室42个，收转站16座，单收站89座，广播调频台17个，广播电视覆盖率分别达到85%和94%。

【领导名录】

县委书记：刘颖

人大主任：洛桑赤列

县长：果果

曲水县

【年度情况与特点】2007年，曲水县生产总值实现2.79亿元，同比增长22.19%；地方财政收入1108万元，同比增长30.35%；固定资产和基础设施建设投资3.2亿元，同比增长35.68%；农牧民人均收入3286.2元，同比增长17.03%。城镇居民人均可支配收入10000元，同比增长10.98%，社会消费品零售总额5753万元，同比增长23.09%，全县经济和社会各项事业保持持续平稳较快发展的良好面局。

【农牧林水工作成绩突出】农业方面。围绕发展高效规模农牧业，强势推进结构调整，加快农牧业产业化进程，积极争取国家投资3597.6万元，实施了才纳乡种养小区示范建设、西瓜大面积种植、蔬菜种植生产基地建设、科技入户示范工程等农牧业重点项目。2007年，全县农作物共播种4333公顷，其中粮食作物播种3400公顷，经济作物播种767公顷，饲草料作物播种307公顷，通过调整种植结构，使粮、经、饲比例调整到78：18：4；全县粮油总产量达到5313.78万斤，其中粮食总产量4890.44万斤，同比增长4.1%，油菜粮总产量达到423.34万斤，同比增长11%；同时，进一步提升农业生产的科技含量，大力推广了艾玛岗、藏青148、320等德国系列品种和巴萨德系列新品种，全县良种覆盖率达86%；大力推广农业实用技术，加大农牧民科技明白人培训力度，全年共培训11000人次，加快了科技成果向现实生产力的转化。

畜牧业方面。坚持以市场为导向，合理优化畜群结构，进一步加快畜禽良种化进程，努力提高畜产品的商品率，全面提高畜牧业经济效益。2007年，全县牲畜存栏总数达107000头（只、匹），总增率33%，全年牲畜出栏率为32.5%；全年肉类总产量2350吨，奶类总产量3610吨，毛绒总产量58.5吨。

【工业经济发展迅速】充分发挥政策的导向、扶持作用，整合各类发展要素，努力培育重点企业和优势产业，先后投入2100多万元，完成了曲水绿色农产品加工园“三通一平”工程和聂当工业园一期基建工程。2007年，全县工业总产值实现14523万元，实现工业税收986.2万元。同时，充分利用资源优势、产业优势、环境优势，坚持政府招商和以商招商并重，努力拓宽引资渠道，开拓新的引资领域，实现了以大开放促大招商，以大招商促大发展。2007年，全县共引进项目2个，协议资金3100万元，继建项目26个，到位资金1.68亿元，同比增长118%。

【大力推进农牧区基础设施建设】2007年来，全县共实施农、牧、林、水项目建设19个，扶贫开发项目建设9个，教育项目建设11个，民政项目2个等总共52个项目，总计投入资金14890万元。建成自来水供水点45个，使全县85%的农牧民群众吃上了安全卫生的自来水。完成沼气“一池三改”635户，并有900户正在实施中，农牧民生产生活水平得到显著提高。

【狠抓安居工程建设】曲水县在2006年

完成1752户安居工程的基础上，2007年又完成了877户民房改造任务。自安居工程实施以来，农牧民群众的户均住房面积增加到180平方米以上。农牧民住房面积得到显著提高。

【社会事业全面进步】2007年，曲水县不断更新教育观念，全面落实“三包”和“两免一补”政策，努力提高教育教学工作水平。目前，全县共有中小学校12所、教学点16个，在校农牧区中小学生4967人，适龄儿童入学率达99.77%，小学在校生巩固率为99.84%，初中入学率为98.52%，初中在校生巩固率为99.14%。加大基层文化建设投入力度。目前，全县有有线电视台（站）、广播电视卫星收转站、单收站、调频广播站等发展到105座，乡村文化活动室52座。广播、电视覆盖率分别达到98.85%和96.8%。电影放映队伍发展壮大到5支，全年共放映电影1800余场。

把广大群众的看病难问题放在突出位置，着力改善农牧区医疗卫生基础设施条件，努力提高农牧民群众免费医疗标准和医疗水平，2007年，全县新建乡镇卫生院4个，农牧区卫生条件得到显著改善。

2007年，全县共发放救灾救济资金663777.6元，解决了1134户4500人次的生活和就医困难。投资11000元对茶巴拉乡敬老院、其奴敬老院进行了维修，争取资金15万元新建色甫敬老院，解决了30多名五保户住房生活问题。并将34户51人纳入最低生活保障，为他们提供了基本生活保障。

堆龙德庆县

【年度情况与特点】2007年，堆龙德庆县圆满完成年度目标任务，国民经济快速健康发展。全年堆龙德庆县实现地区生产总值6.79亿元，同比增长19.21%，一二三次产业的比重为14：57：29；完成固定资产投资9.88亿元，同比增长26.99%；实现财政收入4600万元，同比增长21.05%，税收收入3800万元，同比增长80.18%；农牧民人均纯收入达到3595.81元，同比增长16%。

【不断调整优化结构，特色产业规模进一步壮大】一是农牧业综合改革力度进一步加大，产业化经营水平不断提高。优质粮食和饲草基地、牲畜改良和短期育肥基地、肉禽养殖基地等一批特色产业基地初具规模，粮食生产综合能力得到进一步提高，农业基础地位得到进一步巩固。完成了2333公顷优质青稞种植生产、247公顷良种繁育体系项目建设、87公顷玉米饲草和200公顷的农田除草项目，粮、经、饲比例调整为58：31：11。解决了德庆旁村等9个村组、581户、5747头（只、匹）人畜饮水问题，进一步改善了农业基础设施条件。二是抗病救灾工作得到加强。加大了乡村兽防基础设施建设的投入，基层兽防体系基础设施建设持续推进。对14.3万头（只、匹）牲畜加强了以W病为主的疫情防控，做到了统一防疫时间、统一防疫密度、统一防疫标准，免疫率达到100%，成畜死亡率控制在1.1%以内，牲畜出栏率达到33.2%。三是农民协会建设取得可喜进展。先后成立了青稞协会、农机协会、嘎冲村养鸡协会、群利养殖协会和雪域奶牛养殖协会。乃琼蔬菜花卉营销协会成效显著，2007年直接带动105户农民，每户增加现金收入12171元，人均增收2885元。同时，协会还举办了农村适用技能培训5次，培训农牧民群众5000余人次。古荣青稞生产协会带动206户群众户均增收9200元。四是县财政安排80万元专项资金，大力开展适用技能培训16期。实现长期性就业1527人，实现劳务输出72.2万人次，实现劳务输出收入2700万元。五是支柱产业进一步发展壮大，规模效应和辐射带动作用进一步增强。达氏集团的系列核桃油品通过欧盟食品安全检测，成功打入欧洲市场。雄巴拉曲藏药厂产量不断提升，年销售收入已超过1500万元。蔬菜花卉营销协会与北京一家农产品销售中介公司签定了高原草莓订单，已种植11栋温室草莓和0.2公顷露天草莓。园区工业初具规模，集群效应开始显现。全年招商引资协议资金达5.6亿元，到位资金达3亿元，乡镇企业实现总产值3.9亿元，多种经营收入完成1.5亿元。自我造血功能有所增强，县域经济总量迈上新台阶，初步扭转了财政收入主要依靠投资拉动的畸形局面。六是文化和旅游产业实现新突破。2007年，堆龙德庆县坚持把文化和旅游作为带动县域经济发展的重点产业发展，实现了第三产业经济发展的新突破。旅游景点收入总额由2006年的285.68万元提高到目前的316.78万元，同比增长10.89%；参与旅游的农牧民群众已由2006年的61550人次提高到目前的70783人次，同比增长15%；旅游实现人均收入已由2006年的3255.6元提高到目前的11477.54元，同比增长252.55%。堆龙乡村青年艺术节团15名演员顺利在承德外八庙进行了为期7个月的演出，人均创收8400元。古荣、乃琼藏戏团开始走出去演出，年人均多创收5000元，取得了良好的经济效益和社会效益。文化产业的发展有了良好开端，旅游业成为促进县域经济发展的新兴力量，农牧民参与热情高涨，旅游带动农牧民就业和增收的作用日趋明显。

【扎实推进以农牧民安居工程为突破口的新农村建设】2007年，在区、市两级政府补贴资金的基础上，县财政又安排农牧民安居工程配套资金1800万元，确保了全年完成1695户农牧民群众的建房任务，其中包括农房改造1379户，绝对贫困户建设33户，相对贫困户建设131户，游牧民定居52户，受益群众3745人。按照更加方便群众生产生活、真正实现安居乐业的要求，切实抓好村庄布局统一规划，预留水、电、路、厕和通讯、广播、绿化等配套基础设施建设空间，严把工程建设质量关，降低配套设施的建设成本和资源消耗。同时拿出280万元县级财政专项资金，完成全县五保户住房集中修建任务，使五保户也和其他群众一样住进安全舒适的新居；安排100万元专项资金，加快实施农网改造工程，着力解决农牧民群众用电难问题。建设中，一是狠抓了规划设计，二是狠抓了经济适用建材的推广使用，三是狠抓了工程建设质量，四是狠抓了安居乐业这一工作中心，广大群众反响热烈，参与积极性空前高涨。

【基础设施建设取得新的进展，城乡面貌进一步改善】投资126万元，新建成人畜饮水点9处，解决了羊达、德庆、马乡、古荣等部分乡村的饮水安全问题；投入182多万元，改造了乃琼、古荣、羊达部分乡村的电网老化线路，基本解决了安全隐患大，电费长期居高不下的问题。投资2741.62万元，实施了干部职工周转房，教职工安居园，古荣乡职工周转房、东嘎镇办公楼、东嘎镇东嘎村委会、马乡郎巴村委会、马乡法庭、东嘎派出所等重点工程建设项目，完成了县儿童文化园、县中队围墙、乃朗寺工作组驻地等维修任务。109国道县城区域内太阳能路灯安装完毕。

【各项社会事业加快发展，人民生活水平稳步提高】教育事业稳步发展。教师待遇得到提高，中小学教师每人每月60元的生活补助得以发放。投入600万元财政资金用于改善办学条件。加强教育教学管理，提升办学综合水平，小学适龄儿童入学率达到99.38%，初中生入学率达到96.24%，教育工作正由抓硬件向抓软件转变，正由数量型逐步向质量型转变。

卫生体系不断健全。农牧区合作医疗覆盖率达到100%，医疗管理指标筹资率达到96.08%。维修了乃琼、古荣、马乡乡镇卫生院，群众看病条件进一步改善。村医技术培训力度不断加大，合作医疗工作稳步推进，疾病防控工作有序开展，鼠防工作成绩显著。

文化广播电视事业持续推进。西藏心连心艺术团在东嘎镇桑木村成功举办喜迎十七大演出。全年“村村通”广播电视建成单收站11座、收转站1座，改扩建电视收转站3处，自然村广播、电视覆盖率分别达到98%和97%。认真实施“2131”工程，深入农牧区放映电影1950余场次，农牧民群众的文化生活日益丰富。

达孜县

【年度情况与特点】2007年，达孜县围绕“一产上水平、二产抓重点、三产大发展”的经济发展战略，扎实开展工作，实现了全县经济健康快速的良好发展态势。全年实现地区生产总值3.2亿元，同比增长20.3%，其中一产达到2200万元，二产达到13550万元，三产达到10750万元，分别增长9.22%、47.3%和3.86%；实现财政收入1000万元，同比增长21.9%，完成年度任务的133.3%；农牧民人均纯收入达到3267元，同比增长18%，完成年度任务的100.2%；乡镇企业产值实现1.96亿元，同比增长44%，完成年度任务的118.7%；招商引资到位资金1.65亿元，同比增长10%，完成年度任务的103.13%。全县经济实力明显提高。

【农牧业产业结构进一步优化】继续加大种植业内部结构调整，2007年共落实播种面积3353公顷，推广良种面积3000公顷，落实经济作物种植面积820公顷，饲草作物种植面积393公顷，粮、经、饲比例调整到现在的73:18:9。粮食作物总产达到3951万斤，粮食单产达到984.28斤/亩；油菜总产322.47万斤。

【特色产业区域基本成形】全年新建温室大棚75栋，新生幼畜3万头(匹)，成活率95%，成畜死亡率控制在1%以内，牲畜出栏率达到43.8%。随着生猪养殖、藏鸡养殖、奶牛养殖等项目的不断实施，优质、高效、特色畜牧业快速发展，形成了以德庆镇、邦堆乡为中心的特色奶牛养殖和温室蔬菜种植区域，以唐嘎乡、章多乡为中心的特色藏鸡养殖区域，以雪乡、唐嘎乡为中心的半细毛羊养殖区域，以塔杰乡、章多乡为中心的特色仔猪养殖区域，以唐嘎乡、章多乡、雪乡为中心的牦牛养殖区域。

【科技培训力度不断加大】一年来，多次组织各类种养殖技术骨干通过各种科技培训下乡村服务，培训农牧民6537人次，加大了沼气技术的推广力度，新建沼气池785个，解决了785户群众生活能源问题，掀起了节能增效，能源转化利用的热潮。

【深挖区位优势，落实招商选资】目前，达孜县工业集中区占地面积已扩大到107公顷，基础设施总投资1500余万元，进区企业32家，其中，投产11家，在建14家。在招商引资过程中进一步注重了对入驻企业的选择，优先考虑劳动密集、资源节约和科技含量高的企业，认真筛选可持续发展、科技含量高、投资额度大、财税贡献大的企业落户达孜。2007年新签约项目10个，协议投资3.8亿元，全年实际到位资金1.65亿元。其中万胜钢构投资2900万元，首期建设单体1万平米标准厂房。桑东制衣投资2800万元，首期建设1.3万平米标准厂房。正在洽谈的项目有计划投资1.2亿元的香港龙孚投资有限公司的电力设备项目，投资6000万元的四川天银医药有限公司的药品生产经营项目。2007年11月，张庆黎书记亲自到工业集中区视察，对集中区取得的成绩给予了高度评价，并提出了建设一流重点园区的要求。

【强化服务，工业经济增速较快】2007年，进驻工业园区的32家企业工业产值达1.5亿元，销售总额1.42亿元，分别占全县工业产值的83.3%，销售总额的25%，实现税收840万元。

【积极扶持，多种经营稳中有升】2007年，达孜县各部门共组织农牧民实用技术和劳动力转移培训6537人次，包括驾驶技术、酒店餐饮旅游服务、建筑、保安家政、民族手工业等方面的技能培训。全年实现劳务输出达2.1万人次，同比增长17%，完成年度任务的105%；劳务收入达2350万元，同比增长161%，完成年度任务的111.9%。同时达孜县还采取送照上门和严格执行三年内免收各项费用等措施，极大地激发了农牧民群众干事创业和发家致富的热情。全年共实现多种经营收入5100万元，同比增长21.4%，完成年度任务的103%。

【依托资源优势，旅游产业迅速发展】按照建设“大乐园”的总目标，达孜县在318国道沿线桑珠林一带大力发展休闲、旅游、度假、餐饮产业。目前，已建成的休闲度假林卡共8处，准备建设的三星、四星级酒店各一家，具有浓郁民族特色的西藏民俗风情园也正在积极的建设之中。全年接待游客4.5万人次，实现旅游收入300万元。

【援藏工作】顺利完成了援藏干部交接工作，第五批援藏干部主动发挥援藏干部联系交流的桥梁作用，超前规划好镇江新村安居工程、通河路建设工程、市民广场工程和广电大楼建设工程等三年援藏项目，落实了第一援藏年度项目资金428万元。

【社会事业全面进步】 教育事业在巩固中得到提高。小学入学率达到99.81%，巩固率达到100.87%；初中入学率达到97.17%，巩固率达到98.69%；大力开展青壮年文盲的扫盲工作，同时开展了扫盲后的巩固提高工作，扫盲人数达到449人。以师德师风教育为重点，强化了师资队伍建设，教师学历合格率达到100%；深化了教研教改，进一步提高了教育教学质量，小学升学率达到97.84%，初中升学率达到98.44%；职业教育稳步推进，办学体制进一步优化，职业教育走出了一条按需招生、指导分配、校企合作的新路子，有效提升了就业率，全年实现187人就业，同比增长23%。

卫生医疗工作成效显著。2007年3月份，达孜县召开了农牧区医疗管理专题会，重新调整并修改了十二条达孜县农牧区医疗管理制度，以免费医疗为基础的农牧区合作医疗制度全面普及，卫生基础建设进一步加大，县医院住院床铺已达15张，6月初，正式启动了由国家投资的“达孜县卫生服务中心”和“达孜县疾病预防控制中心”建设项目，医院就诊人数明显增加，门诊19240人次，住院608人次，同比增加14%；疾病预防控制工作得到加强，各类疾病、传染病防治工作开展有序。

【安居工程稳步推进】 2007年，达孜县计划完成1174户民房建设工作，其中农房改造960户，游牧民定居35户，扶贫点建设175户，大骨节病搬迁4户。目前，已完工的有1238户，完成年度任务的105.45%。建设中，农牧民获得银行信贷支持1178.46万元(上半年统计数据)，区市补助资金1767.5万元，达孜县向农牧民兑现补助资金1246.2万元。同时，第三期农网建设与改造工程经带电运行，并于6月11日顺利通过验收，现进展顺利。

墨竹工卡县

【年度情况与特点】 2007年，墨竹工卡县深入分析本地区经济资源特性、产业特点、开发潜力和竞争优势等基础上，将出发点定位在在农牧业增效和农牧民征收上，将突破点定位在特色产业发展、龙头企业和各类合作组织的扶持上，将支撑点定位在基础设施建设和综合生产能力提高上，将着力点定位在科技进步和科技推广上，将关键点定位在农牧民科技文化综合素质的提高和劳务技能的培训上。全县国内生产总值完成5.73亿元，同比增长29.53%。地方财政收入完成2937.4万元，同比增长了1.6倍，其中税收收入形成的财政收入2874万元。全年税收完成8274万元，较2006年同期增加5768万元，同比增长2.3倍，其中：矿产企业收入6183.99万元，较2006年同期增加4604.83万元，同比增长2.9倍，占税收总额的74.74%。

【抓生产、调结构，挖掘农牧业内部增效潜力】 妥善处理粮食安全与结构调整的关系，进一步优化种植结构，着力解决农作物单产低、增值能力弱，经济效益不明显等突出问题。农牧业经济结构明显优化，2007年，粮食产量4637.82万斤，油菜产量513.92万斤，牲畜存栏24万头（只、匹)，出栏率和商品率分别达到35.5%和51.5%。第一产业生产总值达到1.36亿元，同比增长7.3%，占生产总值的23.73%；

【抓支柱、强经济，促进经济又好又快发展】 加大涉矿企业的整顿规范力度，工业增加值实现2.09亿元，比上年增长1.5倍。涉矿劳务输出419人，车辆1.44万台次，实现劳务收入1517.1万元；乡镇企业总产值实现4.5亿元，比上年增长1.6倍；乡镇企业增加值2.14亿元，比上年增长1.6倍。多种经营收入9469.15万元，同比增长了31%。全年招商引资1.32亿元。第二产业生产总值达到3.57亿元，同比增长39.67%，占生产总值的62.31%；

编制完成了甲玛、门巴、日多3个乡部分景点景区的详细规划，在加快全县旅游基础设施建设步伐的基础上，积极鼓励和引导农牧民参与旅游资源开发和旅游服务业经营，2007年旅游从业人员达1126人次。第三产业生产总值达到0.8亿元，同比增长31.9%，占生产总值的13.96%。

【抓增收、重转移，加快农牧民增收步伐】 加大劳务输出力度，拓宽农牧民群众增收途径，全年劳务输出27706人次，实现收入4567.96万元，比2006年同期增加20%，机械输出4267台次，实现收入1388万元，较2006年增长14%。农牧民人均收入达到3100元，同比增长23.11%，其中农牧民人均现金收入达到1600元，占收入的51.6%，同比增长29.68%。

【抓科技、重培训，提高农牧民增收技能】 坚持“实际、实效、实用”的原则，选择了市场需求量大的技术项目对农牧民进行培训，全年共培训农牧民1665人。

【抓民生、固保障，确保发展成果人民共享】 城镇居民基本医疗保险稳步实施实施，医疗保险、养老保险、失业保险等扩面工作进一步开展，社会保障体系进一步完善，社会救济工作力度不断加大，2007年下拨救济粮38.55万斤。城镇居民最低生活保障工作扎实开展，逐步走上了制度化、规范化的轨道。科教卫生事业蓬勃发展。全县初中入学率达到98.98%，初中在校生巩固率达到98.38%；小学适龄儿童入学率达到99.28%，小学在校生巩固率达到99.3%；青壮年文盲人口下降到5%以内。职业教育如火如荼的开展。坚持“实际、实效、实用”的原则，全年共培训农牧民200人次。广播电视覆盖率分别达到90%和85%。全县共有42163名农牧民参加了新型农村合作医疗，参保率达到98.5%，与2006年相比提高了3%。对口支援不断深入，援助成效更加突出。顺利完成第4、5批援藏交接工作，全年援助资金889万元，援助物资折合人民币380.5万元。

昌 都 地 区

昌都地区

【年度情况与特点】2007年，昌都地区按照“以落实年为总要，突出三项要求，抓好八项工作”的工作思路，狠抓落实，经济社会继续保持了又好又快的发展势头。全年昌都地区完成生产总值44.36亿元，同比增长13.5%（按可比价计算），其中第一产业12.68亿元，第二产业14.81亿元，第三产业16.87亿元；全地区乡及乡以上工业总产值3.45亿元，同比增长16.25%；主要产品产量为：发电量16054.47万千瓦时，同比增长11.6%；水泥产量10.94万吨，同比减少10.3%；藏药生产50.6吨，同比减少8.3%；啤酒产量2.46万吨，同比增长62.3%。财税、金融运行平稳，全地区财政收入1.8亿元，同比增长38%；税收完成9030万元，同比增长19.3%；农牧民人均收入和城镇居民可支配收入分别达到2526元和9200元，同比分别增长17%、12.6%；城镇失业率控制在4.3%以内。金融系统各项存款余额达39.68亿元，同比增长19.4%；各项贷款余额18.82亿元，同比增长35.9%。全社会消费品零售总额达8.5亿元，同比增长24.85%。

【农牧业方面】2007年，昌都地区农作物播种面积52667公顷，粮食总产量17.18万吨；牲畜存栏360.7万头（只、匹）。狠抓种植业结构调整，粮、经、饲种植比例为88：6.5：5.5。深入开展牲畜免疫注苗工作，牲畜五号病、高致病性禽流感等疫苗注射密度基本达到100%。认真组织牲畜出栏工作，努力提高出栏率和商品率，出栏率达26.75%。

【重点项目建设】通过积极争取国家投资，大力吸引民间投资，加强银行信贷支持，确保了重点项目建设。全年完成固定资产投资33.46亿元，同比增长20.79%。公路建设步伐加快，一批重点建设项目进展顺利。国道317线江达至妥坝公路整治工程全面复工。农村公路中续建的八宿县夏里吊桥至拥乡公路、左贡县绕金公路等6个续建项目年内完工并交付使用。昌都县若巴公路、丁青县协雄至边坝县热玉公路等新建公路项目及邦达机场改扩建工程进展顺利。县乡电站及农网建设顺利，洛隆县宗扎错水电站建设已进入设备安装阶段，年内完工并交付使用；十一县网内、网外三期农网改造工程已全面铺开，年内全部完工。

【产业建设】积极实施“一产上水平、二产抓重点、三产大发展”的经济发展战略，坚持特色与规模并重，产业建设开发力度不断加大。农牧业特色产业建设迈出新步伐，自治区安排的八宿县邦达草原人工种草项目、芒康县黑山羊生产示范基地等7个农牧业特色产业项目建设，全面进入施工阶段。地区本级财政投入1000万元，实施的果扎种畜场续建项目、昌都县高产奶牛养殖基地等8个特色项目工程进展顺利。优势矿产业、水电产业建设步伐明显加快，积极实施“1321”工程，玉龙铜矿开发建设各项工作有序开展。玉龙铜矿一期一步工程建设进度和质量理想，三江水资源规划工作进展顺利，“西电东送”能源接续基地建设步伐加快。旅游业快速发展。2007年，全地区接待国内外游客30.65万人次，实现旅游总收入19332.57万元，同比分别增长47%、24%。乡镇企业、民族手工业和多种经营发展势头良好。全地区乡镇企业完成14525万元，多种经营收入60000万元，民族手工业产值6294万元，同比分别增长5%、16%和8%。非公有制经济发展迅速，招商引资成效显著。全地区个体工商户达到9333户，从业人员21831人，注册资金3.09亿元；全年签约招商引资项目12个，协议总投资5.18亿元，实际到位资金2亿元，同比增长30%。

【社会主义新农村建设扎实推进】截止2007年底，全地区安居工程建设12295户，完成投资8.1亿元。共安排40个示范点建设，全面启动了250个行政村的村级组织活动场所和基础设施综合配套建设，现已完工并交付使用。

认真贯彻《中共昌都地委、昌都地区行署关于“十一五”时期增加农牧民收入的意见》，加快建立农牧民增收长效机制，有力地促进了农牧民增收。全年农牧民人均纯收入达到2526元，同比增长15.49%。深入开展农牧民培训工作，去冬今春共完成农技培训9751人次，其中培训农牧民群众7608人次，农牧民技术员1403人次，乡村干部740人次。

全面落实自治区关于“八个基本解决”的要求，农牧民生产生活条件得到进一步改善。2007年全地区完成了100个行政村的公路通达任务，解决9.4万人的安全饮水和8万人的用电问题。同时，全年共实现通邮乡镇40个，通邮乡镇数已达136个，通邮率达98.56%；新解决11个行政村的通讯问题，村通电话率达到37%；完成了46座自然村广播电视站的建设任务，农牧区广播、电视覆盖率分别达到86.85%、86.8%。农发扶贫工作力度进一步加大，共开复工建设扶贫项目42个、农发项目7个。

农牧区体制改革深入推进。草场承包工作进展有序，昌都、贡觉、江达、察雅、丁青5县草场承包责任制工作已通过验收进入整改巩固阶段；芒康、左贡、洛隆、边坝4县纯牧业乡的冬春草场承包经营责任制扎实进行。

地方财政、金融进一步加大了对“三农”工作的支持力度，为新农村建设提供了有力支撑。2007年全地区共安排涉农资金47272万元，其中地区财政安排5180万元。金融部门共发放农牧业贷款72401万元，占各项贷款总额的47.4%，其中小额信用贷款29465万元；发放农牧户贷款证卡70493本，发证面达86.9%。

【各项社会事业全面发展】丁青、江达、贡觉、八宿四县如期完成“普九”，“普九”人口覆盖率达到100%。狠抓学生入学和扫盲巩固工作，全地区适龄儿童入学率、初中入学率、高中阶段入学率分别达到98.6%、90.3%、16.7%，青壮年文盲率下降到2.8%以下。进一步加大了对教育工作的投入，全年地区本级财政安排教育投入达1200万元。教育基本建设项目进展顺利，192所教学点改造及60所小学规范化建设已于7月底完工交付使用。

2007年，全地区55.8万农牧民群众全部享受了农牧区医疗待遇，集资总额530余万元，为农牧民报销医药费2200余万元。疾病预防控制工作进一步加强，传染病监测、计划免疫和地方病防治工作水平进一步提高。卫生基础设施建设稳步推进，27个乡镇卫生院项目已全面开工建设。

社会保障救助体系不断健全和完善。基本养老保险制度健康运行，截止2007年底，全地区参加基本养老保险的单位共计112户，参保职工6837人，共征收基本养老保险金1850万元，支出基本养老金3970万元，养老金社会发放率达100%。进一步规范和加大了城镇职工基本医疗保险力度，全地区参加医疗保险的单位共128家，参保职工22273人，征收医疗保险基金7003万元，支付参保人员医疗费2789万元。认真落实城镇低保和农牧区特困群众生活救助政策，共发放城镇低保资金967.57万元，低保对象达2338户5585人；下拨农牧区特困群众生活救助资金549万元，涉及特困群众16066户83055人；下拨城乡医疗救助经费186.9万元，共救助城乡医疗对象623户623人。

文化广播电视事业取得新进展。丁青县琼布热巴队代表昌都地区参加了首届中国成都国际非物质文化遗产节活动，并获得文化部颁发的“文化遗产日奖”和“非遗节”执委会颁布的“太阳神鸟金奖”。新闻宣传进一步加强，昌都地区广播电视台增设了康巴语电视频道，完成了10县1地康巴语节目落地接收工作。

【和谐社会建设有序开展】制定了《中共昌都地委关于建设社会主义和谐昌都的实施方案》，明确了建设和谐昌都的重要任务、主要内容。一是制定了《关于解决昌都地区原区（乡）供销社半脱产人员有关待遇问题的办法》，积极兑现651名原供销社半脱产人员的有关政策待遇。二是重视解决城镇困难干部职区和群众的住房问题，投资5000余万元的600套廉租房于8月初破土动工；1992套乡、县、地区三级周转房，年内完工85%。三是全面加快了农村低保工作，将2万余名大骨节病患者全部纳入了农村低保范畴。四是切实加强了弱势群体救助工作，重点解决了五保户、孤儿等社会弱势群体4327人的供养救助问题；落实了2006年寿星老人健康补贴费203.4万元；建立了农牧区特困群众生活和医疗救助基金，地区财政分别拨付特困群众生活、医疗救助资金549万元、464.8万元。

【援藏工作取得新进展】2007年，昌都地区援藏回访活动取得了明显成效，援藏资金力度进一步加大，援藏领域进一步拓宽，援藏机制进一步创新，援藏合作进一步深化。昌都与两市六企签订了新一轮援藏资金协议，协议资金总规模为3.395亿元，较第四批协议资金总额增长37%；确定了第五批援藏干部共计71人，目前第五批援藏干部已经走上了新的工作岗位。

【存在的问题】一是基础产业发展水平仍然滞后于经济发展总体水平，农牧业特色产业发展与规模化、市场化的要求还有较大差距，二、三产业的带动作用尚不明显；二是社会主义新农村建设任务艰巨，农牧民住房难、出行难、饮水难、看病难、通讯难等问题仍需高度重视，继续予以逐步解决；三是人民内部矛盾仍然存在，随着改革开放的不断深入，各种利益格局的调整，因历史遗留问题、国有企业改制、旧城改造、建设领域拖欠民工工资等引发的群体性上访事件时有发生，在一定程度上影响了地区社会局势的稳定，制约着经济社会的跨越式发展和构建和谐社会；四是改革发展的压力较大，投资拉动型经济格局在一个较长时期难以改变，实现跨越式发展目标任重道远。

昌都地区发展和改革工作

【经济总量迈上新台阶】2007年，昌都地区地方生产总值达44.4亿元,比2006年增长13.5%。(按可比价计算)人均GDP达到7203元，进入了经济社会发展的关键时期；地方财政收入完成1.8亿元，同比增长38.6%；社会商品零售总额达8.5亿元，同比增长25%；农牧民人均纯收入达到2526元，同比增长15.5%；城镇居民可支配收入达到9200元，同比增长19.8%，经济总量迈上新台阶。

【农牧业生产再上新台阶】2007年实现农林牧渔总产值19.69亿元，比上年增长12.01%。其中：农业产值8.65亿元，增长10.65%；牧业产值9.73亿元，增长12.06%。全地区年末实有耕地面积47887公顷，全年粮食作物种植面积43756.77公顷，比上年增加395.7公顷。其中：青稞面积34092.87公顷，增加1501.41公顷；小麦面积6886.81公顷，减少992.11公顷。油菜籽面积3218.82公顷，增加30.78公顷。蔬菜面积2181.77公顷，增加53.48公顷。全年粮食产量17.18万吨，比上年增加4.1%；油菜籽3393.45吨，增加20.47%；蔬菜41048.55吨，下降11.6%。虫草产量11.5吨。

年末牲畜存栏总数为360.7万头（只、匹），比上年末减少5.5万头（只、匹）。其中：牛175.6万头，增加2.1万头；羊162.8万只，减少6.2万只。全年猪牛羊肉产量达6.31万吨，比上年增加6.42%；奶类产量7.24万吨，增长7.97%。

【工业生产稳步发展】全年工业企业实现增加值2.12亿元，比上年增长7.8%。全地区乡及乡以上工业企业实现产值3.45亿元，比上年增长16.25%。其中：轻工业实现产值1.46亿元，增长15%；重工业实现产值1.99亿元，增长17%。国有及国有控股企业全年实现3.3亿元，比上年增长23%。按登记注册类型分，国有企业实现产值2.2亿元，增长18.3%；集体企业实现产值1565万元，增长

11.7%；外商及港澳台投资企业实现产值8500万元，增长60.4%；股份制企业实现产值1169万元，增长13%；其他经济类型企业实现产值1266万元，增长8.2%。

全年完成水泥产量10.94万吨，同比下降10.3%；发电量16054.47万千瓦时，同比增长11.6%；啤酒产量达到24342千升，同比增长62.3%；中成药（藏医药）50.6吨，同比下降8.3%；铅锌矿22500吨；自来水完成500万吨，比上年增长11%。

玉龙铜矿15公里矿山公路已经贯通，矿区综合楼已交付使用，仓储等附属设施基本建成，昌都至玉龙的110KV输变电线路已于8月份完工。选矿厂、电积车间及公司办公楼已于10月份封顶，已进入设备安装阶段，年度计划的一期一步工程任务顺利完成。全年完成投资4亿元，为2008年8月30日正式生产1万吨电解铜创造了条件。

【注重项目前期工作，重点项目建设进展顺利】2007年，全社会固定资产投资累计完成33.46亿元，比上年增长20.79%。其中：国道317线江达至妥坝公路整治工程、国道214线芒康至隔界河段公路工程、昌都邦达机场改扩建工程顺利实施；类乌齐至俄洛桥段、竹巴笼（川藏界）至海通沟兵站段公路改扩建工程完成招标准备工作。八宿县夏里吊桥至拥乡公路、丁青县协雄至边坝热玉公路等一批乡村公路建设进度加快。丁青、洛隆县电站及11县三期农网基本完工，全年新增用电人口达8.3万人。全地区村级组织建设、乡公安派出所建设、县司法建设已全面铺开；地、县、乡三级周转房年内总进度达80%，地区600套廉租房于8月初破土动工。

【突出改善民生，各项社会事业全面发展】教育事业。全年完成教育项目投资1.6亿元，新增校舍面积8万多平方米，改造教学点192个。完成了八宿、丁青、江达、贡觉四县“普九”任务，全地区“两基”目标如期实现。全地区“普九”人口覆盖率达到100%，全地区适龄儿童入学率达98.6%；初中入学率达90.3%；高中入学率达到16.7%；青壮年文盲率下降到2.8%。

文化事业。完成了46座自然村广播电视站的建设任务，全地区广播、电视覆盖率分别达到86.85%和86.8%。

卫生事业。落实了卫生项目投资3756万元。实施了27所乡镇卫生院建设，实施了地区藏医院污水处理、门诊楼、住院部及科研医技楼的建设，实施了地区疾控中心综合楼建设。地区人民医院医技综合楼1280万元已下达投资批复。

【招商引资成效显著】全年共签约12个招商引资项目，总协议资金5.18亿元，实际到位资金2亿元。随着城镇基础设施条件的改善，鼓励非公有制经济发展，全年社会民间投资仍趋活跃，据统计，全地区民间经营、加工、物流性投资达2亿元，同比增长30%。

根据昌都地区行署与二市六企及华电集团签订的援藏协议，第五批资金总规模为3.395亿元，较第四批增长37%。

【严格基本建设程序】认真抓好工程建设中的关键环节，如前期工作质量、资金平衡控制，招标投标程序、“五制”责任到位、工程决算等。对实施的地管项目，除由农牧民群众自行承担施工的农田水利、以工代赈、人畜饮水及部分县乡公路项目外，均实行了招标投标制。全地区进入有形市场招标的项目66项，计121个标段，发标额3.5亿元。同时配合自治区重点办完成了对昌都地区三期农网、芒康县中学等重大项目的稽察和专项检查工作。充实完善了地区评标专家库，由原来的44名增加到98名，涉及的单位由原来的6个扩大到13个。

昌都地区纪检监察工作

【反腐败工作】2007年，昌都地区纪委和相关部门对各县、各单位落实责任制情况进行了监督检查。为维护责任制的严肃性，加强了责任追究，共对1名县级干部、5名乡科级干部进行了责任追究，对87名县（处）级干部、173名乡科级干部进行了廉政谈话或诫勉谈话，对个别单位领导班子违反财经纪律，擅自设立小金库并销毁相关票据等有关案件在全地区范围内进行了通报。11月份，对各县和地（区、中）直各单位年度责任制落实情况进行了全面检查。对落实工作较好的县、地（区、中）直单位各前三名，在地委（扩大）会议上进行了表彰。总体上看，昌都地区在执行党风廉政建设责任制方面情况良好。

【反腐倡廉宣传教育】地区纪委、地委组织部分两批共对82名2006年下半年以来新提任的县级干部进行了党风廉政培训，全地区各级纪检机关共开设了18次廉政党课，受教育党员干部达1670余人，党员干部拒腐防变能力得到进一步提高，廉洁从政意识得到进一步增强。地区纪委、地委组织部联合出台了《关于进一步加强领导班子和干部队伍作风建设的意见》，并由地委批转执行；各级党政组织按照《意见》要求，大力加强作风建设，领导班子和干部队伍作风有了进一步转变。严格执行领导干部廉洁自律各项规定。召开了昌都地区传达学习贯彻《中共中央纪委关于严格禁止利用职务上的便利谋取不正当利益的若干规定》大会，就如何抓好贯彻落实工作提出了要求；开展了控制党政机关楼（堂、馆、所）规格、规模有关工作；认真贯彻落实自治区《关于全区现有超标准小汽车的处理意见》，会同地区有关部门，收缴并处理了15辆V8车；地区纪委、地委组织部联合下发了《关于禁止领导干部擅自驾驶公车和公车私用的通知》，进一步规范了领导干部驾驶公车和公车私用的问题；地区监察局、地区财政局联合出台了《公务车辆耗油量暂行标准》，就公务用车耗油标准、公务车辆燃油标号作出了明确规定。

【廉政文化建设】各县、地（区、中）直各单位共创办廉政文化宣传专栏60余个，在醒目位置张贴了廉政警句、格言、标语，并制作了3幅大型的廉政公益广告牌。通过昌都电视台、《昌都报》等媒体，对昌都地区近年来党风廉政建设和反腐败工作成效进行了集中宣传报道。向党员领导干部发送了廉政短信，开通了200多部党政机关座机和好易通的廉政彩铃。向地（区、中）直单位分发了廉政歌曲光盘，组织广大干部学唱廉政歌曲，并于2007年6月29日举办了一场大型的“昌都地区庆‘七一’廉政歌曲演唱晚会”，共 12 支代表队 560 人参加了演唱，1100 人观看了演出，产生了较大反响，取得了良好效果。

【纠风和执法监察】地、县医疗机构认真推行药品集中招标采购制度，全年集中采购资金达 1684 万元；继续纠正“双拖欠”问题，有关职能部门共受理劳动争议 69 起，追回民工工资 229.5 万元；认真完成了清理评比达标表彰活动工作；对就业、升学考试、征兵等工作进行了监督检查，对八宿、江达、昌都、左贡、芒康 5 县及其部分乡（镇）和地直有关单位（部门），就医疗卫生收费、过期药品的销毁、学校收费、减轻农牧民负担等情况进行了执法监察；地区监察局、地区财政局组成联合工作组，对丁青县、类乌齐县和地区建设局、地区林业局执行财政预算资金、专项资金及“收支两条线”管理规定和资金使用情况进行了专项检查，发现有核算不规范资金 2872.2 万元、未按规定上交财政专户资金 17 万元、违规收取行政事业性收费 211.85 万元、坐收坐支预算外资金 225.7 万元、非正常个人借支 161.6 万元等问题。针对检查中发现的问题与不足，提出了专项治理意见，取得了良好效果。

【基层党风廉政建设】进一步完善制度，严格财务管理，制订出台了《乡（镇）干部管理规定》、《乡（镇）财务管理规定》等，并在乡（镇）一级共配备了 138 名专、兼职纪检员和 175 名财会人员。认真解决和纠正个别基层干部以权谋私、与民争利、作风粗暴、侵犯群众权益等突出问题，严肃查处农牧区基层党员、干部违纪违法案件，共立案查处 9 件，给予党纪政纪处分 9 人。

【案件检查】2007 年，各级纪检监察机关先后收到各类举报及上级部门交办线索 87 件（重复 9 件），其中：经过初查澄清问题给予了结 43 件，正在初核 8 件，转立案 27 件；结案 27 件。给予党纪处分 10 人，其中：党内警告 1 人，党内严重警告 3 人，留党察看 1 人，开除党籍 5 人；给予政纪处分 22 人，其中：行政警告 9 人，行政记过 1 人，行政记大过 6 人，行政降级 2 人，开除公职 4 人。有 5 人受到双重处分。党纪政纪处分中涉及县（处）级干部 2 人，乡科级干部 13 人，一般干部 5 人，其他人员 7 人。比较典型的案件有：昌都地区工会业务科原科长燕某等 3 人贪污挪用 46 万余元公款、昌都地区民宗局原领导班子违反财经纪律，擅自设立小金库并销毁相关票据、类乌齐县卫生服务中心原会计旺某侵吞县医院公用经费 14 万余元、芒康县财政局局长桑某违反廉洁自律有关规定大操大办、收钱敛财等案件。通过加大违纪违法案件的查处力度，有效地维护了党纪政纪的严肃性。

【抓住关键领域、治腐工作进一步深化】组织人事部门进一步深化干部人事制度改革，顺利完成了对 11 县和地直党政群机关、事业单位县级领导班子及班子成员和后备干部的全面考察工作；财政部门深入推行财政管理体制改革，切实巩固财政资金国库集中支付改革成果，认真开展了全地区行政事业单位资产清查工作；地区监察局派出有关人员，对 60 个工程项目招投标进行了监督，均按规定签定了《廉政建设责任书》；国土部门严格执行经营性土地使用权招标拍卖挂牌出让制度，全年共拍卖土地使用权 13 宗，面积 3927.75 平方米，收取土地出让金 71.58 万元；地区政府采购办认真落实政府采购制度，进一步扩大集中招标采购的规模和范围，全年地区本级政府实际采购资金达 5919 万元，节约采购资金 179 万元，提高了财政资金的使用效益；“三公开”工作深入推进，特别是政务公开工作得到了上级肯定，授予昌都地区“全国政务公开工作先进单位”的荣誉称号！

昌都地区
组织、人事、编办工作

【以县级人大、政府、政协换届为契机，加强领导班子和干部队伍建设】2007 年，昌都地区组织部深入调研，了解现状。根据中央、区党委和地委关于县乡人大、政府换届的部署，为深入研究和把握换届的新情况、新特点和新要求，联合人大地区工委赴江达、贡觉、芒康、察雅、边坝、洛隆六县进行调研，进一步掌握了各级领导班子现状及干部队伍状况。开展换届考察。5 月中旬至 6 月中旬，抽调 21 名干部组成 7 个考察组，对 101 个县级领导班子进行了考察，形成考察材料 180 份。并把考察情况向地委进行了专门汇报。进行班子配备。对地直和各县的部分县级班子进行了调整充实，共交流调整干部 103 人，其中提任正县级干部 10 人，提任副县级干部 49 人，平职调整 44 人。切实做好县、乡人大、政府和县政协换届的人事安排工作。按照“全区市县乡人大、政府和地县政协领导班子换届工作座谈会精神，认真分析昌都地区 11 个县人大、政府、政协领导班子现状和结构，针对存在的问题，向地委提出补充调整意见，切实做好换届人事安排方案等材料的各项准备工作，并按干部管理权限，及时上报区党委组织部。同时，认真做好各乡镇人大换届人事安排方案的审核和备案工作。认真参与组织指导县、乡人大换届选举工作。按照地委的统一部署，积极协助地区换选办开展县、乡人大换届选举工作，专门抽派一名部领导兼任地区换届选举领导小组办公室副主任，同时抽派一名工作人员脱产全程参与此项工作，抽派的同志以高度的政治责任感全身心地投入各项工作，多次深入到县、乡就人大换届选举工作开展调研和进行督促指导，有力地推进了此项工作的顺利实施。

【进一步加强后备干部队伍建设】2007 年，昌都地区组织部不断充实完善县级干部数据库严格按照民主推荐、确定考察对象、组织考察、集体讨论、公示、资格审查、征求意见和组织确定的程序，进一步调整充实了昌都地区后备干部队伍。为了适应工作新要求，提高工作效率，进一步规范干部管理程序，加强了干部备案管理工作。通过建立县级干部现实表现归档制度，不断充实县级干部数据库。

【公务员登记工作完成】经严格审查，昌都地区共有 5056 人（机关公务员登记对象 4643 人、参照群团机关 86 人、参照事业单位 327 人）登记为公务员。

【干部教育培训】截至2007年11月份，共调训干部2934人次（不含流动党校、教育系统及各县培训人次）。按培训地点分，区外培训68人次，自治区培训160人次，地区内培训2682人次，挂职锻炼24人；按干部行政级别分，地级干部参训7人次，县（处）级干部参训108人次，科级以下干部参训2819人次。

【圆满完成2006年国家公务员年度考核工作】全地区共有12953人参加了2006年的年度考核，评选（推荐）出优秀等次1702人，称职（合格）等次人数为10305人，基本称职人数为10人，不称职（不合格）等次人数为11人，未定等次为925人。同时，根据年度考核有关规定，推荐1名副省级干部和2名正地级干部为优秀等次到自治区参加考评。

【协助自治区顺利完成公开考录机关公务员、事业单位工作人员（专业技术人员）和“三支一扶”人员工作】全地区共有276名高校毕业生参加公开考试，其中77名考生被录用为国家公务员和事业单位工作人员。为拓宽大中专毕业生的就业渠道，大力宣传自治区有关高校毕业生就业改革的政策精神，认真做好政策解释工作，积极鼓励符合条件的高校毕业生报名参加“三支一扶”活动，全地区共有49人报名参加考试，49名毕业生全部被录用为“三支一扶”人员。

【机构编制和事业单位登记管理工作取得新进展】（一）强化机构编制意识，切实做好机构设置和编制调整工作。完成组建昌都地区地震局、江达县玉龙矿区管理委员会、地区高校毕业生就业指导服务中心、地区环境监察支队、地区劳动保障监察支队和地区外事办升格、地区农牧管理体制改革等一系列机构设置、调整工作，率先在全区批准设立了昌都地区残疾人康复中心，填补了全区无残疾人康复服务平台的空白，为促进地区经济又好又快发展进一步提供了机构保障。对地区安全生产监督管理局、地区粮食局、地区信访局、地区工会、地区妇联、地区团委等单位和11县县直部门的部分机关事业编制进行了置换。全年地直各机关事业单位共使用空缺编制62名，其中使用行政空缺编制8名，使用政法空缺编制14名，使用事业空缺编制40名，较好地发挥了编制部门的前沿把关作用。在综合分析各乡镇地域、人口数量、经济发展水平等因素后，提出了昌都地区33名乡镇周转行政编制的分配使用方案，提交地区编委会研究后，及时下达到各县，有效解决了乡镇行政编制不足的问题。

（二）搞好机构编制台账管理，建立控编管理制度。一是进一步建立健全了机构编制台账，根据机构设置、编制核定和人员变化，随时调整台账管理内容，力求做到台账底子清，情况明，为机构编制的各项统计报表提供准确数据。二是完成地区机构编制清理工作。三是全面实行控编管理制度。四是全面推行编制实名制管理制度。

（三）事业单位登记管理工作进一步加强。圆满完成了2006年度事业单位法人年度检验工作，全地区有56家事业单位法人通过年度检验，年检率达到100%，合格率达到100%。督促部分事业单位及时办理法人变更等有关登记事宜。逐步推广《事业单位法人证书》使用范围。

昌都地区公安工作

【深入开展反分裂斗争】2007年，昌都地区周边藏区连续发生多起危害国家安全案件，针对此情况，地县两级国保部门狠抓防范工作，加强了对经常发生危害国家安全案件的部位、场所和重点领域、复杂地段的的防范控制工作，加大巡查力度，强化社会面的控制，有效地遏制了危安案件在昌都地区的发生。

【深入开展“命案侦破”专项行动】地县刑侦部门认真贯彻落实全国及全区侦破命案工作会议精神，以侦破命案为龙头，以实现命案“两降一升”为目标，牢固树立命案必破的理念，认真落实“一长双责制”，继续深入开展侦破命案专项斗争，相继破获了一批影响恶劣、危害严重的现行命案，有效遏制了现行命案的发生，取得了显著战果。2007年，全地区共发生命案45起，破获35起，命案破案率达78%。成功破获了江达县“2·26”持枪抢劫杀人案，左贡县“9·17”杀人碎尸案、贡觉县“5·30”故意伤害致人死亡等一批影响恶劣、侦破难度高的大要案件，有力地震慑了犯罪分子。

【继续开展打黑除恶专项斗争】公安处党委及时成立了以处主要领导为组长的昌都地区公安机关打黑除恶专项斗争领导小组并下设办公室。专门负责全地区公安机关打黑除恶专项斗争的组织、领导、协调和实施工作。按照打黑领导小组的统一部署，分别于2007年1月18日、5月24日、7月23日开展了“雷霆一号”、“雷霆二号”、和“雷霆三号”专项打击行动，共摧毁带有黑社会性质犯罪组织2个，捣毁赌博和容留、组织妇女卖淫、吸毒、制假贩假窝点各一个，抓获涉案嫌疑人90名，收缴管制刀具、钢管、钢棍等数十把，查获海洛因286小包共28.1克、氯胺酮（K粉）42袋共33.2克、吗古109片、微型电子秤1台、吸食毒品用具若干。2007年1月17日晚开展的“雷霆一号”行动，当场抓获涉案嫌疑人40名，彻底摧毁了2个带有黑社会性质犯罪团伙；2007年5月24日开展的“雷霆二号”行动，共抓获嫌疑人28人，端掉1个赌博窝点；2007年7月23日晚开展的“雷霆三号”行动，共抓获各类嫌疑人员22名，治安拘留16名有卖淫、吸毒等违法问题的人员，破获各类违法犯罪案件20余起，端掉1个容留、组织妇女卖淫、吸毒和零星贩毒、制假贩假窝点。

【适时组织开展严打整治专项行动】昌都地县公安机关自2007年6月30日以来，在全地区范围内开展了为期65天的严打整治专项行动，严打整治斗争期间，全地区共立刑事案件64起，破56起（其中命案12起），破案率为88%，抓获各类犯罪嫌疑人101人；共查处各类治安案件122起，查处违法人员207人；收缴非法枪支25支，管制刀具1002把；收缴非法使用、储存炸药2233.5公斤，雷管5728枚，导火索2799米。针对江达县社会治安比较混乱的状况，根据地委、行署主要领导的指示精神，公安处党委于2007年8月30日及时派出了由200名公安、武警组成的工作组赶赴江达县，与江达县公安、武警一道深入开展严打整治专项斗争，通过85天的严打整治，共侦破各类刑事案件27起、查处治安案件22起60人；抓获各类违法犯罪人员148人,其中投案自首108人,刑事拘留20人、治安拘留41人、治安处罚60人；查扣有问题机动车辆59辆、管制刀具164把、非法使用警报器4个；收缴各类非法枪支80支、子弹249发，收缴并销毁炸药232公斤、导火索770米。

【加大追逃工作力度】地县刑侦部门认真贯彻落实"破案追逃"新机制，将"追逃"工作纳入侦破"命案"专项斗争的重要内容，采取"网上追逃"和"传统追逃"相结合的方式，切实加大对命案逃犯的缉捕力度。2007年共抓获各类逃犯15人，其中网上逃犯6名，命案逃犯10名。

【积极开展禁毒人民战争】2007年，全地区共立毒品案件6起，破获7起（其中破积案1起),缴获各种毒品135.4克，抓获犯罪嫌疑人10人（其中运用吸毒人员动态管控系统抓获重庆籍网上逃犯1名)，查处吸毒人员36名，限期戒毒4人，缴获毒资7000余元。

【严厉打击经济领域犯罪】经侦部门与工商、税务、烟草等部门密切配合，严厉打击影响国家经济安全、扰乱市场经济秩序，涉及广大人民群众切身利益的重大经济犯罪，为促进昌都经济建设作出了积极的贡献。2007年，全地区共受理经济案件7起，立经济案件3起，破2起，移交其他相关部门2起，撤案2起，涉案金额为227180元，挽回经济损失159180元，协助区内外协查案件8起。

【社会治安总体情况】2007年，全地区各级公安机关共接警2278起，处置报警2254起，处警率99%。共立各类刑事案件351起（含年前案件34起)，破295起(含年前案件43)起，总破案率为84%，共抓获各类刑事案件作案成员462人；刑事案件造成财物损失190万元，52人死亡，154人受伤。与2006年相比，立案数上升36起，上升11.4%，破案数上升29起，上升11%。全地区共发现受理治安案件415起，查处415起，查处违法人员780人次，其中警告33人，罚款322人，拘留408人，其他处理23人。

【大力推进治安防控体系建设】各级公安机关以"平安创建"为主线，建成社区警务室11个、建立驻村警务室5个，配备社区民警22人、驻村民警7人。公安处成立了巡警支队，昌都县公安局成立了女子巡逻队，结合昌都城区的治安特点，紧紧围绕以"发案少，秩序好，辖区稳定，群众满意"为工作目标，建立了"网格化"巡逻和区域联防相衔接的巡防工作新机制，将警力投向易发案、高发案时段和区域，及时发现或查处各类违法犯罪活动，为维护昌都城区治安发挥了积极作用。

【深入开展治爆缉枪工作】2007年，昌都地区共收缴非法使用、储存炸药2835.5公斤，雷管8503枚，导火索3769米，确保了昌都地区未发生任何涉爆案件(事故)。共收缴各类非法枪支134支，最大限度地消除了枪支隐患。

【切实加强道路交通管理工作】交管部门采取有效措施，切实加强交通管理，确保道路畅通。2007年，全地区共发生交通事故18起，死亡27人，受伤17人，直接经济损失43200元。同比（18起，死亡68人，受伤29人，直接经济损失115500元)，事故起数持平，死亡人数减少41人，受伤人数减少12人，直接经济损失减少73200元。

【强化消防管理工作】消防部门以防火灭火为中心，以预防群死群伤恶性火灾事故为主攻方向，发现和消除了一批安全隐患。2007年，共开展各项安全检查120余次，查出并整改消防安全隐患300余处；全地区共发生火灾事故4起，无人员伤亡，直接经济损失84.36万元。

【严格出入境管理】认真落实严格境外人员住宿登记申报和出境人员受理审核工作，严格对涉外宾馆旅店和涉外人员的管理，严肃查处外国人非法居留。全地区共审核公民因私出境申请55起66人,已批准出境申请50起60人,待批4起5人,因手续不齐全退1起1人；查验来昌外国人共计189起885人，其中旅团146起810人、考察团8起10人、散客32起57人、探亲3起8人；来昌旅游港澳台同胞17起98人；共办理《边境通行证》88人次；为外国人办理签证延期2人，居留许可2人。

昌都地区司法行政工作

【年度特点】2007年，昌都地区司法行政工作坚持司法为民的指导思想，以构建和谐社会为目标，全面推进昌都地区"五五"普法工作，深入推进基层人民调解、安置帮教和法律服务规范化建设，紧扣司法行政法律宣传、法律服务、法律保障"三项"职能，吃透"魂、根、钟、形"四个字，着力落实勤于政务、落实事务、坚持党务、严于警务、优质服务等"五务"的司法行政工作思路，抢抓机遇，乘势而上，最大限度地增加和谐因素，最大限度地减少不和谐因素。

【劳教场所持续安全稳定，现代化文明劳教所创建进展有条不紊】加强教育感化挽救力度，大力开展创办特色劳教工作。教育人挽救人是劳教工作的出发点和落脚点。对劳教人员进行集体教育的同时，继续推进亲属同居、亲情共餐、亲情电话、周末探亲、放假等劳动教养创特色工作。共批准表现好、条件允许的劳教人员放假3人次，亲情共餐40人次，拨打亲情电话280人次。3月份，劳教所邀请地区团委、妇联、劳动和社会保障局、昌都县城关镇及九大社区居委会等12家单位，进一步签订了社会帮教协议，重申帮教内容，加大帮教力度。2007年共举办大型社会帮教6次，中小型帮教会6次，劳教人员亲属现场帮教5次。劳教所为困难劳教人员捐款1500元、捐物51件。7月1日，组织昌都劳教所与昌都地区第一高级中学召开了"手拉手"社会帮教大会和以"迎国庆、唱国歌"为内容的文艺联欢。

改善劳教所硬件设施。为实现创建"省级现代化文明劳教所"的目标，地区司法处自加压力，从有限的经费中挤出30余万元，购置电脑16台，空调10台，投影机1套，电视机3台，所内行政区全部开通了办公局域网，更新了学员教室100余张桌椅，安装了闭路电视等教学设备，同时增加了部分娱乐器材，使劳教所办公设施和劳教人员改造条件逐步适应现代化文明劳教所的要求。

【安置帮教工作进一步开展】建立健全安置帮教机构。一是健全机构。人员、机构是开展安置帮教工作的组织基础。2007年4月以来，昌都地区从工作实际出发，进一步充实完善了地区安置帮教协调领导小组，办公室设在司法处。11个县在原刑释解教人员安置帮教工作协调小组的基础上，通过调整充实人员，成立了县级安置帮教工作协调小组。全地区共有帮教工作小组12个，帮教人员100余人，昌都县、左贡县、洛隆县在乡镇建立了30个安置帮教工作站。

认真做好刑释解教人员调查摸底工作。地区安置帮教协调领导小组及时对2004年以来昌都地区刑释解教人员进行了摸底排查，登记上报释解人员438人，其中刑释354人，解教84人。地区财政局一次性解决了8000元办公设备经费，并决定从本年度起每年2万元的帮教安置经费纳入财政预算。

【基层基础工作进一步夯实】加强县司法局的建设，安排了丁青、江达、芒康3县司法局办公综合楼的基建任务。加强对企业人民调解组织建设的指导。对玉龙铜矿的具体情况进行专题研究，形成了《关于成立西藏玉龙铜业股份有限公司人民调解委员会的意见》，明确企业人民调解组织的组成形式、人员编制、主要职责等内容。加强对基层人民调解工作的督促检查，做好人民调解“三级网络”建设调研指导工作。4月份司法处组织人员深入到丁青、类乌齐两县，8月份深入到边坝、洛隆两县，分别对人民调解“三级网络”建设及工作开展情况进行摸底调查，同时对其它各县进行了书面调查，并在此基础上，经过认真细致的分析，形成了《关于对昌都地区人民调解“三级网络”建设情况的调查及今后工作建议》的调查报告。此调查报告得到昌都地委、行署高度重视，行署以行办通报的形式予以全文转发。10月份，司法处又针对各县基层人民调解组织不够健全的具体情况，下发了《关于要求各县进一步建立健全人民调解组织的通知》。8月6日至14日举办了为期9天的第四期第一批乡镇、村人民调解员藏语业务技能培训，全地区74个乡镇调委会主任或副主任50余人参加培训。加强纠纷排查调处工作，筑牢维护稳定的第一道防线。2007年，各级调解组织受理各类民间纠纷772件，调解成功604件，成功率为78%，防止矛盾激化36件，防止民转刑案件22件。

【法律服务为经济社会发展服务的水平进一步提高】2007年共办理法律援助案件18件。有力地维护了困难群众和特殊案件当事人的合法权益。4月份对芒康、八宿、左贡、江达4县的6镇8乡镇农村法律援助情况进行调研，形成了《昌都地区开展农村法律援助调研报告》。同时，在10个县成立了法律援助中心。继续做好集中处理信访突出问题及群体性事件联席会议法制咨询组的工作。为开展好矛盾纠纷排查化解工作，引导纠纷当事人通过法律途径解决纠纷。

公证处全年办理各类公证837件，其中民事公证368件，经济公证469件。拒办不真实、不合法公证事项2件。结合办证解答群众公证咨询165人次。进一步拓展公证业务，在2007年办理的公证中，其中为金融机构办理各类信贷公证业务357件，涉及贷款金额1亿多元；各级政府工程招投标公证85件。

律师事务所在服务经济社会中，始终将社会效益放在首位，2007年，代理各类案件52件，其中刑事案件11件，民事案件38件，行政案件2件，非诉讼案件1件；代写各种法律文书39份，接受法律咨询58人次。

【获奖情况】昌都地区司法处和昌都劳教所荣获2007年全区司法行政工作先进集体；司法处被昌都地区精神文明办授予精神文明示范单位；法援科被公安部、司法部、全国老龄委授予全国老年维权示范岗荣誉称号。

【领导名录】

党组书记、副处长：祁旭峰

党组副书记、处长：向巴宗珠

副处长：美拉曲珍

调研员：王春报

副调研员：洛松扎西

昌都地区民宗工作

【民族工作】2007年，昌都地区民宗局以全区第十七个“民族团结月”活动为契机，设立宣传点，以悬挂横幅、播放录音、散发传单等形式，广泛宣传民族团结进步的重要性，使“共同团结进步、共同繁荣发展”的民族工作主题更加深入。开展“兴边富民行动”，重点落实了芒康县纳西民族乡民房改造50户，资金投入60万元。2007年，昌都地区争取到少数民族发展资金约120万元，其中90万元在一定程度上改善了农牧区基础设施条件和生产生活条件，促进了农牧区经济、教育、文化、卫生条件的改善。

配合地区有关部门，协调各项社会事业，6月初，在充分调查的基础上，重新审核调整了昌都地区少数民族特许产品生产企业3家，并完成了申报工作。

【宗教工作】认真学习贯彻落实全国全区一系列会议精神，统一认识，为有效开展民宗工作打下坚实的思想基础。妥善处理了近期昌都地区宗教工作中出现的新情况和新问题。

继续做好地委确定的深化教育五项重点工作，对全地区寺庙尤其重点寺庙开展全面深化教育。2007年度完成深化寺庙爱国主义教育寺庙299座，派出96个工作组，其中：县级干部61人，区级干部257人，一般干部292人，共计组员610人，进驻寺庙开展深化寺庙爱国主义教育工作。2006年至2007年共对446座寺庙进行正面教育7500场，参加教育的僧尼和群众达8万人次；对70余个民管会进行了充实调整，其中调整民管会正副主任40人，委员72人，对99名擅自认定的“活佛”进行了处理和思想转化工作。

5月中旬，地区寺教领导小组派出4个工作组，深入到11个县，37个乡镇，

45座寺庙进行调查研究，指导工作。

根据自治区民宗委下发的关于召开《积极引导宗教与社会主义社会相适应理论与实践工作研讨会的通知》要求，完成了5个题目的论文撰写工作，并完成了关于昌都地区当前宗教领域的形式分析及对策建议材料。

昌都地区编译、藏语文工作

【业务培训】2007年6月，昌都地区编译室举办了历时5天的昌都地区第二期藏汉翻译培训班，对十一县编译室骨干人员、地直有关单位从事翻译工作者50多人进行业务理论知识和藏文计算机操作、维护等知识培训。培训班由自治区编译局专家和地区业务骨干人员承担授课任务。另外还从地、县两级翻译部门选派四名同志到自治区编译局进行了为期一个月的实践学习，在全区编译系统译文的统一性方面得到了应有锻炼，汲取了营养。

【加强基层工作】深入到察雅、洛隆、边坝三个县，认真开展了下乡调研活动，深入了解基层在学习贯彻《西藏自治区学习、使用和发展藏语文的规定》和编译工作情况，并将工作中存在的问题，及时向当地县委、政府提出积极有效的改进意见，争取得到当地县委、政府的支持。针对边坝县编译室机构不健全的实际问题，及时向该县领导提出尽快配备人员，恢复县编译室机构的要求，经过各方的共同努力，于2007年8月份边坝县委政府配备了编译室人员，健全了机构。昌都地区编译室向该县编译室配备了一台电脑。同时给昌都、察雅、丁青等县也解决了电脑等办公设备，为提高基层编译部门的工作效率方面得到了一定的促进。坚持开展扶贫济困送温暖活动，积极组织干部职工，积极开展向扶贫联系点捐款送温暖活动，2007年先后向察雅县烟多镇三户帮扶对象捐款5400余元。

【发挥职能作用】一年来，通过全体人员的共同努力，完成了以地委（扩大）会议、行署专员办公会议记要、政协会议材料为主的地委、行署、人大、政协以及（中、区）直有关部门的文件材料共146篇、29万字左右的翻译任务。所翻文件、材料达到了准确及时、保质保量、按时完成的要求，充分发挥了本部门的职能作用。

【译协工作】按照译协《章程》坚持抓好译协相关工作，一年来，利用《昌都科技》这个平台，创办了昌都地区第一期藏汉翻译论文专刊，分别发送到自治区相关部门和区内外有关单位，扩大了学术交流范围，提高了昌都地区翻译工作的社会认知度，改变了论文只能自己赏阅，无法进行交流的局面，给昌都地区翻译工作者提供了施展才华的平台。同时，积极组织了参加全国第十二次少数民族翻译研讨会的论文征集选送，昌都地区所选送的五篇论文全部入选，其中一篇论文还获本次研讨会三等奖。

【宣传、监督检查】2007年，利用科技周和科普宣传日活动时间，组织开展了《西藏自治区学习、使用和发展藏语文的规定》、节能、环保等知识的宣传活动，不断提高全社会贯彻《决定》的自觉性。认真开展了全地区学习、使用和发展藏语文工作情况的督促工作，通过走访和了解，针对各单位在文件、公章、产品说明等方面藏汉两种文字使用情况进行督促检查，收到了较好的效果。

【科普宣传活动】积极参加地区科技宣传周活动，在活动中发放藏汉文宣传单近1500余份，解答群众咨询约35人次，为广大农牧民群众掌握科技知识和党的有关方针政策发挥了特殊作用。

昌都地区财政工作

【年初预算安排情况】2007年昌都地区财政收入预算安排18000万元，比上年增加4801万元，增长37%，其中：税收收入9083万元，增长20%；非税收入8917万元，增长58%；地区财政7077万元，县级财政10923万元。新增1个财政收入过两千万元的县，新增1个财政收入过千万元的县，使昌都地区财政收入千万元县增加到4个。

财政支出预算。全地区财政预算安排（以2006年基数）总财力为83507万元（不含教育经费），其中：定额补助30589万元，转移支付补助23499万元，天然林保护转移支付补助1248万元，专项补助6871万元，税收返还3300万元，财政收入按18000万元全额打入预算。全地区财政支出预算安排为83507万元，按同口径计算，比2006年预算增加8134万元，增长22%。

【坚持财政政策、资金向基层、向农牧区倾斜】1.积极支持农牧民安居工程建设。2007年，计划建成12295户和250个村级组织活动场所以及22个新农村示范点建设，计划总投资81099.9万元。截止10月份，已完成农牧民安居工程11092户，村级组织活动场所192个，新农村示范点建设全面启动，完成投资60281.82万元，其中：自治区财政18300.9万元，地县配套2459万元。全年将完成年初确定的目标任务。2.支持农牧业生产和农牧业经济结构调整，促进农牧民增收。安排落实化肥补贴1156万元，良种补贴112万元，对种粮农民现金补贴890万元，病虫害防治资金26万元，提高了粮食综合生产能力；安排落实农牧民技能培训资金480万元，专项用于基层农牧科技人员和农牧民劳动技能培训；地县财政安排涉农资金1765万元（其中地区1000万元），用于扶持畜种改良和良种、蔬菜基地建设以及绿色食（饮）品加工、农牧业自然灾害防治；落实财政扶贫建设资金4260万元、农业综合开发项目建设资金798万元、县乡公路养护资金838万元。3.为了改善农村能源消费结构、提高能源利用效率，实施生态家园工程，提高农牧民生产生活条件，安排2263户的薪柴替代工程沼气建设资金678.92万元。4.支持农牧区各项社会事业发展和救助体系建设。加大了对农牧区教育事业的投入，农牧区中小学生“三包”经费标准，从原来小学生每学年人均1100元提高到1200元，初中生每学年人均1250元提高到人均1350元，全年财政安排“三包”经费达到6738万元；安排农牧区卫生事业发展资金1436万元，用于25个乡镇卫生院和4个县级卫生服务中心建设；安排专项资金297万元对农牧民食用碘盐实行价格补贴，11县均建成加碘盐配送中心，全地区农牧区食用碘盐的普及率达90%以上；安排农村人畜饮水工程建设资金748万元，农村水电建设资金3383万元，农网改造建设资金4134万元；建立了以农村特困群众生活救助制度为基础的农牧民最低生活保障制度，年人均纯收入800元以下特困农牧民69347人，全部纳入低保范围，落实低保资金1072万元（其中地县配套223万元）；建立了农牧民免费医疗为主、农牧区特困群众医疗救助为辅的农牧区医疗制度，进一步缓解了昌都地区农牧民群众看病难、看病贵的问题，有效克服农牧民群众因病致贫、因病返贫问题，落实农牧民免费医疗专项资金5321万元；建立了农牧区白内障患者康复治疗制度，落实专项资金20万元，目前已实施农牧民白内障患者免费治疗手术660例；为提高地方政府应对突发事件的能力，目前昌都地区已建立六项应急基金，总量达585万元；高度重视农村“五保户”供养工作，安排落实资金352万元（其中地县财政安排160万元），对4154名“五保”对象实现了应保尽保。

2007年，通过实施财政支农惠农政策、整合区地县三级财政涉农资金，使全地区55万农牧民群众人均直接受益567元，间接受益433元，人均累计受益达到1000元。

【**不断健全社会保障体系，促进和谐社会建设**】一是完善城镇职工医疗保险制度，理顺自治区垂直管理部门医疗保险资金管理渠道问题，将2005年9-12月所欠的教育、中（区）直单位医疗保险资金，由地县财政分批分次进行补缴。二是建立健全对低保对象家庭的收入核算和动态管理制度，落实城镇居民基本生活保障资金719万元。三是建立了女职工生育保险制度，进一步完善工伤保险制度，扩大企业职工工伤保险制度覆盖范围。四是建立城镇低收入群体廉租住房制度。落实地区本级廉租住房建设资金4800万元，计划建设廉租住房600套，建筑面积40002平方米。五是加大就业再就业的投入，通过认真落实现有城镇登记失业人员就业优惠政策，加大就业培训力度和积极开发落实公益性岗位等措施，1—10月份新增就业1912人，城镇登记失业率控制在4.3%以内。六是积极支持国有企业职工住房制度改革。落实关、停、并、转企业职工812人住房补贴政府激励资金1293.7万元。七是党的十七大召开前夕，地县安排资金120万元，对“三老”人员和企业困难职工进行了慰问。

【**坚持统筹经济社会协调发展，保障重点支出**】一是地县财政加大对教育的投入，2007年共安排地方财政收入的20%共2640万元（其中地区本级1200万元，县级1440万元）用于教育事业。二是重视医疗卫生事业，年初安排医疗卫生事业经费9457万元，全年用于医疗卫生事业发展资金将达到12825万元，比上年增长13%。三是安排旅游发展资金100万元，重点支持昌都地区旅游宣传和景点开发建设。四是安排11县138个乡（镇）共1086套行政事业单位干部职工周转房建设资金8816.4万元。五是加大对保障社会稳定的投入。1—10月，公共安全支出9933万元，全年财政用于公、检、法、司和政法部门稳定社会局势的支出将达到11000万元，比2006年增加2630万元，增长31%，为维护地区社会局势稳定提供了强有力的资金保障。六是加大对环境保护的投入，全年落实天然林保护工程资金2223万元，退耕还林补助资金121万元，生态效益补偿资金218万元，重点林区造林资金1832万元。

【**财政改革稳步推进，管理手段不断创新**】国库集中支付改革顺利推进。61个地直行政事业单位全部纳入国库集中支付，人员工资、专项资金、政府采购资金、公用经费等，全部实现了国库集中支付。截止10月底，累计支付金额28521万元，其中：财政直接支付21667万元，占支付金额的76%；财政授权支付6854万元，占支付总额的24%。通过国库集中支付，一是规范了资金管理。在资金“三权不变”的前提下，使所有财政性资金支出都按规范程序在国库单一账户体系内运作。二是增强了财政资金支出活动的透明度。三是通过网络拨付，提高了资金周转效率，降低了财政资金的风险。

部门预算改革范围不断扩大、县级会计集中核算全面推开。在地区本级全面推行部门预算后，2007年6月份扩大到11县。各县会计集中核算中心按照“统一软件管理、统一办公条件、统一培训人员”的“三统一”要求逐步完善。

政府采购的内容、范围和规模不断扩大。2007年，新增政府饭店定点采购、教学设备、“三包”物资和农牧民安居工程用材等采购项目。2007年1—10月份完成采购金额5009万元，占全年采购任务的82%，节约率3%。全年完成采购金额6100万元，比上年增长一半以上。

【**存在的问题**】一是收入总量小，人均财力低。二是随着各项事业的快速发展对财政资金需求的矛盾仍然突出。三是财政工作中“缺位”与“越位”的现象仍没有从根本上得到较好地解决，财政资金管理的随意性仍然存在。有的部门和单位财经法纪观念淡薄，违反财经纪律的现象时有发生，财政监督还有待于进一步加强。

昌都地区税务工作

【**年度情况**】2007年，昌都地区税务机关共组织各项收入16487万元，同比增收2787万元，增长20.3%，完成全年税收计划的107.4%，

【**加强建筑安装行业税收管理**】2007年，昌都地区固定资产投资与2006年相比将有所增长，为了确保建筑安装行业的各项税收及时足额入库，昌都地区税务局在对2007年基建税源进行详细调研分析的基础上，继续采取以票管税的措施，加强了对该行业的税收征管，确保了基建税收及时足额入库。2007年，来自建筑业的税收为4226万元，同比增收1094万元，增长35%。

【**认真开展所得税汇算清缴工作**】采取有效措施，认真开展了2006年度所得税汇算清缴工作。成立了以分管局长为组长的所得税汇算清缴领导小组，制定了

《昌都地区国税局所得税汇算清缴工作方案》，强化宣传发动，强化税企培训。确保了汇缴工作顺利完成。2007 年，昌都地区税务局共对 66 户企业进行了所得税汇算清缴（其中内资企业 64 户，外资企业 2 户），应纳所得税 352 万元，扣除 2006 年减免的 188 万元，实际应纳所得税 164 万元。

【积极开展税收专项检查工作】2007 年昌都地区重点对食品药品加工业等 9 个行业进行专项检查。同时，继续加大案件查处力度，积极做好协查工作，集中力量打击虚开增值税专用发票和利用虚假进项发票骗取出口退税等行为。在专项检查中，昌都地区税务局稽查部门积极加强与公安等部门的协调配合，强化涉税违法案件处罚力度和查补税款追缴力度。通过开展税收专项检查，进一步整顿和规范了税收秩序，营造了良好的税收环境。在 2007 年的税收专项检查中，昌都地区税务局共检查纳税户 21 户，查补收入 295.5 万元。

【出台三项制度，强化征管基础工作】为进一步加强纳税人户籍管理，建立分户分类动态监管机制，确保税收征管基础档案的规范性和统一性，综合征管系统（西藏版）中基础数据的真实性和准确性，切实加强税收征管基础工作，提高税收征管质量，2007 年，昌都地区税务局出台了《户籍管理操作规程》、《税收征管档案操作规程》、《提高申报率操作规程》三项制度，进一步强化了征管基础工作。

【认真落实个体工商户定期定额征管工作】一是转变征管思路。昌都地区税务局要求税收管理员及时转变征管思路，变被动管理个体工商户为主动跟踪管户，通过提高自身辅导纳税人建账和查账能力，进而完善征管体系。二是对个体工商大户实行建账试点。昌都地区税务局在充分调查了解和核实的基础上，根据《个体工商户建账管理暂行办法》的要求，选择了 22 户具备建账条件的纳税人建立复式记账方法进行记账。三是扩大以票管税范围。为进一步堵塞征管漏洞，创造公平、公正的纳税环境，在总结建安行业推行以票控税经验的基础上，2007 年 10 月份，昌都地区税务局在 262 户餐饮行业的纳税人和 19 户汽车修理修配行业的纳税人中推行了以票控税，收到了很好的效果。四是理顺规范定期定额工作程序。针对核定定额过程中程序尚待规范这一现状，昌都地区税务局从流程进行理顺，从程序进行规范，明确了核定工作中各环节所必须采集的数据和制作的涉税文书，强调定额公示和公布定额必须作到“阳光作业”，从程序上予以理顺和规范。

【领导人名录】

党组书记、局长：成永安

副局长：李建群

纪检组长：次仁格桑

副局长：栾铁栓

副局长：克珠朗加

农行昌都地区中心支行

【年度情况】截止 2007 年 12 月末，农行昌都地区中心支行各项存款余额为 236294 万元，较上年末增加 33928 万元，增长 16.77%；各项贷款余额为 103148 万元，较上年末增加 12204 万元，增长 13.42%，其中，农业贷款余额 80183 万元，较上年末增加 11231 万元，增长 16.29%；1—12 月累计货币现金收入 435779 万元，累计货币现金支出 489561 万元，收支相抵净货币投放货币 53782 万元。

【立足新农村建设，加大支农有效贷款投入】切实发挥农业信贷支农支牧的作用，加大支农贷款的投放力度，支持春耕备耕工作，满足了农牧区春耕备耕资金需求。截止 12 月底，农行昌都地区中心支行涉农贷款余额达 80183 万元，占各项贷款的 77.74%，较上年末增加 11231 万元，增长 16.29%。认真做好小额信用贷款的发放、管理和信用乡镇（村）的评定工作。截止 12 月末，《农牧户贷款证》达 70782 本，较上年末增加 1368 本，增长 1.97%，贷款余额 44252 万元，较上年末增加 7680 万元，增长 21%，贷款证发证面达 87.21%，贷款证使用率达 95.38%，评出 5 个信用乡（镇）、89 个信用村，较上年末增加 9 个信用村；农行昌都地区中心支行把“钻石卡”发放工作当作支持社会主义新农村建设的重要工作来抓。对“钻石卡”的评级授信坚持“符合一个、评定一个、培育一户”的原则，对具备条件的农牧户及时进行评级授信。截止 12 月末，已发放《农牧户贷款证“钻石卡”》28 本，贷款余额 329 万元。其中：一星卡 6 本，余额 59 万元，二星卡 6 本，余额 70 万元，三星卡 16 本，余额 200 万元，为农牧区经济发展注入了新的活力，为富裕户农牧民群众的扩大再生产和经营提供了有力的信贷支持。

积极稳妥地支持农牧民安居工程建设。农行昌都地区中心支行在坚持“放得出、收得回、有效益”的前提下，努力改善金融服务，做好农牧民安居工程工作。截止 2007 年 12 月末，累计发放农牧民安居工程贷款达 3231 万元，贷款余额 4942 万元，解决了 4274 户农牧户建房资金问题。

落实扶贫贷款计划，加大扶贫贷款投放力度。年初，农行昌都地区中心支行将扶贫贷款计划 2500 万元层层分解落实，按照“突出重点，兼顾一般”原则，围绕昌都地区重点贫困乡镇，对人均年收入在 1300 元以下的农牧民、农业产业化龙头企业等发放扶贫贷款予以扶持。截止 12 月底，累计发放扶贫贷款 12663 万元，余额达 16765 万元，为昌都地区农牧民脱贫致富和地方经济发展做出了应有的贡献。

积极支持农业产业化发展。农行昌都地区中心支行始终坚持“扶优限劣，有保有压”的信贷政策，积极支持对农牧业产业代经营龙头企和和乡镇企业、特色经济等的发展。

昌都地区人民财产保险

【业务发展情况】截止 2007 年 12 月 31 日，昌都地区公司实现保险费收入 1870 万元，完成年计划的 101%，同比增长 19.28%。其中：机动车辆险保费收入 1171 万元，同比增长 3.17%；责任险保费收入 231 万元，同比增长 25.54%；家庭财产险收入 5 万元，2006 年无同期数；企业财产险保费收入 15 万元，同比增长 150%;人身意外伤害险保费收入 65 万元，同比增长 195.5%。

【赔款支出等情况】截止 12 月 31 日,共接受报立案 838 件,已结赔案 620 件，支付赔款 823 万元，同比增长 62.97%；未决案件 218 件，未决赔款 404 万元，结案率为 74%;已决赔付率为 45.24%。其中：机动车辆报立案 801 件,已决赔案 597 件，支付赔款 639 万元；未决赔案 204 件，未决赔款 359 万元;责任险报立案 16 件,已决赔案 13 件,支付赔款 92 万元。未决赔案 3 件,未决赔款 8 万元;人身意外伤害险报立案 14 件,已决案件 3 件,支付赔款 3 千元；企业财产险赔款 2 万元。保险车辆出险 801 台(次),保险车辆事故发生率为 20.74%,单车事故平均损失 10703.52 元。

【狠抓理赔和防灾防损质量的提高】一是坚持双人查勘，双人定损，限时赔付，不断提高服务质量；二是坚持 24 小时值班制度，积极参与“三个中心”建设，以进一步提高服务水平；三是加强考核、加大督查力度。对理赔过程中出现各种问题一经查实，轻者批评教育，重者严肃处理，决不姑息；四是坚持做好防灾防损工作。

【塑造人保形象，搞好优质服务】一是完善了优质服务措施，制定了优质服务标准，明确了服务内容，规范了服务程序。广泛深入保户，回访“黄金客户”；二是加强营业室窗口的建设。严格挂牌上岗，承诺上墙，文明服务，全体员工使用文明用语；三是加强职工诚信教育和职业责任、职业道德、职业纪律的教育，不断规范行业行为，培养员工忠诚公司，爱岗敬业，知法守法，遵章守纪，团结互助，文明服务；四是筹划建立了 VIP 客户服务中心。

【进一步扩大营销网络建设】为适应县域经济发展的需要和解决人民群众到地区办理保险业务比较困难的问题，公司已开始实施营销机构布点工作。2007 年 11 月 15 日，芒康营销服务部顺利开业，明年，将积极筹划玉龙、类乌齐、八宿三个营销服务部，进一步提高售后服务，为地方经济发展做贡献。同时完善公司营销网络建设，扩大公司的覆盖面和渗透度。

昌都地区
国有资产监管工作

【九家监管企业经济运行保持良好发展】2007 年，昌都地区国资监管的 9 家监管企业实现销售收入 4286 万元，比 2006 年同期 4029 万元增加 257 万元，增加 6.4%；实现利润总额 297 万元，比上年同期 212 万元增加了 85 万元，增长 40.1%；实现税金 331 万元，比 2006 年同期 321 万元,增加了 10 万元，增长 3.1%。从业人员 518 人，其中在岗职工人数 457 人。

【规范化运作】加强领导班子建设，规范生产经营和决策程序，总结经验，从中找出具有符合昌都地区监管企业法人治理结构推广的经验，推动昌都地区国资监管企业现代企业制度建设，形成权力机构、决策机构、监管机构和经营者之间的有效运行和制衡机制，使之真正发挥作用。按照《公司法》,健全和完善公司法人治理结构的要求，把决策层和执行层分设，继续探索和推进符合昌都企业的人事、用工、分配三项制度改革，加快转换企业的经营机制，使企业管理层面扁平化，减少管理层人员、完善企业的内部竞争和激励约束机制，使管理人员的薪酬与一线职工的收入比例更趋合理化。进一步探索昌都地区企业经营管理人员的管理制度，鉴于昌都地区企业经营管理人员极度缺乏，后备人才严重不足的实际，借国企改革工作，选择 1-2 家监管的国有控股企业让出个别经营管理人员的职位，面向社会公开招聘，引进先进的管理经验和优秀人才，带动整个地区企业经营管理人员上水平，以此作为突破，带动昌都地区职业经理人的建设和培养工作，真正做到企业经营者能上能下，人员能进能出，收入能增能减的激励约束机制，使“三项”制度改革的具体内容落到实处。

【国有企业改革】2007 年，昌都地区国资委专门成立了昌都地区国有企业改革领导小组和工作机构，建立完善法人治理结构和现代企业制度，调整国有经济布局结构和国有企业改革战略改组，加快资本运作，实现投资主体多元化等方面都提出了具体的措施，利用优势资源、土地、设备引进技术、人才等多种方式，做大做强，从企业上下功夫，推动国企改革纵深发展。

【安全生产工作】制定了《昌都地区行署国资委监管企业安全生产创新工作实施办法》，制定了《关于昌都城镇饮用水水源污染防治管理意见》和《昌都地区综治办、发改委、公安处、安监局、国资委关于加强民爆物品管理实施办法》；加大对国有企业的安全生产检查、督查、督促企业落实各项安全防范和隐患治理措施，把安全生产纳入企业的发展规划中，确保各项工作落到实处。

昌都地区国土资源工作

【耕地保护】2007 年，昌都地区国土局按照国家、自治区的要求，实行最严格的耕地保护制度，加大了基本农田的保护力度。各县根据本地实际，按照基本农田保护“五不准”的要求，认真开展基本农田保护工作，层层签订了基本农田保护目标责任书，明确了保护责任人。2007 年底,全地区基本农田面积为 60944 公顷，保护率保持在了 82.6%。

【地籍管理】全年共登记国有土地使用权 20 宗，登记土地面积 186.72 万平方米，颁发土地使用权证 116 本；土地使用权变更登记 10 宗，变更登记面积 3.95 万平方米；办理土地使用权抵押登记 38 宗，抵押土地面积 13.23 万平方米，抵押贷款金额 5781 万元。

【土地市场建设】继续推行经营性土地使用权“招标、拍卖、挂牌”出让制度，发挥市场配置土地资源的基础性作用。2007 年全地区共以拍卖方式出让国有土地使用权 13 宗，面积 3927.75 平方米，收取土地出让金 71.58 万元。

【建设用地管理】全年共完成了19个村（镇）批次建设项目、2个单独选址建设用地以及地区所在地15宗单位用地的选址、审查和报批工作。经行署审批的用地10宗，其余19个村（镇）批次建设项目、2个单独选址建设用地已经自治区人民政府审批。

【土地评估】完成了左贡县县级基准地价的编制工作，并通过专家评定验收，现已报县人民政府批准实施。芒康县嘎托河流域土地开发整理项目已完成前期工作，现正在衔接实施，该项目国家投资在1300万左右。

【矿产资源开发秩序整顿和规范】按照《国务院全面整顿和规范矿产资源开发秩序的通知》精神和《西藏自治区整顿和规范矿产资源开发秩序工作方案》的要求，昌都地区结合矿产资源勘查、开发中存在的问题，开展了整顿和规范矿产资源开发秩序工作。

【探矿权、采矿权管理】2007年共为56个地勘单位、207个勘查点、7家采矿单位、7个矿山进行了登记备案。同时进一步加大服务协调工作力度，确保了全地区探采工作的顺利开展。

【矿山地质环境治理】完成了贡觉县马曲河原砂金矿开采矿山的地质环境恢复治理项目申报与治理工作，并于2007年10月17日顺利通过现场验收。

【矿山开发】2007年，昌都地区国土局对已开发的矿山依法加强管理，使其向规范化和规模化发展。积极为玉龙铜矿提供服务，完成了该矿硫酸厂、砂石厂用地的选址、审查。对已经探明、基本具备开发条件、马上能干、效益明显的大中型富矿，要求依法按程序报批，果断地上。在运作方式上坚持高标准、高起点，走联合开发的路子，引进一批有资质、有实力、有信誉的大中型企业，加快开发步伐。截止年底，芒康县索达铜多金属矿、宗西色措铜矿、巴达铅银矿已获得采矿权进入正式开发阶段，昌都县拉诺玛铅锌矿积极组织报件，正在报批中。

【地质灾害防治】制定《昌都地区二零零七年度汛期地质灾害防治方案》，调整了重大地质灾害隐患点292处，并报经行署批转各县人民政府执行。认真开展汛前检查、汛期巡查、灾情速报、“日报告、零报告”工作，提高了应急反应能力。积极开展工程建设项目建设用地地质灾害危险性评估工作，为7个建设项目用地作了地质灾害危险性评估。全地区全年共发生地质灾害12起，其中：滑坡3起、泥石流6起、崩塌3起，各县及时采取防灾救灾措施，有效地保障了国家和人民生命财产安全。

【执法监察】认真开展了土地执法百日行动，重点对全地区2005年1月1日以来“以租代征”、未批先用、擅自改变土地用途、违法批地占地、私自买卖土地以及其他土地违法违规行为进行了全面、认真的清理。全地区共清理出单独选址建设项目未批先用9个，城市批次用地未批先用6个，共涉及8个县，占用土地总面积251.5公顷，其中耕地面积66.6公顷。对清理出的未批先用建设项目用地，各县正在按照建设用地审查报批相关规定积极组织报件，争取尽快上报自治区国土资源厅审查。

【法律法规宣传】除利用综治月、“4.22世界地球日”、“6.25 全国土地日”和“12.4 法制宣传日”的有利时机，采取散发宣传资料、悬挂宣传画、群发宣传短信、编制并发放国土资源知识手册、召集昌都县城关镇四川桥、海南街、深圳路等3个街道居委会居民现场讲解国土资源有关法律法规知识的形式进行广泛宣传外，积极承办人大昌都工委安排的第36期法制讲座，并受地区安监局的邀请，采取图文并茂、多媒体授课的方式，分别为全地区县级干部以及各县、各矿山、危化品企业人员进行了地质环境管理与地质灾害防治知识的讲解，收到了良好的效果，为国土资源管理工作顺利开展营造了良好的外部环境。

【经验体会】1.以科学发展观为统领，牢固树立服务意识是前提；2.切实关注民生，解决突出突出问题为切入点；3.健全制度，深化改革，把创新精神引入各项工作是动力；4.依法行政、按章办事、严格管理是核心；5.制定措施，狠抓落实是根本；6. 加大宣传力度，争取领导重视，调动社会群众广泛支持是基础；7.建立一支高素质的干部队伍，发挥整体优势是保证。

【存在的问题】全地区国土系统仅有69名工作人员，且同时承担着国土资源管理和环境保护两方面的重大工作，在一定程度上影响了工作的正常开展。建议完善行政管理机构，增加行政编制，增设相应的事业机构作为技术支撑，从而提升国土资源管理工作能力。

昌都地区审计工作

【审计成果】2007年，昌都地区审计局完成审计项目63个，查出违规金额6453万元，应上缴财政63万元，应归还原资金渠道2621万元，应自行纠正和调整账务处理3027万元；已上缴财政63万元，已归还原渠道资金2677万元，已调账处理金额2869万元。出具审计报告10篇，提出审计建议49条，被采纳的审计建议46条。

【财政审计】2007年，昌都地区共审计和延伸审计单位46个，查出违规金额5489万元，应上缴财政62万元，应归还原渠道资金2598万元，应自行纠正和调整账务处理2782万元。

【行政事业审计】2007年，昌都地区共审计和延伸审计单位7个，查出违规金额265万元，应上缴财政1万元，应归还原渠道资金82万元，应自行纠正和调整账务处理160万元。

【企业和固定资产投资审计】共审计和延伸审计3个单位，查出违纪违规金额19万元，资产不实1万元，负债不实32万元，损益不实33万元。

【专项资金审计和审计调查项目】共审计和审计调查7个单位，审计专项资金总额7374万元，查出违规金额680万元，应归还原渠道资金79万元，应自行纠正和调整账务处理 119 万元。提交了审计调查报告 4 篇。

【11 县局业务工作情况】共实施了 132 个单位的审计，查出违规金额 777．2 万元，管理不规范金额 143 万元，损失浪费金额 21．2 万元，应上缴财政 146．5 万元，应归还原渠道资金 255 万元，应自行纠正和调整账务处理 378．3 万元。

【领导名录】

局长：倪金彦

副局长：歌松、叶国荣、欧珠达瓦

昌都地区工商工作

【强化服务功能，促进经济发展】2007 年，昌都地区工商局坚持开放国策，促进招商引资。协助有关部门成功引进招商引资项目 9 个，金额 42600 万元。充分发挥登记管理职能，进一步深化国有企业的改革和发展。全地区登记的内资企业 420 户、注册资金 16。22 亿元。

加大扶持力度，放手发展非公有制经济。全地区个体工商户已发展 9333 户、从业人员 21831 人、注册资金 3。09 亿元；私营企业 181 家、雇工人数 2272 人、注册资金 2。46 亿元。

积极推进品牌战略，促进商标发展。全地区已注册各类商标 15 枚（其中 3 枚被评为自治区著名商标），新发展申请并报国家商标局受理的商标有 21 枚。

充分发挥职能优势，促进就业再就业工作。扶持下岗失业人员从事个体工商户的有 103 户；退伍军人开办私企和个体工商户 26 户，大中专毕业生开办个体工商户 27 户。私营企业和个体工商户吸纳下岗失业人员、退伍军人、大中专毕业生 24 人，共减免管理费 17 万元。

【强化市场监管，规范市场秩序】推进商品准入关口前移，构建产品质量和食品安全长效监管机制。地区工商局根据已经建立的“十六项长效监管制度”（经营者自律八项制度、工商监管八项制度），根据本地市场特点和监管实践，重新整合新“八项制度”（经营者自律四项制度、工商监管四项制度），新“八项制度”更具有实践性和可操作性。全地区流通环节食品经营主体 4013 户，建立进销台账值度 3397 户，制度建立率达 85%。

查处无照经营，促使市场主体合法。全面开展查处无照经营专项整治执法行动。查处无照经营案件 70 件(其中立案 11 件)，罚款 7.09 万元。

综合整治集贸市场，完善市场监管制度。对经营者制定了商品《承诺书》，对所销售的商品质量安全作出明确承诺。在肉食品、禽类、蛋类经营户中实行了“一证一卡”制度；严格执行《国务院关于加强食品等产品安全监督管理的特别规定》，督促和引导经营者建立健全并落实进货检查验收、购销台账、索证索票等制度，实行可追溯管理。

2007 年为“农村食品市场整顿年”，通过 1-2 年的专项整治，实现农村市场秩序初步好转、食品质量明显提高，使农村食品市场存在的突出问题得到有效解决；通过 2-3 年的专项整治，使农村市场食品质量显著提高、农村市场交易秩序实现根本好转，基本实现广大农民群众放心安全消费。

完善消费者维权机制，促进消费维权的制度化和规范化。开展了“12315”进商场（超市）、进市场、进社区活动，消费者投诉站（点）共计 66 个，其中建立农牧区消费维权投诉站 27 个；全年受理各种投诉举报案件 915 件，调解处理率为 100%，为消费者挽回经济损失 64.94 万元。

深入开展“扫黄”、“打非”等执法活动，共查处没收淫秽光盘 19572 张、案值 1.5 万元、非法出版物 69 本。

查处各类违法违章案件 953 起，案值 66.76 万元，罚没款金额 8.52 万元。其中：立案查处 28 起。

【强化职能作用，服务新农村建设】深入开展红盾护农行动，切实保护农牧民利益。检查整治行动中，查缴各类假冒伪劣、过期变质农资 628（瓶、袋、只），总价值 3.8 万元。

大力培育扶持农牧区市场主体，促进农牧区个体私营经济发展。全地区农牧区个体户 2713 户，注册资金 5110 万元，从业人员 4242 人；农牧区经纪人 520 户，从业资金 2634 万元，经营交易额 3518 万元；培育 5 户“公司+基地+农户”的生产模式，注册资金 560 万元，受惠农牧民 208 户；订单农业合同 14 件，完成交易额 25。8 万元。

建立农牧区食品安全长效监管示范乡（镇）。在农牧区建立“两站两员监督制度”的乡镇有 38 个，建立的食品安全长效监管示范乡（镇）为 17 个，规范食品经营主体 313 户。

以各县城镇、农牧区和城乡结合部、学校周边为重点，以国道 317、318、214 为主线，开展重点区域食品安全等执法检查。

昌都地区统计工作

【年度情况特点】2007 年，昌都地区统计局首次独立完成了第二次全国农业普查全地区的数据光电录入工作，该项工作在全区地（市）中名列前茅，获得了自治区统计局的好评与肯定； 2007 年 11 月，在全国统计系统行业援藏的历史机遇下，完成了前往天津、重庆两市统计局的回访工作；边坝县农普办在第二次全国农业普查工作中被自治区农普办授予先进集体称号；昌都地区统计局兰勇同志荣获第二次全国农业普查先进工作者。

【领导名录】

局长：斯郎次仁(副处级)

昌都地区
食品药品监管工作

【食品放心工程】2007 年，昌都地区食品药品监管局在全地区 358 家餐饮店张贴食品安全指南宣传粘贴画。加强基础建设，进一步完善综合监管体系。大力实施和推动食品安全责任制的贯彻和落实。年初，在地区食品安全工作会议上昌都地区统计局代表行署制定了昌都地区食品安全责任制实施方案，对十一个县和各成员单位食品安全工作职责、工作目标等提出了具体要求，并制定了具体考核标准，各成员单位向行署递交了食品安全责任状。7 月份对各成员单位食品安全责任制贯彻落实情况进行了跟踪检查，对好的工作经验进行了总结，对落实食品安全责任制迟缓的单位提出了具体改进意见。年末配合行署对各成员单位食品安全责任制履行情况进行了综合考核。大力实施食品放心工程，在对蔬菜副食批发市场的专项治理行动中共收缴无 QS 标志食品 1000 公斤，取缔非法豆制品加工户 4 家，通过整治，全地区食品安全形势进一步好转，五一黄金周、国庆长假期间，全地区首次实现了食品安全事件零投诉。

【药品放心工程】（一）制定方案周密部署。1.分析现状，明确思路。昌都地区统计局在对辖区药品市场现状进行了客观全面的分析后，明确了专项整治的工作思路。即在生产环节重点检查药品生产质量管理规范的执行情况，经营环节做好 GSP 认证跟踪检查，使用环节抓好基层医疗机构药品质量管理 2.排查线索，确定目标。昌都地区统计局依据企业监管档案，将药品生产、经营、使用单位分类排对，并结合信用等级和监管实际，认真分析企业在日常药品生产经营使用过程中可能存在的漏洞，有针对性地制定检查方案，确保专项检查目的明确，有的放矢。3.统筹安排，周密部署。分局按照实施方案的要求，每月制定一个专项检查计划，要求各科室按计划予以实施。同时局办公室定期检查计划的实施情况并写出工作小结，及时向专项行动领导小组汇报工作进展情况，从而有力地推动了专项行动扎实有序地向纵深发展。由于组织有力，措施到位，专项行动以来，昌都地区食品药品监管局已对 3 家药品生产企业，27 家经营企业以及 70 余家各级医疗机构进行了检查，确保了专项整治行动落到了实处。

（二）突出重点狠抓整治。1.强化对药品生产环节的监管，从源头控制药品质量。事权划分以后，研究监管对策和监管方法，注重抓好一个体系，三个环节的检查。一个体系即：药品生产质量管理体系(GMP)的落实情况。三个环节，一是原辅料购入、质量检验环节。重点检查原辅料购入记录、原辅料存储、购入后的质量检验、检验设备、检验人员资质、质量检验记录等。二是生产工艺环节。严格检查企业是否按审批的工艺进行生产，操作是否规范，质量检验是否完整等。三是产品存储销售环节。重点检查产品仓储条件是否完备，产品的包装、标识、说明书是否符合规定，销售记录是否完整等。检查前，执法人员认真准备检查预案，深入研究检查中可能遇到的问题，做到准备充分，积极应对。

2.强化对药品、医疗器械流通环节的监管，规范企业经营行为。一是检查企业采购渠道、购销凭证是否合法。主要检查供货渠道的资质情况，索证验证是否齐全，购入药品是否按规定做好购进验收记录，防止企业从非法渠道购进药品。二是检查企业执行药品经营质量管理规范情况。重点检查企业质量管理体系的落实，药品分类管理的实施，处方药凭处方销售以及企业是否有超范围经营情况等。三是严查企业违法、违规经营行为。对各种形式的无证经营，挂靠经营、出借柜台等违法经营活动坚决取缔，对进货渠道混乱、购销记录不完整、质量管理人员不在岗以及企业违反规定销售处方药、出租（借）柜台、超范围经营药品等违规经营行为予以查处。10 月份昌都地区食品药品监管局开展了 GSP 认证跟踪专项检查行动，对企业不严格执行药品经营质量管理规范，质量管理人员不在岗的企业，依法下达了责令整改通知书。

3.强化对药品、医疗器械使用环节的监管，规范药品使用行为。一是推动农村药品“两网”建设向纵深发展。注重药品协管员的能力建设，加大培训力度，定期召开例会，及时听取反馈信息。截止目前共对 11 个县的 219 名药品协管员进行了业务培训，全年共收到协管员上报有价值信息 20 余条，为维护农牧区药品市场的稳定做出了贡献。二是加强药品不良反应报告工作。昌都地区食品药品监管局共上报药品不良反应报告 6 例。三是加强药品质量管理，彻底清查过期失效药品。将清查的重点放在农牧区的乡镇卫生院，共对 94 家乡镇卫生院进行了监督检查，共监督销毁过期失效药品 172 种，货值金额 26906.00 万元。

（三）强化监管净化环境。1.强化企业责任意识，倡导诚信经营。为督促药品生产和经营企业自觉严格执行 GMP、GSP，昌都地区食品药品监管局与药品生产和经营单位的负责人签定了《药品安全责任书》，进一步明确了企业是药品质量的第一责任人，强化了企业在药品生产、经营管理过程中诚信自律、守法经营的意识，并通过加强日常监管，督促企业自觉履行职责，确保了药品的质量安全。

2.强化技术监督，努力提高监督抽验的靶向性和有效性。一是认真分析明确重点。在总结以往监督抽验经验的基础上，结合辖区实际，制定了专项监督抽验计划，将日常检查中发现的可疑药品，非法宣传的广告药品以及群众投诉较多的药品列为抽验重点，实施重点监控。二是加强自身培训，提高监督抽验的水平。药品快检车配置后，加强了对执法人员的业务培训，不断提高监督抽验的能力和水平，还将国家局以及相关省市发布的质量公告收集成册，发给执法人员，作为日常监督抽验的参考资料，不断提高监督抽验的有效性。三是做好快速检验，提高不合格药品的检出率。要求相关人员熟练掌握快速检验技能，对可疑药品快速初筛，提高不合格药品检出率。2007 年完成药品抽验 48 批，检出不合格药品 5 批，不合格率 10.4%。

3.开展专项检查，规范市场秩序。在对生物制品专项检查中对 6 家使用劣药的单位进行了处罚，在开展医疗机构制剂品种的专项检查中对非法配制、经营、使用制剂的违法行为进行了查处。同时昌都地区食品药品监管局还加强对城乡结合部、农牧区集贸市场的清查力度，坚决取缔无证售药摊点，全年共取缔无证售药摊点 4 个。通过开展专项整治工作，辖区内药品市场秩序得到进一步规范，企业守法经营诚信经营意识明显提高，有效保证了辖区公众用药安全。

4.加强药品市场协查，净化市场环境。十分注重对外省市药品协查函件的处理，针对每一份协查函都认真核对，及时回复，确保回复函的真实可靠。全年共办理协查函件 106 件。

昌都地区商务工作

【商贸流通工作】2007 年，昌都地区商务局抓住昌都经济快速发展的机遇，加快现代流通业发展步伐，大力推广连锁经营、物流配送、特许经营等现代流通方式和组织形式；以培育农牧区消费、扩大服务消费为重点，大力发展社区服务和牧区商贸流通业，积极实施以便利消费进社区，便民服务进家庭为内容的“双进”工程；进一步培育餐饮、服务、休闲娱乐等消费热点，加快培育旅游、住房、汽车、通讯等消费亮点的步伐；积极实施“三绿工程”；积极营造良好的消费氛围，采取“政府搭台、企业唱戏、社会参与”的模式，成功举办了第二届昌都雪花啤酒节、积极参与第八届昌都康巴文化旅游艺术节，推动消费大幅度增长。

2007 年，全地区累计完成社会消费品零售总额8.5亿元，同比增长20.3%。按行业分，批发零售贸易业实现社会消费品零售总额6.3亿元，同比增长20.8%；餐饮住宿业实现社会消费品零售总额1.9亿元，同比增长31.7%；其他行业实现社会消费品零售总额 0.3 亿元。全地区共推广碘盐2614吨，食用碘盐人口覆盖率达65%，合格碘盐食用率达80%。

【招商引资工作】积极组织参加“西洽会”、“渝洽会”、“青洽会”等各类区外招商引资洽谈会，向外推介昌都地区特色、优势的矿产资源开发、化工、建材、藏药研制、食品开发、商贸、旅游开发等 164 个招商项目，发放赠送宣传手册5000多份，印制发放宣传资料20000份。全地区共签约招商引资项目12个，协议总投资51798万元，实际到位资金20140万元。涉及第二产业 9 个，其中：采矿业 8 个，协议金额为 49258 万元，实际到位资金为 18780 万元，占引进资金总额的95%；建筑建材业1个，协议金额为200万元，实际到位资金为200万元。涉及第三产业3个，协议金额为2340万元，实际到位资金为1160万元，占引进资金的5%。招商引资企业完成税收2600万元，新增城镇就业岗位 900 个，增加农牧民现金收入1200万元，经济效益、社会效益十分明显。

【整顿和规范市场经济秩序工作】从 9 月下旬以来积极会同相关部门开展了猪肉质量安全和生猪屠宰场专项整治行动，规范了市场正常秩序。同时，会同相关部门对食品市场、成品油（液化气）市场、生猪屠宰场、猪肉质量安全、再生资源回收利用市场、文化娱乐市场等进行了专项整治，开展了“3.15 消费者权益保护日”，“4.26世界知识产权日”、“9月诚信兴商宣传月”等宣传活动。在整治和宣传活动中发放了宣传资料 1 万余份，受理群众举报和咨询500余人次，收缴盗版光碟650张，收缴盗版书刊 17 本，没收过期变质食品73个品种，价值1万余元，并处罚金7200元，共出动执法人员 500 人次，检查各类市场和商户 3000 余户。通过一系列的执法检查专项整治和宣传活动，进一步净化了昌都地区市场环境，改善了消费环境。

【外经贸工作】加大对芒康红拉山林下资源开发有限责任公司、昌都汇丰发制品有限责任公司两个外贸出口企业的扶持和监管力度，帮助他们及时解决在生产、经营中遇到的困难和问题，协助两企业做好出口退税等工作，对两个出口企业运行情况进行跟踪服务，帮助他们了解政策和信息，为他们办实事、解难事。全年完成对外贸易出口（均为自产产品）159.41 万美元。

【表彰奖励情况】昌都地区商务局获得了自治区商务厅“全区万村千乡市场工程先进集体”和商务部“全国万村千乡市场工程先进集体”荣誉称号。局党组书记程郭顺同志荣获商务部“全国商务系统先进工作者”荣誉称号。

【领导名录】

局党组书记、副局长：程郭顺
局党组副书记、局长：丁华南
局党组成员、副局长：徐炳宣、李家金、泽仁玉珍、群培

昌都地区扶贫开发工作

【扶贫工作扎实推进】2007 年，昌都地区扶贫开发办共争取到位扶贫项目 42 个，投资 7494.3 万元，是年初计划的127.26%。其中整乡推进项目 18 个，投资771万元，面上项目18个投资976万元，大骨节病搬迁配套补助资金5个县共362户，投资724万元，扶贫安居工程投资5022.9 万元。2007 年，昌都地区扶贫开发办在做好项目资金争取的同时，加强了项目的开（复）工建设与前期各项准备工作，加强了对项目建设的管理，截至目前，全年共有47个项目开（复）工建设，其中新开工建设项目23个，续建设项目 24 个，至目前共有 32 个项目完成建设任务，有27个项目通过地区过验收。2007年，共完成安居工程建设2653户，完成大骨节病搬迁 658 户。年内，使3368户19775人实现了脱贫。各县积极开展农牧民实用技术培训和劳动就业转移培训工作，共完成培训农牧民 3091 人次，其中培训乡镇干部40人，劳动力就业转移培训 151 人，贫困农牧民实用技术培训2900人。根据全区定点扶贫工作会议精神，进一步调整充实昌都地区地（中、区）直87个单位和部门定点扶贫联系点，全地区共扶持37个贫困乡镇。9月份，自治区工作组对昌都地区2005年以来投资在 50 万元以上的扶贫项目 12 个进行了抽查验收，被评定为合格工程。还从扶贫渠道扶持了昌都县如意采石厂、类乌齐农牧民施工队等农牧民施工队 13 个等，加大了对农牧民施工队和农牧民协会的扶持力度，使他们壮大做强，取得了良好的效果。

【农发工作有序开展】继续实施2006年度农业综合开发项目建设 3 个，其中：边坝、丁青县土地治理项目 2 个；昌都县奶牛养殖产业化项目1个。截至目前，土地治理项目完成中低产田改造 280 公顷，平整土地完成267公顷，网围栏34.5万米，鼠虫害防治完成2000公顷，完成机耕道 8 公里，水渠完成 18.57 公里，科技示范田267公顷，人才培训1370人（次）。购置农业机械10台（套）。农业综合开发产业化奶牛养殖项目，引进黑白花奶牛120头，建饲草料基地42公顷。完成建设投资 910 万元。其中：土地治理项目完成 800 万元，产业化项目完成110万元。目前，土地治理项目已基本完成，产业化明年完成（因采购关系，推迟到明年完成），2008年7月地区将组织验收。

2007 年度农发项目确定是丁青、边

坝、昌都三县。共落实国家投资1498万元,其中边坝土地治理项目投资650万元,丁青县草场建设项目543万元,产业化项目昌都县乳制品加工投资150万元,边坝县奶牛养殖项目投资130万元,产业化黄牛改良项目投资20万元。目前,昌都、边坝两县产业化项目(乳制品厂改(扩)建和外购奶牛项目),昌都县黄牛改良项目完成配种1700头,占计划任务的85%,完成建设资金15万元,占计划任务的75%。边坝、丁青两县土地治理项目于8月份开工建设,现已完成中低产田改造133公顷,网围栏120公里,水渠7.8公里,现三县农发项目进展顺利,力争2008年9月完工。

经过昌都地区扶贫开发办的积极争取,昌都地区的农发项目区增加为三个,计划新上八宿、芒康两县,续建边坝县项目(丁青县暂停),昌都地区扶贫开发办聘请设计单位,从6月中旬开始着手新上两县项目的勘测设计工作,于8月中旬完成可研报告,经自治初步审查,10月底又经自治区农发办复审,并上报国家,边坝县2008年度农发项目也于近日完成了初步设计,将于11月下旬上报自治区农发办审查。农发项目区个数的增加,为昌都地区争取更多的农发资金创造了条件。

【存在的问题】1.扶贫开发的难度越来越大,巩固扶贫成果、防止返贫的任务十分艰巨,尽快增加贫困群众收入的任务十分繁重,需要进一步加大扶贫工作的投资扶持力度。2.农业综合开发的层次还比较低,调整产业结构、发展特色产业、形成产业化经营等方面,虽然内容十分广阔,大有文章可做,但实效性工作还比较滞后。急需进一步立足优势资源,挖掘内涵潜力。3.在解决农牧民多渠道增收、增强自我发展能力等方面思路不广、来源不多、成效不高。4.为适应新时期扶贫、农发工作的需要,必须充实扶贫农发机构人员,加大培训力度,加强自身队伍建设。

昌都地区农牧工作

【年度情况】2007年,昌都地区粮食产量达3.4亿斤,比上年增3%;油菜产量达678.69万斤,比上年增加20%;蔬菜产量达8209.71万斤,比上年减少11%;良种覆盖率达84%,粮食单产523斤。

全地区牲畜年末存栏控制在360.7万头(只匹),比上年减少5.49万头(只匹),适龄母畜比例达到45.81%,新生仔畜120万头(只匹)、成活率达到95.63%,成畜死亡率控制在2.07%以内,总增率达到29.42%,出栏率达到26.75%,肉类产量达到6.31万吨、奶产量达到7.25万吨、绵羊毛产量达到673吨、山羊绒产量达到114.6吨,分别比上年增加0.38万吨、0.54万吨、29.95吨、9.55吨。

实现乡镇企业产值14525万元,同比增长5%;民族手工业产值实现6294万元,同比增长8%;多种经营收入达到6亿元,同比增长11.3%;劳务输出人数达到20万人次,劳务收入达到3.4亿元,增长17%。农牧民人均收入达到2490元。

【确保了春耕生产的顺利进行】全地区内外调种135.38万斤,各县互调良种41.4万斤,民间换种476.2万斤,群众自备种子1833.47万斤,种子精选2458.2万斤,种子包衣1178.2万斤;主导品种大田统供面积22607公顷,统供率达65.7%,完成良繁基地建设面积883公顷,饲草料种植面积4140公顷;分别完成机耕、机播、机收面积14993、18253、13873公顷;实施无公害蔬菜基地建设6公顷,建立芒康、贡觉、丁青县油菜生产基地1520公顷、三江沿线荞麦生产基地887公顷;调运化肥7025吨,主粮地亩施化肥达20斤以上,积造农家肥140万吨,亩施4500斤以上;调运农药18.9吨。

【种植业结构逐步优化】在高度重视保护耕地的前提下,不断优化种植业结构,粮、经、饲结构比例调整为82∶10∶8。在粮食作物中把青稞种植放在主导地位,大力推广了"藏青320"、"喜拉19号"、"康青3号"、"边坝白青稞"、"藏青148"等优良品种。在三江河谷流域低海拔区域推广高产玉米,在一季半区的复种作物中用荞麦取代其它低效作物,为荞麦深加工提供充足的原料,增加群众收入。适当扩大了城郊蔬菜基地种植面积,加大市场蔬菜供应。

【农牧业特色产业项目初见成效】2007年全年通过自治区发改委、财政厅、农牧厅下达投资的自治区级特色产业项目共计10个。总投资8062.44万元,其中:国家投资3818万元。在10个项目中,已完成7个项目建设,完成国家投资2356.48万元,其余3个项目正在组织实施中。与此同时,地区本级财政投资570万元支农资金,共安排扶持农牧业特色产业项目8个,目前均已全部完成。这一批农牧业特色产业项目的投资与建设,不仅可使项目区12500多户87700多人,人均增收800多元,而且还极大地提高昌都地区农牧业特色产业产品知名度,更增强了昌都地区农牧业特色产业项目发展后劲。

农牧业特色产业得到了快速发展。全地区饲养藏鸡35万只,藏猪12487头,实现收入2193万元。引进高产奶牛100头,产奶后每年可实现收入168万元;芒康县黑山羊基地养殖规模8000只,出栏3000多只,实现收入120多万元;地区果扎种畜场2007年引进九龙牦牛种畜249头,使九龙牦牛养殖规模达到了500头,年创收可达200多万元;地区觉拥种畜场养殖规模3000只阿旺绵羊项目正在建设之中。

【强化农牧业科技推广,增加农牧民现金收入】积极开展了测土配方施肥。五个主粮县参加的测土配方施肥工作在自治区专家的指导下,从2007年8月中旬开始昌都地区农牧局会同自治区专家组与五县科技人员共61人分别对左贡、洛隆、芒康、丁青、昌都五县开展了测土配方施肥工作。历经50余天,行程4万余公里,完成了五县60个乡(镇),498个行政村,27533公顷耕地,55695个点采样工作,共采集土样3731份,共调查农户3000余户,实地培训群众3000余人(次)。加强科技培训,提高劳务输出科技含量。按照"干什么、学什么,缺什么、教什么"的原则和"一户一人学一技"的办法,全年培训农牧民27030人次,其中:农牧民群众22999人次,农民技术人员3059人次,乡村干部972人次。使一批有知识、懂技术、善经营、会管理的新型农牧民积极投身于农牧业特色项目建设、安居工程建设、农田水利建设、交通运输、餐饮服务、矿产开发等。全地区劳务输出人数达到20万人次，劳务收入达到3.4亿元，劳务输出已成为振兴农村经济增加农牧民收入的重要来源和最大亮点。一大批新型农牧民成了本地致富带头人。

【存在的主要问题】一是农牧业基础设施建设仍然落后，欠账多的局面仍未改变。二是产业结构调整任重道远。三是农牧业增产增效路子不宽。四是农牧民增收难度较大。五是动物疫病防控形势严峻，检测手段落后。六是各县乡（镇）发展特色产业愿望强烈，但个别县乡存在思路不清，盲目随同的现象。产品不上档次、规模小而全的现象普遍存在。

昌都地区乡镇企业工作

【乡镇企业继续保持加快发展的态势】2007年，昌都地区乡镇企业实现产值14525万元，同比增长5%；乡镇企业增加值达到5880万元，同比增长22%；营业收入12637万元，同比增长12%；实现利润2400万元，同比增长7%。乡镇企业解决和吸收农牧民就业6100多人，支付农牧民就业工资1137万元。

【民族手工业进一步持续增长】2007年全地区民族手工业实现产值6294万元，同比增长8%；营业收入5476万元，同比增长10%；利润657万元，同比增长8.5%。民族手工业吸纳农牧民8500人，支付农牧民工资1040万元。

【多种经营的渠道进一步拓宽】2007年全地区多种经营收入达到6亿元，同比增长11.3%，多种经营已成为农牧民增收重要渠道。

【劳务输出力度进一步加大】2007年全地区劳务输出人数达到20万人次，劳务收入达到3.4亿元，同比增长17%，劳务输出已成为振兴农村经济增加农牧民收入的重要来源和最大亮点。

【农牧业产业化经营龙头企业的辐射带动作用进一步增强】2007年地区级农牧业产业化经营龙头企业实现产值215万元，同比增长9%，带动农户3350户，带动牲畜饲养690头，收购农畜产品、藏药材等原材料6743万斤，支付农牧民原材料资金16.5万元。2007年县级农牧业产业化经营龙头企业实现产值398万元，带动农户1793户，带动农作物种植约505公顷，带动牲畜饲养230头（只、匹），收购农畜产品和藏药材等原材料10万多斤，支付农牧民原材料资金19.3万元。

昌都地区林业工作

【造林绿化】2007年，昌都地区共完成成片造林2178公顷；四旁义务植树145.57万株；封山育林13567公顷；迹地更新527公顷；种植经济林木78.39万株；育苗17公顷。

地区和昌都县党政机关、企事业单位，驻军和个体工商户2.35万人次，完成昌邦公路绿色通道补植31.8公里、植树2.5万株。

【林业重点工程建设】天保工程：签定了《2007年森林管护目标责任书》；按照《2007年营造林作业设计》，完成了年度公益林建设任务1643公顷；完成了天保三县2000—2006年新增森林面积地理信息系统资料采集和2008年生态公益林建设作业设计。

退耕还林（草）工程：完成2006年度退耕还林任务1113公顷。历年退耕还林补植591公顷，补种苗木75万株；退耕还林补助政策兑现资金1286.4万元。对各县工程实施情况，进行了全面细致地检查，提出了具体的整改措施。

森林生态效益补偿基金项目：完成2006年抚育造林项目633公顷，围绕生态抚育项目的实施、资金到位、管护人员工资发放等工作情况，开展了2005年抚育造林项目的检查验收。9月，聘请国家林业局中南院、自治区林勘院专家，开展了全地区重点公益林管护责任区划分工作。

自然保护区建设工程：芒康红拉山滇金丝猴国家级自然保护区建设工程年内开工；类乌齐县马鹿国家级自然保护区建设工程，完成部分项目建设招投标。积极开展了三色湖、卓玛朗措、莽措、拉多湿地等自然保护区的申报升级前期工作。按照自治区、地区确定的野生候鸟疫病、小反刍兽疫情以及野生动物疫源防控工作安排，认真执行了疫情应急机制，落实了各项防控措施，地、县及各监测站点坚持做到了日报告、零报告制度。

重点区域造林工程：聘请自治区林勘院，完成了全地区重点区域造林作业设计外业调查，完成重点区域造林任务1097公顷、种植树木226.22万株。在芒康、八宿县建立干果示范园59公顷。

聘请北京师范大学防沙治沙工程研究中心专家，完成了昌都、八宿、察雅三县防沙治沙工程的前期规划，通过自治区审查。

【森林防火】组织实施了重点火险区综合治理项目一期建设，为11县配备卫星电话12部，对讲机10部、水枪600只、油锯20台、砍刀400把等扑火器具。

组织开展了全民防火宣传教育活动，受教育人数171950人，部分县举办了电台操作使用、维修和森林防火骨干培训班。调整、充实了地区森林防火指挥部成员，充实完善了《森林防火应急预案》，县、乡、村层层签定森林防火目标责任书；严格执行了昌都地区森林防火期林区"六不准"、24小时值班和领导带班制度。全地区4453名专职护林员不间断巡护，严格火源管理，保证了全地区森林资源的安全。武警昌都地区森林支队努力发挥职能作用，积极投入防扑火工作，为有效扑救森林火灾发挥了主力军作用。全年发生一般森林火灾3起，火警1起，过火面积66公顷，受害森林面积29公顷，森林火灾受害率0.008‰，低于0.01‰的控制指标。

【林政管理和森林公安执法】林政、森林公安依法加强了对现有林地和森林资源的管理，严格执行林木限额采伐、凭证采伐、凭证运输、凭证加工、销售制度，组织开展了"区域性严打专项行动"、"绿盾行动"、"绿盾二号行动"等专项活动，共查处行政案件79起，没收木料370.9立方米，没收违法所得23220元，收缴野生动物皮张5张，猎具62件，拘留5人，处罚182人，警告125人，罚款59569元，补种树木300株。组织开展了全地区林业系统2006年度普法考试、“四型单位”、“五个模范”等活动。

【领导名录】
党组书记、副局长：郭宗惠
党组副书记、局长：赤来
党组副书记、副局长：毛易武
副局长：阿旺泽仁、余忠文、华生长
副调研员：李新春

昌都地区水利工作

【水利工作会议】2007年3月16日昌都地区召开了昌都地区水利工作会，会议主要任务是：深入贯彻地委(扩大)会及区、地两级农村工作会议精神，统一思想，提高认识，总结经验，分析问题，研究措施，安排部署2007年各项水利工作。为认真做好2007年各项水利工作，奠定良好的基础。

【能源建设步伐进一步加快】全地区续建、新建水电站项目主要有：洛隆县宗扎措、丁青县桑多电站等12项，总装机容量8160千瓦，总投资24582.64万元。除洛隆县宗扎措和芒康县麦巴两座电站外，其余10座电站均已完工，完成投资8353万元。

拟建的水电站项目有：左贡县碧土、贡觉县桑珠荣电站等7项，总装机2895千瓦，工程总投资8358万元，年内已基本完成开工前的各项工作，为2008年顺利开工建设打下良好基础。

第三期农村电网工程主要涉及芒康、贡觉等七县，工程总投资5977万元。工程于9月份正式开工建设，年内完成总工程量的85%以上，完成工程投资5000多万元。

年内农村电网改造及水电项目建设，新增7341户42974人的用电。其中，三期农网新增5318户31728人；电站项目新增2023户11246人的用电人口。

【农村饮水安全工程成效明显】2007年昌都地区农村饮水安全工程在顺利完成一、二期人畜整改工作的基础上，共实施农村饮水安全项目290个点。其中：续建项目158个点（含2个乡镇供水项目），新建项目132个点，国家投资6100万元，截止年底，完成215个工程点的建设任务，完成投资4650万元，解决了115个乡镇、217个自然村、55221人、16.29万头（只、匹）牲畜的饮水困难。

【农田水利基本建设新机制初见成效】年初完成小型农田草场水利建设规划编制工作，批复建设项目共186个，总投资7396.75万元，其中国家投资3123万元。按照新机制要求组建了26个“农牧民用水户协会”。年内完成指标任务的70%，完成渠道维修146条，长650.4公里，新增农田灌溉面积2357公顷(达到19673公顷)，改善农田灌溉面积4040公顷，有力地改善了农牧区生产生活条件。

【项目前期工作扎实推进】20项(包括县乡电站、农村饮水、灌区配套及节水改造、小型农田草场水利建设、堤防、山洪灾害治理、县域电网建设共七大类)，总投资49575.31万元；对条件成熟的项目按轻重缓急和成果成熟情况，逐项分类排队，抓紧做好数据资料、规划设计、可研及初步设计报告等基础性工作，认真做好“十一五”水利规划项目库。年内共衔接和落实项目39项(芒康县、江达县、昌都镇等堤防工程6项，贡觉县哈加仁达、丁青县觉恩等灌区配套与节水改造工程6项，贡觉县桑珠荣、左贡县碧土等乡村小水电站工程19项，左贡县沙益、仁果、八宿县、芒康县等以电代薪和局域网建设工程4项，类乌齐县桑多镇等水土流失治理工程4项)，总投资近6亿元，为全地区水利项目的建设提供了坚实基础。

【“十五”水利工程收尾顺利】“十五”收尾项目59项，已完成55项初步验收工作，完成初验率93%以上，终验率达到80%。为“十五”项目画上圆满的句号，为项目建后管理工作打下良好基础。

昌都地区农技服务工作

【年度情况】2007年，昌都地区农技服务中心按照地委、行署确定的以“落实年”为重点，明确思路、明确任务，狠抓落实，通过各方的共同努力，全地区粮食喜获丰收，粮食产量达3.4亿斤，完成自治区下达指标的106.25%；油菜产量达620.86万斤，占自治区下达指标的103.48%；蔬菜产量达7327.97万斤，占自治区下达指标的122.14%；饲草料产量达8103.39万斤，良种覆盖率达84%，粮食单产523斤。

【春耕备耕工作扎实，确保了春播工作顺利完成】在作好全地区农业春耕备耕农用物资的调运及供给的基础上，加强了春耕备耕前的农业技术培训及技术服务工作，2007年全地区从区内外共调运良种135.38万斤，各县互调良种41.4万斤，换种476.2万公斤，群众自备种子1833.47万斤，种子精选2458.2万斤，种子包衣1178.2万斤；调运春播化肥5238吨（其中尿素2799吨、二铵1569吨、复合肥870吨），积造农家肥140万吨，确保了主粮亩均施农家肥4500斤以上，在时间紧、任务重的情况下，完成了采购调运各种农药18.9吨。

【良繁基地和优质粮生产基地建设工作保质保量完成】2007年，中心共派出11名技术人员继续开展江达县邓柯乡、芒康县、昌都县、左贡县、洛隆县、丁青县良种繁育基地和优质粮生产基地建设工作。月初技术人员陆续进点，严格按照所制定的技术操作规程开展春耕备耕工作，保质保量地完成了各基地的春播工作。完成江达县邓柯乡繁育面积77公顷，生产良种65吨，完成全地区一、二级种子田883公顷的建设任务。

【农业科研工作开展顺利】2007年，地区农科所主要进行了自治区统一的区试和示范、边坝白青稞提纯复壮、测土配方施肥试验等作物的播种。

完成了春小麦6个品种，春青稞11个品种，春油菜10个品种的区试任务；完成了春小麦2个品种，春青稞3个品种，春油菜3个品种的示范任务；完成了0.7公顷边坝白青稞的提纯复壮工作并积极开展了测土配方施肥试点工作。

【加大农业特色项目的技术服务指导工作】2007 年，昌都地区农技服务中心为了进一步加大对农业特色产业项目的技术服务指导力度，在细化措施的基础上加大了对洛隆县 1000 公顷优质青稞生产基地、20 公顷优质油菜示范基地及八宿县荞麦生产示范项目的技术指导工作。

【坚持不懈的作好农业减灾防灾工作】2007 年，地区举办了由十一县技术人员参加的防蝗技术培训班，并在易发区建立了预测测报点。受地区农牧局委托昌都地区农技服务中心派技术员前往江达县洛须镇与四川省草原站、甘孜州草原站、石渠县领导、成都军区陆航团团领导召开了飞机灭蝗协调会。按照会议精神结合蝗灾重点区域，在江达县邓柯乡蝗灾重点区域飞机作业 12 架次，喷洒菊酯农药 7.5 吨，灭蝗面积 6673 公顷，控制了该区域的蝗灾发生。对昌都县嘎玛乡、柴维乡等地发生的蝗灾进行了实地调查，了解并解决了药物、机械，提供了技术指导。

【顺利完成测土配方施肥野外采集工作】完成昌都地区五个粮食主产县测土配方耕地采集工作 27533 公顷，共采集土样 3731 份，采土点 55965 个点，根据昌都地区野外采集工作的实际情况，昌都地区农技服务中心采取分批送样的方法往山南地区农业技术服务中心前后两次进行送样化验工作，第一批送土 929 份，第二批送土样 2802 份，目前工作已全面结束。

【具体落实科技特派员入户工作】与各县、乡（镇）有关人员竭力推广“藏青 320”、“喜拉 19”号等优良品种，全地区良种推广面积达 36800 公顷，良种覆盖率达 84%以上。技术人员在完成规定动作的同时，积极选好自选动作，把科技特派员工作视为已任落实到实处。

【存在的问题】1. 农业技术推广体系不健全，给技术推广工作带来一定的难度；2. 农业技术队伍专业结构不合理，技术力量薄弱，仍需进一步加强；3. 农业技术人员专业知识相对老化，思路不宽，需进一步加大学习深造的力度；4. 科研设施、技术力量薄弱，仍需进一步加强。5. 农业推广经费严重不足，主要表现为科技下乡补助及车辆燃料费。

昌都地区粮食工作

【业务指标完成情况】粮油销售。2007 年，昌都地区全年销售粮食 230 万公斤。其中:大米 160 万公斤,面粉 50 万公斤,小麦 5 万公斤,青油 12 万公斤,其它 3 万公斤。

粮油调拨。全年从区外调拨粮食 105 万公斤,其中:大米 70 万公斤,面粉 30 万公斤,青油 5 万公斤.

粮油库存。2007 年昌都地区粮油总库存为 480 万公斤,其中:大米 270 万公斤,面粉 50 万公斤,小麦 5 万公斤,青稞 150 万公斤,青油 5 万公斤。

【粮食流通体制改革工作】1. 全区粮食专员(市长)负责制座谈会、全区粮食工作会议结束后,昌都地区粮食局及时向地区行署、地区发展和改革委员会进行了专题汇报。

2. 4 月初步草拟出《昌都地区国有粮食企业改革实施方案》呈报行署。经行署初步审核同意后，于 2007 年 5 月 9 日转地区发改委、财政、国资委等八部门征求意见。根据各部门反馈意见进行补充完善后，于 6 月 26 日再次上报行署，行署于 6 月 29 日召开地区发改委、财政、国资委、粮食等部门，召开专题会议对《方案》进行研讨，会议同意昌都地区粮食局制定的《方案》，现已经行署转发实施。同时配合自治区以田福利局长为组长的工作组完成了对昌都地区落实有关会议精神和粮食流通体制改革的调研工作。

【粮食收购和销售】(一) 在收购工作中，严格执行国家有关收购政策规定，按照“实现收购市场主体多元化、平等竞争、自主经营、自负盈亏”的原则，积极组织入市收购；为切实掌握粮源，各县粮食部门根据当地不同情况，因地制宜，创新收购方法，在服务上下功夫，改变过去坐店收购，等客上门的收购方式，采取定点收购与流动收购相结合的办法，不断拓宽收购渠道。按照自治区粮食局工作会议要求，做到了保供稳市；在收购中，按照随行就市、严格标准的要求，收购当地粮 80 万公斤。

（二）在粮油销销售工作中，昌都地区各级粮食部门在不断。总结历年的销售经验上，充分利用经营网点多等自身优势，采取批零兼营、薄利多销、工资挂钩、销售包干等措施，积极开展了粮食销售工作。为了丰富和稳定市场，满足广大消费者的需求，要求各县粮食部门对粮油促销工作引起高度重视，采取多方面渠道，不断加强粮油促销工作，充分发挥了国有粮食部门的主渠道作用，以确保昌都地区粮食市场稳定，价格平稳。

【粮油安全保管和安全生产】(一) 建立健全了粮油安全保管领导责任制和保管员岗位责任制，做到了主要领导亲自抓，各级领导具体抓的要求，在粮食职工树立“宁流千滴汗，不坏一粒粮食”的保粮精神，不断加强和提高安全防范工作，基本做到了逐级负责、层层落实，使昌都地区安全储粮工作从组织、制度、人员、责任等方面都落到实处。局领导在下乡的途中，都要亲自到库检查县、乡粮库，并对粮库内的安全储粮等方面进行指导，确保了昌都地区储粮安全。

（二）抓好安全生产工作对于构建和谐社会，建立“平安西藏”的意义重大。为此昌都地区粮食局始终站在保稳定、促发展的高度，时刻紧绷抓好安全生产工作这根弦，把安全生产工作作为一项长期性工作，深入、扎实地做好各项防范工作。

【做好清欠】为防范财务制度，年初制定了《昌都地区粮食财务管理责任制》，实行一把手对财务管理工作进行全面负责制，为堵塞财务漏洞，严把费用开支关，压缩不合理费用开支，采取经费包干、制定奖罚措施、“一支笔”审核报销等制度，有效控制了各种不合理的费用开支现象。

认真抓好内部“三角债”清欠工作。为切实资金回收力度，减少资金不必要的潜在亏损。2007 年昌都地区粮食局在认真总结以往清欠工作的基础上，不断加强清收工作力度，针对不同的情况制定具体的清欠工作方案。局一把手亲自负责，清理以往的欠款，对清欠工作制定切实可行的回收方案，清收工作取得较好的成效。

【开拓第三产业】采取请进来、走出去的办法，在安排人员出支学习先进管理和技术的同时，聘请了内地知名企业的管理人员到昌都地区粮食系统来指导工作。2007 年安排了三名业务骨干到岷山饭店进行为期一个月的跟踪学习，学习回来后效果明显，无论是从服务态度、水平、设备的维护等方面有了极大的提高，顾客的回头率己逐步升高，效益也在提高，为昌都地区的经济发展作出了一定的贡献。

昌都地区交通工作

【加强重点公路建设协调服务】2007 年，昌都地区交通局认真做好重点公路建设的协调服务工作，确保重点公路建设顺利进行。国道 317 线妥坝至江达段改造工程于 2007 年 12 月底累计完成投资 2660 万元，国道 214 线芒康至隔界河改建工程于 2007 年 12 月底完成投资 51000 万元，省道 303 线那曲比如交界至边坝县（边沙公路）保通整治改建工程投资 494.68 万元，并于 2007 年 7 月竣工并交付使用。

2007 年地区农村公路续建项目 5 项，批复总投资 13776.57 万元，新建项目 31 项，其中：重点项目 6 项，批复投资 4599.33 万元，一般项目 25 项（属捆绑项目，分解后为 103 项），计划投资 7364 万元。在地区农村公路项目建设中，昌都地区交通局继续采取派人常驻工地全权负责工程的实施，继续实行各项目邀请招投标和公开招标办法，认真落实施工队伍，并与各项目办，项目办与各施工单位层层签订生态环境保护、廉政、安全、农牧民增收等目标责任书，严格实行目标管理等措施，确保农村公路建设顺利实施。截止 2007 年底，完成农村公路建设项目 50 项，完成总投资 13776.57 万元，其中：续建项目 1 项（省道 303 线洛隆县至白达乡公路），新建项目 49 项，解决 112 个行政村通达，超额完成了年初地委（扩大）会议确定的通达目标任务的 112%。

【加强公路全面养护，狠抓安全生产】在 2007 年里，昌都地区交通局协调落实并全部完成 2007 年度公路养护工程项目共 58 项，完成总投资 1069 万元。针对昌都地区交通局管辖路段灾害易发的实际情况，局和各养护段分别成立了公路抢险保通领导小组，提前做好辖区内的路况、危桥、危涵、危险地段的全面检查和管理工作力度，加强公路全面养护和日常养护及季节性养护。为提高公路安全通行能力，加强危桥实地监控和巡查工作力度，及时设立了警告标志，制定了《昌都地区交通局 2007 年汛期公路抢险保通预案》，一旦发生公路灾害及时启动《公路抢险保通预案》，将损失降低到最低程度。昌都地区交通局管养的沙土路平均好路率为 63%，综合值 72，油路好路率为 75.72%，综合值 83，公路好路率稳步上升，为车辆的安全通行提供更好的服务。

地区财政挤出 300 万元作为农村公路建设和养管补助资金，以缓解农村公路建设和养管资金严重不足的矛盾。

【加大依法治路工作】根据道路运输市场的实际，认真开展客运市场、货物运输整治工作，有力地打击违章运输等行为。加强对客运站点的监管工作，对不符合发车条件的车辆进行严肃处理，有效地维护道路客货运输市场的秩序；制定并与客运经营者签定《道路客运经营期限使用合同》、《从事班线客运承诺书》，进一步细化和明确客运经营者经营期限、经营行为、安全责任等；为确保行车安全，地区运管部门举办三期培训班，培训驾驶员达 386 人，并下发《关于办理道路运输驾驶员从业资格证事宜的通知》，进一步规范驾驶人员从业资格标准。严格按照交通部《治理车辆超限超载检测站管理办法》和上级交通部门关于车辆超限超载标准，结合实际，加大依法治路工作力度，共收回公路路产损失赔（补）偿费 804904.44 元，卸货分运 1204 车次，卸货 3814.8 吨，有力维护路产路权，保障公路安全畅通。进一步规范路政人员执法行为，树立良好的执法形象。

【对昌运集团公司监管】在 2007 年里，昌都地区交通局加强对昌运集团公司监管，督促该司坚持以经济效益为中心，以实现企业利润最大化和提高职工收入为目的。一是要积极探索融资、合资、独资等多种经营新途径，努力盘活土地资产；二是要进一步巩固"清收"工作成果，强化对内外应收款（费）的力度；三是加大拓展物流信息，加强对货物运输、土地租赁、车辆经营等合同的管理，提高风险防患意识，力争年度持平并略有盈利的目标；四是要进一步加强对安全生产的管理，切实加强对司助人员的安全教育，把安全生产列入公司重要议事日程，确保安全经营。在昌都地区交通局强有力的监管下，通过该司全体职工的努力，实现了该司盈利的目标。

昌都地区邮政工作

【业务发展情况】2007 年，昌都地区实现邮政业务收入 1038 万元，完成年计划的 106.68%，比上年增长 15.46%；邮政业务总量完成 946 万元；收支差额完成 -2547 万元，同比增长 15.31%；劳动生产率达到 6.53 万元/人，同比增长 16.36%。

从分项指标来看，2007 年昌都地区邮政局的各项业务发展比较稳定，金融类业务、新业务开发表现突出。年末储蓄余额达到 1.85 亿元，完成年计划的 105.71%，比 2006 年同期增长 2813.45 万元，实现储蓄业务收入 465.90 万元，完成年计划的 110%，比 2006 年同期增长 20.17%；汇兑业务收入完成 114.09 万元，完成年计划的 115%，比 2006 年同期增长 19.9%；函件业务收入完成 54.49 万元，完成年计划的 121%，同比增长 47.42%；特快专递业务收入完成 39.75 万元，完成年计划的 120%，比 2006 年同期增长 38.36%；包裹业务收入完成 67.61 万元，完成年计划的 102%，同比增长 3.59%；集邮业务收入完成 85.17 万元，完成年计划的 140%，同比增长 47.11%；代理和信息完成 32.48 万元，完成年计划的 72%，同比下降 17.12%，机要业务收入完成14.32 万元，完成年计划的 84%,同比下降 13.81%；报刊业务收入完成87.58 万元，完成年计划的 114%,同比增长 54.91%；物流业务收入完成 62.87 万元,完成年计划的 101%,同比增长 1.66%；其它业务收入完成 4.2 万元，完成年计划的 22%,同比下降 77.88%。

全年邮运发班 858 次，安全行驶695965 公里,完成邮运 33537794 袋公里。

【经营措施、重点业务与新业务】客户服务中心自成立以来，通过不断的探索发现、积累经验，熟悉市场，2007 年超额完成了自治区邮政公司下达的任务指标,完成开发项目 27 个（其中自主开发18 个，协助开发 9 个），各项业务收入达82.09 万元；其中，实现“思乡月”营销收入 12.4 万元，同比增长 71.66%；物流配送收入 22.22 万元，同比增长 89.18%。业务开发方面，客户中心成绩斐然，成功开发了数据库商函，填补了西藏邮政数据库商函制作的空白，得到了自治区邮政公司的表扬和肯定。成功开发个性化邮票——《红色记忆、永远的丰碑》邮册，实现收入 12 万元。在多方尝试，不断努力，积极探索的思路下，昌都地区客户服务中心正在不断走向成熟，培养出了一支敢打敢拼的营销队伍。

2007 年，围绕自治区邮政公司的营销策略，昌都邮政业务通过完善骨干网点、自助服务终端、投放 pos 机具、积极开展进商场等服务，改善了服务环境，提高了服务能力，增强了储蓄业务的吸储能力；另一方面积极转变经营方式，狠抓对外营销，大力发展中间业务和资产性业务，较好地保持了邮政业务的整体发展。到 2006 年 12 月底，邮政储蓄余额达到 1.85 亿元，创下历史新高，累计平均余额为 1.588 亿元，超过年初平均余额的既定目标。

一年来，积极推进收入增长方式的转变。成功开办了定期存单小额质押贷款业务；开办了代理开放式基金业务；推出了商务汇款业务。

【精神文明建设】2007 年昌都地区邮政局客户服务中心被国家邮政局评为“全国百优营销团队”；邮运分局洛松贡布同志获全国邮政系统“先进个人”荣誉称号；中路营业厅被评为自治区级“青年文明号”；昌都地区邮政局获得全区“安康杯”竞赛优胜企业的荣誉称号；在自治区邮政公司开展的业务竞赛活动中，获得 2007 年度函件业务“春天行动”竞赛活动二等奖；陈婕同志被授予自治区级“2007 年度优秀商函营销员”荣誉称号；工会被评为“2006 年度工会工作先进集体”；组织开展“以企业为家、建和谐邮政”演讲比赛，并派三名优秀选手参加自治区邮政局组织的全区比赛，分别获得第二名、第三名及优胜奖，5 月底，一名获奖选手参加了全区巡回演讲；10 月底，昌都地区邮政局参加在拉萨举办的西藏邮政职工“迎奥运、建和谐”首届（男子）篮球赛，获得冠军。

昌都地区电信工作

【年度情况与特点】2007 年，昌都电信在昌都地委、行署以及区电信公司的关心和大力支持下，共计完成业务收入6431 万元，比上年同期增长 9%，电话用户总数到达 81877 户，其中：固定电话（含公话）用户到达 23501 户，好易通到达 58376 户，宽带到达 3967 户，使各项业务发展达到预期目标。

昌都电信把“村村通电话”工程纳入了 07 年度工作的重中之重。年初伊始，巡回检查了类乌齐、丁青、左贡、芒康 4 个县局 9 座好易通基站。4 月份由于电力农网改造，造成日通基站断电，为了提高用户感知度，分公司先后 2 个月用柴油发电机解决日通基站问题。8 月份新建折恩多基站和矿泉水厂基站，9 月份开通类乌齐塔林基站、左贡县美玉乡基站和乌雅乡基站、恢复玉龙铜矿基站。先后更换 7 座好易通基站电池，多次恢复被盗太阳能板基站 6 座，并对 6 座严重被盗的基站做了太阳能防盗措施。10 月份开通江达县波罗乡卫星基站以及边坝县瓦山和尼木乡好易通基站，并对边坝县好易通基站进行了扩容。在人员少、车辆紧张的情况下加快了基站检修力度，并配合区公司无线部技术人员进行了网络优化工作，确保了好易通基站正常稳定运行。长期以来，昌都电信始终本着“全力解决农牧区通信和搭建信息致富平台”的宗旨，着力推进“村村通”电话工程建设步伐。截止 2007 年底已通行政村 622 个，覆盖全昌都地区 1310 个行政村的 47.5%。全年完成 8 套基站设备的新建工作，并完成 138 个乡乡通传真项目和 29 个行政村十五卫星小站搬迁项目，为新农村建设和信息化进程发挥了较好的作用。

2007 年在“5.17”世界电信日之际，成功举办了“让信息通信技术惠及下一代”为主题的大型专场营销活动，活动内容包括：现场免费维修好易通终端，预存话费送话费，好易通、固定电话畅快打，开通七彩铃音或来显业务送固话单机等活动，两天活动期间共充阳光卡10 余万元，免费维修好易通终端 700 余部，激活零次户 200 余户。07 年 6 月转型业务推广——“商务领航”作为转型过程中对内涵式业务发展模式的一种探索，吸取了互联网发展的精髓，昌都电信成功在洛隆县推广了政府自助建站业务，成为西藏电信第一个开通商务领航之《洛隆在线》网站，随之在金秋 10 月，《丁青在线》再次成功落户丁青，使信息化建设步伐迈步新的领域。不仅如此，为深入落实信息化建设，昌都电信充分认识到信息化工作的重要性，在党的十七大胜利召开之际，“西藏首个农村党员干部现代远程教育示范点”在自治区组织部、区电信公司、昌都地委、行署及各级政府的共同努力下，于 10 月 16 日在昌都县城关镇正式开通，为政府信息化建设提供了又一信息平台。

2007 年，昌都电信在做好普遍服务的同时，重视大客户工作，在年初开始对大客户工作准确定位，明确目标，快速响应，三月份与酒店大客户成功举办“西藏电信之旅”活动，同时开展昌都电信大客户关爱活动、增强情感友谊、倾听客户心声，及时解决客户需求，使大客户市场份额得到稳固提升。在昌都地委、行署及昌都地区公安处的大力支持和区电信公司的关心指导下，通过分公司几个月的磋商谈判，成功与地区公安处签订了“平安昌都—全球眼监控”项目协议，通过勘察、设计、施工于 2008 年 1 月顺利通过验收并投入使用，为打造和谐昌都、平安昌都做出了积极贡献。

昌都移动分公司

【业务收入】2007 年，昌都地区公司收入完成 5368.8 万元，比上年同期增长 40.36%；用户总数达 59518 户，比上年同期增长 35.8%；

【市场业务】通过上门服务和回访制度，采取各种营销方式为广大客户提供个性化、差异化服务

为金卡、钻石卡用户购买“人身意外伤害险”和“家顺险”；

“三八妇女节”给女性个人大客户及重要集团女性领导赠送鲜花和贺卡；

实行片区化管理，以片区为中心，鼓励各县分公司对县、乡级市场开展自主营销工作，加大对农牧区营销力度，针对农村市场，推广“农信通”，为广大农牧民增收提供信息服务平台；

通过市场调研，针对不同的消费层次，推出相应档次的套餐，努力满足各消费群的需要；

为昌都地区公安系统的所有移动用户购买了“人身意外伤害保险”。

【网络建设】交换部分：交换机容量达到 7.1 万门，HLR 容量达到 12 万门，2007 年基站总数 180 座；完成村村通工程开站数为 84 座，普通基站 33 座；市区覆盖率达 99.8%。全地区覆盖率达到 33%。

传输部分：建成了怒江沟复线、昌都-妥坝复线、类乌齐-加桑卡、邦达-芒康、青泥洞-贡觉、贡觉-阿旺、左贡-扎玉等光缆工程。完成了北环改造工程并将以前的二干传输升级为一干。

网络维护：在公司“打造精品网络”的定位目标指导下，紧紧围绕公司“加强管理、保证质量，降低成本、提高效益、强化支撑”的网络运维方针，确保网络运行质量，加强了基础管理、网络优化、市场支撑以及安全生产等工作。

昌都地区环境保护工作

【生态环境保护与建设】2007 年 4 月份，昌都地区环境保护局选派三名同志参加了土壤污染调查培训。6 月中旬，配合自治区环保局确定的调查单位——中国科学院成都山地研究所开始开展土壤污染状况调查工作，7 月中旬，完成 11 个县、72 个乡镇 119 个点位的土壤野外采样和样品保存、收集工作，采集土壤剖面样、有机样及水样等七类样品共计 1000 余公斤。土壤污染状况调查工作为今后全面、系统、准确地掌握土壤环境质量总体状况及变化趋势，查明重点地区土壤污染类型、程度和原因，有效预防和减轻土壤环境污染影响，保障食品安全和人体健康奠定了坚实的基础。

【建设项目环境管理】加强矿产资源勘查和开发中的环境保护，促进矿产资源的合理开发利用。对 122 个矿产资源勘查项目的《矿产资源勘查环境保护方案》全部进行了预审。审查 5 个项目环境影响评价文件。对近几年竣工并达到验收条件的建设项目开展建设项目竣工环境保护验收。7 月份，配合自治区环保局对察雅县至年拉山县际油路进行了竣工验收。同时对 3 条乡村公路进行了初步验收。

【环境污染防治】2007 年要求玉龙铜业公司认真执行环境影响评价制度和“三同时”制度，争取做到以新带老。其次，加强了对老污染源的监督管理，督促企业加快治理步伐。在环境保护部门的监督管理下，雪花啤酒（昌都）公司于 3 月底建设完成污水处理站并进行试运行。7 月底，地区藏医院完成医疗废水处理设施建设，并投入使用。

2007 年 3 月份，完成了全地区地下水污染现状调查。10 月份，完成全地区电磁辐射装置、电磁辐射污染调查。11 月份，完成二恶英类（POPs）污染调查，为开展污染防治提供了可靠数据。

【环境监督管理】对全地区行政区域内自来水厂饮用水水源地环境保护情况进行了检查。昌都地区共建有 11 个自来水厂，其中 9 个供水源是地表水源，贡觉、左贡县自来水厂的供水水源是地下水。昌都地区饮用水源保护区划定工作除芒康、贡觉、丁青需重新选址新建外，其余 9 县均已完成集中式生活饮用水水源地保护区划定建设工作，通过执法检查，在饮用水源地保护区范围内不存在违法违规建设项目，对往年提出的整改问题进行了逐一整改，基本不存在较大的环境问题。芒康、丁青两县水源地水质不符合要求，新建水源地点选址工作已结束，有望在 2008 年动工建设。

对国道 214 线芒康至隔河界改建公路和国道 317 妥坝至江达改建项目进行了现场检查，并根据检查情况提出了处理建议，并下发了书面整改通知。确保了在建项目“三同时”的落实。为建设项目环境监察逐步走向正轨化奠定了坚实的基础。

对全区所辖范围内的矿产资源勘查和开采企业进行了检查，对类乌齐县拉龙拉铅锌矿采选厂因改变生产工艺，要求限期重新补做并报批环境影响评价。对芒康县色措铜矿违法排污下发了限期整改通知。

【群众来信来访处理】2007 年全年共受理并查处环境污染案件 18 起，夜间检查 6 次。在专项整治行动中，对受理的困扰周边群众的 2 家活鸡宰杀点和 1 家养猪场责令进行了搬迁，切实解决了关系群众切身利益的环境污染问题。

实行“12369”环保热线 24 小时值班，做到随报随查，及时纠正噪声扰民问题。高、中考期间，出动车辆 20 多台次、人员 80 多人次，共计下发通知 100 余份，纠正违法行为 20 件。通过采取这些积极有效的措施，为广大考生提供了安静的休息和考试环境，受到了人民群众的好评。

【环境监测】2007 年，昌都地区环境监测站圆满完成昌都镇 4 个季度大气环境质量、声环境质量、澜沧江水环境质量监测和金沙江、怒江水环境质量一年一次的监测，按时向自治区环境保护局、环境监测中心站、地区行署上报有效监测数据 1859 份，其中水环境监测数据 416 份，声环境监测数据 768 份，大气环境监测数据 675 份。

专项行动期间，地区环境监测站受局机关指派，认真组织对昌都县城关、俄洛、卡诺和八宿县白马镇四镇蔬菜基地所引灌的水质进行检查，并实施了两次监测，获得 320 个监测数据。同时，

采用5日采样法对二氧化硫、氮氧化物、悬浮物三项进行了监测，取得空气质量监测数据270个（小时值）。配合环境监察工作，为8家建筑工地进行了建筑施工噪声监测。

受中国水电顾问集团贵阳勘测设计研究院等单位委托，完成了2个规划环境影响评价、8个建设项目环境影响评价的环境质量现状监测。

【环境监测标准化建设】在上级部门的关心支持下，国家环保总局于2006年安排专项资金120万元，购置环境监测仪器设备。2007年，通过政府采购，昌都地区环境监测仪器设备已经全部到位。在2007年的全国环保系统援藏工作座谈会上，经与天津、重庆两市衔接，两援助省市总共为昌都地区援助了100万元的环境监测站标准化建设资金。昌都地区环境监测站经改造，已基本达到标准化三级环境监测站要求。

【环保能力建设】2007年制定了《昌都地区突发环境事件应急预案》，提高了环境保护现场执法装备水平和应对突发性污染事件的能力。

【征收排污费】2007年全年征收排污费共40多万元。

【领导名录】

局长：其美多吉

副局长：欧珠

昌都地区旅游工作

【基本情况】2007年昌都地区累计接待海内外旅游者30.65万人次（其中海外游客1065人次），比2006年同期增长47%，旅游总收入19332.57万元，比2006年同期增长24%。

【中国香格里拉旅游规划】由国家发改委牵头，国旅家游局等七部委及川滇藏三省区共同负责组织，广州中山大学旅游研究中心具体编撰的《香格里拉旅游规划》已进入最后修改阶段，根据2007年3月在北京召开的评审会上的修改要求，规划组正在紧锣密鼓的开展着善后工作。应规划组的要求，2007年3月至5月，昌都地区旅游局前后三次深入各县旅游景区（点）为规划组搜集、整理相关资料，并寄发给广州中山大学旅游研究中心。

【旅游宣传】一是在《西藏旅游》、《东方之旅》、《中国自驾游》、《西藏先行者》等杂志、报刊进行了昌都旅游资源宣传报道，向游客全方位、多层次地展示昌都茶马古道、康巴文化等旅游形象，为使更多的游客了解昌都、认识昌都，吸引更多的游客来昌都地区旅游观光起到了良好的效果；二是聘请了专业摄影师对昌都地区旅游景点进行了图片拍摄，并邀请专业编辑到昌都收集资料，编辑出版《昌都旅游精品手册》；三是建立了昌都旅游宣传网站，利用网络宣传昌都旅游资源。2007年3月安排了专门人员进行昌都旅游网站的建立和资料整理工作，通过工作人员近4个月的努力，昌都旅游宣传网站于7月建设完成。昌都旅游宣传网站建成，将使昌都地区采取更便捷、更省钱的方式向更多的人宣传昌都旅游，为昌都旅游的发展将起到更加有效的宣传作用；四是参加青海举办的藏川滇青毗邻地区旅游康巴文化艺术节，举办旅游纪念品展销和旅游图片展的准备，宣传昌都旅游资源和旅游产品；五是在西藏自治区旅游局的统一组织下，昌都地区旅游局和昌都国际旅行社参加了在成都举办的中国西部旅游博览会和昆明举行的“中国国际旅游交易会”，在交易会上共散发各种旅游宣传资料5000余份，并达成6个旅游合作意向，达到了预期的宣传目的和效果。

【景区建设】制定了《昌都地区旅游标示牌建设方案》，分期分批在三条国道及附近旅游景区点处设立宣传牌、标示牌。从地区旅游发展资金中投入15万元对八宿县多拉神山的旅游标示牌及景区停车场进行建设；15万元对昌都县嘎玛景区基础设施进行建设。

【旅游富民】在昌都、芒康、江达三县扶持了19户农牧民家庭旅游示范户、2个旅游渡假村、2个民俗歌舞表演队，并为他们专门设立了4个旅游宣传广告牌，合计投资140多万元。拓宽了农牧民参与旅游服务的渠道，极大地提高了他们的积极性，增加了农牧民的现金收入。由于藏家乐项目的示范带动，2007年，昌都区参与旅游服务的农牧民户数达到360户，与2006年比增长60%；参与农村旅游人数达909人，增长65.9%；实现农村旅游总收入298.79万元，增长180%；农牧民参与农村旅游户均收入8300元，增长75%；农牧民参与农村旅游人均收入3287元，增长69%。此外，通过积极争取，八宿县然乌瓦村农牧民旅游示范项目已列入联合国援建项目，昌都县嘎玛民族手工艺村寨、左贡县宾达农牧民旅游项目已列入西藏自治区农牧民旅游示范建设项目。

【旅游引资】与四川省国际旅行社进行洽谈，达成投资意向，以旅游局招商引资的方式，由四川国际旅行社投资1000万元人民币在昌都注册成立昌都旅游汽车公司。

【旅游人才培训】为了进一步提高昌都地区旅游人员素质，2007年9月，邀请了天津市西青区文化旅游出版局党组书记、局长、南开大学客座教授马中良和夫人在昌都地区举办了旅游系统管理干部培训班，共培训各县旅游局局长、业务骨干、地区旅游局全体干职及旅游企业的管理人员52人。

昌都地区科技工作

【召开地区科技工作会议】2007年3月10日召开了昌都地区科技工作会议。会议全面总结回顾了昌都地区2007年的科技工作，研究部署了2008年地区科技工作，为2007年昌都地区的科技工作指明了方向。为了提高各级科技项目管理人员的业务能力和管理水平，在科技工作会议期间还对11县科技局局长和地直相关涉农部门及昌都地区科技局全体人员进行了科技项目管理培训。

种标准化栽培技术，并对其中表现突出的技术骨干还将于10月中旬送往天津进一步深造。另外还建立2个有机农产品标准化示范基地，推广优良品种8类20个。

【开展科技特派员试点工作】根据种植、养殖、加工、特色产业开发的实际需求，现有的科技特派员队伍远远不能满足生产一线需要。5月28日地区科技特派员试点领导小组召开会议，对进一步完善科技特派员试点工作进行了专题研究。确定了107人作为地区级科技特派员，聘期2年。其中从事农业的有55人、畜牧业31人、民族手工业5人、林果业10人、沼气推广5人、水电设备维修1人。

【开展扶贫联系点帮扶工作】3月底，由昌都地区科技局杨伟祥局长一行工作组在边坝县热玉乡开展了扶贫调研，通过走村入户并结合该乡乡情，制定了边坝县热玉乡科技扶贫工作规划，科技扶贫工作已按规划全面展开，通过科技项目的形式建了2个温室蔬菜大棚，安装了2台磨面机，共安排项目资金9万元。目前，温室大棚蔬菜有茄子、黄瓜、青椒、大白菜等11个品种，长势良好，部分品种已上市，对农牧民群众进行蔬菜种植、病虫害防治等实用技术培训，起到了科技示范辐射作用。5月份，昌都地区科技局组建了党建扶贫工作队，积极主动与地区卫生局协调，安排副局长格桑平措到扶贫点蹲点，开展调研，帮助群众解决实际困难，督促协调科技项目资金到位、落实指导科技项目的实施。

昌都地区文化工作

【群众文化活动红红火火，亮点纷呈】2007年，昌都地区文化局为了丰富群众的文化活动成功举办庆元旦新年晚会和春节藏历新年的文艺晚会。积极配合地区组织的文化科技卫生法律“四下乡”活动，元月在边坝、洛隆两县及公路沿途乡镇组织文艺演出8场，观众累计达2万多人次。组织广场群众性自娱自乐活动26场，参与群众达5万人次。积极开展文化进企业活动，6月份组织地区民族歌舞团前往水泥厂进行慰问演出。圆满完成了“八一”建军节的慰问演出任务，并在中秋节与军分区联合举办中秋晚会联谊活动。完成地区廉政歌曲歌咏比赛的组织、协调工作。组织完成了玉龙铜矿庆典、邦达机场改扩建工程文艺演出任务。圆满完成昌都地区第八届康巴文化旅游艺术节，10月1日至3日，昌都地区第八届康巴文化旅游艺术节在昌都隆重举行。本次艺术节的主题为“和谐昌都”。艺术节期间共举办了5场文艺演出，演出节目70多个，观众达近10万人次。为活跃节日气氛，庆祝昌都地区第八届康巴文化旅游艺术节隆重举行，昌都地区群艺馆在澜沧江天津广场组织了3场群众性的自娱自乐大型活动，每晚参加活动的群众达上万人；在津昌体育文化活动中心举办书法美术唐卡摄影展，展出各类作品200多件，参观人数达2万余人次。三县民间艺术团和129个业余演出队常年活跃基层，极大地丰富了群众的文化生活。

【对外文化交流工作成绩突出】围绕地区的中心工作，积极开展对外文化交流工作。一是地区民族歌舞团参加在俄罗斯举办的“中国西藏文化周”活动，藏族歌舞诗《神奇的家园》倾倒俄罗斯观众。二是组织丁青县热巴队代表西藏自治区参加了在成都举办的国际非物质文化遗产节，荣获文化部颁发的"文化遗产日奖"和"非遗节"执委会颁布的"太阳神鸟金奖"。三是圆满完成赴"两市六企"汇报演出任务，增进了与两市六企的情谊和沟通。四是昌都县民间艺术团参加全国少数民族运动会演出任务。五是积极组织参加青海玉树州举行的第五届青滇川藏毗邻地区康巴文化艺术节文化旅游艺术节暨玉树三江源赛马节，昌都地区的歌舞节目受到好评。六是地区群艺馆组织芒康县民间艺术团完成了西藏电视台春节、藏历年晚会节目的选送，参演节目《芒康弦子》突出原生态艺术魅力，得到一致好评。

通过积极对外文化交流，宣传了昌都、宣传了西藏，充分展示了昌都深厚的文化底蕴和独特的民俗风情，展示出了西藏人民意气风发、自强不息的时代精神风貌，加大了昌都对外的影响力。

【加强文化遗产保护和发展】文化遗产具有不可复制的特征，是极其宝贵的文化资源，继承和保护好文化遗产具有十分重要意义。为了加强对文化遗产的保护工作，昌都地区文化局及时调整充实了昌都地区非物质文化遗产保护领导小组成员，并积极开展非物质文化遗产普查工作各项工作。为了提高广大干部群众对文化遗产的保护意识，动员全社会共同参与到文化遗产的保护。2007年利用“文化遗产宣传日”契机，本着创新、务实，加大宣传力度，营造良好社会氛围的原则，以“保护文化遗产、守护精神家园、构建和谐社会”为主题。散发宣传单2000多份，主要街道悬挂横幅；制作图片展5个，重点宣传昌都地区两个国家级、13个自治区级文物保护单位；昌都地区被列入首批国家级非物质文化遗产名录的昌都锅庄、芒康弦子、丁青热巴三大舞蹈；昌都地区六个被列为自治区级非物质文化遗产名录的项目和正在申报的五个国家级特色艺术之乡简介；昌都地区37名非物质文化遗产传承人介绍等。为了丰富遗产日的活动内容，组织文艺团队展演昌都锅庄、芒康弦子、丁青热巴；在地区图书馆网站宣传文化遗产保护信息，扩大影响面。

【地区图书馆】积极发挥图书馆网站广泛传播昌都文化文物信息，2007年共计上传各类文化文物信息200多条。地区新华书店积极做好中小学教材的配送工作，做到了课前人手一本。为了维护职工的利益，完成了职工养老保险金的交纳和住房补助的发放。

【文物保护工作新局面】1.加强文物保护单位安全设施建设。为了有效保护一批具有较高历史、艺术和科学价值的文物点，按照《文物法》和“属地管理”的原则，形成“突出重点、加强保护、分级管理、有效治理”的良好文物保护事业发展态势。根据昌都地区文物安全隐患现状，2007年，昌都地区文化局把文物安全设施建设作为工作重点狠抓落实。通过多方筹集资金，共投入15万余元对昌都地区13处安全设施简陋、火灾隐患较重的文物点制作安装了铁门、铁窗、铁箱。同时，为了加强对文物保护的宣传工作，提高各级文物保护单位的文物保护意识，达到“以点带面”的效果，2007年，在地委、行署的高度重视下，采取地区财政、文化、昌都县财政、基层文物点四位一体方式，投资17万元修建了昌都县肖达寺文物库，成为昌都地区第一处在重点文物保护单位建立文物库的文物点。此外，2007年八宿县委、县府在县财政困难的情况下，多方筹集资金，对自治区级文物保护单位桑珠德钦林寺进行了文物防火、防盗安全设施建设，在全地区树立了加强文物安全保护工作的榜样。这些模式将积极、有效地带动全地区文物安全保护工作的多方位发展。通过实施上述各项措施，有效加强了昌都地区的文物安全保护工作，全年未发生一起各类文物安全事故。

2. 圆满完成重要历史和革命文物调查工作。地区重要历史和革命文物调查工作于2007年5月4日开始正式启动了全地区重要历史和革命文物调查工作。并先后对昌都地区11县101处重要文物点及其馆（寺）藏重要历史和革命文物，开展了认真的实地调查、登记、建档、规划等工作。通过为期6个多月的实地调查，10月28日圆满完成了全地区重要历史和革命文物调查保护工作。对101处文物点进行了调查工作。其中调查重要历史和革命文物点33处，其它文物点74处。发现重要历史和革命文物70件，登记、鉴定各类文物1847件，其中，初步鉴定国家一级文物93件，二级文物281件，三级文物1215件，一般文物196件。

3. 加强重要古建筑、古遗址保护。2007年3月至8月，昌都地区文化局与自治区文物研究所、南京工业大学建筑与城市规划学院先后前往八宿、类乌齐、察雅、贡觉、昌都、边坝、洛隆、贡觉、察雅等县开展调查，历时61天，总行程2300余公里。此次调查工作为时对调查的各类古建筑进行实地测绘、制图等工作，形成调查报告报人大工委、行署、政协等有关部门。通过调查，基本掌握了昌都地区重要古建筑的分布和保存情况，为今后加强古建筑的保护、管理工作，逐步制定古建筑保护维修工作奠定了科学的依据。

4. 积极开展“红色遗迹”调查工作。昌都作为西藏最早解放的地区，境内分布的“红色遗迹”最多。为了明确掌握情况，昌都地区文化局积极开展“红色遗迹”的调查工作。现已查27处，主要分为战役遗址、红色建筑、烈士陵园等三大部分。

【文化市场整顿】2007年，昌都地区文化局认真贯彻落实自治区文化厅和“扫黄打非”办有关文件精神截至10月份，地区文化局共出动检查20余次、50余人次，发放了由国家公安部和文化部新颁发的娱乐场所管理条列宣传挂图30余套，查缴盗版、淫秽音像制品2000余盘，查缴政治性非法音像制品300余盘，没收电子游戏机20台，电子麻将机11台、苹果机、老虎机6台。对城区的15家互联网上网服务营业场所进行的整治，停业整顿2家，取缔了1家。对6处存在安全隐患的歌舞娱乐场所进行了整改。通过积极努力的工作，保证了文化市场正常的经营秩序，净化了文化市场，为昌都社会局势的稳定做出了贡献。

【获奖情况】地区“扫黄打非”办（地区文化局文化科）被评为全区先进集体。

地区“扫黄打非”办公室主任王浩同志被评为全国“扫黄打非”有功个人。

地区文化局文物科被国家文物局授予全国文化遗产保护先进集体。

昌都地区新华书店何其蓉同志荣获全国新闻出版行业服务社会主义新农村建设出版发行先进个人。

组织丁青县热巴队代表西藏自治区参加了在成都举办的国际非物质文化遗产节，荣获文化部颁发的“文化遗产日奖”和“非遗节”执委会颁布的“太阳神鸟金奖”。

【领导名录】

党组书记、副局长：马秀英
党组副书记、局长：苏安水
党组成员、副局长：王新德
　　　　　　　　　李国民
党组成员、纪检书记：杨志进

昌都地区广播电影电视工作

【新闻宣传】2007年，昌都地区广电局认真贯彻落实全区宣传工作会议、全区广电工作会议精神，充分发挥主流媒体的优势，牢牢把握正确的舆论导向，坚持“三贴近”原则，不断丰富宣传内容，创新报道形式，在新闻的实效性、针对性、服务性等方面有明显进步。重点对地委（扩大）会议、地区工作会议、新农村建设、援藏工作、建党86周年、康巴文化艺术节、党的十七大、“万名干部下基层”宣讲活动、其他重要会议和活动、未成年人思想道德建设以及各行各业、各个领域进行宣传报道。1. 电视台新开办了《关注话题》、《社会与法》两个固定栏目，集中反映了老百姓关心、关注的话题；2. 积极配合援藏回访工作，精心制作了系列专题片《情系昌都》，全面展示了援藏同志建设昌都的精神风貌和对昌都的深厚感情；3. 增设了昌都康巴语频道，即昌都2台，更好地满足了广大群众的需求。4. 摄制了《历史的见证》等系列片。

（二）为宣传好、报道好党的十七大精神，营造昌都地区学习、贯彻、落实党的十七大精神的舆论氛围。昌都地区广播电视台精心策划，认真落实，切实落实党的十七大宣传报道各项工作。

电视台：一是大力宣传报道昌都地区各单位各部门、各行各业、社会各界及广大农牧民群众喜迎党的十七大召开的喜悦心情及期盼。二是集中采访报道了地委、行署、人大、政协四大班子带领慰问组开展的慰问活动。三是深入各单位各部门、驻昌部队、各行各业、社会团体、社区、群众家中，对收听收看党的十七大开幕式盛况进行了采访报道。四是采访报道了驻昌部队及武警部队在加强部队建设，提高作战能力所开展的各项工作。五是采访报道了昌都地区学习讨论党的十七大报告的情况。六是开办了《融共和国光辉展新昌都风貌》、《新起点新局面学习贯彻党的十七大》、《学习十七大畅谈新昌都》专栏，对党的十七大进行全方位、多角度宣传报道及解读。七是采访报道机关干部职工、农牧民群众、城镇居民、社区、工矿企业、退休老干部等同志，畅谈学习党的十七大报告，畅谈党的十六大以来昌都经济社会发展变化，畅谈下一步工作思路及打算。

广播电台：一是全程转播了中央人

民广播电台对十七大开幕式的现场直播。二是成立汉藏精通翻译组，及时准确翻译中央台各大媒体发布的有关十七大新闻，使本台栏目《区内外新闻》与中央、西藏各大媒体同步播出，重大新闻做到了当天播出。三是及时采访报道昌都地区广大干部群众收听十七大盛况及畅谈十七大感想；及时翻译昌都地区十七大代表、地区公安处格桑次仁同志的先进事迹，在《魅力昌都》栏目播出；精心制作了一期庆祝党的十七大召开的特别节目，此栏目在本台调频广播中播出的同时，上传西藏人民广播电台康巴语频率，通过中波发射播出。四是采写报道了昌都地区干部群众收听收看党的十七大开幕式盛况及学习讨论十七大报告的情况，通过藏汉两种文字上传西藏人民广播电台。五是将电视台当天汉语新闻翻译成藏语新闻，并及时在当天《昌都新闻》栏目中播出。六是在《音乐大放送》栏目中，滚动播出迎党的十七大召开的宣传口号。

目前，地区广播电视台正对昌都地区开展的“万名干部下基层”宣讲活动情况进行大力宣传报道。

【事业建设】(一) 根据区广电局工作安排，完成了46座自然村广播电视站的建设任务，目前，昌都地区地广播电视覆盖率分别达到了86.85%和86.80%；完成了对丁青、察雅两县拟建中波台的实地考察和论证工作；实现了10县1地西藏康巴语广播节目在昌都地区的落地工作；完成了地区调频台设备的改造及机房改扩建工程；投资50万元，更新改造了地区广播电台康巴语音频工作站设备；各县电视台新增加了1套节目，即中央第七套节目。

(二) 根据中央统一部署，从2007年8月1日开始，全国集中开展卫星转星调整工作，昌都地区与全国同步进行。此次转星调整工作，地委、行署高度重视，地区广电局精心组织，认真落实，截止9月24日，圆满完成了第一轮和第二轮转星调整工作。由于昌都地区广播电视站点多、面广、分散，且站型类型不一，增加了转星调整工作难度，地区广电局结合实际，克服一切困难，创造性开展工作，在转星调整各项工作中，一直走到全区前列，得到了自治区转星调整领导小组的充分肯定和好评。

(三) 为了更好地规范统一有线电视频道播出的节目顺序，方便服务于广大电视用户，根据地、县两台传输的节目套数，制定了电视节目播出顺序方案。同时，在各县自办节目中，统一了《昌都新闻》的播放时间。此项工作于9月30日完成，10月1日正式启动。

(四) 电影“2131”工程进展顺利；完成了建设新农村和电影进社区、学校、部队、机关、企事业单位等一系列放映活动，如《我的长征》等一系列革命题材影片；为芒康县和昌都县各解决了1台电影流动放映车。

【安全播出】(一) 为地区调频转播台、地区有线电视播出机房安装了安全播出预警系统及控制监测系统，为各县电视台安装了安全播出预警系统，大大提高了广播电视的安全播出。

(二) 未雨绸缪，严阵以待，确保国庆及党的十七大期间广播电视安全播出。一是6月初，昌都地区广播电影电视局对全地广播电视安全播出工作作出了安排部署，明确了任务，落实了责任。二是在党的十七大召开前，完成了全地各广播电视站设备的检修任务。三是给各县配发了价值共1680000元的广播电视设备。四是在党的十七大期间，地区及各县广播电视台都备份了5套广播、3套电视；地区广电中心从地区电力公司租借了一台大功率应急电源车，确保了党的十七大转播24小时畅通。

(三) 进一步加强了安全播出各项管理措施。一是严格执行播出节目审查制度；二是加强安全播出的各项技术保障；三是加强播出机房管理；四是严格执行重大播出事故零报告制度；四是加强在节日、重要会议和敏感日期期间的值班制度，并制定了预案及可操作的应急防范措施，时时加强对广播电视安全播出应急预案的演练。

(四) 加强对广播电视“村村通”的日常维护管理工作，真正做到天天通、长期通。截止目前，昌都地区各“村村通”广播电视站运行良好，广播电视正常播出率达97%。

【创新工作】(一) 工作作风创新。在2007年的工作作风创新中，重点加强广电新闻职业道德建设，突出工作务求实效，力戒形式主义，坚持“严、细、深、实”的工作作风。一是对已确定的工作目标，做到了高标准、严要求，一抓到底，务求取得实效。二是灵活开展工作，把各项规章制度、原则变成可操作的具体措施，做到各部门任务明确，责任到人，通过抓具体的、实在的事情，使工作由虚变实，而且确保了工作的连续性，防止了走过场和做表面文章。

(二) 广电事业创新，即广播电视“村村通”工程创新。一是对现有单一的站型进行设备更新改造，二是对人口集中、交通要道、商贸集散等优势明显的乡镇的广播电视站进行升级改造。通过改造，让广大农牧民群众听到看到了更多更好的广播电视节目，较大地丰富了他们的文化生活。

(三) 广播电视台工作创新。围绕地委、行署中心工作，服务大局，始终坚持以正确的舆论引导人为根本任务，创造性开展新闻宣传工作，取得明显成效。一是整合资源，克服困难，新开办了《关注话题》、《社会与法》等两个固定栏目，集中反映了老百姓关心、关注的话题；二是积极配合援藏回访工作，精心制作了系列及专题片《情系昌都》，全面展示了援藏同志建设昌都的精神风貌和对昌都的深厚感情；三是整合资源，增设了昌都康巴语频道，即昌都二台，更好地满足了广大群众的需求。

昌都地区体育工作

【职工体育比赛】2007年，昌都地区体育局在春节、藏历年期间组织开展了环城跑、乒乓球赛、篮球友谊赛等体育活动，参与活动的人数达1500多人(次)。

与昌都移动通信分公司合作举办了第二届“移动杯”足球比赛。共有5县代表队和5支地直机关代表队160多人参加了比赛，观看比赛的干部群众达10000人(次)。

为迎接“五一”劳动节和“五四”青年节的到来，与地区团委联合举办了“电力杯”职工篮球赛，共有地(中、区）直各机关的8支代表队参加了比赛。

6月15日，为了贯彻实施《全民健身计划纲要》，唱响“全民健身与奥运同行”这一主题，以实际行动迎接2008北京奥运会，举行了“2007年昌都地区全民健身周启动仪式暨农牧民体育器材发放仪式”，地委、人大地区工委、行署、地区政协四大班子领导出席了启动仪式，地（中、区）直各系统、各单位和昌都县机关近千人参加了启动仪式，仪式后进行了环城健步走活动。

引导群众参与体育锻炼。在天津广场晨、晚练点的基础上，增加康乐新村晨、晚练点，派出教练每天早、晚对健身爱好者传授太极拳、健身操等项目。

指导各县群众体育工作。指导各县利用节假日认真开展群众体育工作，丰富干部职工和广大人民群众的业余文化生活。先后有昌都、江达、芒康、八宿、左贡等县在全民健身月活动期间开展了较大型群众体育活动，参与人数约25万人（次）。

支持和配合地（中、区）直各单位开展职工运动会。2007年“全民健身月”期间，先后有25个单位举办了职工运动会，以实际行动迎接2008年北京奥运会，昌都地区体育局积极支持和配合，派出裁判员和工作人员50余人（次）。

挖掘和整理了一批具有民族特色的民间体育项目。

协助做好第七届康巴文化艺术节的相关工作，承办艺术节期间的所有体育活动和体育赛事。

【竞技体育工作】成功举办2007年全区U-13少年足球赛昌都赛区的比赛。为了加快青少年足球的发展，建立健全青少年足球发展体系，促进西藏青少年足球运动的普及与提高，发挥体育在社会主义精神文明建设中的作用，培养更多的足球后备人才，昌都地区体育局根据西藏自治区体育局的统一安排部署，于6月3日至6月5日成功举办了昌都赛区的比赛，参加比赛活动的少年足球代表队有地区一小队、地区实验小学队、地区孤儿小学队、俄洛桥小学队、达野小学队、下加卡小学队等六支代表队。

【学校体育】对各学校《学校体育工作条例》的执行情况进行了定期或不定期的督促检查和指导，了解基层学校开展体育教学工作的基本情况。

为了培养更多的体育后备优秀人才，昌都地区体育局业余体校于3月份进行了招生，共招收篮球和田径两个项目的学生30名，其中男生15名，女生15名，并按要求实行了“三集中”

贯彻落实《中共中央、国务院关于加强青少年体育，增强青少年体质的意见》，督促、指导学校青少年体育工作。

【“2008北京奥运会”相关工作】完成2008北京奥运会西藏地区传递昌都地区火炬手选拔工作。

协助地区妇联做好昌都地区参加自治区啦啦操、健美操比赛的人员的选拔工作。

昌都地区卫生工作

【公共卫生】2007年，昌都地区卫生局及时有效处置各类突发公共卫生事件。按照《昌都地区突发公共卫生事件应急预案》的要求，全面建成了以县卫生服务中心(疾控中心)为龙头，乡村医疗机构为网络，以县带乡村的三级疾病预防工作体系。做好应对重大传染病的物资、药品储备工作，共储备药品、应急疫苗价值达6万元。加大学校、乡镇等重点人群和重点部位突发公共事件防治知识的宣传，印制各类宣传资料3万份；加强传染病监测工作，疫情报告次率和处置及时率达到100%。与学校签订了《学校公共卫生目标责任书》，使重点人群的传染病和食源性疾病得到了有效管理和控制。及时有效的处置了贡觉县克日乡、芒康县嘎托镇发生的麻疹疫情和3月份八宿县发生的鸡禽流感，对密切接触者31名工人和处理事件人员进行了严密的医学观察；认真处置了丁青县发生的食物中毒事件，确保没有人员死亡。

计划免疫工作继续实行《计划免疫工作督导员目标责任制》管理，实行量化考核，层层签订目标责任书，去冬今春全地区共接种8727人，接种率达95.73%。

加强了麻风病、结核病等防治工作。全地区共新发现麻风病人13例，现症接受治疗病人61例。结核新发现病人635例，治逾232例，完成了11县的督导工作，完成了丁青、察雅等5县6个疫源点的鼠疫监测工作。

加强妇幼保健和优生优育工作。继续加强昌都地区5个县国家“降消项目”和察雅县儿基会“母子系统保健项目”，对县乡产科人员进行了培训，开展了孕产妇死亡评审、促进住院分娩等工作。为11县发放维生素A 33000粒。

【农牧区卫生】1.加强农牧区医疗管理工作。加强了农牧区医疗管理宣传工作，向各县下发《昌都地区贯彻实施〈西藏自治区农牧区医疗管理暂行办法〉实施细则（试行）》藏汉文宣传手册5000册。同时，根据审计情况对11县农牧区医疗存在的问题提出了整改意见，制定了整改措施及方案，并逐条进行整改，进一步规范了农牧区医疗制度运行管理。截止9月，全地区农牧民571257人全部享受了农牧区医疗待遇，为农牧民报销医药费用1810万元。

2.加强农牧区卫生基础设施建设。贡觉县旺达镇、漠洛镇和类乌齐县桑多镇3个乡镇卫生院建设投资95万元，现已竣工；芒康县麻风病院工程建设投资240万元，已完成了芒康县麻风病院建设用地的选址工作，并已完成初设规划；卫生系统职工周转房总投资560万元，完成建设，基本竣工；地区疾控中心综合楼投资建设200万元，已竣工；地区妇保院投资450万元，正在实施中；芒康、贡觉、八宿三县藏医院建设资金已到位440万元。

【医院管理】继续在地、县级医疗机构开展“以病人为中心，以提高服务质量”为目标的医院管理年活动，重点是完善各项管理制度和措施，强化职业道德建设，抓好医院挂号、收费、药房、门诊等窗口服务工作，规范药品集中招标采购行为。集中招标采购药品品种1000余种，总采购金额达790万元。及时有效处置问题奶粉的病人复查工作。婴幼儿奶粉重大事故发生后，及时做好昌都地区食用问题奶粉婴幼儿病人的筛查和救治工作。成立了昌都地区婴幼儿泌尿系统结石诊疗领导小组及专家组，下发和转发了 8 个相关文件指导各级医疗部门开展工作。在各县、各医院共累计检查婴幼儿 3816 人，对部分患儿初步进行了诊断，未发现危重患儿。

【卫生执法监督】在全地区共开展餐饮业、公共场所卫生监督 10 余次，共监督 1100 余家，合格率为 98%，餐具采样 86 份，合格 70 份，合格率为 81%。卫生体检 1837 人，发放卫生许可证 900 余份。做好水质监督和检测工作，共采集水样 296 份，为各县出具水质卫生评价 296 份。做好监督培训工作，共举办 2 期培训班，培训人员 50 例，提高县级卫生监督人员的工作能力。

【存在的问题】1. 卫生资源不足，配置不合理，卫生医技人员缺乏，管理人才匮乏。昌都地区卫生人员应有编制数 1612 人，实有正式人员数为 948 名，聘用 216 名，缺编人员 594 名，缺员率达 37%。

2. 卫生经费投入严重不足。卫生基础建设和卫生投入跟不上经济发展，地县卫生基础建设近几年有了较大变化，但乡镇和村卫生基础建设投入较少，基本设备投入不足。

3. 卫生防疫、防病工作任务繁重，农牧区卫生起点低，基础差。

4. 卫生管理体制和机制不健全，不利于卫生管理和卫生资源发挥效益。

昌都地区人口和计生工作

【加强宣传和服务】2007 年，昌都地区人口和计生委分别在元旦、春节、藏历年、“四下乡”、“3·3”爱耳日、“3·8”妇女节、“5·29 计生协会活动日”、“7·11”世界人口日等期间，利用一切可以利用的场所和宣传工具，一是组织人员设立宣传点，二是下乡送宣传、送服务。为农牧民群众开展优生优育、生殖健康和看病就诊等活动，受到乡（镇）政府及广大育龄群众的欢迎。一年来，地、县人口计生委共开展各种技术服务 1 万余人次，发放各类宣传资料 2.4 万余份，使用各类避孕药具近 4 万人份，并为广大农牧民群众和育龄妇女就医就诊，发放了价值近 2 万元的各种常用药品，同时发放了两种共 1000 余份的宣传挂历。由于各种宣传活动对广大农牧民群众的需求都具有针对性，吸引了众多群众和育龄妇女的参与，收到了明显的效果，增强了广大农牧民群众优生优育和自我保健意识。

截止 2007 年 9 月 30 日，昌都地区总人口为 632771 人，人口自然增长率 8.73‰；其中：农牧民总人口数为 573088 人，自然增长率 8.58‰。全地区已婚育龄妇女数为 173745 人，综合避孕节育率为 80.03%。

【创新工作机制，开展“项目”工作】1.“新农村新家庭—大香格里拉地区人口健康促进”项目，在昌都、察雅、左贡三个县实施，成立了以行署分管专员为名誉组长、行署副秘书长为名誉副组长，地区人口计生委主任为组长、由各项目县分管县长和科室负责人、各项目县联络员组成的地区项目实施工作指导小组。5 月，“项目”交流暨培训会在昌都隆重召开。2. 积极落实农牧区“一孩、双女”户困难家庭扶助制度。严格按照“宣传培训、本人申请、调查摸底、张榜公示、三级审核、两级复查、确认上报和网上录入”的工作程序，积极协调相关部门，使各县人口计生委及农行为确认对象办理了农牧民群众个人账户，并将扶助资金全部划入到了个人账户上，使广大农牧民群众深深感受到了党和国家的温暖。昌都地区 2007 年度农牧区“一孩、双女”户困难家庭扶助对象共计 6757 人。3. 创新工作思路，创建计划生育优质服务、生殖健康保健服务、综合服务 3 个示范点，逐步形成“以点带面，片面相连”的工作格局。通过示范点的创建活动，配置和改善了硬件设施建设，培训提高了基层计生队伍的业务水平和实际操作能力，创造了良好的服务环境；同时，通过广泛宣传，逐步转变广大农牧民群众的生育观念，并对育龄妇女建立了个人档案，示范点的广大农牧民群众对人口和计划生育、优生优育、生殖健康保健、避孕节育知情选择等知识的了解和掌握明显高于非试点，育龄妇女避孕综合节育率平均达到了 80%以上，示范点效益突显。

昌都地区人民医院工作

【年度情况】从 2007 年 4 月 1 日起，昌都地区人民医院内科、外科试行了《医院总医师制度》，该制度的试行进一步规范和加强了科室管理，强化了临床医师的工作能力。

根据地区行署专员办公会议纪要批示精神，经昌都地区人民医院与塞瓦基金会合作，昌都地区人民医院于 2007 年 7 月开始对覆盖全地区 11 县的白内障患者实施免费复明手术。全年共完成白内障复明术 618 列。

2007 年昌都地区人民医院根据《西藏自治区卫生厅“万名医师支援农村卫生工程”执行方案》及《昌都地区卫生局关于开展“百名医生下基层巡回医疗”活动的通知》精神，按照与昌都地区卫生局签订的《西藏自治区“万名医师支援农村卫生工程”项目责任书》的要求，昌都地区人民医院专门抽派了内科、外科、妇产科、眼科、检验科等科室的业务骨干人员组织巡回医疗队，赴各县乡进行巡回医疗。

2007 年全年完成门诊量 54860 人次，其中急诊病人 8553 人次，完成住院量 2896 人次，治愈为 62.4%，好转率 32.8%，病死率 1.5%，床位使用率 46.8%，完成了 615 台次手术，完成各类体检 5532 人次。

2007 年财政对昌都地区人民医院实行了收支两条线管理政策，全年完成业务收入 1495 万元。其中：上缴财政 1346 万元，支出为 2865 万元。

医院党委为加快人才队伍建设，继续加强继续教育工作，全年完成远程教学授课 82 次，参加授课人次 4810 人次，开展远程会诊 18 次。完成读书笔记 216 篇，约 432000 字，撰写医学论文 6 篇，综述 112 篇。

为了进一步加强卫生行业作风建设，不断提高昌都地区人民医院各类业务人员的整体素质，大力开展医德医风和行风建设，昌都地区人民医院进一步加强了岗位职责和考核制度。昌都地区人民医院对所有医疗诊疗项目及各种药品费用进行了自查，在自查中未发现有不合理收费的现象，同时进一步的规范了医疗收费，增加了患者就医的透明度和知情度。

【大力加强行风建设，不断巩固管理成果】为了不断促进和提高医院的经济效益和社会效益，2007年2月份昌都地区人民医院被自治卫生厅评为全区卫生系统“先进集体”的光荣称号，3月份医院团委获得全区“五四红旗团支部”收到群众感谢信46封，锦旗35个，6月昌都地区人民医院妇产科被全国中华妇女联合会授予“巾帼文明”岗位的光荣称号。

昌都地区藏医院工作

【持续提高医疗服务质量】2007年，昌都地区藏医院认真落实“管理年”活动各项目标任务，继续完善质量监管制度、措施，进一步加强医院内涵建设，巩固了创建等级医院和医院管理年活动成果。加强专科建设计划，申报了藏医肝胆专科建设项目，已由自治区卫生厅藏医药管理局立项投资建设。同时大力加强专业技术人才队伍建设，建立健全了激励机制和制度措施，大力加强人员培养和引进工作力度，基本解决了人才紧缺及断档的问题，使人才结构进一步得到优化。经过加强管理，医疗服务质量持续提高，各项业务指标达标并有增长，为实施“名科、名医、名药、名院”战略奠定了坚实基础。

【继续抓好基建工作】在各级领导和相关部门的关心支持下，经过不懈努力，完成了医院改扩建项目审批工作，投资1380万元，突破了基建投资千万元大关。投资260多万元的新门诊楼已经建成。其它项目正在积极实施之中。同时自筹资金购置了部分办公和便民服务设施，购置了部分设备，改善了医疗服务环境，增强医院的综合服务功能。

【加强藏药生产质量管理】在加强藏药生产质量GMP管理和营销质量GSP管理的基础上，完成了准字号药的包装变更、再注册以及医院制剂申报，共申报制剂200多个品种，为进一步规范制剂生产打下了坚实基础。根据临床和市场需求，认真组织进行了“坐台”以及七十味珍珠丸、仁青常觉等贵重制剂的生产，聘请了藏医名老专家，和经验丰富的技术人员，成立了生产小组，于5月完成了藏医院建院来的第二次贵重藏药“坐台”生产任务，并制作了贵重制剂常觉和“旺日西嘎曲登”。

【认真筹办了20周年院庆活动】2007年是昌都地区藏医院建院20周年，为了展示在党的方针政策指引下，在地委、行署的坚强领导下，全院干部职工努力工作，藏医药事业所取得的成就，与门诊楼工程落成奠礼一起举办了院庆活动。庆典活动中还与各县以及区内有关藏医药机构开展了学术交流活动。在地委、行署的大力支持下，庆典活动圆满完成，取得了良好的社会效益。

【获奖情况】2007年2月医院被自治区人民政府表彰为2006年度全区卫生工作先进集体。

2007年8月医院被自治区文明委授予“自治区文明单位”称号。

【领导名录】

党委书记、副院长：王积林
党委副书记、院长：仁青巴松
党委副书记、副院长：江村
党委委员、副院长：向巴格来

昌都地区民政工作

【进一步规范和完善城镇低保制度】2007年，昌都地区民政局对城镇低保工作进行了一次调研，并在调研的基础上对低保家庭进行了两次全面核查，对不符合低保标准的予以停发，将符合低保标准的全部纳入低保。目前，全地区共有城镇低保对象2338户5585人，2007年共发放低保金967.71万元。

【扎实推进农牧区特困群众生活救助制度，深入开展农村低保工作】切实把丧失劳动能力、靠自身能力无法维持基本生活“不救不活”的特困群众纳入救助范围。

根据民政厅对昌都地区农村低保对象的批复，核定昌都地区今后的农村低保对象为63515人，其中重点保障对象19138人，特殊保障对象12759人，一般保障对象31618人，共落实农村低保资金525万元。

【建立和完善城乡医疗救助制度】在全地区11个县建立了城乡医疗救助资金专户，及时下拨了城乡医疗救助基金。2007年，昌都地区下拨给11县用于建立城乡医疗救助资金566.8万元（其中农村医疗救助资金464.8万元，城镇医疗救助资金102万元），加上各县从合作医疗经费中提取的5%共计180.96万元，目前，昌都地区已筹集城乡医疗救助基金747.76万元。2007年昌都地区共救助农村困难群众503人（次），发放救助资金115.01万元，救助城镇困难群众137人，发放救助资金45.56万元。

【认真抓好城乡低保户子女就学救助工作】对每位要求申请救助者进行了严格审核，认真把关，向民政厅上报了27名符合救助的学生。

【认真做好农村五保供养工作对全地区的五保户重新进行了调查，并建立了详细的五保户档案】目前，昌都地区有五保户4154人，已全部纳入五保范围，按照1500元的年供养标准，全年共落实五保供养资金623.1万元。

【优抚安置工作】进一步做好优抚工作。2007年，昌都地区共落实抚恤经费148万元，落实复退军人医疗救助和生活补助费289万元，落实军休职工经费59万元，共统筹义务兵家属优待金229479元，兑现162512元。

做好新形势下的安置工作。自2006年11月至今，昌都地区共接收退役士兵91人，符合城镇安置的51人，回农村安置的40人。目前，城镇退退役士兵的安置工作已全部结束。

进一步做好双拥工作。2007年全地区共慰问部队135个（次），慰问驻军伤病员及农牧民群众205人，慰问在乡十八军老战士、九代本起义人员及家属44

人，慰问军队退休职工 334 人，慰问其他优抚对象共 1557 人，慰问节日坚守岗位 31 个 845 人，召开军民座谈会 7 次，参加人数达 886 人。“三大节日”及“八一”建军节期间全地区共支出慰问经费 59.04 万元。党的十七大召开期间，对贫困群众、城镇低保户、无军籍职工、困难退伍军人、困难残疾人、军（烈）属开展慰问活动，各县至少慰问 25 户以上，共支出慰问经费 15.5 万元。

【认真抓好村级建制整合工作】地区及时成立了以地委副书记、组织部部长鲁西科同志为组长，行署副专员旺堆同志为副组长，由组织部、民政局、教育局、交通局、财政局、农牧局、卫生局、编制办等部门主要领导为成员的领导小组，拟定了《昌都地区关于开展村级建制整合工作实施意见》，报经地委、行署批准并下发各县，制定了内容比较详细的《昌都地区县、乡、村村级建制整合工作调查表》。制定了昌都地区村级建制整合方案，并于 2007 年 9 月 5 日上报自治区党委组织部、民政厅。目前，村级建制整合工作正按照《昌都地区村级建制整合方案》正有条不紊地进行着。

【认真抓好福利彩票的发行工作】2007 年，昌都地区共销售“七乐彩”、“3D”、“双色球”福利彩票 292.63 万元，兑奖 26.03 万元，返还代销费 19.02 万元，上交自治区福彩中心 247.57 万元。昌都地区福彩销售量与 2006 年同期相比，有较大幅度的增长。

【民间组织机构管理逐步规范化】对昌都地区社团进行了清理、整顿、重新登记等工作。经过清理整顿，目前，全地区共有 6 个社团，其中有昌都地区水利学会、昌都地区教育学会、昌都地区气象学会等 3 个学术性团体，有昌都地区信鸽协会、昌都地区翻译工作者协会、昌都地区安全生产管理协会 3 个专业性团体。通过清理整顿、重新登记等工作，使昌都地区社团工作逐步走向了规范化、法制化的轨道，为构建和谐昌都，发挥了民间组织应有的作用。

【进一步加强流浪乞讨人员的救助管理工作】坚持“自愿受助、无偿救助”的原则和以人为本的工作理念，认真做好流浪乞讨人员的救助管理工作，2007 年，昌都地区流浪乞讨人员救助站共救助 62 人，解决救助资金 3.9 万元。火化无名尸体 5 具。

【存在的问题】1. 民政综合楼的资金缺口比较大，至今未能解决。2. 各县需要修建社会福利院的呼声比较高。3. 随着科技的发展，民政局域网的建设势在必行。4. 贫困户重建家园经费补助远远满足不了建房要求，各县要求解决贫困户重建家园经费的呼声比较高。5. 农村低保定额补助标准还有待进一步提高。6. 慈善机构尚未建立。7. 由于民政工作任务重，下乡时间多，国家民政部给各县民政局配备的民政救灾专用车已老化。

昌都地区
劳动和社会保障工作

【就业工作】2007 年，在昌都地区就业再就业领导小组的指导下，昌都地区共开发就业岗位 2938 个，实现就业 2938 人次，（其中高校毕业生 953 人，零就业家庭人员 350 人，“3545”人员 76 人），完成与地委、行署签定目标任务的 183.6%，完成全年创新计划的 133.3%，与 2006 年同期相比增加 1449 人。截止年底，全地区有城镇登记失业人员 1774 人，其中高校毕业生 48 人。城镇登记失业率控制在 4.5%以内。

职业介绍和职业指导是促进就业的“助推器”。2007 年，昌都地区劳动和社会保障局以“春风行动”、“金桥计划”和“曙光计划”等为依托，共开展职业介绍 3029 人次，成功 2000 人次，介绍成功率达 66.0%，完成与地委、行署签订目标任务的 151.5%，与 2006 年同期相比增加 1237 人次；累计开展职业指导 3552 人次，完成与地委、行署签订目标任务的 177.6%，与 2006 年同期相比增加 1606 人次。

为给求职人员与用人单位提供直接联系、双向选择的平台，分别于 2007 年 3 月 24 日和 8 月 11 日成功举办了昌都地区第六届、第七届劳务洽谈会暨高校毕业生现场招聘会。在两次洽谈会中，共有 85 家单位进场招聘，提供岗位 406 个，进场求职人员达 4300 余人，现场达成用工协议 270 人，其中高校毕业生 21 人。

2007 年 9 月底，完成了玉龙铜业股份有限公司招聘 70 名一线工人的招录工作。6 月 18 日，举行了首次用人单位开发就业岗位暨征求意见座谈会，举全社会之力推动就业工作。

为适应昌都地区高校毕业生就业制度改革工作需要，在地区行署和地区编制委员会的高度重视下，于 2007 年 4 月 6 日成立了高校毕业生就业指导服务中心，专门负责昌都地区高校（职业技术学校）毕业生的就业指导和档案托管等工作，并调配了 2 名责任心强，熟悉就业工作的人员负责就业指导工作。2007 年 6 月，昌都地区劳动和社会保障局在认真调查研究和广泛征求意见的基础上，草拟了《昌都地区高校毕业生就业指导意见（试行）》（昌署发〔2007〕27 号），由行署下发，为昌都地区高校毕业生就业指导工作提供了政策依据。截止 2007 年 11 月底，昌都地区实现就业的高校毕业生达到 953 名（含往届毕业生），其中：经昌都地区劳动和社会保障局介绍实现就业 44 人，地区人事局公招 141 人，教育系统录用 715 人，“三支一扶”招用 53 人。

【职业技能培训】2007 年，昌都地区劳动和社会保障局紧紧围绕劳动力市场和各用人单位的需求，增强培训工作的针对性、实用性和有效性，以“春雨计划”为载体，联合地区各县及有关部门，采取灵活多样的培训方式开展失业人员和农牧民技能培训，全年，共举办各类城镇失业人员培训班 31 期，累计培训城镇失业人员 1486 人次，完成与地委、行署签订目标任务的 114.3%；培训合格 1415 人，培训合格率达 95%；其中通过培训实现就业 934 人，培训合格就业率达 66.0%；与 2006 年同期相比培训人数增加 118 人次；在农牧民技能培训中，昌都地区劳动和社会保障局按照“抓住特色、重心下移”的原则，依托各县特色产业分别推出 1—3 个培训项目，如类乌齐县甲桑卡镇的手工艺品制作、昌都县柴维乡的藏香制作、芒康县的旅游服务、察雅县新卡乡的农牧民建筑队等。通过联合办班、委托办班等形式，共举办各类农牧民技能培训班 41 期，培训农牧民 6127 人次，完成与地委、行署签订目标任务的 437.6%。

2007 年，经过大量细致地工作，分两批开展了行政办公、放映员、打字员、汽车驾驶员、电工、焊工、炊事员等 8 个工种共 445 名工人的技术等级考核工作，除缺考的 16 人外，参加考核的 429 名人员中，考核合格 331 人，不合格 82 人，合格率达 80%。

【政府购买公益性岗位工作】昌都地区 2006—2007 年政府购买公益性岗位工作自 2006 年 10 月开始，经过前期筹备、岗位开发、考核录用、聘用上岗、岗前培训、合同签订等阶段的工作，截止 2007 年 6 月 29 日，开发的 400 个公益性岗位全部提供给了昌都地区城镇失业人员，其中零就业家庭人员 67 人，特困失业人员 214 人，“3545” 人员 76 人；年龄在 16-30 岁的 257 人，30 岁以上的 143 人；文化程度在初中以下的 196 人，高中以上的 204 人；男性 243 人，女性 157 人。

【劳务输出工作】2007 年，昌都地区劳动和社会保障局把劳务输出工作作为开发就业岗位和创新工作的重要内容来抓，充分利用六大国有企业对口援助和乡镇企业发达地区劳务需求量大等有利条件，积极组织开展劳务输出工作，先后与中国远洋集团、北京央务恒远保安公司、福建健威电子科技有限公司和西藏驻成都办事处下属宾馆等联系，共输出农牧民工 80 余人。与此同时，经过大量工作，实现农牧区剩余劳动力转移就业 25235 余人，完成自治区劳动保障厅下达目标任务的 247.4%。

【养老保险】2007 年，全地区参加基本养老保险的单位共计 117 户，其中企业 39 户、机关 41 户、事业单位 37 户；参保职工 6837 人，其中在职职工和个体参保人员 3268 人（机关 705 人，事业单位 708 人，企业 1772 人，个体参保人员 83 人），离退休职工 3569 人（其中跨省安置 1052 人，昌都驻拉萨办事处代管 106 人，林芝、那曲各代管 1 人）。完成基本养老保险基金征收 2461 万元（收缴往年欠费 77 万元），完成与地委、行署签订目标任务的 133%，与 2006 年同期相比增加 528 万元；基本养老金支出 3970 万元，养老金社会化发放率达 100%。

根据自治区劳动保障厅《关于昌都地区供销社半脱产人员有关待遇问题的答复》（藏劳社办[2007]62 号）等有关文件精神，昌都地区劳动和社会保障局会同地区商务局、财政局及各县相关部门，在反复调查及做好政策宣传的基础上，按照有关规定，落实了昌都地区 651 名原区（乡）供销社半脱产人员的有关待遇。截止 2007 年底，完成了全地区 11 个县及地直机关、企事业单位 2438 名离退休职工增加养老金工作（从 7 月 1 日起），共凿养老金 110.1 万元。

2007 年，共办理机关事业单位固定工人和合同制工人退休审核报批 34 人，其中：机关事业单位固定工人 16 人，合同制工人 18 人。同时，办理区内职工安置 10 人，区外跨省安置 5 人。

2007 年，昌都地区劳动和社会保障局首次对 2266 名参加基本养老保险的离退休人员进行领取基本养老金资格认证工作，此举，有效地杜绝了冒领基本养老金现象的发生，进一步规范了基本养老金社会化发放工作。

【城镇基本医疗保险】2007 年，全地区参加医疗保险的单位达到 128 家，参保职工 22273 人（其中在职职工 16781 人，退休职工 5492 人）；共征收医疗保险费 7003 万元，其中：个人账户收入 2195 万元、统筹基金收入 3507 万元、公务员医疗补助 1301 万元；共审核支付参保人员医疗费 2789 万元，其中：个人账户支付 1628 万元，统筹基金支付 1062 万元、支付公务员医疗费补助 99 万元。

根据自治区的统一部署，经行署批准，昌都地区于 10 月 1 日开始实施城镇居民基本医疗保险。截止 2007 年底，参加城镇居民基本医疗保险的人员为 12293 人，其中：30 元交费人数 4858 人、60 元缴费人数 5183 人、不缴费人数 2252 人，征收基本医疗保险费 45.67 万元。

2007 年 2 月，为解决昌都地区区外退休职工和原关闭、破产企业职工的医保问题，昌都地区劳动和社会保障局通过积极协调，圆满完成了将地区安置在拉萨的 449 名退休人员和关闭、破产企业的 617 名退休职工纳入医疗保险覆盖范围，并发放了医保卡。

【工伤保险】2007 年，全地区参加工伤保险的单位有 29 家，参保职工 1614；共征收工伤保险费 42 万元，支付工伤保险费 2.01 万元。

【失业保险】2007 年，全地区参加失业保险的单位共有 198 家，参保人数 10404 人；共征收失业保险费 596.70 万元，完成与地委、行署签订目标任务的 135.5%，与 2006 年同期相比增加 165 万元。全地区累计欠费 895.63 万元（主要是教育系统）。

【劳动管理监察】2007 年 4 月 6 日，在地区行署的高度重视和地区编委的大力支持下，昌都地区组建了昌都地区劳动保障监察执法支队，该支队的组建为昌都地区劳动监察和人力资源市场管理工作提供了组织保障。

2007 年，昌都地区劳动和社会保障局共受理劳动争议案件 69 起，涉及人数 733 人，涉及金额 265.09 万元；结案 68 起，追回工人工资 229.49 万元。受理劳动争议案件与 2006 年同期相比减少了 47 起，降低了 40.5 个百分点；而结案率上升了 3 个百分点。

2007 年，共开展劳动法规监察 12 次，分别对地区 11 家国营企业、25 家建筑企业和 135 家集体、私营企业及个体工商户在遵守劳动法律、法规，执行劳动合同等方面进行了检查，采取限期或现场整改方式，及时纠正了部分企业存在的违规行为。截止年底，全地区国有企业的 3135 名职工全部签订了劳动合同，合同签订率达 100%；集体、私营企业和个体工商户新签订劳动合同人数为 464 人；公益岗位招用人员签订劳动合同 400 人。办理企业劳动合同制工人备案登记 54 人。

2007 年，昌都地区劳动和社会保障局共开展劳动保障法律法规宣传活动 13 次，发放宣传资料 6000 余份，宣传手册 1.5 万本，接待法规、政策咨询 3500 余人次，其中深入建筑工地开展劳动法律法规宣传咨询活动3次，涉及人员1500余人。

【劳动工资】2007年，共审批、落实合同制工人工龄50人；办理工人工资晋升和根据企业效益调整工资101人，办理工人正常转正定级86人，办理工人工作调动45人，其中区外调4人，跨地区调动4人。

【受自治区级表彰情况】2007年，昌都地区劳动和社会保障局获得国家劳动保障部授予的全国清理整顿劳动力市场先进集体、2006—2007年度全国劳动保障系统优质服务窗口单位荣誉称号；舒敏江同志获得全国劳动和社会保障部个人一等功荣誉称号。

【领导名录】

组书记、副局长：刘莎党

副书记、局长：舒敏江

昌都县

【基本县情】昌都县位于西藏自治区东部，昌都地区的中北部，地处横断山脉西北部，青藏高原东南部的边缘地带，地势北高南低，地形十分独特，东西呈W型，集农田、山水、森林、草原并存。北部山脉最高海拔5460米，昌都县南部最低海拔3100米，县境平均海拔3500米。昌都县城昌都镇位于县境中南部，依山傍水，颇具“山城”的秀丽，“江城”的风采。昌都县位于昌都地委、行署所在地，东与西藏江达、贡觉两县相邻；南与察雅、八宿两县接壤；西与类乌齐县交界；北与青海省襄谦、玉树两县毗邻。昌都县幅员面积10652.53平方公里，南北最长距离为145公里，东西最宽距离为90公里，县驻地东距四川成都1290公里，西距西藏自治区首府拉萨1120公里，是藏东经济、交通、文化、商业中心，素有“藏东明珠”的美称。全县行政区划为3镇12乡，共有208个行政村，9个街道居委会。全县总人口为10.5万，其中藏族占93.6%，汉族占6.1%，其它还有回、蒙古、羌、纳西、门巴等16个少数民族。

【经济运行情况】2007年，昌都县国内生产总值完成71120万元，同比增长20.4%。其中：第一产业完成22136万元，同比增长18.97%；第二产业完成12998万元，同比增长8.2%；第三产业完成35986万元，同比增长26.6%。

2007年，全年完成固定资产投资5亿元（含地区统一管理和实施的项目），全年乡镇企业收入完成3278.5万元、民族手工业收入完成1706.5万元、多种经营收入完成9682.6万元，分别完成年度计划的102.8%、139.4%、125.1%。2007年，完成县级财政收入2220万元（其中：税收完成1500万元），比2006年增长37.3%。

2007年，农牧民人均纯收入达到2860元，同比增长16%，其中现金收入2072元，占人均纯收入的63.6%。

2007年，全县共完成劳务输出42639人次，实现劳务收入4394万元，平均每人次实现收入1031元。

【加大农牧业结构调整，增加农牧民收入】农业生产方面：一是组织动员群众开展农田水利基础设施建设。完成低产田改造833公顷，动员、组织各乡镇积造农家肥12.13万吨，加固、维修水渠160条、水塘48座。在俄洛镇俄洛村成立了“用水户协会”，推行了水利基础设施有偿使用，确保了现有水利基础设施发挥最大的效益。二是认真完成春播工作。积极组织调运原种（喜拉19号、藏青320）1.5万斤；完成播种面积5620公顷，其中粮食播种面积4620公顷、经济作物600公顷、饲草料作物40公顷，粮经饲比例调整为82：11：7，推广良种4333公顷，良种覆盖率达到84%以上，建立一二级种子田150公顷。三是实现粮食总产3511万斤，其它作物总产3842.33万斤。四是认真贯彻落实中央、自治区制定的各项支农惠农政策。落实2006年良种、粮食作物直接补贴款共121.12万元，使全县8848户56598名农牧民群众从中受益，制定《昌都县2007年农机购置补贴工作方案》，为全县9个乡镇282户群众补贴农机282台部，补贴金额达40万元，进一步加大适用机械化新技术、新机具的推广应用力度，积极带动农民增收，同时，认真落实利用地区支农资金130万元，进一步加大对奶牛养殖基地扩建、草场承包经营责任制网围栏补贴力度。

牧业方面：2007年新生仔畜12.67万头（只、匹），成活率达95.1%，全县牲畜总增12.46万头（只、匹），总增率31.1%。成畜死亡6682头（只、匹），死亡率为1.67%。全年出栏牲畜12.68万头（只），出栏率达到31.64%。圆满完成了牲畜“五号病”疫苗接种工作，接种率达到100%。草场承包工作通过了自治区验收。共完成了3个乡59个行政村，2573户16161人，110447公顷冬春草场承包工作。

【紧抓工作重点，扎实推进社会主义新农村建设】认真开展新农村建设试点工作。制定出台了《昌都县2007年建设社会主义新农村实施方案》，确定城关镇小恩达村、如意乡达若村、俄洛镇俄洛村、卡若镇加卡村、城关镇达普卡村为5个新农村示范点建设任务。在新农村建设过程中，县委、县府积极引导，以乡（镇）为单位成立了12个农牧民安居工程建设施工队，组织了2151名群众参与建设，整合了劳动力资源、节约了建设时间和建设资金，对分散建设户，采取村帮村、户帮户的形式，组织劳务输出19529人次，累计为建房户间接节约建设资金459.45万元。

【农牧民安居工程建设扎实推进】2007年全县完成农牧民安居工程建设1840户，超额完成198户，完成总投资7243.21万元。

【坚持“一产上水平”，农牧业特色产业建设取得了新进展】2007年，继续抓好了总投资1863.94万元（其中国家投资927.3万元）的7个农牧业特色产业项目的续建和发展工作。其中，昌都县奶源基地项目：再次引进黑白花优质奶牛100头，使两个基地黑白花奶牛养殖规模达到了152头，本地优质奶牛达到298头。同时，成立了奶牛养殖合作社，负责组织和管理。据初步统计，每头黑白花奶牛年增收可达1.05万元，每头当地奶牛年增收2100元左右；牦牛育肥示范基地项目：已完成工程总量的90%以上，重点对乡村兽防员、饲养员及养殖户进行了相关业务培训。2007年，共育肥出栏500头牦牛，每头平均增收1750元；牦牛保种选育扩繁基地项目：已经完成了各项基础性工作，发展牦牛保种选育专业户63户，引进种公牛22头，筛选落实基础母牦牛2268头。每年可实现利润77万元；反季节蔬菜生产基地项目：完成了俄洛镇仲多村、曲尼村和俄洛村30栋温室建设。每栋温室每年可使农牧民增收5000元以上；城关镇小恩达村糌粑加工厂项目：组建了小恩达糌粑加工协会，截止目前共加工优质青稞3.16万斤，销售糌粑2.5万斤，实现销售收入5万余元；如意乡达若村石材加工基地项目：已完成建设任务并投入运营，解决了全村56名群众的就业问题。目前已生产碎石4000余立方，实现收入20余万元，户均收入3000余元；如意乡邛卡村绿色生态旅游农家乐项目：完成了一、二期工程建设，进一步扩大了经营规模。群众在接待、出售土特产品等环节中实现收入10余万元，并解决了贫困户子女就业等问题，经济和社会效益十分明显。

【坚持“二产抓重点”，矿产业、藏医药产业建设步伐进一步加快】成立了专门的领导小组，完成了拉诺玛铅锌矿的勘查等前期工作。同时，按照“藏医和藏药并举、生产和流通并重”的原则，顺利完成了日通藏药厂的改制工作，并与重庆市科委签订了《藏药材研究种植基地项目》协议书，为藏医药的进一步发展奠定了基础。

【坚持“三产大发展”，乡镇企业、民族手工业、旅游业快速发展】民族手工业集中化、规模化程度进一步提高。目前，进城从事民族手工业的已有30余户，月均收入在2000元以上；城关镇通夏村、如意乡多嘎村“藏家乐家庭旅馆”试点建设自2007年5月份陆续运营以来，共接待游客2300余人，实现现金收入24000余元，并解决了20余人的就业问题，为开发生态旅游、农村旅游业积极探索了道路。2007年，全县乡镇企业收入实现3278.5万元、民族手工业收入实现1378.5万元、多种经营收入实现1.2亿元，分别比上年增长16.2%、44.1%、55.9%。

进一步加强了增收工作的组织领导。仅在2007年的农村公路建设中，参与建设的4个农牧民施工队实现增收600余万元。2007年全县完成劳务输出42639人次，实现劳务收入4394万元。继续加大了林下资源采集的组织、引导和保护力度，2007年，全县农牧民群众采集虫草3411.5斤，实现增收5799万元。

【扩大投资，改善基础设施】紧抓国家投资主渠道不放松，狠抓项目的申报、规划和实施工作，使项目建设基础工作不断夯实。2007年，共争取到近40个建设项目，投资约1.36亿元。

市政基础设施建设。共争取到20多个市政建设项目，计划投资1.08亿元；农村公路建设。共争取到12个建设项目，计划投资2029万元，建设里程达到147.6公里。水利基础设施建设。共争取到3个建设项目，计划投资872.9万元。

【社会事业协调发展】一是加大教育工作力度，确保巩固工作取得实效。加强“两基”巩固工作的组织领导，继续实行县级领导包乡镇、县直单位包校制度，狠抓招生、控辍保学等工作，“两基”成果得到了进一步巩固和深化。通过不懈努力，4月份通过了自治区“两基”复查验收；继续实行“三包”大宗物资集中采购制度，设立了专门账户，确保了国家“三包”经费足额、及时到位。同时，认真落实“两免一补”政策，继续落实《昌都县关于增设边远学校教师岗位津贴及农牧民子女升学奖励的决定》，较大地调动了教职员工的工作积极性和群众送子女上学的主动性。二是继续深入推行新型农村合作医疗制度改革。圆满完成了全县《农牧区家庭医疗账户本》的更换和建档工作；加强了地方病、传染病的监控预防体系建设，全县没有发生重大传染病和突发公共卫生事件；继续推广农牧区“一孩双女”户困难家庭扶助制度，全县“一孩双女”户困难家庭扶助对象达到1442户1654人。

【领导名录】
县委书记：田学明；
县长：斯朗尼玛

江达县

【年度情况与特点】2007年，江达县以安居工程为重点的社会主义新农村建设扎实推进，农牧民生产、生活条件得到进一步改善，农牧业生产喜获丰收；“两基”攻坚取得阶段性成果，“普九”通过自治区评估验收，全县教育水平上了一个新台阶；以交通、能源为重点的基础设施建设取得新成就，全县基础设施条件进一步改善；围绕玉龙铜矿开发，突出抓好了矿产开发和商贸旅游业，加快了产业建设步伐；精神文明建设得到进一步加强，全县各项社会事业蓬勃发展。

2007年全县生产总值完成44029万元，同比增长17.1%，农牧民人均纯收入达到2650元，同比增长17.7%，县级财政收入完成822万元，同比增长37%。

【以安居工程为切入点和突破口，扎实推进社会主义新农村建设】确定了“规划先行、分步推进、宜改则改、宜建则建、宜集中则集中”的工作思路，采取政府主导、民办公助的方式，分期、分批、有计划、有重点地在全县扎实推进了安居工程建设。元月份，县政府召开了安居工程专题会议，调整充实了领导小组，制定了《江达县2007年安居工程实施方案》，全年共完成1286户安居房建设，其中，农房改造959户，扶贫搬迁148户，地方病搬迁34户，游牧民定居145户。波罗乡冲桑村、岗托镇岗托村两个新农村建设示范点，25个村级组织活动场所建设全部完工。进一步改善了群众生产、生活条件。

【“一产上水平”】积极实施“农牧立县、科教兴县”战略，通过加大科技推广、农牧业结构调整力度，发展特色经济，进一步夯实了农牧业基础，巩固和提高了农牧业综合生产能力。春耕春播期间，组织农牧部门及时调运农用物资，开展送农资、农技上门服务活动。共调运化肥450吨，良种4万公斤，农药8吨；开展科技培训2280人次；在同普、波罗大力开展机耕机播示范，完成机耕机播973公顷；全县完成春播面积4507公顷，粮食总产量2438.4万斤。大力发展特色农牧业，加大了农牧业结构调整力度，进一步扩大了江达镇蔬菜种植和养殖基地规模，同普乡香菇基地竣工投产，全年生产香菇5000公斤；积极申报特色产业项目，黑山羊外销基地、牦牛育肥基地、荞麦系列产品开发三个项目通过自治区农牧厅审查。深化牧业体制改革，全面落实青泥洞乡、字嘎乡、德登乡、生达乡草场承包经营责任制，将97067公顷草场承包给了3865户牧民，按照“草畜平衡、以草定畜、增草增畜、超养收费、合理利用”的要求，实行超养收费，建立健全了草场使用、建设、管理制度，明确了草场使用的责、权、利，促进了草场建设和草原生态环境改善，确保了江达县畜牧业的可持续发展。全县开展草原灭鼠12000公顷，围栏800公顷，草原施肥9333公顷，人工种草40公顷。积极开展防抗灾工作，妥善安排受灾群众的生产、生活，发放救灾款21万元、灾害应急粮3万公斤；提前部署邓柯乡防蝗工作，加强监测，加大了宣传培训力度，发动群众实行群防群控，开展了飞机灭蝗工作，灭蝗6673公顷，灭治率达85%，有效控制了蝗灾，减少了损失；加强动物疫病防治工作，注射五号病秋季疫苗524395头、只。

【多渠道增加群众收入，农牧民增收工作取得新进展】抓住317国道整治改建、生玉公路、玉龙铜矿开发等机遇，组织引导农牧民参与各类工程建设，大力发展劳务经济。提高了劳务输出组织化程度，在总结借鉴岗托金沙江建筑公司、波罗冲桑农牧民施工队经验的基础上，新成立了江达镇等两支农牧民施工队伍；对岗托、同普等乡镇农牧民群众，开展了以汽车、拖拉机驾驶、建筑等为主的技术培训，提高了农牧民群众的劳务技能，为农牧民开展劳务输出、增加收入创造了必要的条件。全年完成劳务输出14500人次，创收3870万元。大力实施扶贫开发项目，争取国家投资422.91万元，组织群众自筹208.04万元，建设波罗乡砂石厂、江达镇生然砂石厂、汪布顶乡水渠、为贫困户购买奶牛等八个扶贫开发项目，帮助群众增收28.3万元。各乡镇政府为群众牵线搭桥，积极开展送贷下乡活动，全年共为4528户群众发放小额信贷6210万元，得到信贷支持的群众通过购农资、买运输车辆、做生意、加工民族手工艺品等途径，获得了丰厚的收入。贯彻落实支农、惠农政策，全年发放种粮补贴90.45万元，发放村干部误工补贴80万元。认真落实在农牧区普及加碘盐政策，向各乡镇调运加碘盐368吨，覆盖率达100%，县财政补贴运费和差额36.67万元。

【加大农牧区基础建设投资力度】同普乡至强白村公路、岗托镇矮拉村公路、瓦拉寺至娘麦村公路、同普乡至木巴村公路、青泥洞乡至昂青公路，卡贡乡芒达桥、娘西乡弄格桥、汪布顶乡水渠等一大批农牧区基础设施建设项目陆续竣工，为保证和稳定群众增收奠定了坚实的物质基础。

【大力实施投资拉动战略】进一步加强项目工作，全县开工、复工项目19个，完成固定资产投资9834.62万元。交通上，通过进一步加强协调服务工作，妥善解决了317线妥坝至江达段整治改造工程阻挠施工和砂石纠纷问题；投资2383万元、全长100.48公里的字嘎至生达公路竣工通车；沿江公路通过审批，改线方案通过地区审查，并报自治区同意，进入招投标阶段，将于明年开工建设。水利能源上，完成了《江达县“十一五”电力规划》、《江达县“十一五”农田水利基本建设规划》、《江达县“十一五”农村安全饮水规划》的修改完善；按行署要求对全县已建人畜饮水工程进行了复查，共对15个不通水的工程点进行了整改，制定了《江达县人畜饮水工程运行管理办法》，由各村选2名管理人员加强管理，确保了正常运行；投资124万元，完成了波罗、卡贡、娘西、岩比、江达镇等5个乡镇第四批农村饮水安全工程建设，受益群众217户1614人

【教育、卫生事业取得新进展】围绕“两基”攻坚目标，积极发扬“领导苦抓、部门苦帮、群众苦干”攻坚精神，落实了责任制。多次召开专题会议研究部署“两基”攻坚工作，及时解决了“普九”工作中存在的突出问题。狠抓了招生工作。进一步开展普及义务教育法律、法规宣传教育工作，共完成县中学招生3400余人。实行乡镇干部派驻县中学联络制，巩固了生源。在干部职工中开展“关注贫困学生捐资助学”主题实践活动，共捐资33.2万元。进一步加强师资队伍建设，在教师队伍中集中开展师德师风教育，补充合格教师95人，抽调18名机关干部下乡支教，保证了师资。投资2794.23万元的县二中工程主体完工，投入737.5万元的乡镇小学围墙、篮球场、校舍维修等查漏补缺工程全部完工，加强了乡镇小学规范化建设，教育硬件设施建设得到了进一步加强。总之，举全县之力打好了“两基”攻坚战，“普九”工作通过自治区评估验收。

大力开展卫生工作。在全县13个乡镇进一步健全了新型农牧区医疗制度，农牧民医疗基金家庭帐户建帐率100%，基金到位率100%，按规定报销农牧民医药费兑现率100%，有效地解决了群众看病难，提高了农牧区医疗保障水平。新建娘西乡等4乡卫生院，充实了5名基层医护人员。组织卫生部门在13个乡镇开展了强化免疫活动，强化免疫接种8131人，接种率95%。开展食品药品监督检查4次，没收销毁14种价值1243元的过期不合格药品。开展计生下乡活动3次，受教育人数1716人，人口自然增长率控制在10.5‰以内。

【存在的问题】第一产业科技含量低，基础设施建设仍然薄弱，农畜产品加工业没有发展起来，缺乏龙头支柱产业的带动；交通、能源、通讯等瓶颈制约问题未得到根本解决，二、三产业虽有所发展，形势喜人，但总体上初于起步阶段，仍需在相当长的时间里做大量工作，才能适应经济社会跨越式发展需要；农牧民劳动技能有待提高，增收渠道不宽；“普九”基础不牢，巩固提高任务艰巨；县域经济缺乏自我发展能力，仍然属“输血”型经济等。

贡觉县

【经济发展情况】2007年，贡觉县国内生产总值完成26890万元，同比增长15.1%。其中：一产完成14752万元，同

比增长7.57%；二产完成2098万元，同比增长34.1%；三产完成10040万元，同比增长24.21%。三产比例为55：8：37。完成财政收入600万元。农牧民人均纯收入2310元，同比增长16.78%，其中：现金收入1287元。

【农业工作】切实加强春耕备耕、病虫害防治，积极推广良种和农业实用技术，加强农田水利设施建设，农作物总播面积3864.84公顷，其中：粮食播种面积3200公顷，占总播种面积的82.69%，粮食总产量13300吨；油菜播种面积426.67公顷，占总播种面积的11.049%，产量480.01吨；蔬菜种植面积106.67公顷，产量2000吨；其他作物播种面积135.52公顷，占总播种面积的3.49%。全县机耕700公顷，机播1333公顷，化肥施用量110吨。

【牧业工作】进一步强化了接羔育幼、疫病防治，提高牲畜出栏率，全年新生各类仔畜89093头（只、匹），其中：牛33026头，绵羊45868只，山羊8234只，马驴骡1965匹。仔畜成活84639头（只、匹），成活率95%。年初牲畜存栏267896头（只、匹），年末牲畜存栏270007头（只、匹），其中：大畜143203头（匹），羊126804只。牲畜出栏74074头（只），综合出栏率为27.65%，其中：牛出栏14168头，羊出栏59906只。牲畜交易3500头（只），其中向外地售马1400匹。

【切实增加农牧民收入】一是调整优化农牧业产业结构，大力发展蔬菜种植业，蔬菜种植面积106.67公顷，产量2000吨；二是积极扶持特色产业的发展，申请沙东酥油、雄松荞麦面、相皮青稞挂面商标注册；三是积极扶持农牧民施工队组建，引导其走向市场，参与竞争。新组建农牧民施工队2个；四是加强对农牧民技能培训。共培训11期，参训1950人次；五是引导农牧民加大牲畜出栏力度，在猪肉不能满足消费需求的情况下，县财政拨出专项资金10900元，鼓励农牧民群众加大牲畜出栏，满足市场供应；六是积极培养农牧区经纪人、营销大户，年内培育农牧区营销大户10户，农牧区经纪人42户，注册资金130.65万元。实现农牧民总收入12697万元，同比增长13%，劳务收入4441万元。

【工交经济稳步发展】全年完成乡及乡以上工业总产值1220.1万元，同比增长8.9%；发电量578千瓦时，同比增长8.9%。完成客运量4.7万人次，同比增长2.2%；货运量3.43万吨，同比增长3%。

【大力发展乡镇企业，多种经营和民族手工业及个人私营经济】全年实现乡镇企业产值713万元，多种经营收入5020万元，民族手工业产值177万元；个体工商户发展到362户，注册资金1026.23万元，从业人员648人，同比分别增长10.4%、39.7%、11.2%。私营企业10户，与上年持平；注册资金达215万元，解决就业61人，同比分别增长9.69%、10.9%。

【继续做好扶贫济困工作】全年稳定解决农牧区相对贫困人口160户928人，温饱巩固率达98%。年内发放最低生低保金72户232人386800元，发放原供销社会人员困难补助资金35户51人168960元，城镇低保对象7—12月份肉食补贴16980元；妥善安排了受灾群众的生产生活，及时发放救灾救济粮27.49万斤、救灾救济款14.84万元，落实到794户5161人；向年人均收入低于800元的特困群众1056户4875人发放救助资金690827元，向5户残疾贫困户发放慰问金1000元；为11名特困群众报销医疗费用17552.4元；为6名城镇低保对象报销医疗费用15332.28元，向2名流浪乞讨人员发放救助金500元，发放寿星老人健康补贴519人16.92万元。开发公益性岗位20个，实现了20名家庭困难、零就业家庭或失业人员就业。

【基本设施建设进一步加强】全年建设项目46个，总投资13088.32万元，其中：社会及民间投资完成2651万元。相继完成了莫洛、哈加、沙东、雄松、拉妥5乡周转房及附属工程，木协、雄松、沙东、相皮4乡卫生所和县卫生服务中心住院楼，阿旺绵羊扩繁基地、拉妥草场围栏、敏都乡和县动植物检疫站；莫洛、阿旺2乡（镇）派出所，县小学附属工程、教育查缺补漏工程；完成农村饮水安全20个建点，解决了4078人的饮水问题。开工建设了市政建设项目给排水和东风路工程。

【安居工程建设】全年重点抓好804户安居工程建设，完成投资1708.37万元，其中县财政配套80.4万元。完成21个村级组织活动场所建设，其中县财政配套60万元；完成了哈加乡连达村、莫洛镇登卡村、相皮乡查然村3个新农村示范点建设任务。

【社会事业全面发展】教育方面。制订完善并严格执行了《“普九”实施方案》等各项制度；县财政投入119万元、干部职工捐资助教98万元、教育查漏补缺资金410万元以及上级投资350万元全部用于发展教育事业；严格执行教育收费政策，并公示接受社会监督；加强教师业务技能培训；认真做好了报考内地西藏班、小学毕业和中考各项工作，10名考生顺利考入内地西藏班；及时为69名教师评聘职称，调动了教师的工作积极性；大力发展职业教育，7名绘画职教班学生分别被聘到成都、拉萨工作，实现了转移就业。最终全面完成了“普九”工作，顺利通过自治区验收。

文化方面。始终坚持“双百”和“一手抓繁荣、一手抓管理”的文化工作方针。年内完成49座广播电视收转站的卫星转星调整任务、26座农牧民自建站、16座单收站、14座广播电视“村村通”工程的改扩建工作。县文化部门自行拍摄采编播放《贡觉新闻》185条，播放各类宣传标语349条。上报新闻25条，地区采用24条，采用率96%。拍摄制作完成2篇《腾飞的贡觉教育》专题片。开通了县人民政府门户网站（www.xzgongjue.gov.cn），当年上传各类新闻材料30余篇、图片新闻20篇。

卫生方面。一是继续建立和完善农牧区医疗制度，药品采购全部纳入地区集中招标采购范畴，确保群众用上放心药品；二是做好病人的医疗救治工作。县卫生服务中心接待门诊病人12000多人（次），住院病人1328人，实现业务收入39万元；三是认真开展儿童计划强化免疫工作，应接种儿童367人，实种

346人，接种率92%；四是认真开展市场检查工作，查收各类假冒、伪劣、变质、过期食品药品180多种，价值达49779.1元，并统一进行了销毁。免费为农牧民群众提供计生技术服务431人次；五是加强卫生基础设施建设，争取资金130万元，完成了相皮、木协、沙东、雄松4乡卫生院建设。开展县卫生服务中心和各乡（镇）卫生院发放29种计生医疗配套设备设施。组织18医务人员开展巡回医疗，开展了送卫生下乡活动。当年，贡觉县人口自然增长率为11.1‰。

【领导名录】
县委书记：陈军
县委副书记、县长：公嘎泽仁

类乌齐县

【国民经济发展状况】2007年，类乌齐县地方生产总值完成34900万元，同比增长15.9%，比2006年增加4790万元。其中：第一产业12816万元，占36.7%；第二产业7960万元，占22.8%；第三产业14124万元，占40.5%。农牧民人均收入3660元，同比增长17.1%，比地区年初下达的指标超790元，其中现金收入2370元；完成社会民间投资（含援藏资金）9500万元，比地区年初下达的指标超6500万元。实现劳务输出16042人（次），创劳务收入2633万元。

【农、牧、发展状况】粮食总产量1488万斤，比年初地区下达的指标超38万斤。良种播种面积覆盖率为85.70%，比年初地区下达的指标超1.7%；化肥施用量达到8.57斤/亩。30%援藏资金直接用于农牧业生产的科技指导性支出。

全县新生仔畜成活71528头（只、匹），成活率为99%。成畜死亡2712头（只、匹），死亡率为1.17%，总增率为29.3%。出栏牲畜70411头（只、匹），综合出栏率达30.5%，其中，牦牛45969头，马1863匹，羊22579只（肉产量达6044吨，奶产量达7121吨），综合商品率达52%。全年未发生因报告不及时、防治措施不力，而造成重大家畜疫情，各乡（镇）进一步完善草场承包责任制。

【基本建设、安居工程、劳动和社会保障、扶贫开发发展状况】应招标项目公开招投标率达100%；工程质量监督覆盖率达100%；全年新开工建设项目未发生新的“双拖欠”现象；全年干部职工住房公积金归集率、缴存率和本级财政配套率分别达到100%。

全县安居工程开工建设1939户，比地区年初下达的指标超175户，按比例完成县级财政配套资金193.9万元；2007年还安排5个新农村示范点；区、地、县三级农牧民安居工程建设资金做到专户管理，专款专用。

全年实现就业78人，比年初地区下达的指标超8人，就业培训70人，超出指标6人；农牧民转移就业培训87人，超出指标7人，均超额完成年初地区下达的指标任务；城镇登记失业率控制在4.4%；征收养老保险基金713586元（其中财政配套233889元），比年初地区下达的指标超293586元；征收失业保险金17.27万元（其中：本县企事业单位失业保险金9.97万元；地、县教育系统失业保险个人部分7.3万元），比年初地区下达的指标超额1.27万元。

稳定解决农牧区相对贫困人口214户1284人温饱问题，温饱巩固率达到98%以上。

【抓准特色，突破重点，加大产业建设力度】在产业建设工作方面，大力发展特色农牧业，狠抓类乌齐县“一乡一品”工作。年初，县委（扩大）会议上明确了类乌齐县加强产业结构调整，形成一乡一品、一户一专的特色产业发展思路，各乡（镇）也结合自身实际，积极制定和开发适应本乡发展的，具有潜力的“一乡一品”方案，形成了特色产业的发展有针对性和可持续性。根据类乌齐县各种产业有基础优势和发展优势的潜力，把农牧业工作从数量型转变为效益型，从传统型向现代型转变，以增加农牧民收入为出发点，积极探索特色产业的发展，努力推进特色农牧业、旅游业、矿产业、建筑建材业、民族手工业和多种经营等产业的培育和建设。

【全方位拓宽增收渠道】完成劳务输出16042人次，实现劳务收入2633万元；加强对虫草采挖、运输业、劳务输出、林下资源采集业的管理，认真抓好林下资源采集、牦牛肉深加工工作，全年类乌齐县农牧民人均收入达3660元，其中，现金收入就达2370元。2007年类乌齐县农牧业生产总体发展形势良好。

【加强巩固，全面推进教育事业稳步发展】2006年类乌齐县已顺利完成“普九”攻坚，通过了自治区的验收。2007年教育工作重点是巩固“普九”成果，加大招生力度。年内县委、政府专门召开了教育工作会，对2007年的教育工作进行了具体的安排部署。一是加大招生力度，将各项制度、措施落实到位，责任到人。二是加大教育教学的管理力度，以抓管理、师资、生源、基建为重点，努力提高教育质量。三是进一步加大对“三包”经费的管理和落实，加大对教育的投入，积极开展教育捐助活动，努力为教育事业的发展创造良好的条件。

以加强文化活动中心，乡（镇）文化站的建设管理。加大对文化市场的监管力度为工作重点，使类乌齐县文化市场逐步走向了健康、文明的规范化进程；努力开展文物普查、文物保护工作、非物质文化遗产著录和文化信息资源共享工程建设。定期安排文化、民宗、消防等业务部门深入重点文物保护单位，开展文物防火、防盗安全大检查。在2007年4月顺利完成了对查杰玛大殿的全面测量工作，为查杰玛大殿的维修提供了科学的依据；在此基础上继续完成和实施广播电视“村村通”工程，农村电影“2131”工程，并全面完成了广播电视转星工作。充分利用一切节庆日积极开展各类广大群众喜闻乐见的文体活动，以不断满足人民群众日益增长的精神文化需求，为类乌齐的改革发展营造良好的舆论氛围。

坚持把医疗卫生工作的重点放在农牧区。主要通过加强乡（镇）卫生院、卫生室的硬件建设和医疗卫生队伍建设，充实基层卫生力量；加快疾病预防控制体系和突发公共卫生事件医疗救助体系建设，多管齐下，为农牧民群众提供安全有效、方便的公共卫生和基本医疗服务，解决农牧民“看病难”的问题；加强和完善农牧区合作医疗制度，严格落实政府药品集中招标采购制度；坚决做好重大地方病，传染病的综合防治工作，抓好食品、药品安全监管等措施，确保提高农牧民群众的身体健康水平。

【援藏工作】积极做好第五批援藏资金和项目的衔接工作。一年来，县委、县府高度重视援藏工作，认真做好了第四、五批援藏轮换工作。切实把援藏项目规划好、建设好、管理好，并尽力把援藏资金投入到农牧区的基础设施上，着力解决民生问题。认真学习了援藏领导和技术人员的先进管理理念和技术，认真总结了第四批援藏工作经验，以开展好新一轮援藏工作。各单位积极主动地加强了与对口援藏单位的沟通与交流，进一步建立健全了干部援藏、经济援藏、人才援藏、技术援藏相结合的工作机制，力保将本单位本部门的发展纳入到援藏单位的发展规划中。目前，第五批援藏资金在通过努力，已确定为2900万元。同时，通过第五批援藏干部的衔接，2007年8月成功招商引进了辽宁海城市华银集团开发卡玛多乡菱镁矿并正式落户类乌齐县。该集团正处厂房修建中，完成第一批投资3000万（本年度），第二、第三批共7000余万元，将陆续落实。

丁青县

【基本县情】丁青县位于西藏东北部，昌都地区西北部，是昌都地区的西大门。设置为2个镇、11个乡。丁青现有面积12955平方公里，县城所在地海拔3873.1米，距昌都248公里，距拉萨805公里，317国道纵贯全县，共65个行政村，183个村民小组。2007年底全县总人口为65214人，其中农业人口62854人；实有耕地12.05万亩，草场面积694533公顷，牲畜存栏27.89万头（只、匹）。

全县现有中、小学及教学点53所，其中县初级中学1所，县完全小学1所，乡（镇）中心校10所，村完小1所，村教学点40所；适龄儿童入学率达98.91%以上，适龄少年入学率达90.40%。

【经济发展】2007年，丁青县财政收入完成1382万元，同比增长37.1%，创历史新高。完成地方税收286万元，社会消费品零售总额6557万元，同比增长30%。城镇居民可支配收入和农牧民人均纯收入分别达到9800元和2810元，同比增长8%、26%，是“九五”以来增长速度最快的一年。2007年，累计发放贷款1.2亿元，同比增长19.5%；各类存款总额达1.3亿元，同比增长17.6%。

按照农业做稳、牧业做大和稳粮调结构的思路，农牧业综合生产能力进一步提高。全年订购化肥1205吨，备种577.5万斤，农作物播种面积7867公顷，良种种植面积7000公顷。全县粮食总产量达到4800万斤，各类牲畜存栏27.8万头（只、匹）、肉产量928.83万斤、奶产量1071万斤。完成五个牧业乡涉及22个行政村，1532户，10286人，总面积19211公顷的草场承包到户工作。

2007年乡（镇）企业实现产值达830万元，实现利税达275万元；多种经营收入达10359万元；民族手工业实现收入200余万元；社会消费品零售总额完成6557万元。第三产业的快速发展，对于全县经济发展、市场繁荣、物价稳定和增加农牧民收入，提高城乡居民生活质量发挥了重要作用。2007年底，全县个体工商户已发展到721家，从业人员1325人，注册资金达1260万元；私营企业从无到有，已经发展为13户、雇工人数140人，注册资金119.5万元。

同时，以“产业带建设”为着力点，积极实施特色产业基地建设，逐步把丁青县的经济发展建立在“农牧业发展做基础、能源矿产做支柱、资源利用做特色”的产业发展思路上来，突出农牧区经济建设特点和发展优势，把特色产业做大做强。按照“抓项目、育龙头、建基地、兴产业、占市场、求发展”的新思路，在县域内317国道沿线重点狠抓了种（养）殖业基地、畜产品流通基地、民族手工业基地、建筑建材供应基地、运输业示范基地、优质商品粮基地和牦牛产业带建设，成效明显。

【新农村建设】社会主义新农村建设稳步推进。2007年，有1225户、近万名农牧民喜迁新居。新建24个行政村“两委”办公场所，并实施了综合配套设施建设。新增通路行政村10个，解决1.3万余人的通行难问题。年底，全县乡村公路里程240.78公里，村通路率达81.5%。解决了22个村、759人、20234头（只、匹）牲畜的安全饮水问题。桑多电站和巴达电站的建成，解决了5个乡，788户，5456人的用电难问题，同时有效缓解了县城的用电紧张局面。已建成县卫生服务中心住院部、12个乡（镇）卫生院和3个乡（镇）派出所，极大改善了群众的就医条件和治安环境。对县机关和7个乡（镇）建设了干部职工周转房，解决了干部职工住房困难问题。

【社会事业】教育事业：丁青教育规模效益和质量日益提高。大力实施优先发展教育战略，在2006年县财政投入350万元用于9个农牧区教学点建设的基础上，2007年又继续投入290多万元新建7个教学点，县中学、小学硬件建设全面完成，教育教学条件和环境得到全面改善和增强。2007年10月25日，丁青县顺利通过自治区“普九”验收，校园绿化、规范化建设、职业教育等各项工作稳步推进，社会重教支教氛围浓厚，“普九”成果得到有效巩固和提高。

文化事业：2007年，全县从事文化经营场所63个，从业人员213人，同时为打造丁青热巴品牌，积极申办国家级“民间文化艺术之乡”，丁青热巴被文化部列入“非物质文化遗产”名录。政府网络化建设走在前列，顺利开通了丁青县门户网站《丁青在线》，政府局域网建设完成并投入使用；文化市场管理进一步强化，有效地封堵了非法出版物的传播与销售。“三下乡”活动深入人心大大促进了“三个文明”建设的健康、协调发展。

卫生事业：儿童计划免疫接种率达98%以上，核销农牧民医药费兑现率达100%。全县所有农牧民均享受了农牧区医疗待遇，其中参加新型合作医疗达85.87%。基本养老保险范围不断扩大，做到了足额按时发放。城镇职工基本医疗保险覆盖率达100%。

保障事业：认真落实城镇低保和农牧区特困群众生活救助政策，严格落实农村“五保户”供养、特困户救助、灾民救济等工作。按照“低水平、广覆盖、应保尽保、分类施保”的原则，对享受低保对象实行动态管理，切实解决了农牧区群众因病致贫、因病返贫的现象。高度重视做好丁青县高等学校毕业生就业、城镇退伍军人安置工作，加强职业培训和就业服务体系建设。积极为干部职工家属、困难群众解决社会公益岗位，解决城镇居民的就业问题。全年解决就业岗位110个。

【固定投资及城镇建设】实施投资拉动战略成效突出。2007年，在积极争取国家投资的同时，丁青县千方百计扩大社会和民间投资。2007年全县基本建设投资达21711万元。“三期农网”改造工作进展顺利，“一乡一镇”及县城供水工程效能初显。投资517.82万元的巴达电站和投资5500万元的丁青县二级水电站桑多电站均已投入运行。交通、能源等基础设施建设步伐不断加快，交通建设完成投资9517万元。尺牍镇上依村—嘎塔乡公路已交付使用；市政道路东扩西延工程和天津投资援建的觉恩乡硬化路已投入使用已全部竣工；协雄乡至边坝县热玉乡公路进展顺利。

小城镇网络体系基本形成。全县小城镇建设发展迅猛，极大改善了干部群众的出行和生活环境，“十一五”以来，完成建设项目239项，建筑总面积73500余平方米，市政道路1.7千米。近两年小城镇建设完成投资15256万元，建筑面积99200平方米。截至2007年底，县城常住人口达7500多人，县城建设区面积达1.5平方公里，城镇化率达11.4%，城镇绿化率达10%，城镇道路全长4.4公里。城镇功能不断完善，城镇供水管网长度达4.9公里，日供水能力1000立方米，县城排污管长4.2公里，城关镇—县城—协雄乡小城镇区域带基本建成，县城集吃、住、行、购、娱为一体的商品集散地和物流中心功能不断得到健全和显现；各乡镇城镇化水平逐步提高，功能不断完善，群众生产生活条件得到根本性转变，全县已初步形成了以县城为中心，各乡（镇）所在地为次中心的小城镇建设网络体系。

【援藏工作】第四、五批援藏干部顺利完成了轮换，援藏干部视丁青为第二故乡，深入基层农牧区调查研究，关心群众疾苦，倾听群众呼声，认真解决农牧区面临的困难和问题。落实援藏项目资金，县农牧民培训中心附属工程、县小学周转房、觉恩乡市政硬化路面建设均已竣工投入使用。积极协调了“天津大道”，4个教学点新建及卫生服务中心附属工程等资金，并于2008年开工建设。同时，多渠道、多方面为丁青县协调解决机关办公用品，改善了机关和部分乡（镇）的办公条件，提高了办公效率。

察雅县

【国民经济持续发展】2007年，察雅县地方生产总值达到26803万元，同比增长16%。其中第一产业达到13402万元，第二产业达到4825万元，第三产业达到8576万元，三大产业比重为50：18：32，产业结构日趋合理。农牧民人均纯收入2303元，其中现金收入1290元，同比增长16%，全年财政收入达611万元。在年底全地区经济社会发展目标考评中名列第二。

【农牧林业、水利、交通等基础设施条件进一步改善】全年改造低产田1400公顷，改治坡地27公顷；国家投资150万元，修建了第一批农村饮水安全工程，新修水利设施2条，长8.2公里，涉及5个乡（镇）11个村、264户1655人、3540头（只、匹）牲畜的饮用水。完成了第一、二期人畜饮水工程9个点的维修工作，维修水渠402条，长33万米，水塘275座。以饮水点为单位，成立了用水户协会，落实工程管护和管水制度。荣周灌区工程通过初验，香堆电站投入使用；完成森林生态效益补偿基金抚育项目64公顷的造林任务，封山育林达1000公顷，重点区域造林面积达102公顷，当年重点区域造林工程通过自治区验收。全县森林覆盖率比十五末提高了15.6个百分点，达到37.79%；肯通乡草场承包工作通过自治区验收，“草畜平衡”制度进一步落实；交通基础设施建设争取国家投资490万元，修建了10条乡村公路和两座桥，卡察公路于2007年10月竣工，实现13个乡镇全部通车，建制村通车率达50.3%。电力、信息、通讯基础设施进一步改善，第三期农网建设与改造工程通过自治区验收，全县通电乡镇达12个，乡镇通电率为92.31%；通电行政村67个，村通电率为43%；户通电率为66.6%；总人口通电率为61.6%。

【产业化经营扎实推进】县政府进一步明确发展思路，实施“一村一品、几村一品”战略，把依托优势资源和特色资源，大力发展县域经济作为全县经济社会发展、扩大农牧民就业、增强自我发展能力的重要举措。一是在不放松粮食生产的前提下，利用气候优势，继续扩大蔬菜种植面积，在卡贡、吉塘、烟多等乡镇推广大棚蔬菜，进一步夯实察雅县蔬菜产业的发展基础。二是继续抓好藏鸡养殖特色项目和果林扩建，争取援藏资金150万元，扩建吉塘立体生态农业示范园达47公顷，使其发挥更大的示范带头作用。三是积极培育和扶持龙头企业，大力发展企业建基地、基地联农户的产业化经营模式，重点推进青稞、牦牛、奶牛等品种的改良。四是更新苹果种植基地，扩大花椒、核桃、桃子等经济林木种植，发展“庭院经济”，进一步推广“农户+基地+公司”、“支部+协会”等经营模式。五是加快乡镇企业发展，大力发展烟多花岗石厂、卡贡沙厂等企业，不断提高企业效益。

【城镇建设步伐明显加快】完成了两栋职工住宿楼的改造、绿化工程和烟多中路、双拥路、小康路等路段的硬化改造工程，香堆电站、扩达乡、巴日乡卫生院等续建工程，兴建县级干部周转房、乡镇周转房、基层村委会办公房，中国铝业公司援建县敬老院、幼儿园、6个教学点，改善了城镇基础设施条件，提高了市政功能。全年累计完成投资15178万元，其中国家投资5447万元，援藏投资1130万元，社会投资6856万元。

【安居工程建设和村级组织活动场所建设稳步推进】2007年全县农牧民安居工程建设指标为838户，实际建设925户，完成投资9163.16万元，其中国家投资1638.4万元（安居房建设1162.4万元，村级组织活动场所476万元），县级财政配套100万元，援藏投资545万元，群众自筹 7561.59 万元。通过地区初验，评为优良工程。9月下旬成功举办了昌都地区社会主义新农村建设现场会。

【认真落实各项惠民政策】全年农牧民合作医疗门诊核销 77732 人次，核销金额达124.18万元，报销住院金额达54.35万元；2008 年上半年，农牧民门诊核销达 19331 人次，核销金额达 122.67 万元，报销住院金额 77.83 万元。2007 年兑现退耕还林补贴资金 196 万元。县财政、监察部门经常督促检查各项惠民政策、资金的落实情况，确保农牧民得到实惠。

【援藏工作和对口帮扶工作成效显著】加大了援藏工作对农牧区的投入力度，积极引导援藏资金用于全县的农牧民安居工程、教育基础设施建设等，当年中国铝业公司援助 22 个项目累计完成资金 3490 多万元。完成了区党委办公厅、民政厅和自治区财政厅、公安厅的联系单位衔接工作，并制定了扶贫项目规划。区财政厅制定的扶贫开发工作以项目规划建设为启动点，包括生产性基础设施、社区社会服务设施、养殖业、种植业和特色产业等几大类，共 44 个项目，概算总投资达 3526.8 万元。9 个对口扶贫项目投资 500 多万元。

【广辟增收渠道，增加农牧民现金收入】按照地委、行署“增收到帐”的要求，加大劳务输出，在村级公路修建和基础设施建设工程中本着能用本地劳动力的坚决用本地劳动力的原则，充分利用当地的人力资源，促进群众增收。成立了 3 个劳务输出组织，全县投劳总数达 14500 人次，劳务收入达 1692 万元。同时，大力发展多种经营，如制作藏香、藏靴、银器加工等，实现多种经营收入达 4619 万元。按照有组织、有纪律、有管理的原则，将采挖虫草工作纳入全县农牧民增收工作范围内，由各乡（镇）负责，统一组织采挖虫草。当年共采挖虫草 2906.8 斤，折合现金 1.22 亿元。在安居工程建设中狠抓安居与增收相结合，参加建设人员达 74.41 万人次，增收达 1202.91 万元。

【社会各项事业全面协调发展】2007 年推广农牧区适用科学技术十余项，组织农牧民集中进行了短期实用技术培训，培训农牧民群众 2150 人次。坚持把教育放在优先发展的战略地位，大力巩固提高“两基”攻坚成果，教育布局调整进一步深入，乡村学校硬件条件进一步改善，认真落实“三包”政策，学校管理进一步规范，教育教学质量有较大提高，群众送子女入学的积极性进一步提高，控辍工作取得积极进展，2007 年 11 月“两基”巩固工作通过地区复查验收。卫生基础设施进一步改善，13 个乡镇修建了卫生院。中铝公司投资 100 万元援助了一批医疗设备。加强了人口和计划生育工作，进一步完善“一孩双女”户困难家庭扶助人群扶助资金的调查、审核、发放、管理工作。深入推进“食品药品安全”示范县工程。“新农村新家庭——香格里拉地区人口健康促进项目”和卫生部与联合国 2006—2010 年周期妇幼卫生合作项目稳步推进，计划生育工作荣获自治区“优质服务县”。扶贫开发取得新成效，实施扶贫项目 20 个，国家总投资 759.87 万元，解决 387 户 2389 人的温饱问题，使 53 户 329 人脱贫。当年为各类自然灾害受灾群众发放救灾粮 10 万斤，发放衣物 4800 件、被褥 650 套，使用救灾资金 28 万元。完善了城乡医疗救助制度，全县共筹集医疗救助资金 60.19 万元，纳入医疗救助的群众达 2414 人，占全县农牧区特困群众的 28%。发放低保户保障金 48 万余元。结合宣讲十七大精神，县财政安排 5 万余元，走访慰问了 107 户“三老”人员和困难群众。通过政府公益性岗位招考，安排就业人员 18 名。积极兑现 52 名原供销社半脱产人员的有关政策待遇。

八宿县

【经济发展保持良好态势】2007 年，八宿县完成地方生产总值 23600 万元，与年度任务指标 23200 万元相比略有增长；农牧民人均纯收入达到 2465.9 元，超额完成年度任务指标 2350 元的 4.93%，其中：现金收入达到 1410 元，超额完成年度指标 1340 元的 5.22%；社会民间投资达 5128 万元（含援藏资金 768 万元），完成年度目标任务 3000 万元的 70.93%；加强了对 06 年财源建设项目的巩固和管理，地方财政收入可以完成 726 万元，完成年度目标任务 721 万元的 100.7%。

【巩固农牧业发展地位，扎实做好农牧业工作】在农业上，围绕建设社会主义新农村的目标，以稳定粮食产量为前提，以增加群众收入为目标，以结构调整为主线，以科技进步为动力，加强农牧业基础设施建设，优化发展布局，特别是加快特色产业的发展，为全年农牧业丰收奠定了基础。全年粮食总产量完成 2157.45 万斤，超额完成年度指标任务 2100 万斤的 2.74%，化肥施用总量达到 449.32 吨；30%以上的援藏资金直接用于农牧业生产，全年开展 31 期 2117 人次的农牧民素质技能培训。

在牧业上，全年牲畜存栏总数控制在 301976 头（只、匹），年末仔畜成活率达到 95.3%，成畜死亡率控制在 2.4%以内，年末综合出栏率达到 32.13%，均符合年初目标任务的要求。全年未发生五号病、绵羊痘、炭疽、出败病等重大动物疫情；2007 年 5 月开始建设的八宿县邦达草原建设项目，实施人工种草、草场围栏、草场灭鼠、牛棚、牛圈、草料库建设、牦牛育肥等建设内容，现已完成大部分建设任务，共投入资金 1485.21 万元。

【加快农牧业特色产业项目建设】在发展农牧业特色产业项目方面，主要抓了藏猪、藏鸡养殖项目、荞麦加工项目、藏红花种植以及经济林木基地项目，建设资金基本到位，项目建设顺利进行。

【农牧民安居工程进展顺利】2007 年开展农牧民安居工程建设 805 户，超过年度任务 790 户的要求。截止目前，已完成 805 户的建设，完成总投资 5006.83 万元；建设整村推进示范点 2 个，按比例完成县级财政配套资金 79 万元，投入援藏资金 230 万元；农牧民安居工程建设资金建立专户管理，做到了专款专用，

【狠抓群众增收工作】2007 年城镇居民人均可支配收入和农牧民人均纯收入分别达到 9800 元和 2465.9 元。

【认真抓好基础设施和重点项目的建设与管理】坚持优先发展交通、能源、水利等基础设施建设，打牢发展基础，改善发展条件，提升发展质量，提高发展后劲。一是围绕“八个基本解决”的工作要求，加快农牧区基础设施建设步伐，解决好群众关心的通水、通电、通路、通话等项目建设；二是抓好夏里三乡公路、县乡周转房、机关礼堂、5个乡镇卫生院、教学点等工程项目的建设与管理，确保工期和质量；三是认真落实项目法人负责制、招投标制、工程监理制、工程质量终身负责制等方面的规定，注重做好工程建设中的环境保护工作；四是进一步加强八宿县基本建设项目库建设，结合八宿县农牧区经济社会发展的实际需要，尽量多筹备项目，筹备大项目，特别是把产业建设上的项目作为重点发展方向，积极争取产业发展基金；五是认真落实有关基本建设项目民工工资保证金制度，确保民工工资及时兑现；2007年，应招标项目公开招标率达100%，全年开工建设基本建设项目41项，工程履约保证金缴存率达 100%，工程质量监督覆盖率达 100%，均符合年度目标任务的要求。全年新开工建设项目未发生新的“双拖欠”现象，全县干部职工住房公积金归集率、缴存率和县级财政配套率均达到100%。

【旅游事业不断发展】始终把旅游工作当作“三产大发展”工作的重要内容来抓。加大然乌湖、多拉神山、来古冰川等旅游景点的对外宣传力度，加强对旅游景区的建设与管理，特别是加强了来古冰川、多拉神山两个景点的管理，投资对部分旅游设施进行了改造，进一步提升了景区旅游服务质量和接待能力。截止 2007 年 11 月底，共接待国内外旅客 47815 人次，实现旅游收入 45860 元。

【社会事业全面进步】教育方面，针对 2007 年要完成“普九”的硬任务，又专门套开了“两基”攻坚动员会，县委、县府再次全面对“两基”工作进行了动员和部署，明确了责任，提出了要求，部署了任务，并把2007年确定为“普九攻坚年”。在 2007 年 4 月和 10 月，八宿县“普九”工作顺利通过了自治区过程督导验收和最终验收。截止目前，全县在校学生达到 7618 人，其中中学生 2324 人，小学生 5294 人，适龄儿童入学率达 98.45%，初中入学率达到 90.32%。在抓“两基”攻坚工作的同时，还注重抓好教育教学质量建设和队伍建设，不断改善学校硬件设施。

卫生方面，主要抓好农牧区合作医疗、卫生防疫、妇幼保健、计划生育以及地方病防治等工作。适龄儿童计划免疫接种率达 98.2%；药品采购按规定全部纳入地区集中招标采购范畴，采购金额达农牧民群众发放免费医疗经费总额的 87.79%以上；人口自然增长率控制在 7.94‰以内；按规定报销农牧民医药费兑现率达 100%，其中，自 2006 年 11 月 1 日至 2007 年 10 月 31 日，大病统筹报销 1628720 元，门诊减免 1367887.1 元；全年，已计划免疫人员未发生流行性传染病。加快藏医药事业发展，两个藏药厂效益良好。加快开展“一孩双女”的调查统计和扶助工作，在一定程度上解决了部分群众的家庭生活困难问题。

科技方面，八宿县加快了对农牧科技的引用推广工作力度，着重抓好畜种改良、良种引进推广和新能源的推广等方面的工作。全年开展 31 期 2117 人次的农牧民素质技能培训，3 次送科技下乡活动，引进 3 项农牧业适用技术，实施科技特派员项目 4 个。

文化方面，文化、广播、电影电视、体育等工作取得新的成绩，认真实施“西新工程”、“村村通工程”、农村电影“2131”工程，广播电影电视人口覆盖率进一步提高。基本实现了 14 个乡镇、126 个行政村“村村通”广播电视的目标，广播、电视人口覆盖率分别达到 70%和 90%。加快农牧区文化场所建设和管理，不断改善基层群众文化生活条件。开展了寺庙文物和怒江峡谷一带革命历史文物普查登记工作，鉴定寺庙文物 50 件，同时做好非物质文化建设保护工作。

【援藏工作】2007 年 8 月初，顺利完成了武钢集团第一、二批援藏干部的轮换和援藏工作交接任务，武钢集团第一批援助八宿县的2400万元援藏资金已全部得到落实。9 月底 10 月初和 11 月底，第二批 2 名援藏干部和八宿县回访团先后前往武钢集团商洽第二批援藏工作有关事项。

左贡县

【左贡县情】左贡藏语意为“犏（耕）牛背”的意思。左贡县位于西藏东南部，北靠察雅，东依芒康，南接云南德钦，西与察隅、八宿相连，318、214 国道交汇贯穿全境，具有承东启西、联结南北的区位之便，是历代商贾由茶马古道进出西藏的必经之地。

全县现辖 3 镇 7 乡，161 个行政村，总人口 44379 人。全县总面积 1.17 万平方公里，怒江、澜沧江、玉曲河由北向南呈“川”字型纵贯全境奔流而下，形成三种不同的河谷地貌、气候特征。两江流域峡谷深切，山岭重叠，交通不便，但海拔低，气温高，年无霜期长，物产丰盛；玉曲河流域山势平缓，河谷宽坦，交通便利，却海拔高，年无霜期短，农业生产局限性大。

【经济社会实现又好又快发展】2007 年，左贡县实现地方生产总值 3.1211 亿元，同比增长 16.5%；农牧民人均纯收入达到 2507 元，同比增长 16.9%，其中：现金收入完成 1430 元；财政收入完成 797 万元，同比增长 31%。粮食总产量达到 3233.82 万斤；全县仔畜成活率达到 95.67%，成畜死亡率控制在 1.58%以内，综合出栏率达 33.05%（其中：牦牛出栏数达 1200 头）；人口自然增长率控制在 7.91‰以内。

【以“安居”、“乐业”为目标，扎实推进社会主义新农村建设】（1）积极拓宽渠道，狠抓农牧民增收。全年共完成劳务输出 22978 人次，劳务收入 2445.28 万元，同比增长 4%。

（2）加强了林政管理工作。完成封山育林 1740 公顷，成片造林 199 公顷，历年植树保存率达到 85%，植树成活率达到 88%；退耕还林保存率达 85%，及时兑现了 136 万元退耕还林补贴资金；加强了林政管理，严格执行限额采伐制度，按政策规定供应农牧民安居工程建设用材；全年未发生森林火灾。

（3）精心组织，周密安排，抓好农牧民“安居”工程建设。全年共完成877户农牧民安居工程建设任务；建成了20个村委会和2个新农村示范点；按比例完成县级财政配套资金87.7万元。

【继续加强交通、能源、水利等基础设施建设】重点完成了农田水利建设、县乡周转房、教学点改造、扎玉毕坝公路、美玉俄龙公路建设工程；三期农网、安全饮水、仁果、绕金公路、县城给排水工程进展顺利。农牧区基础设施建设和基层政权的硬件建设进一步加强，为农牧民群众的安居乐业奠定了良好的基础，也为GDP的快速增长发挥了强有力的拉动作用。

在工程建设中，加强了对重点项目的管理和稽查，强化了基建领导小组职责，规范了招投标程序，规范了业主行为。同时，加强了安全生产监督检查，确保了施工安全。

【援藏工作】圆满完成了第二、三批援藏干部轮换，积极主动加强与“一汽”集团公司的沟通交流，签定了第三批援藏协议，协议资金达1850万元，同比增长37%。启动了第三批援藏项目规划，已安排援藏资金建设田妥一汽希望小学二期工程、电视台改扩建以及乡镇吊桥等工程；投资150万元扶持左贡县农牧民发展运输事业。

【以“品牌”、“效益”为目标，着力打造特色产业】2007年，对左贡藏东干红葡萄酒进行了恢复性投产，对核桃、花椒、石榴、藏猪肉等进行了初级加工，推向市场，既保护了种（养）植（殖）户利益，又增加了财政收入，促进了农业产业化发展。

旅游业快速发展。一年来，政府共投入40余万元，通过建立政府网站、制作宣传画册、光碟、明信片，加大了旅游宣传力度。据统计，全年共接待各类游客2.5万人次，旅游收入达到680余万元。

【社会事业全面发展】坚持教育优先发展战略。全面按照“学生到位抓领导、学生管理抓制度、职业教育抓效益”的总体要求，采取有力措施，遏制了在校生频频流失。同时，进一步加强了对教育的投入力度，本级财政配套资金已全部划拨到位，确保了教育工作的顺利开展。教育基本建设项目进展顺利，第一批10所教学点改造任务顺利完成，县小学办公楼扩建项目基本完成，一汽希望小学二期工程开工建设。新课改工作深入推进，教学质量逐步提高。师资队伍建设得到加强。职业教育稳步发展，县中学服装厂已投产，基本能够满足全县校服的需求，进一步巩固了“以教育技、以技养教”的职教成果。

继续做好文化广播电影电视工作。对全县181座“村村通”进行了维护，设备完好率达到95%以上，确保了覆盖率的稳步提高和收视效果的不断改善，及时制定了“村村通”管理办法；进一步加大了文物古建筑物的保护力度，建立了文物保护档案。强化了文化市场监管力度，进一步规范了文化市场秩序，杜绝了“黄、赌、毒”等不法行为。

全面做好卫生工作。认真贯彻新的《西藏自治区农牧区医疗管理暂行办法》，农牧区医疗制度得到进一步规范和完善。在田妥镇亚中村启动了新农村新家庭——大香格里拉地区人口健康促进项目试点工作，强化了卫生、计生服务，取得较好的社会效益。参加农牧区医疗个人筹资的农牧民群众逐年增加。开展了3次巡回医疗下乡活动，涉及3个乡镇39个行政村，受益群众4572人，发放药品20万元。

社会公共服务水平不断提高。启动了县城给排水工程，在电力紧张的情况下，能够保证电力的正常供给；邮政、通讯业务覆盖率进一步提高；市政监管力度进一步加大，环境卫生得到改善。

【存在的问题】1.经济社会发展对投资的需求与国家投资不足之间的矛盾突出，将成为今后一段时期影响左贡县经济社会发展的一个重要因素；2.涉及群众切身利益的不少问题还没有得到很好解决，看病难、增收途径单一等问题突出；3.在农牧民安居工程中，部分乡镇对实施农牧民安居工程在推进社会主义新农村建设中所具有重要意义的认识不到位，重视程度不够；4.社会事业发展滞后，公共服务水平急需提高；5.支撑地方经济发展的支柱产业不突出，经济发展缓慢，财政增长难度大；6.安全生产形势不容乐观等等。

【获奖情况】左贡县荣获西藏自治区级“双拥模范先进县”。

芒康县

【年度情况与特点】2007年，芒康县以“坚定不移抓发展，旗帜鲜明反分裂”为主题，按照“一产上水平、二产抓重点、三产大发展”的发展战略，以“落实年”为总要，突出三项要求，抓好八项工作，开创了城乡经济快速协调发展、社会事业全面进步的良好局面。全县地方生产总值完成5.5亿元，同比增长17%，一、二、三产比调整为35.4：27.4：37.2。农牧民人均纯收入达2700元（其中现金收入1609元），同比增长22.7%，劳务输出2.53万人次，实现收入5700万元；社会固定资产投资累计完成7.05亿元；全年本级财政收入1252万元，同比增长40.67%；实现总税收1145万元，同比增长66.67%。第三产业发展迅速，商品零售总额实现9001万元。

【“三农”工作形势喜人】按照“一产上水平”的要求，芒康县积极采取措施促进农、林、牧协调发展。全县粮食总产量实现5085万斤，同比增长25.25%；粮、经、饲种植比调整为83.2∶9.9∶6.9。畜牧业在畜种改良、牲畜疫病防治、草场承包、草原建设和牲畜出栏等方面都取得了较好成绩，全县年末牲畜存栏488504头（只、匹），仔畜成活率达98.6%，成畜死亡率控制在1.1%以内；牲畜出栏率达35.5%；牲畜反季节出栏力度不断加大，保证了市场肉类供应平衡。林业工作主要是加强林政管理和造护林力度，退耕还林成效显著，有林地面积进一步增大。

推广农牧科技，促进农牧民增收。主要是进一步加大农牧区科技服务体系建设和农牧民培训，引进农牧业实用技术和优良品种，提高农牧业产值和农牧产品市场竞争力；有组织、有计划地输出农村剩余劳动力 25300 人次，实现收入 5700 余万元；建成了三个乡（镇）的黑山羊养殖基地和三个乡（镇）的沼气池试点，索多西乡辣椒加工基地，藏鸡孵化车间和雏舍等特色产业项目。

【新农村建设扎实推进】芒康县社会主义新农村建设工作以建立农牧民增收长效机制为核心，以调整农村经济结构为主线，以农牧民安居乐业为重点，以发展现代化农业示范基地为发展方向，以解决农牧民最关心的问题为切入点，以改善农村生产生活条件为主要内容，严格执行涉农优惠政策，新农村建设步伐加快。重点完成了 1445 户农牧民安居工程建设任务，其中农房改造 1152 户，游牧民定居 34 户，扶贫搬迁 190 户，地方病搬迁 69 户；完成了纳西乡纳西村、朱巴龙乡朱巴龙村等 7 个新农村建设示范点和 25 个行政村村级组织活动场所的建设，在年底验收时被评定为“优良工程”。

【基础设施建设取得新进展】2007 年，芒康县开复工项目共计 19 个大项、77 个小项，累计完成固定资产投资 7 亿余元，重点完成了 214 国道芒康段整治改建工程路基和涵洞等基础部分的建设，县国税综合楼和民政综合楼建设完成；并建设完成了 16 条乡村公路，总里程达 144.366 公里；建成了三期人饮续建项目和四期人饮工程；三期农网改造稳步实施，建成了麦巴电站、木瓦电站。

矿产资源开发稳步推进，加强了对 3 家采矿企业和 20 余家探矿企业的管理，矿产资源开发工作有计划、步骤地实施。

【招商引资工作成效显著】重点做好了 2006 年 6 个招商项目的巩固；与四川省三仪铝电有限公司签订了西曲河三级电站开发和金属冶炼厂两个项目协议；与云南华南绿色食品开发有限责任公司达成了松茸出口创汇协议；与云南省大理云秀建筑公司达成了芒康县境内澜沧江一级支流 3 万千瓦水电站建设意向。成功实现了盐井青稞酒厂、绿叶食品有限公司、黑山羊销售公司、高争水泥厂改扩建等四个项目的招商。

【旅游支柱产业建设有新突破】不断加大旅游资源的推介、旅游市场的规范和旅游景区（点）的建设力度，促进了旅游支柱产业的初步形成。目前，在盐井片区已经有 300 余名群众参与旅游餐饮、零售等服务行业，新增“藏家乐”11 家，建立了 2 个农牧民表演队，旅游综合收入突破 600 万元。同时，进一步收集、整理、完善了景区（点）解说词、民俗文化和民间故事，借助现代媒体加强宣传，芒康已经被世人所知。

【社会各项事业全面进步】民政工作在救灾救济、双拥优抚、基层政权建设及城乡低保、残联、婚姻登记、流浪人员救助等方面有较大突破；扶贫解困工作扎实有效，稳定解决贫困人口 393 户、2350 人的温饱问题，温饱巩固率达 98%；劳动和社会保障制度逐步完善，劳动监察力度不断加大，全年共培训 270 人，实现就业或再就业 198 人，公开考录公益性岗位工作人员 30 名，城镇失业率控制在 4.3%以内。

科教兴县战略稳步推进，盐井中学被国家人事部、教育部评为“全国教育系统先进集体”，全县西藏班考试、中专考试位居全地区首位；远程教育、职业技能教育等方面得到加强，扫盲成果得到进一步巩固，教育事业走上了新的发展轨道。

医疗卫生工作主要是农牧区医疗管理更加规范，农牧民医药费报销比例在原有的基础上提高了 15%，报销封顶线提高到 8000 元；开展了为期 3 个月的产品质量和食品安全专项整治行动，食品药品市场更加规范；加强人口管理，人口自然增长率控制在了 11‰；疫病防治工作全面加强。

洛隆县

【基本县情】“洛隆”，藏语意为“南谷”或“南川”。县驻地孜托镇。全县辖 7 乡 4 镇 76 个村委会 1 个社区居委会 365 个自然村，总面积 8108 平方公里，总人口 44241 人，其中农牧民人口 42061 人。

洛隆县位于西藏东北部、昌都西南部，地处藏东横断山脉、怒江流域，距拉萨 1256 公里、昌都 302 公里，东临八宿县，南与林芝地区波密县接壤，西依边坝县，北靠丁青、类乌齐两县，平均海拔 3700 米。洛隆属以农为主的半农半牧县，其中耕地面积 5267 公顷，草场面积 64 万公顷，牲畜存栏 220817 头（只、匹），比 2006 年减少 0.525%；林地面积 37.3 万公顷，林地覆盖率为 30.6%，活立木蓄积量 1847 万立方米。

【经济发展情况】2007 年，洛隆县完成地方生产总值 31397 万元，同比增长 16.28%；县级财政收入完成 526 万元，同比增长 31.5%；农牧民人均纯收入达 2690 元，同比增长 28.95%；农牧民现金收入达 1670 元，同比增长 9.38%。乡镇企业总产值增加到 410 万元，实现收入 300 万元；民族手工业总产值增加到 103 万元，实现收入 82 万元；实现多种经营收入 3500 万元；完成劳务输出 10472 人次，实现劳务收入 1007 万元；采集虫草 1008.7 公斤，实现现金收入 3429.6 万元。完成社会民间投资（含援藏资金）2504 万元。

【农业生产再创丰收】2007 年全县农作物播种面积 5853 公顷，粮食总产量达 4108 万斤，同比增产 4.63%；良种繁育 167 公顷，良种覆盖率 87.9%，主导品种统供率 75%；开展农牧民栽培、牲畜疫病防治、建筑施工、绘画、农机安装维修、养殖、人影、施肥等科技技能培训 3000 余人；机耕 2187 公顷，机播 2400 公顷，机收 1733 公顷；累计投入 333 万元援藏资金，直接用于改善农牧区农牧业生产；调运春播化肥 650 吨，农药 8 吨，积造农家肥 17.5 万吨，精选良种 245 万斤，调运良种 13 万斤，改造中、低产田 1000 公顷，建设二级良繁田 633 公顷；建设优质青稞生产基地 2667 公顷、优质油菜基地 20 公顷；投资 50 万元重点扶持洛隆县糌粑加工厂的改扩建，引进糌粑包装生产线 1 个、榨油机 1 套、挂面机 1 套，改进产品包装工艺，提高产品质量，扩大农副产品生产能力；为保证糌粑加工生产来源，农牧部门还与 210 户种植户签订了 20 万斤供销合同，每户增加收入 300 元。

【牧业生产步入良性轨道】牲畜存栏

220817头（只、匹），新生仔畜64185头（只、匹），仔畜成活率96%；成畜死亡1437头（只、匹），死亡率控制在0.7%以内；牲畜出栏63265头（只、匹），出栏率28.5%，综合商品率46%；全年注射各类牲畜疫苗50.795万头（只、匹），免疫注射率100%，免疫密度达到了100%；开展巡回医疗1025人次；完成腊久乡母许村83户463人1234公顷草场承包经营责任制任务。2007年未发生牲畜疫情疫病。

【农牧民增收成效明显】一是严格各项增收政策措施的落实，切实从农牧民群众的利益出发，加大了对各项补贴、补助资金在落实过程中的监管力度，政策性增收工作得到进一步加强，全年共完成政策性收入2251.44万元。二是采取建设优质青稞基地和优质油菜基地，扶持城郊农牧民开展蔬菜、经济作物种植和开展特种养殖，加大结构调整，大力发展农村经济，全年直接为农牧民创收300余万元。三是加大增收工作的协调管理力度，不断加强组织化建设，在全县成立了农牧民绘画协会、运输协会、劳务协会、建材加工生产协会等集体增收组织，同时还根据各乡（镇）特色成立了相应的增收协会，通过整合资源、完善产销供求链等方式挖掘增收潜力，提高增收效益。全县各增收协会全年共实现增收1193.64万元。四是在转变农牧民群众惜杀、惜售的观念上下大力气，由政府出面做通农牧民思想工作，在确保牲畜存栏的基础上，以提高牲畜出栏为着眼点，以促进增收为目的，通过切实可行的组织和安排，全年共安排了205头牦牛分别由各乡（镇）轮流在县城市场上市销售，实现收入82万元，。

【基本建设进展顺利】2007年全县基本建设项目62项，总投资10103.1万元，实际完成投资7392.8万元，开工率100%。建设项目公开招投标56个，公开招投标率100%，当年招投标建设项目56个，工程履约保证金缴存率100%；工程验收一次性合格率100%；工程质量监督覆盖率100%；农牧业生产援藏资金到位率100%；全年新开工项目未发生新的“双拖欠”；干部职工住房公积金归集率、缴存率和县级财政配套率均达100%。

【安居工程建设取得阶段性成果】2007年，全县安居工程建设任务895户，实际完成909户，入住率100%，直接受益5665人。

9月18日至20日，地区新农村建设现场会在洛隆县召开，通过与各县代表的交流，为洛隆县安居工程建设工作提供了很好的借鉴，也为完成各项安居建设任务打牢了基础。

【社会事业全面发展】全县小学在校生5256人，巩固率99.18%，入学率98.62%；中学在校生2418人，巩固率99.08%，入学率92.18%；小学毕业生888人（其中：西藏班录取11人）；中学毕业生834人，录取高中、中专364人，升学率43.65%；完成12所教学点改造。“普九”巩固提高工作顺利通过复查验收。

采取专题培训、流动培训、集中培训、分散培训等方式，2007年累计开展优质青稞高产栽培、优质油菜栽培、二级良种繁育生产、西瓜与无公害蔬菜栽培、大棚蔬菜栽培、牲畜疫病防治、农牧民建筑施工、民间绘画、农机安装维修、生猪养殖、人影、测土配方、果树栽培等农牧民科技技能培训16期3000余人；开展集中送科技下乡活动5次；实施二级良种繁育、优质油菜栽培、西瓜与无公害栽培、生猪养殖、优质青稞生产、测土配方6个科技特派员项目；引进西瓜与无公害栽培、钢塑温室大棚蔬菜栽培、高产土豆栽培、优质油菜栽培、全套农机化作业等5项农牧业实用技术；7个乡（镇）配备了科技专职副乡（镇）长。

2007年全县人口自然增长458人，自然增长率控制在11.8‰以内；建立农牧区家庭账户6904户41805人，参与集资6100户32620人，集资率87.6%，收取个人集资款36.62万元；家庭账户基金核销住院费10.77万元，大病统筹补助住院医药费56.49万元、支付救助金6000元，农牧民药费报销兑现率100%；适龄儿童计划免疫接种率96.34%，全年未发生大的流行性传染病；登记结核病人78例；育龄妇女综合节育率85.5%，孕妇死亡率3.7‰，婴儿死亡率9.3‰；完成766人育龄妇女的登记建卡；提供避孕节育服务117人/次；发放各类计生药具1700余人/次；发放各类计生宣传资料3000余份/册；接受电教宣传200余人/次；18所村级卫生室及配套建设已有7所全部建成并投入使用；采购防疫药品79.8万元，按规定100%全部纳入地区统一招标采购范畴。

【援藏工作】中远集团继续以洛隆的发展为己任，以干部援藏为龙头、项目援助为重点、资金援助为保障，每年投入1100万元，在全方位、多层次、多领域支援洛隆县的快速发展中起到了不可或缺的积极作用。2007年中远援助建设的项目重点向农牧区倾斜，并以服务农牧民为中心，共投资842.34万元兴建了13个农牧区急需项目，有力推进了洛隆县农牧区的快速发展，为洛隆县夯实了基层基础建设。

边坝县

【经济社会持续快速发展】2007年，边坝县完成地方生产总值20518万元，同比增长15.08%，其中，第一产业11498万元，同比增长17.25%；第二产业4100万元，同比增长9.5%；第三产业4920万元，同比增长15%；农牧民人均纯收入2300元（其中，现金收入达到1400元），与2006年同期相比增幅分别为22.5%、16.7%。地方财政收入达到527万元，完成税收征管245万元；粮食总产量达2132万斤；牲畜存栏总头数达234614头（只、匹）。工业生产发展快速，2007年完成发电量410万千瓦时，同比增长5.1%。全县乡镇企业总产值完成405万元，同比增长7.1%；民族手工业实现产值76.38万元，同比增长9.1%；多种经营收入完成3735万元，同比增长2.89%。第三产业稳步发展，全年公路运输货运量完成12000吨，同比增长1.6%；完成客运量6000人次，同比增长100%；电信通信收入完成175万元，同比增长27%；移动业务总量完成57万元，同比增长6.3%；邮政业务收入完成15万元，同比增长1.5%；全年劳务输出16871人次，实现劳务收入2332万元。非公有制经济发展迅速，全县个体工商户达到 467 户，注册资金达 4696.75 万元，私营企业 6 户，注册资金达 1272 万元。

【社会主义新农村建设扎实推进】2007 年，边坝县全力推进以农牧民安居乐业为突破口的社会主义新农村建设，完成建设安居工程 729 户，其中农房改造 418 户，一般贫困户 21 户，绝对贫困户 63 户，地方病搬迁 73 户，游牧民搬迁 104 户，示范点建设 2 个，重点村 5 个（含示范点建设 2 个），普通村 15 个。大力实施农牧区基础设施建设，兴建农田水利工程 14 处，安全引水工程点 17 处，新增通路行政村 8 个，全年新增通电话村 8 个，11 个乡镇实现了乡乡通邮，105 个行政村均通广播电视，村村通覆盖率达 100%，群众居住生活条件得到了明显改善。

【基础设施建设力度不断加大】2007 年，边坝县累计完成固定资产投资 9470.64 万元，共有大小开复工项目 50 个，竣工 40 个，工程验收一次性合格率达到 100%。主要项目有：县乡干部职工周转房、村委会建设、安全饮水工程、县城水源扩建、小城镇建设、大骨节病搬迁、教学点改造、农村公路通达工程建设、卫生院和卫生服务中心住院部建设、县城二级电站续建工程等。

【援藏和对口扶贫工作成效明显】2007 年落实对口援藏资金 1500 万元，项目主要有县城水源扩建、拉孜乡小城镇建设一期工程、车辆购置、人才培训等，同时为大骨节病区 0—15 周岁的儿童无偿援助的 200 吨大米已经全部发放到患者手中；8 月，第二、第三批援藏干部的轮换工作顺利完成。同年，自治区卫生局、编译局、西安办事处分别对口援助马秀乡、都瓦乡、边坝镇，地区司法处、卫生局、科技局、农行分别对口援助拉孜乡、热玉乡、沙丁乡，并从 4 月开始先后进点全面开展对口援助工作，结合实际制定了 5 年援助计划，为对口乡镇在资金、物质、发展思路给予大力援助。

【社会事业协调发展】进一步扩大基本养老保险、医疗保险、失业保险等覆盖面，全年对 60 人实施养老保险，完成征收养老保险金 35.120668 万元，征收事业单位失业保险金 12.4970 万元。强化就业和再就业工作，通过多种渠道实现就业 68 人，完成农牧民转移就业培训 100 人，将城镇登记失业率控制在 4.5%以内。深入开展新型农牧区合作医疗工作，参加个人筹资 3980 户 22717 人，筹集资金 227170 元，合作医疗覆盖率达 100%，按规定报销参加合作医疗费用兑现率达 100%。扎实开展了扶贫工作，完成了金岭乡农业综合开发，启动了拉孜、边坝 2 乡镇农业综合开发，同时完成了热玉乡农业综合开发前期工作。认真组织实施大骨节搬迁工程，已完成大骨节病搬迁工程建设 73 户。稳定解决了 381 户 2123 人的温饱问题，脱贫巩固率为 98%以上。全面实施了为民办实事工程，围绕群众最关心、最直接、最现实的利益问题认真开展了为民办实事活动。教育：全面推进教育强县战略，把教育放在各项工作之首，不断强化政府办学行为，加强对教育工作的领导，加大了教育经费的投入和教育“三包”经费的管理，狠抓生源和“防流控辍保学”工作，注重“普九”巩固的提高，顺利通过了“普九”巩固复查工作，教育教学质量有了一定的提升，完成教学点改造 7 个，并实现了如期交付使用。文化：认真组织文化下乡活动，成功举办了边坝县第三届“电信杯”卡拉 OK 比赛，积极开展了“谋跨越、奔小康”和文明乡镇、文明村等精神文明创建活动，进一步加大电影“2131”工程的落实力度，巡回放映电影 1780 场次，发放三代领导人画像 1500 余张，捐赠图书 2000 余册，“八荣八耻”宣传资料 1000 余份。认真开展了文物古建筑的建档、立卡、申报工作，边坝寺被列为自治区级文物保护单位。完成了达孜石刻调研申报工作，加大了村村通工程建设力度，建制村通广播电视覆盖率达 100%，及时将党的声音传达到了千家万户。加强了对文化市场的监管力度，认真开展了音像整治和反盗版行动，净化了文化市场。大力弘扬爱国主义、集体主义、社会主义思想，加强社会公德、职业道德、家庭美德宣传教育，利用重大节日、重大活动，组织群众深入开展精神文明创建活动、“改陋习、树新风”等形式多样的活动，群众精神文化生活得到丰富。科技：高度重视科技对农牧业生产的贡献率，认真组织开展了科技下乡活动，强化对农牧民科技知识培训和农牧区科普知识宣传工作。全年开展科技下乡 4 次，举办培训班 4 期，培训人数达 3263 人，建立了高效日光温室 7 个，完成投资 40 万元。配备科技副乡镇长 7 名。卫生：全面加强了卫生工作，强化管理和适龄儿童计划免疫以及疾病防治工作，深入开展农牧区新型合作医疗工作，加强了对地方病的监测与防治，强化人口和计划生育工作，经常开展卫生执法监督和送医进乡村活动，重视项目的建设与管理，完成了都瓦、马秀两乡的卫生院建设，县卫生服务中心住院部正在建设中。大力实施食品放心工程和食品专项整治，促进了全县食品安全。切实加强了双拥工作，2007 年被地区评为双拥工作先进县。

山 南 地 区

山南地区

【经济发展情况】2007年，山南地区完成生产总值33.4亿元，同比增长16.5%，其中：第一产业增加值3.28亿元，同比增长6.1%；第二产业增加值12亿元，同比增长11.8%；第三产业增加值18.12亿元，同比增长22%；社会消费品零售总额9.6亿元,同比增长18.5%；农牧民人均纯收入2950元，同比增长16.6%。

【密切关注经济社会发展的势态，适时做好经济运行监测】根据每月国民经济运行情况和投资进度，及时进行分析，并定期组织召开了地区经济运行分析会议，准确判断经济运行情况，把握经济走势，提出了对策建议。经常深入基层开展调研工作，在5月、6月和10月，由委领导带队，三次组成调研工作组，到全地区12个县和地直重点企业进行了深入广泛地调研，全委下县下乡调研和检查工作超过了800人次，形成了调查报告和建议，为地委行署对全地区整体经济发展及和谐山南构建提供有力决策依据，许多转化为地委、行署的重要工作举措。

【加大价格检查力度，努力营造诚信、公平的价格环境】针对市场价格波动现象，切实加强价格监测，认真研究和分析市场价格走势，进一步完善应对价格异常上涨的应急工作预案。合理调整设置价格监测点，加强价格监测队伍建设和工作指导，畅通价格监测信息报送渠道，确保监测品种的一致性和数据的时效性、准确性，为实现价格调控目标发挥了较好的作用。组织专门力量，深入开展药品价格和医疗服务收费、成品油和液化气市场价格、涉农价格和收费、公用事业价格和收费、通信行业资信收费、教育收费、人力资源管理收费、物业管理收费、“五一”黄金周“十一”黄金周等节日市场价格、行业明码标价等专项检查。坚持以涉案财物价格鉴定为主体，积极为司法、行政执法机关提供价格鉴定服务，共受理承办各类价格鉴证、评估业务68宗，标的总额240万元，无一起要求复核裁定案件。

【继续加强统计粮食经济动员工作，努力推进均衡发展】进一步强化了统计服务职能，对一些涉及构建“和谐社会”的统计指标、统计数据和经济社会发展过程中的深层次矛盾及问题进行密切的关注，做到经济统计和社会统计并重。加强农业普查各个环节的工作力度，高质量地完成了普查的入户登记、数据验收、光电录入和审核工作。同时积极做好国家统计局山南调查队成立、地区统计局机构调整前期各项准备工作。切实加强储备粮的管理。严格执行储备粮管理制度的规定和要求，指导好储粮单位开展科学保粮，提高储粮工作质量，确保在库粮食数量足额到位、质量稳定。为确保地区粮食安全，制定了《西藏山南地区粮食应急预案》，完善了中央、区、地三级粮食储备体系，夯实了物质基础。按照经济动员工作要求，对山南地区动员潜力、战备物资储备等方面情况进行了统计，编制完成并上报自治区经济动员办《山南地区经济动员预案》及《山南地区2007年度国民经济动员潜力调查报告》。

【狠抓落实，全力实施项目带动战略】把项目拉动作为推动地区经济又好又快发展的主要手段，加强了项目衔接汇报和协调管理工作，固定资产投资保持较快增长，项目对经济的促进作用有效发挥。全年固定资产投资完成28亿元，增长7.7%，其中，国家投资16亿元,增长25.2%；援藏投资0.8亿元,减少56%;招商引资2.2亿元,减少34.1%;民间投资9亿元，增长11.5%。

【深化改革，积极做好企业服务工作】做好企业技术改造和技术创新工作。2007年初根据《关于上报2007年度企业技术改造和技术创新项目的通知》精神，向国家和自治区申报民族手工业贴息贷款企业9家，申报民族手工业发展项目计划扶贫资金10家。同时，积极协调，多方努力，完成了山南地区潇湘砖厂整体搬迁实施年产10万立方米加气混泥土及1500万匹灰砂砖环保型建材项目的报告。目前，项目前期准备工作正有条不紊地进行中。

认真开展专项检查,确保国家政策落实到位。根据国务院和自治区关于减轻企业负担和高耗能、高污染行业进行检查的通知要求，成立了领导小组，积极开展了专项检查，并存在的问题提出了整改意见，为企业的健康发展起到了积极的作用。

【突出中心，扎实抓好产业建设】加快农牧业特色产业开发，促进农牧业升级。2007年，通过自治区筛选、评审的特色农牧业产业项目12个，其中由农牧部门实施的项目10个，总投资5365.773万元，其中申请国家投资2578.923万元,带动群众投入2786.85万元；由林业等部门负责实施的项目2个，总投资238万元，其中国家投资158万元，群众投入80万元；目前，已全面启动的项目主要有乃东县鲁琼草籽基地项目、隆子黄牛改良项目、牧草复种项目、整乡推进优质大蒜生产基地建设项目5个项目。其中整乡推进优质大蒜基地建设项目于2006年9月份启动，总播面积670公顷，本项目在投资未到位的情况下，要求各县继续落实好项目建设工作。

理清思路，引导“二产”发展。立足全地区经济社会发展大局，紧密围绕“十一五”规划和年度计划实施，第二产业发展中的热点、难点问题和地委、行署的中心工作，组成两个调研组分赴12个及工矿企业进行了调研，基本摸清山南地区企业发展现状。在此基础上，编制完成了山南地区工业企业发展规划，拟定了山南地区工业企业发展的战略，即大力实施“23610”工程，打造雅砻和神湖两大品牌，着力实施建筑建材、农畜产品、小商品三大工业园区，大力发展建筑建材、优势矿业、能源电力、藏医藏药、民族手工业、绿色食品等六大产业，重点扶持十家优势企业。并提出建立产业基金、建立领导联系制等措施，切实促进山南地区二产的发展。

加快以旅游业为龙头的第三产业的发展。一年来，通过加强对旅游业软硬件基础设施的投入，旅游业发展势头良好。全地区接待国内外旅客 70.32 万人次，实现旅游总收入 1.58 亿元，在旅游业的强劲带动及大部分县物资交流会的促进下，全地区完成社会消费品零售总额 9.6 亿元，增长 18.5%。

山南地区行署办公室工作

【严谨细致，办文程序求规范】2007 年，山南地区行署办公室加强公文的审核把关力度，认真履行收文登记、传阅、交办及发文审核、签发、印刷等公文处理程序，切实抓好公文的“依据关、内容关、格式关”，公文运转做到了及时、准确、安全、保密，保证了公文质量，进一步规范了公文办理程序，提高了公文办理效率。

【高质高效，信息工作创一流】围绕行署中心工作、经济社会发展中的重大问题、人民群众反映的热点难点问题，拓宽信息渠道，扩大信息来源，加大专报信息力度，使领导及时了解到各方面的矛盾和问题，便于领导调整和完善决策。特别是处理地区性的交通事故和疫情等突发事件中，真正做到了及时性、准确性和全面性，信息工作在应对和处理突发事件中的作用进一步显现。全年共上报自治区政府办公厅《山南信息》1000 余条，采用 200 余条；为行署领导提供《政务信息》18 期，《山南政讯》4 期；为行署领导传阅信息 1000 余次。

【尽职尽责，加强督查促落实】按照“落实年抓落实”的总体要求，制定出台了《关于进一步加强政务督查工作的意见》，创新督查工作方式，提高督查工作成效。全年共下发《督办通知单》260 份，《催办通知单》18 份，撰写《督查通报》22 期、《督查快报》2 期，办理落实事项共 864 件。积极开展督查调研，完成自治区党委、政府和地委下达的督查任务 13 项，撰写《督查专报》13 期；开展了对“六件实事”和贡嘎县农牧民医疗基金问题的专项督查，有效地推动了政府工作，保持了政令畅通。全年共承办地区政协八届四次提案 13 件，办公室被评为第八届政协提案承办先进单位；报送十一届全国人大一次会议代表建议 4 件、全国政协十一届一次会议提案 5 件。

【把握实质，文稿起草上水平】认真学习政治理论和业务知识，准确把握中央、自治区的大政方针和地委、行署的重要决策部署，注重文字材料的质与量的结合，较好地完成了行署领导交办的文字起草工作任务。全年，起草或参与起草地区行署文件 46 件，行署办公室文件 116 件，行署领导讲话、汇报材料、调研报告以及其他各种材料共 300 余件，行署办公会议纪要 16 件，行署专题会议纪要 41 件，领导批示指示 187 件，行政公署批复 69 件，山南政讯 31 期，约 360 万字。编发了《山南地区突发公共事件应急预案汇编》，完成了《中华通卷·西藏卷》、《光辉寰宇——北京奥运火炬传递城市全书》的供稿工作，开展了专家咨询委员会成员选聘工作。继续加强对各县政府办公室及行署职能部门办公室工作人员的培训力度，先后培训 33 人次，其中，经济研究室 7 人、督查室 18 人次、信息综合科 2 人、信访局 6 人。

【常抓不懈，值班会务重完美】按照精简会议要求，加强会议审核关，不断强化会前准备、会中组织、会后落实三个环节，有效提高了会议质量。全年成功承办各种大小会议 630 次，其中，行署办公会议 16 次、各类专题会议 41 次，协助领导做好会议的材料准备、会务组织工作。同时，继续规范和完善值班工作责任制和工作程序，加强了对日常政务值班，实行 24 小时值班制度，认真安排、指导政府系统节假日期间值班和应急工作。认真做好领导联络工作，及时安排好领导的会议、活动等，方便了领导的日常工作，充分发挥了“指挥中心”的作用。

山南地委办公室工作

【不断加大政策研究工作力度】2007 年，山南地区地委办公室认真承担地区经济工作会议、地委（扩大）会议、地区迎送援藏干部大会、地区边境工作会议、地区党员领导干部大会等大型会议材料及各种汇报材料的起草和修改工作，共起草、修改领导讲话、汇报材料和发言稿 120 余篇，起草、修改其他文字材料 160 余份，为地委科学决策发挥了参谋助手作用。认真编写《党办通报》、《党办通讯》、《农村工作简报》等刊物，为地委决策的形成和贯彻落实提供了较好的服务。认真做好综合资料室各类报刊、杂志、书籍的征订、登记、分类、摆放、借阅、储藏等工作，共为地委领导和办公室同志提供各类资料 40 余种、100 多人次，为广大干部职工改善了学习条件。

【不断加大信息工作力度】根据自治区党委办公厅（室）信息工作会议上提出的“创新信息服务的内容和形式”、“加强信息网络建设和信息工作队伍”的具体要求，力求抓住重点，突出特色，增强信息服务的针对性和有效性，从各方面、多角度，全面、及时、准确地反映山南地区改革发展稳定大局中的新成果、新情况、新问题，特别是着重围绕山南地区社会主义新农牧区建设、党的十七大召开后对会议精神的宣讲、地区开展“万名干部下基层”活动的主要情况，以及各级、各部门做好基层基础工作的具体举措等重大课题挖素材、要内容，力求把基层好的做法、成熟的经验和一线工作中的实际困难认真加以总结、提炼，及时反映给上级和同级党委，为各级领导全方位了解社情民意、科学决策提供了可靠依据，真正发挥了信息主渠道作用。2007 年，各县、各单位共向地委办公室报送信息 13219 条，被地委办公室采用 2128 条；地委办公室向区党委报送信息 2894 条，被区党委采用 124 条。共编发《山南快报》126 期、《业务通讯》11 期、领导阅件 83 份。2007 年，山南地区地委办公室信息综合科被评为全区报送信息先进集体。

【不断加大督查工作力度】一是紧紧围绕地委中心任务、重大决策和重要工作部署抓督查。特别是围绕地区贯彻落实党的十七大、全区维护稳定工作会议精神等和一些重要文件精神，及时进行了任务分解和反馈，确保了各项决策落实到位。二是围绕领导批办件抓督查。根据领导批办件精神，迅速草拟《领导批示》下发至相关单位，要求在规定的时限内以书面形式认真反馈办结情况。三是围绕基层调研抓督查。对地委、行署组织工作组开展的调研活动和地区政协组织的视察活动中所发现的问题和困难进行了逐一梳理，并结合实际将问题和困难及时分解到了相关单位，使能解决的得到了及时解决，对暂时解决不了的，基层也得到了明确答复。四是围绕上级督查部门转办事项抓督查。对区党委办公厅督查室转来的《关于贡嘎县个别乡镇合作医疗资金管理及报销中存在严重问题》等，及时将落实工作转办给了相关单位，使各项任务的完成率达到了100%。同时，积极整理各县、各单位在经济社会各项事业发展中的好经验和好做法，并以《督查专报》的形式专题向区党委办公厅进行了汇报，其中《山南地区农村饮水工程建设情况及主要做法》等若干期文章被单篇采用。此外，还以《督查简报》的形式，将各县、各单位的好经验和好做法在全地区范围进行交流，达到了相互学习、共同进步的目的。全年共报送《督查专报》20 期、《情况报告》70 期、《地委督查》14 期，编发《督查简报》9 期，下发《领导批示》55 期，向地委领导呈报《督查与落实》55 期。

【充分发挥综合协调作用，日常工作有新起色】（一）公文处理进一步规范化。一是进一步规范公文报送程序，突出解决公文“倒转”问题。凡各县、各单位上报地委各类公文，必须以正式文件报地委办公室，由办公室认真审核后，按办文程序呈领导审阅。二是严格执行《党的机关公文处理条例》，按规则行文。对下级机关不符合行文规则的文电不予办理，有力促进了部门行文的规范性。三是正确使用公文文种，严防文种混用。四是认真做好精简各类文件工作，凡属于部门职责范围的工作，由部门行文，尽量减少地委、地委办公室的文件数量。全年，共收文传阅 2000 余份，发文 31000 余份，印发各类地区性会议通知、方案、须知等相关材料 1.6 万余份。

（二）办会水平质量明显提高。一是会前精心准备。会前能够加强处室之间的沟通，通知各参会人员和新闻记者，安排布置好会场，并及时打印出参会人员名单，报送主要领导审示，使领导能准确掌握参会人员情况。全年共办理各项通知事项 437 件。二是会中认真服务。每项会务工作都指派专人负责，全程服务，及时处理会议和活动中发生的应急情况，以及领导临时交办的事项。三是会后及时总结经验、查找不足，并对各种方案及相关资料进行归档，为提高会务工作水平打下了基础。全年共召开庆祝建军 80 周年座谈会、湖北省党政代表团座谈会、安徽省援藏考察团座谈会等大小会议 313 次。

（三）地方志和党史研究工作取得阶段性成果。一是认真做好方志工作。一方面，及时充实和调整了地方志编纂委员会成员，加快了《山南地区志》编修工作进度，并保证了工作的连续性。年初，根据成都复审会上各位专家学者提出的修改意见和建议，形成了 220 余万字的《山南地区志》终审稿，送湖北印刷厂印制装订成册。同时，认真筹备了《山南地区志》终审会议，对志稿再次进行了全面修改和完善，并于 8 月底形成了 230 余万字的《山南地区志》总编审查稿。另一方面，及时制定下发了《关于进一步加强县志编纂工作的通知》，督促各县制定了下一步修志工作计划，并积极参与和指导了县志的评审工作，完成了《桑日县志》、《琼结县志》的终审和《贡嘎县志》的初审，协助自治区地方志办公室对山南地区的《桑日县志》进行了验收。二是党史工作进一步加强。年初，按照中央和区党委党史研究室的要求，录制了地委办公室工作事迹纪实短片，并制作成 DVD 光盘，由中共中央党史研究室编辑成《闪光的足迹》——全国党史系统先进集体、先进工作者事迹剪影（DVD 光盘），在全国各省市交流，进一步扩大了山南地区地委办的影响。另外，还积极参加了区党委党史研究室组织的纪念邓小平同志《立足民族平等，加快西藏发展》重要讲话发表 20 周年理论研讨会征文和纪念谭冠三同志诞辰 100 周年征文活动，参与了区党委党史研究室组织的《中国共产党党史图志》的图片收集和拍摄工作，提供收集各类图片 60 余张。

（四）档案工作迈上新台阶。一是加快档案业务建设步伐。从 9 月份开始对各县、各单位的档案工作进行了检查、监督、指导，接收了地区工会、农牧局和编译室的档案 235 卷，接待了档案利用者 1165 人次，查阅档案 1783 卷（册），提高了档案服务的整体功能。二是加快农牧民安居工程档案建设。2007 年全地区农牧民安居工程形成文书档案资料共 381 卷；照片档案 2729 张。三是加强援藏工作档案建设。按照“统一领导、分级管理”的档案工作原则，各县、各单位按照山南地区地委办下发的文件要求开展了各批援藏工作档案的收集、整理、归档、保管、开发利用等工作。四是加大国家重点档案抢救与保护项目建设力度、项目争取力度，共征集、购进明清以来历史档案资料 313 件。五是加大县级档案馆建设力度。各县按照《关于开展地区县级国家综合档案馆建设情况调查的通知》要求，已将建馆方案和规划书上报地区档案馆。六是加大重点建设项目档案管理力度，使全地区各类重点建设项目档案管理逐步进入依法规范管理的发展轨道。七是成功举办“历史的见证”档案展览，展出 23 件明清历史档案、20 张农牧民安居工程照片等，为山南地区爱国主义教育事业做出了应有的贡献。

【及时加强信息网络建设，确保党政网正常运转】一是加快信息网络基础设施建设步伐。目前多数地直单位的党政网已安装调试成功并投入使用。二是充分发挥党政网的作用，已开通的 63 家单位（含 12 县）党政网运行正常，基本实现网上公文交换及信息报送。年底按计划完成了地直单位党政网 vpn 接入方式调试工作，对各单位操作人员进行单独培训辅导达 640 多人/次，使各单位操作人员详细了解公文制作、信息报送、发送、接收等网上交换流程的所有环节，并能熟练应用所学技能，避免操作失误。全年共下载自治区正式公文 183 期，地区各单位（含各县）上传至地委办公室文件共451期，共发文、发信息8860期。三是加强党政信息网络管理。配置了新的网络安全软硬件设备，提高了信息网络安全保密性，及时下载了杀毒软件的升级程序，为地委及党政网各工作站设备进行了500多人/次维护，保证了党政网络的畅通无阻。

【以全心全意为人民服务为宗旨，切实做好扶贫点的联系帮扶工作】2007 年，把扶贫工作当作落实“三个代表”重要思想的具体行动，当作一项重要的政治任务来对待，力争管出水平，管出成效。干部职工也纷纷参与，伸出援助之手，献爱心、献真情，捐助资金近 8 万元，并从其它渠道积极筹措资金，为联系三户贫困户新建成安全舒适的住房。同时，还捐助了旧办公楼办公用具折合人民币约10多万元，切实解决了扶贫点干部群众的工作和生活困难，使他们感受到了社会主义制度的无比优越性和惠民政策的温暖。

山南地区宣传思想工作

【围绕党的路线方针政策开展宣传思想工作】2007 年，山南地区宣传思想工作始终围绕党的十六届六中全会通过的《决定》和胡锦涛总书记所作的重要讲话，以邓小平理论和“三个代表”重要思想为指导，全面贯彻落实科学发展观和构建社会主义和谐社会的重大战略思想，紧紧围绕深入学习宣传贯彻党的十六届六中全会精神，以社会主义核心价值体系建设为根本，大力推进和谐文化建设，不断加强意识形态工作，激励全地区各族群众以实际行动迎接党的十七大胜利召开。党的十七大召开后，围绕党的十七大制定的一系列方针、政策，全面深入学习、宣传、贯彻党的十七大精神，为全面建设小康山南、平安山南、和谐山南提供了强大的精神动力和良好的舆论氛围。

【围绕党委政府的决策部署开展宣传思想工作】自治区党委、政府把2007年确定为“落实年”。山南地区宣传部按照列确同志在全区宣传部长会议上重要讲话要求，把2007年确定为山南地区宣传思想战线上的落实年、管理年，结合年初地区经济工作会议的安排部署，围绕落实年抓落实、管理年抓管理，召开了全地区宣传思想工作会议，对全年宣传思想工作进行了安排和部署，地委书记、地区人大工委主任洛松次仁亲自出席并对全地区2007年的宣传思想工作提出了明确要求和寄予了希望。8月份，自治区召开了全区宣传部长座谈会，之后，山南地区也组织召开了全地区宣传部长座谈会，对全地区迎接、学习、宣传、贯彻党的十七大各项工作进行了再动员、再部署。在全年的宣传思想工作中，全地区宣传思想工作者，紧紧围绕区党委和地委提出工作目标要求，在作风上抓转变，在创新上求提高，在业绩上争一流，唱响了主旋律，打好了主动仗。

【围绕全地区发展稳定开展宣传思想工作】始终坚持围绕中心，服务大局，为全地区经济建设营造氛围，为全地区社会稳定鼓劲的工作方针，以党的十七大、区党委七届二次、三次全委会议、区地两级经济工作会议、全地区边境工作会议和山南地区基层党建工作会议召开为契机，大力宣传2007年全区和全地区经济发展目标和任务，大力营造全地区各县、各单位各部门深入学习贯彻会议精神，聚精会神搞建设，一心一意谋发展的良好氛围；紧紧围绕全区党员领导干部大会和全地区党员领导干部大会精神，广泛深入地开展反分裂斗争宣传，深入开展了以马克思主义祖国观为重点的“四观”、“两论”教育，抵御西方敌对势力和达赖集团的思想渗透，促进了“三个转变”，牢牢把握了意识形态领域反分裂斗争的主动权，进一步打牢了全地区各族干部群众团结奋斗的共同思想基础，维护了党的十七大召开前后山南地区社会局势的稳定。

【以社会主义核心价值体系建设为根本，大力推进社会主义精神文明建设，为迎接党的十七大营造了良好的社会思想氛围】一是以实践社会主义荣辱观为切入点努力构建社会主义核心价值体系。紧扣和谐社会和新农村建设的总体目标，抓好社会主义荣辱观“七进”工作，坚持马克思主义的指导地位，在全地区广泛开展发展中国特色社会主义共同理想教育，开展了“我和我的祖国”征文活动，深化爱国主义教育，在全地区各族干部群众特别是青少年中大力弘扬民族精神和时代精神，进一步坚定了他们的社会主义信念和爱国热情，让他们树立了正确的祖国观、人生观和价值观；二是加强公民道德建设。继续普及宣传公民道德“二十字”基本规范，组织好“公民道德宣传日”活动。积极参与全国道德模范评选推荐活动，2007年共上报5名候选人，其中洛扎县生格乡茶村妇代会主任嘎玛色珍获得全国道德模范提名奖，山南建工集团总经理单增被评为诚实守信模范。单增和嘎玛色珍的先进事迹一经播出，在山南地区各族干部群众中引起了强烈反响；三是以道德实践活动为重点，继续深化未成年人思想道德建设。进一步完善了学校、家庭、社会“三位一体”的未成年人思想道德教育网络，净化未成年人健康成长的社会环境，继续坚持不懈地开展“扫黄打非”斗争，综合运用各种手段加强市场监管，逐步建立起了学校、居委会、家庭综合防控体系。继续依法加大对文化市场、娱乐场所和校园周边环境整治力度，为未成年人健康成长营造良好的社会环境。紧密结合实际，搞好主题教育和道德实践活动，使青少年养成正确的道德思想观念；四是以“三大创建”活动为载体，不断提高群众性精神文明创建活动质量。在深入开展文明村镇创建活动的同时，继续深入开展农牧区形势政策教育，深入实施公民道德建设工程，大力普及科学技术知识，加强文化基础设施建设，积极发展群众文化活动。深入开展文明城市创建活动，积极引导各族干部群众努力做公民道德建设的践行者，做中华民族传统美德的传承者，做新型人际关系和良好风尚的倡导者。深入开展文明行业创建活动，巩固深化“青年文明号”、“巾帼建功岗”等品牌创建活动，在《山南报》等新闻媒体开设“精神文明建设巡礼”栏目，营造精神文明建设的浓厚氛围；五是以“二十字”为目标，大力推进社会主义新农村建设。制定了小康村精神文明建设考核标准，大力整治农牧区的村容村貌，完善公共设施，倡导文明新风。加强对乡村文化活动室的建设、使用和管理指导，引导农牧民树立适应建设社会主义新农村的思想观念和文明意识，教育和引导广大农牧民解放思想，更新观念，冲破落后传统观念束缚，增强建设社会主义新农村的自觉性和紧迫感。引导广大农牧民树立发展意识、创业意识、市场意识、生态意识；以提高农牧民素质、培养新型农牧民为根本，以加强环境整治、改善村容镇貌为突破口，着力打造小康村精神文明建设示范典型，以点带面，示范引导，巩固深化文明村镇、十星级文明户的创建工作；六是“四下乡”活动深入开展。一年来，地区文明办、文化、卫生、科技、司法等部门组织工作组深入乡村、深入群众，开展了一系列形式多样、群众所盼、效果明显的“四下乡”活动，为解决群众所需、提高农牧民整体素质、推动社会主义新农村建设起到了积极的促进作用。据统计，全地区各级电影放映站共放映电影 16226 场次，观众达 2431270 人次，各相关单位和部门共向农牧区送图书 42912 册，送文艺下乡 285 场。举办科技培训班 173 次，培训农牧民 14613 人次，赠送科技资料 72000 份。卫生系统 2007 年深入乡村服务 10 余次，出动服务车 142 天，涉及 133 个村。地区普法办充分利用主题宣传活动宣传了《法律援助条例》、《野生动物保护法》、《森林法》、等与农牧民群众密切相关法律法规，同时将相关的法律常识汇集成册，编写了《农牧民法律知识 100 问》小册子（藏汉双语），下发到基层农牧民群众手中，提高了宣传质量；七是“电视进万家”工程有声有色。及时把中宣部、中央文明办、国家广电总局赠送的 3000 台电视机发放给 12 个县。广电部门在国庆节前为受赠群众安装好了电视机，确保了群众及时看到党的十七大胜利召开。

【面向基层，服务群众，狠抓文化广播影视工程】一是文化事业繁荣发展。基层文化建设进一步改善：广泛争取资金，为加查、琼结两县综合文化活动中心配套了设施，保证了已建六县综合文化活动中心功能作用能正常发挥、文化活动能正常开展，加强了琼结县新华书店配套建设，解决了该县干部群众买书难、看书难问题，洛扎县被文化部列为全国文化信息资源共享示范县。文化舞台内容更加丰富：大型民俗风情歌舞《雅鲁藏布》赴安徽进行慰问演出、雪顿节期间在拉萨进行汇报演出，都受到社会各界好评，取得圆满成功。扎囊县果谐队在山南民间艺术演出中独树一帜，先后参加了西藏电视台“2007 春节、藏历年综艺晚会”、自治区综治办主办的“9·16”文艺晚会、广州举行的“十六届群星奖决赛”等活动，赢得了观众一致好评。11 月底，扎囊果谐队应邀赴苏州参加第八届中国民间艺术山花奖颁奖晚会，首次上了中央电视台，在全国亮相，取得较好的效果。全地区各县民间艺术团全年围绕各项重大活动共演出 1500 多场次，观众达 13 万人次，极大地丰富了基层干部群众的文化生活；二是文化产业发展探索取得初步成效。根据地区经济工作会议精神，组织专门人员对全地区文化资源进行调查、梳理、归纳，并从湖南省委宣传部请来专家，对全地区文化资源进行评估，最后形成了《山南文化资源状况及战略发展思路与对策》，为山南地区的文化产业发展提供了决策依据。同时，积极探索文化产业发展市场化运作方式，打造“藏源”文化品牌，“雅砻文化旅游广场”投入运行，其经济和社会效益十分明显；三是新闻出版事业文物保护工作取得实效。发行事业突飞猛进，实现利润 65830 元。编辑出版工作稳步前进，《山南文艺》向区内外读者发行量达 4500 册。投资 485 万元，加强对全地区重点文物进行保护维修，对列入第一批国家级 5 项非物质文化遗产进行了抢救保护，非物质文化遗产普查、申报工作进展顺利；四是广播影视事业稳步发展。“村村通”工程、西新工程扎实推进，完成了 24 座广播电视站新建和改扩建任务，对全地区系统内外各级各类广播电视站进行了转星调整工作，全地区广播覆盖率达 79.46%，电视覆盖率达 88.53%；电影“2131”工程成绩斐然，全年全地区各级电影放映站共放映电影 23600 场次，观众达 24 万人次，并在泽当镇及附近各县大力普及数字电影放映。广播电视安全播出工作切实加强，确保了山南地区广播电视的播出安全。

【打造品牌，树立形象，狠抓对外宣传工程】一是坚持“以我为主，以正面宣传为主，以事实为依据”的原则，强化外宣意识，树立大外宣观念，围绕正面宣传西藏和深入揭批达赖集团两项主要任务开展对外宣传工作。二是不断加大外宣点建设力度。充分利用错那亚玛荣、浪卡子打隆、洛扎色隆多等边境互市贸易会，向前来参加边贸会的印度、不丹商人和国外藏胞发放外宣资料和外宣品。同时以边贸会为载体，组织边民开展文体交流活动，参观边民群众的生产生活情况，召开座谈会、开展文艺演出等多种形式宣传我国的富民政策，宣传我党的路线、方针、政策。三是加大外宣采访点建设。积极利用昌珠镇创办“农家乐”为契机，在原有 8 个外宣农户的基础上，经过一系列政策宣传教育，把乃东县昌珠镇昌珠寺周围农户全部列为外宣农户，让外宾及记者在参观完昌珠寺之后可近随机采访农户，让农民自己来宣传在党的富民政策下，山南地区农牧民生产生活水平的变化，效果很好，在外宣接待工作中起到了积极作用。四是建立健全新闻发言人制度。确定了 12 县县长和地区发改委等 7 个地直单位的领导为新闻发言人。同时，建立健全了政府新闻发言人制度。并积极筹备举办山南地区首届新闻发言人培训班各项工作。五是配合自治区新闻办做好了“喜迎十七大”地方成就展工作。积极组织各县、地（中、区）直各单位撰写十六大以来取得的最为突出、最有特色的新的工作经验、成果材料和收集相关图片，及时上送自治区新闻办网络处，借助外力加大了对山南地区的宣传，扩大了山南地区的影响。

【精心组织全地区各族干部群众深入学习十七大精神】一是全面抓好全地区党员领导干部的学习。十七大召开后，山南地区宣传部下发了《关于学习贯彻党的十七大精神方案》，对全地区各族干部群众学习党的十七大精神进行周密的安排，同时，为了帮助各族干部群众更好的学习理解党的十七大精神，为全地区各县各单位征订了《2007 理论热点面对面》和党的十七大报告读本及辅导读物 2 万多册，全地区各族干部群众在各级党委（党组）理论理论学习中心组的带动下，掀起了深入学习党的十七大精神热潮。二是抓好了十七大精神理论宣讲。围绕十七大精神宣讲，地委讲师团和地委党校联合编发了《十七大精神宣讲提纲》，举办了 36 人参加的山南地区宣讲党的十七大精神骨干培训班，山南地区宣传部还组织人员编写了党的十七大精神藏文辅导读本，共发放 1 万册，深受农牧区干部群众欢迎。地委讲师团配合全区万名干部下基层活动，深入乡、镇（办事处）、机关、学校、企事业单位和寺庙，共开展了近 1000 多场宣讲，人数覆盖全地区 33 万人口。通过全面、广泛的宣讲，把党的十七大精神传送到千家万户，做到了家喻户晓，人人皆知。三组织全地区理论工作者和热爱理论工作的社会人士，按照党的十七大精神，结合各县各单位学习贯彻十七大精神的实际，结合山南地区构建和谐社会、发展、稳定以及党的建设理论问题加强研究和探索，进行理论概括和提炼，撰写理论文章 300 多篇，十七大精神理论研究工作取得重大成效。

山南地区统战工作

【以学习为手段，统一战线成员的思想政治工作进一步加强】2007 年，山南地区统战工作根据形势的发展变化，结合新时期山南地区统一战线成员的特点，以学习为手段，进一步加强他们的思想政治工作。建立了与 17 名党外爱国人士和 17 座重点寺庙的联系联络制度，广交深交党外朋友，并就山南地区经济社会发展的一系列重大问题，及时与党外爱国人士沟通思想，交换意见，形成共识。推荐 2 名僧人参加 2007 年中央统战部举办的五省区藏传佛教高僧及教职人员培训班；推荐地区行署副专员新杂·单增曲扎同志随团赴瑞士、西班牙访问；组织 3 批、6 名党外爱国人士到国外、内地和区内考察参观；选派错那县白丹措姆参加第二期少数民族代表人士培训班，通过培训教育进一步提高了统一战线成员的素质，拓宽了他们的视野。

【以活动为形式，“凝聚力工程”在统一战线工作中逐步开展】全面把握和正确处理“五大关系”，以创建活动为形式，在党外干部和国外藏胞中逐步开展“凝聚力工程”，进一步增强了党和政府与党外人士的凝聚力，使党同党外人士的关系更加密切，合作更加愉快，团结更加巩固。一是适时慰问党外爱国人士，使广大党外爱国人士感受到党和政府的温暖。2 月份召开 2007 年藏历、春节党外爱国人士座谈会，向党外爱国人士通报 2006 年山南地区的经济运行情况，并致以节日的问候；5 月份，慰问桑耶寺、20 名驻会政协委员、归国藏胞及家庭困难爱国人士家属。二是关注党外爱国人士的成长。向地委上报 2006 年底全地区三级佛协理事、四级政协委员、党外知识分子、党外地级、县级、科级干部的数据；向地委组织部汇报反映全地区党外副县级干部的现状，推荐 7 名党外副县级后备干部，10 月底，组织已对其中一名做了实职安排；推荐地区政协副主席克珠同志为中国西藏文化保护与发展协会理事。三是规范党外人士的出国管理。原文转发《自治区党外人士因私出国（境）审批暂行规定》，对山南地区党外人士因私出国（境）提出具体的规定和管理措施。四是继续坚持照顾同盟者的利益。贯彻落实党外爱国人士生活待遇的有关政策规定，审核上报 7 名政协驻会委员工资套改；根据《区党委统战部关于增加部分党外人士生活费的通知》要求，严格按照增资范围、标准核实、审批各县上报的党外人士的生活补助，为 167 名党外人士生活补助增资；解决 1 名生活困难党外人士遗孀的生活补助；配合山南地区民宗局对山南地区各寺庙民管会主任的生活待遇问题进行统计、核实。

【以稳定为抓手，宗教工作在维护局势稳定中的作用日益明显】2007 年，山南地区始终把稳定工作做为山南统一战线工作的重中之重来抓，严格按照“划清两个界限，尽到一个责任”的政策要求和“两条底线”的原则，始终把加强对广大僧尼特别是民管会主任的政治宣传和教育工作作为着力点，认真落实宗教政策，依法加强宗教事务管理，确保了寺庙的稳定和全地区社会局势的稳定，宗教工作在全地区维护局势稳定中的作用越来越明显。一是加强调查研究，充分掌握宗教领域的情报信息。深入 12 个县的 22 余座重点寺庙，就各县传达贯彻区地两级统战民族工作会议的情况、境外敌对势力渗透与反渗透、宗教活动场所出现的新情况、新问题和人口较少民族的生产生活情况进行详细调研，为人口较少民族的生产生活情况建立了档案；党的十七大和“10.17”、“10.18”、“11.04”期间，组成工作组深入宗教活动场所针对僧尼为达赖“金质奖章”祈祷、诵经、庆贺等内容进行调研，做到靠前指挥，现场办公。二是加强宗教场所的安全防范工作。节假日和敏感时段，按照地委、行署的指示精神，及时下发加强宗教领域稳定工作的紧急通知 10 份，制定了宗教领域突发事件处置预案。三是深入开展寺庙爱国主义教育。结合“平安寺庙”创建活动，抓住藏传佛教中存在的爱国进步与分裂倒退斗争的主要矛盾，选派工作组进驻洛卓瓦龙寺、三林寺和琼果杰寺，协助寺庙民管会深入开展寺庙爱国主义教育，使全地区 90%以上的僧尼受到教育；针对“10.17”和“10.18”两个敏感日，向僧尼们宣传了党的十七大精神并组织他们参加了“五五”普法考试，僧尼参考率达到 96%以上。四是建章立制规范管理。建立健全全地区宗教界人士担任县级以上人大、政协人员的档案，弥补山南地区宗教界人士中担任县级以上人大、政协职务无档案的空白；抽调人员配合地区民宗、寺教干部进驻到辖区内寺庙，帮助寺庙建立规章制度，并对贯彻执行制度情况进行了督促检查。五是继续做好新一代爱国宗教界代表人士的培养和参观考察工作。选派 5 名学经班经师参加全区寺庙经师培训班，前往内地参观考察；选派 4 名尼姑参加区妇联举办的全区第二期尼姑培训班，前往内地参观考察；选派 1 名宗教界代表参加自治区共青团举办的西藏宗教界青年代表人士培训考察班。六是贯彻落实《宗教事务条例》（试行），加强宗教事务的管理力度。

【**以换届为契机，党外代表人士队伍建设进一步加强**】2007 年是两级政协换届之年，以换届为契机，严格按照政协委员的推荐选拔要求，把那些政治立场坚定、年轻有为、有一定代表性和有参政议政能力的党外代表人士推荐到相应的工作岗位上，使现有的党外代表人士队伍进一步加强。一是对党外干部和党外知识分子进行调查摸底，了解掌握了他们的基本情况。二是积极为两级政协换届物色推荐人选。制定下发了《关于山南地区政协换届工作方案》，对换届工作提出了具体要求，严格按照拟推荐提名人选的条件、程序进行，推荐地区政协第九届委员 165 名，常委 33 名；自治区第九届政协委员 39 名，常委 2 名，候补 3 名。三是积极开展政协委员增补、提案收集工作。2007 年的政协换届，新增补政协委员 82 名；收到提案 279 件，其中，调查立案 269 件。五是填报了各级佛协会长、副会长、秘书长、常理、理事中有行政级别人员登记表及地区党外人士在人大、政协、司法等部门安排情况和发挥作用情况统计表。

【**工商联为非公经济发展的服务能力进一步增强**】在过去的一年里，以发展为要务，充分发挥工商联“三性”的特点和优势，把广大非公有制经济人士的意志、智慧和力量凝聚到山南地区经济建设上来，为实现经济社会又好又快发展做出了应有的贡献。截止 11 月底，山南地区共有工商联会员 260 名；非公有制企业 185 家，雇工人数 3996 人，注册资金 68106 万元；登记注册的个体工商户 8121 户，从业人员 24602 人，注册资金 16641 亿元。

【**存在的困难**】一是加强统战人士思想政治工作的方式创新不够，对如何巩固和发展爱国统一战线工作的研究不够主动。二是对宗教领域深层次的问题调研分析的不准。三是《宗教事务条例》（试行）和“四个对待”的原则贯彻落实的不够好。四是对宗教的作用认识存在片面性，开展宗教工作有不敢越雷池半步的顾忌。五是新社会阶层的统一战线工作止步不前。六是工商联机构尚未健全，职能作用发挥不够。针对这些问题，将在今后的工作中逐步加以解决，继续为山南地区的社会稳定和经济建设作出应有的贡献。

山南地区政法综治工作

【**狠抓各级会议精神的贯彻落实，不断提高维护稳定的能力**】2007 年山南地区政法综治系统狠抓两级政法工作会议精神的贯彻落实。召开了全地区政法工作会议，传达了全国、全区政法工作会议精神，在认真总结 2006 年政法工作、深刻分析当前面临的形势的基础上，围绕构建和谐山南的工作目标，最大限度地增加和谐因素，最大限度地减少不和谐因素，研究部署了 2007 年和今后一个时期的主要工作。抓好区、地两级党员领导干部大会精神的贯彻落实。召开了全地区政法系统贯彻落实全地区党员领导干部大会精神专题会议，下发了中共山南地委政法委员会《关于全地区政法系统贯彻落实全地区党员领导干部大会精神的实施意见》，结合实际，出台了《关于贯彻落实〈自治区维护稳定工作领导小组关于 2007 年维护社会稳定工作的意见〉的实施意见》。抓好区、地两级维稳工作会议精神的贯彻落实。召开了全地区政法系统贯彻落实地区维护稳定工作会议精神专题会议，深刻分析了当前山南地区维护稳定工作面临的形势，安排部署了当前和党的十七大期间社会局势稳定工作，提出了“六个不发生”的工作目标。按照地办关于经济工作、稳定工作、边境工作、平安建设等任务分解的要求，下发了《关于认真做好〈中共山南地委山南地区行署关于落实地区党员领导干部大会精神任务分解的通知〉的通知》、《关于认真做好〈2007 年地区经济工作任务分解〉的通知》、《关于认真做好地区边境工作会议任务分解的通知》等文件，明确了牵头（具体）落实单位和协办单位，确保了地委、行署会议精神的贯彻落实。认真抓好党的十七大会议精神和区党委七届三次全会精神的学习贯彻，推动政法工作再上一个新台阶。制定了《关于学习、宣传、贯彻党的十七大精神安排意见》，系统学习了胡锦涛同志在党的第十七次代表大会上所作的报告全文、《党的十七大精神学习辅导百问》以及新《党章》，重点学习了党的十七大提出的新论断、新观点，人民日报、西藏日报关于深入学习党的十七大精神的评论员文章。

【**坚持“稳定压倒一切”的思想不动摇，深入开展反分裂斗争，全力维护了社会政治局势稳定**】一是加强维护稳定工作的组织领导。调整充实了山南地区维护稳定工作领导小组，将地区信访局、寺教办纳入维稳领导小组成员单位。二是精心安排，周密部署全地区维护稳定工作。先后召开了全地区党员领导干部大会、地区边境工作会议、地区维护稳定工作会议、地区科级以上党员干部大会，总结了经验教训，分析了形势，安排部署了下一步的工作。并对维护稳定工作任务进行了分解细化，切实把任务、责任落实到了各县、各部门。三是强化情报信息工作。先后召开信息判研会 10 余次，整理上报《维稳工作简报》28 期，整理上报《山南维稳要情》17 期。四是依法加强对宗教活动场所的管理。继续抓好地、县、乡三级领导干部联系点制度的落实，深入开展了“平安寺庙”、“和谐寺庙”创建活动，对重点寺庙深入开展了寺庙爱国主义教育。五是加强了国家安全人民防线建设工作，深入开展了“爱民固边”战略，并将其纳入综治目标责任和“平安乡村”建设的整体规划中，建立健全了《涉外接待制度》、《保密制度》、《国家安全小组联系制度》等制度，形成了“党委政府总揽、政法综治协调、国家安全机关业务指导、各方参与、齐抓共管”的良好格局。六是加强边境管理，严厉打击非法出入境活动，维护了边境地区社会和谐稳定。成功破获了洛扎县首例有组织、有预谋偷越边境案件，抓获“蛇头”1 名，四川、甘肃、青海籍偷渡人员 19 人，有效打击了非法出入境活动，维护了边境地区社会和谐稳定。七是加大反邪教工作力度，不断完善各项工作措施，严格落实管控工作责任制，进一步加大了对“法轮功”反动宣传品的收缴力度，组织开展了反邪教警示教育活动，提高了防范能力。八是加强互联网的监控和管理，确保了信息网络安全。九是高度重视重要节日、敏感日期间社会稳定工作，确保了重要活动、重大节日、敏感日期间的绝对安全，为党的“十七大”胜利召开创造了良好的社会环境。

【强化政法工作职能，积极预防和严厉打击各种违法犯罪活动】一是坚持“严打”方针不动摇，始终保持对各类违法犯罪的高压态势。开展了“打黑除恶”、“命案必破”、“两抢一盗”、“三电”等专项行动，严厉打击了各类刑事犯罪特别是街面犯罪和多发性侵财违法犯罪活动，人民群众的安全感明显增强。二是强化社会治安管理，适时开展专项整治活动。各级政法机关围绕和谐稳定的工作目标，坚持什么问题突出就解决什么问题、哪里治安混乱就重点整治哪里，有针对性地开展专项整治工作，解决了一些突出的社会治安问题和群众反映强烈的热点、难点问题，安全隐患得到了及时治理，治安形势有了明显好转。三是维护法律在经济社会生活中的权威性，树立司法机关公平正义的良好形象。积极开展了打击侵犯知识产权犯罪、传销违法犯罪和商业贿赂犯罪专项行动，加大了对食品卫生安全的的保护力度，积极推动反假币工作的深入开展，有力地维护了全地区经济秩序。

【以建设“平安山南、和谐山南”为平台，狠抓社会治安综合治理各项措施的落实，维护了良好的社会治安秩序】一是进一步加强对平安建设工作的组织领导，调整充实了山南地区建设平安山南领导小组。二是强化基层政法综治组织建设。按照“警力下沉、警务前移”的要求，进一步加强了乡镇公安派出所、边防派出所和村级警务室建设，在12个县组建了消防大队，在扎囊县组建派出法庭 1 个。下发了《中共山南地委政法委、山南地区综治委关于进一步加强县、乡镇两级综治组织建设的意见》，按照《意见》要求，各级各部门加强了综治委、办建设，建立健全了综治组织机构，落实了工作人员，确保了综治工作在基层有人抓、有人管、有人干。三是强化业务知识培训。举办了山南地区第二期平安建设骨干培训暨第四期综治干部培训班，对来自全地区 12 个县及各乡（镇）和地（中）直各部门、单位的 210 名综治办主任及其工作人员进行了集中培训。四是认真总结平安建设的经验，以点带面，推进平安建设工作深入开展。3月底，在平安建设试点县琼结县召开了平安建设现场会。五是强化宣传工作。充分利用“3 月份综治宣传月”、“6 月份平安宣传周”、“9·16”平安建设宣传日、“12·04”法制宣传日的有利时机，精心组织，周密安排，认真开展平安建设和综治工作宣传活动，进一步提高了广大群众对平安建设的知晓率、参与率，有效推动了各项工作措施的落实，增强了广大群众参与平安建设的积极性。六是强化督促检查，推动措施落实。制定出台了《山南地区社会治安综合治理督导督办制度》，加大了对基层平安建设和综治工作的督导督办力度，召开了人大代表、政协委员平安建设座谈会，广泛听取各位代表、委员对平安山南建设的意见和建议，认真开展了虫草采挖期间维护社会稳定督导工作。七是扎实开展平安寺庙创建活动。出台了《山南地区寺庙突发性事件应急预案》、《山南地区宗教事务属地管理意见（试行）》，强化寺庙民管会建设，扎实开展寺庙党的方针政策、爱国主义教育、综合治理、消防工作、规章制度等“五进”寺庙活动，深入开展揭批达赖活动，有效防止达赖集团在寺庙的渗透破坏活动，巩固了寺庙爱国主义教育成果，推进了平安寺庙创建活动健康有序开展。八是狠抓矛盾纠纷排查调处工作，积极预防群体性事件。针对新时期社会矛盾纠纷的新情况、新特点，继续抓好社会稳定预警机制、矛盾纠纷排查调处机制、预防和妥善处置群体性事件应急机制、矛盾纠纷排查调处督导制度等各项措施的落实，及时开展排查调处工作，使大量的矛盾纠纷得到了及时排查和妥善化解，有效预防了群体性事件的发生。

【获奖情况】山南地区，2007 年度社会治安综合治理工作第一名（2007 年 12 月 16 日，西藏自治区党委、政府）。

盛九梅，全国防范和处理邪教工作二等功（2007 年 2 月 8 日）。

阚智会，2006 年度全区维护稳定情报信息工作先进个人（2007 年 1 月 22 日，区维稳办表彰）。

【领导名录】

政法委书记、处党委书记:边巴
政法委常务副书记：普布多吉
政法委副书记、调研员：姚林
政法委副书记：刘文淼
政法委综治办主任：桑杰群培

山南地区政协工作

【以学习贯彻中央 5 号文件和“区、地”两级政协工作会议为动力，不断提高履行职能水平】中共中央《关于加强人民政协工作的意见》和《中共西藏自治区委员会关于贯彻〈中共中央关于加强人民政协工作的意见〉的实施意见》，深刻地阐明了新形势下加强人民政协工作的重要性及其性质、任务、地位。政协常委会始终把学习贯彻《意见》、《实施意见》作为重中之重，通过举办委员培训班、组成学习考察团和机关干部学习座谈会、研讨会等各种有效形式，切实抓好委员、干部的学习工作，把学习贯彻活动不断引向深入，力争把学习过程变成提高认识、改进工作方法、创新工作思路的过程。通过学习，使机关干部职工、驻会委员进一步深化了对人民政协工作重要性的认识，增强了做好政协工作的自觉性和履行职能的责任感。

政协常委会始终把促进发展作为履行职能的第一要务，始终坚持围绕中心，服务大局，积极建言献策，不断提高履行职能水平。按照山南地区“一产上水平、二产抓重点、三产大发展”的战略目标要求，针对制约经济发展的突出问题、人民群众普遍关注的热点、难点问题，并结合如何做好人民政协工作，组成由区地两级政协委员参加，地区工商联、非公有制经济发展局等多个地直部门参加的联合视察调研小组，分赴全地区 11 个县、部分地直企业、旅游景点、乡村和重点寺庙，就旅游、非公有制经济和新农村建设问题开展视察调研，并对宗教事务管理条例及属地管理原则进行了宣传，先后召开各种座谈会 10 多次，做了大量深入细致的工作，形成了《关于农牧民安居工程民房改造的视察报告》、

《关于对旅游业发展状况的视察报告》和《关于非公有制企业发展情况的视察报告》，得到了地委、行署主要领导的重视与肯定，对报告中提出的意见或建议，地委、行署及时召开相关部门联席会议专门研究解决，并以地委督查〔2007〕6号专报下发到各县和各地直单位，要求认真抓好落实工作。一年来，政协常委会把积极主动地参与地方经济和社会发展作为首要任务，对全地区重点建设项目和关系农牧民群众切身利益的重要问题以及地方性重大政策的出台等方面，力争做到监督有力、献策有方。

【深入开展反分裂斗争，为维护社会稳定作出了积极贡献】一年来，地区政协始终把反对分裂，维护社会稳定作为履行职能的第一政治责任。号召和要求全地区各级政协组织和广大政协委员，把思想认识统一到中央维护西藏稳定工作的重大决策和自治区、地区关于维护稳定工作的重要部署上来，始终保持清醒政治头脑，牢固树立稳定压倒一切的思想。充分利用举办委员培训班、学习座谈会、视察调研、发放各类学习资料等形式，广泛深入地宣传党的方针政策、西藏历史、党的民族宗教统战政策，用大量的事实狠揭猛批达赖政治上的反动性、宗教上的虚伪性和手段上的欺骗性。通过广泛深入地学习宣传教育，广大政协委员不断提高了对反分裂斗争长期性、尖锐性、复杂性的认识，深刻地懂得了"以热爱祖国为荣、以危害祖国为耻"、"团结稳定是福、分裂动乱是祸"的深刻涵义。教育和引导宗教界委员要高举"爱国爱教"旗帜，努力作宗教与社会主义社会相适应的实践者。同时，常委会注重发挥政协作为党和政府联系各界群众的桥梁纽带作用，高度重视社会热点问题，积极反映社情民意，始终把实现好、维护好、发展好各族人民的根本利益作为政协工作的出发点和落脚点，为推动发展、维护稳定、促进和谐建言献策，为协调关系、理顺情绪、凝聚人心、维护稳定发挥了人民政协的重要作用。

【努力做好提案、文史资料工作】一年来，地区政协坚持"围绕中心、服务大局、提高质量，注重实效"的原则，不断加强提案工作的领导，以推进提案办理为重点，切实抓好提案的征集、审查、立案、交办，特别是跟踪督办工作。八届四次全委会共收到大会提案 201 件，立案 171 件，截止 2007 年 8 月，回复率达 93%，回复率和满意率与上年相比均有所提高。在文史资料征集、编辑、出版等工作方面，山南地区政协本着秉笔直书的原则，在上年编写出版藏文版《山南文史资料第三辑》，完成对《山南地区旅游景点介绍》一书的编辑和翻译工作的基础上，2007 年围绕山南独特的温泉介绍、山南历史上著名的藏医人物介绍和藏医药的作用介绍三大内容，共征集文史资料 15 万多字，编辑出版了藏文版《山南文史资料第四辑》，较好地发挥了"存史、资政、团结、育人"的社会功能，推进了政协工作的理论研究。

【自身建设取得新进展】政协委员是政协工作的主体，各专门委员会是政协工作的基础，政协机关是人民政协开展工作的保障。为全面提高履行职能的水平和能力，政协常委会按照以抓学习为动力、以抓制度为保证、以抓基础建设为保障的要求，切实加强了自身建设。一是抓好学习教育工作。常委会始终高度重视机关驻会委员和干部职工的学习教育工作，通过举办各类培训、专题辅导、座谈会等形式，不断提高驻会委员和干部职工的综合素质。一年来，先后组织各种类型学习活动 12 次，选派包括基层委员在内的 15 名干部到全国政协干部培训中心、自治区党校、地委党校等各类院校学习，使他们进一步开阔了眼界、增长了知识、拓宽了工作思路。二是抓好制度建设。一年来，政协常委会按照工作制度化、服务规范化、运转程序化的要求，结合创建学习型机关、和谐机关建设，不断完善规章制度，进一步加大了管理力度，使机关干部的思想作风和工作作风得到明显转变，进一步增强了干部职工的政治意识、大局意识和服务意识，机关的工作效率、工作质量和服务水平有了明显提高。三是抓好基础设施建设。常委会本着提高工作效率、方便群众办事的目的，积极争取项目，加强了基础设施建设，改善了机关工作、生活环境，提高了大家的工作积极性、主动性。同时，常委会始终把扶贫联系点建设作为自身建设的重要组成部分，加大了扶贫济困力度。全年为联系点贫困群众捐款捐物折合人民币共计 105780 元，并多方争取资金 140 万元，为扶贫联系点扎囊县扎其乡解决了部分村引水、交通等具体困难，得到了当地群众的好评。

【领导名录】

主　席：次仁罗布

副主席：尼玛次仁、克珠、马正玉、张世清、王怀亭、索朗旺堆、次仁

秘书长：文明元

常　委：次仁巴吾、蔡汉银、边旺、王世红、次仁旺庆、更堆加措、嘎玛多吉、边久伦珠、德庆贡布、边巴、旺堆、晋美班典、次仁、加央伦珠、边巴次仁、次仁多吉、扎西巴珠、强巴单增、格桑曲珍、洛桑旺久、曲珍达娃次仁、江白坚增、米玛次仁

山南地区妇联工作

【年度情况与特点】1. 1月31日，地区妇联扶贫领导小组成员深入扶贫联系点扎朗县德吉新村一组进行调研。

2. 2月7日，地区妇联党组书记、主席王霞深入扶贫联系点开展节前送温暖活动，折合人民币 4563 元。同时，解决三家农户饮水的问题。

3. 3月8日，地区妇联、地区巾帼加油站召开庆祝"三八"国际劳动妇女节 97 周年联欢会，共 60 名妇女参加。

4. 3 月 24 日，地区妇联积极开展社会治安综合治理宣传月活动。发放宣传资料 500 余份。

5. 5月5日下午，地区妇联积极组织全体干部职工参加扫墓活动。

6. 4 月 26 日下午，在行署 201 会议室召开山南地区妇联工作会议，地委委员、组织部部长余克冰参加会议，并做了重要讲话。共计 80 余人参加了此次会议。

7. 5 月 31 日，地区妇联副主席戴

锡兰一行对扶贫联系点德吉新村的孩子进行了慰问，送去价值人民币2300余元的物品。

8. 6月9日，地区妇联积极开展“建设平安山南”宣传周活动，发放宣传资料共计874余份。

9. 6月26日，地区妇联积极参与开展“6·26”国际禁毒日宣传活动，发放宣传资料共计200余份。

10. 6月31日，地区妇联党支部积极开展活动迎接建党86周年，全体党员干部来到乃东县昌珠镇克松居委会参观了西藏农村第一个党支部——克松党支部旧址。同时，为克松居委会6名贫困党员敬献了哈达，送去了大米、酥油等物品。

11. 7月25日，地区妇联、地区边防支队、地区民政局联合开展了“关爱无助儿童工程”启动仪式，共计100余人参加了启动仪式。

12. 9月11日，地区乃东县地毯厂副厂长次仁琼达参加了全国女经纪人创业研修班。

13. 9月16日，山南地区家长学校第二学期开学，地区各中、小学校学生家长及学生代表共101人参加了学习。

14. 9月16日，地区妇联认真开展“9·16”建设平安山南宣传日宣传活动，发放《婚姻法》、《未成年人保护法》等宣传资料共计17种900余册（份）。

15. 9月20日，地区妇联认真开展第五个“公民道德宣传日”宣传活动，发放《妇女权益保障法》、《未成年人保护法》等宣传资料共计13种700余册（份）。

16. 9月20日，山南地区55名女青年与酒店签订劳动合同仪式在拉萨举行。

17. 9月25日，自治区政府妇儿工委、区统计局在乃东县举行分性别统计试点启动仪式，拉开了山南地区分性别统计工作的序幕。

18. 10月10日，地区乃东县地毯厂副厂长次仁琼达赴浙江义乌参加了全国妇联和中华全国供销合作总社联合举办的“全国女经纪人创业研修班”。

19. 10月15日上午，地区妇联认真组织全体干部职工收看十七大开幕式。

20. 10月21日，地区家长学校举办廉政文化建设讲座，共计286人参加。

21. 10月25日，地区妇联深入乡村以暂借的方式征集妇女儿童文物16件移交自治区妇联，通过鉴定的文物将移交全国妇联妇女儿童博物馆进行收藏。

22. 11月8日下午，地区各族各界妇女代表在团地委会议室召开了学习十七大精神座谈会。

23. 11月8日，山南地区7名女经纪人（致富能手）参加了全区农牧区女经纪人骨干培训班。

24. 11月14日上午，地区妇联召开会议安排部署综治工作和流动人口计划生育工作专题会议。

25. 11月24日，地区家长学校在地区东辉中学阶梯教室举办环保知识讲座，共计166人聆听了此次讲座。

26. 11月27日，地区妇联机关党支部组织党员学习十七大新党章。

27. 11月28日，地区妇联开展“送温暖献爱心”捐助活动，共捐款600元。

28. 12月1日、4日，地区妇联开展“法制宣传日”活动，发放《家庭教育》、《预防艾滋病常识读本》等宣传资料共计2200余份。

29. 12月15日，地区家长学校举办法制知识讲座，地区东辉中学、地区一小、地区三小学生共计300余人聆听了讲座。

30. 12月21日，地区妇联验收隆子县列麦乡玉巴村扶贫点安居工程进展情况。

31. 12月27日，地区妇联组织全体干部职工学习贯彻全区经济工作会议精神。

【获奖情况】2007年2月，山南地区看守所普布被授予全国“巾帼建功”标兵荣誉称号。

2007年2月，加查县电信局被授予全国“巾帼文明岗”称号。

2007年2月，山南宾馆客房中心被授予全国“巾帼文明岗”称号。

2007年2月，山南地区巾帼加油站被授予全国“巾帼文明岗”称号。

2007年5月，乃东县妇联被全国妇联、卫生部授予“妇女艾滋病预防工作先进集体”荣誉称号。

【领导名录】

主席：王霞女、拉珠卓玛

副主席：白玛卓嘎、戴锡兰、方红梅

山南地区审判工作

【年度情况与特点】2007年，山南地区两级法院立足“公正司法、一心为民”的宗旨，努力提高办案质量和效率，共受理各类案件751件（旧存77件），审结650件，未结101件，无超审限案件，综合结案率为86.55%。

【坚持“严打”方针不动摇，依法惩处各类刑事犯罪分子，全力维护社会稳定】共审结各类“严打”案件77件113人，有效维护了地区社会局势稳定。

【充分发挥民商事审判职能和调解作用】共有189件民商事纠纷和刑事附带民事诉讼系调解结案，减少了诉讼成本，提高了息诉服判率。及时处置容易引发群体性事件或民转刑的“双拖”案件13件。指导基层调解组织受理民间纠纷279件，调处率达98.92%。

【有效发挥审判监督作用】全年审查两级法院各类裁判文书280余份，各类案卷210余宗，对发现的适用法律不当、语法和标点错误、法律术语不准确、错别字较多等问题予以指导纠正。

【认真解决“执行难”问题】对执行工作开展调研，分析撰写了3份调研报告，清理“双拖”执行案件63件，总标的近677万元。同时协调、协助基层法院执行案件50余件。

【加强立案信访工作】2006年共受理申诉复查案件7件，接待群众来信来访139人次。涉身处地为当事人考虑，减、免、缓交诉讼费案件59件，达75836元。

【加强廉政建设】全面贯彻执行有关廉政建设规定，加强干警廉政教育，落实《党风廉政建设责任书》，认真查处违法违纪情况，杜绝司法腐败。办结2件案件，全年两级法院有5人次拒收礼品礼金折合人民币10720元。

【存在的问题】1.政治理论学习需要加强，特别是对学习制度的执行和检查督查工作应进一步加强；2.办案经费不足，装备落后仍然制约着审判工作的发展；3.干警的事业心和责任感有待进一步提高，组织纪律作风建设需进一步加强；4.审判工作质量和效率有待提高。

【领导名录】

党组书记、院长:顿珠

党组成员、副院长:李智华、年珠、扎桑、李世蓉

党组成员、政治部主任：洛桑多吉

党组成员、纪检组长：次仁朗杰

党组成员、司法行政装备处处长：达杰

山南地区检察工作

【依法打击刑事犯罪，确保山南社会局势稳定】2007年，山南地区检察机关共受理提请批捕各类刑事案件87件168人，经审查，批准逮捕73件130人，不批准逮捕14件38人。提前介入重特大案件3件5人。比如，公安机关提请批准逮捕凯某、旺某等七人涉嫌组织、容留、介绍卖淫案，分院受理后，为了全面掌握案情，指派两名干警提前介入，并对此案的定性和下一步取证工作提出了具体意见，引导公安机关侦查取证。同年8月9日，公安机关提请审查批捕，由于分院及时介入侦查，案件审查非常顺利，分院依法对5名犯罪嫌疑人以涉嫌组织、容留、介绍卖淫罪作出了批准逮捕的决定。

山南检察机关认真履行公诉职能，2007年，共受理移送审查起诉的各类刑事案件96件159人，经审查依法提出公诉63件104人，不起诉9件9人，在不起诉案件中，存疑不诉4件4人，相对不诉5件5人。

【依法查办和积极预防职务犯罪，党风廉政建设和反腐败斗争稳步推进】2007年，山南检察机关共受理贪污贿赂案件案件线索9件，初查9件，立案6件6人，侦查终结6件6人，移送审查起诉6件6人，依法起诉5件5人，法院均作了有罪判决，为国家挽回经济损失21.77万元。共受理渎职侵权犯罪案件线索3件，玩忽职守案1件，滥用职权案1件，国家机关工作人员非法搜查案1件。

【加强诉讼监督，促进公正司法】一是加强立案监督、侦查监督。比如，分院在受理立案监督线索1件1人中，经过办案人员审查，认为加查县公安局在办理此案时严重违反法律程序，未按法律规定将涉嫌构成盗窃罪的犯罪嫌疑人洛某、扎某向检察机关提请批准逮捕，而报请劳动教养。分院充分发挥法律监督职能作用，向加查县公安局提出了纠正意见并发出了纠正违法通知书。

二是加强刑事审判监督、民事行政诉讼监督。2007年，审查法院的裁判文书58份，提出抗诉1件1人。山南检察机关严格把关，审查民事行政裁判文书（含调解书）50余份，受理申诉案1件1人。

三是加强刑罚执行和监管场所监督。第一，加强安全防范检查，确保监管场所秩序稳定。分院派员深入看守所进行安全防范检查31次；对检查发现的超期羁押2件2人，依法提出了检察建议，发出了纠正违法通知书。第二，以贯彻落实《全区检察机关开展减刑、假释、保外就医专项检查活动》为载体，审查减刑案件8件8人、审查假释案件2件2人、审查保外就医案件1件1人，发现保外就医罪犯的诊断证明不符合法律规定案件，依法提出了口头建议。第三，按照劳动教养审查监督程序，共审查劳动教养决定案件22人，其中对审查中发现的公安机关报送的案件2件3人卷宗不全，依法提出了口头建议，对以劳代刑案件，依法进行了纠正。第四，受理服刑罪犯申诉案件1件1人，已审查办结。

四是扎实开展反偷渡专项行动。根据地委反偷渡专项行动工作的安排部署，分院结合工作实际，制定了反偷渡专项行动实施方案，成立了反偷渡专项行动领导小组，有条不紊地开展反偷渡专项行动。通过开展专项行动，有力地打击了非法出入环境犯罪活动，进一步织紧了严密防范达赖集团派遣人员潜入潜出进行渗透破坏活动的网。

【积极开展核查纠正监外执行罪犯脱管、漏管专项行动】第一，切实做到“三清”。对全地区2004年7月1日至2007年6月30日期间刑期、考验期未满监外执行的罪犯进行了摸底，并进行了统计分类，对管辖之外监外执行23名罪犯的名单上报区核查办协查，对管辖范围内监外执行25名罪犯的名单下达十二个县院核查。经过核查，地区监外执行196名罪犯中存在脱管12名，漏管10名。配合区核查办、拉萨市核查办、林芝地区核查办协查监外执行罪犯17名，并将核查情况回复相关核查办。

第二，切实找准脱管、漏管原因。经过开展核查专项行动，存在主要原因：一是法院未送达法律文书导致漏管；二是公安机关未将法律文书移交派出机构导致漏管；三是监外执行罪犯未到执行机关及时报告而导致脱管；四是公安机关未建立监外执行罪犯监督管理档案；五是对异地执行罪犯，协调力度不强，工作环节存在脱节现象。

第三，制订整改措施，切实纠正突出问题。一是要求公安机关健全监外执行罪犯监督管理制度；二是要求法院完善交付执行程序；三是加强监所检察，减少脱管、漏管现象发生。通过采取多种形式，促使20名脱管、漏管监外执行罪犯归位。

【加强控告申诉检察工作，积极化解社会矛盾】山南检察机关突出以处理涉检信访和做好矛盾纠纷排查调处工作为重点，2007年，共受理控告申诉案7件7人，受理举报线索3件3人，接待来访28人次。一是扎实开展矛盾纠纷排查调处工作，积极探索化解矛盾维护稳定的新机制、新措施。成立了以阿旺加措副检察长为组长，余胜能副检察长为副组长，各部门负责人为成员的矛盾纠纷排查领导小组，制定了《矛盾纠纷排查化解工作实施方案》，根据“属地管理、分级负责”和“谁主管、谁负责”的原则，认真做好排查和协调工作，及时解决具有矛头性和倾向性的不稳定因素。如分院控申部门受理陈某控告被拘留期间遭到公安干警动手打人一案，并要求赔偿

后。控申部门干警从维护稳定、化解矛盾角度出发，积极与公安机关协商，经过协商，双方达成一致意见，公安机关给予陈某 4 万元经济补偿，此案得到了圆满的解决。同年10月，罗某、次某因老板拖欠其砂石款到分院控申部门来访，并且情绪激动，言语激烈。针对此种情况，控申部门干警认真仔细说教、讲解法律知识，本着讲法到位、服务到位的原则，及时与有关部门联系，核查真相，通过不懈努力，最终老板退回了4万余元的拖欠款。二是深入开展2006年办结的不予确认、不予立案、不予赔偿三类刑事赔偿案件的检查活动。通过检查，两级院未受理过一起刑事赔偿案件，不存在不予确认、不予立案、不予赔偿的案件。

【获奖情况】2007 年，山南检察分院副检察长陈龙帅被高检院评为先进个人，分院副检察长边巴次仁、办公室主任覃章书，政治部副主任蒋光全，计财处干部旦珍，监所处干部格桑被区检院评为先进个人。

山南地区公安工作

【年度情况】2007 年，山南地区两级公安机关在地委、行署的正确领导下，在上级业务部门的大力支持下，紧紧围绕全地区工作大局，认真贯彻落实党的十七大、区党委七届三次全委会及区、地两级维稳工作会议精神，紧紧围绕构建和谐山南的总目标，以“三基”工程建设为载体，充分发挥防范、打击、管理、服务职能作用，大力加强公安队伍建设，扎实开展各项工作，取得了可喜成绩，较好地完成了各项公安工作任务，为全地区经济社会跨越式发展和全面建设小康社会创造了良好的社会治安环境。

【以反分裂斗争为龙头，切实做好各项维护稳定工作】面对严峻的维护形势，山南地区两级公安机关始终坚持“旗帜鲜明、针锋相对、主动治理、强基固本”的方针，将维稳工作置于各项工作的首位来抓。从最大限度地增加和谐因素、最大限度地减少不和谐因素的要求看手，一是加强情报信息工作，进一步拓宽情报信息的搜集范围和渠道，及时掌握达赖集团等敌对势力、敌对分子的活动动态。二是积极防范和打击“法轮功”邪教组织的违法活动。三是深入开展反偷渡专项行动，严厉打击非法出入境行为。一年中共审查非法入境 1 人，企图非法出境 32 人。四是努力做好群体性事件的预防和处置工作，最大限度地化解不稳定因素。一年中排查并妥善处置 4 起苗头性群体性事件。五是大力加强网上斗争，采取措施密切注视达赖集团和西方反华势力以及“法轮功”邪教组织在互联网上的活动。

【坚持严打方针不动摇，严厉打击各类违法犯罪活动】一年中，山南地区两级公安机关按照上级业务部门的安排部署，结合不同时期的犯罪特点，先后开展了打黑除恶、“命案侦破”、“两抢一盗”、打击盗窃破坏电力电信广播电视设施违法犯罪专项斗争和打击自行车盗窃专项行动，始终保持严打高压态势，严厉打击各类刑事犯罪和经济犯罪活动。2007 年地县两级公安机关共立各类刑事案件286起，破获217起，破案率76%，抓获犯罪嫌疑人 311 人。其中成功破获了“1·08”特大虫草盗窃案、“2·22”故意伤害致人死亡案、“3·23”特大文物盗窃案、“5·21”持刀抢劫案、“11·11”绑架案等一系列影响较大的案件，打掉了一批犯罪团伙，惩处了一批犯罪分子，极大地打击了犯罪分子的嚣张气焰。

【创新方式，多策并举，全面加强公安行政管理工作】一年中，山南地区两级公安机关以创造更加祥和、宁静的社会治安环境为目标，全面加强公安行政管理工作。全年共发现受理治安案件 260 起，查处250起；查处违法人员498人。一是以换发第二代居民身份证为契机，进一步加强户籍管理，全面推进人口管理信息系统建设。二是切实做好流动人口、暂住人员、重点人口及出租房屋、公共娱乐场所、特种行业的管理工作。三是加强民爆物品和枪支弹药管理，一年中共审批使用炸药447吨，雷管448020枚，导火线783240米，对全地区的公务用枪进行了清理检查。四是进一步加强出入境和外国人管理工作。五是进一步加强了社会面的巡逻控管力度，采取多种方式，最大限度地把警力摆在街面，切实提高了街面见警率，最大限度地挤压了犯罪空间。

【大力推进“三基”工程建设，全面加强基层基础工作】一年中，山南地区两级公安机关认真贯彻落实“沈阳会议”和“拉萨会议”精神，紧紧抓住两次会议召开后的发展机遇期，积极争取党委、政府支持，牢牢扭住公安机关基层基础工作中存在的薄弱环节和突出问题，始终坚持科技兴警与固基强警相结合，采取切实可行的工作措施，不断推进“三基”工程建设向纵深发展。5月16日，地委、行署召开了议警联席会议，专题听取了公安处“三基”工程建设情况汇报。6月21日，地委、行署召开了全地区公安机关“三基”工程建设工作会议。

【强化道路交通管理，坚决遏制重特大道路交通事故】2007 年，山南地区公安交管部门以深化预防和遏制重特大道路交通事故专项整治为龙头，进一步加大了路检路查力度，加强了对重点客运线路、旅游线路和客运车辆的路检路查力度。一年中，全地区共发生各类道路交通事故65起，死亡35人，受伤83人，直接经济损失32.84万元。

【坚持严密防控与重点打击相结合，认真做好重要节日及敏感时期的安全保卫和稳控工作】一年中，山南地区两级公安机关把重大节日、敏感期、重要活动期间的安全保卫和稳控工作作为一项重要任务，精心组织，周密部署，全警动员，狠抓各项工作措施的落实，全面开展各项安全保卫和稳控工作，圆满完成了党的十七大、“10·17”“11·04”敏感时段等一系列安全保卫和稳控任务。

【领导名录】
党委书记：边巴
处长：吴荣富
党委成员：普次、傅晓峰、次仁、李伟、洛次、李贤荣、旦增桑珠、杨晓玲、赵伯修、达瓦

（供稿：黄锋涛）

山南地区司法工作

【争取党委政府重视，加强县级司法行政机关规范化建设】2007 年，在地委、行署领导的高度重视和有关部门的大力支持下，通过与上级部门的沟通和协调，山南地区各县司法局各方面工作都得到了加强。

2007 年上半年，区司法厅党委书记王槐生同志带队，在山南地区乃东、扎囊、桑日、曲松、琼结调研并检查和指导工作。对县司法局机构、人员编制、业务开展情况及基础工作进行了深入调研，针对县司法局的现状，工作组提出了明确的要求。山南地区司法处先后组织多个工作组，由处主要领导带队，深入到各县及部分乡（镇）、村检查指导工作，对各县司法局开展法制宣传、法律援助、人民调解、安置帮教等业务工作的情况进行了调研，进一步加强了对基层司法行政业务建设的指导。

各县司法局管理体制不顺的问题得到解决。在地委、行署和上级业务部门的关心和重视下，山南地区相继解决了乃东、扎囊、曲松、加查、错那等 5 个县司法局的机构管理问题，8 个县司法局已按照“机构独立、编制单列、级别明确、职能强化、管理规范”的要求组建为正科级政府职能部门。剩下的琼结、桑日、洛扎、措美 4 个县的司法局机构和人员编制将随着自治区编制的下达一并解决。同时，山南地区十二县个司法局基本建设项目资金 657.6 万元已全部得到落实。

【加强学习交流，保持与对口援助单位的良好关系】2007 年 5 月，经行署批准，山南地区司法处组成考察团赴湖南、湖北、安徽考察学习，受到了三省司法厅的热情接待，湖南省和安徽省司法厅分别组团赴藏考察、指导工作。湖南省司法厅按照 2006 年与山南地区司法处签订的《湖南省司法厅对口援助山南地区司法处协议》，向山南地区司法处援助资金 30 万元。安徽省司法厅表示将保持和巩固现已建立的良好关系，进一步加大互派考察团（组）进行学习交流的力度，并为山南地区司法处援助 35 万元，两省共提供了 65 万元的援助资金，为山南地区司法处的业务建设和基本建设给予了大力支持。同时，共派出 3 名同志到安徽省司法厅挂职锻炼，6 名同志到三省司法厅考察、取经，大大改变了山南地区现有司法行政人员的学历结构和知识结构，缩小了专业差距，提高了整体水平。

【法制宣传教育工作】2007 年，山南地区司法处按照地区“五五”普法规划的总体要求，紧紧围绕地区的中心工作，进一步加强对普法日常工作的指导，不断拓宽普法宣传面，努力提高全体公民的法律素质，推进山南地区的法治化水平，为地区的经济发展、社会稳定提供强有力的法制保障，营造良好的法治氛围，尤其是在社会治安综合治理考核中，山南地区司法处普法工作获得全区第二名、地区第一名的好成绩。主要表现在：一是切实加强检查指导力度，推进普法工作向前迈进。二是山南地区四级普法网络进一步建立健全。目前，地区共建有地级普法机构 1 个，县级普法机构 67 个(含勒布办事处)，乡(镇)普法机构 83 个，村级普法机构 595 个，依托县、乡普法网络进一步加大了对各县和部分乡(镇)、村开展“五五”普法情况的督导管理力度。三是贯彻区地两级法制宣传教育工作会议精神。积极了解县、乡(镇)、村三级普法机构、人员和工作开展情况，“法律七进、法律下乡”活动开展情况和各县、乡(镇)法制副校长建立及工作开展情况。通过《普法动态》加强全地区普法宣传工作的指导和交流，进一步创新了工作方式，从而更好地推动全地区普法宣传工作向前发展。四是进一步加大了学校法制副校长配备及管理工作的指导。2007 年山南地区司法处组织专门工作组对地区一小、三小、东辉中学、二高等七所学校法制副校长的配备及工作开展情况进行了一次全面的摸底调查，针对调查的具体情况和发现的问题形成了专题调研报告，并在此基础上与地区教体局共同协商制定了《法制副校长工作职责及考核办法》，进一步规范全地区法制副校长的管理工作。

2007 年，山南地区共组织举办各类法制宣传 104 次；共发放各类（藏、汉文）宣传单和书籍 47388 余份；悬挂横幅 149 条，张贴宣传画 978 张；召开法制宣传大会 30 次，开展法制讲座 6 场(次)，张贴标语 1192 条，解答法律咨询 1033 次，播放普法光盘 30 张，出动普法人员 652 余人(次)，受教育人数达 93820 余人(次)。

【基层人民调解工作】2007 年，山南地区司法处积极指导各调委会按照“小纠纷不出村、大纠纷不出乡(镇)”和把矛盾和纠纷化解在当地、化解在基层、解决在萌芽状态的要求认真开展了矛盾纠纷排查调处工作，努力推进基层农牧区社会稳定。一是按照五年培训规划的总体部署继续加大了对司法助理员、调委会成员的培训力度，全年共培训人民调解员 372 人，培训率达到 84%。二是组织工作组深入基层加强调研，全面细致地掌握基层人民调解工作情况。通过对调解工作成效突出的县局在纠纷类型、调处办法、时间、人员力量、经费保障以及如何做好人民调解与行政调解、司法调解三种调解手段的相互衔接配合等方面的工作总结，探索出了具有普遍性、规律性的工作方法，促进了山南地区调解工作制度化、规范化建设。截至目前，山南地区共建立调解组织 688 个(其中，乡镇调解中心 83 个，村(居委会)调解委员会 595 个，工矿企事业调委会 10 个)，司法助理员 83 人，人民调解员 2354 人。2006 年 10 月—2007 年 10 月各级调解组织共受理民间矛盾纠纷 423 件，调处 417 件，调处率 98%。其中：婚姻纠纷 202 件，打架斗殴 61 件，买卖纠纷 2 件，抚养纠纷 18 件，拖欠民工工资 8 件，土地纠纷 35 件，债务纠纷 6 件，邻里纠纷 30 件，草场纠纷 13 件，经济纠纷 1 件，继承纠纷 1 件，其它纠纷 40 件。三是加大了对地(中)直企事业单位调解工作的指导力度。2007 年 5 月，山南地区司法处组织工作组深入到地区人民医院、地区藏医院、泽当饭店、罗布莎铬铁矿、建筑公司 5 家企事业单位的人民调解委员会，就机构建设、职能作用发挥情况、矛盾纠纷排查调处情况进行了调研。从调研情况看，五个企事业单位调解组织健全，人员配备齐全，单位内部和谐稳定，没有大的矛盾纠纷，但也存在着个别企业调委会职能发挥不够的问题。四是按照地委政法委的要求，7月份，山南地区司法处组成专门工作组，对全地区十二个县司法局的矛盾纠纷排查调处工作进行了专题调研，并形成了《关于进一步加强新时期基层人民调解工作》的调研报告，对山南地区各级调解组织的机构建设、队伍建设、人员培训、矛盾纠纷排查调处工作规范及存在的问题进行了详细分析，提出了相应的解决办法。

【刑释解教人员的安置帮教工作】在地区安置帮教领导小组的指导下，安置帮教领导小组办公室依靠有关部门和社会力量加强了对刑释解教人员非强制性的政策引导、扶持和教育管理，将安置帮教工作作为社会治安综合治理的重要内容来抓，不断健全全地区安置帮教机构，制定工作措施，完善工作制度，按时召开成员单位例会，切实加强与地区看守所等部门的交流联系与沟通合作，共同配合，创造性地开展工作，并在社会治安综合治理考核中获得全区第二名。一是按照上级的要求，在地区建立了安置帮教信息网数据库，并着手启动了各县的专用软件服务终端，确保这两类人员底数清、情况明，去向准，便于管控和帮扶。二是利用近一个月的时间，对全地区2004年至2007年的刑释解教人员进行了调查摸底，建立了一帮一，二帮一的帮扶措施。截至目前，全地区已建档的刑释解教人员共 247 人。其中，刑满释放的187人，解除劳教的60人，安置率达到 95%，帮教率均达到 100%，重新犯罪率控制在2%以内。2007年1至11月份从西藏自治区各监狱、劳教所，山南地区看守所共释放43人。其中，自治区各监狱和劳教所释放的山南籍刑释解教人员 19 人；山南地区看守所释放 24人。其中：本地人员 17 人，外地人员 5人(已全部衔接建档、帮教)，安置率和帮教率均达到 100%。三是为进一步做好山南地区刑事解教人员的安置帮教工作，拓展安置帮教新渠道。地区安置帮教办公室、劳动和社会保障局、地区看守所联合筹集3200元资金，举办首届20名在押人员藏式绘画技术培训班，培训班的举办赢得了学员及其家属的一致好评。四是发挥联动优势，提供政策扶持。按照上级部门的要求，联合地区民政局、国税局、工商局、财政局、劳动和社会保障局下发《关于落实刑释解教人员安置帮教人员安置政策的通知》，从刑释解教人员过渡性安置、社会救助、最低生活保障、失业保险、养老保险、个体经营登记、税收优惠等多方面对刑释解教人员安置进行了扶持。

【法律服务工作】2007 年，山南地区司法处进一步加强法律服务规范化建设工作，法律服务工作人员素质不断提高，业务水平有了进一步提升，服务工作进展顺利。一是积极拓展法律服务领域，促进法律服务业健康、有序、稳步发展。律师、公证人员、法律服务工作者紧紧围绕地委、行署的中心工作，主动贴近群众生活，努力拓展法律服务领域，提高法律服务质量。二是通过积极向政府提供法律咨询，参予信访工作等非诉讼活动，积极参与涉法涉诉信访案件，新农村建设和群体性事件的处理工作，切实维护被告人和当事人的合法权益，维护法律权威。据统计地区公证处共办证203件。其中，经济5件，民事194件，终止 3 件，拒绝 1 件，涉及标的 873.6万元。律师事务所办理各种案件14件。其中，刑事案 7 件，民事案 6 件，行政诉讼案 1 件，担任常年法律顾问 2 家，为行署提供法律咨询、审查修改合同文书 3 次。三是积极开展法律服务与法律援助工作为构建社会主义和谐社会服务主题实践活动。根据相关文件精神，为认真做好“法律服务与法律援助工作为构建社会主义和谐社会服务”主题实践活动，成立了关于开展法律服务与法律援助工作为构建社会主义和谐社会服务为主题的实践活动的领导小组并制定了《山南地区开展〈法律服务和法律援助工作为构建社会主义和谐社会服务主题实践活动〉实施方案》，推动了法律服务和法律援助工作进一步发挥其职能作用。四是按照国家司法部《2007 年度国家司法考试工作的通知》精神，认真组织了司法考试报名登记工作。全地区共有49人参加司法考试。其中，政法系统32 人，军人 6 人，其他国家机关工作人员11人。

山南地区的法律援助工作以“拓展和规范法律服务”为目标，据统计:2007年法律援助中心共受理各类案件及提供法律咨询 524 件。其中，来电、来访咨询420件，代写法律文书72份，办理法律援助案子32件(刑事26件,民事6件)。

山南地区外事工作

【礼宾接待】2007 年，山南地区外事办公室共接待了来自德国、俄罗斯、尼泊尔、奥地利、韩国等不同国家的外国来宾、外交官、新闻记者和知名人士共 6批72人次。其中：特别是在接待德国黑森州州长科赫访藏团一行过程中，行署领导亲自会见，并组织农家家访、参观历史文化古迹，通过客人走访和了解，充分认识和感受到了山南悠久的历史文化，增进了相互间的了解，建立了良好的关系，整个接待工作收到了良好的效果。科赫一行回国后来信并表示愿同山南地区在文化方面进行交流合作。此外，山南地区外事办公室协助统战部接待了来自俄罗斯社会各界访华团28人；协助自治区外事办接待了驻纽约总领事馆领事刘碧伟、外交部驻尼使馆工作人员等。

【因公出国】2007 年，山南地区因公出国访问、参观、学习、考察团组工作 18批21人次,出访国及地区主要有加拿大、德国、尼泊尔、澳大利亚、新西兰、奥地利、美国、英国、不丹、老挝、泰国、柬埔寨、蒙古国、印度、香港等。

【涉外项目】2007 年，在山南地区实施的涉外项目共有 3 个，即：有自治区商务厅引进的澳大利亚政府援助的琼结县贫困妇女蔬菜种植项目和新西兰政府援助的扎囊县扶贫温室两个小型国际援助项目；山南地区卫生局与意大利亚洲国际团结协会签订的改水、改厕和卫生宣教的非政府组织项目；由自治区外办牵头，在山南开展的美国国际小母牛项目。这些项目的引进，为进一步加快农牧民群众脱贫致富，改善农村生产和医疗条件，提高生活质量方面发挥了积极作用。

【领导名录】

外事办公室主任：丹增多吉

山南地区编译工作

【注重队伍建设,提高队伍素质】2007年，山南地区编译室始终以保持共产党员先进性教育为契机，按照建设一支政治过硬、业务精、功效高并具有强烈事业心的高素质干部队伍的要求，从不放松队伍的自身建设。一是坚持政治学习制度。按照《政治学习制度》的规定，坚持每周两个半天的政治学习时间，组织干部职工及时传达学习党的现行方针、政策，把我们党的最新理论成果武装到干部职工头脑，要求思想上始终做到清醒，政治上始终做到坚定。二是坚持业务学习制度。按照《业务学习制度》规定、山南地区编译室各科室根据各自工作实际，采取集体学习和个人自学相结合的方式认真学习各自所需业务知识。办公室始终把加强自身建设作为提高办公室工作效率和水平的基础工程来抓，努力在教育引导、制度建设和转变作风上下功夫，收到了明显成效，为建设一支凝聚力、战斗力强，综合素质好的办公室干部职工队伍奠定了坚实的基础。翻译业务方面，采取由翻译老手授课翻译理论、翻译技巧；以老带新、相互切磋；自学掌握新词术语；重在实践中锻炼的方式，加强翻译队伍的业务知识学习，不断提高汉藏语文水平和专业技能水平，以适应新时期翻译专业的需要。三是加强职业道德教育。道德乃做人立身之本，有道德方可言素质。山南地区编译室十分重视对干部职工的社会公德和职业道德教育，采取开展“以德治国”、“社会主义荣辱观”为主要内容的知识竞赛活动，办道德宣传专栏等方式，加强社会主义公德和职业道德教育。要求干部职工务必做到，待人真诚谦和；工作严谨细致；言行得体合理；心态平和健康，坚决克服那种门难进、脸难看、事难办的现象。

【充分发挥职能作用，努力为中心工作服务】充分发挥编译室的职能作用。一是根据《西藏自治区学习、使用和发展藏语文规定》所赋予的职能，藏语委办对全地区藏语文工作进行了宏观指导，定期不定期深入到各县检查指导全地区藏语文工作开展情况，并狠抓社会用字清理整顿工作，进一步规范山南地区的社会用字。2007年，山南地区社会用字工作在巩固2006年成果的基础上，以旅游景点、窗口、小城镇建设等为重点，狠抓桑耶镇、藏王墓、雍布拉康、昌珠镇和贡嘎机场等地的社会用字清理整顿工作,全地区社会用字检查数为1329个，其中限期纠正的有632个，新制作的有242个，地区组织抽查的共有728个，使社会用字不规范的现象有了很大改观。二是积极承担地委、人大、行署、政协“四大家”的文件、材料、讲话的翻译打印任务，把地委、行署的决策译成藏文，准确无误地传送到广大农牧民手中，让他们及时地了解掌握党和政府的方针、政策提供方便。山南地区编译室在确保地区四大部门发至基层文件材料的翻译任务前提下，加班加点，尽可能地帮助地直、中直、县、基层单位承担文件、材料、讲话、资料的翻译打印工作。一年来，山南地区编译室承担了《十七大精神宣讲材料》、《日常食品安全知识手册》、《城镇居民医疗保险制度知识问答》等资料的翻译工作，为基层单位便于操作、群众便于学习掌握相关知识提供了藏文材料。全年山南地区编译室完成各种文件、材料、讲话、法规条例、小册子、资料等的翻译字数达810000多字。三是按照区编译局的要求，借抽一名室领导参加全国“两会”民族语文翻译工作，与民族语文翻译组的同志一道出色地完成了全国“两会”的翻译任务。还专门抽人协助地区民政局完成了山南地区泽当镇城区标准地名设置收尾工作。还抽调一名室领导参加万名干部下基层工作组，出色完成了各项工作任务。

山南地区扶贫农发工作

【年度情况与特点】2007年，山南地区扶贫农发办围绕年初确定的工作目标，首先狠抓了2006年两大开发项目的收尾及验收工作。2007年8月10月分别对2006年的扶贫农发项目进行了地区级验收，通过验收并及时申请自治区终验。2007年11月5日至10日自治区对山南地区的2006年扶贫农发项目进行终验，不但顺利地通过了验收，而且对山南地区的农业综合开发项目的执行情况给予了高度的评价；其次，认真实施了2007年扶贫开发和农业综合开发项目。截止目前，共完成国家投资7391.7万元，比2006年增加1019.1万元，增长17%。其中扶贫开发项目35个，国家投资3757.7万元；贡嘎、扎囊、乃东、隆子4县农业综合开发区国家投资3634万元。到目前，两大开发已完成建设任务的80%。

【扶贫开发工作】2007年山南地区共安排贫困户安居工程1364户，投资2168.5万元,已完成1348户。其中绝对贫困400户,相对贫困948户,受益人口达5040人。截止12月底,完成了年度计划的98%;面上扶贫项目12个，国家投资594.5万元；整乡推进扶贫开发项目22个,投资834万元;扶贫人才培训26.4万元,完成农牧民常规培训1232人次,劳动技能转移就业434人。

【搞好农发项目】2007年强抓时机，有条不紊地开展各项农发工作。2007年山南地区四个开发区目前完成中低产改造1640公顷。完成黄牛改良13500头；人工种草833公顷；贡嘎县综合养殖项目群众养鸭出栏28.6万只,存栏1.7万只;区内购置奶牛500头。

【积极调整定点帮扶单位，全面部署“十一五”定点帮扶工作】区地两级年初召开了定点帮扶工作会议，对“十一五”期间帮扶单位进行了调整。共安排79家党政机关、中直机关、企事业单位和驻军部队开展对口帮扶工作。截止目前，区、地两级共下派了134名蹲点帮扶干部，其中，自治区12家厅局级单位共帮扶山南地区8个县12个贫困乡镇，派出蹲点干部38名，地直单位下派干部96名。各帮扶单位深入乡村调查研究，帮助贫困乡镇制定“十一五”规划，同时对基层从项目、物资等方面给予帮扶。据不完全统计，2007年帮扶单位为帮扶点联系项目、捐资捐物、帮扶建房等折资2067万元。其中自治区帮扶项目27个，投入资金809.96万元，地直机关帮扶项目38个，投入资金1157.04万元。

【存在的问题】一是农牧业基础设施相对薄弱，农牧业生产成本较高；二是农牧民市场化组织程度低，商品和市场观念淡薄；三是缺乏一批具有带动能力的产业化项目，农牧业特色产业发展步伐缓慢；四是农牧民持续增收的长效机制还没有完全建立。

山南地区国家税务工作

【以组织税收收入为中心，保持税收收入持续稳定增长】2007年山南地区税收收入实现持续快速增长，超额完成了区局下达的税收任务。2007年山南地区共组织各项收入24680万元，首次突破2.4亿元大关，比上年同期增收6034万元，增长32%，完成年度计划的118%，其中：增值税完成12499万元，比上年同期增长42%，增收3720万元；营业税完成4910万元，比上年同期增长2%，增收90万元；企业所得税完成3239万元，比上年同期增长85%，增收1485万元；个人所得税完成1107万元，比上年同期增长14%，增收134万元；车辆购置税完成1104万元，比上年同期增长14%，增收139万元；其他收入完成555万元，比上年同期增长28%，增收121万元。

分预算级次比较：山南地区共组织中央级收入13112万元，比上年同期增长42%，增收3899万元；自治区级收入632万元，比上年同期增长25%，增收126万元；地市级收入5677万元，比上年同期增长28%，增收1230万元；县级收入5259万元，比上年同期增长17%，增收779万元。

增值税增长的主要原因：一是矿产品价格上涨，销量比2006年同期相比有所增加，带动采掘业增值税增长。二是商业销售效益比上年有所提高，带动商业税收增长。三是制造及销售快速增长。以上是增值税增长的主要原因。全年采掘业完成4849万元，比上年增长111.56%；医药制造业完成税收815万元，比上年增长69.43%；非金属矿物制制品完成税收2766万元，比上年增长95.20%；电力完成1261万元，比上年同期增长42.43%；批发零售贸易业完成税收3686万元，比上年增长9.34%。

营业税增长的主要原因：营业税增长的主要原因：1.基建项目投资比往年有所增加从而带动建筑业的税收增加。2.信息传输、计算机服务和软件业迅速增长带动相关产业的营业税增长。3.房地产热销促进房地产营业税迅速增长。4.加强货运发票及车辆的征收管理稳定增长税收收入。全年道路运输业完成税收201万元，比上年增长21.18%；银行业完成税收303万元，比上年增长135%；文化、体育和娱乐业完成税收67万元，比上年同期增长8%；建筑业完成2506万元，比上年同期增长1%；信息传输、计算机服务和软件业453万元，比上年同期增长80%。

企业所得税增长的主要原因：1.汇算清缴增加全年企业所得税收入；2.医药制造及销售、水泥生产等行业快速增长增加收入；3.房地产热销促进房地产企业所得税迅速增长；4.矿石价格上涨，矿石企业销售业绩迅速增长，矿产品销量比2006年同期相比有所增长，带动采掘业增值税增长。全年汇算清缴增加全年企业所得税收入843万元。采掘业完成1603万元，比上年增长3.77倍；是企业所得税增长的主要原因。非金属矿物制品业完成税收491万元，比上年同期增长19%；房地产业完成税收72万元，比上年增长76%；建筑业完成税收713万元，比上年同期增长16%。

个人所得税增长的主要原因：1.加大查补力度增加收入；2.主要建筑、房地产、批发零售等相关行业经济的增长带动税收增长。

【全面落实税收管理员制度，大力推进科学化、精细化管理】山南地区国家税务局根据新时期征管工作的总体要求，在总结以往工作经验的基础上，制定了《山南地区国家税务局税收管理员工作制度》，出台了《山南地区国家税务局税收管理员管理办法》及《山南地区国家税务局税收管理员实施方案》，并于2007年5月1日在地区国税局直属税务分局、贡嘎县国税局、曲松县国税局正式实施。山南地区国家税务局主要进行人员调整充实，增加交通工具，分片区进行管理，积极推行税收管理员制度，按照管户与管事相结合、管理与服务相结合、属地管理与分类管理相结合的原则，明确了税收管理员的岗位职责，突出了管理的重点，重组和优化原有的税收业务流程，在很大程度上解决了“淡化责任,疏于管理”和“情况不明、信息不灵”等问题。

【加强纳税信用等级评定管理】对全地区各类纳税户根据办法规定评定了A、B、C、D纳税信用等级。在2005年度评定的基础上对3339户各等级类别的纳税人纳税信用等级的实际情况进行复核，确保纳税人适用的纳税信用等级的真实性。

【加强车购税规范管理】认真开展市场调查，健全完善了国税、交警联席工作会议制度，开展车辆税收“一条龙”管理，加强了对车辆税源监控。2007年共征收车购税1104万元。

【做好年所得12万元以上个人所得税自行纳税申报工作】根据区局要求，结合山南地区实际，进行广泛宣传,在此基础上对纳税人进行了培训，督促12万元以上个人所得税纳税人进行纳税申报，截至2007年4月3日，在山南地区国家税务局年所得12万元自行纳税申报37人，其中：工资薪金所得33人（其中1人有偶然所得）、个体工商户的生产、经营所得4人。累计年所得额709.22万元、扣缴税款32.72万元、补缴税款73.93万元、无退税额及应抵免税额。

【落实各项税收优惠政策，加强减免税管理】一是山南地区国家税务局继续加强对下岗再就业相关税收优惠政策、西部大开发有关政策和残废人减免税有关税收优惠政策的宣传力度，积极落实减免税优惠政策，取得了明显效果。2007年减免各项税收2065万元；二是对西藏华钰矿业开发有限公司等5家企业暂免企业所得税减免税审批，对西藏康欣药业有限公司等5家企业暂时认定为增值税一般纳税人。

【加大稽查力度，专项检查工作有序开展】山南地区国家税务局根据工作实际，明确稽查工作职责，理清工作思路，积极有序开展了各项工作。全年共检查纳税人 19 户，检查出有问题 17 户，查补入库收入 2,865,757.14 元，其中税款 2,474,499.55 元，滞纳金 85,829.22 元，罚款 305,428.37 元，处罚率达到 12.34%。1.全力开展专项检查工作，对房地产、石油、食品加工、烟草、电力等十个行业进行了全面细致的纳税检查。共检查纳税人 16 户，已结案的 16 户，有问题的 13 户，立案查处 13 户，查补收入合计 2,604,124.94 元，其中：税款 2,305,649.63 元，教育费附加 9,398.92 元，滞纳金 62,398.02 元，罚款 226,678.37 元；(2)认真配合进行区域专项整治工作通过对 4 家矿产品开采销售企业的清理整治，查补税款 143 万元；(3)大力协助县局改善纳税秩序，对洛扎县、贡嘎县及琼结县境内的三起涉税违法案件进行了处理，实现查补收入 116 万余元；（4）高度重视，认真做好举报案件查处工作，全年共接收举报案件 3 起，其中：来访举报 1 起，电话举报 2 起，全部检查完毕，查补收入 680,167.35 元。

【开展企业所得税汇算清缴工作】为了做好 2006 年度企业所得税汇算清缴工作。山南地区国家税务局对此项工作进行了精心部署规划，召开了动员会，制定了清缴计划，要求在工作中突出重点行业，在汇缴质量上下功夫，加强对纳税调整项目的审核，提高工作质量，对在工作中发现的问题进行了及时解决和处理，并对企业财务人员进行了宣传辅导，进一步对汇缴工作进行了规范，严格依法清缴。此次清缴工作共对 49 户企业进行了检查，查补各项税款合计：337 万元，税款全额入库。

【加强“双定”户管理】多次对辖区内的个体工商户进行了调查摸底，根据税收管理员的要求，充实征管人员，划分片区，减少漏征漏管户，加大查处力度，并将相关情况及时提交地区“双定”工作领导小组进行研讨，2007 年新核定户数 672 户，调整营业额户数 85 户，恢复征收 23 户。

【加强建安行业税收征管】为了保障建筑业相关税收收入任务的完成，加强对该行业税收领域的治理整顿工作力度。开展建筑安装行业税收征管的调研工作，多次进行专项调查，了解掌握了 2007 年度各项建筑安装工程建设情况，做到了心中有数，并对发现的问题进行了及时解决。严格执行“以票管税”制度。与此同时，还加强了与当地驻军的联系协调，积极宣讲税收政策，取得部队的支持，并征收部队基建工程税收 19 万元。

【进一步强化虫草营业税税收征管】最大限度的减少税款的流失，努力将其培植成稳定增长的税源，制定征收计划，采取上下齐抓共管、部门协助征税的办法，开展虫草营业税征收工作：一是采取委托代征的办法，通过虫草采挖地清山工作加强虫草采挖地虫草收购环节税收征管；二是成立市场虫草交易工作组，对虫草收购行为实施强有力的监控检查；三是一如既往的向虫草收购者宣传税收政策，不断增强虫草收购人员依法纳税的意识。2007 年共征收虫草税 45.9 万元，较 2006 年增收 23.1 万元，增长 101%。

【采取有效措施严控二手房交易税收征管】山南地区国家税务局认真贯彻落实二手房的各项税收政策，采取有效措施有力推进二手房税收“一体化”管理。建立二手房税收联合机制，积极与地区城建局房管部门联系，把“一体化”管理目标和任务分解到国税、房管、土地管理部门的具体环节和岗位，做到信息共享，环节运转流畅。对房管部门人员进行税收政策辅导，使他们熟练掌握二手房的税收政策，并签订协议，实行“先税后证”制度，严把关口，使二手房交易的税收征管逐步走向正轨。确定县级及县以下房屋交易最低计税价格的调研。

【全面完成 2006 年度税收资料调查工作】上半年山南地区组织开展了 2006 年度税收资料调查工作。此次调查采用对企业发放调查表和重点调查相结合的方式，对抽样的 77 户纳税人进行了调查，其中：实际调查企业 63 户，占调查企业总数的 82%。未调查的企业 14 户，属于税务机关查无此户、处于暂时停业、筹建状态、关闭、破产等状态，占调查企业总数的 18%。此次调查中：国有企业 29 户、集体企业 10 户、有限责任公司 29 户、股份有限公司 3 户、私营企业 3 户、外商投资企业 3 户，被调查企业 2006 年共缴纳税款 9879.9 万元，占 2006 年税收收入总数的 53%。通过此次调查，对山南地区 2006 年度税源分布有了更深入的分析，对企业的纳税情况有了进一步的了解，为掌握山南地区今后的税源变化和进行税收收入分析奠定良好基础。

【不断完善税收票证管理】开通代保管资金账户网上查询功能，为税务代保管资金专用存款账户开通相应的账户查询功能，实现上级税务机关对所属税务机关税务代保管资金账户的实时查询，监督其资金收纳、支付情况。

山南地区国土工作

【土地管理、耕地保护和集约用地迈出新步伐】2007 年，山南地区国土局启动新一轮山南地区土地利用总体规划修编工作。安排专人与湖南省国土资源厅专家组共同深入 12 县、地直有关单位，完成了查清新增建设用地总量、闲置土地和低效用地数量、耕地和基本农田保有量、违法用地数量及处理情况的“四清查”和对照国民经济和社会发展规划确定的发展目标、节约用地挖潜目标、规划保护耕地目标、违法用地处理要求的“四对照”工作任务，规划修编进入了最后编制阶段。

加强建设项目用地审查。对不符合土地利用总体规划的建设项目、占用基本农田的项目、资金到不了位的空头项目不予预审。全年没有发生违反规划和年度计划供地的现象。

耕地保护进一步加强。截止 2007 年 12 月，全地区耕地面积 53693 公顷，基本农田保护面积保持在近 48000 公顷，保护率为 89%。2007 年山南地区地区共开发整理耕地 302 公顷，实现了补大于占。

积极推行节约集约用地。对所有新建项目，按其投资强度、容积率、建筑密度、非生产性设施用地比例等主要指标进行严格审核，有效地控制了用地规模；泽当城区第一期 430 余套周转房建设均使用闲置土地；安居工程建设做到了少占或不占耕地，耕地占用比上年减少 4 公顷，曲松县还对部分安居工程搬迁点实施了土地复垦。

五是加大国土资源法规宣传力度。扎实开展“4·22”世界地球日、“6·25”全国土地日和“12·4”全国法制日宣传活动，全社会保护耕地及资源意识明显增强。在“6·25”宣传中，行署主管领导发表了电视讲话；地区国土资源局与乃东县局在泽当镇乃东居委会开展进村宣传咨询活动，并陪同地区领导慰问了 5 户失地困难户；在《山南报》开辟了宣传专栏；各县国土资源环境保护局均在县城繁华地段设立了宣传点。

【土地市场建设取得新成绩】进一步加大了土地市场清理整顿力度，市场配置土地资源的基础性作用得到进一步发挥。一是主动配合监察部门做好“专项行动”的各项清理工作。二是按照国土资源部和自治区国土资源厅“百日行动”要求，切实部署和抓好地区土地执法百日行动自查、自纠和整改工作，重点查处了 2005 年 1 月以来“以租代征”、“未批先建”等土地违法违规行为。通过“专项行动”和“百日行动”的开展，共处置违法违规用地 70 宗，地区行署对贡嘎、乃东、曲松、隆子和扎囊 5 县未批先建违规违法用地行为进行了通报，并责成县政府及用地单位写出书面检查，对其项目用地作了停工处理。三是在逐步健立土地储备机制的基础上，不断提高经营土地水平，对商业、旅游、房地产开发等经营性用地一律实行招拍挂出让，以 335 万元价款成功挂牌出让了 0.22 公顷储备土地；工业用地纳入到了出让范畴。四是土地二级市场逐步规范，共为 101 宗土地二级市场交易出具了地价评估报告。五是对泽当城区利用划拨土地建出租房的，按其租金的 10%收取了土地收益金。

【国土资源基础业务取得新进展】及时编制发布《地质灾害防治方案》和《突发性地质灾害应急预案》。建立了汛期 24 小时值班、巡查督导等制度。加强与气象部门的联系，预测预报能力得到增强。同时，狠抓群测群防体系建设，各乡镇村及灾害隐患区（点）都落实了责任监测人员，初步建立起三级测防体系。汛期组织专家工作组开展了 32 人次地质灾害巡查和应急调查，及时处理了 9 起突发性地质灾害，全地区未发生因地质灾害造成的人员伤亡事故，把因灾造成的经济损失降到了最低。

集体土地确权登记发证试点工作通过自治区国土资源厅验收，共发放集体土地使用证 48 个。进一步加强基础测绘工作，安徽省国土资源厅援助开展的错那、措美、洛扎、浪卡子 4 县城镇地籍测绘圆满结束，至此，全地区城镇地籍测绘工作基本完成。委托湖北省咸宁市国土信息中心承建，地区城镇地籍信息数据库建设进展有序。

全地区第二次土地调查准备工作扎实有序，行署下发了《关于开展第二次土地调查工作的通知》，其实施方案已上报自治区第二次土地调查领导小组审批。乃东县人民政府高度重视第二次土地调查工作，及时制定下发了《关于开展第二次土地调查工作的通知》和《第二次土地调查实施方案》，并组织专人深入到各乡镇开展了宣传。

【服务经济社会发展和国防建设取得新成效】一是严格执行参与宏观调控的各项政策，科学合理安排用地指标，保障了交通、水利、援藏项目、招商引资和安居工程等建设用地。认真贯彻落实地区边境工作会议精神，优先安排边境区域建设用地。全年共对 34 个建设用地申请形成预审意见提交行署研究，共向自治区国土资源厅申报建设用地 25 宗，经自治区人民政府审批同意的有 8 宗，占自治区人民政府审批数的 19%。二是军事设施用地保护区的土地测量和登记、发证工作全面结束，共发放土地使用证 113 个。三是积极支持国企发展，依法依规向行署上报了 4 宗土地资产处置意见。四是进一步整顿规范矿产资源开发秩序。依法维护合法探、采矿权人正当权益，严厉打击和查处违法勘查开采行为。共查处无证开采、以采代探等非法采矿点 17 处，矿产资源开发秩序明显好转；整顿和关闭严重破坏环境或不具备安全生产条件的矿山 7 家；对 70 家矿山的资质、开发利用方案、环境影响评价方案等进行了年检。五是积极组织和协调矿山企业申报国家危机矿山接替资源勘查项目。曲松县罗布莎Ⅶ矿群、香卡山Ⅵ、Ⅷ、Ⅸ、Ⅹ矿群、康金拉矿区铬铁矿接替资源勘查项目，找矿成果显著，初步估算新增铬铁矿资源量 15 万吨。协助申报的曲松县罗布莎铬铁矿区Ⅰ、Ⅱ、Ⅳ、Ⅴ矿群接替资源勘查项目已获得批准。

【服务群众、关注民生民意的主动性进一步增强】一是从源头上严防拖欠群众征地费。经自治区人民政府审批同意的 8 宗建设用地，其征地费已全部兑现，被征地群众的切身利益得到切实维护。桑日县人民政府积极探索让失地群众的原有生活水平不降低、长远生计有保障的长效机制，建立了全县被征地农牧民生活保障基金，按年度将生活保障金按时足额兑现到失地群众手中。二是在罗布莎铬铁矿区Ⅲ、Ⅶ矿群 57 号采坑矿山环境治理中，协调施工方优先使用当地农牧民工、机械等，群众参与施工增收 42 万元。三是协调矿山企业吸纳农牧民工 1200 人，有效增加了群众务工收入。四是优先为农牧民办理非金属采矿许可证 8 个，吸收农牧民就业 230 余人。五是积极开展“献爱心募捐建房”活动，筹资 13.5 万元，为扶贫联系点——浪卡子县普玛江塘乡 5 户困难群众新建住房 20 间 775.65 ㎡。

【获奖情况】2007 年，山南地区国土资源局被国土资源部作为“全国土地执法百日行动成效显著单位”通报表扬；隆子县加玉乡被国土资源部评为“全国地质灾害群测群防突出贡献奖”；国土资源局局长周光树和副调研员杜长贵分别被国土资源部评为“全国开发区清理整顿工作先进个人”和“全国地质灾害防治工作先进个人”。

山南地区工商工作

【年度情况与特点】2007 年，山南地区工商行政管理局大力整顿和规范市场经济秩序，促进了全地区经济发展和社会稳定。加大打击经济违法行为力度。严厉打击假冒伪劣商品。加强商标专用权保护，依法查处侵犯食品、服装、化妆品等商品商标专用权和侵犯涉外商标、世界知名商标专用权的案件。查处广告虚假宣传案件，清拆违章设置的户外、招牌广告。严厉打击合同欺诈行为，推进企业诚信建设。应对“问题食品”和突发事件，增强市场食品安全防控能力。完善应急处理机制，深化食品准入管理，开展食品专项整治，扎实推进食品放心工程。监管与服务并举，促进市场主体发展。加大商标品牌扶持力度，进一步推进商标战略各项工作。促进农村经济发展，维护农民利益，培育一批农村经纪人，引导登记一批个体工商户，培育一批农产品商标或地理标志证明商标。推进市场监管基础性工作，提高长效监管效能。开发完善企业信用分类监管工作，提高监管服务的信息化水平。

【登记管理】 2007 年，山南地区各级工商行政管理机关紧紧围绕发展第一要务，立足职能，着眼发展，服务全局，更新发展观念，拓宽发展思路，创新发展举措，优化发展环境，促进经济社会又好又快发展。

全地区各级工商行政管理机关把优化服务环境作为促进市场主体快速发展的出发点和落脚点，坚持以科学发展观为指导，加强业务学习，熟练工作技能；严肃纪律，增强服务意识；推进政务公开，优化服务环境；注重宣传教育，引导科学投资；围绕区域经济，服务重点工作，进一步转变工作作风，提高服务水平和效率，为各类创业者进入市场提供便利、快捷、安全、周到的服务，以高效、廉洁、规范的政务服务优化地区经济的发展软环境。截至 11 月，共登记注册企业 500 户，注册资本 72553 万元。

截止 2007 年 11 月，共登记私营企业 157 户，雇工人数 2928 人，注册资金 51370 万元，同比分别增长 63%、53%、31%；个体工商户 7640 户，从业人员 22973 人，注册资金 12793 万元，同比分别增长 12%、17%、27%。

【市场管理】 2007 年，山南地区工商局共查处各类经济违法违章案件 452 起，案值 42 万元，罚没金额 7.5 万元，万元以上案件 3 起。

（一）食品安全专项整治深入推进。着力开展“查无照、索票证，维护食品市场安全秩序”专项执法行动。进一步加大无照经营的清理和规范力度，严格规范食品市场主体准入行为，通过宣传教育与日常监管结合的方法开展工作。全地区共出动执法人员 173 人次，执法车辆 25 车次，检查市场主体 1500 多个，查获“三无”、过期食品 100 多种 270 公斤；过期饮料 46 件、儿童食品 48 公斤；无碘盐 120 公斤；查扣涉嫌假冒五粮液、红星二锅头酒 50 件，澳的利、雲碧饮料 539 件，优酸乳等饮料 701 件，总价值 6.3 万元。

（二）旅游市场整治取得积极成效。全地区共出动执法人员 106 人（次），车辆 25 台（次），检查市场主体 151 户，查扣过渡包装、“三无”各类土特产品 1987 盒（桶），没收“三无”包装盒 6873 个，劝导土特产品经营商户立即下架过渡包装、价实不符各类土特产品 2519 盒。同时，加大市场巡查力度，对岗巴拉山、桑耶寺、雍布拉康等重点旅游景点（区）中存在的经营不规范、不正当竞争、经营者之间存在的各种纠纷进行了整治调解，进一步规范了旅游景点（区）服务行为，营造了良好的旅游消费环境。

（三）节日市场专项整治和日常市场巡查监管进一步加强。共检查各类市场主体 4160 户，查处违法经营商户 82 户，查处假冒伪劣、过期变质、“三无”等食品、药品、烟花爆竹价值 7.8 万元；查缴各类无中文标识产品名称、厂名、厂址的染发剂 713 盒，香水 30 瓶，无卫生部批准的特殊化妆品准字号祛斑、防晒类化妆品 19 瓶（盒），案值 9000 余元；查扣无生产厂家、无厂名厂址、无有效期观音王、人参乌龙茶、普洱茶等 27 斤，没收黄山毛峰茶叶包装盒 20 个。同时，组织开展了一系列查缴政治性非法出版物的专项行动，查处淫秽、盗版光盘 75 张，盗版电影光盘 144 张，盗版计算机软件光盘 300 余张，切实维护了政治安定和社会稳定。

【消费者权益保护】 2007 年，山南地区工商局扎实推进 12315 进商场、进市场、进社区、进乡村、进景点“五进”活动，全地区已建成 12315 联络站（点）29 个，初步建立了全方位、多层次的维权监管体系。1-6 月份，共受理消费者申诉举报 218 件，共为消费者挽回经济损失 24.5 万元。

【商标管理】 2007 年，组织开展了虚假违法广告专项整治行动，检查各类户外广告 287 个，查处未经工商部门登记擅自发布户外广告、虚假广告案件 11 起，收缴违法横幅广告 16 条。同时，在检查中，强化了对新《户外广告管理办法》、《药品广告审查发布标准》、《药品广告审查办法》的宣传力度，积极推进广告监管关口前移，促进广告行业自律机制的形成。

继续加强商标宣传和深化推进商标兴地战略。对企业选择、使用、管理、运作及自我保护商标方面给予指导和帮助，提高企业实施商标战略的能力；深入农户，宣传农副产品商标知识，推动三农“走品牌之路，扬富民之帆”。“三到位”，即商标法律法规宣传到位，商标注册服务到位，保护商标专用权执法到位，深入开展了著名人文历史地理名称标识认领和引导工作，争取到 7 个人文历史地理名称 29 件商标地区财政垫付资金 20.9 万元的良好成效，商标培育工作顺利进入申请注册阶段。商标事业发展形成了政府重视，企业主动，群众满意的良好格局。目前，全地区已注册商标共有 16 件（全区著名商标 3 件），已申请注册商标 32 件，商标事业登上了一个新台阶。

【企业信用体系建设】 山南地区工商局结合经济户口，制定了《市场主体监管工作示意图》、《行政执法工作示意图》，按照统计口径，将市场主体分为 9 大类，每类都分出 A（蓝）、B（黄）、C（红）、D（黑）四个信用等级，把监管重点放在信用等级较低和涉及人民群众生命财产安全的行业上来。在日常巡查中，各科室相互协调，及时互通信息，及时将查处的情况录入到经济户口中，及时对市场主体的信用等级进行调整，从而提高了执法效能，节省了执法资源，做到了科学有效监管。

山南地区质监工作

【深入开展食品小作坊专项整治】2007年山南地区质监局针对山南地区食品生产加工小作坊分布多、广、散的实际情况，采取各项有效措施加强小作坊监管：一是建立食品安全信用体系，通过企业安全承诺、签订责任书，培养企业主遵纪守法意念，使企业主真正担负起食品安全第一责任人职责，截止目前山南地区质监局共建立小作坊电子质量信息档案181家，签定食品质量安全承诺书181家，承诺书签定率达100%，食品添加剂备案4家；二是实施分类监管，对食品生产企业，根据其生产规模、产品质量保障能力、产品风险水平等对企业进行分类，对不同级别的企业实施不同的监管方式；三是积极帮扶小作坊发展壮大，指导小作坊建章立制，完善管理，提高食品质量安全水平；四是严查制售假冒伪劣食品行为，对生产销售无生产许可证、使用非食品原料生产等违法行为进行严厉打击。各项措施的有效实施使食品安全监管走上规范的发展轨道。

【重拳出击，狠打制售假冒伪劣窝点】山南地区质监局深入城乡结合部及出租房集中的重点区域严打生产制造假冒伪劣的黑窝点，对家电、扣件、儿童玩具等重点产品进行了重点查处。截止到目前，山南地区质监局共出动执法人员550人次，车辆120台(次)，检查生产企业、经销商520户，涉案总价值15.24万元，挽回经济损失18.9万元。关停加工卫生条件差的豆制品加工店1家和使用不符合要求的包装材料的挂面加工店1家，端掉使用氢氧化钠及土盐加工牛杂加工黑窝点1个，没收销毁土盐1150公斤、毛肚1300公斤、黄喉500公斤、氢氧化钠5公斤、牛油260公斤、肺管3000公斤，总价值近10万元。

【产品监督抽查情况】山南地区质监局按照地区整治办的安排，共抽检了水泥2个样品、电杆4个样品、汽油13个样品、饮用水3个样品、糕点4个样品，检验结果均合格，产品抽检合格率100%。

【食品监管措施到位，确保人民健康】2007年山南地区质监局采取了多项措施加强了食品安全监管：一是签订《食品质量安全承诺书》，树立食品生产企业第一责任人意识，目前已签订181份责任书，完成率达100%；二是实施食品添加剂备案，杜绝使用非食品添加剂和有毒有害物质的违法行为，目前已备案的添加剂有52种；三是建立食品生产企业档案，详细记录了对企业的质量管理、标准化管理、产品质量状况等，为食品安全监管提供了科学依据；四是严查制售伪劣食品行为，2007年山南地区质监局端掉了一处使用氢氧化钠和土盐加工牛杂窝点，关停1个面条加工店和1家加工条件差的豆腐加工店。

【加强计量管理，规范企业经营活动】2007年，山南地区质量技术监督局共检定各类用于贸易结算的计量器具652台(支)，对地区内旅游市场定量包装商品进行执法检查，抽查21种294批次，封存12种54个批次，共179盒，价值1.07万元，合格率仅为81.6%；对加油机进行计量抽查，共抽查加油机20台(枪)，不合格3台，抽样合格率为85%；对泽当内的2家水泥厂和17家水泥销售店的水泥定量包装进行检查，查处非法分包水泥窝点2家，现场查获水泥60吨，货值2.4万元。

【加强农业标准化服务，扎扎实实地推进标准化生产工作】2003年申报的国家级第四批农业标准项目“青稞示范区项目”和“藏鸡养殖示范区项目”取得了不俗的成绩。青稞种植示范区面积已发展到1333公顷，参与农户2300户。每亩单产在以往的324.78公斤的基础上增产20公斤，示范区1333公顷可增产40万公斤，可增加50万元左右；藏鸡养殖示范区从试养2万只发展到80万只，年增收120万元左右。2005年申报了曲松县的藏獒养殖、牦牛育肥、白绒山羊养殖三个农业标准化项目于2007年5月21日正式启动，并已将15万元农业标准化专款拨付各示范点。《中国质量报》还对山南地区质监局在农业标准化工作中的做法和取得经验给予了报道。同时，山南地区质监局2007年还对山南地区农业标准化所收集的资料进行整理汇编，制做成宣传板，为迎接区质监局的考评验收奠定了基础。

为切实将山南地区地理标志产品申报工作落到实处，提高产品附加值，进一步规范市场经济秩序，山南地区质监局通过多次联系，山南地区2007年申报了5个地理标志产品，即措美县古堆乡镇企业申报的古堆藏獒、错那县勒布高峰茶厂申报的勒布高峰茶、加查县政府申报的神湖牌加查核桃、雅砻水泥有限公司申报的雅砻牌水泥、桑日县白堆乡达西牦牛申报的达西牦牛。

【执法打假到位，保人民健康、财产安全】山南地区质监局先后开展建材、“黑心棉”、成品油、农资、钢筋、水泥预制品、儿童玩具等一系列专项执法打假检查活动，共查获不合格预制砖12000块、过期油漆60桶、无强制性认证电动工具40件，不合格钢筋16.5吨、“黑心棉”74床、无生产许可证安全帽140顶，无生产许可证的铝合金材料400多件，过期、标识不全的蔬菜种子300余袋，无强制性产品认证标志农用喷雾器10个，总价值28万元。

【特种设备安全监察，保公共安全】2007年，山南地区(不含各县)现有特种设备178台，其中在用锅炉55台、压力容器55台、电梯40部、起重机械23辆、游乐设施4台、高压氧舱1台。全年山南地区质量技术监督局共出动安全监察人员200余人(次)，车辆70台(次)，对泽当镇内特种设备及液化气充装站服务车进行了安全监察。2007年共查处未经定期检验的锅炉3台，液化气充装站违规充装4家，将在用的常压热水锅炉私自改为承压锅炉使用的1家，下发整改通知书11份，安全监察指令书12份，日常安全监察记录90余份。在用特种设备使用登记率、定期检验率、安装检验率、隐患整改率、均达到100%，作业人员持证上岗率达98%。目前，气瓶送检工作已初见成效，沿江四县气瓶检定工作也已顺利启动(扎囊、贡嘎、桑日、曲松)，共送检气瓶23000只，约占整个地区气瓶总量的70%，报废不合格气瓶60只，报废率达2.6‰。

【着力强化证后监管，全面推进企业发展】2007 年，为加强对山南地区获得生产许可证、3A 质量信誉等级、西藏名牌企业的监督管理，确保获证企业产品质量安全，维护正常的市场经济秩序，山南地区质监局结合山南地区实际，落实三项措施，推进企业发展：一是分类落实获证企业证后巡查，提高针对性；二是开展定期监督抽查，保障产品质量安全，对获证企业产品进行定期监督抽查，以保障企业产品质量稳定；三是严格年度监督审查，把日常巡查和监督抽查情况作为年审的重要依据，并根据企业具体情况对其生产条件及产品质量进行现场抽查。

山南地区邮政工作

【年度情况】2007 年，山南地区实现邮政业务收入 1376.13 万元，完成年计划 100.7%，比 2006 年同期增长 9.5%。截止 2007 年 12 月底邮政储蓄存款余额达 1.91 亿元。全年金融类收入完成 531.17 万元；邮务类收入完成 443.38 万元；速递物流类收入完成 401.58 万元。2007 年实现收支差额-1713.46 万元（含农村邮政通信），2007 年全员劳动生产率达到人均 8.39 万元。成本费用总支出实现 3106.19 万元，完成年计划的 99.6%，控制在预算范围内。全地区邮政总资产达 5531.7 万元。全地区有自办邮政局所 24 处，投递路线 7039 公里，邮政运输汽车 25 辆。

【主要特点】山南地区邮政局邮政业务从建局初期开办的信函、汇款、包裹报刊业务扩大到目前的特快专递、邮政储蓄、集邮、电子汇兑、物流、代收货款等业务。并于 3 月 22 日地区局营业厅成功地开办了定期存单小额质押贷款业务，于 4 月 23 日开办了代理开放式基金业务；推出了商务汇款，建立了局内报刊资金、财务资金通过商务汇款业务归集资金制度，到 12 月底，山南地区邮政储蓄网点累计发放小额质押贷款 23 笔，金额 133.4 万元；销售开放式基金 239.83 万元，开户 161 户；全年新发行绿卡 4103 张，结存绿卡用户 16453 户。

【重大事项】2007 年，山南地区邮政局继续依照“突出重点，优化结构，提高科技含量”的原则，切实解决好通信基础设施建设，确保通信生产向着良性循环方面发展。全年累计投资 290 万元，先后完成了 3 个县局和 1 个农村邮政所建设；全年新增邮运汽车 2 辆；各类机械设备投资 30 万元。

【经验体会】（一）按照“调整结构、优化网络”的原则进行建设。一是加快邮政营业网点建设，按照邮政公用性质及服务要求，山南地区目前邮政营业服务网点较少，覆盖面不广，且工作条件较差，难以满足农牧民群众和部队官兵用邮的需求。在区公司党组的高度重视、关心和建设资金十分紧缺的情况下，对错那、隆子、浪卡子三县局网点的营业室进行了整治和装修，给服务工作创造了良好的工作环境，同时也极大地方便了广大邮政用户用邮。二是不断完善邮政运输网和投递网络，积极推进邮件分拣、传递信息化。按照贴近经营、贴近市场、贴近客户的要求，加大对速递、物流和畅销报刊等竞争性业务的支持力度，满足市场竞争的需要。三是加快邮政信息化建设步伐，提高市场竞争水平，按照重点建设、兼顾一般原则，对部分县局信息化设备进行了整治，更新了一部分设备老化、影响通信正常运营的电子化设备，及时地保证了全地区邮政通信的畅通。四是加强了普遍服务的支持力度，7 月份召开了全地区首届农村邮政通信工作会议，为下一步山南地区新农村建设奠定了良好的基础，进一步拓宽了邮政的农村通信市场和物流市场。

（二）2007 年紧紧抓住改革，继续加大管理力度，细化管理措施，理顺管理机构，健全管理机制，严格管理制度，持续推进了各项管理工作的开展。1.制定了全地区邮政营业、投递窗口服务实施规范、达标升级管理办法和考核办法，为邮政服务营业网点配齐了便民用品。先后修改编印了《山南地区邮政局储汇从业人员岗位轮换、交接审计制度》、《山南地区邮政局印鉴与支票管理制度》、《山南地区邮政局储汇业务资金账户分账管理办法实施细则》，制定了生产人员业绩考核办法；邮政营业窗口实行了星级营业员挂牌服务。2.积极推进财务改革，实行全面预算管理。强化投资建设，支撑业务发展，对全地区使用量大的终端机具、设备，继续强化集中采购的组织和管理工作。同时加强了固定资产管理软件，完善基础数据库的建设，加大了存量资产的盘活利用，为投资决策提供依据；深化预算管理，在 2006 年工作的基础上，总结经验，突出重点，完善了预算管理流程，切实强化了预算管理的基础工作。3.业务监查部门对本辖区内所有网点均进行了业务检查，在检查中对重要空白凭证、章戳进行了规范，对普遍服务、特殊服务提出了新要求，对检查中发现的一些问题，均要求立即整改，以保证邮政金融的绝对安全。4.通过开展一系列性的自学、促学活动，干部职工素质得到了提高，同时加强了局生活区的安全防范工作，安装了监控器和职工周转房一、二楼的防护栏，坚持了重大节日和敏感日的安全检查和干部值班制度和出租房流动人口管理和计划生育管理，健全了相关领导机构，不断优化干部队伍的能力结构，提高干部队伍的领导能力与管理水平，不断满足企业对人才需求。

【获奖情况】2007 年，隆子县邮政局荣获地区级青年文明号。

【存在的问题】一是少数管理干部对局党委确定的经营思路和管理方针，思想认识不高，面对繁重任务，行动迟缓、措施不力，歇一歇的思想有所抬头，导致个别业务发展的步伐有所放慢，部分业务错失了加快发展的有利时机；二是在管理上个别领导干部工作缺乏主动性、创造性，凭经验办事，不愿做深入细致的调查研究工作，基础管理问题较为突出，管理不到位、责任不到位、落实不到位的现象依然存在；三是面对新形势，很多干部职工在思想观念更新上与企业经营发展的要求还不相适应，思想不解放，思维不开阔等问题始终没有得到很好解决，工作方法上总感觉到缺乏新思路、新办法、新举措。如营销机构建设和人员落实方面，至今工作不到位，阻碍了邮政各项业务市场的拓展。四是某些单位或部门在职工思想教育上方式方法简单，管理粗放，只管表面，不问本质，放松对干部职工的职业道德、思想品德教育，规章制度不到位、责任意识缺乏，影响了企业管理，影响了企业形象。五是农村邮政通信存在资金困难、场地租金高、乡邮人员业务能力和文化素质偏低、乡邮从业人员待遇偏低、医疗养老等问题需要解决。

【领导名录】
书记、局长:吕树忠
副局长:曲杰、尼玛平措

山南地区电信工作

【年度情况与特点】2007 年，中国电信山南分公司在山南地委、行署、区电信公司党组的正确领导下，以邓小平理论和“三个代表”重要思想为指导，深入贯彻落实科学发展观，紧紧围绕“科学发展，规模转型，精确管理，提升价值”生产经营工作指针，着力加快转型业务发展步伐，着力加快体制机制创新步伐，着力加快保障体系建设步伐，保持了企业的健康平稳发展。全年累计完成主营业务收入 4324.80 万元，完成年计划的 100.01%，同比增长 10.88%；非语音业务收入占比达到了 36.14%，同比增长 50.89%。累计用户数到达 3.87 万户。

【以有效策略为行动指导，生产经营工作取得实效果】以“科学发展，精确管理，深化转型，强化执行”为指针，开展保存夺增总经理工程，保有存量，拓展增量。通过业务捆绑、套餐签约等手段，语音业务实现了多点控制，本地电话用户数稳中有升，普通电话业务收入流失速度有所减缓；密切跟踪政府、行业信息化工程，以商旅服务和通信助理业务为推广重点，以商务领航为统领，电子政务、酒店完美联盟等信息化应用业务取得一定进展；增值业务产品不断丰富，对收入拉动作用开始体现，宽带接入表现出较大的发展空间与发展优势，且占收入比重有所提高。

【加快农牧区通信建设，推进农牧区信息化进程】2007 年，进一步提高认识，讲政治，顾大局，以促进农牧业增效、农牧民增收、农牧区发展为目标，以行政村通电话为重点，以网络覆盖延伸为切入点，合理调配现有资源，加大“村村通电话”工程建设力度。投入 100 余万元开通 60 个乡镇传真，全面实现“乡乡通传真”目标；投入 600 余万元搬迁 18 个农话卫星站、新建 1 个好易通基站，完成 50 个行政村新开通电话，使村通率达到 93.3%，为农牧区社会稳定、边防巩固提供有力的通信保障。

【创新服务举措，改善电信服务质量】以客户感知为中心，实施了“诚信服务放心消费年”活动，全新推出了“六项服务承诺”，全面贯彻服务“十七条”，着力提升营业厅“服务四力”，认真落实三级回访制度，严格执行服务工作巡检、通报制度，通信服务水平逐步提高，客户满意度稳中有升，重大新闻媒体曝光为零，社会形象不断提升。

【深化企业机制体制创新，企业管理水平不断提升】深化全面预算管理，制定和完善了《全面预算管理办法》，理顺预算管理流程，细化归口部门职责，做到了指标到位、责任到位、考核到位，使成本预算得到了有效控制；按月编发成本费用使用情况通报，加强对成本费用的分析，有效控制了主要成本规模；提高资产使用效率，加强风险防范，合理核销固定资产报废、存货报废等损失，有效减少了资金沉淀，提高资金使用效率；设立收入稽核岗，确保收入数据的准确性、进度的均衡性；加强对县局财务工作的检查指导，确保县局财务基础管理工作规范化。

全面实施“人才兴企”战略，提出企业的人才观和人才建设基本框架，建立人才信息库，大力推行“双通道”晋升机制，加大员工交流力度、挂职锻炼、公开竞聘力度，深入推进学习型企业创建活动，营造积极向上的学习氛围。

【网络转型步伐加快，网络支撑能力不断增强】网络优化与延伸做到早计划、早安排、早到位，较好地满足了业务发展的需要。实施了 IP 城域网下移工程。新建接入点 19 个，完成地区、各县及部分乡镇 ADSL 设备扩容，理顺了宽带网络结构，加快了宽带网络建设步伐，完成了地区炮团、桑耶镇等 6 个点的市话线路建设以及扎囊吉如的光缆引入建设工程，新增 450 站 13 个，新增数据交换机 11 个，通信能力得以持续提升；网络运行质量稳中有升，全年未发生重点通信阻断和事故。圆满完成了十七大及重要非常时期的通信保障任务；梳理、整合和初步实现了业务收入集中管理、平台展现，强化数据稽核管理，数据质量不断提升。整合 OA 办公网、企业数据应用门户、人力资源、财务等系统功能，建立了统一的用户界面，IT 面向市场营销和精确管理的支撑服务能力全面增强。

【获奖情况】

措美县电信局荣获“自治区级、地区级文明单位”称号。

【存在的问题】一是发展不足，发展不快，发展不平衡，这是面临的最为突出的问题。二是价值提升不够，企业发展对资源的依赖性大。三是体制机制创新不够，制约了企业发展活力。四是农牧区通信建设投入大、产出小。五是通信市场竞争激烈、压力大。

【领导名录】
党委书记、总经理：冯文勇
副总经理、财务总监:张建红
副总经理、工会主席:索朗伦珠

中国移动山南分公司

【指标完成情况】2007 年，中国移动山南分公司放号指标：净增放号 9654 户，完成年计划的 96.88%，客户累计到达 50123 户。

业务收入完成 3668.56 万元的 97.86%，较上年同期增长 19.44%；

1-11 月，实现利润 1567 万元，完成年计划的 124.06%，同比增长 122.77%；运营支出 1366 万元，完成年计划的 82.71.%，同比增长-8.46%。

【全年市场工作亮点】根据第三方暗访测评结果，针对需要着重提升的服务短板及时出台整改措施，加强一线人员服务意识、服务主动性，开展“市场业务大比武”选拔赛，对标杆营业厅及营业员进行适当奖励，增强了一线人员的企业归属感，提高了一线人员工作热情。

由公司一把手带队，相关部门人员组成工作组，深入基层圆满完成了全地区12县、82个乡镇、594个行政村的调研任务。深入基层得到了有关市场、网络覆盖以及竞争对手的第一手资料。

分析竞争对手，加大策反力度。不仅策反其他运营商的个人大客户，同时也将整个集团吸纳到网内，大大提高了市场占有率。

加快营销渠道建设，提高渠道占有率。截止11月，共有自办营业厅14家（地区3家，各县11家），合作营业厅1家，授权销售点2家、特约卡类销售点165家(县、乡镇140家)，公话超市72家(县、乡镇46家)。06年服务公司投资的日当、苹果苑、松赞路等三家营业厅现已竣工。07年集团公司投资的扎囊县桑耶镇和地区乃东路两个营业厅正在建设阶段。截止目前，渠道市场占有率达到60%。

【集团客户工作步入正常轨道】健全规章制度，强化基础管理。一年来，先后修订完善了《集团客户、个人大客户以及各县移动公司管理办法》、《市场营销服务组考核管理办法》等规章制度，同时注重各项管理制度的执行和落实情况，强化基础管理工作。通过明确职责、梳理流程，改变了以往员工忙闲不均、分工不明、工作落实不到位的不良局面，为提高工作效率、强化执行力奠定了良好的基础。

组织客户经理学习集团新资费等各种业务，除集中学习外，要求每位客户经理业余自学，提高业务水平，满足用户一对一宣传需求，同时认真签订协议，实现有效捆绑。截止11月，共签订集团399家，捆绑用户11539户。

为提高执行力，确保工作目标的分解落实到位，根据大客户部的实际情况，全地区营业厅、营业网点按地理位置划分为16个片区分公司，按照“属地管理”更好地服务于广大用户。此外，成立了市场营销服务组，负责各乡镇的市场拓展、客户服务工作，形成了“事事有人管、人人有事做”的良好工作氛围。

通过各种渠道对现有的集团客户、高价值客户、潜在客户和竞争对手情况进行深度“摸底”调查，针对调查结果进行有效细分，对不同类型的集团客户和集团中的不同成员实施“差异化”服务，同时，采取上门走访、电话联防以及开展集团客户联谊会、举办文体竞赛等形式密切与集团客户、大客户之间的关系，确保集团客户的稳定与发展。

对拍照用户按照《拍照客户保有方案》内容，采取赠送礼品、幸运52等形式刺激用户消费。其次，会同营业前台主动开展客户挽留工作，实现从源头上避免用户流失的目的。

追缴欠费方面主要还是采取电话催缴和反复上门收缴的方式，同时加大了片区人员的欠费考核力度，出台了《欠费追缴方案》，欠费率（2.1%）得到了有效控制。截止11月，共追回欠费117.27万余元。

【加快网络建设，不断提升服务支撑能力】传输方面。积极配合施工方督促完成07年村通工程大段光揽建设和延伸工作，形成了隆子—准巴乡—边防一团—日当镇—隆子的西藏移动第一个光传输本地环路；新建地区二中至亚堆乡的光缆工程，解决该路段沿线各边际网基站的传输问题；完成加查、扎囊两县的中国移动农村支援项目光缆接入、微波接入以及各站点传输电路调配、开通工作；新增28条二干传输线路，并改线调配原有27条线路。

基站建设。全力开展村通工程和边际网建设，建成村通基站25个，建成边际网基站13个；隆子县本地光传输沿线6个站点的卫星改光传输接入工作也已完成；配合相关部门，对2007年边际网、村通工程及2008年新建站点进行了选址及审核；完成黄金旅游线路覆盖的汇审及城区3个新建基站的扩容和机房租赁；建成绿色通道鲁古拉山基站。经各方努力，全国最小乡——隆子玉门和全球海拔最高乡——浪卡子普玛江塘乡均实现多年来的移动通信梦想。通过合理建站，有效扩大分公司网络覆盖规模和网络服务能力，很好地承担起了“服务西藏、服务全网”的社会责任。

基础工作。进一步加大了网络管理力度，根据要求，配合区公司内审部门完成了索克斯法案各控制点的核查及资产清查工作。完善了《机房出入登记管理办法》、《机房值班管理办法》、《测试卡管理办法》以及《信息安全维护作业计划》等规章制度，并及时更新了应急预案。启用了BOSS2.0，配合区公司相关部门对OA办公自动化系统进行升级改造，使业务和办公能力得到大大提升。

网络规模。截止目前，山南分公司共有移动通信基站128座，其中阿尔卡特基站28个，中兴基站26个，华为基站75个。共计话务小区167个，载频417个，话音信道2877个，直放站16个。软交换系统容量6.5万门，传统交换容量6万门，HLR容量10万门，BSC基站控制器3个。泽当城区、各大旅游景点、拉泽公路沿线以及全地区85%的村镇已实现移动网络覆盖。有望在2007年提前实现“乡乡通”移动电话目标。

山南地区农牧工作

【年度情况】2007年，山南地区农牧业工作认真贯彻落实中央1号文件精神和区党委、人民政府关于“三农”工作的决策部署，积极发展现代农业，扎实推进新农村建设，农牧业生产稳定发展，农民收入快速增加，农业农村经济保持了良好的发展势头，为山南地区经济社会又好又快发展提供了有力的支撑。第一产业增加值达3.3亿元，增长6%；农牧民人均纯收入达到2950元，增长17%。

【农业生产有序开展】全地区坚持以稳粮为前提，继续深化种植业结构调整，大力实施提高粮油单产行动计划，不断提高了种植业效益。2007年，山南地区共完成各类作物播种面积30267公顷，其中粮播面积18000公顷，占总播面积的60%；经济作物7600公顷，占总播种面积的25%；饲草饲料作物4667公顷，占总播种面积的15%。一是加大种植业结构调整力度，优化粮、经、饲三元结构。全地区粮、经、饲比例由2006年的65：25：10调整为2007年的60：25：

15。二是狠抓种子工程建设，提高良种覆盖率。良种覆盖率达88%，良种覆盖率最高的乃东县达到90%。三是大力推进农机化程度，提高农业装备水平。全地区拥有农机总动力22万千瓦，各类农业机械共36500台（部）。四是大力实施农田草害综合防治工作。2007年，全地区共调运农药98吨，田间灭鼠面积达3533公顷，灭蝗虫面积133公顷，完成农田灭草16667公顷。五是加大农业科技推广、农业科研和科技培训工作力度，增强农业发展后劲。测土配方施肥项目野外取土工作涉及37个乡镇、298个行政村、19467公顷耕地，采集土壤样品2650份。通过测土配方施肥工作的有效开展，提高山南地区施肥效果，促进农业增收。在藏红花露天栽培技术取得成功的基础上，在桑日县推广，建立种植户25户，发放藏红花球茎5178斤。全年通过各种渠道争取培训资金139万元，共举办常规农牧业生产、农村能源建设、农田草害综合防治等各类培训班142期，培训人员2.66万人次。六是加大科学用肥力度，提高土壤肥力。2007年，山南地区共调运化肥6958吨，积造农家肥53万吨，农作物平均亩施化肥30多斤，粮油作物亩施农家肥3500斤。七是狠抓“三秋”工作，认真组织实施秋收、秋播、秋耕工作。落实复种面积1667公顷，落实大蒜种植面积587公顷。粮油产量与2006年基本持平。

【牧业生产形势好于往年】2007年，山南地区新生仔畜80.81万头（只、匹），仔畜成活74.75万头（只、匹），成活率达92.5%，同比下降1个百分点。成畜死亡3.32万头（只、匹），死亡率1.6%，与上年持平。牲畜年末存栏为211.99万头（只、匹），其中大畜58.69万头（牦牛27.49万头、黄牛27.06万头、马属4.14万头），小畜153.3万只（山羊38.71万只、绵羊114.59万只），适龄母畜111.72万头（只、匹），占牲畜总存栏的52.7%。全地区牲畜出栏率可达32%左右。肉类产量达2.44万吨，比上年增长2.09%；奶类产量4.6万吨，比上年增长0.87%；毛绒产量1793吨，比上年下降0.2%。改良黄牛1.9万头，累计改良黄牛8.6万头，改良率达到32%。、隆子县共有黄牛1.57万头，改良黄牛1.26万头，改良率达到80%。全地区年饲养家禽130万只，禽蛋产量527吨。在隆子县召开了全地区黄改经验交流现场会，并圆满完成了全区黄牛改良现场会的承办等各项工作。

【农牧业基础建设项目稳步实施】2007年，山南地区以提高农牧业综合生产能力、增加农牧民收入为出发点，以优质油菜、优质大蒜、禽类养殖、奶源基地“四大产业”建设为突破口，以进一步提高农牧业装备水平为切入点，及早谋划，加大了农牧业基础建设项目编制、申报等各项工作。全年共申报农牧业基本建设项目40个，其中特色产业项目14个，通过自治区评审项目12个。全年实施农牧业基本建设项目25个，总投资达到7200多万元。（四）农村能源建设进展顺利。2006年，山南地区完成了乃东、贡嘎、扎囊、隆子四县沼气建设项目资金1079万元，其中国家投资791余万元，受益群众3597户。2007年在贡嘎、乃东、扎囊、桑日、琼结、隆子六县计划新建沼气池4000户，总投资1240万元，其中国家投资1120万元，受益群众可达2万余人，此项工程正在实施过程中。同时山南地区农牧局已申报2008年农村沼气建设任务，计划争取沼气池建设任务11800户，总投资4484万元，其中国家投资2596万元（自治区708万元，地县级236万元，农户自筹944万元）。

【乡镇企业和多种经营平稳发展】继续加强乡镇企业的扶持力度，促进了乡镇企业、农牧业产业化龙头企业、多种经营加快发展。2007年，全地区乡镇企业实现产值39312万元，同比增长12%，完成年度计划的112%；上缴税金2436万元，同比增长10%；乡镇企业从业人员达到7029人，劳动者报酬6644万元。多种经营收入实现61497万元，同比增长12.09%。劳务输出总收入25294万元，同比增长15.18%，完成年度计划的101.1%，劳务输出人员达到140123人次。2006年的基础上，继续落实全地区乡镇企业贴息贷款项目9个，资金4860万元，其中自治区贴息贷款2330万元，贴息金74.2万元。同时申报2007年乡镇企业贴息贷款项目10个，资金6740万元。非公有制经济工作全面展开，同时配合地区政协对非公有制经济发展进行了基础性调研，掌握了第一手资料，为山南地区非公有制经济健康发展打下了基础。

【错那、曲松二县草场承包经营责任制工作稳步推进】2007年山南地区完成了错那、曲松两县草场承包经营责任制工作，承包到户草场75213公顷，两县草场承包到户工作已通过自治区级验收。目前，山南地区共完成4个县，16个乡镇，133个村（居）委会草场承包到户工作，涉及10764户、50408人，牲畜721351头（只、匹），牧户承包冬春草场343533公顷，夏秋草场106667公顷。

【受援工作开局良好】在全国农业援藏工作座谈会上，山南地区农牧局与湖南、湖北、安徽三省达成了农业对口援助的意向性协议，“十一五”期间，对口援助项目7个（农牧民技术培训项目、农业技术推广与示范项目、信息化建设项目、藏鸡原种繁育基地建设项目、油桃示范基地建设项目、农牧民科技培训设施设备配套项目，枸杞种植基地建设项目）总投资510万元。其中湖北省农业厅对口援助项目投资160万元，已到位资金60万元，并完成湖北省农业厅援助山南地区中、高级专业技术培训任务，受训人员达到20人。

【领导名录】

党组书记、副局长：王怀亭
党组副书记、局长：丹增
党组成员、副局长：刘俊杰、群培、尼玛、张中堂、鲁焦书
党组成员、纪检组长：桑珠
党组成员、副调研员：格桑多吉
党组成员、地区推广中心主任：晋美
党组成员、乡企局局长：董安学
副调研员：巴珠
副调研员、动检所副所长：熊延兵

山南地区乡镇企业工作

【乡镇企业、多种经营经济运行情况】乡镇企业：2007年全地区乡镇企业实现

总产值39312万元，同比增长12%，完成年度计划的112%；营业收入35072万元，同比增长13%；增加值18013万元，同比增长10.2%；利润总额8447万元，同比增长11%；上交税金2436万元，同比增长10%；劳动者报酬6644万元，同比增长7%；乡镇企业从业人员7029人，同比增长7%；乡镇企业个数达89家，新增企业2家。

多种经营：2007年全地区多种经营实现总收入61497万元，同比增长12.09%，完成年度计划的102.8%；纯收入40120万元，同比增长13.03%；劳务输出总收入25294万元，同比增长15.18%，完成年度计划的101.1%，劳务输出140123人（次）。

【农业产业化经营龙头企业经济运行情况】山南地区有1家自治区级农业产业化经营龙头企业：西藏山南雅砻饲料有限责任公司，该企业目前正在改制当中，截止目前尚未投入生产经营；6家地区级农业产业化经营龙头企业：乃东县蔬菜技术服务公司、西藏雅砻特色产业有限责任公司，洛扎县高圣酒业有限责任公司、山南雅砻绿色畜禽有限责任公司、西藏山南雅拉香布实业有限公司、西藏净土生态科技有限责任公司，其中洛扎县高圣酒业有限责任公司由于电能供应等原因，未能进行正常生产经营。2007年全地区农业产业化经营龙头企业实现产值10737.1万元，带动农牧民就业15402人，增收1811.24万元。初步形成了以种植、养殖、农畜产品加工为主的农业产业化经营龙头企业群，农业产业化龙头企业规模不断扩大，实力不断增强。

【抓好培训工作，为农牧民增收服好务】在2007年4月9日至10日由乃东县乡企局与乃东县蔬菜办牵头在乃东县居委会蔬菜基地举办了《蔬菜技术培训班》，共培训农牧民160人。培训内容：蔬菜种植期间的管理、蔬菜病虫害的防治、蔬菜育苗管理等，回答了菜农提出的问题。通过培训使菜农对蔬菜种植知识有了初步的认识，能够有效防治病虫害，提高蔬菜的产量和质量。2007年6月7日至7月7日由琼结县乡企局主办，山南雅拉香布实业有限责任公司协办的《农牧民上岗培训班》，此次培训班为期一个月，培训58名农牧民，培训内容包括：岗位技术，生产安全，食品安全，规范知识培训，素质教育培训，法律法规基本知识培训，设备工艺及流程知识讲座，包装技术要求与产品质量培训，产品检测与质量控制，培训设备的清洗与保养，打码及热收缩膜的关键技术，成品的保管，推码及装车知识讲座等培训。2007年8月3日至9月3日由扎囊县乡企局主办，扎囊县吉汝乡阳光氆氇编织厂协办的民族手工业培训班，培训周期一个月，培训农牧民150人，培训内容包括：各种氆氇、卡垫、藏被、围裙的编织技能、染色、花色搭配等内容。2007年9月1日至11月1日由乃东县乡企局主办，雅香情实业有限责任公司协办的农牧民酒店服务技能培训班，集中培训时间为2个月，共培训人员150人，培训内容包括：酒店管理，服务礼仪培训、岗位标准化、规范化、个性化、人性化服务、酒店岗位职责、工作流程和服务标准。消防安全知识及消防演习。

【加强舆论宣传，改善发展环境】在2007年，全地区两级乡镇企业管理部门进一步强化宣传意识，制定宣传计划，提高宣传水平，争取最佳宣传效果。充分利用综治月活动，调动了各方面开展乡镇企业发展舆论宣传的积极性，围绕乡镇企业工作实际，采取办黑板报、发宣传单等方式，大力宣传了非公有制经济、乡镇企业、多种经营、农牧业产业化经营龙头企业在推进社会主义新农村建设中的重要地位和不可替代的作用，大力宣传了非公有制经济、乡镇企业、多种经营和农牧业产业化经营龙头企业方面的新政策、新思路、新经验、新成就和新典型，提高了全社会对非公有制经济、乡镇企业、多种经营和农业产业化经营龙头企业地位和作用的认识，创造了全社会重视、关心、支持非公有制经济、乡镇企业、多种经营和农业产业化龙头企业发展的舆论环境。

【加大乡镇企业贴息贷款和发展基金项目的审核申报、落实工作，促进企业发展】近年来，乡镇企业贴息贷款在山南地区乡镇企业发展中发挥了不可替代的作用。2007年，共落实2006年乡镇企业贴息贷款9个，总投资4860万元，其中自治区财政贴息额度为2330万元，贴息金额为74.2万元。

山南地区乡镇企业局经与地区财政局等相关部门协商审核，2007年全地区共申报乡镇企业贴息贷款项目10个，总投资6740万元，其中企业自筹1120万元，贴息贷款5620万元。

山南地区粮食工作

【加强粮食宏观调控，有效保障地区粮食安全】2007年，山南地区粮食局制定地区粮食应急预案，建立地区粮食安全保障机制。为切实保障地区粮食安全，有效应对重大自然灾害和其它突发性事件，确保粮食供应不脱销断档，粮价不暴涨，山南地区粮食局配合地区发改委制定了《西藏山南地区粮食应急预案》，并经行署批准实施，为保障地区粮食安全提供了中长期粮食供应总量平衡机制和市场监测预警机制。

建立地区储备粮，夯实保障地区粮食安全的物质基础。年初，经周密测算，山南地区粮食局提出了建立150万公斤地区储备粮的建议，并获行署同意。目前行署已下达了建立地区储备粮的复函，地区储备粮的费用尚在协调中，粮源有待落实。地区储备粮一经落实，将完善中央、区、地三级粮食储备体系，为保障山南地区粮食安全提供灵活的调控机制，夯实物质基础。

加强储备粮管理，确保地区粮食安全。在签定管理责任书、明确任务的基础上，6月份山南地区粮食局对自治区储备粮各承储库点的库存进行了一次全面的检查，督促各库点按照“一符、三专、四落实”的要求，加强自治区储备粮管理工作。7月份山南地区粮食局组织人员对自治区储备粮进行了检查，结果表明山南地区承储的自治区储备粮数量真实、品种到位、质量安全、储存安全达到了自治区储备粮的管理要求。8月7日山南地区粮食局组织承储库局长、保管员、统计员在山南国储库进行了现场集中培训，丰富了相关人员的管理知识，提高了自治区储备粮的管理水平。

【强化粮食市场监管，维护正常的粮食流通秩序】一是加大粮改政策宣传力度，积极营造依法管粮的良好氛围。借助《粮食流通管理条例》颁布实施三周年的契机，山南地区粮食局通过报刊登载、电视宣传、发放传单、张贴横幅、设点讲解、上门解释、发动基层单位宣传等方式，加大对《粮食流通管理条例》和自治区粮改政策的宣传力度，做到了粮改政策家喻户晓，为依法管粮营造了良好的社会氛围；二是加强粮食市场监控力度，密切关注粮食市场供求和价格动态，实行粮食价格周报制度，定期上报粮食动态分析报告，适时组织适销对路的粮食品种 281 万公斤投放市场，满足了粮食市场供应，在为上级提供决策依据的同时保持了粮食市场稳定；三是加强粮食监督检查，配合工商部门加大对粮食市场的执法力度，严厉打击违法经营行为。2007 年是山南区实行粮食收购准入制度的第一年，为做好《粮食收购资格许可证》的办证工作，下发了《关于开展收购资格审核办证的通知》，截止目前，为 14 家国有粮食企业、1 家非国有粮食企业办理了许可证，有力地维护了正常的粮食流通秩序；四是转变职能，加强服务。2007 年山南地区粮食局按照《条例》和 62 号文件要求，积极转变行政职能，不再干涉企业经营活动，着重做好服务和指导工作。

【加强监督指导，推进国有粮食企业改革】落实粮食工作专员（市长）县（市）长负责制。自治区人民政府 3 月 26 日召开的粮食工作专员（市长）负责制座谈会和自治区人民政府“关于落实粮食工作专员（市长）负责的意见”，明确了粮食工作行政首长的责任。根据会议精神和意见内容，山南地区粮食局起草了《关于落实粮食工作县长负责制的意见》，上报行署后得到了批准执行。

加强业务指导，充分发挥国有粮食企业的主渠道作用。为确保企业放而不垮，山南地区粮食局进一步加强对企业的经营指导。2007 年全地区国有粮食企业收购粮食 308 万公斤，销售供应粮食 531 万公斤，加工当地面 50 万公斤，库存商品粮 343 万公斤，为保障地区粮食供求总量平衡发挥了积极的主渠道作用。同时，山南地区粮食局按照《自治区储备粮油轮换工作方案》，顺利完成 25 万公斤储备青油的轮出和新油入库工作。此外，结合山南地区粮食企业的实际，已起草制定了《山南地区国有粮食企业改革实施方案》，按照《方案》的要求，启动了对地直国有粮食企业的合并重组工作，开展了第一阶段资产清核和班子考察等工作事项。

加强财务监督，积极维持国有粮食企业的平稳生存状态。一是严格企业财务开支制度，加大企业增收节支工作力度，严禁亏损企业发放福利奖金，杜绝了企业不必要的开支；二是继续开展企业财务检查工作，5 月份对全地区国有粮食企业财务状况和资产状况进行了全面的检查，掌握了企业现状，收集了全面的资料，为进一步深化国有粮食企业改革提供了决策依据，同时也有效监督了国有资产的管理，避免了国有资产的流失；三是协调各粮食企业清理内部三角债，加大国有粮食企业欠款回收力度，全年实现地区内清欠 470 万元，有效提高了企业资金使用效率。

稳妥处理企业“三老”问题，减轻企业发展包袱。一是对企业正式职工和粮食购销员参加社会养老保险情况进行了清查，防止了参保遗漏的事件发生；二是加大了“老粮”销售力度，全面完成了 428 万公斤“老粮”销售任务。

积极盘活企业资产，推进企业发展。按照地区粮改座谈会确定的思路，山南地区粮食局指导地区粮油加工厂完成了闲置空地的租赁经营工作，与承租方签订了租赁合同，使企业闲置资产得到了充分利用，提高了企业的经济效益。同时，着手了地区粮油加工厂经营地区雅砻饲料有限公司的前期准备工作，使企业财源进一步拓展，走上了正确的发展道路。

认真开展企业职工房改测算工作，进一步深化国有粮食企业改革。在地区房改部门的大力支持下，山南地区粮食局对国有粮食企业 1998 年 12 月 31 日前参加工作职工的住房补贴进行了测算，并指导企业制定了落实房改政策的实施方案，为国有粮食企业改革的顺利开展打下了基础。

【切实做好粮食流通统计工作】山南地区粮食局在严格监督非国有粮食企业报送流通统计数据的同时，重点加强对国有粮食企业执行《西藏自治区粮食流通统计制度》的检查力度，要求各县设置统计点，指派责任心较强的同志负责社会粮食流通统计工作，实行统计报表报送责任制。并按照《西藏自治区粮食流通统计制度》的要求，主动向有关部门汇报和反映情况，积极争取落实粮食流通统计机构、编制、人员和经费。同时联合发改委、财政局、工商局、统计局等部门将藏发改经贸[2007]148 号文件及时转发各县粮食、财政部门，抄报县政府；还将《西藏自治区粮食流通统计制度》印发给各非国有粮食企业、经营户，以便各经营户切实履行统计义务。此外，山南地区粮食局加强了统计信息收集工作，坚持每周派人深入市场采集粮食价格等有关粮食流通数据，并及时汇总上报，为宏观决策提供依据。

【加强协调，积极推进粮食行政管理体制改革】加强与财政部门的协调，继 2006 年实现地区粮食行政管理部门财务分级管理的目标后，2007 年落实了粮食流通统计专项年度经费 8.2 万元，为履行粮食流通统计职能提供了经费保证。起草上报了《山南地区粮食局机构改革和内设机构调整方案》，为推进粮食行政管理体制改革提供了决策依据。

【存在的问题】1. 机构问题：县级粮食行政部门政企不分，有牌子、无编制、无经费，社会粮食流通统计、市场监管等职能无法落实，这些职能由企业承担，增加了企业开支，加大了企业负担。

2. “老账”问题：由于在处理“老账”方面滞后，企业三角债清理难度较大，且财务挂账没有与企业剥离，银行仍然从企业扣去所产生的利息，加剧了企业的负担。

3. 企业经营贷款困难，2007 年除措美县外其它粮食企业都没有贷到收购款项，致使企业缺乏经营资金，出现大部分企业靠房租收入维持生存的现状。

4. 仍然存在企业整体效益不佳、（行

政、房改）经费不足、编制过少等影响粮改顺利推进的问题。

山南地区林业工作

【造林绿化成效显著】2007 年山南地区通过义务植树、重点区域造林绿化等各种途径共完成植树造林面积 6719 公顷。

【林业重点工程建设进展顺利】继续实施中央森林生态效益补偿基金项目，对 2006 年生态效益补偿基金的实施情况进行了验收，各县森林生态效益补偿基金项目的实施情况已基本达到上级规定要求。落实 2007 年森林生态效益补偿基金补偿性管护费 791.7 万元;完成重点区域造林 1997 公顷，完成了计划任务的 96.6%，完成建设投资 1900 万元;组织实施山南地区全国防沙治沙综合示范区项目建设，完成防沙治沙 333 公顷，认真开展 2264 公顷退耕还林工程后续管护和政策兑现工作。

【资源林政管理工作不断加强】狠抓涉林案件的查处工作，开展了以打击破坏森林资源为主的破案攻坚专项行动——绿盾二号行动，认真查处了无证运输木材、乱砍滥伐林木、乱捕滥猎野生动物案件。2007 年全地区林政案件共发生 33 起，移交司法机关案件 3 起，查处 30 起，查处率 90.9%。罚款 1.46 万元，行政处罚 28 人。其中盗伐林木 10 起，查处 10 起；违法运输木材 7 起，查处 7 起；非法收购加工木材 6 起，查处 6 起；乱捕滥猎野生动物 7 起，查处 5 起；非法驯养繁殖野生动物 2 起，查处 2 起；非法收购、出售、运输携带野生动物及其产品 1 起，查处 1 起。收缴鹿角 120 公斤，狗熊皮 1 张，猸羚皮 8 张，赤麂皮 6 张。通过林业执法部门的积极工作，严厉打击了涉林违法犯罪活动，有效的保护了森林资源。

【森林防火确保无误】按照国家、自治区森防部门的要求，及时下发防火通知。对各县森林防火工作进行了安排部署，认真落实森林防火戒严令和各级行政领导负责制、目标管理责任制；还多次有山南地区林业局主要领导带队组成综合工作组，深入到各县进行了森林防火工作巡回检查，检查中采取“一听、二看、三访”的形式认真检查森林防火工作情况，使森防工作有安排、有检查、重落实，到目前为止山南地区未发生一起森林火灾。

【安居工程木材供应管理工作顺利完成】在继续抓好木材指标管理的同时，配合地区安居办做好安居工程木材生产管理工作。到年底时为 2007 年安居工程提供木材 38950 立方米，完成农牧民安居工程木材供应指标的 100%。在安居工程木材生产管理中严格按照自治区林业局〔2007〕95 号文件要求，加强组织管理。地区和各县林业局组成工作组对安居工程木材运输进行跟踪管理和监督，严格实行用材审批制度，山南地区林业局主要领导专门前往自治区林业局和林芝地区协调安居工程木材价格、供应规格、标准工作，指派专人蹲点，及时做好木材采伐登记、运输及相关证件发放；同时加强地县两级木材市场管理，重点加强木材加工点的清理整治工作，严防安居工程木材流入市场。由于地、县两级安居办和林业管理部门措施到位、责任明确，切实履行了监管职责，杜绝了各类破坏森林资源行为的发生，确保了安居工程木材供应工作的顺利实施。

【禽流感的监测防控工作全面落实】加强野生动物疫源疫病监测管理工作，特别加强了对高致病性禽流感的预防监测。按照自治区林业局下发的有关文件精神，在扎囊、贡嘎、措美、乃东、浪卡子建立了 5 个监测点，设 12 名专职监测人员，分别对本辖区域的野生禽类进行监测、巡查，坚持日报告和零报告制度。地区局还派出工作组不定期到各县进行检查落实，切实做到早发现、早报告、早处置、早控制。一年来，山南地区未发现野生动物异常死亡的现象。

【林业科技推广工作有了新进展】山南地区林业局始终坚持以科技为先导，积极做好林业技术推广工作。九月份举办了为期一周的，有 40 多名技术人员参加的培训班，通过举办林业专业技术培训班，提高了林业专业技术人员的技术水平。2007 年初夏雅江流域两岸人工林暴发春尺蠖虫害，经过四十多天的努力，出动 3800 人次，采用化学防治和生物防治相结合的方法，成功地防止了春尺蠖的危害，防治面积达 8733 公顷，防治率达 90%，确保了雅江防护林的安全。

【林业受援工作效果明显】完成了湖北、安徽援建的加查、错那两县林业基础设施建设工程，落实建设资金 60 万元。修订完善了林业“十一五”项目计划，积极协助自治区林业规划设计院完成了 2007 年、2008 年的重点区域造林绿化作业设计外业工作，配合自治区林业调查规划院完成了重点公益林四至界定工作，为山南地区实施好第二期中央森林生态效益补偿奠定了基础。

山南地区科技工作

【扎实建好星火密集区，辐射带动农牧产业发展】2007 年，山南地区科技局在桑日县实施的“星火密集区”建设项目，均进展顺利。一是户用沼气建设项目，已建成户用沼气 198 户，该项目的实施，解决了群众生活能源，有效地保护了生态环境，增收节支明显。二是优质油菜加工项目。三是家畜规范化养殖项目，2006 年引进改良黄牛 28 头，2006 年新生牛犊 15 头，2007 年新生牛犊 13 头，共计繁殖黄牛 28 头，效益明显。养猪 74 户，每户 1 头，共计 74 头。四是无公害蔬菜种植项目，修建高效温棚 15 排 30 座。项目建成后，较好地解决了桑日县群众吃菜难的问题。五是无规定动物疫病区检测建设项目进展顺利，已发放价值 3.5 万元医疗器材、摩托车 5 辆、电脑 1 部，培训疫病检测人员 60 人次。六是藏药材种植项目，2007 年在藏药材示范基地种植菥蓂子 0.3 公顷，已全部收获。此外，桑日县还充分利用自治区级星火密集区的优势实施了牦牛本品种选育项目，正在进行选示范户、选优良基础母牛和引进优种公牛的准备工作。

【奶源基地建设项目】浪卡子奶源基地建设主要内容包括奶制品加工，黄牛改良、牦牛改良，高原沼气建设，投资35万元。其中加工奶制品项目是山南地区科技局于2004年立项投资开始实施的，由于群众增收效果明显，卡龙乡奶制品加工协会参与户数由2006年149户、735人、574头奶牛增加到2007年的232户、1146人、690头奶牛。奶渣加工点增加为10个，覆盖6个村委会，日产成品奶渣50公斤多，2007年全年，协会实现甜奶渣生产15286.5公斤，总收入519741元（按市场价34元/公斤计算），纯收入198725元，人均增收173元。基地2007年改良黄牛500头、改良牦牛500头，总计改良1000头。

2007年初，乃东县科技局推荐申报的"乃东县现代奶源基地建设"项目，通过科技部、财政部组织的有关专家评审，被批准为国家2007年科技富民强县项目，并获得378万元的资金支持，这是西藏自治区所属行政县中争取国家支持力度最大的项目之一。为了顺利实施项目，已派出5人前往内地学习先进的管理经验。实施该项目，对发挥地方优势，积极构建农业技术推广服务体系，建立科技富民强县长效机制，切实增加农民收入，延伸特色产业链条，将起到明显的带动作用。

【户用沼气的整村推进与高海拔地区的推广应用示范】户用沼气整村推进建设项目为2006年续建项目，上半年已顺利完成扎囊、桑日、琼结三县的户用沼气续建工作，共试验示范成功户用沼气503户，为户用沼气在山南地区广泛推广提供了可靠的科学依据。2007年山南地区科技局又与浪卡子、曲松、桑日和乃东县农牧局及科技局共同合作，先后在浪卡子县浪卡子村、曲松县东嘎村、乃东县热木拉村、桑日县曾其乡试验示范的8户高海拔地区户用沼气池，均点火成功。高海拔地区户用沼气的试验示范成功，对促进解决高海拔地区能源问题将发挥积极的作用。

为了解决中小学师生生活燃料紧缺问题，地区科技局选择乃东昌珠完小进行了100立方米中型沼气试验示范，该项目总投资84.6万元（其中：地区财政78.24万元，地区教体局4.5万元，地区科技局1.86万元），该项目建成后有效解决该校500多名师生50%的生活燃料，年可节支6.5万元。

【雍布拉康藏药厂新藏药二十五味珍珠胶囊临床研究】在完成新药二十五味珍珠胶囊临床前期各项研究工作后，2007年雍布拉康藏药厂与北京藏医院专家一起补充修改了该项目的临床研究方案，重新确定临床适应性，目前正在研究中。

【组织参加全国科技援藏工作经验交流座谈会，努力争取项目援助】组织参加全国科技援藏工作经验交流座谈会，是地区科技局2007年的又一项重要工作。年初，认真筛选了争取援助的项目，6月下旬，全国科技援藏工作经验交流座谈会上在拉萨召开，山南地区科技局与湘鄂皖三省科技厅签订了科技援助项目协议。根据协议：安徽省援助山南地区实施可再生能源项目资金120万元；湖北省援助山南地区实施藏药材人工规范化种植项目资金90万元；湖南省援助山南地区实施项目，资金50万元，以上援助期限均为3年，三省项目援助资金共计260万元。

2007年6月29日，湘鄂皖三省科技厅参加全国科技援藏工作经验交流会的代表与山南地区科技局全体干部职工进行座谈。座谈会上，三省专家就如何突出山南科技工作重点，提升科技发展的整体水平，更好地发挥科技对山南地区经济发展的支撑作用，以及进一步加强科技援藏工作，提出了很多好的理念和思路，为山南科技工作更好地适应经济社会又好又快发展的需要，提供了好的经验。

6月26日，由科技部党组成员纪检组长吴忠泽率来藏参加全国科技援藏工作座谈会部分人员赴山南实地考察了扎囊县德吉新村户用沼气及雍布拉康藏药厂，并对山南地区科技工作给予肯定。

【充分发挥科普职能，积极开展形式多样的科普活动】1.举办"科技活动周"活动。科技活动周期间地区科协在桑日县桑日镇努卡村举办了"星火科技——无公害蔬菜培训班"，邀请专家向群众现场传授无公害蔬菜栽培技术、病虫害防治等知识，使群众们对无公害蔬菜的科学种植和管理、标准化的操作技术规程等知识有了更进一步的了解，为下步依靠科技增收致富打下良好的基础。53名农牧民参加培训。

2.开展内容丰富的"科普日"活动。一是地区科协与乃东县科协共同在乃东县结巴乡开展以"节约能源资源，保护生态环境，保障安全健康"为主题的2007"科普日"宣教活动。共邀请专家9人参加活动，4234名农牧民群众受益。二是组织全局干部参加了山南地区"安全科普知识竞赛"活动。地直30个单位216名干部和职工观看了比赛，7个代表队进行角逐，通过参加此次竞赛活动，对本局干部职工增强安全科技常识意义重大。三是为了让在校学生学习科学知识，地区科协与山南地区二高联系，9月18日在该校开展了节水在我身边——"有趣的水实验及科普大篷车进校院"活动。参加这次活动的学生共268人，学生们按照活动手册做了"小水珠是从那里来的"等7种水实验方法。

3.开展送科技下乡活动。2007年元月由地区文明办牵头，科技、教育、农牧、卫生等部门在贡嘎县红星村共同举办了2007年"三下乡"活动。地区科协为红星村群众发放了"保护生态环境知识问答"、"地质灾害知识及预防"、"蔬菜种植技术"、"节约能源"等书籍、宣传单、挂图等资料1086份，积极为农牧民普及宣传科学理念。此外，乃东、洛扎、桑日等县分别在各县、乡（镇）开展了"文化、卫生、科技"三下乡活动，受到广大干群的好评。

【积极开展科技交流，促进地区科技发展】4月由仓珍副专员带领山南地区科技局和乃东、贡嘎、桑日、扎囊四县负责人等12人组成的科技考察团，赴拉萨市城关区、曲水、达孜、林周等地，考察学习农牧民经济合作组织的组织形式、管理方式和发展当地特色产业的做法，考察采取听、看、访、谈等形式，考察团一行先后考察了拉萨市城关区纳金乡藏热村奶牛养殖示范基地、达孜工业园区的春光食品公司、金田酒业公司、西藏绿宝食品有限公司，在林周县考察学习家庭示范牧场项目建设。通过考察学习，全体成员深受启发，学到了不少经验。为有效解决中小学师生生活能源紧缺问题，山南地区科技局还派人赴湖北湖南广西学习考察沼气集中供气技术，聘请四川沼气专家入藏指导。

【举办知识产权培训班，增强知识产权保护意识】由西藏自治区知识产权局主办，山南地区科技局承办的全区企事业知识产权培训班于10月在泽当举行，国家知识产权局、自治区商标所有关专家和领导莅临培训会，参会人数35人。

【选派科技特派员，促进农牧区经济发展】2007年年初，山南地区科技局组织召开了全地区科技特派员会议，部署全年工作。目前全地区27名科技特派员，均已带项目带任务深入基层，开展了“山冬6号”优质冬小麦、“藏青320”良种青稞、“山油2号”优质油菜等优质农作物品种推广，藏鸡养殖、畜种繁殖技术示范推广，优质大蒜、食用菌的栽培等项目的技术服务，科技特派员在农牧区的科技指导与服务作用，为促进当地农牧业经济的发展和农牧民生产生活水平的提高做出了积极的贡献。7月17、18日，根据地区科技特派员领导小组的安排，地区科技局组成工作组，前往科技特派员驻点进行了实地考察。近期地区科技特派员领导小组从地直单位及各县上报的技术人员中择优推荐了74名农牧技术人员上报自治区科技厅特派员领导小组办公室，9月底74名技术人员已全部被自治区正式批准成为科技特派员，这极大地调动了科技人员扎根基层、服务群众的积极性。

【领导名录】

党组书记：何毓启
局长：艾啦
党组成员、副局长：郭嵩、索朗顿珠、央金卓嘎、刘存贵
党组成员、副调研员：吕五明

山南地区文化广电工作

【专业文艺蓬勃发展，文艺舞台生机盎然】山南地区现有8支专业文艺演出团体，分别是地区艺术团、群众艺术馆雅砻民间艺术团、浪卡子县民间艺术团、洛扎县民间艺术团、措美县民间艺术团、琼结县民间艺术团、乃东县民间艺术团、贡嘎县民间艺术团，共有演职人员245人。多年来，山南地区各级文艺团体始终坚持文艺“二为”方向和“双百”方针，按照“三贴近”要求，以“发展”、“和谐”、“平安”为主题，以社会主义新农村建设为重点，深入基层、深入群众、深入生活，创作、演出了一批反映现实生活、讴歌伟大时代、传承民族精神、塑造美好心灵、建设和谐山南的优秀作品。据统计，2007年完成作品新创作81个，文艺演出371场，观众达160万人次。《山南文艺》编辑部认真做好编辑、出版和发行工作，每年向区内外读者发行《山南文艺》藏文期刊共4期6000多册。从所办刊物来看，内容更加丰富，主题更加突出，层次更加广泛，深受广大读者喜爱和好评。

【社会文化绚丽多彩，群众精神生活日益丰富】全地区各级文化部门围绕社会主义新农村建设和各项重大节庆活动，组织各文艺团体和群众开展了丰富多彩的文艺活动。全地区300多支业余文艺演出队，以各项重大节庆活动为契机，自编自演了一批群众喜闻乐见、反映现实生活的文艺节目。2007年，共演出1500多场次，观众达130万人次。山南地区的《鼓韵》、《果谐的春天》（扎囊县农民演出队）先后代表全区赴深圳、广州、武汉、苏州等地参加了表演赛，并获得了全国群星表演奖和全区“五个一工程”奖，向全国及世界展现了优秀藏民族文化的传统魅力。

【传承民族优秀文化，保护珍惜文化遗产资源】山南是藏民族的摇篮、藏文化的发祥地，蕴含着十分丰富的文化资源。近几年，山南地区文化广电局始终坚持“保护为主、抢救第一、合理利用、加强管理”的工作方针，通过文物普查、重要历史和革命文物调查以及非物质文化遗产普查申报等，到目前，全地区12个县分布着国家级文物保护单位12处14个点、自治区级文物保护单位23处25个点、县级文物保护单位50余处、地区级博物馆1处；5项国家级、8项自治区级非物质文化遗产项目。同时，积极争取项目资金1000多万元，先后对昌珠寺乃登拉康、吉如拉康释迦佛堂、藏王墓石狮、扎塘寺围墙、朗赛林庄园、康松桑卡林保护维修工程。组织专业人员深入乃东、琼结、贡嘎、错那等四县进行辅导，对列入第一批国家级的5项非物质文化遗产进行了抢救保护，并参加了自治区举办的第二个“文化遗产日”展演活动。2007年，地区文物局被国家人事部、国家文物局授予全国文物系统先进集体。

【乘旅游强劲之风，探索文化产业发展新思路】为充分发挥雅砻文化资源优势，打造“藏源”文化品牌，提升山南地区旅游文化内涵，山南地区文化广电局积极探索文化产业发展市场化运作方式。一是“雅砻文化旅游广场”投入运行。为充分展现山南地区文化资源优势，体现山南藏民族之宗、藏文化之源，让前来山南地观光旅游的游客近距离感受山南文化，山南地区文化广电局组织人员策划、包装了“雅砻文化旅游广场”。二是认真做好“雅鲁藏布”大型剧目的宣传推介和演出工作。根据地委、行署安排，山南地区文化广电局继续组织五个县民间艺术团和地区艺术团演员，对大型民俗风情歌舞进行了修改、提高、排练。在西藏日报、拉萨晚报和西藏电视台《今晚九点》、《七色风》等栏目宣传推介了该节目。为了探索该节目市场化运作方式，于2007年7月份赴安徽省进行了文化交流演出，受到了安徽人民的热烈欢迎和高度评价，收入达50万元。三是以典型推动文化产业发展。近年来，山南地区文化广电局大力发展文化市场，重点培育发展文化产业示范基地，积极探索山南地区文化产业发展新思路。结合山南地区旅游发展优势，积极扶持具有一定建设规模，依托达娃林卡等雅砻风景名胜区，位于昌珠寺、雍布拉康、藏王墓旅游环线的农村文化产业基地的昌珠镇民俗文化旅游村；借助旅游和城镇居民文化消费需求，大力打造高品味民族文化舞台艺术，大力扶持以雅砻天神朗玛厅为重点的文化娱乐业；大力扶持拥有一定规模的以山南指尖缘网吧为重点的文化市场。据不完全统计，

2007年全地区149家文化企业和个体收入有3600多万元。

【广播影视成绩喜人，空中阵地不断巩固】“村村通”、“西新”工程扎实推进。近年来，山南地区文化广电局以“村村通”、“西新”工程建设为契机，大力加强农村广播电视建设，目前全地区有广播电视台站826座，广播电视综合覆盖率分别达到79.46%和88.53%。

农牧区电影放映成绩喜人。山南地区现有各级电影放映站89个，其中农村电影放映队88个，从事电影放映人员达93人。近年来，山南地区文化广电局以国家实施的电影“2131”工程为契机，争取了13台电影流动放映车辆和78台（套）电影放映设备，有力地改善了农村电影放映条件。每年各级电影放映站放映电影22220场次以上，平均每月每一个行政村放映电影3场以上。

新闻宣传工作扎实有效。地区广播电视台紧紧围绕地委、行署中心工作，牢牢把握正确的舆论导向，以建设社会主义新农村、构建和谐山南等为重点，广大采编人员常深入基层一线，采访报道山南地区经济发展、社会稳定的典型事件，正确引导社会关注的热点、难点问题。2007年10月1日起，山南地区《山南新闻》广播电视藏汉语开始日播出，全年共制作播出《山南新闻》新闻稿件1995条，电视藏语《山南新闻》共制作播出新闻稿件671条，广播《山南新闻》共制作播出新闻稿件1900多条；电视上送西藏电视台稿件300多条，被采纳并播出280多条；广播上送西藏人民广播电台360多条，被采纳并播出近300条。下传地区11个县汉语电视《山南新闻》144期，电视藏语《一周要闻》48期。

【文化建设投入力度加大，基础条件不断改善】在“三省一公司”及上级有关部门的大力支持下，湖北省人民政府投资3200多万元，新建了建筑面积6670平方米雅砻剧院；在措美、隆子、错那、洛扎、琼结、加查等6县新建了县级综合文化活动中心，建筑面积达5693.76㎡，国家和援藏共计投资845.72万元；在洛扎、错那、隆子、曲松、琼结、乃东、措美等七县安装建设了20多座全国文化信息资源共享工程。新建了扎囊县新华书店。这些设施的建成和使用，极大地改善了山南地区基层文化设施条件，为满足和丰富广大人民群众日益增长的精神文化生活需求提供了保障。

【获奖情况】地区文物局被国家人事部、国家文物局授予全国文物系统先进集体。地区新华书店连续三年被自治区新闻出版局授予图书发行先进集体。地区文广局系统被中华人民共和国人事部、国家广播电影电视总局授予全国广播电影电视系统先进集体。

【领导名录】

党组书记：普布

党组副书记、局长：王霞

党组成员、副局长：吴一鹏、平措多布杰

党组成员、纪检组组长：朱彬

党组成员、副调研员：西洛次仁

党组成员、副调研员、地区文物局局长：西洛

（供稿：张昱蓉）

山南地区卫生工作

【年度情况】2007.2.6 山南地区制定了《山南地区农牧区医疗管理实施细则（暂行）》，于5月25日正式出台。

2007.2.9 召开山南地区药品集中招标工作会议，对328种药品和部分医疗器械进行了集种招标，参与投标的医疗企业29家，审核后落榜8家，招标总额达560多万元，药品价格下降23%，让利益于医院或患者128.8万元。

2007.2.13 山南地区卫生局组织医疗机构评审委员会，对隆子县人民医院的软件、硬件建设方面详细的实地检查评审，经评审委员会评审最后以910分顺利通过。

2007.3.22 山南地区卫生暨人口计生工作会议召开。会议主要任务，一是加强农牧区资金管理力度。二是加大农牧区卫生支农工作，选派优秀人才到农牧区讲学、带教提高基层卫生技术人员。三是积极同相关部门联系，加快公共卫生体系建设，抓好疾控、医疗基础设施建设同时，抓好应对突发公共卫生事件应急队伍建设。并表彰2006年卫生工作3个先进集体和28名优秀乡村医生，3个人口计生先进集体和12名先进个人。

2007.4.16 地区疾控中心组织由中心主任、实验室技术人员、行政文秘人员组成的考察团，前往已通过计量认证的自治区疾控中心、林芝地区疾控中心考察取经。为中心实验室资质认定工作的顺利开展打下了基础。

2007.5.9 成立了山南地区母婴急救绿色通道，制定了《山南地区母婴急救绿色通道实施方案》。

2007.5.29 山南地区卫生局和山南地区劳动保障局联合组织36名公益性岗位乡镇卫生人员进行岗前培训，有效提高了卫生技术人员医疗理论水平。

2007.6.19 开展“健康快车”山南行活动。地区卫生局协同相关单位积极宣传、筛查、转运病人工作，并成立了领导小组，制定了《2007年“健康快车”西藏行山南活动实施方案》。12个县初筛病人2230人，其中地区人民医院复筛372病人，经自治区审核后对316名白内障患者接受了复明手术。

2007.6.21 国家卫生部调研组一行3人到山南，对地区疾控中心、扎囊县疾控中心等疾病预防控制体系基础建设和中央转移支付资金管理、使用情况进行调研。

2007.6.22 山南地区湘江医院第一期工程竣工验收。（湖南省援藏投资650万元、国家投资150万元）

2007.7.4-6 地区卫生局举行了2007年医师资格实践技能考试，共217名考生参加。

2007.8.1 以山南地区行署名义举办了农牧区医疗制度管理培训班。参加培训的由全地区12个县分管卫生工作的副县长、卫生局长、财政局长、会计等共计166人。地区卫生局特邀自治区财经学校讲师邱红英女士讲解了《会计法》的基础知识，进一步规范医疗资金管理中的会计行为。

2007.8.3 胡瑞成（援藏）任地区卫生局副局长。

2007.9.27 地区疾控中心顺利通过实验室认可/计量认证现场评审。为疾病预防控制和公共卫生监督工作提供强有

力的技术支撑。

2007.10.26免去巴桑同志山南地区卫生局副局长职务。

2007.12.22全区结核病防治工作现场会议在泽当召开。参加会议的由行署副专员王寿平和自治区卫生厅巡视员白建斌、区疾控中心主任西绕若登及结防所所长多吉江村，以及七个地（市）的卫生局局长、疾控中心主任共68名。

【领导名录】

党组书记、副局长：白玛仁增
党组副书记、局长：次仁顿单
党组成员、调研员：巴桑
党组成员、副局长：胡瑞成、次仁云旦
党组成员、纪检组组长：陈春明
党组成员、人口计生委主任：珠杰

山南地区藏医院

【狠抓业务学习，提高全院医护人员的综合素质】2007年，山南地区藏医院加强医务人员的继续教育。医院根据发展需求和医院人才培养计划，先后选派11名中青年专业人员到湖南省各大医院和自治区人民医院，进行为期半年至一年的专业进修，涵盖的专业包括腹腔镜技术、临床麻醉、消化内科、心恼血管、临床病理、眼科、中医理疗、内科护理和外科护理等，狠抓继续医学教育，重视人才梯队建设，努力开创业务工作新局面。

加强新职工的技术培训。由院医务科牵头，根据藏西医结合的临床诊疗实际需要，针对新分配来的西医医护人员以及从基层来本院进修人员缺乏藏医理论基础知识及基本实践技能操作的实际问题，组织藏医临床骨干，坚持利用每周一、三、五为他们讲授藏医基本理论知识和实践技能，使他们尽快适应藏西医结合的特色诊疗需要。

加强在岗医护人员的技术培训。为了进一步加强藏西医结合的力度，山南地区藏医院一方面通过邀请来山南地区藏医院进行，为期半年的卫生援藏工作的湖南省相关医院的普外、麻醉、西医内科以及检验等方面的四名援藏专家利用每周星期二、四讲解有关西医理论知识；另一方面在实践中，专门让有潜力的年轻医务人员进行与援藏老师跟班学习；再次利用自身的优势邀请藏医老专家为年轻医务人员讲解藏医学方面的理论知识和他们的实践经验和技能。

【积极完成各项任务】通过全院各科室的共同努力下，较好地完成了2007年制定的各项医疗任务。2007年各项医疗指标完成情况统计数字为：住院病人918人，比2006年同期增加24%；其中手术89人次，比2006年同期增加22%，出院896人，比2006年同期增25.5%，治疗有效率比2006年同期增6%，平均病床周转次数17.9，比2006年同期增25.4%，平均病床工作日412天，比2006年同期增33.3%，实际病床使用率112.9%，比2006年同期增33.2%，出院者平均住院日23天，比2006年同期增4.5%。门诊常规就诊41259人次，比2006年同期增30%，各种辅助检查11426人次。健康体检2450人次。

医院一年总收入1850万元，其中：医疗收入320万元，药品收入580万元，国家财政补助950万元（其中包括中医医院建设专项资金100万元）；一年总支出1600万元。

藏医院制剂室截止2007年9月生产的医院制剂所用藏药生产产值177.6万元，生产产量10122.32公斤，销售收入250.6万元，实现利润70.3万元，上缴税金16.8万元。另外医院制剂室2007年向自治区食品药品监督管理局申报了76个品种的医院制剂准字号药品，雍布拉康药厂同内地院校合作正在研发4个新药品种。

2007年医院积极争取资金，投资650万元新建了多功能住院大楼。2007年8月底竣工并投入使用。新住院大楼设有80张床位（包括高档套间病房、中等标准间病房、普通三人间病房、药浴理疗康复区等），它的投入使用大大改善了住院条件，极大缓解了以往住院病人住院难住院环境差等一系列问题。新住院部各种设施设备配套完备、给广大患者提供了宽敞、舒适、洁净的住院环境，提供二十四小时热水供应；提供藏医全科、藏西医结合、药浴康复理疗以及普外科现代手术治疗等一体化的诊疗服务。

针对新住院大楼缺口资金多的困难，院领导积极向上级有关部门打申请、跑项目，争取解决住院部的缺口资金。2007年上半年在地区发改委的大力支持下，从自治区发改委争取到了藏计重项[2003]1438号《关于山南地区藏医院改扩建工程初步设计及概算的批复》中未到位的全部资金706万元，有效解决了住院部资金缺口问题。

山南地区藏医院新住院大楼的建设任务完成之后，摆在医院领导面前的是如何再次争取到资金购买全套设备设施。从根本上改变以往落后陈旧的各种设施和设备，从硬件上以全新的面貌吸引广大患者，以全新的姿态展示山南藏医院的新形象。为此医院领导通过各种渠道积极争取资金，先后投入320多万元，一是完成了对手术室的净化装修，使手术环境条件达到全区领先；二是完成了整个病区的呼叫系统、供氧系统、24小时热水供应系统等；三是购置了较为高档的80多张病床、床头柜和床上用品；四是每个病房配备了液晶电视；五是重新调整和完善理疗、药浴、保健、藏药特色疗法单独科室的设置和增添相应的设备设施。

医院经过精心筹备后2007年8月28日隆重举行了建院25周年庆典和新住院大楼竣工启动仪式。参加庆典仪式的有山南地委书记、行署副专员、纪检委书记等地区领导和湖南省援藏友好医院的领导、湖南省卫生厅副厅长及自治区卫生厅和自治区相关友好单位代表；还有地直各单位领导和各县政府代表和卫生局局长等。这次庆典开得非常成功，达到了引起社会关注，宣传山南藏医院，宣传新建大楼的功能，建立广泛友谊和合作，加快山南藏医院发展的良好目的。

2007年9月由山南地区藏医院承办的“第二届山南地区藏医药学术研讨会”在山南召开。为期四天的研讨中，来自山南地区12县和山南地区藏医院、山南地区疾控中心等的藏医工作者，充分发挥自己的才智，从藏医临床、科研、藏药、医院管理等各方面进行了深入的研讨，为山南藏医和藏药今后的发展和壮大从理论上描绘了壮丽的蓝图。此次研讨会的成功对山南藏医药各学者间统一思想、提高认识、重视藏医的弘扬和发展等起到了积极的作用。

【积极完成医疗保险的管理工作】作为承担山南地区医疗保险定点单位之一的山南地区藏医院，为进一步加强医疗保险制度的贯彻落实，切实维护国家、医院与患者三者的利益，针对山南地区藏医院现存的实际问题，从2007年元月开始多次对本院职工和参保人员讲解了医保政策的总体内容、实施范围、保险基金的筹集和构成、缴费比例、报销比例、药物分类等有关事项，而且规范了HIS系统的收费项目，确定了所有参保员进行明日出院制度。

2007年被列入门诊特殊病种的人次达223人，所得费用566726.58元。其中统筹报销410287.75元，个人支付10351.65元，公务员补助金119614.51元，个人账户支付26472.67元。

2007年参保人员入院人次共计332人，平均报销比例达86%左右，住院统筹报销2240653.45元，个人账户支付142184.90元，公务员补助290972.47元，个人自付253385.99元。

山南地区民政工作

【城乡社会救助体系建设不断完善】2007年山南地区发生了多起洪涝、风灾、雪灾、雹灾、地震等自然灾害，造成4847户23489人受灾，农田受灾面积752公顷，成灾面积617公顷，其中绝收面积93公顷，因灾造成粮油减产247.55万斤。因雷击死亡3人、受伤9人。因灾死亡牲畜4156头（只）；造成306间民房倒塌，危房345间。共造成直接经济损失约944.9万元。灾情发生后，地、县两级党委、政府高度重视，地县民政部门及时深入灾区一线调查核实灾情，妥善安置受灾群众，积极开展抢险救灾工作，帮助灾民解决实际困难，最大限度地减少灾害损失。2007年共落实救灾款250万元，其中春荒款170万元（自治区下拨150万元，地区配套20万元），特大自然灾害救济补助费80万元，为2594户11160人受灾群众解决口粮187.5万斤，发放救灾帐篷40顶，衣物150件（套），紧急转移安置灾民76户342人。

城乡居民最低生活保障工作稳步推进。一是落实城镇居民最低生活保障制度。根据《城市居民最低生活保障条例》的相关规定，对城镇低保家庭的收入状况进行了定期摸底调查、收入测算，严把审查关，努力实现动态管理下的应保尽保。2007年，山南地区城镇低保救助实行220元/月补助标准，共落实城市居民最低生活保障资金546.09万元（含临时性生活补助36.68万元），累计救助11211人次；二是积极推进农村低保工作。根据《西藏自治区农村居民最低生活保障实施办法（试行）》，自2007年1月1日起，将山南地区年人均收入800元以下的农牧民群众纳入农村低保救助范围。各级民政部门按照公开、公平、公正的原则，对拟纳入低保对象的特困户进行摸底调查、造册公示、认真审核，将符合条件的农村特困户都纳入农村低保。2007年落实农村最低生活保障资金555万元（含自治区补助80%、地区配套10%、县级配套10%），根据不同类别对象，分别按照每人每年420元、240元、144元的标准，对符合条件的28906人进行了最低生活保障救助。

城乡医疗救助工作进展顺利。一是全面展开城镇医疗救助。各县民政部门采取实地调查、走访农户等多种形式，对本辖区内的城市医疗救助对象进行全面摸底排查，切实把特别困难的家庭列为救助对象。并按程序要求规范办理申请、审批手续。2007年共下拨各县城镇医疗救助资金105万元（含自治区补助60%、地区配套20%、县级配套20%）。累计救助98人，落实救助资金12.7万元；二是认真开展农牧区特困群众医疗救助，各县民政局根据西藏自治区财政厅民政厅《关于印发西藏自治区农牧区特困群众医疗救助办法实施细则的通知》（藏财社字［2007］2号）文件精神，把符合医疗救助条件的农牧区特困群众纳入医疗救助范围。2007年共下拨各县农牧区特困群众医疗救助资金301万元。累计救助1162人，落实救助资金56万元。通过开展城乡特困居民医疗救助工作，缓解了部分特困群众的看病难问题。

特困学生救助工作认真开展。根据《西藏自治区高校特困生资助金管理办法》（藏教厅[2007]94号）文件精神，严把资格审核关，将2006年度符合救助条件的22名农牧区高校特困生一次性救助资金10.1万元下拨各县并及时落实到受助学生手中。

流浪乞讨人员救助工作不断规范。出台了《山南地区关于加强城市生活无着的流浪乞讨人员救助管理工作意见》、《山南地区关于城市生活无着的危重病流浪乞讨人员实施救治的意见》。突出重点地区、重点场所和重点对象的救助管理，确保城市和谐，秩序井然。积极开展流浪乞讨人员救助宣传工作，出动了流动宣传车，发放宣传单200多份。2007年共对泽当镇98名流浪乞讨人员进行了集中救助。桑日、加查、贡嘎、隆子等县先后救助流浪乞讨人员20人。

【基层民主政治建设进一步加强】一是积极开展村民自治达标验收及命名工作。按照工作计划，采取听汇报、实地调查、查看软硬件建设及访谈了解等形式对隆子、曲松、桑日三县村民自治达标工作进行了检查和验收。通过验收，隆子县10个乡（镇）73个村委会、曲松县5个乡（镇）21个村委会、桑日县4个乡（镇）44个村委会被命名为村民自治达标乡（镇）和达标村，隆子县隆子镇、曲松县罗布沙镇、堆随乡、桑日县增期乡、白堆乡被命名为村民自治模范乡（镇）。村民自治达标乡（镇）由原来的32个增加到51个，占全地区乡（镇）总数的62%；村民自治达标村（居）民委员会由原来的218个增加到356个，占全地区村（居）民委员会总数60%。派出业务骨干对洛扎、浪卡子两县乡（镇）民政助理员及村委会主任进行培训；二是进一步推进城市社区建设工作。认真总结城市社区建设试点工作取得的经验，找准不足和存在的问题，指导各县进一步改进和完善城市社区建设工作。重点建立和完善居务公开制度，将各项制度上墙，完善社区居委会的组织建设，重视社区居委会办公和活动场所及服务设施等基础设施建设；三是启动农村社区建设试点工作。根据自治区民政厅《关于在全区开展农村社区建设试点工作的意见》（藏民发[2007]81号）文件精神，结合山南地区实际，组织工作组深入基层开展调研，广泛征求各方面的意见和建议，以行署名义下发《山南地区农村社区建设试点工作方案》，将贡嘎县岗堆镇岗堆村和桑日县绒乡冲达村列为农村社区建设试点单位，正式启动了农村社区建设试点工作。四是村办经济实体项目建设有序开展。2006年至2007年共投入资金202万元，兴办了以加工、养殖等为主的项目12个，其中2006年投入资金142万元，兴办了9个村办经济实体项目；2007年投入60万元，兴办3个村办经济实体项目。目前，2006年兴办的部分项目已开始盈利，如扎囊县扎塘镇粮油加工项目已盈利5万元，隆子县日当镇木材加工项目盈利3万元，隆子县加玉乡粮油加工盈利2万元。

【双拥及优抚安置政策得到有效落实】一是认真落实优待抚恤政策，按时为重点优抚对象发放定期定量抚恤及补助资金，并根据有关政策及时调整抚恤补助标准，做到专款专用，按时足额兑现。对年龄偏大的优抚对象的健康状况进行了重点调查。对代领人员进行严格把关，确保不出现冒领情况，保证重点优抚对象的生活水平与当地群众同步提高。山南地区现有优抚对象3024人，享受定期定量抚恤和补助的重点优抚对象共有116人。开展了提高烈属、因公牺牲军人家属、病故军人家属、带病回乡退伍军人的抚恤和生活补助标准的相关工作，落实各项优抚资金257.3万元，其中抚恤事业费93万元，下拨乃东、隆子、扎囊、贡嘎四县军队离退休干部职工经费105万元，西藏特殊津贴53.3万元。二是做好冬季退役士兵和转业士官的接收安置工作。认真开展2006年度冬季退伍军人安置工作。2007年共接收退伍义务兵和复员转业士官98人。根据《2006年度冬季退伍军人安置方案》，其中52人被安置在机关、事业和企业单位，46人回乡安置；三是双拥工作取得新的成绩。调整充实了地区双拥工作领导小组，设立了由军地合署办公的双拥办公室，添置了必要的办公器材。全地区现有军警民共建点有88个，其中村民委员会12个、小学22所、水渠38条、桥梁4座、道路10条、敬老院3所。认真做好双拥模范城（县）、双拥模范单位和双拥先进个人推荐工作，错那、洛扎、乃东、贡嘎、隆子五县获得自治区级双拥模范城（县）称号；洛扎县人民政府、贡嘎县民政局获得了自治区双拥模范单位的荣誉称号，乃东县人民政府副县长平措卓玛同志获得了自治区双拥模范个人的称号；贡嘎和隆子两县被评为全国级双拥模范城（县）。

在春节、藏历年期间，山南地区成立了“拥军优属、送温暖”活动慰问团，分别对12个县的260户各类困难群众以及地区社会福利院、曲松、洛扎、浪卡子、乃东四县敬老院和泽当镇区团以上驻军、陆军驻泽当第四十一医院伤病员、各县驻军部队进行了慰问，共发放慰问金27.69万元，发放砖茶260条、酥油1300斤、大米13000斤。

积极发挥烈士陵园“爱国主义教育基地”的作用，认真开展烈士褒扬工作。全年共接待受教育单位54个，近8900人次。烈士陵园被中共山南地委确定为“党性党风教育基地”，并于10月3日举行了挂牌仪式。

【社会福利事业健康发展】一是加强了农村五保供养工作。地县两级民政局联合财政部门，对全地区五保户进行了详细的摸底调查工作，将山南地区2832名农村五保户供养经费标准从年人均1300元提高到年人均1500元，做到了应保尽保和按标施保。山南地区现有敬老院23所，床位236张，集中供养了236名五保老人，集中供养率8.33%。下拨社会捐助款81.5万元，用于解决乃东、桑日、扎囊、洛扎四县敬老院、孤寡老人居所的维修、新建、改扩建等项目；二是孤儿生活学习得到妥善安置。据统计，山南地区共有孤儿480名。山南地区民政局加强收养登记管理、宣传工作，严格按照有关法律法规进行收养登记，规范收养登记程序，全年依法进行收养登记2人。地区福利院认真落实各项措施，做好孤儿的收养、寄养、领养及教育工作。藏历年期间，与团地委共同号召开展了接送孤儿“回家过年”活动。组织孤儿开展了庆“六一”文艺演出。

【老龄工作进一步加强】一是成功召开了地区首届老龄工作会议，调整充实了山南地区老龄工作委员会领导班子和成员单位，明确了各成员单位的职责。加大了《中华人民共和国老年人权益保障法》的宣传贯彻力度，积极维护老年人合法权益，发展老龄事业；二是认真落实老年人的各项优惠政策。按照《西藏自治区关于80岁以上寿星老人发放健康补贴办法》的规定，协调地区财政局对2006年底年龄已满80岁以上寿星老人的健康补贴费进行审核，并于2007年7月份首次发放健康补贴。全地区80岁以上寿星老人共计1713人（地直11人）。共发放2006年度健康补贴53.27万元；三是开展了《老年人优待证》和《老年人寿星证》的发放工作。

【泽当镇城市标准地名设置工作顺利完成】2007年，山南地区对泽当镇城区的15条路、3条街、38条巷、7座桥梁进行了命名，绘制标准地名标志分布示意图，编排泽当城区沿街单位、商业门面、住宅小区、居民楼门牌编码表。共安装一级路牌标志164个，二级路牌标志207个，大门牌400块，小门牌2341块。泽当镇标准地名设置工作已通过山南地区标准地名设置领导小组和自治区民政厅的验收。

山南地区
劳动和社会保障工作

【就业再就业工作迈上新台阶】2007年，山南地区劳动和社会保障局大力开展对城镇失业人员的职业指导、职业介绍、职业技能培训等就业服务工作，使全地区就业形势保持了良好的态势。同时，为确保自治区下达的就业再就业目标任务的实现，在2007年年初召开的地区劳动保障工作会议上，与十二个县劳动保障局签订了劳动就业目标责任书，将任务进行了分解，把增加就业岗位和控制失业率作为重要调控目标和考核目标。通过贯彻落实有关促进城镇失业人员实现就业再就业优惠政策、岗位开发、鼓励劳动者自谋职业、自主创业等方式，切实做好就业工作，使全地区的城镇登记失业率得到了较好的控制。

【全力做好城镇失业人员就业工作】围

绕以帮助大龄就业困难对象实现就业为重点，以“送岗位、促就业、保稳定、促发展”为工作的出发点和落脚点，大力开展“就业再就业援助月活动”、“春风行动”、举办劳务洽谈会等一系列促进就业再就业活动，切实做好城镇失业人员就业再就业工作。2007年，共为2124人提供了免费职业指导，完成了全年任务的101%，；为1854人提供了免费职业介绍，完成了全年任务的103%；职业介绍成功977人，完成全年任务的108%；开发就业岗位1616个，完成自治区下达目标任务的100.3%；实现就业1630人，完成全年任务的102%；城镇登记失业人员978人，城镇登记失业率控制在了4.3%以内。

【切实做好职业技能鉴定工作，严把鉴定质量关】开展了汽车驾驶、维修电工、微机操作三个工种的工人技术等级岗位考核，考核范围为地、中区直单位及12县的在岗技术工人。申请报考的技术工人有723人，通过理论知识及实际操作的考核，合格的有607人，合格率达84%，完成自治区下达目标任务的103.3%。

【大力开展城镇失业人员职业技能培训工作】根据劳动力市场需求，及时调整培训专业（工种），采取定向培训、创业培训、联合培训、委托培训等方式，对城镇失业人员进行了职业技能培训。2007年，共培训城镇失业人员1267人，完成全年目标任务的106%。

【加大农牧民技能培训工作力度，拓宽农牧民增收渠道】多方筹集培训资金，举办了藏式绘画、建筑施工、汽车驾驶、餐饮客房服务等诸多工种的培训班。2007年，共培训农牧民4820人，完成全年任务的100%。有效地提高了广大农牧民群众的劳动技能和增收能力，进一步改善了农牧民生产生活条件。

【加大劳务输出工作力度，切实做好农牧区富余劳动力转移工作】通过建立劳务输出责任体系、加大技能培训和宣传力度、开展跨县、跨地区、跨省劳务输出等方式，使劳务输出工作取得了较好的成效。2007年，全地区劳务输出达到15.73万人（次），完成全年目标任务的105%，实现创收2.6亿元，完成全年目标任务的100%，人均收入达到1689元。

【以开展“春风行动”为契机，推动就业再就业工作向纵深发展】在公益性岗位工作全面完成的基础上，经过详细地调查，充分掌握了各类用工、求职信息，经过积极筹备、周密安排、精心组织，于2007年5月22日,成功举办了以“政府牵头、整合资源、促进就业”为主题的山南地区2007年政府购买公益性岗位发送仪式暨第四期劳务洽谈会。本届发送仪式暨洽谈会以发送政府购买公益性岗位及免费组织现场劳务招聘活动为主体，以送岗位、送政策、送服务等为主要内容，以区内外各类用人单位、地区内未就业的高校毕业生、城镇登记失业人员、进城求职的农牧民工、就业困难群体、享受城市最低生活保障人员、“零就业家庭”为主要服务对象，共提供就业岗位533个(其中公益性岗位250个)，涉及城市管理、保洁、绿化、交通协管、保安、乡镇卫生员、文秘、会计、导游、焊接、茶艺、餐饮服务、地矿勘探、中层管理等105个工种（其中公益性岗位工种15个）；参加此次政府购买公益性岗位发放仪式暨第四期劳务洽谈会的企业共有54家，进场求职人员有2050人，现场签订用工协议745人（其中公益性岗位250人）。

【积极做好高校毕业生就业服务指导工作】加强对高校毕业生就业政策的宣传工作，认真做好山南地区高校毕业生就业服务工作，促进高校毕业生早日实现就业。全地区高校毕业生通过市场就业的有50人，完成全年目标任务的100%。

【社会保障工作得到扎实开展】基本养老保险。一是认真开展养老保险的核定，加大基本养老保险费的征缴和清欠工作力度。2007年，山南地区有207家单位参加了基本养老保险，参统人数达3165人，核定全年养老保险费2432万元，征缴到位2348万元，清欠养老保险费36万元。二是进一步加大基本养老保险扩面工作力度。2007年及时召开了全地区基本养老保险扩面工作动员大会，广泛动员非公经济组织、个体工商户和灵活就业人员积极参加养老保险。全年山南地区共有26名个体工商户和灵活就业人员参加了养老保险，共缴纳20.1780万元基本养老保险费。三是在2007年元旦、春节、藏历年等三大节日期间，局领导带队对安置在拉萨和泽当的102名退休职工进行了登门慰问，及时给退休职工送去了党和政府的关怀。四是确保了离退休人员基本养老金的按时足额发放。共为1800名退休职工发放基本养老保险金3152万元，发放率达100%。四是实行了离退休人员养老金的社会化发放。

失业保险。一是继续加大失业保险的征缴和清欠工作力度。全地区实际参加失业保险统筹单位达248个，参统人数为8523人，征缴到位516万元，完成全年征缴任务的132%。二是顺利完成了参加失业保险个人缴费记录的录入工作。三是认真按照西藏自治区劳动和社会保障厅、财政厅《关于有关失业保险政策的若干规定》（藏政发[2006]36号）要求，落实了45家企事业单位在岗职工职业培训补贴和待岗人员的生活补助120万元。

基本医疗保险。一是加强了基金的征缴工作力度。2007年，全地区参加医疗保险单位814家，参保职工19847人，核定医疗保险费5219万元，征缴到位5190万元。二是继续做好医疗保险费用支付、结算工作。严格审核医疗费用，及时结算并按政策规定拨付费用。2007年，共为参保职工审核报销基本医疗保险金2761万元，其中：统筹基金支出1164万元，医疗保险个人账户基金支出1418万元，公务员补助支出179万元。三是加强了对定点医疗机构和定点零售药店的协议管理。四是实现了安置在拉萨退休人员在拉萨门诊就医及住院医疗费用的刷卡结算。五是根据《西藏自治区城镇居民基本医疗保险暂行办法》（藏政发[2007]56号）之规定，于2007年10月开始了全地区统筹范围内的城镇居民的参保登记与缴费核定工作。2007年山南地区共有5783户8537名城镇居民参加了城镇居民基本医疗保险，核定个人基本医疗保险费34.6万元，征缴到位24万元。

工伤保险。参加工伤保险企业单位

79家，参保职工为3906人，核定工伤保险费92万元，征收到位92万元。2007年共发生15起工伤事故，为5名参保职工支付工伤保险医疗费23万元。

生育保险。地区生育保险自2007年3月1日起正式实施。2007年共有814家单位14265人参加了生育保险，核定生育保险费163.4万元，征缴到位114万元，共为56名参保职工支出生育保险医疗费用15万元。

【劳动关系调整工作力度继续加大】加大劳动保障监察执法工作力度，依法查处侵犯劳动者合法权益的行为。2007年，共监督检查用人单位665家，涉及职工7769人（次），对拖欠劳动者工资、不依法签订劳动合同、不履行劳动合同、不办理用工手续等情况的6家单位，依法给予了及时纠正和处理。

积极受理拖欠民工工资和劳动争议仲裁案件，维护劳动者合法权益。2007年，共受理拖欠民工工资案件及劳动争议仲裁案件56起，结案56起，为471名劳动者追回劳动报酬及伤残补助金101.98万元（含1起欠缴社会保险费案件114530元、1起收取风险抵押金2000元）。

加大推行劳动合同工作力度，规范用工行为。为全地区189家用工单位新签劳动合同1629人，鉴证劳动合同4887份。

【企业政策性增资、工龄认定等工作有序开展】一是办理了地区临时性补贴、八年固定、转正定级等政策性晋级增资1032人次。二是完成了各县、地直单位工人42人次的工龄认定工作。三是为48人次办理了工种变更手续。

【重大事项】1.2007年7月，设置山南地区高校毕业生就业服务中心（山南地区人才交流中心），为地区劳动和社会保障局所属正科级事业机构。

2.2007年9月29日，山南地区劳动和社会保障局劳动社会保险服务中心正式开工建设。

【获奖情况】2007年，山南地区劳动和社会保障局被国家劳动保障部授予“全国劳动力市场整顿先进单位”和“全国劳动保障系统2006—2007年度优质服务窗口单位”；被自治区就业再就业工作领导小组授予“2007年度就业再就业工作先进集体”。

【领导名录】

副书记、局长:加央

党组成员、副局长:黄俊、杨引奎、辛丽萍、罗布多吉、查果

党组成员、副调研员：束宝芝

乃东县

【经济发展情况】2007年，乃东县生产总值达到15.35亿元（含地直），增长17.6%(可比价，下同)，其中第一产业完成增加值6406万元，增长8%;第二产业完成增加值42769万元，增长15%；第三产业完成增加值104367万元，增长20%。农牧民人均纯收入达到4076元，增长22.5%；实现本级财政收入2736万元，增长8.6%；全社会固定资产投资20800万元，增长30%；社会消费品零售总额40348万元，增长15%。粮食总产量4839万斤，基本保持了平稳；油菜总产量380万斤，与2006年持平；肉类总产量433万斤，与2006年持平；牲畜存栏17万头（只、匹），畜群、畜种结构日趋合理；乡镇企业总产值6438万元，较2006年增长11%；多种经营总收入9030万元，较2006年增长11%；劳务输出总人数26000人，创收4200万元。

【农牧业结构调整步伐加快，农牧区经济形势较好】大力调整种植业结构。在稳定提高粮食生产能力和保证粮食安全的基础上，加大经济作物和饲草料作物播种面积，“粮、经、饲”种植结构比重已调整为63.13:26.47:10.42，使三元结构进一步得到优化。全县播种面积4432公顷，粮食作物种植面积2798公顷，经济作物种植面积1173公顷，饲草料作物种植面积29公顷。大力推广山冬6号、藏青320号、藏油5号的种植，在全县范围内重点推广种植优质藏蒜445公顷，农业优良品种覆盖率达到80%以上，种子精选包衣率稳定保持在90%以上，全县共落实二级种子田450公顷，农业产品质量得到进一步提升。2007年共投入化肥898.5吨，全年积造农家肥206.94万袋，每公顷施农家肥60公斤以上。2007年完成机耕面积3680公顷，完成机播面积2327公顷，农业生产中的科技含量得到进一步提高。

大力发展畜牧业。按照“稳定发展高山畜牧业、大力发展农区畜牧业、加快发展城郊畜牧业”的指导原则，各类牲畜出栏数56034头（只、匹），出栏率30%。全年新生仔畜成活数41432头（只、匹），成活率97%，成畜死亡1386头（只、匹），死亡率0.87%，牲畜出栏率35%。采取有效措施加强高致病性禽流感的防治工作，禽类免疫密度达到99.73%，全年免疫牲畜“W”病323500万头（只、次），治疗各类牲畜疫病45300头（只、匹），猪和鸡防疫密度达到100%。畜种改良进度加快，全年共改良牲畜4000头。

【固定资产投资保持良好势头】与2006年相比，乃东县项目投资力度有所增强，2007年1—9月份，全县完成全社会固定资产投资16443万元，较上年增长5%。其中国家投资5133万元，较上年增长17%；援藏投资31.5万元，较2006年减少95%，招商引资4785万元，较上年增长6%；民间投资948万元，较2006年减少28%。固定资产投资施工项目共21个，其中新建18个，续建3个。目前民房改造完成投资5200万元，完成全社会总投资的28%。三期农网改造项目实施完毕，解决了全县16486户、59160人的用电问题，通电率达99%。

【城郊型经济规模扩大，拓宽群众增收渠道】一是大力发展工商业及乡镇企业。截止2007年9月底，在乃东县注册的个体工商户3559户，从业人员12038人，注册资金4855.3万元，与2006年同期相比分别增长8%、22%、15%。在乃东县注册登记企业共计54户，从业人员1342人、注册资本（金）7440.31万元，与2006年同期相比分别增减率为-1.8%、1.6%、1.6%。截至2007年底，乃东县已发展乡镇企业24家，从业人员1540人；非公有制企业112家，从业人员11751人，1-8月份上缴税金842万元；个体工

商户数量3651户，注册资金4547万元。

二是突破性发展旅游业。截止9月底，全县共接待国内外游客94131人次，其中外宾24950人次；比2006年同期增长35%；实现旅游总收入5781360元，比2006年同期增长212%；农牧民直接或间接参与旅游服务从业人员313人，比2006年同期增长43%；收入607990元，比2006年同期增长115%。

三是继续做好小城镇经营和市政建设。完成了《泽当-昌珠镇历史文化名镇保护规划（2006-2020）》申报工作，2007年6月昌珠镇被国家建设部和国家文物局确定为中国历史文化名镇。完成了雅砻河道路沿线景观规划。完成了农行乃东县支行丁拉营业所、乃东县颇章乡地新完小、泽当居委会龙马宾馆、县农牧局甲嘎农场、颇章乡政府大院地藉测量工作。完成了乃东县派出所、中法刑场、县乡企局大蒜加工厂、泽当居委会私人粉条加工厂、泽当居委会倒矿场及各乡镇村民建房的选址工作。完成了泽贡、泽措、泽琼公路沿线垃圾清运情况调查及整治工作。

【认真做好第四、五批援藏的衔接工作】武汉市援藏工作组全面贯彻落实第四次西藏工作座谈会精神，全力落实第四批确定的援藏项目。一是调整援藏项目投资方向，把项目建设向农牧区倾斜，向农牧民群众迫切需要的项目上倾斜，建设了奶源基地、无电村文化活动中心、道路桥梁、沼气能源等一批关系农牧民群众生产生活的项目。二是加大重点项目的建设力度，集中资金重点投资建设了泽当镇基层政权建设项目。三是着重支持农牧产业开发项目，扶持培育龙头企业，增强自身造血功能，投资建设了城郊农牧业产业开发基地、农畜产品集散中心等项目。第四批援藏项目共16个，资金1773万元，其中湖北省援藏390万元，武汉市援藏1383万元。援藏资金弥补了乃东县经济社会发展的薄弱环节，在人畜饮水、高原特色农产品加工、藏鸡养殖规模和产业化发展等项目建设方面成效显著。第五批援藏工作初步确定了12个援藏项目，计划援藏总投资1840万元。建设项目包括社会主义新农村建设、农畜产品批发中心、奶源基地、民俗旅游文化街建设等。

【稳步推进安居工程建设】2007年，乃东县民房改造计划任务为1050户，总投资1102.2万元。其中，绝对贫困户12户，补贴30万元；其他贫困户21户，补贴25.2万元；地方病搬迁20户，补贴50万元；区财政渠道农房改造997户，补贴997万元。截止9月，主体完工765户，在建28户，备料257户。总占地面积为220940.68平方米、建筑面积104100平方米。现已完成2007年总计划的73%。

【大力实施特色产业基地建设】禽类养殖基地建设2007年，乃东县共发展养鸡大户3户，目前已养殖肉鸡15万只，出栏上市肉鸡10万只，据调查共实现毛收入300万元，每只肉鸡的纯利润6.00元，累计实现纯收入为60万元，特别是泽当居委会养鸡大户益西卓嘎纯收入突破了20万元；乃东居委会养鸡大户米玛，除养殖肉鸡外，另养了400只蛋鸡，仅卖蛋一天的纯收入可达80元左右。落实散养户460户，散养户共养殖肉鸡140370只，养鸭25000只。截止目前，禽类养殖基地饲养禽类45万只，占2007年计划任务的72%。为了确保技术措施到位，乃东县从武汉聘请了两名农民技术员对乃东县饲养户进行技术指导和技术传授工作，目前两家饲养大户基本能独立完成全部技术操作，大部分散养户基本掌握了饲喂技术。

奶源基地建设针对乃东县奶牛养殖产业分散经营、品种老化、效益低下，急需引进优良品种，推广科学先进的饲养、繁育、疫病防治技术的现状，县政府按照统一规划、分步实施的原则，采取“公司＋基地＋农户”的经营模式，将奶源项目建设作为奶源产业发展，旨在建立农牧民增收的长效机制。全县奶源基地规划为两部分，总饲养规模为10000头，规划总投资9200余万元，其中：国家投资2800余万元，群众自筹4300余万元，劳务投入1800余万元。奶源产业基地计划在“十一五”期间分三批建设完成，第一批建设资金于2005年由县政府通过争取援藏资金和自筹解决，第二、第三批建设资金由县相关职能部门积极争取项目资金、民间资金（主要是群众投入）和其它资金予以解决。目前，县政府自筹资金310万元，其中援藏资金50万元，争取到自治区发改委投资300万元，总投资610万元，完成了水电配套、4幢牛舍及附属设施建设，种植了233公顷优质饲草基地，计划年末进场奶牛200头，并正式投入运营。为了确保生产管理、技术措施到位，已与陕西乾县杨汉金龙养殖厂签订协议，聘请该厂厂长为奶源基地生产部经理，切实保证基地真正实现经济效益并具有示范带动作用。

藏蒜种植基地建设2007年，乃东县共种植藏蒜445公顷。于2006年9月16日开播，扣除成本1100元蒜农人均收入现金1100元。

【科、教、文、卫各项事业全面发展】科技工作一是积极争取申报地区自治区科技发展项目，强化科技管理，组织实施重大科技攻关。2007年共组织申报实施各类科技项目7个，获得总经费支持500.4万元。二是开展了科技培训工作。三是抓了科技特派员工作。2007年向自治区申报科技特派员12名，目前乃东县科技特派员已达12人。四是科技人才和技术引进工作。2007年从湖北引进两名技术人员，实施了沼气实验和新特瓜蔬实验项目。五是加强科技致富带头人的培养工作。乃东县昌珠镇玉莎居委会农民嘎多次仁被评为“全区科技致富带头人”。六是完成了科技专业技术人员的建档工作。

教育工作一是“两基”攻坚成果进一步得到巩固。全县小学入学率达99.3%，在校生3031人；初中入学率达97.3%，在校生1030人。二是办学水平进一步提高。通过完善学校管理制度，加强校长培训，开展教研教改工作使办学水平得到提高。三是深化教育综合改革，推行素质教育，师资队伍建设和远程教育得到加强，规范化学校建设步伐加快。

文化工作一是加强文化市场管理。乃东县对辖区内的歌舞厅、电子游戏室、书刊经营点、录像室、网吧、影碟经营户等，进行了定期不定期检查。在人员少，工作重的情况下，联合公安、翻译、工商等单位，开展文化市场检查3次，规范社会用字 3 次。积极完成西藏雅砻历史文化陈列馆和地区群艺馆旅游文化广场“乃东展阁”的展品收集、摆放及管理工作。二是电影工作。2007 年，为认真实施“2131”工程，县电影队在农牧区设立了 105 个放映点，截止目前，放映了 2286 场次，观众人数达 537650 人次。三是民间艺术团工作。截止 9 月共演出 39 场，其中农村 25 场，机关 14 场，观众人数达 81620 人次。四是广播电视工作。2007 年乃东县以乡村广播电视单、收转站建设为基础，进一步扩大广播、电视覆盖面。目前全县已建成 16 座广电收转站、37 座电视单收站，一座有线电视小片网。

卫生工作一是扎实开展合作医疗、防疫、妇幼保健、计划生育等基础工作，积极改善农牧区卫生基础设施建设。截止目前已完成索珠、颇章、多颇章乡卫生院建设，争取到乃东县疾病预防控制中心建设资金 140 万元。二是建立完善公共卫生突发事件应急处理机制，有效地防止了各种疫情的发生。三是“健康快车”西藏行活动顺利实施。全县免费接受白内障复明手术的共计 72 人。三是卫生监督执法工作不断加强。截止 9 月底，办理食品卫生许可证 240 家，公共卫生许可证 50 家，发放从业人员健康证 809 个。四是全县卫生执法监督覆盖率达 100%，公共场所卫生合格率 85%，食品卫生合格率 95%(城镇达 95%，农村达 93%)，泽当镇内水质卫生质检 6 份，合格率为 100%。

民政工作 2007 年共发放救济款 10 万元，解决了 338 人次困难群众的基本生活，确保了他们有饭吃，有衣穿，维护了社会稳定；落实五保户供养资金 21.5 万元；发放节日慰问款 2.8 万元；对 29 名特困群众进行了医疗救助，共发放救助金 13.48 万元。城市居民最低生活保障工作逐步走上了规范化、制度化轨道，基本实现了“应保尽保”的目标，享受低保金的有 748 人，共发放低保金 63.84 万元。认真开展农村低保工作。将乃东县年均收入 800 元以下的 796 户 2359 人全部纳入农村低保救助范围，落实最低生活保障金 441444 元。全年共帮助优抚对象住房困难户 47 户，补助资金 8.9 万元。

扎囊县

【**基本情况**】扎囊县地处雅鲁藏布江中游，冈底斯山脉南侧，东临乃东，西连贡嘎，南接措美、浪卡子县，北抵拉萨。101 省道和雅鲁藏布江横穿县境，将全县分为南北两半。扎囊县属高原半干旱季风气候地区。冬长无夏，春秋相连，气候干燥。全县幅员面积 2173 平方公里，平均海拔 3620 米，人口密度是每平方公里 16 人。

【**经济发展稳步推进**】2007 年扎囊县完成生产总值 1.91 亿元、固定资产投资 1.85 亿元、财政收入达 452 万元、农牧民人均纯收入达 2978.96 元、社会消费品零售总额达到 1502 万元，分别比上年增长 17%、12.6%、15%、21%、11.18%。税收在财政收入中占 36.7%；农牧民现金收入 1877 元。金融部门全年存款 10844 万元，贷款 7549 万元，存贷差额 10836 万元。

【**新农村建设稳步推进**】以安居工程建设为突破口的新农村建设任务如期实现，全年安居工程建设计划任务为 1132 户，实际完成 1096 户，完成计划任务的 96%，其中，农发扶贫搬迁完成 50 户，占建设总任务的 4.42%。完成桑耶青浦大坝农业综合开发区跨乡集中搬迁 40 户，完成阿扎乡分散搬迁 20 户。改善条件，加强农牧民聚集地建设，有 8 个村新建了村委会。以农村沼气建设为主推广新型替代材料和水、电、路、讯等为重点的配套建设同步推进，全年完成沼气建设 785 户；实施了安全饮水项目 8 个，解决了 1710 人的饮水问题，农村安全饮水覆盖面达 85%；新修乡村公路 4 条 21.931 公里，农村公路总里程达 380 公里；通讯覆盖面进一步提高，全县手机、好易通及固定电话拥有 5991 部。

【**农牧民增收工作稳步推进**】全年培训各类专业技术人才 10249 人次、培育农牧区经纪人 45 人；全年劳务输出达 2.8 万人次，创收 3197.4 万元，人均创收 1575.5 元；全年落实和兑现退耕还林资金 204 万元、粮食直补 94 万元、税费改革 179 万元。农牧区“能人经济”作用广泛发挥，旺堆大蒜种植、仁青阳光氆氇加工等为代表的农牧区致富带头人和吉汝乡旺扎、扎其乡多吉农民施工队为代表的农牧区经纪人，在扎囊县带领群众增收中，发挥着至关重要的作用。农牧民增收出现新亮点，林业项目建设和林业收益已成为群众增收的重要途径。

【**项目建设稳步推进**】2007 年扎囊县实施建设的各类项目 43 个，总投资 18522 万元。其中，国家投资项目 34 个，援藏项目 1 个，招商引资项目 4 个，民间投资项目 2 个，自筹项目 2 个。项目建设主要有，江北公路、艾玛龙公路、三期农网改造、朗赛林古庄园修复、干部职工周转房、安全饮水工程、央金完小教工住宿楼，阿扎沙石场等，这些项目建设，拉动了全县经济增长。

【**产业建设稳步推进**】“三次产业”结构由 2006 年的 55.62︰38.89︰5.49 调整为 65.8︰27.67︰6.53，粮食总产达 20513.39 吨。

一产抓好优质青稞、优质油菜、优质藏蒜、优质土豆和禽类养殖。2007 年种植优质油菜 800 公顷、优质青稞 267 公顷、藏蒜 54 公顷，分别实现创收 907.2 万元、135 万元、127.4 万元；养殖家禽近 5.4 万只，实现创收 290.55 万元；成功在扎唐镇叠布村实施了奶源基地建设项目，在扎唐镇、扎其乡、阿扎乡扶持散户养殖 60 户。同时，384 公顷的良种繁育基地建设任务顺利通过上级验收；改造低产田 68 公顷，超额完成目标任务。采取“民办公助、一事一议”的形式，对农田水利基本建设累计投入资金 437.86 万元，水毁工程修复率达 95%以上，新建机井 6 眼，新修堤坝 2 处 20 公里，新修水渠 5 条 12.4 公里，新修截潜流 2 处，改造提灌站 1 座，新修水塘 7 座库容 2240 立方米，新增控灌林草地 1333 公顷，保灌面积 1333 公顷。江北农业综合开发工作取得明显成效，2007 年共安排农发资金 1300 多万元，项目建设实现了改善灌溉面积 233 公顷，农业新品种示范 87 公顷，黄牛改良 2500 头等；二产抓好民族手工业。大力发展民族手工业，全县现有氆氇机 3400 多台，从业人员3000人。着力提高民族手工业发展水平，鼓励和扶持民族手工业加工大户扩大规模，走规模化、集约化之路，重点扶持了吉汝乡仁青的阳光氆氇加工厂，扩大生产规模，目前，从业人员可达150人，年创收达可达50万元。三产抓好旅游业。全年旅游人数达到21万人次，农牧民实现创收633万元。依托桑耶寺国家“AAAA”级旅游景点和桑耶小城镇改造全面完成，进一步规划完善了旅游发展思路，制定了线路等。加强了景区基础设施建设，重点实施了朗赛林古庄园修复工程。发展乡村旅游业，实现“旅游富民”，目前全县以餐饮、旅馆为主“农家乐”32户，年创收达166万元，户均创收5万多元。

【非公有制经济发展和“能人经济”稳步推进】扎囊县民营和个体私营企业增势强劲。截止2007年底，扎囊县共有私营企业8家、雇工人数152人、注册资金1157万元，同比分别增长60%、35%、14%；登记个体工商户422户、从业人员达617人、注册资金达554.3万元，同比分别增长12%、15%、121%。“万村千乡”市场工程成效显著，全年加盟的有10家，销售额最高达23万元。

【构建和谐社会稳步推进】一是财政对社会事业的投入力度不断加大，重点加强了对科技、教育、文化、卫生的投入。二是教育工作围绕“夯实基础，永树旗帜，扎实推进，争创特色”的发展思路，积极开展控辍防流工作和巩固提高“两基”成果工作，成效显著，在全区树立了一面旗帜。中学入学率和小学入学率分别达到98%和99.5%。三是卫生工作围绕解决看病就医问题，进一步加强了基础设施建设，推进新型农村合作医疗管理，参加人数达3.3万多人，参合率达98.33%；加强食品药品安全生产工作，全年开展10多次专项整治，维护了良好的市场秩序，有效地保障了人民群众的生命财产安全；立足消除碘缺乏病，做好食用碘盐发放工作，碘盐覆盖率达到100%，居民合格碘盐食用率达到98.67%以上。四是文化工作围绕新时期文化建设要求，加强了基础工作，全县广播人口覆盖率达82%，电视人口覆盖率达89%，100%的行政村通广播电视；以十七大宣传为契机，做好了重大活动和重要工作的宣传报道，扎囊县自办台编辑的新闻被区、地电视台采用了多条，其中《县委书记深入农牧区宣讲十七大精神》被中央电视采用，新闻宣传首次走上了中央台，实现了新跨越；扎囊果谐成功申报为自治区级“文艺之乡”后，9月，果谐队代表全区参加了全国第十四届“群星奖”舞蹈比赛。11月，应中央电视台的邀请，果谐队成功赴苏州参加了第八届中国民间文艺山花奖颁奖晚会，通过这一载体，进一步提高扎囊对外的知名度。五是围绕生态环境建设，加强了林业工作绿化造林和生态造林，全年完成义务植树97公顷、绿化造林和工程造林420公顷。目前，全县森林覆盖率进一步提高，达到3.7%，生态环境进一步改善。六是围绕就业和社会保障工作，解决了12名公益性岗位人员；养老、失业、工伤保险、医疗保险征缴工作进展顺利，均达到100%。七是围绕民政救扶，困难群众的生产生活得到妥善安排，全年共为1165户5700多特困群众落实生活救助金94万余元，为城镇106户174人兑现低保金26.8万元，“五保户”供养资金、弱势群体医疗救助资金落实到位。

【领导名录】
县委书记：周南洋
县委副书记、县长：格桑多布杰

贡嘎县

【基本县情】贡嘎县地处雅鲁藏布江中游河谷地带，自公元14世纪初的元朝就已开始设立贡嘎宗，1951年5月，西藏和平解放后，西藏地方政府保持贡嘎宗建制，1959年正式成立了贡嘎县人民政府，隶属山南地区，总面积2280平方公里，共辖5镇3乡，43个行政村，总人口47806人，农业人口44326人，是一个农业大县。围裙、氆氇享誉区内外，杰德秀围裙、吉纳果谐、贡嘎曲德阿羌被列为自治区非物质文化遗产名录，昌果卓舞被列为国家非物质文化遗产名录，西藏唯一国际航空港拉萨贡嘎机场坐落县城以西10公里的甲竹林镇，有奇异独特的昌果溶洞，壮美迷人的羊湖风光，浓郁淳朴的风土人情，玄奥独特的佛教寺庙，更有高原神奇的红皮土豆、“奶嘎”牌斜绒嘎玛糌粑等特色产品，是西藏雅砻文化的发源地之一，也是西藏商品粮基地之一，素有“窗口”、“门户”之称。

【年度情况及特点】2007年，贡嘎县上下深入贯彻落实科学发展观，集中精力抓好经济建设，坚定不移推进改革开放，经济社会发展保持了良好势头，主要表现为：“一增长”、“两加快”、“三突破”。2007年，全县生产总值完成3.25亿元，同比增长18%；财政收入完成2308万元，同比增长15%；农牧民人均纯收入实现3159元，同比增长15.8%；社会消费品零售总额实现2253万元，同比增长19.6%。

【产业结构调整步伐加快、特色产业发展步伐加快】产业结构调整方面，按照自治区“一产上水平、二产抓重点、三产大发展”的经济发展战略，贡嘎县加快了产业结构调整步伐，“三次”产业结构和种植业比例进一步优化。2007年，第一产业实现3926万元，同比增长4%，第二产业实现1.256亿元，同比增长16%，第三产业实现1.61亿元，同比增长23.8%，三产比例调整为12.1:38.6:49.3。通过改良品种，提高单产，在稳粮的基础上，适当增加经济作物种植面积，进一步优化了种植结构。2007年，贡嘎县总播耕地面积为4947公顷，其中粮播面积3627公顷，经济作物播种面积893公顷，饲草427公顷，粮食总产29500吨，经济作物总产4828.2吨，饲草料作物总产6567.8吨。特色产业发展方面，以无公害蔬菜、奶源基地建设、藏鸡肉鸭、围裙、氆氇生产等为重点的特色产业蓬勃发展。全县禽类养殖达34.5万只，为群众创收110万元。完成黄牛改良5038头，养殖优质奶牛1947头，人工种草1267公顷，牛奶和牛犊总产值达1043.7万元。成功申报了“扎西德勒”无公害蔬菜品牌，108座优质蔬菜大棚充分利用，平均每棚年创收近万元。适时注册了“杰秀牌”民族手工业省级著名商标，氆氇、围裙等民族手工业总产值达260万元。

首次组团参加了湖南省第九届国际农博会，昌果红皮土豆、斜绒嘎玛糌粑荣获两项金奖。羊湖风景区建设不断加强，旅游经济效益逐步体现，全年接待游客20万人次，旅游创收达80余万元。全县登记注册的个体工商户共817户，注册私营企业共15户，个体工商户和私营企业注册资金达1781.1万元。

【新农村建设取得新突破、基础设施建设取得新突破、和谐贡嘎建设取得新突破】新农村建设方面，新完成民居改造1420户，总投资约6987.4万元，分别完成地区计划和自治区计划的104.63%、114.8%，累计完成民居改造2798户，全县近30%的农牧民群众都住上了整洁的新房，吃上了干净的水，用上了方便的电，部分群众还用上了沼气、太阳能，居住生活条件得到了明显改善。农牧民增收工作扎实推进，全年组织各类培训3700人（次），劳务输出18694人（次），实现劳务收入3419万元。基础设施建设方面，全县完成固定资产投资1.8亿元。县乡周转房、乡(镇)卫生院、县城客运站等项目顺利完成。县城及机场周边垃圾填埋场、森布日土地综合开发和县公安“两房”等重点项目均已开工建设，2007年7月以前均可竣工并投入使用。同时，江南灌区工程、乡镇（村）给水工程等大型项目已完成规划设计，为下一步项目实施打下了坚实基础。和谐贡嘎建设方面，配合区、地圆满完成了援藏干部轮换工作，衔接新一轮对口援藏资金1650万元；养老、工伤、失业、医疗、生育五大保险工作稳步推进，参保范围不断扩大，社会就业率逐年提高，全年实现就业118人，特困群众及时救助，五保户“应保尽保”，公共卫生环境持续好转，社会保障制度不断完善，特别是香嘎山矿安置工历史遗留问题得到妥善解决，进一步促进了社会和谐；教育事业健康发展，“两基”巩固工作顺利通过自治区验收；农牧区和城镇医疗制度全面实施，覆盖率达100%；广播、电视走进千家万户，可收视覆盖率分别达到97%、95%；环保治理力度加大，植树造林扎实开展，土地管理得到加强；第一本县志已完成初审，双拥工作卓有成效，先后被评为“全区双拥模范县”和“全国双拥模范县”；安全生产持续好转，连续几年得到了地区和自治区的好评，被评为全区食品安全示范县；反腐工作扎实有力，综治、信访、公检法司各项工作成效显著，未发生一起重大危安事件，社会局势进一步稳定。

【领导名录】
县委书记：朱东铁
县委副书记、人大主任：古桑多吉
县委副书记、县长：洛桑扎西

桑日县

【基本县情】桑日县历史悠久，桑日在藏语中即“铜山”之意，在古代就有开采铜矿、铁矿等的记载。县机关驻地设在雪巴（现桑日镇）。桑日县城距拉萨市178公里，距贡嘎机场120公里，距山南地区所在地泽当镇28公里。桑日位于山南地区北部、地处冈底斯山脉南麓，雅鲁藏布江横贯东西，是五个沿江县之一。全县国土面积2634平方公里，辖3乡（增期乡、白堆乡、绒乡）1镇（桑日镇）44个村委会83个自然村，总人口1.6万人。县城距泽当镇28公里，距贡嘎机场120公里，距拉萨市约178公里。拥有耕地1533公顷、林地13333公顷、可利用草场20000公顷。

【经济和社会发展情况】2007年，桑日县生产总值完成2.08亿元，同比增长14%；一、二、三产比例达到14:68:18。人均生产总值达到12435元，同比增长13%；本级财政收入达到1240.2万元，巩固了本级财政收入超过千万元的目标，同比增长达12.7%；税收收入在2006年1992万元的基础上增加943万元，达到2935.4万元，首次突破2000万元大关，同比增长达47%；社会消费品零售总额达到1115万元，同比增长37%，消费对经济增长的贡献进一步增大。金融机构存、贷款余额达到7633万元和5078万元，分别比年初增加1794万元、408万元。

【农牧业】农业：全县坚持以稳粮为前提，继续深化种植业结构调整，大力实施提高粮油单产行动计划，不断提高种植业效益。2007年全县共完成各类农作物播种面积为1531公顷，粮食作物播种面积1011公顷，经济作物总面积为416公顷，饲草料面积为104公顷。全县粮、经、饲种植比例由2006年的63:29:8调整为2007年的66:27:7。改造低产田115公顷，新垦耕地30公顷，新修农田围墙47982.5米，维修农田围墙32663.5米，积造农家肥2661.288万斤，劳务投入12076人（次），机械投入6455台（次）。全县2007年年初从日喀则地区白朗县和乃东县调运优质良种76000斤；调运草种子12300斤；筹措化肥款36万元，调运化肥181.75吨，调运农药6.5吨。

牧业：2007年畜牧业生产形势良好，牲畜膘情较好，成畜死亡率较低，全县范围内没有发生过各种牲畜重大疫病和重特大自然灾害。2007年各类牲畜存栏总数为111711头（只），2007年牲畜死亡总数为938头（只），死亡率为0.84%。全年禽流感和五号病的免疫注苗情况如下：禽流感春季免疫应免数为10272只，实免10272只，免疫率为100%，夏季免疫应免数为8789只，实免8789只，免疫率为100%；鸡新城疫应免10134只，实免10134只，免疫率为100%。牛羊五号病春季免疫应免108272头（只），实免86150头（只），免疫率为79.5%，五月底对牛羊临产母畜进行再次补免，其中应免22122头（只），实免22011头（只），免疫率为99%；牛羊五号病秋季应免109398头（只），实免109182头（只），免疫率为99.8%。猪五号病春季免疫应免1281头，实免1281头，免疫率为100%，秋季免疫应免1798头，实免1798头，免疫率为100%。

特色产业及户用沼气建设：2007年贡嘎县第一批有5个农牧业特色产业项目和户用沼气建设。狠抓桑日县黄牛奶源基地建设项目。贡嘎县在程巴村和洛姆村集中修建三处奶牛饲养场。建设牛舍及饲料库三处共55户2411.84平方米；建设牛圈（运动场）三处共4334.08平方米；建设饲料加工车间三处共121平方米；建设挤站三处共73.5平方米；建设黄牛改良点与兽医室一处86.02平方米；从隆子县引进优质奶牛84头，其中，80头母牛，4头种公牛，现已全部发放到群众手中。

加强藏猪养殖项目建设。藏猪养殖项目主要在绒乡次布塘和桑日镇努卡村建设，2007年共购买230头藏猪，修建猪圈1216平方米，修建运动场1610平方米，出栏50头，群众增收2.4万元。

【切实做好户用沼气推广项目】桑日县2007年共有农村户用沼气国债项目500户，主要分布在桑日镇、绒乡沿江一带，按照“一池三改一棚”的要求实行整村推进。项目投资总额165万元，其中中央补助110万元，自治区补助30万元，地区补助5万元，县人民政府补助5万元，农民自筹15万元，资金未到位。2007年6月15日开工建设，到目前为止，贡嘎县共修建198户，其中目前已产气点火使用的有188户，未投料的有10户，剩余的陆续在修建。估计到明年5月底，全部修建完，并产气投入使用。

【安居与乐业情况】全年落实农牧民建房补助资金556.8万元，帮助农牧民争取贷款578万元，鼓励农牧民自筹资金达1169万元，共完成农房改造471户。完成投资170万元，完成了巴朗村等7个行政村村级组织活动场所建设。多渠道争取资金1018万元解决了829户安居群众的通电和电力改造问题，解决了24个点3724人安全饮水问题。所有行政村全部实现通电话。通过国家投资和本级财政的大力投入，积极引导农牧民从事特色农牧业开发、矿业开发、种草养畜、交通运输、野生药材采集、劳务输出等，全年农牧民人均纯收入实现3230元，首次超过3000元，其中现金收入1389元，同比增长18%，保持了高于全区平均增长水平的良好增长势头。

【招商引资】招商引资工作取得进展，与6个招商引资项目进行了实质性洽谈，和香港大盘新能源投资有限公司正式签订了太阳能光伏应用系统项目合同，投资额达5亿元，西部矿业集团雅江公司对冲木达铜矿进行了兼并整合，这些都成为桑日县工业和园区经济进一步加快发展有力的支撑。坚持改革开放，不断促进非公有制经济发展，截至2007年底，全县注册企业35家，总资本超过5492.2万元；全县个体工商户已达255户，从业人员538人，注册资金436.2万元，比2006年同期分别增长29.5%，20%，54%。

【基础设施建设和援藏工作】2007年桑日县固定资产投资完成1.05亿元，其中完成基本建设项目18项，完成投资2068万元，其他投资完成8413万元。2007年新开工乡村公路建设2项，新解决了达古村、达嘎村等3个村的通公路问题，全县不通车的行政村减少为4个。检察院、法院综合楼、绒乡派出所相继完工交付使用，司法局综合楼、增期乡派出所建设顺利动工实施，基层政权建设得到全面推进。年内又有50套职工周转房得以交付使用，干部职工住宿问题得到进一步缓解。第四、第五批援藏干部轮换工作顺利完成，岳阳市派出了以谢胜同志为领队的第五批援藏干部，各援藏干部迅速进入适应高原气候，进入工作状态，在对全县社会经济发展进行全面调研后，及时确定了第五批援藏项目，拟定建设项目5项，投资约为1700万元。

【科教、文化、卫生等社会事业】2007年，两基巩固取得新发展，成功完成了三年复查。中学附属工程完成投资231万元，县机关幼儿园得以批准建设，县教育系统与拉萨中学结为互助对子，2007年得到拉萨中学援助近5.2万元，教学硬件得到一定改善。教学质量得到进一步提高，小学毕业升入内地初中班上线7人，初中升入高中230人。职业教育继续稳步发展，共举办农牧业实用技术培训班4期，培训人员达114人。各乡镇卫生院全部得以新建并投入使用，新充实基层医疗人员8人。县疾病控制中心得以建成，县乡两级医疗体系完全形成。全年新建扩建3座广播电视收转站，全县电视人口覆盖率达到98%，广播人口覆盖率达到86%。认真落实了“2131”工程，共放映电影1522场(次)。“电视进万家”活动顺利实施，共为全县150户贫困家庭发放了彩电。

【领导名录】

县委书记：谢胜

人大主任：央中卓嘎

县长：普布顿珠

琼结县

【基本县情】琼结县地处西藏南部、雅鲁藏布江中游南岸的琼结河谷地带，琼结河横贯南北，县城距地区行署驻地泽当28公里，全县版图面积1760平方公里，平均海拔3900米，属高原温带半干旱季风气候区，气候温和，较为适宜农作物生长。全县总耕地面积1867公顷，草场面积91800公顷，林地面积17467公顷，总人口1.8万人，辖1镇3乡20个行政村，是一个以农为主农牧结合的河谷农区县。

【经济发展情况】2007年，琼结县完成生产总值1.05亿元，增长23%；本级财政收入完成456万元，增长12%；农牧民人均纯收入达到2980元，增长19.8%；社会消费品零售总额达788万元，增长5.3%，全社会固定资产投资完成7076万元，实现劳务输出13507人次，劳务输出总收入达1540.9万元。

【“三农”工作取得新进展】2007年，琼结县在全面落实惠农政策，稳定粮食生产的基础上，不断调整优化农牧业产业结构，农牧经济整体水平进一步提高。2007年，琼结县农林牧总产值达到2126.86万元，增长9%。粮经饲比例由2006年的69:23:8调整到65:26:9。在做好农业发展的同时，坚持以市场为导向，大力发展特色农牧业，实施黄牛改良2014头，短期育肥8000只，藏鸡养殖4.6万只，发展养殖户250户，促进农牧民增收230万元。新农村建设工作扎实推进。加强了农网改造，送电进村入户，使全县通户率达到99%；实施了6处饮水工程建设；新建200户沼气池，为部分农牧民解决了燃料短缺的问题；完成安居工程建设540户(贫困户184户占建设户数的34%)，有力地改善了农牧民群众的生产生活条件。

【重点项目建设扎实推进】全年新开工建设及续建项目33个，社会固定资产投资达到7449万元，比2006年减少18%，其中国家投资完成3106万元，比2006

年增长 33%；援藏投资完成 37 万元，比 2006 年减少 96%；民间投资完成 4140 万元，与 2006 年基本持平；招商引资完成投资 166 万元，比 2006 年减少 91%。主要实施了法院、检察院办公楼及周转房建设、县、各乡镇行政事业周转房建设、县疾控中心建设等项目。

【工业经济平稳发展，第三产业发展明显增强】水晶玉石厂、雅拉香布实业有限公司得到较快发展，雅拉香布实业有限公司的矿泉水产品已打入内地市场，经济效益得到提高。全县工业总产值达到 765.2 万元，比 2006 年增长 34%。第三产业得到长足发展，着重从行业管理、市场开发、风景区规划建设三个方面开拓全县旅游业，取得了一定的成果。旅游人数达到 6 万人次，创造旅游收入达 14 万元。并以此带动了全县第三产业的发展，个体工商户发展到 262 户，乡镇企业发展到 8 家。

【受援工作进展顺利】2007 年 7 月襄樊市第五批援藏干部赴琼结县开展工作以来，琼结县共实施援藏项目 8 项。其中 2007 年实施 4 项，困难群体安居工程建设，建设内容是为全县 183 户困难农牧民新建、改建住房，援藏资金投入 20 万元，其他投资 48.2 万元；新建“村村通”广播电视综合楼，建设内容为总建筑面积 657.32 的三层综合楼一栋，援藏资金投入 80 万元，其他投资 30 万元；农牧区沼气池建设，建设内容为新建农牧民家用沼气 500 户，援藏资金投入 5 万元，其他投入 165 万元；县城亮化工程，建设内容为重新安装琼结县城路灯及配套设施，由援藏资金投入 40 万元建设。

2008 年实施援藏项目 4 项，植树造林项目，建设内容是植树造林 0.7 公顷，由援藏资金投入 3.1 万元建设；县机关幼儿园建设，建设内容为建筑面积 806 平方米的教学用房，由援藏资金投入 86.5 万元，其他投资 63.5 万元；县敬老院建设，建设内容为总建筑面积为 1572.01 平方米的二层建筑，由援藏资金投入 120 万元，其他投资 80 万元；困难群体安居工程建设。

【各项社会事业全面发展】巩固了“两基”成果，降低了辍学率，加速了教育信息化建设，初步实现了现代化远程教育；为全县 100%的农牧民建立了医疗家庭帐户；广播电视覆盖率分别达到 97% 和 90%；统计、审计、民政、妇女儿童和国防动员等各项工作均取得新成绩。

曲松县

【经济发展情况】2007 年，曲松县紧紧围绕“一个中心、两件大事、三个确保”的指导思想，大力实施“一产上水平、二产抓重点、三产大发展”的发展战略，突出首要任务，破解瓶颈制约，不断加大固定资产投资力度、特色产业开发力度、劳务经济发展力度、科技推广力度和工作落实力度，努力实现经济又好又快发展。全年实现生产总值 2 亿元，同比 2006 年增长 17.9%，人均 GDP 达到 12180 元。其中：第一产业完成增加值 1760 万元，增长 4.82%；第二产业完成增加值 13450 万元，增长 20.42%；第三产业完成增加值 4790 万元，增长 16.23%；三大产业比重由 2006 年的 9.9:65.8:24.3 调整为 8.8:67.3:23.9。全县财政收入完成 1171 万元，同比增长 8.4%。社会消费品零售总额达到 1296 万元，同比增长 11.1%；固定资产投资完成 12026 万元，同比 2006 年增长 33.3%，其中基本建设投资完成 1.12 亿元，同比 2006 年增长 30.9%。农村经济总收入达到 8766.91 万元，比上年增长 20%，农牧民人均纯收入达到 2921 元，比上年增长 15.68%，其中现金收入达到 1315 元，比上年增长 15.8%。

【培育特色产业加快农业发展】2007 年，全县粮食产量达 7080.22 吨，同比增长 11.2%；油菜籽产量达 849 吨，同比减少 5.9%；蔬菜种植面积发展到 130 公顷，实现产值 135 万元，同比增长 1%。牲畜存栏数 12.74 万头（只、匹），适龄母畜 4.9 万头（只、匹），成活率达 98.74%；实现牲畜出栏率 33.67%，同比增长 1.4%；藏鸡养殖数量达 2.1 万只，藏獒养殖基地 1 个，养殖藏獒 23 条，散养 35 户 160 多条；完成黄牛改良 1910 头，养殖白绒山羊 2950 只，绒产量达 1200 斤，创收 14.4 万元；完成 1.2 万只架子羊的短期育肥，创收 250 万元。

【稳步推进农牧民安居工程建设】2007 年，曲松县农牧民安居工程计划完成 592 户，其中新建和改造 445 户，扶贫搬迁 147 户。全年计划投入资金 679.9 万元，其中自治区补助 536.9 万元，地区补助资金 143 万元。目前，全年的建设任务基本完成，679.9 万元资金已全部到位，并通过整合资金，全年共兑现资金 759.4 万元。

同时，在稳步推进农牧民安居工程建设的基础上，建设完成了 2006 年投资 66 万元的第四期农饮工程、2007 年投资 135 万元的第一期农饮工程、国家投资 64 万元的第二期农饮工程，并通过自筹资金 12 万余元，维修了曲松镇贡麦村一组亚当、琼嘎村二组德秀自然村的饮水点，并在措堆等 4 处饮水点成立了村民用水协会，实行村民自我管理。完成了投资 1235.37 万元的三期农网建设与改选工程，使乡镇通电率达 100%，村居委员会通电率达 90.5%，农村户数通电率达 85.74%，农村人口通电率达 85.82%。

【劳务输出工作成效显著】2007 年，曲松县加快了劳务输出的有序化、规范化、产业化进程，全年劳务输出共 13654 人次，完成年计划的 103%，务工人员总收入达 2320.88 万元，完成年计划的 100.6%。其中：建筑施工输出 4626 人次，占全年劳务输出的 33.8%，实现收入 784.4 万元；向乡镇企业和个体工商业共输出 2171 人次，占全年劳务输出的 15.9%，实现收入 369 万元；其他输出 5811 人次，占全年劳务输出的 50.3%，实现收入 1167.48 万元。

【乡镇企业保持健康发展】2007 年，全县乡镇企业实现总产值 2780 万元，同比增长 8.21%；营业收入实现 1184 万元，上缴税额达 404 万元；全年实现从业人员 320 余人，实现劳动者报酬 321 万元；多种经营实现总收入 3980 万元，纯收入 2667 万元，同比增长 8.4%。

【社会各项事业协调发展】教育工作成效显著。全年教育投入资金达 510 万元，其中曲松县财政投入 220 万元，用于中小学校规范化建设，极大地提高了曲松县教育基础设施的硬件水平，并坚持公共教育资源向农牧区倾斜，优先安排基础条件差的学校改造，逐步缩小了城乡教育发展差距。2007 年共整合教学点 5 个，并在 5 月份，曲松县的“普九”工作顺利地通过了自治区第三年复查。

医疗卫生事业稳步发展。全县新型合作医疗覆盖率达到 100%。三乡两镇卫生院建设工程全部完工并投入使用，农牧民看病难问题得到了有效解决。地方病、传染病防治取得重要进展。农牧区“一孩双女”困难家庭扶助制度全面实施，人口和优生优育工作得到加强。

文化广播事业发展较快。制定并下发了《曲松县非物质文化遗产普查工作方案》，成立了非物质文化遗产普查工作组领导小组，非物质文化遗产保护工作顺利开展。2007 年，向自治区报国家级非物质文化遗产项目 4 个，最终自治区通过审批 1 个并向国家文化部进行了申报；其它类非物质文化遗产初步普查约 50 余个。同时，进一步加快推进农牧区广播电视“村村通”工程、农村电影“2131”工程，不断丰富农牧民的文化生活。全年在各乡镇播放电影 391 余场次，观众达到万余人；送电影进学校、进寺庙、进驻军部队达 20 余场次，观众达 1000 余人。

扎实做好社会保障工作。农村低保工作方面，2007 年共为 385 户 1762 人农村低保对象共发放生活补助 30.72 万余元；城市居民最低生活保障工作方面，按照“应保尽保、应退尽退”的原则，曲松县低保对象共有 52 户 68 人，共发放低保金达 12 余万元；在五保户供养方面，全县五保户供养对象 225 户 225 人，其中分散供养 206 户 206 人，集中供养 19 户 19 人。根据每人每年发放生活补助费 1500 元、病故后解决安葬费 300 元的标准，都予以了落实。2007 年初对 225 户五保户进行了慰问，共计发放慰问金 2.99 万元。

【援藏工作】十多年来，孝感市共援助资金、物资达 1608 万元，援建项目近 37 个，涵括城建、教育、文化、广播电视、卫生、交通、公检法、基础设施、人才培训与引进等多个方面和领域。这些援建的项目，有力地促进了曲松县经济社会的发展和基础设施的改善，解决了一些急需解决的问题，成为标志性工程、民心工程、德政工程。十多年来，孝感派出技术人员来曲松工作和接纳曲松县干部、技术人员到孝感挂职锻炼，分别为 63 人和 26 人。十多年来，孝感与山南和曲松往来不断，交往频繁。孝感市共派出 5 批 45 人次的赴藏考察团到山南、到曲松考察援藏工作，慰问援藏干部，了解藏民族地区经济社会发展情况。曲松县先后组织 3 批 40 人次的代表团赴孝感市汇报援藏工作，学习内地先进经验。通过互访，两地加深了了解，增进了感情，

2007 年 7 月，湖北省孝感市圆满完成了对曲松的援藏工作。湖北省对曲松县的援藏工作调整后，同年 7 月，第五批（黄石市第一批）援藏干部进驻曲松县，开始了为期三年的新一轮援藏工作。为切实做好黄石市第一批援藏工作(湖北省第五批援藏工作)，进一步发挥对口支援作用，用好用活援藏项目资金，全面推进包括人力、财力、物力、智力援藏在内的全方位援藏工作不断向纵深发展，为此，在广泛征求意见、集思广益的基础上，初步编制了黄石三年的援藏项目总体方案，进一步明确了目标任务。本次编制项目共计 15 个，计划投资 5361 万元。其中援藏资金 1000 万元、向上争取及对外引进资金 4361 万元。涵盖了新农村建设、农牧产业化发展、教育、文化、卫生、市政设施等各个方面。

【领导名录】
县委书记：万忠鑫（第四批援藏干部）
县委书记：徐继祥（第五批援藏干部、现任）
县长：拉宗卓玛
人大主任：扎西占堆
检察院检察长：张军
法院院长：多吉

加查县

【基本县情】加查县位于西藏自治区东南部，分布于雅鲁藏布江中游南北两岸，属多河流峡谷地带，系山南地区的东大门，东与朗县交界，北与工布江达县接壤，西与桑日、曲松两县相连，南与隆子县毗邻，地势西高东低，东西跨度 88.2 公里，南北距离 102.2 公里。全县平均海拔为 4000 米左右，属高原温带半湿润半干旱气候，是一个以农业为主、农牧并举的农业县。全县国土面积 4646 平方公里，森林覆盖面积 9333 公顷，草场面积 12000 公顷，耕地面积 1600 公顷。S306 省道东西向横贯县境，顺省道西行，距山南地区行署所在地泽当镇 160 公里，距自治区首府拉萨市 360 公里。全县辖 2 镇 5 乡，88 个村民委员会，2007 年全县总人口 5078 户 18746 人，其中农村人口 4503 户 17411 人。

【年度特点】2007 年，加查县紧紧围绕“一个中心、两件大事、三个确保”新时期西藏工作指导方针，紧紧抓住发展这个第一要务，按照“一产上水平、二产抓重点、三产大发展”的要求，认真落实科学发展观，结合加查实际，不断调整和完善发展思路，狠抓自治区党委、政府和山南地委、行署各项重大决策和工作部署的落实，全县经济社会发展取得了显著成绩，是经济发展较快、经济效益较好的一年。

【国民经济稳步增长】2007 年，全县生产总值完成 1.5 亿，增长 15.4%。全社会固定资产投资完成 23982 万元，增长 81.79%；社会消费品零售总额完成 4025 万元，增长 4.46%；县级财政收入实现 515 万元，增长 11.96%；农牧民人均纯收入达 3078 元，增长 17%，其中现金收入达 2098 元，占人均纯收入的 68.16%。

【农牧区经济发展呈现良好态势】农业方面：全县继续调整农业结构，农作物播种面积达到 1617 公顷，增长 8.84%，粮食产量达到 7702 吨、油菜产量达到 268 吨、蔬菜产量达到 3642 吨、青饲料产量达到 1874 吨，粮经饲种植比例调整为 63:29:8。牧业方面：全年新生仔畜 1.16 万头（匹、只），成活率 96.6%；成畜死亡率控制在 1.5%以内；年末牲畜存栏数为 8 万头（匹、只），牲畜出栏率达到 30.9%，农畜产品综合商品率达到 55%，

增长2.27%；肉类产量达到1739吨，增长12%；奶类产量达到4861吨，增长0.5%。抓好以高致病性禽流感、牲畜五号病为主的重大疫情防治工作，实现了全年无疫情发生。林业方面：全年植树造林面积完成200公顷，增长4%，突出植树造林、工程造林、封山育林、退耕还林、核桃种植等重点，通过退耕还林、林间间作发展本地优质核桃10公顷4950株，2007年核桃产量达到162.18吨，同比增长了3.56%，产值达到195万元，增长2.5%。桃子、苹果、梨和花椒的产量也有所增长。

【新农村建设扎实推进】积极实施好整乡推进扶贫项目试点建设，不断增强贫困农牧民自我发展能力。顺利完成了区、地两级下达892户3079人的安居工程任务和12个村级组织活动场所主体建设，全县新农村建设安居工程贷款1125万元。实施75.2万元的游牧民定居综合配套项目，新建暖棚暖圈7520平方米，受益131户。全年农牧民贷款4010户，发放各类贷款证3800张，发证面达94.76%，使用率达92.96%。城乡环境建设工作稳步推进，城乡面貌在不断发生变化，农牧民生活水平有了新的提高。

【项目投资拉动作用明显增强】全年项目建设继续以交通、能源、通讯、水利等作为重点，不断加大争取和实施力度，进一步缓解了加查县国民经济和社会发展的瓶颈制约，增强了发展后劲。共实施建设项目46个，完成投资23982万元，增长81.8%。交通方面，重点实施了通村道路的建设，全县建制村的通路率达到79.55%。同时加大了桑日至加查油路的汇报衔接工作；水利方面，实施了两个批次的农村饮水安全工程，解决了516户2979人的饮水问题，加大了水渠、水塘等农田水利设施的维修与管理，改善了农田灌溉的条件；能源方面，实施了洛林西贡电站低压线路配套工程，解决305户1109人的生产生活用电问题。实施了拉绥乡康沙顶村和苏夏村输电线路延伸工程，使拉绥乡在全县范围内率先实现了村村通电的目标。完成了县水电站的改造工程。藏木水电站前期工作加紧进行。

【非公有制经济稳步发展】2007年注册农牧民施工队4家，农牧民建筑有限责任公司2家，建筑采石队1家，从业人员155人，注册资产总额达1241.6万元。截止年底，全县共登记注册个体工商户391户，从业人员812人，注册资金484.57万元。

【社会事业得到全面发展】教育方面：按照“机构不撤，班子不散，人员不减”的要求，在学校硬件设施建设、职教基地建设、控流防辍保学、现代远程教育、师资队伍建设等方面加大工作力度，顺利通过自治区“普九”复查中期评估验收。同时，在全县范围内推行了县内教师定期轮换支教制度等，对提高教育教学质量进行了积极探索。文化方面：开展了文明乡（镇）、文明单位、文明村、文明户创建活动和科技、文化、卫生、法律“四下乡”活动。广泛开展了军警民共建活动，推进了“双拥”工作。深化了“青年文明号”创建活动，倡导了行业新风尚，弘扬了时代精神。加强文化市场监管，积极筹措资金加强村级文化室和县城综合文化活动中心建设。抓好“村村通”设备维护和安全运行工作，积极开展电影进乡村、进寺庙、进学校活动，累计放映电影1815场次。卫生方面：认真落实农牧区免费医疗管理和“一孩、双女”困难家庭扶助政策，农牧民参加农牧区医疗管理制度人数达到17050人，参加率为98.8%，农牧区“一孩、双女”困难家庭扶助对象达到174户193人。通过联合国儿童基金会妇幼卫生合作项目的带动，加强了农牧区卫生监督执法检查和以降低孕产妇和婴儿死亡率为重点的妇幼保健工作，强化了免疫接种和传染病监测工作。社会保障工作：加大了养老、失业、医疗、工伤、生育等五个社会保险险种的基金统筹和基金清缴力度，完成了14个公益性岗位的开发和“零就业家庭”的摸底统计，加强了城镇失业人员和农牧民的培训工作，城镇登记失业率控制在4.3%以内。加强了建筑领域“双拖欠”的调查与调解力度，有效保障了广大农民工的合法权益。社会救济救助工作：加强救灾救济体系建设，农村低保工作全面展开，对城镇最低生活保障对象、五保户、残疾人和医疗救助对象进行调查核实，积极落实支农、惠农政策，为年内新增122户五保户支付12.81万元，妥善解决了他们生产生活中的困难。2007年加查县累计发放了医疗救助、救灾、救济、优抚、城镇低保等社会救济、救助款项249.7万元。

【援藏工作顺利交接】2007年7月，湖北省荆州市第四批援藏干部圆满完成对口支援加查的任务，对口支援加查的“接力棒”顺利交给宜昌市，湖北省宜昌市第五批援藏干部经深入调研，科学制定了“三三四五”的发展思路（即：实施三大战略、发展四大产业、建设五大基地、实现五大目标，大力实施科技兴县、项目带动和结构调整战略，大力发展特色农林牧业、生态文化旅游业、特有矿产业和优势水电业，着力建设全区优质核桃、珍稀药材、绿色副食品生产、水电能源和基础建材基地），全面拉开了湖北省宜昌市对口支援加查县援藏工作的序幕。

【存在的问题】一是发展水平不够高。与邻近兄弟县相比，加查县的发展还较为落后。2007年，加查县人均GDP还不到1万元，曲松县、桑日县两县人均GDP均达到1.2万元以上，与全区人均GDP1.2万元也有很大差距，压力还很大。二是发展后劲不够足。水、电、路、电讯、能源等基础设施建设，还不能适应全县经济社会发展的要求。全县丰富的自然资源、矿产资源和水电资源，还没有得到科学、有效的开发利用，独特的资源优势尚未形成应有的产业优势和经济优势。三是发展氛围不够浓。部分干部群众对如何增收致富点子不够多、办法不够活、市场经济意识不强，部分群众还存在比较严重的等、靠、要思想和小富即安思想。对外开放力度不够大，在培植新的经济增长点上思路和工作方法需要进一步创新。

【领导名录】

县委书记：石显银

人大主任：邓世杰

县长：贡觉多吉

县委副书记：吾根单增

隆子县

【基本县情】隆子县位于西藏南部，山南地区中偏北，喜马拉雅山东段北麓。全县境域面积10565.76平方公里（实控面积8165平方公里），辖两镇九乡，86个村（居）委会，境内居住有藏、珞巴、汉、回等民族，全县人口33465人，其中藏族占99%以上。

【经济发展情况】2007年，隆子县全县完成生产总值16461万元、县本级财政收入461万元、固定资产投资23626万元、社会消费品零售总额3024万元、农牧民人均纯收入2803元，分别比2006年增长17%、15%、23.7%、17%和19.6%。

【第一产业稳步发展】实现产值3284万元，比2006年增长3.4%。全县耕地面积3233公顷，粮、经、饲比例调整为60:25:15。推广山冬6号、藏青320等优质品种800公顷，种子精选率达95%、包衣率达96%。争取投资149万元，加强了农田水利基础设施建设。投资773万元，基本完成了中低产田改造、人工种草、人才培训、水渠建设等农业综合开发项目，农牧业综合生产能力显著提高；全面完成了热荣乡天然草场围栏及暖圈建设，热荣、雪沙扶贫安居工程等建设任务，兑现民工工资70万元，项目区群众年人均增收520元。完成投资200万元扎实推进黄改工作，扶持黄改饲养户520户，实施黄改整村推进15个村，增设4个黄改点，新增人工种草面积427公顷，新增改良黄牛2600头，出售改良黄牛562头，平均售价2300元，共创收129.26万元，并成功举办了全区黄改现场会。2007年粮食产量14755吨，同比下降6.2%，油菜籽产量748吨，同比增长10.3%，肉类产量1899吨，同比下降0.9%、奶类产量4098吨，同比增长4.3%。牲畜出栏率达33.55%，同比增长1.7%。

【第二产业发展迅速】实现产值7630万元，比2006年增长15.5%。招商引资完成投资2755万元。西藏华钰公司实现产值4210万元，上缴税收537.15万元。编织完成藏毯成品175件，产量达7216.61平方英尺，创收10.5万元。乡镇企业完成产值1602万元、多种经营收入达5701万元，分别比2006年增长14.2%和7.5%。第二产业拉动全县经济发展的作用明显增强。

【第三产业发展势头良好】实现产值5547万元，比2006年增长16.1%。全县个体工商户563户、从业人员713人，注册资金396.9万元，比2006年有一定幅度增长。移动通讯营业收入达230万元，增长35%。电信营业收入达290万元，增长12%。以交通运输、批发零售、餐饮、住宿为主的第三产业发展势头良好。2007年社会消费品零售总额完成3148.47万元，同比增长17%。

【社会事业长足发展，各项惠民政策进一步落实】坚持优先发展教育。争取资金152.5万元，对县中学及部分完小进行改扩建。争取资金120万元，建设了县中心幼儿园。全县专任教师学历合格率达100%。通过了自治区“两基”最后一次验收复查，小学适龄儿童入学率达99.9%，初中入学率达97.4%。加强了农牧区医疗制度专项经费管理，2007年农牧区医疗制度经费323.42万元，其中县级配套资金6.47万元。为985人报销大病统筹金160.3万元。五种基础疫苗和脊髓灰质炎强化免疫率均达97%以上。395人享受农牧区“一孩双女”户困难家庭奖励扶助制度，兑现资金23.7万元。实施农牧区计划生育免费服务485例，免费金额3.85万元。全县人口自然增长率为4.7‰。文化事业不断发展，广播的人口覆盖率达79%，比上年提高16个百分点。完成电影“2131”工程放映任务1920场，观众达27.2万人次。加玉道歌、珞巴服饰2个项目正在积极申报国家非物质文化遗产名录。仲嘎曲德寺、日当寺被确定为第四批自治区级文物保护单位。

把扩大就业作为改善民生的根本，多渠道促进城镇失业人员和农牧区剩余劳动力转移就业。85名城镇失业人员实现就业，农牧区劳动力向矿山、沙石开采等领域转移就业540人。调查处理劳资纠纷案件13起，为269名民工追回劳动报酬近60万元。“五金”征缴率达100%。城镇居民医疗保险工作顺利铺开，全县403名城镇居民参保，县本级财政补贴资金0.8万元，个人缴费1.467万元。为全县50名离退休人员发放养老保险金、各种增资补发157.4万元。报销干部职工住院医疗费16.03万元。报销生育保险金5162元。

2007年落实城镇居民最低生活保障金28.72万元。兑现医疗救助金8.2万元，81名农牧民和城镇居民得到医疗救助。全县80%符合农村低保条件的农牧民1944户4470人享受农村低保政策，兑现低保金75.8万元。兑现2006年度寿星老人健康补助费5.46万元。落实214名五保户的生活补助32.1万元。落实208名“三老”人员生活补贴29.37万元。发放救济口粮折款39.69万元，1251人得到救助。落实资金1.99万元临时救助16人。

【获奖情况】隆子县2007年荣获“全国双拥模范县”。

曲珍2007年荣获全国妇联系统信访先进工作者

付成聪2007年荣获自治区消防志愿者精英称号

格桑平措2007年荣获全区检察系统先进个人

达瓦2007年荣获自治区中小学名教师称号

索朗朗杰2007年荣获自治区中小学骨干教师

达娃扎西2007年荣获全区“三好学生”称号

【领导名录】
县委书记：华学健
县长：洛桑平措

错那县

【基本县情】错那县位于西藏自治区南部，喜玛拉雅山脉东南，东接印占洛隅地区，西邻不丹，南与印度接壤，是西藏自治区重要的边境县之一。全县总面积34979平方公里（包括印占“麦克马洪线”以南的门隅地区)，现实际控制面积 10094 平方公里。县城距拉萨 418 公里，距行署所在地泽当 220 公里。全县辖1镇1处9乡23个行政村、2个居委会、55个村民小组，居住着藏、汉、门巴、回等民族，截止2007年年底，全县总人口 14892 人。错那县是一个以农牧业为主要产业的半农半牧县，也是一个经济欠发达、农牧民生活水平不高的贫困县。全县现有耕地面积1473公顷，草场面积353333公顷，森林面积24400公顷。农作物主要有青稞、小麦、荞麦、豌豆等，经济作物主要有油菜籽。牲畜主要有牦牛、黄牛、绵羊、山羊、马、猪等。

【经济社会发展】2007 年，错那县国内生产总值完成 1.14 亿元，比上年增长18%；农村经济总收入6384.04万元，比上年增长10.4%；财政收入完成347万元，比上年增长12%；农牧民人均纯收入达到2460 元，比上年增长 21.9%；固定资产投资完成9838万元，其中国家投资5102万元。此外，党的建设、社会稳定、精神文明建设等各项工作均取得新成绩，部分工作实现了新的突破。

【抓产业，促进县域经济又好又快发展】围绕“一产上水平”的要求，扎实抓好农牧业工作。农业方面，2007 年全县共完成粮播面积1495公顷，经济作物面积227公顷；青饲作物面积280公顷，粮食总产量达 4265.85 吨。牧业方面，扎实开展了草场承包工作和畜种改良，全年牲畜存栏数为 123998(匹、只)，比上年增加了 9.9%；新生仔畜 38426 头(只、匹)，成活 33738 头(只、匹)，仔畜成活率达87.8%，比2006年增加了 5.2%；成畜死亡 3472 头(只、匹)，死亡率为2.8%，达到了年初制定的3%的目标；牲畜出栏数为 25063 头(匹、只)，比上年略有下降。同时，为切实做大做强错那县藏猪、藏鸡产业和特色种植业，错那县在贡日和麻玛两乡建立了野猪杂交与繁殖示范基地，在觉拉乡扎洞村建起了藏鸡联户养殖示范村，并在勒布和错那镇新建了大棚温室20座。

围绕“二产抓重点”的要求，大力发展优势产业。为加快错那县第二产业的发展，2007 年错那县在大力扶持现有企业的基础上，结合实际，重点在发展特色优势资源上做文章。一是继续加强了对勒布茶厂的管理，茶叶产业经济健康发展；二是建立了麻玛乡蕨菜加工厂，对勒布的蕨菜进行初步开发；三是农电公司及乡镇电站完成发电量 1050KW/小时，实现产值201万元，比上年增长26%；四是县木材加工厂实现产值15.6万元；五是竹器社完成产值12万元，比上年增长了33.3%。在矿产业方面，积极做好优势矿产业的勘探和开发工作，目前已有11 家符合条件的企业进驻到错那进行矿产的勘探和开发。在民族手工业方面，错那县通过政策、技术、资金等扶持措施，进一步整合资源，使错那县具有特色的民族手工业有了较快的发展。

围绕“三产大发展”的要求，加快发展旅游业和服务业。青藏铁路的健康运行，为错那县发展第三产业带来了巨大的机遇。在旅游业方面，目前错那县已基本完成了旅游业发展前期规划工作，并完成了各主要旅游景点、交叉路口的景点标识、标牌及垃圾箱设置工作，初步树立起了旅游景点的良好形象。同时，由县政府出资 8.8 万元制作了风光宣传碟5000张、风光宣传册3000本，并组织人员参加了长沙和昆明的旅游节对错那县的旅游进行了积极的推介，起到了较好的宣传效果。虽然错那县的旅游市场还没有正式对外开放，但在 2007年“五·一”黄金周期间，各旅游景点共接待区内游客 412 人次，实现旅游收入10.3万元。在服务业方面，错那县通过放宽市场准入，拓宽行业领域，强化服务等一系列措施，积极推进其健康地发展。目前，全县登记的从事服务业的个体户达304家，注册资金达2255.2万元，2007年实现服务业税收12.32万元。

【抓增收，多渠道增加农牧民收入】2007年，错那县把增加农牧民收入摆在更加突出的位置来抓，力争使农牧民人均收入年末达到预期目标。为此，错那县主要采取了以下措施：1.健全机构，加强领导，使增收工作落到实处。“两级”经济工作会议结束后，在春节前夕，错那县召开了农牧民增收工作专题会议，并成立了由县长任组长、一名副县长专管，各乡镇、县有关部门为成员的农牧民增收工作小组，专门负责农牧民增收方面的工作，加强对农牧民增收的组织领导，协调各类关系，齐心协力把农牧民增收工作搞好。2.优化结构，促进增收。推进农牧业结构调整，坚持“稳粮、增收、调结构”的原则，以资源为依托、以质量为重点、以市场为导向、以流通为突破口，在保证农牧民自给自足的前提下，帮助群众克服“惜杀”、“惜售”的思想意识，提高牲畜的出栏率和商品率，最大程度的实现农牧民群众的现金收入。3.把劳务输出工作作为增加农牧民收入的重头戏来抓。错那县紧紧抓住项目建设、民房改造等契机，切实做好劳务输出工作，积极引导农牧民参与民房改造、水利设施、乡村公路等项目建设，使农牧民群众的现金收入有明显提高。4.结合错那实际，发展特色产业，以此增加收入。错那县通过扶持、培训、宣传等措施，有规模的发展卡达乡的藏刀、酥油桶，勒布的木碗、竹编制品等民族手工业品，使群众的收入得到明显提高。5.组建农牧民施工队、砂石料场和采石队等。6.落实惠民政策促增收。继续巩固农牧区税费改革成果，认真落实好粮农直接补贴、良种补贴、生态效益补偿金等，切实减轻农牧民负担。

【抓安居工程，推进社会主义新农村建设】2007 年，错那县把安居工程的工作重点放在危房、旧房、贫困户和五保户住房的改建和新修工作上。为完成地区为错那县下达的 600 户的建房指标，截止2007年年底，全县保质保量地圆满完成了地区下达的600户的建房指标。

【抓全面，促进社会各项事业全面发展】一是进一步加大教育工作的力度。坚持把教育放在优先发展的战略地位，巩固“普九”和“两基”成果，全县适龄儿童入学率和巩固率均保持在 100%，辍学率控制在零的目标上。同时利用中学职教班的优势，鼓励农牧区的青少年到职教班参加技能培训，提高其自身素质和能力。二是加快发展卫生事业。继续推进农牧区合作医疗制度改革，加强合作医疗费用管理，发挥好乡镇卫生院的作用，让农牧民群众有病能治、治病有药，看得起病。目前，全县10个乡镇已建立了卫生院，进一步缓解了农牧区群众看病难的问题；乡村医生、兽医的待遇由原来的每月30元提高到了120元，农村合作医疗参保率达到了100%。三是着力发展文化事业。“西新工程”、“2131工程”和广播电视“村村通”工程进展顺利。目前全县共建立各类广播电视站点65个，覆盖了全县25个行政村和33个自然村，覆盖率达100%。全县建立了1个县综合文化活动中心及9个乡镇的文化站，进一步丰富了农牧区群众的精神文化生活。四是加快碘盐食用和推广力度，目前全县人民都食用到了安全的碘盐。五是进一步健全完善就业和社会保障、救助体系。2007年共发放农村特困群众生活救助金69万元，救助3333人；发放农村医疗救助金7万元，救助57人；发放城镇居民最低生活保障金23万元，救助73户108人；发放自然灾害救济金75万元，救济人数2828人。

【存在的困难和问题】在肯定成绩的同时，错那县也清醒的看到，当前错那县在经济和社会发展中还存在不少亟待解决的问题：经济结构不合理，财政增收困难，招商引资还没取得实质性突破，经济发展环境还有待进一步改善，维护社会稳定的压力较大。

【领导名录】
县委书记：李晓清
人大主任：中次仁
县长：松嘎

措美县

【基本县情】措美藏语意为“湖之下游”。位于山南地区南部，距拉萨约330公里，离泽当130公里，东与隆子、错那县交界，南与洛扎县相连，西与浪卡子县接壤，北与乃东、琼结、扎囊三县毗邻。县境东西长103公里，南北宽85公里，总面积4550平方公里。县境山脉连绵起伏，山间河溪交错，地势东北高，西南低，平均海拔4500米，相对高差3511米，最高海拔6777米，最低海拔3266米左右。

县政府驻措美镇当许村，全县辖2乡2镇、16个村（居）民委员会，91个自然村，全县共有3949户14341人。共有各类学校26所，其中初中1所，乡镇完小5所，教学点19个，幼儿园1所，全县在校生共有2179人，其中初中生615人，小学生1527人，幼儿园学生37人；小学入学率100%、初中入学率96.89%。

措美县以牧业为主、农业兼营的牧业县。农业上，现有耕地990公顷，主要以种植青稞、冬小麦、油菜、豌豆等为主，一年一熟，农业耕作方式粗放，粮食产量偏低。牧业上，以养殖牦牛、绵羊等为主，现有牲畜总头数216821头（只），其中大畜42500头，小畜174321只。矿产资源丰富，主要有砂金、锑矿、铅锌矿等，现已开采的矿产资源以锑矿为主。境内人文资源丰富，古刹庙宇较多。

【经济发展情况】2007年，措美县生产总值完成8443.27万元，同比增长13.5%，其中，一、二、三产增加值分别为1657.7万元、2797.76万元和3987.81万元，同比分别增长10%、12%和16.13%。固定资产投资完成8000万元，落实在建项目24个。完成财政收入380万元，同比增长14.8%，税收250万元，同比增长15%。人均纯收入2416元，同比增长13.37%。

【突出结构抓调整，产业结构进一步优化】大力推广优质黑青稞和蔬菜等经济作物，做好良种推广及中低产田改造工作。2007年共完成播种面积985公顷。粮经饲比例由2006年的77:19:4调整为2007年的74:19.6:6.4。牧业上，继续做好牦牛改良和白绒山羊的引进繁育，良种白绒山羊已发展到5102只，通过国际小母牛项目已发展优质母牛638头，短期育肥项目12000只全部完成，为农牧民创收360万元，农牧业结构得到全面调整和优化。

【基础设施进一步完备，固定资产投资持续增长】国家投资、对口帮扶单位和安徽援助力度进一步加大，基础设施进一步完备，经济自我造血能力进一步提高。2007年共完成固定资产投资8000万元，落实在建项目24个。农网改造、农牧区卫生设施建设、县干部职工周转房、“两院”项目、当次公路等全部完工，县公安局办公楼已开工建设，通县油路已正式实施。同时，圆满完成了援藏交替轮换，并初步确定了第三批援藏项目。

【狠抓特色产业发展，藏獒养殖、矿产品开发初具规模】2007年，措美县委、县政府狠抓藏獒品种保护、疫病防治和规模养殖工作，在全区藏獒市场价格低迷的情况下，全年出售藏獒304只，收入130.79万元，逐步形成了以“公司+农户”集中养殖为主体的藏獒规模养殖格局。矿产品方面，注重资源开发与环境保护并重，合理开发各类矿产品资源，初步迈向了规范、科学、合理的开发道路。旅游业初步发展，哲古草原和哲古湖旅游开发项目已列入重要议事日程，逐步形成以开发哲古湖和哲古草原为中心，涵盖毛吾角寺、扎扎服饰、“拉萨朵仁祭坛”等人文资源为主的旅游开发新思路。

【社会主义新农村建设稳步推进】2007年，措美县采取多项措施解决群众增收难题。一是加大科技投入，使农牧业增产增效；二是通过“乐业”进一步鼓了群众的钱袋子，不断增强群众务工技能，先后培训农牧民7期550人，劳务输出6834人次，创收1508.2万元，人均纯收入2531元；三是鼓励农牧区剩余劳动力向非农产业转移，从事运输、娱乐、餐饮等行业，拓宽致富门路。另外，2007年全县完成总投资3363.86万元用于安居工程建设，顺利完成523户建设任务，重点解决了465户弱势群体的建房问题，受益人口达2104人。

【社会各项事业全面进步】2007年，措美县突出抓好安全生产工作，全年未发生一起安全生产事故。加大了清欠农民工工资和征用土地补偿的力度，妥善处理人民群众来信来访，公共服务能力得到了全面加强。教育基础设施投入进一步加大，教学质量不断提高，教育事业稳步持续发展。医疗卫生、计生事业健康发展。农牧民全部参加了免费合作医疗。就业和再就业工作进展顺利，完成了政府购买公益性岗位工作。进一步扩大了“村村通”成果，广播电视覆盖率分别达到73.4%和84.36%，县城电视频道大大增加，极大地丰富了广大干部群众的业余文化生活。

洛扎县

【基本县情】洛扎县地处喜马拉雅山南麓，西南与不丹王国接壤，东南与措美县相邻，北面与浪卡子县连接，平均海拔3820米，总面积5031平方公里，耕地面积1933公顷，草场面积222160公顷，总人口1.8万人，其中农村人口4592户16989人，有边境乡镇6个，边境村（居)民委员会21个，边境乡镇人口3513户，12556人，占全县总人口的68%。

【全县经济社会发展状况】2007年洛扎县生产总值达到9947万元，同比增长10.9%；粮食总产量达9435吨，油菜籽总产量达678吨；农牧民人均纯收入达3032元，比2006年增长21.7%，其中现金收入达1830元，占人均纯收入的60%；县级财政收入完成461万元，比2006年增长12.2%；社会消费品零售总额达到1620万元，比2006增长12.6%；固定资产投资累计完成6083万元。

【稳定粮畜数量的前提下，加大产业结构调整】从外区县引进山冬6号及藏青320号种子，推广到扎日乡、洛扎镇、色乡等乡镇；又先后投资近80万元，加大暖圈、草场网围栏以及牧民定居点建设，不断提高母幼畜成活率和草场亩载畜量。在稳定粮食和牲畜数量的前提下，进一步加大农业产业调整力度，扩大经济作物种植面积，2007年油菜种植面积达228公顷，比上一年增加了26公顷，蔬菜种植面积59公顷，比上一年增加了7公顷；边巴乡、洛扎镇的家庭种植养殖业也初具规模，其中藏鸡3450只，藏猪216头；拉康镇辣椒、大蒜成片试点种植也取得成功。

【群众增收工作方面】一是在稳定县内劳务输出数量的基础上，加大对县外劳务输出的数量，据统计，2007年全县劳务输出达10255人（次)，其中县外劳务输出9432人（次)，创收1610万元，分别比2006年增加了21.97%、22.7%、21.97%；二是加强各方面的协调，凡是农牧民群众能够承担的建设项目，大胆地交给当地群众，增加他们的收入。县政府把交通局、扶贫办、民宗局等部门的一些项目直接交由农牧民群众施工，工程项目20余个、总投资1500余万元，群众直接创收300余万元，工程建设真正实现了直接惠民利民。三是发挥各级各部门的服务职能，提高采集业收入，虫草等药材采挖一直是洛扎县色乡、扎日乡等边境乡镇群众收入大头，2007年仅虫草采挖一项，就创收2000多万元。四是各乡镇充分发挥资源优势，积极上马一批见效快的项目，变资源优势为商品优势，如投资36.5万元的洛扎镇次麦居委会采石场，仅2007年一年就为全村群众创收21万元，人均增收950元，村集体增收30万元。

【安居工程建设】2007年完成安居工程建设500户，受益群众1640人，工程建设总投入2712万元，另外，按照新农村建设标准，投资121万元完成了4个村委会基础设施配套建设任务，投入资金9万元完成了300户改厕。为调动广大农牧民群众参与安居工程建设的热情，在财政紧张的情况下，先后出资61.35万元，为2006、2007年新建的1200余户群众返还了木料资源费，并给工程验收合格的800余户群众提前兑付了预留金300余万元。

【继续加大争取国家投资力度，发挥项目拉动作用】2007年共落实新建和续建项目40个，完成投资6083万元，一批关系群众切身利益的交通项目、人饮工程项目、能源项目、市政建设、县乡周转房、会议中心等项目的建成并投入使用，充分发挥了项目拉动经济发展的作用。进一步加强项目建设管理工作，严格落实项目建设“五制”，建立严格的稽查、检查、通报、整改和上报制度。同时，十分注重项目建设中的环境保护工作，修整和暂缓了部分对当地环境可能造成影响的项目。

【援藏工作】2007年中粮集团第二、三批援藏干部轮换后，第三批援藏干部认真结合洛扎实际，及时理清工作思路，将援藏项目的重点放在了改善基层农牧民生产生活条件和增加农牧民收入上，多渠道夯实基层基础工作，共投入援藏资金200多万元用于改善基层基础设施建设，为洛扎县的经济跨越式发展奠定了坚实的基础。

【社会事业全面发展】进一步加大控辍保学工作力度，不断提升适龄儿童入学率和初高中入学率，目前全县正常适龄儿童入学率和初中入学率分别达100%和98.9%，高中录取率达100%（含职业高中录取者）；全县青壮年文盲脱盲率达98.7%；认真做好文物保护和非物质文化遗产保护工作，2006年洛扎县拉隆寺、体吉寺等5个单位被列为自治区级文物保护单位；还抽派精干人员，对“鲁古拉姆”藏戏等6项重点普查内容进行了普查和申报，为有效开展非物质文化遗产保护工作奠定了基础；加强了对免费医疗经费的管理和使用的监管力度，保证了农牧区新型农牧区医疗制度改革稳步健康推进；全县社会保障体系进一步完善，截至2006年年底，全县列入城镇低保130户、169人，农村低保的共981户1705人，五保户174户174人，享受健康补贴的寿星老人92名，全年共落实各类保障资金近169.82万元，基本实现了应保尽保；并通过政府购买公益性岗位，解决了12名群众的就业问题。

【领导名录】

县委书记、县人大主任:嘎玛旦巴

县委副书记、县长:安丰年

（供稿：胡立波）

浪卡子县

【基本县情】浪卡子是藏语音译，意思为“白色鼻尖”，因其建在酷似鼻子的琼子山下而得名。位于西藏自治区西南部，地处喜马拉雅山中段北鹿，是前后藏交界地，东与措美、扎囊、贡嘎交接；南与洛扎县和不丹王国接壤，边境线长25公里；西与日喀则地区的江孜、康玛、仁布三县为邻；北与拉萨市的尼木、曲水隔江相望。县城距拉萨164公里，距泽当217公里，距江孜90公里，距离最长的张达乡158公里。全县平均海拔4500米，全县面积8500平方公里，水域面积1054平方公里，草场面积453333公顷，总耕地面积2500公顷。全县辖两镇八乡，110个村（居）委会，6604户，总人口34306人，其中：农牧业人口32443人。羊卓雍湖镶嵌于县境中央，沙金矿、高原裸鱼、各种野生动植物及风、热、光等自然资源相当丰富。全县气候寒冷，水源充沛，牧草较丰，属以牧业为主，农牧并举的高寒牧业大县。县境内共大小湖泊5个：羊卓雍湖、普莫雍湖、空母措、沉措、巴纠措。其中，羊卓雍措和普莫雍措是西藏“四大圣湖”之一，湖面积为638平方公里，水深30---40米，最深处达60米，湖内分布大小岛屿15个。

浪卡子县属亚寒带高原气候，其主要气候特征是：日照时间长，太阳辐射强，热量水平低，干湿季节明显，降水量相对偏少。县境内有较高品位的矿产资源，如：铜矿、沙金矿、岩金矿、铁矿、水晶、泥炭等。

【县域经济明显提速】2007年浪卡子县生产总值完成1.54亿元，比上年增长21%；县级财政收入完成380万元，比上年增长11%；农牧民人均纯收入达2588元，比上年增长21%；固定资产投资完成1.3亿元，比上年增长18%，其中，民间投资完成5400万元，全县社会消费品零售总额达3432万元，比上年增长10%。

【经济结构进一步优化，运行质量明显提高】全县三大产业分别完成3388万元、3780万元和8142万元，三次产业结构从2006年的19:39: 42调整为22:25:53。农业内部结构调整稳步推进，粮经饲比重由2006年的78:11:11调整为76:11:13，全面落实粮农直补政策，合理安排支农资金，积极引进藏青690和昆仑12号在两乡镇试种，粮食总产量达1520万斤，油菜籽总产量124万斤；坚持“两增两减”原则，着力实施“六大基地”建设，强化牲畜疫病防治，努力推进了“牧业大县”的进程，2007年全县年末牲畜存栏数达385278头(只、匹)，其中适龄母畜177437头（只、匹），仔畜成活率达78%，成畜死亡率控制在1.9%以内，牲畜出栏123052头（只、匹）左右，出栏率达24.71%；其中：短期育肥出栏15900只，纯创收147.87万元，农牧民人均增收达244元。全县乡镇企业发展到5家，总收入达2355万元，比2006年增长119万元，增长率达5.3%；劳务输出9846人（次），创收3745.99万元，比2006年增长332万元，增长率达10.48%；浪卡子镇地毯厂顺利搬迁，苏改企业改扩建全部竣工，工布学第二卡垫厂新建项目前期工作扎实推进，甜奶渣加工协会、采石协会等新兴农村合作组织初见成效；旅游从业人数达200余人，接待国内外游客21.6万人（次），实现旅游收入78万元。同时，与西藏珠穆朗玛公司签订为期30年的旅游开发合同，将为县财政创收1.5亿元，基础建设部分将在3—8年内投资3800万元。

【固定资产投资快速增长，经济发展后劲明显增强】完成全社会固定资产投资1.3亿元，增长18%。通过以争取国家投资和援藏投资为主线，以吸纳民间招商引资为突破，城乡建设取得重大进展。农牧民生产生活条件明显改善，城镇基础设施建设进程不断加快，道路交通、农牧水利、教育卫生及村级组织活动场所建设有序推进。特别是，2007年县疾病防控中心项目首次由县人民政府组织招投标，迈出了项目建设新的突破；工程款到位情况良好，均保持在90%以上，“双拖”现象得到有效控制，工程后续管理力度不断加强。通过一批重大项目的实施，拉动了全县经济的快速发展。

【安居工程深入实施，新农村建设步伐加快】2007年，对安居工程投入125万元，全年共实施1065户农牧民群众的安居工程，县级领导及部门帮扶的63户、扶贫建设28户住房新建工程全部完工，圆满地完成了上级部门下达的指标任务，实现5455人喜迁新居；全年安居工程总投入资金达6664.85万元，同时，还注重农牧民的“乐业”问题。把农牧民增收作为首要任务来抓，强化技能培训，拓展就业渠道，实现了农牧民人均纯收入达2588元的目标。

【各项社会事业全面进步，和谐进程明显加快】科、教、文、卫、体等事业取得长足发展，文明和谐创建活动深入开展。加大对教育事业发展的投入，本级财政对教育投入经费达72.92万元，占地方财政收入的22.43%。“两基攻坚”工作再创佳绩，中学入学率达96.66%，小学入学率达99.22%；中小学教学质量不断提高，扫盲工作深入开展。职业教育稳步推进，“学校+公司”模式基本形成，顺利通过了自治区的复查验收。各类培训深入开展，科技普及工作成效明显。医疗卫生事业快速发展，县乡医疗条件明显改善，县疾控中心建成投入使用，初级卫生保健网络基本建成，免费医疗覆盖面进一步提高，参保群众达33194人，参保率达99%，农牧民“治病难、治病贵”的现象初步得到缓解；计划生育工作扎实有效，人口自然增长率控制在13‰以内。文化事业健康发展，民间艺术团的节目编排、演出均有新突破，巡回演出38场（次），观众达2.5万人（次）；电影管理站流动放映1757场（次），观众达25.9万人（次），实现了农牧区一村每月平均放映一场电影的目标；“村村通”、“西新工程”步伐加快，广播电视覆盖率分别达81.8%和100%；非物质文化普查工作进展顺利，富有羊卓特色的《谐庆》、《谐旺》、《氇氇》、《藏戏》等得到有效继承和发扬。

【打隆边贸物交会成功举办，对外知名度明显提升】2007年的打隆边贸物资交流会共有商户1054户，从业人员达2424人。其中：涉及到饮食、手工、药材、建筑、养殖等方面，商品品种达4000余种。参会人数达2.9万人（次）。上市商品总额达1726万元，总成交额达1402万元，人均消费483元。通过打隆边贸物交会及招商引资、对外宣传等方式，浪卡子县对外知名度明显提升

日 喀 则 地 区

日喀则地区

【基本区情】日喀则地区地处西藏自治区西南部，南与印度、尼泊尔、不丹接壤，西衔阿里，北靠那曲，东邻拉萨市与山南地区。面积18.2万平方公里，边境线长1753公里，是祖国西南边疆的前沿地区，战略地位十分重要。日喀则地区历来是与南亚各国友好往来的重要门户，现有国家一类陆路通商口岸2个（聂拉木口岸、吉隆口岸），二类口岸1个（定结日屋口岸），边境互市贸易点21个。全地区以农牧业为主，农业总量居全区第一位，畜牧业总量居全区第二位。现辖1市17县和1个口岸管理委员会，203个乡镇（街道办事处），1759个村（居）民委员会。全地区总人口68万人，其中藏族人口占95%。除藏族外，还有汉、回、蒙等十几个民族，另有少数夏尔巴人。

行署驻地日喀则市历来是西藏第二大城市，班禅的驻锡地，建成至今已有600多年的历史，是日喀则地区政治、经济、文化中心和交通枢纽。1986年被国务院列为历史文化名城。海拔3800米，是夏季理想的休闲和旅游胜地。

现有耕地面积7.77万公顷，草场面积946.6万公顷，林地面积122.8万公顷，其中森林面积11.97万公顷。矿产资源开发利用前景可观，共发现矿床、矿（化）点及找矿线索234处，有金、铅锌、锂、铜、硼、玉石等46种矿产。其中仲巴县的硼砂和锂矿，谢通门县、拉孜县的铜金矿，日喀则市、仁布县、白朗县的铬铁矿，昂仁县、定日县的铅锌矿等都具有较大开采价值。

能源主要有水能、地热能、太阳能、风能等，尤以水能资源最为丰富。仅雅鲁藏布江、年楚河等河流，水能蕴藏量就达1000余万千瓦。太阳能资源丰富，建有太阳能实验站，太阳灶使用广泛。地热形式多种多样，沸泉、热泉、温泉等较为普遍。矿泉水资源分布较广，最著名的是岗巴县曲登尼玛矿泉水。

日喀则地区旅游资源尤为丰富。自然景观得天独厚，有世界最高峰——珠穆朗玛峰、观相神湖——雍则绿错湖、雅江源头——杰玛央宗冰川、高原明镜——羊卓雍湖、人间仙境——吉隆沟等。名胜古迹数不胜数，历代班禅驻锡地——扎什伦布寺、班禅夏宫——德庆格桑颇彰（新宫）、第二敦煌——萨迦寺、英雄城——江孜、抗英古战场——红河谷、苯教圣地——热拉雍仲林寺等。

日喀则地区是西藏重要的文化发源地，拥有独特的民族文化和众多的文化古迹。有日喀则和江孜两个全国历史文化名城。有906处53类文物古迹点，其中扎什伦布寺、萨迦寺、白居寺、江孜宗山、大唐天竺使出铭等8处为国家级文物保护单位，乃宁寺等16处为自治区级文物保护单位。在册文物10万余件，遍布18个县(市)，文物量约占全区的三分之一，是日喀则各个历史阶段的文化缩影。全区藏戏蓝面具四大流派中，昂仁迥巴、仁布江嘎尔、南木林香巴三大流派都在日喀则地区。

【年度特点】2007年，日喀则地区认真学习贯彻党的十七大及自治区第七次党代会精神，全面贯彻落实科学发展观，大力实施“一产上水平，二产抓重点，三产大发展”的经济发展战略，按照“落实年，抓落实”的要求，紧紧围绕经济强区建设，顾大局、谋全局、抓开局，经济发展质量明显提高，经济发展速度明显加快，社会各项事业继续迈出了坚实的步伐。呈现出发展速度、质量、效益之间的协调性明显增强，投资、消费、出口之间的协调性明显增强，人口、资源、环境之间的协调性明显增强的良好态势。2007年是日喀则地区经济发展最好最快、综合经济实力提升幅度最大、人民群众得到实惠最多的一年。

【国民经济持续健康发展，综合实力进一步增强】2007年地区生产总值达58.88亿元，增速达14.8%；地方财政收入达2.15亿元，同比增长17%；税收完成1.91亿元，同比增长17%；农牧民人均纯收入达2533.64元，同比增长14.36%；城镇居民人均可支配收入达10399.33元，同比增长17.9%；金融机构各项存款余额达51.94亿元，同比增长21.81%；社会消费品零售总额达20.66亿元，增长25.18%，居民消费品价格指数为102.5。

【产业结构调整取得重大突破，改革开放进一步深化】按照“一产上水平，二产抓重点，三产大发展”的经济发展战略，坚持“农牧稳地、旅游富地、边贸强地、矿业兴地”的产业建设思路，加大产业投入，整合现有资源，加快特色产业发展，逐步形成以特色资源为基础，特色产品为核心，特色品牌为支撑的特色经济体系，为建设经济强区提供强力支撑。依托农牧优势，大力发展农牧产业。依托矿产优势，大力发展矿产业。依托自然人文资源优势，大力发展旅游产业。依托沿边优势，大力发展边贸产业。优化区域布局，大力发展县域经济。三大产业结构调整取得新进展，一产、二产、三产比重由上年的29.5:24.5:46调整到27.6:24.1:48.3。一产对经济增长的贡献率为10%，拉动经济增长1.1个百分点；二产对经济增长的贡献率为23%，拉动经济增长2.3个百分点；三产对经济增长的贡献率为67%，拉动经济增长11.4个百分点。进一步完善国有资产管理、监督体系和营运机制。按照“产权清晰，权责明确，政企分开，管理科学”的要求，继续深化国有企业改革，完善公司法人治理结构，加快建立现代企业制度。积极开展国有企业改制重组工作，国有资产管理体制逐步理顺，国有企业改革有序进行。按照政府主导、资源整合、市场运作、企业经营、社会参与的要求，树立大旅游观念和精品意识，抓住建立大香格里拉旅游圈的机遇，重点围绕珠峰之旅、红河谷之旅、雅江源之旅三条黄金旅游线，加强旅游产品的系列开发，形成多样性旅游项目，逐步打造世界级旅游品牌。接待国内外游客80.2万人次，同比增长36.88%，实现旅游收入4.7亿元，同比增长42.42%。加大边贸市场建设力度和边民互市贸易力度，进一步拓宽边贸流通渠道。立足活畜、油菜、大蒜、糌粑等特色产品，加强出口基地建设，瞄准尼泊尔、印度等南亚市场，以南亚市场需求为导向，将区位优势迅速变为开放优势，构建独具特色的外向型经济格局。外贸进出口总额达37319.63万元，同比增长79.72%。边民互市贸易实现16607.5万元。坚持经济、文化招商并重，引进资金与引进技术并举。突出专业招商、以商招商、企业招商、委托招商等形式，强化责任招商，不断改进招商方式，努力实现招商引资新突破，充分挖掘发挥援藏干部在招商引资方面的优势和潜力，建立并强化招商引资激励机制，从政策、条件、待遇等各个方面降低门槛，优化招商环境，促使有意在日喀则地区投资兴业的商家落户，不断拓宽招商引资的新领域，允许各类资本进入法律法规未禁入的基础设施、公用事业及其他行业和领域。全地区共引进项目43个，到位资金6.04亿元。认真贯彻落实加快非公有制经济发展的政策措施，坚持“平等准入、公平待遇”原则，放宽非公有制经济准入条件，依法保障非公有制经济在投资立项、用地用电、信贷支持、税费负担等方面应有的“国民待遇”。切实加强和改进政府监督管理与服务，积极引导个体私营企业朝多元化、规模化的方向发展，不断提高非公有制经济的比重和水平。全地区个体工商户达14365户、从业人员2.85万人，分别增长13.74%、53.15%，注册资金1.94亿元，增长51.63%。

【新农村建设扎实推进，农业农村发展水平进一步提高】采取政府扶一点、援藏帮一点、银行贷一点、社会捐一点、群众筹一点的方式，多渠道筹措建设资金，加强水、电、路及村级组织用房等综合配套建设。完成了12247户的农牧民安居工程、196个村级活动场所及66个村级道路硬化建设任务，取得阶段性成果。加强农村基础设施建设，加大对“三农”的投入，公共财政向农村倾斜，基础设施建设向农村延伸。新增公路通车里程1147.29公里，解决了20个乡镇、133个建制村的通达问题，解决了8.26万人和87.3万头牲畜的安全饮水问题，解决了13个乡镇74个村4790户25.6万人的用电问题，282个村通电话问题，乡镇通邮率达70%。大力发展现代高效农牧业，用比较效益的思想引领农村经济的发展，用单位产出的观念指导农牧业生产。白朗蔬菜、艾玛马铃薯、江孜大蒜等经济作物及饲草料种植基地渐成规模，占农作物总播面积的39%。粮油生产喜获丰收，畜牧业生产继续保持较好的发展态势。狠抓了水利基础设施建设、生态畜牧基地建设、农业产业化经营和扶贫开发，进一步提高了农业农村经济发展水平。大规模开展致富技能培训，完善培训机制，创新培训方式，充实培训内容，加大培训力度，努力培养一批有文化、懂技术、会经营的农牧区适用人才。把转移农村富余劳动力、提高非农收入作为实现农牧民增收的突破口，不断拓展增收新领域，努力提高非农收入水平。全年劳务输出33万人次，实现收入4.8亿元。乡镇企业实现产值9.1亿元，同比增长13.6%；多种经营收入达5.1亿元，同比增长11.4%。

【固定资产投资迈出坚实步伐，发展后劲不足的问题进一步缓解】紧紧围绕“十一五”规划及交通、能源、农牧林水、农牧民安居工程、农牧业综合开发、产业结构调整、公共卫生防治体系建设等符合国家、自治区投资方向的重点项目，超前规划论证一批有优势、有特色、带动能力强的大项目、好项目，不断充实和完善项目库。研究分析国家宏观政策为农牧区带来的发展机遇，采取国家投资、银行贷款、援藏支持、招商引资、启动民间资本的办法，多渠道筹措建设资金。积极协调争取，共实施项目560个，完成固定资产投资46.11亿元。援藏轮换工作顺利完成，对口支援回访工作取得丰硕成果，援藏力度进一步加大。坚持中心城市、县城、小城镇并举的方针，按照现代化城市发展的总体要求，坚持以规划为龙头，以高质量、低成本的城市建设为基础，积极促进城镇化。注重协调东西部各县（市）经济发展的特色互补，实施城镇组群发展战略，为建设以日喀则和拉孜为中心的东西部两个经济区打下牢固基础。改造提升传统服务业，大力发展现代服务业，提高服务业在国民经济中的比重。围绕改善生产生活条件和环境，扩大衣、食、住、行、娱、教等方面的消费，组织引导农牧民扩大农房改造和文化消费，努力形成新的消费热点。稳步推进“万村千乡”工程。群众消费观念不断发生变化，住房、汽车、通信等成为新的消费热点。生态建设与保护工作进一步加强，生存环境进一步改善。实施最严格的耕地保护制度，重视基本农田保护。加强城镇污水、垃圾处理等环保基础设施建设，加快改善农牧区能源结构，改善城乡生活环境和镇容村貌。坚持保护为先、加快建设，继续抓好天然林保护、退耕还林、退牧还草、湿地保护、防沙治沙和植树造林等重点生态建设工程。合理开发利用资源，加快替代能源建设步伐。在全社会普及环保意识，倡导生态文明，强化环境执法监管，形成保护环境的良好氛围。全年完成植树造林面积3037.65公顷，其中经济林481.66公顷，防护林1501.16公顷。

【社会事业全面进步，又好又快发展的基础进一步夯实】坚持把教育放在优先发展的战略地位。继续加大公共财政对教育的投入力度，确保地方财政对教育事业的投入逐年增加。把普及巩固农牧区义务教育作为重中之重，全力以赴完成“两基”攻坚任务。教育事业稳步推进，“两基”攻坚任务圆满完成，适龄儿童入学率达97.95%，初中入学率达90.7%，脱盲人口覆盖率达97%。实施人才强地战略。牢固树立“人才资源是第一资源”的观念，抓住培养、吸引和用好人才三个环节，壮大行政管理人才、专业技术人才、企业经营管理人才和农牧区适用人才队伍，提高人才素质。建立健全公共文化服务体系，加快县乡公共文化设施建设，开展丰富多彩的群众文化活动，巩固农牧区文化阵地。继续推动文化体制改革，促进文化事业和文化产业共同发展。大力发展社会主义先进文化，农牧民群众的精神文化生活不断丰富。继续推进“西新工程”、“2131工程”和“村村通工程”建设，提高广播电视覆盖率，加快实现广播电视从“村村通”向“户户通”转变。地区广播电视覆盖率分别达到89.56%、86.98%。卫生事业健康发展，新型农牧区医疗制度覆盖全地区，农牧民群众个人筹资率达95.6%。逐步完善疾病预防控制体系、医疗救治体系和卫生执法监督体系，提高应对突发公共卫生事件的能力。加强结核病等传染病和地方病的防治工作。整顿医疗药品定价和医疗服务收费，坚决纠正医药购销和医疗服务中的不正之风。加强农村医疗卫生基础设施和农村卫生队伍建设，确保广大城乡群众享受到安全有效、方便优质的健康服务。“科教兴地”战略深入实施，科技贡献率不断提升，围绕特色产业、生态环境保护等重点领域，加大科技攻关力度，加速科技成果转化。积极引进推广易操作、见效快的先进适用技术。继续推行科技特派员制度。共完成各级各类培训21.9万人次。坚持各级政府就业工作目标责任制，倡导非全日制、临时性、季节性等灵活多样的就业方式。注重发展就业容量大的第三产业、中小企业和劳动密集型企业，努力增加就业岗位。全面落实促进就业再就业的各项优惠政策，健全再就业援助制度，改善城乡就业和创业环境。加强城乡劳动者职业技能培训，完善就业服务体系，实行城乡劳动者平等就业制度。继续巩固“两个确保”，规范和完善城市低保制度，实现动态管理下的应保尽保。不断扩大五项社会保险的覆盖范围，做好社会保障基金收缴工作。进一步完善社会统筹与个人账户相结合的基本养老保险制度，加强城乡社会救助体系建设，完善社会救助制度，关注弱势群体。及时足额发放“三老”补助金。抓好村级建制整合。加强社会福利、社会救济、优抚安置和社会互助等工作。制定完善救灾应急预案并加强演练，建立各级救灾资金投入机制，提高抵御自然灾害的能力，及时安排好受灾群众的基本生活。高度重视安全生产，落实各级安全生产责任制和安全事故责任追究制，深入开展专项整治工作，保障人民群众生命安全、健康安全和财产安全。廉租房建设成效明显，民生问题进一步改善。精神文明建设不断深入，城乡文明呈现新面貌。

【平安建设取得新成效，社会局势再创新局面】认真落实既定斗争方针和策略，坚持防范、打击、管理教育相结合，认真研究达赖集团分裂破坏活动的新动向，增强反分裂斗争的针对性、实效性，牢牢把握对敌斗争的主动权。深入揭批达赖，强化群众实例教育，坚决抵制达赖集团的思想渗透，进一步削弱直至铲除达赖集团的思想基础和社会基础，巩固农牧区阵地。加大对危害国家安全案件的侦破力度。做好重点寺庙、重点地区的防范控制工作。健全军警民联防机制，有效遏制了非法出入境。加强社会治安综合治理，深入开展专项整治行动，始终保持对严重刑事犯罪活动的高压态势，切实增强了人民群众的安全感。加强政法队伍建设，提高公正文明的执法能力。以创建“平安日喀则”为载体，加强基层基础工作，不断提高基层组织协调关系、化解矛盾的能力。建立健全突发事件应急机制，提高保障公共安全和处置突发事件的能力。高度重视信访工作，确保党和政府与人民群众沟通、交流渠道的畅通。及时了解和把握社会热点问题，建立健全预警机制，增强工作主动性和针对性。着力解决土地征用、资源开发、城镇建设拆迁和拖欠农民工工资等群众反映强烈的问题，坚决纠正损害群众利益的行为。

【改进作风，狠抓落实，政府职能进一步转变】营造建设经济强区的良好环境。按照为民、务实、清廉的要求，进一步解放思想观念，强化服务意识，推进机构改革，理顺管理体制，转变政府职能，改进工作作风，变被动管理为主动服务，努力营造公开廉洁的政务环境、宽松开明的政策环境、便捷高效的服务环境、诚实守信的信用环境和规范公正的法制环境。严格依法行政，强化执法监督，该政府管的事情，坚决管好、管到位；对不该管的事，让位于市场、放手于企业和中介机构。进一步强化政府工作规范化建设，严格工作程序和工作制度，逐步推进决策科学化、民主化。加强政府廉政建设，切实改进政风，自觉接受人大代表、政协委员、新闻媒体和广大群众的监督，真正把各级政府建设成为依法行政的“法治政府”、为民亲商的“服务政府”、实干有为的“责任政府”和公正廉洁的“阳光政府”，为建设经济强区营造良好的服务环境。保持真抓实干的工作作风。以强烈的发展意识，始终保持一种与时俱进、奋发有为的精神状态，敢于突破常规，善于在实践中总结经验、创新思路、创新方法，创造性地开展工作。树立“从实际出发，从大处着眼，从小事做起”的理念，注重从细微处做起，从每一个环节做起，一步一个脚印地把各项工作做实、做细、做深，取得了实实在在的成效。

【地区行署领导名录】

专员：许雪光

常务副专员：阿旺、窦玉明、许才山

副专员：同珠、张雪喜、旺堆、
普布次仁、欧珠卓玛

专员助理：闫生权

秘书长：郝斌

日喀则地区发改工作

【抓投资落实，努力使全年固定资产投资任务的完成】日喀则地区经济增长是典型的投资拉动型，为确保18%的经济增长速度，地委、行署年初确定2007年完成50亿元的固定资产投资任务。但由于2007年拉日铁路未开工（计划完成投资3亿元），桑桑至拉孜219黑色路面未上马（计划完成投资1亿元），援藏项目计划完成投资2亿元，由于2007年正值援藏干部轮换交接只完成6000多万元等因素影响，2007年全社会固定资产投资可实现46亿元。为确保各项目标任务的圆满完成，着力抓了三项工作：

一是积极向国家争取投资。紧紧围绕“十一五”规划项目及交通、能源、农牧林水、农牧民安居工程、农牧业综合开发、农牧业产业结构调整、公共卫生防治体系和基层卫生基础设施建设、县乡周转房、廉租房、地直周转房、“两基”教育等符合国家、自治区投资方向

的重点项目，进行积极衔接，多方协调，努力争取，经多方努力，落实续建项目26项，投资15亿元，新建项目66项，投资14.5亿元，总投资金额29.5亿元。

二是积极争取社会投资和援藏资金。牢固树立“你投资、我服务，你发财、我发展”的观念，加强与自治区招商局联系，分批选派各县招商局负责人参加自治区招商局组织的各种项目“洽谈会”。编写了《投资日喀则》，修改完善了《日喀则地区招商引资管理办法》、《日喀则地区招商引资引进项目审批程序》。全力以赴做好珠峰文化旅游节的筹备和举办工作，加强了与援藏省市大型企业的交流与合作，截止11月底，全地区共引进项目43个，协议金额6.04亿元，到位资金6亿元。

三是抓项目开复工。截止11月底，日喀则地区开工和复工的项目有560项（含子项目），其中新开工项目468项，复工项目92项，完成固定资产投资45.07亿元（包括民间投资和援藏项目投资），完成年度计划50亿元的90.14%，比2006年同期增长12.48%，到年底能够完成46亿元的固定资产投资任务。

【紧紧围绕“十一五”规划项目，扎实抓好前期工作】2007年年初共安排前期项目70项，总投资28.74亿元。其中农、林、牧、水36项；交通能源13项；城市基础设施8项；社会发展13项。截止到目前已按要求完成年初安排的项目前期工作任务。为认真贯彻国务院第167次常务会议精神，分解落实地区“十一五”规划项目建设任务，2007年5月28日行署与各县市、地直有关单位签订地区“十一五”规划项目目标责任书，分解了工作任务，落实了工作责任，细化了工作措施，为精心组织和实施好“十一五”规划项目奠定了坚实的基础。

为认真落实地区“十一五”规划项目建设任务，在前期工作中严格按照国家发改委提出项目开工建设必须符合“六个必要条件”的要求，在“深、细、实”上下功夫，一是做好勘察、设计工作，加强项目技术论证和多方案比较，确保前期工作的质量和深度达到相关规范要求。二是加大审查力度，增加专家论证，防止前期工作不深、不细、不扎实和设计超标准、方案不优化等浪费投资的现象出现。三是通过政府投入、贴息贷款等方式，多层次、多渠道筹集项目前期工作经费，建立前期工作经费滚动使用机制。四是加强项目衔接。日喀则地区发改委专门抽调一位副主任常年在拉萨负责全地区项目衔接工作，同时在委内抽调素质高、业务能力强的同志具体负责此项工作，使项目和投资真正落到实处。

【加强重点项目的建设管理，确保质量和工期】形成了主要领导亲自抓、分管领导具体抓、部门领导配合抓，一级抓一级、层层抓落实的良好氛围。对于每个重点项目，都实行项目法人负责制，从立项、审批、报建、开工建设到竣工验收各个环节都有专人负责。

加大了对重点建设项目施工图的审核力度。在保证工程建设规模和质量的前提下，在招投标工作中采取了制定工程最高限价的办法，有效地控制了工程超投资现象的发生。

严格实行招投标制度，项目公开招标率达到100%。对日喀则地区国家投资50万元以上项目公开采用合理低价中标法进行评标。从2007年5月至今，共完成招标项目38个，与招标最高限价相比节省投资6.11%。

选择信誉好、具备相应资质的监理公司对工程实行监理，对工程施工进行全方位、全过程现场监理。加强对在建工程的监督检查，2007年7月，对全地区的在建项目进行了联合大检查，9月，又组成两个工作组对部分县市在建项目进行了检查监督，11月又派出三个工作组督促检查，促进了日喀则地区重点项目的顺利实施。

认真清理往年基建旧账，努力解决历史遗留问题，争取多还旧账、不欠新账，不留任何新的问题。经过多方努力，本年度偿还地区自贷1800万元，截止目前累计支付自贷利息约1700多万元（本年内支付200多万元）。

【巩固农业基础地位，加快新农村建设步伐】积极推进农牧业结构调整。一是种植业生产稳步发展。全地区共落实农作物播种面积86000公顷，粮、经、饲三元种植比例由2006年的60:24:16调整到60:26:14。粮油总产可达到37.8万吨，与上年增长2.47%，其中粮食产量达到35.3万吨，油菜籽产量达到2.5万吨。二是畜牧业形势喜人。1—9月，新生仔畜为34.12万头（只、匹），牲畜出栏数为31.53万头（只、匹）。肉类总产量为7276.24吨、牛奶产量为11200吨、羊毛产量为11万吨，同比分别增长17.9%、1.99%、4.76%。

加大农牧业基础设施建设和特色产业项目建设力度。一是进一步改善农牧业基础设施。截止11月共落实农牧林水项目国家投资4.7亿元，通过农田水利、农业综合开发、江河治理工程、退牧还草、低产田改造、牲畜育肥基地等项目建设，极大地改善了农牧区基础设施条件，改善了农牧民群众的生产生活条件；二是以基地为依托，牢牢抓住特色农牧业的区域化、规模化、专业化。重点抓了地区马铃薯生产基地建设、蔬菜生产基地、江孜大蒜生产基地、岗巴羊产业化开发基地建设、白绒山羊生产基地、牲畜短期育肥及活羊出口基地、以帕里、桑桑及年河三县市为中心的牦牛产品生产及奶业生产基地等建设，年初安排农牧业特色产业项目17个，总投资5803万元，其中完成国家投资7029万元。

积极推进农牧民安居工程进程。全地区18个县（市）已完成12247户，完成2007年地区计划总户数的100%，其中：扶贫搬迁建设任务户为1228户，牧民定居建设任务732户，兴边富民3000户，民房改造7225户，地方病搬迁62户。

2007年，计划完成196个村级活动场所建设及66个村级道路硬化，计划总投资4871万元(其中:村级活动场所3906万元，道路建设965万元)，已完成投资4871万元。

以劳动技能培训为重点，多渠道增加农牧民收入。开展现代生产、建设、管理、经营等方面的培训，在保证工程质量的前提下，优先安排给农牧民。截止到11月底，全地区实现劳务输出329741人次，收入4.74亿元。全地区农牧民人均纯收入达到2592元，同比增长了17%。

【加大工业比重，推进二产上水平】1-11

月，全地区完成工业总产2.68亿元，同比增长13.29%，其中重工业产值占84.5%，同比增长11.36%，重工业继续保持强劲增长势头。工业销售产值完成2.39亿元，同比增长23.71%，产品销售率达到89.2%。完成发电量13208万千瓦小时，同比增长6.85%；水泥16.59万吨，与上年持平；硼砂18701吨，增长35%；铁矿54918吨；铅锌矿2551吨。

加强对工业行业的引导和规范，加大对中小企业和民族手工业的扶持力度，提升工业在二产中的比重。2007年共对3家企业进行了预核准审查。1-11月，为物鑫贸易有限公司和西藏达热瓦有限公司争取中小企业发展专项资金130万元；为定日县协格尔镇民族手工业加工改扩建项目和江孜民族服装厂更新设备项目争取到民族手工业发展资金40万元。

【积极发展多种经营，促进三产大发展】加快培育和发展旅游业。重点围绕珠峰之旅、红河谷之旅、雅江源之旅三条黄金旅游线，加强旅游产品系列的开发，形成集自然生态、探险旅游等于一体的旅游格局。全年全地区共接待国内外旅游总人数79.65万人次，同比增长35%；实现旅游总收入4.5亿元，同比增长36%；外汇收入1794万美元，同比增长25%。

非公有制经济蓬勃发展。全地区个体工商户、私营企业从业人员分别达到14365户28481人，增长13.74%、53.15%，注册资金1.94亿元，增长51.63%。

【存在的问题】一是基础设施建设相对滞后与人们日益增长的物质文化需求的矛盾依然突出，经济社会跨越式发展的“瓶颈”制约尚未从根本解除。二是农牧区教育、文化、卫生等公共服务设施建设滞后，建设社会主义新农村任务繁重。三是对经济社会发展过程中的重大热点难点问题存在研究不深、认识不到位。四是吸引民间投资，拓宽投资渠道，仍然是工作的薄弱环节，投资的软环境还不适应进一步扩大开放的需要。五是项目前期经费投入不足，项目前期工作相对滞后，对争取项目造成一定的影响，有待于进一步改进和加强。六是社会事业发展滞后，公共服务水平急需提高。

日喀则地区商务工作

【多管齐下，促进消费，扩大内需】2007年，自治区明确提出了全区社会消费品零售总额实现100亿的目标任务。按照行署和上级业务部门的要求，积极开展各项工作，促进消费、扩大内需，成效明显。全年，全地区社会消费品零售总额突破了20.64亿元大关，同比增长25%，增速比上年度提高11.1个百分点，顺利完成年度目标任务。

在地区内选择5家具有代表性的农贸市场、批发企业和零售商店为样本企业，实行“每月（日）一报”制度，随时监测市场情况。进一步加强对粮、肉、禽、蛋、鱼、水产品等18种重要商品市场供应及价格情况的监测，按月发布生活必需品市场监测信息。特别是针对2007年猪肉供给趋紧、价格涨幅较大的形势，一方面加强市场监测，另一方面密切联系和积极组织协调经销商组织货源，保证了市场供应和价格平稳增长，满足了百姓的消费需求。

稳步推进“万村千乡市场工程”，逐步改善农牧区消费环境。全年，拨付企业2006年度“万村千乡市场工程”补贴资金计14.1万元。按照计划目标选点102家，实际建设完成52家，完成自治区下达目标任务的51.5%。

有力开展市场经济秩序整顿规范工作和产品质量、食品安全专项整治工作，净化市场。组织协调地区整规领导小组各成员单位，顺利开展食品安全、生猪屠宰、保护知识产权、地图市场等专项整治工作。继续开展以食品、药品等关系百姓身心健康和生命健康为重点的市场秩序整顿规范工作。继续开展“诚信兴商”活动，发放有关宣传资料1000余份。密切配合地区产品质量和食品安全专项整治工作，制定《地区生猪、牛、羊屠宰专项整治工作实施方案》，地区重点对5家屠宰厂（点）、经营点进行了检查，对发现的问题一一进行了整改，并初步建立了相关制度。

积极组织各类物资交易活动，拓宽农牧区流通渠道。全年，全地区以各种旅游文化和民间传统活动为纽带，积极组织和成功举办以农畜产品和日用消费品交易为主的各类物资交易活动共6次，总成交2284.10万元，其中：地区性物资交易活动1次，即珠峰文化旅游节物交会；县域性物交会5次。

大力实施品牌战略，加强地区特色产品品牌建设。年内共申报了品牌战略项目2个，即“洛丹”牌糌粑和“宗山”牌酥油、奶渣。通过改变简陋包装，把产品打入内地超市和国外市场，扩大产品知名度和社会经济效益，推动农产品产业化进程。

认真推进商业示范社区建设和“老字号”商业资源保护工作。为方便社区居民生活、保障社区消费安全、提高社区企业服务水平，认真开展老社区的商业示范社区建设工作，地区共上报推荐全国级商业示范社区1个，自治区级商业示范社区1个。同时，加强“老字号”商业资源挖掘保护工作，共上报了“老字号”企业2家。

【发挥优势打好边贸拳头】兼顾外经外资，促进经济强地区建设2007年全年，樟木口岸边境小额贸易进出口货物吞吐量达8.54万吨，总值2.82亿美元，同比分别增长约34%和30%，其中出口货物8.22万吨，总值2.69亿美元，同比分别增长约39%和28%。

截止12月底，全地区实现外贸直接进出口4891.17万美元，完成年度目标任务的122%，其中：出口3696.84万美元（温州商贸城实现出口1555万美元；地区外贸公司实现出口120万美元，含远洋贸易11万美元，提前完成出口100万美元的年度目标任务）；边民互市贸易实现24539.41万元人民币，其中：出口15426.64万元。

截止12月底，全地区自产品出口13100万元人民币，占地区出口总额的46.44%，其中：活畜出口27.66万只（头、匹），总值约8532.89万元，占地区自产品出口总值的约65.14%；洗净毛出口403吨，创汇87万美元。

亚东洞青岗边贸市场自5月1日开放至11月30日关闭，双边出入境人员11128人次、车辆2786台次，实现互市贸易613.74万元人民币，同比增长3倍多，其中出口403.65万元人民币。

向新西兰驻华使馆等国外政府组织

申请国际援助项目3个，资金45.3万元，获批项目1个，落实资金5.3万元。

【加强协调，依法行政，严格执法】进一步规范相关特殊行业和服务行业管理为进一步规范地区成品油市场管理，全年，共审核上报6家加油站和1家液化气站新建、改造和搬迁项目，5家加油站和1家液化气站获得批准并已实施。

建立了成品油市场日常双月监测制度和重大节假日周监测制度以及燃气市场监测制度，全年，共对4家制度不健全、工作落实不到位的加油、加气站提出了限期整改要求，对1家无证违规经营的加油站，依据有关法规进行了处理。

依法对全地区范围内的应参加年检的35家加油站（25家国有加油站，10家社会加油站）和1家油库进行了年检。3家加油站（其中1家为国有）因不符合有关规定，年检未予通过，其中对2家加油站依法报请自治区商务厅取消其成品油经营资格。

加强对再生资源回收行业的管理，查处1起未经行政许可和登记备案擅自开展废旧金属回收经营业务的违规行为，查处1起未取得报废汽车回收经营资格擅自回收汽车“五大总成”和零部件的违法行为，分别依据有关规定进行了停业整顿和处置。

委托西藏美容美发保健化妆品协会日喀则分会对地区范围内的美容美发经营者进行全面备案登记，正式启动了美容美发经营者备案登记工作。

【实施项目拉动战略，狠抓项目争取和建设】在行署领导下，协同樟木口岸管委会积极开展口岸联检楼项目各项前期工作，争取外经贸发展促进资金投资1256万元。按行署安排，有力督促检查联检楼工程建设工作，确保了工程质量和生产安全。2008年初主体工程基本完工，五月一日正式投入使用。届时，樟木口岸将彻底实现“关口前移，人货分流”，口岸通关速度将提高，口岸总体形象将提升。

争取和落实萨嘎昌果边贸市场建设资金150万元，2007年8月开始实施，2008年6月可建成投入使用。

争取江孜地毯厂改造项目建设资金200万元，到目前已完成投资90余万元，2008年项目将全部建成投产。

争取岗坚地毯厂改造项目建设资金200万元，2008年开始实施，计划年内建成投产。

继续做好“十一五”边贸市场建设规划项目的衔接工作，完成4个边贸点边贸市场的初设工作，均已立项批准，今后几年将陆续建设。

及时发文通知各县（市）、有关企业积极申报2008年度拟建设外经贸项目。截止12月底受理11个项目，经认真筛选和初步评审，向上级部门申报6个项目，申请资金共计1300余万元。

【关心民众健康，加大碘盐推广力度，努力消除碘缺乏病】为实现日喀则地区到2010年基本消除碘缺乏病的目标任务，年初地区成立了碘盐推广工作领导小组，制定了《日喀则地区碘盐推广工作的实施意见》，会同财政及时全额拨付2007年度农牧区碘盐推广专项补贴资金1800322.59元，碘盐推广工作取得较大进展。2007年，全地区食用碘盐总人口约40余万人，食用碘盐2053.8吨，覆盖率约为60%，在农牧区推广碘盐约1700多吨，食用碘盐人口约28万余人，覆盖率约52.8%，完成自治区碘盐覆盖率达到52%的阶段性目标任务。从各县（市）指标完成情况看，定日、聂拉木等两县的完成率较低。

日喀则地区粮食工作

【年度情况和特点】2007年日喀则地区粮食播种面积51540公顷，粮食总产34700万公斤。全社会商品粮约为3500万公斤，全地区粮食消费量约为32000万公斤。全地区全社会粮油收购约860万公斤，其中国有粮食企业粮油收购690万公斤，非国有粮食企业粮油收购170万公斤；全社会销售粮油2751万公斤，其中国有粮食企业销售粮油1697万公斤，非国有粮食企业销售粮油1054万公斤。截止12月底全地区全社会粮油库存总量2204万公斤，其中：国有粮食企业粮油库存总量2032万公斤，非国有粮食企业粮油库存总量172万公斤。

【积极稳妥地推进粮食流通体制改革】确保粮改政策措施落实到位，推进粮食流通体制改革是2007年粮食工作的重点。工作中，日喀则地区粮食局积极在三个方面下功夫，努力实现粮食工作新突破和新提高。一是建立机构，成立各县（市）粮食局，加大粮食行政管理工作力度。全区放开粮食市场后，为不断强化粮食行政管理职能，确保粮食宏观调控和粮食安全，经行署研究决定全地区18个县（市）成立粮食局，在县（市）发展和改革委员会挂牌。二是落实粮食县（市）长负责制。5月份，日喀则地区粮食局以行署名义起草了《日喀则地区行署关于落实粮食县（市）长负责制的意见》，已发各县（市）执行，为全地区粮食行政管理提供了制度支撑。三是积极推进国有粮食企业改革各项前期准备工作。顺利完成了全地区三个粮食储备库1997年元月至2005年10月1日中断和未缴纳养老统筹的统计和测算工作。与地区财政局联合向各县（市）财政、税务、粮食部门下发了《关于返还国有粮食企业税收的通知》。全地区24个国有粮食企业已有17个县（市）所在地国有粮食企业和26个乡镇库点办理完土地使用证，7家国有粮食企业办理完产权证。根据自治区发改委等六部门出台的《关于印发深化日喀则地区国有粮食企业改革指导意见的通知》精神和地区国资委关于国有企业改革的工作要求，已成立地区国有粮食企业改革领导小组，初步拟定《日喀则地区国有粮食企业改革方案》，待局党组研究，并征求相关部门和下属单位意见后，即上报行署批准实施。

【积极开展对全社会粮食流通的监管，维护正常的粮食流通秩序】一是加强收购市场管理。根据《粮食流通管理条例》和《西藏自治区粮食收购资格审核管理办法（暂行）》，日喀则地区粮食局加大政策宣传力度，强化工作措施，积极开展粮食收购资格审核管理工作，截止12月5日，已收到和审核发放了19个国有粮食企业和24个非国有粮食企业的《西藏自治区粮食收购资格申请表》和《收购许可证》，进一步规范了收购市场主体，促进了粮食经营者守法经营。二是加大粮食流通监督检查力度，加强粮食依法行政培训，增强相关人员依法管粮的意识，准确把握粮食监督检查、全社会粮食流通统计的各项政策，积极履行好流通监督检查职责，维护粮食流通正常秩序。三是加强粮食质量监管，严防不符合卫生标准的粮食流入口粮市场，确保消费者用粮安全。四是加强粮食流通信息传递工作，进一步强化粮食市场动态监测工作，密切关注粮食市场动态，加强全地区国有、非国有企业和个体户粮食价格信息搜集、分析、反馈工作，及时对全地区粮食市场价格和市场走向做出预测。

【逐步建立完善粮食应急预警机制】确保全地区粮食安全是日喀则地区粮食行政管理的主要职责，日喀则地区粮食局高度重视粮食应急机制的建立和完善工作，2007 年年初，行署向各县（市）人民政府及地区各有关单位下发了《日喀则地区粮食应急预案》，为全地区粮食应急体系的建立奠定了坚实基础。为进一步落实好粮食应急预案，做到有粮可控，日喀则地区粮食局已向行署上报了《关于建立日喀则地区级储备粮意见的请示》，待行署审批后实施。目前日喀则地区已基本建立了全地区各级粮食应急加工、供应网络。

【加大粮食系统“十一五”重点项目落实工作力度，积极推进粮食产业化进程】2007 年日喀则地区粮食局继续把改善基层经营条件，加大粮油转化力度，提高粮食附加值，推进粮食产业化做为全局工作的重点之一，积极做好日喀则地区圣康农产品加工厂设备改造、拉孜地方粮食储备库兴建糌粑加工厂两个项目的前期申报各项工作，争取上级业务主管部门的支持和帮助，两个项目如列入 2008 年建设计划，必将推进日喀则地区粮食加工转化进程，调整粮食生产结构，延长粮食产业链，提高粮食综合效益，促进企业加强内部管理，增强市场竞争力，更好地服务“三农”，引导农民走向市场，增加农民收入。

【切实做好储备粮管理和轮换工作，保证储备粮食安全】日喀则、江孜、拉孜三个国家和自治区粮食储备库共代储自治区储备粮 850 万公斤，储备油 30 万公斤。日喀则地区历来非常十分重视储备粮管理工作，一直采取行之有效的工作措施，努力做到中央、自治区储备粮“一符、三专、四落实”。一是 2007 年自治区发展和改革委员会等四部门印发《西藏自治区储备粮实行实物垂直管理工作方案》、《西藏自治区储备粮管理办法》后，日喀则地区粮食局积极行动，结合实际，认真安排部署，与各代储库签订了《西藏自治区储备粮管理责任书》和《西藏自治区储备粮代储合同》，进一步明确了储备粮管理的职责和任务，确保了自治区储备粮数量真实、质量良好、储存安全。二是切实做好自治区储备油轮换工作。根据西藏自治区发展和改革委员会等四部门《关于下发〈2006 年度自治区储备粮油轮换工作方案〉的通知》精神，日喀则地区高度重视，及时成立相关部门负责人组成的日喀则地区自治区储备油轮出工作领导小组，研究制定了《日喀则地区代储的自治区储备油轮出拍卖工作实施方案》，并按方案部署公开拍卖日喀则地区代储的自治区储备油 300 吨。认真开展储备油轮出和油罐清理和搬迁，确保了日喀则地区自治区储备油轮换顺利进行。三是认真做好中央储备粮轮换工作。2007 年，中央储备粮总公司成都分公司向地区国家粮食储备库下达了 462 万公斤的储备粮轮换计划，根据日喀则地区粮食市场行情，日喀则地区粮食局按照充实国有粮食企业销售粮源，稳定市场粮油价格的工作原则，安排日喀则国家粮食储备库将轮换粮出售给国有粮食企业，保证宏观调控用粮，确保全地区粮食安全。四是进一步强化安全生产。三个库在健全完善安全生产制度，落实粮食安全生产责任的基础上，为进一步规范各单位对突发安全事故应急管理，保证中央和地方储备粮的储存安全，保证干部职工的人身安全，建立了本单位突发安全事故应急预案，强化了全地区储备粮管理力度。

日喀则地区财政工作

【财政预算收支执行情况】2007 年日喀则地区财政收入完成 21500 万元，完成年初预算 12319 万元的 175%，完成地委、行署确定考核目标任务 21500 万元的 100%，比 2006 年同期增收 3125 万元，增长 17%。从分级看，地区本级完成 8730 万元，完成预算的 262.4%，完成考核目标的 96.32%，同比增收 792 万元，增长 9.98%；县市级完成 12770 万元，完成年初预算的 142.02%，完成考核指标的 102.69%，同比增收 2333 万元，增长 22.35%。在“保工资、保运转、保稳定”的前提下，当年实现了收支平衡，略有结余的目标，确保了全地区经济和各项社会事业的发展。

【财政实力不断壮大】2007 年全地区地方一般预算收入完成 2.15 亿元。同比上年增长 17%。2007 年度可供财力达 23.3 亿元，比 2006 年同期增加 9.1 亿元，增长 63%，支出完成 23.28 万元。有效地增强了地方财政实力，使地方财政调控能力不断增强。

【大力支持农牧民安居工程事业】2007 年全地区农牧民安居工程建设目前完成投资 68878.91 万元，其中：自治区农牧民安居工程已下达资金 13148.1 万元（到位率 100%），实际完成投资 13148.1 万元，地区配套 951.52 万元（含地区贴息 324.19 万元）、地方病搬迁 37.5 万元（2006 年结余），地区垫支牧民定居 366 万元、群众自筹资金 39173.88 万元，援藏配套 451.61 万元，贷款户数 10540 户、贷款总额为 14750.2 万元，户均 1.4 万元。为确保安居工程顺利实施，给各县共解决办公设施 75 万元。村级组织活动场所建设 2007 年地区建设任务为 196 个，涉及 107 个乡镇，现已全部完工。

【大力支持农牧民脱贫增收】一是 2007 年地区财政安排农业科技推广及技能培训资金 494.39 万元，主要对 10 个县和部分相关单位进行培训，培训人数达 12727 人次，就业人数 700 人。二是为不断壮大经济合作队伍。2007 年财政共安排农民专业合作组织资金 366 万元，扶持 15 个项目的经济合作组织，为引导农牧民走规模化、产业化经营的路子奠定基础。三是财政安排扶贫资金 2396.4 万元，上年结余 1373.57 万元，实际支出2232.91 万元，主要用于 94 个项目建设，完成农业投入 3 个，完成水利投入 8 个、完成交通投入 7 个、完成牧业投入 1 个、完成搬迁投入 1 个。四是财政安排农发资金 4085 万元，除预留保证金外已全部落实，到位资金 100%，主要建设在年河三县三个项目，完成中低产田和平整土地 75 公顷，客土改良 47 公顷，修机耕道 31.7 公里，黄牛改良 17000 头。五是财政安排森林生态效益补偿及造林资金5825.4 万元，实际支出 3090.9 万元，到位资金 100%，完成造林 4073 公顷。六是财政安排农牧业特色产业项目资金4870.9 万元，除滚动资金已全部落实，特色产业项目 30 个主要分布在 15 个县。六是财政安排水利资金 1333 万元，用于水利维修及渠道防供维护。

【大力支持农牧区社会救助体系建设】 一是财政共安排特困群众医疗救助资金620.1 万元，其中：自治区财政下拨 372万元、本级财政配套 124.05 万元、县级承担 124.05 万元；二是 2007 年地区共有五保护对象 2333 人（自治区财政厅核定的五保户人员有 13287 人），其中：应保未保的五保户人员有 858 人，按照藏财综字（2007）74 号文件规定由地县两级分别按 30%和 70%的比例承担的要求。2007 年区、地、县财政共安排五保户供养经费 349.95 万元，其中：自治区财政下拨 199.05 万元、本级财政配套 38.61万元、县级承担 112.29 万元，对区财政厅未核定的 858 人，日喀则地区财政及时将资金落实，做到了应保尽保。三是2007 年日喀则地区财政安排抗救灾资金共 358.1 万元，其中：自治区财政下拨285 万元、本级财政配套 30 万元、县级财政承担 43.1 万元。结合本地区财力情况，2007 年本级财政共安排救灾基金 200万元。四是 2007 年日喀则地区本级财政共安排“老寿星”和“三老”补助共 139万元，解决了农牧区基层“三老”和“老寿星”的基本生活待遇问题。

【支持农牧区社会各项事业发展】 日喀则地区全面推行农牧区医疗制度取得了显著成效。2007 年农牧民人数为 623440人，覆盖率达 100%，财政安排农牧区免费医疗经费共 6292.9 万元，其中：自治区财政下拨 5982.9 万元、地区配套 187.8万元、县级承担 122.2 万元。农牧区医疗制度的实施，有效缓解农牧民群众因病致贫的问题。加大了医疗管理和防人保经费的投入力度。2007 年财政安排医疗管理经费 49 万元，卫生防保经费 458万元。

【加大对区域经济发展的扶持力度】 2007年本局年初预算专项安排企业发展资金60 万元，向上级争取争取到中小企业发展专项资金 130 万元，技术改造资金和贷款贴息共计 355 万元，应用技术研究与开发资金共计 195.6 万元，边贸市场项目建设资金 1,150 万元，民族手工业发展资金 40 万元，资金到位率达 90%；日喀则地区财政局及时下拨 2007 年对种粮农民直补资金 1,335.51 万元，五县三年种粮播种面积增加 514 公顷，本级财政配套补贴资金 32.7 万元，2007 年对种粮农民直补资金共下达并兑现给农民1,368.21 万元。另外，日喀则地区财政局及时拨付了对种粮农民农资综合补贴资金 356.14 万元，已兑现给农户；日喀则地区财政局及时拨付了食用碘盐补贴资金 186.03 万元；2007 年本级安排了旅游促销经费 50 万元。

【加大对教育、文化、卫生等社会各项公共事业的发展】 2007 年地县两级配套教育资金 2968 万元，其中地区本级安排 800万元，同比增长 228 万元；安排文化、卫生、科技资金 351 万元。

【加大对社会保障体系建设的支持力度】 一是 2007 年，日喀则地区参加养老保险统筹单位 319 家，人数为 5787 人。于 2006年 7 月 1 日，实行了养老保险省级统筹。日喀则地区上缴自治区财政厅基本养老保险基金 8020 万元（含上年结余），基本养老保险基金支出为 2679.56 万元。二是从 2006 年 1 月 1 日起，全地区终止了单位公费和劳保医疗报销制度，全部纳入了医疗保险体系。2007 年全地区核定参加医疗保险统筹单位共 147 家，参保人员 29512 人。全地区实际征收医疗保险基金 8177 元，发生医疗费用 2898万元，为确保城镇职工医疗保险工作奠定基础。三是 2007 年日喀则地区财政共安排城镇居民生活保障共 1136.17 万元，其中：自治区财政下拨 932 万元、本级财政配套 122.36 万元、县级财政承担81.81 万元，确保了城镇居民基础生活保障。四是 2007 年日喀则地区安排公益性岗位 400 个，岗位补贴 424.3 万元，缓解了就业压力持续增大的矛盾。

【国库集中支付改革稳步推进】 2007 年 9月，日喀则地区财政国库集中支付改革工作全面启动，财政专网于 9 月 7 日验收合格，支付系统于 9 月 11 日正式上线运行，目前上线成熟 27 家地直部门。通过集中支付系统完成 474 笔业务，拨付资金达 1960 万元，拨付内容涵盖工资、公用、法定及部分专项资金，运行情况良好，为日喀则地区国库集中支付改革顺利推进起到了重要性作用。

【政府采购工作稳步推进】 2007 年日喀则地区政府采购计划经济与市场调节额达 5000 万元，年底完成政府采购 6000万元，完成计划的 120%，同比增收 2177万元，全年节约资金 600 万元，同比增收 56 万元，节约率达 10%。

日喀则地区国家税务工作

【大力组织收入，税收收入实现稳定增长】 2007 年，日喀则地区国家税务局一是以强化税收征管为重点，以提升干部队伍素质为保障，以税收征管改革为动力，全面加强税收分析与预测能力，把握重点税源和全地区基本建设投资及经济运行情况，并以此为依据，科学、合理地分解组织收入计划，与各征收单位签订税收收入目标责任书，狠抓了组织收入工作的落实；二是要求各征收单位将每月组织收入同比减收 5%以上和同比增收 10%以上的情况以书面形式做专题报告，汇报收入增减原因，提高收入质量；三是实行税收工作规范化管理，继续推行税收目标管理考核工作，并将考核内容科学化、具体化、精细化。

截止 12 月 10 日，全地区各级税务机关共组织各项税收收入 18764 万元，完成年度计划的 103%，与 2006 年同比增长19.62%，增收3078万元。其中：增值税收入为6253万元，同比增长41.34%，增收1829万元；营业税收入为6279万元，同比增长3.15%，增收192万元；企业所得税收入为2187万元，同比增长18.6%，增收343万元；个人所得税收入为1300万元，同比增长36.84%，增收350万元；车辆购置税收入为1404万元，同比增长5.72%，增收76万元；其他各税收入为864万元，同比增长31.3%，增收206万元；其他收入为477万元。全年完成各项收入19050万元。

【推进依法治税，加强税收执法与监督力度】进一步落实各项税收政策。一是年初以来调整完善后的资源税政策、全区统一核定征收企业所得税应税所得率、储蓄存款利息所得减征个人所得税等各项新税收政策相继出台，日喀则地区国家税务局在加强学习的同时，切实抓好基层各单位的具体贯彻落实工作，真正发挥出税收政策的调控作用。同时为满足各级政府领导和广大公民学习税收知识的强烈愿望，日喀则地区国家税务局组织人员精心编写了《西藏税制学习手册》。二是严格按照法定权限与程序执行好各项税法和管理规定，继续落实好下岗失业人员再就业和招商引资等方面的税收优惠措施，发挥好税务部门在地方经济建设中的重要作用。三是加强政策调研工作。年初以来，日喀则地区国家税务局认真组织全地区20个征收单位先后开展了契税、车船税税源、全地区税源情况、房屋交易最低计税价格标准、矿产行业等各项税收调研工作，为上级决策提供了依据。

强化执法监督工作，提高全地区各级税务机关依法行政的水平。一是规范税务行政审批事项管理工作，加强资产损失、增值税一般纳税人认定、新认定增值税一般纳税人的后续管理、减免税等行政审批事前、事中、事后监督检查工作，保障税务行政审批事项的合法性、及时性、准确性；二是在全地区范围内重点对采矿业和建筑业的乡镇企业进行了认真细致的调查，清理了12家不符合条件的乡镇企业，并根据日喀则地区乡镇企业现状，出台了《日喀则地区国家税务局乡镇企业管理办法》；三是认真清理了自1994年税制改革至2006年3月1日期间税收部门规章和规范性文件15件，进一步减少税收执法制度风险；四是深入推行税收执法责任制，并结合科学化、精细化管理要求出台了《日喀则地区国家税务局税收征管工作实施方案》、《日喀则地区国家税务局征管工作绩效考核办法》和《日喀则地区国家税务局税收执法过错责任追究办法》，同时进行了机构优化和人员配岗；五是严格规范案件审理程序。为了检查程序的合法性、规范性，检查结果的准确性，处理结果的公正性，日喀则地区国家税务局还制定了《日喀则地区国税局稽查局岗位设置》；六是采取有效措施，积极落实“两个减负”工作。

进一步整顿和规范税收秩序。一是加大稽查工作力度，2007年，共组织检查纳税户109户，有问题户数65户，查补各项收入892.17万元，处罚率达23%。二是加大税务违法案件的曝光力度，2007年，通过办税服务场所的公告栏公告税务违法案件4起。

以税收宣传月和12.4全国法制宣传日为契机认真开展了形式多样、内容丰富的税收宣传活动。

【强化科学管理，提高税收征管质量和效率】加强税源管理。一是继续加强对重点税源的精细化管理，扩大税源监控范围。通过走访有关单位，及时掌握了解2007年基本建设投资项目的分布、资金来源、投资额等相关信息以及通过财政、发改委对基本建设项目资金下达的批复，掌握基本建设资金的到位情况，全方位地强化基本建设项目重点税源的管理，提高基本建设税源的管理水平和征管质量；二是全面落实税收管理员制度，充分发挥税收管理员在税源管理中的主体作用，进一步明确税收管理员的管理范围和职责权限，建立健全了税收管理员的岗位责任制，加强对税收管理员的绩效考核和监督；三是加强发票管理，建立健全发票管理制度，做好日常的发票领、用、存、缴销工作，促进发票管理向精细化、制度化、规范化迈进。另外，针对新版普通发票启用后，由于发票简并和名称变更，要求各主管税务机关按照新的发票名称对使用发票的纳税人重新进行票种核定与审批，确保纳税人顺利购买新版发票；四是继续落实“双定”工作制度，日喀则地区共对2226户个体工商户进行了检查，其中，调整了422户个体工商户的税款，月增税款11441元，68户个体工商户恢复了征税，月增税款14688元。

加强税种管理。一是加强“四小票”管理工作，规范增值税一般纳税人进项税额抵扣管理工作；二是认真做好了车辆购置税税收征管工作，对车辆购置税实行“一条龙”管理；三是在全地区范围内认真开展年所得12万元以上个人所得税自行纳税申报工作，重点对高收入行业加强宣传、辅导、受理申报等服务工作，在办税服务大厅专门设立年所得12万元以上纳税人自行纳税申报窗口，上门发放《提醒自行纳税申报函》及《致个人所得税纳税人的一封信》，确保了纳税人能够及时正确申报，2007年年初共有29个年所得超过12万元的个人所得税纳税人进行了自行纳税申报，已缴纳税款共计70.5万元。

优化纳税服务。进一步提高日喀则地区税务机关的依法行政水平和办事效率，提升税务形象促进各项工作任务的完成。

【存在的问题】（一）在税源现状方面：从日喀则地区税收收入结构来看，存在税源结构单一、零散、不稳定，没有形成支柱产业即税源大户，部门间收入不平衡现象。

（二）在队伍建设方面：一是个别部门（县局）的执行意识和大局观念有待进一步提高；二是部分干部对理论和业务学习热情不高，政策业务水平偏低，自学能力较差；三是部分干部思想不够解放，创新意识不强，工作责任心和事业心不强，工作效率不高；四是部分干部为纳税人服务意识还有待提高。

（三）在税收管理员制度推行方面：税收管理员推行工作上存在观念不够新，力度还不够大，范围不够广，制度不够细，“疏于管理、淡化责任”的问题依然存在。

（四）在税收执法方面：税收执法水平和执法能力有待进一步提高，日常执法过程中重实体、轻程序的现象依然存在，对执法监督未形成有效的监控体系。

中国建设银行日喀则分行

【经营情况概述】2007 年中国建设银行日喀则分行负债业务快速增长。按日均计算：截止 11 月 30 日，中国建设银行日喀则分行全口径日均存款期末余额为 61085 万元，同比增加 10842 万元，比年初新增 10787 万元，完成全年计划的 169%。其中：企业性存款期末日均余额为 45758 万元，比年初新增 8273 万元，完成全年计划的 207%；储蓄存款期末日均余额为 15327 万元，比年初新增 2514 万元，完成全年计划的 105%。按时点计算：截止 11 月 30 日，中国建设银行日喀则分行全口径存款期末时点余额为 70033 元，同比增加 11457 万元，比年初新增 10669 万元，完成全年计划的 147%。其中：企业性存款期末时点余额为 53641 万元，比年初新增 8364 万元，完成全年计划的 186%；储蓄存款期末时点余额为 16392 万元，比年初新增 2305 万元，完成全年计划的 81%。

虽然 2007 年中国建设银行日喀则分行调整了信贷投放结构，但历史遗留贷款的风险逐渐显现。资产质量不容乐观。截止 2006 年 11 月 30 日止，中国建设银行日喀则分行贷款余额为 31276 万元，比年初减少了 1537 万元。其中：公司类贷款 20529 万元，个人类贷款 10747 万元。按一逾两呆口径统计，正常类贷款 28866 万元，逾期贷款 55 万元，非应计类贷款 2355 万元，不良贷款余额 2410 万元，比年初减少了 8924 万元，不良率为 7.71%，比年初下降 26.66 个百分点；按五级分类口经统计，正常类贷款 28177 万元，关注类贷款 80 万元，次级类贷款 1577 万元，可疑类贷款 1442 万元，不良贷款余额 3019 万元，比年初增加了 692 万元，不良率为 9.59%，比年初上升了 2.56 个百分点。其中：公司类贷款按五级分类口径统计，正常为 17813 万元，关注 0 万元，次级 1473 万元，可疑 1243 万元，不良贷款余额 2716 万元，比年初上升 652 万元，不良率为 13.23%，比年初上升了 5.14 个百分点；个人类贷款按五级分类统计口径，正常为 10364 万元，关注为 80 万元，次级为 104 万元，可疑为 199 万元，不良额为 303 万元，比年初上升了 60 万元，不良率为 2.82%，比年初下降了 0.51 个百分点。

截止 2007 年 11 月 30 日，中国建设银行日喀则分行累计发放贷款 364 笔，金额 17563 万元，2007 年新发放贷款不良率为 0；累计回收贷款 19100 万元，其中现金回收不良贷款 613 万元。贷款利息收入 1243 万元，利息实收率为 95.85%。

中间业务收入不够理想。截止 2007 年 11 月 30 日，中国建设银行日喀则分行实现中间业务收入 89.77 万元，同比增加 19.96 万元，完成全年计划的 81%。

个人银行业务的发展。2007 年，中国建设银行日喀则分行个人银行业务发展态势良好，在新业务、新产品的推广上有较大突破。个人网上银行业务签约客户达 404 户，比年初新增 331 户；企业网上银行业务签约客户 5 户，比年初新增 5 户。电话银行个人签约客户为 135 户，比年初新增 104 户，电话银行企业签约客户为 12 户，比年初新增 1 户。手机短信通知个人签约客户为 483 户，比年初新增 308 户，手机短信通知企业签约客户为 9 户，比年初新增 8 户。双币种信用卡本年发放 73 张。基金代销开户 247 户，代销量 800 余万元，代销手续费收入 11 万元。POS 机从无到有，现已签约 7 户特约商户共 12 台 POS 机。

5. 盈利能力明显增强。截止 11 月 30 日，全行实现净利润 360 万元，同比增加 304 万元。实现账面利润 373 万元，同比增加 295 万元。

【负债业务的发展】2007 年中国建设银行日喀则分行一是抓好重点项目，主要以和平机场、珠峰公路、廉租房建设为主；二是抓好重点领域和重点行业，主要有针对交通、电信、发改委、电力、国土等单位为主的收复失地之战，针对天源矿业、藏龙矿业、宝翔矿业、泰胜矿业等为主的业务拓展；三是修复维护好与重点人员的关系，主要包括当地政府领导和各大局委主要负责人。通过对年初发展计划的认真落实，2007 年中国建设银行日喀则分行的负债业务收到了很好的成效。

中国人保财险日喀则分公司

【业务发展情况】2007 年，中国人保财险日喀则分公司坚持“效益第一”经营指导思想，创新管理，加快发展，顺利完成了全年目标任务。

2007 年 1—12 月，中国人保财险日喀则分公司，共完成保费 2139.3 万元，同比增长 15.86%；累计承担风险 170715.6 万元，同比增长 24.87%；有效处理理赔案 1763 件，同比增长 20.32%；已决赔款 1068.4 万元，同比增长 27.61%；未决赔款估损金额 160.1 万元，同比增长—3.74%。

【加快业务发展，提高盈利能力】2007 年，中国人保财险日喀则分公司认真按照区分公司“坚持一条主线，突出两大主题，强化三个重点，实现三项目标”的工作思路，以市场为导向，以客户为中心，强化市场意识，加快业务发展，不断扩大保险覆盖面和服务领域。

1. 积极整合各类资源，加快车险业务发展。加强车险资源的有效整合，努力实现销售、承保、理赔、后台服务的有效衔接。充分利用已经建立起来的渠道优势，在积极推进直销、个人代理业务的同时，加强同 4S 店、汽修厂的合作关系，完善渠道建设，实现各类资源的有机结合，大力提高市场拓展能力。

2. 抢抓当前经济发展的大好时机，推动工程险、人身意外伤害险、企财险等险种的发展。

2007 年，日喀则地区提出建设经济强区的发展目标，这对保险业务的发展来讲是一个非常好的机遇时期。公司抓住这一发展机遇，加大了工程险、人身意外伤害险、企财险等险种的推广和普及，组织营销人员进社区、进工厂、进学校、进矿山，使这些险种的业务发展量创下了历史新高。

3. 加强同地方政府及各行政单位的联系沟通，为保险业务的发展开辟绿色通道。

2007 年，加强了向地委、行署分管领导的工作汇报工作，及时反映中国人保财险日喀则分公司在发展中遇到的困难和问题，积极争取政府的政策支持。同时，加强与地区建设局、安全生产监督管理局等行政单位的联系，为业务的发展和推广铺平道路。

【加强服务管理，提升服务能力】服务质量是企业可持续发展的基石，是行业竞争的决定性因素。2006 年底，日喀则保险市场的垄断格局被打破。公司领导班子决定加强服务管理，提升服务质量，认真贯彻落实区分公司提出的“服务出管理、服务出诚信、服务出效益”理念，以服务留住客户，通过稳定客户群稳定市场，巩固中国人保财险日喀则分公司市场主导地位。

公司与日喀则市九大汽修厂召开了协调会，着重解决事故车主集中反映的在修理车过程中存在的问题及修理厂与保险公司之间的零配件价差问题。理顺公司、修理厂、客户三者之间的关系，使之相辅相承，实现良性循环。

在承保工作方面，公司要求展业人员严格按照“客户至上，文明服务、实事求是，诚实信用”的原则，在确保客户利益、维护公司权益的前提下，积极向客户推销公司的产品，实现公司利益最大化。

加强了对签单人员的管理，无论节假日，只要有客户购买保险，签单人员必须随叫到随到。在签单过程中，必须严格按照操作规程缮制保单。

在理赔工作方面，注重理赔质量的提高。积极做到遵守客服理赔规程，及时到达事故现场进行查勘、定损，市区出现场率不低于 90%，市区外出现场率不低于 70%，并采取必要的抢救和保护措施，挽回可以避免的损失。实现了一万元以内的赔款，在没有人伤的情况下，只要手续齐全，客户在 24 小时内就可得到赔付，使客户满意度进一步提升。

【存在的困难及问题】一是日喀则地区民众，特别是农牧民群众对保险知识还知之甚少，保险意识淡薄，对国家强制性保险存在一定的抵触情绪，有的甚至拒交保险。

二是员工的服务观念、业务知识和展业技能还不能很好地适应业务发展的需要，有待进一步提高。

三是由于逐年保费截留等历史原因，导致中国人保财险日喀则分公司多年来保费重复虚数入账，造成上报保费收入比实际保费收入高出几百万元的现象，上报的保费收入数据已不能真实地反映日喀则保险市场保源增量情况，且造成了保费基数高，增量高的不符合客观事实的现象，使上级公司无法真实了解中国人保财险日喀则分公司业务进展情况，也为日喀则分公司今后的正常发展带来了严重的不良后果。此问题中国人保财险日喀则分公司已作为专题向区分公司总经理室进行了汇报。

日喀则地区国土资源工作

【加强土地产权管理，规范土地登记制度】2007 年度日喀则地区国土资源局继续着手规范日喀则地区土地登记制度，严格按照土地登记程序，规范化地登记颁发土地使用证 1196 本。同时，日喀则地区国土资源局加强了地籍档案管理工作，具体工作中把土地权属来源证明、地籍调查相关资料结果等做到一宗一档案，按类别存放，完善完备地保存。

【落实最严格的耕地保护制度，切实保护耕地】通过各县（市）县长（市长）为本行政区域内耕地保有量和基本农田保护面积第一负责人的措施，日喀则地区有效遏制了各类非农建设违法占用耕地特别是基本农田的现象。据日喀则地区国土资源局掌握的情况表明：一是 2007 年未发现非法占用基本农田搞建设现象；二是 2001 年调整后的基本农田保护区面积能够落实到地块、村组和农户，填报的图表与地块相符合。日喀则地区的日喀则市、江孜、白朗、康马、仁布、南木林等县（市）调整后的基本农田资料档案齐备。全地区基本农田资料档案齐备的乡（镇）共有 164 个，这部分档案已备案至地、县（市）；三是各县(市)建立健全了基本农田保护的各项制度，并将基本农田保护制度译成藏文发放到各乡镇和村委会，使基本农田保护的各项制度落实到位。四是县、乡、村和村与农户之间逐级签订了基本农田保护责任书；五是全地区基本农田保护标志碑共 65 个，基本农田界桩共 2375 个，划定基本农田地块数为 4024 个；六是全地区耕地面积为 136057 公顷，其中基本农田保护面积为 126947 公顷，保护率达到 93.3%。

【规范土地市场秩序，全面落实经营性用地招标拍卖挂牌出让制度】2007 年日喀则地区国土资源局严格遵守经营性用地审查报批规定，对所有经营性用地都实行了招标拍卖挂牌公开出让，全年共拍卖挂牌公开出让土地面积达 19 公顷，土地收益额达 2303 万元。

【坚持土地用途管制】合理利用土地 2007 年日喀则地区国土资源局始终严格执行土地用途管制制度，从四个方面严把建设用地审批关。即：建设用地入口关、农用地转用审批关、农业结构调整审核关、用地规范控制关。具体用地情况：2007 年有 5 个县市的建设用地项目通过了区国土资源厅的审查，即：日喀则地区 1 个批次 1 宗地土地面积为 7 公顷、日喀则市 1 个批次 1 宗地土地面积为 0.7 公顷、江孜县 1 个批次 1 宗地土地面积为 7 公顷、定日县 1 个批次 1 宗地土地面积为 7 公顷、白朗县 2 个批次 2 宗地土地面积为 3 公顷。同时，白朗县这 2 个批次 2 宗地也已通过了自治区政府审核并下发了批复文件。有 6 个县市的建设用地项目上报材料整理完毕，正由自治区国土资源厅审查，2007 年度中涉及的征地补偿费都做到了及时兑现，未出现拖欠现象。

【依法做好矿业权管理工作，有效保护和合理开采利用矿产资源】严格遵守法律法规规定的审批、颁发勘查许可证和采矿许可证的权限，严把矿产资源勘查注册登记关和矿产资源开采项目的立项、采矿权的审批、发证关。具体工作开展情况：一是依法做好矿业权日常管理工作。截止目前在日喀则地区共注册登记符合规定的勘查许可证 187 个，其中预查阶段的勘查许可证 155 个，普查阶段的勘查许可证 32 个。2007 年度日喀则地区注册登记的续办勘查许可证 70 个、变更勘查许可证 8 个、新勘查许可证6个、保留勘查许可证不开展工作6个。2007年日喀则地区国土资源局颁发的采矿许可证6个（非金属矿）。自治区国土资源厅颁发的采矿许可证有昂仁县查孜铅锌矿、仲巴县天公尼勒铜金矿；二是通过调查了解各矿山企业矿产资源的开采和销售情况，并以此计征矿产资源补偿费，依法征收矿产资源补偿费。2007年日喀则地区的矿产资源补偿费正在征收中，可征收矿产资源补偿费约80万元；三是征收采矿权使用费（非金属矿）6500元；四是日喀则地区国土资源局加大了对矿产勘查、开发工作的监督管理力度，通过深入矿点检查等形式，发现了西藏华威工贸有限公司在仲巴县隆格尔铁矿普查项目中采取边探边采的违法行为，日喀则地区国土资源局相关人员及时作出予以查处，处以罚款10万元，并责令限期整改的处理；五是分别代行署起草了“关于进一步加强矿产资源勘查开发管理工作的紧急通知”、“日喀则地区加快矿业发展实施意见”等文件。并召集重点县市的领导参加“地区矿业发展座谈会”，听取他们对矿业发展的意见和建议。

【加强生态环境保护工作】在“谁开发谁保护、谁污染谁治理、谁破坏谁恢复”的原则指导下，日喀则地区国土资源局始终督促地区内从事采矿的采矿权人妥善处理选矿中产生的废水、废气、废渣、废石等废弃物，对排放的废弃物力争达到国家、自治区规定的排放标准后，才准予排放，减少废弃物对环境的污染。特别是严禁采用已淘汰的混汞土法选金法，积极推广使用机械采金船等现代技术手段。在采矿结束后，监督采矿权人对遗留的尾矿区，采取先平整尾矿，后种草植树等措施来对被破坏的耕地、草地、林地等进行全面的恢复植被工作，切实保护矿区环境。具体工作中恢复植被主要采取三种办法，即：复垦归原、复垦它用、复垦复植。

【存在的主要困难和问题】国土资源管理工作起步晚、起点底，目前日喀则地区除9个县（市）组建成立县级国土资源局外，其余县国土资源机构都未独立成立而挂靠在各县发改委。许多工作无法正常开展，工作效率很低。

日喀则地区国土资源局日常业务工作中所需的行政及业务经费非常紧缺，这导致了许多业务工作和专业技术培训不能正常开展。如：上级业务部门要求建立地籍登记资料公开查询系统和基准地价更新等业务工作安排，因缺乏资金，无法配套软硬件设施，而至今未能很好地落实。

部分县市建设预留地规划指标不能够满足农村宅基地建设项目用地需求。

由于缺乏土地开发补充耕地的项目资金，目前所补充的耕地质量一部分达不到基本农田指标标准，导致了基本农田总量隐性减少。

日喀则地区城镇的快速发展导致了厅下达的用地计划指标远远不能够满足实际土地需求量。

由于日喀则地区国土资源局国土资源执法监察支队人员力量薄弱，执法设施设备缺乏，无法经常深入到基层检查监督。

持勘查许可证圈占矿区现象仍然存在，这限止了各县在矿产资源开发利用方面的招商引资。

日喀则地区工商工作

【优化服务，促进产业发展】2007年，日喀则地区工商局严格按照切实做好窗口服务工作；建立和推行便捷高效的注册登记通道，全面实施重点产业扶持服务、重点项目跟踪服务、重点企业上门服务、重点区域挂钩服务措施，尽心竭力促发展。到目前，登记注册内资企业543户，注册资金79985万元。自治区工商局对日喀则地区工商局日喀则市、江孜县、聂拉木县、拉孜县、亚东县、南木林县工商局下放公司登记权以来，日喀则地区工商局采取理论与实际操作相结合的方式加强了业务人员培训工作。到目前，全地区共有各类公司241户，注册资本70498万元，同比分别增长25.52%、37%。

【创新思路，落实责任，促进个体私营经济健康快速发展】到目前，全地区个体工商户发展到14365户，从业人员28481人，注册资金19436万元，同比分别增长13.74%、53.15%、51.63%；全地区登记注册私营企业353家，雇工人数9655人，注册资本（金）74566万元，同比分别增长31.22%、24.51%、46.98%。个体私营经济实现总产值33800.7万元，销售总额或营业收入105266.78万元，社会消费品零售额101149.8万元，同比分别增长75.66%、36.24%、115.10%，个体私营从业人员劳务收入3.24亿元，个体私营经济的增加值11.62亿元，占全地区GDP的比重约为18%，非公有制经济税收达8000万元，占全地区计划完成税收的40%以上。

【加大力度，全力推进商标战略】动员全社会力量运用商标，推进地区品牌战略实施；加大商标工作宣传力度，加强商标注册工作，到目前，全地区有效注册商标34件，其中农畜产品注册商标12件；2007年，日喀则地区新申请商标注册27件。

【发挥职能作用，全力服务社会主义新农村建设】2007年，日喀则地区地区农牧区个体工商户发展到6428户，从业人员12423人，注册资金5565万元，同比分别增长10.5%、48.36%和26.44%；农牧区私营企业发展到168户，雇工人数5748人，注册资金50318万元，同比分别增长20%、13.21%和38.49%，农牧区个体私营经济共创产值21278.7万元，社会消费品零售额30236万元，销售额或营业收入24675.3万元，同比分别增长48.18%、44.81%和53.22%；经纪人发展到569户，带动交易额4474.6万元，同比分别增长19.28%、13.16%。全地区共有不同类型的农牧民专业合作组织38个，实际参与的农户达到12483户，辐射带动农牧民7391户，参与合作组织的农户人均增收500元左右。2007年，为农牧区个体工商户减免费用85万元。经过与市场主办单位协调，在日喀则市区安排解决了江孜、白朗县20户农畜产品经营户的摊位。同时，推进农牧区维权体系建设，在农牧区建立12315联络站（点）124个；开展“红盾护农”行动，检查农资和建筑材料经营户550户，查获过期农药、化肥、蔬菜种子、除草剂及不合格建材等标值2.3万元；开展合同帮农，加大对“订单农业”合同履约情况的监督，共审查涉农合同38份，合同总值2080.70万元。

【关注民生，促进就业再就业工作】2007年，全地区共有772名下岗失业人员、高校毕业生、低保和残疾人员从事个体经营，免收登记费、工商管理费、工本费等共计44万元。

【落实执法责任制，深入整顿和规范市场经济秩序】2007年，全系统继续坚持凡假必打、凡乱必规，以防为主、打防结合的原则，严格依法行政，落实执法责任制，深入整顿规范市场秩序，努力营造公平公正、规范有序、和谐诚信的市场环境。全年共查处各类违法违章案件580件，案值96.49万元，罚没款26.78万元。其中，查处侵害消费者权益案件144件。2007年，共开展各类专项整治工作33次，出动执法人员7495人（次）、检查各类经营户35729户（次）。

一是开展流通领域食品安全专项整治。2007年以来，全地区工商系统共开展各类食品专项整治18次，共检查各类食品经营主体10942户（次），查处无照经营362户，捣毁制假窝点1个，查获各类过期、变质食品总标值27.7万余元。

二是扎实开展“农牧区食品市场整顿年”活动。开展以政策、法律法规进村入户为主要内容的宣传活动，共向农牧民群众发放宣传材料11800余份；2007年以来，共检查农牧区食品市场主体5238户（次）；查获各类过期、变质食品、日用品80余种，共6479.4公斤，总标值2.7余万元。

三是全力开展重要土特产品市场整治工作。全地区工商部门共检查重要土特产品经营主体574户（次），查处存在商品质量、包装、计量违法问题的经营户52户，检查药材、土特产品、旅游纪念品品种17类，查扣过度包装及“三无”土特产品2224盒，没收有质量问题的土特产品7种152盒。在检查中，全系统还对“西藏福星商贸有限公司”生产各类包装盒袋进行了查处。到目前，全地区共签定《重要土特产品质量安全责任书》67份。

四是强化广告市场监管，加大注册商标专用权保护力度。2007年以来，全地区共有广告经营户32户，从业人员126人，广告经营额165.76万元。全年共监测广告80条次，查处34起擅自发布广告行为。2007年以来，全系统共查处侵犯注册商标专用权案件3起，案值23.68万元，查获了一批假冒西藏著名商标“曲登尼玛”牌矿泉水，标值11523元。

五是积极开展对各类市场的监管。加大对文化市场、旧自行车交易市场、旅游市场、美容美发、洗浴中心、歌舞厅、奥林匹克标志、茶叶、进口产品、禽类产品、流动食品商贩、饮料市场、学校周边等检查力度，共检查经营主体2200余户（次），查获各类问题商品总标值2.2余万元，黄色书刊156本，赌博机60台。加强了边贸市场监管，在有关部门的配合下，对进入边贸市场的各类市场主体经营资质、入市商品的进货渠道、质量进行了全面查验和监管；对外国自然人从事贸易经营活动情况进行了调研。到目前，在樟木口岸、亚东乃堆拉山口临时交易点从事经营活动的尼泊尔国籍、印度国籍商人共69人。

六是密切关注肉类蔬菜等副食品市场动态。严密监视市场动态，定期报送市场供应、价格、购销情况信息，加大监管力度，防止违法行为，进一步落实经营者建立健全进货查验、索证索票、购销台账、购销票据等制度，净化肉类蔬菜等副食品市场环境。

七是积极配合有关部门，开展了网络和信息安全专项整治工作。为了确保党的十七大召开期间广播电视的信息安全保障，对销售卫星干扰器和其他无线电信号发射装置、私自销售安装卫星地面接受设施的违法行为进行了全面清理，查处了擅自销售卫星地面接受设施的1户，没收私自安装的卫星地面接受设施22个。

【援藏工作取得实效】顺利完成了由山东省工商局援助的山东工商所建设项目；与上海市工商局协商确定了修建亚东县工商局综合楼意向；组织7名干部赴吉林省工商系统进行了为期2个月的挂职锻炼；同时，吉林省工商局援助交通工具一辆，价值30万元。到目前，已落实援藏资金205万元。另一方面，在日常的相互交往中进一步加深了与援助省市工商局之间的了解，两地工商干部的友谊也得到了不断增进。

日喀则地区
质量技术监督工作

【深入开展产品质量和食品安全专项整治工作】2007年日喀则地区专整治工作进展顺利。全区质量工作会议后，及时组建办公室、全面协调地区专项整治工作；有效指导了专项整治工作的开展；根据行署指示，及时通知联络地区各部门、各县市开展组建专项整治领导小组等工作；完成了赴各县督查调研工作；完成了专项整治行动信息报导、新闻发布和综合协调工作等工作，编写工作简报100期，在各级新闻媒体刊出报道35条。截止11月26日，地区各部门共检查企业（商户）1905家，出动执法人员1813人次，查处货值99.3万元，为消费者挽回经济损失67万元。目前，日喀则地区食品生产加工企业25%获得食品生产许可证，食品生产加工小企业小作坊100%签订了质量安全承诺书，自治区确定的水泥、水泥预制构件、玻璃、复混肥、验配眼镜等5类重点产品生产企业中日喀则地区只有水泥、水泥预制构件和验配眼镜3类产品生产企业，已100%建立了质量档案，日喀则市建立进货索证索票制度达到97%；经营店铺建立食品进货台账达到80%；已对100%的大型餐饮企业、92%中小型餐馆企业、90%农牧区学校食堂抽查了原料和卫生安全；县城以上城市销售猪肉100%来自定点屠宰场，县城以上城市所有市场、超市、食堂、餐馆单位销售和使用猪肉95%来自定点屠宰场；药品整治和进出口产品整治方面的目标任务进展顺利。

专项整治工作成效显著。及时成立了由局主要领导为组长、副组长，各科室负责人为成员的专项整治工作领导小组，先后开展“建筑用钢材专项检查”、“铝合金制品专项检查”、“石材专项检查”、“电器产品专项检查”、“儿童玩具专项检查”、“劳动防护用品专项检查”、“低压电器专项检查”、“人造板专项检查”、“扣件专项检查”、“电线电缆专项检查”、“燃气器具专项检查”、“食品生产许可证情况专项检查”、“食品添加剂专项检查”、“五小食品行业专项整治”、“月饼专项检查”等专项行动，共检查企业（商户）450家，出动执法人员339人次。

【狠抓食品质量安全，加大食品质量监管力度】2007年日喀则地区质量技术监督局加强了食品生产监管，严格食品生产许可制度。对地区糌粑、青稞酒、桶装饮用水、食用植物油和面粉生产企业加大了服务力度，帮助企业完善各项生产条件和检验条件，督促企业积极取证。

加强对食品生产小作坊监管。对日喀则市区内17户食品小作坊开展专项检查，规范生产行为，控制食品加工小作坊数量，全面提升食品生产加工小作坊产品质量控制能力。

在对日喀则市区内各大、小型超市进行了全面的食品安全专项检查。重点检查了实施市场准入的28类食品共500余种产品。对发现销售无证产品的，进行了责令停止销售和下柜台处理，检查中发出《通知》41份。

开展节前食品安全检查。对一家超市销售的四川简阳市耀发食品厂、浙江省兰溪市香溪保健食品厂、兰溪市金味食品有限公司3个厂家生产的核桃粉、牦牛壮骨粉等固体饮料产品（货值1600余元）冒用认证标志行为予以查处。

【加强特种设备安全监管】2007年日喀则地区质量技术监督局全年现场监察特种设备700余台次；消除各类安全隐患40余起；发出《特种设备安全监察意见通知》162分；发出整改意见通知30余份，整改率达到100%；查封“土锅炉”8台；查处特种设备行政案件18起。

全年共检验（验收检验、定期检验）各类设备119台。其中锅炉17台、压力容器67台、电梯35台。

【大力推进标准计量工作】积极开展农业标准化示范区推荐工作。成立日喀则地区质量技术监督局农业标准化工作小组，起草《日喀则地区质量技术监督局关于开展农业标准化工作初步计划》，开始了农业标准化前期准备工作，并多次组织人员到白朗、江孜两县开展农业标准化示范区调研和筹备工作，向自治区推荐上报了“江孜大蒜”“白朗蔬菜基地”为国家级农业标准化示范区。

积极开展督促企业采标工作。派出工作人员70余人次，车辆20余台次，对各生产单位采标情况开展了调查。在调查过程中，积极为企业提供国家标准和行业标准，督促其依据标准组织生产，严格执行各项标准；对于尚无国家标准或者行业标准的，日喀则地区质量技术监督局督促其制订企业标准或生产技术规范，并要求其到自治区质监局标计处备案。

积极服务，促进机动车检测线计量认证。积极配合区局认证认可办对地区交警支队的机动车辆安全技术检验机构进行了计量认证前初验，对存在的问题提出了整改建议。

开展计量检定工作。一是安排工作人员对日喀则地区石油公司亚东县新建加油站的4台加油机进行了检定。二是对日喀则市区5家国营加油站所使用的加油机进行了检定。三是积极做好地区计量器具的周期检定工作，5月和10月份，分别两次历时半个月行程8000多公里，对日喀则地区石油公司仁布县、谢通门县、南木林县、拉孜县、昂仁县、定日县、定结县、吉隆县、萨嘎县、萨迦县、仲巴县、聂拉木、樟木镇等13个县镇的加油站和3家私营加油站所使用的加油机进行了检定，全部合格。四是集中开展眼镜店计量器具检定工作，出动检定人员12人次，共检定焦度计8台、验光仪7台进行了检定，结果全部合格。

严厉打击计量违法行为。一是根据群众举报对日喀则市东郊鸿艺加油城进行了突击检查。对该加油城所使用未经计量检定的16台加油机依法进行了处理，责令整改。二是在藏历新年、春节即将来临之际，对市区9家私营石油液化气加气站所使用的电子灌装秤等计量器具进行了监督检查，对超过检定周期的计量器具进行了检定。三是对地区邮政局所使用的邮政电子秤进行了监督检查。四是对市区内餐饮经营场所进行了餐饮业计量专项监督检查。五是全面开展液化气站计量器具监督检查。六是开展多次定量包装商品专项检查。

【认真做好组织机构代码工作】截止2007年11月份，共新办证110个、换证141个，年审256个。

【存在问题及困难】队伍建设方面。日喀则质监局现有干部职工21人（包括援藏干部和区局下派锻炼干部），人员相对不足，力量薄弱，无论是在工作量上还是从工作开面上都存在困难，许多工作难以安排，很多时候一个同志要同时承担几方面工作，难以兼顾全面，也不利于熟悉掌握工作，达到业务能力精湛的要求，难以适应质监工作发展的新需要。

专业技术人员培训方面。2007年，日喀则地区质量技术监督局积极派出工作人员参加区局组织的各种培训，但严重缺乏专业技术人员，在开展专业性较强的工作中存在一定的困难的问题仍然没有得到有效解决。

技术装备方面。缺乏必要的技术装备，标准化、计量、质量、特种设备方面缺少必要的检测设备，给工作开展带来困难。

基础建设方面。日喀则地区质量技术监督局A幢职工周转楼已通过竣工验收，但是，随着人员的不断增加和充实，随着工作量的不断加大，工作面的大幅拓展，办公大楼、实验中心的建设迫在眉睫，职工住房依然紧张。

珠穆朗玛峰国家级自然保护区管理工作

【珠峰保护区四县管理分局工作成绩显著】2007年，在保护区生物多样性保护，森林防火，基础设施建设、登山旅游服务与管理等各项工作中，以抓落实、见成效为宗旨，保护区各项工作取得了较好的成效。2007年前来珠峰、希夏邦马峰登山探险、旅游观光人数达到45072人次，（其中：外宾17596人次、内宾27476人次）比2006年的32199人次增长39.98%，定日、聂拉木两县的旅游门票收入为1256万元（其中：定日1200多万元，聂拉木56万元）。比2006年的370万元增长239.46%。

【正式颁布并实施了珠峰景区管理办

法】实行了一票制收费，明确了景区公路养护、环境卫生及利益分成等一系列具体问题。2007年5月29日，行署召开专员办公会议，研究并同意珠峰景区收入按照以下比例进行分配：即总收入的55%上缴本级财政专用于景区开发和农牧民增收项目建设；40%由当地财政部门反馈给定日管理分局用于定珠公路养护及景区环境卫生；5%上缴珠峰管理局作为保护区管理经费。对此，行署要求保护区各级管理部门要严格贯彻执行上述规定，并每年对景区收入收支情况进行审计，保障专款专用。

【保护区项目建设进展顺利，初步形成了以建设项目拉动保护区事业发展的新格局】努力创造条件，积极争取国家投资和国际组织的援助项目，加大保护区各项基础设施建设。一是组织专家完成了珠峰保护区湿地保护工程建设项目的各项前期工作，为明年进入项目实施阶段打下了良好的基础。二是在自治区环保局的大力支持下，投资79万元，启动了保护区管理局、定日管理分局和聂拉木管理分局宣教室建设项目；在各核心保护区和重点路口设置了8个大型提示牌。三是与区科技厅合作，制定了珠峰自然保护区办公自动化系统总设计方案，为正式建立保护区地理信息系统奠定了良好的基础。四是国际合作取得新进展，与珠峰保护区有着长期友好合作关系的关心世界组织重新签订了合作协议，年内落实投资70余万元。并与新一代基金会和世界自然保护联盟等有关国际组织和非政府组织达成了长期合作的意向性协议，部分双边合作项目及投资计划正处在实施过程之中。

【存在的问题】体制不顺是目前和今后制约在保护区依法开展各项工作的最大障碍。珠峰管理局是事业单位，就没有执法权，依法管理没有法律依据，与法制社会的要求不相适应。保护区四县管理分局的人权、财权属当地政府管辖，而对保护区造成恶性破坏的主要对象是当地群众（即部分法人或法人代表）。

同时在管理队伍中还有一些同志对自然保护区管理部门的工作职能和自己的工作职责认识不清、掌握的不够，原则性和灵活性把握不准，业务能力和执法水平有待进一步提高。只管收费，不管修路，不管宣传，不管服务质量，不管国内国际客人的反应和影响等问题还较为突出、人才匮乏，经费不足也是面前的现实困难。

日喀则地区扶贫农发工作

【按照既定目标和任务，狠抓扶贫农发建设工作的落实】2007年，日喀则地区扶贫农发办与地委行署签订的扶贫农发需完成国家6266.6元，其中：扶贫国家投资3578.6万元，农发国家投资2688万元。对照目标和任务，全年完成项目总投资10281.03万元，其中国家投资7684.7万元，地县两级配套资金30万元，群众集资、投劳折资1864.33万元。截止11月底，扶贫、农发国家投资已到位92.62%，2007年日喀则地区扶贫农发项目批复实施的国家投资与地区的目标任务6266.6万元相比，超额完成1418.1万元，超额18.5%。

【扶贫开发完成情况】2007年扶贫项目经自治区扶贫办批复项目49个，总投资5965.03万元，其中国家投资4641.7万元，群众投劳、贷款、自筹621.33万元。2007年扶贫开发投资与地区给的任务相比超额完成1063.1万元，超额22.9%。

面上扶贫和整乡推进交通项目10个，新修乡村公路5条，长30.704公里，修建乡村公路桥14座。产业项目12个。水利项目15个，新建、改建水渠13条，长22.73公里。新扩建水库（水塘）5座，总库容18.28万立方米。农业项目4个，改造中低产田197公顷，新建温室65幢，占地面积2公顷。牧业项目7个，新建围栏草场880公顷，人工种草43公顷，灭鼠1000公顷，修建羊圈560平方米，修建半封闭保暖牛舍2400平方米，建青饲草房600平方米，建暖棚1510平方米。搬迁项目1个。沼气项目1个。温室项目2个。农牧民实用技术培训1197人（次）。截止目前，日喀则地区扶贫农发办已开展了农牧民驾驶员培训、农牧民施工培训、家庭服务技能培训、石材开采技术培训、度假村服务技能培训、种草养牛技术培训。

贫困户安居工程 2007年日喀则地区贫困户安居工程在17个县市进行，涉及到103个乡镇、457个村、1228户，总投资1473.6万元，户均投资1.2万元。截止目前，资金已全部到位。经自治区、地区专项检查组验收，1228户贫困户安居工程已全部完成，资金使用合理，房屋建设质量较好，受到了广大贫困群众称赞。

积极开展定点帮扶工作。在认真贯彻全区定点扶贫工作会议及藏扶办[2007]1号关于《全区“十一五”定点扶贫工作安排意见》精神的同时，全力抓好对口帮扶工作的落实。地委、行署高度重视，及时召开联席会议，出台了《日喀则地区“十一五”期间地直、中直、区直单位定点扶贫工作安排方案》通知，按照定点扶贫干部“挂职到县、定点到乡、工作到村、帮扶到户”的要求，采取“两个地直、中直单位对口帮扶一个重点乡镇，一个县（中）直单位对口帮扶一个重点扶持村，机关干部对口帮扶重点扶持户”的措施，2007年确定日喀则地区帮扶单位105家，其中：自治区级单位31家、地区级单位74家。定点帮扶工作组立足于当地实际，从群众最关心、最迫切、最需要解决的问题入手，从制约当地经济社会发展的突出问题抓起，积极主动地争取资金办实事，突出重点抓关键。

2007年，日喀则地区定点帮扶共完成资金1506.43万元，其中：捐款107.53万元，捐物折资427.35万元，争取项目资金971.55万元。其中区直单位31家帮扶资金1187.59万元，（捐款47.69万元，捐物折资405.25万元，争取项目资金734.65万元，涉及帮扶户数2022户、10708人）；地直74家单位帮扶共计318.84万元（捐款59.84万元，捐物折资22.1万元，争取项目资金236.9万元，涉及帮扶户数788户、4155人）。通过这些卓有成效的工作，让贫困群众切实感受到党和政府的关心、关怀，使他们树立了帮助是鼓励方法，自实其力才是最终的目标和愿望。

【农业综合开发完成情况】2007年自治区农发办批复日喀则地区农发项目总投

资4316万元，其中：国家投资3043万元，占总投资的70.5%，地县配套30万元，占总投资的0.69%，群众集资439万元，占总投资的10.17%，投工投劳折资804万元，占总投资的18.62%。完成国家投资与地区签订的目标任务相比，超额完成了355万元，超额13.2%。

截止目前，三县市开发区共完成农村基础设施建设即：砼现浇渠道43.8公里，完成了任务的92%；防洪堤0.3公里，完成任务100%；排洪道17.51公里，完成了任务的80%；交叉建筑物94座，已完成了任务的62%；新修机耕道25.3公里，土地平整75公顷，客土改良47公顷，场建设400公顷，完成任务的100%。网围栏11公里，技推广300公顷，才培训3500人次，完成白朗县大棚温室建设380幢。农牧民承担及参与工程建设项目直接获益437万元。

【认真组织对2006年扶贫农发项目验收】2006年度扶贫开发、农业综合开发、特色产业项目，经过一年多来的紧张建设已全部完成。日喀则地区扶贫农发办组织地区财政局等有关部门参加的工程项目验收小组，分别对农发、扶贫项目进行了自验、初验。验收中采取了实地检查、查阅资料、核查资金账目等方法，对各项目进行了认真细致的评估。经验收认为各县市较好地完成了批复任务及投资，项目质量达到了要求，工程质量合格，不存在“双拖欠”现象。项目运行良好，资金做到专项专用，账目清晰，项目后续管理制度健全，已具备初验、终验条件。

【存在的主要问题】1.从地区到各县市扶贫办，专业技术人员匮乏，部分项目的前期工作不够扎实，项目选项把握得不够准确。2.下半年由于自治区下达批复投资较晚，项目安排后，年内难以完成，造成项目效益跨年度发挥。3.项目的后续管理还需进一步加强。

日喀则地区农牧工作

【年度情况与特点】2007年，日喀则地区各级农牧部门和广大基层干部群众在地委、行署的正确领导和上级业务部门的指导帮助下，认真贯彻中央、自治区、地区一系列涉农工作会议精神，按照地区“落实年抓落实”部署要求和日喀则地区农牧局制定的“积极推进三个转变，突出抓好三件大事，重点搞好七项工作”思路，加强领导，真抓实干，着力在做大、做强、做优特色农牧业上下功夫，使全地区农牧业生产连续夺得第20个丰收年。全地区农村经济总收入达到23.37亿元，比上年增长12.71%。其中，第一产业收入12.42亿元，占总收入的53.15%。农牧民人均纯收入达到2592元，同比增长17%。

【种植业生产夺得丰收】在保护和提高粮食生产能力、确保粮食安全的基础上，扎实推进种植业结构调整，通过实施提高粮食单产行动计划，加大增产增收技术的推广力度，达到优化结构、丰产丰收的目的。共落实农作物播种面积84913公顷。其中，粮食作物51540公顷，经济作物21487公顷，饲草料作物11887公顷。粮、经、饲三元种植比例调整为60∶26∶14。种植业生产在遭受播期干旱、秋季降水偏多及局部地方雹灾等不利天气影响的情况下，实现了第20年丰收。据统计，全地区的粮油总产量达37.07万吨，比上年增产0.206万吨，其中粮食产量34.7万吨，油菜产量2.4万吨；蔬菜产量26.1万吨，比上年增加3.9万吨，饲草料产量12.04万吨，比上年增加0.063万吨。

【畜牧业生产稳步发展】2007年，日喀则地区扎实推进草场承包经营责任制的落实，着重加大了接羔育幼、畜种改良、畜禽规模养殖和重大疫病防治等各项工作，使畜牧业生产实现了历史上最好的丰收年，特别是农区、城郊畜牧养殖业呈现增产、增效的良好态势。据统计，全地区新生仔畜成活198.7万头（只、匹），成活率达92.19%，成畜死亡7.5万头（只、匹），死亡率控制在1.3%，肉产量3.26万吨，奶产量7.41万吨，毛绒产量2464吨，禽肉产量102.45吨，禽蛋产量718.71吨，与上年基本持平。完成短期育肥出售43万个绵羊单位，实现纯收入2795万元。

【乡镇企业和多种经营加快发展】主要狠抓了运输业、城镇服务业、采集业、加工业、劳务输出等工作措施的落实，借助地区珠峰文化节等各级各类经贸洽谈会、产品交易会和物资交流会的举办，推动乡镇企业、多种经营加快发展，增加群众收入。全地区乡镇企业实现产值5.1亿元，同比增长11.4%；多种经营收入达9.1亿元，同比增长13.6%；劳务输出33万人次，实现总收入4.8亿元。

【特色产业开发和项目建设进展顺利】2007年，日喀则地区农牧业新（续）建项目主要有退牧还草工程、优质青稞生产基地、地区岗巴羊产业化开发基地、白绒山羊生产基地、地区马铃薯生产基地、江孜大蒜生产基地、仁布达热瓦青稞酒生产等，项目总投资为3.1亿元，其中特色产业项目1.15亿元，其他项目1.95亿元，到目前国家投资到位1.8亿元。全年特色产业开发带动项目区农牧民人均增收650元左右。

【农业产业化经营有新起色】围绕打造艾玛土豆系列品、江孜大蒜系列品、“喜孜奶羌”青稞酒、“洛旦糌粑”和纳尔孜荞麦系列品等地方特色产品品牌，培育发展带动力强的农业产业化经营龙头企业。同时，重点将一批农畜特色产品及民族手工业品加工上市。其中，江孜“阿香淹渍蒜”、“喜孜奶羌”青稞酒、“洛旦糌粑”取得了较好的经济效益。日喀则地区8家龙头企业实现产值9544万元，同比增长2.06%，实现利润1326万元，同比增长17.4%。按照“加入自愿、退出自由、民主管理、盈余返还”的原则，高度重视农牧民专业合作经济组织建设，引导农牧民群众依托资源优势、项目建设、优势企业、经济能人等组建专业合作经济组织，白朗青稞、白朗蔬菜、艾玛马铃薯营销、康马石材和江孜玉妥藏医藏香等8家农牧民专业合作社挂牌成立。

【把“一产上水平”列入全年工作的重中之重】围绕做大、做优、做强农牧业，促进一产上水平，一是成立了“一产上水平”工作领导小组，由局党组书记任组长，局领导班子全体成员为组员，并下设办公室，由分管领导任办公室主任。二是结合农时，先后派出20多个工作组多次深入到县、乡、村，在督促检查生产计划执行、重大项目实施、农牧民增收措施等重点工作的同时，就“一产上水平”进行调研。之后，局领导班子两次召集系统高级职称专家座谈会，进行了专题研究和讨论，并将调研和讨论的结果形成了专题报告。三是按照地区“落实年抓落实”的工作部署，制定了局系统“落实年抓落实”实施方案，将各项工作任务分解到科室（单位），落实到分管领导和具体负责人，明确责任，促进了各项工作措施的落实。特别是积极开展了优良奶牛引进和推广、农区畜牧业发展、特色产品开发、科技承包等试点示范工作及农用物资调运、科技培训、防抗灾等指导服务工作，及时协调解决缺种、缺肥等实际困难，确保了全年农牧业生产顺利、健康推进。

【认真落实好各项支农惠农政策】地委、行署共落实涉及种植业、畜牧业、农机具购置及乡镇企业等政策性补贴6500余万元，农牧民人均享受政策补贴110元。着重加大了对特色产业发展的支持投入力度。日喀则地区农牧局从9月份开始加工了400吨抗灾混合饲料及20多万元的经费，提前分配给易灾、多灾乡镇。同时，给2006年农田受灾严重的27个乡镇解决了180万元的缺种经费，采取底肥补贴资金由地区支出50%，各县市及群众自筹50%的办法，解决了日喀则地区秋播化肥缺口问题。

【努力提高农业综合生产能力，实现提质增效】围绕优质高效调结构，依靠科技，着力在提高粮油单产水平、良种生产能力和质量水平、田间管理水平、耕地产出效益上下功夫，全力提高农业综合生产能力。全地区共改造低产田12000公顷，治理坡耕地1667公顷，平均每公顷施农家肥160公斤以上，完成“扎扭”灭草30000公顷，分配农药414.56吨，订购享受财政补贴的农机具1629台（部），到位化肥19500吨。完成机耕面积56667公顷，机播面积50000公顷，全地区建成农作物良种繁育基地3907公顷。种子精选、包衣率分别达到100%和49%。农作物良种推广面积为60000公顷。做好了白朗、拉孜、南木林3县的农业标准化示范区建设、日喀则市等9县市良种繁育基地建设、9县市农田杂草防治及各项种植业工作，区、地、县三级农技推广和科研部门整合技术力量，组织50名科技人员分别进驻白朗、拉孜等9县市的部分乡镇，以包乡蹲点的形式开展农业技术指导与培训工作，各承包点人员通过举办培训班、实地操作，将生产指标和技术措施落实到户、人，为提高科技含量，推动农业标准化进程打下了良好的基础。完成了9个粮食主产县、7463个土样的采集和送检工作，为下一步实施配方施肥奠定了良好的基础。

【强化科技承包与培训工作】一是狠抓沼气项目建设与推广，2007年在日喀则、江孜、白朗三县市实施沼气项目建设（2006年续建项目），涉及2500户，大力推行“一池三改一棚”技术模式，已全部完成并投入使用。2007年沼气项目严格按照上级部门要求正在实施中。二是为加快科技成果转化，地区农科所选派9名科技特派员及15名专业技术人员，深入相关县市开展春青稞与脱毒马铃薯新品种种植技术示范、原种生产田建设、优质饲草种植技术示范、马铃薯原种繁育和以露地蔬菜种植为主的种植业示范点工作，在拉孜县曲下镇吉如村开展的露地蔬菜示范点种植面积达4公顷，涉及39户，人均纯收入比2006年增加454.5元。三是加大科技培训工作力度。重点围绕农机具安全操作、绿色食品生产开发与管理、农业生产安全常识、新农药和化肥科学使用技术以及家畜、家禽饲养管理与科学防治疫病技术、农民专业合作社法等内容，共完成各级各类培训19.33万人（次），其中，农牧业科技人员近3000人。

日喀则地区林业工作

【大力植树造林、加快林业生态建设步伐】2007年，日喀则地区林业局启动了重点区域造林绿化工程，实施了退耕还林工程，全面开展了全民义务植树活动，目前，全地区共完成各类造林4073公顷，其中重点区域造林绿化1760公顷，退耕还林1053公顷，义务植树188万株，种植经济林木5.55万株，封育0.2公顷，育苗30公顷。

【积极开展专项行动】根据国家林业局、自治区森林公安局具体部署，从2006年年底开始先后开展了“绿盾行动”、“区域性严打专项行动”和“绿盾二号行动”等三次专项行动。在这三大专项行动中日喀则地区林业局按照本地区的实际情况，制定实施方案，成立了以地区林业局局长担任组长的专项行动领导小组，设立了办公室，为确保三次专项行动取得实效地区森林公安机关在林业主管部门的领导下，先后组织警力40多（次），出动警力800多次、林业执法人员139人（次），车辆90多台（次），深入林区巡山、清理乱占林地、突击设卡等措施，进一步加大了打击力度，维护了林区社会稳定。在三次专项行动中共检查野生动物活动区域69处；查处盗伐、违法运输林林案件7起、非法收购木材1起；查处非法收购、支出和捕捞野生动物案件8起；清理非法经营野生动物场所56处；没收野生动物皮56张、藏羚羊头17只、藏羚羊角9对、藏原羚头18只、藏原羚角5对、西藏野牦牛头1只、岩羊头1只、林木树木22.12立方米；作案工具(猎具)20件；没收赃款2892元；行政处；罚56人(其中罚款16230元人民币)，给国家挽回经济损失62902多元人民币。

【切实做好森林防火工作】为保护森林资源，维护林区群众生命财产安全和社会局势稳定，切实做好日喀则地区森林防火工作，2007年3月5日召开的林业工作会议，行署专员与各县人民政府县长签定了森林防火行政领导责任书。10月26日，在亚东县召开了全地区森林防火工作会议，行署副专员张雪喜作了重要讲话。这对日喀则地区今冬明春的防火工作具有重要的指导作用。

地区及五个有林县森防部门始终坚持“预防为主，积极消灭”的原则，积极开展了全方位的森林防火专项大检查，对所属辖区便道沿线、重点山头、入山路口、边贸市场、中小学生上学来往路段等重点防范地段进行了全面的排查，并安排专人看守，有效地清除了森林火灾隐患。在森林防火紧要期，地区及各级森防部门先后充实调整了森林防火指挥部领导小组，组成了由行署专员、各县政府县长为指挥长，林业部门为主的森林防火领导小组，制定了防火预案。

为进一步增强广大群众的防火意识和法制观念，地区森防办先后多次深入林区各县，发放宣传册24500张，宣传《森林法》、《野生动物保护法》、《森林防火条例》等法律法规，讲解防火安全常识，截止目前，日喀则地区未发生一起森林火灾，收到了良好的效果。

【进一步加强对现有林地的保护工作】进一步加强林政执法力度，严格征占用林地审核审批制度，特别是加强对林区修建道路、各种矿区建设征占用林地的监督与管理。截止目前，全年共查处林政案件147起，没收盗伐、滥伐林木和无证运输木材66立方米，野生动物及其产品13只，没收违法所得17.31万元，罚款27.92万元，行政处罚人数234人次，查处征占用林地案件2起、面积416.33公顷，其中：亚东县康亚公路修建面积8.63公顷，谢通门县矿区建设临时占用林地面积407.7公顷，有力地打击了各种破坏林业资源的违法分子，教育了群众，取得了良好的成效。

【存在的问题】1.林业体系不健全，人员编制少，基础设施条件差，经费保障紧张，无法开展正常的工作，加之地区林业局人员编制仅为20人，远远不能满足管理全地区的造林任务的需要，使得很多工作无法正常开展。

2.林业专业技术人员严重缺乏，科技支持和科技含量较低，同时造林树种单一，当地乡土树种虽然适应能力强，抗病虫害、耐旱，但常规育苗，发芽率和出苗率低的技术难题始终得不到解决，很难适应当前生态建设的需要。

3.对生态保护与建设在思想认识上还有较大的差距，由于受历史原因和诸多因素影响，加之林业宣传的深度和广度不够，致使人们的保护意识、生态意识、环境意识淡薄，加之，日喀则地区生态环境脆弱、土壤荒漠化、沙漠化日趋严重，宜林地干旱、缺水，生态建设任务艰巨、繁重，尚需付出更大的努力。

日喀则地区水利工作

【水利投资保持平稳发展态势】2007年，行署给日喀则地区水利局下达了全年计划水利投资 2.6 亿元的目标任务。截止目前，共落实水利工程建设项目20项，其中收尾和续建项目6个，新建项目14个，共完成投资 14338 万元，筹措防汛抗旱资金 177 万元，完成农田水利基本建设资金6136.7万元，争取援藏资金130万元。截止11月底，已完成固定资产投资2.31亿元，是目标任务的88.4%。

【加快推进水利基础设施建设】一是扎实推进农村安全饮水工程建设。2007年，抓住有利时机对2006年没有完工的人饮项目全部复工，到5月底已全部完成2006年的建设目标任务。2007 年，重点抓好整乡推进和集中连片供水工程建设，全年完成 250 处（含 6 处乡镇供水工程）项目点的建设任务，解决了8.26万人和87.3万头牲畜的饮水问题，为边防部队、边防检查站、边防武警官兵和派出所解决了25处饮水项目点。二是着重抓好农村小水电建设。新开工建设了岗巴贡巴楼、仲巴帕羊和聂拉木门曲3座水电站，聂拉木老电站改造工程和 6 个县的三期农网工程建设基本完工，随着“送电到乡”和“117”项目13座电站竣工发电，解决了13个乡(镇)74个村4790户25553名群众的用电问题。三是加快灌区配套工程建设。定日长所灌区、昂仁多白南、北干渠和日喀则市江当灌区 4 个灌区先后竣工投入使用，江孜雅堆干渠、南木林热嘎干渠等一批灌区工程开工建设，为日喀则地区农业灌溉用水提供了可靠保证。按照“一事一议”和“特事特办”的原则，为日喀则市城北办事处投入 40 万元资金解决欧珠水渠水源替代工程，解决了当地群众引用污水灌溉问题。四是重点城镇和防洪堤工程建设稳步推进。年楚河干流一期防洪堤工程、萨嘎城区防洪工程以及仁布城区防洪工程基本完工，南木林城区防洪工程、谢通门城区防洪工程和萨迦城区防洪工程已竣工投入使用，全地区重点城市防洪保安工作得到提高。五是加强抗旱水源工程建设。完成了12座病险水库的大坝安全鉴定和项目建议书的上报以及初设工作，对11座提灌站进行了维修整治，谢通门测堆水库等重点水源工程基本完工，部分水塘、水渠得到除险加固和维修，全地区农田有效灌溉面积得到提高。

【全力抓紧抓好防汛抗旱工作】及时召开地区防汛抗旱工作会议，调整和充实地区防汛抗旱指挥部成员，进一步明确了行政首长责任人和成员单位职责，落实防汛抗旱工作制度和值班人员在汛期坚持24小时值班制度，重点防汛部位及时组建了防汛抗旱抢险突击队，编制完成了全地区防汛抗旱工作预案和重点城市、水库以及电站防汛预案及修订工作，先后派出领导带队多次到实地对病险水库、主要江河防洪堤坝以及水库蓄水调度、冰湖险情进行调研指导和安全检查，专门下发文件部署防汛抗旱工作（期间共下发文件36份，形成简报63期），要求防汛抗旱重点县（市）筹备铁丝不少于 30 吨，编制袋不少于 30 万条，其他县（市）根据自己的情况，但最少筹备铁丝不少于 20 吨，编制袋不少于 20 万条，还筹措防汛抗旱资金 177 万元，其中地区配套70万元，各县市配套107万元，全地区筹集铁丝 190 吨，编制袋 40 万条，其中自治区给日喀则地区铁丝 20 吨，地区自筹20吨，各县自筹150吨，自治区给日喀则地区应急配备编制袋 10 万条，各县自筹编制袋30万条。下半年，日喀则地区洪涝灾害较为严重，造成 15 个县 109 个乡镇共 69558 人遭受不同程度的洪涝灾害，造成直接经济损失达 3097.81 万元，其中水利设施经济损失 1458.1 万元，针对灾情的严重性，及时下拨防汛物资和资金，鼓励当地群众开展生产自救，到现场实地对救灾工作进行面对面指导，期间共发放防汛物资铁丝72吨，编制袋14.7万条，麻袋3000条，彩条布 3000 平方米，铁锹 20 把等防汛物资，有力地支持和推进了防汛抢险和生产自救工作，确保了人民群众生命财产安全。

2007 年，日喀则地区农田受旱面积累计达 3600 公顷，草场受旱面积达到

163733公顷，因旱情造成直接经济损失达579.35万元，及时发放抗旱救灾物资铁丝笼36吨，编织袋7万条，旱地龙2吨，筹备块石1.5万立方米，开启24处移动泵站，动用850套机动设备投入抗旱，用于抗旱资金累计达到107.19万元，全地区旱情有所缓解。

【扎实抓好农田水利基本建设】专门成立工作组深入各县（市）进行检查指导，积极宣传“民办公助”项目和实行“一事一议”筹资筹劳管理办法，加快昂仁、定日两县农田草场新机制改革步伐，编制完成了以16个县为单位的小型农田草场水利基本建设规划的上报审查，完成了“民办公助”16个项目的上报工作，总投资1912.53万元，已下达投资的有10个项目，总投资363万元；编制完成地区支农项目16个，总投资255.5万元，地区下达配套资金150万元。一年来，共完成小型农田水利基本建设总投资6136.7万元，其中自治区补助资金1151万元（含中央投资），地区补助资金150万元，各县配套540万元，群众投劳折资4295.7万元，完成投工78.41万个。

【扎实推进农村小水电建设步伐】2007年，日喀则地区农村小水电工作重点放在“送电到乡”和“117”项目的竣工验收上。一是着重抓好“117”和“送电到乡”项目的竣工验收。“十五”期间，日喀则地区共建“117”和“送电到乡”项目21座水电站，其中“117”水电站12座，“送电到乡”水电站9座。截止目前，21座电站已全部通过初步验收，18座电站顺利通过竣工验收，其中2007年完成“117”项目竣工验收的有4个，完成“送电到乡”竣工验收的有9个；二是完成了亚东帕里、康马昌果、聂拉木充堆和吉隆镇4座水电站的维修任务，完成投资1960万元，其中国家投资120万元，地县配套和群众劳务投入1840万元，同时完成了15座小水电站和2008年计划维修9座水电站项目的上报审批工作；三是抓好电站运行管理人员的培训。2007年参加培训的人员有42人。

【强化水土保持工作和水行政职能，加大水资源和河道采砂管理】及时组织人员参加水行政法规培训，努力加大《中华人民共和国水法》、《河道管理条例》、《取水许可》和《西藏自治区水利工程管理条例》等法律法规的宣传，逐步提高水法知识和水行政执法能力，开展水土保持、河道采砂、水资源保护专项执法活动。2007年自治区人大常委会、区环保、水利等联合工作组先后两次到日喀则地区检查指导水资源开发利用、河道采砂管理、水资源保护、水费征收等工作，为水利立法工作提供了重要依据。

加大水资源管理力度，实行取水许可制度；加大水土保持监测治理和水环境监测，发挥日喀则夏鲁沟、江孜日朗沟综合治理和鲁孜沟小流域水土保持监测点的示范作用，推动水土保持逐步展开，水土保持监测成功为上级部门提供可靠的监测数据；加大河道采砂管理，进一步明确河道采砂权归属问题，多次深入河道采砂点进行调查，提出了可行性意见和建议。2007年，经地区行署批准组建了地区水政监察大队和水土保持监测中心，为推进日喀则地区水土保持工作和水行政执法工作奠定了基础。

【存在的问题】一是因过去水利项目前期工作做得不够扎实，国家到位资金比较晚，调概变更多，在一定程度上影响了2007年水利项目的开工建设和年终目标任务的完成；二是水利基础设施建设相对滞后，水利设施配套不完善，防汛抗灾能力低下，农田水利维修养护和防汛抗旱应急物资和资金严重不足；三是水利工程建后管理环节仍然薄弱，虽然对水利工程建后管理做了大量卓有成效的工作，但力度仍然不够大，水利工程建后管理还需进一步加强；四是由于专业技术人员短缺，在一些重点建设项目的审查、技术把关、申报项目等方面仍然存在一定的差距，不能满足当前水利重点项目建设对人员素质的需求。

日喀则地区交通工作

【年度情况与特点】2007年地区行署给日喀则地区交通局下达的基本建设项目投资任务为14.845亿元，比2006年增长10%。截至目前，共落实投资16.4443亿元，完成投资14.354亿元，比2006年增加3.254亿元，增长29.32%，完成任务的96.7%。其中公路建设项目落实投资16.22亿元，完成投资14.163亿元；公路养护工程、安全保障工程、标规路工程及“小改善”活动落实投资800.99万元，完成投资477.24万元；机关基础设施建设完成投资1433万元。

【认真抓好公路基础设施建设，不断促进地方经济发展】2007年共完成重点公路建设投资13.0876亿元。2007年日喀则地区新建续建重点公路项目共7个，其中由交通厅组织实施的有6个，即：亚东至乃堆拉山口公路完成投资1.3727亿元；G219国杰至桑桑公路完成投资3.0192亿元；S204康马至亚东公路完成投资3.42亿元；G318聂拉木至樟木公路完成投资2.3542亿元；G318老定日至聂拉木公路完成投资0.3亿元；珠峰大本营公路完成投资0.63亿元。由日喀则地区交通局组织实施的有1个，即：由日喀则地区交通局组建独立项目法人组织实施的S307浪卡子至江孜公路完成投资1.9853亿元。

切实抓好农村公路建设项目。2007年由公路管理局和日喀则地区交通局安排实施的新开工农村公路建设项目36个，建设规模1147.29公里，独立桥梁335.5米/2座，投资11390.99万元；相关部门安排的续建项目2个，建设规模131.25公里，投资1128万元，日喀则地区交通局负责实施的续建项目3个，建设规模131.485公里，独立桥梁126米/1座，投资1896.14万元；这些项目的实施解决了20个乡镇、133个建制村的通达问题。

目前完成农村公路建设投资1.0756亿元（其中续建项目0.2824亿元，新建项目0.7932亿元）。

【切实抓好公路养护工作，不断提高公路服务水平】（1）干线公路的养护管理工作成绩突出。2007年底，日喀则地区交通局正常养护的干线和支线砂土路的平均好路率达到74.12%，养护质量综合值为77；油路平均好路率和综合值与2006年持平，分别达到84.15%和84。

（2）交通安全保障工程顺利完成。

2007 年日喀则地区交通局共完成安全保障工程投资 166.24 万元，共 7 条线路上实施了公路安全保障工程。

（3）认真实施了油路“小改善”活动和“标规路”工程。2007 年，日喀则地区交通局在国省道和支线公路上共实施了油路“小改善”活动 45 公里（S204 线江康段），落实补助资金 45 万元，实施了“标规路”工程 10 公里，落实补助资金 20 万元，实际完成投资 20 万元。清理公路建筑控制区范围内施工垃圾 26647 立方米，增设路政宣传栏 8 处。实际完成投资 45 万元。在实施砂土路“标规路”工程中，严格按照技术指标和达标标准施工，使实施的“标规路”工程均达到了合格以上工程质量标准。积极开展砂土公路“六个一”公路小改善活动。2007 年，日喀则地区交通局通过开展“六个一”小改善活动修建标准公路 4 公里（均达到了四级公路技术标准），局部提高加宽路基 7 公里，取直加宽弯道 460 延米/12 处，增设干砌路肩墙 3871 立方米，新修干砌木盖板涵 12 道。

（4）公路养护工程项目（大中修工程、危旧房改造、公路水毁恢复工程、专项工程）实施进展顺利。2007 年，公路管理局共安排养护工程项目 8 个（其中大中修工程 1 个，危桥改造项目 3 个，水毁恢复工程 2 个，危旧房改造 2 个），批复总投资为 569.75 万元。完成投资 246 万元，占批复总投资的 43%。切实做好农村公路管理养护工作。为加强农村公路日常管理养护工作。对全地区列养的县道、二类边防公路、乡道 10421.431 公里，投入养护补助资金 2326.3 万元。实现农村公路路基坚实、路面平整、边坡稳定、排水畅通，已有桥涵等构造物完好的目标，保证农村公路常年通车。采取有力措施，避免因失养而造成新的断头路。

【公路管理工作】公路建设市场管理工作得以进一步规范进一步加强了工程质量监督工作，加强了对施工企业的资质审查和资格预审工作，完善充实了农村公路建设项目评标专家库，强化对公路招投标过程的监督，加大设计变更审查力度，确保国家投资合理有效使用；在公路建设上，放开了前期工作和施工、监理市场，建立了地县两级项目管理体制；在公路建设过程中，认真贯彻落实工程质量管理规章制度，全面推行领导责任制、项目法人制、项目招投标制、工程监理制、合同制。施工单位一律通过招标方式确定，签订施工合同，严禁转包和分包，建立和完善三级质量保证体系，严格监督管理，严把材料关、施工工艺关和工程质量关，按规范要求进行项目管理，确保了投资安全。

路政管理工作力度不断加大。开展了严禁在公路控制区修建各类建筑物或者保护公路附属设施的相关管理规定的协议书签订落实工作；圆满完成了新颁布的《公路条例》的宣传工作；加强治理违法超限运输管理工作，保障公路安全畅通；进一步加大了超载超限整治工作力度；开展了专职路政执法业务培训班暨 S204 日亚公路日喀则市至康马县路段专项清理整治工作。

运政工作成效显著。加强了以提高文明执法和公正执法为目的的执法人员的培训工作，提高执法人员自身法律水平和业务素质；加强了农村客运站点的建设，从根本上解决了农牧民的出行难问题；加强了客货运输市场规范化管理，将客货营运车辆控制在 2248 辆，重拳出击，严厉打击扰乱日喀则地区运输市场秩序的“黑车”，保障行业效益，确保客货运市场健康有序快速发展，全年完成客运量 28.3 万人次，货运量 44.4 万吨；以规范汽车及其零配件销售、维修市场秩序为目的，认真开展了汽车及其零配件销售、维修市场的专项整治工作，树立了良好的行业形象；规费征收有了新的突破，全年完成运管费征收 210 万元，货运附加费征收 352 万元，上缴地方财政费用 31 万元；尽职尽责做好了监管尼泊尔借道运输工作，2007 年监管押运物资共 732 吨。

【存在的问题】一是农村公路项目前期经费严重不足；二是公路建设仍不能满足经济社会发展的新要求，农村公路通达深度不够，目前日喀则地区还有 6 个县未通油路，仍有 56 个乡 1120 个建制村不通公路；三是农村公路管理养护体制和机制还未完全建立；四是农牧区道路运输市场发展滞后，县乡（镇）客运站点建设力度有待进一步加大；五是公路交通专业技术人才和其他专业人才严重匮乏。

中国电信
日喀则地区分公司

【业务收入平稳增长，综合市场份额保持相对领先】2007 年日喀则地区分公司在市场竞争不断加剧，固网语音业务持续下滑的困难下，各单位顶住市场压力，积极应对竞争，坚定不移地稳定经营服务基本面，全面实施“保存夺增总经理工程”，集中开展“奋战六十天，实现保存夺增新突破”专项活动；坚定不移地抓好重点业务的发展和新业务的推广，积极推进品牌经营、客户营销，全面推广 e6、e8 套餐，确保集团统一品牌的落地，积极营销好易通、超级无绳等重点业务，同时开展预存话费送话费，预存话费送手机，教师中秋传情，鸿雁短信沟通，短信争霸赛，今冬明春电信卡“买一赠一”话务量营销等一系列活动，确保综合市场份额的领先地位；坚定不移地夯实服务基础，规范服务流程，创新服务手段，提升服务能力，深入开展“诚信服务放心消费年”活动，全面贯彻落实服务“十七条”，全新推出六项服务承诺，着力提升营业厅“服务四力”。在激励的市场竞争中，实现了经营工作的新突破。全年业务收入完成西藏公司预算的 100.46%，同比增长 10.02%；主营业务收入完成西藏公司预算的 100.09%，增长 10.70%；人均劳动生产率达到 40.86 万元。新增电话用户 4171 户；净增宽带用户 1488 户，达到 5109 户；我的 e 家用户达到 2886 户，好易通套餐用户达到 526 户，渗透率达到 2.21%；全面完成了西藏公司年度综合考核指标。农牧区市场拓展取得新的进展，实现了乡乡通传真和 263 个行政村通电话，累计实现 1405 个行政村通电话，村通覆盖率达到 80%。

【业务转型取得实质性进展，增值业务及综合信息服务优势初步显现】以行业信息化应用为切入点，立足为客户创造价值，积极争取地方党委、政府和社会各方面的支持，不断加大增值业务及综合信息服务营销推广力度。2007 年，日喀则分公司的全球眼，号码百事通业务的经营取得实质性进展。以“平安日喀则”，GPS天地通车载安防通信系统，政府网站、企业彩铃为代表的行业信息化应用解决方案得到逐步推广和拓展，既有效保持了存量，又促进了收入增长。2007 年，日喀则分公司完成增值及综合信息服务业务收入与 2006 年同期相比增长 170.11%，占主营业务收入的 17.98%，拉动主营业务收入增长 12.32%，完成日喀则分公司预算的 186.23%，完成西藏公司下达的奋斗目标值的 130.5%，比上年提高 10.43 个百分点。

【企业改革和创新实现了新的突破】2007 年日喀则地区分公司逐渐对部分县局主要负责人进行了调整。为锻炼和培养人才，还在三个县局配置了局长助理。按照西藏公司文件要求，及时规范劳务用工和事实用工管理，并清理了合同制用工和劳务工“混岗”的情况，逐步理清了劳务用工关系，完成了劳务工的“四项保险”，即基本养老保险、基本医疗保险、工伤保险、失业保险的清算和上缴工作。并对日喀则分公司的安保、绿化、食堂、卫生区域等进行了对外承包。

【资源配置进一步优化，运营效率不断提高，网络维护工作基本稳定】2007 年日喀则地区分公司围绕企业转型战略目标和网络发展滚动规划，主动调整投资结构，控制投资规模，严格执行资本性支出集中归口管理制度，规范和强化固定资产投资的申报与管控，改善投资预算执行的均衡性。日喀则分公司全年完成资本性支出 3179 万元，资本性支出占收入比为 30.75%，同比增长了 8.91 个百分点。2007 年日喀则分公司网络运行质量良好，完成大客户端到端电路故障恢复及时率 98.3%（≥95%），光缆干线传输电路可用率 99.86%（≥99.8%），全网性业务开放及时率 100%（≥98%），长途电话网络接通率 96.98%（≥95%），全面完成了西藏公司下达的各项运维指标。日喀则分公司运维工作主要从以下几个方面开展。一是按照“传输防阻断、交换防瘫痪、数据防拥塞、电源防掉电”四防工作要求，制定标准化、长期化的工作措施，加大维护作业计划的制定、执行和考核力度；推行光缆带业务割接，加强软件版本管理、局数据制作规范、故障分析通报和网络优化等工作；推动实施机房管理达标，进一步夯实基础维护管理，稳定网络运行质量。二是加强网络运行质量、网间话务监测分析工作，建立网络质量周、月分析通报制度，并督促落实，不断改善网络质量，提高业务疏通和抗大话务量冲击能力，密切监视网络流量、流向变化。落实网络故障事后分析和网络遭遇突发故障或重大节日期间大话务量疏通措施，初步形成快速响应及预警能力。三是响应前端需求，全年共新增开通电信内部业务 2M 电路 103 条，其中本地电路为 27 条，长途电路为 76 条。负责安装用户端设备及新增开通大客户专线业务 2M 电路 62 条，其中本地电路为 42 条，长途电路为 20 条；完成 20 个字冠的局数据制作工作。确保了大客户电路开通及故障处理的及时性。使业务受理及故障处理时限进一步缩短；规范电路开通，使业务响应工作有章可循、有据可查。四是完成传输、交换专业物理设备资源数据入库工作。完成了备品备件清理、入库工作。全年共支出维护成本 347.78 万元，其中：动力维护成本 93 万元，传输维护成本 39.8 万元，交换维护成本 3.98 万元，无线维护成本 65 万元，线路维护成本 107 万元，其他维护成本 39 万元。

【存在的困难和问题】一是业务结构、收入结构、投资结构、财务结构不合理问题依然突出，企业经营风险凸现。二是语音收入占总收入比急剧下降，语音收入增长乏力，存量流失严重。三是欠费仍然居高不下，欠费回收难度加大。四是客户资料准确率低，系统应用度差。五是客户品牌及其重点产品宣传推广效果还不尽人意，客户认知度不高，新产品、新业务和新技术培训滞后，应用效果低，还不适应品牌经营和信息服务的要求。六是网络运行安全面临挑战，网络设备和系统安全形势严峻。七是人员结构和队伍素质还有待进一步优化，人才的培养和储备工作任务十分紧迫而艰巨，员工的竞争、服务和创新意识有待进一步提高。

中国移动
日喀则地区分公司

【KPI 指标完成情况】2007 年，中国移动日喀则地区分公司实现运营收入 4987 万元，完成年计划的 110.6%。

净增用户 16701 户，完成年计划的 100%。总用户数 49820 户。

目前传输线路皮长，二干 1023.19 公里，本地网 1561.21 公里，城域网 22.9 公里。

【紧跟市场变化，实施营销战略】广泛开展活动，开发移动市场。2007 年以来，分公司采取积极有效的营销策略，加强业务宣传，提高企业知名度。随着日喀则通信市场竞争的不断激烈，如何保住老客户，不断发展壮大新客户，是日喀则分公司必须认真思考的问题。为此，中国移动日喀则地区分公司下大力气，采取多种形式，使用藏汉两种文字宣传企业，树立企业形象，先后充分利用“春节”、“藏历年”、“3·15”、“五一”、“五四”、“5·17 世界电信日”、“六一林卡节”、“珠峰文化节”以及“十一”等机会开展促销活动，把突出“中国移动通信”品牌作为宣传中心，通过购机入网、预存话费送礼品等优惠方式吸引广大消费者，效果明显，并达到了活动目的。开创性地制定了“下半月营销案”，取得了显著成效。同时，还与《日喀则报》等新闻媒体签订年度合作书，宣传各类移动业务，并在市区内通过制作高架广告、龙门架、横幅等媒介大力宣传移动通信业务，提高了企业的知名度。

【狠抓优质服务，树立企业形象】2007 年的服务工作以落实“诚信服务，满意 100”活动，推广三大品牌，加强队伍建设，提升服务水平为重点。坚持“沟通从心开始”的服务理念，通过完善服务制度和流程，加强监督考核，公司的客服工作有了较大变化。采取了以下措施：

一是落实了首问负责制。增强了公司内部人员的服务意识，部门间推诿扯皮现象明显减少，前台围着客户转、后台围着前台转的良好风气正逐渐形成。

二是提升客户满意度。为提高客户满意度，确保指标的完成，分公司前台人员在区公司相关部门的要求下，切实开展了一系列服务提升举措，如：岗位大练兵活动、针对各县的培训及“诚心服务、满意100”各项服务承诺的落实等。

三是加强节日期间的营销工作。2007年为确保完成年终各项指标，区公司针对不同的目标市场开展了一系列营销案，同时，分公司结合KPI完成情况，利用重大节日组织实施了一些营销案，取得了一定的成效。年初分公司各项新业务指标在全区排名都靠后，对此，分公司通过采取彩铃和手机报的批开营销案、GPRS200元套餐及短信营销案和统一营销平台的实施等，较好的完成了新业务各项指标。

【加强网络建设，提高运维质量】网络质量是企业的生命线，网络覆盖和网络质量必须始终优于竞争对手。坚持确保安全，确保畅通，加强网络建设的指导思想，保证了线路畅通，优质覆盖，极大的减少了客户投诉。

一是精心维护、确保畅通。2007年来，分公司移动通信设施屡遭人为破坏，为加大宣传力度，在地委、行署关怀下，编发内部明传电报，要求施工单位重视线路安全，有效的降低了线路故障率。

二是加强了基站维护扩容。为了保障用户的通话需求，缓解现有网络的话务负荷，提高网络运行质量，经分公司领导与技术人员多次协商，制定了紧急扩容方案，截止到上半年已顺利完成了昂仁、樟木、定结等18个县级及镇以上基站的换型扩容工作；下半年完成日喀则地区南郊3号、地区党校、岗多林和江孜3号基站的建设开通工作。

三是加强村通工程和边际网工程建设。根据区公司对2007年村村通工程和边际网工程相关指示精神，顺利完成上述工程建设，具体包括本地网建设、接入网的延伸、基站基础的建设、太阳能板和设备的安装，为市场部下一步工作的顺利开展打下坚实的基础。同时，还对村村通和边际网一、二期工程的电池进行了扩容改造，满足了基站用电需求。

四是针对用户反映强烈的地方，分公司通过区公司开辟的绿色通道，尽可能满足用户的需求。于4月下旬顺利开通了娘热乡铅锌矿基站、6月下旬顺利开通了曲乡基站、9月开通雄村铜矿基站，解决了部分区域信号差的问题。

五是完成了曲水至珠峰沿线的信号覆盖。为了更好地配合完成明年的奥运圣火采集，分公司配合区公司在珠峰大本营建立了基站和直放站，完成了海拔6300米世界最高基站的建设，实现了珠峰的无线信号覆盖，极大地提高了公司的通信网络能力和社会信誉度，也为下一步挖掘市场和开发市场提供了有力的网络支撑。

【存在的问题】1.员工队伍整体素质还有待进一步提高。就公司目前员工素质状况而言，与公司快速发展的需要还远远不相适应。惟有不断地强健队伍提高素质，才能适应企业基业长青的发展。

2.在村通和边际网建设中，由于2007年中国移动日喀则地区分公司业务区工程量比较大，建设面较广，地点多，分公司没有足够的工程随从人员，不能在工程建设中及时发现并处理问题。

3.管理工作还存在薄弱环节，仍需尽快克服。比如一些工作落实的执行力度还不够，合同审批流程业务不够熟练。

4.后勤支撑过于粗放，距离精细化管理还有一定差距。

日喀则地区旅游工作

【旅游经济快速发展】2007年，全地区旅游业在确保旅游经济各项主要指标完成的基础上，全面得到提升，取得了较大的突破。全年共接待国内外旅游者796466人次，比2006年增长35%，其中接待海外游客89888人次，比2006年增长6%；接待国内游客706578人次，比2006年增长39%。实现旅游总收入4.5亿元，比2006年增长36%，外汇收入1794万美元，比2006年增长25%。旅游企业共上缴财政税收283万元，比2007年增长37%。各项指标超额完成了年初地区制定的目标任务。

【制定旅游发展政策，促进旅游业发展】由日喀则地区旅游局主要负责起草，地委、行署审定的《中共日喀则地委日喀则地区行署贯彻落实〈中共西藏自治区委员会西藏自治区人民政府关于进一步加快发展旅游业的决定〉的实施意见》于10月8日下发到各单位和各县。《实施意见》定位明确，把加快发展旅游业作为调整经济结构、繁荣地方经济，促进区域发展，扩大对外开放，增加群众收入的重要任务来抓，为实现小康日喀则、平安日喀则、和谐日喀则建设，在特色上做文章，下功夫。《实施意见》的出台不仅使日喀则地区在支持旅游业发展的政策体系建设上迈出了新步伐，而且成为指导日喀则地区旅游业发展的纲领性文件，也是贯彻落实区党委、区政府《决定》的具体表现。

【招商引资取得新突破】本着平等互利、共同发展的原则，经过艰苦细致谈判，4月份，与四川央拓置业有限公司签订合同，成功出租了日喀则吉林后藏风情园，实现了风情园所有权、经营权和管理权“三权”分离。到目前为止，风情园投资共计800万元，明年4月份正式接待游客。

【旅游基础设施日趋完善】一是上海援藏投资2000千万元，对上海宾馆经过二期改造而成的高标准、上档次的综合性旅游服务酒店——上海广场大酒店于8月28日隆重开业；二是后藏风情园投资项目有序展开；三是对5家申报星级的饭店进行了初评，新增1家三星级酒店、2家二星级酒店，批准成立了一家国内旅行社，上报了1家国内旅行社，新增1个1A级景区和1个2A级旅游景区。旅游基础设施的进一步完善，大大增强了日喀则地区旅游业的竞争能力。

【以节庆促进旅游，挖掘文化旅游内涵】日喀则地区文化资源十分丰富，是重要的旅游资源。日喀则地区旅游局精心组织，利用春节藏历新年、“五一”、“十一”三大黄金周和第七届珠峰文化旅游节的有利时机，以丰富的旅游资源为依托，以珠峰为品牌，进一步打造当地特色旅游产品，提高了日喀则旅游知名度。节日旅游经济的兴起，有力地拉动了日喀则地区旅游业的发展。各大酒店、宾馆、旅行社紧紧抓住这难得的旅游黄金时期，开展了丰富多彩的宣传促销活动，组织了丰富多彩的文化活动节目，旅游市场呈现出火爆局面。尤其是第七届珠峰文化旅游节期间，共接待国内外游客61950人次，其中过夜游客20949人次，一日游31000人次，旅游总收入达到1270万元。与2005年的珠峰文化节相比，接待人数增长54%，旅游总收入增长52%。

【强化宣传促销力度】一是编制了日喀则地区旅游宣传促销规划，科学地制定出迅速提升日喀则地区旅游整体形象的最佳实现方式和行动方案，切实提高宣传促销的总体效果。二是利用各种机会和场合散发宣传册、广交客户，达到了提高日喀则旅游知名度的目的，起到了良好的宣传效果。三是组织举办民俗及手工艺品展示会，后藏民族餐饮大赛以及“迎奥运、讲文明、树新风”万人签名活动，宣传效果显著。四是出台促进旅游业发展的实施意见，制定优惠政策，促进招商引资工作。五是积极参加国际国内旅游交易会，参加了国家旅游局在成都、昆明、宁波等地举办的各类旅游交易会和旅游投资洽谈会，不断开拓市场。六是全面启动提升文明景区、文明景区点讲解员导游员的主题创建活动，4月中下旬地区旅游局开展了对景区点导游人员的培训工作，培训后的30名景区点导游员全部上岗，极大地缓解了地区景区点导游员匮乏的局面，提高了景区点的讲解水平。

【依法强化旅游监管】1. 五月初日喀则地区旅游局在山东大厦举行了“2007年和谐旅游日喀则城乡游”启动仪式，大力开展了“旅游诚信在日喀则”活动，对旅游企业建立了执行国家标准情况，投诉情况，处罚情况等信息在内的诚信信息管理库。

2. 加大了旅游市场检查和整顿力度。突出了规范旅行社经营行为的专项整治，制定了打击违法“黑社”、“黑导”的专项方案，会同相关部门，集中对重点景区的旅游秩序进行了综合整治。2007年，我局共出动执法人员162人次，检查导游694名，司机498名（不含办证室检查人数），查处黑导38名，协助公安外管部门处理旅行社外宾“放羊”现象12起，外国游客住宿非定点旅游宾馆事件6起，外国人正常死亡事件2起，联合工商、民宗、安监、公安部门取缔市区“黑店”2家，诱导游客消费购物场所的2家。

3. 强化安全意识，杜绝安全事故把旅游健康安全工作与旅游市场综合整治结合起来，纳入本职工作之中，做到计划有安排，工作有部署，考核有目标，结果有奖惩。在主要景区（点）增设旅游区公共信息标识牌、景区介绍牌、安全警示牌。

【与区旅游局、援藏省市旅游部门交流合作效果明显】第七届珠峰文化旅游节期间，地委、行署邀请了自治区旅游局领导、上海市旅委和黑龙江省旅游局等援藏省市旅游部门领导参加珠峰文化旅游节，莅临日喀则地区检查指导日喀则地区旅游各项工作，为日喀则地区旅游局与之交流创造了良好的平台。地区旅游局领导与自治区旅游局领导进行了座谈，明确了夏鲁寺、热拉雍仲林寺A级评定工作，确定了2007年3个农牧民旅游示范点项目资金90万元。与黑龙江省旅游局领导进行了座谈，地区旅游局汇报了日喀则地区旅游业发展的基本情况和存在的问题。黑龙江省旅游局对日喀则地区旅游业发展前景充满信心，看到在地委、行署的高度重视下，旅游设施建设逐步完善，旅游发展环境逐步改善，尤其是注重农牧区旅游项目的开展，这对农牧民增收有很重要的意义，愿意在旅游援藏项目上注重实用、突出亮点。同时，就旅游宣传促销和旅游救助车的配置提出了自己的意见和建议。

【存在的问题】一是日喀则地区旅游资源十分丰富，存在旅游资源保护不力，整合不够。

二是旅游产品缺乏策划，旅游产品整体形象不够鲜明，资源垄断性与特色性尚未发挥。

三是缺乏上档次、上规模的旅游商品，没有集中的旅游商品市场，旅游综合效益低。

四是基础设施相对滞后，景区道路、住宿、电力、通讯也亟待完善；旺季出现宾馆、停车场等接待能力不够，景区车辆不足，道路随时都有塌方的可能。

五是旅游市场有待拓展，目前仍是周边市场，由于投入不足，宣传的形式不多，规格不高，重点目标市场拓展不够，没有形成大投入、大宣传、大市场的营销机制和体系。

六是旅游管理人员和从业人员的整体素质有待进一步提高。旅游市场秩序有待进一步整顿。

日喀则地区科技工作

【项目情况】2007年，日喀则地区科技、科协项目共42项，总资金1555.25万元。其中：科技项目30项306.5万元；科协项目5项74万元（部分立项，正在审批过程中）；援藏项目7项580万元，分三年实施；国家科技部项目1项272万元——南木林县艾玛土豆加工项目；科技厅吉定镇扶贫项目300万元；科技特派员经费10万元；年河三县培训经费12.75万元。比2006年总投资1022.5万元增加532.75万元，增长率达52.1%。

【科技工作完成情况】一是围绕特色产业建设重点领域，加大科技攻关力度，不断提升自主创新能力，积极开展兴边富民行动，投入12万元对康玛县大畜品种进行了改良，引进优良畜种68匹进行杂交和改良，培育出适合当地生产生活的骡马。投入13万元在定日县进行黄牛改良，从外地引进优良种牛与当地黄牛改良，新一代黄牛每日比当地黄牛多产奶3—5斤，每天可增加收入9—15元，牛肉量比当地黄牛高100斤，可增加收入1000元。投入12万元在吉隆建立了蔬菜种植示范村，发展了专业示范户，形成了10几户高效温室及蔬菜种植技术推广示范基地，主要种植西瓜等品种10余个品种，截止8月初销售收入达8万元；在康马县嘎拉乡建设了3座塑料温室大棚，引进优良蔬菜品种试种，共生产6.12万斤，总收入达9.12万元，人均增加收入可达608元；在江孜热索乡引进病虫害防控技术和20多个蔬菜新品种试种，2007年每座温室纯利润达 1 万元以上，全村温室收入可达 20 万元，人均收入可增长 400 元。二是围绕生态环境保护重点领域，积极宣传沼气示范推广成果，并将这一技术成果相关资料通过自治区农牧厅上报国家农业部，相关沼气资料被国家农业部认可和采用，为全区和日喀则地区争取了国家更多的沼气项目和资金，顺利将这一技术成果转移到农牧系统扩大推广，还成立了十多个村沼气协会，解决了本地区西部高海拔乡村户用太阳能照明及太阳灶 500 台。三是引进先进技术和工艺，大力发展高原绿色食品业，充分借助山西苦荞技术优势，日喀则市申报了 20 万元的苦荞麦保健茶生产项目，培训苦荞保健茶生产技术 21 人次，每年荞麦产品生产量可达 50—100 吨，年总收入可达 250 万元,纯利润 100 万元，可增加荞麦种植区内农牧民收入 15 万元。并初步明确了未来发展方向是系列产品加工和四大活性物质提取，正努力朝着这一方向发展。四是继续推行科技特派员制度，申报新的科技特派员项目，2007 年又审批了 79 名科技特派员，2005 年到 2007 年日喀则地区一共审批了 108 名科技特派员；积极组织开展科技特派员工作，在吉定镇投入 40 万元的经费，由地区农科所科技特派员组织实施优质饲草种植技术示范，饲草作物收效良好；投入经费 18 万元，由江孜科技特派员组织实施藏鸡孵化项目，工作进展顺利，并进一步做好了 08 年科技特派员和相应项目准备申报工作。五是继续抓好农牧民骨干培训，提高农牧民科技致富能力，科技特派员江达娃等一行在年河 3 县及萨迦县等地开展了进村蹲点培训和技术指导，培训农牧民 1860 人次，地区农机站专业技术人员在萨迦等地开展巡回服务活动，帮助农民群众维修农机具 10 多台次，为农民群众解决了实际生产中的困难，同时也把先进易学易懂的适用技术传授给了农牧民群众；六是召开了 18 个县市科技局局长座谈会，认真贯彻学习了全区科技大会精神和全国科技援藏工作座谈会精神，起草了《关于贯彻全区科技大会精神的实施意见》，并征求了 18 个县市科技局和地直有关部门的意见，正在进一步请示地委行署转发执行，建立了科技进步责任考核制度；七是配合自治区科技厅开展了萨迦县吉定镇未来五年科技扶贫规划工作；八是在充分发挥原有星火项目的基础上，继续申报了新的星火项目，以地区中专学校为桥梁，专门培养乡村种植、养殖、医疗等技术人员，每年两班，至少 100 名；谢通门、江孜、白朗、南木林四县也相继成立了自治区星火学校，通过传、帮、带的形式培养技术人才，同时，还组织各县科技局代表、地区农科所、相关技术员，以“星火计划促进社会新农村建设的理论实践”为主题，举办星火论坛，交流经验典型。顺利通过了“春小麦日喀则 23 号优良品种成果示范推广”和“露地蔬菜综合配套栽培技术示范推广”两个星火项目的验收。九是加大科技成果转化项目力度，在吉定投入 60 万元，开展了成果转化示范，成效良好，顺利通过验收，并继续筛选和申报了新的科技成果转化项目。十是组织实施了科技扶贫项目，为通门乡捐助资金 5000 多元。十一是加大知识产权保护力度，充分利用科普活动周、科普一条街、科技下乡等各种机会，宣传知识产权保护，并积极派出 2 名同志参加了自治区举办的知识产权培训。

【科协工作情况】开展了 2007 年科技活动周、科普一条街、科技明白人培训和日喀则地区科技发展报告会，在拉孜、谢通门两县培训农牧民党员 160 人，在萨迦县吉定镇、江孜县重孜乡培训农牧民科技明白人 300 多人，还专门邀请尼玛扎西博士为日喀则地区 51 个单位 400 多名党员领导干部和科技骨干作了科技发展报告，活跃了学术氛围，宏扬了科学精神，宣传了科学思想，干部群众一致反映良好；协助自治区人大常委会首次在日喀则地四县开展了《中华人民共和国科学技术普及法》和《西藏自治区贯彻落实〈科普法〉实施办法》执法检查；积极争取和衔接了县市科技基础平台建设和科技信息网络建设基础工作，在上海科协的支持下，建成了白玉兰远程教育系统和开通了会议视频系统；按照全国科普活动要求，由中国科协和行署投资价值 54 万元的科普大篷车已于 2007 年 5 月开始使用，为科技下乡工作提供了必备交通保障，8 月底至 9 月中旬，成功承办了由上海市科协、自治区科协联合开展的“科技启蒙万里行”活动，科普工作进入了社区、农村和校园，围绕科普主题开展了科普讲座和技能培训活动，普及 7 个县市 13 个乡镇、两万多中小学生和群众，社会效应特别良好，此次活动得到了中国科协主席邓楠同志的充分肯定；江孜县牛奶示范基地、白朗县农村蔬菜协会已被中国科协列为全国第二批“科普惠农兴村”计划，此计划已正式启动；按照中国科协实施的西部科普工程要求，积极做好“一栏、一员、一站”前期工作和申报工作，江孜县社区宣传栏建设项目、白朗县基层科普能力建设项目、定日县城区科普活动建设项目已被中国科协列为西部科普工程计划；积极组织相关单位领导及专业人员认真收集、整理、评审 07 年地区科技论文集，初稿已形成，估计年底与读者见面；初步拟定了县级科协组织建设实施方案；积极开展了知识产权保护的宣传、上报工作；积极参加了自治区举办的“支撑发展”科技成果展示会。

【援藏工作】一是认真总结第四批科技援藏工作经验，衔接第四批与第五批援藏的轮换交接，做好第五批科技援藏项目调研工作；二是认真总结全国第二次科技援藏工作经验，主要对日喀则地区 12 个项目所取得的成效进行全面总结，争取到五省市科技厅（局）协议项目资金 145 万元、上海第五批科技援藏项目协议资金 400 万元（分三年实施）；三是 4 月 28 日上海市科教党委李明均副书记来日喀则考察慰问，为日喀则地区开通了会议视频系统，6 月 25 日上海市科委副主任寿子琪一行来日喀则地区考察调研，9 月 15 日上海市科协副主席俞涛、陈积芳两位同志来日考察并安排了 33 万元援藏资金，同时，日喀则地区科技系统 20 名同志赴上海学习考察，进一步加强了两地区之间的交流与合作；四是积极向科技部、科技厅、地委、行署汇报科技情况，争取一切科技机遇，并做好相关准备工作。

【存在不足】一是科技、科协经费投入与科技引领支撑经济发展的要求存在一定差距；二日喀则地区未能召开地区科技大会，其他地市先后召开了科技大会，出台相关优惠政策和措施。

日喀则地区教育工作

【年度情况】2007 年是日喀则地区实施“两基”攻坚计划的决战和决胜之年，同时是区党委、政府提出的落实年和全区教育“管理年”。按照自治区教育厅的安排部署，结合日喀则地区教育工作实际情况，2007 年地区教育工作的主要目标任务是：小学、初中分别新招生11000 人、13215 人，在校生分别达到72736 人、38965 人；完成“22104”“两基”攻坚即定日、昂仁两县“普九”，仲巴、萨嘎两县扫盲，谢通门等 10 县“普九”复查，亚东等 4 县（市）初级中学办学水平评估；全地区小学适龄儿童入学率达到 97%以上，初中入学率达到 90%以上，青壮年文盲率控制在 5%以下，基本实现“两基”目标；普通高中招收新生 3000 人，在校生达到 8890 人，职业高中招生 1500 人，高中阶段入学率达到35%以上；农牧区学前一年和城镇学前三年儿童受教育率分别达到 12%和 8%以上。

【全力以赴，扎实开展“两基”攻坚各项工作】地委、行署坚持把“两基”攻坚放在工作全局重中之重的位置，切实加强领导，精心部署，狠抓落实。与各县市人民政府签订了《年度教育工作目标责任书》，层层分解任务，落实责任，在各级党委政府的正确领导和各部门、社会各界的共同努力下，日喀则地区年度“22104”“两基”攻坚目标圆满完成：定日、昂仁两县顺利通过自治区“普九”评估验收，萨嘎、仲巴两县通过了地区扫盲验收，仁布、岗巴、定结、拉孜、聂拉木、吉隆等六县顺利通过自治区“普九”复查，谢通门、南木林、萨迦、康马等四县通过了地区“普九”复查，同时，地区教育局对通过“普九”三年复查的日喀则市、亚东、江孜、白朗四县（市）开展了初级中学办学水平评估，进一步巩固了“普九”成果，促进了初中办学水平的提高。截止到 2007年年底，日喀则地区已完成扫盲任务的县（市）达到 18 个，比 2006 年增加 2个，青壮年文盲率下降到 3%以下，比 2006年下降 8 个百分点；“普九”县（市）达到 16 个，比 2006 年增加 2 个，初中入学率达到 90.7%，比 2006 年增加 9 个百分点。至此，日喀则地区基本实现“两基”目标，义务教育普及程度得到明显提高，地区教育事业相对落后的面貌得到有效改善。

【努力提高教育教学质量】将学校管理与质量作为各县（市）年度教育工作目标责任书的重要内容，与直属各学校签订了年度办学目标责任书，采取了奖惩措施，以促使学校加强管理，提高教育教学质量，明确了学校管理人员、班主任、学科教师的目标责任，采取了相应的激励措施，进一步调动了他们的工作积极性。制定了《地区初级中学办学评估方案》、《地区高中新课改实施方案》，通过教育教学现场办公会、专项督查等形式，加强了对基层学校管理和教育教学工作的督查，指导他们转变管理理念，增强管理意识，完善管理制度，改善管理方式，取得了比较明显的效果。地区实验幼儿园各项指标达到了自治区示范幼儿园的评估标准。各县（市）教育局、各学校提高办学水平的意识进一步增强，学校管理进一步趋于规范化，教育教学质量切实进步。继续深入开展基础教育新课程改革，加强了校本培训，按照新课改要求落实课程设置，开足开齐各类课程，认真解决新课改过程中发现的问题，促进其顺利实施，加强了对英语强化班的指导和管理力度，组织部分英语强化班教师参加自治区英语强化教学交流会。2007 年 11 月召开了首届地区教学工作会议，会议紧紧围绕如何提高教学质量这一主题，并对下步的教育教学工作提出了明确、具体的要求。

【狠抓职业教育，提高劳动者素质】从2007 年 9 月开始在地区职业技术学校举办了两年制汉语导游班，培养政治上过硬、并系统掌握导游专业知识的合格导游人才。进一步加强了职业教育基础设施建设，自治区下达了南木林县艾玛职教中心基地建设资金 77.9 万元，日喀则市、白朗、昂仁 3 县（市）职教中心基地建设方案均已通过自治区审批。把自治区下达的 1500 名职业高中招生计划按要求分解到各县（市），由于受职教中心校舍、师资、设备紧缺等各种条件的限制，实际完成职高招生任务 949 名。对各县（市）职教中心教师进行了“德国赛德尔基金会职业教育师资培训”。对民办学校进行了专项检查评估，加强了管理和监督，促使其规范办学行为。

【狠抓办学条件改善，夯实物质基础】地县两级财政认真落实本级财政收入中按20%比例投入教育的规定。自治区提高了教师公用经费和学生公用经费标准。从年初到现在已落实的教育基建项目批复投资达到 1.34 亿元，地区二高、定日县中学老校区新建，25 所小学规范化建设、4 县幼儿园建设等项目正在实施，地区一高改扩建，地区三高、地区特殊教育学校建设等项目正在开展前期工作，明年开春即可开工建设。新一批教育援藏项目正在联系落实当中，上海实验学校高中部、地区一高图书科技楼、地区设施设备等配置等重大援助项目已经基本确定。2007 年自治区教育厅为日喀则地区新配发床铺 4800 套、课桌凳 10000 套，餐桌 3150 套，初中理化生实验仪器各一套，图书 12 万册，书架 120 个，音体美器材 5 套，极大地改善了各学校的办学条件。

教育信息化建设进一步加强，新建设了 7 所乡镇小学班班通项目，确定了一县一校三种模式应用自治区级试点并完成了第一期人员培训，对谢通门县进行了县级计算机技能培训，21 所中小学通过了自治区远程教育三种模式管理与应用评估验收，白朗县巴扎乡中心小学等 11 所中小学获得了三种模式示范学校和特色学校称号；教师技术能力培训工作进展顺利，在暑期对日喀则地区 53 名电教员和骨干教师进行了地区级教育技术能力培训，并按日喀则地区教育局要求参训学员分批、分期地承担了各自县（市）学校的培训任务；如期完成了教育系统转星工作；完成了局机关局域网及 18 县(市)OA 无纸化办公系统的建设，切实发挥地区教育网站的宣传报道、促进交流、相互沟通的作用。加快推进电子政务信息化建设，成立了地区教育信息中心，组建了教育信息员队伍，2007

年4月成功召开了地区教育信息工作会议，对18县（市）教育局、直属学校和民办学校的41名信息员进行了培训，强化了教育信息工作力度。

【狠抓招生考试工作，营造公平、公正、公开的人才选拔环境】加强对招生考试工作的领导，调整充实了地区招生委员会。把考试安全作为招生考试工作的第一要务。2007年日喀则地区普通高考、成人高考、自学考试、普通中专、成人中专、计算机等级、教师教育技术水平考试、硕士研究生等报考人数达到17295人，参加内地西藏班选拔考试2670人，截止目前，年度各项考试工作已基本完成，其中普通高考、普通（成人）中专、内地西藏班分别录取1757人、9469人、256人，录取率分别达到59.74%、95.0%和9.5%，成人高考录取工作目前正在进行当中，硕士研究生的网上报名和现场报名工作结束，年度全国高等教育自学考试、全国计算机等级考试、教师教育技术水平考试已顺利完成。

【积极开展全民健身运动，努力提高体育运动水平】广泛开展群众性体育活动，从年初以来，举办了地区第三届“迎新杯”足球赛，参赛队伍达到12支，举行了“庆五一、迎奥运”千人环城跑。进一步加强对学校体育工作的指导，督促各学校提高体育工作水平，办好地区业余体校，举办了U13少年足球通讯赛，完成了初中升学体育加试工作，成功举办了地区第五届中学生田径运动会，涌现出一大批优秀运动员，打破了14项大会记录，充分展示了日喀则地区学校体育工作成果；认真协助上级体平育部门做好2008年奥运火炬传递有关准备工作，完成了日喀则地区奥运火炬手的选拔推荐工作，协同地区有关部门参加了北京奥运会体育展示现场拉拉操表演和全国万人健美操锻炼标准大赛（西藏分赛区）。协助上级体育部门完成了第六批国家体育总局雪炭工程定日县健身训练中心选址工作。管理好体育场馆，充分发挥其效能。

【存在的问题】一是教育系统党建工作、思想政治工作有待于进一步加强，学校德育工作在教学方法和手段上缺乏创新，在某些方面与学生不断发展变化的思想不相适应的问题需进一步解决，需进一步巩固和深化集中教育活动成果，坚持不懈地抓紧抓好反分裂斗争；二是“两基”成果的巩固提高任务十分艰巨，学生流失问题有待于进一步解决；三是“三支队伍”建设需要加强，队伍培训机制需进一步完善，培训方式需进一步拓展；五是办学条件需进一步改善，高中建设严重滞后，现有的办学条件无法满足适龄少年入学需求，各学校设备配置不够完备，基建项目管理措施需进一步强化，项目建后管理力度需进一步加大；六是职业教育发展需进一步探索新的思路和办法，设施、设备、资金、技术等困难需要进一步争取解决，职业高中招生工作需要花大力气抓好；七是学校体育工作需要加强，青少年体育工作的具体要求需要进一步落实。

日喀则地区职业技术学校

【狠抓教学工作】2007年日喀则地区职业技术学校努力提高教师备课的水平和质量。通过对校内外好的教案的观摩学习，促进备课的规范化，以备课的规范化确保上课的规范化。另外必须达到旧课新备的要求，根据新的班级、新的学生和相关教学内容新的信息、新的成果备出新的教案。切实规范布置批改作业的行为，避免期末集中布置作业的倾向和防止一次作业签几次批改时间的现象，保证通过学生的作业来促进学生对教学内容的理解、消化和掌握。严格执行教务处统一调课的制度，不允许任何教师私下调课顶课，确保学校整个教学有一个良好正常的秩序，也确保学校整个教学质量不受任何影响。以考促教，以考促学，把考试纳入学什么考什么的轨道，杜绝复习什么考什么，或者考什么就复习什么。另外试题的内容必须覆盖面要大，涵盖全学期教学的主要知识和关键内容，这样就促使学生平常刻苦勤奋用功的学习，掌握应该掌握的必备知识。切实做好职业高中毕业班的高考工作。特别是狠下功夫，努力提高学生的高考成绩，提高学生的高考升学率。2007年，日喀则地区职业技术学校高中毕业生共计660人，升入大学250人左右，超额完成年初确定的25%－30%的计划。高考成绩文科、理科分别在全区15所普通高中里名列第八名和第十名，比与地区教育局签订要在15所普通高中里达到11名分别提前3位和1位。

【结合市场需求开设专业，针对市场变化随时进行调整】根据职业教育的特点，紧紧围绕地区产业结构调整、劳动就业和广大干部终身学习的需要，深入开展对日喀则人才市场需求的分析。随着社会的发展，积极发展面向新兴产业、现代服务业和农牧业的专业。及时改造旧专业，适时增设新专业。2007年在进一步办大办强医学专业的同时，新举办了国语导游专业、宾馆与饭店服务管理专业。2007年新招收新生1291人，超额完成了年度目标（年度目标为1000人），使学校整个在校生规模由2006年的2700余人升到2007年的2900余人，进一步奠定了日喀则地区职业技术学校在全区中专学校中的龙头老大的地位。

【进一步完善职业教育、成人教育、培养培训的办学模式，实行多形式、多渠道、多层次、多元化的办学】同时，根据实际需要，实行灵活的学制和学习方式。在学历教育方面，办好职业中专、职高、普高、成人中专，并做到中等职业教育与高等职业教育的衔接与沟通。2007年日喀则地区职业技术学校与藏大医学院联合举办了对口高职大专护理班2个，招收学生89人；与自治区藏医学院联合举办了藏医大专班1个，招收学生29人；与藏大成教院联合举办了文秘、行政管理大专班各1个，招收学生48人。在培训方面，按照无长不稳、无短不活的原则，学校在寒暑假举办了高职人员计算机、乡镇干部种植、兽医技术人员、乡镇妇联干部、新农村建设干部、小学校长、农牧民等多种培训班，共培训1451余人次，超额40%完成了年度目标（年度目标为1000人）。为提高全地区干部队伍和农牧民群众的素质做出了贡献。

【积极开展教研工作，以教研促教改，以教改促质量】学校在年初向教师提出教研任务及要求，将教研情况作为教师在考核、职称评定方面的重要内容。各教研组不定期召开教学研讨会，从各专业角度研究如何改进教学方法、提高教学质量，并形成研讨材料和有价值的论文。2007年，全校教师在各级各类刊物上发表了论文共30余篇。通过研讨，使教学计划更加科学化，教学中存在的一些突出问题得到很好解决，教师在各种专业刊物上发表的论文水平也不断提高，有力地促进了教学改革的深入和教学质量的提高。

加强学生就业指导和就业服务，解决困扰学生的就业问题。在教育学生学会一技之长的同时，加强学生的就业指导教育，讲解就业政策，分析就业形势，培养劳动观念、职业道德、自立自强意识、竞争意识，促使学生形成正确的就业观。并且，学校积极与用人单位联系、协调，为学生寻求就业岗位。日喀则地区职业技术学校培养的人才得到社会的广泛认可，2007年的毕业生除升入高职就读的外，大部分落实了就业岗位。

【积极争取资金及项目，进一步增强办学实力与活力】一是上海市教委投资1000万元援助建设的教学实训综合楼已经正式签署了协议，明年将开工建设，毫无疑问，这幢楼建好后将是学校乃至整个日喀则市区又一幢标志性建筑。二是国家投资的2000万元的改扩建项目已经完成了可行性研究报告、初设方案，并在8月2号通过自治区的专家评审，其项目自治区发改委即将立项和下达概算批复，也可望在明年开工建设。这个改扩建项目一旦完成，学校将显得更加气势宏伟，学校的形象将得到进一步的提升，教职工和学生住宿紧张的问题将得以解决。三是学校的商品房建设已经完成并投入使用，新商品房共有23间，这是日喀则地区职业技术学校生产福利收入的一个重要的新的增长点。四是德国赛得基金会援助的职业教育师资培训基地正式启动，目前焊接车间、钳工车间、柴油机教学室等都已经全部建好，并且完成了第一批学员的培训。这为今后开展汽车维修的职业教育师资培训和汽车维修的技能性人才培养打下一个良好的基础。五是投资90余万元修建了汽车驾训教练场，为明年下半年开设汽车驾驶与维修专业提供了场地的条件。六是投资近200余万元的医学实验室建设，自治区财政厅已组织招投标，仪器设备即将采购到位，这将为日喀则地区职业技术学校培养合格的医学专业技能型人才创造良好的条件。七是投资10余万元购置图书5000余册；购置单杠、双杠、高低杠、跳箱及体育测试器材，大大地改善了图书及体育教学方面的条件。

【存在的问题】（一）医学教师紧缺。日喀则地区职业技术学校现有医学专业在校学生1400余人，而现只有医学专业教师25人，按教学需要至少还缺20人。

（二）未能完成征地的任务和修建学生宿舍、教工宿舍的任务。

日喀则地区文化工作

【专业文艺蓬勃发展，精品创作不断提高】2007年，日喀则地区民族艺术团严格按党的文艺工作方针，始终把工作重点放在基层，以面向农牧区、面向基层群众为服务方向，深入基层，深入群众，积极推动精品战略。一是地区民族艺术团充分发挥专业文艺团体特殊作用，2007年推出了以展现后藏民风民俗的歌舞剧目——《珠峰彩虹》。二是为推动对外文化交流与宣传工作，地区民族艺术团代表中国西藏艺术团，于2007年2月赴尼泊尔参加住尼使馆新年招待会演出，演出两场，观众达1000余人次，在尼伯尔反响强烈，受到自治区统战部的好评。三是地区民族艺术团圆满完成迎送援藏干部专场文艺演出和各项迎送工作任务；四是民族艺术团现有30名舞蹈学员先后参加了由自治区党委宣传部和自治区文化厅联合举办的“西藏自治区庆祝‘香港回归十周年’大型文艺活动”、自治区党委举办的“心连心”大型文艺演出等活动；五是2007年10月，民族艺术团代表西藏自治区赴河北张家口参加全国少数民族文艺汇演活动。六是地区民族艺术团还创作了一大批，反应群众心声、歌颂党、歌颂社会主义的舞蹈节目和声乐作品，还发行了以歌颂援藏干部为主体的音乐CD光盘。

【群众文化丰富多彩，公共效应与日增强】2007年，日喀则地区文化局结合工作实际，充分调动群众艺术馆干部职工的工作积极性，把全部力量投入到珠峰文化节、春节藏历新年晚会、全国老年合唱比赛等工作上，积极有序地开展了各项工作，取得了巨大成就。一是为丰富社区群众业余文化生活，提高人民群众的综合文化素质，与日喀则市联合先后在扎寺文化广场组织德列居委会居民、扎西吉彩居委会居民和地区老年艺术团举办了3次社区文化活动，参加演员达300多名，观众达10000余人次，获得了各级领导和广大群众的一致好评。二是地区群众艺术馆以扎西吉彩居委会为试点，无偿捐赠各类图书300多册。三是要求地区群众艺术馆发挥特长，组织并承担2007年珠峰文化节开幕式所有节目的编排，积极调动业务骨干，克服困难，分赴10个县15个点，对原生态系列组舞《喜马拉雅风情》专场晚会进行前期采风、整理、编排等工作。四是应上海市邀请，为促进沪藏文化交流与合作，地区群众艺术馆组织54名老年艺术团演员代表西藏自治区，参加上海国际合唱节，同时赴山西太原参加第九届全国老年合唱比赛，获得有关领导和广大观众的一致好评和热烈欢迎，同时在全国比赛60多个参赛队伍中获得第二名的优秀成绩。五是抽调业务骨干，在拉孜县蹲点对参加2008年奥运会开幕式文艺演出的拉孜县农民演员进行选拔和节目编排。六是充分利用寒暑假时间，举办寒暑假少儿音乐、舞蹈培训班，进一步提高了新招演员的表演技能和表演水平，为吸收下一批珠峰少儿艺术团演员夯实了基础。七是根据江孜县民间艺术团演员实际，日喀则地区文化局党组指定地区群艺馆对江孜县民间艺术团年轻演员进行舞蹈、声乐、民族乐器等集训工作。

【文化市场繁荣发展，管理监督合理有序】2007年日喀则地区文化局在发展文化市场的同时不断加大市场监管整治工作力度，扩大宣传范围，充分利用“3.15消费者权益日”、“保护知识产权宣传周”等活动，大力宣传《著作权法》、《出版物管理条例》、《计算机软件保护条例》等，宣传面广、涉及人数之多、范围之广，据不完全统计，仅2007年一年，全地区“扫黄打非”宣传人数达到13万余人次，发放各类宣传资料69万余张（册）。以案释法，有效地推动了全地区“扫黄打非”斗争的深入开展。

突出重点，抓落实，确保文化市场健康有序发展根据日喀则地区边境线长实际，加大边境口岸的管控力度，每年派专人到定日、亚东、聂拉木等边境口岸对出入境文化娱乐场所和出版物经营单位，进行督促检查工作，加大娱乐业、图书报刊、计算机软件等的检查力度，严守入境渠道，在具体工作中取得了实效。地区“扫黄打非”办公室在日常工作中，严格按照上报下达及时、落实工作到位、执法不留情面、统筹安排科学的工作要求，及时对各类专项行动进行深刻总结，汲取好的工作方法、经验，为下一步工作夯实基础。2007年，在各类检查中清查、收缴淫秽色情音像制品3893张（盒）、盗版音像制品5000余张，非法书刊300余本（册），盗版软件289盘（张）和涉嫌假冒防伪标识27套600余个，取缔非法音像制品经营单位4家，在樟木口岸缴获了发自广州，准备偷运出境的DVD光盘3500张，淫秽封面3000份，案值达35000余元，处罚金额达5万余元。

【突出重点加强管理，切实保障文物安全】吉隆大唐天竺使出铭维修工程、亚东嘎举寺大殿保护维修工程两个项目顺利竣工并通过验收。年初，组织业务骨干对全地区范围内收藏“贝叶经”情况进行摸底调查，新发现萨迦县白玛曲林寺一部完整的“贝叶经”（包括夹经板），共有400页。8月，再次深入萨迦寺、萨迦县白玛曲林寺、白居寺、扎什伦布寺、纳唐寺开展贝叶经调查登录工作，更好地保护和管理“贝叶经”奠定了良好的基础。

按照区文物局的安排部署，日喀则地区部分文物首次参加了赴德国西藏文物展。展览结束后，日喀则地区文化局主要领导参加了在拉萨的文物点交工作，全地区14件参展品点交顺利，并安全及时地归还给各参展单位。此次德国文物展在境外产生了轰动，达到了向世界宣传西藏文化保护工作所取得的巨大成效的效果。

年初，北京市文物建筑保护设计所专家开展了扎寺四世班禅灵塔殿、措钦大殿以及强巴佛殿的施工图设计工作。积极配合自治区文研所专家开展了扎什伦布寺安装监控器监控房选址和夏鲁寺防洪设计工作。协助完成了江孜宗山抗英遗址维修工程可研报告及相关资料收集工作。

经区地两级政府的批准，正式成立了江孜县文物机构，并举行了江孜县文物局成立挂牌仪式。

根据日喀则地区吉隆县强准寺和卓玛拉康等文物建筑出现严重险情，区文物局主要领导高度重视，专程前往吉隆县对两处险情较重的文保单位进行了考察，并解决抢修经费。目前上述两处文物点由吉隆县政府牵头进行抢修。

根据“属地管理”原则，按照“谁主管，谁负责”，与各文保单位签定文物安全目标责任书，使日喀则地区文物的安全防范和重视程度有了明显提高。

为喜迎我国第二个“文化遗产日”，在市区繁华路段设立“中国文化遗产日”文物法律法规宣传咨询点，向过往群众讲解文物保护的有关法律知识，并发放藏汉两种文字的宣传单3000份。宣传活动达到良好的效果。

2007年5月11日，经自治区人民政府审核公布了日喀则地区第四批64处自治区级文物保护单位，其中日喀则地区有12处文物点，至此，日喀则地区自治区级文物保护单位增加至26处。

文物局业务干部参加为期十天的“西藏自治区第三次全国文物普查培训班”。地区行署成立了文物普查工作领导小组为日喀则地区顺利开展第三次全国文物普查工作做了充分得准备工作。

【拓展市场经营理念，提高图书发行效益】2007年实现进货230万元，销售220万元，实现利润30万元，图书品种已达6600多种，顺利完成年初制定的各项工作任务。

【立足优势，统筹兼顾，非物质文化遗产保护工作成绩突出】在本地区范围内积极开展了非物质遗产日宣传活动，着力展示近年来日喀则地区非物质文化遗产保护工作上所取得的成果。同时组织日喀则地区迥巴、湘巴、江嘎尔三个藏戏队、江孜卡垫编制技艺人员及定日县农民演出队（定日洛谐表演），参加了区文化厅举办的“保护文化遗产，构建和谐社会”全区原生态民间文化艺术展演活动。

还重点扶持发展了一批具有代表性的民间文化项目，如昂仁的迥巴藏戏、仁布的江嘎尔藏戏、南木林的湘巴藏戏，扎什伦布寺的“羌”，江孜县卡垫手工艺术，南木林县孜东乡铜器加工，谢通门县仁青孜乡“牛”村陶器制作技艺等国家公布的第一批非物质文化遗产项目及一些稀有濒临灭绝的艺术品类也得到了较为完整有效的抢救保护，各县市积极开展民间文化展演活动，推动了“民族民间文化保护工程”的有效开展。

为切实做好第一批国家级和自治区级非物质文化遗产名录申报工作，组织普查队分两次深入到13个县市36个点，行程4500多公里进行普查，采访民间艺人近20名，拍摄录像资料近1080分钟，制作DVD光碟27盘；拍摄服饰、道具等民俗照片810余张。在普查中严格按照第二批自治区级和国家及非物质文化遗产项目申报工作的要求，先后对4大类项目（即：民族传统歌舞、民族传统手工艺、传统藏医、民族传统体育竞技）和27个小项目进行一次全面的普查、认定和登记。经上报自治区非物质文化遗产保护工作专家组评审，日喀则地区8个项目被推荐申报为第二批国家级非物质文化遗产名录（即：拉孜县藏刀制作、拉孜县堆谐艺术、南木林县土布加谐钦歌舞、南木林县孜东铜器工艺、仁布县喇嘛玛呢说唱艺术、定日县洛谐歌舞、江孜县达马节、萨嘎县旦嘎甲谐艺术）。积极落实资金，对昂仁县迥巴藏戏、南木林湘巴藏戏、仁布县江嘎尔藏戏投入资金10万元，解决了三个藏戏队服装、道具，确保了藏戏艺人传习活动的正常开展。

2007年9月24日至29日，协同自治区非物质文化遗产普查工作督察组到昂仁、南木林、仁布、江孜4个县及扎什伦布寺进行实地考察。通过督导检查，自治区督察组对日喀则地区2007年以来所开展的非物质文化遗产普查工作情况及主要成果给予了充分的肯定，并对下一步工作提出要求。

日喀则地区广播影视工作

【圆满完成党的“十七大”宣传报道任务】2007 年，日喀则地区广电局领导班子精心组织、周密部署，把学习、宣传、贯彻“十七大”精神作为首要政治任务来抓，立足地区主流媒体，选派骨干记者，深入农牧区采制了一大批反映五年来地区经济社会建设成就、反映群众生产生活新变化的新闻报道。“十七大”以来，日喀则电视台结合“全区万名干部下基层活动”等，开辟专栏播出《喜迎十七大召开、推进经济强区建设》专题报道62 条；《学习贯彻十七大精神、推进经济强区建设》专题报道 46 条；《科学发展、构建和谐》的成就性报道 15 篇；人物采访报道《贯彻科学发展观、构建和谐社会》专题采访 10 期；《日喀则新闻联播》播出各单位、县（市）学习贯彻“十七大”精神等动态新闻 41 条；标语口号 104 条；向西藏电视台选送“十七大”新闻稿件 65 条，采用 42 条。

【围绕地委、行署的中心工作开展新闻报道】2007 年，日喀则地区广电局把宣传地区工作会议精神作为 2007 年宣传工作的主线，贯穿全年。紧紧围绕经济强区建设、新农牧区建设等重要工作，开设专题栏目进行宣传，弘扬发展主旋律。以做好动态报道为基础，就新闻事件的细节、深度、广度作了进一步挖掘，以多角度、深层次、宽领域的宣传报道方式，积极宣讲地委、行署的决策部署，真实反映群众的呼声，客观记录日喀则的发展进程。《日喀则新闻》于 2007 年10月1日成功改版为《日喀则新闻联播》，顺利实现了硬盘播出。目前已累计播出新闻稿件 4538 条，其中，各县市新闻采编播出 2000 余条，占全部新闻报道的 40%以上，客观真实地反映了基层情况。先后采制播出《建设经济强区在行动》、《劳动者之歌》、《援藏巡礼》、《八一军旗红》、《喜迎十七大召开、推进经济强区建设》、《学习贯彻十七大精神、推进经济强区建设》、《科学发展、构建和谐》、《学习、宣传、贯彻十七大精神》、《党的十七大报告关键词解读》等系列报道 188 期。

【上送新闻稿件的数量和质量明显提升】截至 10 月份，日喀则电视台上送西藏台新闻 400 余条，播出 269 条，上送西藏台新闻稿件数量排名第一，得到了地委行署领导和上级业务部门的充分肯定。其次是广播供稿工作取得新成绩。截止 2007 年 9 月底，西藏人民广播电台已采用日喀则地区广播新闻稿件 583 条，在七地（市）中居前列。在 2007 年 2 月份召开的全区广播影视工作会议上，日喀则地区获得全区广播新闻组织供稿第一名，日喀则地区广播影视局荣获全区广电系统信息工作优秀奖。

【坚持“三贴近”开展宣传工作】第一，大家深入基层、深入群众，挖掘素材、发现典型，采制了一批鼓舞人心、催人奋进、富有时代气息、深受群众欢迎的当地新闻作品。尤其是技术人员克服种种困难，实现了日喀则电视台春节联欢晚会的首次现场直播，有效提高了收视率，扩大了观众群，拉近了电视和观众之间的距离。第二，立足民族地区实际，稳步提升了藏语新闻的播出数量和质量，基本达到了与汉语新闻同步播出。截至 10 月份，藏语新闻共播出稿件 3000 余条，上送西藏台 15 条，上送西藏人民广播电台稿件 64 条，采用 40 条。第三，通过邀请党校老师授课、举办了新闻年会等形式，加强与基层新闻宣传工作人员的沟通与交流，不断提高新闻采编制作水平。同时，日喀则地区广播影视局同没有新闻制作设备（编辑机）的岗巴等六个县采取各出 50%资金的方式，投入资金 69 万元，为这六个县各购买了一套编辑机，进一步夯实了基层新闻工作基础。另外，通过播出涵盖经济社会发展、旅游节庆活动等内容的《珠峰漫话》28 期，开办《日喀则图文信息》频道等方式，为拓宽增收渠道开辟了新路。

【广播电视“村村通”工程取得新进展】2007年，日喀则地区圆满完成了31座“村村通”改扩建任务，首次成功安装了 2 座“村锅通”电视，并从自治区广电局争取到了价值 324 万元村村通维护设备（其中蓄电池 440 台、卫星接收机 330 台、太阳能控制器 440 台等）下发到各县。同时，积极配合社会主义新农村建设，同步跟上了新农村建设广播电视信号覆盖。在 2006 年完成 10 户以上自然村摸底调查工作的基础上，2007 年又完成了 10 户以下自然村的统计、2007 年“村村通”新建、改扩建和全地区有线电视网络普查调查等上报工作，日喀则地区广播影视局在 2007 年 1 月全区七地（市）广播电视年报评比中荣获了先进奖。截止目前，日喀则地区已建乡村级站共2311 座。其中，广播电视收转站 656 座，农村小型有线电视网络 120 座，太阳能电视单收站 1412 座，2 套收看站 79 座，广播收转电视单收站 40 座，数字电视收转站 2 座，村锅通 2 座。行政村以上单位（含行政村）全部实现了“村村通”，10 户以上自然村建站 445 座，超额完成了自治区下达的任务，广播电视覆盖率分别达到 89.56%和 86.98%。

【农村电影“2131”工程成绩突出】开展数字电影放映活动 76 场，观众达 46874 人（次）。筹措资助资金各 5000 元，支持完成了 20 座室内电影室建设。并通过向国家广电总局和自治区广电局争取，2007 年为日喀则地区解决了 4 辆“西新工程”流动放映车和 10 套放映设备。在全地区 20 人以上寺庙放映爱国主义题材影片 212 场，观看的僧尼人数达 3060 人（次）。日喀则地区 2007 年放映 32015 场，601 万人（次），超额完成了自治区广播影视局下达的 2.8 万场、594 万人（次）年度指标任务。日喀则地区在 2007 年全区广播影视工作会议上荣获全区“农村电影工作先进集体”，白朗县委宣传部被评为“农村电影工作组织奖”，谢通门县电影管理站加布等两名同志被评为“农村电影放映工作先进个人奖”。

【进一步巩固了“西新工程”成果】2007 年，把工作重点放在巩固成果、提高质量上。配齐了各县调频人员，加强维护维修，确保了“三满”播出，达到了“把敌人的声音压下去，把党和国家的声音传进千家万户”的目标。在自治区广播影视局的大力帮助下，完成了中央七套

（农业军事频道）安装调试和总投资 60 多万元的地区调频台机房新建任务，从而进一步扩大了地区所在地的空中覆盖，办公条件得到了明显的改善。

【保质保量地完成了卫星转星调整工作】经过全地区广电工作者的共同努力，于8月7日完成了日喀则地区 17 个县城和地区所在地的广播电视卫星转星调整工作。8月25日，提前完成了系统内 18 个县市的 738 座乡村级广播电视收转站的转星调整工作。9月11日，完成了系统外 312 座转星调整任务。9月22日，提前完成了 1412 座单收站的西藏台卫星转星调整任务。同时，局领导带队分两组先后深入全地区 18 个县（市），行程 6250 公里，进行督促检查，为转星调整工作划上了圆满的句号。自治区卫星转星调整领导小组深入日喀则地区检查指导工作时，就日喀则地区卫星转星调整工作取得的成绩，给予了“组织有力、任务明确、措施得力、成效显著”的高度评价。

【对口援藏项目工作有序推进】2007 年，在日喀则地区广播影视局上海援藏干部的争取下，建设完成上海市第五批援藏干部的第一个项目，日喀则地区广播影视局数字电影院，并于9月19日举行了首映仪式，该项目总投资 30 万元，其中，上海援藏联谊会捐赠了价值 10 万元的数字电影放映设备，上海市第五批援藏联络组投资 20 万元建设电影院。预算总投资 461 万元的日喀则地区数码电影院在日喀则地区广播影视局吉林援藏干部的努力下，吉林援藏中心组已确定列入吉林援藏项目，工程前期准备工作进展顺利，有望在明年上半年开工建设。

【存在的问题】1. 日喀则电视台由于条件限制、缺乏播音员和高素质记者及相关专业人才等原因，全地区新闻宣传深度不够，创新意识不强、宣传氛围不浓。

2. 全地区有线网络安全播出上依然存在隐患和薄弱环节。

3. 事业建设中还存在重建轻管的现象，巩固“三项工程”成果的任务还十分繁重。

4. 行业管理力度还不够，市场上不同程度地存在着私自销售安装卫星广播电视地面接收设施的现象。

5. 地区虽然实现了行政村级“村村通”广播电视，但由于缺乏能源，许多乡村群众只能看到太阳能单收站一套节目，扩容改造压力依然较大。

6. 的情况十分严重，需要解决后继有人问题。

7. 日喀则地区 18 个县（市）广播电视转播台负责人为本县（市）业务骨干，他们享受不了任何政治待遇，需要适当提高他们的待遇。

日喀则地区卫生工作

【进一步巩固和完善农牧区医疗制度】2007 年 3 月份，行署召集各县（市）分管县（市）长、财政局长、卫生局长在江孜县召开了全地区新型农牧区医疗制度经验交流现场会。会上，行署与各县（市）政府签订了新型农牧区医疗管理目标责任书，根据自治区新修订的《农牧区医疗管理暂行办法》，经深入调查研究和广泛征求意见后，地区制定出台了《日喀则地区关于贯彻落实西藏自治区农牧区医疗管理暂行办法的实施意见》。加大对农牧区医疗制度工作的督查力度。2007 年，日喀则地区卫生局共组派 4 个工作组共 30 人（次）赴 18 县（市）的 54 个乡镇就推行农牧区医疗制度情况进行了督导检查。对存在的问题给予及时的指导和纠正。各县（市）认真贯彻《暂行办法》、地区的《实施意见》及现场会议精神。截止 2007 年 6 月 30 日，农牧区医疗管理制度覆盖所有农牧民，群众个人集资率为 82.3%。总筹资额为 2145.904 万元(其中中央、自治区免费医疗经费 1652.08 万元,地、县免费医疗经费 116.725 万元,个人筹资 365.978 万元,医疗救助 4.531 万元,其它 6.59 万元)。全地区共有 427344 万人次得到了医疗费用报销补偿，补偿金额达 1314.41 万元，占筹资总额的 61.25%。

【继续深入开展医院管理年活动】日喀则地区卫生局制定下发了《地区 2007 年继续深入开展“以病人为中心，以提高医疗服务质量为主题”的医院管理年活动实施方案》，组派 2 批共计 10 人工作组先后赴昂仁、岗巴、吉隆等八县进行了督导检查。共查找出共性问题 25 条，4 月底，自治区级医院管理年活动督导组对地区人民医院、藏医院及市医院进行了督导检查，督导组一行在充分肯定日喀则地区医院管理年活动取得的成绩的同时，针对存在问题提出了改进意见或建议。

【开展药品集中招标工作】2007 年，参加竞标企业 20 家，中标 12 家，招标药品品种达 478 种。从而进一步提高了药品采购的透明度，规范了采购行为，进一步遏制了医药购销领域的不正之风。

【开展卫生技术人员考试考务工作】2007 年，完成了 243 名医师资格考试的报名、实践技能考试及综合笔试工作和 195 名卫生技术人员的资格考试。共办理 84 名卫技人员的职称晋升合格证书、聘任证书及资格证书。推荐上报 3 名藏、西医高级人员。

【组织开展“健康快车”西藏行活动】从 5 月份开始对日喀则市、江孜、白朗、康马、仁布、南木林、萨迦、谢通门等八县（市）着手实施了卫技人员培训、宣传发动、初次筛选病人、复查等“健康快车”西藏行活动各项准备工作，并于 7 月 2 日到 12 日，共选送 185 名白内障患者到拉萨接受复明手术，其中实际接受手术的病人为 166 人，其余 19 人因眼底病被退回。圆满完成了此次活动的工作任务。

【狠抓疾病预防与妇幼保健工作】(1) 疾病预防与控制工作加强计划免疫工作。2007 年，地区疾控中心共发放卡介苗等各种疫苗 30770 支；全地区共接种常规疫苗 23462 人次，投服糖丸 4509 人次；针对定日、江孜两县发生流行性腮腺炎和流行性感冒，接种应急疫苗 6010 人次。在全地区范围内开展了两轮脊灰强化免疫活动，两轮服苗率均达到 98% 以上。日喀则地区卫生局与地区疾控中心对地直托幼机构、小学及日喀则市及江孜县小学进行了入托入学儿童预防接种证查验及补种工作。本次补种工作中应查人数为11492人，实查人数为11364人，共补种各类疫苗8655人。加强了AFP病例监测工作。

加强地方病防治工作。在鼠疫防治工作中，在进一步加大疫防治宣传教育工作，妥善处理了岗巴县及南木林二县外来施工人员接触和杀灭旱獭事件。组派专业人员赴8个鼠疫源县（市）进行鼠疫防治巡回督导和流动监测工作。在碘缺乏病防治工作中，采用入户方式，在全地区范围内共采集5626份居民盐样进行检测，其中碘盐碱1734份，碘盐覆盖率为30.8%，非碘盐3892份，非碘盐占69.2%。与到2010年实现消除碘缺乏病危害目标还有一定的差距。

在传染病防治工作中重点加强了结核病〈西藏结核病人免费治疗证〉防治工作。加强了督导工作，共组派3人次赴17个县（市）进行了结核病防治督导工作。1至9月份，全地区共发现结核病人1145例，涂阳病人180例，其中新发涂阳病人234例，新发涂阳完成全年指标率为55%，阴性551例，结胸85例、肺外结核90例，全地区大部分县未完成发现指标，结核病人治愈率未达到国家要求。艾滋病防治工作坚持以宣传为主。全年共开展宣传活动3次，发放宣传单（册子、画）6820张，办理宣传板报12块，发放安全套3500只、受理咨询300余人次，制作18副公益性广告。举办一期市区艾滋病高危人群干预培训班。

（2）加强以项目为主的妇幼卫生工作，年初日喀则地区卫生局召开了全地区妇幼卫生工作会议暨妇幼卫生统计年报评审会。1至4月份，从地区妇幼保健医院组派3名临床骨干医生前往定日、定结、南木林三县的36个乡（镇）开展了产科建设、急救操作、孕产妇系统管理等妇幼卫生督导工作，对99名县、乡助产人员进行了技术培训，促进提高了各项目县住院分娩率和降低孕产妇与婴儿死亡率，巩固了日喀则地区的“降消项目”工作。各项目县完成了孕产妇、7岁以下儿童保健管理培训。完成了拉孜、昂仁两县2006年妇幼卫生统计质量控制调查工作。完成了6个月到3岁儿童的维生素A投服工作，投服率达到97.1%。

【继续加强藏医药工作】在自治区藏医医疗机构评审委员会指导帮助下，地区藏医院于2007年1月被批准为二级甲等医院，并于9月正式挂牌，2007年，日喀则地区选送15名藏医药学专业人员到西藏大学藏医学院接受中专学历教育，促进改善基层藏医药人员的学历结构。落实了2007年藏医医院急诊急救能力与特色专科建设项目资金93万元、2006年藏医药服务能力建设资金63万元、2006年藏医药事业发展专项经费44万元。

【加大技术服务力度，有效开展人口与计生工作】全年共选派27名技术人员与管理人员到山东等内地进修学习，实施了“三千人才工程”培训计划，安排江孜等四县的4名技术人员到地区人民医院和妇保医院进修学习。

全年各级人口计生部门共开展宣传活动120次，发放宣传单34000余张，免费发放计划生育药具17000余人份，向地区16家星级旅游定点单位免费提供安全套。各县（市）对妇女干部和群众开展了人口与计划生育知识的引导性培训，受训人数达700余名。地区计划生育技术服务指导站共组派技术服务队18人次，深入江孜、岗巴、仲巴等14县的农牧区开展技术服务与宣传教育工作，累计开展计划生育技术服务537人次，妇女病普查普治2692人次。各县（市）共开展技术服务9563人次，妇女病查治26106人次。进一步满足了育龄群众的服务需求，深受群众好评。

实施农牧区“一孩、双女”户困难家庭扶助制度。2007年共兑现2006年的扶助资金285万元。共有目标人群4891人，新增辅助对象760人，退出扶助对象185人，“无子女”559人，“一孩”3498人，“双女”834人。

截止10月底，全地区总人口673338人，已婚育龄妇女147760人，育龄妇女193638人。人口出生率11.99‰、人口自然增长率7.83‰、死亡率4.16‰，综合节育率为75.73%。

【加大卫生行政执法监督力度，有力整顿和规范医疗与食品市场】2007年，地、县共发放卫生许可证3814户，从业人员健康体检5866名，发放个人健康证5371个；共出动执法监督人员1458人次、车辆480台次，监督检查经营户3832家，未发生重大食物中毒事件。在地、县范围内开展了产品质量和食品安全专项整治工作推行实施了食品量化分级管理工作。进一步促进了食品卫生监督管理的规范化。

日喀则地区卫生局对市区及部分县的社会医疗机构开展监督检查三次，共出动监督执法人员18人次，出动车辆4台次，查处聘用非卫生技术人员行医的医疗机构12户，查处超范围开展诊疗活动医疗机构8户，没收妇科检查床2张，罚款17户，警告、责令改正6户，注销医疗机构执业许可证2户。同时，对市区社会医疗机构的46名从业人员举办了一期以依法行医为主的培训班。

【加强卫生援藏和外事项目工作】完成了援藏干部交接工作。2007年，日喀则地区卫生局接受的2名行政援藏干部，克服各种困难，深入基层调研，初步确定了三年援藏项目计划。黑龙江省选派5名技术援藏干部，分别支援地区人民医院和仁布县医院；吉林省选派7名技术援藏干部，分别支援地区人民医院和定结、萨嘎两县医院。山东海王银河医药有限公司向日喀则地区捐赠了价值109.73万元的药品。山东省人口计生委援助资金50万元，黑龙江省人口计生委援助价值20万元的办公设备。

在卫生外事工作中，继续加强地区红十字会同瑞士红十字会的友好合作，先后在定日、聂拉木等四县及地区藏医院设点实施了眼疾服务项目，共对655名白内障患者实施了复明手术，其中99%的病人殖入了人工晶体，对2295名眼疾患者提高了咨询服务，免费发放了药品与眼镜。除此，在项目开展前后对各县医生开展了关于眼疾防治的相关培训。先后在谢通门等三县的93个乡村开展了健康教育复训与督导工作。

【存在的主要困难和问题】一是近年来，基层卫生队伍现状得到一定的改善，但从整体上讲，全地区基层卫技人员严重缺员问题没有得到根本扭转，基层卫技人员素质偏低，聘用乡医的工资待遇与繁重的工作量仍形成强烈反差。

二是疾病预防控制专业人员短缺、

监测设备紧缺、监测和防治手段落后、经费不足等问题给日趋繁重的传染病防治任务和突发公共卫生事件应急处置工作造成很大困难。学校传染病的防治工作形势严峻，疾控工作亟需改善和加强。

三是妇幼保健与计划生育综合服务能力和水平有待得到进一步提高。

四是日喀则地区卫生行政执法监督处于无机构、无编制、缺少经费的状态，现有的卫生执法工作大部分由地区疾控中心承担，违背了以行政执法为主体的原则，理顺执法监督体制，成立地区卫生执法监督机构已迫在眉睫。广大公民法律意识的不断提高也给卫生执法工作提出了新的挑战和要求，

五是由于各级政府自身造血能力较差，在承担疾病预防控制等公共卫生经费中难度大，导致公共卫生经费不足，在一定程度上限制了公共卫生工作的正常开展。

六是农牧区医疗制度的管理工作有待进一步规范和提高，特别是县、乡医管会机构和人员急需充实和加强。

日喀则地区民政工作

【城乡社会救助体系建设工作不断完善】2007 年日喀则地区成立了由地委副书记、行署常务副专员阿旺为组长，喻达瓦副专员、欧珠卓玛副专员为副组长，有关部门为成员的社会救助体系建设工作领导小组。灾害救助扎实有效。2007年以来，局部区域遭受了干旱、冰雹、洪涝等自然灾害，151 个乡镇、781 个村（居）委会、158638 人受灾，因灾死亡6 人，因灾倒损民房 1722 间，农作物受灾面积 11443 公顷，其中绝收面积 2552 公顷；因灾死亡牲畜 9455 头（只、匹）。灾害给部分群众生产生活带来了极大困难，救灾救济任务十分艰巨。截至目前，共下拨救灾救济款 597 万元，救灾物资折款 145 万元，对 91471 人进行了有效救济，保障了救济对象的生产生活和灾区的社会稳定；积极探索推进城乡特困群众医疗救助工作。在成功试点日喀则市、江孜县、亚东县城市医疗救助工作的基础上，全面进行了推广普及，下达城市医疗救助资金 225.1 万元，救助金额由 2006 年的 3000 元提高到 8000 元，为 82 名城镇困难居民发放医疗救助资金 15.6 万元。此外，为规范农村医疗救助程序，编制了《农牧区特困群众医疗救助审批表》，为 580 户、632 名农牧区特困群众发放医疗救助金 58.6 万元，有效解决了就医难问题。部分县还出台了一系列优惠政策，为符合条件的患大病群众打开了“绿色通道”。组织开展了“扶贫帮困捐助月活动”，仅 2007 年 10 月就接收社会捐款 282.2 万元，并及时下发到了灾民手中。

由于江孜县在社会救助体系建设方面成效明显，2007 年 7 月，自治区人民政府在日喀则地区成功召开了全区社会救助体系建设现场会，总结和推广了江孜县社会救助体系建设的成功经验。

【城镇低保工作迈出新步伐，农村低保工作稳步实施】2007 年，依据动态管理原则，加强了享受低保人员的复查核实工作，进一步加大了低保资金的监管力度。全年有 172 户、428 人自动退保，现有低保对象 4028 户、8165 人，发放保障金 1203 万元，月平均保障标准 230 元，月人均差额补助 122.77 万元，城镇贫困人口的基本生活得到较好保障。根据全区民政会议安排，日喀则地区认真开展了农村低保调查登记工作。全地区已纳入农村低保范围的有 67151 人，占农牧民总人口的 11%。其中重点保障对象 20145 人，特殊保障对象 13430 人，一般保障对象 33576 人，发放农保资金 1970.2 万元。在摸底调查中，始终坚持村委会入户调查，乡镇政府审核、公示，县市民政局复核，县市人民政府审批等工作程序确定人员，并逐一建立了数据档案。

【双拥及优抚安置工作成效显著】2007 年是自治区第九次双拥模范评比年。基于此，一是加大了“三大”节日及“八一”节期间军地双拥活动力度，提高了互动层次，拓宽了互动范围。节日期间由地委、行署主要领导亲自挂帅，共慰问了 72 个部队，投入慰问金 90 万元。“八一”期间成功举办了地区首届大型军民联欢晚会等活动。二是认真落实各类伤残人员抚恤金 70 余万元，对原班禅警卫营 23 名退伍军人服役期间的履历以及生活现状进行了调查核实，并多方奔走力争解决其生活困难。初步完成了参加西藏平叛和对印自卫反击战退伍人员的普查登记工作。三是积极开展双拥政策法规宣传，多方筹措资金，在日喀则市显著地段设立了四面大型双拥公益广告牌，展示了日喀则地区双拥工作外在形象，营造了良好的双拥氛围。在自治区第九次双拥模范城（县）命名表彰大会上，日喀则地区 7 个县、4 个单位和 2 名个人受到表彰。四是妥善安置退役士兵 42 人，接收军休人员 1 名，无军籍职工 2 名。此外，烈士褒扬工作也得到了地委、行署和自治区民政厅的高度重视，烈士陵园维修经费将从 2007 年起得到长期保障。

【社区建设和村民自治健康发展】为认真贯彻落实自治区民政厅《关于加强西藏自治区村民自治达标单位命名管理工作的通知》精神，结合新农村建设，在村委会中开展了以“四个民主”为主要内容的村民自治和村务公开、民主管理工作，出台了《日喀则地区村民自治和村务公开民主管理示范单位创建活动实施方案》，为开展村民自治工作奠定了基础。组织开展了农村社区试点前期工作，日喀则市聂日雄乡潘孔村委会被定为农村社区试点村。深入开展了婚姻登记机构、人员、场所等婚姻登记统计工作，全地区有县级婚姻登记机构 18 个，乡镇级婚姻登记机构 174 个，婚姻登记人员 193 人。在地区村级建制整合工作领导小组的组织下，日喀则地区村级整合工作已接近尾声，全地区村委会总数 1725 个，此次村级建制整合工作涉及 7 个县市、23 个乡镇的 97 个村委会，拟减少 53 个村委会，整合率占村委会总数的 3%。

【社会福利和老龄工作蓬勃发展】对全地区农牧区五保供养对象进行了一次全面摸底调查，经调查核实，全地区实有五保供养对象 2333 人，将过去遗漏的 858 名应保人员全部纳入到了五保供养范畴。督促指导各县市落实了五保供养政策，并在自治区民政厅的大力支持下，投资 435 万元新建了 4 所县福利院和 1 所乡敬老院，较好改善了农村福利事业基础设施条件落后的面貌；全地区现有

孤残儿童807人，其中：集中收养84人，在部队服现役2人，已退役7人，在内地就读的4人。进一步加强了流浪乞讨人员的救助管理工作。针对日喀则地区外流乞讨现象相对突出的问题，努力找准突破口，建立了流浪乞讨人员救助管理联席会议制度，坚持每季度召开一次救助管理联席会议，通报本季度救助工作，部署下季度救助任务。采取主动实施救助的方式，切实加强了对禁讨区域流浪乞讨人员的救助管理工作。全年共救助自愿受助人员384人（次），其中外省籍37人；劝返本地习惯性乞讨人员700余人（次），外流乞讨现象基本得以控制，并受到广大市民及扎寺民管会的一致好评；老龄工作紧紧围绕“六个老有”的目标，重点开展了维护老年人合法权益、宣传老龄工作政策、树立敬老模范活动，丰富和提高了老年人的物质文化生活，为4500余名80岁以上老年人办理了寿星证，发放健康补贴129万元。福利彩票发行工作日趋规范，通过加强资金监管、规范操作程序，狠抓服务，扩大宣传，维护了福利彩票的社会形象和公信力，提高了销售额。到11月底，共发行福利彩票550余万元，比2006年同期增长12%。

【区划地名管理和民间组织管理工作稳步推进】加强了城镇地名设标的指导督促力度，已顺利完成日亚公路和318国道沿线9个县及一个重点镇的地名标志设置工作，重新登记和理顺了门牌编码，全地区初步形成了较为完善的城市地名标志体系，城市功能和公共服务水平得到进一步增强。通过以会代训的形式，组织县市民政局长召开了地名标志设置交流会议。圆满完成仲巴与措勤、改则的边界联检工作，妥善调解了仲巴与萨嘎两县的草场资源纠纷。规范整理210卷、50余幅勘界地图资料的立卷归档、移交工作。一批涉及调整农村产业结构、推广农业先进技术、带动农民脱贫致富等方面的农村专业经济协会得以注册登记，并较好地发挥了促进农村经济社会发展的作用。全地区登记注册的社会团体共54家，其中农村经济合作组织23家。按照国家有关规定，日喀则地区从2007年7月1日起，停止了对农民专业合作社的注册登记工作。

日喀则地区
劳动和社会保障工作

【深入开展就业再就业工作，主要指标超过全年目标任务】2007年日喀则地区劳动和社会保障局切实加强劳务输出工作。年初，开展了以农牧民培训、转移就业为主要内容的调研工作，制定了地区农牧民培训、转移就业的工作计划，有效地促进了农牧民富余劳动力的转移，实现了地区劳务输出的稳步增长。1-12月份，全地区农牧民富余劳动力转移就业达33万人次，完成年初目标任务（32万人次）的103.1%；收入4.8亿元，完成年初目标任务(4.6亿元)的104.3%。

努力推进就业再就业工作。1-12月份，地区实现城镇新增就业2840人（包括“3545”和零就业家庭人员等就业困难群体），完成年初目标任务（新增就业2500人）的113.6%。12月底实有城镇登记失业人员1698人，登记失业率控制在4.2%以内（自治区劳动保障厅要求控制在4.4%以内）。

注重开展技能培训工作。日喀则地区劳动和社会保障局举办了餐厅服务、客房服务、钢筋混凝土、美发师助理、营业员、理发师、保安、藏餐厨师、驾驶员、计算机、农机维修等11个工种的技能培训班，各县（市）劳动保障局也开展了各种培训。1-12月份，地区劳动保障系统共培训5405人，其中:农牧民技能培训3841人，完成年初目标任务(培训1600人)的240.1%，城镇失业人员技能培训1564人，完成年初目标任务（培训1300人）的120.3%。

继续深化职业介绍工作。1-12月份，日喀则地区劳动和社会保障局职业指导3700人次，职业介绍3188人次，职介成功1568人，分别完成年初目标任务的101%、103%和101%（自治区下达日喀则地区职业指导3650人次、职业介绍3100人次，介绍成功1550人）。地区劳动保障系统向区外输出172人务工。

广泛开展职业技能鉴定工作。结合地区实际，开展了驾驶、打字、营业、农机修理、农艺、家畜饲养、餐厅服务、客房服务、厨师、美发助理、钢筋工、民族绘画、木工等13个工种的职业技能鉴定工作，鉴定1155人（其中：国家机关企事业单位工人技术等级考核鉴定625人，社会化职业鉴定191人，农牧民免费鉴定265人，专项职业能力鉴定74人），完成年初目标任务（鉴定1000人次）的115.5%。

努力做好公益性岗位工作。日喀则地区劳动和社会保障局及时把400个公益性岗位落实到人，充分发挥了政府购买公益性岗位促进困难群体就业的作用。

切实解决“零就业家庭”就业问题。日喀则地区劳动和社会保障局把“零就业家庭”就业作为工作的重中之重，加大技能培训，优先推荐就业。据统计，全地区330户“零就业家庭”1-12月份实现就业246户。(对剩余的84户力争春节前能实现阶段性“消零”的目标）。

认真做好高校毕业生就业指导和服务工作。积极与各部门通力协作，成立了地区高校毕业生就业指导服务中心（设在劳动就业服务中心内），及时掌握和了解日喀则地区高校毕业生就业情况，争取通过就业部门和毕业生的共同努力，尽早实现就业。

积极落实就业再就业扶持政策。1-12月份，安排就业再就业资金总计533.23万元，其中：职业培训和职业介绍补贴资金108.93万元，公益性岗位资金424.3万元。发放《就业和再就业优惠证》161本，目前日喀则地区已有279人享受相关优惠政策，工商部门免收登记费、管理费等12.39万元。

【稳步推进社会保险工作，社会保险覆盖范围继续扩大】养老保险覆盖范围进一步扩大。1-12月份，全地区参加养老保险统筹单位320家，涉及职工4381人。实征基金3830.6万元。目前全地区享受基本养老金的退休人员有1608人，共发放基本养老金2680万元，退休人员基本养老金做到了100%按时足额发放。新扩面集体企业6家，涉及68人，新扩面个体工商户114人。严把退休审批关，对157名申报退休人员进行了审核，已审批73名（其中：自治区劳动保障厅审批44名，日喀则地区劳动和社会保障局审批机关事业单位固定工 29 名)。

城镇职工医疗保险工作稳步推进。1-12 月份，全地区参加医疗保险的单位共有 180 家，全地区参保人数达 29755 人(其中：在职职工 23051 人，退休职工 6704 人)，实收医疗保险基金 8981 万元。共支出基金 2858 万元(其中：参保人员住院结算 1053 万元，特殊门诊结算 26 万元，定点刷卡 1691 万元，公务员医疗保险补助 88 万元)。全地区住院 2278 人次，在地区范围外住院的 1822 人次，特殊门诊 485 人次。

城镇居民医疗保险制度改革试点成功。于 2007 年 10 月份启动了城镇居民基本医疗保险工作，2008 年元月 1 日起开始支付参保人员医疗报销和刷卡费用。据统计，目前全地区参加城镇居民基本医疗保险有 10628 户、19669 人(其中：个人缴费 60 元的一般参保人员 8979 人，学生及学龄前儿童 6240 人，低保、重度残疾人等个人不缴费的 4450 人)，共核定缴费 393 万元。

失业保险基金征缴圆满完成任务。日喀则地区从 2006 年元月 1 日起启动了失业保险个人缴费记录工作。截至年底，已经为 217 家参保单位办理了失业保险登记，为 9900 人建立了失业保险个人缴费记录。1-12 月份，全地区核定参统职工 12147 人，实征基金 650.5 万元，完成自治区劳动保障厅下达征缴 450 万元目标任务的 144.4%。

工伤保险工作已正式启动。建立了工伤保险制度，在人员编制极为紧张的情况下，于 12 月初正式启动了工伤保险工作，从 2007 年 9 月 1 日起开始统筹，从 2008 年元月 1 日起开始兑现参保人员的工伤待遇。

日喀则市

【年度情况与特点】2007 年，日喀则市经济总收入达到 56408.1 万元，同比增长 17.2%。其中：一产完成 16480.3 万元，二产完成 22782.7 万元，三产完成 17145.5 万元，分别增长 7.7%、25.2%、17.1%；地方生产总值达到 10.1 亿元，同比增长 23.7%；人均生产总值达到 9696 元，同比增长 20.2%；农牧民人均纯收入达到 3848.2 元，同比增长 16.9%，其中：现金收入为 2501.3 元，占农牧民人均纯收入的 65%；农牧业产值实现 35998 万元，同比增长 24.6%；粮油总产量达到 13980 万斤；工业总产值完成 1.2 亿元，同比增长 33.6%；乡镇企业总产值 1 亿元，同比增长 13%；多种经营收入达 2.4 亿元，同比增长 11%；批零贸易销售额为 57851.5 万元，同比增长 19%；地方财政一般收入 3826 万元，同比增长 15%；财政总支出 22892 万元，同比增长 35.9%；固定资产投资完成 3.4 亿元(其中援藏投资 3521 万元)，比 2006 年减少 42.4%；招商引资到位资金达 12667 万元；全市旅游接待游客 39 万人次，实现旅游收入 2435 万元。

【优化产业结构，推动整体经济快速协调发展】2007 年，为了更好地推动经济持续快速发展，立足实际，努力掌握和认真分析经济社会发展规律和形势，深化改革，完善结构，依靠优势产业，扬长补短，强基固本，三次产业比例由上年的 24：23：53 调整到 24：26：50。尤其是坚持农业产业的主导地位，粮、经、饲比例从上年的 49：26：25 调整到 49：29：22。狠抓“三农”工作，以解决民生为目的，着力调整农牧业产业结构，大力培育和发展年河藏鸡、奶牛养殖、绵羊短期育肥、东嘎土豆、高原蔬菜瓜果等一批特色农业，积极扶持边雄、聂日雄、甲措雄等乡种粮大户，提高粮食产量，使农牧业经济保持了良好的发展势头。2007 年，在地区农业工作会议上被评为“2007 年度提高粮油综合生产能力先进市”。

【努力改善农村生产、生活条件，稳步推进社会主义新农村建设】2007 年日喀则市顺利完成了共 947 户、投资 6251 万元、建筑面积 27.3 万平方米的农牧民安居工程及总长 2500 米的 5 个硬化道路建设任务，完成了 8 个村委会活动场所建设和总长 500 米村级道路硬化任务；投资 1016 万元完成了农业综合开发土地治理项目；完成了 67 处人畜饮水安全工程建设任务，解决了 3511 户 20844 人、5.6 万头、(只)牲畜的饮水安全问题；粮食直补、良种补贴、农药补贴和农机具购置补贴等各项补贴达到 448.2 万元；进一步加强劳动技能培训工作，在农牧区开展就业转移培训和落榜青年技能培训，完成了 5.8 余万人次劳务输出、收入达到 8045.9 万元；全年全市完成机耕 8733 公顷，机播 6667 公顷，机收 5600 公顷；全年实施防治害虫面积 2133 公顷，畜禽疫苗防治率均达到 100%；为日喀则市畜牧业的快速发展提供了保障。

【科学布局，健全产业体系建设，不断推动整体经济又好又快发展】按照“一产上水平，二产抓重点，三产大发展”的经济发展战略，2007 年，实施了马铃薯加工、纯净水、羊肉制品等具有一定规模的龙头企业引进和建设，同时，建设木材市场等一批与南部市场匹配的专业市场，为南部经济发展奠定了坚实的基础。全年全市工业总产值实现 11820 万元。同比增长 34%。商贸业初步形成了一批商业特色街区、商业批发和超市连锁商业体系；城乡居民对汽车等消费需求和物质文化生活水平有了进一步的提高；房地产业健康发展。

【着力构建和谐社会，不断完善保障体系，社会保障水平有了进一步提高】2007 年全市共完成培训城乡失业人员 250 名，实现就业再就业 207 人；受理劳资纠纷案件 24 起，涉及人数 137 人，涉及金额 200 万元，其中解决了 18 起，为农民工挽回经济损失共 137.3 万元；发放低保金 315.3 万元，落实临时生活补助资金 49.9 万元，为 51 名患大病群众解决医疗救助资金达到 4.8 万元；足额兑现五保供养对象 165 人，落实资金 24.8 万元；城市居民最低生活保障制度实现了应保尽保；大力开展产品质量和食品安全专项整治工作，整顿和规范了食品、药品市场秩序，重点推进食品、药品“安全放心”工程。

【强力推进对口支援工作，受援工作取得新突破】在青岛市委、市政府的大力支援下，青岛市第五批援藏干部保持和发扬老西藏精神，艰苦朴素，爱岗敬业、团结奋进，狠抓了援藏工作落实，使援藏工作迈上了一个新台阶。2007 年顺利进行了第五批进藏的援藏交替工作，顺利开展了为期一个月的基层调研活动，研究确定了日喀则市的发展定位。同时，以政治、经济、社会、生态四个效应并重的原则，初步论证了30个促进改革、发展、稳定的对口支援项目，累计资金达到5000余万元。2007年下半年先后实施了6个对口支援项目，到位资金1500万元。实施行政中心办公楼工程、希望小学的新建和改造任务、组织青少年赴青岛务工、学习项目，参加青岛啤酒.CCTV倾国倾城栏目推介《雪域圣地高原名城——日喀则市》活动等对提高城市知名度、美誉度，促进旅游业发展，推动经济社会发展起到了显著效益。

【社会事业建设全面进步，推动经济发展基础更加夯实】一是教育事业稳步发展。日喀则市以提高和巩固“两基”攻坚成果为重点，认真做好中小学规范化建设工作，加强了对中小学校长、师资队伍的培养。全市初中入学率达97.57%，小学入学率达99.4%，学生到位率列入全地区前6名。二是文化事业不断繁荣。广播电视已覆盖到全市179个行政村和563个自然村；农村公路通达路线基本覆盖全市各个行政村，通路全程达553.4公里，新建“村村通”公路12.3公里、新改建公路桥梁23座、公路等级有所提高，基本解决了农牧民群众出行难问题；为了稳步开展邮递工作，日喀则市给各乡配备了乡村邮递员共十名，保证了日喀则市179个行政村报刊书籍的及时投递；以光纤为主的现代化通信网络初步形成，基本完成了村村通电话工程建设；投入专项资金建设农村党支部和村委会活动场所，有效地改善了农村党支部和村委会的基础设施和办公条件。三是科技、卫生事业不断进步。2007年，日喀则市顺利完成了500户农村沼气项目建设任务，并成功实施了2个科技援藏项目（即：黑龙江援助的江当乡种草养畜项目、山西援助的制造苦荞保健项目），同时，在各级科技协会的大力支持下，投资20万元实施了聂日雄乡农村科普示范基地建设项目；2007年，卫生服务中心共接待门诊就诊病人52778人次，住院1342人次；合作医疗工作稳步推进。截止目前，全市参加合作医疗共73129人，参加率达到98.3%，覆盖率达到100%。农牧民住院人数达2778人次；进一步强化了计划生育工作，人口自然增长保持稳定，全市医疗卫生条件不断优化。

南木林县

【基本县情】南木林县意为“全胜之地”，南木林县位于西藏自治区的中西部，日喀则地区东北部，地处冈底斯山脉东段的河谷地带，雅鲁藏布江中上游北岸。东与拉萨市的尼木县交界，西与谢通门相邻，北与那曲地区的申扎、班嘎两县接壤，南与日喀则市隔江相望。县境东西长98公里，南北宽110公里，辖区面积8848平方公里，占日喀则地区面积的4.86%，占西藏自治区总面积的0.74%。现辖1镇16乡152个行政村，11805户77834人（其中农牧民人口74430人），耕地面积7893公顷，人均占地0.1公顷。

【经济社会发展情况】2007年，南木林县实现国内生产总值3.44亿元，同比增长20.7%；三次产业比例调整为53.8∶13.2∶33；人均GDP4437元，同比增长28.7%；农村经济总收入2.18亿元，同比增长12.6%；地方财政收入543万元，同比增长18%；多经收入1.6亿元，同比增长21.6%；乡镇企业收入439.6万元，同比增长33.2%；农牧民人均纯收入1840元，同比增长17.9%，现金收入占人均纯收入的60%，达到了1114元；粮油总产4851万斤；人口自然增长率控制在了10‰以内。

【稳步推进农牧业内部结构调整】在稳定粮食综合生产能力和粮食安全的前提下，抓好了种植业结构调整工作。2007年，全县总播面积7893公顷，其中粮食作物播种面积4453公顷、经济作物面积3247公顷、饲草种植面积193公顷，粮、经、饲比例由2006年的58.5∶39.1∶2.4调整到了2007年的56.4∶41.2∶2.4。

【扎实推进社会主义新农村建设】按照中央的二十字方针和自治区党委、地委要求，确定了“五通四改”的目标要求，即通电、通路、通水、通电话、通电视，改房、改厕、改进生产生活方式、改善生态环境。突出抓好了“三大工程”和“两大产业”。“三大工程”方面：一是切实抓好安居工程。2007年，全县实施的1374户安居工程，现已全部完工，有效改善了8930人的住房条件。并于11月21日，顺利通过了地区的验收。二是努力抓好生态工程。全县封山育林面积达到了8000公顷，顺利完成了34.6公里的南艾绿色通道工程建设，林木成活率达到了80%以上。兑现各种造林费用275万元。三是大力开展科技兴农工程。在全县6个乡镇开展农业科技承包工作，使科技承包面积达到了4667公顷。积极引进新技术、新品种。2007年，同潍坊市相关部门、县市联系，引进了土豆标准化生产体系；从青海省农林科学院引进8个马铃薯新品种和2个油菜新品种，取得了良好的试验效果；进一步拓宽农牧民增收渠道，先后对6120多名农牧民群众进行了农作物栽培方面的技术培训；7月份，专门从援藏资金中拿出5000多元，为各个村购买了《教你学技术》等藏汉文科普书籍；充分发挥职业学校的作用，投入8万余元，改善了教育教学条件，新增开木工班1个，进一步提高了农牧民群众学习一技之长的积极性。“两大产业”方面：一是大力推进土豆产业。2007年，继续扩大了土豆种植面积，使种植面积达到了2467公顷，占总播面积的31.3%。为进一步加强生产基地建设，认真按照标准化生产体系的要求，从用药、水土、施肥等各个生产环节方面严格标准。为做好土豆加工工作，积极向上级部门争取加工项目，获得了国家科技部、财政部批准的南木林县艾玛岗特色马铃薯加工项目，总投资320万。为做好销售工作，成立了由71户农户组成的艾玛土豆“销售协会”，建设了农畜产品批发市场，在拉萨、山南、林芝等地设立了专销门市部。2007年土豆总产量达到了2亿斤，可实现收入7595万元。二是切实抓好畜牧业发展。加强了接羔育幼工作。2007年，新生仔畜10.66万头（只、匹），成活10.25万头（只、匹），成活率达到了96%以上；牲畜总增率24.2%，出栏率24%，年末牲畜存栏40.76万头（只、匹）。认真开展了草场承包工作。2007年3月，圆满完成了仁堆、拉布普、芒热三个乡10个行政村和1个自然村720户3939人的草场承包工作，并通过了地区验收。加强了农区畜牧业工作。2007年，全县共养猪2540多头，养殖藏鸡8.6万羽；完成黄牛改良3359头；完成绵羊短期育肥3.45万只。仅短期育肥一项就实现纯收入429万元，有效提高了农民养殖的积极性。加强了畜牧业防抗灾工作。针对去冬今春部分乡镇遭受雪灾、风灾的实际情况，及时启动了防抗灾应急方案，发放抗灾饲料20吨、青稞16吨，拨付5万元专款购买饲草50吨，确保了牲畜安全过冬；2007年入秋以来，认真做好防抗灾准备工作，共储备抗灾饲草、料7170余万斤，各种工具3万余件。

【工业经济有了新进展】2007年以来，突出抓了“三个产业”和“三小产品”工作。“三个产业”：一是石材开发产业。进一步加大了石材开发力度，扩大了石材开发规模，发展了一批“石材经纪人”，组建了“农民合作协会”，为规模化、产业化、集约化开采、销售石材奠定了基础。目前，全县拥有采石场的乡镇由原来的2个增加到了4个，拥有采石机械设备200台（套），全县参采人员达1000多人，石材开发总收入达到490多万元，人均实现收入4800元。二是农副产品加工业。加强了对乡办、村办磨面、榨油等农副产品加工小作坊的扶持力度，促进了农副产品加工业的发展。三是矿产开发业。开展了矿产资源勘探和开发利用工作，坚持“高起点、高标准，保护与开发并重”的原则，加大了对南木林县境内矿产资源的勘探力度。成立了南木林县矿产资源管理领导小组，进一步加强了对探矿、采矿秩序的管理。“三小产品”：一是藏毯。县藏毯厂于2006年12月份正式投入运营，间歇式生产。2007年，利用4个月的农闲时间，共编织地毯4200英尺，人均创收2400元，有效提高了附近村民的现金收入。二是芒热藏刀。着手开展了藏刀规模生产的前期工作，进一步扩大了生产规模，逐步使芒热藏刀由零星作坊式生产向联合式生产转变。三是孜东铜器。利用孜东铜器手工业艺术精湛的优势，把孜东铜器作为旅游纪念产品开发，有效调动了手工艺人的积极性，不但传承了民族优秀文化，而且提高了农牧民收入。

【援藏工作开局良好】顺利完成了潍坊市第二、三批援藏工作组的交接工作。第三批援藏工作组确定了农牧民安居工程、城乡绿化、县政府接待中心（潍坊宾馆）、广电中心、青少年活动中心配套建设、党建援藏、多角潍坊希望小学等10个重点援藏项目。2007年，潍坊市已拨付援藏资金1010万元，物资折款60万元，完成了滨河公园续建工程、2007年农牧民安居工程援藏配套补助资金、改善机关办公条件等援藏项目。另外还争取到9批社会捐助，包括潍坊市东海国信管道网络有限责任公司捐助的学生用品、高密市广播电视局捐赠的广电设备、潍坊市卫生局捐助的医疗器械和药品以及潍坊市教育局捐赠的学生工具书等，折资总额达100多万元。

【社会事业全面进步】一是大力推进教育事业。加大了教育法律法规宣传力度，全面做好“控辍保学”工作。深入乡镇开展了以“三包”助学金政策为主要内容的宣传工作。全县小学适龄儿童入学率达99.4%，巩固率达100%；初中入学率达97.2%，巩固率达98.8%；青壮年人口非文盲率达98.6%。顺利通过了第二次“普九”复查。努力改善教育教学条件。2007年，仁堆乡中心小学食堂、拉布普乡中心小学新建、县青少年活动中心、县幼儿园等一批教育基础工程将相继完工。二是加强医疗卫生工作。积极开展新型合作医疗制度，使户参率达到了98.5%，人参率达到了97.6%；加强了医疗卫生基础建设，2007年开工建设的普当乡、秋木乡、茶尔乡、多角乡卫生院已通过验收，并投入使用；进一步加强了医疗市场的管理，杜绝了乱收费现象的发生；进一步巩固和提高了农牧区医疗管理制度，加强了医疗经费管理，确保经费及时足额到位和真正用到农牧民身上。三是加强广电文化建设。认真开展了“村村通”工程和文化下乡活动，完善了文化设施，组建了业余文化队伍，丰富了城乡群众文化活动。8月份，山东省高密市为县电视台捐赠了包括非线编辑机、数码相机等在内的价值11余万元的设备，提高了县电视台的硬件水平。县广电中心也将于明年开始建设。四是认真解决民生问题。认真落实社会低保制度，救助弱势群体，共落实特困群众救助金202.5万元，落实城镇居民最低生活保障金48.6万元，解决了65名贫困学生（包括13名大学生）的上学难问题和70名群众的看病难问题，促进了社会和谐。

定日县

【基本县情】定日县位于西藏自治区西南，地处喜玛拉雅山脉中段北麓，珠峰脚下，东邻定结、萨迦，东北靠拉孜，北连昂仁，西接聂拉木，南与尼泊尔接壤。全县总面积13970平方公里，平均海拔4500米以上，（县城所在地海拔4320米），昼夜温差大，属高原干旱半干旱气候，年降雨量少，年蒸发量大，年日照时数长，全年相对无霜期仅为105天。辖13个乡镇，180个行政村，是以农牧业为主的国家扶贫工作重点县，全县总户数8898户，49239人，民族成分主要以藏族为主体，藏族占总人口的99.78%，汉族和其他民族占0.22%。

【经济发展情况】2007年定日县完成地区生产总值25108万元，比上年增长14.4%；财政收入1145万元，比上年增长63%；农牧民人均纯收入1940元，比上年增长14.12%。

【狠抓“三农”工作，农牧民生产生活条件得到改善】2007年完成了1245户农牧民安居工程和27个村委会建设。高度重视农牧业生产工作。加大良种推广力度，实施种子工程建设，农作物良种推广面积达60.86%。大力推行农机化工程，机耕、机播分别达到实播面积的67.62%和43.61%。实施科技承包和培训，科技承包面积达到实播面积的70.05%。认真抓好畜牧业接羔育幼工作，仔畜成活率和成畜死亡率分别为94.61%和1.45%。认真实施黄牛改良项目，引进种牛3头，奶牛17头。加强草场围栏、人工种草和天然草场补播等工作。完成人工种草3.5公顷，草场围栏0.7公顷。完成了加措、盆吉两乡的草场承包经营到户工作，群众反映良好，顺利通过验收。高度重视牲畜疫病防治工作，堵住了小反刍疫情的传入。狠抓农牧区富余劳动力转移输出，切实增加群众收入。通过劳务输出转移农牧民，增加收入。采取政府组织、亲戚朋友介绍等多种途径转移劳动力，大力发展劳务经济。2007 年共输出劳力 18320 人（次），实现劳务收入 4263.9 万元。利用工程建设转移农牧民，增加收入。2007 年，在保证质量的前提下，为当地施工队和农牧民群众安排了 14 个项目，投资达 913 万元。利用旅游等服务业转移农牧民，增加收入。同时，利用珠峰培训中心，开展厨师、木工、翻译等培训；与自治区登山协会合作，在县中学开办了职业技能培训班，提高农牧民劳动技能和就业能力。狠抓扶贫开发工作。加强与区直、地直定点扶贫单位的工作衔接。困难群众生产生活得到妥善安排。

【狠抓产业发展，发展能力得到增强】 围绕“一产上水平”，狠抓良种推广、结构调整、优质油菜和大棚蔬菜种植以及畜种改良、短期育肥等工作，农牧业产业化进一步推进。围绕“二产抓重点”，加大招商引资力度，“增东鲁玛”矿泉水开发项目正积极实施。围绕“三产大发展”，狠抓旅游产业发展。全年接待游客 38700 人次，实现旅游总收入 2454 万元。

【狠抓项目建设与管理，固定资产投资规模取得重大突破】 全年完成固定资产投资 17022 万元。完成了县中学二校区、县乡干部周转房、三期农网、村委会及村级道路硬化等重点项目建设，在项目管理上严格落实“五制”，确保了工程项目建设进度和质量。续建项目分别是县中学附属设施、白坝客服中心、旅游沿线 10 个厕所建设。新开工项目有县乡干部周转房、村委会及附属道路硬化、三期农网、县中学第二校区、农牧民安居工程、克玛乡新德桥、家庭旅馆、恰来水塘、翁嘎水塘、定珠公路维修、移动营业厅。完成了协盆公路、曲洛小学、翁嘎小学等项目建设。立了定日县农村公路养护队，养护人员已在各自负责的养护段上展开了日常养护工作。通过招商引资，总投资 6000 万元（主体工程 4000 万元，前期运作 1000 万元，市场营销 1000 万元）的珠峰冰川矿泉水资源开发项目已通过专家论证、环境评价。

【“安居工程”、新农村示范点建设】 2007 年定日县共完成 1245 户农牧民安居工程建设任务和 27 个村级组织活动场所和基础设施配套建设。按照地区“四新一好”的要求，继续推进协格尔镇多杰村示范点建设。

【扶贫工作取得新进展】 完成了全县 1300 元以下贫困群众的建档立卡工作。加强与区直、地直定点扶贫单位的工作衔接，制订了盆吉、尼辖、曲当 3 个定点扶贫乡的扶贫规划。完成了 2007 年整乡推进项目（大棚温室、陇庆土地开发）和面上扶贫项目（尼辖宗措水渠及大棚温室）的申报工作。

【旅游业管理与服务工作得到加强，旅游产业发展趋旺】 优化旅游环境，大力发展健康旅游。把定日县独特的民族歌舞、民族饮食、民族习俗、民族手工艺、民族家居等民俗文化与旅游景点有机结合，重点鼓励群众把民族歌舞展现在游客聚集地。出台了《关于加强珠峰自然保护区内登山活动的有关决定》、《关于加强珠峰景区景点管理的决定》、《关于加强牦牛工及牦牛登山运输服务管理的决定》和《关于对有关工作组、考察团等实行赠票制度的决定》，这四个决定协调了珠峰旅游经济利益，促进了旅游业健康发展。全年接待游客 38700 人次，实现旅游总收入 2454.094 万元。

【边境互市贸易成为新亮点，农牧区“便民店”建设扎实推进】 五个边境乡镇边贸进出口额达万元。边贸商品主要是大米、面粉、纺织品、民族手工艺品、日用百货及各种药材。积极争取岗嘎镇边贸市场项目建设，目前已上报待批。积极推进“万村千乡”市场工程，在岗嘎镇、扎果乡、扎西宗乡、盆吉乡和白坝狠抓了一批农家店建设，为农牧民群众提供便捷的服务。

【社会事业全面发展】 狠抓教育、文化、卫生和环境保护等工作，和谐社会建设取得实效。动员全社会力量抓教育，顺利实现“普九”目标；小学适龄儿童入学率达到 99.23%，初中入学率达到 95.9%。加大投入和培训，卫生设施条件得到改善，医疗服务水平得到提高。努力打造旅游文化品牌，原生态“洛谐”舞蹈开发取得进展。积极稳妥地完成了县国合公司的政策性破产工作。城镇低保全面落实，农村低保开始启动。狠抓了以珠峰为重点的环境保护工作，群众环保意识明显增强。狠抓反分裂斗争、人民内部矛盾排查调处和安全生产等工作，确保了社会和谐稳定。

萨迦县

【经济发展态势良好】 2007 年萨迦县总体经济方面，县域生产总值达到 22243 万元，比 2006 年增长 18%；人均生产总值达到 4847 元，比 2006 年增长 18%。财政净收入完成 379 万元，同比增长 18%；农村经济总收入达到 14185 万元，比 2006 年增长 18%；农牧民人均纯收入达到 2589 元，比 2006 年增长 18%，其中，现金收入达到 55%以上，为 1424 元，比 2006 年增长 7.9%；全县粮油总产达到 5168 万斤，比 2006 年增产 22 万斤，其中粮食总产 4774 万斤，油菜总产 394 万斤；劳务输出达到 21532 人次，实现收入 4993.77 万元；乡镇企业总收入达到 135.77 万元，多种经营收入完成 3874.88 万元，招商引资完成 350 万元，国家基本建设投资完成 7240 万元；人口自然增长率控制在 7‰以内。人民内部纠纷司法调处率达到 98%以上，适龄儿童入学率达到 99.6%，初中生入学率达到 97.2%。9 月 30 日前，1005 户安居建设任务全部完成。

【农牧业基础地位进一步夯实】 种植业结构调整成效显著。适当扩大了优质青稞、名优特杂粮种植面积，淘汰了劣质小麦品种。2007 年农作物播种面积 7587 公顷，粮食作物播种 4627 公顷，经济作物播种 1747 公顷，饲草料种植面积 1213 公顷，粮、经、饲比例为 61:23:16。

大力加强农田水利基本建设。完成了甲岗水渠等农田水利基础设施的整治和维修工作。今春以来累计完成积石 44459 立方米；新建河堤 158 处、长 18899

米；维修河堤 798 处、长 32965 米；清淤水渠 575 条、长 686963 米；新建水渠 4 条、长 2300 米；清淤水塘 239 座；共动用机动车、马车 18418 台次，出动劳力 164859 人次。抓好牧业工作。一是认真抓好接羔育幼工作：通过安排好育幼草场，新建暖棚和对母畜偏管偏喂等工作，提高仔畜成活率。全县存栏牲畜总数为 36.75 万头(只、匹),新生仔畜 16.24 万头（只、匹），成活 15.63 万头（只、匹），成活率 96.2%。成畜死亡率控制在 0.45%以下；二是狠抓牲畜疫病防治工作。在“W”病、禽流感、羊“X”病等各种牲畜疫病防疫工作中共注射疫苗 109 箱，防疫牲畜 46.4 万头（只、匹），防疫密度达到 100%。防治高致病型禽流感 3.69 万只，防疫密度达到 98%。

【以安居工程为切入点，社会主义新农村建设扎实推进】2007 年，萨迦县 11 个乡镇的安居工程建设共涉及 1005 户（其中民房改造 870 户，扶贫点建设 135 户，村委会建设 10 个，道路硬化 3 条），已经全部完工，并通过地区安居工程检查组验收。全县筹集资金共计 4360.64 万元（国家总投资为 1253 万元），用于农牧民安居工程建设。萨迦县按照国家及区、地有关文件精神，坚决将该资金用于萨迦县农牧民安居工程建设当中，确保资金的合理利用，不存在资金截留、挪用等现象。同时在县财政局特设了农牧民安居工程资金专用账户，专人管理、专人负责，确保资金合理利用。

【以狠抓特色产业为着力点，群众增收工作成效显著】将劳务输出作为萨迦县的一大特色产业来抓，积极为农牧民群众劳务输出穿针引线，通过政府组织和能人带动相结合的方式，引导剩余劳动力转移就业。2007 年，萨迦县完成劳务输出 21532 人次，实现总收入 4993.77 万元。2007 年全县共计育肥 58724 只绵羊单位，实现收入 1546 万元，人均实现收入 331 元，获得了良好的经济和社会效益。

在吉定镇组建了石灰岩开采新型农牧民经济合作组织。2007 年开采总收入达到 72.16 万元，开采人员人均收入达到 9495 元。

【以项目工作为重点，全县基础设施建设进一步完善】2007 年萨迦县完成固定资产投资 7240 万元，新建、续建的项目有萨迦寺维修、农牧民安居工程、雄玛至县城公路等 34 个项目,其中雄玛至县城公路共投资 1079 万元。项目建设资金使用效益高，实现了社会效益和经济效益相协调，使萨迦县的基础设施建设得到了进一步改善。

【发挥旅游优势，做强旅游文章】2007 年来萨迦县旅游总人数为 4.5 人次，旅游总收入为 406.9 万元，比 2006 年同期增幅 97.5 万元。

【援藏工作不断深入】圆满完成了上海市第四批、第五批援藏干部的交接轮换工作。加强援藏项目的管理，2007 年落实项目资金近 200 万元，新建萨迦县第一所幼儿园和一所希望小学；继续开展了“蓝天下至爱”主题活动，使结对学生在原有 228 名的基础上增加到 250 名，结对资助金达 29.85 万元。

【经济社会协调发展】科技工作扎实有效。以加快农牧区经济社会发展和农牧民群众增产增收为出发点，切实加强了各项科技示范、科技推广、科技培训等工作。2007 年参加科技培训人员共计 20078 人次,其中农牧民技术员 535 人次。

把教育放在优先发展地位。为了确保萨迦县顺利通过“普九”复查验收，巩固“两基”攻坚成果，实现教育兴县目标，2007 年县里相继出台了一系列举措：1.加强领导，落实责任。成功召开了《2007 年度教育工作会议》，充实和完善了“两基”攻坚领导小组；2.进一步加大宣传力度，转变家长、学生思想观念，变被动入学为主动求学。2007 年全县小学入学率为 99.6%，初中阶段入学率为 97.2%；3.加大资金投入，确保教育优先发展。积极争取对口援藏资金，在援藏萨迦小组的大力支持，继续开展了“蓝天下至爱”主题活动，共结对学生 250 名，2007 年度为结对学生发放了资助金 8.5 万元。同时以援藏资金为基数，争取各方援助，成立了萨迦县教育基金，全年为贫困大学生兑现了助学金 3.25 万元，为实现“为每一户贫困户培养一名大学生”的教育兴县目标奠定了坚实的物质基础；4.加大职业教育力度，让学生真正实现“在校能学习、返乡能致富”，激发孩子求学的积极性，力争实现“为每一个农牧民家庭培养一名受过职业教育的人才”的宏伟目标。

卫生事业成绩显著。2007 年建立家庭账户台账为 7234 户、参加农牧区医疗制度人数为 43357 人（除中小学生 6960 外），参加率达 100%；扎实开展消灭脊髓灰质炎强化免疫活动，实种人数为 5402 人；在全县范围内深入开展了 11 次食品卫生安全大检查，查处不合格食品、饮料达 56 个，折合人民币 5653 元。

拉孜县

【基本县情】拉孜县位于西藏日喀则西部，雅江中上游南岸，距日喀则市 150 公里，国道 318 和 219 交汇处,是通往尼泊尔、新疆、阿里地区和日喀则西部县的必经之地。全县平均海拔 4050 米，县驻地海拔 4010 米,全县国土面积 4505 平方公里，县辖有 9 乡 2 镇，98 个行政村，445 个自然村,共 8817 户，49930 人。自古以来，拉孜就是后藏地区西部的政治、经济、文化、交通中心。也是日喀则地区重点县、日喀则西部经济中心和全区十大商品粮基地县之一。

拉孜经济以农业为主，牧业为辅。农作物主要有青稞、油菜、春小麦，尤其以拉孜油菜享誉区内外。特色产业有拉孜藏刀、高级细氆氇、精秀藏靴、青油、页岩等。拉孜县拥有独特的旅游资源，境内名胜古迹较多。有历史悠久的昌木钦古墓群，有金碧辉煌的彭措林寺和拉孜曲德寺等 30 座寺庙，还有锡钦、芒普温泉以及芒普自然景观等。全县拥有较为丰富的铁、铜、铅、锌、朱砂等矿产和水利、野生动物资源。

【年度情况与特点】2007 年来，拉孜县在自治区党委、政府和地委、行署的正确领导下，在援藏工作的有力推动下，在全县各族群众的共同努力奋斗下，紧紧围绕经济强县建设的发展战略，以科学发展观统揽经济社会发展全局，扎实推进社会主义新农村建设和小康社会建设，保持了经济社会又快又好发展，社会局势持续稳定，人民生活水平不断提高，社会各项事业蒸蒸日上。

2007 年，县级生产总值(GDP)完成 2.91 亿元，同比增长 20%；人均生产总值(GDP)5794 元，同比增长 17.6%，农牧民人均纯收入 2509 元，同比增长 18.7%；地方财政收入 502 万元，同比增长 20.4%；全社会固定资产投资完成 1.08 亿元，同比增长 32.3%；全社会消费品零售总额实现 5870 万元，同比增长 9.5%，各项主要经济指标年均增速超过 16.5%；三产结构调整为 48:10.5:41.5，人口自然增长率控制在 7.5‰以内。

【经济结构不断优化，“三农”工作再上新台阶】种植业结构不断优化，粮经饲比例日趋合理。2007 年，粮油总产达 7777 万斤（其中粮食产量 7082 万斤，油菜产量 695 万斤），蔬菜产量 4775 万斤，饲料产量 438 万斤，粮、经、饲比例调整为 55:34:11。稳步发展现代高效农业，实施了 3267 公顷藏区标准化优质青稞和 567 公顷二级种子田建设，“拉孜西瓜”种植逐步实现规模化；农业机械化得到大力推广，购置拖拉机、收割机等农用机械 157 部，全县机耕、机播面积分别达到了 77.87%、59.83%；草原畜牧业、农区畜牧业和城郊畜牧业发展迅速，全年新生仔畜 90062 头（只、匹），成活 86137 头（只、匹），成畜死亡率控制在 1.3% 以内，成活率达 95.64%，当年出栏 81857 头（只、匹），牲畜总增和出栏率达 27% 和 27.5%；短期育肥取得较明显成效，全年共出栏 71364 只，总收入 2283 万元，纯收入达 785 万元。

【基础设施建设步伐加快，综合发展能力提升】2007 年，拉孜县固定资产投资保持了较快增长。总共国家投资 6436 万元，建成了县公安局综合楼、周转房，120 急救中心，机关职工周转房，七处农牧区人畜饮水工程，村委会建设等各类建设项目 30 个，超额完成地区指标 28%，全县基础设施得到了较大改善。

【关注民生，安居工程建设稳步推进】2007 年，顺利完成安居工程建设任务 733 户，其中民房改造 635 户，扶贫搬迁户 88 户。完成了 8 个村委会、3 条道路的硬化建设，大大改善了农牧民生产生活条件。

【突出特色，农牧民增收渠道进一步拓宽】拉孜县一直把发展特色产业作为增加群众收入的重要渠道之一。重点进行了拉孜谢玛氆氇编制，曲玛索巴拉木藏靴制作，拉孜藏刀加工，藏鸡养殖，查务、芒普页岩开发，曲下镇蔬菜瓜果种植，均已逐步形成规模，为实现“一乡一业、一村一品”目标奠定了坚实的基础。旅游产业实现新突破。依托拉孜特有的人文景观和交通优势，不断加强旅游基础设施建设，完善旅游服务功能，建成了锡钦温泉度假村。2006 年全县接待国内外游客 18966 人次，实现旅游收入 94.83 万元。招商引资力度不断加大，非公有制经济快速发展。全年实现招商引资 450 万元，乡镇企业收入 4219 万元，增长 15.2%，多种经营收入为 8567 万元，增长 14.6%，非公有制经济完成 1570 万元。劳务输出已成为农牧民增收的重要渠道，能人带动作用增强，就业渠道更加多元化。全年劳务输出 18700 人次，实现收入 3196.5 万元。

【统筹发展，社会各项事业全面进步】农业科技示范工作不断加强，广大农牧民科技兴农、科技兴牧的观念逐步增强。组织开展石匠、木匠、画匠等专业技能培训 100 余人次，有针对性地对农牧民进行农作物栽培、蔬菜瓜果种植、短期育肥、牲畜疫病防治等技术培训 23954 人次，农牧民科技素质不断提高，农牧实用技术得到进一步推广和应用。

教育事业稳步发展，“两基”攻坚进展顺利。2007 年，全县适龄儿童 6017 人，小学适龄儿童入学率达 99.34%；初中在校生 2865 人，入学率达 91.33%。

文化事业欣欣向荣，“堆谐”文化逐步实现产业化。拉孜县农民艺术团先后赴拉萨、北京、广东、澳门、香港等地参加演出，获得了很好的经济效益和社会效益。“村村通工程”、“西新工程”、农牧区电影“2131”工程再创佳绩，全县广播、电视覆盖率分别达到 94.4%和 91.1%，“户户通”达到 64%。

卫生事业健康发展。新型农牧区医疗制度已基本覆盖全县，农牧民参加合作医疗人数达 45186 人，参加率为 96%。完成了 120 急救中心建设，农牧区医疗卫生基础设施和农村卫生队伍建设进一步改善。

社会救助、社会保障体系进一步完善。全面实施了养老保险、失业保险和城镇职工基本医疗保险制度。扶贫开发工作得到进一步加强，完成了扶贫搬迁点 88 户，做好了柳乡“整乡推进”工程项目前期工作。“双拥”工作成效显著，荣获了“自治区双拥模范县”称号；安全生产和道路养护工作取得新进展，市场秩序持续稳定，通讯、金融等事业稳步发展。

昂仁县

【年度情况与特点】2007 年，昂仁县上下努力推动物质文明、政治文明、精神文明、生态文明协调发展，共同进步，妥善处理改革、发展、稳定的关系，特别是紧紧围绕“334”的目标，认真落实“一产上水平、二产抓重点、三产大发展”的要求，发扬“认真、专业、务实”的工作作风，紧紧围绕“123456”的总体工作思路及年初地委、行署下达昂仁县的各项工作目标，做了大量工作，初步实现了预定的目标。

2007 年，全县生产总值完成 2.5 亿元，比上年增长 16.1%；农牧民人均收入达到 1900.71 元，同比增长 6.36%，其中现金收入占 61.07%；财政收入完成 393 万元；乡镇企业收入达到 1691 万元，增长 41.03%，多种经营收入达到 4026 万元，增长 3.4%；固定资产投资完成 4.75 亿元，增长 79.68%；落实招商项目合同资金 2000 万元，到位资金 1100 万元；人口自然增长率控制在 9‰以内。此外党的建设、信访、社会治安、综合治理、科教文卫、广播电视等工作均取得新成绩，援藏工作继续有条不紊地进行。

【农牧产业进一步优化】全县 2007 年播种面积 4967 公顷，其中粮食作物面积 3980 公顷，经济作物面积 613 公顷，草料种植 380 公顷，三元种植比例由 2006 年的 77.9:12.4:9.7 调整为 80.1:12.3:7.6，粮油总产达3768.93万斤，比2006年增长8.03%。全县牲畜共产仔畜20.77万头（只、匹），成活17.86万头(只、匹)，成活率为86.01%；成畜死亡率控制在2.08%以内；全县各类牲畜存栏达69.34万头(只、匹)，牲畜出栏17.15万头(只、匹)；肉产量达2623.01吨，比2006年增产1.97吨，增幅0.08%；奶类产量达4150.77吨。

【项目建设进一步提速】把抓项目作为经济工作的龙头来抓，特别是狠抓基础性生产项目。对于重大项目，作为一把手工程县里抓，班子成员分别联系重点项目，项目主管部门领导分包具体项目，同时，严格落实项目建设首问负责制，强化调度，项目建设取得新突破。2007年，全县共实施项目57个，项目总投资7.88亿元。累计完成项目投资4.75亿元。

【对外开放进一步加快】充分利用资源优势，坚持政府招商和以商招商并重，努力拓宽引资渠道，开拓新的引资领域，实现了以大开放促大招商，以大招商促大发展。共引进内外资2000万元，其中合同利用资金1100万元，提前超额完成全年任务。

【认真落实科学发展理念，狠抓了和谐社会建设】在经济发展的同时，非常重视社会事业的发展，不断加大对社会事业的投入，努力构建和谐社会。按照地委、行署部署，深入开展了“农牧民安居工程”工作，民房改造169户、扶贫点建设70户，涉及7个乡镇，106个行政村、1305人，截止目前已经全部完成，极大改善了农牧区环境。着力打造和落实帮扶济困长效机制，十七大宣讲调研期间累计走访慰问“三老人员”、贫困户120户，送去慰问金8.03万元，另对全县贫困群众开展救助活动20余次，下拨救济和医疗资金193.15万元。切实做好就业和再就业工作，民生问题得到较好解决。积极开展普法教育，发放宣传学习材料1300多份，宣传单3200多份，开通了“148”法律援助热线，为弱势群体搭建了服务平台。宣传文化工作坚持正确的舆论导向，191个行政村实现了“村村通”，广电覆盖率达88%和92%，放映电影1952场次，成功组织参与了珠峰文化节。推行和完善了新型农牧区合作医疗制度，建立家庭账户8188户，占全县总户数的100%。认真抓好教育工作，进一步巩固和提高“普六”、“扫盲”教育成果，落实“两免一补”政策，严格“三包”经费管理，适龄儿童入学率达98%，中学入学率达94%，顺利通过了自治区“普九”工作验收。

【援藏工作有条不紊地进行】在第四批援藏干部与第五批援藏干部交接完成后，淄博市第五批援藏干部用一个月的时间，发扬“认真、专业、务实”的作风，顶着强烈的高原反应，克服各种困难，走遍全县17个乡镇，对全县风土人情、经济发展状况、群众生产生活情况等进行了充分调查研究，为“科学援藏、务实援藏”奠定了良好基础。一是根据县里的实际，选派了六名技术干部到县里开展技术援藏工作；二是邀请了近三十余名专业技术人员到昂仁县就经济发展、城市建设、文化产业等开展研讨活动；三是把矿产开发确定为支柱产业，对昂仁县的矿产资源的储量、开发的可行性和可操作性等进行了全面考察；四是完成了县政府政务中心改建、县城自来水改造等重点工程的论证，并初步完成相关的前期设计。

谢通门县

【年度情况与特点】2007年，谢通门县认真实施“五大战略”，走好“六条路子”，加强“六个建设”，全面推进经济强县各项工作，取得了显著成效。

2007年，全县国民生产总值达27595万元；农村经济总收入达10688万元；人均GDP达5742.4元；农牧民人均纯收入达2405元；第一产业达9934万元；第二产业达7726万元；第三产业达9934万元；县财政收入达1064万元；完成固定资产投资达12905.8万元；一、二、三产的比例调整为36:28:36；粮油总产达3210万斤；牲畜年末存栏量达39万头（只、匹），出栏牲畜11.125万头只。

【结构调整进一步优化】一是产业结构调整趋于合理。按照“一产上水平、二产抓重点、三产大发展”的发展思想，进一步调整优化三产结构，在农牧稳县基础上，加大了对第二、三产业的发展。一、二、三产业比例从2006年的58：20：22调整到40：30：30。二是种植业、养殖业结构调整力度大。粮、经、饲种植比例由2006年的62：18：20调整为62：25：13。牧业上狠抓了优良种畜的引进和改良，发展优良畜、大畜，淘汰非经济畜、役畜等，并加大牲畜出栏，经济效益明显提高。

【传统农牧业喜获丰收】加强农牧科技培训、良种推广及田间管理，实施中低产田改造1040公顷，农牧科技培训12097人次。实现了粮油丰产丰收，全县粮油总产3210万斤，其中粮食产量3073.577万斤，油菜籽产量136.423万斤。牧业上继续狠抓草场承包责任制工作，全县10个纯牧业乡、39个牧业村草场承包到户工作顺利地通过区、地两级政府主管部门的验收，此举为完善牧区体制改革，理顺草场管、护、用、责、权、利等关系，改善牧业基础设施投资环境奠定了基础。同时，谢通门县还按照“以草定畜，草畜平衡”的牧业可持续发展原则，加强对脆弱草原生态的保护，锁定合理的载畜量，严禁超载放牧，加大牲畜出栏，减轻草场的牲畜承载量。牧业呈现良好发展势头，全县牲畜年末存栏量达39万头（只、匹）；新生仔畜达124010头(只、匹)；成活108915头(只、匹)，成活率为87.83%。由于谢通门县的牧业乡在春季普遍受雪灾的危害，导致成活率比2006年有所下降；成畜死亡率控制在1.3%以内；总增率为26.5%；出栏牲畜11.125万头只，出栏率为26.5%；肉产量达1915.532吨；奶产量达3969.16吨；毛绒产量达95.66吨。

【特色农牧业发展迅速】按照增收、增效，适应市场、惠及群众原则，以达那答乡农业高效示范园区为龙头，积极引导农民群众发展返季节大棚蔬菜、玉米、优质土豆等特色经济作物，尤其在发展棚室经济方面，充分发挥了达那答乡示范园区科技人员的传、帮、带作用和县政府的激励作用，县政府为学习蔬菜种植技术的人员发放补助，扶持建设温室大棚等，群众积极性高涨，效果非常明显。全县发展大棚温室 7 公顷，种植玉米7公顷，优良土豆17公顷。此外，大力发展农区畜牧业和城效畜牧业，该项目已覆盖达那普、仁钦则、达那答、荣玛、塔定、卡嘎、通门等 7 个乡镇，主要涉及绵羊短期异地育肥、黄牛改良，生猪、奶牛、藏土鸡、肉鸭养殖等。全年短期育肥绵羊3万只，出栏2.85万只，毛收入达855万元，获纯利270.55万元；出栏生猪 471 头，毛收入 49.45 万元，获纯利润 14.8 万元；藏土鸡养殖 1.98 万只，出售藏土鸡 2050 只，出售鸡蛋 33.26万个，获纯利润9.21万元。

【乡镇企业不断发展壮大】通过在资金、政策等方面的倾斜和扶持，乡镇企业经济总量得到较大提高。全年实现乡镇企业总产值 2127.95 万元，同比增长 8%；乡镇企业实现增加值489.43万元，同比增长7.9%；营业收入达1638.5万元，同比增长 6.1%；从业人员达 335 人，实现利润82.9万元；上交税金8.1万元，同比增长2.7%。多种经营收入达到4705.86万元，同比增长 8%。尤其是以卡嘎朗玛藏刀、卡垫厂为龙头的民族手工业迅速发展壮大。藏刀加工年产值达140万元，带动 35 户 85 名专业加工人员从事藏刀生产，户均收入达到 4 万元。卡垫厂于2007 年 4 月份正式投入生产，销售额达7.67万元，为52名妇女创造了较为稳定的劳动就业岗位。

抓增收，农牧民生活水平得到提高劳务输出是群众获取现金收入的主要途径，通过努力，全县劳务输出达到13114人次，其中县外输出7256人次，县内安排劳务 5858 人次，总创收 1900 万元，人均劳务创收达到1148元。劳动保障部门帮助农民工追讨工资 19 起，金额达60.9万元。

【社会事业全面发展】坚持教育优先发展战略，进一步加强教育基础设施建设，改善办学条件。全年教育基础建设投资779万元，其中投资614万元，新建、扩建了孜许、青都、纳当等 7 所乡小学，投资 165 万元实施了县中学附属工程建设，实现了“乡乡有小学”；同时，还为部分乡小学配备了发电机及打复印设备等。严格执行教育“三包”政策，加强教育教学管理，狠抓中小学生的控辍保学，中学辍学率 1.67%，比上年降低 0.61%，小学辍学率0.71%，比2006年降低 0.26%；中学巩固率 98.34%，小学巩固率 99.29%。认真做好“普九”巩固提高工作，顺利通过了区、地教育部门的普九复查验收。

加强了对新型农牧区医疗制度的建立和完善，规范了乡镇合作医疗基金的使用和管理，初步建立了以户为单位的家庭医疗账户计算机管理系统。农牧区合作医疗全面加强，乡村覆盖率达到100%。全县农牧民筹集合作基金 37.588万元，个人筹资率达93.7%，参加合作医疗的人数为 37588 人。妇幼、保健、防疫、计生工作进一步加强。社会保障体系进一步完善，认真做好基本养老金的征缴和失业保险金的统筹工作，深化职工医疗改革，初步建立城镇居民基本医疗保险制度。全年征缴养老保险金75万余元，参保职工达100人；完成了全县7个企事业单位 510 名职工失业保险金的建档工作；进一步提高了医疗报销的标准。

圆满完成19个乡镇的卫星广播电视地面接收设施调整工作，规范了广播、电影、电视的管理。继续实施“2131”工程，全年放映电影2093场次。繁荣文化事业，成功举办了集文艺表演、物资交流、商贸洽淡为一体的县第二届赛马广交会，弘扬了传统民族文化，展示了经济社会发展的特色和魅力，促进了经济文化交流。开展了文化市场大检查和“三下乡”活动，认真组织参加了地区第七届珠峰文化节活动，取得了优异成绩。加强了对民族手工艺的保护，将卡嘎藏刀、陶罐烧制两个项目申报为非物质文化遗产。向上争取10万元资金，为县文化活动中心配备了乒乓球桌等相关设备，新华书店和阅览室全面对外开放。

【援藏工作成效显著】认真做好了黑龙江省第二批、第三批援藏干部的轮换、衔接工作，黑龙江省鸡西市第二批援藏工作队在资金、项目等方面给予了大力扶持，三年累计完成投资3000余万元，主要建设了谢通门县驻日喀则办事处、密山市人才楼、卡嘎温泉综合开发等项目。黑龙江省双鸭山市第三批援藏工作队于 6 月到县，在援藏工作队总领队、县委书记冯海军同志的带领下，及时深入乡镇村开展了调查研究工作，在把握县情、乡情基础上，制定了对口援助谢通门县工作方案，筛选建设项目 4 个。即县文化广场建设、安居工程配套设施建设、市政道路建设、能源项目建设，总投资1500万元左右。目前能源项目建设（牧区太阳灶）已开始落实，其他项目正在做前期工作。

定结县

【基本县情】定结县位于自治区西南部，喜马拉雅山北麓，总面积7566平方公里。东连岗巴，西临定日，北靠萨迦，南与尼泊尔和印度两国毗邻。有 1 个山口通印控锡金，9个山口通尼泊尔，边境线长176 公里，共有 17 个界桩。有1个国家二级通商口岸——日屋边贸市场。距拉萨 588 公里，离日喀则 233 公里。平均海拔4300米。辖3镇7乡，70个行政村，4108 户 18649 人（其中农牧户 3268 户16973人），有3座寺庙1个拉康23名僧人。耕地面积2631公顷，实播面积2605公顷；草场面积352693公顷，可利用面积237747公顷，实际利用216147公顷。有7333公顷连片湿地。全县党员935人，其中农牧民党员 542 人。全县共有 5 座电站（荣孔电站1994年修建，装机容量960 千瓦；陈塘电站 2006 年修建，装机容量200千瓦；日屋电站1962年修建，装机容量 200 千瓦；普村和牧村电站于2002 年修建，装机容量都是 55 千瓦）。县完全小学1962年建成，1994年县中学建成，2001 年通过“普六”验收，2004年通过“扫盲”验收，2005 年通过“普九”复查。

【经济实力明显增强】2007 年定结县实现 GDP12630 万元（其中第一产业 3860万元，第二产业2771万元，第三产业5999万元），同比增长 17%。一、二、三产业比重调整为 31∶22∶47；人均 GDP6711元，同比增长 14.05%；完成固定资产投资 4771.77 万元，超额完成了地区指标

（2153万元）的121.6%；完成地方财政收入144万元；边贸额达到302.9万元。

【农牧业稳步发展】农村经济总量5229.24万元，同比增长6.16%；粮油总产达到了6061.57吨；粮、经、饲三元结构比例调整为65∶21∶14；年末牲畜存栏达到24.699万头（只、匹），同比增长2.62%；“岗巴羊”联合开发已初见成效，已完成了250只公羊的引进工作，组建了基础母羊2.5万只，年育肥出栏绵羊6250只，按平均每只售价300元左右，总收入可达180万元，利润56万元，人均纯收入可增加562元；江嘎次多大棚蔬菜种植在2006年的基础上增加了20栋，4000平方米，现有蔬菜大棚共40栋，10667平方米；草场承包责任试点工作顺利通过自治区验收。

【人民生活水平大幅提升】农牧民人均纯收入达到了2156.64元，同比增长17.27%；城镇居民人均可支配收入达到了6500元，同比增长44.44%；社会消费品零售总额达到了2991.5万元，同比增长0.78%；劳务输出10535人次，实现收入1536.37万元；社会保障体系进一步完善，贫困人口基本生活得到保障；乡村“三通一改变”基本实现；完成了643户农牧民安居工程建设，14个村级活动场所和3个村级道路建设，又有3482名农牧民群众住上了安全舒适的新房。

【社会事业全面推进】加强控辍保学，顺利通过自治区“普九”复查验收，适龄儿童入学率提高到了99.12%，中学入学率提高到了95.5%，累计落实了本级教育配套资金166.9万元，新建校舍9264.84平方米，使更多的农牧民子女享受到了受教育的权利；卫生服务体系进一步健全，农牧民参加合作医疗、城镇职工参保分别达到了98.2%和100%，孕产妇和新生儿得到了免费医疗保障，重大传染病防治工作取得了明显成效；文化广电事业进一步得到了加强，成功举办了十三届夏尔巴民俗文化艺术节，开设了自办台，对外宣传力度进一步加大；各级党政组织、干部群众的国防意识明显增强，“双拥”工作扎实推进，并荣获自治区级“双拥模范县”称号。

【存在问题】项目拉动经济增长的任务还很艰巨；产业结构不合理，工业化、现代化水平低的问题依然突出；经济增长方式粗放，发展的速度、规模和总量与全地区平均水平存在很大差距；经济外向度不高，招商引资仍处于低水平状态；农牧民增收渠道仍然不宽；基础设施瓶颈制约仍然严重；财源建设滞后，收支矛盾突出；城镇化水平低，统筹城乡发展任重道远；社会各种矛盾，热点难点问题和不稳定因素仍然存在；生态脆弱，环境保护建设工作任务繁重；机关效能不高，经济发展环境有待于进一步优化。

【领导名录】

县委书记：杨大勇

县委副书记：鲍龙乡、白玛

县委常委：嘉央、张文革、旺堆、米玛旺堆、巴桑、王顶峰、多吉

人大常委会主任：尼玛琼拉

县长：桑珠次仁

检察院检察长：格旺

人民法院院长：巴珠

仲巴县

【基本县情】仲巴，藏语意为“野牛之地”，因境内野牦牛多而得名。仲巴县位于西藏自治区南部，东部与日喀则地区的萨嘎县和阿里地区的措勤县相连，北部和西北部分别与阿里地区的改则、革吉两县相靠，西部与阿里地区普兰县为邻，南部与中国的友好邻邦尼泊尔国接壤，边境线长357公里。全县总面积4.59万平方公里，全县辖13个乡（镇）59个行政村，4361户，总人口为20118人。

【经济总量不断提升】2007年，仲巴县生产总值达到2.2亿元，同比增长18%；人均生产总值达到1.1万元，同比增长18%；地方财政收入达540万元，同比增长20%，完成税收406万元；金融机构存贷款余额分别达到7026万元和2746万元。

【牧业生产健康发展】2007年，全县牲畜存栏68.8万头只匹。草场建设取得了新的成效，完成草场禁牧36667公顷、休牧46667公顷、草地补拨25000公顷、草场“三灭”13600公顷，第二期退牧还草工程顺利通过国家验收。牲畜疫病防治工作取得了新突破，各类疫苗接种密度达100%，乡镇企业和多种经济健康发展，2006年完成乡镇企业收入616万元，完成多种经济收入1485万元，分别比2006年增长12%和8%。

【基础设施建设成效显著】2007年，仲巴县续建新建项目34个，全社会固定资产投资达到1.3亿元。职工周转房、公安局办公楼、县中学等项目相继实施，县城面貌发生新变化，城镇功能进一步得到提高。受援工作井然有序，第二批、第三批援藏干部轮换工作顺利完成，帕羊镇新农村示范点建设等第二批援藏项目竣工投入使用，职教中心等投资1247万元的第三批援藏项目初步落实。继续加大招商引资力度，完成招商引资500万元。邮电通讯业健康发展，服务水平不断提高，完成邮政业务收入22.8万元，电信业务收入130万元，移动通讯业务收入53万元。

【特色产业发展加快】2007年，仲巴县充分利用资源优势，切实加强矿业开发与旅游发展，强化边境贸易，使矿业、旅游和边贸成为仲巴县经济主要增长点。2007年内开采硼矿1万吨、锂矿2000吨，开发原盐1500吨，矿业对财政的贡献达311万元。接待游客1.63万人次，创收135.5万元。边贸出口总额5018万元，出口活畜16.7万头（只），出口额达4672万元，出口建材、百货、原盐、家具和其他商品创汇346万元。

【安居工程顺利实施】2007年，仲巴县始终按照建设社会主义新农村的要求，立足实际，完善方案，突出重点，强化措施，加大工作力度，全面推进安居工程建设。2007年，全县共投资623.6万元，完成了235户牧民安居工程建设任务，1118人住进了新房，牧民群众的居住条件得到明显的改善。加强配套设施建设，已有12个村委会新建了活动场所，解决了3681人11.5万头（只匹）牲畜的安全饮水问题，7个乡镇开通了移动电话，13个乡镇开通了传真，新增牧民电

话用户 633 人，电话覆盖率达 9.4%，新增和改善了 60 多户牧民的用电问题。

【社会事业全面进步】教育事业开创新局面。始终把教育放在优先发展的地位，基础教育得到快速发展，“普六”成果得到巩固，“扫盲”验收顺利通过，“普九”工程已经启动，职业教育取得新进展。目前，全县小学和初中阶段适龄儿童入学率分别达到 98.48%和 60%，青壮年文盲率下降到 3.6%。

医疗卫生事业全面推进。进一步加强了牧区医疗基础设施建设和医务人员培训工作，做好了各类疫病预防控制工作。目前，全县已有 18776 人参加了合作医疗，合作医疗覆盖率达 100%，群众享受基本医疗服务的水平得到显著提高。

科技、文化工作得到加强。高度重视科技工作，科普宣传和科技培训进一步加强，年内完成科技培训 4400 人次，“西新工程”、电影“2131”工程进展顺利，广播电视“户户通”工作开始启动，广播、电视人口覆盖率分别达到 73%和 85%。

吉隆县

【国民经济快速发展】2007 年吉隆县完成生产总值 13850 万元，比 2006 年同期增长 15.15%，人均国内生产总值达 10452 元，比 2006 年同期增长 14%；农牧民人均纯收入 2460 元，同比增长 18.4%；其中现金收入比重占 57%，为 1402 元。

【农牧业快速发展】立足吉隆优势资源，扩大了蔬菜等经济作物的种植面积，2007 年全县粮食作物播种面积 1187 公顷，经济作物播种面积 293 公顷，饲草饲料作物面积 60 公顷，粮、经、饲三元结构比例由 71∶24∶5 调整为 70∶25∶5。粮油总产量 1065.67 万斤，其中粮食产量 926.19 万斤，油菜产量 139.48 万斤。

【畜牧业发展形势良好】防抗灾和牲畜疫病防治工作，取得了显著成效，春季高致病性禽流感和牲畜 W 病防治以及草场承包经营责任制工作通过地区验收，优良畜种得到引进，牧业结构趋于合理。2007 年牲畜总头数达 149820 头（只匹），出栏率 41.5%，同比增长 5.5%；仔畜成活率达 91%，比上年增长 1.67%，成畜死亡率 1.6%，比上年减少 33.3%，截止目前全县适龄母畜 83246 头（只、匹），新生仔畜 58431 头（只、匹）。

【乡镇企业和多种经营保持了较快的增长势头】全年乡镇企业产值达 260 万元，比上年增长 12.5%；多种经营收入完成 1450 万元。

【基础设施建设力度不断加大，项目拉动作用明显增强】全年全社会固定资产投资完成 6756 万元，建设了县干部职工周转房、县医院住院楼、吉隆镇市政道路、县城过境路等关系吉隆县经济社会发展的重点项目共 21 个，其中国家投资项目 14 个，完成投资 4079 万元；县财政自筹资金投资项目 3 个，完成投资 508 万元；招商引资项目 1 个，完成投资 245 万元；其他项目 1 个，完成投资 200 万元；农牧民安居工程完成 1969 万元。同时认真做好了 2 个项目的前期工作，计划总投资 10163 万元。

【调整种养结构，一产上水平】一是抓好吉隆镇和宗嘎镇的蔬菜、瓜果生产基地建设。在吉隆镇冲色、新江村等 5 个村建成蔬菜大棚 36 栋、总面积 8400 公顷，总投资达 34 万元，种植蔬菜品种 10 多种，病虫防治，种植技术都有一定的提高。二是扶持藏猪、藏鸡等养殖专业户，做大做强特色养殖业。培育了吉隆镇吉隆村和如嘎村 25 个养猪示范户、25 个养鸡示范户，共养猪 364 头，养鸡 700 只。三是开发虫草、天麻、贝母等中草药材和野生菌等林下资源，推进特色资源开发，成立了专门机构，把群众采集的零散的中草药材和野生菌统一加工、包装，向市场化迈出重要步伐。

【大力发展旅游业，三产大发展】一是选定四户家庭旅馆示范户并进行挂牌营业，使吉隆县农牧民参与旅游大发展格局的初步形成；二是从全县广大待业青年中选出四名具有一定文化水平、外语基础较好的农民子女送往日喀则珠峰导游学校进行了专项业务培训；目前，4 名同志都取得了景点导游资格证，成为吉隆县有史以来第一批景点导游；三是完成了吉隆县各旅游景区、景点的解说词的撰写工作，并制作成册，作为吉隆县导游人员的培训教材。四是通过扎实有效的宣传工作，达到推广吉隆旅游，扩大吉隆旅游的知名度为目的。制作完成了吉隆旅游宣传手册、宣传卡片，并在成都、拉萨、日喀则、西藏旅游促销展台、浙江宁波等地发放近 6000 份，吉隆旅游宣传手册和吉隆风光碟为外界了解吉隆旅游提供了文字、图片的资料信息。筛选出的 6 处主要景点树立了景点旅游标识牌（唐碑、佩枯措、唐果古道、开热瀑布、吉普峡谷、查嘎寺），大大的方便了游客对这些景点的文字信息和景点线路的认知，为以后景点的宣传、运行打下了坚实的基础。8 月份，邀请了西藏电视台《在西藏》、《今日西藏》、《西藏旅游》、《雪域漫谈》栏目摄制组，在吉隆沟开展了为期两个星期的拍摄工作，并于 6 月中旬在西藏卫星二套分别播出。11 月份，制作了长达 25 分钟的“远离尘世的天堂”吉隆旅游宣传光盘。五是完成了吉隆藏布峡谷旅游发展总体规划。六是通过宣传和邀请，区内旅行社的 3 个外宾团队、5 个内宾团队和 7 个自架车游客在十一期间前来吉隆县考察、旅游。2007 年来吉隆旅游的人数 327 人，其中外宾 32 人，旅游收入达 21.4 万元。

【边境贸易日益活跃】2007 年的进出口贸易额达 1116 万元，其中进口 440 万元，出口 676 万元。认真做好了总投资 485 万元的吉隆镇口岸边贸市场建设项目的前期工作，该项目已经完成初设。

【农牧民安居工程建设扎实推进】2007 年农牧民安居工程建设在经过认真细致的调研，整合五方资金，确保了建设中的资金来源，2007 年完成了 406 户安居工程、12 个村委会建设和 3 个行政村道路硬化，受益人口达 2404 人。共投入资金 2252.3 万元，其中国家投资 507.5 万元，群众贷款资金 293 万元，群众自筹资金 1198.8 万元，全县干部职工为安居工程捐款 16.96 万元。

【口岸恢复开放的基础性工作扎实开展】2007 年完成了吉隆镇“两纵两横”

的市政道路硬化和供排水等基础设施建设，迈出了口岸恢复开放的第一步。同时积极争取自治区和地区有关部门的支持，多方争取资金，继续加大口岸恢复开放的基础设施建设力度，把吉隆镇作为全区明星镇来培育。特别是自治区向巴平措主席、区商务厅索朗多吉书记、地委格桑次仁书记、行署许雪光专员等领导先后莅临吉隆县视察工作，为吉隆县重点解决318国道至马拉山东侧公路交叉建筑、路基建设，县城至热索公路路面加宽加固工程和热索公路桥的建设资金问题，这些项目将在2007年初陆续开工建设。同时，国际招标的尼方15.72公里色拉公路也将在2007年开工建设。这些重点项目的建设，将使吉隆口岸的恢复开放迈出实质性步伐。

【劳务输出力度不断加大】加强引导，着力提高了劳务输出的组织化程度和规模，加强劳务和技能培训力度，组织绘画、缝纫、木工等多种技能培训，转变劳务输出的单一化程度，发动群众积极参与建筑施工，疏导农牧区富余劳动力转移到外地，从而提高农牧民群众收入。2007年组织劳务和技能培训共计726人，劳务输出6586人次，实现劳动收入946.75万元。

【援藏干部迎送工作圆满完成】迎送工作发扬吉隆人民讲政治、讲大局、讲友谊、讲感情的优良传统，认真扎实做好第三批、第二批吉林对口支援干部的欢迎、欢送工作。达到了隆重、热烈、安全、有序的总体要求，切实做到欢迎、欢送工作计划到位、组织到位、工作到位、责任到位、安全到位，使每个阶段每个环节的工作井然有序，确保了援藏工作的连续性、稳定性。

【社会事业取得了全面进步】1.科教兴县战略深入推进。普九工作顺利通过自治区第一年复查验收。目前有各级各类学校13所，在校学生2737人，初中入学率达到91.85%；小学入学率达到98.12%。师资队伍的整体素质和教育质量得到明显提高，教育改革力度得到加大，办学模式得到改进，职业教育起步良好。

2.卫生事业蓬勃发展。全县11574人参加了医疗保险制度，参与合作医疗达93%，结核病防治工作成效显著，儿童脊髓灰质强化免疫接种人数达2018人，接种率为93.5%；完善了乡（镇）卫生院建设，为广大农牧民看病就医提供了方便；群众反映强烈的焦点和热点问题得以很好的解决，计划生育工作扎实有效，人口自然增长率控制在11‰以内；食品、药品放心工程起步稳健，工作深入开展。

3.文化广电工作稳步推进。以同甲啦文化艺术节为载体，促进文化事业与经济发展的有机结合，丰富了农牧区群众的文化生活；深入扎实地推进了科技、文化、卫生、法律下乡活动；配齐了县城文化活动中心的硬件设施，新的文化阵地开始启用；加强历史文化遗迹的保护工作；加大对网吧的检查和文化市场的管理力度，文化市场秩序正常；广播电视村村通工程和电影2131工程继续推进，实现了广播电视的安全播出，广播电视覆盖率达到98%，农村电影放映1290场次，极大地丰富了农牧民群众的业余文化生活。

聂拉木县

【年度情况与特点】2007年，聂拉木县坚持把“发展作为第一要务，富民作为第一目标，稳定作为第一责任，团结作为第一追求”的工作方针，按照新一届县委、政府领导班子确定的“两个前移”“两个确保”“两个第一”的工作目标和“1234”的工作思路，开拓创新，扎实工作，促进了聂拉木县经济的跨越式发展，确保了社会局势的稳定和边境的安全。全县呈现出政治、经济、社会协调发展，改革、发展、稳定同步推进，投资、消费、出口相互促进的良好局面。

【经济发展情况】2007年，聂拉木县实现生产总值25030万元，比上年增长30.24%；完成财政净收入783万元，比上年增长17.57%；农牧民人均纯收入达到3030元，比上年增长16%，其中现金收入占总收入的60%。

【以调优经济结构为主线，统筹城乡经济发展，经济运行质量不断提升】一是着眼于产业兴县，新农村建设扎实推进。围绕新农村建设这条主线，从提高认识、加强领导、完善机制、强化服务、加大投入等方面入手，继续按照“围绕一个核心、处理三个关系、树立三种理念、明确三个要点”的新农村建设工作思路开展各项工作。全县农作物播种面积1400公顷。其中，粮食作物、经济作物、饲草饲料播种面积比例调整为81：16：3。根据各乡镇资源禀赋和区位优势，加大了农畜产品生产基地建设，成立了活羊出口协会，加大了短期育肥基地建设，土豆种植基地建设，向尼泊尔出口土豆282吨，群众创收40万元，分别比2006年增长28.2%和60%；全县牲畜存栏17.75万头(只、匹)，新生仔畜8.16万头（只、匹)，牲畜成活率92.91%、出栏率43.99%，比上年均有大幅增加。全年可出口活羊3万只，创收840万元。

【着眼于工业强县，工业经济运行质量稳步提升】2007年，聂拉木县加大对私营企业的培育，全县登记注册的企业达到7家。加大了对县神猴公司、沙石厂等企业的扶持力度，神猴药业有限责任公司年回收藏药50余万元，解决了60多人的就业问题，县城和樟木沙石厂解决150多人的就业难题。县藏药厂全年累计完成产值1400万元，比上年增12.5%。全年乡镇企业实现总产值2871.7万元，比上年增长7.4%；多种经营收入实现2633万元，比上年增长15%。

【着眼于促商活县，非公经济和第三产业日渐活跃】2007年，聂拉木县积极引导非公有制经济参与市场竞争，个体私营企业达到929户，从业人员1951人，注册奖金税704万元，分别比2006年增长15.55%、41.99%和21.11%。全县完成非公有制经济2026万元，比上年增长12.5%。立足县内丰富的旅游资源，重点加大了对旅游业的开发培育，实施了318国道沿线观景平台建设，完成了德庆塘开发规划，以旅游服务业为主的第三产业不断壮大，直接参与旅游行业的农牧民达35户235人，全年共接待国内外游客9.7万人次，1-10月出入境边民184万人次，全年完成旅游收入402万元，比上年增长70%。

【社会事业全面进步】教育事业方面。继续抓好“普六”、扫盲教育和“普九”巩固工作，制定了关于加强控辍保学工作的意见，形成了县、乡、村、校四级联动配套的长效机制；加强师资队伍建设，狠抓学校周边环境治理；争取实施了投资总额232万元的项目6个，县财政配套资金54.4万元，改善了各中小学教学条件。目前，全县小学适龄儿童入学率达到99.3%，巩固率达到99.5%，初中生入学率达到93.7%，巩固率达98.5%。卫生事业方面。积极实施农牧区医疗管理暂行办法，全县农牧民参加合作医疗13169人，参合率达到90%。举办了2期母婴健康培训班，完成了“一孩、双女”户困难家庭的扶助工作。争取医药设备16.5万元，为27名白内障患者成功实施了复明手术。实施了村医培训工程，全县医疗卫生条件明显改善。认真做好计划生育工作，全县人口增长控制在计划指标内。文化工作方面。按照“属地管理”和“五纳入”要求，加强寺庙文物的管理。向乡镇发放实用技术书籍500余册，文化科技卫生法律“四下乡”活动全面开展，“扫黄”、“打非”专项整治活动有序推进，文化市场秩序进一步好转。广播影视工作方面。继续推进“西新工程”，“2131”工程积极推进，“村村通”工程深入实施，全县广播电视混合覆盖率达100%。城镇低保工作方面。按照应保尽保、能进能出的动态管理机制，为全县127户335人兑现低保资金66.54万元；下拨救灾款45.3万元，发放救济粮16.6万斤，解决了2400多人的生活难题，先后举办劳务技能培训班四批440人次。

萨嘎县

【基本县情】萨嘎县地处喜马拉雅山北麓，冈底斯山脉以南，雅鲁藏布江上游，西南与尼泊尔王国接壤，边境线长105公里，是日喀则地区西部边境县之一。全县总面积为1.25万平方公里，平均海拔在4600米以上，距地区450公里。219国道贯穿全县东西，是拉萨通往阿里普兰的交通要道。全县下辖7乡1镇，共有38个行政村。截止2007年年底，全县总人口约为1.3万人。萨嘎县是以牧业为主兼有两个半农半牧乡的县，牧业是主导产业。全县可利用的草场面积为1325000公顷，境内饲养的畜种以牦牛、山羊、绵羊为主，全县牲畜年存栏为30万头（只、匹）左右。旦嘎、夏如是两个半农半牧乡，耕地面积为456公顷，属小气候农业，主要作物有青稞、豌豆、油菜、春小麦以及土豆、萝卜、白菜等，粮油总产年均270万斤左右。

【年度情况与特点】2007年，萨嘎县大力实施“一产上水平，二产抓重点，三产大发展”的经济发展战略，锐意进取，扎实工作，实现了全县经济社会的又好又快发展和社会的长治久安。2007年全县国内生产总值完成12379万元，比2006年增长12.9%；财政净收入达到301.2万元，比上年增长18.1%；农村经济总收入达到4593.01万元；农牧民人均收入2186.06元，比2006年增长15.19%；完成固定资产投资5220.81万元；完成乡镇企业产值99.37万元；多种经营收入为763.58万元；完成边境贸易收入3559万元。

【狠抓了“三农”工作，农牧区经济发展较快】农牧业综合生产能力进一步提高。粮经饲三元种植结构的比例渐趋合理，达到76：14：10；粮油总产量达到274万斤左右，比2006年增长11.8%。全年牲畜存栏总数为314447头(只、匹)，牲畜总增率为32.9%；出栏率为32.1%；商品率达到50%；成活率显著提高，成畜死亡率持续下降。继续把扩大白绒山羊养殖作为特色产业建设的突破口，不断扩大养殖规模，稳步推进“一乡一业”、“一村一品”。全年劳务输出3015人（次），实现收入433.4万元，人均收入达1437.5元，农牧民群众的收入继续增加。安居工程建设进展顺利，超额完成地区下达的405户建设任务，实际完成424户。认真贯彻落实农牧区各项改革，草场承包到户工作基本完成，并通过了区、地两级部门验收。

【重点项目建设进展顺利，基础设施建设步伐加快】继续加大了项目争取力度，项目前期工作有序开展。选准了一批能够带动县域经济快速发展，符合产业政策，具有前瞻性的关键性项目，扎实开展前期工作，有10个项目列入国家和自治区项目盘子。项目建设进展良好，全年共实施开工项目21个，其中续建项目2个，新建项目19个，完成投资5220.81万元，项目建设对经济社会发展的推动作用进一步加快。

【社会事业全面进步】教育工作得到较快发展，全力完成了“扫盲”攻坚任务，顺利通过了上级教育部门的验收。医疗卫生事业取得新进展，新型农牧区合作医疗管理制度进一步完善，农牧民群众看病难问题得到缓解。文化广电事业取得新成效，“西新工程”、广播电视“村村通”工程和电影“2131”工程有序推进，科技、文化、卫生、法律下乡活动进展顺利。生态建设和环境保护工作力度进一步加大，认真开展了雅江环境保护工作。机关后勤改革进展顺利，县后勤服务中心运转良好，通过了区、地两级部门验收，社会化程度不断提高。民生问题进一步改善，认真做好了就业与再就业工作，不断加大社会救助力度，广泛开展“送温暖、献爱心”和“三大节日”的捐助慰问活动，切实保证了困难群众的日常生产生活。

【领导人名录】
县委书记：马建国
人大主任：边巴次仁
县长：扎西次仁

江孜县

【基本县情】江孜县地处青藏高原西南部，雅鲁藏布江支流——年楚河上游，是全国农业百强县，全国历史文化名城，辖区面积3800平方公里，平均海拔4100米。县辖18个乡1个镇，152个行政村3个居委会，全县总人口67000多人。境内居民以藏族为主，占98%，其他民族有汉族、回族等。

【年度情况与特点】2007年，按照自治区第七次党代会的战略部署，结合江孜县实际，围绕建设经济强县的目标，狠抓第一要务，突出首要任务，实现了全县国民生产总值 6.81 亿元，比 2006 年增长 20.5%，完成年度目标任务；农村经济总收入完成 3 亿元，比 2006 年增长 13.5%，超额完成年度目标的 17.46%；财政总收入达 1208 万元，比 2006 年增收 195 万元，增长 19.25%，完成年度目标任务；人均收入达 3699 元，比 2006 年增长 11.38%，其中现金收入 2478 元，占总收入的 67%，超额完成年度目标任务。

【**种植业结构进一步优化**】江孜县在保证粮食总产量的前提下，积极实施种植业结构调整，全县实播面积 10793 公顷，种植粮食作物 5547 公顷；经济作物 2593 公顷；饲草 2653 公顷；粮、经、饲比例由 2006 年的 51∶20∶29 上调到 51∶24∶25。粮油总产达 1.27 亿斤（其中粮食产量 11786.5 斤，油菜籽产量 902.81 万斤，蔬菜产量 4740 万斤，饲草产量 6150 万斤），连续多年超亿斤。

【**畜牧业大力发展**】充分利用种畜基地的示范带头作用，坚持牲畜疫病防治与长年出栏相结合，以市场为导向，加大黄改、绵改力度，从而推动了江孜县农区畜牧业的快速发展。全县年末牲畜存栏 36.52 万头（只、匹），总增 12.97 万头（只、匹），总增率 35.5%；牲畜出栏 12.97 万头（只、匹），出栏率 35.5%；新生仔畜 14.9 万头（只、匹），成活 13.4 万头（只、匹），成活率达 89.9%；成畜死亡 4272 头（只、匹），死亡率控制在 1.17%；畜种改良 2.19 万头，其中绵羊改良配种 1.6 万头，黄牛改良配种 5850 头。同时，江孜县认真落实重大动物疫病防治工作，年初与各相关部门签订了《畜禽烈性传染病目标管理责任书》。春秋两季牲畜“W”病免疫注射 70.03 万头（只、匹），预防禽流感 11.31 万只次，免疫率均达到了 100%。

【**农牧业基础设施建设进一步夯实**】2007 年，江孜县对 20 条主水渠、4 座水库、71 个塘坝进行了清淤扩容，保证了使用率在 95%以上。

【**乡镇企业和多种经营运营良好**】全县乡镇企业和多种经营坚持发展、优化结构、突出重点，努力培养新的经济增长点，开创了乡镇企业工作的新局面。2007 年，乡镇企业总收入 1350 万元，比 2006 年增长 15.95%，完成年度目标的 101.8%，实现利润 430 万元；多种经营总收入为 8800 万元，完成年度指标的 112.3%，纯收入 6700 万元。全县非公有制经济实现 600 万元，个体工商零售额达到 5752.74 万元，比 2006 年增长了 8%。

【**旅游业发展较快**】2007 年，全县共接待游客 10.3 万人次（其中外宾 52029 人次，占 50.71%，内宾 50565 人次，占 49.28%），比 2006 年增长 4.7%，旅游收入达到 1561.94 万元，比 2006 年增长了 15.7%。全县旅游总产值为 6727 万元。

为进一步加强江孜县旅游事业的规范化和规模化，挂牌成立了江孜县文物局，对全县的文物进行保护和发掘，为江孜县旅游事业奠定基础。

【**特色农牧业项目进展顺利**】2007 年，江孜县种植秋播大蒜 313 公顷，产量为 1251 吨，产值达 300.24 万元。大蒜收获后种植一季牧草也为江孜县的农区畜牧业发展提供了保障。继续实施了种草养牛和羊短期育肥项目，巩固和发展了农区畜牧业，实现农牧民增收。2007 年，全县共完成绵羊改良 1.6 万只，黄牛改良 5850 头，羊短期育肥 20100 只，上市收入达 367.18 万元，纯收入 96.8 万元，酥油产量达 214.75 万斤，上市 85.32 万斤，收入 2694.24 万元；奶渣产量达 128.85 万斤，上市 105.29 万斤，收入 806.36 万元，畜产品商品率达 64.99%。确定了江孜县啊香糖醋大蒜加工厂、扎西洁白糌粑加工厂为县龙头企业，新成立玉妥藏香加工厂，大力发展县农民企业，增加农民收入。

【**藏毯业发展良好**】2007 年，县地毯厂产值为 128.15 万元，收入 108.07 万元，其中向国外游客出售卡垫 515 平方米，收入 70 万元，完成年度指标的 180%。

【**招商引资成效显著，项目建设取得新突破**】2007 年初成立了招商引资办公室，配备了专门的招商引资队伍，出台了《江孜县招商引资优惠政策》，2007 年，江孜县达成协议招商引资项目 10 个，协议资金 3000 万元，实际到位资金 2245 万元，超额完成年度目标。

【**安居工程开展顺利，社会主义新农村建设进程加快**】2007 年农牧民“安居工程”建设 940 户，其中改扩建 219 户，新建 721 户，受益人口达 4700 多人，完成了 5 条乡村道路硬化工程和 10 个村委会建设，总投资 7616.99 万元（其中：国家补助资金 1213.82 万元，已兑现 1292.62 万元；县政府配套和全县干部、职工捐款 78.8 万元；群众贷款贴息 25.69 万元，群众贷款 871.5 万元，群众自筹 3948.18 万元。

【**坚持“科教兴县”战略，稳步发展教育事业**】2007 年，江孜县共举办各类科技培训 6 次，参加培训人数累计达 2000 余人，发放培训资料 2000 余份；实施藏鸡孵化项目和 UNDP 项目，开展全国第三批科普示范县创建工作，都已初见成效。在加大“两基”攻坚力度的基础上，进一步巩固了“普六”、“普九”成果，2007 年全县达到内地西藏班分数线的学生共有 83 人，录取 69 人。县小学和初中在校生辍学率都控制在 2%以内，初高中学生升学率保持稳定。

【**加强农村信息基础建设，巩固农村广播电视“村村通”建设成果**】继续实施“2131”工程和“西新”工程，加快了广播电视“村村通”建设和年河广播电视长廊建设，广播和电视对各乡镇覆盖率均达到 100%。

【**贯彻低保政策，关注民生，保障了人民群众利益**】2007 年，全县救灾救济、优抚抚恤、低保等经费支出达 165.57 万元。同时，还与邮政局签订了代发低保金协议书，实现了社会化发放。在城乡医疗救助工作中，江孜县累计支出城乡医疗救助金 13.69 万元，受益人数达 104 人（次）。全县农牧民医疗补偿共筹集资金 562.18 万元，农牧民参加个人医疗集资达 40.66 万元，现已给群众兑现医疗补偿基金 306.14 万元，实际医疗补偿总额比 2006 年同期增加 37.55 万元。筹集合作医疗基金 526 万元，参加合作医疗人数 57532 人，受益群众达 26800 人。

【获奖情况】县民间艺术团荣获第九届山西、太原中国老年合唱比赛第二名、荣获上海国际老年合唱比赛第一名、荣获全区民间艺术比赛金奖和银奖、荣获珠峰文化节组织奖

热索乡努康村荣获全国“美德在农家”活动示范点荣获全国巾帼示范村

劳动局荣获《全国劳动保障系统2006-2007年度优质服务窗口》单位

发改委荣获全国第二次农业普查先进集体

江热完小荣获国家级先进集体

江孜镇荣获全国第二次农业普查国家级先进集体

龙马乡荣获全国第二次农业普查国家级先进集体

纪检委荣获全区纪检监察系统案件检查工作先进集体

检察院荣获全区检察系统工作先进单位

县青少年活动中心荣获自治区“青少年活动中心”二等奖

江热乡荣获全国第二次农业复查自治区先进单位

日星乡荣获全国第二次农业复查自治区先进单位

【领导名录】
县委书记：陈云彬
人大主任：李文广
县长：达娃卓玛
政协主席：次仁群培

白朗县

【基本县情】白朗县地处西藏自治区西南部，雅鲁藏布江主要支流——年楚河中游，距拉萨280公里，距日喀则市49公里，距江孜县47公里，平均海拔在4200米，县城驻地3893米。全县辖2镇9乡，114个行政村，总户数6007户，人口43563人。全县总土地面积2758.99平方公里，总耕地面积12227公顷，天然草场182067公顷，有县绿色蔬菜发展有限公司、罗布丹增糌粑加工厂、旺达畜牧养殖场三家农业龙头企业，是自治区商品粮油基地和“两高一优”农业示范县，也是“一江两河”农业综合开发重点县之一。

【国民经济持续健康发展】2007年白朗县生产总值达到32886万元，同比增长13.03%，三次产业比例为42：16：42；地方财政收入完成408万元，其中，税收完成216.65万元；农牧民人均纯收入达到2893.68元，同比增长16.92%，其中现金收入为1909.83元。

【农牧业和农牧区经济稳步推进】2007年白朗县农村经济总收入达到1.78亿元，比2006年增长6.9%；粮、经、饲比例调整为62：22：16，粮油产量8056.24万斤，蔬菜产量2465.57万斤，饲草料产量12217.71万斤；牲畜总增率达到29.96%，出栏率达到30.35%；原生植被封育67公顷，工程造林58公顷，四旁植树52.8万株。

【项目建设工作成效显著】白朗县牢固树立“大投入、大产出、大发展”的思想，按照基础设施先行的要求，着眼于国家资金的投资方向，着眼于全县经济社会发展需要，着眼于优势资源的开发利用，通过不断完善项目争取机制，紧紧抓住对口支援工作不断加强和援藏资金不断增长的契机，重点实施了蔬菜大棚建设、蔬菜产业化、短期育肥、村两委建设、人饮工程、县乡职工周转房、维护稳定、教育、卫生等基础设施建设项目共计32个，其中，新建项目29个，续建项目3个。固定资产投资达到1.37亿元，完成地区下达指标任务的581%。

【各项社会事业全面进步】大力加强社会主义精神文明建设，积极开展社会主义荣辱观教育和“改陋习、树新风”活动，深入开展社会主义精神文明创建活动；继续推进以校长负责制、干部聘任制、岗位责任制、绩效工资制为主要内容的中小学“四制改革”，使教育教学质量有明显提高，全县适龄儿童入学率达到99.53%，辍学率为0.87%，初中入学率达98.89%，辍学率为1.35%；完善科技服务体系，建立健全了县蔬菜科技协会，并为蔬菜协会配备“蔬菜销售专用三轮摩托车”10辆，实施了科技成果转化项目和沼气等农村新能源项目，科学技术的推广应用取得了新的成效，全年科技培训达37000人次；加强文化阵地建设，大力实施“村村通”工程、“西新”工程和“2131”工程，改善基层文化设施条件，全县80%的村建起了村文化室，乡级广播电视覆盖率达到98%，村级广播电视覆盖率达到70%；落实人口和计划生育奖励政策，人口自然增长率控制在7.85‰。深入推行农村合作医疗制度，全县参加农村合作医疗的农牧民群众达3.17万人，占农村总人口的75.3%，人民群众的身体健康有了可靠保障；劳动与社会保障工作开展顺利，基本医疗保险参保人数达926人，376.74万元，失业保险参保427人，14.09万元，养老保险参保88人，86.02万元。积极开发公益性岗位，安置12名城镇人员就业。拓宽就业渠道，采取就地培训并安置工作的方式，为青岛输送缝纫工人14名；邮政服务水平不断提高，年业务收入达到20.4万元。移动信号覆盖范围不断扩展，年业务收入达到60万元。电信互联网业务快速发展，年业务收入达到224万元；金融业持续平稳运行，各项存款余额达8754万元，其中城乡居民储蓄存款3188万元；社会主义新农村建设扎实推进，2007年顺利完成了总投资5524万元的683户农牧民安居任务，其中民房建设596户，扶贫点建设47户，牧民定居40户。同时，以安居工程建设为契机，加大沼气推广力度，全年共实施沼气建设项目937座，投入资金共计379.39万元；不断加强基层政权建设，村民自治达标率为86.8%。以解决温饱为中心，集中人力、物力、财力向特困户倾斜，认真实施民政“阳光工程”，妥善安置流浪乞讨人员，落实低保人数2974人，41.18万元，社会救助资金194万元，救助人次达4831人次，群众的生产生活条件得到有效改善。

仁布县

【基本县情】仁布县位于318国道拉萨至日喀则中段区域，距拉萨160公里、日喀则110公里。全县国土面积3140平方公里，平均海拔3950米，境内山高谷深，沟壑纵横，自然条件较为恶劣，生

产环境差。县辖8乡1镇79个行政村，235个自然村，4940户31855人，其中农牧民群众4523户30239人；耕地面积3413公顷。“仁布”在藏语里为“聚宝盆”之意，县境内待开发的矿藏资源丰富，有铬铁、铅锌、玉石、大理石、铁、铁砂等。

【经济总量保持稳步增长】2007年，全县生产总值达12113.9万元，比上年增长13.5%，人均生产总值达3827.6元。财政净收入达254万元，超额完成地区下达的指标，比上年增长18.14%。农牧民人均纯收入达2023.05元，比上年增长12.5%；其中，现金收入为1213元。

【农牧业持续健康发展】粮油总产达1804.61万斤，粮、经、饲比例由2006年的70:22:8调整为2007年的59.4:34.6:6，农牧业产业结构逐步趋于合理。2007年，投资40余万元在全县首次大面积连片种植562公顷露天绿色土豆，在切洼乡种植西瓜0.9公顷，共创收662.2万余元，经济作物效益显著。

年末牲畜存栏数控制在194739头（只、匹）；短期育肥2015头（只），创收60.45万元。各种动物疫病防疫率达100%，安居工程取得新成效。按时保质保量完成了778户以民房改造、扶贫点建设为主要内容的安居工程建设任务，总投资3727.4万元；完成了10个村委会建设及3条乡村硬化道路建设，总投资221万元。

【劳务输出经济有了新突破】全年举办劳务技能和科技知识培训班7期，参加培训的农牧民群众达6055人（次）；全县外出务工人数14159人次，创收2441万元。

【各项社会事业得到长足发展】一是继续认真贯彻了党的教育政策，紧紧围绕地委、行署制定的教育目标责任，努力提高了教学质量，狠抓了师资队伍建设，教育教学条件得到进一步改善，校园文化建设欣欣向荣，学生综合素质有所提高。全县小学适龄儿童入学率达99.33%，巩固率达99.5%；初中入学率达94.9%，巩固率达98%。二是继续以深化农村医疗卫生体制改革为突破口，重点实施了农牧区医疗管理办法，达到了农牧区家庭100%的建账率，个人集资率达98.58%，群众看病难问题得到有效解决；继续保持了仁布县低生育水平，共落实“一孩、双女”户扶助资金21.72万元；援藏医疗队在藏6个月期间实施了58例外科手术，成功率100%，大大降低了患者转院就诊的开支，让群众得到了实惠。

【援藏工作】认真做好援藏交接工作，积极推动援藏工作向纵深发展。2007年，认真做好了第二、三批援藏的轮换和交接工作，促使了援藏工作向深度和广度发展。黑龙江省七台河市的六名援藏干部在赵振宇书记的带领下，以实地调研为基础，多方论证，广泛征求援藏项目意见，筛选确定了15个备选项目，投资2000余万元，已作为重点备选项目提交七台河市委、市政府和黑龙江省发改委项目考察组审定。在建党86周年庆典之际，六名援藏干部为贫困农牧民群众捐资捐物共计7000余元，切实解决了困难群众的实际问题。

康马县

【基本县情】康马，藏语意为“红房子”，位于西藏自治区的西南部、日喀则地区东南部，是以牧业为主的半农半牧边境县。境外与不丹王国接壤，境内东边与浪卡子县接壤、南边与亚东县相邻、西边与白朗县相邻、北边与江孜四县相邻。全县总面积7000平方公里，平均海拔在4300米以上；冬春多风，年平均降雨量160毫米，年平均温度10.5℃。现辖8乡1镇、48个村民委员会、115个自然村。2007年末，全县总人口20622人，农牧业人口19174人，占总人口的92.98%；非农牧业人口1448人，占总人口的7.02%；藏族占总人口的90%以上。

【年度情况与特点】2007年，康马县全面推进“一产上水平、二产抓重点、三产大发展”的发展战略。带领全县2万多各族干部群众，同心协力，顽强拼搏，圆满完成年初制定的各项目标任务，实现全县经济社会又好又快发展。

2007年，康马县紧紧围绕地区“贯彻一个指针，突出两个主题，做好三篇文章，加强四个建设”的发展思路，着力打造特色经济、劳务经济、边贸经济。以农牧民安居工程建设为切入点，全面推进社会主义新农村建设，加大了建设经济强县、经济强乡（镇）、经济强村力度。全县完成国内生产总值14600万元，完成全年指标的100%，同比增长17.98%；地方财政净收入达366.2万元，同比增长17%，完成全年指标的100%；落实固定资产投资5159万元，完成全年指标的231.66%；农牧民人均纯收入达2779.27元，同比增长17.03%，完成年目标的100.08%，其中现金收入1780元。

【以“三农”工作为抓手，农牧业经济快速发展】农业方面。大力调整农业种植结构比例，使全县种植业比例进一步趋于合理。农田、草场基本设施维修率达到了100%，确保春播灌溉正常用水；兴建饮水工程13处，其中9处为饮水工程，3处为压井工程，1处为大口井工程，累计解决了9个乡镇、3个边防派出所、10个行政村，493户3021人及37106头（只、匹）牲畜的人畜饮水困难。2007年全县总播种面积3141公顷，加大农牧业结构调整力度，2007年“粮经饲”三元结构比例调整为70.7∶18.7∶10.6。全年粮油总产量达2384.39万斤，比2006年增产42.55万斤。其中粮食产量2226.62万斤，比2006年增产39.26万斤，油菜产量157.77万斤，比2006年增3.29万斤；蔬菜产量502万斤，比2006年增59.09万斤，比地区指标增2万斤；饲草料产量331.93万斤，比2006年增25万斤，比地区指标增31.93万斤。粮食直补按每公顷算225元，共补贴资金48.57万元，成品油补贴资金每公顷15元，共12.95万元。

畜牧业方面。2007年年末全县牲畜存栏235401头（只、匹），比2006年增1144头（只、匹），比地区指标增1144头（只、匹）；其中大畜22028头（只、匹），小畜213373头（只、匹）；新生仔畜成活数93189头(只、匹)，成活率为90.65%，比地区指标增0.65%；牲畜总增92488头(只、匹)，总增率39.48%，比地区指标增3.48%；牲畜出栏数91344头（只、匹），出栏率38.99%，比地区指标增2.99%；牲畜死亡2493头（只、匹），死亡率为1.06%，比地区指标减0.14%；全年肉产量1576.95吨，比2006年增196.11吨；奶产量2710.64吨，比2006年减59.04吨；毛绒产量119.87吨，比2006年增6.11吨；皮张产量86954张，比2006年增12166张，黄牛共改良1342头，成活数1162头；马驴改良220匹。筹备防抗灾饲草523.74万斤，饲料202.8万斤，燃料150万斤。完成牲畜短期育肥20477个羊单位，出售上市13730个羊单位，总收入335.5万元，除去成本纯收入达到220.8万元，牲畜“W”病共注射疫苗46.96万头（只）/次，免疫密度达到100%，并严格执行了牲畜免疫卡登记制度。布病疫苗为7.1204万只，炭疽疫苗2.81万头（匹），三联苗注射1.5万只，四联苗注射2.5万只，禽流感疫苗0.9万只，小反刍动物疫苗21.215万只，免疫密度达100%。

【项目工作不断加强，投资拉动作用显著】一是建立健全组织领导。制定了《康马县项目管理暂行规定》，树立起“抓项目就是抓经济，争投资就是争发展”的理念，加强项目工作。2007年开复工项目25个，总投资5687万元，其中续建项目3个，投资871万元，新建项目22个，总投资4816万元。二是切实加强“三跑”工作，千方百计争取国家投资和援藏对口支援计划外的项目。三是加强项目管理工作。严把工程的“五制”、“五关”，严格按工程进度拨款，实行人大、纪检全程监督。四是搞好项目建后管理。按照“谁受益、谁负责”的原则，落实管理责任，确保项目长期发挥效益。在经济发展中，固定资产投资是解决县域经济发展受“瓶颈”制约的主要手段，投资发挥了极其重要的作用，不断改善了农牧区的基础设施，提高了生产力水平，增强了地方经济发展的后劲。

【严抓目标管理，农牧民安居工程扎实推进】2007年康马县完成农牧民安居工程建设414户，占“十一五”期间总任务2326户的17.8%，其中包括扶贫点建设59户、兴边富民行动330户和民房改造25户。国家补助资金491.8万元，地区配套资金20.7万元。2007年康马县还完成8个村级组织活动场所和2条硬化道路建设，其国家补助资金是185.7万元。目前所有资金都已落实完成。12月14日自治区验收领导小组深入康马县，对康马县2006和2007年的农牧民安居工程建设情况进行验收，验收组充分认可了康马县农牧民安居工程建设，对工程所涉及的建设规划、工程进度、质量、安全、以及档案管理、资金管理等方面给予高度的评价。经自治区验收组全面、细致的检查，认为康马县保质保量地完成了2006和2007年农牧民安居工程建设任务，顺利通过了自治区验收领导小组的检查验收。

【努力拓宽增收渠道，乡镇企业和多种经营收效明显】2007年，康马县乡（镇）企业总产值完成565.31万元，完成年度指标任务的100.59%；多种经营收入3129.52万元，完成年度指标任务的116.21%。组织劳务输出人数21781人次，收入2452.41万元，完成年度计划的110.07%。11月8日成立康马县少岗乡农牧民石材专业合作社，扶贫共投资379.99万元，其中国家投资182.99万元，群众自筹贴息贷款197万元，并实现少岗乡石材8乡1镇资源共享、联合开采；2007年康马县石材产业实现收入400万元。同时，成功举办了县第五届冬季物交会、嘎拉物交会、涅如边贸会。积极组织群众参加地区珠峰文化节、江孜物交会。全年累计完成商品交易额1351.2万元，完成地区下达指标任务的135.12%。

【立足资源优势，特色产业不断发展壮大】康马县立足于现有的石材、藏系绵羊、岗巴羊、藏鸡、青稞、温泉、药材等特色资源，发展特色农牧业、农畜产品和犏牛改良，培育经济增长点。进一步加大和完善了特色产业项目建设与管理，少岗乡石材、涅如藏系绵羊、岗巴羊、藏鸡、朗巴糌粑等一批特色产品已逐步推向市场，形成品牌。其中，立足于10亿多立方米的石材资源，由当初的1个乡少数群众开采，扩大为8乡1镇资源共享、共同开采。特色农牧业方面，修建了藏系绵羊肉羊生产基地，农牧民群众自主成立“养羊协会”经营合作组织，全面提高了出售价格。目前已育肥6200只，上市4375只，纯收入37万元。岗巴羊产业化开发基地项目，共育肥4850只，上市1600只，纯收入11.2万元。萨马达乡满则村藏鸡养殖项目，藏鸡规模已达到1000只，藏鸡蛋直接经济收入达1.75万元，下一步将把藏鸡养殖规模扩大到全县其他乡（镇）、村。嘎拉乡中草药加工项目，能够加工7种以上中草药。2007年生产出2000多斤中草药，解决了康马县中药短缺的困难。

【积极拓宽招商引资渠道，努力完成招商任务】从实际出发，树立起“投资者是上帝、引资者是功臣、干部是公仆、影响招商引资是罪人”和“安商、富商、亲商”的思想，营造公平的政策环境和市场环境，给予投资者大力扶持。2007年共引进招商引资项目4个，总投资370万元，完成年度计划92.5%。

【社会事业全面推进】教育工作成效显著。“两基”成果得到巩固，扫盲教育进一步加强，于2007年10月份顺利通过自治区第三年的“普九”复查验收，各项指标均得到了进一步巩固和提高。康马县现有小学适龄儿童在校生1986人，入学率达到100%；初中在校生974人，入学率达到94.25%；适龄儿童入学率达到100%；15～50周岁文盲率3.85%，17周岁人口初中教育完成率为89.66%。

医疗卫生事业加快发展。农牧区医疗制度全面推行，“县乡共管”的运行模式得到进一步巩固和完善，农牧区医疗制度呈现良好的运行态势。全年参加个人筹资的农牧民人数达到18577人，占农牧民总人口的98.04%。全年总筹资额达190.67万元，累计为群众报销补偿住院和门诊费用111.73万元。积极推进城镇卫生体制改革，加强了对医疗机构和农牧区医疗的用药管理，深入开展医院管理年活动。继续狠抓疾病预防与控制，“五苗”接种覆盖率继续保持100%，努力降低传染病的发病率，认真开展结核病防治、疾病监测工作。利用项目支持，加强妇幼卫生工作开展力度，孕产妇零死亡，婴儿死亡率45.73‰。加大了技术服务和宣传教育力度，更加有效地开展人口与计生工作，人口自然增长率

9.95‰。深入推广“一孩、双女”户困难家庭扶助制度，2007年新增扶助对象19户20人，全县累计共115户126名群众正在享受这一扶助政策。进一步加大了卫生行政执法力度，不断整顿和规范全县食品与药品市场。

文化建设开创新局面。“三下乡”活动深入基层，惠及群众17000余人次。在广播电视方面，顺利完成改扩建收转站61座，进一步提高了康马县广播电视的覆盖率，广播、电视村村通覆盖率分别达到91%和99.9%。2007年康马县新闻、信息质量全面提升，全年向日喀则电视台报送新闻35余篇，向西藏日报、日喀则报、西藏人民广播电台等新闻媒体报送各类稿件90余篇，通过新闻媒介很好地宣传了康马。

岗巴县

【基本县情】岗巴县位于西藏日喀则地区南部，地势高亢，雪山连绵，北邻萨迦、东邻亚东、白朗，西与定结县山水相连，南与印度锡金邦接壤，为日喀则地区一个以藏民族为主的高寒边境县。县城驻地岗巴镇雪村，其距日喀则市307公里（岗嘎线）、165公里（曲岗线）。全县总面积为4203平方公里，其中耕地面积1480公顷，草场面积370467公顷。

【经济保持又好又快发展势头】2007年，岗巴县完成国内生产总值9275万元，比2006年增长12.7%，其中第一产业达1795万元，比2006年增长-3.4%，第二产业达2056万元，比2006年增长45.7%；第三产业达5424万元，同比增长10.6%。县级财政收入200万元，比2006增长52.7%；2007年全县人均生产总值9232元，农牧民人均纯收入2365元，其中现金收入1523元，占64.4%，比2006年增长14.9%。2007年岗巴县固定资产投资8838万元，其中国家预算投资2543万元，年内完成安居工程建设531户，总投资4983.5万元（含群众自筹），受益群众达2889人。

【农牧业丰产丰收】2007年农业总产值达到1264.26万元，同比增长9.11%。全县粮油总产还是达到了669.64万斤，其中粮食产量618.98万斤，蔬菜产量214.52万斤，青饲料产量1741万斤，分别比2006年增长1%，10.14%，25%。

2007年全县新生仔畜70576（只、匹），仔畜成活数67178头（只、匹），牲畜总增数达72111头（只、匹），总增率为41.05%；牲畜出栏数53193头（只、匹），出栏率为22.21%。年末牲畜存栏数控制在187279头（只、匹），同比增长6.62%。肉类产量863.22吨，同比增长2.19%；奶类产量1018.14吨，同比增长9.1%；皮张产量52000张，同比增长3.31%；毛产量121.58吨，同比增长1.3%；绒产量4.03吨，同比增长0.3%。

【特色产业开发稳步推进】全县名、优、土、特产品丰富，其中以“岗巴羊”和“矿泉水”最为有名。岗巴县曲登尼玛牌西藏神水泉口位于喜玛拉雅山中段北麓，海拔5128米，距岗巴县城50公里，1992年8月中华人民共和国地质矿产部、卫生部鉴定，曲登尼玛矿泉水为低钠低矿化度富锶矿泉水，各项元素均达到和超过国家天然饮料具备的界定指标。岗巴县曲登尼玛牌西藏神水屡获世界、国家级大奖，是西藏自治区饮料行业中最早获认证的绿色产品。据藏文经书记载：曲登尼玛矿泉水中含有锌、硒、锂、钙、碘、偏硅酸等多种有益于人体健康的宏、微量元素，具有增强食欲、改善心血管功能、促进骨骼发育、防治甲状腺肿大、防癌等特殊功效。曲登尼玛矿泉水日流量82吨，补给良好、动态稳定、资源可靠。“此水能治424种传染病和360种急慢性病”，是莲花生大师赐给他的信徒和信教群众医治百病的“甘露”。

2007年岗巴县招商引资2600万元，对曲登尼玛矿泉水厂实施了改扩建。扩建后的曲登尼玛矿泉水开发有限责任公司注册资本达3200万元。企业每小时可生产2万瓶500ml矿泉水，日产量达24万瓶矿泉水，产品将销往国际国内市场。目前曲登尼玛矿泉水新厂厂房已建成，正在进行设备安装。

“岗巴羊”作为岗巴县的又一大资源优势，具有肉质细嫩、味道鲜美、无膻味三大特点，在西藏享有很高的知名度，曾为历代班禅堪布厅指定贡品。目前“岗巴羊”产业化开发工作正在有条不紊地进行当中。以“岗巴羊”繁育基地建设为中心，打造辐射周边的“岗巴羊”开发经济圈，努力做大“岗巴羊”产业。以人工种草、圈舍建设为重点，进一步扩大“岗巴羊”反季节短期育肥规模，确保“岗巴羊”市场供应能力稳步提高。以延长产业链条为目标，进一步提升“岗巴羊”品牌知名度，切实让广大农牧民群众从“岗巴羊”产业化开发中获得实实在在的经济利益。

【人民生活水平不断提高】2007年乡镇企业产值可达38万元，同比增长31.5%。多种经营收入可达1044.53万元，同比增长155%。农牧民人均纯收入可达2576.6元，同比增长70.49%；其中现金收入1666.98元，占总收入的64.69%。通过深化财税体制改革，狠抓税收征管，合理调配资金，严格支出管理，开源节流。2007年县级财政净收入可达200万元，同比增长61.29%。各类税收完成130万元，同比增长17.11%。

【安居工程成效显著】2007年该县按照“统筹规划、整体推进、分类指导、科学设计、综合配套、体现特色”的原则，通过群众邻帮邻、户帮户、相互换工、劳务投入、自备材料等形式，充分运用一切资源，实施农牧民安居工程建设531户，建筑面积93796.8平方米，总投资累计达到3000余万元，受益人口达2889人，占全县总人口29%。在认真做好安居工程建设的同时，该县积极筹措资金，有效改善了弱势群众的生产、生活和居住条件。取得了良好的社会和经济效益。

【援藏工作扎实有效】2007年以来，岗巴县援藏干部带着中化公司领导和广大员工的重托，秉承“做人：诚信、合作、善于学习；做事：认真、创新、追求卓越”的中化企业文化理念，克服高原缺氧等重重困难，通过经过深入的调研，先后在农田水利设施、市政建设、农牧民培训方面投入400余万元，查筑水塘等5个项目当年已竣工投入使用。

【各项社会事业全面进步】2007年以来，岗巴县科技培训力度进一步加大，认真实施种子工程、沃土工程、农机化工程，各项科技增产、增收措施得到有效落实，农牧业科技试验工作取得新突破，实用技术推广应用取得新成效。全年共举办6期农牧综合科技培训班，全县参加科技培训达8030人次，其中乡村干部75人次，妇女1594人次。教育投入增加，边境教育优惠政策得到进一步落实，教学质量进一步提高。重视农牧区教育综合改革，继续巩固和提高"普九"成果，全县小学入学率99.7%，巩固率100%；初中入学率97.4%，巩固率98.5%。目前，幼儿教育、职业教育和成人教育协调发展，各类实用技术人才初具规模。卫生事业继续发展，农牧民群众健康水平进一步提高，全县参加农牧区医疗管理制度的人数达1770户、9165人，参加率100%。近年来，通过小水电、光伏电站及农村电网建设，2007年岗巴村村通电目标终于实现。2000年底岗巴县城开通光缆后，岗巴县通讯事业有较快发展。截止2007年年底，除孔玛乡仍依靠卫星电话外，岗巴县其余4乡镇均有手机或小灵通信号覆盖，全县固定电话用户为1100户，其中农牧区用户700户，岗巴县广播电视混合覆盖率已达到100%。

亚东县

【年度情况与特点】2007年，亚东县实现GDP（下同）17813万元，完成年初指标的100%，比2006年增长21.5%；人均GDP实现14573元，完成年初指标的100.6%，比2006年增长23%；固定资产投资完成4136.78万元，完成年初指标的120.2%，比2006年增长5.6%；农牧民人均纯收入达2753元，完成年初指标的100.2%，比2006年增长10.2%；财政收入完成510万元，完成年初指标的81.99%，比2006年增长1.59%。农村经济总收入实现4102.1万元，比2006年增加15.2%，完成年初指标100.2%；牲畜存栏92137头（只、匹），总增数为25244头（只、匹），总增率为27.38%；实现多种经营收入2611.53万元，完成地区指标的114.59%；乡镇企业产值实现290万元；劳务输出10500余人次，收入1100万元，比2006年增加107.4%；边境互市贸易额实现6452万元，比2006年增长36.54%。

【以市场为导向，狠抓产业结构调整】在稳定粮食和牧业生产的基础上，调整了粮、经、饲比例，扩大蔬菜种植面积，实施了"两个经济区"战略。2007年投入资金18万元，新建蔬菜大棚温室22座，粮、经、饲比例调整为49∶23∶28。产业结构、畜群结构日趋合理。

【加强农田基本建设，为农业发展提供条件】2007年，投入3万元，出动车辆160余次，人员2000人次，共维修10座水塘，21条水渠，32条支渠；加强田间管理，加大了坡耕地的治理、中低产田的改造力度，共治理坡耕地20公顷，改造中低产田175公顷。

【扎实推进安居工程建设，着力解决群众住房问题】根据自治区党委、政府的统一安排部署，2007年，安排安居工程任务286户（其中扶贫点建设31户，兴边富民215户，民房改造40户），累计完成投资1437.9万元(其中自治区投资33502万元，援藏投资100.1万元，地区投资14.3万元，县级配套资金投资14万元，银行贷款投资36.2万元，群众自筹投资938.1万元)，目前主体工程完工286户，新建建筑面积79907.39平方米，受益人口1217人。目前已完工的安居工程全部通过了县农牧民安居工程建设自验组的初验，达到了预期的实施效果。

【着力培育特色经济，增强发展动力】一是《帕里牦牛繁育体系建设实施方案》得到顺利落实，帕里牦牛品牌特色明显。投资496万元(其中国家投资200万元)，完成草场围栏16643公顷。通过调整畜群结构，提高母畜比例，加强草场建设，牦牛的数量和品质得到改善，为延伸产业链奠定了基础。

二是努力做好亚东鱼的开发工作。在原有基础上,先后投入资金20万元,支持亚东鱼的发展，养殖池内有鱼7万余尾，其中0.8—1斤的有2万余尾，0.5-0.7斤的有5万尾，经测算，销售后，可实现纯收入280万元。

三是康布温泉对当地群众增收作用明显。通过加大对康布温泉的管理力度，着力打造"康布温泉"品牌，2007年，投入资金20万元，用于添置内部设备，改善软、硬件环境，在为群众增加收入的同时，也为地方财政增收做出了贡献。

四是加大花卉和林下资源特色产业的建设力度。争取投资加大花卉基地建设，引进花种，壮大规模，组织技术人员参加培训，组织花展，推向市场，扩大销售。投资新建的林下资源加工厂，在运作过程中不断转变经营模式，积极参加各类物资交流会，提高林下资源的知名度，有效增加了群众收入。在林下资源的开发过程中，积极出台相关政策，引导群众树立"在保护中开发、在开发中保护"的理念，合理采集木耳、虫草等林下资源，共发放虫草采集证书3717份。同时，吸引外来技术人员，对以黑珍珠木耳为主的林下资源进行人工培育，目前已初见成效。

【社会事业全面发展】优先发展教育。加强师资队伍建设，极大地改善了师资队伍结构，优化了年龄和知识层次；按照要求，严格落实教育"三包"经费，有效减轻了群众负担；争取资金，新建项目，改善办学条件，师生的教学条件和学习环境得到完善；教学质量大幅度提高，顺利通过了普九复查验收，"两基"攻坚工作得到加强和巩固；2007年，全县适龄儿童入学率达99.43%，巩固率达99%，辍学率控制在2%以内。小学升学率和初中升学率分别达99.43%和98.66%，均位于地区前列。县财政对教育投入逐年增长，投入资金100万元。

大力发展卫生事业。过加强医疗卫生机构的软硬件环境建设，推广农牧区合作医疗制度，组织人员参与培训，提高工作技能和水平等方式，有效推进了卫生事业的发展。2007年共有66人次参加区内外各种培训。目前，全县8885人参加合作医疗，占全县总人口的91.3%，农牧区合作医疗覆盖率达100%，疫病疫情防治工作扎实开展，落实三级合作医疗经费42.61万元；县财政逐年加大对卫生事业的投入力度。计生、妇幼保健工作进展顺利。

那 曲 地 区

那曲地区

【经济保持了跨越式发展的良好势头】 2007年，那曲地区坚持以科学发展观统领经济社会发展全局，大力实施自治区"一产上水平、二产抓重点、三产大发展"的经济发展战略和那曲地区"2255"发展思路，经济保持了平稳较快发展的良好态势。全地区生产总值完成38.26亿元，同比增长17.18%。其中：第一产业7.6亿元，增长4.1%；第二产业8.76亿元，增长17.74%；第三产业21.9亿元，增长22.28%，三次产业比例调整为20∶23∶57。地方财政收入1.43亿元，同比增长15.32%。农牧民人均纯收入达2900元，同比增长16.47%。

【积极推进畜牧业产业化进程，第一产业再上新水平】 2007年那曲地区农牧业总产值达到11.04亿元，同比增长6.36%。牲畜年末存栏稳定在740万头（只、匹），同比减少0.6%；牲畜出栏率达到30%，畜产品综合商品率达50%；粮食种植面积4784公顷，与上年基本持平；虫草产量达1.6万公斤。坚持抓改革、抓深化，加大农牧区改革力度，进一步巩固、完善和提高草原家庭承包责任制到户工作，全地区草原承包工作顺利通过自治区验收，承包草场24266667公顷，占可利用草场面积的90.1%。坚持抓特色、抓亮点，投资2154.6万元，加大农牧业特色产业项目建设，初步形成了青藏铁路沿线以牦牛育肥为主、西部以绒山羊扩繁为主、中东部以多玛绵羊短期育肥和奶制品加工为主的特色经济带，畜牧业区域化布局、专业化生产、特色化发展态势初步显现。坚持抓龙头、促流通，成功引进3家畜产品综合开发加工企业，扶持培育3家地区级农牧业龙头企业，受益农牧户1097户、5000余人。组织10名农牧民经济带头人赴北京、辽宁、浙江等地考察学习，开阔眼界，收到了较好的成效。全地区农牧民专业合作经济组织达到148个、农牧民经纪人1354人。成功举办藏北首届魅力虫草节暨土特产品展销会和那曲地区第二届畜产品展销会，交易总金额达1.08亿元。坚持抓劳务，促增收，引导扶持农牧民群众依靠项目建设增加收入，农牧民技能培训3546人次，劳务输出4.4万人次，劳务收入5960万元。组建农牧民施工队439个、运输队135个、采砂队62个，参与人数2.5万人（次），实现收入1.5亿元。

【坚持二产抓重点，优势资源开发取得新突破】 2007年，那曲地区完成工业增加值2.42亿元，同比增长35.96%。以铅锌矿、铬铁矿、铜矿为重点的优势矿产资源开发成为新的经济增长点，矿产品产量达27.63万吨，产值2.67亿元。嘉黎县蒙亚阿、龙玛拉铅锌矿开发势头强劲，实现产值1.1亿元，上缴利税1240万元，群众直接受益1100万元，实现就业438人。申扎县雄梅舍索铜矿半年产值达800万元，巴扎阿统铜多金属矿选矿厂已完成投资2000万元，明年投产；安多县夏木拉矿泉水厂正在建设过程中。藏医药事业稳步发展，地区藏药厂现有国药准字号产品27个，国家中药保护品种3个，生产藏成药9吨，生产规模和市场占有率不断扩大。

【坚持以青藏铁路为依托，三产有新发展】 2007年，那曲地区争取浙江省1000万元旅游开发专项资金，正在编制地区旅游发展整体规划。大力发展以旅游业为龙头的现代服务业，投资50万元的"黑帐篷"项目投入使用，兴办"藏家乐"6家，从业人员100余人，月均营业额24万元，初步形成了"以点带线"的旅游开发格局。全年接待游客23.61万人次，增长31.2%，实现收入2847.94万元，增长23.13%。大力发展传统服务业，努力建设具有那曲特色的市场体系。目前，全地区有各类批发零售经营网点6100个，全年实现社会消费品零售总额7.7亿元，同比增长1.32%；乡镇企业完成总产值8250万元，多种经营收入3亿元。"万村千乡市场"工程扎实推进，2007年已完成30个乡村级农家店规划建设。

【着力改善民生，各项社会事业全面进步】 以安居工程为突破口的社会主义新农村建设取得新进展，投资4.1亿元，完成了7277户农牧民安居工程和100个村级组织活动场所建设、40个行政村的路面硬化。坚持教育优先发展，狠抓控辍保学工作，小学适龄儿童入学率达到97.3%，那曲、索县、申扎、尼玛和双湖5县（区）顺利通过"普九"验收，比如、嘉黎和班戈3县完成扫盲任务，"普九"和"扫盲"人口覆盖率分别达到46.3%和73%。加大先进适用技术的引进推广力度，加快科技成果转化，培训农牧民科技明白人1万多人，科技对国民经济的贡献率和成果转化率分别达到31%和20%。卫生基础设施进一步加强，建设乡镇卫生院18个、县级疾控中心和卫生服务中心6个，培训基层卫生技术人员494人次。农牧区医疗制度积极推进，人口覆盖率94.3%，城镇医疗保险制度改革全面展开，地区医保网络化建设完成并投入运行。人口自然增长率为11.86‰，人口素质进一步提高。文化广播影视事业取得新进展，投资77万元实施了11县（区）转星设备配套设施建设，新建广播电视"村村通"27座，广播电视人口覆盖率分别达到76.3%和81.9%。放映电影1.8万场，基本实现"一村一月保证放映一场电影"的目标。社会保障和就业工作积极推进，退休人员基本养老金社会化发放率达100%，城镇新增就业3596人，城镇登记失业率控制在3%以内，城镇、农牧区低保人口分别达到7184人和30506人。300套廉租房建设进展顺利，城镇低收入家庭住房问题正逐步解决。

【基础设施建设全面加强，发展"瓶颈"

制约进一步缓解】2007 年，那曲地区全年完成固定资产投资 21.12 亿元，同比增长 37.86%，其中社会投资 6 亿元。农牧区交通、能源、水利和通讯等基础设施建设全面加强。公路交通项目完成投资 3.52 亿元，班戈、聂荣两条通县油路已批准立项，新建通乡公路 9 条、通村公路 50 条，新增农村公路里程 1877.2 公里；能源建设完成投资 0.53 亿元，新增农村用电人口 3833 人，巴青、比如、索县、嘉黎、聂荣、安多、那曲县等七县三期农网改造和嘉黎县水电站改扩建工程基本完成、比如羊秀水电站建设项目顺利完工并投入运行；投资 3498 万元的 2007 年第一、二批安全饮水工程顺利完成，解决了 5.1 万人的安全饮水问题；投资 1.4 亿元实施退牧还草工程，禁牧、休牧草场 333333 公顷、草籽补播 99333 公顷，完成退耕还林补植 131 公顷，以退牧还草为主的 05-06 年农牧项目以全区总分第一的成绩，顺利通过自治区考评验收；扶贫开发成效显著，积极做好 34 个重点乡镇和定点扶贫工作，全年实施扶贫农发项目 34 个，项目总投资 5571.374 万元，那曲地区地区农牧民人均收入低于 1300 元的人口由 2006 年的 64432 人减少到 60233 人，同比下降 6.5%；邮政电信事业迅猛发展，乡乡通电话目标提前完成，全地区电话用户已达 8.3 万户，67 个乡镇实现直接投邮，乡镇通邮率达到 58.7%。加大援藏项目、资金协调落实力度，随同自治区党政代表团赴浙江、辽宁两省和中央五大国企开展回访答谢活动，与对口支援省市和中央企业签订了新一轮援藏项目框架协议，协议资金达 5 亿元。目前，已落实援藏资金 1.31 亿元，农牧民安居工程配套投资、中信宾馆、公安系统“三台合一”工程、太阳能光伏光明工程等一批建设项目相继启动。认真贯彻胡锦涛总书记“两个最大限度”和张庆黎书记“物流中心为人民，我为建设做贡献”的要求，一路绿灯、竭诚服务，全力支持配合参与那曲物流中心建设。2007 年，那曲物流中心建设进展顺利，已完成投资 1.2 亿元。完成了物流中心建设用地拆迁、补偿工作，火车站通站道路、“三电迁改”、物流中心散堆装区土石方工程已开工建设。

【发展环境不断优化，招商引资工作有新起色】紧紧抓住青藏铁路通车运营和那曲物流中心建设的大好机遇，及时调整充实地区招商引资领导小组，召开了那曲地区首次招商引资工作会议，编写了招商引资指南，不断完善各项优惠政策和体制机制，推出了一批规模型、效益型招商引资项目，积极邀请内地企业到那曲参观考察、发展创业。成功与青海世界屋脊科技开发股份有限公司、山东美佳集团、西藏金哈达牦牛皮业有限公司等 7 家企业签约，意向资金达 4.6 亿元，已到位资金 8100 万元。大力发展外向型经济，外贸进出口总额达 102 万美元，同比增长 6.25%。加大国企改制工作力度，完成了对康桑公司、色尼公司、商办加工厂和地区羊绒分梳厂四家企业的清产核资工作。严格落实国有土地有偿使用制度，加强国有土地资产管理，追缴 300 余万元土地出让金，对 10 宗经营性用地进行出让。

【存在的困难和问题】一是经济总量小，产业结构不合理，经济结构调整和增长方式转变的任务繁重而艰巨；二是农牧民增收渠道不宽，稳定增收的机制还不够健全；三是农牧区交通、能源、教育、文化、卫生等基础设施依然滞后；四是反分裂斗争形势依然严峻复杂，因利益格局调整而引发的新形势下的人民内部矛盾日益增多，维护稳定工作任务依然繁重；五是基层基础工作需进一步加强。

【领导名录】

地委副书记、行署专员：段襄征
地委副书记、行署副专员：谭永寿
地委委员、行署常务副专员：吴雪桦
行署副专员：嘎玛仁青（藏）、兰志明、赤来罗布（藏）、才仁桑珠（藏）、江村旺扎（藏）、嘎玛泽登（藏）、孙玉英（女）
行署秘书长：多吉坚赞（藏）

那曲地区纪检监察工作

【执行“三谈两述”制度，规范从政行为】2007 年，那曲地区纪委负责人同下级党政主要负责人谈话 113 人次，诫勉谈话 48 人次，领导干部述职述廉 1075 人次，党员领导干部个人重大事项报告 166 人次，领导干部配偶子女从业情况申报登记 421 人，领导干部任前廉政谈话共 146 人，诫勉谈话乡科级干部 3 名；另外，针对 2007 年那曲地区领导干部调整的实际，那曲地区纪委、监察局对 154 名乡科级以上领导干部进行了廉政培训。通过此项工作的开展，进一步加强了对领导干部的监督，较好地规范了领导干部的从政行为，增强了广大党员领导干部自我约束和主动接受监督的自觉性。

【加强离任审计，加大源头治腐】那曲地区纪委全面落实中办、国办下发的《县级以下领导干部任期经济责任审计暂行规定》和那曲地区《关于领导干部任期经济责任审计的规定》，把审计监督机制引入干部管理和监督工作之中，完善了干部考核制度，拓宽了审计工作领域。2007 年，共对 72 名领导干部进行了离任审计，强化了领导干部遵纪守法的观念，进一步增强了领导干部经济责任意识。

【清理超标准小汽车工作成效显著】为认真做好现有超标准小汽车的处理工作，地区纪委监察局、地区财政局自 2007 年 6 月至今，连续五次召开联席会议和协调会议，并就此项工作进行了研究、部署，出台了处理工作实施方案，如期完成了工作任务。据统计：那曲地区共有 V8 车辆 29 辆，根据上级文件精神，经核定不列入拍卖的有 16 辆。其余 13 辆，由超标准小汽车资产评估组，本着公正、公平、公开、合理的原则，结合市场价格规律，认真进行了评估、作价，为妥善处理这 13 辆超标准小汽车提供了依据，通过这一举措，进一步规范了那曲地区党政领导干部配车标准，促进了领导干部廉洁从政。

【继续做好案件查办工作】2007 年，地区纪委监察局共收到来信来访 46 件（包括重复来信 5 件、来访 4 次 9 人，自治区纪委转办 18 件，地区行署信访科转办 1 件、地委组织部转办 1 件）。涉及党员 31 人，县处级干部 7 人，科级干部 14 人，其他 10 人。从案件性质看，违反组织人事纪律类 3 件，贪污贿赂 3 件，挪用公款 2 件，违反廉洁自律规定行为 7 件，赌博类1件，其他经济问题4件，失职渎职类7件，严重违反社会主义道德类1件，其他检控类18件。其中，转地区纪检室10件，信访室调查了结5件，转各县各地直单位调查了结10件，转交地委组织部干部管理科1件，存档了解7件，不予受理的3件，正在调查的10件。2007年，地区纪委纪检监察室共受理16件，涉及各级干部16人，其中县级干部11人，乡科级干部5人。初核了结6件，初核完毕待定的1件，初核完毕转县纪委处理的1件，正在初核的3件，暂缓初核的3件，未初核的2件。2007年共查缴各类违纪资金33万元。全年共审理案件2起，审结2起。

2007年，各县（区）共收到来信来访共39件。涉及科级干部32人，一般干部10人。从案件性质看，违反廉洁自律规定行为5件，贪污受贿1件，违反组织人事纪律类1件，破坏经济秩序类2件，违反社会主义道德的1件，贪污贿赂类1件，妨害社会管理秩序类3件，其他检控类25件。

各县（区）转立案4件，了结24件，正在初核的11件。涉及干部40人，其中，县级干部1人，乡科级干部19人，一般干部20人。共查缴各类违纪资金近22.1万元。

【开展天然草原退牧还草工程专项监督检查】实施退牧还草工程是国家确定的重点项目，是从根本上解决草畜矛盾、遏制草原退化、实现畜牧业可持续发展的一项重要举措。为规范项目中涉及到的30%农牧民配套资金、劳务管理，地区纪委监察局利用15天的时间，深入5个县的40%以上的项目点，对2005年及2006年第一批、第二批退牧还草工程项目进行了全面检查，重点对项目资金使用管理、项目档案资料管理、项目“五制”情况进行了专项监督检查。对存在的领导重视不够、网围栏安装质量差、资料不齐全、公示制度落实不到位、补播工作滞后、项目资金管理不规范、项目后续管理差等问题提出了32条具体整改意见和整改期限，保证了退牧还草工程项目有效实施。

【加强对工程建设招投标执法活动的监督】全面监督工程招投标活动，参与率100%。2007年各县（区）共参与各类工程招投标46次，交易金额达16619万元。地区共参与工程建设招投标执法监督19次，交易金额达一亿元。在招投标的监督活动中对两家不按程序投标的单位进行批评教育，废除了当次开标结果。对其中一家性质恶劣的投标企业，责成建设部门进行了处理。对两家有围标嫌疑的投标企业给予了警告批评，对一家投标单位伪造建设局公章的案件，已移送公安部门进行处理。目前那曲地区投资额超过50万元以上的国家投资工程建设项目，都能严格按照规定进入“那曲地区工程交易活动中心”进行公开招投标。

【高度关注民生问题，加大对重特大责任事故的监督检查力度】参与日常和节日期间由安监局、消防等单位牵头的安全生产大检查7次，对易发生安全生产事故的场所和环节进行有关法律法规的宣传2次，开展安全知识竞赛1次，对重点建设项目安全生产措施落实情况进行了1次全面检查。对2家安全隐患严重、无整改条件的加油站，及时依法予以取缔，对2家存在安全隐患的加油站和3个安全生产措施落实不到位的建设项目进行了整改。对青藏沿线500多公里管辖段，分段设立了限速检查站，严格落实过往车辆限制行驶速度规定，严厉查处超速车辆，从而使那曲地区青藏管辖段交通事故大幅下降。在事故处理中未发现涉及国家行政人员的责任事故。

【继续开展“四个坚决纠正”专项工作】一是参与监督征收征用土地工作。那曲地区将那曲火车站物流中心建设用地的征用、评估、拆迁及补偿工作作为重点，利用两个多月时间进行了全程监督，特别是监督兑现了32户拆迁户157万元补偿金，兑现率为100%，整个征地、拆迁工作严格按国家及那曲地区的相关规定进行，杜绝了损害群众利益事件。对其中1户拆迁户反映补偿标准不合理问题，经认真核实后，进行了妥善处理。二是进一步清理拖欠农民工工资问题，保障农民工的合法权益。经调解，清欠民工工资28万元，各县（区）清欠农民工工资1084.2万元，目前，那曲地区清欠工作已进入最后阶段。三是对那曲地区3家企业破产清算进行了全程监督，目前，1起破产清算工作还在进行中，2起破产清算工作已基本结束，未出现损害企业职工利益事件。

【领导名录】

地委委员、纪委书记：雷友建

纪委副书记、监察局局长：多吉次仁

纪委副书记：杨俊成

监察局副局长：董森

监察局副局长：蓝水高、贡布

纪检监察员：王银学

纪委副书记、监察局副局长：拉加

那曲地区组织工作

【认真做好各级班子换届的各项工作】2007年，那曲地区组织部门在换届工作中共提拔了10名35岁以下年轻干部充实加强到县人大、政府、政协班子中，占县人大、政协换届提任副县级干部中的30.30%。

全地区县、乡（镇）人大、政府、政协换届选举工作组织有力、人员到位、操作规范、依法有效、进展顺利，做到了思想不散、秩序不乱、工作不断，实现了班子结构优化、功能强化、活力增强、队伍稳定的基本目标。通过换届，新一届班子的文化、年龄、民族、性别、专业等结构发生了明显的变化，整体素质有了明显提高。

【进一步做好人事人才工作】做好军转干部工作。对2006年自主择业到那曲地区114名军转干部的档案进行审查，并做好相关安置落户、档案转递及培训等工作，做好自主择业军转干部的工资卡发放工作和个人医疗保险档案建档工作。

认真做好了人才流动开发工作。全年共调动139名（含从其他地（市）调入那曲地区的17人）人员。

切实加强了专业技术人员队伍管理和建设。组织完成了2007年度专业技术人员职称外语考试、经济专业技术资格考试、全区免考外语的职称业务考试各项工作；加大了对地区各系列初、中级评审委员会的监督力度，完善了评审机

当雄县委书记薛国强陪同拉萨市市长多吉次珠在纳木措考察

当雄县委书记薛国强、县长琼达陪同市委副书记王向明在宁中乡检察指导工作

纳木措初冬风光

当雄县5100矿泉水厂生产线

当雄县火车站

自治区党委书记张庆黎参观拉萨市城关区基层文化室

自治区党委书记张庆黎到拉萨市城关区祝贺农牧民乔迁新居

拉萨市城关区迎来新一届援藏干部

拉萨市城关区的援藏项目—雅鲁藏布大酒店

拉萨市城关区政府

自治区党委书记张庆黎到拉萨市城关区进行基层调研

自治区党委书记张庆黎到拉萨市城关区小康示范村视察

拉萨市城关区民间艺术团体

拉萨市城关区新农村建设

拉萨市城关区蔡公堂乡农机冬播

自治区党委书记张庆黎一行莅临堆龙德庆县检查指导特色产业

自治区领导张裔炯、尹德明和拉萨市长多吉次珠、秘书长龚惠才检查指导堆龙德庆县基层党建工作

堆龙德庆县进行全区三基工作检查

自治区“心连心”艺术团赴堆龙德庆县慰问演出

自治区宣传部部长崔玉英赴堆龙德庆县外宣点进行调研

自治区副主席尼玛次仁到堆龙德庆县检查卫星转型工作

拉萨市市长多吉次珠等领导到堆龙德庆县检查基层党建情况和寺庙

堆龙德庆县第四五批援藏干部交接会议

堆龙德庆县人大换届选举

自治区党委书记张庆黎在林周县调研

自治区副主席郝鹏视察林周县旁多水利工程前期准备工作

美丽的林周

全区农牧业工作大会代表在林周县参观考察

林周县县长拉巴顿珠慰问困难群众

新到任的苏州市第五批援藏干部在林周县甘曲镇群众家中调研

林周县南部群众机耕机播现场

林周县境内的珍惜野生动物——黑颈鹤

林周县的养鸡基地

林周县的地方特产——林周鸭

八宿县城广场

八宿县致富带头人技能培训现场

八宿县建设中的群众安居房

八宿县邦达草原人工种草现场

八宿县全景

江达县县长泽洛深入基层开展法制宣传教育

江达县县长泽洛慰问孤寡老人

江达县县长泽洛检查安居工程建设情况

江达县同普乡香菇基地群众正在包装菌苗

江达县的雪莲花

江达县的野山獐子菌

自治区副主席孟德利视察芒康县西曲河二级水电站建设

区、地、县领导为214线改建工程开工仪式奠基培土

芒康县热烈欢迎重庆市第五批援藏干部

芒康县委书记龚均慰问五保户

芒康县委副书记、县长多嘉（中）慰问地方病搬迁户

芒康县绿色食品公司特色产品

日新月异的芒康县城

芒康风光——美丽的莽措

芒康县西曲河二级水电站

芒康风光——澜水银滩（盐井盐田）

自治区党委书记张庆黎与克松党支部书记吾金次仁交谈

自治区党委副书记张裔炯在乃东调研特色产业发展情况

乃东县新建的政府办公大楼

昌都地委书记洛松次仁在乃东县调研

乃东县县委书记苏霓斌，县委副书记、县长索朗扎西在泽当镇调研

乃东县首期青年干部培训班开学暨选派机关干部下乡村锻炼动员会

乃东县项目推介会

乃东县组织的春节藏历年下乡演出

乃东县昌珠镇农牧民群众开展十七大精神知识竞赛活动

乃东县“电视进万家工程”赠送仪式

三大圣湖之一——贡嘎县东拉乡的羊卓雍错

嘎拉山隧道——将贡嘎与拉萨距离拉近至60公里

贡嘎县无公害蔬菜基地

贡嘎县昌果乡红皮土豆

贡嘎县杰德秀手工业基地

贡嘎县村村通工程——农牧区群众也能在家看奥运了

贡嘎县安居工程为群众修建的新房

贡嘎县红星藏毯加工厂

贡嘎县陇巴村藏獒养殖基地

自治区主席向巴平措在加查县考察调研

自治区主席向巴平措在加查县考察调研

湖北省宜昌市第五批援藏干部进驻加查欢迎仪式

《加查县志》在山南地区召开复审会议

湖北省宜昌市考察团在加查县考察调研

湖北省荆州市第四批援藏干部向加查县88个村党员活动室赠送设备

湖北省宜昌市考察团在加查县考察时捐增物资

加查县第二十一届物资交流会开幕式

加查县安居工程

自治区常务副主席吴英杰在琼结考察工作

自治区副主席德吉在琼结考察工作

琼结县境内的藏王墓

琼结县人民医院

琼结至措美公路改建工程开工典礼

琼结县群众文体活动

琼结县小康示范村

琼结服饰

琼结县的国家级非物质文化遗产藏戏卡扎西宾顿

隆子县县委书记华学健（左）陪同自治区领导吴英杰考察西藏华钰公司山南选矿厂

隆子县县委副书记、县长洛桑平措（左)陪同自治区领导郝鹏在县公安局调研

湖南常德第五批援藏干部县委常委、副县长夏业清（右），副县长何书元（左），县建设局局长罗永慧（中）检查日准公路滑坡体

隆子县县委副书记、县人大常委会主任格桑龙点

隆子县干部职工踊跃为灾区捐款

扎囊县委书记周南洋

扎囊县委副书记、县长格桑多布杰

扎囊县农业结构调整

扎囊县蔬菜种植

自治区科技厅领导视察桑日县指导科技项目

第五批援藏干部抵达桑日县

桑日县党政领导慰问群众

桑日县进行沼气项目建设

桑日县"全区万名干部下基层活动"动员大会

桑日县的太阳能光伏应用系统项目

桑日县法制宣传

桑日县达古风景

错那县城全景

错那县浪波乡安居工程建设

错那县卡达乡藏刀

错那县勒布门巴竹编

措美县委书记夏智明，县委副书记、县长巴珠看望慰问困难群众

措美县通县油路开工典礼

措美县哲古湖风光

措美县哲古草原风光

洛扎县领导班子

不丹商户参与洛扎县色隆冬物交会

洛扎县开展劳动技能比赛

聂拉木县委书记刘忠义(右)在村医培训班上发表讲话

聂拉木县委副书记、县长巴桑在夕阳扶贫仪式上为农牧民捐赠生活物资

聂拉木县神猴药业"夕阳"扶贫捐赠仪式现场

自治区党委书记张庆黎在日喀则市视察、指导工作

自治区党委书记张庆黎在日喀则市视察、指导工作

日喀则市反腐倡廉建设工作会议

西藏人民广播电台走进珠峰栏目在日喀则市现场直播

自治区领导郝鹏等在日喀则市指导工作

日喀则市坚持科学发展观

日喀则市第七届珠峰文化旅游节开幕式

自治区主席向巴平措在南木林县视察工作、日喀则地委书记格桑次仁、行署专员许雪光、南木林县委书记顾建华陪同

自治区副主席孟德利在南木林县视察工作，县委副书记、县长巴桑多吉陪同

南木林县全貌

欣欣向荣的南木林县新农村建设

潍坊市援建的南木林县湘河景观工程

自治区领导公保扎西等考察拉孜特色产业

西藏自治区“心连心”艺术团在拉孜县慰问演出

拉孜县农民演员在春晚上表演堆谐

扬名全区的拉孜西瓜

国家级重点文物保护单位彭措林寺

昂仁县第五批援藏干部

昂仁县县、乡人大换届选举暨培训会

昂仁县的桑桑酥油暨赛马节

昂仁县的日吾其汤东杰布文化节

昂仁县的桑桑酥油暨赛马节

定结县委书记杨大勇（右二）下乡调研工作

定结县委副书记、县长桑珠次仁（中）调研安居工程

定结县江嘎镇荣孔新农村建设样板（援藏投资）

定结县江嘎镇次多温室大棚蔬菜

定结县陈塘镇风光

仲巴县县委书记朱江陪同自治区党委常委巴桑顿珠检查指导军警民联防

仲巴县称珠县长陪同尼泊尔总领事视察里孜边贸市场

仲巴县境内的扎布耶锂矿

仲巴县境内的帕江乡硼矿

仲巴县境内的帕江乡天工尼籁铜金矿

仲巴县县委书记朱江

宝钢援建的仲巴县帕羊镇村委会

仲巴县布多乡冬季草场羊群

仲巴县帕江乡山羊群

仲巴县达荣温泉

日喀则地委书记格桑次仁、江孜县县委书记陈云彬、县长达娃卓玛、欢迎上海市副市长胡延照

江孜县县委书记陈云彬、县长达娃卓玛与退休老党员座谈

江孜县老城区及白居寺

江孜县宗山广场

全区民政交流点—江孜县社会福利院

江孜县县委副书记、县长达娃卓玛（中）下乡考察

江孜县第四批、第五批上海援藏干部

全国科普示范县暨江孜县东郊奶牛养殖基地授牌仪式

江孜县卡堆乡扣村村委会建设

江孜县农牧民安居工程

白朗西瓜

白朗香瓜

白朗县委书记毛华铭

白朗县长贵桑

白朗县城

自治区党委常委、纪委书记金书波慰问嘉黎县农牧民群众

自治区副主席尼玛次仁在嘉黎县调研，与困难群众亲切交谈

嘉黎县第十届人民代表大会第一次会议

嘉黎县县长嘎松美郎与寺庙僧人亲切交谈

安多县主要领导到县夏木拉矿泉水厂视察工作

“铁路从我家门过 我爱铁路如爱家”巡回报告会在安多县作报告

具有浓郁藏民族特色的安多服饰

安多赛马节

安多民间艺术表演

那曲地委副书记、行署专员谭永寿在班戈检查工作

班戈县长巴塔在基层调研

班戈县城一角

中石化援建的班戈县党政会议中心

班戈风光——圣象天门

班戈县援藏干部苗波、李少青

欢迎中石油集团公司工作组和第三批援藏干部到达双湖

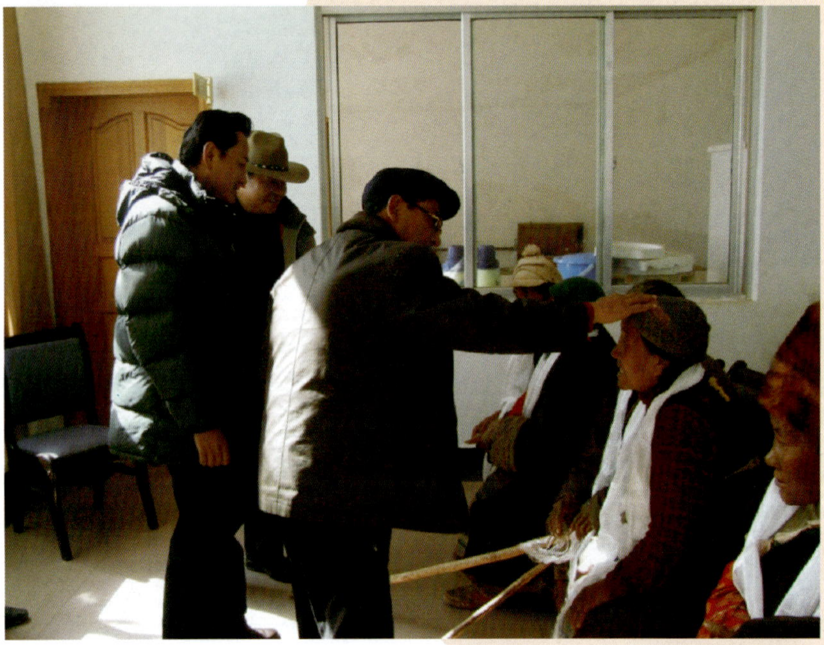

自治区水利厅白玛旺堆厅长、地委组织部达瓦次仁部长、双湖区委书记珠巨亲切慰问五保户

2007年中石油集团援建的双湖区干部职工周转房

2007年中石油集团援建的双湖区广电中心

双湖区境内的野牦牛

双湖区境内的藏羚羊

双湖牧民群众兴高采烈跳起锅庄舞

双湖区委副书记、区长贡嘎带领工作组深入基层指导防抗灾

巴青虫草

巴青风光

巴青县委书记张鑫

巴青县副书记、县长白玛卫东

措勤县领导慰问离退休老干部

措勤县长旦巴旺久为维稳工作组送别现场

措勤县安居工程小区

措勤县领导慰问关怀“三老人员”

措勤县第四届扎日南木措物资交流会

自治区区党委书记张庆黎在札达县札布让村与农户亲切交谈

河北省唐山市委副秘书长、札达县委书记路遇为群众讲解蔬菜种植

札达县城

札达县广播电视中心

札达县长尼玛次仁慰问部队官兵

札达县大力发展蔬菜种植

位于札达县境内的古格王国遗址吸引众多游客

札达县安居工程

林芝地区
LIN ZHI DI QU

2007年7月19日，自治区主席向巴平措同志在墨脱县农贸市场考察，自治区政府秘书长周春来、商务厅党组书记索朗多吉、行署专员赵合等陪同

2007年 7月 2日，林芝地委书记白玛朗杰同志一行在墨脱县政府会议室召开会议

11月17日，墨脱县九届人大一次会议选举产生以欧珠多吉同志为县长的新一届政府领导班子

7月18日，广东省第五批援藏干部抵达墨脱县

构，规范了评审程序，进一步做好了专业技术职务评审评聘工作。对那曲地区教育系统、卫生系统、农牧系统、文化系统、编译系统拟晋升高中级专业技术职务的22名专业技术人员的资格进行审核，对那曲地区2007年拟晋升高级专业技术职务任职资格的10位同志进行了全面的考察，并经自治区人事厅确认提交行署专员办公会议研究拟晋升高级职务的隋勇梅等12位同志的聘任工作；营造尊重知识、尊重人才氛围。对获高级职称的专技人员举行聘任授证仪式，举行了地区疾病预防控制中心索朗达吉同志享受国务院政府特殊津贴授证仪式。

继续开展公务员公开考录工作。完成了那曲地区劳动和社会保障局、那曲地区国土资源局部分岗位公开招考录取工作。

继续推进事业单位人事制度改革。完成了那曲地区教育体育局部分中小学校长聘任的提交工作，并按部务会研究精神，及时下发了相关聘任通知。

【继续推进高校毕业生就业制度改革，会同有关部门做好就业指导服务工作】广泛宣传那曲地区高校毕业生就业制度改革的有关政策，认真做好了不包分配大中专毕业生公开考录乡镇公务员、乡镇医护人员、乡镇人民警察、法警、聘用制书记员、基层监狱劳教人民警察的工作。对78名公安公招人员进行了分配，同时分配应届毕业生378人（其中地直24人，各县（区）354人）。组织完成了2007年那曲地区49名“三支一扶”人员招募工作的报名、资格审查及考试工作，对招募到那曲地区的31名“三支一扶”人员按照有关文件精神进行分配和协议书签定工作。

【认真做好实施公务员法和机关事业单位工资制度改革工作】成立了那曲地区实施公务员法工作领导小组对地、县、乡三级的实施范围、人民团体和群众团体的参照范围以及地直直属事业单位和地直机关29个单位的60个内设事业科室以及140名（含县直机关20名）行事编的基本情况进行了详细的摸底统计和初步界定，认真组织公务员过渡考试工作。积极稳妥做好公务员登记工作。建立了公务员登记数据库。

成立了机关事业单位工资制度改革办公室。抽调工资业务人员，对那曲地区1万多名干部职工的工资及时进行套改，及时将增资补发进行兑现；及时将增资补发兑现到聘用干部手中；及时对警衔津贴和人民警察值勤岗位津贴标准进行了调整，调整增加部分全部兑现；完成了那曲地区检察官、法官津贴的增资兑现工作。

【扎实做好干部对口支援工作，推动援藏工作不断开创新局面】充分发挥援藏干部的作用，对援藏干部做到政治上充分信任，工作上大力支持，生活上热情关心，管理上严格要求。一是积极配合区党委组织部圆满完成了第四批援藏干部后期工作，及时起草完成了101名援藏干部的组织鉴定、考核等次及推荐使用意见，规范第四批援藏干部离藏的援藏期满考核、组织鉴定及援藏期满考核登记表等，并进行上报和移交，及时进行转档。二是积极协助轮换办公室完成了第四批援藏干部离藏和第五批援藏干部进藏衔接工作，主动与两省、五大国有企业多次沟通、联系，确保轮换工作有条不紊。第五批援藏干部到位后，又对第五批援藏干部的有关情况及时进行了整理和审核，并对第四、五批援藏干部全部人员干部任免审批表进行了打印、校对以及任免职的提交和任免职通知的下发。

【紧紧围绕全地区工作大局，进一步加强和改进机构编制工作】不断深化行政管理体制改革，优化机构设置。一是按照自治区编委的要求，对那曲县试点乡镇的机构、职能和职位（岗位）设置等情况进行了多次督促检查，抓好各项回访落实工作，并就有关问题积极沟通协调，并认真做好自治区《乡（镇、街道办）机构改革试点工作情况调研提纲》和《乡（镇、街道办）职能配置征求意见表》征求意见工作以及那曲地区乡镇改革的前期准备工作；二是根据那曲地区各项事业发展需要，及时成立了那曲地区盐政管理局、各县（区）机要室、地区幼儿园、军转办。三是适应反分裂斗争需要，成立地区维护稳定办公室和“610”办公室（地区反邪教领导小组办公室）。四是完成了地区行办信访科更名为地区信访局的调查研究、提交、审批工作。同时，就那曲地区亟待解决热点、难点问题，经过认真筛选分析，最终确定13项议题提交地区编委讨论。

落实机构编制实名制，严格控制“吃空饷”现象，逐步建立机构编制监督检查的长效机制。为了规范机构编制监督检查，严肃机构编制管理，根据实际工作需要，将监督检查作为工作重点。一是对地直各单位和各县（区）机构编制工作情况进行了一次监督检查。并按照《暂行规定》相关规定督促各县（区）、地直各单位进行整改。二是为了进一步理顺事业单位法人管理秩序，严肃机构编制管理纪律，对地直事业单位法人的基本情况进行了一次检查。三是为加强那曲地区机关事业单位工勤人员管理，维护机构编制管理工作的权威性和严肃性，对全地区机关事业单位工勤人员档案进行全面核查。对全地区1800多名工勤人员基本情况进行全面登记，建立了数据库，并对此次清理情况形成了专门材料。通过2个多月时间清查，摸清了那曲地区工勤人员整体状况，为下一步优化人员结构奠定了良好的基础。

认真做好调动人员编制审查工作，优化机关事业单位人员比例结构。审查干部管理科科级干部调动20多人；审查人才流动开发科调动200多人。共办理各类工人调动36人。另外在大中专生分配、军队转业干部调配、大中专毕业生考录、机关事业单位招考等工作中，那曲地区组织办严格审查编制，确保人员机构比例合理。

严格贯彻落实《那曲地区党政群机关事业单位机构编制管理暂行办法》。理顺人员调动关系，满编单位按“出一进一、先出后进”、超编单位按“只出不进或出二进一、先出后进”的原则调配急需紧缺人才。严格按照“一人一编一卡”的编制“实名制”管理要求，认真做好了人员编制卡片和人员编制信息库管理工作。

事业单位法人年检工作和变更登记工作。对那曲地区所有事业单位法人进行了年度检验，同时对部分事业单位法人调整变动的单位进行了法人变更登记，并在《那曲报》发布了变更公告。

【全力做好老干部工作，取得建设管理新成绩】一年来，始终按照"老有所学、老有所养、老有所乐、老有所医、老有所为"的要求，积极热忱地推进老干部的各项工作。积极开展了灵活多样的慰问和送温暖活动。全年共慰问离退休人员1000余人次，召开各类座谈会3次，发放慰问品、慰问金总计近5万元。老干部"两项待遇"得到有效落实。老干部工作的水平进一步提高。进一步完善了老干部工作的各项制度。做好了干部退休审批和跨省安置等工作，建立和健全了离退休干部信息库。2007年7月3日，召开了那曲驻拉萨老干部(职工)落成典礼仪式，工程总投资395.18万元，现收到资金338万元，目前支出工程款298万元。

那曲地区宣传工作

【以十六大以来的辉煌成就为主题，掀起了展现新成就，迎接十七大的宣传高潮】2007年，那曲地区宣传工作为了充分反映那曲地区十六大以来经济社会的各个方面取得的巨大成就，地区电视台、那曲报、那曲新闻网制作了十四个专题、专栏，通过用数字对比，用朴实、生动、具体的典型事例，反映十六大以来农牧区经济社会发展和农牧民生活的巨大变化；用发生在农牧区、农牧民身边的事，用群众的话，讲群众的事，大力宣传那曲地区在党中央、国务院和区党委、区人民政府的正确领导和关怀下，在浙江、辽宁两省和五大国有骨干企业的大力支援下，那曲经济社会发生的巨大历史变化；大力宣传那曲地区政治局势稳定、民族团结、经济发展、社会进步的大好形势；大力宣传全地区各族人民认真贯彻中央关于新时期西藏工作指导方针和地委、行署的各项工作部署，动员全地区各族人民为实现那曲的跨越式发展、构建和谐那曲的伟大事业而努力奋斗。

开展十六大以来改革开放和现代化建设成就宣传，用那曲新变化、新面貌、新经验、新举措，用改革发展的巨大成就教育广大干部群众，更加坚定了全地区各族人民坚持党的领导，坚持社会主义道路，坚持民族区域自治制度，创造更加幸福美好生活的信心和决心。

【以庆祝建党86周年为主题，掀起了"庆七一、颂回归"的宣传高潮】安排部署了"七一"期间系列重要庆祝、纪念活动，与有关部门联合举办了党建工作经验交流会、"庆七一、颂回归"文艺演出会、"青春铸辉煌、喜迎十七大"--纪念建党86周年演讲比赛、"廉政文化进机关"知识竞赛、集中收看中央电视台庆祝香港回归10周年重要节目和观看《公仆》、《小巷总理》、《好支书--郑九万》等电影的活动，开展了纪念邓小平同志《立足民族平等，加快西藏发展重要谈话》发表20周年座谈会和征文活动，地区各新闻媒体认真做好中央、自治区有关重大活动的转播、转载，浓墨重彩地对全地区"七一"期间的系列庆祝、纪念活动做了宣传报道。据不完全统计，全地区共组织各种纪念活动100多场次。

【不断强化舆论引导，为改革发展稳定大局营造了良好氛围】一是强化新闻宏观管理，不断提高舆论引导水平。制定并报请地委印发了《关于加强地区重大活动、重要会议及主要领导同志活动新闻报道工作的意见》，对经济工作、反分裂斗争、安居工程建设、构建和谐社会、建设青藏铁路那曲物流中心、落实年转变作风抓落实和自治区、地区主要领导同志在那曲重要活动等的新闻宣传，做到了整体策划、周密安排，精心指导，确保了宣传效果，指导《那曲新闻》完成了首次改版。二是围绕中心工作开展舆论宣传，为加快发展、促进和谐凝心聚力。精心策划，重点推出了"展示新成就、喜迎十七大"、"学习十七大、宣传十七大、贯彻十七大"、"科学发展、共建和谐"、"落实年话落实"、"农牧民安居工程建设"、"援藏巡礼"、"书记县长谈发展"、"政法委书记谈平安"等专题专栏，深入报道了那曲地区学习宣传十七大精神、贯彻落实科学发展观，大力实施"一产上水平、二产抓重点、三产大发展"战略和那曲地区"2255"发展思路，落实区党委重大决策部署，全力构建小康那曲、平安那曲、和谐那曲的生动实践，积极宣传地委、行署抓发展、保稳定、促和谐的决心、思路和措施，宣传各行各业切实转变作风，"落实年抓落实"的具体做法和成效，积极宣传了建设青藏铁路那曲物流中心的重大意义，报道了那曲地区"竭诚服务，一路绿灯"全力做好支持、配合、协调、参与工作情况，掀起了"科学发展、共建和谐"的宣传高潮。三是开展六项教育活动。通过科学发展观、和谐社会、形势政策、群众观念、创新节约型社会和社会主义核心价值体系建设等六项教育，全地区干部职工科学发展、构建和谐的责任意识进一步加强；权为民所用、情为民所系、利为民所谋，以人为本，始终把人民群众的利益放在首位的公仆意识进一步明确；知荣辱、讲正气、促和谐的良好社会风尚进一步形成。四是突出抓好社会主义新农村建设的宣传。组织各媒体，以安居工程建设为切入点，对农牧区日新月异的发展变化、农牧民蒸蒸日上的生产生活和农牧民群众积极建设文明、和谐、幸福新家园的热火场面进行了大力宣传。地区各媒体安排专门时段、版面，对新农村建设情况进行了动态报道，那曲电视台推出了专题片。四是充分发挥电视、报纸、网络宣传功能，形成强势报道。促和谐的良好社会风尚进一步形成。四是突出抓好社会主义新农村建设的宣传。组织各媒体，以安居工程建设为切入点，对农牧区日新月异的发展变化、农牧民蒸蒸日上的生产生活和农牧民群众积极建设文明、和谐、幸福新家园的热火场面进行了大力宣传。地区各媒体安排专门时段、版面，对新农村建设情况进行了动态报道，那曲电视台推出了专题片。四是充分发挥电视、报纸、网络宣传功能，形成强势报道。截至10月31日，那曲电视台共播出藏汉语新闻2144余条、在西藏电视台新闻联播中采用汉语新闻214条、被西藏台采用藏语新闻84条、中央电视台采用4条，制作播出电视专题片8部；《那曲报》刊发新闻稿件1500多条(幅)、理论文章40多篇，推出专栏专题10多个，宣传各行各业典型40多个；那曲新闻网刊登新闻3750多条(幅)。

【外宣工作进一步加强，在宣传那曲、展示那曲新形象方面取得新成效】一是借助现代先进的网络传媒，开展网络对外宣传。通过"那曲新闻网"，全面宣传了那曲开放、发展、稳定的良好形象，宣传了那曲地区对外开放的优惠政策、良好投资环境和良好发展前景，向外介绍了那曲地区丰富的自然资源、别具特色的民俗风情和优秀灿烂的民族文化，产生了较好效果，“那曲新闻网站”刊登新闻3750 多条（幅），日访问量最高达 1000 多人（次）。二是借助外力，全方位展示那曲的良好形象。围绕和谐社会建设、新农村建设、物流中心建设、庆祝青藏铁路通车 1 周年纪念等，邀请、配合西藏日报、西藏电视台、西藏人民广播电台、人民日报、新华社和兄弟省市媒体在那曲地区进行采访报道，全方位、多角度、大规模展示和提升奋进中的那曲新形象。安排那曲电视台记者随西藏电视台节目摄制组历时半个月、行程上千公里，深入青藏铁路沿线系列报道。为反击国外对我实施农牧民工程的不良报道、议论，消除杂音，根据区党委宣传部的安排，年初配合西藏电视台在那曲地区拍摄制作农牧民安居工程建设专题片，充分向外展示了安居工程建设中的那曲特色和那曲群众参与新农村建设的高度热情。三是以独特、深厚的文化资源为依托，大力实施文化向外拓展工程。积极配合自治区外宣办开展文化对外宣传活动，安排地区群艺馆 17 名优秀演员，参加国际性文化交流演出活动，努力在国际上打造藏北文化外宣名牌。

【突出重点、整体推进，道德建设与文明和谐创建取得实效】一是以社会主义核心价值体系为根本，扎实推进公民道德建设。紧密结合实际，运用集中学习、媒体宣传、知识竞赛、张贴标语、散发宣传画（单）、设置公益广告、利用地区电视台开展道德评议活动等多种形式，广泛开展理论创新成果、共同理想、民族精神和时代精神的宣传教育，突出树立社会主义荣辱观，深化社会主义荣辱观进机关、进单位、进学校、进社区、进牧区、进寺庙、进家庭活动，营造了加强公民道德建设的浓郁氛围。二是突出“讲文明、树新风、促和谐”这一主题，广泛开展各类创建活动。把促进社会和谐作为重要目标，纳入精神文明建设的全过程，使和谐社区、和谐家庭、和谐校园、和谐单位、和谐乡（镇）村等创建活动与精神文明创建活动有机结合，相得益彰，同步推进，促进了人际关系和谐、社会和谐，“讲文明、树新风、促和谐”的氛围日益浓厚。在农牧区深化文明乡镇村、十星级文明户创建活动，坚持区域连片创建，继续实施“万、千、百”工程，使 109、317 国道和地县公路沿线精神文明带建设扎实推进。在城镇开展了创建“文明型、服务型、学习型、友好型、凝聚型”社区活动。在行业开展了“崇尚道德、诚实守信”、“做人民满意公务员”、“创建文明和谐机关、当好人民公仆”、“百城万店无假货”示范街（店）和迎“奥运会、树新风”等活动。三是深入开展“改陋习、树新风、促和谐”和“四下乡”活动。结合农牧民安居工程建设，倡导科学、文明、健康、和谐的生活方式，普及科技和法律政策知识，传播先进文化，推广实用技术，不断提升农牧民群众生活质量。全地区共向农牧民赠送科技图书 6000 多册，科技信息报 40 多份，发放政策法律科普知识宣传单 1300 多份，在农牧区放映电影 200 多场，四是加强未成年人思想道德建设。进一步建立健全学校、家庭、社会“三合一”的教育网络，认真做好社会主义荣辱观进学校、进课堂、进学生头脑工作，开展了“小手牵大手、同做文明人”主题实践活动，加大监管力度，巩固校园周边环境整治成果，“六一”期间对那曲镇 40 余家互联网营业场所进行了检查，为中小学生营造了良好的学习、成长环境。五是为了贫困群众及时收看到党的十七大，中宣部、中央文明办继续实施了“电视进万家”活动，2007 年为那曲地区安排了 3000 台电视机，已于十七大召开前全部送到了农牧民家中。

【领导名录】
宣传部部长：雷友建（5 月调离）
宣传部副部长：刘伟才（6 月调离）、张海章（9 月任职）、阿布古、刘建军、母兴斌（9 月调离）、傅立文（6 月任职）、陈昌逢（9 月任职）

那曲地区统战工作

【党外人士队伍建设取得了新进展】2007 年，那曲地区地、县统战部看望慰问党外爱国人士等共计 100 多人，累计发放慰问金 5 万多元。完成了党外人士生活待遇补助调整工作，共为那曲地区党外人士补发生活待遇补助 853725 元。认真落实寺庙民管会成员生活补助，充分调动了民管会成员协助党和政府做好宗教活动场所的管理等工作的积极性。认真做好党外干部的培养、教育、选拔工作。在地委的高度重视下，那曲地区 1 名正厅级、1 名正县级党外干部已经上级组织部门任命；5 名党外正科级干部提任为副县级干部。目前那曲地区共有 41 名党外人士担任县处级以上实职职务，116 名党外人士担任科级实职职务，党外中级职称以上知识分子 200 余人。坚持德才兼备的原则和“统筹兼顾、全面安排”的方针，与有关部门通力合作，深入基层开展调研，认真物色和考察人选，把一批政治立场坚定、具有广泛代表性和参政议政能力的党外代表人士安排在各级政协和工商联组织中。根据实际需要，对那曲、比如、索县政协委员规模作了适当增加。自治区九届政协那曲地区 34 名委员中，党外委员 20 名，占 58.82%。地区九届政协 170 名委员中，党外委员 98 名，占 57.65%。各县政协换届后，政协委员 243 名，其中党外委员 178 名，占 73.25%。地区第三届工商联执委 21 名，其中党外执委 16 名，占 76.19%。三级政协委员和工商联执委中党外比例均比上届有所增加。同时，规范了无党派人士管理工作，对没有参加任何党派、对社会有积极贡献和一定影响的中级以上职称的知识分子进行了认真调查核实和登记。通过以上工作，进一步巩固和壮大了那曲地区新世纪新阶段统一战线，激发了那曲地区党外爱国人士坚持中国共产党的领导、坚持社会主义制度、坚持民族区域自治制度的自觉性，他们积极履行参政议政、建言献策职能，为推动那曲地区社会稳定、经济发展发挥了重要作用。

【全面贯彻执行党的宗教工作方针政策，深入开展寺庙爱国主义教育工作】地县统战部门全面贯彻执行党的宗教政策，坚持“旗帜鲜明、针锋相对、主动治理、强基固本”的反分裂斗争方针，着重抓学习、强班子、立规矩、重管理，促和谐上狠下功夫。有效维护了正常的宗教秩序，有力打击了境外敌对势力特别是达赖集团利用宗教进行的渗透破坏活动，宗教界的合法权益得到有效保障，寺教工作取得了显著成效。深入开展了深化寺庙爱国主义教育工作。对全地区寺庙进行了集中摸排，建立了档案。共组织38个工作组，186人次，深入各寺庙开展深化寺庙爱国主义教育工作，圆满完成了2007年41座寺庙的深化教育任务，提高了寺庙僧尼的思想觉悟，教育活动取得了预期效果。根据区党委东三县专题会议及地委会议精神，那曲地区统战部起草了《东三县中国特色社会主义主题教育方案》并多次向区党委统战部请示、征求意见，为在东三县开展中国特色社会主义主题教育活动奠定了基础。狠抓寺庙民管会班子建设，寺庙民管会班子管理能力和水平得到进一步提高。加大了对寺庙民管会成员调整充实力度，将54名政治上靠得住、学识上有造诣、品德上能服众的僧尼充实到了民管会班子中。选派18名僧尼参加了区统战部、区妇联举办的各种培训班；组织了第三批共20名宗教界人士赴北京、辽宁、上海等地进行学习考察。各县加大了对寺庙民管会成员的岗位培训，参训人员达380余人（次）。通过调整班子和加强培训，民管会班子整体素质、管理能力明显提高，在寺庙管理中发挥了积极的作用。层层签订了《寺庙属地管理目标责任书》、《寺庙社会治安综合治理目标管理责任书》，建立和完善了地级、县级干部联系寺庙制度。进一步完善和充实了寺庙政治学习、佛事活动等各项规章制度，促进了寺庙各项管理工作走上制度化、规范化轨道。各县认真开展了未经政府批准国内高僧活佛认定的转世（世袭）“活佛”处理工作。整个处理工作比较顺利，没有出现大的波动，保持了宗教领域的基本稳定。坚决治理寺庙反弹现象，为那曲地区社会局势稳定营造了良好氛围。有效保护了信教群众的经济利益和合法的宗教信仰自由权益。2006年分别由两名地级干部带队的工作组深入我地比如、那曲等五县就深化寺庙爱国主义教育工作开展情况及寺庙属地管理目标责任落实情况进行了调研督察，进一步了解了基层和寺庙僧尼情况。地县寺教部门围绕僧尼的思想状况等方面的问题，认真开展调研，形成了《2007年那曲地区寺教工作调研报告》，为依法加强对宗教事务的管理和上级部门决策提供了科学依据。通过开展深化寺庙爱国主义教育工作，那曲地区各寺庙僧尼思想观念有了明显转变，他们响应党的号召，积极投身到社会主义新农村建设，参与基层各项公益事业。那曲县古路镇巴荣寺向古路镇14户贫困户捐赠了160只绵羊，为五保户解决建房资金34700元；那么切乡那聂寺为那么切乡二村特困户捐赠了45只绵羊，现金1000元，粮食500斤和砖茶3条，共计折合人民币12985元。

【扎实做好藏胞各项工作】2007年，共受理藏胞回国探访申请12人次，同意的7人，不同意的5人。积极配合区统战部藏胞工作组完成了在那曲地区的调研工作。及时解决归国定居藏胞的生产、生活中的具体困难，对于政治思想表现良好、能积极发挥作用、代表性强的回国定居藏胞都作了相应的政治安排，使他们充分感受到了党和政府的温暖。

【充分发挥工商联作用，经济统战工作成效明显】加强非公有制经济人士的思想政治教育工作。引导会员和广大非公有制经济人士做到爱国、敬业、诚信、守法。圆满完成地区第三届工商联换届工作。推荐自治区第四届工商联执委6名，常委2名。2007年发展会员10个，建立健全了会员企业及非公经济代表人士档案。目前那曲地区共有工商联会员175名，其中会员企业17家，会员队伍的结构和素质有所改善。2007年那曲地区非公经济完成税收3279.3万元，占全地区税收总额的44%，解决就业人员近1000人，为促进那曲地区经济又好又快发展做出了积极贡献。充分发挥工商联内引外联作用，积极为那曲地区招商引资，同西藏福海集团达成了那曲县达前乡3000万元矿泉水项目投资意向，该项目有望2007年正式开发。积极引导非公经济人士参与扶贫公益事业。那曲地区工商联副会长敏武、工商联执委顿珠次仁、次仁扎拉等人积极参与那曲地区扶贫济困等公益事业，共为安居工程建设、贫困户等捐款捐物折合资金近10万元。

【获奖情况】2007年那曲地区统战部撰写的《关于做好牧区统战工作的思考》、《那曲地区新的社会阶层初探》、《关于做好新世纪新阶段宗教工作的思考》在全区统战调研成果表彰会上分获二、三等奖和优秀奖，尼玛县统战部撰写的《新世纪新阶段如何做好牧区统战工作》获得优秀奖。

【领导名录】

政协副主席、统战部部长：才加

统战部副部长、地区工商联党组书记：玉拉（正县）、章丰华、李伟霞（纪检组长）、洛珠

统战部调研员：程用珊

统战部副调研员：扎西久南

工商业联合会会长、地区政协调研员：日卓（党外，正县）

那曲地区党校工作

【切实发挥干部培训“主渠道”作用，保质保量地完成了各类干部培训工作】2007年，那曲地区党校共举办各类班次共11期，分别是中青年干部培训班2期、乡镇干部培训班1期、科级干部十六届六中全会和自治区第七次党代会精神理论轮训班1期、入学积极分子培训班1期、《公务员法》骨干培训班1期、万名干部下基层活动领导骨干培训班1期、科级干部十七大精神轮训班1期、党支部书记十七大精神轮训班1期、政工人事干部十七大精神轮训班1期、地直单位干部十七大精神轮训班1期。目前，各类班次都圆满地完成了各种学习任务，并取得了较好的成绩。此外，2007年6月至8月份，那曲地区党校组织有经验教师分两次赴安多、巴青、索县、比如等县举办了多期流动党校，为基层干部群众授课达60多课时。

除完成了正常的办班任务外，那曲地区党校还选派有授课经验和具有扎实理论功底的教师举办电视讲座5次，到地直各单位授课达35次；此外，为配合全区“万名干部下基层”活动，还选派7名骨干教师到各县、乡（镇）进行十七大

精神宣讲，宣讲次数达65次，所有授课人员以高度的责任感完成了自己的授课任务，并取得了良好的效益。

2007年是那曲地区党校函授招生最后一年。2007年共录取了新学员612名，其中高中起点本科班250名，大专起点本科班362名，函授学员录取面覆盖了十一个县（区），招生人数比2006年同期增长了37%，04级法律大专班顺利毕业。05级经管本科班近日已完成毕业论文答辩。函授教育坚持以“质量第一，社会效益第一”的前提下，办学规模和质量得到双丰收。

【坚持以提高教学质量为中心，进一步加强那曲地区党校师资队伍建设】充实教师队伍。聘请了部分有较高理论水平和专业知识的领导和学者作为客座教授和兼职教师，到主体班中讲课、作专题辅导。派教师参加高层次的各类学习研讨班，参与教研活动和教学交流活动，及时掌握当前的理论和社会热点问题，获取大量信息。督促教师改进教学方法，积极采用新方法、新手段。针对党校教师社会实践少的情况，增加了教师参与社会实践的规定，加强教师的社会实践锻炼。

【努力创新党校培训新形式，提高管理水平，积极推进教学改革】（1）按照“三基本、五当代、一突出”的教学新体系，进一步完善班次设置和教学计划，扩大办学规模，提高办学层次和质量，充分发挥轮训那曲地区党员干部特别是基层党员干部的主渠道作用，把“三基本”贯穿党校教学的始终，把“四观”作为党性锻炼、党性分析的重要内容，2007年下半年又将学习党的十七大会议精神纳入教学范围。加强、深化理论学习和研究，加强对那曲地区改革、发展、稳定中重大现实问题的调研，使之更好地为提高教学质量和领导决策服务。

（2）在教学内容的设置方面，根据党校“一个中心、四个方面”的教学布局要求，结合参训人员的思想觉悟、理论水平等实际情况，按照“学用结合、按需施教、注重实效”的原则以及加强“理论基础”、开阔“世界眼光”、培养“战略思维”、增强“党性修养”四个方面来设置教学内容，对各类班次均进行了规范而系统的课程设置，同时对培训内容、培训对象进行调整，注重了教学内容的针对性和实用性。

（3）理论联系实际是党校教学工作的生命力所在。为了提高教学效果，弥补实践教学的不足，在密切结合当前那曲地区工作实际的情况下，2007年，组织两期中青年干部培训班学员赴日喀则、林芝等地进行调研考察。通过考察学习，使广大中青年干部增长了见识，拓宽了工作思路，更加明确了今后的工作方向和目标，增强了发展那曲经济的责任感和使命感。

人大那曲地区工委工作

【协助自治区人大常委会积极开展执法调研】2007年3月，由自治区人大常委会法制委员会巴桑罗布主任委员为组长的立法调研组就《西藏自治区道路运输管理条例〈修订草案〉》在那曲开展立法调研，共召开3次座谈会，60人参加。巴桑罗布主任委员针对目前那曲道路运输市场中存在的问题，提出了六点建议。

2007年5月，根据自治区人大常委会开展《行政许可法》执法检查前期调查工作的通知精神，那曲地区工委办组织林业局、建设局、交通局、国土资源局、规划局、环保局、工商局、卫生局、旅游局、公安局、消防支队、教育局等部门进行了自查，了解了《行政许可法》实施情况，指出了存在问题。

2007年5月，根据自治区人大常委会关于开展《中华人民共和国防空法》及《西藏自治区实施〈中华人民共和国防空法〉办法》执法检查的安排意见，组织有关部门对实施《中华人民共和国防空法》及《西藏自治区实施〈中华人民共和国防空法〉办法》开展了自查。

2007年6月，以自治区人大常委会向巴嘎登副主任为组长的自治区人大常委会《中华人民共和国科学技术普及法》及实施办法执法检查组对那曲地区进行执法调研。地区行署嘎玛泽登副专员、人大地区工委、地区科技局的有关领导陪同考察。检查组在实地检查和认真听取了一署三县科普法工作的情况汇报后，向巴嘎登副主任充分肯定了我地实施科普法律法规所取得的成绩，对今后科普工作提出了很多希望和要求，为我地开展好科普工作指明了方向。

根据2007年中华环保世纪行—西藏行组委会的通知精神，根据地工委的指示，组织了部分自治区八届人大代表，于6月5日至8日开展了以“保护水环境、确保饮水安全、促进人与自然和谐”为主题的环保视察活动。对相关部门今后工作提出了5条建议。

根据自治区人大财经委2007年5月29日关于对《水利工程管理条例（草案）》征求意见的通知精神，召开由行办、水利局、发改委、建设局、财政局负责人参加的征求意见会，通过征求对《西藏自治区水利工程管理条例（草案）》提出了2点修改意见。

根据自治区人大常委会2007年专项评议工作安排，以自治区人大常委会副主任阿扣为组长的自治区人大常委会专项工作评议调研组，于6月24日至29日在那曲地区班戈县、尼玛县、那曲县就“加强农牧业特色产业发展和农牧民增收情况”进行调研。并对那曲地区农牧业特色产业下步发展提出了4点建议。

以自治区人大常委会专家咨询组组长、人大法制委员会法律顾问罗布旺堆带队的立法调研工作组于2007年10月22日至26日深入到那曲对《西藏自治区实施〈中华人民共和国种子法〉办法（草案）》进行调研。调研组听取相关部门汇报后，对〈办法〉提出了意见：那曲地区种子的生产、经营模式有待于转型，在政府监督管理的同时，逐步推向市场运营，使行政管理走向市场运作模式。

【积极开展“千名干部下基层”活动】那曲地区工委办在紧抓学习和工作“两不误、两促进”的同时，结合贯彻落实地委文件精神，坚持为群众诚心诚意办实事，尽心竭力解难事，坚持不懈做好事的思想，在地委统一领导下，以地区政法委领导和人大办副秘书长肖索朗同志带队，入驻巴青县贡日乡开展“千名干部下基层”实践活动，扑下身子，狠抓落实。期间，拿出1万元余资金，作为贡日乡几个村购置文化室的各种设备，为农牧民群众理清了发展思路，解决了实际困难。通过此次活动，与农牧民群众进行零距离接触，心贴心交换意见，聆听了牧民群众的呼声，真正了解农牧民群众在想什么、盼什么、需要什么，夯实了农牧区基层基础工作。

【严格办文、办会、办事】为认真贯彻落实地工委领导对人大办“实、细、准、勤、严”的工作要求，在办文、办会、办事等方面进一步完善制度、严格程序、明确责任，使各方面工作均有章可循，讲究规范。

严格办文制度，提高公文处理的规范化水平。严格把好“四关”，即政策关、格式关、文字关、印发关，建立和完善了一整套运行程序和制度，从文件起草到校对分发，从格式到内容都严格进行把关，使公文处理逐步走向了制度化、规范化、科学化的轨道。

会务工作严格、细致、周密，对地工委召开的各种会议，都抓好会前、会中、会后三个服务环节，确保会议严谨细致，超前主动，不出差错，提高了办会质量。

严格办事制度，充分发挥综合协调职能，按制度办事，无论是领导交办还是有关单位要求组织协调的事项，都严格积极主动地完成，做到了领导满意。

【文件起草，信息编写有新进展、新突破】2007年，人大那曲工委办坚持以领导的意图和地工委的中心工作为重点，负责文件起草，信息编写等工作，特别是2007年人大换选中撰写文件比往年多，在文件质量上也有了新的进展，为工委领导提供了决策依据，切实发挥了办公室参谋助手作用。2007年，人大那曲工委办共出工委文件3份；工委党组文件5份；领导讲话10期；转发自治区领导讲话2期；工委办文件37期；编写工委办信息31期。

【认真做好那曲地区县、乡两级人大换届选举工作】2007年，人大那曲工委办按照“党委领导，人大主办，各方配合”的工作方针，把那曲地区县、乡人大换届选举工作摆到了地区人大工作的重要议事日程，抓好了各个环节工作，使人大换届选举工作进展顺利。

首先是经地委研究，成立了由15人组成的那曲地区县、乡两级人大换届选举工作领导小组；二是根据工委领导指示于2007年2月9日召开有地办、行办、组织、宣传、纪检、妇联、民政、工会、那曲县人大、地直机关部分区八届人大代表、工委领导、政协领导31人参加的县、乡人大换届选举调研座谈会，明确了工作重点，提出了具体要求；三是由地工委两位副主任、秘书长带队，分片深入到西部三县一区和东三县进行前期调研，共6次，对各县做了具体指导；四是按照那党发[2007]1号文件精神，在工委领导下，2007年5月23日，举办了全地区县、乡人大换届选举培训班，参加培训的人员达70多人，培训会上地委副书记谭永寿同志主要从四个方面作了重要讲话。在此次换选中，依法选举产生了县级人大代表911名，乡级人大代表3852名，有3名乡级人大代表候选人正常落选。

【认真受理群众的信访申诉，维护群众合法权益】2007年，人大那曲工委办组织干职学习了新颁布的《信访条例》，努力发挥信访窗口作用，实践中体会到，把实现好维护好发展好最广大人民的根本利益作为人大工作的根本出发点和落脚点，这是践行“三个代表”重要思想的根本要求。2007年共接待群众来信来访6起，并依照法律及信访的有关规定，积极热情接待，认真分析，并积极同有关部门进行协调，提出意见。做到了件件有回音，事事有着落。

【领导名录】

工委主任：多托

工委副主任：次仁、贡嘎、加央多吉、阿朗

工委秘书长：斯塔多吉

那曲地区政协工作

【围绕中心，服务大局，为地区经济发展贡献力量】2007年，那曲地区政协围绕地区中心工作，精心选择调研课题，全方位开展了委员视察调研活动。针对夏曲镇建设作为全区“样板小城镇”，受到自治区和地区的高度重视和重点关注，一期工程2004年开工，因种种原因，工程至今未完工。2007年7月，由地区政协委员会经济工作专门委员会组织了由地委委员、地区政协副主席、地委统战部部长才加和地区政协副主席李云山同志带队的委员视察组一行11人，对夏曲镇小城镇建设情况进行了视察，对如何“充分发挥城镇功能，确保居民安居乐业”提出了建设性意见。这一视察报告得到了地委、行署的高度重视，为妥善解决工程遗留问题、完善小城镇建设提供了参考依据。2007年中，根据地委工作部署和政协年初工作安排，政协副主席索朗加才、扎西秋英、卓玛拉吉等带队的委员调研组、视察组分赴那曲各县（区）和地直各相关部门就那曲地区畜产品加工增值现状及建议、农牧民安居工程建设为主的社会主义新农村建设现状及存在的主要问题、藏中电网并网后沿线牧民群众受益情况、影响那曲地区局势稳定的因素、原因及对策建议进行了深入细致的调研，形成了《关于我地畜产品加工增值现状及建议的调研报告》、《西部三县农牧民安居工程建设情况的调研报告》、《藏中电网并网后沿线群众受益情况的调研报告》、《关于影响我地局势稳定因素、原因及对策建议的调研报告》等多份调研视察材料上报地委行署提供参考。视察调研报告中提出的一些有价值的意见和建议，已有多项成为地委和行署工作中决策依据和有力参考。

【高度重视提案工作，推动提案工作上新台阶】政协提案是委员履行职能的重要形式，也是了解和反映社情民意的重要途径。2007年，那曲地区政协常委会按照“围绕中心，服务大局，提高质量，讲求实效”的方针，不断改进工作方法，努力提高提案质量、办理质量和服务质量。八届二次会议上，共收到提案97件，涉及地区政治稳定、经济发展、基层组织建设、精神文明建设、道路交通建设、市政管理、社会治安综合治理等方方面面。经审查立案53件，立案率为54.6%，作为意见、建议转送有关承办部门进行处理的44件；经各承办单位的共同努力，到目前全部办理和答复完毕，办复率

100%。2007年，那曲地区政协根据对委员反馈意见的统计，大多数提案人对提案办理和答复表示满意或基本满意。为加强对提案的督办、促办及落实工作，及时结合那曲地区实际召开提案交办会，对提案办理提出具体要求，对提案办理的程序化、规范化做了强调，使提案办理逐步走向正规化、程序化和制度化；坚持将“主席会议督办重点提案”列为年度工作的中心任务，坚持抓住人民群众关心的社会热点、难点问题，开展了重点提案督办工作，共同作好了重点提案的跟踪和落实工作。

【召开地区政协八届三次会议，及时传达贯彻有关会议精神】2007年，那曲地区党委政协工作会议和自治区政协八届五次会议相继召开，那曲地区党委《关于贯彻<中共中央加强人民政协工作的意见>的实施意见》出台，为新时期政协工作提出了新任务，新要求。为使区党委政协工作会议和区党委《关于贯彻<中共中央加强人民政协工作的意见>的实施意见》精神及时传达贯彻到那曲地区各级政协和政协委员中，同时也针对那曲地区政协主要领导更换的实际情况，那曲地区政协于3月28日至29日召开了地区政协八届三次会议，会议传达学习了全国政协十届五次会议和那曲地区党委政协工作会议精神、那曲地区政协八届五次会议精神，会议按照政协章程和选举程序选举产生了新一任政协主席，对部分已经调离那曲地区的政协委员履行了免职手续。地委副书记、行署专员段襄征同志在会上做了重要讲话，对新时期人民政协工作提出了新要求、新任务，要求那曲地区政协认真贯彻中央及自治区、地委有关决策精神，增强做好政协工作的光荣感、责任感和使命感；明确要求那曲地区政协继续围绕中心，服务大局，创造性地履行政协职能，努力推动政协工作再上新台阶。会议期间召开了八届四次常委会，政协常委就那曲地区如何学习领会中央、区党委加强人民政协工作的意见精神以及如何结合那曲地区实际贯彻落实等问题进行了研究讨论。会议统一了思想，增进了认识，明确了任务，增强了信心，鼓舞了干劲，达到了预期目的。

【加强了对政协工作的指导和经验交流】2007年通过建立政协委员联络制度，交流工作经验，邀请各县政协主席列席例会，密切与基层政协的联系，地区政协调研组到各县时，都要了解各县政协工作开展情况，并进行交流和指导，同时吸收县政协委员参与调研活动。

委员会还加强了与兄弟（区、市）政协的沟通和联系。7月份，在地委和行署的关心和重视下，地区政协组织民族和宗教界知名爱国人士、寺庙民管会主任、基层委员中的农牧民致富能手和经济带头人等14名政协委员赴区内四地市（山南、林芝、日喀则、拉萨）进行了考察学习，让委员们了解了兄弟地市经济社会发展情况，加强了相互间的沟通、联系，增强了委员民族自豪感，激发了委员爱国热情，达到了开阔视野，交流经验的目的。同时，2007年共接待兄弟（区、市）政协组团5个，62人次，达到了加强协作，交流经验、广交朋友、宣传那曲的目的。

【领导名录】
政协党组书记、主席：江措拉姆（2月任党组书记，12月任主席）
地委委员、政协副主席：才加
政协副主席：聂达才旺（正地级）、仁增群培、丹增央培（12月离职）、索朗加泽、扎西秋英、卓玛拉吉、李云山

那曲地区工会工作

【开展“三大节日”送温暖工作】2007年元旦、春节、藏历年送温暖工作，在区总工会和那曲地委、行署的大力支持和具体指导下，由地区工会牵头组织、精心谋划、具体实施。各级工会组织立足政治高度、明确责任、从细从实、狠抓落实，基本做到了“一户不漏、一户不重”，“进万家门、知万家情、解万家难、暖万家心”，充分体现了党和政府对企业困难职工的无比关怀。年初“三大节日”送温暖，地委、行署领导带队深入中、西部县（区），上门慰问企业困难职工，向他们问寒问暖，发放了慰问金。

区总工会下拨的送温暖专项资金60.72万元，全部用于鼓励和扶持全地区1012户企业困难职工；同时，地区11个县（区）总工会和交通、邮政等地（中）直各单位工会多方筹措资金，积极开展慰问活动；地区财政局拨专款7万元，用于召开地区全国、全区劳动模范、先进工作者，企业厂长（经理）座谈会和慰问节日值班人员。

【坚持职工利益无小事，坚持为职工群众办好事、办实事、求实效】经过各方面的努力，从自治区总工会争取到解决困难劳模“三金”款2.85万元，支助贫困劳模11人。

从区总工会争取到助学金3.4万元，为16名企业职工子女特困生解决学费。

争取到中央财政专项帮扶医疗救助款5.59万元，救助企业患大病的困难职工62人。

认真开展“帮扶进万家、真情促和谐”大病救助、弱势群体帮扶活动。为迎接党的十七大胜利召开，切实把党和政府的关怀和温暖送到职工群众的心坎上，确保十七大喜庆、祥和、各界各族人民其乐融融的和谐氛围。地委委员、地委组织部部长达瓦次仁，行署副专员孙玉英分组带领走访慰问企业困难职工，送上慰问帮扶金4.9万元。

“五一”劳动节走访慰问那曲县仁毛乡四村牧民培杰、班戈县公路养护段工人娥色、地区粮食局粮油门市部退休工人南木拉、申扎县巴扎乡7村村支书西巴、班戈县青龙乡拉尼（已故）等五位全国劳动模范家庭，送上全国劳模生活困难补助金、特殊困难帮扶资金3万元。

对那曲饭店分别患有白血病、脆骨病的两名职工子女，广伸援助之手，爱心捐款4415元，地区工会办事处职工捐款1675元。

“七一”建党纪念日号召本处机关全体党员交纳一次特殊党费。在分管领导，地委委员、地委组织部部长达瓦次仁同志带动下，工会机关党员干部从上到下捐款近3000元，于7月1日这天送到地区建筑公司、金路公司、金盛公司、矿产公司等企业困难党员手中。

拓宽就业门路，为待业青年就业拓宽渠道，为构建平安那曲、和谐那曲发挥了积极作用。组织矿产公司等单位8

位企业待业青年到北京从事保安等工作，路费、部分生活费由地区工会承担。

【加强工会组织建设，工会工作及服务覆盖面逐步扩大】坚持“哪里有职工就要在哪里建立工会，哪里有工会组织就要在哪里依法建立维权机制”的原则，突出抓好非公企业、改制企业和乡镇等领域的工会组织建设，按照自治区文件要求，下发通知，分解任务、层层落实。各县（区）总工会积极争取县（区）党委政府对工会的支持，对进城务工人员较多、发展较快的乡镇，建立由乡镇党委副书记兼任乡镇工会主席的工会组织，提高工会组建率和职工入会率，并对工人进行思想教育，从源头上维护他们的合法权益。截止十一月各县（区）总工会新组建工会组织34个，发展会员805人。

【强化工会业务工作，促进工运事业发展】发挥工会组织的维权职能作用，按照区总工会的统一部署，联合地区国资委，安全生产监督局开展“安康杯”活动，定期不定期抓安全生产及宣传工作，提高企业职工的安全生产意识，加强日常督促检查。

深入开展建功立业劳动竞赛，提高职工队伍的整体素质。各县（区）、产业（系统）工会组织动员广大职工在那曲地区企事业单位中兴起“比、学、赶、超”劳动竞赛的热潮，在职工队伍中形成学先进，赶先进，崇尚劳动，崇尚创造，争做贡献的浓厚氛围。

为深入贯彻那曲地委提出的加快社会主义和谐那曲、平安那曲建设进程，进一步优化企业发展环境，推动企业建立和谐稳定、互利、互赢的社会主义新型劳动关系，地区工会牵头，会同地区劳动和社会保障局、国有资产监督管理委员会、工商联合会、工商行政管理局、安全生产监督管理局联合开展地区创建劳动关系和谐企业活动。

【加强基层工会建设】在自治区总工会的大力支助和地委、行署的关注下，那曲地区继安多县、尼玛县成功建成“职工之家”后，将协调建设聂荣县“职工之家”。每个县的“职工之家”自治区总工会出资30万元，地区工会出资5万元，县政府拿出相应的配套资金，加上县总工会自筹资金，合计投资不少于50万元。县级“职工之家”工程的投资建设，为艰苦的藏北那曲各县（区）机关职工的学习、教育、文化、娱乐等方面创造了条件，注入了活力。

【积极申报成立那曲地区工会办事处困难职工帮扶中心】与全区同步，那曲地区工会办事处于11月初成立困难职工帮扶中心。此机构的挂牌成立，将通过职业介绍和职业培训、信访接待、政策咨询、法律援助、生活救助等多种形式，为那曲地区企业失业人员和伤、残职工及因遭受意外灾害、本人家庭成员患大（重）病等原因造成的困难职工群体提供帮助和服务。

【做好对口援藏工作】在地委、行署的大力支持下，2007年为地区工会办事处续派对口援助干部。地区工会办事抓住机遇，积极争取资金20万元，加促那曲地区工运事业的发展。

【领导名录】

书记、主任：邢平

副主任：刘树存、才旺、王昌民、永忠才旺

副调研员：扎西白珍（女）

那曲地区妇联工作

【加大扶贫力度，不断改善农牧民妇女生产生活条件】2007年，那曲地区妇联在“千名干部下基层”活动期间，进村入户，详细的调查、了解当地群众的生产生活状况，并发放了5000元慰问金。尼玛县妇联联合相关部门在十七大期间开展送温暖慰问活动，为25名困难群众送去了5000元慰问金。索县妇联在开展扶贫工作中，为索县嘎美乡解决电视机一台，并向乡小学捐赠了1000支签字笔及部分药品。安多县妇联在三大节日期间为该县的妇女儿童解决了价值6000元的医疗费和学费；该县措玛乡妇联向困难妇女捐赠了酥油273斤、牛肉367斤、粮食1520斤、牛奶202斤、羊39只，折合人民币10980元。比如县妇联先后6次看望和慰问了部分困难户、孤寡老人和孤儿，送去慰问金3129元。申扎县妇联在三大节日期间，联合相关部门慰问了138户困难家庭，发放慰问金62400元。同时，为对口扶贫村塔尔玛三村12户困难群众送去面粉、酥油、茶叶等价值1920元的节日慰问品，并帮助该村申请了12000元无息贷款。在此基础上，多方筹措资金20000元用于发展该村的多种经营。此外，还向买巴乡手工业编制作坊捐赠资金1000元及366元的生活品。双湖区妇联先后为雅曲乡、巴岭乡及各贫困户捐款捐物共计人民币20450元；地区文广局妇委会在为贫困群众捐款捐物活动中，累计捐款3600元，捐物折合人民币2400元。据统计，2007年那曲地区各级妇联组织为贫困群众共捐款捐物127万元。

【深化“巾帼建功”活动】那曲地区各级妇联本着“服务大局、服务妇女、以人为本、因地制宜”的原则，通过开展宣传教育、技术培训、岗位练兵、争先创优等活动，带领广大城镇妇女发扬“自尊、自信、自立、自强”的“四自”精神，全面提高城镇妇女素质，引导城镇妇女岗位建功、岗位立业，积极参与“巾帼文明岗”争创活动。重点加强了对广大妇女群众的能力培训，举办了驾驶、接生、捻羊毛、织氆氇、种植蔬菜、电脑、理发、乡村卫生员等不同层次的妇女培训班。同时，2008年在城镇失业女青年中举办缝纫初级培训班和藏餐培训班，各项工作已经准备就绪，这为那曲地区妇女群众参与经济建设提供了一个广阔的舞台。一年来，那曲地区各级妇联共举办各类技能培训20余次，参训人数达1100人。

【深化“双学双比”活动】在“双学双比”活动中，那曲地区各级妇联始终以“学文化、学科技、比发展、比贡献”为内容，以帮助农牧民妇女增收致富为目的，以增加劳务输出为根本，积极采取有效措施，抓培训、强服务、树典型、促转移，进一步推动了“双学双比”活动的开展。据不完全统计，2007年那曲地区共输出妇女劳务8600余人次，实现现金收入480余万元。

【深化“五好文明”家庭活动】2007年以来，那曲地区各级妇联组织以创新思路、改进方法、提高水平为主线，以提高家庭成员素质、家庭文明程度和生活质量，建设良好家风为目标，积极推动那曲地区“五好文明家庭”各项活动的开展，取得了较好成绩。一是围绕学习贯彻《公民道德建设实施纲要》这一主题，以各种活动为载体，在广大家庭成员中深入开展社会公德、职业道德、家庭美德教育，增强创建活动的针对性和实效性，倡导“爱国守法、明礼诚信、团结友善、勤俭自强、敬业奉献”的基本道德规范。二是充分利用“三八”、“六一”、“国庆”等重要节日，组织召开座谈会、联欢会，举办演讲比赛等活动，大力宣传党的路线方针政策和先进典型事迹等。三是充分发挥家庭在建立健全教育、制度、监督防腐体系中的重要作用，提高家庭成员反腐倡廉的意识和能力。通过召开“廉政文化进家庭”动员大会等形式，倡导广大家庭积极行动，共同做好家庭防腐拒变工作，努力营造反腐倡廉的良好氛围和社会环境。

【深化“美德在农家”活动】为使“美德在农家”活动的开展深入人心，那曲地区各级妇联组织一是采取了举办各类讲座和召开座谈会的形式，积极对广大妇女群众进行思想发动，不仅是在各基层妇联组织中开展，还在地区各地直部门妇委会中进行，使她们明白自己是最大的受益者，从而激发了她们的参与热情。二是把解决妇女群众的思想问题和解决她们的实际问题相结合，为她们提供力所能及的支持和服务。三是充分利用广播、电视、报刊等形式进行宣传，把“学在农家”等作为宣传教育活动的重要环节，利用召开干部会、党员会、群众会，举办培训班的形式，引导农民家庭学习十七大精神、“三个代表”重要思想、党在农村的各项方针政策、法律法规知识、科技知识和《公民道德建设实施纲要》读本等。四是召集各县（区）妇联主席和地直部门妇委会主任经验交流会，为大家提供参考依据，使“美德在农家”活动在那曲地区得以更好、更深入地开展。

【开展“三·八”妇女节活动】那曲地区各级妇联结合各自实际，本着重点突出、主题鲜明的原则，创造性地开展了内容丰富，形式多样的庆祝活动，喜迎“三八”妇女节。地区妇联组织了由地区医院医护人员参加的医疗慰问队前往比如县达塘乡果龙桑旦寺院，为49名尼姑进行了妇科病和感冒等常见病的免费检查和药品发放，价值共计8538元；向那曲地区129名女环卫工人发放了总价值7548.5元的棉被等慰问品。各县(区)、地（中）直单位也开展了内容丰富、形式多样的活动，使那曲地区广大妇女度过了一个欢乐的节日。据不完全统计，那曲地区各级妇联组织通过各种方式向妇女发放近4万元的慰问品和慰问金。

【首届“十大杰出母亲”表彰大会】由地区妇联牵头，地委组织部、地委宣传部协助，举行了那曲地区首届“十大杰出母亲”表彰大会，安爱贞等10位母亲荣获那曲地区首届“十大杰出母亲”这一殊荣。聂荣县妇联抓住这一契机，举行了赞美母亲的作文比赛，并评选出了5篇优秀作文。

【获奖情况】2007年，那曲地区妇联被全国妇联、国家信访局授予“全国妇联系统信访工作先进集体”。

【领导名录】

党组书记、主席：张娅娜（女）

副主席：强巴曲珍（女）

副主席：欧色（女）

那曲地区团委工作

【重点突出，青少年工作扎实有效】2007年，那曲各级团组织以团干部、中小学生和青年骨干为重点，以党的十七大精神和党的基本理论、基本纲领、路线方针政策、民主法制和社会主义荣辱观教育为主要内容，以重大节日为契机，通过组织形式多样的团日活动、演讲会、知识竞赛等，积极开展主题鲜明、形式多样的宣传教育活动。进一步发挥“雏鹰争章”“我与祖国共奋进”“城乡手拉手”“18岁成人宣誓仪式”等工作载体在加强青少年美德教育方面的积极作用。在各中小学开展以树立社会主义荣辱观为主要内容的诚信教育，举办“人人知诚信、人人讲诚信”征文活动，成功开展了“第三届全国少年儿童书信文化”活动，那曲地区2600名中（小）学学生参加了此项活动。

【积极开展地区预防青少年违法犯罪工作】团地委2007年先后召开领导小组会议，安排部署当前预防青少年违法犯罪工作，并结合实际成立未保委、调整预防青少年违法犯罪领导小组成员。

为加强预防青少年违法犯罪工作，3月12日和13日上午，团地委在浙江商场门口举行了声势浩大的宣传活动，开展了以预防青少年违法犯罪为主要内容的知识问答宣传法制宣传，在那曲县罗玛镇、古路镇、香茂乡开展《铁路运输治安条例》和《中华人民共和国治安管理处罚法》相关知识讲座。此次活动共发放《预防违法青少年犯罪法》宣传单700余份

6月26日，在国际禁毒日，开展了青少年远离毒品行动。先后赴地区各中学、铁路沿线乡镇进行禁毒知识宣传，使广大群众和青少年充分认识毒品给个人、家庭和社会带来的危害，增强拒毒防毒的意识。最后还举行了青少年“珍爱生命、远离毒品”千人签名活动。此次活动在区、地两级电视台进行了宣传报道。

【延伸工作触角，建成那曲地区青少年活动中心】2007年，为了将那曲地区青少年的爱国主义教育更进一步引向深入，那曲地区团委首次命名受牌了两个青少年爱国主义教育基地（地区中学和那曲地区烈士陵园）。并加强了青少年活动中心的建设，截至目前，那曲地区投入使用的青少年活动中心有三个，其中，地区级1个、县级1个、乡镇级1个。另外，为了更好地使我地青少年的社会主义教育更上一个台阶，2007年那曲地区团委经认真评比、审核，推荐了2名第二届中国青少年社会教育“银杏奖”突出奉献奖和2个第二届中国青少年社会教育“银杏奖”优秀团队奖。

【共青团工作首获全国荣誉】2007 年上半年，那曲地区共青团工作捷报频传，地区邮政局团支部被团中央授予“全国五四红旗团支部”称号，这是继班戈县荣获“全国团建先进县”后那曲地区共青团工作再次荣获全国级荣誉。同时，那曲地区班戈县普保镇团委、那曲县门地办事处团委被共青团中央列为第六批“全国五四红旗团委创建单位”，那曲地区团委一名干部被团中央评为“全团信息工作先进个人”，双湖区团委荣获“全区五四红旗团委”。

【加强“青年文明号”管理，深化“青年文明号”活动】2007 年，那曲地区团委进一步深化青年文明号创建工作，开展青年文明号促和谐行动，提高青年文明号的品牌效应，更好地发挥青年文明号在和谐社会建设中的积极作用。2007 年，地区创建青年文明号领导小组对地区级以上青年文明号单位先后进行 3 次调查走访，将了解到的情况及时反馈给各青年文明号单位，以进一步加强对青年文明号的管理监督。7 月，团地委对 2006 至 2007 年度“青年文明号”进行命名及授牌，地委委员、地委组织部部长达娃次仁同志为“青年文明号”单位授牌，藏北医药药材有限公司康乐大药房获得自治区级“青年文明号”，地区征稽处、班戈县邮政局、班戈县电信局、索县邮政局及索县亚拉镇派出所等 5 家单位获得地区级“青年文明号”。那曲地区 2007 年度的青年文明号评选工作现已在开展当中。

截至目前，那曲地区“青年文明号”单位共 50 家，其中，国家级 1 家、自治区级 11 家、地区级 15 家、县级 23 家。2007 年 11 月是全地区青年文明号单位自查总结阶段，12 月是 2007 年度创建地区级青年文明号单位评选、公示阶段。2007 年那曲地区团委还准备评选首届“青少年维权岗”单位。

【全团带队，少先队工作持续活跃】各校团组织通过开展“学领导讲话、知中央关怀，学西藏历史、知维护祖国统一”为主题的知识竞赛、文艺比赛、法制讲座等活动，让青少年进一步深刻认识统一是福、分裂是祸，团结是福、争斗是祸，更加热爱社会主义，拥护中国共产党领导，自觉维护祖国统一和民族团结。

【不断加强组织建设】基层学生会和少先队组织的活力进一步增强，规划工作、组织活动、整合资源的能力不断提高；学联、学生会组织民主选举制度逐步健全，常任代表机构和执行机构并行的制度日益完善；学联组织加强对民办学校学生会的指导，支持和帮助他们积极开展工作。

认真做好自治区第五届“十佳少先队员”、“十佳少先队辅导员”、“十佳少先队志愿辅导员”推荐工作，聂荣县神华小学二年级的次旦顿珠荣获“全国十佳少先队员”。

那曲地区审判工作

【年度情况与特点】2007 年，那曲地区两级法院充分发挥审判职能，以事实为依据，以法律为准绳，依法审理各类刑事、民商事、行政、申诉再审案件，认真开展执行工作，为那曲社会的长治久安、经济的快速发展和社会的和谐稳定提供了强有力的司法保障。那曲地区两级法院共受理各类案件 1686 件（含旧存 20 件），同比上升了 44.1%，已结 1440 件，已结标的为 4852.4 万元，综合结案率达 85.41%。其中中院共受理各类案件 226 件（含旧存 45 件），同比上升了 9%，已结 170 件，已结标的 3086.1 万元，综合结案率为 75.22%。

【刑事案件】那曲地区法院始终坚持严打方针，依法严厉打击危害国家安全犯罪、严重危害人民群众生命财产安全的杀人、抢劫等暴力犯罪和故意伤害、盗窃等多发性犯罪，成功打击了我区首例被告人余和平等 23 人涉嫌黑社会性质组织犯罪，重点做好死刑核准权统一行使后的刑事司法应对工作，充分发挥刑事审判职能作用，不断提高审判质量与效率，继续深化刑事司法改革，落实公开审判制度。两级法院共受理各类刑事案件 314 件（旧存 5 件），已结 270 件，未结 44 件，结案率 85.99%。其中中院共受理 64 件，已结 57 件，未结 7 件，结案率 89.06%。

刑事一审案件。两级法院共受理刑事一审 259 件 409 人（旧存 5 件 24 人），已结 220 件 331 人，未结 39 件 78 人，结案率 84.94%。刑事附带民事共 21 件（旧存 2 件），已结 21 件，结案标的 234.77 万元。那曲中院共受理刑事一审 9 件 15 人，已结 7 件 10 人，未结 2 件 5 人结案率 77.77%。

刑事二审案件。共受理刑事二审案件 43 件，已结 38 件，未结 5 件，其中维持 21 件，改判 6 件，发回重审 9 件。结案率 88.37%。

减刑假释案件。2007 年共受理减刑案件 11 件 11 人，假释案件 1 件 1 人，已全结。

【民事案件】那曲地区法院充分运用法律武器，坚持“民刑并举”、“能调则调，当判则判，调判结合，案结事了”的原则，依法调整各种社会关系，定纷止争，切实维护社会公平正义和当事人的合法权益，为那曲稳步快速发展创造良好的法制软环境，促进市场经济健康有序地发展。共受理各类民事案件 961 件（旧存 61 件），已结 842 件，未结 122 件，结案率 87.62%，已结标的 3266.1574 万元。其中中院共受理 96 件，已结 74 件，未结 22 件，结案率 77.08%，已结标的 2696.995 万元。

民事一审案件。两级法院共受理各类民事一审案件 900 件（旧存 58 件），已结 795 件，未结 105 件，已结标的 3053.5324 万元，结案率 88.33%。其中调解 403 件，判决 327 件，裁定 62 件，移送 3 件。那曲中院共受理民事一审 32 件（旧存 12 件），已结 27 件，未结 5 件，已结标的 2484.37 万元，其中调解 5 件，判决 13 件，裁定 9 件。结案率 84.38%。

民事二审案件。共受理各类民事二审案件 59 件，已结 46 件，未结 13 件，已结标的 212.625 万元，其中调解 1 件，维持 22 件，改判 5 件，裁定 18 件。结案率 77.97%。

再审案件。共受理指令再审案件 2 件（旧存 1 件），结案 1 件，维持 1 件，未结 1 件。

特别程序案件。共受理适用特别程序案件 3 件（旧存 2 件），未结。

破产案件。共受理破产案件 3 件（旧

存2件），未结。

【行政案件】两级法院共受理各类行政案件7件（旧存1件），已结6件，未结1件，结案率85.71%。其中中院共受理4件（旧存1件），已结3件，未结1件，结案率75%。

行政一审案件。两级法院共受理行政一审6件，已结5件，未结1件。中院共受理行政一审案件3件，已结2件，维持1件，驳回1件，未结1件，结案率66.66%。

行政二审案件。共受理行政二审1件（旧存1件），已结1件，发回重审1件，结案率100%。

【申诉、申请再审案件】两级法院共受理申诉、申请再审案件16件（旧存1件），已结13件，未结3件，结案率86.45%。其中驳回11件，裁定2件，本院决定再审1件，指令再审1件，具体为刑事4件，民事12件。中院共受理申诉、再审案件15件（旧存1件），结12件，其中驳回11件，本院指定再审1件。具体为刑事4件，民事11件。

【执行案件】两级法院共受理执行案件388件（旧存154件），已执结309件，未执结79件，已执结标的1351.4733万元，其中不予执行1件，自动履行54件，和解21件，强制执行220件，终结3件，其他执结10件。

中院共受理执行案件36件（旧存29件），已执结23件，未执结13件，已执结标的389.0807万元，其中自动履行1件，和解2件，强制执行12件，其他执结8件。分类：刑事中刑事附带民事18件（旧存15件），已执结13件，已执结标的68.9573万元，未执结5件；民事中合同17件（旧存13件），已执结10件，已执结标的320.1234万元，未执结7件；权属、侵权1件（旧存1件），未执结1件。

【立案工作】2007年两级法院立案方面工作共受理各类案件1666件，其中由立案庭办理326件，分别是：刑事一审63件，诉前调解，刑事一审3件不符合自诉条件，予以驳回；民事一审181件，诉前调解，民事一审42件，按撤诉处理；民事二审24件，按撤诉处理；申诉案件10件，予以驳回；提出管辖权异议3件。中院立案庭共受理各类案件181件，其中由立案庭办理31件，分别是：刑事一审2件不符合自诉条件，予以驳回；民事一审6件，诉前调解，民事一审3件，按撤诉处理；民事二审9件，按撤诉处理；申诉案件10件，予以驳回；提出管辖权异议1件。

另外，地区法院立案庭办理各类案件延长审限报告8次，送达各类案件诉讼文书230余次，调卷、退卷诉讼文书150余卷次，兄弟法院委托调查案件4件，委托送达诉讼文书5件；解答法律咨询190余人次，受理来信来访26人次；收取诉讼费23.8337万元，办理免交诉讼费案件4件共计1.3042万元，缓交诉讼费案件15件共计13.8412万元。

【收取诉讼费情况】两级法院共实际收取诉讼费405352元，办理免交153件，68786元；减交33件，1万元；缓交42件，19.433万元。

【增强与援藏省份的交流】2007年地区法院与浙江、辽宁两省法院系统的交流有所增强，利用援藏平台，共争取援藏资金76万元。同时通过送出去、请进来的方法加强与援助兄弟法院的联系，年初由扎拉副院长带队一行四人进行了为期15天的考察，年底由一把手亲临两省进行了为期一个月的答谢活动；年中2次邀请接待了来自浙江不同地方的考察团16人次。地区法院还从浙江援藏的大盘中争取到援助资金100万元，用于二级网络建设和相应办公设施的配备。地区法院第五批援藏干部也已按拟定的项目要求，开始了前期的工作。

【2007大事记】3月，扎拉副院长带队一行4人到浙江、辽宁两省法院学习考察；

4月，中院参加青藏铁路沿线为期20天的法制宣传工作；

5月，高院督查工作组以田荣超主任带队一行4人莅临地区法院检查指导工作；

5月，浙江省舟山市法院系统的考察团来地区法院参观考察；

5月，浙江省岱山县政法系统组成考察团来地区法院参观考察；

7月，开展“廉政文化进机关”活动；

11月，地区法院党组书记、院长白次仁，行政装备处处长索朗旺堆到浙江、辽宁两省进行了为期一个月的答谢活动。

12月，区高法以续文钢副院长带队的工作组一行4人来地区法院指导考察工作。

【领导名录】
党组书记、院长：白次仁
党组副书记、常务副院长：尼玛扎西
党组成员、副院长：余海刚（7月离职）、吴言军（7月离职）、魏建斌（7月任职）、屈昕（7月任职）、扎拉、刘中海
党组成员、审判员：毛必祥
党组成员、纪检组组长、政治处主任：王英贞

那曲地区检察工作

【依法严厉打击各种严重刑事犯罪活动，全力维护社会局势稳定】2007年，那曲地区两级院共受理批准逮捕案件143件244人，经审查，批准逮捕124件194人，不批准逮捕19件50人；共受理审查起诉案件153件234人，经审查，提起公诉131件188人，不起诉5件9人。办案中，两级院在严把案件证据关、质量关和适用法律关的同时，认真贯彻宽严相济刑事司法政策，对严重危害人民群众生命财产安全的多发性犯罪从严打击，该严则严；对犯罪情节轻微、主观恶性不大的罪犯，尽可能给他们改过自新的机会，依法从轻或减轻处罚，当宽则宽，实现了法律效果与社会效果的有机统一。

【加大查办和预防职务犯罪工作力度，促进反腐败斗争深入开展】共受理贪污、贿赂案件线索6件7人，立案侦查1件2人，侦查终结并移送起诉1件2人，为国家挽回经济损失10.8万余元。协助山南分院、日喀则分院和拉萨市城关区院各办理1起案件。

分院到有关单位并通过《那曲报》对《渎职侵权犯罪案件立案标准》进行了宣传，还在那曲电视台播放了《职责与犯罪》宣传教育片，为开展反渎职侵权工作奠定了基础。

【积极开展职务犯罪预防工作】利用“法制宣传周”之机，向全社会广泛宣传预防职务犯罪相关知识，努力扩大预防职务犯罪工作在广大人民群众和公职人员中的影响力。继续修改完善了那曲地区预防职务犯罪警示教育基地的具体策划，就警示教育基地的职能、规格等形成了详细的报告。同时，走访了数家预防职务犯罪成员单位，对2006年签订的《预防职务犯罪目标责任书》落实情况进行了调查了解，向各县院印发了《职务犯罪典型案例分析》，在那曲地区初步形成了预防职务犯罪的社会氛围。

【强化法律监督职能，维护公平正义】共受理立案监督案件2件4人，均通知了公安机关立案，公安机关全部立案。为维护法律尊严，保护公民的合法权益，两级院积极履行刑事审判监督职能，2007年分院公诉处共办理一审无罪抗诉案件2件2人，二审均做出了有罪判决。

进一步强化了对看守所的监管力度，两级院全年对看守所进行安全检查近170次，对存在的监管不善和安全隐患等问题，及时提出纠正意见并协同监管部门进行了排除。变保外就医的事后监督为事前监督，严格审查执行机关报送的7人减刑、5人保外就医的材料，未发现违法行为。对发现的违法问题及时提出书面和口头纠正意见50余条，均被采纳。根据中央五部门《关于开展核查纠正监外执行罪犯脱管漏管专项行动的意见》和《全区开展核查纠正监外执行罪犯脱管漏管专项行动的实施方案》的要求，认真开展了核查纠正监外执行罪犯脱管漏管专项行动，针对核查工作中暴露出的脱管漏管问题，制定完善了相关制度，对监外执行监督工作进行了规范，有效减少了监外执行罪犯脱管、漏管现象的发生。

共受理民事行政申诉案件1件，协助区检院办理民行案件2件，出庭1次。

分院共受理各类控告、申诉、举报案件5件5人，均依法作出了处理，分管控告申诉的副检察长接待上访群众4名。高检院挂牌督办的匡建春、胡继蓉涉检上访案件经分院多方协调，年初在成都与上访人协商后达成一致，分院退赔其扣押物品折价款6万余元，当事人不再上访，这起久拖不决的案件得到了妥善解决。两级院高度重视涉检信访工作，始终把妥善解决群众反映的每一个问题，保护群众的合法权益作为工作重点，采取有效措施、完善相关制度，真正做到案结事了、息诉罢访，努力把问题解决在首办环节、解决在基层，有效减少了重复信访、越级上访和进京上访。

在开展业务工作的同时，两级院先后组织开展了“12.4法制宣传周”、“3.15消费者权益日”、“综治宣传月”和“举报宣传周”等法制宣传活动，共出动警力80人次、车辆15台次，发放《刑法宣传材料》、《贪污贿赂罪条款》、《经济犯罪立案监督小知识》、《民事行政检察业务宣传册》等藏汉文宣传材料6000余份，接待群众咨询30余人次，检察机关选任的法治副校长（法制辅导员），到中小学进行法治讲座14次，极大地提高了广大干部群众和中小学生的法律意识。

【获奖情况】陈明义同志在全区检察系统侦查监督岗位练兵比赛中被授予“十佳”侦查监督员称号。

李桂华全区检察机关先进个人。

陈明义全区政法系统社会主义法制理念教育活动知识竞赛第二名。

【领导名录】

党组书记、检察长：赤列克珠

党组成员、副检察长：李志鹏、赵平、阎海明、申金玉、扎西、赵宗文、布索朗、林萍（女）、庄晓明

党组成员、政治处主任：索朗央巴（女）

办公室主任：南加多吉

那曲地区公安工作

【大力加强外管工作】2007年，那曲地区公安机关严格出入境人员的审核、报批和建档工作，严格按照“两公开、一监督”和“四统一”的原则办理公民因私出国（境）申请。全年共受理公民私出国（境）17人次，批准发照14人，办理边境通行证1359人。

【深入开展专项整治斗争，严厉惩处违法犯罪】2006年11月至2007年10月那曲地区公安机关共发现受理治安案件567起，查处1515起，查处违法人员2317人，查处率97%。

【积极预防和处置群体性事件】根据虫草采挖季节容易引发群体性事件的特点，公安处党委要求各虫草采挖区公安机关加强工作措施，确保万无一失。各虫草采挖区公安局结合本地的工作实际制定了《预防和处置群体性事件预案》，全面部署了虫草采挖期间的各项工作。为了进一步做好对突发性事件的处置工作，结合那曲地区维护稳定工作出现的新情况、新问题。

【大力加强流动人口管理】那曲地区公安机关在流动人口治安管理中实行“谁接纳、谁负责；谁容留、谁负责；谁雇用、谁负责”的原则，对辖区内的流动、闲散、暂住人员进行严格的管理。2007年，那曲地区暂住人口16567人，其中男10216人、女6351人，分别比2006年同期减少69%、46%和增加了20%。

【充分发挥防暴职能作用，加强城镇巡逻力度】防暴支队以不怕苦，不怕累的精神坚持昼夜巡逻，坚持每日一报。在长期的巡逻过程中取得了突出成绩，为维护那曲镇社会治安稳定的工作中增添了一个亮点。

【深入有效的开展各项治安整治工作】2007年，那曲地区公安机关健全完善了治安复杂地区和突出问题日常排查机制，对校园及周边、建筑工地及周边、娱乐场所周边、集贸市场、重点交通线路等治安复杂区域认真进行排查，开展了各项专项整治活动，有力的遏制了违法犯罪的发生，维护了社会稳定。

【加强枪支弹药、管制刀具、民爆物品管理工作】全地区公安机关治安部门对那曲地区11个县（区）公安局和金融机

构的枪支进行了清查，并对枪支的型号、枪号、数量进行了登记。对那曲地区现有的1564支公务用枪进行集中统一管理，对全地区民警配发的枪支和库存枪支进行了枪弹痕迹建档，并将全部枪支的型号录入计算机，实行了计算机管理。加强了对枪支弹药和管制刀具的清理收缴工作，在清理整治工作中收缴管制刀具1649把，收缴各类枪支30支、子弹120发。那曲地区2007年涉爆单位24家，2007年治安部门共办理购买民爆物品手续24家，审批炸药381.12吨、雷管257800枚、导火线324300米。各县（区）公安局上交施工单位未使用完的炸药8659公斤、雷管15332枚、导火线11531.23米。

【全力推进换发二代证工作】2007年，那曲地区共录入人口信息410723人，共办理第二代身份证8401张。

【加强铁路治安建设，确保铁路沿线绝对安全】加强了铁路沿线的情报信息的收集和研判工作，对所收集的各类情报信息进行认真分析、汇总、研判并及时报送；加强巡逻检查，稳步推进铁路治安管理工作。

【以服务为切入点，科学管理，加强防范，创新交管工作】2007年，公安处交警支队被公安部评为“全国优秀基层公安单位”。2007年那曲地区共发生各类道路交通事故127起，其中：重特大事故29起，死亡43人，受伤53人，直接经济损失51.035万元。与2006年同期发生41起，死亡60人，受伤87人，直接经济损失74.24万元相比，分别下降29.27%、28.33%、39.08%、31.26%。

【严厉打击了各类刑事犯罪活动】2007年，全地区共受理各类刑事案件452起，破336起，直接经济损失289万余元，破案率为74.34%，与2006年相比发案率上升26.26%，破案率上升8.14%。

【进一步健全完善打击犯罪的长效机制】一是以“命案必破”为目标，紧紧抓住侦破命案工作不放松。二是积极开展打击“两抢一盗”犯罪专项斗争，增强人民群众安全感。对盗窃、抢劫、抢夺等影响群众安全感的多发性侵财犯罪活动进行了严厉打击，促进了社会治安大局的持续稳定。

【领导名录】
地委委员、政法委书记、处党委书记、处长：李玉泉
处党委常务副书记、副处长：周孝臻、
白玛处党委委员、纪委书记：次仁
处党委委员、消防支队政委：王开连
处党委委员、副处长：中扎西次仁、王迎盛、吕建平、扎西次仁、仁增杰布
处党委委员、副处长、交警支队支队长：加多

武警西藏总队那曲地区支队

【高标准抓好执勤战备和训练工作】2007年，那曲地区支队认真落实总部中心工作网上集训精神，坚持把中心工作摆在突出位置，加强组织领导。一是党委统揽、机关合力抓中心。支队党委坚持“日常勤务定期议、重大勤务专题议、敏感时期及时议”，每季分析执勤工作形势，研究和解决执勤工作中的突出问题。遇有重大节日、敏感日和执行重大临时勤务，都召开专题会议研究部署。对重大勤务，主官都坚持亲自调查研究，亲自安排部署，亲临一线组织指挥。机关始终做到谋划指导到一线，思想政治工作到一线，服务保障到一线，突出了执勤工作的中心地位。重视情报信息收集研判上报工作，建立情报信息网络系统，及时摸清敌社情动态，掌握了执勤处突反恐的主动权。二是落实执勤战备制度，全力保中心。扎实开展形势战备教育、“条令和执勤法规学习月活动”，官兵居安思危和保中心意识不断强化。严格依据《执勤正规化等级评定标准》，依据《战备值班暂行规定》和《西藏总队网络查勤暂行规定》，正规值班秩序。结合形势任务，及时修订完善各类方案，先后召开战备执勤专题会议和执勤形势分析会，组织直属大队快反拉动，国庆和十七大期间，以处置群体性上访和群体性械斗事件为背景，配合政法系统进行了实兵快反拉动演练，部队的战备观念、战斗意识、战斗精神得到了强化。注重对经常性执勤工作的战法研究，积累经验。先后成功完成了处置东三县虫草纠纷备勤、青藏铁路通车一周年庆典、国庆、十七大期间安全保卫等重大临时性勤务。三是以任务为牵引抓训练。坚持按纲施训、依法施训、科学施训，严格落实各项制度，狠抓了体能、技能、教学法、基础动作等科目训练。首长机关的训练做到了严格落实规定，坚持标准，突出重点；分队的训练注重提高警官的组织指挥能力、士官“三能四会”能力和士兵的军事技能。坚持每月党委议训，及时调整训练内容，制定补训、复训措施。举办了单兵教练员、特勤科目教练员和非专业士官集训。扎实做好了总队执勤训练改革成果的训练推广工作。应急分队强化技战术训练，提高了应急处置能力。4月份，组织了由驻镇单位和新兵参加的军事汇报表演，并集中驻镇部队进行军事会操。

【部队正规化建设水平不断提高】认真贯彻落实总队安全发展网上研讨会精神，牢固树立抓安全就是抓建设，保稳定就是出政绩的观念，切实把安全发展的要求贯彻落实到部队建设的方方面面。一是严格落实条令条例。利用4月份“条令法规学习月”和经常性检查评比之机，深入开展“学法规、用法规、守法规”活动，举行条令法规知识竞赛和军事会操，较好地解决了部分官兵条令法规意识不强、执行条令不严、一日生活制度落实不好、四个秩序不够正规、职责意识淡化、纪律松弛等问题，形成了机关按条令指导、部队按条令运转、官兵按条令规范的良好局面。二是继续深化治理“五个重点问题”。严格“两官”队伍管理，落实人员外出“两证一条”规定，加大对重要节日、双休日、“两个两点”以后的纠察检查力度，严格查铺查哨制度，并注重把人、车、枪、弹、密和火、毒、水、电、气、油等突出出来。落实了车辆外出“三证一令”、“五位一体”联管责任制，开展了安全行车教育整顿。三是如履薄冰地抓安全。严格落实“不亡人、不丢枪、不超生、不逃犯人”特别是不发生重大安全问题的硬性要求，扎实抓好安全教育，发动官兵从人人、事事、时时做起，把抓安全防事故变为自觉行动，强化了全员全时全程安全观念。在重点上，认真贯彻安全防范工作七个方面的重点，严格落

实了安全工作“五大责任制”，集中开展了安全发展理念教育和隐患专项治理，重点消除了在人、车、枪弹、勤务、保密、经费物资、电气煤、农药、菜刀、自然灾害以及官兵执行任务中等方面存在的一些安全隐患。特别重视保密工作，坚持从抓工作习惯、堵塞漏洞、检查督促等环节入手，确保了常规保密、核心秘密和信息保密的安全。机要工作按照政委24字要求，健全组织，落实制度，保证了绝对安全。投资33万余元，完成了10个基层县中队电视会议系统的安装调试工作。四是加强正规化建设。认真落实《机关正规化管理规定》、《基层正规化管理规定》，修订完善了《机关管理实施细则》和《基层正规化建设实施细则》，努力在规范和巩固保持上下功夫，在总队正规化建设试点的基础上，支队先后组织了4次正规化试点，对机关、部队的正规化建设进一步细化和明确，从抓一日生活制度落实入手，规范了“四个秩序”。五是严格士官的教育管理。认真落实《士官教育管理规定》，对士官队伍进行了为期一个月的教育整顿，分专业、分层次进行了集中培训，士官队伍的作用越来越明显，形象越来越好。

【党政军警民关系密切】扎实开展我军光荣传统、武警部队职能任务、民族政策和宗教常识教育，增强了广大官兵依靠人民、服务人民、建设那曲的奉献意识。认真落实“双重领导，双重保障”原则，主动向地方党委、政府请示汇报工作，支队领导在下基层蹲点调研、跑面之际，积极与各县委、县府协调帮助基层解决实际困难；各县委县府主要领导到地区后，都能主动向支队通报中队建设情况。坚持经常联络感情，互通有无，积极宣传武警支队在地方经济建设和维护稳定中的重要作用，警地关系空前和谐，支队在人民群众中的形象越来越好，威信越来越高。大力开展拥政爱民活动，“五·四”、“八·一”、“十·一”期间，支队派出50余个服务小分队到市区开展便民服务活动；5月中旬，对那曲色尼河进行了清理；巴青、索县、比如三个县中队官兵积极为群众抢收抢种，生产基地官兵义务为地方群众传授种植、养殖技术，赢得了地方政府和群众的好评。设立捐资助学基金，资助了33名贫困学生。积极争取地方党委、政府和用兵单位对部队建设的支持，为支队解决经费72万余元。2007年，支队被党中央、国务院、中央军委评为“全军英雄模范单位”。支队涂家卿政委被国家人事部，全国双拥工作领导小组表彰的“拥政爱民模范”。

【领导名录】

支队长：高支文

政治委员：涂家卿

副支队长：谢义权 、王卫东、易万明

副政委：何　进 、边巴次仁

参谋长：杨光明

政治处主任：陈开权

后勤处处长：邓　勇

那曲地区消防支队

【不断加强部队行政管理工作】2007年，那曲地区支队司令部在行政管理工作中，始终按照“治军一定要严”的指示精神来管理部队，支队领导亲自抓，司令部、机关支部认真抓好各项工作的落实。一是加强部队管理，预防各类安全事故的发生，确保部队的高度稳定统一。司令部将健全各项规章制度作为加强部队行政管理，规范业务工作的基础性工作来抓。2007年初，司令部协同各处室制定了那曲消防支队一系列规章制度。通过颁布、实施这些制度，进一步强化了部队管理，预防了各类安全事故的发生，确保部队纪律严明，作风优良，高度统一，同时也提高了官兵的工作效率。二是司令部在认真落实条令条例、五条禁令和部队管理各项规章制度的同时，加强查铺、查哨、查岗，在检查中督促各级官兵提高认识，服从管理，履行职责。三是深入开展岗位大练兵，全面提高部队战斗力。支队根据总队文件精神，结合那曲地区实际情况，司令部制定了《那曲消防支队岗位大练兵计划表》，并按照课程表安排组织部队进行理论学习，业务技能、队列、体能、抗缺氧及合成训练，加强特种器材的训练，使人人会使用、会讲解、会保养、会维修；培养了一批优秀业务骨干。四是全力以赴，确保了重大活动期间的的消防安全保卫任务的完成。为做好“两会”、“五·一”、“十·一”“十七大”期间的消防安全保卫工作，支队从思想、组织、装备、训练和预案上切实做好灭火救援各项准备；每一次保卫工作都专门制定了消防安全保卫工作实施方案，确保现有警力在岗在位。同时深入开展辖区“六熟悉”和组织部队开展合成训练，提升部队快速反应能力，切实加强车辆装备器材的维护保养，保持通信联络畅通，储备充足的灭火剂和救援物资，发挥器材装备的最大效能，实现人与装备的最佳结合，为提高部队灭火救援速度和能力奠定基础。五是加强支队信息化建设，推进部队正规化建设进程。本年度，支队根据总队下发文件的相关要求，支队领导亲自挂帅，积极与地方政府协调，同时在上级业务部门的指导下，圆满完成支队“119”调度指挥中心和电视电话会议系统的建设，并投入使用，从而提高了部队接出警速度，推进了部队正规化建设进程。

【后勤工作】2006年，那曲消防支队后勤处在总队领导和支队党委的关心指导下，始终坚持党委当家、后勤理财、经费归口、财务统管的原则，以“保障有力”为总体目标，严格按照“一保生活，二保装备”的指导思想，开源节流，量入为出，坚持面向基层，服务基层，扎实工作，开拓创新，圆满完成了以防火、灭火和抢险救援为中心的各项后勤保障工作。

一是大力促进营房建设。在总队的大力支持下，在支队党委的领导下，顺利完成了对支队营房铝合金改造及给排水工程和安多、索县两大队的营房建设。二是积极解决那曲地区消防支队装备器材严重匮乏的问题。支队积极与地委行署进行协调，并向地区领导汇报了当前的消防工作形势，通过努力地区行署已基本同意从辽宁援藏资金中予以解决急需的消防装备，其中包括水罐消防车、登高车、救生器材和个人防护装备等（总金额为295.50万元）。三是制定了加强支队库存装备器材管理的措施。通过加强制度建设，确保装备器材管理朝正规化方向发展。四是在公安部和自治区公安厅、消防总队、发改委的关心和大力支持下，支队党委积极与地区行署以及各县（区）人民政府沟通协调开展了征地工作，在支队征地工作组的大力协调下，在当地政府的大力支持下，征地工作组顺利完成了八个未建消防大队县（区）的征地工作，办理完毕建设用地的“两证一书”。五是为了解决支队、中队官兵洗澡难的问题，结合那曲地区特殊的地理和气候环境因素，经支队党委会研究决定，分别在支队和中队利用现有房屋改造沐浴室两间，沐浴室在那曲的冬天零下20多度的情况下，管道不会冻结，给排水均能正常运行。

【支队始终把防火工作放在工作的首要位置】防火处按照部局和总队的要求，认真开展了各项监督检查工作。一是进一步贯彻落实国务院15号文件精神，地区行署与各县（区）签订了《2007年度消防安全目标管理责任书》，明确了各级政府和有关职能部门的责任，通过责任分解，形成了“一级抓一级、一级对一级负责、层层抓落实”的消防工作责任体系。二是认真开展了消防宣传工作。支队防火处共组织大型消防宣传活动8次，消防培训3次。并设计推出“行政审批业务便民卡”，明确了消防部门职责和消防行政审批程序，方便群众办事，进一步增大了消防部门业务办理的透明度。四是认真开展消防监督检查工作，特别是“三合一”场所的排查整治工作。2007年以来，开展各类专项治理35次，共检查各类单位1280家次，发现火灾隐患3548处，整改火灾隐患3428处。五是建审工作是防火工作的源头，是防止火灾发生的重要措施。在建审工作中坚持以《消防法》为准绳，以各项技术标准为依据，严把建筑工程的消防审核关，把火灾隐患消除在萌芽阶段。2007年共审核建筑项目61个，建筑面积约8.14万平方米，提出审核意见101条，参加消防竣工验收21个。

【领导名录】

政委：王开连

支队长：扎西多吉

政治处主任：扎西

司令部副参谋长：向红刚

防火监督处处长：王涛

后勤处副处长：王山刚

那曲地区司法行政工作

【深入开展法制宣传教育，着力提升普法水平】2007年，那曲地区司法处严格按照“五五”普法规划和构建社会主义和谐社会的总体要求，着眼于增强各族干部群众知法、懂法、守法、护法和依法维权的水平，大力开展法制宣传教育，全面提高各族干部群众的法律素质。

在广泛征求意见和深入调研的基础上，制定了《地委宣传部、地区司法处关于在公民中开展法制宣传教育的第五个五年规划》，并经地委、行署批转（那委[2007]13号），明确了“五五”普法的指导思想、目标任务、工作措施和工作要求，并认真组织实施。

充分利用“12.4”宪法宣传日、综治宣传月、赛马节、“9.16”平安宣传日、畜产品展销会等各种有利时机，通过设立宣传点、散发宣传资料、出动宣传车、利用广播电视宣传等各种有效途径，大力开展法制宣传。共发放宣传图片4000张、宣传材料11000余份，出动宣传车20余台次，解答法律咨询300余人次。着重宣传了与人民群众生产生活密切相关的各种法律法规知识。

认真组织开展了4月和5月份的农牧区法制宣传活动。协调地区法制宣传教育工作领导小组各成员单位组成五个法制宣传工作组深入到11个县（区）进行了历时25天的法制宣传教育活动。行程3000多公里，走访了73个乡镇、近210个村，召开座谈会98次。

7月份，成功举办了为期4天的“五五”普法骨干培训班，各县（区）、地（中）直各单位普法骨干80余人参加了此次培训。通过学习政策理论相关和“五五”普法业务培训，切实提高了那曲地区普法队伍素质，为我地“五五”普法的顺利实施打下了一个良好的基础。

【夯实基层基础，提升法制保障水平】认真抓好人民调解工作。健全和完善了地、县（区）、乡（镇）、村（居）四级联动、上下贯通的人民调解网络体系。截止11月10日，全地区各级人民调解组织共受理民间纠纷1147件，已结1113件，未结34件，调处成功率97%。

加大安置帮教工作力度。一是建立、健全了地、县、乡三级安置帮教工作网络；二是指导各县（区）安装和使用刑释解教人员统计软件，建立刑释解教人员信息库，做到对刑释解教人员“底数清、情况明”。三是按照“帮教社会化、就业市场化、工作规范化、管理信息化”的要求，突出抓好了衔接、安置、帮教三个重点环节，进一步健全机构，落实措施。将刑释解教人员安置帮教工作纳入了综治工作和依法治理工作目标，形成了一级抓一级、层层抓落实的工作局面。那曲地区刑释解教人员的安置率达到了100%，帮教率达到100%。

9月份，成功举办了为期5天的第三期乡（镇）调委会主任培训班，聂荣、嘉黎、巴青、那曲、安多、比如和索县7个县40个乡（镇）的42名调委会主任参加了此次培训。

县级司法局机构逐步健全，基础设施建设不断完善。那曲地区司法处主要领导年内先后深入到各县（区）调研、督查、指导基层司法行政工作。目前，那曲、安多、索县、巴青、比如、班戈等6个县已建立司法局，均为正科级建制，核定编制共计43名。10个县的司法局基础建设项目已经得到落实，其中：那曲、安多、索县、比如4个县每个县国家投资57.6万元；另外6个县每个县国家投资52.8万元。目前，安多、索县、班戈3个县司法局的办公楼建设已竣工并通过验收；那曲、巴青两县因建设用地问题正在协调；比如县前期准备已完成，将于2008年完成建设；聂荣、嘉黎、申扎、尼玛4个县司法局的基础建设项目批复于2007年8月下达，现正准备建设前期工作。

【强化律师、公证、法律援助等法律服务工作，着力提升法律服务水平】律师工作。那曲地区在只有1家律师事务所、1名律师的情况下，2007年共办理案件44件，其中：刑事16件（法律援助4件）、民事28件（法律援助2件），并担任3家单位的法律顾问。

公证工作。那曲地区在只有1家公证处、1名公证员的情况下，2007年共办理公证事项160件，出证153件，其中：经济45件、民事106件（法律援助

7件）、其它2件，拒证7件。收入并上缴地区财政7万余元。

法律援助工作。一是深入农牧区大力开展法律援助知识及相关法律法规宣传工作，发放宣传材料10000余份；二是积极为弱势群体提供法律援助，共办理法律援助案件30件，其中：刑事24件、民事6件，解答法律咨询550余人次，代写法律文书10件。

顺利完成了73人司法考试报名和条件初审工作以及52名高中毕业生报考司法警官学校和政法类高校的政审、面试、体检和体能测试工作；认真做好公证处、律师事务所的年检、注册工作以及公证员、律师的年审工作。

【积极主动地做好受援工作】积极主动与浙江、辽宁两省司法厅沟通、联系。一是严格按照地区受援办的要求，完成好第四批援藏干部的欢送和第五批援藏干部的欢迎工作；二是通过援藏干部的积极协调，在辽宁省司法厅的关心支持下，那曲地区司法处从全地区司法行政系统中选派了4名干警，于10月15日赶赴辽宁省司法行政系统进行为期两个月的业务培训；三是与浙江、辽宁两省司法厅协商并制定了第五批三年对口支援规划。

【存在的困难和问题】一是聂荣、嘉黎、申扎、尼玛、双湖4县1区司法局和全地区114个乡（镇）司法所的机构、编制还没有得到解决，全地区114名司法助理员和3849名人民调解员全部是兼职的，基层司法队伍不够稳定、影响了基层司法行政工作的开展；二是司法行政队伍素质难以适应建设社会主义新农牧区的要求。地区司法处现有的35人中，法律专业只有9人，占25.7%；6个县司法局现有的26人中，法律专业只有13人，占50%。现有的司法队伍专业素质已难以适应普法依法治理、法律服务和法制保障等各项司法行政工作的需求。

【领导名录】

党组书记：布古次仁

党组副书记、副处长：布永忠

党组成员、处长：张卫东

党组成员、副处长：孙宏江、次仁占堆、王展春

党组成员、副调研员：布吉

党组成员、副处长：李继红（6月调出）

那曲地委办公室

【积极发挥“参谋部”和“智囊团”作用，全面提升调研水平】2007年，那曲地委办公室按照“锁定关注点，谋在关键处，参到点子上”的工作要求，紧紧围绕全面建设小康那曲、平安那曲、和谐那曲这条主线，抓住地委每个时期的决策意向和关注动态，采取专题调研、协调有关部门联合调研和跟随领导下乡调研等多种方式，对全地区经济社会发展中的热点、难点、焦点问题有计划、有针对性地开展了调查研究，并努力在调研成果的转化上下功夫，积极为地委科学决策提供操作性强、参考价值高的工作方案和建议。根据地委阶段性工作安排，做好重要政策、重要文稿和重大举措出台前后的调研工作。同时，开辟那曲地区十六大以来经济社会发展综述专栏，完成《东三县发展稳定工作调研报告》等调研课题，为地委实施决策提供重要参考依据。全年完成涉及发展、稳定、党建、旅游等方面的调研课题12个，其中6篇调研报告被《西藏通讯》转载，2篇被《西藏农村工作简报》转发，1篇被《西藏工作交流》转发，部分稿件得到自治区和地委领导的充分肯定。

【着力打造精品文稿，文字综合质量稳步提高】2007年，那曲地委办公室始终把文字综合工作作为为地委提建议、谋思路的首要任务，按照“立意要高、落点要实”的要求，准确把握领导意图，使文稿贴近领导意图，贯彻领导思路，体现领导风格，努力实现好“领导意图”与“基层实际”的有机统一，与党委决策合拍共振，增强文稿指导基层工作的实效性。全年高质量完成地区经济工作会议、地区农村工作会议、地委扩大会议、地委政协工作会议、地区党员领导干部大会、维护稳定工作会议等各类会议上的领导讲话以及地委领导在全区各类大型会议上的发言材料，主持起草了《中共那曲地委关于构建和谐那曲的意见》、《中共那曲地委贯彻中央、自治区关于加强人民政协工作的实施意见》和各类汇报材料，承担了第四、五批援藏工作交接、区党委第二巡视组和“万名干部下基层”活动的所有文字材料，累计起草各类文稿达80余万字。

【强化督促检查职能，着力推进党委各项决策落实】2007年，那曲地委办公室围绕地委、行署“落实年”工作要求，进一步完善“大督查”工作机制，创新督查理念和督查方法，设立“落实年”工作督导组办公室，制定“落实年”六个专项工作月，出台督查工作方案和抓落实工作方案，使决策督查有高度，专项督查有力度，督查调研有深度，较好地推进了地委重大决策部署的贯彻落实。一是把握督查重点。紧紧围绕地委、行署年度工作要点，就特色产业发展、基础设施建设、那曲镇市政管理、维稳工作等重大决策部署的贯彻落实情况进行督查，促进了各项决策的快速落实。高度重视自治区党委办公厅督查处交办、转办和地委领导批示事项的督办工作，圆满完成自治区党委办公厅交办的督查任务16件，向各县（区）和部门下发督查交办单12件，提前超额完成全年目标任务，得到区党委办公厅和地委领导的充分认可。制定党的十七大和“11.04”敏感时期安全保卫工作专门督查方案，加大督查力度，对重点部位、领导在岗、值班情况等开展全方位督查，为全力确保党的十七大期间和“11.04”敏感时期社会局势稳定发挥了积极作用。二是创新督查方式。紧紧围绕地委、行署中心工作，精心策划督查方案，整合各种督查载体，综合运用专项督查和综合督查、明查与暗访、书面督查与现场督查、阶段督查和跟踪督查、常规督查与突击督查、督查机构专门督查和部门联合督查等督查方法和手段，准确掌握地委、行署重大决策部署的贯彻落实情况和在实施过程中遇到的新情况新问题，并进行认真分析研究，提出参考性意见，为地委决策和完善决策作参谋。全年编发《督查专报》35期、《地办督查》13期、《领导批示》71期。其中，《督查专报》采用率达50%以上，单篇采用率达20%。三是抓好年度目标责任制考核工

作。按照地委、行署年度目标责任制考核工作要求，进一步完善各县（区）、地直各部门年度目标责任制考核机制，在2006年8家地直单位进行试点的基础上，将地直46家单位全部列入目标管理责任制考评范围，建立科学、公开、公平、公正的督查考核机制，有力促进了各县（区）和地直部门各项工作的落实。

【全面提高信息工作层次和水平，为地委决策提供及时有效的信息服务】2007年，那曲地委办公室信息工作始终坚持围绕中心，贴近领导，紧跟决策，关注民生这一主线，全面、及时地向上级党委反映那曲地区各行各业发展的成功经验、典型做法，为全面建设小康那曲、平安那曲、和谐那曲提供有力信息服务。改革信息报送制度，每月由信息科向各县（区）和地直各单位下发信息报送要点，实行信息评比奖励、情况通报和“四级把关”审核制度，采取有效措施解决了信息工作中党委重视不够和迟报、瞒报、漏报、误报、报喜不报忧、无专职信息人员等问题。主动深入地直综合部门和有关县开展综合调研、信息服务和业务指导，为拓展信息源、提高信息质量发挥了积极作用。全年编发《那曲信息》2500期，《那曲信息摘报》75期，《业务通讯》12期，《那曲工作情况交流》7期，其中《那曲地区采取五项措施，确保青藏铁路那曲物流中心建设顺利进行》等4篇信息被《西藏信息摘报》和《西藏工作情况交流》采用，并在全区进行交流。

【坚持以史育人、资政育人，为那曲地区经济社会发展提供历史借鉴】2007年，那曲地委办公室积极调整党史工作思路，创新党史工作机制和手段，加强对全地区经济社会发展文字资料，党史图片、音像实物资料的收集整理工作，向《那曲地区志》提供了大量党史资料，为自治区编撰《中国共产党西藏历史图志》选送了自西藏和平解放到2006年12月底之间反映那曲地区发展成就的图片40余幅，撰写并向上级刊物投稿《邓小平〈立足民族平等加快西藏发展〉发表20周年》和《纪念谭冠三同志诞辰100周年》两篇纪念文章，得到了自治区党史研究室的充分肯定，充分发挥了党史资政育人的作用。

【全力配合协调全区“万名干部下基层”活动那曲地区各项工作】2007年，那曲地委办公室充分发挥全区“万名干部下基层”活动那曲地区工作领导小组办公室的作用，抽调一批骨干人员，专门负责督促检查、上报下达、信息编发等工作，主持起草了自治区领导和地区领导在那曲地区动员大会上的讲话，编发活动动态信息简报101期，被自治区采用70多期，取得显著成效，为全区“万名干部下基层”活动那曲地区各项工作圆满完成做出了积极贡献。

【坚持高规格、高水平，着力打造精品会议】2007年，那曲地委办公室按照组织严密、程序规范、安全有序的要求，提前制定各种会议方案，认真做好会前、会中、会后各个环节的衔接和服务，优质高效地完成会务保障工作，做到了会前精心准备，会中盯紧抓实，会后跟踪落实。对重大会议和活动，提前介入，做好预案，周密安排，精心组织，确保万无一失。加强会风建设，实行会议签到制度，保证了各类会议参会率。全年主办了地委（扩大）会议、地区经济工作会议、第四批援藏干部欢送大会、地区农村工作会议和地委会议、联席会、专题会、座谈会、汇报会等大、中、小型会议60多场，进一步积累了办会经验，掌握了办会要领，办会质量和水平进一步提高。

【受援工作扎实有效开展】五大国有企业援藏干部兼任地委副秘书长职务。首次召开辽宁省和五大国有企业对口支援地办援藏干部工作座谈会，密切联系，加深感情，互通情况，鼓劲加压，对口支援工作迈开新步伐。按照资金援藏、思路援藏、智力援藏相结合的工作原则，从保障职工健康、改善办公条件、加大学习培训和对口帮扶联系点等方面，与援藏干部一道研究制定了地委办公室新一轮对口支援工作需求计划。援藏干部紧紧围绕地委中心工作，立足本职岗位，把内地省市和国有企业管理方面的好经验、好做法与地办实际紧密结合起来，充分发挥传、帮、带作用，有力推动了地委办公室各项工作的深入开展。

【接待水平有了新提高】2007年，那曲地委办公室按照接待工作有关规定，进一步规范接待工作程序，提高接待水平，努力做到了接待工作“隆重、热烈、周到、简朴”。全年共接待各类考察团和工作组2800余人次，充分展示和宣传了那曲的良好形象。切实增强服务意识，认真做好领导出差、下乡前的各项准备工作，确保领导考察调研活动顺利进行。对领导交办的事项，做到有布置、有落实、有反馈。积极争取资金，更换了办公室桌椅和其他部分办公设备，为办公室各项工作的开展提供良好的后勤保障服务。加大车辆管理和调度力度，加强车辆维修、油料发放、里程登记等管理，确保了车辆安全和领导安全。

那曲地区扶贫农发工作

【扶贫开发成效显著】2007年，那曲地区扶贫农发办通过实施贫困户安居工程、整乡推进、产业化扶贫、培训转移就业、定点扶贫、土地治理和草场建设、农发产业化经营项目、科技推广等八项重要措施，努力实现农牧民“安居乐业”。全年共实施扶贫农发项目34个，其中扶贫项目30个，农业综合开发项目4个。项目总投资达6240.314万元，其中国家投资3832.694万元，自治区投资321万元，群众自筹信贷1120.12万元，地县配套和援藏资金324.5万元，企业自筹400万元，群众投劳4.8万个工日，投资242万元。比2006年增加建设项目6个，增加建设资金1665.854万元，同比增长36%。2007年的扶贫农发工作同往年的扶贫农发工作相比各项扶贫农发措施更加得力，扶助对象更加明确，开发层次更加广泛，扶贫农发工作成效更加突出。

【坚持以人为本，以贫困户农牧民安居工程建设为切入点，推进社会主义新农村建设】贫困农牧民群众真正实现安居才能实现乐业。那曲地区扶贫农发办紧紧抓住以“安居工程”为切入点和突破口的社会主义新农村建设，让群众参与项目建设，通过“政府搭台、群众唱戏”，切实让群众成为项目建设的投资者、受益者、建设者和管理者，极大地调动群众参与建设的积极性和主动性，使群众享受国家政策带来的实实在在的好处。

【坚持示范带动，典型引路】按照实事求是、因地制宜、分类指导的原则，科学规划实施对象，选准项目，报请上级部门审批。实行整个乡、镇、村户推进，力争通过近两年来的试点建设和推广，探索出一条符合那曲地区经济发展规律和实际情况的整乡推进发展模式，实现大幅度提高贫困农牧民群众收入，改善其生产生活条件。利用那曲县古露镇整乡推进取得的成效积极开展宣传工作，以榜样教育人，以成效鼓舞人，为各县（区）在实践中提供先进的发展模式，扩大建设规模和辐射影响性。

【强化培训，以项目为载体，增强农牧民自我发展能力，努力促进贫困地区剩余劳动力转移】那曲地区扶贫农发办坚持把扶贫培训作为贫困群众提高能力、转移就业、促进增收和脱贫致富的一项重要内容，按照“学以致用、学有所获、学有所用、用有所成”的原则，针对区内劳务市场和农牧民生产生活不同的劳务技能需求，群众需要什么就培训什么，干什么就学什么开展各类技能培训。

在扶贫农发项目建设中，群众能干的尽量让群众参与，让群众在项目建设中巩固培训技术，增加现金收入，有效促进贫困地区剩余劳动力的转移。

【因地制宜规划申报项目，切实使群众满意】那曲地区扶贫农发办在申报年度建设项目时，始终坚持把能否促进农牧民增收作为选择项目的出发点和落脚点，凡是能尽快增加农牧民收入的项目就先上，快上，坚持因地制宜，一切从实际出发，充分发挥当地资源优势，急农牧民群众所急，想农牧民群众所想，不搞重复建设，不浪费国家投资。特别是对群众赞誉甚高的一些小型基础设施建设，如乡村道路、桥涵等能给群众带来了最直接利益的项目，群众迫切需求的项目，使有限的资金发挥最大的效益。

【以市场为导向，结合当地资源，努力带动贫困地区发展特色产业】扶持开发特色产品，加快商品流通，是贫困群众逐步进入市场稳定增加收入的最有效途径。那曲地区扶贫农发办按照“因地制宜、突出优势、突出特色、突出增收”的原则，继续坚持以种植业、育肥养殖业以及与之紧密相关的农畜产品加工业项目为主，从区内和那曲地区的市场需求出发，将那曲县和比如县作为试点，结合当地资源优势，发展特色奶制品、养殖等产业，通过加强特色产业建设，努力促进基础建设和产业发展。

【完善建档立卡，找准扶贫主战场】建档立卡对于项目建设具有非常重要的意义，通过建档立卡可以详细掌握农牧区区域经济的发展情况，贫困户状况和家庭人员结构，为那曲地区实施扶贫农发项目和农牧区经济发展建设提供可靠数据。2007 年，那曲地区扶贫农发办进一步完善了 6.0233 万重点扶持户的建档立卡工作，对统计数字进行了重新校核，力求把工作做得更加扎实和深入。

【严格项目和资金管理，发挥效益最大化】坚持项目资金专款专用，实行“一支笔”制度，开展项目公开招投标制度，择优承建，严格基本建设程序，科学管理，确保资金和项目发挥出最大的效益。

【获奖情况】2007 年，那曲地区扶贫农发办扶贫科科长杨齐中（藏族）同志、农发科科长刘文彦同志、工程管理科科长尼玛扎西（藏族）同志分别荣获自治区扶贫农业综合开发工作先进个人。

那曲地区民族宗教工作

【民族工作】那曲地区是一个以藏民族为主体的少数民族地区，还有汉、藏、侗、回、白、彝、土家、壮、洛巴、蒙古、仡佬、水、满、苗族等 14 个民族共同生活和工作在藏北这块土地上。紧紧围绕“共同团结奋斗、共同繁荣发展”的新时期民族工作主题，大力宣传、认真贯彻落实党和国家的民族政策，实行民族区域自治制度，加强民族团结，牢固树立“三个离不开”的思想，积极改善少数民族生产生活条件，进一步促进了各民族共同繁荣发展。2007 年，自治区民宗委给那曲地区嘉黎、比如两县解决少数民族发展项目资金共 33 万元，有效改善了广大农牧民群众的生产生活条件。认真开展民族团结月宣传活动，采取发放传单，召开座谈会，电视讲话等多种形式，号召全地区人民高举民族团结进步旗帜，为维护那曲地区社会局势的稳定和经济社会的跨越式发展以及构建平安那曲、和谐那曲发挥了积极作用。

【宗教工作】进一步开展揭批达赖活动和深化寺庙爱国主义思想教育。一是按照《中共中央国务院关于进一步做好西藏发展稳定工作的意见》和国务院《宗教事务条列》及那委[2007]21 号文件精神，稳步推进寺庙爱国主义教育，圆满完成了 47 座寺庙的爱国主义教育任务。二是掀起了学习党的十七大精神、学习区、地两级维护稳定工作精神和区、地两级宗教工作座谈会精神及党的各项方针、政策，学习法律、法规，学习民族宗教政策的新高潮。三是掀起了学习“六本教材”，学习西藏自治区实施《宗教事务条列》办法（试行），学习《关于开展和谐寺庙创建活动的倡议书》，学习那曲地区《寺庙属地管理暂行办法》，学习“八荣八耻”的热潮。特别是那曲地区大多数寺庙僧尼及时收看了党的十七大的实况转播。四是在僧尼中进一步加强了科学文化知识和政策、法律知识的学习，并在僧尼中开展了“五比五看”、“四增强”、“四热爱”活动和公民道德教育。五是那曲地区大绝大多数寺庙僧人，采取多种方式在撰写批判稿子的同时，理直气壮地揭批十四世达赖。

狠抓寺庙民管会班子建设和寺庙属地管理乡镇干部培训，努力提高寺庙管理能力和水平。2007 年第一批选派 8 名重点寺庙民管会正、副主任参加了自治区民宗委举办的全区重点寺庙民管会正、副主任培训班。9 月底，又选派 8 名重点寺庙民管会正、副主任参加了自治区民宗委举办的第二批全区重点寺庙民管会正、副主任培训班。11 月 21 日，由行署副专员才仁桑珠带队，组织 20 名民管会负责人，赴北京、辽宁、浙江、上海、四川、等地考察学习。12 月份组织

50 名乡（镇）主要领导举办第六期寺庙属地管理乡（镇）干部培训班。

2007 年，那曲地区大部分县也举办了不同形式、不同规模的民管会主任培训班，参训人数达 190 人。同时也举办了不同规模的寺庙属地管理乡（镇）干部培训班。

深入寺庙搞调研，及时掌握新动态。4 月，赴安多、那曲县部分寺庙开展了为期一周的调研工作。调研期间工作组先后走访了 5 个乡(镇)、7 座寺庙，牧户 20 多家、召开寺庙民管会成员座谈会 7 次，参加座谈会人数达 30 余人，个别谈话 10 余人。根据那寺教办[2007]23 号《那曲地区 2007 年寺教工作调研督查通知》精神，于 9 月 6 日至 11 日，深入那曲地区安多、聂荣、那曲开展寺教调研工作。期间共听取各县寺教工作汇报 3 次，召开乡（镇）领导、寺庙民管会成员座谈会 14 次，参会人数达 70 多人。

积极参与处置各种突发性事件。组织强有力工作组积极参与了处置比如县“3・13”和“11・20”事件。局主要领导亲自带工作组及时赶赴事发地，在第一时间内，开展调查工作和宣传教育工作。在开展工作中，本着教育多数，打击少数的工作要求，讲究工作方式方法，采取召开寺庙民管会成员、老僧和僧众当中有威望的僧人座谈会、僧人大会及个别谈话等多种形式，向僧人宣讲法律、政策，认真开展僧人的思想教育工作。大张旗鼓地向僧众讲清楚“达赖集团的本质没有改变，中央对达赖集团的定性没有改变，对达赖集团斗争的方针没有改变”的政策，想法设法稳住寺庙僧人的情绪，争取大多数僧人的配合和支持。同时，积极协助政法部门调查取证工作，并提供寺庙的基本情况和准确数据。

积极发挥佛协的桥梁和纽带作用。9 月 29 日召开了佛协正、副会长会议。10 月 9 日至 10 月底地区佛协组成 5 个工作组以分片包干的形式奔赴各县（区）开展了宗教工作调研，在这次调研中，工作组共深入宗教活动场所 63 个，召开座谈会 66 次，参加人数达 1629 人，发放创建和谐寺庙倡议书 2000 多册。

积极稳妥地做好未经政府批准国内活佛、高僧认定“活佛”处理工作。从 2007 年 4 月份开始组织多个工作组深入基层，深入寺庙，对涉及到的人员进行了深入细致地调查核实。并有关调查情况及时向地委、行署和地区寺教领导小组作了汇报。还组织工作组向信教群众和寺庙僧人宣传有关政策的同时，对被处理人员进行了深入细致地教育。由于领导得力，措施有效，那曲地区未经政府批准国内活佛、高僧认定“活佛”面上处理工作已全部完成。

积极争取寺庙维修经费，充分体现对爱国爱教寺庙的政策导向。2007 年，那曲地区民族宗教局积极向自治区民宗委申报共解决了 85 万元寺庙维修补助，从而解决了部分寺庙的燃眉之急，充分体现了政府对爱国爱教寺庙的关心、照顾和政策导向。

【领导名录】

书记：典扎）

局长：索南

副局长：孙浩洋、元登、杨志友

调研员：索朗

自治区佛协副会长、地区佛协会长：加色贡桑旦增

地区佛协副会长：旦白尼玛、
吉仲洛桑旦增

那曲地区编译、藏语工作

【增强服务意识，搞好翻译工作】2007 年，那曲地区编译工作围绕地委、行署的中心工作，积极发挥编译部门的桥梁和纽带作用。那曲地区是一个以藏民族为主体的少数民族自治区，农牧民占全区人口的 80%以上，藏语文是他们的主要交际工具，要使农牧民群众解放思想、更新观念、正确理解党的路线方针政策、掌握科学技术知识、脱贫致富奔小康、离不开翻译工作；在那曲这样一个农牧民人口比重较大的地区，翻译工作显得尤其重要。一年来，克服业务人员少、工作量大、文件打印等办公设备落后、办公条件差、资金短缺等困难，紧紧围绕中心工作，搞好翻译工作。2007 年，那曲地区编译室完成了地委、行署转发的上级单位有关文件的翻译；较好地完成了地委、行署的文件、领导讲话的翻译；地委、行署的一系列重大决策部署和召开的地区性重要会议的文件、材料的翻译；完成了地区政协、地直机关及各县（区）送来的部分文件、材料的翻译；为把十七大的精神宣讲到千家万户，那曲地区编译室加班加点把十七大的宣传材料及时准确地翻成了藏文，为万名干部下基层宣讲十七大作出了积极的贡献。2007 年，那曲地区编译室翻译总数达 51 万以上汉字，以上材料基本做到了与汉文同步下发，达到了实效性与准确性，把党的路线和方针政策，地委、行署的重大决策部署及时传达到了广大的基层农牧民群众中，为促进两个文明建设和社会局势稳定等方面发挥了翻译工作不可替代的重要的桥梁和纽带作用。

【藏语文工作有了新进展】对全地区的藏语文工作进行必要的指导是编译室的职责。2007 年，进一步加大工作力度，对《西藏自治区学习、使用和发展藏语文的若干规定（试行）》和《西藏自治区学习、使用和发展藏语文的若干规定（试行）的实施细则》的落实情况进行了督促检查。结合千名干部下基层和万名干部下基层，那曲地区编译室党委书记汤白率工作组于 2007 年 4 月和 10 月先后到嘉里县和比如县，在配合中心工作的同时，党委书记汤白一行对嘉里县和比如县的藏语文工作进行了必要的指导，并对《西藏自治区学习、使用和发展藏语文的若干规定（试行）》和《西藏自治区学习、使用和发展藏语文的若干规定（试行）的实施细则》的落实情况进行了督促检查。党委副书记、主任丹巴嘎尔萨一行工作组，不畏严寒到安多县对学习、使用藏语文的情况进行了检查，对安多火车站以及安多县城的社会用字进行了一次全面的清理检查。

在那区物流中心开工典礼前，按照地委的要求，那曲地区编译室对物流中心的横幅进行了翻译、校对，副主任果地带领人员对悬挂好的横幅到实地进行了全面检查。在十七大召开之际，按照行署的要求，那曲地区编译室组织人员，在党委副书记、主任丹巴嘎尔萨和副主任果地的带领下，对各单位为庆祝十七大召开而悬挂的近 100 多条横幅进行了文字上的检查，对有错处的横幅责令立即改正，确保了每条横幅的质量，受到

了领导的好评。

2007 年再一次加大了规范社会用字工作力度。近年来随着市场经济的发展，社会用字的种类、形式也大量增多，同时也出现了比较严重的社会用字混乱的现象，地区所在地的那曲镇存在着两种文字使用不规范，大小比例失调，翻译不准确等现象，藏文错字漏字现象依然存在，直接影响到城市文明建设。针对这种情况，2007 年在原有的基础上，进一步加大工作力度，继续抓好规范社会用字工作。2007 年 7 月 18 日一直到恰青赛马艺术节结束，对那曲镇的各党政机关、企事业单位、个体工商户等悬挂的门牌、广告等各种标记进行了一次全面的清理整顿，通过这次大检查，共查出无藏文牌匾 8 个、藏文错字漏字 58 个、无门牌 47 个和脏乱门牌 26 个，通过这次规模较大的社会用字大检查，进一步规范了那曲地区的社会用字。通过清理整顿，那曲镇的社会用字有了新的改观，使那曲地区的社会用字逐步走上了规范化的轨道。如今那曲镇的六个主要路段的匾额底色一街一色，即醒目又美观整洁，不但显示了那曲地区的良好形象和精神风貌，又为那曲地区营造了良好的社会用字环境。同时，11 月 13 日在党委副书记、主任丹巴嘎尔萨的带领下，那曲地区编译室三名同志到那曲火车站进行了社会用字清理检查，在那曲火车站负责同志的陪同下，对那曲火车站的各种牌子、标记进行了全面检查，指出了错处，受到了那曲火车站负责人的认同。12 月 7 日，党委副书记、主任丹巴嘎尔萨一行工作组对安多火车站以及安多县城的社会用字进行了一次清理检查。

【领导名录】
党委书记：汤白
党委副书记、主任：丹巴嘎尔萨
副主任：果地、公觉斯塔（2007 年 10 月调离）、卓吉（2007 年 11 月任职）
副调研员：热布嘎（2007 年 11 月任职）

那曲地区发改工作

【年度情况】2007 年，那曲地区生产总值 38.26 亿元，同比增长 17.18%。其中：第一产业 7.6 亿元，增长 4.11%；第二产业 8.76 亿元，增长 17.74%；第三产业 21.9 亿元，增长 22.28%，三次产业比重调整为 20∶23∶57。地方财政收入 1.43 亿元，同比增长 15.32%；固定资产投资完成 21.12 亿元，同比增长 37.86%；农牧民人均纯收入 2900 元，同比增长 16%；居民消费价格指数控制在 104 左右。国民经济和社会发展各项指标均有望达到或超过年度计划。

【农牧业生产能力稳步提高】2007 年农牧业总产值 11.04 亿元，增长 6.36%。牲畜年末存栏数稳定在 740 万头（只、匹）左右；牲畜出栏率 30%，同比降低 1.3 个百分点；粮食种植面积 4784 公顷，与 2006 年持平；虫草产量 1.6 万公斤。主要农畜产品产量分别是：肉类 65600 吨、奶类 46200 吨、绵羊毛 3335 吨、牛皮 34.5 万张、羊皮 210.05 万张、粮食 10000 吨，分别增长 4.85%、1.73%、0.25%、11.31%、23.05%和 17.11%。

【第二产业取得新突破】2007 年建筑业增加值 6.34 亿元，同比增长 12.01%；工业增加值 2.42 亿元，同比增长 35.96%。主要工业产品产量分别是：发电量 5620 万千瓦时、铅锌矿 26 万吨、锑矿 3572 吨、藏成药 11 吨、风干牦牛肉 150 吨、矿泉水 1000 吨，分别增长 8.79%、130.91%、19.07%、-18.18%、11.1%。以铬铁矿和铅锌矿为主的优势矿产开发取得新进展，逐步成为那曲地区经济增长的新亮点。

【第三产业增长迅速】商品市场日益繁荣，呈现出“购销两旺”的势头，消费对经济的拉动作用进一步增强。目前，那曲地区各类批发零售经营网点超过 6100 个，2007 年实现社会消费品零售总额 7.7 亿元，增长 5.48%；外贸进出口总额 102 万美元，增长 6.25%；全社会货运量 38.9 万吨、客运量 32.5 万人次，分别比上年增长 5.14%和 1.56%；乡镇企业总产值 8250 万元，多种经营收入 30500 万元。市场经济秩序进一步规范，物价基本保持平稳。旅游业快速发展，全地区旅游人数 23.61 万人次，同比增长 31.17%，实现旅游收入 2847.94 万元，同比增长 23.13%。

【突出首要任务，新农村建设扎实推进】始终把改善农牧区生产生活条件、增加农牧民收入作为经济社会发展的首要任务，以农牧民安居工程为切入点的社会主义新农村建设工作卓有成效，农牧民生产生活条件和农牧区面貌发生了新的变化。全年完成农牧林水项目投资 5.01 亿元。通过国家投资、援藏投资、地方配套、银行贷款和农牧民自筹等多种方式筹集资金，投入资金 3.82 亿元，完成农牧民安居工程 7051 户。配套设施建设取得新进展，“八个基本解决”迈出了实质性步伐。实施村级组织活动场所 100 个（村（居）民委员会）、村级道路硬化 40 个，总投资 2380 万元；2007 年第一、二批安全饮水工程总投资 3498 万元，实施管道引水 111 处，建设保暖井 341 眼，解决了 5.1 万人的饮水问题；投资 1.4 亿元实施退牧还草工程，禁牧 180000 公顷、休牧 153333 公顷、补播 99333 公顷，于 2007 年 8 月通过地区初步验收。

千方百计开辟农牧民增收渠道，农牧民收入稳步增长。通过政府引导、组织协调、技能培训等多种方式，扩大农牧民劳务输出规模。积极加强引导，坚持举办那曲地区畜产品交易会，缓解了畜产品流通瓶颈制约，极大地提高了农牧民群众的市场经济意识。依托青藏铁路开通运营的有利时机，通过鼓励农牧民从事城郊旅游、畜产品加工销售、民族手工业等非农行业，大大拓宽了农牧民增收渠道。全年农牧民技能培训 3546 人次，全地区劳务输出 4.4 万人次，劳务收入 5960 万元。

【切实落实投资，基础设施明显改善】努力争取国家投资，积极衔接援藏投资，千方百计扩大社会投资，着力加强基础设施建设，为地区经济的快速增长提供了强有力的支撑。2007 年，完成固定资产投资 21.12 亿元，同比增长 37.86%，其中：基本建设投资 20.92 亿元，更新改造投资 0.2 亿元。基本建设投资中：国家投资 13.61 亿元，增长 23.39%；援藏投资 1.31 亿元，与 2006 年持平；社会投资 6 亿元，增长 115.83%。自治区“十一五”规划涉及那曲地区的 72 个项目中，已完工4项、开工建设28项，占项目总个数的44.44%；落实到位投资17.08亿元，占总投资的33.36%。

【重点项目进展顺利】公路交通运输网络初具规模，完成项目投资3.52亿元，那曲县城—色雄乡公路、巴青县（317国道）—贡日乡公路分别于10月和11月通过交工验收，索县热瓦乡—赤多乡公路、嘉黎县城—忠义乡公路以及59个农村公路三期项目进展顺利。能源建设逐步推进，完成投资0.53亿元，7个县（巴青、比如、索县、嘉黎、聂荣、安多、那曲县）三期农网项目于9月全面完工，部分县已通过初步验收；嘉黎县水电站改扩建工程、比如羊秀水电站工程已完工并通过初验；双湖区西亚尔电站完成投资1000万元，比如县吉前水电站完成投资5900万元。那曲（109国道）—聂荣县城油路、纳木措—班戈县城油路、那曲镇环城路、那曲镇农贸市场、尼玛县水电站、索县额荣电站、比如县白嘎电站等项目已经具备了开工条件。社全事业投资逐步加大，完成社会事业发展项目投资1.27亿元，"两基"攻坚五所中学建设顺利完工，地区职业学校已完成第一期工程，18个乡镇卫生院已完工，3县（区）疾控中心（安多、聂荣、双湖）和3县卫生服务中心（巴青、比如、班戈）开工建设。城镇基础设施进一步完善，完成投资1.88亿元，那曲物流中心顺利开工，完成投资1.2亿元；那曲火车站通站道路完成投资550万元；那曲镇垃圾填埋场竣工并投入试运行；巴青县城市政道路（达尔塘路）已竣工，比如、尼玛县市政道路以及11个县（区）给排水二期开工建设。稳定项目完成投资0.62亿元，主要项目有：6个县检察院和法院办案业务用房，8县（区）公安局办公楼，21个乡镇公安派出所等。改善办公生活条件项目完成投资2.26亿元，地县乡三级机关事业单位干部职工周转房建设顺利实施，地区民宗局办公楼开工建设，比如县政府办公楼顺利完工并投入使用。这些基本建设项目的实施，有效缓解了那曲地区基础设施的"瓶颈"制约，极大地改善了那曲地区广大人民群众的生产生活条件，增强了地区经济的发展后劲。

【项目前期工作取得积极进展】根据自治区贯彻落实国务院第167次常务会议暨分解落实"十一五"规划项目会议精神，按照"行业对口"的原则，那曲地区发改委在2007年4月3日将自治区"十一五"规划中涉及那曲地区的72个项目的前期工作和项目衔接、投资落实工作任务分解到了31个相关单位，行署分别与各单位签订了落实责任书。截止目前，那曲地区各行业单位已经与自治区各行业部门进行衔接，并列入自治区行业规划（计划）的基本建设项目有53项，占自治区分解到那曲地区72个项目的74%，落实项目前期经费360万元。那曲至聂荣和纳木措至班戈两条油路、那曲镇环城路、尼玛县水电站、比如县白嘎水电站、地区妇保院改扩建工程、地区藏医院改扩建工程、8个县级藏医院改扩建（新建）工程、地县两级（那曲镇、安多县、巴青县、比如县）农贸市场、县级（班戈县、雁石坪镇）垃圾填埋场等项目已完成前期工作；县级给排水工程完成前期工作并已落实投资；地县乡三级干部周转房完成前期工作并实施；109国道那曲物流中心段道路改造工程完成可行性研究；顺利完成全地区村级组织活动场所规划；地区中学、那曲镇供排水管网延伸、地区社保服务中心等项目的前期工作进展顺利；旅游基础设施已列入自治区行业规划，投资3360万元。此外，根据国家、自治区的投资方向和那曲地区"十一五"规划重点，顺利完成了2008年基本建设项目计划（草案）的编制工作。

【积极推进受援工作的开展】2007年是浙江、辽宁两省和中央五大企业援藏工作交接之年，为总结经验，制定下一步的工作计划，那曲地区发改委按照地委、行署的要求，对浙江、辽宁两省第四批和中央五大企业第二批援藏工作和援藏项目、资金情况进行了认真总结，根据那曲地区与两省及五大国企签订的第五批、第三批建设项目框架协议，制定了受援计划。初步落实浙江省援藏协议资金约1亿元（不含地市和部门援助资金）；辽宁省援藏协议资金约7500万元（不含地市和部门援助资金）。截止目前，浙江、辽宁两省第五批援藏和五大企业第三批援藏完成投资1.31亿元（含援助物资和设备2914万元），其中：浙江省援藏完成投资1540万元（含物资和设备740万元）；辽宁省援藏完成投资2268万元（含物资和设备1508万元）；两省对口市援藏完成投资1226万元（含物资和设备80万元）中直五大企业援藏完成投资8057万元（含物资和设备586万元）。地区赛马场改扩建工程、地区青少年活动中心、浙江商贸城等一批援藏项目竣工并投入使用；农牧民安居工程配套投资、中信宾馆、公安系统"三台合一"工程、太阳能光伏光明工程等一批建设项目相继启动。

那曲地区商务工作

【年度情况与特点】2007年，那曲地区完成社会消费品零售总额9.5亿元，完成年度计划9.3亿元的102%，比上年增长16%，超额完成年初任务的3%，实现商务对GDP的贡献率达31%左右。完成进出口贸易总额267.6万美元，完成年度计划105万美元的254%，比上年增长179%。其中进口180万美元，产品以汽车及零配件为主；出口87.6万美元，产品主要有羊毛（绒）、皮革和虫草等。1—11月，完成碘盐推广1245.3吨，完成年度计划1315吨的94.69%，到年底，可全面完成年初确定的目标任务。

【加快推进市场流通体系建设，社会消费品零售总额较快增长】加强同各县（区）政府的协调和衔接，推进落实"万村千乡"市场工程，完成中东部5县28家农家店改扩建任务。继续做好2006年8家农家店的复检巩固工作，进一步方便了群众购物。全面启动实施"双百"市场工程，投资300万元在唐盛公司实施的"双百"市场工程项目，现正在抓紧实施，有望年底正式建成。

加强市场整治和监管，消费环境不断改善。一是进一步调整充实了"整规办"和"治理商业贿赂"领导小组，出动车辆48台（次）、人员158人（次），对成品油市场、液化气站、大小超市、批零网点、住宿餐饮业、美容美发、屠宰场等进行了专项整治，市场流通秩序进一步规范。二是严格食品安全监管，加强市场监测与调控，保证市场稳定。据对全地区生活必需品监测显示，那曲地区粮油肉蛋禽菜盐茶糖等生活必需品总体市场供应充足，价格基本稳定。三是加强牛、羊和生猪屠宰市场各环节的监督和检查，严格动物食品监测和检疫，发现问题，立即整改，确保了各类肉食品的安全性。受全国猪肉价格上涨的影响，在2007年生猪货源短缺、猪肉价格持续增长的情况下，积极督促各商家加大生猪从甘肃、新疆的调运力度，全力组织冻猪肉供应，保障了猪肉的市场正常供给。四是加大对液化汽和成品油市场整治力度，对地区所在地、G109、G317沿线的各县（区）成品油市场进行专项整治检查，并报请行署批准，对那曲镇顺达、新星等2家加油站予以关闭。对未办理经营手续的安多县信誉等3家加油站进行强制性关闭，并没收加油机等设备。五是严格边销茶市场准入，大力整治边销茶市场，没收一批“三无”劣质和不属于定点厂家生产的边销茶。六是清理整治再生资源市场，取缔了原自治区物资总公司驻那曲分公司，同时报请商务厅审核批准了2家再生资源分公司，经那曲地区商务局批准成立4家分公司。

【加强交流与合作，经贸发展领域进一步拓展】立足优势资源，实施“走出去”和“引进来”战略，坚持边境贸易和一般贸易两种方式并重，加强对外交流与合作，加强同上级业务部门的沟通协调，努力为外贸企业牵线搭桥，使之外贸合作与联系更为广泛。一是积极组团参加“厦交会”、“乌洽会”、“广交会”、青海藏毯国际博览会和尼泊尔国际贸易洽谈会，签订262.6万美元的羊毛出口合同。二是加强与区外企业的联系与合作，正在促成格尔木亚高绒业贸易有限公司与唐盛公司合作收购山羊绒（毛）协议，继续发展杭州外贸企业与色尼畜产品公司发展外贸联营业务。审批了“西藏那曲地区藏绒王羊绒制品有限公司”的从业资格。三是加强同上级的沟通联系，积极争取行署帮助解决唐盛公司收购羊绒（毛）资金不足的困难。四是积极组织有关人员赴青海学习考察手纺纱生产加工项目，促使那曲地区藏毯编织生产能力和编织水平进一步提高。落实培训经费35万元，培训藏毯编织工210人，并设法争取纺纱机1000台，现到位300台，拟于近期发放到那曲、班戈和安多县，纺纱前期准备工作正在进行，通过不断完善藏毯编织生产措施，全年完成藏毯编织4017平方英尺，实现收入8.13万元。

【努力确保加碘盐市场供应，碘盐推广进展顺利】认真落实《西藏自治区持续消除碘缺乏病防治规划》要求，不断完善碘盐推广措施，加大对目标责任的督促落实力度，基本完成年初确定的碘盐推广任务。没收假冒碘盐500公斤。共换发审验《食盐专营零售许可证》和《食盐专营准购证》358本，盐业市场更加规范（四）扎实做好项目前期工作，项目申报取得重大突破。

【项目申报】全年申报项目23个，申报项目资金5000余万元。申报项目主要有，地区农产品批发市场和申扎、聂荣等8个农贸市场，那曲、比如等11个县（区）加碘盐配送中心。现已批项目主要有地区加碘盐配送中心，地区农产品批发市场和安多、嘉黎、聂荣、班戈、巴青5县（区）农贸市场。落实项目资金2295万元。积极向行署争取并取得了火车站小商品批零市场的经营管理权。

【周密部署，精心筹备，顺利举办了首届虫草魅力艺术节】紧抓地区举办羌唐恰青赛马艺节术之机，由那曲地区商务局牵头成功举办了“藏北首届魅力虫草节暨土特产品展销会”。巴青、比如等九县农牧民个体商户965家、虫草大户58家参加了展销会。累计实现交易额8745万元，其中虫草成交额8150万元，占总成交额的86%；土畜产品和民族服饰交易额595万元，占成交额的14%。同时，促成区外商户同那曲地区商人签订了虫草长期供货合同。加强优势资源保护，成立了首家“那曲地区冬虫夏草产业发展保护管理协会”。

【存在的不足】一是市场环境有待进一步改进，创造安全放心的购物环境面临挑战。二是农牧区市场基础薄弱，流通体系不健全，商业网点少，流通渠道不畅，流通成本高，抑制了农牧民群众消费需求的合理增长；三是外贸企业面临的困难多、规模小，不能很好发挥外贸对经济的拉动作用，现仅有少量的自产产品出口。四是由于那曲地区盐湖多，牧民群众受传统生活习惯的影响，碘盐推广难度大，碘盐补贴资金不足。五是商务局机构编制不齐，业务工作经费少；大部分县（区）商务局未单设，影响了商务工作的顺利开展。

【获奖情况】康和平同志荣获“全国商务系统先进工作者”称号；索朗加措同志被评为“全国物流行业劳动模范、先进工作者”；扎西达吉同志被评为“万村千乡市场工程”先进个人。

【领导名录】

党组书记：杨绪卿

党组副书记、局长：杨东升

副局长：布达玛、白玛占堆、仇伟、袁晓敏

那曲地区粮食工作

【切实开展粮食企业人财物移交工作】根据粮改政策和那行办发［2007］132号文件以及地区10月10日召开粮食企业改革工作会议的要求，原那曲地区粮食局垂直管理的11县（区）粮食企业的人、财、物，按照属地管理，分级负责的原则，全面移交给县（区）人民政府，走出了粮食企业改革的重要一步，是推进粮食企业改革的重要举措，标志着那曲地区粮食流通体制改革取得重大进展，有利于当地政府对粮食行业的管理，更有利于国有粮食企业健康快速向前发展。地区国土资源局、建设局对各级粮食部门尚未明确的土地，确定了红线，解决了历史遗留地界不清问题，办理了企业房屋产权证和土地使用证。

采取措施，加强粮食市场监管。粮食市场有效管理是做好粮食工作的重要前提，地、县粮食行政管理部门加强了对粮食市场的监管。一是坚持一周一报机制，监管人员每周深入市场开展粮油价格、质量、品种调查，掌握粮食市场行情变化，综合分析原因，提出合理建议，及时上报。二是积极主动配合工商、物价、质检等部门对粮食市场进行监督检查，杜绝和防止了不符合国家卫生标准的粮油进入市场，保证了消费者的利益。三是加强了对粮食市场的有效监测，尤其是粮源偏紧和自然灾害等因素引起的粮食市场异常波动的监测工作。

建立地县（区）级粮食储备，完善粮食储备体系，增强宏观调控能力。中央和自治区在那曲建立的粮食储备，不能完全满足实际需要，地委、行署确定建立地区储备和县（区）配套的储备粮制度。一是地区储备200万公斤，行署根据地区财力实际情况，同意利用2006年地区财政安排防抗灾资金200万元采购84.7万公斤防抗灾粮食，既作防抗灾用，也作粮食储备，由地区民政局统一管理。二是县（区）配套储备20—30万公斤，各县（区）政府高度重视，积极落实，县（区）粮食部门认真采集粮源，已有4个县(区)组织落实储备粮食67.5万公斤，储存在县库和乡粮站，从而落实了政府宏观调控物资基础，保证了储备粮储存到位，以应对突发事件和防抗灾的需要。建立了中央、自治区、地区、县（区）四级粮食储备体系，增强了政府粮食宏观调控能力。

稳定粮食购销合作关系，落实市场粮源，确保粮食市场基本稳定。各级粮食部门积极与区内外粮食产区加强联系，互通粮食产销信息，发挥粮食资源和市场优势的互补作用，保证双方粮食市场平稳，达到互利双赢目的。一是粮食购销单位根据市场需求状况，积极组织适销对路的粮油品种投放市场，尤其是边远地区的粮食市场得到有效供应，满足了消费者，保证了市场需求。巴青县粮食部门为了满足当地市场粮食需求，政府主动出面与银行协调100（青稞50万公斤，内地粮50万公斤）万公斤粮食贷款，有力地支持了粮食企业的发展。二是积极争取抗救灾、三包学生等固定消费群体用粮供应，安多、比如、那曲等县在县委、县府和相关部门的支持下，对县里救灾粮和学生用粮全部由县粮食部门供应，年供应粮食96.5万公斤，不仅解决了学生用粮，还一定程度上保证了市场供应，企业扩大了粮食销售市场，取得了良好的社会效益和经济效益。三是了解市场结构，掌握市场行情，做好市场粮食品种余缺调剂工作，保证群众需求的粮油品种不脱销断档。一年间，全地区粮食购销企业共组织采购粮食172万公斤，发挥出了国有粮食企业主渠道作用，确保了粮食市场基本稳定。

【做好“老粮”销售处理工作】地区粮食局高度重视“老粮”的销售处理，局领导曾多次深入基层帮助企业销售，并要求务必按照自治区确定的销售政策，结合当地市场情况和粮食质量，采取调整销售价格、落实销售任务和实行有奖销售策略等灵活措施，切实做好“老粮”销售处理工作，全面完成了全地区“老粮”销售任务。

【加强储备粮管理工作】2007年，那曲地区粮食局一是认真落实《西藏自治区储备粮管理办法》，按照“政府委托、部门监管、分级负责、企业代储”的要求，六个储备粮管理单位与地区粮食局签订《西藏自治区储备粮代储合同》，以明确自治区储备粮数量、质量、责任。二是严格按照“一符三专四落实”的管理要求和《关于进一步加强自治区储备粮管理工作的通知》精神，完善保管员岗位责任制，签订安全保管责任书，坚持粮情报告制度和规范粮垛卡片制度，这些管理制度的落实，给储备粮的安全管理奠定了基础。三是根据《粮油储藏技术规范》要求，定期进行粮情检测，单位负责人半月一检查，保管员三天一自查，并保持每天对粮垛进行通风，半年进行全面检测，随时掌握粮食质量变化情况，确保储备粮安全。四是按照储备粮计划和储藏要求，全面如实储备到位，保证各级储备粮数量真实、质量完好，确保了储备粮储得进、管得好、调得动、用得上。五是根据中央储备粮总公司成都分公司和自治区《关于下达2006年度自治区储备粮轮换计划的通知》安排，在地区储备粮油轮换领导小组的指导下和公正部门的监督中，采取公开拍卖方式，面向社会、面向群众进行公平竞争、公开竞价，对中央556.3万公斤和自治区65万公斤（大米50，清油15）的粮油全部轮换完毕，做到了推陈储新，保证了储备粮油质量安全。中央储备粮轮出的青稞，主要销售给牧区群众和县（区）粮食公司，对那曲地区粮食市场起到了稳定作用。

【扎实开展清仓查库工作】清仓查库是检查粮食库存是否真实，质量是否完好的重要工作，是确保粮食宏观调控和粮食安全的必要举措。地区根据自治区粮食局《关于开展2007年全区国有粮食企业粮食库存检查工作的通知》（藏粮储字［2007］66号）文件要求，及时安排部署此项工作，各单位严格按照清查内容，对中央和自治区储备粮承储库点、数量、质量、品种以及储备费用补贴到位情况和企业储备资格进行了全面、认真、细致的清查，准确查清了实际粮食库存，除去正常的自然损耗，实物与保管账、统计账、会计账基本账、账实相符，库存粮食是真实完好。

【开展粮食收购许可证办理工作】为维护粮食市场秩序，保护粮食生产者和消费者利益，实行粮食收购许可证制度。根据自治区粮食局《关于印发〈粮食收购许可证〉申办程序的通知》要求，积极向社会和粮食企业做好宣传解释，申明办证必须具备的条件。一年来，全地区共有6家国有粮食企业具备资格，申请办理了粮食收购许可证。

【领导名录】

党支部书记：扎西平措

调研员、党支部副书记、局长：欧居平

副局长：赵永忠

那曲地区财政工作

【财政收入稳步增长，收支结构不断优化】2007年，那曲地区收支执行情况。1-11月份全地区财政一般预算收入完成10340万元，为年初预算的91.46个百分点，比2006年同期增加2455万元，增长31.14%。财政支出完成110086万元，为年初预算的134.80%，比2006年同期增加38429万元，增长53.63%。

一是大力支持农发、扶贫项目建设，促进农业健康发展。地区财政始终将增强那曲地区农牧业综合生产力作为财政支持“三农”工作的重点，不断加大农发、扶贫的投入力度。财政累计安排扶贫专项资金2472.5万元，支农专项资金1924.65万元，农业综合开发专项资金1232万元。地区本级配套资金1641.6万元（其中含抗灾资金100万元、能繁母猪补贴1.6万元，特色产业发展资金400万元）。

二是大力开展农牧民技能培训，调整产业结构，促进农牧民增收致富。2007年，地区本级安排基层农牧科技人员和农牧民技能培训经费50万元。培训内容主要包括皮张管理和保养，畜产品细加工，建筑预算、草场承包经营管理、人工种草、网围栏安装等技能培训，进一步提高了农牧民劳动素质，为转移农村富余劳动力创造了条件。安排资金60万元，支持农牧业产业结构调整及产业发展。2007年还安排了草场承包经费100万元和牲畜疫病防治经费100万元。

三是关注弱势群体，积极落实各项社会保障政策。地区财政一贯坚持资金向基层倾斜，向民生倾斜的原则，对社会保障工作给予大力支持，通过各种渠道，大力筹措资金，保证养老金和城镇低保资金的按时足额发放，并做好了自然灾害和社会救济专项资金的调度和落实，不断深化养老保险和失业保险制度改革，有力促进了那曲地区社会保障事业的健康稳步发展，为构建和谐那曲发挥了积极作用。1-12月份，累计支出养老保险金3870万元，失业保险金176万元，城镇最低生活保障金1188万元（低保资金发放率达100%），发放医疗保险金1625万元（本级配套700万元），本级配套61万元，用于扩大特困群众生活救助范围，救助范围由2006年的人均纯收入500元以下扩大到人均纯收入800元以下。另外，地区财政积极支持防抗灾工作，累计支出防抗灾资金358.3万元，为那曲地区防灾救灾工作提供了有力的财力保障。同时，积极组织全体干部职工参与“送温暖，献爱心”活动，为特困群众募捐现金9200元及防寒衣物等。

四是开展“支农资金管理年”活动，切实加强对涉农资金的管理。建立和完善涉农资金的管理制度，对支农专项资金实行“三专”制度，严格执行项目资金的审批、拨付程序，强化凭证管理。并组织工作组，深入基层，督促检查扶贫、农发等社会保障专项资金的落实情况和惠农政策落实情况。五是大力支持农牧民安居工程建设，改善群众生产生活条件。2007年自治区下达那曲地区农牧民安居工程建设任务为7024户，那曲地区计划实施7088户，自治区安排那曲地区村级组织活动场所和基础设施综合配套建设规模为100个行政村（含道路硬化行政村40个）。共下拨资金9571.6万元，共完成投资378209.86万元（自治区投资8858.2万元，地区本级配套713.4用于农牧民安居工程财政贴息。县级配套306.65万元，援藏资金2360.33万元，银行贷款7842.23万元，群众自筹18129.05万元）。村级组织活动场所建设地区下拨资金2380万元。截止11月底，已经完成7059户安居工程、100个村级组织场所和40个村的硬化路面建设任务。

二是国库集中支付改革顺利实施。在召开动员大会，制定《那曲地区国库集中支付改革实施方案》的基础上，于2007年9月6日，召开财政、税务、国库、银行国库集中支付改革业务协调会，对国库集中支付改革进行了周密部署。专门安排120万元资金，为地直60多家单位配备了电脑、打印机、国库集中支付系统软件等必需的软硬件设备，开通了财政与地直各预算单位之间的财政专用网络。并于2007年7月18日—8月3日，对地直64家单位73人次进行了为期17天的培训。培训期间，专门邀请了有关专家，对国库集中支付系统预算单位执行程序、国库集中支付工资系统软件的操作进行了详细的讲解。通过此次培训，参训人员深入了解了国库集中支付的有关程序，熟练掌握了国库集中支付系统软件的操作和使用，有力的推动了国库集中支付的顺利实施，于10月21日如期将全地区57家单位预算外资金纳入了统管范围。目前，那曲地区国库集中支付系统运转正常，效率良好，地直各单位公用经费计划、工资计划都基本能够按期报出，支付工作能够顺利完成。

【强化部门预算编制，加强财政监督，狠抓增收节支工作】首先是调整并充实了预算编审工作领导小组及具体办事机构，进一步强化了预算编制、追加和调减审核机制在预算约束、预算追加、财政资金分配上的科学性、公正性和公开性。其次是加大财政监管力度。按照年初地区经济工作会议及财政工作会议精神，进一步加强了对财政资金使用情况的监督力度，对项目资金的结转情况按年度、按项目进行了分类归纳，并形成了各专户项目资金结转情况表，保证了国库资金的安全。开展了非税收入专项监督检查。对国土局等地直十几家具有非税收入职能的单位进行专项监督检查，催缴非税收入1800万元，同时针对检查中发现的问题，下发了整改通知书，限期进行整改，使税收的管理日趋规范和合理化。根据国库集中制度改革工作的需要，对各单位账户进行了清理，设立了单位零余额账户。支持税务部门挖掘税收潜力，开辟较为稳定的财源。同时协同各级征管部门积极采取有效措施，加强农、林、牧产品采购营业税的监督管理，特别是狠抓畜产品采购和虫草采购税的征收，使该行业的税收比以往大幅度增长。加强了基本建设资金的监督管理力度。实行基本建设资金直接支付制度。直接将基本建设资金支付给施工方，简化了资金拨付环节，规范了拨款程序，提高了拨付效率，防范了风险的发生，对解决“双拖欠”问题发挥了积极作用。

【积极争取对口援藏支持，援藏工作迈上新台阶】2007年7月，浙江、辽宁两省第五批援藏干部如期抵达那曲地区财政局开展对口支援工作。到达那曲地区财政局后，他们深入调研，主动和全局干部职工交心谈心，了解那曲地区财政工作情况，理清援藏工作思路，主动将那曲地区财政存在困难向浙江、辽宁两省财政厅领导汇报，赢得了两省财政厅领导的理解与支持。10月17日，浙江省财政厅代表团到那曲地区考察指导工作。代表团一行8人，由浙江省财政厅副厅长傅钱生带队，浙江省财政厅人教处、绩效评价处、团委、票据中心等相关部门负责人随行。代表团详细了解了那曲地区财政发展状况，并当即表示在以后的援藏工作中，浙江省财政厅将进一步加大援藏力度，支援那曲财政事业的发展，同时，每年将组成考察团来那曲考察，及时了解那曲财政发展状况，对于具有良好发展潜力的财政建设项目，将给予大力支持。局领导主动到辽宁省汇报工作，答谢辽宁省财政厅多年来的支持和援助，积极汇报困难，提出援藏思路，赢得了理解与支持。辽宁省财政厅也表示将进一步加大支援力度，积极支持那曲财政事业的发展。

【领导名录】
党组书记：胡林
党组副书记、局长：普珍（女）
党组成员、副局长：李沐（7月任职）、金光对（7月离职）、邬达贵（2007年7月至今）、江白西绕（2007年10月至今）、多吉（2007年10月至今）
党组成员、副调研员：熊川

那曲地区税务工作

【年度特点】2007年，那曲地区国税系统紧紧抓住组织税收收入这一中心工作，按照新时期税收工作的指导思想，围绕“强化税收基础管理，推进和谐税收建设”主题，进一步推进依法治税，稳步实施税收改革，全面强化科学管理，切实加强队伍建设，充分发挥税收职能作用，在推动税收收入大幅增长、提高税收征管质量和效率、提升干部队伍素质、推进税收信息化建设进程等方面取得了新的成绩，为那曲社会稳定和经济发展做出了积极贡献。

【组织收入情况】2007年度，那曲地区国税系统共组织各项税收11,294万元，比上年度增收1,995万元，增长21.45%，完成年度计划的107.35%。在2007年全地区税收收入中，中央级收入5,261万元（含车购税2051万元）、自治区级收入294万元、地市级收入2,342万元和县级收入3,397万元，依次比上年度增收1,147万元、99万元、271万元和478万元，其占总收入的比重依次为46.58%、2.60%、20.74%和30.08%。从税种收入情况来看，11,294万元各税收入中，税收收入为11,043万元，其他收入为251万元。分税种收入，其中增值税全年累计实现收入3,233万元，比上年度增收782万元，增长31.91%；营业税全年累计实现收入3,727万元，比上年度增收159万元，增长4.46%；个人所得税全年累计实现收入377万元，比上年度增收12万元，增长3.29%；企业所得税全年累计实现收入906万元，比上年度增收76万元，增长9.16%；车辆购置税全年累计实现收入2,051万元，比上年增收525万元，增长34.40%；城建税全年累计实现收入184万元，比上年度增收21万元，增长12.88%；印花税全年累计实现收入32万元，比上年度增收13万元，增长68.42%；资源税全年累计实现收入502万元，比上年度增收412万元，增长457.78%；土地增值税全年累计实现收入31万元，与上年同期持平；教育费附加全年累计实现收入194万元，比上年度增收26万元，增长15.48%；税务行政性收费全年累计实现收入15万元，比上年度减收17万元，下降53.13%；其他罚没收入全年累计实现收入42万元，比上年度减收14万元，下降25%。

【收入增减及税源分析】2007年那曲地区税收总量稳中有增，主要是增值税、资源税和车辆购置税形成的。在加强税源管理方面一是加强了重点税源的管理，对建筑安装业、采矿业、畜产品、中药材等行业采取多种措施加强征管。积极加强了与当地政府和相关职能部门的沟通和交流，在畜产品、中药材、个体加油站、车辆购置税和矿产资源方面抓出了地域特色，积极培植新税源，挖掘新的税收增长点。二是加强重点税种管理，2007年那曲地区增值税、营业税、企业所得税、资源税、车辆购置税等税种都较上年有所增长，在增值税的管理上严格按照总局和区局提出的一系列加强增值税管理的意见，坚持“以票控税、网络比对、税源监控、综合管理”的要求，对制造业、采矿业、电力生产及供应业、批发零售业等行业加强监管；在营业税的征管上，加强了对交通运输及邮政业、建筑业、租赁和商务服务业、住宿和餐饮业、信息传输、计算机服务和软件业、房地产业、畜产品、中药材等行业的征收管理，对建筑安装业营业税的管理，研究制定了行之有效的措施，消除管理真空，最大限度地避免和减少了税款流失；在企业所得税的管理上加强了对企业的动态管理，对企业生产经营信息进行分析评估，从源头上控管；在资源税收征管上，各征收部门结合自身实际，积极主动与当地党委政府和矿管等相关职能部门加强联系，加强了每个矿点开采量的摸底调查，做到不漏矿点，不少税款，确保了税款应收尽收、及时足额入库；车辆购置税再创新高，主要是加强了与公安交警部门的联系协调力度，从源头控管车辆购置税。

【依法治税情况】2007年，那曲国税系统按照“内外并举、重在治内、以内促外”的方针，不断转变治税理念，改进治税方式，努力营造和谐的治税环境。一是深入贯彻国务院《全面推进依法行政实施纲要》和区局印发的《实施意见》，进一步加强依法行政，规范执行了法定权限和程序，并下大力气执行好了税收法律法规和政策，不断加强税收征管。二是认真落实执法范本，完善以税收执法责任制为主体的内部执法监督体系，继续推行税收执法岗位职责和工作规程范本，严格税收执法过错责任追究制，促进执法行为进一步规范。三是继续发挥案件审理委员会的作用，各县局相应成立了由县纪检部门参与的营业额评定领导小组，坚持集体评税、集体核定制度，加大税收执法环节的公开性、公正性和透明度。四是落实了新政策及各项税收优惠政策。严格按照法定权限和法定程序，执行和落实了下岗失业人员再就业、西部大开发、招商引资、新办企业、乡镇企业等税收优惠政策。五是认真开展基层调研工作。在2007年的基层调研工作中，制定了“基层看基层，基层评基层”工作方案，采取了“基层+地区统筹评估”的办法，整个调研工作行程2800多公里，辗转九个县局，累计走访纳税户140户，通过深入细致地调研，对全地区基层税收工作有了一个全面客观、深入细致的了解和掌握，为地区局的各项决策提供了第一手资料，同时进一步促进了基层税收事业全面发展。

【信息化建设情况】2007年那曲地区国

税系统信息化建设步伐明显加快，主要体现在各项数据应用方面，包括《综合征管系统V2.0》软件和车购税软件的运行维护；“集中核算”前期准备工作的顺利开展；《公路货物运输发票（代开）软件》、《网络安全审计》、《远程监控管理》、《国税系统人事管理软件》、《增值税计算机稽核系统V6.0（网络版）》、《协查信息管理系统V3.0（网络版）》的上线推广和各县局视频会议系统的上线推广任务的圆满完成。

【获奖情况】2007年2月27日，全国妇女“巾帼建功”活动领导小组授予那曲地区国税系统“全国巾帼文明岗”荣誉称号。

那曲地区国家税务局荣获2007年度自治区级青年文明号流动红旗集体。

【领导名录】

党组书记、局长：嘎百才

党组成员、副局长：南扎、齐崇喜

党组成员、纪检组长：白玛次仁

人行那曲中心支行

【地区金融机构业务情况】截止2007年年底，那曲地区金融机构各项存款257968万元（人行统计口径），同比增加60070万元，增长了23.29%，储蓄存款69783万元，同比增加7683万元，增长了11.09%，金融机构各项贷款126249万元，同比增长1979万元，增长了1.59%，2007年现金累计净投放66764万元，同比多投9266万元。

【认真贯彻执行稳健的西藏货币优惠政策】人行那曲地区中心支行进一步发挥窗口指导作用，通过召开季度行长联席会、经济金融形势分析会、座谈会和深入金融机构开展调研等形式，引导金融机构全面理解国家宏观调控政策，准确把握调控时机、节奏和力度，注意区别对待，有保有压，不搞“一刀切”。积极推动下岗、失业人员小额担保贷款和国家助学贷款发放工作，规范消费贷款业务，2007年末辖内消费信贷余额2.16亿元，比2006年末增加0.63亿元。将做好优惠政策执行情况宣传、调研做为货币信贷工作的重点，疏通货币政策传导渠道，充分发挥人民银行的窗口指导作用，对各县支行信贷政策指导面达90%以上。积极引导商业银行对中小企业贷款、消费信贷、下岗失业人员小额担保贷款、扶贫贴息贷款、民族贸易和民族用品生产贷款等的政策指导，随时监测其信贷变化，并针对消费信贷、下岗失业人员小额担保贷款、扶贫贴息贷款开展了专项调研，拟写调研分析材料，加以信贷优化，随时做好相关信贷的数据监测，以确保贷款增长与经济增长的相适。截止目前，那曲地区农牧户“四卡”发放已超过56567张，发放面86.29%，使用率96.58%，除“四卡”贷款外，“农牧民安居工程贷款”的发放也已经在2006年在那曲地区全面启动，贷款额度将达1千多万元，受益群众将达7000多户。认真做好利率管理监督职能，加强优惠利率宣传，调查中发现，人行近几年来强化利率管理，坚持一年1—2次的利率执行情况调查并大力宣传利率法规知识，各商业银行利率执行情况明显好转，利率执行出错率低或无，严格执行了《西藏银行有差别加罚息办法》和《西藏优惠贷款利率政策》，在历年利率调查中发现的问题均已整改。调查中发现的“三卡”贷款未执行一年一定的利率调整、各商业银行利率执行缺乏灵活性等问题，要求各部门予以整改。定期开展重点企业监测和民间借贷监测工作。人行拉萨中支货币信贷处指导开展了几项往年没有开展过的新工作，如重点企业监测季度报告制度、民间借贷利率半年调查监测制度和信贷支持农牧特色产业调查月度报告。人行本着保时、保质、保量的态度，认真针对具体工作安排调研、汇总数据和拟写调研材料。按要求定期上报《重点企业监测报告》，《民间借贷利率监测报告》，以及针对信贷支持农牧特色产业开发项目情况调研。加强银政、银企和相关经济职能部门的沟通与协调，共建地区金融生态环境良好平台。年初，针对“十五”期间那曲地区金融支持经济建设的相关情况，在行领导指示下，专门邀请行署主管金融的副专员及相关经济职能部门召开了“那曲地区金融工作汇报会议”，通过此次会议的召开，使政府和相关经济职能部门了解了那曲地区金融机构在“十五”期间在经济建设中，特别是在对农牧区的金融支持中发挥了应有的作用，加深了对金融的理解和支持，同时2007年还加强了金融信息多向政府部门报送，建立了银政信息沟通平台。那曲人行中支负责组织召开了“银企座谈会”会，除那曲地区八家企业代表参加外，地区行署副专员和国资委、商务局、财政局、发改委的负责人也参加了此次会议，银企联席会是人民银行为商业银行和企业搭建的一座桥梁，通过座谈各方找出自身问题，共商解决方案，为商业银行支持企业发展起到了良好的促进作用。

【着力维护金融稳定】建立了金融稳定工作基本框架，建立联席会议制度，明确了成员单位应履行的职责。完善了辖内经济金融监测体系，规范经济金融监测运行制度，及时掌握辖内经济金融发展互动状况。创建金融安全区工作取得新进展，金融机构维权力度进一步加大，在巩固企业逃废债户数、余额双降成果的基础上，严防新的企业逃废债行为发生。金融机构的资产质量进一步改善，不良贷款余额和比例大幅下降。金融业改革进展顺利，中国建设银行那曲地区中心支行通过股份制改造后运行稳定，各项内部改革得到了深化。继续开展那曲地区金融债权管理有关工作。自银监会成立以来，由于那曲地区未设立银监机构，因此金融债权管理工作相关资料未移交相关机构，但相关企业兼并破产情况，其它金融债权管理的相关信息，仍由人民银行那曲地区中心支行进行关注与参与。

【努力提高金融服务的效率和水平】积极开展电子联行业务，加强对同城票据交换工作的组织和管理，在2007年全年共发送电子联行往账超过1200余笔，金额逾12亿元；接收电子联行来账1000笔，金额逾10亿元，为那曲地区经济发展所需的资金提供了高效率的支付服务。对同城票据交换网点进行调整，完善相关管理制度。货币发行量进一步加大，保证了全辖现金合理供应，认真按照“适当集中、合理摆布、灵活调拨”

发行基金调拨基本原则，严格把关发行基金调拨手续，完成了辖区四个代保管库的发行基金调拨和各种发行基金券别及金额的合理摆布，确保了合理的现金供应。并多次组织开展“反假货币宣传周”活动，扩大了反假工作的影响面。经理国库水平不断提高，按照人民银行总行的统一安排，作好了国库会计核算系统和小额支付系统在那曲地区推广运行上线工作。积极主动配合财政相关部门做好国库集中支付改革试点和推广的各项准备工作，进一步建立和完善了那曲地区财、税、库、行联席会议制度，多次与财税部门就改革中和工作中存在的问题进行沟通和探讨。在财税改革工作中做到了各相关部门统一步调，各尽其责，各尽其能。在确保国库资金安全的基础上，建立资金汇划“绿色通道”本着“特事特办、急事急办”的原则，积极地支持了那曲地区的经济建设。按照相关制度规定做好了与财政、税务和本行会计业务部门及上下级国库之间的对账工作，针对对账中发现的问题及时查明原因、采取措施，做到了“四核对、四相符”，保障了那曲地区各级国库资金的安全和完整。按照上级国库的要求，结合那曲地区实际，积极与那曲地区财税部门沟通。分析那曲地区横向联网系统和集中支付业务相关需求，形成业务需求报告，为系统开发提供参考。继续加大实地业务检查和国库监管力度，切实防范国库资金风险。

【领导名录】

党委书记、行长：潘从源

党委委员、纪委书记：格桑占堆

党委委员、副行长：布尼玛、饶邦志

党委委员、副调研员：孟英福、杜仁杰

农行那曲地区中心支行

【年度情况与特点】2007 年，农行那曲中心支行党委把“加快业务有效发展”、“积极稳妥推进股份制改革”、“加强全面风险管理”作为全行工作重点，紧紧围绕年初全区农行工作会议精神和地委行署有关经济工作部署正确处理改革、发展、稳定之间的关系，在全力拓展城区业务的同时，大力发展农牧区业务，取得了显著的成绩。一是存款增势稳定，资金实力不断增强，资金成本结构进一步优化，2007 年底，各项存款余额达 173,813 万元，年平均市场份额占比为 71.34%。二是各项贷款尤其是涉农贷款大幅度增长，有力支持了地方经济及社会主义新农村建设，2007 年底，各项贷款余额为 105,763 万元，年平均市场份额占比为 81.36%，其中：涉农贷款余额82,058 万元，较年初增加 10,758 万元，增长 15.09%，完成年度计划 8,300 万元的 129.62%。农行那曲地区中心支行大量信贷资金投向“三农”领域，充分发挥了服务“三农”主力军的作用，在促进农牧区和谐、农牧业发展、农牧民增产增收和安居乐业等方面取得了显著成效，赢得了地委、行署的高度评价和广大农牧民的广泛赞誉。三是超额完成不良贷款清收任务，“双降”取得阶段性成果，资产质量进一步步提高。四是中间业务发展较好，收入同比有所增长。五是综合竞争力有了较大提升。六是服务功能不断完善。七是改革不断深化，内控得到加强。八是党建和队伍建设得到加强，干部员工队伍的思想政治素质和业务素质不断提高，凝聚力和战斗力明显增强。

【大事记】2007 年 3 月，地委副书记、行署专员段襄征，行署副专员孙玉英，秘书长多吉坚赞参加农行那曲地区中心支行工作会议，段襄征发表重要讲话；

2007 年 3 月，农行那曲地区中心支行开始进行股份制改革；

2007 年 8 月，农行那曲地区中心支行实行审计体制改革，成立农行西藏分行驻那曲审计办事处；

2007 年 9 月，农行西藏分行党委委员、副行长张首都携综合工作组来农行那曲地区中心支行进行调研、考察、指导工作；

2007 年 12 月 31 日，行署副专员谭永寿、行署副专员孙玉英、秘书长多吉坚赞看望慰问农行那曲地区中心支行年终决算一线加班员工。

【领导名录】

党委书记、行长：旺加

党委副书记、副行长：李磊

党委委员、纪委书记：次仁多加

党委委员、副行长：秋恰、陈晓应

人保财险那曲支公司

【年度情况与特点】2007 年，人保财险那曲支公司在全体员工的共同努力下，克服各种不利因素，努力工作，开拓进取，提前五个半月完成分公司年初下达的 2007 年度计划保费收入计划；提前一个月完成了分公司下达调整后的当年各项指标任务，较 2006 年实现 53.4%的增长。当年实现保费收入突破千万元，当年接受保险出险报案 319 起，立案 280 件，支付保险赔款 612 万元，赔付率为 57.2%；综合费用率控制分公司制定的 92%的警戒线下，市场份额保持在 90%以上。较好地完成了当年工作任务。

【措施得当，保障有力，财务政策向重点一线倾斜】为保证 2007 年度任务经营指标的圆满完成，在年初认真分析形势的基础上，2007 年度那曲支公司针对以前公司的重要客户确定了“集中管理、差别服务”的 VIP 管理模式，根据实际情况变化，对黄金客户配备了专职人员做为客户经理，做好及时、高效的上门服务，保证了黄金客户的客户满意度，提高此部分客户的续保率及保费单产。事实证明，这是行之有效的。2007 年，支公司的重要客户续保率保持在 90%以上，重要客户满意度在 95%以上。

在网点配置方面，2007 年度人保财险那曲支公司根据对当地经济发展情况的的分析判断，在分公公司的大力支持下，加大财务资源投入倾斜力度，本着适当超前，占领阵地的出发点，当年新设置安多县营销部、那曲车管所营服部两个网点，选派有责任心的同志负责业务的开拓发展，并在财务资源上给予倾斜。对当年新设立的安多县营销服务部在开办费用方面安排专门资金；对那曲车管所营销部则采取支公司集中统一投入，加大公关展业力度。通过实行差别倾斜政策，当年新设立两个营销部业务发展迅速。同时，也保证了在那曲地区保险网点布局方面人保财险那曲支公司的地域优势，确立了人保财险那曲支公司在下一步业务竞争中的优势地位。

在发展个人代理营销队伍方面，2007 年，按照分公司指导精神，结合近两年那曲支公司个代队伍建设及运行情况，采取了适当控制规模，重点提高素质及个个单产的策略。即：配备专门管理人员兼任组训，重点通过对新招录的个人代理营销人员进行各方面素质培训，成立了承保中心下属的个代理管理中心，集中管理人代人员及业务，并对其展业业务实行承保中心集中统一核保确保业务风险可控。并通过集中的管理为个人代理人提高住宿、食堂、交通等便利，增强个人代理人的归属感及留存率。通过这些措施有效的提高营销队伍的稳定性。

【重视员工教育，提高员工综合素质】 2007 年，人保财险那曲支公司专门制定了员工培训教育计划，规定每周二、四利用晚上一个半小时时间由承保、理赔的业务熟悉人员或其负责人做为内训培训讲师，对全体员进行业务知识培训；并借鉴分公司承保与理赔服务的联系制度方法制定人保财险那曲支公司承保与理赔服务联系制度，要求业务人员必须帮助和协助客户做好保险的承保到理赔及后续服务，干中学，学中干，理论联系实际，取了比较好的效果。大部分员工综合素质提高很快，在当年的客户服务满意度调查中得到了比较高的评价。

【积极与当地政府合作，增强业务发展后劲】2007 年，经过大量工作，2007 年，那曲行署以下发了《关于我地机动车辆办理保险的通知》（那行发[2007]129号)，明确那曲地区所有党政机关、企、事业单位机动车辆均须在中国人民财产保险股份有限公司那曲支公司投保。通过与当地消防、安监、公安等积极联系，对在那曲地区开展火灾公众责任险、建筑工程、矿山人员意外险及暂住人员意外险合作及开展方面取了政府支持，对以后人保财险那曲支公司在当地发展非车险业务打下了良好的基础。在政策性农业险方面，2007 年人保财险那曲支公司主要做了为分公司大商业风险部在那曲地区的农业险开展工作做好服务，积极联系地方政府各职能部门，在试点工作中做好资料收集，经验总结工作，为下一步在那曲地区开展农业险工作做好准备。

【狠抓理赔服务管理，理赔出效益】2007 年，人保财险那曲支公司加强了理赔服务人员的配置，自治区分公司也专门为那曲支公司配备了有丰富经验的理赔服务主管，结合总、分公司“异地出险，就地理赔”的的要求，组织理赔人员认真学习新业务知识，同时以加强责任心教育，提高服务质量与水平；同时，结合那曲支公司安多县营销服务部的开业，配备专门车辆及人员兼职处理事故现场，提高了第一现场查勘率，加快了理赔速度，大幅缩短了理赔周期，根据客户满意度调查，理赔服务满意度较上度大幅提高。

狠抓理赔和防灾防损质量的提高。公司从狠抓第一现场的查勘率入手，无论事故大小，无论白天黑夜，始终坚持赶到第一现场，掌握第一手资料。一是坚持双人查勘，双人定损，交叉做案，限时赔付，不断提高服务质量；二是坚持 24 小时值班制度，积极参与“三个中心”建设，以进一步提高服务水平；三是加强考核、加大督查力度。对理赔过程中出现各种问题一经查实，轻者批评教育，重者严肃处理，决不姑息；四是积极做好防灾防损工作。在分管领导的负责下，防理部门主动与各业务部门联系，及时拟订了重大客户防灾防损工作预案、夏季防汛安全检查办法、冬季防火防爆安全检查办法，始终做到提前把握，提前介入，积极会同相关业务部门对预案执行情况进行检查落实，对可能出现的问题及时采取措施，以减少损失，增强防范风险的能力。

【获奖情况】 人保财险那曲支公司被中国人民财产保险股份有限公司授予“2007 年度人保系统标杆县区支公司”称号。

【领导名录】

总经理：胡跃龙

总经理助理：李亚龙

那曲地区国资工作

【监管企业现状】 2007 年，那曲地区除乡镇企业总公司还未接管外，十四家企业已全部接管。其中：工业企业 3 户；内贸企业 7 户；外贸企业 3 户；旅游企业 1 户。已初步建立现代企业制度的改制企业有 3 户。

【工业企业生产情况】 2007 年度，那曲地区工业企业完成产值（现价）52.7 万元，同比下降 3.12%；实现净利润 25.3 万元，同比下降 1.9%；完成销售收入 51.6 万元，同比增长 0.38%；地毯（卡垫）为 500.2693 平方米，与 2006 年相比降低 3.57%。

【企业经营效益情况】 2007 年度，13 户监管企业实现资产总额为（不含羊绒分梳厂，下同）16701 与 2006 年同期的 15673 万元，相比增加了 1028 万元，上升了 6.6%；负债总额为 6363 万元，与上年同期的 7323 万元相比减少了 960 万元，下降了 13.1%；所有者权益为 10338 万元，与上年同期的 8250 万元相比增加了 1988 万元，上升了 23.8%；实现销售（营业）收入为 9169 万元，与上年同期的 6567 万元相比增加了 2602 万元，上升了 39.6%；上缴 495 万元；三项费用（营业费用、管理费用、财务费用）1929 万元，与上年同期的 1432 万元相比增加了 497 万元，上升了 34.7%。收支相抵后，实现净利润 257 万元。

【产权登记工作已圆满结束】 截止 2007 年 6 月底，那曲地区已有 34 家企业领取产权登记证。明确了企业产权、资产，为做好企业业绩考核、绩效评价以及国有资产保值增值工作创造了条件。

【企业清产核资工作顺利开展】 在作好了充分的前期准备工作后，目前，已开展了康桑公司、色尼公司、商办加工厂和地区羊绒分梳厂四家企业的清产核资工作，并且进展顺利，为其他企业的清产核资奠定了一个好的基础。

【企业改革】 地区烟草公司准备上划归

属自治区烟草专卖局管理，目前各项工作正在积极磋商之中。地区康桑公司、色尼公司、商办加工厂、羊绒分梳厂改制方案已初步形成，为了加快改革步伐，在9月份，那曲地区国资委聘请了西藏会计事务所对上述4家企业进行了清产核资。并在地区审计局积极配合下，抽调业务骨干深入企业，在最短时间内完成了改制对象的责任审计任务，审计报告已经完成。地区羊绒分梳厂于2007年9月由自治区国资委批准了政策性破产项目（藏国资发[2007]156号），目前地区企业改革工作领导小组办公室已向那曲中级人民法院递交了立案申请。

【积极推进牧工商公司和格尔木绒毛分梳厂的政策性破产工作】牧工商公司破产工作进展情况。经清算组审计清算，完成牧工商公司破产清算工作需要资金1361.76万元。其中75名职工安置费用总计为660.03万元，清算费用、债权人分配、应付职工工资等701.73万元。目前，牧工商清算组正积极努力，多方联系，采取刊登拍卖公告等形式联系买主，尽早变现资产，争取在年内完成牧工商公司的破产工作。

绒毛分梳厂破产工作进展情况。西藏那曲绒毛分梳厂破产清算工作已开展近二年，各项工作进展顺利。审计报告、资产清查和破产费用、职工安置费用测算等各项工作已基本结束。经清算组测算，完成格尔木绒毛分梳厂破产所需各项费用3512906.4元。经资产变现，绒毛分梳厂变现资金只有29000元，再没有固定资产可以变卖，目前缺口资金为3483906.4元。

【时刻关注企业经济动态，按时上报企业财经情况】2007年那曲地区国资委认真开展了那曲地区企业国有资产统计数据的收集与汇审、汇总的强调上报任务。并及时向区国资产、地区地委、行署上报了那曲地区国有资产统计报表和国有资产营运分析报告。同时每月及时向那曲地委、行署、区国资委统计评价处上报监管企业财务报表及经济运行情况说明，并适时汇总形成简报。

进一步加大企业技术改造力度。不仅从硬件条件着手，也从软件上进行了改造。如，饭店前台日报表采用了电算化管理，比以前更标准化、规范化，还建立了商务中心、网吧，开展了打字、复印、收发传真、上网查询和收发电子邮件等服务，受到客人广泛好评。在软件上，2007年，选派了两名经理到自治区旅游局进行为期十天的培训，考取部门经理上岗证书。还送出了部分管理人员进行外语培训，组织员工努力学习业务知识和进行思想道德教育20。地区江源公司肉联厂冷库维修项目被自治区列入那曲地区农牧特色产业项目投资建设，公司在财力紧张的情况下，想方设法筹集资金投入项目改造。目前，项目进展顺利，各项工作已基本进入尾声。地区兴达公司为进一步开发市场，在产品包装、款式、工艺上都进行了革新，并花大力气，开发出了角雕工艺品和雕牦牛尾精品，产品质量比往年有所提高。同时兴达公司也加大了企业技术改革和新产品开发。2007年，经过半年多时间的市场调查与分析，上报了《民族特色旅游纪念品生产车间建设可行性报告》。

【加强企业招商引资力度】2007年，结合那曲地区的资源优势、区位优势、政策优势，通过深入调研和可行性研究，进一步建全了那曲地区国有企业后续发展项目库。同时，以各种方式努力争取项目资金，抓住青藏铁路和西部大开发的历史机遇，以特色优势产业为突破口，以农牧民增收为出发点和落脚点，培植新的经济增长点。2007年新引进山东美佳集团总投资5000万元，开展牛羊肉深加工项目。

【加大民心工程建设，努力构建和谐企业、形成企业稳定局面】1.继续做好企业房改工作，及时申报那曲地区房改情况，早日完成房改基金兑现工作。于2007年11月15日已全面结束那曲地区国有企业住房补贴审核申报工作。到目前为止，那曲地区享受政府激励资金的企业有49户。但是部分房改资金因为一些客观原因，还未兑现到职工手中。

2.按照国家、自治区、地区三级政府的相关政策，妥善解决企业职工反应的实际困难问题。2007年是那曲地区国资委监管企业改革动作比较大的一年，那曲地区国资委在充分收集、利用三级政府优惠政策的基础上，对职工反映的情况能解决的尽量解决，不能解决的及时向上级主管部门汇报，以求在最短的时间内给职工满意的答复。

崔建余同志2007年被评为“全国企业兼并破产和职工就业工作先进个人”

【领导名录】

党委副书记、主任：崔建余

副主任：陈方勇、白玛占堆、格桑央珠

调研员：布唐

那曲地区国土资源工作

【进一步规范建设用地报批工作】2007年，那曲地区根据建设项目需要，三次调整那曲镇土地征收实施方案并报请行署审批。完成了那曲物流中心、比如水电站等大型建设项目用地的征地报批工作。兑现征地补偿费1000余万元，拆迁安置群众34户。根据相关政策规定，积极与有关部门沟通、协调，为农牧民安居工程组织用地报件工作，确保了建设项目的顺利实施。

【严把建设用地审批预审关】在严格审核的基础上，为火车站站前、中信迎宾馆、廉租房及通站路等工程提供建设用地5.6公顷，保障了项目的顺利实施。

【加强国有土地资产管理】一年来，追缴了300余万元企事业单位拖欠的土地出让金，盘活存量土地3772平方米，出让土地10宗，获取土地收入173万元。将城镇规划内4公顷存量建设用地，列入了国有土地储备。在土地、矿权市场不活跃的情况下，盘活存量，用好资源，全年上缴地区财政1900余万元。

【深入开展土地巡查和土地执法百日行动，严厉查处各类土地违法违规行为】坚持预防与查处相结合，突出重点，加大巡查力度。那曲镇城镇内执法巡查覆盖面100%。累计出动执法人员1000余人次，执法车辆800辆次。发现土地违法行为71件，查处43件，制止28件。强行拆除14处违法建筑，自动拆除7处。

受理各类土地纠纷共200余件，调处146件。先后多次召集那曲县、镇和各办事处、居委会及企业、群众代表参加的涉及征地拆迁等协调座谈会。及时成立了那曲地区土地执法百日行动领导小组，制定了《那曲地区土地执法百日行动方案》，由地区行署转发给各县（区）落实。通过开展土地市场巡查和土地执法百日行动，进一步规范了土地管理秩序，严厉打击了土地违法违规行为，切实解决了当前土地管理与利用方面存在的突出问题，巩固了土地市场整顿秩序成果，做到了守土有责、守土有法、守土有为。

【认真履行国土资源管理职能，积极支持企业改制】根据有关文件规定，结合企业的实际情况，积极配合地区破产清算领导小组等相关部门对那曲牧工商和那曲金萨矿业公司制定了土地资产的处置方案。完成了那曲邮政、电力、农行的土地测量、复核及设定登记工作。

【积极推进地籍管理工作规范化、制度化建设，强化社会服务功能】按照土地登记主体统一、权属明确、程序规范、手续完备、资料齐全，土地证书、登记卡等格式统一、内容完整的基本工作要求，登记发放国有土地使用权证184本，变更登记53宗，分割登记29宗，土地抵押登记130宗，抵押金额3852万元。保质保量地完成了2007年度全地区土地变更调查和地籍管理工作进度汇总工作。及时开展第二次土地调查前期准备工作，成立了以行署领导为组长的那曲地区开展第二次土地调查领导小组，制定了实施方案。积极筹划《那曲地区土地利用总体规划》的编制工作。

【坚持监督与服务并重，促进矿产资源合理、有序开发】督促矿山企业和勘查单位，按时进行矿产资源开采、勘查年检工作，认真审核工作进度报告和有关资料。加强储量登记统计工作，摸清各类矿山企业家底，编制《那曲地区矿产资源总体规划》，提高科学决策和宏观调控能力。从提供政策与办事服务等方面，支持和引导嘉黎县铅锌矿、尼玛县锂矿、申扎县铜矿及铜多金属矿等建设，鼓励农牧民进行矿产资源开发活动。积极为矿山企业、勘查单位排忧解难，参与调处企业与当地政府、群众之间的矛盾纠纷7次。督促矿山企业制定合理化开采方案，提高生产水平，实现矿产资源产值5672万元，征缴矿产资源补偿费188万元，参与矿产资源开发的农牧民工700余人，人均月收入800元。实现采矿权出让突破，出让那曲镇砂石料场采矿权3个，成交价款114万元。

【深入开展整顿与规范矿产资源秩序行动，严厉打击违法采矿行为】组织4次，20人次深入各矿山和勘查区块开展矿产资源开采、勘查秩序检查，重点查处无证采矿、越界探矿、以采代探等违法行为。依法查处晨光、鑫宇矿业公司非法开采行为，没收非法所得109万元，处罚13万元。对朗洞拉岩金矿、下吴弄巴砂金矿区出现的问题及时向地区行署和自治区国土资源厅汇报了调查情况。对进入崩纳藏布砂金矿区的74人和10台设备进行了强制清理。

【加强地质灾害应急管理】积极开展那曲镇地质灾害易发区调研及评估工作。起草了《那曲地区地质灾害应急预案》。在汛期对可能出现泥石流、塌方等地质灾害县，进行了重点防范、重点部署，做到应急准备。

【领导名录】

党组书记：江村

党组副书记、局长：布琼

副局长：刘宝良（7月离职）、姚志辉（7月任职）、王凤翼（7月任职）、胡永禄

副调研员：米玛潘多

那曲地区审计工作

【审计成果】2007年，那曲地区审计局紧紧围绕地委、行署的中心工作和人民群众关注关心的热点问题，严格按照法定权限和程序使用权力、履行职责，审计工作取得了显著成效。2007年共对25个单位项目进行了审计和审计调查，共查出各类违规违纪金额1683万元，管理不规范资金2271万元。审计处罚上缴财政15万元，（其中税金6万元，罚金9万元）。归还原资金渠道91万元，应自行纠正金额117万元。审计工作在加强宏观管理，促进依法行政、依法理财，维护群众利益，推动廉政建设等方面发挥了重要作用。

【财政审计】为确保政府公共资金“取之于民、用之于民”，让经济发展的成果惠及广大人民群众，使建设成果让人民群众共享，真正感受到公共财政的“阳光”。主要以规范预算行为为目标，加强对预算执行的审计监督。全年对那曲地区3个部门（单位）2002年度至2006年度预算执行情况进行了审计。总体预算执行情况较为乐观，同时也查出各类违纪违规金额267万元，管理不规范资金67万元。主要表现为隐瞒收入，漏交税金，挤占挪用专项资金等问题。

【基本建设投资审计】“十五”期间，那曲地区相当部分重点项目属于公共基础设施建设，投资主体是国家，花的是财政的钱，为了把这此项目实施好、工程管理好、资金使用好，主要加强对经济管理权力部门的审计监督。全年对那曲地区双湖、聂荣、申扎、巴青、比如、尼玛六县中学和地区第二中学基本建设投资项目进行了审计，审计总额为1022万元。同时此项目在不同程度上，存在违规分包、转包工程，建设成本不实等现象。

【专项资金审计】主要以公共管理为目标，围绕维护群众切身利益，强化民心工程和专项资金的审计调查。2007年重点对那曲地区社会养老保险基金，失业保险基金，天然草原退牧还草工程资金和农发项目资金等8项专项资金（基金）进行了审计和审计调查，审计总额为22021万元。未发现挤占、挪用专项资金现象。

【企业审计】紧紧围绕企业国有资产运营情况，坚持以财务审计为基础、以经济责任为中心，与企业改组、改制、改革相结合，积极开展国有企业审计。2007年对那曲饭店、综合市场2家企业资产、负债及所有者权益进行了审计。查出违

规金额15万元，管理不规范资金171万元。主要存在财务信息失真，内控制度不健全，会计核算不规范等问题。

【经济责任审计】以促进党内廉政建设为目标，加强对党员尤其是领导干部运用职权的审计监督。受地区纪检委、组织部的委托，2007年对那曲地区5名县处级领导干部进行了经济责任审计。查出各类违纪违规金额1401万元，管理不规范资金2533万元，这些问题主要是个别领导干部在任职期间，经济决策不科学，管理工作比较薄弱，依法理财能力不高等所致。

【领导成员】
党组书记：那托
局长：胡林（11月离职）
副局长：徐春林（11月任职）、刘祝华（7月离职）、周丙忠（7月任职）、谢天明、杨海蓉（女，11月离职）、卓玛措姆（11月任职，女）
纪检组长：塔尔培

那曲地区统计工作

【狠抓统计业务建设，统计整体功能得到有效发挥】2007年，那曲地区统计局圆满完成那曲地区全国第二次农业普查工作，根据《全国第二次农业普查实施方案》，自2007年1月1日起，在全地区范围内对农牧民收入、人口、男、女、居住环境、文化程度、牲畜饲养及草场承包等600多个指标进行普查，克服了那曲地区地广人稀、居住分散，普查人员抽调困难等因素。组织培训全地区十一个县（区）普查指导员，经全体农业普查指导员和普查员为期两个多月的共同努力，圆满完成了全地区67872户，366913人的普查入户登记工作。组织业务人员对十一个县（区）农业普查工作进行抽查，经过认真查找和不懈努力，使一批漏报、错报，瞒报问题得到及时解决。在开展农业普查报表审核工作中，从局抽调10名业务人员，对全地区所有农普报表进行认真审核。为了把农业普查工作做细做好。3月份，国家农业普查质量验收组，重点对那曲地区那曲县罗玛镇三个村的农普表进行抽查，并对全地区农普表进行了认真仔细地检查，对那曲地区农业普查报表质量予以充分肯定，认为那曲地区农业普查数据质量完全合格，顺利通过验收。

全局职工克服时间紧、任务重、人手少等诸多困难充分发挥爱岗敬业、乐于奉献的工作作风，努力提高数据质量、准确、全面、及时地完成了全地区生产总值（GDP）年报核算和农牧民人均纯收入数的计算。同时，还按时完成了劳动工资、工业、交通、商业、建筑业、投资、物价、城调、农调等专业的月报、季服、年报统计任务。

完成了巴青县、申扎县6个村的劳动力调查，全地区500户群众安全感调查，城镇100户住户收入，消费调查、城镇200户食品安全感调查，较好地完成了各项专项调查，极大地丰富了统计信息内容，客观、准确地反映了那曲地区经济社会发展情况，为各级党政领导正确分析经济运行态势，制定各项规划提供了重要依据。

自治区统计局、总队把教育培训放在十分突出的位置，加大对统计干部教育培训的力度。4月和5月份分别在北京和成都举办了地（市）、县两级统计局长培训班，9月在拉萨举办了全区统计干部业务培训班，那曲地区统计局抓住机遇，积极组织人员参加培训，地区统计局参加4人，各县（区）统计局参加培训6人，通过参加培训，使那曲地区各级统计人员增长了见识。开拓了视野，进一步提高了那曲地区统计人员的整体素质和业务水平。

【加强统计分析研究工作，提高统计服务水平】认真编印了《那曲地区1980--2006年统计年鉴》、《那曲地区国民经济主要数据2006年》小册子。认真开展分析研究工作，以不同侧面，不同发展阶段入手，反映社会经济发展成就，及时提供经济运行，社会发展、统计信息、统计简报等各类信息，为各级党委、政府及相关部门进行科学管理和决策提供了十分重要的参考依据。

【统计基础建设明显加强】2007年6月，全国统计系统对口援藏工作会议在拉萨召开，标志着统计援藏工作进入了实质性阶段。给那曲地区统计事业的发展带来了难得的历史机遇。国家统计局援助那曲地区统计局一部三菱越野车现已到位。对口援藏辽宁省统计局计划支援那曲地区统计局经费20万元，浙江省统计局援助那曲地区统计局的资金，统计人员培训，挂职学习事项正在协商中。

【存在的问题】一是统计基层力量薄弱，源头数据质量有待提高；二是缺乏精通业务、擅长分析的专业人才和素质全面的复合型人才，完成深层次、高质量工作的能力有待提高；三是强化靠前意识，提升那曲地区统计工作的服务水平，做好统计分析工作的自觉性和主动性不够。四是没有专门的统计执法队伍，统计法制建设进展缓慢。

【领导名录】
党支部书记、局长：李玉仙
副局长：布阿布（07年7月任职）

那曲地区工商管理工作

【加大服务力度，持续发展地区企业】2007年，那曲地区工商管理局不断探索企业管理的新机制，扶持和发展那曲地区企业。以改善软环境为重点，努力落实区党委、人民政府和自治区工商局有关企业优惠政策。以为企业办实事为切入点，切实加强企业登记注册管理工作的实效性，鼓励企业壮大、发展。截止2007年11月15日，那曲地区各类企业总户数293户，增长34户；注册资金60600万元，增长10013万元；分别比2006年同期增长13.13%、19.79%。根据自治区工商局《关于做好2006年度企业年检工作的通知》文件精神，那曲地区工商管理局组织执法人员通过大力宣传、送年检材料上门等形式，认真及时开展了年检工作。截止6月30日，2006年度那曲地区企业年检户数为224户，实际年检204户，未年检20户，年检率91.07%，与2006年同期相比年检率增长3.36%；注册资金38457万元，与2006年同期相比增加3592万元，增长10.30%。通过努力和宣传，那曲地区企业发展逐步规范化，在稳步中逐渐壮大起来，为那曲地区经济的发展起到了促进作用。

【发展个体私营经济，提供优质服务】个体私营经济的发展好坏是关系到那曲地区经济发展快慢的一个重要因素，也是确保“十一五”规划顺利完成的关键。因此，那曲地区工商管理局保持对个体私营经济的扶持力度，争取把那曲地区的个体私营经济引导好、发展好。2007年，那曲地区工商管理局分别于3月和10月，在局领导的带领下，前往那曲地区8县进行了实地调研，掌握了大量的第一手资料，为下一步发展农牧区个体私营经济提供了许多好的思路和观点。次此到8县实地调研，还采取了“边发照、边规范”的方式，为1506户农牧民个体工商户免费发放了《个体工商户营业执照》，并且减免了所有规费，有力促进了农牧区个体经济的发展。青藏铁路通车一年来，也有效促进了那曲地区个体私营经济的发展。截至2007年11月，全地区已发展个体工商户7145户，从业人员14422人，注册资金6731.22万元，同比分别增长14.12%、0.87%、19.98%；那曲地区2006年度应参加年检的个体工商户6261户，未参加年检558户，办理注销登记241户，实际年检4542户，年检率为83.27%；私营企业29户，投资者人数52人，雇工人数1034人，注册资本8590万元，同比分别增长20.83%、33.33%、5.30%、12.85%。

【促进农牧区经纪经人发展，培育地区特色经济】温家宝在建设社会主义新农村时强调：“建设社会主义新农村必须坚持以经济建设为中心，推动农村全面进步。要始终把发展农村生产力放在第一位，大力发展现代农业，全面繁荣农村经济。”就那曲地区目前实际情况来看，建设社会主义新农村，发展农村经济，关键是培育和发展农牧区经纪人，让农牧区经纪人带领大家增收致富。目前，全地区已发展各类经纪人442户，同比增长21%。在发展农牧区经纪人同时，还要积极挖掘有特色的经济，比如：酸奶，藏北风干牛、羊肉等，通过农牧区经纪人的引导，把特色资源转化为经济优势。

【落实高校毕业生就业、下岗职工再就业情况】那曲地区工商管理局从实践“三个代表”重要思想的高度，把促进个体私营经济发展与做好就业和再就业工作结合起来，不折不扣地执行和落实自治区党委、政府及自治区工商局制定的有关优惠政策，把下岗职工、高校毕业生就业再就业工作作为建设小康那曲、平安那曲、和谐那曲的重要内容，认真加以落实。目前，因享受优惠政策落实的下岗职工、退伍军人、残疾人等从事个体经营的有127户，免征各项规费14.02万元。

【心系消费者，强化市场管理，维护市场稳定】2007年那曲地区工商管理局共查处侵害消费者权益案件264起，案值27.14万元，没收金额4.20万元，罚款金额0.76万元；查处制售假冒伪劣商品案件172起，案值17.33万元，没收金额4.20万元，罚款金额0.40万元；处理消费者申诉164起，其中商品消费申诉114起，服务消费申诉50起，为消费者挽回经济损失17.99万元。开展了产品质量和食品安全专项整治工作。在2007年的市场巡查中，查处病死猪肉130公斤，价值0.47万元，对依法没收的病死猪肉进行了科学填埋处理。先后5次对那曲地区重要土特产品市场进行了专项执法检查。共检查土特产品经营户21户，没收“三无”土特产品总值达1.80万元。节日期间，出动执法人员191人/次，执法车辆50台/次。查处案值10万余元的“三无”过期不合格产品。收缴各类非法出版光盘21张，查缴色情光盘3张，同时对网吧也进行了拉网式的大检查，出动执法人员16人/次，执法车辆5台/次，有效规范了网吧经营秩序。2007年那曲地区工商管理局受理“12315”电话投诉164起，为消费者挽回经济损失17.99万元。

【加大无照经营查处力度，规范经营秩序】为了更好落实《无照经营查处取缔办法》，那曲地区工商管理局加大了市场巡查力度，深入乡镇和铁路沿线，为农牧民上门服务，采取“边发证、边登记、免收费”的方式，改善了农牧区登记管理乏力的现状。并且对城镇死角制定了定期和抽查的巡查计划，划分监管片区，与片区负责人签订了《责任书》，把责任落实到人。2007年，查处无照经营88起，案值20.31万元；没收金额0.04万元；罚款金额0.94万元。

【领导名录】
书记：旺杰（6月退休）
局长：肖斌
副局长：袁洪泽、钟明、王军义

那曲地区质监工作

【开展常压热水锅炉安全整治工作】2007年，那曲质监局组织精兵强将，对那曲地区投入使用的83户96台常压锅炉进行了监督检查和定期检验。那曲常压锅炉制造、安装、使用逐步走上正规。

【计量检定与计量宣传相结合，维护人们群众的根本利益】2007年，那曲质监局共计完成1个集贸市场12台（件）计量器具，65家商户65台（件）计量器具定期检验工作。完成那曲地区20家加油站84台加油机计量检定工作。完成对那曲地区3家食品生产加工企业进行了监督检查。检查结果显示，其计量状况不容乐观，需大力改进。完成对地区2家眼镜店计量器具的普查登记和计量检定。完成对那曲唯一一家通过计量认证的检测站金坤试验获证后的监督监管工作。结果显示，其计量检测体系状况良好。协助自治区质监局认证认可办公室完成对那曲唯一一家机动车辆检测线认证工作。截至2007年11月30日共完成对全地区10家液化石油气充装站、一家制氧站52块压力表的定期检验工作，支持了那曲地区特种设备安全监察工作。

【加强特种设备安全监察工作力度】将那曲地区那曲镇和11个县划分为四个辖区，并确定相应的各辖区安全责任人，切实实现安全责任到人。2007年，县级安全协管员协助那曲地区特种设备安全监察机构共计查处“土锅炉”4台，过期液化石油气钢瓶156个，发现并排除安全隐患15处，有力地保障了个县区特种设备的安全运行。

将那曲的加工企业、特种设备企业等详细状况与那曲地图有机的结合起来，形成了形象的那曲地区生产加工企业监督管理势态分布图。

2007年7月，那曲地区那曲镇5家液化石油气充装站在那曲地区工商管理局的协调、指导下成立气瓶联合经营机构，并达成"过期钢瓶坚决抵制充装"的协议，那曲所有充装单位自发主动进行过期气瓶送检。气瓶定期检验工作取得突破性进展；2007年，那曲地区所有在用钢瓶基本实现定期检验，那曲地区定期检验钢瓶数量为3650只。

【强化市场准入，严格气瓶充装许可鉴定评审工作，从源头严把安全关】截止2007年10月底，那曲质监局顺利完成了对全地区11个县区的气瓶充装单位的鉴定评审工作，其中8家单位符合充装许可条件，获得颁发气瓶充装许可证。

【县级监管工作制度成绩初见成效】由于客观原因，截止目前为止，那曲11县区尚未成立质量技术监督机构。2005年以来，先后在11个县区聘请了22位质量协管员，并集中培训，用以加强各县质量技术监督工作。在2007年产品质量和食品安全整治工作中，这批质量协管员秉着对质监工作高度负责的精神，有力配合了各县区的专项整治工作，打假工作成绩突出，得到当地县委、县政府的肯定。

【产品质量和食品安全工作】成立了那曲地区产品质量和食品安全领导小组，指挥、领导那曲地区产品质量和食品安全工作。截止2007年12月15日，那曲地区共出动执法人员1235人次，出动执法车辆820台次，检查1020家商户（企业），查处货值56.3万元，挽回经济损失30.6万元。

成功实现对各类食品加工企业质量建档工作，截止目前为止，那曲地区目前有馒头加工作坊78家，糕点8家，豆腐小作坊2家，清油作坊6家，纯净水厂2家，肉制品加工厂1家，棉絮加工作坊2家，眼镜店2家，预制板厂27家，地毯厂1家，藏药制造厂1家，合计生产加工企业136家，获得"AAA信誉"企业有1家。截止10月31日，按照国家质检总局的要求，那曲质监局已经与辖区内所有食品加工企业签订了《食品安全承诺书》，签订率为100%。

联合食品药品监督管理、卫生部门、农牧等8部门对那曲食品加工企业、商品批发市场等企业进行了监督抽查。共计查处伪劣食品、"三无"食品、无"QS"标志食品价值达15万元之巨，数目、数量之多超出了现场执法单位各部门的想象。在监督执法过程中，捣毁1家劣质粉条窝点，查处一批数量很大的涉假"冰美人"葡萄酒，对2家生产的清油质量不合格的油坊和2家产品质量不合格的水厂依法责令停业整顿。那曲地区质监局2007年进行的为期3个多月的专项打假工作收获颇丰，基本扫除了那曲地区假冒伪劣食品，净化了市场，保障了百姓餐桌的安全。

【面临的困难】（一）基础建设工作存在很大困难。那曲地区质监局是一个新成立的单位，各方面都是从"一穷二白"艰难的道路上走过来的。那曲地区质监局干部职工的办公用房及部分职工的住宿问题尚未得到彻底解决，用于食品安全和特种设备安全检测的实验室也未得到落实。

（二）打假经费严重不足。那曲地域广阔，人烟稀少，交通不便，在执法经费上往往显得入不敷出、捉襟见肘。那曲地区质监局每年花费在执法打假方面的交通、维修、食宿、送检等工作方面的经费达到30多万元，约占全局办公经费的三分之二。长期的经费不足严重困扰着那曲地区质监局局党组，为了保障质量技术监督工作所应履行的"规范市场、扶优治劣、引导消费、服务企业"职能，时常迫于无奈压缩各方面的办公经费。

（三）专业设备的严重匮乏。由于经费的缺乏，导致很多用于质量技术监督日常鉴定、检查的仪器设施无法到位，造成了"巧妇难为无米之炊"的尴尬局面。

【领导名录】

党组书记：郭铁成

局长：吉祥佐

那曲地区
食品药品监管工作

【深入开展食品安全专项整治】2007年，那曲地区充实调整了那曲地区食品药品安全委员会领导小组。明确目标，细化责任，全地区114个乡镇成立了食品药品安全工作协调机构，完善食品安全信息联络员，要求及时向食品安全委员会报送有关食品种植、养殖、加工、包装、储藏、运输、经营、消费等环节发生的相关信息。

经地区行署督查科同意，把各县开展工作情况和地直各成员单位所开展工作，以及各种联席会议的工作部署通过行署督查信息来及时反映各县（区）和各成员单位整治动态，切实加强了食品安全工作的督促落实。2007年督查科下发督办事项信息中涉及各成员单位需要整改的督办事项2份。

每次联合执法行动由食品药品安全委员会领导小组办公室负责召集，联合执法结束后，由牵头部门将有关检查的具体情况以及查处问题、处理情况向食品安全委员会办公室做出书面总结。

2007年全地区食品安全委员会牵头检查食品生产加工、经营、餐饮业共1292户次，出动执法人员913人次，车辆127台次，在检查中没收过期变质和"三无"产品共1006种，价值人民币340162元，变质牛羊肉27斤，价值108元，查出不符合卫生条件的餐饮业223户，其中193户给予警告，限期整改4户、停业整顿5户、罚款19户共计9310元。确保了广大人民群众的饮食安全。

【深入开展整顿和规范药品、医疗器械市场秩序】加大整顿和规范药品市场秩序力度成立了由地区行署统一领导，各县（区）政府负责，食品药品监督管理局、卫生局、监察局、工商局、公安处、宣传部、发改委等部门为成员的领导小组，对全地区整顿和规范药品市场秩序工作进行了安排部署，2007年开展各项检查110次，共出动执法人员389人次，查处销毁假劣药品940种，价值191226.11元（其中主动上报的过期变质药品40个品种、价值33933.4元，各县（区）医疗机构过期失效药品清理 270 种，价值 117500.11 元），医疗器械 4 个品种，价值 6523 元（含主动上报的 2 个品种，价值 1434 元）。全年共立案查处 18 起，协查 16 起，案件移送 2 起，罚款 84632.元，下发责令改正通知 39 份。查出药品、医疗器械、保健食品违法广告 9 起，联合卫生部门取缔黑诊所 2 家。

加大药品源头治理力度。一是那曲地区食品药品监管局执法人员对地区藏药厂举办了为期一天的《药品管理法》、GPM 相关知识培训，参加培训的有地区藏药厂全体工作人员共计 35 人。6 月 13 日，针对药厂原辅料购入，生产管理、质量检验等方面存在的问题与地区藏药厂签订了《药品生产质量责任书》。二是严格审查参加医疗机构药品、医疗器械集中招标采购投标企业的资质审查，查出一家标示为“四川威龙药业有限公司”提供假证，取消了该公司的投标资格。三是严格依法审批新开办药品经营企业，2007 年在四个县新审批了符合条件的药品零售企业 4 家，为广大农牧民购药方便提供了有力条件。

加强中（藏）药材专项整治。4 月底，那曲地区食品药品监管局会同地区工商局结合那曲地区中（藏）药材市场的实际，与地区工商部门联合制定下发了《那曲地区开展常用中（藏）药材质量专项检查方案》，要求各县工商部门牵头全面整顿本辖区内的常用中（藏）药材市场秩序。5 月份联合地区工商局，对地区所在地的 5 家土特产经营店和 5 家药品经营店所经营的常用中（藏）药材进行了专项检查，检查中没收了未经批准标示主治功能的药酒 23 盒，假冒贝母 1274 克，标示为西藏福星商贸有限公司的产品 46 盒，总价值 2707 元，进一步规范了常用中（藏）药材市场的经营行为。

紧急清查不合格药品。专项检查中，在地区藏医院发现标示为中国生物技术集团公司，上海生物制品研究所生产的批号为 200511077 的可疑“人血白蛋白”药品，通过立案没收了未销售的“人血白蛋白”药品 58 瓶，没收违法所得 6762 元，罚款 35935.20 元。共计 42697. 20 元。根据药品流向通知，发现地区藏医院于 2006 年 8 月 9 日购进了假冒“人血白蛋白”200 瓶，但该批药品于 2007 年 4 月已全部用完。那曲地区食品药品监管局根据有关法律法规没收了非法所得 32400 元。同时发现那曲地区尼玛县中仓乡卫生院购进了假冒“人血白蛋白”20 瓶，已使用 15 瓶，在当地卫生部门的积极配合下查封扣押了剩余 5 瓶，并按程序立案后已下发了《行政处罚决定书》。

改进和加大药品抽验力度。为整顿和规范药品市场秩序提供技术支持，那曲地区食品药品监管局有针对性地开展了对具有潜在质量隐患的药品和群众反映强烈的药品进行了监督抽验，2007 年从 25 家药品生产、经营、使用单位共抽验送检药品 39 个品种 41 个批次。下半年充分利用“药品快速检测车”进行检测，从 24 家药品经营使用单位抽验 125 批次，发现可疑药品 4 个品种 8 个批次，其中 2 个品种已送自治区食品药品监检验所检验，2 个品种 6 个批次因不够检验量无法送检，已进行了查封扣押。

【积极争取对口支援】那曲地区食品药品监管局结合实际制定了《那曲地区食品药品监督管理局关于加强对口支援工作意见》，从对口援助的任务、对口形式、对口支援工作的管理等方面提出了具体的要求，为今后对口援藏工作奠定了良好的基础。7 月浙江省局为加大援藏力度，针对那曲地区药品监督管理队伍人员数量不足，总体素质不高等现状，选派了一名政治思想好、有丰富工作经验的副局长协助那曲地区食品药品监管局工作。年底为进一步加强对口援藏工作，使援助资金和项目发挥最大的社会经济效益，全面总结了近年来的受援工作，制定了具体的援助项目和计划。

那曲地区安监工作

【基本情况】2007 年以来，那曲地区共发生各类安全生产事故 53 起，死亡 53 人，与 2006 年同比分别下降 22.06%和 17.19%。其中死亡人数 53 人，占自治区下达的死亡控制指标（83 人）的 63.86%。其中，一次死亡 3-9 人的重大事故共发生 2 起，各死亡 3 人与 2006 年同期相比下降 33.33%。没有发生一次死亡 10 人以上特大事故。

道路交通方面：2007 年那曲地区共发生道路交通死亡事故 29 起，死亡 43 人，与 2006 年同比，起数与死亡分别下降 29.27%、26.2%。其中死亡 43 人占全地区道路交通死亡人数控制指标（74 人）的 58.11%。

火灾方面：2007 年全地区共发生火灾事故 18 起，死亡 4 人，与 2006 年同比事故起数下降 21.74%，死亡人数上升 400%。

矿山方面：全地区共发生矿山事故 1 起，死亡 1 人，占全地区矿山死亡人数控制指标（1 人）的 100%。与 2006 年相比持平。

建筑方面：全地区共发生建筑事故 3 起，死亡 3 人，与 2006 年同比持平。

铁路交通方面：青藏线那曲段全年共发生铁路路外事故 2 起，死亡 2 人。

【加强安全生产监督管理，强化源头治理】，那曲地区安监局贯彻执行，深入矿山企业、建筑施工企业和危险化学品、民用爆破器材生产企业进行了宣传和安全生产许可证领取情况调查，并严把准入关，对不具备安全生产条件的经营单位和企业，责令其整改并下达整改指令书。从源头上制止不具备安全生产条件的企业进入市场。

【针对突出问题，开展安全生产专项整治】那曲地区安监局加强了对非煤矿山和建筑施工单位的管理，重点检查了矿山企业手续是否齐全、是否规范开采设计、企业负责人和安全管理人员培训情况、特种作业人员持证上岗情况、《安全生产许可证》申办情况、民爆物品管理情况。联合建设、交通等相关单位重点检查了建筑施工企业安全生产责任制及各项安全生产规章制度的建立落实情况；安全生产管理机构及专职安全生产管理人员配置情况；施工现场安全管理及应急措施；安全警示标志情况；使用和佩带劳动防护用品情况；施工现场炸药及雷管的安全管理情况；特种行业人员持证上岗情况；《安全生产许可证》的申办情况；冬季停工项目及施工项目的安全防范措施情况。

对危险化学品、电站、加油站、粮库、建筑施工项目、烟花爆竹、民爆器材企业、矿山企业、劳动防护用品市场、人员密集场所等，开展了多次安全防范工作和专项整治大检查，出动执法人员1120 人次，检查企业及生产经营户 111家，下发整改指令书48份，对发生安全生产事故企业下达安全生产违法行为行政处罚通知书 6 份，查封 3 家生产经营单位，对安全隐患进行了有效的专项整治。深入 11 县（区）安全生产检查 23次，合计 79 余天，行程 12031 公里。

【加强安全生产宣传教育，提高广大群众安全生产意识】2007 年，进一步加强了对全地区安全生产工作的宣传教育工作，采取多种方式，充分利用报纸、电视、广播等各类新闻媒体，大力宣传了《安全生产法》和相关法律法规以及安全生产先进经验。通过宣传教育，不断增强群众依法自我保护的意识和对事故的防范能力，营造一个“关爱生命、关注安全”的社会氛围。

2007 年，那曲地区安监局历经 3 天的时间，对在安多至那曲 500 多公里的铁路沿线的乡、镇进行宣传、讲解铁路安全知识，并发放宣传单 1000 余份。

【存在的问题】安监局人员素质、执法水平还有待于加强。办公、执法条件简陋：地区安监局于 2004 年 8 月正式副处级建制挂牌成立，至今无自己的办公场所，无职工住房、执法及紧急救援车，无最基本的执法检测设备。

【获奖情况】2007 年度，那曲地区安监局获得自治区人民政府颁发的“全区先进生产单位二等奖”。

【领导名录】
党组书记：万安云（2007 年 9 月调离）、许军基（2007 年 10 月任职）
党组副书记、局长：布洛才（2007 年 9月调离）、次仁（2007 年 10 月任职）
党组副书记、副局长：魏立先（2007 年8 月任职）

那曲地区农牧工作

【农牧业生产运行稳健】2007 年初，那曲地区遭受了历史上罕见的持续旱灾，但在全地区各部门、广大农牧民的共同努力下，畜牧业保持了稳定的发展态势。2007 年底，全地区各类牲畜存栏 740 万头（只、匹），同比减少 4.56 万头（只、匹），降低 0.61%。总增 0.61 万头（只、匹），总增率为 29%；各类仔畜成活 193.66万头（只、匹），成活率 83.57%，肉类产量达 6.5 万吨；奶类产量达 4.62 万吨；绒毛产量达 4901 吨；皮张 245 万张；牲畜出栏 223.36 万头（只）。

2007 年，那曲地区农作物播种面积为 4853 公顷，其中：粮食播种面积为 3577公顷，经济作物播种面积 202 公顷，蔬菜播种面积为 389 公顷，饲草播种面积6854 公顷。全地区全年完成粮食总产0.94 万吨，经济作物产量 0.035 万吨，蔬菜产量 0.074 万吨。全年共实现农牧业产值达 8.68 亿元，同比增长 18.9%。

【农牧业产业结构调整稳步进行】畜牧业结构调整。在“发展牦牛（含黄牛）、适度发展山羊、减少绵羊、控制马”的总原则下，加大对畜种、畜群结构调整力度。全年培养绒山羊专业养殖户 150 户，组群绒山羊 9450 只，1 个多玛绵羊短期育肥点，可育肥绵羊 15000 只，24 个牦牛短期育肥点，可同时育肥牦牛 9770 头。完成藏猪保护 3370 头。2007 年，那曲地区共完成选育成活娘亚牛 4387 头，推广优良种牛 135 头，选育成活多玛绵羊 1.8万只，推广优良种羊 300 只，推广优良白绒山羊 300 只。目前，那曲地区“娘亚”牛达到 10.5 万头占那曲地区牦牛总数的 5.4%，多玛绵羊达到 56.2 万只，占那曲地区绵羊总数的 14.7%，白绒山羊达到 119.5 万只，占那曲地区山羊总数的76.1%。

种植业结构调整。种植业结构调整按照“稳粮增收调结构”的总体要求，一方面调整了各类作物的播种面积，另一方面积极进行优良品种的推广，大面积推广了藏青 148、藏青 320、藏青 3179和北青 3 号等青稞优良品种，从而提高全地区粮食良种覆盖率，使原老化、退化作物品种得到了更新，提高了单位面积产量，取得了较好的效果。

【开辟多种渠道，增加农牧民收入】2007年，那曲地区农牧业紧紧围绕促进农牧民增收的中心任务，通过加大牲畜出栏促增收、举办畜产品展销会、加强劳务输出组织管理、积极组建农牧民专业合作组织、切实加大对虫草采集工作的管理力度、发挥农牧业产业化龙头企业的作用、发展特色产业促增收等各项政策措施，促进农牧民增收。据统计，2007年全地区共有农牧民人口 38.4 万人，其中劳动力人口 17.66 万人，同比分别增长 2.49%和 2.38%。全年共实现农牧民人均收入达 2900 元，同比人均增收 410.25元，比上年增长 16.48%；人均收入中现金收入为 1978.67 元，占人均收入的68.23%。

【农牧业项目工作有效落实】2007 年，那曲地区在建农牧业项目包括那曲、安多、聂荣、班戈、比如五县的 2005 年、2006 年第一批、第二批天然草地退牧还草工程、那曲、聂荣、安多、班戈四县的 2006 年青藏铁路沿线牦牛育肥经济带建设项目、班戈、尼玛两县绒山羊示范户建设项目、尼玛县绒山羊专业村建设项目、安多县多玛绵羊短期育肥建设项目、安多县草场建设与游牧民定居工程、那曲、巴青两县动物防疫基础设施建设项目、聂荣、巴青、比如、嘉黎四县 2007年牦牛育肥带项目、尼玛、申扎、双湖三县（区）2007 年绒山羊产业带项目、安多县多玛绵羊扩繁场建设项目及那曲地区江源牧业科技开发有限责任公司冷库维修等项目。这些项目共投资29678.46 万元，其中国家投资 19785.7万元，截至目前，已到位项目建设国家投资资金 17953.35 万元，2005 年、2006年第一批、第二批天然草地退牧还草工程、绒山羊示范户建设项目、尼玛县绒山羊专业村建设项目、安多县草场建设与游牧民定居工程、那曲、巴青两县动物防疫基础设施建设项目及冷库维修项目等已全部建设完成，2006 年青藏铁路沿线牦牛育肥经济带建设项目、安多县多玛绵羊短期育肥建设项目、2007 年牦牛育肥带项目、绒山羊产业带项目、安多县多玛绵羊扩繁场建设项目等项目正在紧张实施当中。同时，已立项了索县无公害蔬菜大棚建设项目、比如县农贸市场建设项目、那曲县牦牛育肥项目及那曲、尼玛、双湖三县（区）游牧民定居工程等项目。2007 年，为确保那曲地区农牧民安居工程的整体推进，还积极按照地区安居办的统一安排，认真做好了游牧民定居工程项目的实施管理工作，全年共完成 2330 户游牧民定居房的建设，完成项目投资达 3495 万元。

2007 年，那曲地区退牧还草工程、特色产业为主的农牧业项目，在自治区组织的检查验收工作中名列全区第一名。退牧还草工程建设得到了国家农业部、国家西部开发办公室、自治区农牧厅、自治区发改委和广大牧民群众的一致好评。

【乡镇企业及多种经营工作平稳发展】 2007 年全地区乡镇企业登记注册 48 家。乡镇企业共申请贴息贷款项目 8 个，投资 6390 万元，申请贴息 1080 万元。据统计，全年那曲地区多种经营收入达 3 亿元，乡镇企业实现产值 8250 万元，农牧民劳务创收 5960 万元。同时，那曲地区乡镇企业和多种经营立足特色资源优势，大力发展特色经济，积极发展无公害食品，加大招商引资力度，进一步打破传统牧业经营模式，5 月 6 日经行署同意，确定了藏北医药药材有限公司、藏北风干牦牛肉制品有限公司和纳木措地毯实业有限公司 3 家企业为地区级首批农牧业产业化经营龙头企业。

【领导名录】
党组书记：洛扎
党组副书记、局长：多杰热登
副局长：楼仁（7 月离任）、肖玉强（7 月离任）、梅爱祥（7 月任职）、赵领恩（7 月任职）、丁兴民、袁勇
调研员：尹应贤
助理调研员：扎西朗杰、张生文

那曲地区乡企管理工作

【经济指标完成情况】 2007 年，那曲地区乡镇企业产值达 8250 万元，多种经营达 3 亿元，农牧民劳务输出 44000 人(次)，农牧民劳务输出创收 5960 万元，农牧民技能培训 2200 人（次）。

那曲地区乡镇企业规模不断壮大，经济效益明显提高。目前，全地区乡镇企业登记注册 48 家。2007 年全地区乡镇企业共申请贴息贷款项目 8 个，总投资 6390 万元，申请贴息 1080 万元。

【立足特色资源优势，大力发展特色经济】 积极发展无公害食品，加大招商引资力度，进一步打破传统牧业经营模式，逐步使那曲地区牧业经营向规模化、产业化迈进。年初那曲地区乡企管理局向地委、行署申报地区级农牧业产业化经营龙头企业 5 家，5 月 16 日经行署办公会议研究决定，确定了藏北医药药材有限公司、藏北牦牛肉制品有限公司、纳木措地毯实业有限公司 3 家企业为首批地区级农牧业产业化经营龙头企业。

【明确任务，狠抓落实】 在年初地区经济工作会议上，确定了那曲地区乡镇企业产值 8200 万元，实现多种经营收入 3 亿元，农牧民劳务输出人数达 44000 人(次)、农牧民劳务输出收入达 5900 万元，农牧民技能培训 2200 人(次)的目标。为了确保上述目标顺利完成，那曲地区乡企管理局在乡镇企业会议上与各县(区)签订了目标管理责任书，明确了全年具体工作计划和目标任务。

【落实科学发展观，坚持以特色产业开发和畜产品加工为重点】 那曲地区乡企管理局始终按照“合理规定、正确引导、大力扶持、加快发展”的方针，以促进农牧民就业和增加农牧民收入为中心，以农畜产品加工、特色产业开发为突破口，依托特色产业，立足那曲地区区位优势和资源优势，按照发展乡镇企业的有关规定，发展民营经济，鼓励个体、私营企业放手、放心、大胆的发展；鼓励和动员农牧民开办个体、私营、集体乡镇企业；鼓励餐饮、运输、修理等服务业的发展。如今已涌现出一大批如藏北牦牛肉制品、羌牛牦牛奶制品等高原“绿色”食品加工企业。

【坚持以增加农牧民收入为中心，积极开展农牧民劳务输出】 农牧民劳务输出是增加农牧民收入、改善农牧区面貌、发展那曲地区经济的基础工作。近年来，那曲地区劳务输出工作在地委行署的正确领导下，在各县（区）党委政府和有关部门的高度重视和支持下，以基建、运输、货物装卸、城镇建设等为劳务输出重点，取得了很好地成绩，已成为增加农牧民收入的又一亮点。第一，抓住农牧民安居工程的有利时机，那曲地区乡企管理局和各县（区）沟通、协调，对培训人员进行编组，把没经过培训且有一定劳动能力的农牧区剩余劳动力编入其中，让有技术的农牧民成为农牧区剩余劳动力的带头人和技术指导者，使那曲地区农牧区剩余劳动力转移发生了积极的变化，大大提高了农牧区劳动力转移的积极性，为那曲地区的劳务输出起到了促进作用。第二，加大宣传、组织力度，做好劳务输出工作。2007 年，那曲地区没有大型的基础建设项目，这给那曲地区的劳务输出带来很大困难。为了更好地完成指标计划，那曲地区乡企管理局认真做好城镇劳务输出的引导工作，把当地农牧民引向各县（区）城镇建设以及公路建设市场。第三，积极与私营、个体企业沟通和协调，把有一定技术水平、思想文化素质相对较高的农牧区剩余劳动力向企业推荐，让他们到企业进行土特产品加工和民族手工业加工，这样既让他们学到技术，又增加了收入，还提高了外出务工的积极性。第四，积极引导农牧民组建施工队、运输队、采石采砂队，不断提高农牧民参与市场竞争的能力。

【加大农牧民的技能培训力度，提高农牧民劳务输出的针对性和适用性】 针对那曲地区农牧民普遍素质相对较低的实际，根据市场和用工单位要求，那曲地区乡企管理局按照不同行业、不同工种对广大农牧民群众开展培训，培训的主要内容包括：无公害塑料大棚栽培技术、建筑施工等技术、餐饮和酒店服务、传统民族手工业技术等技能培训，各县（区）举办此类农牧民技能培训 56 次，参加培训的农牧民共有 2200 人(次)。

为学习借鉴兄弟市（区）的先进经验，促进那曲地区农牧区经济的健康、快速发展，为增加农牧民收入和建设社会主义新农牧区服务，那曲地区乡企管理局组织了地区级三家龙头企业和七家地区重点培育企业负责人于 2007 年 9 月

10日至9月19日赴拉萨市各县（区）进行考察学习。考察内容包括：乡镇企业、农牧业产业化经营龙头企业、农牧民劳务输出的发展情况以及农牧民经纪人的培育情况，学习他们好的经验和做法，开拓视野，积累经验，为进一步理顺那曲地区乡镇企业、多种经营、农牧业产业化经营的发展思路以及农牧区经纪人的培育奠定基础，本次共组织考察人员15人。

【加大龙头企业培育力度，形成农牧产业建设新亮点】龙头企业是农牧业产业化经营的载体和关键，起到开拓市场、技术创新、引导和组织基地生产与农牧户经营的重要作用。农牧业产业化经营龙头企业的发展直接关系到农牧民的切身利益，是解决农畜产品的农牧区剩余劳动力转化问题的关键，有利于促进农牧区产业结构调整，有利于增加农牧民的收入，提高农牧民的生活水平。为了推进那曲地区农牧业产业化发展的步伐，按照《那曲地区关于培育和发展农牧业产业化经营龙头企业的意见》的要求，以特色产业为重点，采取重点扶持、重点培育，使那曲地区农牧业产业化经营龙头企业不断壮大和发展，2007年地区农牧业产业化经营领导小组深入地调查研究和论证，确定首批地区级农牧业产业化经营龙头企业3家分别是藏北医药药材有限公司、藏北牦牛肉制品有限公司、纳木措地毯实业有限公司。

【存在的问题】1.那曲地区乡镇企业起步较晚，资金、技术、人才等方面都受到不同程度的制约，发展后劲不足。融资难度大，缺少必要的资金支持，导致那曲地区企业举步维艰，发展滞后。

2.农牧民劳务输出工作的难度仍然较大。虽然经过这几年的努力，农牧民的思想观念有所转变，但这几年的劳务输出，都是由政府组织引导的，在一定程度上，造成了农牧民群众的依赖心理，农牧民参与劳务输出的主动性、积极性不高，劳务信息不灵，“等、靠、要”的思想观念仍然存在。

3.农牧民技能培训工作不规范，管理部门不明确，培训场所不固定，劳务输出市场不健全，培训经费的管理较混乱。现在进行的培训，都是由各部门自主开展的，没有进行统一规划安排，资金也没有进行统一管理，严重影响农牧民技能培训工作的健康发展；在统计方面也容易出现交叉重复现象。

4.农牧业产业化经营龙头企业的培育和发展滞后，农牧区经纪人缺乏，缺少“领头羊”、“带头人”等能人带动，影响着那曲地区乡镇企业和农牧区经济的发展。

【领导名录】
书记：程大德
局长：石娃
副调研员：常新周

那曲地区林业工作

【自然保护区建设工作】羌塘国家级自然保护区二期工程建设。2007年那曲地区林业局在圆满完成了羌塘国家级自然保护区一期建设工作任务的基础上。按照工程总体建设规划，积极申报二期建设项目，完成了项目可行性研究报告。目前，羌塘国家级自然保护区区划功能调整工作正在实施当中。

色林错国家级自然保护区工程建设。2007年完成了色林错国家级自然保护区工程初步设计评审，国家已批准实施，工程总投资761万元。管理局业务用房及那曲、班嘎、申扎3个县管理分局和12个保护站的建设任务已于2007年8月份开工建设，目前工程建设进展顺利。目前，色林错国家级自然保护区区划功能调整工作正在实施当中。

麦地卡国际重要湿地保护区建设情况。2007年完成了麦地卡国际重要湿地监测站建设项目初步设计的评审工作，并下达建设资金260万元，启动实施了监测站的建设任务。目前那曲地区林业局正在积极将麦地卡国际重要湿地保护区升级为自治区级自然保护区，为下一步申报国家级自然保护区做好前期准备工作。

【森林生态效益补偿基金项目实施情况】2007年共计下拨管护费及抚育造林费390多万元。自2004年该项目实施以来累计下拨管护费及抚育费1560多万元，连续四年使457名农牧民管护人员年人均增收5130元。同时积极配合自治区工作组顺利完成了对那曲地区第一批森林生态效益补偿基金项目的复查，第二批中央森林生态效益补偿基金项目的规划工作。

【退耕还林工程实施情况】2007年完成退耕还林补植131公顷，兑现生活补助16.1万元，粮食补助168.76万元。截止2007年底，全地区共完成退耕还林1733公顷，其中退耕地还林533公顷，宜林荒山荒地造林1200公顷；累计兑现粮食补助429.37万元，生活补助40.2716万元，树苗补助20万元，使项目实施区域1645户，10020名农牧民，年人均实现增收488.67元。退耕还林工程的实施使部分区域水土流失得到初步遏制，风沙危害状况呈逐步下降趋势。同时，还有力地促进了农牧区产业结构的优化调整，进一步拓宽了农牧民增收渠道，使工程实施区域农牧民收入增加显著。

【重点区域造林绿化试验工作】2007年那曲地区林业局在比如县境内夏比公路沿线的茶曲乡、良曲乡、比如镇、白嘎乡和比如县城顺利完成了重点区域造林绿化试验工作，共造林68公顷，比如县城绿化34.5公顷，为今后继续深入开展重点区域造林绿化试验工作，提供了可靠的经验保障。

【森林公安和野生动植物保护工作】1.野生动物巡逻保护工作。2007年那曲地区林业局组织安多、尼玛、双湖、申扎四县（区）林业公安民警，进一步加强了巡逻保护工作力度，全年共巡逻150余次，出动警力137人次，出动车辆106台次，行程31000多公里。查处破坏森林和野生动物资源各类案件15起，其中刑事案件2起，涉案人员13人，判刑9人；行政案件13起，教育处理26人次，破案率达到了100%。收缴野生动物皮张157张，共罚款28505元；收缴小口径步枪1支，子弹314发，摩托车8辆，东风车1辆，藏刀2把，羚羊头52个。

【“绿盾二号行动”】为了有效遏制破坏森

林及野生动植物资源的违法犯罪行为，保护好森林及野生动植物资源，按照自治区林业局森林公安局的统一部署，那曲地区从2007年6月1日—2007年11月1日组织森林公安、森林武警开展了为期5个月的打击破坏林业资源“绿盾二号行动”。此次专项行动共出动警力150人次，车辆40台次，破获刑事案件1起，追究刑事责任1人，行政案件1起，查处1人，罚款人民币4000元。通过此次专项行动的开展，有力地打击了违法犯罪分子的嚣张气焰，为保护生态安全，维护林区社会稳定做出了积极的贡献。

【森林武警工作】那曲地区森林武警部队在地区森林公安局的领导下，充分发挥职能和职责，在积极开展打击破坏森林资源行动的同时，根据地委、行署及地区公安处的安排部署，全年共出动官兵240人次，参加灭火作战2次，安保执勤3次。圆满完成了4月份林芝森林火灾的灭火增援、青藏铁路通车一周年安保执勤、赛马节安保执勤、国庆节及党的十七大期间安全保卫执勤等任务。为有效保护那曲地区林业资源和维护那曲的社会治安做出了积极贡献。

【森林防火工作】那曲地区森林公安机关按照上级部门的指示精神，始终将森林（草原）防火工作放在首位，以“预防为主、积极消灭”的方针，把工作重点放在预防森林（草原）火灾的发生上。在林区建立森林防灭火突击队19个，拥有森林防灭火突击队员212人。2007年向索县、比如、嘉黎、巴青等四个有林县发放森林防火水枪190支，油锯8台，对讲机6个，防火砍刀60把。通过采取强有力的森林防火措施，取得了本年度无森林（草原）火灾发生的好成绩。在预防森林（草原）火灾上，那曲地区林业局主要采取了以下工作措施：一是将森林（草原）防火工作作为林区的第一件大事，坚持把森林防火工作放在“先于一切，大于一切，重于一切，压倒一切”的位置，把防火工作这项群众性很强的工作具体的落实到群众中；二是加强对各县防火工作的检查，确保所签订的《森林防火责任书》真正的落到实处；三是安排护林员对自己所承担的包片区域进行巡查，明确了护林员自身应当承担的责任；四是在进入防火期，实行局长亲自抓，主管领导具体抓，主要领导至少有一人在防火指挥办带班，实行24小时值班制；五是各扑火队伍建立了应急联络预案，有力保证了信息的畅通。

【林业援藏工作】2007年到位浙江省林业厅援藏资金45万元，目前由浙江省松阳县人民政府援助建设的色林错黑颈鹤国家级自然保护区管理局业务用房及职工周转房建设项目正在落实当中。由辽宁省林业厅和浙江省林业厅援助的嘉黎、比如两县林业局办公楼建设及交通工具配置项目已实施完毕。

【领导名录】

党组书记：扎西平措
党组副书记、局长：布穷
副局长：王立武(07年8月任职)
　　　　巴桑次仁、兰忠（女）
调研员：徐启云、汤致勇（10月任职）

那曲地区水利工作

【加强水利工程建设与管理，确保工程进度和质量】2007年，那曲地区水利局先后10多次带队并抽派工程技术人员组成工作组对在建和续建水利工程进行工程质量、进度、规范施工、安全度汛进行综合检查，确保了工程建设顺利进行。到目前为止，嘉黎县电站改扩建工程已完成全部合同工程量的99%，现正在安装和调试发电机组。双湖区西亚尔水电站工程已完成全部合同工程85%，经查，工程建设质量符合设计标准。

【做好防汛抗旱工作，确保汛期群众生命财产安全】2007年，那曲地区水利局在党政会议中心第二会议室召开了那曲地区防汛抗旱部署动员工作会议。2007年7月26日，召开了地区防汛抗旱工作会议。为确保汛期安全，地区防办按照自治区水利厅召开的防汛抗旱工作会议精神，加强了对防汛物资的储备工作力度，防汛期间共下发铁丝20吨、编织袋50000条。现有库存铁丝20吨、编织袋85000条。

【工程验收和移交情况】索县三期农网工程通过初步验收。2007年8月27日—8月30日，由那曲地区水利局牵头与地区发改委组成工作组对索县三期农网工程进行了检查，并通过初步验收，同时被评为合格工程。工程总投资573.3万元，建设10kv输电线路46.364公里，0.4kv配电线路35.1公里，新建14台变压器，总容量410Kva。工程建设解决了508户，2630人的生产生活用电问题。

比如县羊秀水电站、索县嘎美水电站移交县人民政府运行管理。2007年8月31日—9月3日，由那曲地区水利局牵头与地区发改委组成工作组对比如县羊秀水电站、索县嘎美水电站工程检查后进行了现场移交运行管理。

措多水电站已于2007年10月27日通过初步验收，并移交县人民政府运行管理。

嘉黎县绒多水电站于2007年10月28日通过初步验收，并移交县人民政府运行管理。

2007年10月26日—10月27日，由那曲地区水利局牵头与地区发改委、地区财政局组成工作组对嘉黎县措多水电站三期农网工程进行了检查，并通过初步验收，同时被评为合格工程。嘉黎县措多水电站三期农网工程总投资480.38万元，建设10kv输电线路52.39公里，0.4kv配电线路22.33公里，新建6台变压器。工程建设解决了239户，1263人的生产生活用电问题。

【稳步推进农牧区安全用水工程建设】在4月和7月，那曲地区水利局专门召开了那曲地区2007年第一、二批农村饮水安全项目分解会，2007年第一批农村饮水安全项目于2007年4月开工建设，工程国家投资1318万元，工程点共计137处（管道工程38处、保暖井98眼、乡镇供水1处），项目解决8个县(区)18039人饮水安全问题。

2007年第二批农村饮水安全项目，于2007年7月分配到县（区），计划建设项目工程点267处，其中管道工程72处、保暖井195眼，国家投资2180万元。

2007年11月初，地区农饮办组织工程技术人员对十一县（区）农村饮水安全工程进行了检查，2007年第一批农村饮水安全工程已完成下达指标的 100%；2007 年第二批农村饮水安全工程已完成下达指标的 60%以上，工程质量满足设计要求。

【那曲县香茂乡草场灌溉工程、罗马镇乡镇供水工程建设进展顺利】香茂乡草场灌溉工程总投资 283.32 万元；目前，香茂乡草场灌溉工程已完成主体工程量的 60%左右，工程质量符合设计要求。那曲地区水利局将加强质量监督和管理，进一步加大管理力度，确保工程如期完工，早日发挥效益。

那曲县罗马镇乡镇供水工程总投资 192.78 万元，其中国家投资 156.37 万元，不足部分由那曲县人民政府解决。在建设过程中，项目法人代表和现场监理人员能充分履行工作职责，确保了项目建设顺利进行。到目前为止，该工程已完成全部合同工程量。

【存在的问题】1. 个别科室，由于年初没有定出相应的工作方案，2007 年大部分时间都用在规划工作上，导致深入基层检查的时间延误，致使上半年验收的工程拖延到了下半年。

2. 各县（区）水利局组建时间较短，人员不足，技术力量薄弱，增加了开展水利前期工作的难度。

3. 在项目实施过程中，由于那曲地区水利局技术人员经验不足，出现的技术性、方案性问题不能及时解决，造成工期延误等问题。

【领导名录】

党组书记：何泽富

党组副书记、局长：次仁扎西

副局长：杨金宝（7 月任职）、曹成堂、才旦朗杰（9 月任职）

助理调研员：黄选儒

那曲地区交通工作

【农村公路建设创历史新高】2007 年那曲地区没有通县油路建设项目，但农村公路建设项目在那曲地区农村公路建设史上是前所未有的。农村公路建设已成为那曲公路事业发展和增加农牧民群众收入、推动那曲县乡社会进步的新起点、新契机，项目建设取得实效。

2007 年，投资 3.23 亿元分别实施了 G109 至安多多玛乡公路、那曲申扎镇至巴扎乡等通乡公路和巴青 X604 至巴青乡、比如镇至玉贡村等通村公路共 59 个农村公路建设项目。2007 年那曲地区新修农村公路共 1877.21 公里，有效地解决了 29 个乡（镇），200 个行政村的通车问题，基本完成了年初制定的计划。2007 年在农村公路建设中共安排 4600 人次的当地群众参与公路建设，现金收入达 3610 万元；安排和使用群众机械 9000 台次，实现现金收入达 3200 万元，2007 年农牧民共实现现金收入 6840 万元。

【加大大中修工程和安全保障工程投入】2007 年共投资 1077.964 万元对 G317 线和 S301 线、S303 线、S305 线及 S203 线等国、省道实施了大中修工程和安全保障工程。

【公路养护与管理上新水平】2007 年共完成铺备料 110262.5 立方米；清理泥石流土石方 4134.8 立方米；清理塌方 42527.9 立方米，平整路肩或边坡 31000 平方米；对原有边沟平均清理两次，新开挖边沟 12350 米。各段的平均劳动出勤率为 96.6%，同比增长 1%；出工率为 90.5%，同比增长 0.5%。那曲地区交通局 2007 年管养公路平均好路率达到 37.3%，比 2006 年提高了 2 个百分点；综合值为 59.8，比 2006 年同期提高了 0.4 个百分点。同时，2007 年那曲地区交通局给 11 个县（区）共安排了县乡公路养护经费 2800 万元，使各县（区）的路况发生了明显的好转。

2007 年路政方面，进一步加大了公路法律法规的宣传力度，一年来共向社会散发藏汉文《公路法》《超限运输车辆行驶公路管理规定》等小手册 500 多本，使公路管理法律法规逐步深入人心，家喻户晓，为那曲地区交通事业的快速发展创造了良好的外部环境。2007 年那曲地区共发生路政案件 102 起，立案 87 起，破案 83 起，结案 83 起，立案率达 86%，破案率 96%，结案率 96%，收回公路路产损失赔（补）偿费 1045322 元，为国家挽回了经济损失。

【工程质量普遍提高】2007 年，那曲地区交通局针对建设项目地点分散、时间紧、任务重等特点，坚持“质量一票否决，争创优良工程”原则，对工程坚持三级质量保障体系，并多次召开监理人员专门会议，进一步提高了监理人员对质量的监管力度，对工程建设进行全方位、全过程监理。局机关和公路段抽调的技术人员全部下派到各个工地，现场监理和旁站受监率达到 100%。对各施工单位定时或不定时的进行检查，及时督导。发现问题及时纠正，对各个环节从头至尾紧盯不放，对出现质量问题的施工单位不仅责令返工，而且进行经济处罚，并清退不合格施工材料。那曲地区的工程质量也得到自治区公路管理局领导的高度好评。

同时，采取有效措施，正确处理建设与环保、保通、安全生产、资金管理与民工工资的关系。把各种问题解决在萌芽状态，做到防患于未然。

【坚持超前规划，积极争取项目】根据那曲地区的实际情况，坚持科学发展观，超前做好交通发展规划，提早开展设计，做好项目储备，积极上报。由于规划研究的超前性，使得一大批项目只要条件具备就能很快开工建设，这些规划有效保证了那曲地区交通的可持续发展。2007 年交通厅已批复纳木措至班戈县城和 G109 至聂荣县城的两条通县油路。2008 年那曲地区将开工建设纳木措至班戈县油路，全长 171 公里，总投资为 3.9 亿元；109 国道至聂荣县城通县油路，全长 85 公里，投资为 2.15 亿元。同时，积极参与国、省道公路改建工作，保质保量地完成了地区经济工作会议上确定的公路建设任务。

【交通企业自身造血能力得到提高】那曲地区交通局继续引导交通企业深化企业内部改革，大力拓展市场，不断完善管理制度。目前，两家交通企业忧患意识和市场竞争能力得到增强，企业的自身造血能力得到了明显提高，2007 年发达客运公司实现利润 220 万元；交通金盛公司实现利润 49 万元。

【存在的问题】1.因业务关系，加强政治理论学习不够，落实交通科学发展观方面的相关专业知识还有待于进一步提高和加强。

2.农村公路建设项目前期工作与发改委衔接不够，后续工作衔接也不够；交通口和计委口的项目责任划分不清，造成建成公路养管脱节。

3.那曲地区公路养护水平发展不平衡，个别线路亟待整治，提高运输通行能力。养护道班房屋破旧，配套设施简陋，养护职工生产、生活条件亟待改善。

【获奖情况】2007年那曲地区交通局获全国农村公路通达情况专项调查先进集体郑咏啡、次仁多拉两位同志获得全国农村公路通达情况专项调查先进个人。

【领导名录】

党组书记、副局长：典地

党组副书记、局长：最嘎

党组成员、副局长：厉文齐、冯海波、金晓明、张朝旭、陈朝、刘光烈

党组成员、调研员：高玉林

党组成员、工会主席：王玉康

那曲地区邮政工作

【年度情况】2007年，那曲地区邮政局邮政业务总量累计完成724万元，同比增长15.65%；邮政业务总收入989万元，同比增长14.09%。全年完成邮运公里49.92万多公里，邮运准班率达100%。实现全年生产无事故管理目标。

【邮政通信建设】2007年，按照优化资源，提供支撑，增强核心力的要求，继续加强了网络基础建设工作。一是加强信息网改造。完成“两网”互通工程、小额质押贷款、网汇e业务等系统上线工程。并对电子化支局、ATM等系统进行改造升级。网络运行、系统维护、终端服务和业务处理效率有了进一步提高。两网互通上线运行后，邮件交接和转运工作进一步规范，避免了邮件积压、损坏和污染。同时利用空间运输资源发展物流并取得了一定的效益；二是优化实物网资源。更新邮运车辆4台，新增投递车辆7台，使邮运资源得到进一步优化，整体通信能力又有新提高。三是发展邮政金融，方便客户。年内，8台POS机全部投入市场并正常运行；四是在原有“那曲地区邮政局基础建设领导小组”的基础上，新成立基建领导小组办公室，具体负责全局各项工程的预算、监督、指导与验收工作，保证了工程质量。2007年相继完成了比如县邮政局营业楼外墙装修、申扎县邮政局营业厅装修、索县邮政局大门新建，地区局职工周转房的新建、维修，生产楼的维修及局院内上下水等工程也陆续开始施工。

【农牧区邮政通信】那曲地区乡邮邮路有1399条，邮政运输车辆21台，乡邮投递服务车辆13台。2007年，乡邮工作得到了进一步改善和发展。加强乡邮人员的业务培训和基础管理，规范乡邮投递路单和清单等原始资料的登统计工作，并对乡邮班期执行情况进行了严格检查与指导，在一定程度上提高了乡邮人员的业务素质，为进一步做好乡邮服务工作和发展农村新业务奠定了基础。

【通信服务】2007年，那曲地区邮政局严格按照《西藏邮政通信服务规范》有关内容，要定期对窗口人员的职业道德、服务态度、服务礼仪、服务时效与服务质量一一进行考核，通过定期对在岗窗口人员的服务状况进行考核评定，形成了人人关心服务，人人搞好服务的氛围；并建立和完善内部检查与社会监督有机结合的监督检查机制，利用每年世界邮政日专门开展一次社会义务监督员座谈会，征求社会各方面的意见和建议，同时各级业务管理部门及业务视察部门，都认真履行抓服务的职责，加大服务工作的力度，做到服务管理工作到位，从而充分发挥了监督检查对服务的促进和约束作用。

【精神文明建设】2007年，那曲地区邮政局荣获国家邮政局“全国用户满意企业”、地区邮政营业班荣获国家级“先进集体”、那曲县局获得地区级“青年文明号”，另有两个县局获得地区级“青年文明号”称号。比如县局获得县委平安建设先进单位。

【存在的问题及困难】1.成本居高不下，邮政负担沉重。由于那曲地域辽阔，服务面积广，农牧民群众居住分散，自然环境差等因素，造成乡邮工作发展缓慢，普遍服务义务十分沉重。

2.路况差、车辆磨损大。由于那曲特殊的地理交通环境，造成对邮政通信车辆较大的损耗，在内地可正常运行7-8年的车辆，在那曲一般说来3-4年就必须更新，致使邮运成本大幅度提高。特别是有些乡镇是季节性通车，给党报党刊按时投递工作带来很大困难。

3.邮政基础设施建设投入不足，邮政服务网点建设滞后。随着新农村建设和那曲地区安居工程的实施，都要求邮政通信普遍服务要先行。但由于邮政自身建设资金匮乏，造成那曲地区在农牧区新建邮政服务网点及城市邮政服务网点建设方面遇到较大困难。

4.随着那曲地区个体经营商户的增多，对邮政投递服务普遍要求投递到户，同时邮政自身的服务标准也是按址投递，但由于那曲地区交通管理部门将邮政通信专用车辆同普通车辆统一进行管制，给邮政专用投递车辆停靠、邮件投送带来不便，从而影响了投递时限和服务的质量。

那曲地区移动分公司

【全面落实SOX法案要求，防范内部管理风险】2007年，分公司高度重视SOX法案工作，对所有控制流程及关键控制点再次进行了认真梳理，规范了控制流程，规避了流程风险。对商务谈判加大了执行力度，规范了各类合同的流程办理。

以品牌建设为中心，努力提高各个品牌的知名度。分公司针对不同的客户群着重推广不同的品牌，针对集团客户推广全球通、农村客户推广神州行本地通、外来客户推广神州行大众卡和轻松卡；力求在各类营销活动中，突出品牌差异；通过努力，全球通目标市场占有率从年初的9%提高到现在的46.8%；目前分公司三大品牌分布已经基本合理。

【利用优势资源，做好“三个市场”】1.农村市场：农村市场能够快速发展，关

键在于分公司重视四个方面：乡镇所在地的网络建设、成立县分公司并配备充足人员和硬件；重视农村社会渠道的发展、成立直销小组下乡促销。

2.集团客户市场：2007 年各项 KPI 均超额完成，分公司针对集团市场采取了四个重要措施：一是划分集团客户，将重要集团客户按照行业进行划分落实到客户经理，将个人客户落实到片区分公司，将县集团客户考核到县分公司和集团客户部对应客户经理，从而在人力和组织架构上保证集团客户的发展；二是采取多种措施开展深挖工作，比如与地委联系针对党政部门干部发送廉正短信、各县派驻客户经理发展976个客户，开展老集团客户发展新集团客户有礼、地区党校信息化接入等活动；三是做好客户挽留和服务提升工作，制定挽留措施，细分离网客户群，有针对性的开展工作，在主营业厅设置 VIP 接待室，体现 VIP 和集团客户的优越性；四是利用节假日和积分回馈，主动上门与集团客户开展各类联谊活动，建立良好的合作关系。

3.外来人员市场：利用外来人员进出时期，分公司有针对性的开展了抽奖、免卡费、预存话费送话费分月捆绑等活动，有效的保证了外来人员使用分公司业务。

【重视“三个工具”，加强渠道建设】分公司特别重视“三个工具”中的渠道，目前已经建成 9 个新建营业厅。同时，分公司也重视社会渠道的发展和管理工作，截止 11 月共有 43 家特约卡类销售点、30 家电话超市、1 家合作营业厅、授权销售点 2 家，并与邮政达成乡镇渠道全面合作协议，目前社会渠道放号占总放号的一半。

【营销措施多样化，大众市场成绩显著】根据那曲业务发展情况，积极开展各项营销：“喜迎新年，移动有礼”、“五一大优惠、移动好礼送”、“老客户发展新客户、老客户发展老客户转品牌送礼品”、“数码大奖贺新春，移动好礼谢客户”、“赛马节58元事事顺心卡促销”、“全球通目标市场占有率电话营销”、“飞信网吧合作推广”、“彩铃前台预开通”、“物流中心终端营销”、“手机报集团客户营销”、“一元购机营销”和“预存 100 送 60”等活动的有效开展，使得运营收入同比增长 36.7%，新业务收入同比增长 57.8%，净增客户数同比增长 97.2%。

【营业厅服务水平得到进一步提升】加强窗口服务的监督考核力度，认真查处服务工作中存在的问题。根据区公司“第三方暗访”及那曲地区移动分公司相关人员对窗口服务进行明查和暗访的结果，定期在会上进行传达和分析，对存在的问题制定整改措施限期改正，有效促进了窗口服务水平的提升，采取各种措施，促进服务水平的提升。根据各营业厅的要求提交并执行了服务提升硬件和软件整改计划，按期对营业员进行培训和考核。

【网络建设方面】1.交换方面：2007 年那曲地区移动分分公司完成了 MSC 扩容、HLR 扩容、增加 158 号段、BSC 从 C4 扩到 C5，GSM 网络的九扩一期任务，并积极配合区公司网络部进行各类业务功能测试工作。

2.传输方面：2007 年，分公司完成了二干、城域网的并网工作及一系列光缆验收工程；完成了将移动公司—托古拉传输线路割接为光传输任务；完成了 7 个中继站点扩容工程；完成索县、比如县营业厅业务传输线路改造工程，极大地提高了传输质量和安全度，同时也节约了分公司成本。

3.无线网络建设方面：2007 年，那曲地区移动分分公司会同区公司发展计划部、建设部完成了青藏铁路沿线无线覆盖项目 14 个基站、1 个直放站的勘察、设计及工程建设工作。完成了 2007 年边际网一、二期的建设任务，共计 25 个基站。六地市扩容新增 4 个站点。深度覆盖直放站 13 座，城区优化直放站 5 座。2007 年分公司共计新增基站 75 座，直放站 43 座；完成电源扩容的东部四县太阳能基础；完成卫星基础及围栏 41 处；完成六地市扩容项目的地区四个机房、围栏、市电引入；完成边际网二期扩容新增机房两处。

4.村通工程建设方面：完成了2006年38个村通基站和5个直放站的验收工作；完成了07年村通一、二、三期的建设任务共计68个站点；开建村通一期大段的四个中继站、村通二期大段玛如乡中继站；建成卫星站28座，非卫星站40座，完成87个行政村覆盖。建成村通大段光缆410公里。

【网络维护方面】无线网络及电力维护工作：完成了 2006 年村通工程剩余站点的配合开通工作、配合完成了深度覆盖直放站点的建设开通以及青铁二期覆盖网，配合完成了青藏铁路二期建设中的谷露 2 号和谷露 3 号基站建设、调测开通工作、完成了 BSC1（AlcatelBSC 由 C5—C6）扩容工作、完成了网络优化即参数调整工作，指标得到了有效提升、完成了 2007 年地市扩容工程（即 9 扩）、完成了对 2006 年建设的卫星站点的巡检及卫星参数调整工作、配合完成了动力环境监控系统的调测开通工作、配合完成了部分站点防盗系统的安装工作、中心机房更换电池组（2000AH 更换成 3000AH）、中心机房做油机并机。开展了电力和部分基站的代维工作。

【领导名录】

总经理：卫红

副总经理：卞利辉、张爱国（5 月任职）

中国电信那曲分公司

【积极应对市场挑战，圆满完成全年经营目标】2007 年年初，在面对市场竞争不断加剧，固网语音业务持续下滑，保存激增形势异常艰巨的情况下，分公司始终坚持把发展作为第一要务，高标准、严要求，毅然领取了西藏公司下达的最高目标任务。一年里，分公司上下大兴调研之风，深入实际，查找问题，制定各类办法、规程，指导经营；组建多个虚拟营销团队，以应用促发展，实施积极消费引导，积极抢占增值业务市场，大力拓展农牧区通信市场；各经营单位更是顶住市场压力，积极应对竞争，全面实施“保存夺增总经理工程”，深入开展“奋战六十天，实现保存夺增新突破”专项活动；坚定不移地抓好重点业务的发展和新业务的推广，积极推进品牌经营、客户营销，全面推广 e6、e8 套餐，确保集团统一品牌的落地，开发推广好易通（9）、旅游租机业务，确保综合市场份额的领先地位；坚定不移地夯实服务基础，规范服务流程，创新服务手段，提升服务能力，在激烈的市场竞争中，经营服务工作成效显著，业务收入再创新高。电话总用户数达到 55685 户；农牧区市场拓展取得新的进展，2007 年实现了乡乡通传真和 49 个行政村通电话，超额完成西藏公司下达的年度村通目标任务，累计发展村通电话 4798 部，实现 523 个行政村通电话，占全地区行政村总数的 40.7%。

【全面实施精确管理，资源配置进一步优化】2007 年，分公司全面实施精确管理，进一步优化资源配置，在人力、财力、物力各方面为业务发展提供了强力支撑。

一是强化全面预算管理，积极落实责任预算，进一步完善了人工成本、固定资产折旧、营销、维护四大成本管控体系，提高了经营、资本支出、财务预算之间的关联性，确保了成本与收入增长的有效匹配，预算管控的刚性、执行的均衡性和自律性明显提高，固定资产流程优化稳步推进，实现了固定资产的实时、动态、全周期管理。

二是强化运行维护管理，全面推进运行维护转型，扎实推进网络维护与优化。2007年，分公司以新网络、新技术的引入和全网性业务拓展为契机，优化本地网维护生产操作规程，成功实现对各类业务的全面高效支撑，不断提高资源优化、网络保障和服务支撑水平。同时，加强对客户、业务和网络的运行分析，完善前后端内部SLA机制，充分挖掘、合理调配和动态优化现有网络资源，注重补盲补缺和室内覆盖，不断提高资源利用率和用户满意度，保障网络安全畅通运行，实现了网络质量和服务水平的稳步提升；以梳理、补充维护管理规定、制度和流程为突破口，强化通信机房标准化建设和基础性管理，强化运维“五防”工作，消除“以修代维、以包代管”现象，严格通规通纪，培育出了严谨、认真、迅捷、安全的运维作风。面对激烈的市场竞争形势，分公司从提升网络整体技术水平入手，坚持“以维护为保证，以提高接通率为中心，以安全可靠为生命线”的方针，按照综合化、集中化和专业化的要求，以优化职责、优化岗位、优化人员为原则建立了对市场前端快速反应新型运行维护体系。运维工作由被动维护转变为主动维护，由面向网元、网络维护转变为面向客户维护，由对运行维护质量指标的考核转变为对发展和服务所涉及的各个环节的考核，网络服务质量得到根本性改善、响应速度得到根本性提高、业务发展得到根本性保障。

三是按照“统一分析、集中策划、精确营销”的要求，全面开展了客户归并和客户套餐清理整合工作。强化市场经营分析，规范各经营单位经营分析制度。开展了公免、公纳业务清理和规范工作。着力开展激活零次户、清理用户欠费专项工作，实现了自动预拆机制度。启动了面向全地区所有家庭品牌客户的积分反馈行动，维系客户、存量流失控制工作不断加强。

四是诠释以人为本理念，深化人力资源改革。按照西藏公司人力资源改革总体部署，那曲分公司把“企业即人、企业为人、企业靠人”的理念贯穿企业管理工作的始终。分公司党委一直高度重视对一线员工、困难员工、离退休员工的工作和生活。每逢节假日，分公司领导班子成员都会亲自带队进行走访和慰问，给他们节日的祝福，给他们排忧解难。这种人性化的关爱、关怀行动有力的推动了企业的健康发展，为构建和谐企业打下了坚实的基础。与此同时，分公司进一步规范了劳动用工、绩效考核等一系列改革办法，建立并实施以个人自学、部门基础培训和公司提高培训组成三位一体的学习计划，缓解了培训师资力量和工学矛盾，员工综合素质得到进一步提升；以企业忠诚文化建设为基础，积极探索并建立了一套行之有效的 360 度人才考核机制，精确配置人力资源。在企业内部，“无功就是过，平庸就是错”的思想观念、“能者上、平者让、庸者下”的选人用人指导思想、“在其位必须谋其政、胜其任、尽其则、成其事”的约束机制已悄然形成。可以说，诸多人性化、规范化、合理化的人事制度改革和人力资源调配，为企业有效拓展市场，完善经营服务工作体系，提升服务质量和水平提供了强大的人力支撑。

【获奖情况】2007 年分公司先后被集团公司授予创建“四好”领导班子先进集体称号、被国家体育总局授予“全民健身活动先进单位”称号、被中国电信集团、集团工会授予“巾帼建功先进集体”称号。

【领导名录】

党委书记、总经理：旦增

党委副书记、副总经理、纪检组长：张世江

党委委员、副总经理：俄日

党委委员、副总经理、工会主席：孙桂花

那曲地区建设工作

【围绕中心，服务于那曲物流中心建设工作】2007 年，那曲地区建设局认真配合铁道部调研组及铁一院进行了现场调研，并参与那曲物流中心规划评审工作，提出合理建议，确定了那曲物流中心的建设范围，完成了该建设区内 46 户居民房屋拆迁、补偿工作和各种管线的拆迁、搬迁的测算。为那曲物流中心在 9 月 28 日顺利开工建设做出了应有的贡献。

【廉租住房建设进展顺利】2007 年 7 月 8 日，那曲地区建设廉租住房 300 套开始动工，总投资 2400 万元，地区配套资金 500 万元。年内已完成工程进度 60%。

【认真做好农牧民安居工程建设，为建设社会主义新农村服务】2007 年那曲地区将建设完成 7088 户农牧民安居工程。那曲地区建设局积极深入各县（区）进行调研，了解掌握各种情况，进一步完善管理措施，免费提供建设图集，组派工作组深入基层，加强技术和质量指导，有效地推动了各县（区）农牧民安居工程的顺利建设。

【以援藏工作为动力，切实做好中信迎

宾馆建设服务工作】中信迎宾馆建设项目作为中信集团援助申扎县最大项目，该项目2007年5月18日正式开工建设。该工程已完成工程进度71%。

【狠抓管理，强化各项基本建设管理程序】加强全地区建筑市场管理，严把市场准入关。2007年，那曲地区登记备案建筑业企业81个，其中监理企业11个、中介机构7个、建筑施工企业60个。

大力推行工程招投标制度。全年共进行招投标61项，其中房建工程57项、市政公用工程2项、其它工程2项，招标投标率达到了100%，确保了房屋建筑和市政工程建设的公开、公平、公证。

【建立健全工程质量监督管理制度，促进工程质量进一步提高】初步建立健全全地区建设工程质量监督程序和相关管理制度，将现行的工程建设强制性标准，特别是工程施工验收标准规范贯穿于工程质量监督的全过程，强化对工程监理企业的监督管理，规范监理单位对工程重点部位施工旁站的监督行为。为了保证工程质量，严把建材质量关，对查出的劣质建材，一律实行没收处理。另外，那曲地区建设局成立了工程质量检查小组，经常深入到县（乡），对在建项目进行质量检查，对发现的问题，及时提出整改意见，并依法进行处罚。2007年完成试块（砂浆）试配23组，试压371组，沙浆试压103组，砖5组，钢筋（含焊接）力学测试993组，砂石分析23组，水泥检验22组，回弹仪检测法1组、取芯检测法1组、防水材料4组，施工现场预制板试压1组。工程质量监督覆盖率达到90%。工程材料（试样、试件）的见证取样送检率达到95%。

【加强规划管理、但进城镇有序建设】2007年，那曲地区建设局完成了地区政法委、交警支队、巴青办事处、地毯厂、火车站站前武警守护大队、火电厂等单位的搬迁用地选址，同时，那曲地区建设局还配合地区干部职工周转房领导小组、地区廉租房建设领导小组，完成了地区干部职工周转房、廉租房建设用地选址工作，确保了建设项目的顺利进行。积极配合国土部门认真清理整顿城市规划范围内的土地市场，杜绝了乱圈、滥占国有土地的现象，充分发挥了规划的积极作用。

【认真做好住房制度改革和房地产管理工作】全年共发放、办理产权登记证书69户（含4家单位），受理房屋抵押贷款12户，办理房屋他项证书12户，并对浙江大元置业有限公司、西藏晨曦工程建设责任有限公司、地区金路公司三家公司房地产资质申请进行了备案登记，同时完成地区行政事业单位干部职工周转房、廉租房建设方案。根据自治区房改办的安排，为做好住房制度改革收尾工作，解决好那曲地区住房制度改革中货币分房工作中遗留问题。那曲地区建设局上半年完成了对党政机关、事业单位住房补贴漏报人员进行了最后测算、申报工作，共申报85人，资金882518元，于2007年8月1日将此资金全部兑现到了个人手中。

截止目前，全地区共有房地产开发企业3家，即晨曦公司、金路公司、西藏大元置业有限公司，共有从业人员147人，其中晨曦公司75人、注册资金为3300万元；金路公司47人、注册资金6200万元；西藏大元置业有限公司25人、注册资金50万元。

【继续加大住房公积金归集力度，为干部职工建房、购房服务】2007年，那曲地区建设局继续加大住房公积金归集力度。截止目前，住房公积金归集单位132户（家）、12143人，累计缴存归集总额为31965万元，累计个人提取住房公积金总额13145万元，本期末归集公积金余额为18820万元。累计发放公积金贷款12206万元，回收贷款总额5273万元，回收率达到了情况43%。2007年4月，那曲地区建设局又开始住房公积金第四批委托贷款的发放受理工作，到7月已完成委托贷款的审核工作，并已全部移交到地区建行，到10月以全部兑现到个人手中，为解决那曲地区干部职工建房、购房难问题，发挥了积极的作用。

【领导名录】

党组书记：卿立亮

党组副书记、局长：欧嘎

党组成员、副局长：任韶红（7月职）、余永生（7月离职）、黄志斌（7月任职）、副局长：刘斌（7月任职）、群宗

党组成员、市政局局长：央鸟（7月任职）

党组成员、副调研员：次仁多吉

副调研员：单培多吉

那曲地区气象工作

【基础业务顺利切换，各项工作运转正常】2007年1月1日，根据业务技术体制改革工作要求，那曲地区顺利完成五县气象局的业务切换，按新的探测时次开展业务工作。比如局因探测环境达不到相关技术要求，未按期切换。针对2006年基础业务工作中存在的不足和差距，在2007年全地区气象局长会议期间安排业务工作专题会，认真分析原因，在不断修改完善各业务规章制度的同时，狠抓一线业务人员的思想政治工作，强化经常性的沟通和交流，还采取下站培训和骨干带动等方式，不断提高业务人员的工作技能，使其尽快跟上业务技术体制改革步伐。举办了全地区气象测报预报业务技能测试，为进一步开展业务培训、提高业务人员工作技能奠定基础。组织开展7个气象台站“三站四网”建设的基础调研工作，完成“三站四网”建设项目可行性论证和上报入库工作。

【气象服务稳步推进，科研工作不断强化，现代化建设取得新进展】为把2007年度的气象服务工作做实做好，真正履行好参谋助手的职责，局党组要求一线业务人员要切实转变服务观念，增强气象服务意识，在认真做好冬春季和汛期灾害性、关键性、转折性天气预报服务工作的基础上，积极拓展气象服务领域。先后与地区交警支队签定协议，共同为辖区内的道路交通安全护航；与地区电视台签定天气预警信号发布协议，进一步规范各自在发布天气预警信号方面的义务和责任；还积极为地区林业、农牧、交通等农口部门开展专题气象服务，全力服务地区农牧业生产和防救灾工作，深受社会各界好评。2007年11月12日，那曲地委副书记、行署专员段襄征同志在百忙之中电话慰问气象科技人员，高

度评价入冬以来准确及时、优质高效的气象保障服务工作。他说，气象部门在促进地区经济建设和社会发展，保护国家和人民生命财产安全方面做了大量卓有成效的工作，希望继续做好今冬明春气象服务，为政府防灾减灾提供准确可靠的气象科学依据。

气象科研工作得到地委、行署和地区科技局的充分肯定，在那曲地区科技大会和那曲地区科协第四届代表大会上，两人分获“科技工作先进个人”和“科协工作先进个人”荣誉；地区气象局获“科技工作先进集体”；两个科研项目获科学技术进步成果“三等奖”；10篇学术论文分获二、三等奖和鼓励奖。

气象现代化建设不断取得新成绩。全地区7个气象台站GPRS通讯传输子站相继建成；新一代卫星数据广播接收系统按期建成投入业务试运行；电视天气预报制作系统升级改造项目完成建设任务，通过验收鉴定，节目主持人的培训工作进展顺利；新一代天气雷达系统通过中国气象局专家组现场测试验收；L波段雷达通过竣工验收，正式投入业务使用；局机关大院安全监控系统通过测试验收，投入试运行。

【基础设施建设任务如期完成】年内，总投资118万余元的那曲地区气象局干部职工周转房工程，于2007年5月25日动工新建，2007年10月10日通过竣工验收，交付使用；投资41.4万元的东西部对口台站交流活动项目——那曲地区气象局多功能活动室，于2007年6月中旬动工新建，2007年10月10日通过竣工验收，交付使用；那曲地区国家气候观象台业务工作平台和西藏农牧经济信息网那曲分中心机房改造工程也按期完工，通过验收，交付使用。

【防雷减灾工作稳步推进】那曲地区的防雷减灾工作在西藏自治区防雷减灾管理办公室和那曲地区行署的正确领导下，在地区建设局、消防支队、安全生产监督管理局等部门的全力支持和通力配合下，各项工作得到继续加强。组织技术人员对辖区建筑物和青藏铁路那曲段512公里铁路沿线的通讯铁塔、站房和轴温机房雷电防护装置进行了安全检测，并积极配合相关部门开展隐患整改。另外，根据上级部门关于加强学校防雷安全检查的文件精神，与地区教体局、安监局联合对全地区学校的雷电防护装置进行专项安全检查，并要求教育主管部门限时对安全隐患进行整改，确保学校师生的生命财产安全。由那曲防雷高科有限公司承建的那曲、嘉黎、索县、比如等四个加油站防雷工程顺利完成建设任务，通过有关部门的竣工验收。同时还积极开展防雷科普知识宣传活动，向农牧区发放防雷宣传挂图5000余份，为进一步提高农牧民群众的雷电防护意识做了大量卓有成效的工作。

【援藏工作任务逐步落实】援藏工作也取得较为明显的成绩。先后选派3人分赴对口援藏省气象局学习防雷业务、计划财务知识和电视天气预报制作系统操作技能；6月下旬，由行署才仁桑珠副专员任团长的那曲地区农口系统学习考察团，赴浙江省考察学习气象为地方经济建设服务的成功经验和运行管理模式；8月，那曲地区气象局再次组织行政管理骨干赴浙江省气象部门和宁波市气象局学习，既加深了感情，增进了友谊，又使行政管理骨干开阔了眼界，增长了知识；9月，辽宁省气象局一行两人莅临那曲开展对口援藏工作调研，并现场培训那曲地区电视天气预报制作系统操作人员，共同探讨指数预报方法及节目设计。另外，那曲地区气象局积极安排部署第四批援藏干部离藏工作鉴定和第五批援藏干部进藏的前期准备工作，确保对口援藏的延续性；第二批东西部对口交流合作活动第一个项目——那曲地区气象局多功能活动室建成交付使用；7月，义乌市气象局一行3人莅临安多县气象局考察调研友好结对工作，并援助5万元，用于业务人员的培训工作。

【存在的问题】一是人员严重缺编，人才短缺，严重影响业务技术体制改革整体推进和职工的正常休假；二是拓展气象服务领域，延伸气象预报覆盖范围的工作进展缓慢；三是年度目标的制定存在不切合地（市）气象局工作实际，即便工作人员全力以赴也难以达到考核要求；四是职工探亲费和医疗费严重不足，影响政策的贯彻执行，发展缺乏后劲。

【获奖情况】地区气象局获 1.全区文明单位；2.2007 年度全区气象系统目标管理优秀达标单位第一名；索县气象局全区文明单位。

申扎县气象局全国气象部门基层文明台站标兵。

拉巴获全区气象服务先进个人；贡觉顿珠获 2007 年度全国优秀值班预报员；郭青林获中国气象报社2007年度优秀通讯员。

那曲地区环保工作

【切实加强建设项目监管力度】2007 年那曲地区环保局加强了对本地重点建设项目的环保监管，确保各项环境保护法律法规、环评及“三同时”制度得到有效落实。2007 年在那曲地区的工程项目建设中重点检查了那曲至聂荣公路新建工程、青藏公路格拉段整治工程、夏曲卡至比如县公路工程、那曲镇生活垃圾卫生填埋场建设工程、华夏矿业有限公司蒙亚啊选矿厂项目、巴青至贡日乡村公路、尼玛县水电站、那曲物流中心建设项目、那曲中信迎宾馆、火车通站道路工程等 10 余个项目。办理建设项目环评审批手续 7 份，补办建设项目环评审批手续 3 份，有效预防和控制了建设项目对生态环境造成的污染和破坏。

参与了那曲物流中心建设单位在拉萨召开的项目环境影响报告书审查会；参与了由自治区铁路办牵头的调研组，为物流中心的建设所需的取土场和临时用地进行了现场调研和论证，因地制宜地从工程的环境影响、施工设计、临时用地及取、弃土场提出了补充和修改意见。

2003 年自治区环保局提出建立那曲中部草地国家级生态示范区，该项目一期工程总投资 1180 万元，于 2005 年 6 月开工建设，2006 年 10 月完工。2007 年 10 月对该项目进行了初验，初验委员会一致通过并按照属地管辖原则移交那曲县人民政府管理。

为切实解决城镇周边、交通道路沿线及重点旅游景区（点）不同程度地存在着垃圾污染问题，完成了老垃圾场的治理和新垃圾场的建设。

切实加强矿山开采监督执法检查，确保矿山生态环境持续健康发展。

【建立环保审批“绿色通道”】通过采取集中审批、现场办公等措施，提高环保审批效率。加强了对矿产资源预查、普查的监管。通过自治区环保局评审在那曲地区环保局备案的项目共有114个，到那曲地区环保局审查《环保方案》并对《环保方案》出具初审意见的探矿点45个。

【制定地区生态保护建设和发展规划】重点实施自然保护区、重要生态功能区、天然林保护，退化草地和森林的修复，沙化土地的治理，提升生态环境的检测与监管能力，借西藏生态环境全面改善的东风，制定了建立生态环境补偿机制等相关对策，为区域经济的发展和草场生态的休养生息提供了有利的条件。与此同时，极力推行生态环境保护措施，并在国家级刊物中国环境保护新视野系列丛书发表了《与时俱进全面建设和落实科学发展观自主创新切实加强生态环境保护工作》。开展了土壤调查工作，对全地区11个县（区）进行了土壤采样，行程10000余公里。

【狠抓节能减排，严格排污收费制度】对未按规定建设和运行污染减排设施的企业和单位，公开通报，限期整改，坚决遏制高耗能、高污染产业过快增长。加强对排污企业污染防治设施运行情况的检查，共出动15人次突击检查了辖区内6家销售使用一次性发泡塑料餐具、一次性塑料袋的批发店、商店，共没收一次性发泡塑料餐具、一次性塑料袋15袋，并对其中两家批发店各处罚款500元。对那曲地区卫生局和农牧局下属的3家实验室进行了一次全面的检查。

先后到地区人民医院、妇保医院、藏医院、广播站、气象局等10家单位进行电子辐射设备使用情况检查和登记。

初步制定了符合本地实际的排污收费管理办法，经行署专员办公会议研究批准实施。

截止目前，共发放排污许可证5家，同时对那曲地区两家采矿企业（西藏中凯矿业有限公司和西藏华夏矿业有限公司）正式下达了排污费缴纳通知书。据统计，2007年共征收排污费62万余元，对象涉及各个行业1500多户，并且已开始面向事业、机关单位、部队征收。各县（区）也已启动向个体户征收排污费的步伐。

【深入开展环保专项行动】由行署副专员挂帅，部署和组织实施全地区环保专项行动。自开展环保专项行动以来，共发出正式文件6份，统计表格20份，已全面汇总并上报至自治区环保专项行动领导小组办公室。全年共查处违法环境案件16起，其中城市噪声扰民事件6起，水污染事件1起，“白色”垃圾事件3起，矿产资源勘查2起，建设项目违规4个，以上所有违法事件都依法进行了严格处理，并登记备案，共处罚金11000元。

切实加强了饮用水源环境保护专项执法检查，建立那曲镇饮用水源保护区。对全地区饮用水源进行了执法检查，并布署了今后的工作，全年来共出动122人次、37车次，行程总计约2240余公里，检查范围涉及全地区13年主要的城镇集中式饮用水源区。

划定了那曲镇2处集中式饮用水源保护区，确定了保护区的范围、面积，并以那曲地区行署的名义建立了永久性水源保护区标志，落实了管理人员和责任。目前正在申请保护经费，设立了饮用水源保护区界桩，防止在保护区内设置垃圾、粪便和易溶、有毒有害废弃物集中堆入等，切实有效地保护饮用水源。

按照自治区环保专项行动督办工作部署，参与了由行署领导带队的赴昌都督导组，对昌都地区环保专项行动进行了重点督导和检查，历时14天，行程13000公里，检查全面深入，既发现了他们的成绩和不足，又学习了他们的好经验、好做法，对指导那曲地区的环保工作具有重大的意义。同时，派专人历时12天配合日喀则赴那曲督导组，行程2000余公里对那曲地区环保专项行动进行了重点督导和检查。

强化法制宣传提高公民的法律意识，利用“4.22”世界地球日、“6.5”世界环境日、“6.25”土地日，并通过媒体和摆摊设点等方法，大力宣传环保法、土地法等相关法律法规知识，共发放宣传资料千余份。

【获奖情况】2007年度西藏那曲地区环境保护局获西藏自治区支援青藏铁路建设先进集体

2007年度局监督管理与污染控制科科长格桑次仁获西藏自治区环境保护先进个人。

2007年度那曲地区环保局环境监察支队队长陈刚获全国环境专项整治行动先进个人。

2007年度那曲地区环保局杨琪同志获全区支援青藏铁路建设先进个人。

【领导名录】

党支部书记：杨秀军

副书记、局长：旦增次仁

副局长：靳阿岐

那曲地区旅游工作

【年度情况】2007年那曲地区共计接待海内外旅游者236110人次，与去上年同比增长31.2%，其中外宾1089人次，同比增长18.5%，实现旅游收入2847.94万元，同比增长23.13%，其中外汇收入59万元，同比增长22.92%。

【充分利用恰青赛马节的有利时机，加强旅游宣传促销工作】在一年一度的那曲恰青赛马艺术节期间，那曲地区旅游局成立了由主要领导挂帅的宣传促销领导小组负责宣传促销工作。制作了那曲旅游宣传展板、旅游景区点分布图，发放旅游宣传册（资料）1500余份。

【加大宣传促销力度，进一步提升那曲旅游知名度】2007年那曲地区旅游局在经费十分的紧张的情况下，抽出资金、人员赴昆明参加旅交会。通过宣传促销工作，进一步提升了那曲旅游知名度，为吸引更多的海内外旅游者来那曲观光旅游奠定了基础。

【以“巴拿扎西林杰”黑牛毛帐篷的落成为契机，逐步打造那曲特色旅游产品】

以展示藏北牧民生产、生活习俗为重点，展出了黑牛毛帐篷“巴拿扎西林杰”及那曲牧民生产生活用品用具及其他物品，同时对那曲地区旅游资源进行推介，逐步打造那曲特色旅游产品。为提高“巴拿扎西林杰”黑牛毛帐篷的知名度和影响力，那曲地区旅游局正积极准备申报破吉尼斯纪录。

【加强对星级宾馆的监督管理，提高那曲旅游业接待水平和能力】严格旅游星级宾馆（饭店）的监督管理，特别是在节假日期间组织精干力量，积极协调有关部门，就那曲旅游星级宾馆（饭店）食品卫生、安全等方面进行全面检查，有效地杜绝了安全事故的发生，确保了那曲旅游者及旅游经营者的生命财产安全，为平安那曲的创建作出了贡献。

根据旅游星级宾馆（饭店）的评定标准，在自治区旅游局的具体指导和帮助下，认真开展那曲饭店的三星级评定工作。该饭店的升星工作，有效地提高了那曲旅游接待水平，进一步提高了那曲旅游接待能力。

据统计，那曲地区2007年全年共计接待海内外旅游者236110人次，与2006年同比增长31.2%，实现旅游收入2847.94万元，与2006年同比增长23.13%。

【进一步修改完善“藏家乐”管理办法和行业标准，逐步规范“藏家乐”管理】2007年，那曲镇附近具有一定规模的“藏家乐”有6家，总投资约120余万元，从业人员共计60人。6家“藏家乐”每天接待消费者约180人，月均营业额约60万元。“藏家乐”的发展无疑增加了那曲旅游接待能力，有效地增加了牧民收入，解决了部分富余劳动力的就业问题。但目前那曲地区“藏家乐”基本处于自发组织阶段，为进一步发展那曲“藏家乐”，规范“藏家乐”管理。2007年在对那曲地区牧家乐调研的基础上，那曲地区旅游局初步拟定了“藏家乐”管理办法和行业标准，在进一步修改完善后试行，用于积极引导那曲地区“藏家乐”规范、健康发展。充分发挥旅游业的关联拉动作用，增加农牧民收入，促进经济社会发展。

【积极做好大小宾馆、饭店、招待所等的调查摸底工作】2007年上半年，那曲地区旅游局抽调人员对那曲地区及各县区大小宾馆、饭店、招待所进行摸底调查工作。据统计，全地区共有大小宾馆、饭店、招待所、旅社79家，客房1596间，床位3676张，从业人员681人。其中地区星级宾馆2家（三星级），客房161间，床位420张，从业人员220人；地区非星级宾馆、饭店、招待所、旅社50家，客房1025间，床位2250张，从业人员311人；各县区宾馆、饭店、招待所、旅社27家，客房410间，床位1006张，从业人员127人。

【加大安全生产检查力度，创造良好的旅游安全生产环境】2007年，那曲旅游局充分利用旅游黄金周等节假日，组织消防、质监、安监、食品与药品管理局等单位以及局质检人员，配合工商等部门，加大了整顿和规范旅游市场秩序工作，有效地遏制了“四黑”等违规违纪经营行为，为那曲旅游业的健康、秩序、快速发展营造了良好的发展氛围。2007年那曲地区旅游局先后派出旅游质检人员1100人次，检查导游人员15个，检查旅游购物场所2家，检查旅游定点车辆10辆，旅游团队10个，受理国内投诉1次（经协调解决），未发现违规行为。

【积极协调成立旅游协会】为有效集中社会力量参与旅游业的发展，建立健全旅游组织机构，那曲地区正积极协调筹备成立那曲旅游协会。

【加大人员培训】2007年，在自治区旅游局的大力支持下，那曲地区旅游局选派人员赴天津、成都参加西藏旅游经济研讨班和旅游高级人员培训班，进一步提高了那曲地区旅游局管理人员的业务水平与能力，为那曲地区旅游进一步发展提供了智力支持。

【制定旅游突发公共事件应急预案】坚持以科学发展观统领旅游安全生产工作，按照“安全是旅游的生命线”的指导方针，结合《西藏自治区旅游突发公共事件应急预案》等相关预案和条例，与地区相关部门协同制定了《那曲地区旅游突发公共事件应急预案》。4月30日，“疯狂蚂蚁登山队”攀登桑丹康桑雪山约5830米处后撤途中，一名登山者不幸遇险。在接到求助电话后，那曲地区消防支队、那曲县公安局、那曲县古露镇派出所立即出警，自治区登山队、那曲地区旅游局、那曲县旅游局及当地牧民积极参与救援工作。在自治区登山队的大力支持下成功将遇险者救出。这次救援各部门综合协调，各司其职，有效处理了旅游突发公共事件。被自治区旅游发展改革委员会给予组织协调奖。

【领导名录】

2007年10月前外事办、旅游局一套人马，两块牌子

党组书记：范科创

副主任、副局长：拉青、宋立刚（7月离职）、任烽（8月任职）、周庆山、李建民、郭立新

调研员：索朗旺堆

副调研员：永才

2007年10月由于外事旅游机构分设后

党组书记：西德

副局长：任烽（8月任职）、周庆山、布洛才、拉青

调研员：索朗旺堆

那曲地区电力工作

【年度情况】2007年那曲地区完成发电量3358.25万KW/H，完成上网电量3277.14万KW/H，完成下网电量5008.64万KW/H，完成售电量3892.28万KW/H，实现售电收入2541.66万元，生产经营持续保持较好的发展势头。

【主要特点】那曲电力工业起步晚、底子薄、起点低，受自然条件等因素影响大，资金投入不足，投入产出率低，电网结构脆弱，抗御自然灾害的能力差，电网建设滞后。那曲地广人稀，居住分散，电力设施点多面广，管理难度大，员工文化水平和专业素质参差不齐。经过30多年的发展，特别是改革开放30年来，那曲电力克服许多不利因素，奋发图强、励精图治、艰苦创业，使那曲电力得到了长足的发展，尤为值得一提的是，那

曲电力自 2007 年 1 月正式实现体制转轨，上划区电力公司，整体纳入国家电网公司实行公司化运作以来，那曲电力的发展更是日新月异、蒸蒸日上。上划以来，不断加大对那曲电力的资金投入，翻开了那曲电力发展的新篇章，开创了那曲电力发展的新纪元。

【大事记】2月1日上午，那曲公司召开系统干部职工大会，学习贯彻落实 2007 年全区电力工作会议暨区电力公司一届二次职代会精神。坚定信心、乘势而上，推动那曲电力健康、持续、快速发展。

3 月 8 日，那曲公司根据区电力公司《关于印发〈西藏电力公司营业普查工作方案〉的通知》精神，正式启动了营业普查工作。公司领导高度重视此次营业普查，精心组织、周密安排、专门成立了公司营业普查领导小组，制定了切实可行的实施方案，确保营业普查工作顺利进行。

4 月 17 日，那曲公司召开系统干部职工创建“平安企业”动员大会。开展了主题为“创建和谐企业、共建平安家园”的创建活动。

4 月 30 日，那曲公司举办了丰富多彩、健康向上的，以“建功在企业、和谐促发展”为主题的“庆五一、迎五四”文体活动，旨在丰富活跃职工的文化娱乐生活，展示电力企业员工崭新形象，促进企业文化和精神文明建设。

5 月 1 日，总投资 4900 万元的那曲县第三期农网中低压供配电线路建设安装工程开工仪式在那曲县罗马镇举行。公司主要领导、那曲县人民政府、那曲地区发改委、罗马镇人民政府等有关领导及施工队代表和当地群众参加了开工典礼。

6 月 5 日，那曲公司召开系统党员干部大会，传达学习那曲地委书记、人大工委主任多托同志在全地区党员干部大会上所作的“深入开展反分裂斗争，维护安定团结的政治局面”的重要讲话。

7 月 18 日，那曲公司针对体制上划后公司所面临的新形势、新任务、新机遇和新挑战以及员工在体制转型期的“不适应”，为稳定员工队伍，确保各项工作顺利进行，公司领导及时作出了开展员工思想教育活动的决定。成立了公司员工思想教育活动领导小组，制定了切实可行的实施方案，正式启动了员工思想教育活动。

9 月 6 日，那曲地区安多县、聂荣县三期农网建设与改造工程顺利通过了由区电力公司农网办、那曲地区发改委、那曲电力公司、安多县政府、聂荣县政府等组成的联合验收组的验收。

10 月 16 日，总投资 1480.48 万元的那曲公司调度综合楼工程，顺利通过由区电力公司工程部、区电力公司电网指挥部、区勘察设计院、西藏方正监理事务所、那曲勘察设计院、那曲建设局质监站、那曲环保局、那曲消防支队、那曲防雷减灾办公室、那曲电力公司等单位组成的联合验收组的最终验收。标志着那曲电力调度综合楼自 2005 年 8 月 20 日正式开工建设以来，历经两年多的施工建设，整个工程建成投用。

12 月 7 日，刚组建的西藏电力那曲公司新一届领导班子任命仪式在公司五楼会议室隆重举行。区电力公司党组成员、纪检组长加央群培和人劳部主任梁才代表区公司党组出席了任命仪式。

12 月 20 日，为进一步转变营销观念，增进与电力客户的沟通和了解，提升优质服务水平，那曲公司召开了 2007 年度客户座谈会。来自地直各单位 40 多家大客户代表和 40 余名居民代表应邀参加了此次主题为“真诚服务、共谋发展”的客户座谈会。

12 月 28 日，为深入学习贯彻党的十七大，进一步掀起学习贯彻十七大的高潮，那曲公司举办了主题为“学习十七大、实现新跨越”的十七大知识竞赛活动。共有公司机关、查龙电厂、输变电工区、修试所、供电营业所、调度室等六支代表队参加了本次竞赛。

【领导名录】

总经理、党组书记：雷洪

党组成员、副经理：王照岐

党组成员、纪检组长：顿珠

党组成员、副经理：刘志宏、旺久、蔡云锋（11 月任职）

总工程师：唐明昌

中油西藏那曲销售分公司

【营销手段不断增强，销售网络更加趋于合理化】2007 年，在那曲公司在营销科的牵头下，以市场调查、市场分析入手，建立健全各项管理工作，转变加油站服务观念，提高加油站服务质量，树立科学的经营管理模式和理念。针对加油站的基础工作、规范运作等方面存在的缺陷制约着销售量增长的矛盾，公司对加油站的管理人员和业务人员进行了系统的培训，同时还给加油站统一定制了日销售专栏、监督栏和意见箱，并开通了顾客投诉电话，公布了电话号码，这些工作对加油站规范运作、提高管理水平，接受社会监督等方面起到了推动性的作用。从公司的实际情况和那曲地区的市场特征来开展营销工作，2007 年“五一”“十一”黄金周期间，在青藏沿线当雄至安多各加油站开展了促销活动。其中“五一”的促销活动采取一次性加油数量的多少向顾客赠送小礼品和奥运吉祥物，礼品送完为止，活动持续 10 天左右，此项活动受到了广大司机顾客的好评，起到了良好的促销作用，也拉进了与顾客的关系。为全面贯彻落实 2007 年西藏销售二届一次职代会会议精神，按照集团公司“强三基、反三违、严达标、除隐患”为主题的“安全环保基础年”活动的总体要求，为推进中油西藏那曲销售分公司机关、各油库站综合管理水平的提升，在五月推行了达琼经理提出的：保质、保量、保安全；环境好、服务好；员工满意、顾客满意的“322”管理理念，同时将西藏销售分公司加油站稽查结合起来，开展了为期一个月的“安全、环保、服务月”活动。此次“安全、环保、服务月”活动达到了保质量、保安全、环境优美、城信服务、顾客满意、员工满意的目标，其意义以及作用将影响着公司今后的工作，为中油西藏那曲销售分公司持续有效、快速稳步发展奠定坚实的基础。

【加大网络建设力度，优化网点布局】（1）那曲公司 2007 年网建任务十分繁重，先后开工的有那曲油库改造以及嘉黎、索县、比如、巴青油站改扩建，还有机关老院、雁石坪加油站住房维修，雁石坪、安多油站锅炉维修，机关院内排水工程等等，公司组织人员多次深入工地，排查隐患，蹲点施工现场，以保证工程质量。

（2）高标准、严要求，抓好网建工程的督查工作。工程一开工，公司立即下派现场监督员到各施工点，全过程进行监督。从开工到验收，始终按照《加油加气站设计与施工规范》进行，把加油站改建、搬迁当作日常工作中的头等大事来抓，抓好抓出实效，高标准、严要求，从严管理。

【努力开展输油工作，保障油品供】应2007年全年共完成10次输油，其中上半年完成90#汽油输油2次，那曲油库1次，安多油库1次，共输入3872.789吨，-20#柴油共完成输油2次，那曲油库1次，安多油库1次，共输入2863.926吨；下半年完成90#汽油输油4次，那曲油库2次，安多油库1次，雁石坪油库1次，共输入8086.88吨，-20#柴油那曲油库共完成输油2次，共输入6454.92吨。

【那曲油库改造工程如期实现，为那曲市场供应打下坚实基础】2007年5月10日，召开了那曲油库隐患整改相关事宜的专题会议。分公司李宝军总经理、房玉林副总经理等工作组一行以及那曲公司领导班子成员、那曲油库负责人、那曲油库改造工程施工方、监理方参加了该次会议。2007年11月5日，那曲油库改造工程顺利全面竣工。那曲油库改造的完成，对那曲地区乃至整个西藏自治区的油料供应产生深远而重大的影响。

【领导名录】

经理、书记：达琼

副经理：邓先明、普玉塔（工会主席）、金珠

那曲地区科技工作

【科普宣传力度不断加大】2007年那曲地区科技局为了进一步提高农牧民群众的科技意识，组织地直各学（协）会举办了6场大型科普活动，发放科普书籍、挂图、宣传手册等资料31600余份（套），为广大农牧民群众义诊600余人，向特困户赠送太阳能电水120余桶，灯架200余套，灯管600余支，义务维修太阳能家用套灯40余套，家用电器400余件（台），受益人数达1万多人。

【农牧民科技培训工作成绩显著】认真开展农牧民科技培训。一是开展农牧民实用技术培训，全年共培训农牧民1.3万多人，同时免费维修家用太阳能设备1895套、家用电器7000多件。二是举办了全地区“风光互补太阳能光伏电站技术人员培训班”。对34名来自基层的光伏电站技术人员进行了光电原理、电站设计、故障排查排除以及家用太阳能设备维修等知识培训，收到了良好的效果。

积极开展知识产权宣传活动，严厉打击侵犯知识产权活动。根据《关于认真开展2007年“保护知识产权宣传周”活动的通知》，开展了以“保护知识产权、促进创新发展”为主题的知识产权宣传周活动。活动为广大农牧民和社会各界人士发放《图解知识产权ABC》300余册、中华人民共和国专利法、西藏自治区专利申请资助及奖励办法（暂行）宣传单1000余份、宣传挂图150余幅、其它相关宣传单1000余张、展出保护知识产权宣传展版15幅，并出动科普大篷车在那曲镇各街道上巡回宣讲，受益人数达5000多人。

【科技服务“三农”，取得新成效】畜牧业是那曲地区的支柱产业，地区科技局投资32万元支持那曲三大优良畜种的改良和优质牧草的引进项目；与中科院亚热带农业生态研究所合作，开展了267公顷的草原鼠害治理项目，取得阶段性成效；进行了高原地区引进树木试验项目；开展了黄绿密环菌（黄蘑菇）人工栽培研究。

冬虫夏草半野生抚育项目进行取得初步成效。对那曲地区冬虫夏草生长区生态环境进行调查摸底，完成冬虫夏草幼虫室内饲养，在基地实验区内设立了160个实验小区，将2006年饲养幼虫和2007年孵化幼虫大部分投放到实验小区内，目前各项技术指标任务基本完成，该项目已经通过了自治区科技厅阶段性验收。

开展了科技扶贫，为尼玛县甲谷乡解决了50套太阳能设备；解决资金支持那曲县香茅乡社会主义新农村建设配套项目和那曲镇浙江西路末端进行了城镇绿化改造。申请国家资金建立星火学校，使那曲地区职业技术学校被列为全区第一批星火学校。申请国家农业科技成果转化资金及国家科技富民强县行动计划项目，使那曲县列为第一个科技富民强县。

【大事记】2007年1月28日上午，召开了那曲地区科学技术大会。

2007年1月28日下午，召开了那曲地区科学技术协会第五次代表大会。

6月份自治区人大常委会副主任向巴嘎登、自治区科学技术厅党组书记、厅长多吉次仁、西藏科协副主席张恒绪等一行8人组成的自治区人大执法检查组到那曲地区就那曲地区执行《中华人民共和国科学技术普及法》及实施办法情况进行检查。

【领导名录】

党组书记：杨光亮

党组副书记：王忠全

副局长：扎西、普琼、贡曲仁青（10月任职）

调研员：杜沛臻

那曲地区教育体育工作

【教育现状】2007年，那曲地区共有各级各类学校213所，其中，中等职业技术学校1所、高级中学1所、完全中学1所、初级中学12所、完全小学118所、初级小学32所、教学点38个、幼儿园9所、民办中学1所。全地区青少年爱国主义教育基地学校1所，自治区示范高中1所，地区示范中学3所，地区示范小学4所。全地区各级各类学校在校生74211人，其中幼儿园在园人数819人；小学在校生55249人，入学率为97.33%（不含三类残疾儿童），比2006年96%提高1.33个百分点；初中在校生14140人，入学率为48.77%，比2006年32.62%

提高16.15个百分点；高中在校生2314人，比2006年2305人略有增加；职业学校在校生1689人。全地区各级各类学校教职工4637人，其中在职人员4227人，离退休人员410人；另有临时工（都为后勤人员）757人。2007年，十一个县(区)中已有五个县(区)率先完成“普九”，“普九”人口覆盖率46.3%；八个县(区)完成扫盲，扫盲人口覆盖率73%；十一个县(区)全部实现“普六”，“普六”人口覆盖率100%。

【教育基础建设投资加大，办学条件不断改善】2007年，那曲地区教育基础建设总投资达8032.2万元，比2006年增加232.2万元，其中六所中学总投入5731.2万元,小学规范化建设投入2301万元。建设资金的管理做到了单独设账、专款专用，未出现截留、挪用、挤占基建资金现象。在给施工单位付工程款时，要求对方必须出据建筑代税发票作记帐。通过援藏渠道解决了拉萨那曲高级中学资金210万元用于学校园林景观绿化,现正处于招投标阶段。地区教体局职工周转房总投入127万元，其中国家投资77万元、援藏投资50万元，截止目前招投标工作已完成。在自治区教育厅的关怀下，给那曲地区分配了1200套课桌凳、5000套中小学生用床、3000套餐桌、2套音体美设备、167套书架、170000册图书、100万本农牧民子女“三包”作业本。

【职业技术教育发展良好】一是狠抓《西藏自治区人民政府关于职业教育发展的实施意见》的学习宣传。进一步发挥典型示范作用，推动全地区职业教育协调发展。二是切实加强领导，制定了《那曲地区职业教育发展思路》，要求各县（区）政府成立本县（区）职业教育领导机构，健全县、乡两级职业培训网络，健全经费保障机制，确保财政性职业教育经费逐年增长。三是加强职业教育培训，提高职业技能。教育系统培训农牧民的方式主要是部门委托的订单培训，利用本身的师资优势和硬件优势，有针对性的培训社会急需的各种人才。2007年主要开展的培训项目有农牧民技能培训、汽车驾驶培训、畜牧兽医培训、编织、电焊、摩托车修理、计算机应用等，仅地区职业技术学校培训农牧民就超过1383人。

【校长、教师队伍不断加强，培训力度不断加大】在2007年1042人的师资分配中，首先保证了“普九”县(区)的教师需求，兼顾明年“普九”县的教师数量，适量安排了2009年“普九”县的师资需求。另外，教育厅安排了两批非师资专业毕业生450人到那曲地区教育系统工作，这些毕业生其专业分布较广，充分利用这些专业，合理搭配到学校，特别是会计等这些专业，深受各学校的欢迎。按照教育厅师资处的要求，选派了230名中小学骨干教师参加了教育部援助西藏中小学教师培训计划，使那曲地区中小学教师更加深入了解新课程改革。现在，大部分学校对选派人员在各自学校对未参加教师实行校本培训。年初，选派了20名校长到国家教育行政学院进行为期20天的培训，组织了30名退休教师到内地疗养，10名退休教师到拉萨疗养。10月份，那曲地区28名教师报名参加副高职称考试，实际参加考试25人，成绩合格17人，已向自治区教育厅申请副高职称指标。对教育系统3000多名教职工实行了工资改革，完成了事业单位工作人员的正常晋升以及西藏特殊津贴调整，三次调资的审批工作已基本完成。

【大力发展现代远程教育，提高教师教育技术能力】自治区和地区两级电教人员多次深入索县开展农村中小学现代远程教育工程工作。截至年底，在38个教学点配备了光盘教学设备，覆盖率为100%；在58所乡（镇）小学配备了现代远程教育班班通，覆盖率为32.2%；在139所中小学建设了卫星收视设备，覆盖率为84.2%；在10所中小学建设了计算机网络教室。教育资源建设得到加强，优质教育资源共享机制正在形成，信息技术在教学中的应用日益广泛和深入。上级部门投资42.5万元、那曲地区教育体育局配套37.5万元，为部分学校解决了一间网络教室、十五套“班班通”和一套校园点播系统。7月电教馆对86位县级电教员和一线骨干老师进行了为期12天的地区级教师教育技术能力培训，各县（区）也积极组织了县级培训。目前，那曲地区教师教育技术能力培训工作已转入各校校本培训阶段，各校安排参加过自治区级和地区级培训的电教员和骨干教师，利用周末和假期对一线教师开展计算机技能和教师教育技术能力培训。通过分级、分批培训，那曲地区教师计算机技能和教育技术能力有了普遍提高。

【大事记】（1）2007年3月16日，2007年度教育局长工作会议在地区召开。

（2）2006年12月6日-2007年1月30日，选派了20名校长到国家教育行政学院进行培训，组织了30名退休教师到内地、10名退休教师到拉萨疗养。

（3）2007年3月1日起，那曲地区正式实行《西藏自治区义务教育阶段学籍管理办法》和《西藏自治区普通高中学籍管理办法》。

（4）2007年5月20日，那曲地区2个教育课题《农牧区家庭教育问题研究》和《农牧区学前教育现状调查与对策研究》获得自治区“十一五教育科学规划研究课题”立项，以课题带教研、以教研促教学的局面初步显现。

（5）2007年5月20日-23日，开展了对那曲地区民办学校的调研评估工作，对民办学校的办学行为提出了整改要求，要求民办学校必须按照《民办教育促进法》依法办学。

（6）2007年6月7日-9月5日，那曲地区取得高考考试资格的考生有983人（实际参加考试956人），全地区实际录取428人，录取率为44.76%。

（7）2007年8月10日-25日，比如、班戈、嘉黎三县通过自治区扫盲验收。至此，那曲地区申扎、尼玛、双湖、索县、那曲、比如、班戈、嘉黎八个县区完成扫盲工作，全地区扫盲人口覆盖率达到73%。

（8）2007年11月2日-26日，申扎、尼玛、双湖、索县、那曲五县区通过自治区“普九”验收，这是那曲地区第一批完成“普九”工作的县区，全地区“普九”人口覆盖率达到46.3%。

【获奖情况】国家教育部、人事部授予：

永旦扎巴　全国教育系统先进个人。

国家教育部、民委授予：扎桑　全国援藏教育先进个人。

西藏自治区人民政府授予：地区教体局督导室　自治区“两基”攻坚先进单位。

【领导名录】
党组书记：李全龙
党组副书记、局长：永旦扎巴
纪检书记、调研员：斯塔
副局长：陈宁一、胡明昊、李全喜、康希娥（女）

那曲地区职业技术学校

【基本情况】2007 年那曲地区职业技术学校在校生 2218 人，其中长线生 1370 人，开设畜牧兽医、职业高中、幼儿师范、一年制中专、初职部、动物检疫、土木建筑、藏医等 12 个专业 25 个教学班。学校领导 6 人，在职教职工 61 人，其中专任教师 37 人，中级职称 12 人，助理级 24 人，员级 1 人，分别占教师总数的 32.43%、64.86%和 2.70%。学校改扩建工程项目立项，概算资金 2337.21 万元，总建筑面积 14510.33 平方米，2007 年完成投资 737 万多元。

【积极落实基础设施建设项目资金，努力改善办学条件】搞好学校改扩建项目建设，将已立项的 2300 多万元基建项目落实到位，完成了投资 737 万元的学生食堂、学生宿舍工程建设并投入使用，初步改善办学条件，不断提高办学规模效益。

【以丰富多彩的活动为载体，大力推动校园文化建设和学校精神文明建设】学校以丰富多彩的课余活动作为载体，通过开展新生军训、广播体操比赛、篮球赛、冬季长跑、专业技术技能竞赛以及学生绘画作品展等活动，极大地丰富了学生的文化生活，培养了学生的集体观念和参与意识，激发了学生的上进心和自信心，促进了学生的健康全面发展，有力地推动了学校精神文明建设。2007 年是那曲地区师范学校建校三十五周年，同时是那曲地区职业技术学校挂牌十周年。为了展示学校的发展成就，总结三十五年来师范学校和职业学校办学经验，弘扬那曲师校艰苦创业的精神，并以之激励广大师生振兴那曲职校，学校举办了校庆活动。通过举办校庆，教职工的光荣感和责任感得到增强，“校兴我荣，校衰我耻”的思想深入人心，以具有浓厚藏北职教特色和文化底蕴的校徽、校歌、校训为外部框架，以校史、民族歌舞、绘画、职业技能等为表现形式，以艰苦奋斗、爱岗敬业、厚德笃学、求实创新、奉献社会、和谐奋进为内涵的校园独特文化初步形成。这种浓厚的文化氛围，提高了学校师生员工的向心力，也增强了开创职业教育美好明天的精神动力。

【积极挖掘生源，稳步扩大招生规模】2007 年那曲地区职业技术学校长线专业在校生首次突破 1000 人大关，长线专业有 25 个教学班 1370 人，长线生人数比 2006 年增加了 531 人。教务科通过电视等媒体做了大量招生宣传工作，实施了拉网式渗透，使社会各界和家庭对那曲地区职业技术学校有较清楚的了解。学校本着“升学有基础，就业有技能”的原则，保留畜牧兽医等学历优势专业，并指向落榜高中生职业培训，新设置一年制中专班、民族绘画、藏医专业，积极配合地区“两基”攻坚工作，招收了那曲县扫盲班 400 人，使学科专业建设得到拓展。通过努力，2007 年招生工作实现了历史性突破，长线专业计划招生 690 人（含育英），实际招收新生 1034 人，超额完成招生 49.86%。

【加强培训力度，逐步提高农牧民技能培训规模和质量】紧紧围绕地委行署中心工作，坚持面向农牧区，服务“三农”的办学方向，制定启动农牧民技能培训规划。面向全地区 11 个县（区）培训农牧民安居工程技术人员 500 人，受训农牧民初步掌握了土工、木工、绘画和识别图纸等基础性建筑知识技能，更为重要的是，通过培训使农牧民改变了思想观念，他们渴望学到一技之长，对运用所掌握的知识和技能，打入市场，增加收入，从而改变生产生活方式，走出一条致富之路充满信心。进一步加强同有关部门的联系，将相关部门和系统的培训项目争取到学校，2007 年举办驾驶技术、绘画、土建、乡村卫生员等短训共 13 期 18 班次，共培训 883 人。2007 年 9 月份，地区科技局将那曲地区职业技术学校确定为全地区科技培训基础，同时挂“星火学校”牌子，使那曲地区职业技术学校成为那曲地区第一所“星火学校”。短训专业伸展了学校适应社会市场的弹性，增强了学校应变市场变化的机能。更为重要的是同市场需求紧密结合的各类短平快的技能培训，为农牧民增收致富发挥着重要的作用，也为职业技术技能培训提供了十分广阔的空间。

【着眼于长远，着手于当前，切实加强师资队伍建设】按照学科专业建设和实际教学需求，不断优化师资队伍结构，针对技能型师资短缺的现状，着重在培养“双师型”师资队伍上下功夫。教师学历达标工作稳步推进，有 1 人正在研读专升本函授，5 人已毕业，到 2007 年底，专任教师学历达到本科以上。及时评定教师职称，新聘任讲师 3 人，新聘任助理讲师 10 人，教师技能进修 2 人，学校更加重视中青年骨干教师和学科带头人的培养，教师队伍逐步向高学历、低年龄化转型。随着生源规模的扩大和教学硬件条件的根本性改善，仅 2007 年引进教师 10 人，是有史一来引进教师数量最多的一年从而增强师资力量、提高师资队伍整体素质、打造“双师型”师资队伍成为可能。

【加强对外交流与合作，学习兄弟职业院校的先进经验，创新办学模式】学校组织教师及行政干部 11 人赴四川、云南考察学习，了解学习内地职业院校办学和教育教学改革情况，学习借鉴兄弟学校先进的教学和管理经验，考察内地职业教育发展的环境、发展的理念、教育教学模式、管理方式等，从而达到学习先进经验，更新观念，开阔视野，理清思路，鼓足干劲的目的。山南地区职业技术学校到那曲地区职业技术学校考察，两地职校深入交流探讨了办学特色、学科专业和师资队伍建设、加强招生就业工作、拓宽职业教育办学路子等实际问题，增强兄弟学校的友谊，促进共同发展。同西藏高等职业技术学院、农牧学院等院校加强联系与合作，加大举办“3+2”的力度，既提高了毕业生的学历层次，又增加了其就业能力。2007 年上级教育行政部门指定浙江省教育厅对口支援那曲地区职业技术学校，并签定了援藏项目协议书，将在专业建设、师资培训、实训基地建设等方面给予援助。

在学习兄弟学校先进经验和依靠援藏力量的同时，努力挖掘自身发展潜力，从本地本校实际出发，坚持八条办学经验，认真落实“1124”发展思路，不断探索新的办学道路，为把那曲职校办成人民满意的学校而努力。

【领导名录】
党委书记：桑珠
校党委副书记、校长：达尔土
副校长：才旦扎西、公觉斯塔、格桑石秀、任玉梅（女）

那曲地区 文化广播影视工作

【群众文化工作】2007 年，那曲地区群众文化工作抓住那曲具有“歌舞海洋”和“格萨尔”传承基地这两个主题，一是成功地组织了一年一度的羌塘恰青赛马艺术节开幕式大型文艺活动《欢聚在藏北》的演出任务，还成功地组织举办了第二届民间歌手大赛和 2007 年度六县民间文艺调演。二是组织索县民间艺术团参加全区新发展、新变化、新生活文艺调演，在 11 个参赛节目中，女声独唱《月光下的牧歌》获银奖、舞蹈打墙舞《藏北汉子》获铜奖，为推动那曲地区民间文艺事业发展起到了积极作用。三是精心组织群艺馆民间艺术团与那曲军分区举办了“共唱和谐曲”庆祝建军 80 周年文艺晚会。四是积极组织那曲地区格萨尔故事说唱队和丁嘎热巴队参加自治区举办的“保护文化遗产，构建和谐社会”全区原生态民间文化艺术展演活动，受到社会各界的一致好评。五是为迎接党的十七大，组织举办了“喜迎十七大，共颂和谐曲”专题文艺晚会，得到社会各界人士的好评。六是积极参加“廉政文化歌咏比赛”，获得第二名的好成绩。七是积极开展业务指导、辅导和加强文化交流活动。

【专业文艺工作】1. 充分利用节假日，积极开展慰问演出活动。组织举办了“新春文艺晚会”、“五四专场文艺晚会”、“建军 80 周年军民联欢晚会”等，观众达 4000 余人次。

2. 文艺创作演出活动。在“爱路护路宣传月”活动中，一台《铁路从我家门过》文艺节目在安多县城、安多县扎仁镇、那曲县罗玛镇巡回演出，观看人数达 2500 多人次；二是在欢送第四批援藏干部和欢迎第五批援藏干部、中信迎宾馆开工典礼、地区第二届畜产品展销会等活动中，地区艺术团都全力配合，积极进行文艺演出活动；三是在一年一度的羌塘恰青赛马艺术节中，那曲地区专业文艺团体发挥了极其重要的作用，开幕式大型文艺活动《欢聚在藏北》的编排任务和演出任务完成的十分成功，索县、比如、班戈、那曲四县近 1000 余名群众演员充分展示了热巴鼓舞、达布阿谐劳动歌舞、西部果谐和弦子舞；四是为迎接党的十七大，在地区影剧院举办了“喜迎十七大，共颂和谐曲”专题文艺晚会，观看演出人数近 1000 人；五是经地委同意，抽调 14 名舞蹈、声乐等骨干演员，从 6 月 13 日至 9 月 24 日，参加了大型原生态歌舞剧《幸福在路上》的排练和公演，演出达 50 场以上。完成了原生态风土歌舞剧《藏北音画》剧本的创作，并通过地区行署和自治区文化厅组织相关专家对剧本进行的评审。

【文化市场工作】2007 年，那曲地区文化市场管理工作继续坚持“一手抓繁荣、一手抓管例”的工作方针，在上级业务部门的有力指导下，进一步加大了对文化市场的监督管理和执法力度。

全年那曲地区共出动执法人员 400 多人次，执法辆 100 多台次，收缴非法出版物 12323 件，其中盗版 VCD7208 张，DVD124 张，盗版录音带 1158 盒，达赖像 1787 件，政治性非法出版物 46 本，政治性非法音像制品 2000 张，进一步加强了对网吧的管理，对 4 家未进行实名登记、违规接纳未成年人、超时营业的网吧进行了处理，责令 1 家离学校较近的网吧搬迁。

【文物保护与管理工作】一是文物保护经费的投入力度不断加大。由 2005 年以前每年财政经费为 1 万元，增加至 2007 年文物经费 3 万元。截止目前，那曲地区对文物保护管理经费投入达 101224.88 万元。二是进一步加强重点文物单位的安全防范和管理工作。那曲地区现有全国重点文物保护单位 1 处，自治区级文物保护单位 5 处，县级文物保护单位 52 处。三是文物基础性建档工作已基本完成。共完成 451 份卷宗，入宗文物 5603 件。四是积极开展对寺藏文物和旷野文物进行核查、补登工作和第三次全国文物普查前期准备工作。

【图书发行工作】2007 年，一般图书销售 7 万多册，销售收入 71 万元，比 2006 年同期有所增长，比年初计划超额完成 1 万元；全年两季教材发行销售 681 种 144 万册，实现销售收入 779 万元，其中零售 15 万，教材发行销售收入比 2006 年同期增长 173 万元。征订发行十七大学习辅导材料 4900 多册。

【非物质文化保护工作】2007 年元月起，那曲地区全面启动非物质文化遗产保护工作，及时成立那曲地区非物质文化遗产保护工作领导小组和那曲地区非物质文化遗产普查队。参照西藏自治区非物质文化遗产普查方案和结合那曲地区实际情况，制定那曲地区非物质文化遗产普查方案。为进一步贯彻落实那曲地区非物质文化遗产保护工作会议精神和认真落实非物质文化遗产保护工作的要求，为扎实搞好那曲地区非物质文化遗产保护项目的普查，建立项目库，按照“分别轻重缓急、分布实施”的原则，组织相关人员完成所有普查项目进行摸底、收集、整理、制作影像、文字资料，建立完整的项目数据库。积极申报第二批国家级、自治区级非物质文化遗产保护项目，2007 年自治区人民政府公布的自治区级非物质文化遗产名录中，那曲地区“羌塘恰青赛马艺术节”、“巴扎服饰”、“达布阿谐”、“藏北婚俗”、“安多服饰”、“安多采盐歌”列入其中，目前，那曲地区有2个国家级、7个自治区级非物质文化遗产保护项目，并对2个国家级项目制定了重点保护方案。

【新闻宣传工作】一是在地委宣传部的重视下，顺利完成了《那曲新闻》的首次改版任务，增设了“报刊讯息”“社会广角”两个版块，。二是圆满完成了青藏铁路物流中心现场办公会、青藏铁路物流中心开工建设、地委扩大会议、地区党员干部大会、中信宾馆开工典礼、“铁路从我家门前过、我爱铁路如爱家”巡回报告会等重大会议、活动的宣传报道。三是在《那曲新闻》中开设了“援藏巡礼”“农牧民安居工程建设”“落实年话落实”等专栏。四是与西藏电视台记者一道，历时近一个半月，行程上千公里，深入青藏铁路沿线，采访制作了题为《铁路穿越羌塘草原》八集系列报道。五是全方位报道2007年度那曲羌塘恰青赛马艺术节各项活动及赛事，为节日营造了浓厚的喜庆氛围，提高了那曲地区在区内外的知名度。六是为党的十七大的胜利召开营造良好的舆论氛围。从八月底开始在《那曲新闻》中开设了专栏《展示新成就喜迎十七大》，制作播出了16集系列报道，大力宣传了十六大以来政治、经济、文化、社会建设等方面所取得的举世瞩目的辉煌成就。七是进一步加大了经济工作、反分裂斗争、落实科学发展观、构建和谐社会的宣传报道力度。八是加强上送西藏台稿件工作力度。被西藏台《西藏新闻联播》采用汉语新闻214条，与2006年相比增加了21%；2007年元月至9月，被西藏台采用藏语新闻84条。由那曲台记者采写的新闻《藏北首次人工降雪获得成功》不仅在《西藏新闻联播》中播出，而且还在中央电视台《新闻联播》中播出，打破了由那曲台记者采写的新闻没有在中央台播出的记录。截止10月底，共制作播出藏汉语新闻2144条，比2006年同期增加了248条。各县（区）台上送那曲台新闻的积极性也有了较大提高，共向上送新闻138.5条，占那曲台播出新闻的15%。

【地面卫星接收设施转星调整工作】通过全地区广电工作者的共同努力，于8月10日、8月31日前分别完成了那曲地区地县电视台（有线网络）、调频转播台、无线转播台和344套乡、村级站的转星调整工作。9月24前顺利完成那曲地区16732座国家投资、援藏项目和百姓零散用户的KU波段2B转发器转8B转发器的调整工作，确保了地、县、乡、村四级广播电视用户以更清晰的广播电视节目效果按时收听收看到党的十七大广播电视节目。目前，全地区广播电视人口覆盖率分别达到了76.29%和81.89%。

【电影发行放映工作】2007年，全地区11个县（区）1284行政村的1453个放映点上，累计放映电18436影场（次），观众上1085055人（次），电影“2131”实现程度达到1.20场/村/月。

【存在的问题】一是经费投入力度严重不足，基层文化设施建设缓慢；二是那曲地区文化产业几乎是一片空白，不适应市场快速发展和群众日益增长的精神文化需求；三是新闻宣传的深度和广度还不够，品牌栏目、精品节目不多，创新意识不强；四是安全播出形势十分严峻，安全隐患和薄弱环节依然存在；五是文化广播影视事业建设中依然存在重建设轻管理的现象，巩固“三项工程”成果的任务还十分繁重；六是缺乏高层次、高水平和引领新技术拔尖人才，文化广播影视队伍的整体素质还有待提高。

【领导名录】

党组书记：扎西旺久
党组副书记、局长：喻昌
副局长：吕传利、车凯车、塔杰、普布江春
调研员：魏培宣
助理调研员：琼达

那曲地区卫生工作

【建立健全农牧民医疗制度，继续积极推进农牧区卫生改革与发展】2007年那曲地区及时调整充实了地区农牧区医疗管理协调领导小组，制定了《那曲地区农牧区医疗管理实施细则》。到2007年年底，参加的农牧民集资覆盖率达到94.79%。

全地区有114个乡镇，1287个行政村，2007年上半年农牧民总数有37.18万人，其中参加合作医疗的人口数达到33.6万人，覆盖率为94.2%；2007年上半年全区农牧民总户数为69702户，建立家庭账户的户数为63311户，家庭账户覆盖率为90.83%；2007年计划指标为94.97%，完成计划指标为96.12%（估计数）。2007年农牧民住院补偿总费用达1455.72万元；门诊核销总金额额达1087万元。

【卫生项目建设情况】（一）19个乡镇卫生院建设情况。19个乡镇卫生院下达投资为577万元，规划建设规模为5650平方米。除索县荣布镇外，其他18个乡镇年初进行了开工建设，现都已基本完工，绝大部分已验收并投入使用。索县荣布镇卫生院下达的投资只有15万元，由于资金严重不足，现未开工，正在积极争取补缺资金。

（二）3个县服务中心住院部建设情况。3个县服务中心住院部及附属工程分别为巴青、比如、班戈三个县，下达总投资为408万元，住院部建筑总面积为2874.46平方米。班戈县服务中心住院部及附属工程已基本完工；巴青县服务中心住院部及附属工程的主体工程已完成；比如县服务中心住院部及附属工程只进行完招投标，未开工。

3个县（区）疾控中心分别为聂荣、安多和双湖二县一区，3个县（区）疾控中心及净化实验室总投资为298万元，主体工程建设总面积为1502平方米，其中，聂荣县疾控中心土建工程已经完工，其他工程和净化实验室拟明年才能完工。

（三）嘉黎、索县、巴青、申扎、班戈、聂荣、尼玛、比如等八个县（区）藏医院的初步设计和概算，已经通过自治区咨询公司的审批。

【全地区疾控工作成绩突出】（一）鼠疫检测防治工作开展情况，从2006年开始，就已经在那曲、安多等6个县开展了鼠疫防治和监测工作，监测面积达16465平方公里，判定血清阳性4份，判定比如县比如镇为新的鼠疫疫源乡。

成立各级工作督导组；各级督导组128

人历时 32 天，行车里程 6516 公里，深入到青藏铁路沿线各站点、各乡镇、各单位，对鼠疫防治工作的落实情况进行了督导。

（二）计划免疫和传染病监测工作,2007 年那曲地区发放卡 8200 张，证 5400 本,卡介苗 7010 支,脊灰疫苗 58600 粒，百白破 13570 支，麻疹疫苗 11270 支，计划内乙肝 24717 支，0.5ml 自毁性注射器 19920 支，2.5ml 一次性注射器 16400 支，0.1ml 自毁性注射器 4400 支。

【基础免疫】全地区儿童应建 8634 人，实建 8367 人，建证建卡率 96.91%，五苗平均接种率 95.94%(要求五苗接种率的平均目标是完成 93%)。

疫情报告和传染病管理工作,2007 元月 1 日至 11 月,全地区共发生 7 种 629 例，无死亡，无甲类传染病，乙类传染病 5 种 244 类，丙类传染病 2 种 383 例，发病率为 148.2329/十万，与 2006 年同期相比发病率降了 61.721/十万。无 AFP 病例报告。全地区已基本建立疫情网络直报，使疫情上报做到了及时、准确、无误。

突发公共卫生处置情况,2007 年那曲地区 11 个县（区）共发生 16 次突发疫情，主要疫情：流行性腮腺炎、皮肤炭疽、水痘、痢疾、风疹等。

截止 11 月份为止，那曲地区共发生重大的突发公共卫生事件 16 起,发病 387 人，死亡 1 人，死亡率为 0.24%，其中食物中毒 1 起，发病 23 人，无死亡。

地方病防治工作成效显著，1. 碘缺乏病监测。病情监测结果：（1）共触诊 160 名 8-10 岁儿童，甲状腺肿大 21 名，甲肿率为 13.1%。(2) 尿碘：检测 160 名 8-10 岁儿童尿样，尿碘中位数 59.10ug/L。碘盐 15 份，占 9.48%；非碘盐 145 份，占 90.7%；检测牧区家庭食盐 20 份，碘盐 5 份，占 25%；非碘盐 15 份，占 75%。全地区顺利完成碘盐监测任务，对出售不合格的碘盐的单位已上报盐政部门追踪，有效地防止无碘盐流入那曲地区。

2. 结核病、麻风病、艾滋病防治工作。在麻风病调查中，那曲地区现症病人 3 例，其中 2007 年新发病 1 例，分布情况为比如 2 例，索县 1 例（新发）。还积极开展艾滋病的初筛工作，未检查出阳性。

【“万名医师支援农村卫生工程”顺利、有效的开展】那曲地区人民医院对口支援班戈县人民医院。根据班戈县具体情况，地区人民医院派外科主任琼玛到班戈县卫生服务中心，进行为期一个多月的外科手术技术指导，在此期间，共做阑尾手术 12 例，疝气手术 1 例。经过琼玛同志在工作上的精心指导，目前班戈县人民医院已能够独立完成普外手术，医院手术病人已多达数百余人

【白内障防治工作开展情况】顺利、成功的开展了那曲地区 2007 年度“健康快车”西藏行活动。从 2007 年 5 月 1 日—7 月 16 日，组织了两次对各县（区）初筛病人到地区人民医院进行复查的活动，共组织接送病人 155 人，最终实施手术 142 例。

【打击非法行医和食品卫生专项整治行动】根据国家卫生部、自治区卫生厅“关于严厉打击非法行医”的有关文件精神，会同纪检、药监等部门，对那曲地区医疗市场进行了监督检查。

【浙江卫生厅对口援藏工作进展情况】浙江省卫生厅认真落实会议精神，进一步加大对那曲地区的资金、技术援助，于 2007 年 10 月援助那曲地区资金 70 余万元，其中 10 万元用于改善援藏干部条件款，60 万元用于建设那曲地区公共卫生突发事件应急指挥中心。

【人口和计划生育工作取的突破性进展】2007 年全地区总人口为 404312 人(不包括流动人口)，其中城镇藏族干部、职工及家属 27028 人，汉族干部、职工及家属 3664 人，农牧民人口为 373620 人。全年总出生人口为 6018 人，出生率为 15.12‰。死亡人数为 1300 人，死亡率为 3.27‰，人口自然增长率为 11.86‰。全地区共有 70073 个已婚育龄妇女，采取各种避孕措施的人数为 41075 人。为那曲地区符合“一孩、双女”户扶助政策条件的农牧民群众争取到了近 300 万元的扶助资金，增加了农牧民群众的现金收入，解决了他们生活中的实际困难。

【存在的问题】卫生工作存在的问题和困难主要表现在：重大疾病预防控制形势依然十分严峻，城乡卫生服务体系不健全，服务功能不完善，城市社区卫生服务发展严重滞后，全区卫生专业技术人才严重短缺，业务素质和服务能力亟待提高，藏医药事业发展水平不高，特色优势不明显等。

【领导名录】

党组书记：布旦巴

党组副书记：周秀琳（女）

党组副书记、局长：相允毅

副局长：管祖伟(7 月离职)、李灿堂 7 月任职)、布琼、方世明

那曲地区藏医院

【医疗指标完成情况】2007 年，那曲地区藏医院门诊接诊总数 25342 人次，日门诊平均 69 人次，完成率 106%人，出入院诊断符合率 97.4%,治愈好转率 87.4%,住院病人 877 人次，完成率 97%，手术 251 人（其中完成我区首例结肠吻合术、右上肢成骨肉瘤截肢术、胃癌切除术），完成率 66%，病床周转次数 13.7 次，病床使用率 60%,B 超 2629 人,完成率 58%,放射 1400 人,完成率 67%,检验 4945 人,完成率 97%，心电针灸理疗 975 人,完成率 139%,藏医外治 38 人，完成率 38%,各项业务指标完成比 2006 年同期有大幅度提高。

【生产指标完成情况】药品生产品种 75 种，产量 6193 公斤,产值 165.3 万元，生产指标比 2006 年同期有所下降。

【经济指标完成情况】医院年总任务 707 万元，实际收入 5245985.38 万元，完成率 72%，比 2006 年同期有所提高。

【扎实推进医院管理年活动】为了扎实推进“以病人为中心、以提高医疗服务质量为主题”的医院管理年活动，根据 2007 年中医药工作会议、全区卫生工作会议和医院管理年活动会议精神，结合

地委扩大会议、地区党员领导干部会议、2007年地区经济工作会议精神等会议和文件精神，以及上级业务部门就实施医院管理年活动的具体部署和本院的工作实际，那曲地区藏医院严格按照2007年医院管理年以6大部分和40条工作目标和重点要求，一是制定各科室分解目标责任书，认真对照自查医院管理、医疗、生产、行政后勤运作中的薄弱环节，注重在医疗服务质量管理、规范上下功夫，进一步落实了处方、病历书写管理制度，有效促进临床合理用药和病历质量的提高。二是以提高医院的管理水平，调动职工的积极性，发挥每个职工的效用，最终提高社会效益和经济效益为目的，对部分岗位进行了调整，并进一步完善了医院“综合目标管理的责任范围内容”，年初及时下达了各科室、各社区医疗服务点，业务、经济、管理、公共目标四项指标为主要内容的目标管理责任书。三是突出以人为本的服务模式。注重宣传学习，提高认识、统一思想，引导广大职工树立医疗、生产质量是医院生存和发展的命脉，是医院创效益的前提条件的思想前提。在全院范围内采取主管领导与分管领导、分管领导与科主任、科主任与所属人员，层层签订了医疗、生产安全质量责任书，实行逐级负责制，严把采购西药、藏药、小型设备的质量关，直接从事人员签订了质量安全责任书，并定期排查安全隐患，进一步强化了职工的生产、医疗安全意识。督促广大职工以“二甲医院”、“GMP药厂”规程操作，使医疗、生产质量得到了全面提高，有效避免了各种安全隐患。四是立足藏北藏医药特色优势，实施“树名医、建名科、立名院”、“人无我有，人有我精”的战略思想，集中人力、物力不断完善了加强专科专病和研究室工作，使专科建设突显起色。其一设立了藏医外治科，藏药药浴室和专家门诊建设。其二整理分类医院历年收藏的业务文献和刊物，开放阅览室，供广大医护人员阅览参考。其三整理编辑了《心脑血管专科的藏医诊疗规范》一书，并争取内部资料藏新出[2007]034准印号，拟定内刊发行。其四以“藏北藏药材调研”内容为课题，正在积极申请藏医药的研究开发项目。五是按照当前城镇职工医疗保险实施的需要，医院内部建立了局域网，实施了信息化管理系统，实现了住院病人日清单制，并在全地区内率先启动了医保工作，成为藏北第一家医疗保险刷卡定点医院，使医院的医疗管理逐步向现代化管理轨道延伸。六是从加强医疗，护理、生产、质量监控入手，进一步实施每周医疗，护理，行政查房制，并采取强化制度，按技术操作规程，加强医护人员的“三基三严”训练，实行病人入院宣教制度，既改变了医护人员的服务理念，营造了一种关心、爱心、同情心、责任心“四心”的医疗文化氛围，使患者感受全面周到的服务和舒适的就诊环境，使医疗服务更加贴近群众，贴近社会，经多次调查病人满意度达96%以上。七是注重医护药从事专业教育，除开展护理人员业务操作及理论考试，组织医护人员加强法律法规知识学习，借“护士节”开展护理基础知识竞赛，提高医护人员依法行医外，还指派11名业务人员参加2007年全国医药学术交流会议，选送内外科7名医师、5名护师(士)到自治区藏医院、自治区人民医院及相关部门进修学习（B超、急诊急救、急诊护理、心脑血管专科、护士管理），培训前交待任务，培训回岗汇报总结，加大征集论文工作，使得2007年8篇业务论文荣地区级论文证书，17篇业务论文获得国家级论文证书。同时积极参加地委组织部安排的各种党校行政学习，以及按列对医护人员进行一次全方位的业务考试，广大职工的理论知识、业务水平、技术操作能力等综合素质均有了明显提高，使医院的综合实力不断增强。

【打造藏药品牌，拓展运营渠道创经济效益】2007年上半年医院藏药厂以开拓藏药市场，打造品牌为已任，按照医院年初安排，重点开展了药品生产按规定的工艺流程确保质量，提高产量，保证供应工作。完成了194种制剂药品和27种准字药品的材料整理申报工作。进一步完善了各项规章制度，提高质量意识，严把药品原材料收购、入库保管、生产全过程质量关，包括（包装物质量），及时完成了2007年GMP跟踪检查时提出的9项缺点的整改意见。并以全方位提高人员素质为目的，采取厂部轮流上理论课、手把手教操作，学习了SOP和GMP知识；邀请地区药监部门人员讲课，药厂各岗位人员的基本知识和操作技术得到了提高。同时立足药材资源和藏药产业两大优势，本着打优势仗、唱特色戏，真正把资源优势转化为经济优势的战略目标，在认识分析藏药开发潜力和隐患，由医院领导带队前往浙江、辽宁两省，通过援藏渠道拓展藏药营销，截止目前医院藏药厂生产的五种国药准字号药品与经销商签订合同，已打入内地市场，为下一步拓展藏药市场奠定了基础。

那曲地区民政工作

【扶贫济困，改善民生，成果共享】2007年，那曲地区民政局扎实开展救灾救济工作。2007年累计受灾的有650户、3250人，因灾倒塌房屋85间、造成危房193间、损坏帐蓬369顶。直接经济损失约180万元。共下达落实救灾救济资金450万元(含重建家园款20万元)。购置防抗灾物资充实了11个县（区）和62个易灾乡镇的救灾仓库。并要求对库存救灾粮每年更换一次，保障粮食安全。目前，全地区救灾仓库库存物资有粮食179万斤、茶叶5934条、衣物15419套件、被子12757床、鞋子7057双、袜子300双、眼镜8247副、帐篷1345顶、帽子2800顶、手套7960双、口罩1500个、铁锹1100把。

积极进行社会救济工作。那曲地区现有城市居民最低生活保障对象2592户、7184人，其中重点的1632人、特殊的1959人、一般的3593人。农村最低生活保障对象35028人，其中重点的6962人、特殊的5852人、一般的22214人。有敬老院13所，五保户1580户、1584人，其中集中供养的181户、181人，供养标准每人每年1500元。有儿童福利院2所，目前在院儿童52名。按照“应保尽保、分类施保、动态管理”的原则，积极开展了低保户的排查工作，农村低保工作从7月1日起全面实施。2007年共落实城镇低保、农村低保、春荒救济、城乡医疗救济、高校特困生资助、城市流浪乞讨救助等社会救济专项资金2288.2万元。其中，自治区下拨1758.8

万元、本级财政配套 273.7 万元（含社会捐助 18 万元）、县级财政配套 255.7 万元。上报了 2007 年 12 月至 2008 年 5 月春荒期间缺粮户 4367 户、22120 人，所需资金 406 万元的困难户救助安排。

【优抚安置，行地区划，进展有序】2007 年，那曲地区民政局完成了 2007 年“三大节日”拥军优属送温暖各项慰问活动。慰问军烈属、驻军部队、退伍军人、无军籍退休人员以及困难群众等 3000 余人，发放慰问金 40 万元。举办了庆祝中国人民解放军建军 80 周年的活动。认真学习宣传了新修订的《双拥模范城（县）创建命名管理办法》。安多县 109 道班被评为全国爱国拥军模范单位，申扎县退休工人石秀同志被评为爱国拥军模范个人，安多、比如、巴青、那曲县被评为自治区双拥模范县城。接收退役士兵 91 名，安置符合条件的 46 名。完成了 25 名无军籍职工的服务管理与代发工资工作，解决了其中 10 名无军籍职工的户口安置工作。开展了优抚对象的排查工作和烈士陵园管理工作。完成了伤残证的换发工作，发放伤残抚恤金 20 多万元。

2007 年，那曲地区民政局完成了全地区的路牌和门牌的排查登记工作，申报了那曲镇 9 条主干道的路牌、348 户大门牌的制作经费预算安排。对聂荣县当木江乡与巴青县岗切乡、巴青乡的边界进行了认线交底工作。积极配合自治区勘界办完成了对索县与丁青县边界的纠纷调解工作以及当雄、那曲、班戈三县边界线交会点的认线协商工作。对安多县省界线管理和班戈、比如两县的县界管理工作的经验材料作了审核上报。地区民政局王显恩同志被民政部授予行政区域界线管理工作先进个人的称号。

【基层政权，社会福利，成效明显】成立地、县（区）村级建制整合工作领导小组，制定了《实施方案》，召开了地区村级建制整合工作座谈会。开展了索县、申扎县、尼玛县和双湖区“村改居”城市的试点工作。完成了尼玛县、双湖区村民自治达标自查验收工作。按要求对部分社团进行了清理整顿，登记了 2 个新社团，对农牧区经济专业合作组织（协会）做了调查摸底。开展了申扎县巴扎 7 村和比如县丁嘎村农牧区社区建设试点工作。

新设两个社会福利彩票销售点，按要求更新销售设备，截止 10 月 9 日销售彩票 340 多万元。那曲地区民政局上报了 6 县（区）城市社会福利院建设的可行性报告。

【关怀残疾，情注老人，弘扬美德】2007 年，那曲地区民政局开展了“三大节日”慰问活动，慰问残疾人困难户 20 户，发放了 3000 余元的慰问品。组织开展了以“平等共享、促进残疾人就业”为主题的助残日宣传活动，同时慰问了 20 名特困残疾人，发放了 6000 元的慰问品。协调有关部门完成了自治区“彭年光明行动”小组对那曲地区 94 名白内障患者实施的复明手术。完成了 7917 名残疾人的建档工作，新办理了 645 人的残疾证，换发了 15 人的残疾证。

2007 年，那曲地区民政局认真开展了老年人的统计工作，那曲地区 60 岁以上的老人有 29876 人。其中 60-69 岁的 19245 人、70-79 岁的 7118 人、80-89 岁的 3263 人、90-99 岁的 239 人、100 岁以上的 11 人。发放了 2206 位老人的健康补助 691300 元。举办了老年节的宣传活动，发放藏汉两种文字的《西藏自治区〈中华人民共和国老年人权益保障〉办法》宣传手册 2000 册。

【存在的问题和困难】（一）学习与工作的关系处理得不好，需在协调与共同促进上下功夫。

（二）部分基层人员文化水平偏低，民政政策理解能力差，办事效率不高，工作缺乏积极主动性和开拓创新的精神，畏难情绪和推委扯皮的现象不同程度地存在。

（三）人员编制少与民政工作领域的不断拓展存在一定的矛盾。

（四）由于自然环境、社会条件、经济水平等综合因素的差别，致使各县（区）民政工作进展不平衡。

（五）资金不足仍是制约那曲地区民政工作顺利开展的一大障碍。

【获奖情况】王显恩同志被民政部授予行政区域界线管理先进。

【领导名录】

党组书记：索朗
党组副书记、局长：布尼玛
党组副书记、副局长：袁鹏翔
副局长：胡玉民、池国贤、刘保中、次仁旺堆
党组成员、地区残联理事长：陈春莲
党组成员、地区残联党支部书记：吴敏

那曲地区劳动和社会保障工作

【就业再就业培训工作力度不断加大】2007 年，那曲地区劳动和社会保障局为了切实提高那曲地区城镇失业人员和农牧民进城就业技能，那曲地区以促进就业为目标，以职业技能培训为手段，通过自办、联办、委托、定向、定岗等方式开展了职业技能培训。截止目前，那曲地区培训农牧民工 1199 人，完成年初目标的 119%；培训城镇失业人员 610 人，完成年初目标的 111%，培训合格率为 98%。

【职业指导、职业介绍工作成效明显】，那曲地区共有职业介绍机构 2 家，职业技能培训机构 3 家，社会职业培训机构工作人员 82 人。那曲地区各级就业指导培训机构，坚持“人本服务”理念，以“实现就业、稳定就业”为主题，进一步加大工作力度，通过举办劳务洽谈会、开展就业再就业援助和农牧民灵活就业、季节性就业活动，积极为用人单位和求职者双方提供就业供需交流平台，为广大的城镇失业人员和农牧区富余劳动力就业提供免费职业指导和职业介绍工作。截止目前，那曲地区职业指导 2378 人；职业介绍 1848 人次，其中，开展城镇失业人员职业介绍 969 人，职业介绍成功 836 人次，介绍成功率 86%；城镇失业人员实现就业再就业 1004 人，农牧民实现转移就业 1064 人。

【进一步加强就业服务管理工作，努力做好公益性岗位开发安置工作】2007 年，那曲地区劳动和社会保障局开展了 3 次城镇失业人员和“零就业家庭”基本情况跟踪调查和统计。调查数据显示，截

止目前，那曲地区共有人口418890人，（其中：城镇人口55120人），社会调查失业人员10499人，城镇失业社会调查率16%，城镇登记失业人员484人，城镇登记失业率为3.0%。那曲地区共有“零就业家庭人员”414户847人，大部分靠最低生活保障金和亲戚朋友支持帮助来维持生活。自治区下达的200个政府公益性岗位，全部用于安置城镇失业人员和就业困难人员。自治区财政厅下拨的218.2万元购买公益性岗位资金，也全部按照上级文件规定拨付到位。2007年，职业技能鉴定533人，考核合格520人，鉴定合格率90%，为474人颁发了证书。审核发放《失业证》1324份、《就业再就业优惠证》19份，办理《用工许可证》195份。小额担保贷款工作喜忧参半，贷款户通过小额担保贷款优惠扶持进行经营，不但实现了就业和再就业，有的还盖起了新房，改善了生活条件、解决全家人的生活问题。但为26人发放的52万元信贷资金，只还款24.23万元，逾期未还27.71万元。

【积极搭建高校毕业生就业工作桥梁，加快高校毕业生就业工作步伐】大力宣传高校毕业生就业改革的有关方针政策、有关吸纳高校毕业生就业、免费为高校毕业生开展职业技能培训、职业技能鉴定、职业指导和职业介绍，鼓励各用工单位积极吸纳高校毕业生就业。截止目前，那曲地区共办理高校毕业生失业登记26人，发放失业证26份（其中：求职登记24人），通过介绍实现就业13人，由于就业观念、劳动报酬等诸多原因，已办理失业登记的高校毕业生中有13名一直未能实现就业。

【做好基本养老保险金的核定、征缴和发放工作】2007年那曲地区各项社会保险核定和征缴工作，由于受干部职工调资、西藏高原津贴调整和社会平均工资指标下达较晚等因素影响，启动较晚。那曲地区各级社会保险经办机构克服困难，争分夺秒，抢时间，赶进度，保证了2007年那曲地区社会保险各项工作的顺利开展。截止11月底，已核定养老保险参保单位220家，人数2948人，金额2751万元。实缴金额2724万元，当期征缴率97%，完成自治区下达计划数的113%。通过大力宣传，养老保险扩面190人，完成自治区下达的扩面任务的95%。全地区共有享受基本养老保险待遇的离退休人员1549人，基本养老保险金发放率100%，社会化发放率100%，确保了企业退休人员养老金按时足额发放。

【狠抓失业保险征缴及其相关工作】2007年就业管理部门按照《失业保险条例》，开始了2007年失业保险费核定、征缴、清欠工作。2007年失业保险应征单位218家，参保人员6883人，核定失业保险金额682.49万元(含教育系统2%部分183万元)，当期征收失业保险金为434.55万元，征缴率为87%；清缴历年欠缴11.7万元，清欠率为2%。在做好失业保险基金征缴的同时，积极开展了失业保险个人缴费记录工作。

【工伤保险工作进展顺利，生育保险进入全面实施】2007年那曲地区工伤保险统筹已将部分事业单位按规定纳入了统筹范围，截止到11月底，已核定工伤保险参保单位214家，5505人，金额71万元。已征收工伤保险费25万元（另有全地区事业单位应缴工伤保险费45万元财政未转），当期征收率35%。据自治政府第76号令，那曲地区于5月1日正式启动城镇职工生育保险，截止目前，那曲地区生育保险已参统地直单位130家，参统职工11178人，核定生育保险费173万元。实际征收10万元（财政所欠121万元机关事业单位职工生育保险费未转），征缴率5.7%。

【城镇职工基本医疗保险改革试点工作】从2007年1月1日起正式实施城镇职工基本医疗保险制度改革试点工作。截至11月底，那曲地区各县区、地直各机关企事业单位，中区直单位和学校及其职工参加医疗保险申报、登记、审核以及数据库的建立工作已全部完成。那曲地区参加城镇职工基本医疗保险的职工人数共17442人，登记率为100%。地区和各县（区）城镇职工基本医疗保险核定工作已基本完成，核定率达100%。目前，地区和各县（区）参保职工都进入了地区个人账户管理系统，由地区中心系统统一上账，建帐率达100%。那曲地区参保单位和参保职工都能按时缴费，截止10月底，已征收基本医疗保险费2095万元，征缴率达100%。

【继续加强劳动合同管理】劳动合同管理部门督促全地区机关事业单位与本单位职工劳动合同进行核实，并做了补签和续签。机关、企（事）业单位新签劳动合同达到100%，建筑行业劳动合同鉴证达到100%，集体合同签订率达到75%。那曲地区劳动和社会保障局对各单位在职职工签订的劳动合同做了全面的清理，对到期未续签的职工做了书面续签通知。2007年续签劳动合同达到90%。劳动争议仲裁科会同监察科分两批对全地区个体工商户劳动合同签订情况进行摸排，要求个体工商户务必签订劳动合同。通过努力，那曲地区个体工商户劳动合同签订率达到50%。

【进一步加强劳动争议案件的仲裁工作，努力维护劳动者的合法权益】截止2007年11月份，劳动保障系统共受理各类劳动争议案件140起，涉及人数为2300人，已调解结案138起件，结案率98%，为劳动者追回劳务工资674.9万多元。

【领导名录】

党组书记：阿扎

党组副书记、局长：张海涛（4月病故）

副局长：王东栋（7月免职）、周辉（8月任职）、吉确、韩胜勇

副调研员：王治祥

那曲县

【经济发展情况】2007年，那曲县生产总值达到50328.26万元，同比增长20.5%，其中，第一产业完成14584.24万元，同比增长18.4%。二产完成9726.25万元，同比增长3.28%。三产完成26017.47万元，同比增长29.89；本级财政收入完成1888万元，同比增长20.25%；牧业收入达到了12615.68万元，副业收入达到了13645.78万元。牧民人均收入达到了2969.64元，其中现金收入达到了2078.75元。

【牧业经济持续发】1.牧业生产形势良好。截止目前，全县各类牲畜存栏108.68万头（只、匹），其中：牦牛41.48万头，绵羊40.04万只，山羊17.7万只，马1.4万匹。年初，农牧部门和兽防部门强化了服务，狠抓了牲畜接羔育幼工作，使那曲县的牲畜接羔育幼工作再现新景。全年，幼畜成活率达到了89.92%，大畜死亡率控制在了0.52%以内。同时，全县上下狠抓牧业商品化建设，积极鼓励和引导牧民群众开展商品化养殖，积极鼓励帮助群众加强牲畜出栏力度，大力推进那曲县牧业商品化程度，全年，牲畜出栏率达到了32.8%，牲畜出售率达到了50%，畜产品商品率达到了75%。

2.草场承包细化完善工作逐步展开。2007年，按计划那曲县要开展12个乡镇24个村委会的冬春草场承包细化完善工作。为保证此项工作顺利完成，那曲县下派工作组分赴12个乡镇驻点，勘探草场界线、定草场、定载畜量，目前已完成6个乡镇96480公顷草场承包细化完善工作。

3.特色产业建设步伐进一步加快。2007年，那曲县投资181.1万元建立了4个牦牛育肥基地，实施了投资280万元的“百村千户”基础母牛项目和投资500万元的藏北牦牛产业化项目，进一步夯实了特色产业发展的基础，同时，进一步完善畜产品产业链建设，新建了5个奶制品加工销售点，使那曲县奶制品加工销售点达到15个，有力推进了“沿路经济带”和“马路经济”建设步伐。

4.退牧还草网围栏建设工程全面启动。2007年，那曲县投资2330万元，完成了2006年第一、二批退牧还草网围栏建设工程任务，共完成禁牧38000公顷、休牧38000公顷，完成率达103.6%。

5.兽防工作力度进一步加大。2007年，县兽防站进一步下移工作重心，积极推动服务向基层牧业和牧区倾斜，在全力组织工作人员前往12个乡（镇）开展接羔育幼工作的基础上，进一步加大了高致病性禽流感、牲畜口蹄疫等重大防治工作力度，强化了动物免疫工作，积极指导和协助乡镇开展牲畜免疫工作，使全县的免疫密度和免疫质量均达到了100%。

6.人工种草项目建设继续深化。2007年，那曲县共完成人工种草项目487公顷和4个农发基地种草项目任务。同时，草场建设进一步推进，全年共完成草原灭鼠2667公顷，灭鼠效益达到95%。

7.防抗灾工作准备扎实。2007年，县委、县府早着手、早准备，积极抓好防抗灾工作，进一步强化了防抗灾物资储备。截至目前，全县已储备燃料292万袋，粮食805.8万斤，饲草33133吨，基本能够确保群众安全过冬。

【农牧民安居工程进展顺利】2007年，全县共安排农牧民安居工程1329户，其中民房改造882户，扶贫搬迁17户，游牧民定居430户，总投资为2078.4万元。总投资中，地县财政配套275.7万元，援藏资金配套275.7万元。1329户群众住上了安全、舒适、宽敞的牧民新居。

【项目建设成效显著】一是继续推进总投资为4418.16万元的色那公路工程建设，全体参建单位和民工全力以赴，日夜推进，确保了工程全线竣工，并于10月24日项目顺利通过了地区验收。二是全力推进总投资达15425.84万元的10大类23项系统工程项目建设，不断夯实经济社会发展的硬件基础。全年共落实包括群众住房、牧业发展、水利、交通、电力农网改造等在内的新建项目和卫生院、县中学扩建和小学规范化建设、民政敬老院、县乡干部职工周转房、村级文化室建设和公安派出所等基础条件改善项目等。目前，除部分工程量大的项目需跨年度建设外，其余项目均已完工。

【招商引资工作有重大突破】全年，共引进企业一家，意向签约企业3家。那曲县家乐佳商贸有限责任公司第一期投资300万元在那曲县大力推广和实施“万村千户市场工程”，并成功在古露镇和达前乡分别开办“万村千户市场工程”农家店。西藏百年阳光房地产开发有限公司拟在那曲县从事房地产开发，并已签定项目合作意向书。西藏福海集团有限公司拟投资对达前乡矿泉水进行开发加工，并与达前乡政府签定了合同。西藏那曲县世界屋脊牧场有限公司拟与罗玛镇13村牧民罗布合作实施藏羔羊育肥示范项目。2007年，共实现招商引资3520万元。

【乡镇小城镇规划工作全面完成，乡企工作重点突出】对全县9个乡镇进行了规划，并对罗玛镇的规划进行了完善。规划工作的实施，不但综合利用了土地资源，而且对乡镇经济社会的发展和新牧区建设创造了条件，绘制了蓝图，起到了积极的促进作用。同时，全县两级党委、政府积极帮助群众拓展增收渠道和门路，完善致富思路，全力为牧民群众致富增收构建平台，铺路架桥。全年，共帮助群众组建牧民采石队15个、牧民施工队23个。实现乡镇企业总产值3694万元，多种经营收入3492万元（不含虫草收入），劳务输出12000人次，实现劳务输出收入1800万元，人员培训316人。

【更加关注民生，积极推进社会事业】科技工作稳步前进。为确保那曲县科技工作有效开展，2007年那曲县安排5万元的科技工作专项经费，有力推进了科技工作深入开创性开展。全年，共培训了50名科技明白人，并有1300余人参与了牧业科技宣传活动。

2007年，那曲县作为全地区首批“普九”县之一，责任重大，任务艰巨，为确保“普九”工作全面完成，县委、县政府高度重视并成立了“普九”工作领导小组，派出了由县级领导带队的12个工作组，坚持不懈地深入各乡村指导和开展“劝学”、督学工作。县教体局在县委和政府的正确领导下，结合实际，锐意进取，奋力拼搏，全力以赴，狠抓落实，竭力做好各项基础工作。各学校和全体教职员工坚守岗位，认真履职，以平凡的工作推进不平凡目标的实现，为全县“普九”工作做了大量卓有成效的工作，确保了“普九”攻坚目标的圆满实现，并于11月初顺利通过了自治区“普九”最终验收。目前，那曲县适龄儿童入学率达到了98.99%，初中入学率达到了90.9%，小学辍学率控制在了1.25%以内，初中辍学率控制在了1.03%以内。

文化工作成绩斐然。一是156个行政村“村村通”工程全部建成，在此基础上还完成单收站177个、发射台5个、有线电视设备2个，使全县的广播电视覆盖率达到了83%。二是顺利完成了转星工作，确保了“十七大”实况转播的安全播出。三是顺利完成了文物登记造册工作，全面启动了第三次文物普查工作。四是村级文化活动场所建设成果进一步扩大，到年底，全县已建成村级文化室14座，不仅丰富了牧区文化生活，而且有效促进了基层基础工作的深入开展。

医疗卫生工作扎实推进。2007年，县政府进一步完善了农牧区医疗制度工作，扩大了农牧民合作医疗参加率，使合作医疗覆盖率达到了99.7%。同时，进一步提高了工作效率，完善了合作医疗报销管理机制。全年，牧民群众在县级以上医院住院报销人数达到了1652人，报销医药费239.7万元。同时，进一步加强了计划生育工作，扎实开展了三项节育工作，强化了五苗免疫力度，进一步提高了基层群众医疗服务水平。全年，共开展免费计生服务803人。三项节育率达到了9.2%，五苗接种率达到了98.95%，人口自然增长率控制在了13‰以内。为了提高医务人员的医疗水平，进一步加强基层医疗队伍建设，使他们能够更好地服务牧农群众，县政府还专拨资金52438元加大了对村医的培训工作力度。全年，共培训村医90人次。

嘉黎县

【政区位置】嘉黎县藏语译为“拉日”。嘉黎县地处那曲地区东南部、唐古拉山与念青唐古拉山之间。东连昌都边坝县、林芝波密县，南临拉萨当雄县、林周县、墨竹贡卡县和林芝贡布江达县，西接那曲县，北依比如县，形成了四通八达的的交通网络，区位优势十分明显。现辖2镇8乡，122个村（居）委会。

嘉黎县属藏北高原与藏东高山峡谷结合地带的高原山区，地势自西北向东南倾斜，平均海拔4500米左右。属高原亚寒带半湿润季风气候区。

【经济总量快速增长】2007年，嘉黎县实现生产总值(GDP)33786.26万元，增长58.2%，其中一产实现增加值4742.7万元、增长7.6%，二产实现增加值16766.92万元、增长107%，三产实现增加值12276.64万元、增长38.7%。人均GDP达到11598元。一、二、三产业结构由上年的21：38：41优化为14：50：36。

【财政宏观调控能力明显提高】财政总收入首次突破7000万元大关，达到7778.4万元，增长117%。地方财政收入800万元，比上年的327万元增加了473万元、增长145%。

【人均收入增幅迅速】农牧民人均纯收入3341.42元，比上年增加了896.22元、增长36.7%。人均现金收入2256.15元、增长12%。

【工业经济增速创历史新高】实现工业增加值11152.4万元，工业对全县经济的贡献率达34%。矿业开发、水电、藏药等产业经济进一步发展壮大。其中，矿业开发累计投入9172万元，实现工业生产总值10984.6万元，发电量177万度，藏药实现产值89万元。

【固定资产投资再创新高】嘉黎县完成固定资产投资18715.05万元，比上年增长108.2%。新建项目32个，续建项目6个，基础设施进一步改善。

【招商引资力度加大】2007年，引进资金3亿多，实际完成资金11361万元。华夏选矿厂建设项目顺利启动，年内完成了总投资的30%。

【突出“三农”根本，农牧区各项工作取得新成效】年末各类牲畜存栏242483头（只、匹），出栏率达到27.35%，商品率达到53.38%。马、牛、羊比例调整为2.7：72.1：25.2。深入落实了草场承包到户工作，完成了3642户、21437人的草场承包到户工作。农牧业特色经济得到发展，特色畜产品基地改革方案已编制完成，加大了藏猪、藏鸡养殖力度。积极引导富余劳动力有序转移，输出人员3518人，实现劳务收入539.83万元。切实做好防抗灾工作，实现了“五有”。加强了牲畜疫病防治工作，牲畜疫苗注射率达到100%。农牧民安居工程稳步推进。完成了666户安居任务，比计划超额完成79户，完成了4条路面硬化、8个管道工程、9个村级组织活动场所、11眼水井的配套设施建设。

【突出“工业强县”战略，矿业经济成为引领经济发展的新龙头】提出了“经济建设以工业为重点，工业发展以矿业经济为支撑”的发展思路，制定了嘉黎县矿业开发中长期规划；坚持保护与开发并重和可持续发展，加强了生态环境监管，实施了生态环境风险评估；立足探明矿产资源储备，引进7家矿业公司进行探矿作业；围绕优化投资环境，制定和完善了一系列投资优惠政策；着眼保护群众利益，积极引导群众参与矿石运输，协调企业为群众改善基础设施。2007年，龙玛拉、蒙亚啊两个矿区生产投入7500万元，截止10月开采矿石18万多吨，实现生产总值10984.6万元，上交地方利税1240万元，实现县级财政收入516万元。矿业开发使群众思想观念得到转变，带动当地运输业、服务业的快速发展，解决就业218人，当地参与矿石运输车量达到150辆，群众直接受益1100万元，当地人均增收3975元，从而拉动全县人均增收407元。

【突出教育优先发展，文化体育事业呈现新气象】投资5349.99万元完成了县中学改扩建和小学规范化建设。普六段在校生3637人，适龄儿童入学率97.95%、巩固率99.57%，文盲率下降到1.32%。成功举办了嘉黎县赛马艺术节，西藏电视台《七色风》栏目以《美丽的嘉黎》进行了专题报道。同时开展了“红心向党行”演讲比赛、“四下乡”、“一建四送”等活动。

【围绕创建和谐嘉黎，解决民生问题得到新加强】基本建立健全了公共卫生服务体系。完成了2个乡镇卫生院建设。新型农合作医疗制度个人集资覆盖率达97%，加大了免费医疗经费和县乡（镇）医疗管理，合理调配了乡、村医技人员，开展了医技人员技能培训。建立健全社会保障救助体系，发放特困群众各类救助款及补贴累计达43.97万元；完成了2731人的养老保险金、失业保险费、生育保险费、工伤保险费、医疗保险参保和医疗保险费的征缴核定工作，收缴保险金512.23万元。突出生态环境保护建设，在有林乡镇开展了成片造林工作，实施了退耕还林，完成了麦地卡湿地监测站的总体规划设计及勘察，出台了嘉黎县建设规划实施意见，加强了土地管理使用。

比如县

【基本县情】比如藏语意为“母牦牛角或母牦牛部落”。比如县地处青藏高原东部，唐古拉山和念青唐古拉山之间，属怒江上游流域。因其相对优越的气候条件而享有“藏北江南”的美誉。它东邻昌都地区边坝县，西接那曲县，南抵嘉黎县，北连巴青、索县。西距那曲 265 千米，西南距拉萨 597 千米。县政府驻地比如镇。全县总面积 1.12 万平方千米，辖 8 乡 2 镇，189 个行政村，7 个居委会，232 个自然村。截止 2007 年底，2007 年底，全县总人口 56723 人，其中农牧民人口 53182 人，藏族占总人口的 99%以上，共有宗教场所 83 处，其中寺庙 25 座。全县草场面积 1044000 公顷，可利用草场面积约为 87%。现有耕地总面积 2000 公顷，林地 130699 公顷，森林覆盖率为 10.59%。

【国民经济快速发展】2007 年，比如县完成国民生产总值 3.47 亿元，其中第一产业完成 1.17 亿元，第二产业完成 0.75 亿元，第三产业完成 1.55 亿元，第一、二、三产业结构为：33：21：46。农村经济总收入为 22024 万元，农牧民人均收入 3429.5 元，比上年增长 12.4%，其中现金收入 2665 元，比上年增长 28.5%。

【农牧业经济保持强劲发展势头】各类农作物播种面积 1680 公顷，种植饲草、经济作物 333 公顷。推广藏青 311、藏春 951 等优良品种 800 公顷，占总播种面积的 47%。大棚温室、露天蔬菜及藏药材等经济作物播种面积 116 公顷，比上年增加 33%，粮、饲、经、药四位一体的种植结构初步形成。加大舍饲养畜基地、畜种改良基地的建设和管理，积极推进“西繁东育”工程，加快畜种改良步伐，引进北京黄白花奶牛冻精 200 粒、西门达尔牛冻精 100 粒，引进各类种牛 30 头，黄牛改良工作稳步推进。

【加强督促检查，全面落实防抗灾工作】各级党委、政府高度重高防抗灾工作，全县干部和广大农牧民群众牢固树立“防大灾，抗大灾”的思想，思想认识到位，组织部署到位，物资储备到位。

【固定资产投资力度加大，投资拉动作用明显】2007 年，全县固定资产投资 16172 万元，新续建项目 51 个（其中新建项目 47 个，续建项目 4 个），新增建筑面积 20639 平方米。认真落实各项支农惠农政策，逐步加大对农牧业的投入力度。2007 年，全县农发项目总投资 720 万元，进行草场建设 3600 公顷、科技人才培训 800 人次。扶贫项目总投资 304.5 万元，其中白嘎乡整乡扶贫投资 233 万，主要项目包括：用户光伏工程、建温室大棚、乡村公路建设等；面上扶贫 71.5 万，项目包括建设比如镇四村糌粑加工厂、良曲乡奶制品厂。投资 150 万元的 10000 公顷天然草场退牧还草项目，于 2007 年 9 份通过自治区验收。计划投资 256.48 万元的特色牦牛育肥项目，完成工程量的 63%。农村安全饮水工程建设稳步推进，总投资 215.99 万元的 23 个人畜安全饮水工程全面竣工，解决了 1184 户、8559 人、牲畜 47158 头（只、匹）。吉前电站完成总投资的 5580 余万元，三期农网建设总投资 415 万元，实施后可解决 6 个行政村、2 个自然村、360 户农牧民的用电问题。新修、改建乡村公路 100.5 公里，钢架桥 3 座，总投资 978.9 万元，乡村公路通达程度明显提高。

【农牧民经济合作组织、乡镇企业不断发展壮大】坚持政策引导和资金扶持，农牧民经济合作组织、乡镇企业等实体不断增多，农牧民参与积极性逐步提高。截止目前，全县共培育发展农牧民合作经济组织 4 家，分别是比如镇牦牛育肥合作经济组织、夏曲镇畜产品产销合作组织，扎拉乡牦牛育肥联合合作协会、夏曲镇牦牛育肥合作协会。目前，注册的乡镇企业有 4 家：分别为怒江裁缝育才培训中心、杂嘎多种经营公司、阿果村家具公司、怒江农畜产品开发公司，累计注册资金 167 万元，2007 年实现乡镇企业产值 75 万元。

【不断拓宽群众增收渠道】坚持“发展增收、改革增收、劳务增收”的思路，注重搞好优势资源转化，群众增收领域不断拓展。“一乡一品”特色经济初见成效，推动形成了比如镇土豆、萝卜种植，夏曲镇畜产品产销，茶曲乡人参果包装，香曲乡水磨糌粑和醒味蒜加工、达塘乡、羊秀乡奶制品，恰则乡绵羊繁殖、扎拉乡十村牦牛育肥等特色经济格局。比如镇积极兴建温室大棚，目前该镇温室大棚已占地面积 2 公顷。切实做好采集虫草工作，着重抓好采前宣传教育，采中严格管理和采后土方回填等工作，期间社会秩序良好。2007 年全县农牧民采集虫草 4000 多公斤，实现了经济效益和社会效益相统一。落实专项培训资金，围绕汽车驾驶、草场建设等实用技术，积极培训新型农牧民，共培训 2800 人(次)。2007 年全县完成劳务输出 4500 人（次），实现劳务创收 630 万元，多种经营收入 1500 万元。

【社会事业全面进步】教育。始终坚持教育优先发展战略，狠抓农牧区基础教育，不断完善“控辍保学”措施，农牧区适龄儿童入学率、升学率、巩固率不断提高，全县现有小学在校生 6363 人，适龄儿童入学率达 97.75%，中学在校生 729 人。切实做好农牧区扫除青壮年文盲工作，并顺利通过区、地验收。认真做好“普九”前期准备工作，加大了职业教育力度。

卫生。继续推广农牧区合作医疗制度，2007 年群众参与率 95%左右，农牧民健康素质得到切实保障。全面落实计生政策，加强计生培训，主动提供计生服务，人口自然增长率为 12.78‰。香曲、羊秀、恰则等 5 个乡镇卫生院已建成使用，总投资 157 万元，乡镇卫生条件明显改善。

文化。以丰富农牧民文化生活为目标，新建乡村文化活动室 17 个，“村村通”工程建设力度进一步加大，广播电视覆盖率分别达 65%和 95%，转星工作全面完成，积极参加羌塘恰青文化艺术节，成功举办了第二届娜秀民间文化艺术节，丰富了农牧民的业余文化生活。加大文物保护力度，茶曲乡达姆寺骷髅墙被列为自治区级文物保护单位。积极开展送电影下乡活动，2007 年共放电影3524 场。

民政福利和社保事业。城镇职工医疗保险工作全面铺开，参保人员1155人，基本医疗统筹基金收入116.33万元。加强农民工工资清欠工作，积极调处各种劳动纠纷，接待群众来信来访72起，为民工调解工资31万元，保护了农民工的合法权益。坚持以人为本，注重解决弱势群体生产生活实际困难。坚持农牧民安居工程建设向弱势群体倾斜，严格落实养老金专款专用制度，按时足额发放社会养老保险金，1-10月份发放养老金47.3万元。“送温暖”和经常性救助工作力度加大，2007年以来，兑现低保金160.26万元，发放五保户补贴32.3万元，为80岁以上老人发放健康补贴17.06万元，发放临时救济6.08万元，县工会为困难户发放慰问金61950万元。困难群众的生产生活得到妥善解决。双拥工作成效显著，再次被自治区授予“双拥模范县”。

【援藏工作】2007 年，第四批援藏工作圆满结束。通过各种渠道共争取资金2866 万元，建设项目 28 个，极大地改变了嘉黎县城乡面貌和基层生产生活条件。同时，他们把沿海发达地区一些好的工作思路、管理方法和成功经验带到了嘉黎县，为嘉黎县加快发展提供了强大的精神动力和智力支持。第五批援藏干部于 6 月初抵达比如，分别来自浙江宁波和绍兴。同时初步确定了三年援藏工作计划和工作思路。第五批对口援藏计划投资 4000 万元，援助项目 25 个。

聂荣县

【国民经济持续稳步增长，产业结构进一步优化】2007年，聂荣县县生产总值完成22809.31万元，比2006年增加3471.5万元，增长17.95%。其中，第一产业完成4657.27万元，比上年增加321.27万元，增长7.41%，第二产业完成6677.21万元，比上年增加998.13万元，增长17.58%，第三产业完成11474.83万元，比上年增加2152.1万元，增长23.08%。二产发展超过一产，一、二、三产业的比重由2006年的24.80∶17.98∶57.22调整为20.42∶29.27∶50.31。

【牧业生产形势良好】2007年全县各类牲畜存栏达481057头（只、匹），其中牛208880头，绵羊209421只，山羊55052只，马7704匹。全年新生各类牲畜125275头（只、匹），成活111523头（只、匹），成活率为89.02%，比2006年上升了3.09个百分点。成畜死亡5071头（只、匹），死亡率为1.05%。全年牲畜出栏152393头（只），出栏率达31.64%。主要畜产品有：肉产量5708.11吨，奶3630.99吨，毛412.28吨，绒58.23吨，各类皮张162125张，畜产品商品率为52%。

全县发放312件五号病疫苗，各类免疫注射牲畜792267头（只），其中牦牛338220头，绵羊393460只，山羊60587只。免疫率达98%以上。高度重视禽流感防控工作。通过对防疫知识的宣传、对禽类产品的检查和建立健全防控监测“日报告、零报告”制度等措施，增强了广大干部群众对禽流感的防范意识，有效杜绝了禽流感疫情的传入。另外，针对聂荣县色庆、下曲等部分乡（镇）的部分村出现牲畜疫情的情况，县委、县府靠前指挥，争取各方面的支持，成功控制了牲畜疫情的蔓延，遏止了疫情的进一步恶化。

【认真实施人工种草和退牧还草工程】2007年，聂荣县顺利实施了2005年、2006年第一批、第二批退牧还草工程，总投资6742.97万元（其中国家投资5082.17万元、群众配套1248.3万元、群众投劳412.5万元）。目前共建围栏147280公顷，完成计划建设的100.42%。并顺利通过自治区的验收。

【全面推进社会主义新农村建设，牧民安居工程建设任务圆满完成】2007年，投入1427.59万元（其中国家投资661.65万元、援藏资金600万元，群众投入165.94万元），在下曲乡、色庆乡、尼玛乡、聂荣镇、桑荣、白雄、索雄7个乡（镇）69个村的611户中实施了牧民安居工程建设。全县共组织了85个施工队，共有2253人次牧民群众投入到工程建设中，较好地发挥了群众的建设主体作用，实现现金收入 283万元。使牧民群众真切感受到党的温暖和关怀。

县委、县府在财力极其紧张的情况下，挤出资金为搬进新居的10户特困户购买了家具，并送到家中，真正使牧民群众安居下来。高度重视和关心“三老人员”和聘用干部（含解聘干部）的生产生活，2007年对63名聘用干部和生活无保障的解聘干部优先安排了安居工程建设，切实解决了他们的后顾之忧，使他们住上了安全舒适、宽敞明亮的新居，截止2006年年底，聂荣县的611户安居工程已全部完工，3463人搬进了新居。工程建设规模、施工质量符合有关技术规定，达到了安全质量标准，通过区、地的验收，并得到上级验收工作组的高度评价。

【挖掘优势资源，加快特色经济建设】为充分利用聂荣县得天独厚的资源优势，拓宽群众增收渠道。聂荣县通过广泛考察论证，2007 年在聂荣镇开办了一家奶制品加工厂和一家采石场。从成都订购了奶制品加工设备和从拉萨订购了石材开采设备。两项项目的开工，实现了资源优势向经济优势的转变，增加了群众的现金收入。项目开工以来，采石场安置了 25 名牧民群众，累计开采各种规格的石料 12000 块，销售 4000 块，实现现金收入 1.2 万元。

【基础设施建设取得重大进展】2007 年，聂荣县在国家的大力支持下、在神集团的无私援助下，累计投资 2578.75 万元（其中国家投资 1078.75 万元、援藏资金1500 万元），实施基础工程建设项目 14 个（其中国家投资建设项目 5 个、援藏投资建设项目 9 个）。项目建设包括市政、交通、能源、基层政权建设、教育、卫生、政法、宣传等多个方面。各项工程建设的建成投入使用，使聂荣县的城市功能不断完善，城市品位不断提升，制约聂荣县经济社会发展的交通、能源等“瓶颈”因素得到缓解，极大地改善了全县牧民群众和干部职工的生产、生活和工作条件，对全面推进小康聂荣、平安聂荣、和谐聂荣建设产生了重大促进作用。

【牧民增收再上新台阶，群众生活水平明显提高】县委、县府始终把牧民增收作为“三农”工作的重点，采取措施狠抓落实。2007年，聂荣县抓住聂永公路、通村公路建设、牧民安居工程建设等有利条件，通过组织、引导牧区剩余劳力参加各项工程建设，积极用好各项优惠政策，引导牧民群众发展牲畜育肥、加大牲畜出栏、运输业，鼓励群众进入市场经商。据不完全统计，全县牧民劳务输出达3123人次，实现劳务收入499.68万元。2007年牧民人均年收入达到2319.75元，其中现金收入为1438.25元。

【对口支援工作成效显著】神华集团认真贯彻执行中央确定的对口支援工作方针政策，按照对口支援工作规划逐项实施援藏项目。两名援藏干部充分发挥工作积极性和主动性，认真开展各项工作。2007年，投入援藏资金1500万元，建设市政二级道路、中学场地、维修聂荣镇政权建设工程等9个援藏项目。积极支持牧民安居工程配套建设，为聂荣县牧民安居工程建设落实了600万元的配套资金。

【社会各项事业全面发展】文化事业取得可喜成绩。文化部门着力加强基层文化建设进程，建成和维修4个“村村通”广播电视项目，完成了全县的卫星转星工作，为全县干部群众收看十七大盛况等重要新闻提供了保障。继续大力实施“2131”工程。全县放映科教片和国产故事片电影1860场次，观众人数达175400人次。“西新”工程350场，观众人数达25427人次，极大丰富了牧区群众的精神文化生活。全年对全县文化音像市场和娱乐场所进行了12次大检查，查处各类盗版音像制品130多件，有效净化了文化市场。

大力实施科教兴县战略。县委、县府高度重视，明确要求狠抓各乡（镇）、各学校的控辍保学工作，各乡（镇）党委政府、教育部门继续发扬“攻坚”精神，进一步将保学控辍工作量化、细化，责任到人，签订“扫盲”及教育发展目标责任书，及早着手开展青壮年文盲统计工作，巩固“普六”成果，衔接“扫盲”任务，为“两基”攻坚奠定了基础。年内“普六”巩固工作通过地区验收。为保证“三包”经费发挥出应有的效益，成立了“三包”物资政府采购领导小组，对大宗“三包”物资实行政府集中采购。

卫生事业不断发展，人民群众医疗条件得到改善。牧区合作医疗制度进一步推广。截止2007年年底，全县参加合作医疗人数达27081人，覆盖率达到90.67%。县医疗部门立足本职，推动了各项工作的有序开展。计划生育工作得到进一步加强，三项节育率为6.7%，人口自然增长率为10.34‰。牧区“一孩、双女”户困难家庭扶助落实工作进展顺利，完成了391户、472名符合扶助条件上报工作。各种免疫工作进展顺利。全县糖丸接种2389人，接种率为97.9%。14岁以下儿童麻疹强化免疫接种2583人，接种率为92.1%。加强食品卫生监督工作，2007年共开展食品卫生检查8次，查处各类过期、变质产品51种，价值为8916.9元。

安多县

【国民经济又好又快发展，】2007年，安多县县地区生产总值实现31，176.67万元，比上年增长15.74%，其中一产6，704.45万元，二产5，607.73万元，三产18，864.49万元； 固定资产投资达6435.92万元；财政收入实现808万元。

【畜牧业保持良好的发展势态】调整优化畜牧业结构，促进牧业经济稳定发展。改造和提升畜牧业，按照“兴牧、增收、调结构”的总体要求，在畜群结构调整中坚持“发展牦牛、稳定绵羊、控制马”的大原则，落实“三牧”制度、草畜平衡制度、休牧禁牧制度，调整优化畜牧业内部结构，加大多玛绵羊选育推广力度，充分发挥安多县特色畜种优势，加大牲畜的出栏力度。2007年农牧业总产值达到12,873万元，同比增长7.8%。牲畜年末存栏113万头，同比增长7.02%；牲畜出栏率达到30.26%，畜产品商品率达到55.51%。

加强牲畜疫病防治工作，确保畜牧业健康发展。为了加强牲畜的防治，增强牲畜对各种疫病的抵抗力，提高畜群健康水平，安多县坚持以“预防为主、防治结合、防重于治”和“防、检、治”相结合的原则，积极预防和治疗威胁畜牧业生产的各类传染病和寄生虫病，狠抓市场检疫，强化对市场上销售的畜产品“四证”的检查。全年共对2，467，145头（只、匹）牲畜注射了“W”疫苗，74，442头(只、匹)注射了出败疫苗，92，001头(只、匹)注射了“炭疽’’疫苗，199，224头(只、匹)注射了肉毒疫苗，166，489头(只、匹)注射了布病疫苗。畜圈及环境共消毒16，324次。

大力加强草场建设，使草场沿着健康轨道发展。鼓励牧民群众积极投资建设草场，增强草场保护意识，加大草场灭鼠力度，使牧民群众真正的做草场的主人。2006年第一批退牧还草工程项目总投资3，020万元，2007年共计建设禁牧草地围栏40194公顷，完成计划的100.5%，建设休牧草地围栏33786公顷，完成计划的101.4%。2006年第二批退牧还草工程项目总投资840万元，2007年共计建设禁牧草地围栏10047公顷，完成计划的100.5%，建设休牧草地围栏10273公顷，完成计划的102.7%。2005年、2006年第一批、第二批天然草地退牧还草建设项目都已顺利通过国家农业部的验收。人工种草建设总投资508.442万元，种草面积400公顷，网围栏16万米，草场灭鼠800公顷。

【加强基础设施建设】1.安居工程扎实推进。县委、县府把农牧民安居工程作为推进社会主义新农村建设的龙头工程、民心工程抓紧、抓实，加大牧民安居工程的宣传力度，积极引导，赢得了广大牧民群众的理解、支持与参与，群众建房的积极性很高。组织工作组深入牧区搞调查，完善安居工程方案，坚持“宜改则改、宜建则建、宜迁则迁”和“五要、五不要”原则，牢牢把握“统筹规划、整体推进、分类指导、科学规划、综合配套、体现特色”的总体要求，从实际出发，充分与群众协商，尊重群众意愿，发挥群众在安居工程建设中的主人翁作用，采取群众自筹为主、县财政补贴一点、援藏帮一点、银行贷一点等多种方式筹措所需资金。在资金专项管理上，做到了“专人管理、专户储存、专项核算、专款专用”，并及时足额发放，实行资金发放公示制度，没有出现截留、挪用、掂占资金等违规现象，保证了安居工作的顺利实施。据安居办统计，2007年全年，全县农牧民安居工程 615 户，受益人口达 2858 人。其中扶贫搬迁 60 户(2006年已完工)，游牧民定居273户，完成268户；民房改造282户，完成276户；完工率98%，总投资2001万元。建设村级活动场所 6 个，硬化路面 3 个，总投资153万元。

【加强社会事业建设，着力保障和改善民纠】大力发展教育事业。召开了教育工作会议，与各乡（镇)签订了《2007年“两基”攻坚目标责任书》，继续巩固“普六”成果。加强师资队伍建设，教学质量明显提高，各类考试成绩优异。加强教育基础设施建设，改善办学条件。加强“三包”经费的使用和管理，搞好后勤服务，改善学生食宿条件，特别是重点加强学校的食品卫生工作，确保师生员工的身体健康。

文化事业蓬勃发展。强化市场管理，联合有关部门对文化市场进行了全面大检查。坚持“一手抓繁荣、一手抓管理”的文化工作指导方针，大力培育文化市场。开展了丰富多彩、健康有益的群众文化活动。加强对“村村通”设备的维护，进一步加大广播电视覆盖范围，认真落实“西新工程”三满播出要求，保证调频广播质量，广播和电视人口覆盖率分别达到75%和80%。基本实现电影工作“2131”目标，电影队深入到乡村为牧民群众放映优秀电影。建立健全群众娱乐体系，丰富群众文化生活。加大文物管理力度。

医疗、卫生体制逐步健全。从 2007 年年初开始实施新型农牧区医疗管理制度，实行个人家庭账户本，报销补偿的最大限额为每人每年 1 万元，确保了农牧区免费医疗专项经费的专款专用；全县新型合作医疗覆盖率达 100%，参加筹资的农牧民共计 31，251 人，参合率为 93. 18%，牧民就医报销共计32，641人次，报销金额共计 243 万元，占农牧民医疗基金总数的 82. 4%； 实行药品统一采购，确保药品质量，加强基层医务人员的技能培训，认真做好鼠疫和其他传染疾病的防治工作；加大卫生执法工作和食品卫生安全宣传力度，狠抓妇幼保健和计划生育工作，强化儿童免疫工作；新建的 3 座乡(镇)卫生院已经投入使用。

【援藏工作有序开展】沈阳市第五批援藏干部积极贯彻第四次西藏工作座谈会精神，顺利完成与第四批援藏干部的交接工作。并走访了县直机关、企业、学校、医院、驻地部队和全县所有乡镇及大部分村庄，开展调研工作，同时结合县情，积极开展项目的前期规划工作。

申扎县

【基本县情】申扎县地处藏北高原腹地南部，北与双湖特别行政区相望，南与日喀则地区谢通门县和南木林县相邻，西与尼玛县为邻，东与班戈县接壤。县域面积 2.525 万平方公里。县城所在地距那曲 500 公里，距拉萨 505 公里。平均海拔4700米以上，位于内陆高原亚寒带季风干燥气候区，气候总体特征是低温、日照时间长；气候垂直变化明显，气候多变，大风、冰雹、雪灾等自然灾害频繁。地表植被覆盖率低，生态脆弱。

【经济发展情况】申扎县委县政府在一产调优、二产调强、三产调大上下工夫，产业结构得到优化，经济建设取得显著成绩。2007 年全年国内生产总值达到 19279.98 万元，比 2006 年同期增加 130.07 万元，增长 0.68%，其中：第一产业 3255.56 万元；第二产业 4124.42 万元；第三产业 11900 万元。全年完成地方性财政收入564万元，比2006年同期增长 15.34%，税收收入 85 万元。07 年底全县3745户，总人口18782人（其中牧业人口17155人)。牲畜以牦牛、绵羊、山羊为主。可利用草场面积1961973公顷，各类牲畜存栏总数629154头(只、匹)。农牧民人均收入2168.68元；现金收入1424.89元。

【基本建设】全年实施基本建设项目 25 个，总投资 6625.22 万元。其中国家投资 3784.89 万元，援藏投资 2840.33 万元。基本建设项目的实施，有效地改善了申扎县的基础条件，改善了牧民群众的生产生活条件。

【牧业改革不断深化】草场经营承包责任制得到落实和完善，牧业基础设施建设和草原生态建设得到加强。畜产品和渔业资源开发的可行性研究进展顺利。按照二产抓重点的要求，申扎县把矿业开发作为富民强县的一项紧迫任务，认真研究，加大扶持力度，雄梅舍索铜矿于 6 月份开始试生产，巴扎七村嘎日阿统铜多金属矿选矿厂建设已经完成。

【社会事业全面发展】始终坚持教育优先发展战略，经过全县上下共同努力。2007 年 9 月通过了地区行署的初验，10 月通过自治区人民政府验收，在那曲地区率先实现“普九”目标；文化、通讯事业迅速发展，广播电视实现村村通，所有乡镇开通了电话；水电、太阳能等资源得到充分利用，彻底解决了县城和各乡镇的照明用电问题；公共卫生体系和牧区疾病防控体系全面建立，基本实现人人享有初级卫生保健目标。“五五”普法成效显著，巴扎七村被评为“全国法制宣传教育先进单位”。党的建设和民族宗教工作稳步推进。组织建设和干部队伍建设不断加强，机关作风不断转变，党的执政理念深入人心。

【受援工作】认真作好二、三批援藏干部和援藏工作的衔接，中信公司、西藏民族学院、区建设厅、地区等相关部门和对口帮扶单位共投入2960万元用于安居工程配套、中信草原宾馆、砂石场、育肥基地等项目建设。援藏和帮扶项目的投入给申扎县经济发展注入了活力，极大地改善了申扎县的基础建设条件，提高了地方财政的造血功能。

【领导名录】

县委书记：魏世魁

人大主任：觉多

县长：杨赤卫

索 县

【年度情况与特点】2007 年，索县政府加大经济结构调整力度，积极努力推动物质文明、政治文明、精神文明协调发展、共同进步，稳步推进社会主义新农村建设。2007 年，索县国内生产总值完成 2.3432 亿元，其中第一产业 5772 万元，第二产业 3072 万元，第三产业 14393.5 万元。组织县级财政收入 520.8 万元。农民人均纯收入达 2400 元。人均现金收入达 1450 元。经济结构调整成效显著，三次产业发展确立新格局，三次产业的比重 25.35：15.87：58.78，结构优化对经济增长的拉动效应日益突出。全社会商品零售消费总额达 3.2 亿元。现代服务业蓬勃兴起，新的增长点不断涌现，第三产业增加值占国内生产总值的比重达 58.78%。

【农牧业发展在结构调整中稳步提升】农牧业生产稳步推进。2007 年，全县农牧业总产值达 8500 万元。2007 年，全县各类牲畜存栏达 21.5 万头（只、匹），仔畜成活 6.9 万头（只、匹），成活率为 90%以上，大畜死亡率为 3%。牲畜出栏 5.88 万头（只、匹），出栏率达 27%。粮食产量逐年提升，基本实现了自给自足，全县粮食总产量达 5200 吨。粮、经、饲比例 73：15：12。牧业发展实现了结构调整优化，动物强制免疫力度加大，基本完成了“W”病等防疫工作，“禽流感”、“W”病等得到了有效防控。继续加大疫情防治工作，进一步加大“W”病防治工作，与各乡镇签订了防五目标责任书，基本做到了“县不漏乡、乡不漏村、村不漏户、户不漏畜、畜不漏针”。

【高度重视基础设施的建设】2007 年，通过各方面积极争取，开工建设项目达 25 个（安居工程不包含在内），总投资达 5192.13 万元，其中，新建 23 个，续建 2 个。投资 2990.15 万元的热赤公路、投资 924 万元的饮水工程、投资 733.5 万元的县乡职工周转房等重大项目工程进展顺利，以上工程的顺利实施，有效改善了索县基础建设落后的局面，改善了当地群众的生产、生活条件，有力拉动了县域经济的快速发展。

【对口援藏工作成效显著】2007 年，索县援藏工作在确保继续加大基础设施投入的同时，积极引导援藏资金向文化、教育、卫生、基层建设倾斜，并努力协调处理好援藏项目与农牧民切身利益的关系。2007 年是第四批、五批援藏工作的交叉年，在继续做好第四批援藏工作的同时，第五批援藏干部积极调研申报第五批援藏项目，目前调研申报工作已初步完成。

【安居工程建设进展顺利】截至目前，全县 10 个乡镇都全部实施了安居工程，安居工程累计投资 1923.5 万元，建设户数达 1178 户。2007 农牧民安居工程共建设项目户 605 户，其中绝对贫困户 19 户，其他贫困户 35 户，游牧民定居 175 户，民房改造 376 户，主要分布在嘎美、赤多等 8 个乡镇。为做好安居工程建设的通水、通电、通路、通有线电视等配套建设，2007 年共修建村级活动场所 11 个，并在亚拉镇 1-4 村和荣布镇 5 村集中搬迁点实施了道路项目建设。

【社会各项事业全面发展】教育事业蓬勃发展。“两基”攻坚工作进展顺利，教育体制改革和素质教育稳步推进，教师队伍建设不断加强，教学环境得到进一步改善，“两基”和职业教育得到巩固。加强协调、积极筹备，“普九”工作顺利通过验收。目前，全县中小学在校生达 6734 人，小学学龄儿童入学率 98.87%，巩固率达 95%；初中入学率 90.52%，巩固率达 80%；全县在职教职工 303 名，其中专职教师 287 名，专职教师中初中和小学教师的学历合格率分别达到了 100%。

全面贯彻落实发展文化事业的各项方针政策，积极推进文化建设，农牧民群众文化生活更加丰富多彩。“西新工程”、“村村通工程”顺利实施，“村村通”建站达 750 座，使索县的广播电视收视率达 31%和 89%。认真实施“2131”电影放映工程，132 个放映点共完成 1992 场次的放映任务，观众达 11.59 万人次，较好地解决了农牧民看电影难的问题极大地丰富了农牧民群众的业余文化生活。积极开展“三下乡”活动，民间艺术团共为农牧民群众演出 46 场次，观众达 2 万多人次，并在“十七大”文艺公演获银奖和铜奖。加强文物保护工作，加大了全县 50 处宗教活动场所文物的登记建档和管理力度。加大文化市场稽查，严厉打击淫秽影碟出租活动，进一步净化了索县的文化市场。

医疗卫生条件日益改善，疾病预防和卫生监督体制改革稳步推进，初级卫生保健网络得到进一步完善。人口与计划生育工作全面落实“三为主”方针，各项人口指标始终控制在地区限定标准以内。截至目前全县参加合作医疗集资率达 90%。积极改善乡村医疗条件，在荣布、江达、若达修建了卫生院，总投资达 80 万元。全面开展卫生防疫工作，严控流行病、传染病的发生，并对农牧民及流动人口进行集中接种和上门接种基础免疫服务，卡介苗、白百破、麻疹、乙肝等接种目前索县强化免疫 6191 人次，完成年度计划的 90%。

“两个确保”资金按时足额发放，城镇居民最低生活保障制度进一步落实。切实做好退休工人的养老金发放工作，共发放养老金 14 人 30.9 万元，未发生一例拖欠，做到了 100%社会化发放。积极开展城镇失业人口统计工作，共发放《失业证》、《就业和再就业优惠证》2 个。加大对城镇失业人员的培训工作，培训人员 36 人。城镇职工医疗保险工作进展顺利，目前已完成 892 名参保人员的登记造册工作，并在县人民医院和藏医院安装调试了刷卡系统。积极开展城镇居民医疗保险工作，截至目前参保人员已达 285 人，缴纳保险金额达 1.137 万元。认真做好“两金”的征缴工作，“两金”的征缴率达 100%。切实搞好最低生活保障金的发放工作，全年共发放保障金 55 户 169 人 27.5 万元。落实“五保户”170 户 171 人的生活补助费 20.4 万元，落实特困群众救助金 60.408 元，切实做到了应保尽保。认真开展救灾救济工作，2007 年共落实防抗灾粮 130 吨，确定医疗救助对象 8 户 43 人，落实救助资金 2.4 万元。确定特困群众救助对象 597 户 3183 人，落实救助资金 60.4 万元。认真做好“三大节日”慰问工作，共发放慰问金约 12 万元。

【存在的问题】一是经济的规模和总量不大，经济结构比较单一，项目开发的力度不够，缺少立县大项目。二“三农”工作发展缓慢，城乡差别依然比较突出，农牧民增收乏力，缺少具有较强带动作用的农牧民经济合作组织。四是县财政供养范围大，财政欠账多。五是对外开放程度低，投资环境有待进一步改善。少数部门和干部缺乏开放意识和大局意识，注重局部和个人利益，对外来投资者“重管理轻服务”的现象依然存在。六是结构性、供求性就业矛盾比较明显，社会保障压力增大。七是随着改革的不断深入，许多机制性、体制性深层次矛盾逐步显露，社会纠纷增多，维护社会稳定任务十分艰巨。八是政府职能转变不到位，思想观念和行政运行方式还不能很好地适应市场经济发展，与建设新型核心城区的要求有较大差距。

班戈县

【年度情况与特点】2007年,班戈县以科学发展观统领经济社会发展全局，抢抓机遇，凝心聚力,务实苦干，大力实施“一产上水平、二产抓重点、三产大发展”的经济发展战略，坚持落实之年狠抓落实，继续保持了全县经济又好又快发展、社会全面进步的良好势头。全年实现地区生产总值 2.43 亿元，比上年增长8.61%，其中第一产业完成 8355.67 万元，比上年增长 5.6%，第二产业完成 4132.4万元，比上年减少 23.6%，第三产业完成11798.12 万元，比上年增长 30.5%。实现地方财政收入 387 万元，增长 20%；社会消费品销售总额达到 7195.6 万元；牧民人均收入达到 2299.43 元，其中现金收入 1387.36 元，分别增长 16%和 8.6%；全县各类牲畜存栏数为 106 万头（只、匹），出栏率达到 31%。

【扎实推进社会主义新农村建设，不断改善人民生活水平，新农村建设成效明显】一是稳步推进新型合作医疗制度，新型合作医疗覆盖率达到 100%，参加率92.16%，较好地解决了牧民群众看病难的问题；二是把加快发展和解决群众生产生活中的实际问题结合起来，成功登记注册普保镇一居委会建筑队和建材队，两家劳务输出组织加大对牧区的投入力度，积极引导牧区劳动力有效转移，2007 年全县实现劳务输出 4297 人次，创收 523.46 万元。三是科教兴县战略成效显著，“普六”巩固工作得到进一步加强，适龄儿童入学率达到 99.8%，“扫盲”攻坚工作如期完成并通过验收；医疗卫生工作进一步得到发展；文化广播电视工作又有新的进展，广播电视覆盖率分别达到 30%、31%；邮政通讯工作进展顺利。四是加大配套设施建设力度，高度关注民生，实施牧民照明工程666 户、修建村级文化活动场所 11个、村级道路硬化 2 条、建设 68 眼保暖井，解决了 3900 多人的安全饮用水问题，新改（扩）建公路 181 公里、修建桥梁 3 座、修建简易桥 49座、养护公路 30 多公里、修复水毁桥梁 3 座。五是以安居乐业为突破口，扎实推进社会主义新农村建设，真正让779 户牧民群众住上了“经济舒适、安全适用”的住房。六是进一步完善细化分草定畜工作，对 10 个乡（镇）的 40 名负责人进行了两次内容包括草场承包草地的丈量、计算、GPS 操作和整理相关材料的技巧的培训。为了更快更准确，县人民政府投入了 11 万元完成了草场承包的绘图工作，通过全县上下共同努力顺利通过了自治区验收。七是 2007 年实施了第二批天然草地退牧还草工程，投资1400 万元，其中国家投资 1025 万元，地方与群众配套资金 375 万元。禁牧 16667公顷，国家投资 437.5 万元，休牧 1667公顷，国家投资 437.5 万元，地方与群众配套 187.5 万元，共 625 万元，占项目总投资的 62.5%。补播 10000 公顷，投资 150 万元。

【项目建设取得了新进展】2007 年实现固定资产投资总额达 1.18 亿元，比 2006年增加 3179 万元。实施的主要项目工程有：新改（扩）建公路 181 公里、68 眼人畜安全饮水工程、牧民安居工程、检察院综合工程、法院综合工程、干部职工周转房、公安派出所等。

【社会事业取得新进步】积极解决了广大人民群众最关心、最直接、最现实的利益问题。疫（疾）病控制能力和食品药品市场整治力度进一步加强。认真落实促进就业的各项优惠政策，做好大中专毕业生就业服务指导工作，城镇登记失业率控制在 4%以内。城镇居民最低生活保障标准提高到 240 元，基本生活得到有效保障。将年人均纯收入 500 元以下的牧民纳入牧区特困群众生活救助范围。“五保户”供养标准达到年人均 1500元。村干部误工补贴提高到 1500 元。发放农牧区基层老干部、老党员、老模范生活补贴 5640 元。加大清欠力度，兑现农民工工资 294.3 万元。

【立足自身优势，积极培育牧民经济合作组织，大力发展特色产业】已经发展了三个牧民经济合作组织。班戈县佳琼镇五村挂牌组建的牧业专业合作经济组织，在近9个月的运行后，全村总收入年底达到51万元，比2006年增加6万元，增长率为13.6%，人均收入达到2196.27元，比2006年增加301.72元，增长15.9%。该村组建牧业专业合作经济组织后，提升了人力价值，富余劳力有效转移，贫富差距缩短，生产经营服务范围逐步扩展到牧业生产、畜产品销售、劳务输出、技术服务等领域，为增加群众收入起到了积极促进作用。坚持以市场为导向、效益优先的原则，立足特色资源和比较优势，切实加强对新型牧业经营模式的引导、扶持和推广，发挥典型引路和示范带动作用，在门当乡实施了以发展绒山羊为重点的特色产业专业户，在青龙乡实施了牦牛育肥基地，提高牧业的专业化程度和发展水平。

【援藏力度加大，城乡变化显著，成绩喜人】中石化集团公司在支援班戈县各项事业发展中，始终把援藏工作作为一项光荣而艰巨的任务，援藏工作成绩显著。2007年，通过与中石化集团协调与沟通，中石化共援助建设资金1680万元，其主要建设项目有班戈县人民文化活动中心、政府接待楼、社会主义新农村为主的牧民群众安居工程建设、村级文化室建设、太阳能照明工程、助学教育工程等等，有力的改善了班戈县的基层基础设施条件和牧民生产生活条件。2007年8月第四批援藏干部李少清副书记、苗波常务副县长抵达班戈后，克服高山缺氧等种种困难，积极协调受援工作，并制定了2008年援藏工作计划，为顺利实施2008年援藏项目提供了保障。

【对口扶贫工作进展顺利】2006年班戈县通过积极协调，争取到了西藏大学、自治区石油销售分公司、自治区农牧厅分别对口扶贫北拉镇、普保镇、新吉乡。一年来三家单位把对口扶贫工作当作己任，选派了三名政治素质高、工作能力强的优秀干部进点开展帮扶工作，三名同志积极帮助乡（镇）制定各项工作制度，规划对口扶贫项目。全年共投入资金376.2万元。主要开展了简易桥梁建设、办公设备、畜产品集散地、特困户扶持、技能培训、短期育肥基地、人工种草、草原灭鼠等项目。

【存在的问题和困难】一是县域经济总量小、基础薄弱、后劲不足的问题仍然没有从根本上得到解决；二是思想观念不够解放，“瓶颈”制约明显，牧业基础设施建设落后，生态环境脆弱，抵御自然灾害的能力差；三是牧业结构调整力度不大，主导产业还没有形成规模优势，牧业增效、牧民增收的压力仍然很大。四是全民创业的氛围不浓，固定资产投资规模不大，拉动经济发展的作用十分有限。五是一些部门发展愿望不强，落实力度不大，服务观念淡薄，缺乏争先创优意识；少数干部思想观念陈旧，工作作风还有待进一步改进。

【领导名录】
县委书记、人大常委会主任：索朗扎巴
县委副书记、县长：巴塔
县委常委、县委副书记：李少青
县委副书记、常务副县长：勇措（女）
县委常委、政协主席：桑珠

巴青县

【年度情况与特点】2007年，巴青县紧紧围绕“一加强、两促进”三大历史任务及地区“2255”发展战略和巴青县“2365”发展思路，以本县“六大”中心工作任务为着力点，“百名干部驻千户，落实之年抓落实”为契机，立足巴青县实际，牢固树立和认真落实科学发展观，进一步解放思想，更新观念，开拓进取，与时俱进，扎实工作，使全县社会治安明显好转，政治局势更加稳定，各项事业呈现出健康发展的良好势头。

2007年度，巴青县经济再创佳绩。国内生产总值32443.32万元，同比增长15.83%，其中第一产业8311.25万元、同比下降3.72%，第二产业5635.58万元、同比增长18.97%，第三产业18496.49万元、同比增长23%；农牧民年均收入3294.24元，同比增长529.59元，其中人均现金收入2114.86元；牲畜出栏率27%，畜产品商品率61.2%。

【项目建设进展顺利】2007年，全县在建项目33项，总投资13305.17万元；其中，续建项目12项，总投资4289.17万元；新建项目21项，总投资9016万元；立项5项，总投资200多万元；完工项目19项，总投资10308.52万元。

加强市场体系建设，2007年，巴青县把鼓励和支持个体经济快速发展作为头等大事来抓，全县实有个体工商户243户，从业人员486人，注册资金667.84万元。

【牦牛育肥基地建设】牦牛育肥基地项目总投资为285.6万元，其中国家投资103.2万元，群众自筹182.4万元，项目具体由巴青县拉西镇50户牧民群众参与实施，由农牧民在自愿的情况下进行集中入股。该项目建成后可年育牦牛1600头，实现销售收入528万元，50户农牧民总计增收93.45万元。

【安居工程项目建设圆满完成】安居工程是巴青县新农村建设中的一项重要内容，全县安居工程总投资为5958.5万元，共实施农牧民安居工程668户，其中：游牧民定居392户，民房改造234户，扶贫搬迁42户。

【草场承包到户工作成功通过自治区、地区验收】巴青县以“百名干部驻千户、落实之年抓落实”活动为契机，成立了以15名县级干部带队的草场承包工作领导小组，深入到乡（镇）村一线去协助开展草场承包到户工作。经过一年的艰苦工作，顺利完成了全县10个乡（镇）共计750567公顷的草场承包到户工作。

【牧民生产生活条件得到进一步改善】通过农牧民安居工程的顺利实施，目前群众的人居条件得到了进一步的改善，在发展第三产业和增加农牧民收入工作中，主要采取了向农牧民发放金、银、铜3种信贷卡的措施，积极引导牧民群众跳出牧业抓收入，有效的改善了农牧民群众的生产和生活条件。

【劳务输出】全年全县劳务输出共有3010人，实现产值460万元，2007年通过政府引导，新成立了2个牧民运输队和3个采石采沙队，全年的运输收入达到382万元，其中仅是从巴贡公路的修建中，就有300万元的运输收入；采石采沙队的全年收入达到39万元。

【社会各项事业全面进步，长足发展“普六”巩固工作取得成效】2007年，全县把“普六”的“控挫保学”的巩固工作列入“六大”中心工作之一。经过全县上下的一致努力，全县各中、小学校大部分学生均在校上课，适龄儿童入学率达到95.02%，适龄儿童在校生达到4958人，全县在校生升学率达到100%，“普六”巩固率达到98.26%，各校的教育管理走上了正规化。

大力推进文化事业发展。2007年，全县深入学习和贯彻全区广播影视工作会议精神和2007年那曲地区文化广播影视工作会议精神，深入基层、深入群众、深入牧区，努力为农牧民群众提供更多更好的文化服务。在“2131”工程的优惠政策的支持下，深入开展“三下乡”活动，组织放映队到农牧区巡回放映电影1000场，深受群众欢迎。2007年，将政治性非法出版物、反动宣传品、淫秽色情音像制品和刊物列入2007年“扫黄”、“打非”重要目标，加大对娱乐场所的监督力度，县文化稽查人员对全县三家音像出租店、四家VCD歌碟出售点和网吧进行了19次检查，没收淫秽光碟124张，净化了巴青县文化娱乐场所和音像市场。

医疗、卫生事业长足发展。全县现

有人民医院、藏医院和疾控中心各1所，在全县10个乡镇中，除拉西镇（县城驻地）外，其他9个乡镇各有1个乡镇卫生院。年初，县人民医院的门诊综合楼已经竣工并通过了验收。全县医护人员总数为70人，其中：医生58人（含聘用医生），护士8人。县人民医院共有床位42张，9个乡镇卫生院共有床位40张（每个乡镇卫生院4张）。

全县参加合作医疗的总人数达到了40125人，上级拨付的免费医疗款为371万元，农牧民群众自筹资金22.835万元，免费医疗覆盖率达到了98%。全县全年免费医疗报销金额为106.1061万元，占总资金的26.94%，使全县牧民群众的医疗卫生事业有很大保障。

社会保障工作卓有成效2007年，全县养老保险费参统单位13家，申报参保人数108人，同期增加16人。全年共征缴养老保险金856159.55元，清理历年拖欠的养老保险金18257.05元，清欠率为2.1%。全县失业保险费参统单位13家，申报参统人数325人，比2006年同期增加90人，全年共征收失业保险金150894.02元，完成全年核定目标任务的52.87%。2007年，全县13家企业单位237名从业人员参加了工伤保险，参保人数比2006年同期增加245人，实际征收工伤保险费25408.82元，完成全年目标任务的44%。全年共发放养老金235721.31元,发放率100%。同时，按照自治区、地区有关文件精神，结合本县实际，巴青县医疗保险制度改革试点工作从2007年7月1日正式启动。2007年，会县新增就业人员84人。培训城镇失业人员65人，城镇登记失业率4%以内。全年共受理各类劳动争议案件12起，涉及人数133人，结案11起，结案率达95%，协调并追回劳务工资约101.1084万元。

【援藏工作进展顺利】2007年度，在第五批援藏干部的共同努力下，确定了鞍山市政府援建巴青7个重点项目和2个援助项目，具体援建项目安排为：巴青县党政机关办公楼供暖工程项目、巴青县鞍山农贸综合市场建设项目、巴青县垃圾处理建设项目、巴青县驻那曲办事处工程项目、援藏公寓维修项目、巴青县农牧民安居工程、巴青县政府网站建设项目（该项目已建成，网址为：WWW.852100.COM)，总投资达800万元。援助项目为：巴青县高口希望小学、巴青县人民医院专业技术人才援助。随着建设项目的逐步实现，为巴青县的经济发展和社会稳定注入了新的活力。

【领导名录】
县委书记：张鑫
县长：白玛卫东
人大主席：西绕加措
政协主席：吉嘎

尼玛县

【基本概况】尼玛县位于西藏北部、那曲地区西北部。面积15万平方公里。总人口近2.8万。辖1个镇、13个乡，83个行政村。尼玛藏语意为“太阳”，原属纳仓部落。

尼玛县地处羌塘高原大湖盆地带，北有昆仑山脉、可可西里山脉，南有冈底斯山脉。地势北高南低，地形以高原丘陵平地为主，平均海拔在5000米以上。北部为幅员辽阔的“无人区”，属高原亚寒带半干旱季风型气候和高原寒带干旱气候。矿藏资源有金、硼砂、碱、盐、水晶石、铜、铁等。野生动物资源有野牦牛、野驴，藏羚羊、黄羊、盘羊、熊、黑颈鹤等。尼玛县经济以牧业为主。仅南部零星种植青稞、油菜、元根，其余地区均为纯牧业区。主要饲养牦牛、山羊、绵羊马、驴等。

【经济发展情况】2007年，全县生产总值完成24521.01万元，同比增长10.33%，其中一、二、三产分别完成5761.29万元、3067.79万元、15691.93万元，分别同比增长2.53%、21.23%、11.49%；县级财政收入完成546万元，同比增长12.11%。农牧民人均纯收入达到3207.04元，同比增长14.85%，其中现金收入2043.63元，同比增长12.59%；乡镇企业实现收入876.6万元，同比增长32.57%，多种经营收入完成1557万元，同比增长40.86%；全年组织各种劳务输出4736人次，同比增长6.88%，实现收入739.31万元，同比增长28.84%。

【新农村建设，农牧民安居工程建设情况】2007年，共筹措资金1498.57万元，其中区、地投资640.55万元，县财政配套40万元，中海油援助375万元，群众劳务投入197.02万元，圆满完成190户游牧民定居工程、302户民房改造和55户扶贫搬迁共547户安居工程建设及2个村的硬化路面、6个村活动室的建设任务，完成计划任务的100%。在安居工程建设中群众劳务输出人数达750人，实现收入151万元。

【农牧业生产情况】至2007年底全县牲畜存栏数1154522头（只、匹），按绵羊单位计算，牛：绵羊：山羊：马的比例调整到32：42：23：3。由于年初部分乡（镇）遭遇较大雪灾，而后全县又出现持续干旱天气，牧草返青晚，给牧业生产造成一定损失，幼畜成活率83.51%，比上年低2.67个百分点，大畜死亡率5.38%，比上年高3.08个百分点，出栏率31.78%，其中出售率18%，牲畜总增率23.85%。主要畜产品产量为：肉类6537.21吨，奶类3098.56吨，山羊绒87.90吨，羊毛694.41吨，各类皮张共521664张。全县总耕地面积172.48公顷，生产粮食169.71吨。

全年治疗牲畜达到155033只（头、匹），牲畜接种各种疫苗1115125只（头、匹），接种“W”病疫苗和布氏杆菌疫苗密度达100%。为了更好地防控羊“X”病疫情，由县直相关单位组成的设卡组7月至12月在军仓乡和中仓乡交通要道设卡防疫，行程达6200多公里，检查消毒大小车辆338辆，有效控制了羊“X”病疫情在尼玛县境内传播。

圆满完成草场承包工作。经初步承包、完善承包、定型承包三个阶段的工作，尼玛县已圆满完成草场承包到户工作，顺利通过自治区终验。全县共完成承包草场5170727公顷，占可利用草场面积的76.7%，其中夏秋草场2362973公顷，占总承包面积的45.7%，冬春草场2807753公顷（以1999年底应承包人口为依据），占总承包面积的54.3%。剩余可利用草场面积为1570607公顷。

认真抓好特色产业建设项目。投资

250万元的白绒山羊养殖示范户建设项目，为50户示范户每户修建60平方米的暖棚和100平方米的羊圈各一座，并为每户购买基础母羊和种公羊100只已完成全部建设项目；投资414万元的绒山羊产业带建设项目，建成暖棚9000平方米、畜圈10000平方米、饲草料库1000平方米、太阳能饮水井10眼、草地围栏建设2000公顷；投资551万元的绒山羊专业村建设项目，建成暖棚7360平方米、羊圈20240平方米、人工种草100公顷、购买基础母羊和种公羊共9200只；积极实施农牧区安全饮水工程，建成10眼保暖井，完成5处管道工程的管道铺设，有效地解决950人和7500头（只、匹）牲畜的饮水问题。

合同牧业、订单牧业效益显著。2007年尼玛县在参加“地区第二届畜产品展销会”期间，与西藏福德牧野食品有限公司达成销售2万只活畜的合作协议，并已经完成销售活畜（绵羊）1万只，通过订单牧业销售羊肉1800只、奶渣1300斤、酥油1400斤，实现群众增收600万元左右，对加大牲畜出栏、提高畜产品上市商品率、打造尼玛县特色品牌产业、促进群众增收起到了积极作用。

加强技能培训，促进群众劳务输出创收。为提高群众劳动技能，县委、县政府针对农牧民举办了多期不同技能的培训，涉及牧业生产的一系列劳动、建筑、服务、运输等，对373名骨干成员实施了集中培训，对6089人进行了分散培训。全年组织农牧民劳务输出4736人次，实现劳务输出收入739.31万元。

【援藏工作成效显著】中海油第二批援藏工作于2007年7月圆满结束，投资5100万元的20个援建项目按时保质保量完成。年初，中海油总公司组织召开第六次援藏扶贫工作座谈会，计划外追加投资375万元，用于农牧民安居工程建设等项目。

中海油党组成员、纪检组组长武广齐带队的考察团8月份亲赴尼玛县视察工作时，承诺第三批援藏每年将投入1500万元的资金扶持我县的建设发展。第三批援藏干部接过援藏工作的接力棒，开启了援藏工作的新征程，他们认真按照胡总书记“援藏项目应突出改善农牧区生产生活条件，改善农牧民生活这个重点”的指示精神，切实贯彻中海油“扶本、解困、造血、建立长效机制”的援藏工作方针，克服高寒缺氧，忘我工作，经过调研、分析、筛选，确定第三批援藏方案，计划建设项目19个，投资4700多万元，并已报中海油总公司审定，获得批准立项。同时，他们通过中国海油总公司为尼玛县积极争取到外部资金120万元。

【完善救助制度，加快发展社保事业】2007年上半年和下半年，分别为523户、2097人和516户、2033人特困群众发放生活救助资金209662元、206531元，其中全年县财政配套资金4万余元，为55户、188人低保家庭全年发放低保资金31.2万元，其中县财政配套3.2万元，切实保障了全县低保对象的基本生活，维护了社会稳定，有力地促进了尼玛县城镇居民最低生活保障工作进一步规范化。2007年3月至6月，尼玛县境内大面积降雪，全县10个乡（镇）遭受不同程度雪灾，受灾户数2092户9193人，其中需要救助户数为978户4753人。县委、县府先后五次组织工作组前往受灾区，对灾情进行了全面核查，县民政局针对各乡（镇）的受灾情况，及时把16.5万元救济款物发放到了受灾群众手中。

【教育、卫生、文化等行业取得长足发展】高度重视“扫盲”工作，脱盲率达到97.09%，顺利通过自治区人民政府“普九”验收，完成“两基”攻坚终极目标。小学适龄儿童在校生2923人，入学率达100%，中学在校生1550人，入学率达92.6%。投资470万元的中学改扩建项目和110万元的县城幼儿园项目已经建成。

农牧区医疗管理制度乡（镇）、村覆盖率100%，人口覆盖率98.7%，免费医疗经费人均达到80元；人口自然增长率9.5‰，三项节育率为8.8%，先后多次组织人员对各类食品市场进行了检查，共查处伪劣过期食品42种，约11075.5元，查处过期药品81种，约9980.42万元。

认真做好“电视进万家”工作，将250台电视全部发放到群众手中，有效地保证了群众顺利收看中央、西藏“两会”开幕实况。全县共放映电影1323场次，观众人数达93583人次，完成“一村一月保证放映一场电影”的目标。

【领导名录】

县委书记：农军

人大主任：高学文

县长：李潭林

双湖特别行政区

【国民经济快速、持续、稳定增长】2007年，双湖区按照“2222”经济社会发展思路，以发展畜牧业为依托，以资源开发为突破口，以基础设施建设投入拉动为着力点，以增加牧民现金收入为重点，全面加强经济建设，取得了较好成绩。2007年，双湖区完成国内生产总值1.71亿元,其中第一产业完成4111.68万元,第二产业完成5492万元,第三产业完成7518万元，农牧民纯收入达到3570元，现金收入达到2142元。全年完成县级财政660万元左右；双湖区农行全年存款3282万元，信贷支农资金824万元；小额信贷资金发放234万元；支持安居工程建设资金255.8万元;金卡发放315张、银卡发放582张、铜卡发放603张，牧民群众使用卡率为81.85%,共计发放234万元，有力地支持了牧区经济发展，受到牧民群众的热烈欢迎。

【畜牧业工作】2007年，双湖区牧业先后遭受了两次较大的雪灾，牲畜累计死亡数为72748头（只、匹），畜牧业发展遭受一定挫折。据统计：双湖特别行政区牲畜存栏数为505409头（只、匹），其中幼畜成活数153849头（只、匹），成活率为72.46%;暖季牲畜出栏数31120头（只），出栏率为5.30%。

2007年双湖区全年牲畜出栏率完成28.44%左右；据统计：2007年双湖特别行政区共组织27车，共4444只羊（含224头牛，1头牛按5只绵羊单位计算）参加地区畜产品展销会，并卖出酥油888斤，奶渣1581斤。

按照“加快发展白绒山羊、适度发展牦牛、稳定发展绵羊、严格控制马”的牲畜发展思路，双湖区政府积极调整畜群结构，着力加强绒山羊的推广力度，推广先进的繁殖技术，扩大牲畜繁育和绒山羊养殖规模，通过大力发展白绒山羊，淘汰老弱病残牲畜，提高出栏率和适龄母畜比例，双湖区牧业结构正在趋向于合理。

2007 年双湖区兽防站共出诊 20 次，走访 629 户，治疗牲畜 3828 头（只、匹）免疫接种 22313 头（只、匹），处理病死尸体 878 头（包括野生动物）；按照“区不漏乡、乡不漏村、户不漏畜、畜不漏针”的五不漏方针，确保了免疫密度达到 100%。

截止目前，除嘎措乡仍保持原有体制外，其余 6 个乡（镇）100%的草场均已承包到户、行政村和联户，并顺利通过自治区终验，在那曲地区经济工作会上被评为“草场承包工作先进区”。班嘎县玛青乡与双湖特别行政区巴岭乡的草场纠纷事宜也通过股份制合作牧业经济实体的形式得到了初步解决。

基础设施建设稳步发展。2007 年双湖特别行政区在建项目 34 个，总投资 8039.29 万元,其中 2006 年续建项目 6 个，总投资 2397.52 万元(援藏项目续建 1 个，总投资 718.29 万元，2007 年为 268.29 万元)；2007 年新开工项目 28 个，总投资 5641.77 万元，其中援藏项目 12 个，2007 年投资 1950.68 万元；续建项目已全部完工，2007 年新开工项目完工 23 个，5 个项目未完工。

【安居工程进入建设新阶段】2007 年双湖特别行政区共实施安居工程 172 户，其中游牧民定居 100 户，全部完工；改扩建 42 户，尚未完工 29 户(民房改造)；扶贫 30 户，其中 20 户绝对扶贫，10 户相对扶贫，全部完工；06 年未完工续建工程 103 户 2007 年已全部完工。

劳务输出劳务输出主要集中卤虫卵捕捞及公路维修等方面，全年共组织牧民群众 2799 人次参与，收入 334.15 万元，其中 10 月份的卤虫卵捕捞，共组织 900 多人参加，创收约 160 多万元。

【技能培训】2007 年，双湖区民政局摩托车修理培训 10 人；双湖区委政法委和公安局开展驾驶培训 179 人，其中汽车培训 125 人，摩托车培训 54 人；双湖区乡镇企业局捕捞卤虫卵技能培训 200 多人；双湖区农牧局举办牧民实用技术培训 3 期、培训 743 人，其中双湖区上集中培训 2 期、培训 99 人，乡村分散培训 1 期、培训 644 人；双湖区卫生局培训村级医生 2 次、64 人；2007 年班嘎藏医培训班 29 人全部结业，双湖区委、政府全部按照“属地原则”分配到区、乡、村，分别以临时工和个体行医的形式解决了其就业问题，并对唯一一名要求个体行医的学生一次性给予了 8000 元启动资金的资助。各种内容丰富的技术培训活动，为牧民增收致富提供了技术支撑。

扶贫工作，2007 年双湖区脱贫 63 户，284 人，返贫 70 户，296 人，双湖区直各单位向各自联系点捐助现金 3 万多元，物资折合人民币 6 万多元。

【社会事业全面发展】教育“普九”攻坚取得胜利。2007 年 9 月、10 月先后顺利通过那曲地区工作组“普九”初验和自治区工作组的“普九”终验，小学适龄儿童入学率达到 99.01%，初中入学率达到 92.68%。

文化事业取得新突破。一是不断加强文化广播影视工作队伍建设，大力提高队伍的政治理论水平和工作业务能力；二是广泛开展形式多样的文艺活动，先后举办了双湖区 2007 元旦文艺汇演、“三八”文艺活动、“五一”登山比赛、“五四”文艺晚会等文体活动，丰富广大干部群众的精神文化生活；三是努力建设维护广播电视“村村通”工程，确保“村村通”工程的建设质量和接收设备的正常运转。全年完成了 3 个自然村的村级单收站建设任务；四是以电影“2131”工程为载体，不断向广大干部群众播放反腐倡廉、警世、爱国主义等积极向上的电影，2007 年以来，双湖特别行政区 4 个放映队已放映 722 场，观众人数达 45612 人次；五是制定完善工作预案，大力保障了“西新”工程顺利开展。

卫生事业有新的进步。据统计，2007 年双湖特别行政区农牧区新型合作医疗制度集资覆盖面达 98%，双湖特别区卫生服务中心半年来接待门诊人数为 16450 人次，实施阑尾手术 64 例，节育手术 25 例；糖丸强化免疫及快速评估工作进展顺利，食盐碘试验工作基本完成；发放各种宣传手册（画）2000 余份（册），向各乡镇发放计生免费药品 3500 元；双湖区卫生系统率先在双湖区落实推行政务公开工作，受到行署嘎玛仁青副专员高度表扬，他建议行署在双湖区召开政务公开工作现场会。在上级部门的大力支持下，争取到了自治区卫生疾控中心的建设项目，现正在积极建设中。

【受援工作向牧区发展】2007 年双湖特别行政区有由中国石油天然气集团公司援助项目有13个(1个考察项目未加在建设项目中)，总投资 2000.68 万元。项目为：雅曲乡至巴岭乡公路续建，268.29 万元；双湖区幼儿园改造项目，75.42 万元；双湖区干部职工周转房，465.47 万元；双湖区广播电视中心项目，178.86 万元；牧民安居工程配套资金，158 万元；牧民光伏光明工程，408.28 万元；5 个村委会建设项目，383.36 万元；各村委会家俱购置项目，13 万元。以上援藏项目的重心在牧区，广大牧民群众通过援藏项目得到了更多的实惠。

阿 里 地 区

阿里地区

【经济发展情况】2007 年，阿里地区经济保持了平稳较快增长，全地区实现生产总值 14 亿元，同比增长 18.2%；地方财政收入完成 8006 万元，增长 16%；农牧民人均纯收入达到 2483 元，增长 18%；各项税收收入完成 7852 万元，增长 13%；社会固定资产投资完成 11.5 亿元，增长 33.9%；全社会消费品零售总额达 2.86 亿元，增长 15.7%。

【高度重视“三农”工作，农牧民收入不断增加】始终坚持以“农牧业增效、农牧民增收、农牧区稳定”为目标，深化农牧业内部结构调整，突出农牧业支柱产业建设，积极推进产业化经营，加大科技推广力度，农牧区经济保持了健康发展的良好势头，农牧民收入不断增加。积极实施了“种子、沃土、农机化”三大工程，狠抓以蔬菜为主的农副产品种植业、以白绒山羊为主的畜牧养殖业、以紫花苜蓿为主的饲草业产业建设，大力推进农业产业化经营。在稳定粮食产量的基础上，加快城郊蔬菜种植业发展，蔬菜种植面积达到了 773 公顷，以白绒山羊为主的规模养殖业进一步发展，推广绒山羊良种 3509 只，建立绒山羊养殖示范户 838 户，全地区山羊饲养量占牲畜存栏比例的 47%，畜群比例更加合理。全地区牲畜存栏 288.93 万头(匹、只)，草畜矛盾得到进一步缓解。积极探索“立草为业、草业先行”的发展思路，扶持种草专业示范户 90 户，建立人工草地 1600 公顷，草原补播 46667 公顷，以紫花苜蓿为主的饲草业健康发展，每公顷产饲草 100 余公斤，牧业抗灾自救能力进一步加强，农牧支柱产业不断发展壮大。扶贫开发取得实效。采取扶贫干部“定点到村、帮扶到户”制度，规定“一个地（中）直单位原则上对口帮扶一个重点扶持村，地直涉农部门、驻军部队原则上对口帮扶应不少于两个村，实力好的企业对口帮扶一个重点扶持村”，目前，全地区定点帮扶制度受益村达 202 个。2007 年，全地区城镇居民人均可支配收入达 13060 元，农牧民人均纯收入 2440 元，比 2002 年增长 53.87%；干部职工人均工资 4257 元/人月，比 2002 年增长 71.94%；从业人员的劳动报酬达 34677 万元，比 2002 年增长 173.66%，人民群众的衣食住行条件得到了明显改善，生活条件逐年提高。

【农牧民安居乐业取得新进展】把安居工程建设作为农牧民安居乐业的突破口，投资 4876 万元，开工建设安居工程 2689 套，完工 2605 套，开工率、完工率分别为 108%、97%，受益群众达 1.6 万人。各项配套建设取得新进展，新修、维修乡村公路 769 公里，新建村级活动场所 26 个，3 个乡镇通邮、3 个建制村实现通电话，完成了 241 例白内障患者复明手术，人口食用碘盐率提高到 52%。把农牧民增收摆在更加突出的位置，采取一切措施，全力帮助群众增收。坚持保价收购、确保群众利益的原则，地区外贸收购羊绒 232 吨，羊毛 1300 吨，群众创收 6000 多万元；把农牧民能够参与实施的 54 个项目按照相关程序、经与中标单位协调全部安排农牧民劳务输出，全年劳务输出达到 4.8 万人次，创收 4701 万元，增长 12%，七县和多数地直单位高度重视群众增收工作，帮助群众取得较好的经济收入；普兰、札达、日土等县积极鼓励群众参与旅游开发和服务，农牧民通过发展民俗旅游、新建家庭旅馆、组建牦牛运输队等实现创收 597 万元；大力实施“万村千乡市场工程”，为各乡镇配发商品流动车 36 辆，新建乡村农家店 33 个，2007 年农牧民个体工商户发展到 454 家，注册资金 551 万元，实现创收 134 万元；培育农牧民经纪人工作取得可喜成绩，噶尔县、日土县、普兰县、改则县培育农牧民经纪人共 8 人，带动交易额 120 万元，拓宽了农牧民创收渠道。

【生态环境得到较大改善】及时编制完成了《阿里地区狮泉河流域重要生态功能区建设方案》，加大了对违法排污企业与个体的整治力度，加强了建设项目的环境保护与管理，对项目施工地和矿区环境卫生进行了有效管理和整顿，使全地区的环境质量保持基本稳定，生态保护工作得到加强。实施了狮泉河绿化工程和植树造林、治沙工程和狮泉河镇 8 公里绿色通道建设。五年来，全地区累计完成造林 215 万株，退耕还林 693 公顷，人工、半人工种草 1200 公顷。全面完成了砂金矿禁采工作，有效保护了草原生态系统，得到农牧民群众的好评。

【坚持以民为本，着力改善民生】认真抓好就业工作，农牧民剩余劳动力转移就业 813 人，城镇居民就业 411 人，其中通过公益性岗位实现就业 100 人，零就业家庭和“35、45”人员就业困难得到有效缓解。复转军人得到妥善安置。基本医疗保险、生育保险、工伤保险、失业保险等社会保障工作扎实开展，基本养老保险实现了应保尽保。救灾救济工作进展顺利，全年发放救灾救助资金达 679 万元。深入开展食品药品专项整治和食品放心工程，保障人民群众的生命财产安全。大力开展“双清欠”工作，2007 年完成清欠 1 亿元左右，清欠率达 40%。清欠各单位 5 年累计拖欠的普兰县征地补偿费 176 万元，全部兑现给群众。

【特色优势产业开始起步】突出抓好种植业结构调整，札达县水果种植试点工作取得可喜成绩，生产无公害水果 350 吨；在普兰、札达推广种植西瓜 2.7 公顷；绒山羊优势畜种的比例和农牧业综合商品率进一步提高；外贸公司实现出口创汇 92 万美元；地区草业发展有限公司、狮泉河镇蔬菜基地、普兰县糌粑加工厂、神山矿泉水公司、金哈达公司等龙头企业都取得较好经济效益。狠抓优势资源的勘探、开发，硼镁矿产量稳步增长，低品位硼镁矿加工增值工作成效明显，盐湖资源综合开发开始起步。旅游业发展迅速，全年接待国内外游客 6.7 万人次，增长 11.7%，营业收入 3700 万元，增长8.8%，创汇150万美元，增长36.4%。神山、圣湖、土林等五大景点的商标注册工作顺利完成。非公有制经济快速发展，全地区个体工商户达到3562户，增长17.6%，注册资金8519万元，增长25.6%，税收达到2498万元，占全地区税收总收入的40.97%；招商引资工作取得新进展，全年有18家私营企业在阿里落户。充分利用传统的边贸优势，大力发展边境互市贸易，全年贸易总额达1809.3万元，日土独木齐列边贸市场已批准立项。

【坚持城乡统筹发展，促进和谐社会建设】“两基”攻坚工作取得可喜成绩，噶尔、措勤两县的“普九”通过了自治区验收，完成了革吉、日土两县的扫盲，改则县实现“普六”，全面完成“普六”工作目标，适龄儿童入学率达到96.7%，增长6.9个百分点。农牧区合作医疗工作得到加强，农牧民参加人数达到98.6%；城市医保、干部职工保健等各项工作顺利开展。村村通工程、西新工程、2131工程扎实推进，普兰服饰、札达宣舞等非物质文化遗产的开发保护工作取得较好成效。科普工作深入开展，“醉马草”防治试验取得新进展，农牧民劳动技能培训达3032人次。妇女儿童、计生、老龄、通讯、金融等事业取得新成绩。

【基础设施建设力度不断加大，瓶颈制约进一步缓解】阿里昆莎机场顺利奠基；实现了狮泉河至日土、昆莎至门士道路黑色化，阿里地区道路黑色化路面里程达到了333公里；门士至巴嘎以及普兰支线油路建设项目顺利开工；投资1800万元建设廉租房200套，投资9039万元，建设地、县、乡周转房共814套；实施了退牧还草、人工种草、草场围栏、绒山羊特色产业开发、农牧民安全饮水等一批建设项目。同时，通过积极协调，两省、三大公司的援藏资金在原来的基础上增长2200万元。

【改革开放呈现新局面】农牧区改革扎实推进，草场承包经营责任制进一步落实。国企改革稳妥进行，对4家国企分别进行了政策性破产工作。财税改革取得新成效，收入逐年增加，支出结构趋于合理，财政改革逐步深入，财政管理得到加强。企业住房制度改革成效明显，地直企业和县辖企业都落实了房改政策。医疗保险改革顺利推进，覆盖到全体城镇居民和自主择业的复退军人。城市管理改革、电力体制改革都取得了新成效。

【维护稳定工作扎实推进，平安阿里建设取得新进展】坚持点、线、面结合的工作要求，实行军警民联防，严密防范和严厉打击一切分裂破坏活动。加强寺庙管理，完成了寺庙普查和僧尼、文物相关信息的收集、登记、造册工作。成功开展了防恐演习，提高了预防、打击分裂破坏活动的能力。加强社会治安综合治理，集中力量开展校园周边环境整治，深入开展打黑除恶专项斗争，社会治安秩序持续稳定，人民群众安全感进一步提高。加强安全保卫工作，确保了十七大期间和重大节日、重要敏感日期间的稳定。深入开展“四观、两论”教育，基层基础工作得到加强。狠抓矛盾纠纷调处工作，畅通信访渠道，妥善处置劳资纠纷、财产纠纷、草场纠纷等突出矛盾，减少了治安隐患，推进了平安阿里建设。

【深入开展“三大年”活动，政府自身建设取得新进展】为深入贯彻自治区“落实年”工作要求，结合实际，围绕提高各级政府的工作水平、管理能力、服务意识，深入开展了“落实、管理、服务”年活动。各县、各部门围绕“求实务实抓落实”的“落实年”要求，以更加实干的作风，狠抓了中央和自治区重大会议精神、支农惠农政策、经济工作100条任务、民生措施、维稳措施、党建措施等6个方面的贯彻落实，做到了每项工作有部署、有检查、有评估、有奖惩。积极开展十七大争先创优、廉政文化年等各项活动，狠抓各项措施的落实，确保各项活动取得预期成效；围绕“规范行为抓管理”的“管理年”要求，狠抓了制度建设，全地区共制定和完善各类工作制度570多条，基本达到了用制度管人、管事、管财的目标，机关内部管理水平大幅度提高。特别是鉴于农牧区项目管理滞后的问题，各县成立了农牧民用水户协会，完善了相关管理制度；制定完善了《行署接待规定》，使接待支出大幅度降低；围绕“执政为民抓服务”的“服务年”要求，全年地县乡三级政府共下派干部1万多人次，认真开展了扶贫、农牧民科技培训、组织群众增收、扫盲等各项工作，各级政府服务人民群众的意识和能力进一步增强。为确保“三大年”活动取得预期成效，地委、行署先后开展了3次大督查，下派了由地级领导带队的27个工作组深入各县、各部门督导检查，促进了政府自身建设。

【存在的问题】一是基础设施投资不断加大，瓶颈制约得到缓解，但实际投入与各行各业的项目资金需求之间的矛盾依然突出；二是自然灾害频繁，雪灾、小反刍兽疫、草原病虫害、气候干旱等自然灾害给农牧业生产造成严重损失；三是经济虽然快速发展，但同兄弟地市的差距依然有扩大趋势；四是提高农牧业科技含量的方法不多，农牧民增收渠道狭窄，快速增加农牧民收入的需要与农牧民技能低、市场竞争力差之间的矛盾突出；五是农牧民素质提高缓慢与阿里各类人才紧缺之间的矛盾突出；六是虽然高度关注民生，但同解决农牧民最关心、最直接、最现实利益问题的要求还有一定差距，待业人数多与就业岗位少等矛盾亟待解决；七是优势资源丰富与资源产业化建设滞后之间的矛盾突出；八是发展阿里事业需要大批事业心、责任心较强的干部与部分干部事业心、责任心差之间的矛盾突出；需要高素质的贯彻落实科学发展观的干部队伍与目前干部队伍素质低之间的矛盾突出；九是建设服务型政府的要求与目前政府自身建设水平之间的差距较大；十是加大改革开放力度的需要与现有体制机制不尽合理之间的矛盾突出。

阿里地区发展改革工作

【加强协调，抓紧、抓牢项目前期工作】2007年，阿里地区发改委为切实做好“十一五”重点建设项目的前期工作，阿里地区发改委按照“投产一批、续建一批、开工一批、策划一批”的思路，将“十一五”重点建设项目前期工作分解到21个相关单位，共确定140个重点建设项目，阿里地区“十一五”重点建设项目任务完成并通过审查的项目39个。

【加强项目评审，提高项目投资控制能力】为科学、合理地利用国家投资，使项目建设有序进行，本着公平、公证、合理的原则，阿里地区发改委在项目立项前积极组织项目评审工作，对没有通过评审的项目，坚决不予立项。在工程预算审查中，做到自觉抵制不正之风，严格执行基本建设管理的各项规定。2007年1月至11月，阿里地区发改委共审查工程预（结）算52项，送审价为5573.78万元，审定价为4632.16万元，节省项目资金991.62万元，审减率为17%。

【规范管理，推进建设工程健康有序发展】认真贯彻国家发改委提出的项目开工建设必须符合“六个必要条件”，严格落实工程项目建设“五制”，加强工程项目造价管理，加大稽查力度，搞好经常性稽查、专项稽查和举报稽查，有计划地对全地区重点建设项目的招投标、资金使用、质量控制进行专项稽查。逐步建立项目后评审机制和严格项目验收，注重项目建成后的管理，不断提高项目决策依据的科学性，确保项目建成后效益的发挥。严禁建设项目超投资、垫资建设和挪用工程款。做到无资金来源的项目不开工建设，开工建设项目必须控制在总投资范围内，开工建设项目资金专款专用，杜绝拖欠工程款和拖欠农民工工资。抓好工程监督和监理，做到建设前签订安全生产责任书，建设中经常协调质检等部门随时检查，建设后进行跟踪评定，确保项目质量及投资效益。进一步健全和完善了《阿里地区基本建设管理办法》、《阿里地区援建项目管理办法》、《阿里地区招投标管理暂行办法》等相关规章制度，严格管理和规范阿里地区建设工程的发包行为，坚决制止转分包问题。继续加大招标工作的管理力度，聘请内地招投标公司设立分公司，并成立地区基本建设工程招标委员会，以市场化运作为主，全面与内地招投标工作接轨，杜绝人情标，明标暗定等不正常现象。严格按照《西藏阿里地区基本建设资金管理程序》，实行基本建设项目资金“六按”（按计划、按预算、按合同、按程序、按进度、按资金到位情况拨付）原则，保证了阿里地区2007年度基本建设项目的工程质量和建设进度。

【加强调研，积极推进经济体制改革】受地区国有企业关闭领导小组的委托，参与了地区开发总公司、建筑建材公司、黄金开发总公司、配件公司的破产清算相关工作。对朋成有限公司扎仓茶卡中低品位加工厂、西藏阿里地区岗斯矿开业有限公司、西藏阿里兆源科技开发中心夏布错北岸矿区硼矿开采项目、西藏阿里辰宇矿业有限公司等6家工矿企业开办矿山的采、选、冶项目进行预核准，并对部分企业的产量和产值进行了统计。按照国务院、自治区有关企业治乱减负的要求，建立了企业治乱减负工作的长效监督机制。

【多策并举，招商引资工作取得新进展】2007年初成立的阿里地区招商引资局，认真履行职能，进一步规范招商引资工作程序、步骤，为“西洽会”、“渝洽会”、“中国东西部投资贸易洽谈会”推荐了招商引资项目15个，起草了“开放的阿里，神奇的藏北，热情的民族，欢迎四方来客”为主题的宣传材料，在洽谈会上对外宣传。2007年，阿里地区共落实招商引资项目14个，引入实际到位资金3430万元。按照加快推进“放宽投资领域、拓宽融资渠道，改进政府管理，建立社会化服务体系”的要求，积极鼓励和引导社会资金共同参与实施阿里地区经济跨越式发展。2007年，有13家建筑企业在阿里设立分公司，共吸入资金19743.14万元。按照招商引资各项政策措施和产业发展趋势的要求，重新对20个招商引资项目进行了认真论证和筛选，并进行了分类和排队。

【积极利用价格杠杆加强宏观调控，维护市场秩序】加大检查力度，清查乱收费行为。对55个行政、事业性收费单位进行了年审，对全地区医疗机构、医保定点、个体诊所等15家单位存在的价外加价、价格偏高、超过全国最高零售价的乱收费现象有针对性地进行了整顿；重点对行政、事业性收费未年审的单位和在收费过程中未严格按照国家有关规定进行乱收费的行为予以检查核实；5次会同地区药检、质检、工商、公安、新闻媒体等单位针对全地区私营企业、个体工商户、各大型商场、超市的假冒伪劣商品、过期商品和不执行明码标价等进行了全面大检查。通过一系列举措，形成了健全的价格监测机制，由专人负责对主要商品（粮食、食用油、成品石油等）进行监测。继续抓好涉农调查工作，积极参与阿里地区药品招投标工作，扎实推进阿里地区电价的复核、测算工作，维护了阿里地区良好的市场秩序。

【加大特色产业的开发力度】2007年，阿里地区发改委立足阿里独特优势，取长补短，积极引进和扶持龙头企业，重点开发优势资源，着力打造阿里特色品牌。培育和发展绒山羊、牦牛、藏系绵羊三大草原畜牧业经济，积极支持金哈达羊绒制品、神山矿泉水的开发，做大做强优势品牌。其次，充分发挥自身在产业建设上的指导职能，以219国道黑色路面的延伸、阿里昆莎机场开工建设的历史机遇，加快了对普兰神山、圣湖、科加寺，札达古格王国遗址、土林群、皮央东嘎壁画、日土班公湖以及东三县（革吉、改则、措勤）生态旅游环带的宗教文化、自然景观、生态旅游景观的挖掘开发，切实发挥旅游业综合性强、涉及面广、关联度高、辐射力大的优势，加强旅游业对文化产业、民族手工业、商贸流通业、现代服务业，特别是对农牧民增收致富的带动作用，真正实现三产的大发展。

阿里地区公安工作

【专项整治斗争深入开展】2007年7月，阿里地区公安机关开展了代号为“利剑”的打黑除恶行动，累计抓获犯罪分子14人，解救妇女群众52人，有效保护了人民群众的切身利益，维护了地区社会治安稳定。9月8日召开了公开逮捕大会，对涉案的14名犯罪分子执行公开逮捕，达到了震慑犯罪，教育人民群众，扩大社会影响的目的。按照“命案必破”的工作原则，确保了2007年全地区发生的6起命案全部侦破，抓获犯罪分子6人，实现了“命案必破”的工作目标。2007年，破获了毒品案件1起，抓获犯罪分子1人，缴获K粉12克，有力打击了毒品犯罪，维护了良好社会风气。从8月份起，各级公安机关继续按照“哪里社会治安问题突出就重点整治哪里、什么问题突出就整治什么”的工作思路，加大“严打”整治斗争的力度，集中对两抢一盗、娱乐场所发生的打架伤害、赌博（聚众赌博、数额巨大、以赌博为业）、暴力催款讨债、行业垄断等五类犯罪行为进行整治，严厉打击了一大批违法犯罪案件，以有力的措施巩固和发展“严打”整治斗争的成果，取得了明显效果。全年共立侵财案件43起，占刑事案件立案总数的56.58%，同比下降30.65%，其中盗窃案件40起、抢劫案件2起、敲诈勒索案件1起。

【坚定不移地开展反分裂斗争，确保阿里稳定】2007年，阿里地区各级公安机关坚持“旗帜鲜明、针锋相对、主动治理、强基固本”的反分裂斗争方针，深入贯彻阿里地区党员领导干部大会精神，认真分析研究“达赖”分裂集团、“东突”恐怖势力等境内外敌对势力新动向、新策略，不断调整和创新反分裂斗争的思路与对策，确保地区政治局势稳定。

【严厉打击刑事犯罪，保护人民群众生命财产安全】2007年，阿里地区共发刑事案件78起，比2006年同期（97起）下降19.59%，破获60起，破案率76.92%，死亡6人，受伤17人，其他受害人78人，经济损失30万元，共抓获犯罪嫌疑人95人。其中重特大案件发30起，破获21起，破案率70.0%。全部案件中盗窃案立案41起，破获26起，破案率为63.41%；杀人案立2起，破获2起，破案率100%；伤害案立21起，破获20起，破案率95.24%；强奸案立3起，破获3起，破案率100%；抢劫案立3起，破获3起，破案率100%；诈骗案立1起，破获1起，破案率100%；毒品犯罪案立1起，破获1起，破案率100%；其他案件立6起，破获5起，破案率83.33%。全年共立经济案件2起，其中职务侵占案1起，涉案金额8万元，合同诈骗案1起，涉案金额90万元，拘留1人，取保1人。

【社会治安行政管理全面加强，社会治安局势日趋稳定】2007年，一是全地区共受理各类治安案件321起，比2006年同期（390起）下降17.69%，查处320起，查处率为99.7%。查处各类违法人员563人，治安拘留125人。二是严格审批民用爆炸物品，全面加强枪支弹药管理，进一步巩固“治爆缉枪”工作成果。2007年，全地区共审批炸药228000公斤、雷管20920枚、导火索39750米。治安部门检查涉爆单位18家，查处2家违规作业单位，当场整改5处涉爆点安全隐患，收缴炸药626公斤。按照民用爆炸物品管理信息系统和枪支管理系统建设安排，为进一步巩固“治爆缉抢”工作成果，各级公安机关对全地区范围内56家用枪单位进行了全面检查，未发现超范围配枪情况。三是加强矛盾隐患排查，严密防范各类群体性事件。各级公安机关按照“稳定压倒一切”方针，层层建立矛盾排查调处工作领导小组，积极搜集情报信息，及时、妥善排查各类群体性事件苗头隐患。通过各级公安机关共同努力，2007年阿里未发生群体性事件。四是围绕“降事故、保安全、保畅通”为目标，全面落实“五整顿、三加强”工作措施，积极开展交通秩序整治工作，维护道路交通安全。立足阿里道路路况差、客货混装、超限超载等情况严重的实际，各级公安机关坚持全年在各县交通要道设卡执勤，严厉查处各类违法违章，有效防止了群死群伤等重特大交通事故的发生。2007年全地区共发生交通事故44起，比2006年同期（51起）下降13.73%，其中重大事故13起，无特大事故，造成17人死亡，受伤35人，直接经济损失94.44万元。五是积极开展消防专项整治和抢险救援工作。2007年，全地区共发生火灾事故12起，死亡1人，经济损失3.04万元，无重特大火灾事故。全年各级公安机关共检查单位、场所522家，发现火灾隐患296处，督促整改262处，下发各类法律文书45份，责令停业整顿5家，组织抢险救灾18次，出动警力100余人次，救助遇险群众50人。六是全面加强基层公安出入境管理工作，有效加强境外人员管理和涉外案（事）件，切实加大对尼泊尔边民超范围活动的管理力度，严格审批公安出境审批。2007年，全地区共接待来藏境外人员17350人（次），其中藏胞23人，共涉及48个国家和地区。办理涉外案（事）件490起492人，全年共受理公民因私出国（境）申请27份，审批27份、27人。办理《中华人民共和国旅行证》471份，签发外国人签证44件44人（次），居留许可1件1人，藏胞登记注册23件23人。七是严格按照居民身份证二代证制证工作方案部署，全面推进人口信息录入、人像采集、“二代证”制证工作。截止2007年10月底，全地区已录入人口信息73345人，人像采集34087人，完成二代证制证任务15533人。八是高度重视公安监管工作，始终坚持严密警戒看管和教育相结合的工作方针，切实加强监所管理工作。2007年，全地区各级公安监管部门共收押375人，其中刑事拘留131人（逮捕53人），治安拘留58人，留置186人。2007年底，实际在押53人，其中待监禁7人，全年未出现超期羁押人员。九是切实加强公安法制，有效提升执法水平。公安法制部门积极开展执法监督，严把案件质量关，全面推进“规范执法行为、促进执法公正”专项整改活动。2007年，公安处法制科共审核刑事强制措施7人次，假释案件1起，减刑案件4起，保外就医案件1起，行政案件3起，案件审核准确率达到100%，未出现败诉、赔偿案件。全面加强劳动教养审核工作，有效打击违法活动，共审核劳动教养案件9起9人，其中依法决定劳动教养6起6人，做出不予劳动教养案件2起2人，解除劳动教养案件1起1人，各类劳教案件审核未出现复议、诉讼案，案件审核准确率达100%。十是认真开展公安纪检督察工作，深化“开门大接访”活动，促进警民和谐。积极加强自身建设，听取人民群众的呼声，解决人民群众的合理诉求，消除人民内部矛盾隐患，密切警民关系，扎实推进社会主义和谐社会基础工程。签订了党风廉政建设责任书和五条禁令警令状，加强了对民警违法违纪的教育和预防工作，由于落实到位，措施得力，未发生民警渎职、受贿、贪污等腐败案件，未发生违法违纪案件，全年各级公安机关共受理群众信访案件2起，办结2起，办结率100%，其中1起为中政委督办案件、1起为公安厅转办案件，各级公安机关未发生违反五条禁令事件。

阿里地区司法工作

【不断提高教育改造质量，确保劳教场所安全稳定】2007年，阿里地区劳教所以确保安全稳定为前提，强化措施，落实责任，建立起安全防范长效机制。继续贯彻落实“教育、感化、挽救”的劳教工作方针，结合阿里实际，逐步树立“以人为本”、“法德结合、文明改造”的理念，公正文明执法，提高教育改造质量。加强各项基础管理工作，从建立健全了所有劳教干警和劳动教养人员的档案管理制度，从优待警，从严治警，积极创建阿里高原文明之所，严格执行《六条禁令》，执法工作中实行“两公开、一监督”，依法办理劳教人员的减期，所外就医和所外执行。按上级部门的要求，积极推行所务公开工作，设立宣传栏，接受社会各界的监督。不断提高干警的综合素质，积极推行劳教所法制化、科学化、社会化进程。积极参与“严打”整治斗争，保证及时收容劳教人员，做到管得住、跑不了、改造好。为了促动安置帮教工作的发展，阿里劳教所组织人力对居住在狮泉河镇的解教人员开展调研工作，并形成调研材料7份。组织全体劳教人员到地区人民医院体检，马哈比布、马水强等三名学员患有传染性肝炎，为了预防病传染，批准这三名学员所处就医。按照2007年的劳动教育改造计划，劳教人员参加所内义务劳动。1至3月份，在劳教学员中开展扫盲教育，内容有汉语，藏语、数学、法律常识；4月到8月，组织学员运土、植树、种草、清理库房工作共计出工227人次，劳教人员出140人次，出警80人次，通过学习与劳动改造相结合的教育，改变了一些劳教人员游手好闲的陋习，提高了他们的生活劳动技能，促进改造工作新局面。针对在教人员犯罪的性质、特点、年龄和文化层次，所里开展了灵活多样的教育改造活动，采取了课堂教育、课外辅导考试考核和社会实践相结合等多种方式方法来提高教育改造质量。给在教人员授课120课时，出入所教育和个别教育43余次，主要以《八荣八耻》、“五要、十不准”、《公民道德建设实施纲要》、《法律常识》和《宪法》、《婚姻法》、《劳动法》、爱国主义教育、《社会治安处罚法》等各种法律爱国主义知识为主，增加了在教人员的爱国主义意识和遵纪守法意识。通过广大干警耐心细致地教育和讲解，使在教人员认识到了自己违法的性质和给社会带来的危害，达到了教育改造的目的。同时在教人员的就医、上诉等合法权益也得到了有力的保障，未出现在教人员闹事，脱跑等安全事故。

【法制宣传教育工作稳步推进】2007年，地区司法处派人员到日土县日土寺庙、噶尔县扎西岗寺庙和改则县麻米寺庙3座寺庙进行法制、爱国主义教育，发送宣传资料250份及法律法规书籍80册。开展“送法下乡”、“法律进农牧区”5次，授课7场次，参加5470多人次，发放宣传资料5240多份和藏文版法律书籍1200册，到日土县日松乡央金第六希望小学、热邦乡完校和噶尔县扎西岗小学3所学校开展法制讲课各一次。在狮泉河镇展法制宣传4次，散发宣传单2750份，播放18部法律法规光盘。为日土县司法局发送各类法律法规书籍277册和2套“法律进乡村”光盘。按照自治区普法办的统一安排，在普法办的统一组织下，阿里地区订购“五五”普法资料283册，总价为6526元，发放到各县各单位。按照《关于申报全国民主法治示范村》文件要求，普法办考察平时普法依法治理工作情况，经严格审查后申报普兰县普兰镇科加村为阿里地区《民主法治示范村》。

【积极开展法律援助工作】重点加强法律服务窗口的规范管理，制度上墙，微笑服务，提高了法律服务质量和服务水平。积极参与涉法信访案件的处理，帮助政府在依法行政，维护稳定，处理紧急事件等方面的法律咨询服务工作。进一步规范公证工作的内部管理和执业活动，不断提高法律援助的社会公信力。认真贯彻落实《法律援助条例》，围绕社会难点、热点问题开展法律援助，为来阿务工人员，困难群众提供法律服务，保障人民群众的合法权益不受侵害。6月初，对阿里第一件利用口岸跨境走私贩毒案进行了辩护，本案对边境人民群众了解毒品的危害起到了教育和警示作用。地区司法处法律援助中心加强了法律援助等职能作用的发挥，全年办理刑事案件8件，民事案件7件，刑事附带民事案件4件。调解非诉讼案件8件。提供法律咨询63件，代书7件。出信息23份，文件9份。在地委政法委正确的统一部署下，在处领导的安排下，与法宣科及13家单位约50人一起开展了“9·16平安阿里”宣传活动，在街道、商场、店铺共发放《法律援助条例》小册45册，藏汉版宣传单235份，《农牧民法律援助明白卡》藏汉版157份，取得了良好的效果。5月24日，在处的组织下与地区普法办公室，噶尔县司法局一道深入西藏噶尔县扎西岗乡，开展法律援助宣传工作，发放《农牧民法律援助明白卡》58份，藏文版32份；《法律援助条例》8份，《农民法律知识读本》10份。

【深入开展基层工作】2007年，阿里地区共有基层调解组织148个，专兼职司法助理30人，调解员350人，全年共调解民间纠纷580间，其中草场纠纷17件，经济纠纷166件，婚姻纠纷20起，家庭纠纷36起，抚养纠纷38起，法律咨询10起，其他纠纷120件。调处率达到95%。在维护社会稳定中充分发挥了“第一道防线”的作用。同时，转发了《最高人民法院司法部关于近一步加强新形势下人民调节工作的意见》。积极开展组建4个县司法局前期工作的调研，在充分论证的基础上，处领导身先士卒深入基层开展工作，已组建了革吉县司法局，扎达县司法局，日土县司法局，措勤县司法局。目前4县司法局的办公楼已建设完工。各县普法宣传教育工作成绩显著，普法办紧紧抓住本县下乡工作组、县“两会”、“综治月”等各种会议和专门节日等时机，针对领导干部、国家工作人员和人民群众等开展普法宣传工作，对寺庙进行爱国主义宣传和文物保护教育。改则、噶尔两县局工作较为突出，2007年共发放各类法律宣传书籍和材料6000余份。改则局针对在娱乐场所和矿点事故多发地点，开展了18次调查，并提出治安合理化建议，得到了县委、县政府的好评，这一年里改则县司法局与改则各乡镇调解主任、委员调节民间纠纷48起，其中经济纠纷12起、家庭纠纷16起、草场纠纷8起、婚姻纠纷10起，其他纠纷2起，调节率达85%。噶尔县局开展了建立“民主法制示范村”活动，并推行村务公开活动。

【大力开展公证律师管理和公证工作】完成了2007年度公证收费许可证的年审和请示律师收费许可证援审报告，上报《阿里地区司法处律师、公证人员短缺的报告》、《阿里地区司法处“十一·五”期间所需律师、公证、法律服务人员总数及拟分配方案》。2007年，阿里地区公证工作的范围和事项逐步扩大，全年共受理公证事项137件，出证131件，总标的达125671428.85元，其中民事类74件，标的120000元，经济类57件，标的125551428.82元，拒证6件，提供与公证有关的法律咨询24人次，并保证了公证质量，没有出现错证、假证现象，保障了当事人的合法权益。

【强化新农村建设和援藏工作】在2007年“落实年、管理年、服务年”活动中，阿里地区司法处认真研究制定活动方案，把责任具体到人，狠抓落实，认真的完成了地委、行署、司法厅等主管部门交办的各项工作。单位领导率领工作组先后到扶贫联系点日土县热角村8次，32余人次，进行了解，收集信息，尔后多次召集村民调查情况，并统计核实了相关数据，帮助村民解决草场围栏10公里，经了解该组有54户人家，贫困户7家。人口总数为221人。开展慰问工作，送去面粉200袋、大米100袋、棉衣棉被25套、棉被25床、棉帽25顶、迷彩服25套，出动人次共计23人次、车辆11辆，款项共计20万元左右。在下基层，看望和慰问扶贫联系点离退休老干部、老党员中，地区司法处在扶贫联系点日土县日土镇热角村深入开展了《野生动物保护法》、《婚姻法》、《劳动合同法》为主要内容的法制宣传活动。深入讲解了这三部法律的内容。同时，设立法律咨询点，讲解了群众的疑难问题，使他们真正感受到祖国大家庭的温暖以及党和政府的关爱，全组牧民们对工作组多次的调研工作给予热烈欢迎和感激。援藏工作方面，2007年4月，地区司法处获得国家司法部，河北省、陕西省、区司法厅的大力支持下，获赠五辆越约车（共资金达135万元），河北省落实资金10万元和52套干警作训服，陕西省落实资金10万元，并与陕西女子劳教所签定了共建协议。组建四县司法局获助230万元，区司法厅计装处解决了车辆修理费15万元，为阿里进一步开展司法行政工作打下了良好的基础。

阿里地区国资委工作

【强化企业资产管理和产权转让】2007年，阿里地区国资委在企业改制中，严格进行资产评估和财务审计，对有产权转让意向的均进行严格监督和管理。在企业重大事项的决策上，坚持集体讨论，共同研究，在具体实施过程中，做到了依法有序、透明公正，有效地防止了企业国有资产的流失。

大力推进企业改革工作。针对资产处置变现难、无净资产以及企业破产后重组难、停产或半停产多年、维持成本高等情况，经过严格审核，2007年，确定对地区汽车配件公司与阿里地区黄金开发公司实施关闭性破产，对阿里地区建筑建材总公司、地区资源开发总公司实施政策性破产。以2007年6月30日起，阿里地区国资委、地区财政局等单位联合组成清算小组依次对目前4家监管企业，开展账务清理、财产清查。全面掌握关闭破产企业的资产及财务状况。现在四家企业的审计、资产评估等工作已全面完成，并制定了资产处置、职工安置方案，对债权债务和相关费用进行了申报、初步评估，对相关费用进行了测算。

进一步加强和规范国有产权管理。2007年，阿里地区建筑建材公司、电力、燃料等3家企业用本单位车辆低偿欠款或出售；地区资源开发公司、烟草公司及外贸、噶尔县粮食公司办理产权登记变更过程中，严格资产处置和产权交易转让程序，健全信息披露、资产评估、规范处置等制度，有力推进了国有产权规范的有序流转。对地区燃料公司普兰液化气站、地区加油站进行公开拍卖。为降低企业经营风险，优化企业资本结构，确保企业国有资产最大限度地保值。最终对燃料公司普兰液化气站以30万元的价格出售，对地区燃料公司加油站以150万元的价格进行议标处置。

企业住房制度改革取得成效。地直国有企业除个别企业以外，均建立了住房公积金制度。根据国家、自治区相关政策规定，地区国资委、财政、建设、房改等部门对地直企业和县辖企业的职工落实了房改政策。2007年，全地区已完成发放政策性住房补助企业占70%。“59·3·28”人员和关、停、并、转无挂靠企业职工住房制度改革补贴资金兑现工作基本完成。

【全面推行国有资本经营财务管理制度，建立完善的国有资产监管体系】加强财务监督。在监管企业以及范围内认真开展了2007年度企业国有资产统计工作，为了解和掌握企业国有资产分布和营运状况、制定国有资产监管政策提供了基本依据。2007年，阿里地区所属国有企业共计29家，资产总额33705万元、负债总额19509万元，2007年共实现主营业务收入20302万元、利润总额1950万元、实际上缴税金总额1980万元（因其中两家企业未开展业务，故实际纳入统计的企业为27家）。其中，地区国资委监管的9家企业资产总额8543万元、负债总额4432万元，2007年共实现主营业务收入4364万元、利润总额150万元，上缴税金130万元。

阿里地区质量技术监督工作

【食品安全监管扎实有效】2007年，阿里地区质量技术监督部门采取有效措施进一步加强食品安全监管，取得了一定成效。一是加大食品质量安全宣传，建立全社会关心、关注食品质量安全的舆论监督机制，通过《阿里报》、电视台等载体，广泛宣传食品质量安全和质监工作，营造了浓厚的舆论氛围。二是严格市场准入，营造一个公平的竞争环境和安全消费环境。经各方不懈努力，阿里地区岗仁波齐矿泉水厂已于9月份获得了食品生产许可证，成为阿里地区第一家获证企业。三是全面加强反应迅速的预警机制，对可能存在的区域性、行业性食品质量安全风险建立分析评估机制和突发事件的应急处置办法，将事后整治变为事前预防，确保全地区食品质量安全。四是建立质量安全档案，建立信用体系。结合全区食品安全专项整治活动，积极开展食品企业（小作坊）普查登记工作，现已完成普查建档工作，共有30家企业（小作坊）已实施动态长效监管。五是不断提高检验能力，确保食品质量安全。2007年，在区质监局大力支持下，阿里地区质监部门购置了3万多元的食品快速检测仪器，有效提高了食品检测手段。另外，正在积极争取酒类检测仪器配置项目。六是积极开展食品安全专项整治工作，确保食品质量安全。从2007年9月开始，地区质监部门组织地区各相关部门及七县集中开展了产品质量和食品安全专项整治行动，全地区共出动执法人员424人次，车辆95台次，依法没收各类假冒伪劣和“三无”、过期变质食品103类399个品种，总标值达86873.3元，为群众挽回经济损失36445元，上报自治区领导小组专项工作信息及简报共计26期，采用12件。

【特种设备安全工作初步形成长效监管机制】2007年，阿里地区质量技术监督部门以提高设备登记率、定期检验率、持证上岗率和事故结案率为重要手段，完成了电梯、起重机械、锅炉、压力容器普查建档工作，初步建立了全地区特种设备安全监察数据库，基本建立了动态长效管理机制。进一步加强特种设备日常安全监察工作，对地区各液化气站、加油站及锅炉用户、医用高压氧舱、起重机械加强监管，督促他们严格全面落实各项规章制度，规范操作。积极开展特种设备安全隐患排查工作，对地区45家在用锅炉、4家医用高压氧舱、11家液化气站安全运营情况进行了全面排查整治，取缔了4家不符合安全运营条件的锅炉，给10家锅炉用户下达了《整改通知书》，责令其限期整改。

【计量工作打牢基点，确保量值传递准确】依法开展各类计量器具的周期检定和企业计量考核验收工作，共检定各类计量器具375台（件），开展了送检维修服务进厂活动，帮助企业及使用单位维修各类计量器具13余台（件）。完善对加油机、衡器等强检计量器具的登记造册工作，摸清全地区在用强检计量器具底数。全年来共出动执法人员41人次，车辆14台次，对地区各商场、超市、集贸市场贸易结算用计量器具开展专项检查5次，依法没收不合格计量器具15台。

【质量工作突破难点，完善监管机制】在加强质量宣传，强化企业（小作坊）质量意识的同时，积极突破质量监管工作难点，不断完善监管机制。确保了以水泥预制产品为重点的产品质量安全。一是进一步加强全地区14家水泥及水泥预制产品生产企业产品质量跟踪及质量监督，帮促企业不断提高产品质量水平，严把产品出厂关。全年来，依法检测水泥预制产品六类9个品种，28个批次，合格率89.2%，对3家质量检测不合格企业依法予以行政处罚。二是组织企业积极开展减排降耗活动，帮助指导西藏高争阿里地区水泥有限公司建立和完善落实内部质量责任，要求该企业配置能耗计量器具。三是督促并帮助神山工程咨询试验检测有限公司及西藏高争阿里水泥有限公司积极申办实验室资质认证及生产许可证。四是积极开展企业质量建档工作。根据区质量局的统一部署，对全地区45家生产企业（小作坊）进行全面普查登记，在摸清企业质量技术基础工作现状的基础上，初步建立了为企业服务的数据库。

【努力强化行政执法工作】全年共出动执法人员376人次，车辆81台次，先后开展了6次食品专项执法检查，2次建材专项执法打假，2次危险化学品及烟花爆竹专项治理、2次汽车配件专项执法检查、1次农资打假等专项执法检查，依法查处各类查获假冒伪劣及不合格产（商）品124类420个品种，总标值93055.3元。受理投诉17起，为群众挽回经济损失3.6万元。逐步探索打假治劣的长效机制，把对阿里生产活动的监管任务分解到人，明确监管执法责任，努力对制假活动做好早发现、早打击、早报告、早控制。执法人员经常到各县巡查，及时掌握案源，及时采取措施，提高监管效能。

【基础设施建设取得实质性突破，技术检测手段显著提高】重点项目建设方面，阿里质监综合办公实验大楼及职工周转房建设项目总投资650万元，总建筑面积2649平方米，其中办公楼1009平方米，职工周转房1160平方米，附属工程480平方米。该项目主体工程已于2007年10月份顺利建成并通过了竣工验收。技术检测手段方面，在区局的大力支持下，地区质量技术监督局购置了价值6.5万元的石油产品检测设备和价值3.5万元的食品快速检测设备，初步建立起石油产品检测实验室，改变了阿里质监技术装备支撑薄弱，仅靠眼观、手触进行简单感官检测的历史。

阿里地区国土资源工作

【强化土地管理，土地管理秩序进一步规范】2007年，阿里地区国土局为进一步规范建设用地的审批程序，积极请示行署，上报了《关于进一步明确土地管理职能理顺用地审批权限的请示》，就噶尔县国土局、地区国土局、地区城建局三方关于建设用地管理方面及审批权限上的一些问题提交专员办公会议进行专题研究，明确了三方的管理权限和职能。坚持“总量不减少、用途不改变、质量不降低”的原则，切实加强基本农田保护，耕地保护工作扎实推进。一是以定量定块定指标落实责任人为手段，进一步强化保护措施。二是在年初，按照基本农田保护的要求，重点与普兰、札达、日土、噶尔四个涉农县签定了基本农田保护目标责任书，同时各县国土资源局与乡、镇、村层层签定了保护责任书，确保了基本农田保护责任落实到单位、具体到人。三是切实抓好和完成了基本农田保护立牌工作，全地区基本农田面积确定为2185.41公顷，计划立牌41块，实际完成29块。这些工作的开展大力制止了盲目占用耕地特别是基本农田的行为，确保了基本农田保护工作扎实有效推进。切实加强用地管理，为各项建设用地做好服务工作。一是严格土地管理，地籍管理工作得到加强。土地登记发证行为进一步规范，全年共发放国有土地使用证122本，更新土地使用证64本。二是扎实做好农牧民安居工程建设用地工作。全年阿里地区安居工程建设用地67公顷，并完成用地情况上报工作，待自治区人民政府批准。三是规范用地行为，确保了私人住宅用地。对首次申请土地的用户，根据申请户的实际问题和困难，解决住宅用地24宗，总面积4880㎡。四是加强重点建设项目用地审查报批工作。完成了阿里机场、国道219线改扩建项目等重点工程的用地材料审查，经常性深入建设项目实地进行踏勘，其中机场建设占用土地面积257公顷，其中耕地0.7公顷，并及时报自治区进行批准，各县新增建设用地报批材料正在统计中。全年上报自治区人民政府进行批准的建设用地报件1件，已批准1件。五是加强耕地占补平衡，切实保证耕地总量动态平衡。针对农牧民安居工程建设、重点工程建设、新增建设用地等占用耕地的实际，积极进行耕地补充，全年共开垦土地1.2公顷，整理土地0.4公顷，进一步保证了阿里地区的耕地总量。城镇基准地价正式启动，土地有偿使用制度进一步得到落实。严格落实土地有偿使用，加强实施监督管理，自2007年1月1日起，狮泉河镇城镇基准地价经行署批准实施，全年私人住宅用地59宗26680平方米，收取土地使用费222.927万元；经营性土地出让收取土地出让金28.989万元；土地有偿使用总收益251.916万元，确保了财政增收，防止了土地资产的流失，土地市场和用地行为进一步规范，为阿里地区城镇土地招、拍、挂工作奠定了基础和积累了宝贵经验。切实维护农牧民合法权益，征地补偿费进一步得到落实。针对建设用地需求的不断增加，大量集体土地被征用，征地矛盾日益突出，部分项目用地拖欠农牧民征地补偿费、损害农牧民群众根本利益等突出问题，近几年阿里地区仍存在拖欠农牧民征地补偿费152.974万元，以行署主要领导为组长成立了清兑工作领导小组，多次协调相关征地单位和项目建设主管部门，分两批次进行了足额兑现，维护了被征地农牧民的合法权益，确保了农牧民的基本生活保障。加大土地违法违规案件查处，土地宏观调控政策得到落实。坚持以节约集约用地为切入点，加大对私自改变土地用途等违法行为查处力度，重点对狮泉河范围内单位划拨土地私自改变土地用途而建私房的进行了检查和处理，查处违法用地36宗，违法占地面积合计7163.6平方米，防止了国有土地资源的流失。加强规划和筹备，土地基础工作进展顺利。一是第二次土地调查前期准备工作基本完成。完成了《阿里地区第二次土地调查实施方案》的制定工作，经行署批准下发到各县。二是县级土地规划编制工作进展顺利。通过河北、陕西两个对口支援省份国土部门对阿里地区七县土地利用总体规划工作进行资金和技术援助，加快了各县土地利用总体规划编制工作，预算项目总投资280万元，具体编制由河北省国土资源厅负责并提供技术援助。积极开展规划编制外业调查工作，完成了普兰、札达、改则、噶尔等四县的规划编制相关资料收集，其它三县资料收集正在进行，各项编制前期工作进展顺利。

【加强矿产管理，矿产资源勘查开发健康发展】一是加强矿产资源勘查项目管理，为后续资源储备和国土资源持续发展提供了有力保证。严格探矿权、采矿权申请登记和备案工作。在辖区内登记矿产资源勘查项目105处；2007年重点勘查项目57处、勘查面积30015.01平方公里、勘查单位14家。积极采取引资、合作的方式与旭升公司加强合作，加快了阿里地区盐湖锂的勘探工作，促进了盐湖锂勘探工作实现新突破。加快了地勘工作的投入力度，利用对口支援地质勘查资金，在已探明矿种的基础上，加大对铅、锌、铜、锂、岩金、铁矿等优势和大型矿产资源的勘探力度，探明资源储量。二是巩固利用矿产资源开发秩序整顿成果，矿产资源开发利用管理进一步加强。严格矿产资源的开发利用管理，全年阿里地区从事矿产资源开发的企业登记10家。对噶尔县阿布那布锑矿、阿中铬铁矿、哈姆曲铅锌矿等矿山，因地质工作程度低、资料不完善等原因进行了整顿，并要求进一步完善相关手续。成立专门的安全生产监督员，实行定期报告制度；全年共签订《安全生产责任书》25份，确保了矿山安全生产零伤亡。重点加强了改则县麻米错的钠硼解石的前期地质工作，并完善了相关资料和手续。三是继续保持高压态势，加大执法监督力度，矿产资源治理整顿成果得到巩固。加强地质矿产资源勘查项目检查，工作组对存在的问题及时提出整改措施和意见，并对个别违法违规行为视情节予以处罚。对西藏天冠矿业开发有限公司以探代采、湖南建鸿达公司在回填过程中偷采、青海成雄矿业公司以探代采、罗江等人偷采马攸木砂金矿等不法违法行为进行了严厉惩处，并责令限期撤离矿区，遣返人员，提交书面保证。全年共查处非法勘查开采案件4件，没收非法所得砂金295克，罚款12万元，砂金开采得到全面禁止。四是稳定高品位硼镁矿生产，整合硼镁矿资源，硼镁矿资源规模效益基本实现。继续加强对硼镁矿资源进行整合，调整矿山布局，着力培育有实力知名生产加工企业，发挥资源优势，促进资源有效利用。规范管理，完善开采手续，加强对硼镁矿开采手续的审批登记管理，对安全生产评估、环境影响评价、储量评估、灾害评估、矿山开采方案等手续不全者，停止开采。通过资源整合后，2007年硼镁矿开采企业共7家，开采矿区为革吉县扎仓茶卡、聂尔措和改则县基布茶卡3个矿区。其中扎仓茶卡和聂尔措矿区开采企业7家，全年累计完成硼镁矿生产量88200.12吨，实现工业产值1.57亿元；基布茶卡矿区开采企业1家，全年累计完成产量8921吨，实现工业产值0.159亿元。三个矿区全年共生产硼镁矿97121.12吨，实现工业产值1.729亿元。全年应征收资源补偿费454.39万元，目前实际完成征收327.18万元。五是切实加强硼镁矿生产增值，中低品位硼镁矿加工增值有新的突破。对扎仓茶卡矿区的开采企业进行了合理化调整，整合了资源。2007年4月阿里朋成矿业公司与地区国有资产经营公司签订了《扎仓茶卡盐湖资源综合开发合作合同书》，为该公司新办理采矿许可证3个，开采面积共109平方公里。全年中低品位硼镁矿加工生产量229吨，生产销售值40万元，实现增值34.3万元，中低品位硼镁矿加工增值上实现了新的突破，增强了硼镁矿产品的市场竞争力。六是以矿产资源开发为依托，农牧民群众收入切实增加。切实加强建设项目砂石料开采管理，重点加强了昆莎机场建设砂石料的管理，协调机场建设指挥部，在机场建设中将兑现资源补偿费300万元，待项目批复后按年度100万元予以征收，促进了地方财政收入。切实加强各县砂石料管理，采取有力措施，扭转了过去各县砂石料开采乱选点、随意开采、资源补偿费收缴不力的混乱局面，把砂石料开采与当地农牧民增收工作紧密结合起来，砂石料开采让当地农牧民参与。全年当地农牧民参与砂石料开采2000余人次，创收186.7万元，解决了当地农牧民群众增收难问题。积极要求各勘查单位和开采企业力所能及地解决农牧民务工，参与矿产资源的勘查与开采，为农牧民创收提供条件，全年农牧民累计参与矿产资源开采450人次，创收151万元，切实增加了农牧民的现金收入。七是坚持开发与保护并重，矿山地质环境得到有效治理。全年总投资900万元，委托有实力的企业参与项目治理，完成了改则县色当、丁昌、索那、确格茹四个砂金矿区的矿山地质环境治理项目，9月中旬通过了自治区国土资源厅、财政厅等部门对四个地质环境治理项目的现场验收，并给予了高度评价，矿山地质环境进一步得到了有效治理。做好2008年矿山地质环境治理项目前期工作，完成16个矿山地质环境治理和矿山迹地生态恢复项目的上报，目前矿山地质环境治理项目已经国土资源部批准，总投资3470万元。

【国土资源执法监察力度进一步加大，国土资源开发利用秩序明显好转】一是加大了对土地违法案件的检查力度，全年共查处各类土地违法违规案件24起，并提出了相应处理意见和整改措施。二是抓好已开砂金矿山和废弃矿山的环境回填恢复的监督工作，遏制了以回填名义开采砂金矿的现象发生。三是加强矿产资源的勘查开发监督管理和违法案件的查处力度，对矿产资源禁采区、已关闭的无证矿点、无证非法开采易发区采取定期和不定期的巡查监控，严格控制了私挖滥采、无证开采矿产资源的违法行为发生。全年共查处矿产资源违法案件5件，处以罚款13万元。通过整顿和规范，基本遏制了无证非法开采、乱采滥挖行为，矿产资源开采的秩序明显好转，达到了秩序良好、经营规范、安全高效的目的。

【加强地质遗迹保护，国家地质公园初步建成】切实做好地质遗迹保护工作，认真抓好了札达土林国家级地质公园一期工程建设监督管理。札达土林由国土资源部于2005年8月正式批准为国家级地质公园，2007年受地区行署的委托，由自治区地质环境与灾害防治研究所对土林地质遗迹保护工程项目予以实施，第一期地质遗迹保护工程落实建设资金150万元，于2007年9月已全面完工，顺利通过国土资源部、自治区国土资源厅验收，同时札达土林国家地质公园正式揭碑开园。并通过积极协调，第二期地质遗迹保护项目已获得批准，安排建设资金190万元，项目设计已完成，于2008年正式实施，土林地质遗迹将进一步得到有效保护。

阿里地区工商工作

【改善投资软环境，促进企业发展】2007年，阿里地区工商局认真贯彻落实各项服务经济发展的具体措施和办法，用足用活政策，进一步放宽市场准入，优化了投资软环境。抓住阿里昆莎机场建设这一历史机遇，加大阿里优势产业宣传，扩大信息交流，以诚招商、以情招商、一心招商。制定和完善了《企业登记行为规范》、《登记注册服务指南》、《登记注册工作流程》，本着醒目、简明、易懂、好记，使群众一看知、明、懂。在政策法规咨询、注册登记、年检等方面提供标准化服务，实施仪表标准、用语标准、时限标准、效率标准等四种标准，提高行政效能。推行资料齐全马上办，资料不全指导办，紧急项目加班办，特殊项目跟踪办的服务措施，尽心尽力促发展。2007年，阿里地区内资企业发展到273家，注册资金43469万元，分别增长9.64%、9.64%，内资企业结束了连续五年下降的局面，开始步入快速发展轨道。

【落实责任，促进非公有制经济健康发展】坚持巩固存量，挖掘增量，扩大总量，提升质量的工作思路，进一步放宽准入，拓展发展渠道，落实发展任务，在政策上放宽，服务上优质，信息上指导，权益上保护，有力地促进了非公有制经济的发展。2007年，阿里地区个体工商户发展到3562户，从业人员5826人，注册资金8518.87万元，同比分别增长11%、10.72%、25.62%。私营企业发展到18家，雇工人员188人，注册资本1491万元，同比分别增长5.88%，减少8.74%、0.67%。个体私营经济创产值602.54万元，营业收入17428万元，社会商品零售额4501万元，同比分别增长15.53%、19.88%、13.4%。从业人员劳务收入3388万元。个体私营经济的快速发展，成为极具活力的税收增长点。2007年，阿里地区非公有制经济税收达2498万元，同比增长10.7%，占全地区税收的40.97%。其中个体私营经济税收1187万元，占全地区税收19.5%。同时加强了非公有制党建工作，到2007年底，发展非公有制党员25名，其中2007年有18名预备党员转为正式党员，发展入党积极分子14名。

【加强培育指导，全力实施品牌战略】在切实保护好已申请注册的“金哈达”羊绒制品和“冈底斯山”矿泉水两个注册商标的同时，对无商标企业进行商标知识宣传，主动为企业出主意，提方案，面对面交谈，上门发放商标法规资料，当好商标申报的宣传员，当好商标发展的服务员，较好地调动了企业申办注册商标的热情。加强对商标企业的回访工作，指导企业有效利用品牌。2007年完成了“岗仁波齐”、“玛旁雍措”、“古格遗址”、“札达土林”、“班公湖鸟岛”、“象雄”、“凯拉斯”等7个商标申报工作，目前，已获国家商标局受理。

【强化措施，促进社会主义新农村建设】紧紧围绕增加农牧民收入这一中心，全面深化七项富民工程，深入农牧区进行政策宣传，信息指导，先富村民现身说教，实行“先经营、免收费”优惠政策。在广大农牧区开设“流动注册窗口”，设立登记服务联系点，为农牧区创业者提供零距离服务。2007 年，阿里地区农牧区个体工商户发展到 454 户，从业人员 581 人，注册资金 550.88 万元，同比分别增长 82.3%、74%、103.73%。全年为农牧区个体工商户减免登记费、证照工本费和工商管理费 35 万元。大力培育农牧民经纪人，全年发展农牧区经纪人 8 人，带动交易额 120 万元，实现了农牧民经纪人发展史上零的突破。

【**落实政策，促进就业再就业工作**】认真贯彻落实国家就业再就业政策，在市场准入、政策支持、收费减免、提供服务和优化市场软环境等方面提供“绿色通道”，鼓励下岗失业人员、高校毕业生等各类人员创办经济实体。到 2007 年底，共有 90 名下岗职工、66 名残废人、40 名复退军人、7 名高校毕业生从事个体私营经营，全年为其减免规费 20.3 万元。

【**强化监管，整顿和规范市场秩序工作取得新成效**】2007 年，共查处各类违法违章案件 34 起，案值 7.68 万元，罚没款 2.3 万元，其中立案 12 起，按简易程序处理 22 起。一是扎实开展食品安全专项整治。严把食品入市、交易、监管三道关口。集中开展了 7 次节假日、校园周边市场专项整治，特别在“十一”和十七大期间，牵头组织了食品专项整治工作，共检查各类食品经营主体 2386 户，查获假冒伪劣过期变质食品 243 种，3772 公斤，案值 7.1 万元，较好地保证了上市食品质量，营造了良好的消费环境。建立了不合格食品退市自律制度和监管制约机制。主动与卫生、农牧、质监、环保等部门沟通协调，寻求合作，避免单兵作战，形成了全力把关，齐抓共管的有力局面。二是认真开展“农牧区食品市场整顿年”活动。开展了打假治劣专项行动，查获假冒伪劣商品 64 个品种，317 公斤，案值 7284 元。在普兰县霍尔乡捣毁食品经销黑窝点 1 个，查扣过期变质食品 95 公斤，19 个品种，案值 1100 元。组织执法人员 52 人（次），深入农牧区 25 个乡(村)，召开座谈会 25 次(225 人)，征求到了农牧民群众对农牧区食品市场 4 条意见。设立了 25 个乡镇食品安全监管投诉点，聘请乡镇威望高、有一定食品安全知识的村民为食品安全义务监督员，取得了良好的社会效果。开展农资市场专项整治。为了使农牧民施上放心肥，种上放心种子，用上放心农具，要求各县局开展跟踪检查护农行动，先后开展了 2 次农资市场专项整治，查获过期兽药 11 种，50 公斤，案值 3600 元。三是强化肉类蔬菜等副食品市场监管。组织执法人员加大猪肉蔬菜类市场巡查力度，严格猪肉市场准入关。在普兰县没收冻死猪肉 1995 公斤，案值 4.98 万元，进行了无害化深埋处理。要求市场开办者对猪肉、牛羊肉、禽类、蔬菜类等经营户实行“挂牌经营”制度，接受消费者举报监督，有效地防止了缺斤少、不合格猪肉卤腊加工成品出售的违法行为，净化猪肉、蔬菜类副食品市场环境。在 2007 年小刍羊疫情期间，对市场实行全天监控，确保不在市场上发生疫情扩散。四是全力开展重要土特产品市场专项整治。全年检查土特产品经营户 99 户，检查冬虫夏草、藏红花、贝母、天麻、红景天等 32 个名贵药材，查获假冒西藏本地产名贵药材 846 盒，案值 16239 元。五是严厉打击虚假违法广告。以医疗、保健品、药品、化妆品广告为重点，开展“打虚假，树诚信”广告专项整治。全年共查处违法广告 11 次，收缴违法广告印刷品 680 余份，拆除非法设置广告路牌、条幅 8 块，规范了广告市场秩序。全年审批各类广告发布 263 件。六是开展严查非法出版物专项整治。检查音像出租点、网吧等 79 家，书店 2 家，查获非法盗版、淫秽光盘 627 张，危害青少年身心健康的书刊 10 册。七是无照经营行为得到有效遏制。对从事一般经营的无照者，下发限期办照通知书，督促办照，使违法经营变合法经营。开展“无照经营专项整治月”活动，取缔无照经营 12 户，使无照从事食品、药品经营者受到查处。

阿里地区审计工作

【**突出重点，深化财政预算执行情况审计**】2007 年，阿里地区审计部门围绕落实地委、行署关于推进财政体制改革的有关政策，完成对措勤县、改则县、革吉县 2006 年度决算的审计，并延伸审计和审计调查了其它单位，查出违规违纪金额 247 万元，罚没上缴财政 9 万元。在审计中揭露了部门预算执行中存在的隐匿收入和结余、虚列支出、擅自调剂和挤占、挪用、滞留专项资金，部分项目资金闲置而未发挥效益以及行政事业性收费和政府性基金征收、管理方面的问题。同时从体制、机制、制度建设和管理层面方面分析原因，提出合理建议，促使政府部门严格按照法定权限和程序行使权力、履行职责，促进完善公共财政制度，规范管理。

2007 年，阿里地区审计部门认真抓好重点行业、重点资金和重点项目的审计。2007 年，先后组织了对农业投入、医疗保险、扶贫等专项资金的审计及调查。共完成对措勤、改则、革吉、普兰、日土、札达、噶尔县 2005—2006 年度农业综合开发项目和扶贫项目的专项审计；改则县、革吉县、日土县退牧还草项目的审计，地区国税局办公楼工程项目审计，地区 2006 年度社会保险基金(企业职工基本养老保险基金、城镇职工基本医疗保险基金、失业保险基金、工伤保险基金）的收支、管理情况的审计，地区发改委 2006 年度前期、管理、设计、质检、监理等费用的提取使用情况等的专项审计。2007 年，阿里地区审计部门共审计专项资金 10245 万元，其中审计出配套资金不落实 134 万元，审计促进拨付资金到位 1572 万元，其他 11 万元；保证了专项资金的合理合法使用。

积极稳妥开展领导干部经济责任审计。2007 年，完成了对地区原水利局局长凌旭峰、原教育体育局局长欧珠次仁、原安监局局长刘奋基、原噶尔县县长普布仓决、原地区建设局局长尼玛次仁、共青团阿里地委罗庆伍六位同志任期的经济责任审计。查出领导干部主管责任违规行为金额 603 万元，挪用专项资金 175 万元，帐外资产 35 万元，其它 393 万元，罚没上缴财政 59 万元。为考评领导干部、加强党风廉政建设、推进民主政治建设、提高干部管理能力和水平发挥了积极作用。

阿里地区国税工作

【坚持依法治税，税收收入实现持续稳定增长】2007 年，阿里地区各级税务部门累计完成各项税收 7063 万元，同比增长 13%,完成行署下达任务 7020 万元的 106%，增收超收 43 万元。一是切实加强组织领导。各单位一把手始终作为组织收入工作第一责任人，对收入工作负总责，其他成员划片帮包，各负其责，坚持实行定期调度调研制度，及时掌握收入情况，分析收入形势，解决难点问题，确保了收入的及时、足额入库。二是层层落实收入指标。为增强广大税务干部抓好组织收入工作的紧迫感和责任感，各级税务部门全面推行了收入目标责任制，对收入计划进行层层分解，将收入指标落实到每一部门、每一个人；同时，将收入指标完成情况作为岗位目标考核的重要内容，实行年度考核，并按实绩兑现奖惩，充分调动起了干部的工作积极性。三是全面加强税源管理。在认真推行税务管理员的基础上，通过加强部门联动，实施征管责任区制度划片管理，开展拉网排查等措施，大力清理漏征漏管户。对建筑安装业、矿产品开采、畜产品销售和机场建设等重点税源实施监控。加强个人所得税税源管理。在全面强化年所得 12 万元以上个人所得税征缴工作的基础上，对重点行业的 4030 多余名高收入者建立了纳税档案，进一步加强了对高收入群体个人所得税的征管。完成了契税、房产税和房屋交易最低计税价格的调研工作，为全面开征新税种，规范房屋交易行为，增加地方财政收入打牢基础。四是加大稽查力度，打击涉税犯罪。全年共入库稽查收入 90 余万元。五是全面细致地做好企业所得税汇算清缴工作。从 2 月初到 4 月中旬，对全地区应纳企业所得税的纳税户进行了 2006 年的企业所得税汇算清缴，参与汇算清缴企业 35 户，缴纳税款 229 万元。六是深入做好车购税政策宣传和税款的征缴入库工作。截止 12 月 26 日，共组织入库车辆购置税 706 万元，同比增收 300 余万元，增长 84%。七是大力清缴欠税。联合有关部门协同作战，督促欠税企业及时清缴税款。截止 11 月 26 日，共清理欠税 300 万元。

【强化税收征管，税收法制环境进一步优化】一是积极进行税法收宣传。全地区各级国税部门始终把税收宣传作为推进依法治税和优化税收环境的基础性工作来抓，不断拓宽宣传渠道，丰富宣传形式，收到了良好效果。重点开展了致个人所得税纳税人的一封信、在电视台播出税收公益广告和《马斌说税》、开通税法宣传电话彩铃、送税法进企业和进集贸市场、利用手机短信送税法等一系列活动，广泛开展税收宣传活动，促进了纳税人诚信纳税意识的进一步提高。二是认真开展税收专项检查。重点对水泥厂、医药公司、石油公司和高收入行业等开展了税收检查。对辖区内个体经营税收秩序进行整顿。对一批“钉子户”、“难缠户”和漏征漏管户进行了重点清理，依法采取了税收强制措施。对房屋租赁业税收秩序的整顿。组织开展了全地区范围内的房屋租赁业税收专项检查，广大税务干部一条街一条街、一幢楼一幢楼地进行“拉网式”检查，取得了良好成效。深入开展税收执法检查和执法监察工作。税收执法行为得到有力规范，税收秩序明显好转。同时，自觉接受并积极配合区局巡视组的巡视工作和区审计厅的财务审计工作。

【国税工作全面提速增效】以强化思想建设、完善税收服务为工作重点，努力实现“优化环境、规范执法、提速增效、服务经济”的目标。推进国税工作提速增效，实行限时工作制。如，为纳税人办理税务登记证在 105 分钟内完成；办理普通发票准购证在 105 分钟内完成；纳税人的纳税申报随到随办，办理纳税磁卡随到随办等。推行多元化申报方式。通过大力推行计算机和电话申报等快捷便利的多元化纳税申报方式，大大提高了申报纳税的工作效率，方便了纳税人。目前，全地区非上门申报电话申报户数已达 200 多户，约占全地区双定业户的 10%以上。

【狠抓基础投入，信息化建设全面加强】在信息化建设方面，以提高基础建设水平为重点，狠抓网络基础建设，按照自治区国税局有关要求，全地区 6 个县局全部完成了视频会议系统建设。强化信息系统安全管理，完成了公文处理系统定级工作，制定下发了《烟台市地税系统计算机信息系统安全管理暂行规定》，明确了各单位计算机安全责任，并对地区局、各县局的计算机设备进行了全面的安全检查，安装了网络反病毒软件。完成了货运发票税控系统和车购税管理系统推行工作。加强培训，提高计算机应用水平。五是加强税务系统网站建设，协同办公室搜集完善了“阿里地区国税局税务局网站”内容，为税法的宣传和国税务形象的塑造起了重要作用。

阿里地区人民银行

【各项指标情况】2007年，阿里地区金融机构各项存款余额141349万元，同比增加20978万元，增长17.43%。截至2007年10月31日，阿里地区金融机构各项贷款余额42597万元，同比增加3310万元，增长8.43%。元月至十月，阿里国家银行货币净投放41880万元，同比增加29587万元，增长2.4倍。截至2007年10月31日，办理《农牧户贷款证》13262张，按照符合发卡条件农牧民人数计算，发放面达到88.21%，使用率达到 84.49%。

【发挥职能，认真做好特殊优惠金融政策的贯彻落实工作】2007年，阿里地区经济、金融运行总体平稳，发展势头良好。金融业经营能力和内控管理能力明显增强；经营效益有所提升；社会信用环境建设稳步推进；保费收入稳步增长，理赔能力进一步增强；金融基础设施建设逐步加强，防范和处置风险能力有所增强。做好“十一五”特殊优惠金融政策的宣传解释工作。总行下发的《关于落实加快西藏发展、维护西藏稳定有关金融政策的意见》(银发〔2007〕198号)，对“十一五”期间西藏金融工作提出了指导意见，这充分体现了中央和总行对西藏金融工作的重视和关怀。中国人民银行阿里地区中心支行站在全局的高度，深刻认识其重要意义，把贯彻总行意见、落实“十一五”特殊优惠金融政策作为一项重要工作切实抓好。深入学习领会政策意图，吃透政策精神，抓紧做好有关政策措施的细化工作，增强贯彻落实的针对性和有效性，为支持阿里经济跨越式发展提供有力的金融支持。一是进一步加大工作引导力度，督促和指导金融机构认真执行好优惠政策措施，切实改善金融服务，加强经营管理，处理好商业化经营与落实特殊优惠金融政策的关系，鼓励其业务下斜，确保特殊优惠金融政策落到实处，真正惠及广大农牧民。密切关注政策实施过程中的新情况新问题，做好政策实施效应分析，及时向上级行反馈有关情况。二是继续执行季度分析会议制度。为解决阿里地区金融运行中存在的问题，进一步改善金融服务，加大有效信贷投入，促进地方经济有好又快发展和农牧民增收。2007年，由阿里地区人民银行中心支行牵头，召开了由行署、农行和相关经济部门的主要领导参加的季度经济金融形势分析会议、上半年经济金融形势分析会议暨贯彻落实“十一五”特殊优惠金融政策工作会议和阿里地区农牧金融工作座谈会等，深入研究分析了阿里经济金融运行和货币信贷政策、农牧区金融服务等工作中存在的问题，积极争取了行署领导和各相关综合经济部门对做好2007年金融工作的理解和支持。三是农行年初工作会议上，人民银行专门向农行传达了成都分行、拉萨中心支行2007年货币信贷工作的指导思想、目的要求，同时提出了阿里地区2007年货币信贷工作的具体要求，并起草了《阿里地区2007年信贷指导意见》，下发到农行各级机构执行。四是及时转发《中国人民银行拉萨中心支行关于认真落实“十一五”特殊优惠金融政策的贯彻意见》、《中国人民银行拉萨中心支行关于进一步加大农牧信贷投入，支持农牧区春耕备耕的通知》和《关于落实环保政策法规防范信贷风险的意见》等各种有关货币信贷政策的重要文件，并结合阿里实际提出具体要求。五是充分利用支持农牧区经济发展联系制度的作用，认真做好农行基层行执行西藏特殊优惠货币信贷政策的监督、检查和指导工作，1—11月，中支80多人次深入到阿里的7个县、21个乡和部分村镇进行实地检查、指导，针对发现的问题提出了许多指导性建议，特别是对农牧民安居工程中存在的问题，多次召集各级政府和银行等部门进行协调，为农牧民安居工程建设的顺利实施起到积极的推动作用。

【防范金融风险，维护金融稳定】为认真贯彻落实上级行金融稳定工作会议精神，组织分管领导和相关部门人员认真学习了上级行领导的重要讲话精神，深入分析了阿里地区金融稳定工作面临的新形势、新任务，形成了《人行阿里地区中心支行关于落实西藏金融稳定工作会议精神的报告》，明确了2007年金融稳定工作目标。为及时化解和处置金融风险，维护金融稳定，保障阿里地区经济、金融的安全运行，根据2007年阿里地区人民银行中支人员变动的实际情况，调整了阿里地区金融稳定分析小组成员。根据上级行要求，对2006年金融稳定工作进行了全面深入地分析研究，形成了《2006年阿里地区金融稳定报告》，2007年金融稳定报告将于明年初形成。密切关注人民币存贷款基准利率调整后，利率政策执行情况，深入调查了解各方面对利率调整后的反应，确保金融稳定。

【积极推动金融生态建设】金融生态环境建设是一项复杂的系统工程，需要以科学发展观为指导，有多个领域的不同部门长期不懈地相互配合。根据阿里地区金融生态环境建设还处在起步阶段的实际，把开展金融生态环境建设的宣传工作摆在重要位置。5月底，行署组织召开了阿里地区金融生态环境建设领导小组会议，强调了建设金融生态环境的重要性，明确了工作分工，为进一步做好金融生态环境建设工作提供了保障；9月份，金融系统开展的金融知识集中宣传活动中，将金融生态环境建设宣传放在重要位置，进行重点宣传，使全社会公众了解金融生态环境建设对地区经济社会发展的重要意义；为全面贯彻落实10月25日自治区金融生态环境建设工作会议精神，推动阿里地区中小企业信用体系建设，缓解中小企业贷款难的问题，形成了《阿里地区中小企业信用体系建设实施方案》文件上报地区行署，11月上旬，为确保此项工作的顺利开展，地区行署向全地区印发了该文件。

阿里地区农业银行工作

【各项任务目标顺利完成】2007年，农行阿里地区中心支行资产总额是135552万元，比2006年同期增长42899万元，增幅为46.30%；各项存款余额132812万元（不含财政性存款），较年初增加43163万元，增幅48.15%，完成新增计划9800万元的440.44%，其中：储蓄存款余额37594万元，较年初增加7335万元，增幅为24.24%，完成全年新增计划3400万元的215.74%；对公存款余额达95218万元，较年初增加35828万元，完成全年新增计划6400万元的559.82%；低成本存款116283万元，占比87.56%；存款市场份额为93.18%，较年初上升1.62%。各项贷款余额41970万元，较年初增加1495万元，增幅3.7%，完成全年新增计划6500万元的23%。其中：农业贷款余额15382万元（包括扶贫贷款、粮食贷款、乡镇企业贷款、龙头企业贷款），占贷款总额的36.65%，较年初增加210万元，完成全年新增计划2600万元的8.08%；扶贫贷款较年初增加60万元，完成全年新增计划490万元的12.25%；个人消费贷款余额11990万元，较年增加1338万元，增幅12.57。《农牧户贷款证》累计发放达13554张，较年初增加623张，发证面达92.07%，使用率达83.62%。全行不良贷款12681万元，占贷款总额的30.22%，较年初增加8119万元。现金净投放达54460万元；财务总收入为5446万元，其中：贷款利息收入1488万元，占比27.33%；金融机构往来收入2645万元，占比48.57%；实现中间业务收入258万元，完成全年新增计划257万元的100.39%。财务总支出为9089万元，其中：存款利息支出1169万元，占比12.87%，金融机构往来支出1180万元，占比12.99%，各项财务指标严格控制在分行下达的指标之内。

【协调联动，业务经营运行态势良好】努力克服股改准备、业务经营和内控管理工作等的困难，变压力为动力，业务经营继续保持了健康良好的发展态势。2007年，各项存款首次突破10亿元大关，一是得宜于城市业务与农牧区业务两个轮子协调运转的发展战略，得宜于将营销重点向城区业务和机构业务的拓展，向重点客户、重点项目的倾斜；二是各行（部）转变态度，变被动为主动，充分发挥阿里地区农业银行城乡联动优势，采取多种措施，以对公业务为突破口，积极与有关部门的协调，把拓展存款业务摆在业务经营的重要位置，争取到了阿里地区机关行政单位的补发工资、自治区与地区立项的公路建设资金和阿里机场建设项目资金临时性存款等集团性资金和个人储蓄资金存入阿里地区农业银行；三是充分利用网络优势、结算优势，紧紧围绕年初制定的各项经营目标，大力提高精品网点的辐射带动作用，狠抓了中心支行营业部的服务质量问题，对城区营业网点的软件环境进行了改善，增设了 VIP 客户服务柜；四是广泛深入地开展了"迎新春"优质服务月、"9·15"业务集中宣传月等服务宣传活动，顺利开通了电子银行柜面化服务、代销基金、网上银行、POS 机特约商户等新业务品种，增加了 ATM 机；五是中心支行加大了同各行（部）的营销信息沟通，在全辖范围内共组织了 5 次大规模的业务宣传活动，散发宣传品 1900 多份，接受咨询 1100 多人次。坚持"有进有退，有保有压"的原则，对信贷投向进行了调整，将拓展重点放在了优质特色龙头企业、信誉良好的非公有制企业和个人中高端客户消费贷款及其他低风险信贷业务上。通过多方协调，认真落实抵押质押担保措施，妥善向地区特色产品收购企业发放畜产品贷款 5000 万元，确保了信贷资金的有效合规投放；围绕中高端客户，积极拓展个人客户消费贷款和其他低风险信贷业务，坚持"严格标准、突出重点、择优扶持"的原则，谨慎办理潜在风险大、把握性小的信贷业务，推动了个贷业务持续健康发展。截止 12 月底，个人消费贷款余额达 11990 万元，占贷款总额的 28.57%。结合阿里地区实际，在认真调研、分析市场前景的情况下，加大了中间业务的宣传力度。组织抽调业务骨干全方位、多层面拓展中间业务，统筹安排在全地区业务量较大的县支行及城区网点增设了 ATM 自助柜员机设备，9 月份，组织抽调所辖各县支行业务骨干进行了电子渠道业务柜面化业务的后续培训，采取现场上机实际操作的培训方式，从而确保了县以上营业网点电子银行业务的顺利开办。在分行有关部门的大力支持下，克服时间紧、人员少等困难，已顺利开办基金代售、POS 刷卡消费等新业务，在全辖各营业网点同步开通了电子银行柜面化业务。截止 2007 年 12 月末，在新业务开通仅 3 个月的时间里，农行阿里地区中心支行电子银行柜面化业务共拓展新客户 145 户，基金开户 22 户，销售各类基金累计金额达 129.7 万元；网上银行交易额达 73 万元，拓展 POS 机特约商户 2 家，并正在着手拓展新的客户。不良贷款清收措施得力。截止 2007 年 12 月末，全行不良贷款（按贷款五级分类）较年初增加 8119 万元（主要是因为发改委的项目贷款资金未到位，将其转入不良贷款），累计清收 1037 万元，完成年清收计划 400 万元的 259.25%。"三农"工作稳步推进。加大了扶贫贷款投入力度，对持有铜卡和人均收入 1300 元以下的农牧户申请的贷款以及直接使农牧民群众增加收益的项目和搬迁、游牧民的安居贷款均可使用扶贫贷款，切实帮助改善贫困户的生产生活条件，加快脱贫致富进程；本着"以农牧民自愿为主"、"放得出、收得回、有效益"的原则，继续以《农牧户贷款证》为载体，认真做好安居工程贷款的发放工作；培育、增强农牧民信用意识，推进农牧区诚信建设，继续抓好信用乡（镇）、村评定工作，阿里地区农业银行钻石星级贷款证评级授信工作稳步推广。截至 12 月底，小额信用（三卡）发卡量达 801 张，贷款余额为 7683 万元，较年初增加 204 万元。全年累计调整和收回贷款证 178 张。财务收支有所改善。截止 12 月底，全行实现财务总收入 5446 万元，比 2006 年同期增加了 2476，增幅为 83.37%，财务总支出 9089 万元，比 2006 年同期增加了 2205，增幅为 32.03%，实现利润 3643 万元，比 2006 年同期增加 271 万元，减幅 6.92%，各项财务指标严格控制在上行下达的计划指标之内；在分行有关部门的大力支持下新上了财务管理系统、会计监管系统、身份证查询系统、支票影像系统、小额支付系统等先进的管理和支付手段，为打造电子化业务平台创造了坚实基础。严格按照分行相关要求，完成了全辖基建招标工作，噶尔、措勤营业楼及周转房等项目已交付使用。

【精心组织，股改工作有序推进】按照分行股改工作的要求，全行相关房屋的产权证、土地使用证已办理完毕，实现了土地、房屋 100%的确权。为推动全行股份制改革进程，准确反映阿里地区农业银行资产、负债、损益等相关数据，重点采取了以下具体措施：一是中心支行成立了专门的领导小组，明确了相关部门的具体职责；二是抽调了相关部门人员，确保了股改进程与日常工作的两不误；三是无条件放弃节假日，一切以股改工作为中心，加班加点，严把审核关，确保数据真实、准确、完整，进行了双向核对，保证了数据上报的不遗漏、不虚报、错报及全面彻底。不良资产处置相关工作圆满完成。以 2006 年末为基数，共清查出法人类客户未反映不良贷款 3 户，涉及不良贷款 9 笔；自然人客户未反映不良贷款 441 户，余额达 8718.1 万元。对扶贫、开发等专项贷款共清查出 3629 户，涉及贷款金额 9012 万元，其中：法人客户 17 户，贷款余额 7257 万元，主要是粮食和龙头企业（畜产品收购）的贷款；自然人客户 3612 户，贷款余额 1754 万元，全部属于扶贫贴息贷款，而且集中在县级（含）以下网点。按照不良贷款客户档案资料整理的要求，对 6 户可疑类法人客户档案资料和 4 户可疑类自然人客户档案进行了清查整理及资料补充。第一次实际认定不良贷款 240 笔，236 户，金额 26383565.93 元。对符合相关文件要求列入免责类不良贷款的共 151 笔，金额达 1165 万元，进行了责任追究的不良贷款 89 笔，1473 万元；共处理责任人 221 人（次）。截止 11 月初，辖区新发生不良贷款 19 户（笔），余额 1688573.02 元。对符合相关文件要求列入免责类不良贷款的共 7 户，822800 元；进行了责任追究的不良贷款 12 户，865773.02 元。此次责任追究共涉及责任人 13 人（次），本次新处理责任人 9 人，其中科级干部 3 人、一般员工 6 人。不良贷款"三查"工作圆满完成。

【吸取教训，亡羊补牢，案件防控能力不断增强】一是强化"三基"工作，加强了对员工的理想信念、法律法规、规章制度教育，按照有关权限梳理和补充完善各项内部规章制度，探索建立防控操作风险的长效机制；二是从严、从重落实了各项规章制度，加强了对员工的思想教育工作，层层签定了《案件防范责任书》，建立起了事后监督机制，有效发挥了“二、三道防线”应有的作用；三是进行权力监督和职业道德教育，2007年1月，中心支行党委结合近年来案件多发的现状和阿里地区农业银行实际，利用1个月的时间，在全辖范围内开展了“案件回顾剖析、警钟常鸣警示教育”活动，通过强化内部控制和建立长效监督约束机制，既有力的规避了权力和道德产生的操作风险，又取得了良好的约束及警示效果。坚持标本兼治，对2006年内审部门检查发现的问题整改情况进行了督察，实行“一把手”负责制，明确责任单位、责任人和办结时限，问题发生单位要整改纠正具体问题。按照分行的相关要求，07年上半年中心支行党委根据各网点的不同的监管需求，完成了向各网点委派会计主管和会计监管人员等工作。全行上下切实落实案防措施，着力建立全面风险防范长效机制，积极遵照防案系列措施要求，细化强化防案措施，及时组织开展风险防控重点排查，对重点业务、重点风险点和重点区域实施了拉网式排查，组织开展了金库安全、各类内控管理履职情况、安全保卫、会计和信贷基础管理、反洗钱等检查，着重抓好了违规问题的查纠整改。全年共查处案件一起，即札达县达巴营业所员工贪污、挪用案。在阿里地区农业银行监察室调查组通过大量认真细致的调查取证工作和中支党委的审定、处理，并经二人所在县支行职代会表决通过，根据规定对二人均给予了开除处分。该案涉案资金已全部追回，未造成资金损失。

【强化安全保卫工作，保证了业务经营的稳健发展】一是坚持“安全第一、预防为主、综合治理”的方针，层层落实了安全保卫工作责任制，及时修订和完善了防暴预案， 通过不断强化人防、物防和技防等措施，有效地提高了全员安全防范的能力；二是认真落实各项应急预案，严防各类刑事案件事故的发生；三是突出检查重点，注重问题隐患的处置。组建了由中支行领导带队的金库安全大检查工作组赴阿里地区农业银行所辖 7 个县支行、19 个营业所、中支营业部进行了检查。检查自2007 年9月25日开始，为期天26天，行程4370 多公里，检查人数达110 人（次），被检查业务库（含代保管库）共30个，占全辖业务库（含代保管库）的86%。对在安全检查中发现的问题，坚决做到了“不放过、不迁就、重整改、严处罚”，能进行现场纠正的就地整改，不能现场纠改的已全部责令限期整改。截止11月底，全行未发生任何安全保卫事件。

阿里地区商务工作

【发挥商务职能，积极开展各项工作】2007 年，阿里地区商务局紧紧围绕地区中心工作的大局，积极做好地委、行署及自治区商务厅交办的各项工作，大力实施“万村千乡市场工程”和食用加碘盐推广工作为主的农牧区流通市场建设；加大市场整规力度；开展边境贸易和边贸市场建设；发挥商务机关对上级、部门之间协调及隶属企业的业务指导职能。大力推进市场体系建设，积极开展整规办日常工作，协调开展专项整治行动，研究分析并向上级部门汇报专项整治及市场检查的有关情况，为实现建设“统一、开放、竞争、有序的现代化市场体系，营造公平竞争的市场环境，构建和谐社会”的整规工作目标发挥了相关职能部门的作用。加强与工商、质监、药监、公安等部门协调，按照“标本兼治、着力治本”的原则，做好“三大节日”、“五一”、“十一”黄金周期间市场供应安排和食品安全检查工作，增加适销对路商品和品牌商品供应，保障上市销售食品的安全，确保广大人民群众的健康。并对市场商品供应情况监测分析，及时报上级部门。2007 年 1-10 月，阿里地区实现社会消费品零售总额 71729 万元。通讯、汽车、住房消费为主的服务业高速增长，继续成为拉动商贸服务业发展的主要力量。为及时了解和掌握市场动态，增强政府对市场的宏观调控能力，有效防治和应对市场异常波动，确保市场稳定供应，针对 2007 年全区肉类市场供应问题，启动了每日监测制度和“阿里商务天气预报”，确保了阿里地区肉类市场价格平稳、市场供应稳定。加强狮泉河屠宰市场的管理。2007 年 8 月、10 月联合质监、卫生、工商等部门对地区屠宰场、肉食品交易市场进行了专项整治，净化了肉食市场。制定了《关于切实做好“三大节日”期间成品油市场供应和安全防范工作的通知》，下发各县政府、商务部门，确保了节日期间的市场需求，保证油品质量，稳定油价；组织人员对全地区各加油站进行了认真的检查，有效地打击了成品油市场各类违法违章行为，维护市场秩序。积极做好食用加碘盐推广工作。2007 年，阿里地区行署领导亲自与七县县长签订了《阿里地区消除碘缺乏病目标管理责任书》。成立了食用加碘盐推广工作领导小组，在地区商务局专门设立了食用碘盐推广领导小组办公室，落实了工作机构和人员，负责规划、组织、协调和推动工作，并制定了《阿里地区食用加碘盐推广工作实施方案》；开展了宣传活动，播报了《食盐加碘消除碘缺乏病危害管理条例》，使之家喻户晓、人人皆知；由于阿里地区尚未成立碘盐生产、经营销售机构，2007 年，已批准成立阿里地区盐业公司。2007 年，行署从财政部门拨款 85 万元用于碘盐配送工作，其中 75 万元用于地区外贸公司购进碘盐，10 万元用于碘盐差价补贴。地区商务局切实按照“统一配送、统一价格（1.50 元/公斤）”的原则，组织地区外贸公司积极做好加碘盐配送工作。现阿里地区七县碘盐覆盖面已达到乡级，由乡政府负责销售碘盐工作，农牧民可到乡政府所在地购买合格碘盐。截止目前，阿里地区碘盐覆盖率已达到51%。

【大力开展“万村千乡”市场工程，商业改革不断推进】成立了“万村千乡市场工程”建设领导小组，在地区商务局设立“万村千乡市场工程”建设办公室，落实了工作机构和人员，负责规划、组织、协调和推动工作。制定了《阿里地区“万村千乡市场工程”试点实施方案》；认真筛选试点企业，深入分析企业的经营状况、信誉及规模，确定了地区恒远商贸有限公司、先施百货商店为“万村千乡市场工程”商品配送试点企业；积极为农家店融资。采取“政府借一点、企业垫一点、个人出一点”的方式，行署与各县政府签定的县级目标责任书中明确为每个乡提供 5 万元的启动资金（注：无息借款，借期5年），计 180 万元，启动首批试点企业垫资 70%的形式，开办加盟店和直销店。2007 年，阿里地区完成 33 家乡、村级“农（牧）家店”的新建和改造任务（其中 7 家乡级农家店，26 家村级农家店）。乡（村）级农家店开办商店的资金投入最少有 2 万元，最多的达 8 万元。商品品种少则 150 余种，多则达 400 余种。阿里地区“万村千乡市场工程”实施以来，农牧民办店积极性高，普兰、札达、日土、革吉等县主动申请办店达 10 余家，农牧民得到了实惠，初步解决了阿里地区商品流通不畅的问题。积极改善农牧区商品流通设施。自治区为阿里地区乡（镇）解决了 36 辆商品流通配送车，折合资金近 500 万元。切实做好隶属企业的监管，宏观指导企业改革。开展对下属企业地区外贸公司（金哈达公司、神山矿泉水厂）财务、资产的监管工作。积极做好发挥外贸企业的龙头作用，做好畜产品经营工作，增加农牧民现金收入。2007 年地区外贸总公司收购山羊绒 232 吨、绵羊毛 1300 吨。切实做好肉类、食糖、边销茶储备管理工作。阿里地区储备商品品种有边销茶和白糖。2007 年存储新食糖 50 吨，边销茶 66.5 吨。

【加强边境贸易管理，开拓国内外市场】阿里地区普兰口岸地处西南边陲，与印度、尼泊尔毗邻，1992 年国务院批准为沿边国家一类口岸，也是我国唯一对印开放的陆地口岸。2007 年，地区商务局突出抓好了边贸市场的规范及日常管理工作，进一步完善好各项管理设施，为印、尼客商的交易创造了良好的经营环境， 2007 年，阿里地区边境互市贸易总额达到 1809.3 万元。其中进口 579.3 万元，出口 1230 万元。其中活畜出口计 279 万元，其它 951 万元。在加大边境互市贸易点的建设力度，发展、壮大阿里地区边境贸易工作方面，地区商务部门积极与自治区商务厅及有关部门协调，现日土独木齐列边贸市场已批准立项，噶尔县扎西岗边贸市场建设正在协调中。

阿里地区民族宗教工作

【扎实开展“民族团结月”活动，大力推进《民族区域自治法》的贯彻实施】2007 年，阿里地区民族宗教局扎实开展第 17 个“民族团结月”，第 17 个民族团结月以各民族团结和睦，共同繁荣发展，促进阿里地区全面建设平安阿里、和谐阿里、小康阿里和经济社会发展为目标，以深入开展马克思主义民族观，党的民族政策和民族团结的宣传教育为重点，以“讲团结、谋发展、保稳定、促和谐”为主题，广泛地开展了具有特色的形式多样、内容丰富的民族团结月活动，以实施“兴边富民行动”为载体，积极争取上级业务部门及各有关部门的大力协助，充分调动各方面的积极性，加大资金投入力度，着力解决阿里地区边境乡村发展中的一些突出困难，加快实现小康的步伐，2007 年，按照地委、行署的指示，地区民宗局对“兴边富民行动”资金与农牧、扶贫等口子的资金进行整合，投入到阿里地区农牧民群众安居工程建设方面。

【强化调研，推进边境少数民族地区经济发展】2007 年，阿里地区从强化调研入手，深入各县进行调查研究，积极探索加强和改善城市民族关系的方法和途径，认真解决城镇各族群众关心的热点、难点问题，为阿里地区的经济社会全面发展创造了和谐的社会环境。结合社会主义新农村建设，全面调研边境县、乡、村的经济、人口、边贸、历史沿革等情况，加大资金投入力度，全面推进阿里地区“兴边富民行动”。加大人口较少少数民族的调研力度，积极实施人口较少少数民族地区扶持力度的机遇，全面实施《扶持人口较少民族“十一五”规划》。增强忧患意识、居安思危，时刻注意发现和掌握新时期民族关系方面存在的新情况、新问题。

【切实发挥部门的优势，进一步深化寺庙爱国主义教育】进一步深化寺庙爱国主义教育，始终保持公开揭批达赖的强大政治攻势。结合阿里地区实际，制定了寺庙属地管理办法。按照“四个对待”的要求，在社会主义新农村建设规划中，列入寺庙“五通”问题的解决。学习贯彻《宗教事务条例》和《西藏自治区实施〈宗教事务条例〉办法》，依法加强对宗教事务的管理。积极开展创建“和谐寺庙”活动，使各寺庙建设成为爱国爱教、护国利民、研修经典、利乐众生的宗教活动场所。按照《宗教事务条例》有关规定，拆除了普兰县塔尔钦非法修建的露天佛像。加强了寺庙民管会主任培训工作，把民管会班子建设成为政治上信得过、佛学上有较高造诣、僧俗群众中有一定影响和号召力，并且能够掌控寺庙局势的强有力班子。在根据当前的形势，加强了宗教督查和信息工作。提高寺庙自养能力，促进宗教与社会主义社会相适应。

阿里地区对外贸易工作

【做好畜产品经营工作，积极完成各项经济指标】2007 年，阿里地区畜产品收购总值 5111 万元，收购山羊绒 233 吨、绵羊

毛 1058 吨、牛绒 14 吨、山羊毛 28 吨。销售总额达到 6253 万元，进出口总额 1122 万元，出口创汇 98 万元美元。实现税金 646 万元，企业实现利润 180 万元。2007 年自治区乡镇企业局给贷款贴息 59 万元，农牧民畜产品直接人均现金收入 711 元，给各县畜产品公司兑现畜产品手续费 213 万元。还银行不良贷款 150 万元。畜产品收购资金贷款 6000 万元，已还 1000 万元，未还 5000 万元（因疫情原因，按照有关部门的指示精神，畜产品禁止流通，畜产品未能及时销售）。社会无业待业青年解决就业 38 人，全年正常发放了企业员工的工资福利，同时企业根据经济效益情况，提高企业员工的工资福利待遇，现企业员工的工资福利待遇基本与行政事业单位工作人员的工资福利待遇持平。并按时足额缴纳了养老保险金、失业保险金、工伤保险金、医疗保险金。公司为了使离退休人员老

有所学、老有所养、老有所乐、老有所为，更好的发挥余热为目的，公司挤出8.9万余元，组织离退休人员到拉萨、北京等区内外参观考察学习。

【理顺关系，发挥神山圣水矿泉水厂潜在优势】神山圣水是阿里地区的特色资源，神山圣水矿泉水厂是阿里地区特色产业，为了使产品做精做细，市场做深做透，企业做强做大，阿里地区加快特色开发资源开发，把重点工作放在基础建设方面，制定和规范了神山矿泉水厂（企业）的各项管理制度，人事管理制度，技术人员岗位责任制度，财务管理制度，规范化生产管理制度，原料、成品进出库管理办法，产品营销策略等各项工作基本走上科学化、规范化、制度化的路子。2007年，办理矿泉水厂的税务登记证、工商营业执照（正、副）本、组织机构代码证、食品卫生许可证、商标注册证、矿泉水注册、取水许可证、安全生产许可证48项手续。食品生产许可证（QS质量安全许可证）相关制度83项、水质检测，实地堪查42项手续，并报国家质量监督检验检疫总局，已获得全国工业产品生产许可证，QS编号为540006010007。2007年，神山圣水矿泉水（企业）经有关部门检测、监定以达到了国家一级食品加工业企业标准，为开拓市场、打开销路、打造品牌奠定了坚实的基础。由于神山矿泉水厂缺少各项办厂所需手续和不具备各项生产条件以及相关部门的具体执法要求，不允许大规模生产。2007年，阿里地区外贸公司把工作的重点放在了补办和完善各项手续上，总结摸索生产经营经验，为扩大生产规模打牢基础。同时，不断提高管理水平，研究产品市场需求，找准产品市场定位，把握消费者心理，树立品牌意识。2007年5月开始开展小规模的生产经营工作，2007年，共生产矿泉水200吨，并把产品主要调往拉萨等周边地区开展营销活动。从消费市场和消费者对神山矿泉水产品的认可度等市场反馈信息来分析，神山矿泉水特色产业的优势很明显，很突出，知名度较高。

【加快碘盐普及工作，切实维护人民群众身体健康】2007年，地区外贸公司在未成立盐业公司的情况下，根据地委、行署的指示，负责全地区加碘盐的具体购进配送工作，从指定的新疆阿图什盐业有限责任公司先后购进加碘盐365吨，使用资金540000元。先后已配送碘盐246.75吨。其中：改则县50吨；措勤县40吨；革吉县20吨；扎达县29吨；普兰县36吨；日土县26吨；噶尔县20吨；学校13吨；万村千乡定点供货商场调拨12.75吨，现有库存118.25吨。

阿里地区交通工作

【219国道狮日、昆门油路建设相继完成，黑色路面通车里程实现新突破】2007年4月底，219国道狮泉河-日土和昆莎-门士两段的油路建设项目相继动工续建。地区交通局狮日项目管理办公室积极履行职责，加强质量控制，狠抓施工现场动态管理，在保证工程质量的前提下不断强化工程进度控制，确保了沥青路面的顺利铺筑、工程质量和进度。2007年，该项目共完成直接投资35934.72万元，占合同总额的97.8%，除路标防护等少部分附属工程外，项目已经全部完成。同时，由自治区交通厅项目中心担任项目法人的昆莎-门士段油路2007年完成建设投资1.4亿元，2007年9月底完工。截止2007底，除城市道路外，阿里境内油路通车里程达333公里，占219国道阿里段总里程的37.29%。在昆门油路、狮日油路初步投入使用的情况下，219国道门士-巴嘎及普兰支线（巴嘎-普兰）油路建设项目于2007年9月初相继开工建设，工程进展顺利，截止年底，完成投资1.2亿元。

【切实落实项目管理各项措施，农村公路年度建设工作任务顺利完成】2007年，阿里地区新建农村公路项目11个，总投资6497.39万元；续建项目2个，总投资1017.9413万元。在技术力量不足、时间紧、任务重的情况下，地区交通部门严格组织招投标，从源头上控制工程质量。实施全程监控，提高管理科学化、程序化、规范化水平。2007年，阿里地区农村公路建设共计完成续建项目2个、新建项目10个、建设投资3600万元，新修公路769公里、新建桥梁280延米/23座、涵洞1253米/179道，基本解决了1个乡（镇）、12个行政村的通车问题，受益群众6427人。

【加大养护资金投入，提高养护资金集约化使用水平，公路建设取得新成就】2007年，武警交通八支队强化养管工作，219国道阿里段的行车条件较2006年大幅改善，但自219国道上昆莎/门士等油路项目开工建设后，相当一部分人员和车辆改由国狮公路进出阿里，给国狮公路养护工作带来了较大压力。公路养护部门确保了公路交通能达水平。2007来，阿里地区共完成养护投资450万元，清理水毁、冰（雪）毁6100立方米，疏通淤塞涵洞145道，完成国狮公路等外路路肩拓宽、弯道取直2公里，修复受损路基38处5700米，扶正交通标志牌、公里牌及示警桩1300块（根），定期对各类构造物刷漆5公里，使好路率和综合值分别达到61%和58%，道路行车条件较以往有了显著改善，基本保障了设养公路的完好和畅通，受到了广大群众及司乘人员的认可和赞誉。在自治区公路局的大力支持下，阿里地区2007年农村公路养护资金增至1480.7万元，设养里程5176.33公里。

【加大交通行政执法和行业管理工作力度，道路运输业健康发展】路政部门大力宣传《公路法》、《西藏自治区公路条例》、《西藏自治区公路路产、路权保护办法》等法律法规，坚持上路巡查，随时掌握路产情况。2007年，阿里地区共计查处超限运输车辆1655辆，卸载货物1825吨，收取公路赔（补）偿费10.86万元，在一定程度上遏制了超限超载运输等违法行为。2007年，阿里地区共征收养路费2200.8681万元，为年任务的201%，圆满完成了自治区征稽局年初下达的征收任务。运管部门牢固树立以人为本的思想，转变观念，创新思路，不断推进依法行政，把好运输企业的市场准入关、营运车辆技术状况关以及营运驾驶员的从业资格关，狠抓汽车客运站场安全监督，杜绝“三品”进站、上车，防止超员车辆、带“病”车辆出站，从源头上确保道路运输安全，把科学发展观真正贯彻落实在实际工作之中；进一步做好客货运输市场、机动车维修市场及相关业务的清理整顿工作，重点加大对客运企业、客运站点和客货运输企业的整顿力度，规范运输市场秩序；同时加大路检路查和宣传，确保规费征收，截止10月底，共征收运管费290余万元，货运附加费520余万元，客运附加费32.7万元，工本费0.6万元，罚款11万余元，圆满完成了征收任务，其中运管费、货运附加费同比分别增加了190%和180%。在运管部门的规范管理下，阿里地区的客货运输市场健康发展，2007年共计完成客运量1.18万人次；完成货运量105218.4吨。2007年，地区交通局下属企业交通实业发展总公司狠抓管理和服务，经济效益有所提高，截止10月底，实现营业额42.3万元，不仅偿还原运输公司历史债务5.7万元，而且盈利2.21万元。此外，路桥公司约完成年产值552.6万元。

阿里地区移动通信工作

【目标任务完成情况】2007年，移动阿里分公司运营收入完成2237万元，比上年同期增长13%；净增移动用户达2400户；新业务收入完成321万元，比上年同期增长15%；集团客户收入达517.2万元，完成年计划的95%。新建基站50余座，"村村通"工程投资3400万元，完成村通工程开站18座，边际网17座，覆盖了84个行政村，200个自然村，解决了近2500人的移动通信问题。

【加强管理，市场工作实现新突破】一是巩固存量，降低流失，留住客户，扩大市场。加大对分公司各品牌最新资费和增值业务的宣传，重点是宣传区公司推出的单项资费和各种业务套餐。并适时进行了一系列优惠促销活动，引导客户内部转网工作，使客户的品牌构成更加趋于合理化。二是重视集团、个人客户工作，积极开展差异化营销和提供个性化服务。实行片区发展负责制，加强与"重点工程"联系和沟通，加快新增客户的发展。三是加强了营业厅服务和业务指导。以"诚信服务 满意100"活动为契机，培养营业员的主动服务意识，大力推广"八项承诺"服务公约，全面提升客户对营业服务的满意度和感知度。四是加强社会渠道建设和市场调研工作。完善自有渠道的建设，不断发展新的社会渠道，加强渠道督导，进一步优化渠道流程。在市场调研工作上，2007年调查的重点是在县镇级市场调研上，通过摸清农村市场的消费需求、消费潜力为下一步营销工作储备了第一手资料。五是积极推进村通工程的实施进度，组织专门的促销队，深入农牧区，开展放号工作，取得了良好的效果。

【精益求精，网络工作实现新提高】围绕年初区公司网络工作会议总体部署，克服维护人员严重不足和西藏旅游大发展给网络带来的巨大压力，积极开展网络建设和优化，提高通信能力。一是及时解决了2006年度遗留的本地网光缆终验工作，解决了曲松乡基站连续2年冬季断站问题。二是完成了卫星一、二期整改，机场基站换型工作以及219国道整改部分直放站的建设工作。三是顺利完成了AUC、HLR垃圾数据的清理工作，配合完成了BSC的升版工作以及九扩基站的扩容工程，以上工程的顺利完成和实施，极大地扩大了网络覆盖面，为阿里移动的健康发展奠定了坚实的硬件基础。

【加强协调，企业管理工作实现新转变】按照现代企业制度要求，建立和完善内部管理流程，努力实现"三个转变"，依靠先进管理手段，用数据说话，靠分析决策，实施精细管理，管理工作有了新的转变。一是认真贯彻执行党的基本路线、基本方针、基本纲领、基本经验；认真贯彻执行国务院、自治区和阿里地区的重大决策、决定、指示、部署。 二是企业党团工作和三个文明建设工作。完善党团组织建设，开展党、团员教育。全面落实各项目标责任制，做好企业文化建设、综合治理、党风廉政和精神文明建设工作。全面落实党风廉政建设责任制，组织配合开展纪检监察工作，促进了纪检监察工作制度化，参与对党员进行党风党纪和廉洁自律教育，协助检查公司所属各级党组织及其党员违纪违法案件，对公司招投标工作和重大物资采购活动进行监督，防止。同时组织建设坚持原则、实行民主集中制原则，党员领导干部坚持过好双重民主生在会，坚持党支部"三会一课"制度。做好保密工作，积极推进分公司保密工作责任完成。三是积极配合区公司搞好内审和财务管理工作，遵循SOX法案内部控制项目工作。针对其内部控制缺陷，进行缺陷修补，对审计报告所反映出来的风险点提出了整改措施，并将SOX法案执行列入到了日常考核工作中。对村通工程、边际网工程等全过程进行管理，做好资金分析、管理工作。全面开展资产清查工作，确保国有资产安全完整。三是积极实施绩效变革项目。认真贯彻区公司薪酬、绩效、人事政策，做好劳务派遣工作，将人力资源管理与企业经营效益结合起来，建立有效的激励约束机制，确保公司员工队伍结构合理，活跃公司各项机制，使各项工作走入正规化。同时积极培育企业团队精神，增强企业力凝聚力，推进企业精神文明建设，通过努力2007年阿里地区移动通信公司获得了2007年国家级"双拥"模范单位称号、自治区级"精神文明单位"荣誉称号，受到了社会各界的一致好评。

阿里地区电信工作

【积极推广业务，业务收入稳中有升】2007年，阿里地区电信业累计实现业务收入2745万元，与2006年同期相比增长10.75%，增长额为266万元，完成年度预算的90.85%；其中主营业务收入完成2710万元，与2006年同期相比增长12.62%，增长额为304万元，完成年度预算的90.90%，主营业务收入中，增值业务收入完成较好，共完成343万元，与2006年同期相比增长207.7%，增长额为231万元；其他业务收入完成35万元，比上年同期下降51.7%，下降额37万元，完成年度预算的87.05%。成本费用累计支出4636万元，比上年同期下降0.14%，下降额6.5万元，完成年度预算的88.07%，其中付现成本累计完成3144万元，比上年同期增长10.50%，增长额299万元，完成年度预算的95.05%。 收支差额累计完成1995万元，比上年同期减亏9.91%，减亏额220万元，完成年度预算的85.32%。1—11月，共发展用户3291

户，其中好易通用户发展2821户，宽带用户发展686户，用户数达到30061户。

【市场工作有序开展，服务质量显著提升】2007年，阿里电信分公司在竞争力减弱、形势十分严峻的状况下，积极开展市场营销，努力提升服务质量，大力加强基础管理，一是大力推进渠道建设。为进一步贴近用户，及时掌握和了解用户的需求，更好的为市场工作服务，2007年，阿里电信分公司大力推进渠道建设。首先全面清查和整理客户资料，对不完整的客户资料进行了及时填补，对遗失或无资料的用户进行了补充，并建立相应的用户档案，实现了用户资料和资源数据的统一，其次进一步细分客户群，将原有的大、公、商客户群，进一步细分为“政企、家庭、个人、流客、聚类”五大客户市场，并根据现在所有客户消费价值和客户对企业的贡献度进行A、B、C分类，实行不同类别的分类管理，并将对客户的服务细分到每个社区，将责任落实到人。为提高用户对阿里电信的信赖，维护阿里电信的信誉，6月，阿里电信分公司组织人员对近两年来的协议用户进行了清查，通过清查，了解协议用户目前消费情况，分析工作中存在的不足和问题，并落实相关人员的责任，提高了用户对阿里电信的认知。二是积极开展市场营销。针对零次户数量不断增多，分公司营销成本不断增加而收入增幅不大的情况，8月，开展了零次户的清理和激活工作，通过对零次户的清理和分析，结合阿里的实际状况，制定了充值送话费、大力宣传11808业务等营销策略，通过开展上门宣传和服务等手段，说服用户使用阿里电信业务，以激活在网的零次户，并发展新用户，三个月以来，共激活零次户1201户，为分公司业务收入的增长作出了积极的贡献。9月，按照区公司的要求，积极开展“大干60天”活动，并结合阿里的实际情况和正在进行的清零激零工作，制定了活动方案和营销方案，并对活动的进展情况实行日报制度，及时了解掌握和分析活动的动态。在春节期间，为进一步提高来电信的知名度，促进增值业务的发展，阿里地区电信分公司与阿里电视台合作开展了“短信拜年抽奖”活动，该活动既增加了分公司的业务收入，也丰富了阿里人们的业务生活，收到了阿里地委宣传部的好评。三是努力提升服务质量。为进一步提升分公司的服务质量，2007年年初，制定了《三级回访制度》，并由市场拓展部督到落实，并加强对各相关单位的考核；同时，加强和规范营业厅的管理工作，按照区公司要求积极开展营业厅四力提升工作，软件上，加强对营销人员的教育和培训，提高员工素质，并制定和规范有关制度，硬件上，按照要求规范营业厅的硬件设施和营业场所，提升营业厅的服务质量；按照区公司的要求，贯彻落实“六项服务承诺”的各项要求，并成立专项工作领导小组，制定了具体落实的实施意见，加强对“六项服务承诺”工作的落实和管理；在加强教育和管理的同时，加强对员工监督，设立了180投诉、网上投诉和10000号投诉等多条投诉渠道，由专人负责用户的投诉，并按照要求时限处理和反馈用户的投诉问题，进一步强化员工的责任意识，全面加强服务工作的管理。四是大力开展业务宣传。为提升用户对分公司业务的了解程度，促进业务的发展，在新的营销策略执行前、新业务推广前和“电信日”、“春节”等重大节日中，组织人员积极宣传分公司的各项业务，并通过横幅、电视视频点播、宣传单、宣传车、现场办公、现场演示等多种宣传形式和有效的营销措施，努力让用户使用电信业务。

【通信建设按期完成，后台支撑保障有力】通信建设是做好业务发展工作的基础和前提，2007年，按照区公司的部署和分公司的工作需求，阿里电信分公司持续开展了通信建设工作，并加强了对维护工作的管理。按照年初的网络建设规划，完成了450D网络的优化（地区新大楼、日土村、昆莎机场、霍尔乡）和新建站点（改则的先遣乡、革吉的亚热乡）的建设任务以及直放站的调整优化；各县局电源改造；各县局和地区DSLAM设备扩容；地区宽带提速；机场施工指挥部综合接入；地区水泥厂固话和宽带接入；大客户的接入、西环的开通等，为提高网络质量、网络覆盖和满足市场业务发展以及提高用户对电信的感知起到了有力的支撑作用。同时，进一步做好维护工作。4月，根据用户反映的好易通信号不强的情况，组织技术人员对全地区的好易通基站、直放站进行了检测，对少数存在故障和问题的基站进行了维护，解决了存在的问题；5月，为做好全地区的通信保障工作，组织骨干员工对各局站的电源设备进行了巡检，全面掌握各局站的设备运行情况及相关资料，对存在的问题进行现场处理，对管理人员进行技术培训，提高各局站的维护能力和保障能力。7月，针对营业人员在CRM系统正式上线运行后对系统不熟悉的情况，安排信息化部员工对地区和各县的营业人员开展了专项培训，提高员工营业人员的业务水平，保障业务工作的顺利开展。在做好建设维护工作的同时，加强内部管理。8月，为节省并合理使用人力资源，将交换、传输、数据、电源机房合并，实行集中监控，并认真做好交接班工作，将值班责任落实到人，同时，让员工相互学习，以提高分公司维护人员的整体素质；为进一步做好网络运行分析工作，改善和提高网络运行质量，自9月开始，分公司开展了网络分析工作，并实行每月通报，认真分析并及时解决网络运行中的问题和矛盾，全面掌握阿里地区网络运行情况，为优化网络提供有力的依据。

阿里地区
扶贫（农发）工作

【强化扶贫项目建设，推进扶贫工作向前发展】2007年，阿里地区共实施扶贫开发项目26个，完成国家投资818万元（不含培训、贫困户安居工程）；实施农业综合开发项目3个，完成国家投资1217万元。完成面上扶贫开发项目15个，完成国家投资375万元。通过项目实施，共建设绒山羊示范户38户，置换山羊3762只，种草49公顷，草场围栏807公顷，修建棚圈166套，打井5眼；牲畜育肥98户，育肥羊1098只；建家庭旅馆15间，组建农牧民建筑队1个，建石板采集石1个，建杏干加工厂1个，建普兰镇民族手工艺示范户20户。共在噶尔县门士乡、革吉县革吉镇和改则县改则镇进行了整乡推进扶贫。共完成项目11个，完成国家投资443万元。2007年，全地区共完成培训项目1个，完成培训资金12万元，共培训农牧民驾驶员51名，其中：大车驾驶员31名，小车驾驶员20名。按照自治区年初计划，2007年，阿里地区共完成贫困户安居工程建设781户，完成地方病群众搬迁345户，共完成国家投资4876万元，比自治区计划的1003户多实施123户。并将投入的重点放在了三个整乡推进扶贫开发乡，每个乡投入150万元。其余的札达县完成贫困户安居工程172户，完成资金430万元；普兰县完成贫困户安居工程300户，完成资金572万元，实际完成322户；日土县完成安居工程274户，完成资金521万元；措勤县完成贫困户安居工程400户，完成资金775万元；噶尔县完成299户，完成资金716.5万元；革吉县完成455户，完成资金763.5万元；改则县完成600户，完成资金1098万元。

【抓调研，进一步明确扶贫对象】2007年，阿里地区积极开展农牧区基础设施建设情况调研，对农牧区贫困现状、项目建设情况、牲畜棚圈、人畜引水等方面进行了全面的调研，初步摸清了各村农牧业基础设施建设情况，对今后有计划的进行扶持奠定了基础。政府引导，促进“公司＋农户”的农牧民合作组织形成，增加群众收入。为寻求札达县底亚乡和什布奇村杏干、苹果等水果的销售门路，促进阿里地区“公司＋农户”合作组织的初步形成，札达县政府与地区恒远公司达成产销协议，并签定年产销30吨杏干、苹果等水果的合同书，初步形成“公司＋农户”的生产模式，据预测数据表明，完成产销合同后，可给底亚乡和什布奇村农牧民带来直接经济利益10万余元。实事表明，2007年8月，地区恒远公司首次收购了底亚乡杏子0.85吨，农牧民实现利润0.22万元。9月底，又收购苹果5吨，农牧民实现经济利润2.3万元。两项带给农牧民的经济收入达2.52万元，远远超出了年初预测目标。

【多策并举，贫困户安居工程和定点扶贫工作有序开展】全区定点扶贫会议召开以来，地委、行署高度重视阿里地区的定点扶贫工作，专门召开了全地区定点扶贫工作会议，指定了地区定点扶贫工作领导小组，明确了由地委农工办、组织部、扶贫办三家单位具体负责该项工作，并把除自治区定点帮扶的7个乡镇30个村以外的114个村，列入87个地（中）直单位（包括15个独立科级单位），11个企业单位和5个驻地部队帮扶的范围。采取一个地（中）直单位原则上对口帮扶一个重点扶持村，地直农口部门、驻地部队原则上对口帮扶应不少于两个村，实力较好的企业对口帮扶一个重点扶持村，两个独立科级单位对口帮扶一个重点扶持村，机关干部对口帮扶重点扶持户的办法加以落实。目前，定点帮扶阿里地区的7个区直单位人员已全部到位，有90%左右的地（中）直及企事业单位、驻地部队已深入各村开展了全面细致的调研工作，60%的单位有计划的在各村开始了扶持。2007年，自治区下达阿里地区贫困户安居工程建设任务682户，地区将此目标任务增加到1126户，在总结2006年安居工程实施经验和不足的基础上，重点安排了2007年三个整乡推进扶贫乡（镇）180户的贫困户安居工程，其余部分按照县安居工程规划落实到各建设地点，做到了目标明确。

【定责任，抓培训，千方百计增加农牧民收入】2007年初，地区扶贫办与地区行署签定了农牧民群众增收580万元的目标任务，为顺利完成任务，在全地区扶贫农发项目投入2035万元的基础上，按照各县投入情况，与各县共签定了农牧民增收730万元的责任书。其中：普兰县70万元，改则县105万元，日土县35万元，噶尔县190万元，革吉县130万元，措勤县150万元，札达县50万元。各县将自治区审批的扶贫项目全部落实到各村，组织农牧民直接参与项目建设；农业综合开发项目除在部分施工队中安排农牧民外，在噶尔门士开发区直接将部分水渠安排给农牧民，多渠道的增加收入。2007年9月，阿里地区举办了农牧民驾驶培训1次，培训农牧民达51人，培训时间1个月。为在较短的时间内完成培训计划，在人员的挑选上必须具备年龄和驾驶基础等条件。通过协调，参加培训人员的年龄不超过30岁，要有一点驾驶基础。同时为减清农牧民负担，地区扶贫办与地区交警大队、车管所、劳动局、农牧局和地区财政局、卫生局等部门大力协作，由地区扶贫办支付每人2800元的培训费（含驾驶执照）；地区农牧局提供38人的住宿、吃饭等问题；地区交警大队、车管所为培训提供训练衣服100套；地区财政局为培训提供资金7万元；劳动局为整个培训提供资金2万元，同时颁发劳动技能证书和职业技能签定证书；卫生局将原定的每人140元体检费降到70元。通过地区各部门的通力协作，农牧民驾驶培训直接减少了农牧民负担并顺利结束。

阿里地区农牧工作

【年度情况与特点】2007年，阿里地区共完成农作物播种面积2006公顷，比上年增长0.5%，其中：粮食播种面积1389公顷，比上年减少0.1%；经济作物播种面积108公顷，比上年减少17%；其它经济作物播种面积509公顷，比上年增长2.2%，其中：蔬菜播种面积32公顷；饲草饲料播种面积478公顷。全地区粮食总产量达到4818吨，比上年增长2.48%；油菜籽产量达到168吨，比上年增长2.8%；蔬菜产量达到502吨，比上年增长6.16%；全地区年末牲畜存栏总头数控制在295.15万头（只、匹），幼畜成活率达到76.1%，比上年提高1.7个百分点；成畜死亡率达到4%，比上年下降了0.3个百分点；牲畜出栏率达到33.2%，比上年提高0.35个百分点；肉类总产量达到15808吨，比上年增长3.16%；奶类产量达到7232吨，比上年增长1.5%；绵羊毛产量达到1316吨，比上年增长6.24%，山羊绒产量246.6吨，比上年减少5.19%。全地区粮经饲作物种植结构比例由2006年的70∶7∶23调整到了70∶8∶22。畜种结构比例分别达到山羊50%、绵羊45%、牛4.3%和马属动物0.7%；适龄母畜比例达到49%。2007年，阿里地区农牧业项目建设总投资达4720.54万元，其中：中央投资4252.13万元，群众投资投劳468.41万元。实施了噶尔县奶牛基地建设、噶尔县牲畜育肥基地建设、普兰县家庭式旅馆建设、普兰县短期育肥羊基地建设、札达县牲畜育肥基地建设、措勤县紫绒山羊原种场建设、改则县绒山羊扩繁场改扩建项目、革吉县绒山羊扩繁场改扩建项目、阿里地区人工种草项目、有害生物预警控制区域站建设等重点项目建设，大力改善了农牧业生产条件，拓宽了农牧民增收渠道，促进了农牧业生产的健康发展。

【农牧业科技培训与推广工作成效显著】认真总结科技推广、科技承包和科技培训工作经验，积极组派科技推广、示范小组和科技特派员，深入基层乡村、科研点蹲点开展科技培训、试验、示范和技术推广服务工作。2007年，阿里地区在札达、普兰两县建立青稞良种繁育田基地170公顷；油菜籽推广67公顷；示范种植新品种10公顷；春小麦0.2公顷；蔬菜、瓜果实验试种0.7公顷、19个品种；新建和维修蔬菜大棚27座。组织抽调地、县技术力量会同科技特派员，对日土绒山羊原种场、措勤县紫绒山羊原种场为重点的原种场和扩繁场的绒山羊种群进行了技术指导，对绒山羊生产性能进行了测量，进一步规范建档立档工作。在认真搞好农牧业科技推广服务的基础上，2007年，阿里地区共举办各类农牧业实用技术培训班28期，培训基层农牧专业技术人员和农牧民3032人次。 通过一系列的农牧业科技培训与推广工作，极大地提升了阿里地区基层技术员和农牧民群众的科技应用水平，提高农牧民科技普及率。

【进一步拓宽农牧民增收渠道，农牧民增收效益明显】为切实做好农牧民增收工作，阿里地区专门成立了农牧民劳务输出领导小组，组建农牧民专业施工队，积极参与安居工程、人工种草、乡村道路等项目建设。同时，为了增加农牧民收入，积极组织和引导农牧区剩余劳动力从事二、三产业，并开展了以木工绘画、铁器加工、农机具维修、民族手工业为主的劳务技能培训工作。2007年，阿里地区劳务输出完成 2.3 万人次，实现创收4258万元。

【积极探索发展农牧民专业合作经济组织，开辟了农牧民增收新途径】2007年，阿里地区农牧民专业合作经济组织工作起步发展，通过加强农牧民专业合作组织的宣传工作等各项工作，农牧民群众进一步提高了对专业合作经济组织的认识。政府积极引导，对有特色、有开发潜力的行业进行了分析，对愿意参加组织的牧民进行了摸底排查，在政策、资金方面给予一定的优惠和帮扶，鼓励农牧民专业合作组织的发展。2007 年阿里地区建立农牧民专业合作经济组织4个，参加人数256人。

【加强蝗虫防治工作，确保蝗虫灾害得到有效控制】2007 年，阿里地区蝗虫发生面积达152000公顷，严重危害面积达107067公顷。2007年，阿里地区共出动灭蝗人员9784人次、车辆178台，调运药品 25 吨、手动喷雾器 55 台、电动喷雾器149台、一体机109台。

阿里地区林业工作

【强化林业项目工作，大力实施“项目带林”发展战略】2007 年，阿里地区林业局积极捕捉项目信息，抢抓机遇，在2006 年项目工作取得突破的基础上，再接再厉，把项目前期、中期做深做细做扎实， 积极向上级争取项目和资金。2007 年，阿里地区完成林业项目投资944.1万元，其中：退耕还林兑现群众粮食及补助资金 119.6 万元，西四县城镇周边造林及公路绿化项目1500万元，建设年限 3 年，现已完成投资 600 万元，苗圃新建改建项目 100 万元，噶尔县防沙治沙项目投资80万元，生态效益补偿基金项目管护资金已兑现 25%，即 32 万元，羌塘自然保护区藏羚羊巡护经费12.5 万元。已下达建设生产计划，资金已到位，拟实施项目 5 项，总投资 930万元。其中，日土县班公柳采种基地建设投资87万元，扎达县白皮松采种基地建设投资 100 万元，生态效益补偿基金2007 年剩余的 75%资金 99.57 万元即将兑现，狮泉河镇防沙治沙30万元，2008年西四县工程造林 250 万元，成片造林479公顷，玛旁雍措国际重要湿地监测站投资 289 万元，羌塘国家级自然保护区野生动物疫病疫源监测站和玛旁雍措野生动物疫病疫源监测站合计80万元。

【边境县城镇周边造林工作取得明显成效】2007 年，噶尔、日土、普兰、札达西四县城镇周边造林项目投资继续增加，阿里区高度重视，成立了以行署分管专员为组长的领导小组，切实加强对项目的领导，与各县签定了造林责任书，明确各自职责，提高各县的责任感和使命感。共采购水车 5 台，拖拉机（打坑机）4台，网围栏 11 万米。加强督查力度，落实责任和任务。2007 年，全地区完成造林面积 315 公顷，完成计划的100%。

【强化义务植树活动成效，积极打造高原绿色生态城镇成效斐然】2007 年，全地区共组织适龄公民3000多人完成义务植树15万株。创新绿化管理新形式，与地区武警支队联合建设了“武警绿化一条街”，多方筹集资金，为支队解决洒水车一台。通过武警支队的有效管护，“武警绿化一条街”面貌得到了明显的改善。积极开展建“创绿化家园，建富裕新村”活动，帮助农牧民群众在房前屋后开展绿化，使乡村面貌焕然一新。积极探索城镇街道绿化管护形式。经与噶尔县协商，把狮泉河镇南北滨河路绿化以承包管护形式交给城镇个体户经营管理，收到了街道绿化保存率85%的良好效果。加强种苗基地建设。积极探索苗圃基地建设与管理的新形式，对新建苗圃严把质量关，对改扩建苗圃加强管理，水源改造和乡土树种的培育与推广。

【狠抓退耕还林的后续管理工作，加强生态效益补偿基金重点公益林管护，大力促进生态增效、群众增收“双赢”】把退耕还林迎验工作作为重点，加强退耕还林补植补栽工作。加强督导检查，下发通知要求各县建立健全完善退耕还林的卡片档案，做到档案清、卡片明，退耕户与退耕面积相吻合，不出现盲点和空白。组成林业、财政联合工作组深入到项目实施县，实地开展指导督促，丈量面积，抽样退耕地的保存率，对不符合的地块，要求项目实施县认真做好退耕还林补植补栽工作，确保退耕还林的面积和质量达到自治区验收标准。积极开展钱粮兑现工作，及时足额向退耕户发放政策补助，联合地区财政等有关部门，将资金及时下拨到位，共向退耕户发放补助资金 119.6 万元，其中粮食折现补助 109.2 万元，现金补助 10.4 万元，有力地推动了阿里地区农牧民增收工作。

强化生态效益补偿基金管理，积极探索重点公益林管理模式。针对各县公益林管护人员责任心不强，人均管护面积较少的情况，积极研究对策，开展调查研究，在充分征求各县意见的基础上，出台了《关于调整重点公益林管护人员的通知》，把人浮于事的管护人员从管护岗位退下来，与留任的管护人员签定合同，做到持证上岗，充分调动管护人员的积极性和责任心。把节省下的资金用到其他需管护而没有纳入到生态效益补偿基金范围的灌木林，加强重点公益林的巡逻管护，积极制止乱砍滥伐现象，确保了阿里地区重点公益林的安全。

【强化措施，野生动植物保护工作取得新进展】阿里地区林业部门进一步加强了对藏羚羊等野生动物的巡逻保护力度，落实有关措施，切实加强野生动物保护工作。加强宣传教育，把提高群众的野保意识放在首位，参观受教育的群众达 4000 多人次。认真落实野生动物保护目标管理责任制，与各县签定了野保责任书，表彰了 2006 年野保先进集体和先进个人，真正把任务和责任落到实处，增强广大群众的野保责任感，调动了广大群众参与野生动物保护的积极性。组织专人联合当地执法部门深入灌木林地和野生动物保护区，严厉打击了乱砍滥伐林木、非法加工经营野生动物、乱捕滥猎野生动物的违法犯罪行为。加强案件的查处力度。按照发现一起，查处一起，移交审判一起的原则，使野生动物案件查处率达到 100%，2007 年共查处非法偷猎野生动物案件 1 起，抓获犯罪嫌疑人 3 名，缴获藏羚羊头 3 个，作案工具摩托车 2 辆。积极开展野生动物造成人身伤害和财产损失赔偿调查工作，深入实地开展调查取证，积极协调有关部门开展赔偿工作。所有理赔资料全面及时上报自治区有关部门，自治区林业局、财政厅对阿里地区此项工作开展情况十分满意，表示将于近期落实资金，使老百姓得到赔偿。积极开展对外合作，根据自治区林业局的安排，和世界自然基金会、世界野生生物保护学会等国际机构密切配合，争取到野生动物保护宣传经费 3 万元，实施了野生动物科学考察和野生动物保护宣传工作，有效地向世界宣传了我国野生动物保护的成绩。

阿里地区水利工作

【水利工程建设进展顺利】2007 年，自治区水利厅和相关部门共安排阿里地区水利项目 25 个，下达投资计划 3482.86 万元。农村饮水安全工程分四批进行，国家总投资 1462 万元，拟解决 15154 人，342705 头(只、匹)的牲畜饮水安全问题。其中，第一批农村饮水安全工程国家投资 501 万元(含 2006 年下达的 87 万元)，已完成 85%以上；第二批农村饮水安全工程国家投资 300 万元，已全面开工建设；第三批农村饮水安全工程国家投资 509 万元，拟解决 5392 人(包括边防部队)、166269 头(只、匹)的牲畜饮水安全问题，分别安排在噶尔、札达、日土、革吉、改则、措勤六县，待资金到位后组织实施；第四批农村饮水安全工程国家投资 152 万元，分别在措勤、改则、革吉，待资金到位后即可组织实施。小型农田水利项目 8 个，总投资 353.2 万元，主要建设了改则麻米引水灌溉、札达通天水渠等。民办公助项目 5 个，投资 97 万元，待资金到位后实施。防汛项目 5 个，投资 83 万元，现已完成。三期农网改造工程投资 1487.66 万元，其中第一批在噶尔、日土、普兰三县实施，现已基本完成；第二批在札达、革吉、措勤三县实施，目前审查、审批、招投标工作全部结束，正抓紧做开工报建手续，待资金到位后开工建设。

【项目前期工作取得实质性进展】2007 年，地区水利局共完成水利项目前期工作 11 项，其中包括措勤、改则两个县级水电站建设，日土县乌江水电站装机 200kw，札达县萨让电站装机 160kw 等四个水电站建设项目。阿里地区“十一五”第二期(2008 年-2010 年)农村饮水安全工程可行性研究报告已通过区水利厅组织的专家审查，拟安排国家投资 739 万元，该建设项目拟在 4 个县(措勤县、改则县、革吉县、普兰县)105 个村(组)解决 9731 人的饮水安全问题，同意确定 105 个供水项目工程点，其中管道引水项目 2 处，保暖井 43 眼，机电井 43 眼，光伏井 8 眼，钻井 9 眼。目前，该建设项目立项报告已报区发改委待批。积极开展“十五”期间涉农部门安排的需维修水井的核实、统计工作，该部分水井维修共需投资 600.09 万元，可解决 22422 人，950830 头(只、匹)牲畜的安全饮水问题，现已上报待批。上报了 2007 年第二批农田水利基本建设项目 5 个，2008 年农田水利基本建设项目 25 个。措勤县 4.5 公里防洪堤项目初设复核和水利厅审查顺利通过。札达县库容 17 万立方米的托林水库概算获批复，噶尔县昆莎引水灌溉工程、狮泉河城镇生态防洪工程、措勤尼龙村引水灌溉工程、普兰科加山洪灾害治理、日土山洪灾害治理等项目前期工作也顺利完成。

【全面维修“送电到乡”小水电站】“九五”、“十五”期间，在区水利厅、区发改委的关心支持下，在地区相关部门的协助下，阿里地区相继开工建成了日土德汝等 5 座“117”水电站、扎普等 8 座“送电到乡”水电站和塔尔钦等 7 座小型村级电站，但由于农电管理水平低下和电站长期运行，电站运行中出现不少问题。根据区水利厅安排，由西藏华东水电设备成套有限公司负责修复 7 县水电站的方案已获自治区批复。除“九五”期间建设的电站未能维护外，其它所有电站机组基本运行正常。

【切实搞好已建项目验收工作】切实做好欧果水电站、日土县德汝水电站、札达县托林水电站、噶尔县扎西岗水电站四个 “117”水电站项目验收工作，四个项目总装机容量达 2450kw，总投资 12147.34 万元。扎西岗电站将于 2008 年初验，其它三个电站将于 2008 年进行终验。做好措勤县达雄水电站、革吉县文布当桑水电站、日土县扎普水电站、噶尔县新乡水电站、噶尔县门士水电站、普兰县多玛水电站、普兰县斜尔瓦水电站等七个“送电到乡”小水电站验收。这七个水电站总装机 750kw，总投资 4726.97 万元。“送电到乡”的 7 座电站已全部通过地区初验，计划 2008 年完成竣工验收。做好狮泉河镇、札达县两项防洪工程验收。狮泉河镇堤防工程堤坝总长度 11.6 公里，防洪标准为 50 年一遇，总投资 3308 万元，计划 2008 年进行竣工验收。札达县防洪堤长 4.38 公里，投资 873 万元，水毁修复工作已完成，已于 2007 年底完成初验。做好改则县麻米抗灾草场灌溉工程验收。该工程总投资 221.77 万元，将于 2008 年完成竣工验收。做好阿里地区二、三期农网改造工程验收。阿里地区二期农网改造工程总投资 925.51 万元，工程建设覆盖日土、札达、普兰三县，已于 2003 年 8 月竣工，当年完成了初步验收，待自治区水利厅组织竣工验收。三期农网改造工程在噶尔、日土、普兰、札达、革吉和措勤六县实施，其中，三期农网第一批现已基本完工，第二批计划于 2008 年 5 月开工建设，待六县全部完工，统一进行初步验收。

【加大防汛抗旱工作力度，确保安全渡汛】及时召开全地区防汛抗旱工作会，总结 2006 年防汛抗旱工作，布置安排 2007 年防汛抗旱工作。地区防汛抗旱指挥部指挥长与各县指挥长签订了防汛抗旱工作责任书，认真落实防汛抗旱行政首长责任制。补充购置了 17.7931 万元的防汛物资，其中购置铁丝 14375 吨，麻袋 2105 条，编织袋 23260 条，水泵 2 台，柴油机 2 台，旱地龙 10 件等。根据狮泉河电站、革吉欧果电站运行实际情况，地区防汛办积极安排部署，联合水利、气象、水文、电力公司四个部门组成防汛督办协调小组，提出了每天互通信息，及时了解雨情、水情，做到资源共享，齐心协力做好防汛工作的要求，把狮泉河电站水库水位和实际水位信息发到每一位防汛领导和办事人员，同时，防汛办先后 5 次组织相关人员到水库察看水位及电站运行情况，有力确保了安全渡汛。地区防汛办还安排了三个工作组分别到七个县检查指导防汛工作。现场察看河流、水库水情，听取各县防汛工作开展情况及存在问题，向各县提出合理的意见和建议，统计上报水毁损失。2007 年，全地区各县共上报水毁损失 257.1 万元，地区投入大量抗旱设备，投入资金 25.5 万元，但因干旱造成的草场干枯或未返青面积达 90548 公顷，因灾经济损失达 1185.2 万元。为切实落实狮泉河堤防洪各项措施，地区防汛办按照防汛预案的要求，积极进行督导，并以信息形式及时将有关情况上报自治区、地区防汛抗旱办公室，同时，地区水利局积极组织当地群众以“以工代赈”形式对狮泉河防洪堤进行了一次临时加固，有力确保了狮泉河安全度讯。

阿里地区电力工作

【各项生产经营指标完成情况】2007 年，阿里地区完成发电量 1276.15 万 kw.h，完成计划的 149.78%，较 2006 年同期增长 94.65%；上网电量为 1246.21 万 kw.h，完成指标的 153.47%，较 2006 年同期增长 124.13%；售电量为 1043.47 万 kw.h，完成指标的 151.23%，较 2006 年同期增长 126.88%；线损率由 2006 年的 17%降至 13.31%；电费回收率由原来的 90%提高至目前的 98.5%（不包括专项电费）；狮泉河镇供电面积由原来的 90%提高至目前的 95%。自地区电力公司接管运营以来，已偿还债务 240.72 万元。期间追缴电费 131.77 万元，2007 年缴纳税金 81.26 万元。较上年固定资产增加 364.16 万元。积极全面地开展安全生产工作基本实现了全年提出的工作目标，未发生特大、重大事故、人身伤亡事故、重大火灾事故及企业负主要责任的重大交通事故的发生；未发生操作事故。

【以安全生产为主旨，认真开展各项工作】加强职工队伍培训，提高队伍素质，加强精神文明建设。地区电力公司领导班子积极贯彻落实党的十七大精神和“三个代表”重要思想，紧紧围绕原西藏电力公司与地区行署签定的《关于阿里地区行政公署委托西藏自治区电力代管阿里电力公司的协议》精神和 2007 年自治区电力工作会议精神，不断加强职工队伍培训，着力提高职工素质。2007 年，共送出培训职工 13 人次，在岗培训 66 人次。通过培训职工队伍素质较 2006 年相比，有了较大提高，为确保完成全年各项工作奠定了良好基础。努力抓好物质文明、精神文明、党风廉政建设及企业文化建设。注重发挥党组的政治核心作用和战斗堡垒作用，保证党的各项方针政策在公司贯彻执行，保证电力体制改革顺利进行，使阿里地区电力公司的各项工作保持了良好的发展势头，职工队伍保持良好的精神状态。始终坚持“安全第一，预防为主，综合治理”的方针，树立“安全就是效益”的思想，坚持“保人身、保电网、保设备”的原则，紧紧围绕防止人身伤亡事故、重大设备事故以及重大责任交通事故为重点，认真组织全公司职工学习贯彻上级下达的有关安全生产的文件、通知和会议精神。全年没有发生人身伤亡事故、人为责任事故、设备事故和交通事故。认真学习贯彻区公司有关安全管理的文件，充分认清安全形势，进一步增强紧迫感、使命感和责任感，以对党、对人民高度负责的精神，认真抓好各项安全工作。坚持每周四“安全学习”制度，开展与“违章、麻痹、不负责任”三大安全敌人做斗争活动，认真组织职工学习和贯彻上级下达的有关文件，对职工宣传最新的安全知识与安全信息，针对安全生产存在的问题，认真分析原因，制定整改措施。牢固树立职工安全生产意识，提高职工主人翁责任感。交通安全方面，坚持每月进行检查，针对每周实际工作情况（如天气情况，出差路况等）采取必要的交通防范措施。同时，加强每月的车辆安全检查，杜绝车辆带病运行，使车辆保持在良好的状况。继续完善和补充安全生产的有关规章制度，认真执行公司《安全生产奖罚实施细则》，加大安全生产奖罚力度，奖励安全生产有功人员，处罚检修维护工作不认真、不到位和习惯性违章的人员，杜绝人为责任事故的发生。建立健全安全生产保证体系及安全生产监督体系，制定了《安全生产管理制度》等 14 项制度，使安全监督检查规范化，同时亦可规范职工的作业行为。部门负责人员不定期对变电站、水电站、火电厂等现场进行监督检查，对检查中发现的不安全现象当面提出整改意见，有效地遏制了违章和不安全现象，对确保人身安全、设备安全起到了监督作用。2007 年 7 月，地区电力公司组织开展了以“安全是生命之本，违章是事故之源”为主题的安全知识竞赛；另一方面强调了所有作业、工作流程要进一步规范化、制度化，管理要有“铁的面孔、铁的纪律、铁的手段”，只有高标准、严要求才能搞好安全生产。全力作好防汛工作。制订了安全活动方案，并进行防汛安全大检查，对查出的问题及时进行整改。同时加强事故抢修、防洪救灾物资的准备工作，指定专人管理维护、定期检查。成立了消缺小组，配备了经验丰富的检修人员，根据缺陷情况采取一般缺陷集中处理，紧急、重大缺陷专项迅速处理的原则，圆满完成了防汛任务。认真开展了安全生产月活动，制订了安全生产月的活动方案，并有效地实施了安全大检查。

阿里地区石油销售工作

【主要指标完成情况】2007 年，中国石油阿里销售分公司累计购进汽柴油 11779 吨，较 2006 年同比增长 13%，完成全年预算指标 12000 吨的 98%；累计销售汽柴油 9992 吨，较 06 年同比减少 8%，完成全年预算 12000 吨的 83%；目前库存汽柴油 2883 吨，较 06 年 10 月份同比增长 73%。汽油累计销售 2281 吨，较 06 年同比减少 1%，完成全年预算 2400 吨的 95%；柴油累计销售 7711 吨，同比减少 10%，完成全年预算指标 9600 吨的 80%。区外汽柴油累计销售 5261 吨，同比减少 11%，完成全年预算指标的 107%；区内汽柴油累计销售 4731 吨，同比减少 5%，完成全年预算 7100 吨的 67%。累计实现销售收入 5277 万元，较 06 年减少 246 万元，同比减少 5%；营业费用 735 万元，较 06 年增加 17 万元，同比增加 17%；实现利润 46 万元，较 06 年减少 185 万元，同比减少 80%。

【优化资源配置，不断增强市场驾驭能力】加强资源购进，加大资源采集力度，不断优化进货结构，有力推进资源配置计划的顺利执行，确保了阿里地区电力公司区内外成品油市场的稳定供应。公司积极加强调运组织，营销科积极开展与西北销售公司、总公司营销处沟通协调，不断完善成品油的承运模式，努力打造和谐稳定的运输环境，公司牢固树立大局意识，认真履行工作职责，资源配置计划、调运计划完成较好，有力保障了区内成品油销售工作顺利开展，做到了成品油销售不断档、不脱销，确保了市场的供应。针对上半年公司销售业绩的萎靡，公司加强了营销策略的调整，公司主管领导、营销科通过深入市场调研，掌握详细的资料，制定了多样化的营销策略，积极推进“零售优先、效益优先”、“优质服务、扩销增效”的销售策略，不断优化区内与区外的配置，促使销售快速增长，扭转了公司局势。

【采取各种措施，努力扩销增效】采取了灵活多变的促销手段，稳定顾客群。公司为巩固加油站与顾客的感情，加强沟通，为各站发放了促销费，为顾客提供修理使用的手套，同时，公司统一制定了印有中国石油标志的一次性纸杯，深刻地表达了对顾客的一份真心，更好地宣传中国石油企业文化。积极推广油料代储加油通知单使用，牢牢抓住行政单位油料市场，减少单位工作量，确保了资金安全，巩固了客户群。积极做好客户满意度调查工作，全面地了解零售客户对加油站的综合评价，提高了加油站的服务质量和综合管理水平，加油站设立客户意见箱，针对客户提出要求，公司及时进行反馈，进行规范整改。公司深入地开展了“形式、目标、任务、责任”的学习教育活动，狠抓现场管理，开展加油站二级稽查活动，并按稽查考评细则实行了打分评比，强化了基层的管理。通过组织开展“安全、环保、服务”月活动，不断改善了加油站服务软环境，认真开展组织加油站“十三步曲”和收银“六步曲”的演练操作，公司领导亲自带领大家一步一步学习，扎实掌握每个动作要领，加油站服务水平有了大幅提升，员工精神面貌焕然一新，零售业绩大幅增长。针对上半年业绩不容乐观的情况下，公司实行了周例会制度，每周一组织市场信息价格小组成员召开一次专题会议，根据各部门收集信息，深入分析市场形势，及时修改应对策略，提高应对能力。充分调动了加油站员工工作积极性，采取“走出去、请进来”的营销策略，主动上门联系客户，改变了以往坐站等客现象，紧紧抓住销售旺季有力契机，扭转了上半年的销售萎靡状况。

【注重营销策略研究，增强市场的应对能力，有力地提升市场驾驭本领】加强市场营销工作，完善营销管理体制，注重市场分析和策略研究，增强市场应对能力，面对市场的变化灵活应变。公司成立价格信息工作小组，建立了市场分析例会制度，针对市场瞬息万变，定期组织成员出谋划策，研究市场需求变化，资源状况，研究竞争对手的营销策略、手段，做到知己知彼，主动出击，提高营销措施的针对性和有效性，制定出相应的策略，变盲目被动营销为积极主动营销。根据客户差异性的需求特点，按照销量多少，对客户实行分级开发、分级回访，要充分发挥销售代表的作用，采取有效的激励约束机制，实行薪酬、费用与业绩挂钩的考核办法。认真做好多品种油品销售工作，努力扩销增效，巩固、开拓多品种油品销售市场占有份额，继续宣传、推广多品种油品特点。继续加强油品的价格管理，正确处理量价关系，坚持价格变动审批制度，积极加大与地区物价局的沟通协调，建立与市场相匹配的定价策略，达到既保市场又保效益的目的。进一步强化市场整治工作，积极参与自治区成品油市场检查行动，针对阿里地区成品油价格等方面混乱现象，请求地区商务局等相关部门进行了专项大检查，阿里地区电力公司积极协助此项工作，取得了不扉的成绩，个别油品数质量堪忧的私营加油站得到了有效整顿，进一步营造了有利于公司发展的市场环境。

【强化安全管理，杜绝了事故发生】加强职工的安全教育活动，贯彻“安全第一、预防为主”的方针，树立起“安全第一、稳定第二、生产第三”的思想，培养职工安全“责任重于泰山”的思想意识。逐级完善了安全生产机制，建立健全了安全生产责任制，层层签订了《安全生产责任书》、《社会治安综合治理》，签订率达到了100%，形成了一级抓一级，一级向一级负责的安全生产责任网络。强化了安全生产隐患整改工作力度，储运安全科加大了对油库站安全隐患排查工作力度，深入基层，调查研究，针对油库站存在的安全隐患，建立安全隐患台帐，对公司每个油库站安全做到心中有数，为安全隐患整改打下了坚实的基础。加强施工现场的安全管理，认真制定工程施工实施方案和应急预案。严格落实"精、严、细"工程，坚持规章制度完善，加强责任落实，充分发挥法制化的安全管理效能，深入持久地开展"整隐患，反三违，保安全，增效益"活动。储运安全科全年下站检查 40 余次，查找安全隐患漏洞，检查督导安全生产工作。认真做好油库操作规程编制工作，提高员工安全意识，加大安全培训力度，共培训 4次，培训50人次。全年共举办2次消防演习，11 月 9 日公司积极协助地区消防支队组织机关全体人员、油库站人员在狮泉河油库进行了实战演练，通过安全规范学习和实地消防演练，使员工能够对身边的违章行为和危险源进行辨识，规范了操作行为，提高了安全生产和处理突发事件的能力。

阿里地区建设工作

【强化管理，规范建筑市场】2007 年，阿里地区建设局按照"公平、公正、公开"和"诚信、择优"的原则，继续加强对建设工程招标投标的监督管理，不断完善各项规章制度。2007 年，全地区经顺利完成招标项目 32 个，中标价总额达 8829.10 万元，房建建设规模达到 26016.95 平方米，市政、公路建设规模达 213.74 公里。其中公开招标项目 26 个，中标金额 6648.71 万元，房建建设规模 17124.73 平方米，市政、公路建设规模 213.01 公里。邀请招标项目 6 个，中标金额 2180.39 万元，房建建设规模达 8892.22 平方米，市政、公路建设规模 0.73 公里。

认真落实建设项目报建制度，继续加强建筑施工企业、监理公司、招投标代理机构、勘察设计单位的备案登记工作。2007 年，阿里地区备案登记的区内外建筑企业达 41 家，其中当地建筑企业 9 家，区内建筑企业 9 家，区外建筑企业 23 家；审批了本地区农牧民建筑施工队 5 家；监理公司 5 家，招标代理机构 3 家。同时，对于建设工程施工许可证制度的执行情况加强了检查，凡不能满足施工许可证条件的施工单位，一律不给予发放施工许可证。2007 年阿里地区新开工建设项目 71 个，办理建筑工程施工许可证 71 份，办理竣工验收备案项目 71 个。

强化监督措施，确保工程质量。2007 年，阿里地区没有发生重大质量事故发生，建筑稽察工作成效显著。2007 年，阿里地区累计监理工程 94 项，下乡质检 20 多人次，总行程 1.6 万多公里，总建筑面积 70450.09 平方米，市政工程 2 项，给排水 1026 米，市政道路 730 米，总投资 1.6957 亿元。发出施工现场整改通知 10 起，返工通知 5 起，停工通知 2 起，经济处罚 1 起，工程质量、安全通报 5 起，处理投诉 1 起，组织工程质量巡查、抽查检查 14 次，危房鉴定 2 起，现场实体检测 3 起，工程竣工验收一次合格率 98%，全地区监督覆盖率 98%。完成砼试块（砂浆）试配 41 组，试压砼 613 组，砖 90 组，钢筋（含焊接）力学测试 450 组，砂石分析 24 组，水泥检验 43 组，防水材料 20 组。2007 年，阿里地区新购检测设备 53 台，并完成了所有设备的安装调试，新修标准养护室 1 间，新购空调机 2 台，新牌版检测报告 21 种 4100 本，新布实验动力配线 800 米，完成所有实验用房门牌制做及检测流程图的制作，新购设备费达 40 万元，顺利完成了阿里地区建设工程历史上首批砂浆、砼试配。房屋建筑及市政工程施工图设计文件审查工作顺利完成，完成审查工程总造价达 1 亿余元。

【强化安全生产监督，促进社会平安和谐】加强各项安全制度建设和各类安全执法监督、检查工作。组织协调有关单位开展了安全许可专项检查、全地区建筑施工安全层级督查和全地区工程质量执法检查等多次安全检查活动，并在重大节假日期间加强了安全生产检查，印发了有关情况通报和进一步加强安全工作的指导意见。通过检查，促进了全地区安全工作措施的落实。组织开展了以"安全第一、预防为主、综合治理、保障平安"为主题的"安全生产宣传月"活动。与各施工企业签订了《安全生产责任书》，明确如果出现安全生产事故，将追究责任人的责任；设置了安全生产工作举报箱，加大对安全生产工作的监督力度。

【规划设计工作顺利开展】在自治区的统一安排下，2007 年 8 月底，中国规划设计研究院派出专家和工程技术员到阿里地区开展狮泉河镇总体规划工作。阿里地区对此做了大量准备工作，配合行署召开了总体规划修编领导小组会议，组织召开了 2 次总体规划修编调研座谈会和总体规划调研汇报会。同时，配合自治区测绘局派遣人员开展了噶尔及普兰两县城镇规划测量工作。2007 年，阿里地区规划工作逐步走向规范化、程序化、制度化，城镇居民的规划意识有所提高。截止目前，共办理规划手续一书两证 67 份。2007 年，完成地直机关周转房工程、地区廉租房工程、各县周转房工程等 70 余个工程项目的设计任务。同时，设计院先后派出工程技术人员 90 余人次到县乡工地进行勘察、技术咨询、质量检验、竣工验收。

阿里地区旅游工作

【加强旅游产品促销，提升旅游产品知名度】2007 年，阿里地区旅游局牵头制作的旅游纪念品和旅游画册通过采取多种方式推销，初步达到了宣传阿里旅游的效果，同时，建立了阿里旅游网站，在多家旅游杂志刊登宣传材料，定期参加国际旅游展销会，接待国内自驾车记者团等方式，为加大旅游宣创造有利条件。为保护阿里旅游资源，地区有关部门派专人于在拉萨进行了为期 2 个多月的商标查询、注册工作，全面完成了有关旅游商标注册工作。在招商引资方面，积极协调，促成了圣地公司、珠峰公司派专家组赴普兰县进行实地考察规划，并针对相关事宜进行了洽谈。继续以"安全、秩序、经济"为口岸管理目标，本着"适度开放、授权接待"的原则，派专人前往塔尔钦蹲点检查，调查了解被授权接待的区国旅分社、区体旅、神山国旅三家旅行社在阿里的营运情况，发现问题及时处理，充分发挥了旅游行业管理职能作用。

【强化旅游监管，净化旅游市场】2007年，阿里地区组建了旅游质监小组，并在普兰县巴嘎乡、霍尔乡等处设立了检查点，针对旅游团队的导游、司机的三证不全、没有车辆定点标志、旅游团队批件不全等进行规范等，对来往的旅游车辆进行检查，取得了良好成绩。2007年，共出动质监人员19人，检查导游人员98人，旅游定点车辆1652辆，旅游团队167个，受理各类投诉2起，调节率达100%。加大旅游服务质量监督管理力度，针对无证导游、无旅游车辆手续、无上岗证的“三无”、“三黑”行为，联合有关部门，对宾馆、娱乐场所、商场进行了联合检查，把安全隐患消灭在了萌芽状态，进一步规范了阿里旅游市场秩序。

【多策并举促旅游增收】2007年，日土县日土镇进一步加强对寺庙僧尼的爱国、爱教教育以及旅游致富上的正确引导和大力支持，日土宗僧尼进一步依据宗教界的有关政策，充份利用人文资源优势，在2006年开办日土宗民俗旅游村基础上，大力鼓励和帮扶当地农牧民参与旅游服务。2007年，该旅游村为当地群众创收15万元，在解决了寺庙自身供给问题的同时增加了当地群众的现金收入。札达县扎布让村与古格王朝遗址相邻，地理位置优越，该村抓住“大力发展旅游业”的有利政策和古格王朝遗址丰富、深厚的历史文化和人文遗迹，在该县政府的领导和支持下，积极兴办家庭旅馆，根据市场需求不断改善设施条件和服务水平，实现创收20万元，增加了当地农牧民收入，提高了农牧民继续参与和发展旅游业的决心。普兰县巴嘎乡岗萨村位于“神山”岗仁布钦脚下，参与旅游十分便利，旅游旺季游客较多，有着较大的市场需求空间。阿里地区依托神山、圣湖的资源优势，积极调动各方面力量，将该村作为试点，引导、扶持农牧民群众参与旅游接待服务。根据来阿旅游的国内外旅游者在转山时需雇用牦牛、马匹驮运行李的实际，由地区旅游局引导、协调，普兰县牵头，巴嘎乡人民政府参与组织，岗萨村成立了五个作业小组138户292人的牦牛驮运队，在岗萨村党支部的带领下，从事牛、马出租工作。2007年，共出租牛、马总收入176万元左右，每户年收入12754元，人均年收入6027元。日土镇、札不让村、岗萨村的旅游扶贫示范效应，使阿里7县群众看到了开展旅游服务增加收入的前景，纷纷自觉自愿地兴办茶馆、商店、家庭旅馆等旅游服务项目，据统计7县群众在神山、圣湖、班公湖三大景区兴办餐馆、茶馆、家庭旅游旅馆、商店共90余家，从业人员达429户1200余人，旅游总收入达476万元，同比增长15%。成为参与旅游接待服务的直接受益者，脱贫致富的目标逐渐实现。

2007年，全地区共接待国内外旅客6.7万人/次，旅游总收入3700多万元，创汇150多万美金，实现税收400多万元。其中共接待印度官方香客15批670人，比2006年增加80人。

阿里地区科技工作

【积极争取和合理安排项目，切实发挥科研项目示范作用】2007年，阿里地区科技局积极争取国家、自治区以及对口援藏省市从资金、项目和技术上的大力支持，同时，合理配置科技经费和有限的科技条件，在围绕全民科学素质提高和以增加农牧民收入、引导农牧民采用先进适用技术和优良适生种质资源重点的科研项目上对优选项目进行攻关，积极促进有限的科技投入发挥最大效益。在项目考察、筛选、编制、申报过程中克服“等、靠、要”的思想观念，增强主动性，把握好、利用好一切机会向上级有关部门积极申报项目，发扬“千方百计，千言万语，千山万水，千辛万苦”的“四千”精神和“不怕辛苦，不怕跑路，不怕繁琐”的“三不怕”精神，经多方积极努力争取项目资金298.8万元，其中由国家科技部、财政部“科技富民强县专项行动计划实施方案”—日土县绒山羊本品种推广和产业化技术项目资金200万元（分三年实施，2007年安排80万元），自治区区域创新资金51.5万元，地区科技研发资金47.3万元，全年共14项科技项目，共计资金投入178.8万元，安排的项目有七县人工种草、利用现代保温技术在高寒地区进行引种研究、科技富民强县日土绒山羊本品种推广和产业化、藏药材普查、新能源沼气试验、西瓜种植与推广、黄牛改良、养鸡、白青稞脱皮糌粑加工、人畜共患疾病防治研究等项目，并与年初制定了项目合同书，对以上项目在年中进行了检查督导，年末进行了总结评估初验。同时阿里地区科技局已申报2008年科技项目近2000万元，其中科技富民强县项目措勤县紫绒山羊本品种推广和产业化项目1600万元，期盼着国家科技部和自治区科技厅审批。在专业技术人员和科技特派员、科技明白人、科技带头人、科技致富人的带领下，农牧民群众对科学种植养殖有了亲身体验，对使用科技方法改变传统生产耕作生产方式起到了积极的示范带动作用。如在噶尔县的昆莎乡、加木村优质紫花苜蓿地膜覆盖种植已经达到100公顷；在噶尔县加木村、普兰县张杰村优质奶牛分别达到40余头，在扎达县托林镇、扎布让林西瓜种植面积已达2.7公顷左右，在普兰县让居委会蔬菜种植面积达到3公顷，并取得了较好的经济效益，增加了农牧民群众的收入。

日土县绒山羊本品种推广和产业化技术立项为国家科技部、财政部的“科技富民强县专项行动计划实施方案”项目。地区科技局组织申报的由国家科技部、财政部管理的“科技富民强县专项行动计划实施方案”——西藏日土县绒山羊本品种推广和产业化技术开发项目下拨资金200万元，在2007年3月份开始实施工作，分三年实施，2007年安排投资80万元。专项实施方案计划发展“人工种草”和绒山羊人工圈养，发展优质牧草专业种植户和白绒山羊专业养殖户，养殖户已达到800余户。绒产品生产公司加大了绒山羊基地建设力度，建立公司+基地＋牧户的产业生产模式。发展优质白绒山羊品种，通过项目的实施和科技人员的参与，不断地提高绒山羊的优质绒个体产量，坚决杜绝在草场内牲畜过载，改变了传统落后漫坡放牧严重破坏草场的畜牧业生产落后方式。防止了草场生态系统平衡的破坏，扼制生态系统水土严重流失的恶果。地区项目领导小组加大了此项目工作实施方案监管力度，在项目实施的地方按照项目的技术要求开展工作。

【加强科普宣传，提高全民科技意识】2007 年举办了三次大型宣传活动：4 月下旬知识产权宣传日、5 月份“科技活动周”以及 9 月 15 日科普宣传日活动；接收了国家科协调拨的 37.5 万元的全功能下乡科普大篷车和价值 18 万元的 25 套可操作的车载小型科普展示品，5 月中旬落户狮泉河。2007 年，阿里地区在科普宣传活动中组织发放自编《农牧区适用技术手册》（藏、汉文）等共 12 种藏汉文 32450 册，价值共计 24.65 万元。积极开展科普大篷车进校园、下乡活动。分别在地区中心小学、地区中学、孔繁森小学、狮泉河镇开展了科学实验亲自动手操作实验活动，共有 3172 人参加操作活动，取得了良好的社会效益。培养了群众的科学精神，增强了群众的科技意识。

【加强科技培训力度，提高科技素质】2007 年，地区科技部门派出 3 人次参加国家科技部、西藏自治区科技厅在拉萨联合举办的全区专利知识培训班和全区科技管理干部培训班、由自治区科协在北京举办的第三期西藏地区科协干部培训班以及广东省科技厅和林芝地区科技局合办的科技管理干部培训班，同时考察和参观了北京市、福建省、云南省等地市科协开展科普工作的先进方法及全国科普基地建设的先进工作经验，通过培训和基地建设项目的工作考察，进一步增强了阿里地区科技管理人员的素质，拓宽了科技工作的新思路新手段。

【醉马草防治试验项目顺利开展】2007 年 6 月初陕西杨凌大农生物技术有限公司按照合同要求选派 4 名专家到拉萨举办为期 4 天的防治试验项目培训，阿里地区共计 13 名同志参加了本次培训班，培训班结束后，在项目试验乡、村又实地举办了由乡村兽医人员参加的培训班，于 6 月 15 日至 20 日内完成了三县醉马草接种疫苗注射工作。2007 年试验羊增加到 10500 只，试验项目过去只有陕西省科技厅 50 万元左右的研制疫苗款，在没有其他专项经费的情况下，2007 年地区行署特安排 65 万元防治醉马草试验项目专项资金，2007 年醉马草防治试验项目专项资金共争取到 165 万元（含自治区科技厅 50 万元，陕西科技厅疫苗 50 万元），已投入 92 万元（包括地区专项资金 42 万元，陕西科技厅疫苗 50 万元）。初步结果将于明年 7 月由专家全面分析论证后才能得出。

【科技特派员工作继续开展】自治区科技特派员工作领导小组向阿里地区有科技项目服务、能够转化现有科技成果的科技人员，在 2006 年已聘任符合条件的科技特派员 8 名的基础上，根据科技特派员项目任务完成的实际情况，阿里地区科技局按照自治区科技特派员的有关优惠待遇政策兑现科技特派员的补助工资待遇、专业技术职称聘任待遇、下乡工作经费补贴待遇后，实现了工作奖励，保障了科技特派员的项目任务，进一步促进了阿里地区科技工作正常有序的顺利开展。2007 年继续在地区开展了科技特派员制度的聘任工作，自治区科技厅新批准阿里地区科技特派员 17 人，现共有专业科技特派员 25 名，他们在不同的专业技术岗位上发挥着积极的示范作用。随着科技特派员队伍的壮大，必将对阿里地区推广应用农牧业技术、普及科技知识、依靠科技发展生产、增加农牧民收入起到良好的作用。

【加强科技援藏与合作交流，促进阿里科研工作进步】一是 6 月初与陕西杨凌大农生物技术有限公司开展第二轮醉马草防治试验工作结束后，于 6 月底地区科技局主要领导参加了由国家科技部、自治区人民政府主持召开的“十一五”期间科技援藏工作座谈会，安排部署了“十一五”期间科技援藏工作。在这次座谈会上地区科技局与会代表总结汇报了“十五”期间科技援阿工作情况的同时，与河北、陕西两省与会代表交流了工作，洽谈了合作项目及援阿项目，得到了两省的大力支持和无私援助。在这次会议期间，与河北、陕西两省共签订“十一五”期间特色产业开发、人工种草推广等三个项目合同书，资金总额达 160 万元，其中河北省 100 万元，陕西省 60 万元，受到了自治区人民政府、自治区科技厅的好评。积极配合国家天文台建设天文观测点。国家天文台实施中国西部天文选址项目现已在阿里地区选定，阿里地区科技局主要领导和有关工作人员积极地参加了天文新选址工作。积极配合自治区地震局地震预报监测站的建设。自治区地震局从 4 月开始已经在狮泉河镇建设阿里地区地震局及地震预报监测站。为积极配合中科院高原所设点开展科研做好准备。自治区人民政府批转给地区行署中科院高原所的函中，请求在日土县设立台站，开展高原研究。根据行署有关领导批示精神，地区科技局专门安排一名副县级干部配合高原所下一步工作，以完成行署交给的工作任务。

【典型经验】一是调整农牧业产业结构是关键。多年来，阿里地区虽强调调整产业结构的问题，但实质上没有得到解决。因此，今后下大功夫在确保基本粮食产量的基础上加大种植业结构调整，加大经济作物种植比例，发展多种经营，增加农牧民收入是关键所在。二是依靠科技发展生产是根本。依靠科技特派员、科技致富人、科技明白人、科技带头人，充分发挥他们在生产生活中的引领作用是最佳途径。三是扩大科技特派员，尤其是积极发展“乡土”科技特派员是目前的最大需求。四是建立农牧区各类专业技术协会，经济协会，科普示范基地和“一站、一栏、一员”，即：各乡镇、村有科普活动站（室）、宣传栏、科普人员，这是必不可少的致富手段。

阿里地区教育工作

【“两基”攻坚工作顺利推进】2007 年，阿里地区各攻坚县都相继成立了以县委书记为组长，政府县长和分管县长为副组长，相关单位的负责人为成员的“两基”攻坚领导小组，设立了“两基”攻坚办公室，各乡镇也成立相应的领导机构。全地区继续实行“三级三包”的“两基”工作机制，形成了层层管“两基”，层层有专人抓“两基”、合力攻坚“两基”的良好工作局面。2007 年，全地区继续实行层层签订“两基”攻坚责任书的作法，狠抓各项措施的落实工作，做到了责任书签到各村、各校，任务也分配到各村、各校，责任也落实到各村、各校，做到了上面有人抓，下有具体人员干。2007 年底，阿里地区在校生 12665 人，其中，高中在校生 364 人，初中在校生 2399 人，小学在校生 9902 人；高中入学率为 15.9%，初中入学率为 69.4%，小学适龄儿童入学率为 96.7%；小学生毛入学率为 99.9%。措勤县和噶尔县通过自治区“普九”验收，使阿里地区完成了四个县的“普九”任务，全地区“普九”人口覆盖率达到 50.5%；改则县通过了“普六”验收，使阿里地区七县全部完成了“普六”任务，全地区“普六”人口覆盖率达到 100%；革吉县、日土县完成了青壮年扫盲任务，全地区青壮年扫盲完成了六个县，人口覆盖率达到 76.6%。

【办学条件进一步改善】2007 年，地区中学实施了上下水及附属工程，普兰、措勤和改则三县中学主体工程基本完工，扎达中学建设已完工。2007 年底，全地区各中学的规模基本上能满足了“普九”后的教学需要。同时，革吉县中学和日土县九年一贯制中学正在筹建，两年内可实现“县县有中学”的目标。远程教育扎实推进。2007 年，阿里地区共有远程教育“模式一”17 套，“模式二”37 套，“模式三”7 套，“班班”通 14 套，地区有关部门积极利用好这些现代远程设备，积极推动新课程改革，在有条件的县级学校三年级以上班级开设了信息技术课程。同时，广大教师也通过现代远程设备开展教研活动，学习内地的素质教育，推广了新课程改革工作。教研工作情况新进展。2007 年 6 月，阿里地区组织 4 名中小学教师参加自治区教科所举办的首届全区中小学藏文教学研讨会，7 月，自治区教育厅在阿里举办了为期 10 天的中小学普通话培训班，60 名教师参加了培训，经考试有 57 名教师拿到了不同级别的普通话测试过关证。同时 2007 年度《阿里教育》月刊顺利完成出版任务，并取得良好效果。苹果基金无偿捐助 250 万元支持阿里教育，并初步确定了从 2008 年开始每年捐助 40 万元作为阿里地区救济贫困优秀大学生基金。中华文学基金会也为阿里地区各级各类学校捐赠图书 48274 册。

【师资队伍建设进一步加强】2007 年，阿里地区继续关心支持教师队伍建设，不断提高教师待遇，改善教育教学及生活条件，注重提高教师队伍的政治素质和业务能力，教师队伍不断壮大，师资力量不断增强。积极组织教师到拉萨等地（市）跟班培训，赴陕西、河北考察学习，教师教育教学能力进一步增强，同时，首次实行了教师轮岗交流制，体现教育公平。2007 年，全地区各学校新配备教师 131 人，跨地调入 5 人，共新增 136 人，教职工总数达到了 982 人，其中专业教师 644 人（高中教师 28 人，初中教师 127 人，小学教师 462 人），幼儿园教师 27 人，后勤人员 24 人，代课老师 36 人，临时工 196 人，退休教职工 82 人。中小学教师学历合格率分别达到 97%和 98%，高级（副高）职称 23 人（12 名教师于 2007 年聘任），中级职称 100 人，初级职称 158 人。被评为全国模范教师 1 名，被评为全国优秀教育工作者 1 名，14 名教师被授予自治区优秀教师、优秀班主任、师德标兵等荣誉称号，1 名教育行政人员被授予自治区优秀教育工作者，24 名教师被评为自治区级名校长、名教师、骨干教师，66 名教师被授予阿里地区级优秀教师，优秀教育工作者荣誉称号（包括内地西藏班教师）。

【招生工作进展顺利】2007 年，阿里地区普通高校报名总人数为 380 人，在外地借考总人数为 236 人，本地报考总人数 117 人，录取总人数为 241 人，录取到重点本科院校的为 22 人，一般本科 68 人，专科 30 人，录取率为 67%。普通中专报名总人数为 468 人，总录取人数为 460 人，录取率为 98%。成人高考报名总人数为 131 人。高度重视内地西藏班学生进出藏工作，安全组织开展每年 3 趟接送工作，2007 年，共接送内地西藏班学生 371 人次。2007 年，阿里地区内地西藏班初中毕业 144 人，考取上一级学校 85 人，录取率 59%。

阿里地区卫生工作

【强化管理，临床医疗和妇幼卫生工作再上新水平】2007 年，阿里地区各医疗部门坚持以管理创新推动制度创新，医疗创新，服务创新，通过创新，强化服务意识，各项工作进展顺利。在医疗管理中，各医院重视管理年工作，认真制定、完善各项规章制度，组织医务人员学习相关管理年活动相关文件，取得了一定的效果。2007 年，阿里地区人民医院总门诊量为 18332 人次，住院治病人 1209 人次，治愈 1044 人次，治愈率达到 86.35%。床位使用率为 64.2%。2007 年，地区妇幼卫生工作在现有条件下，扩大服务范围，提高服务质量，妇保院总门诊量为 8943 人次，比 2006 年增加 669 人次。2007 年，阿里地区妇保院共组派 3 批工作组赴基层为群众服务，共为群众免费为群众送药品折合人民币 3470 元。为群众进行计划生育免费服务 209 人次，诊疗病人 239 人次，其中施皮埋手术 13 人，取皮埋 3 人。举办了为期 2 个月的新法接生培训班，革吉县、噶尔县的 30 人参加了培训。

【计划生育工作依法顺利进行，医药市场管理进一步加强】着力解决计划生育服务工作远远跟不上农牧区群众的计划生育服务需求的突出矛盾。2007 年，全地区总人口 89399 人，其中城镇人口数为 17934 人、农牧民人口数为 71465 人，出生人口总数为 718 人，其中城镇人口为 229 人、农牧民为 489 人。出生率为 8.0%，死亡率为 2.8‰，综合节育率 45%，办理准生证 203 人，领取独生证 121 本。2007 年阿里地区计划生育部门赴各县调查了解计划生育政策、法规和婚育新风进万家宣传、计划生育技术服务免费政策落实情况以及“一孩、双女”户困难家庭奖励扶助制度的确认情况，较全面地进行综合调研。在日土县下乡期间走村串户免费看多发病、常见病 115 人次，发放宣传册 832 册。2007 年，阿里地区卫生局在人员少工作量大的情况下，没有放松全地区的医疗管理工作，特别是狮泉河镇的医疗市场管理工作，积极组织人员依法开展 7 次整顿规范中、西药市场，打击和取缔非法药品交易和无证经营活动，规范个体医疗机构 23 家，清理设有违法户外医疗广告 12 家。加强执业医师、技术职称考试工作，2007 年阿里地区参加执业医师资格考试的人员达 101 人，专业技术资格考试人数为 76 人。

【藏医藏药事业健康发展，卫生防疫工作取得实效】截止 2007 年 10 月底，地区藏医院总门诊量为 12149 人次，比 2006 年增加 655 人次。住院部收治住院病人 173 人次，施手术 7 人，治愈率为 42.2%，死亡 2 人，死亡率为 1.1%。辅助科室检查情况，B 超检查 676 人次，X 光检查 669 人次，胃镜 29 人次。免费诊疗人数 2060 人次，免除诊疗费 17000 元。在鼠疫防治工作方面，地区卫生部门在地广人稀，交通不便，群众居住分散的条件下，把卫生工作的重点放到控制地方病和传染病，2007 年，地区疾控中心组织工作组多次赴普兰县、札达、噶尔县等调查处理疫情。各级疾控中心工作人员共召开 99 次防治知识宣传大会，约 8968 人参加了宣传会，鼠疫防治知识宣传面达到 95% 左右，发放宣传资料 2500 册。地县两级卫生部门、疾控部门共组织疫情指导工作组 10 余次，深入疫区检验、督促、指导鼠疫防控工作。在细菌检验工作中，共剖检各种动物标本 68 份，结果均为阴性。2007 年，阿里地区动物疫情主要分布在噶尔县和普兰县的 13 个自然村，疫点有 23 处，面积约 9 万平方公里。牧羊犬血凝阳性分布在噶尔县、札达县、普兰县、日土县和革吉县，其中日土、革吉两县判定为新的血凝阳性县。通过保护性灭獭对预防人间鼠疫的发生起到了重要作用。继续加强碘缺乏病防治工作。在噶尔县、普兰县为各乡小学育龄妇女投服碘油丸剂，发放宣传画册。2007 年，阿里地区七县共报告乙类传染病 6 种，累计发病 124 例，发病率为 158.75/10 万，无死亡病例，无甲类传染病发生。继续加强强化免疫及计划免疫工作。2007 年，阿里地区开展了两轮强化免疫工作，第一轮强化免疫接种率为 92.72%，“0”剂次儿童 595 人。第二轮强化免疫接种率 91,17%，“0”剂次儿童 12 人。卡介苗接种率为 91.60%。麻疹疫苗接种率为 80,07%。脊髓灰质炎疫苗接种率为 95.49%。百白破疫苗接种率为 89.89%。乙肝疫苗接种率为 84.46%。

【农牧区医疗制度顺利实施】阿里农牧区医疗制度是在免费医疗制度基础上建立和完善起来的，2007 年，国家投入农牧区医疗制度资金 6885382 元，地县财政投入资金 347400 元，全地区参加农牧区医疗制度的农牧民群众自筹资金 106.2 万元。2007 年上半年，参加农牧区医疗制度的总人口 69480 人，占全地区农牧民总人口的 98%，未参加人口为 1356 人，占全地区农牧民总人口的 2%，家庭帐户建证率达到 100%。上半年，为就医农牧民群众从家庭帐户核销金额 928374 元，核销 55985 人次；大病统筹报销金额 448335 元，报销 929 人次，人均住院报销金额为 482.6 元。

阿里地区广电工作

【把握正确的舆论导向，唱响主旋律】2007 年，阿里地区广电宣传工作把宣传地区经济工作会议精神，创造良好社会舆论氛围提上广电宣传工作的重要议事日程，全面安排、精心部署。同时，把落实科学发展观作为广电宣传报道的首要任务，把全地区广大干部深入基层一线，组织动员群众，解决农牧区防灾抗灾、生产自救、重建家园和农牧业基础设施建设等方面存在的突出问题和困难作为题材，大力宣传报道各条战线上涌现出的先进典型，激励广大干部群众极响应中央、自治区和地委、行署的号召，统一思想，以饱满的精神状态积极投身于小康阿里、平安阿里、和谐阿里的伟大事业。以正面宣传为主的方针，以新发展、新变化、新生活为题材，采取新旧对比的方式，深入揭批达赖集团祸藏乱教、图谋分裂的丑恶行径，进一步夯实了“团结稳定是福、分裂动乱是祸”的思想基础，以全面建设社会主义新农村为主要题材，深入细致地报道了中央对西藏的特殊关怀、全国各族人民对阿里地区的无私支援，用通俗易懂的语言和真实的画面揭批达赖集团祸国殃民的反动本质，通过宣传，对全区各族人民进一步认清达赖集团的险恶用心，牢固树立正确的祖国观、民族观、宗教观、文化观，倍加珍惜团结，维护稳定，旗帜鲜明地反对分裂等方面发挥了广电宣传手段的舆论引导作用。党的十七大期间，阿里地区广电部门把迎接党的十七大、宣传十七大当作下半年宣传工作的头等大事来抓，精心组织，及时完成了资料收集、采访、拍摄等工作后，陆续在地区电视台和区台播出。充分采集农牧区老党员、基层老干部的亲身经历，让他们讲述在中国共产党的领导下，从黑暗走向光明、从落后走向进步、从贫穷走向富裕、从愚昧走向文明、从封闭走向开放的极不平凡的辉煌 50 年的光辉历程，用新发展、新变化、新生活，大力宣传和平解放西藏以来阿里地区农牧区所取得的辉煌成就。圆满地完成了其他重大宣传报道任务。完成了地委召开的各种工作会议、部门专业会议的宣传会报道任务，精心组织完成了香港回归 10 周年、建党 86 周年、建军 80 周年、邓小平同志发表《立足民族平等、加快西藏发展》20 周年等具有历史性纪念意义的重大活动的宣传报道任务。开展了对优秀演员白玛桑姆同志的电视宣传报道，在广大干部群众中反响强烈，收到了良好的社会效果。六是阿里电视台新闻播出数量质量和形式实现了新的突破，上送区台新闻和播出率保持上升势头。阿里电视台不断改进和创新新闻宣传内容、方法、手段和形式，尝试了记者出境、面对面采访的新闻报道方法，使新闻宣传内容更加贴近群众、贴近生活、贴近实际，会议报道手法上实现重大改进，插播与会议内容相匹配的图像资料制作能力和水平日渐精细，强化了视听效果，深受广大观众的喜爱，从而增强了宣传的针对性和感染力。

2007 年，阿里电视台派记者下乡 856 天、121 人次，编写新闻稿件 1116 篇，播出阿里台新闻 1116 条，译制藏文新闻 280 条，上送区台新闻 348 条，采用 240 条，播出率达 50 %，中央台播出 3 条，整体新闻比 2006 年提高了 9%。上送区广播电台新闻稿件 51 份，走进农牧区系列报道 10 条，《文明广角》制作播出 20 期，援藏风采 8 条，同时积极接待配合区内外来阿采访团的宣传报道工作。2007年，阿里电视台制作完成各类专题39篇，地区与各县新闻互传节目联网开通后，各县通过网络上传新闻255条、采纳238条，采用率94%，极大地丰富了新闻内容，解决了稿源短缺问题，扩大了阿里新闻的覆盖面，在各县阿里台新闻收视率达100%。

【强化措施、确保广播电视安全播出】 2007年，阿里地区广电局充实和完善了《阿里地区广播电视安全播出应急预案》，规范了各县和阿里电视台安全播出预警信息平台网络管理，在重大节日、重要活动、重点时段，严格值班，领导靠前指挥，技术骨干坚守岗位，有力确保了“敏感期和敏感日”重大会议和重大活动期间的安全播出。“十七大”召开期间，按照工作预案，各负其责地全面启动工作预案，会议期间地区广电系统设立了5个24小时值班点，即安全播出领导总值班、前端值机班、技术维修班、应急记者班、办公大楼安全值班。安全播出领导小组成员每天听取各播出机构的情况汇报，及时地解决了隐患。

【农牧区电影“2131工程”有序推进】 电影工作重点是农牧区，难点也在农牧区。由于阿里地广人稀，没有固定的农牧区放映场所，送流动电影下乡成本高。全2007年，阿里地区共完成电影放映4900场次，地区电影公司共发行新影片135部。为配合阿里地区交通建设和国防建设，地区电影公司沿219国道一线送电影下乡，深受各施工队和筑路工人好评。年底送2名技术人员到拉萨培训，学习掌握数字化电影放映技术。

阿里地区民政工作

【大力推进和完善城乡社会救助体系建设，城乡困难群众的基本生活得到保障】 2007年，阿里地区自然灾害频发，全地区因灾造成成畜死亡134674头(只、匹)，因灾造成幼畜死亡89304头（只匹），受灾人口达1692户、6598人，造成直接经济损失达1832万元。2007年，自治区民政厅下拨各项专款604.8万元，其中：特灾款为268万元、社会专项救济款10万元、恢复民房重建76.8万元，本地区救灾基金250万元。阿里地区给各县下拨355万元。给群众发放衣服11739件、被子2344床、鞋子5564双、帽子1582顶、手套1859双、雪镜4210副、茶叶2110条、粮食312吨和部分捐赠衣物，累计救济灾民2684户、7024人，发放救助卡2684张。这些救灾资金及物资的及时到位，有力地解决了阿里地区农牧区灾民的生活问题，把灾害带来的损失降低到了最低点。11月中旬，阿里地区还开展了“送温暖、献爱心”社会捐助活动，共接受捐款108118元，并分配到了各县。

城市低保标准和补助水平进一步提高，农村低保人数大幅增长。进一步贯彻落实了中央及自治区相关政策，使阿里地区城市低保工作做到“应保尽保”，低保工作更加趋于正规化，2007年，阿里地区实行了委托邮政储蓄代发低保金，要求低保户每季度到民政登记核实，此项工作极大方便了低保对象快捷、安全、足额领取低保金，受到普遍欢迎。2007年，阿里地区共有城镇低保对象218户514人，发放低保资金821480元，其中自治区657184元，地县配套82148元。同时，按照国家和自治区有关文件精神，向城市低保对象发放了7-12月每人每月28元的临时性生活补助，共发放补助金66984元。2007年，阿里地区农牧区特困群众生活救助工作按照每人每月20元的标准，共兑现资金1240800元。同时，开展了农牧区特困群众查摸底，将人均收入不足800元的群众纳入了低保范围，将低保人数控制在当地农村人口总数的10%以内，确定了农村低保对象2684户7024人，按照重点保障对象、特殊保障对象、一般保障对象每人每年420元、240元、144元的标准进行了救助，2007年，全地区共计发放救助金68万元。

【农村五保对象保障力度加大，更多困难群众受惠于医疗救助】 认真贯彻落实国务院新颁布的《农村五保供养工作条例》，五保对象的供养金按每人每年不低于1500元的标准全部纳入财政转移支付，同时将全地区符合条件的145名农村五保供养对象全部纳入供养范围，按照地区财政70%，县财政30%的比例分担供养费。2007年，全地区共有农村五保供养对象383户383人，其中：老年人319人、未成年人20人、残疾人44人；集中供养17人，分散供养366人；发放农村五保供养证书383张。全年，特困群众医疗救助累计救助459人次，其中：城市47人次，农牧区412人次；累计救助资金32.7万元，其中：农牧区25.9万元，城市6.8万元。

【高校特困生救助稳步开展，流浪乞讨救助管理水平进一步提高】 2007年，阿里地区对2003年至2006年期间的10名高校特困生发放了“绿卡”和4.7万元的一次性救助补助资金，并上报了2007年度符合条件的区外高校特困大学生15人，待上级部门审批。同时，进一步加强了对城市流浪乞讨人员、危重病人、精神病人的救助，加大了流浪儿童的救助保护，全年共救助41人次，协助公安机关处理无人认领尸体3具，支出救助金4.83万元。

【福利彩票开始发行，民政事业项目蓬勃发展】 2007年，在区民政厅、区福彩中心的大力支持帮助下，阿里地区狮泉河镇设立了4个福利彩票投注站，2007年10月28日正式开始试运营，全年销售福利彩票达384676元。为使阿里地区的五保老人安度晚年，2007年共争取巴嘎、察布、昆莎、托林镇、狮泉河镇5个乡村敬老院和革吉县社会福利院建设项目，总投资达262万元。2007年，阿里地区还安排15万元资金，实施了革吉县革吉镇村办经济实体项目。

【扎实推进双拥优抚安置工作】 认真贯彻落实全国和自治区两级双拥工作会议精神，紧密结合阿里地区实际，总结经验，制定完善工作制度和具体措施，使阿里地区双拥及优抚安置工作取得了明显成效。设立了军地合署办公制度，成立领导小组，确定了工作人员和工作制度（每周星期三的上午为军地合署办公时间）。充分利用“三大节日”积极开展慰问送温暖活动，把党和政府的温暖送到边防战士、优抚对象、贫因人口、五保老人等最可爱人和最可怜人手中。年内三大节日支出慰问经费30万元，其中区民政厅下拨16万元、地区财政7万元、各县解决7万元，共慰问优抚对象42人、复退军人65人、驻军部队累计91次、特困户816人、残疾孤儿及五保户256人；为庆祝中国人民解放军建军“80”周年，创造浓厚的节日气氛，安排6.9万元慰问金于“八一”前夕在全地区范围内开展了慰问驻军部队、军队离退干部、军烈属、复退军人活动，召开了党政军警民座谈会，指导普兰县召开了双拥工作表彰会议。在自治区组织召开的第九次全区双拥模范城市表彰会议，阿里地区噶尔县、札达县、普兰县三个模范县和地区民政局优抚安置科、马攸桥边防检查站两个模范单位受到了表彰。对2005年至2007年累计的优抚事业费进行了清理和分配，分配资金92万元。同时，争取资金1.2万元，对阿里地区660名退伍老兵进行欢送。

【村民自治建设不断深化，农村社区建设试点工作扎实推进】2007年，阿里地区各县积极贯彻年初召开的地区首届民政工作会议精神，以推进社会主义新农村建设、促进和谐乡镇建设为目标，以做好村民自治工作为切入点，紧扣“民主管理、民主监督、村务公开”，深入开展“村务公开民主管理示范”和“村民自治创模”活动。为贯彻落实党的十六届六中全会提出的“全面开展城市社区建设，积极推进农村社区建设”和民政部《关于做好农村社区建设试点工作推进社会主义新农村建设的通知》的要求，阿里地区在普兰、革吉、噶尔等三个县条件成熟的村开展了农村社区建设试点工作，并出台了《阿里地区关于开展农村社区建设试点工作的实施意见》。

【积极扶持农牧区专业经济协会，民间组织健康发展】为增加农牧民收入，调整牧区产业结构，增强自我造血功能，2007 年，阿里地区发展了噶尔县奶牛养殖协会、札达托林镇蔬菜种植协会、普兰镇综合经济实体协会 3 个专业经济协会。根据《社会团体登记管理条例》内容，阿里地区结合社团建设的实际需要，在广泛深入地对《社会团体登记管理条例条例》进行了宣传的基础上，还对各个社团组织的行为进行了查处，特别是对社团组织会费收取和运行情况进行了查处；对协会进行调查后，进行了登记，发放了《社会团体法人登记证书》。到 2007 年度，阿里地区社会团体发展到 12 个，专业经济协会发展到 3 个。

【不断提升专项社会事务管理水平，大力推进民政事业向前发展】一是村级整合工作进展顺利。根据中共西藏自治区委员会办公厅、西藏自治区人民政府办公厅关于《关于开展村级建制整合工作的指导意见》的通知精神，成立村级建制整合工作领导小组，出台了《中共阿里地区委员会、阿里地区行政公署关于开展村级建制整合工作的意见》和《阿里地区村级整合实施方案》，拟将改则物玛乡达热村、扎果村整合为达热村；察布乡扎美仁村、达热加欧村整合为扎美仁村，现已经地委行署研究同意并于 12 月 2 日上报区组织部、区民政厅。二是全面启动和实施“地名公共服务工程”。在 2006 年完成狮泉河主要街道、门牌、路牌调查、登记造册工作的基础上，2007 年，阿里地区完成了 2517 块门牌的安装。三是依法加强认界管理工作。2007 年，阿里地区措勤县、改则县与日喀则地区仲巴县间的地界及阿里地区改则县、革吉县、日土县、噶尔县之间出现多起草场认界不清纠纷，为此，根据自治区勘界办和行署领导指示精神，组成工作组到实地进行认界工作，顺利完成了仲巴县与措勤县、仲巴县与改则县的地界认界工作以及日土县与噶尔县、革吉县与日土县县界认界工作，阿里地区民政局被评为全国行政区域界线管理工作先进集体。四是积极推动婚姻登记规范化、信息化建设。婚姻、收养依法登记服务进一步规范，2007 年全地区共办理结婚登记 373 对，办理离婚 34 对。

【开创老龄工作新局面】2007 年，阿里地区高度重视老龄工作，地区老龄办继续发挥职能作用，促进各项老年人优惠政策进一步落实。积极利用“三大节日”慰问特困老人，送去党和政府对老年人的关怀，同时，对全地区 60—69 岁、70—79 岁、80—89 岁、90—99 岁四个年龄段老年人口进行了详细统计，为切实做好老龄工作打下了基础。积极落实寿星补助政策，向 859 名 80 岁以上老人发放了寿星老人健康补助 266300 元。积极组织老年人开展主题实践活动，组织 60 岁以上老年人 88 名，在地区文化广场及狮泉河镇滨河北路等地进行了“人人形成爱护环境、讲究卫生、美化家园的社会风气”为主题的实践活动；在十七大期间慰问了 20 名生活困难老人，发放慰问金和慰问品，折合人民币 5600 余元。

【存在的问题】民政各项资金投入不足，纳入保障的困难群众的救助标准仍然较低。民政管理体制和运行机制不健全，行政经费严重不足。基层民政力量薄弱，普遍存在工作任务重、人员少、缺编制的现象。民政服务机构基础设施不适应民政事业发展的需要。基层民政工作队伍的整体素质亟待提高，民政队伍很不稳定。

阿里地区
劳动和社会保障工作

【强化技能培训，劳动就业工作实现新突破】2007 年，阿里地区劳动保障部门对“零就业家庭”人员进行了摸底调查，并在调查了解的基础上，把年度就业目标任务分解到各县及地直单位，进一步做到了目标、任务、责任三明确。通过摸底，2007 年，阿里地区有“零就业家庭”20 户。积极拓宽就业领域，完善就业服务功能，寻找就业门路。鼓励城镇失业人员自谋职业、自主创业，引导他们通过非全日制、临时性、季节性、弹性等灵活多样的形式实现就业。按照自治区劳动保障厅的统一部署，积极开展以“进城求职、帮您解难”为主题的“春风行动”。大力宣传高校毕业生就业和农牧民进城就业的有关政策，引导他们科学求职，提供政策咨询服务。同时切实加强职业指导和职业介绍工作，加强职业中介机构的建设，规范中介行为。通过地县两级劳动保障部门的共同努力，2007 年，阿里地区劳动和社会保障部门职业指导 713 人次，职业介绍 670 人次，城镇失业人员实现就业 411 人（其中公益性岗位安排 100 人），农牧区劳动力转移就业 813 人次，城镇失业登记率控制在4.3%以内。切实加强职业技能培训工作。根据阿里劳动力市场需求和失业人员的特点，通过采取“联合、委托、自办”等培训方式，大力开展各种形式的就业培训工作。2007年，地县两级劳动保障部门牵头培训的城镇失业人员达356人次，农牧民484人次。支付培训补贴30万元（自治区就业局补助）。

【继续巩固“两个确保”，积极推进社会保障体系建设】继续把按时足额发放基本养老金作为工作重点，狠抓落实。2007年，在财政等相关部门的大力支持下，保证了统筹范围内企业离退休人员基本养老金按时足额发放。2007年，阿里地区退休职工342人支付养老金736万元，支付率达到100%，社会化发放率达95%以上，没有发现拖欠养老金的现象，确保了企业退休职工养老金按时足额发放。继续做好企业退休职工基本养老金的调整工作，这次参加调整养老金人员342人，7至12月补发金额15.22万元，现已全部兑现。切实加强社会保险金的征缴工作。通过加大宣传力度，下发催缴通知单等方式，进一步调动大多数单位和个人的缴费积极性。2007年，阿里地区养老保险参统单位106家，参统人数584人，应征养老金454万元。实际征缴养老金430万元，征缴率95%，失业保险参统单位85家，参统人数1737人，应征缴失业金169万元，实际失业保险167万元，征缴率99%，应征缴工伤保险5万元，实际征缴工伤保险4万元，征缴率80%，其中追回历年欠缴“两金”46万元，清欠率达80%。五是扎实有效地开展城镇职工基本医疗保险制度改革试点工作。2007年，阿里地区参统单位406家，参保人员7276人，其中在职人员5749人，退休人员1527人，全地区医保基金实际征缴1975万元，支付医疗费509万元，支付率100%。加快推进城镇居民基本医疗保险和城镇职工生育保险工作，目前阿里地区城镇居民基本医疗保险和城镇职工生育保险工作正在紧张有序的开展，截止2007年12月，阿里地区城镇居民基本医疗保险参保人数3350人，城镇职工生育保险参保单位391家，参保人数4913人，现各项基金正在核算征缴当中。加强医保网络的管理和维护工作。2007年，阿里地区医保网络系统已通过自治区验收小组验收，并得到了一致好评，为了使网络系统能正常稳定运行，地区劳动和社会保障局加强管理维护工作，目前网络系统运行良好。切实加强社会保险基金的监督管理工作，严格执行社会保险基金“收支两条线”管理和财政专户管理制度，认真开展社会保险稽核工作，建立健全基金的预算制度及各项规章制度，做到专款专用、专项管理。没有挪用、挤占现象，确保了社保基金的安全运行。

【加强劳动关系调整工作，维护劳动者合法权益】加大劳动保障法律法规的宣传力度，进一步提高用人单位和劳动者的法律意识。2007年，在“综治宣传月”和“五一”节期间，阿里地区组织干部职工大力宣传了《劳动法》、《劳动合同规定》、《养老保险条例》、《失业保险条例》、《工伤保险条例》、《禁止使用童工规定》等法律法规及就业再就业优惠政策，发放各类宣传材料12000余份，发放《劳动者维权手册》110余册，《进城农民工就业指南》107册。切实加强劳动合同的签订和管理工作。积极督促用人单位和劳动者双方依据《劳动法》规定及时进行劳动合同签证，提高劳动合同的签证比例。2007年，阿里地区依法签证集体合同3份，签证劳动合同184人，签证农牧民劳务合同191份586人；受理劳动争议案件18件，涉及人员260人，调解处理15件，裁决处理1件，追回拖欠民工工资114.89万元，结案率89%。另外2件正在处理阶段。加强劳动力市场的执法检查工作，会同地区公安处、人事局、工商局开展了清理整顿劳动力市场秩序专项行动。会同地区工会，对阿里地区各类用人单位，特别是建筑施工、餐饮服务等劳动密集型企业和大量招用农牧民工的单位进行了劳动用工情况专项清理检查活动。检查内容以劳动合同签订、工资支付、工作时间以及参加社会保险等情况为重点，检查用人单位执行国家各项劳动保障法律法规情况。在这次专项检查活动中地县两级劳动保障部门共检查了607家各类企业，涉及人员2344人。在检查中发现未签订劳动合同的有1162人，责令限期签订劳动合同的1162人。

【进一步加强工资及统计工作】继续做好职工调动和退休审批及工资调整等各项工作，在具体工作中严格执行有关政策规定，严格审批手续。2007年1至12月，办理调动职工9人，审批退休13人，计算连续工龄3人。进一步加强劳动保障统计工作，围绕劳动保障事业发展的年度计划，按照上级劳动保障部门和地委行署的要求，及时准确地上报劳动保障综合统计报表，以及其它各项业务的月报、季报，为上级部门及时了解阿里地区的劳动保障工作进展情况提供了依据。严格按照文件精神，认真做好机关、事业单位职工的调资工作，确保了收入分配制度的顺利进行。

普兰县

【经济实现又好又快发展】2007年，普兰县始终以科学发展观统揽经济社会发展全局，以解放思想为先导，以发展旅游边贸经济为主导，以加强党员干部队伍建设为保证，按照“生态立县、产业富县、旅游兴县、边贸活县、城镇靓县、依法治县”的发展战略，推动国民经济又好又快发展。到2007年底，全县生产总值达到10393万元，同比增长18%；县财政收入363万元，同比增长15.6%；农牧民人均收入2330.22元（其中现金收入占到60%以上），同比增长16%。

【农牧业经济稳步发展】继续深化农牧区改革，突出“农民增收、粮食生产、牧业发展、结构调整”四个重点，抓好落实，2007年，农村经济总收入将达到2458.22万元，同比增长17%。农业方面，农作物播种面积637公顷，粮食播种面积564公顷，粮食总产量2884.17吨，同比增长2%。在确保粮食安全的基础上，进一步优化了种植结构，初步实现一元种植结构向多元结构的转变。同时加快了科技支农建设步伐，推广高产优质青稞种植面积97公顷，建设高效温室塑料大棚已达17个，推动了农业产业的发展。畜牧业方面，围绕草业先行，加快畜群结构调整，积极引导牧民科学放牧，适当减少大畜，增加小畜，继续推进畜牧业可持续发展。2007年以来，换进、调入优良畜种1229头（只、匹），年末牲畜存栏数将达到140740头（只、匹），牲畜出栏率30%，成畜死亡率4%，幼畜成活率75.3%。同时，农牧区流通体制改革已启动，启动了"万村千乡"活动，新建农家店13户，当地批发商2户，村上分别与政府和当地批发商签定了2007年度"万村千乡"工程责任书，等待地区的批复，加碘盐调进7吨。进一步畅通了畜产品流通渠道，全年活畜出栏34035头(只、匹)，山羊绒收购量6.6吨，绵羊毛交收购53吨，农畜产品综合商品率达到62.8%。

【旅游边贸经济蓬勃兴起】着力改善投资环境，充分利用好普兰口岸、唐嘎国际市场和多个民间交易市场以及普兰旅游市场潜力巨大的优势，大力发展边贸旅游经济，将普兰特有的资源优势转化为实实在在的经济优势。尤其是加快了迎接随着阿里机场的建设和219国道的整治完成后，旅游边贸经济将会快速崛起的前期准备工作，已同西藏圣地公司达成3000余万美元的开发旅游资源合作协议，并在2007年就普兰旅游业开发的总规和详规同该公司进行了实质性的商谈，在推动普兰旅游经济建设上又迈出了一大步。2007年以来普兰县个体户达到348户，从业人员486人，注册资金368万元。来普的外国商户72家（其中尼商59家,印商13家），外商注册资金118.7万元。全年边贸进出口额1360万元（其中进口额409万元，出口贸易额951万元），交易商品由原始的以货易货发展到了现在的成批量经营，交易品种也在不断的增加，边贸经济呈现出强劲发展势头。在旅游经济上，积极承办"岗仁波齐文化艺术节"，取得良好社会效应，2007年以来，来普旅游人数达到72645人次，旅游创收822.4万元。

【乡镇企业经济发展迅速】按照"壮大实力、增强竞争力、提高带动力"的思路，大力扶持乡镇企业。普兰县优质白青稞糌粑和青油，质量好、口碑佳，产品市场前景好。如西德糌粑加工厂、吉让预制厂、岗沙扶贫家庭旅馆、吉务温泉澡堂、吉务宾馆，岗措公司、西德农机维修、雍措旅馆和扶贫加油站等农牧民经济合作实体，纷纷建立，发展迅速，已初具规模，2007年总产值达到86.8万元，纯利润达到54.73万元。2007年乡镇企业产值达到26万元，在推动经济发展和促进就业上发挥了积极作用。

【积极开展农牧民安居工程建设】2006年来，普兰县共安排建设农牧民安居工程991户，其中2006年安居工程建设484户， 2007年安居工程建设507户。在安居工程建设上总投资1899.62万元，其中国家补助1644元（目前到位1493.8万元，未到位资金150.2万元），群众自筹1161.2万元（其中银行贷款251户568.8万元，现金投入592.4万元），县财政配套资金100万元。到2007年年底农牧民新建住房面积将达到79130平方米，有近6000农牧民乔迁新居，农牧民群众的生活条件得到极大改善。

【大力推进农田水利电力和道路交通等基础设施建设】2007年，农村安全饮水工程总投资150万元，实施建设了五处安全饮用水工程，解决了893人(农牧民)和9852头(只、匹)牲畜的饮水安全问题。完成了第三期农网改造工程，总投资194.11万元,新增用电人口384人，至此普兰县水电夏季已基本覆盖到县城周边的4个村24个组，其他村组用户基本实现了家用太阳能光电照明。灌区已经达到19个，灌溉水渠总长度253.3千米，塘坝蓄水总量359672万立方米，农田灌溉面积近667公顷，受益人口4527人。在道路交通建设上，2007年，巴嘎至斜尔瓦的柏油路正在建设当中，219国道普兰段进展顺利,2008年可投入使用。新建普兰乱石滩至仁贡的乡村公路建设，普兰道路交通状况明显好转，普兰县公路通车里程已提升到1365公里，乡镇和建制村基本实现了通车。

【切实做好农牧民增收工作】全面落实中央和自治区的各项支农惠农政策。落实了土地、草场承包到户政策和种粮户财政直补政策，实现了农牧民零负担。大力推进劳务输出工作，坚持"政府组织、专人负责、群众参与、形成合力"的方针，全县服务于劳务创收这项政策，出注意、想办法、开绿灯，保障劳务输出。交通、农牧、水利、发改委等部门对适合农牧民干的项目进行筛选，凡是适合农牧民干的项目和工程，不折不扣地交给农牧民去做。劳务输出已经成为普兰县现阶段农牧民增收的一个主要渠道。2007年普兰县劳务输出4696人次，创收782万元，同比增长20%。大力推进扶贫工程，一年来，使92户、411人脱离了贫困，脱贫群众的生活状况得到明显改观。

【邮政、电信、农牧区文化事业繁荣发展】2007年以来，新建单收站5座，至此普兰县建成广播电视收转站已经达到14座、单收站96座，以村为单位的广播电视覆盖率达到95%。持续开展了"优秀电影进牧区"活动和"三下乡"活动，2007年以来放映电影760场次，观看人数45660人次。同时组建了民间文艺演出队，在各村建设了党支部文化活动室，县城建设文化图书馆等，进一步丰富了群众的文化生活。大力支持推进"乡乡通邮"工程建设，目前巴嘎乡设有中心乡邮政代办所，霍尔乡为委托代办所，两乡各有一名乡邮递员。大力推进"村村通电话工程"，目前乡镇、村组有固定居住地的已经全部通电话，村组电话覆盖率已达90%以上。

把教育工作摆在优先发展的战略地位给予高度重视。2007年顺利通过了自治区"普九"复查验收组的验收，实现了教育工作年年上台阶。进一步加大了教育办学投入力度，积极改善办学条件，紧抓"控辍保学"工作不放，规范管理"三包"经费，不断提高教师整体素质，强化学校的卫生、食品、安全管理。特别是2007年把2007年—2009年确定为普兰县教育的巩固、提高、服务年，强力推进教育不断上台阶。适龄儿童入学率达98.1%，初中入学率达91.14%，辍学率控制在0.5%，青壮年文盲率控制在3.3%以内。2007年三包生达到1217人，覆盖面积100%。与此同时，按照新农村建设要求，大力兴办农村职业教育，培养新型农民。农闲季节，在老巴嘎和联检楼开办了普兰县文化技能培训班，2007年招收学员80人，通过培训每人都掌握了1—2项实用技术。另外，县农牧局等单位组织农牧民群众科技培训681人次，切实增强了农牧民群众依靠科技致富的信心和能力。

目前，普兰县两乡分别设有卫生院，10个村级农村合作医疗点和一个学生合作医疗点，并配齐了医疗卫生人员。继续推进农牧区新型医疗合作制度，新型合作医疗覆盖率达到100%，2007年合作医疗资金到位78.142万元，在很大程度上缓解了农牧民群众“就医看病难”的问题。积极开展了卫生下乡工作和培训乡村医生工作，共培训医务人员61名，极大方便了群众的看病就医。积极开展了防治地方病工作。同时，在2007年6月12日至14日，援助西藏发展基金会组织的医疗队在普兰县开展白内障复明手术，共治疗各种眼疾患者290人，农牧民群众的健康状况明显改善。

【存在的问题】一是农牧业保障体系不够完善，抵御自然灾害能力薄弱；二是产业结构框架虽然基本确立，但规模偏小、效益偏低；三是财政收支矛盾突出，举步维艰；四是开放开发环境不尽人意，基础设施、服务水准相对落后，很大程度上影响了发展进程；五是广大干部、群众思想解放力度不够，工作创新意识不强，从根本上不能适应快速发展的形势要求。

扎达县

【基本县情】扎达县为西藏自治区边境县之一，西南与印度接壤。全县总面积2.75万平方公里。

扎达县地处西藏西部象泉河流域，该县均属高原地带，平均海拔4000米，地势南低北高，高差1500米。境内有大小河流14条，其中阿里地区第二条大河象泉河横穿境内。属高原亚寒带干旱气候区，冬寒夏凉，空气稀薄，干燥多风，年日照数为3000小时左右。年降水量为200毫米左右，年无霜期130天，自然灾害有干旱、山洪、低温、雪灾、冰雹等。

矿产资源主要有铬、铜、铁、兰晶石、叶腊石、红宝石、大理石、白云母、石英沙等，野生动植物资源主要有豹子、狐狸、雪鸡、狼、大头羊、野牛、野驴、及人参果、雪莲、当归等。

扎达县是以牧业为主，牧农并举的县。主要饲养绵羊、山羊、牦牛、黄牛、马、驴等，农作物主要有青稞、春小麦、小麦、荞麦、豌豆、蚕豆、油菜等。境内著名的古格王朝遗址是全国重点文物保护单位。象泉河两岸土山林立，蜿蜒曲折数十里，形成独特的地貌结构。在土山中已发现藏族先民遗留的400多座洞窟，形成了以象泉河流域为主的古建筑群。

扎达县还是阿里地区藏族民间歌舞的主要发源地之一。其中“古格旋”舞已有1000多年的历史，至今仍盛行托林萨让、底雅地区，每逢节日庆典更是欢跳“古格旋”舞。

【经济实现快速发展】2007年，扎达县人口达到6567人，工业总产值达到546万元。农作物播种面积达到500公顷，粮食产量达到900吨。年末牲畜存栏头数13.43万头（只），农林牧渔业产值合计1929万元。

噶尔县

【经济发展情况】2007年，噶尔县完成生产总值7500万元，较上年同比增长1338.72万元，增长21.7%；本级财政收入1050万元，增长10.4%，比2007年任务与较上年实际数（905万元）超出100万元；农牧民人均纯收入（按统计口径）达到2550元，增长8%。全县物质文明、政治文明和精神文明协调发展，社会局势稳定，人民安居乐业，全年经济社会等各项事业取得了新的成就，经济发展态势强劲，城乡面貌日新月异，社会大局和谐稳定，人民群众安居乐业，噶尔县进入了经济又好又快发展的新阶段。

【以“三农”为重点，优化产业结构，扎实推进新农村建设】2007年初，通过调研和认真思考分析，逐步找出了制约噶尔县发展的因素，存在的差距，在深入分析县情及面临的机遇和潜力的基础上，年初政府通过召开会议专题研究定出了以“一带两河”综合经济开发总揽全局和“123456”工程的经济社会总体发展战略的思路，并及时请示县委，形成了共识。抓好“三农”工作，促进农牧业经济的快速发展。由于受历史、自然、地理等诸多因素的影响，噶尔“三农”工作相对滞后，农牧区基础设施建设脆弱，农牧业发展水平低下，农牧民生活贫困。为了改变这种现状，一是大力进行农牧业结构调整，优化种植业和畜种结构，加快发展优势畜种，农牧业结构逐步趋于合理。二是加强农牧业基础设施建设，改善农牧民生产生活条件。完成人工饲草料基地建设、水利设施、草场改良、鼠害草场治理、草场围栏等农牧业基础工作。三是加强农牧民技能培训，积极培养农牧区科技带头人和科技明白人。四是高度重视牲畜疫情的监控和防治工作，积极防治牲畜的各种疾病。五是狠抓劳务创收工作，把劳务输出作为农牧业和农牧区经济战略性调整和促进农牧民增收，特别是有效增加现金收入的重要措施来抓，加大对农牧民劳务输出的组织引导力度。六是推进农牧区税费改革，通过税费改革，县公共财政承担的费用明显增强，农牧民负担切实减轻。七是立足治本，坚持开发式扶贫，重视培养贫困农牧民的自我发展意识，鼓励和支持群众搞副业，帮助他们发展第三产业，鼓励和支持农牧民走出牧场进入市场。

【农牧业生产稳中有进】始终地把增加农牧民收入作为农牧区的中心工作，坚持创业富民，大力发展优势特色农牧业，加强农牧民培训，大力推广农牧业科技实用技术。一方面，在稳定粮食生产的基础上，继续调整农牧业种植结构，三大产业比例由2002年的22.5：40.68：36.82调整到2007年的36.1：7.5：56.4，第一产业比重稳中有升，第三产业比例大幅度增加，三大产业之间的结构进一步优化。农牧业综合生产能力稳步提高，粮食总产量保持稳定，基本实现自给，2007年，“粮、经、饲”比例达到27：6：67，种植业结构进一步合理。非公有制经济蓬勃兴起，造血功能显著增强，贡献率逐年提高。农牧业上，进一步加快了畜群结构调整，加快了良种的引进，促使畜群结构调整进一步优化。另一方面，立足区位优势，以“三子工程”为重点，大力发展城郊高效农牧业，切实把噶尔县的区位优势转化为经济优势。2007年将紫花苜蓿、沙打旺、草木樨、玉米草、油菜、土豆、白菜、白萝卜、大白菜等9个品种作为推广的重点，在继续保留原有的23公顷的基础上，试验面积种植面积达到152公顷。以原有人工种草为依托，进行奶牛养殖和牛羊育肥逐步形成产业链。先后完成投资额380万元的农田水利基础设施建设和三期农网建设项目；完成投资额678.8万元的狮泉河镇蔬菜基地日光温室建设；奶牛养殖基地建设；完成投资额为20万元的利用地膜保温技术措施种植优质牧草基地建设。农业基础条件得到极大改善，农牧业比例得到进一步改变。

【农牧民增收取得新突破】加快农牧区税费改革及综合体制改革，充分利用政策实现增收；加大农牧区基础设施建设的投入力度，增加群众收入；进一步加大对农牧业生产管理、服务力度，增加群众收入；进一步加大对困难群众的扶持力度，增加群众收入；积极有效地开展防抗灾救助工作，增加群众收入；采取有效措施、多种渠道整合各类资金，减轻安居工程群众自筹资金压力，从而相对增收；加强对畜产品收购（含牲畜出栏）工作的组织、引导、管理和服务工作，增加群众收入；建立健全劳务输出联络信息制度，充实和加强各乡（镇）劳务输出领导机构，加大劳动输出力度，增加农牧民现金收入。通过门士农业综合开发、昆莎奶牛师范基地建设、人工种草等劳务创收项目，截止目前噶尔县劳务输出人数达1.5万人次，实现劳务创收达615.1万元，与上年基本持平。

【基础设施建设“瓶颈”制约有效缓解，防抗灾工作成效显著】通过国家投资、民间投资和自筹资金，建成了一批对经济增长有重大支撑作用的基础设施和基础产业项目。2007年，固定投资达到4049.31万元。先后实施完成了门士乡农牧业综合开发项目；建设完成职工周转房建设、村级组织活动场所、扎西岗抗洪坝建设、县幼儿园附属设施建设；完成公路桥梁改造8座，新修涵洞26个，新建里程公路60公里；完成村村通工程广播站3座基站建设，完成加木村有限电视安装、组织部远程教育网络建设。2007年，全县交通、水利、能源、文化、卫生、通讯、城镇和农牧业基础设施有了显著改善。努力开展蝗灾防治工作。根据蝗灾点多、面广、密度大的特点，在2006年的基础上制定了《噶尔县2007年蝗灾防治预案》，采取加大灭蝗技术人员培训、建立蝗灾监测体系、配齐灭蝗药品器械和加强组织领导等措施，贯彻“打早、打小”的方针，做到“出土一批，消灭一批”。通过广大干部职工和农牧民群众的共同努力，灭蝗工作取得了阶段性胜利，正在加紧准备2008年灭蝗物资和蝗虫的监测工作。

【统筹兼顾，各项社会事业全面发展】始终坚持紧紧围绕“两基”攻坚目标，狠抓教育事业发展。2007年实现了“普九”目标， 2007年全县适龄儿童入学人数达到1400余人，入学率达到98%，在校生巩固率达到99.55%。按照教育优先发展的原则，县财政每年拿出财政收入的20%作为专项支教资金， 2007年投入208.8万元。并完成了144万元的门士乡完小校园硬化和昆莎乡小学硬化工程。为了大力培养合格劳动者和基层干部，组建成立了县农牧民培训中心，启动了噶尔县职业教育培训班。基层医疗设施条件得到极大改善。农牧区合作医疗制度改革全面推广，全县参加合作医疗人数达到6262人，参加率达99.8%，巩固率、投保率达到100%，全面启动和建立了困难群众医疗救助体系及城镇居民医疗救助体系试点工作。文化事业发展迅猛。全县基本完成“村村通”工程，广播电视覆盖率分别达到70.2%和83.3%，电影“2131”工程持续开展有效，城乡业务性群众文化体育娱乐生活逐步得到活跃和改善。新建村村通工程广播站基站3座，完成加木村有线电视安装，完成组织部远程教育网络安装。

日土县

【经济发展情况】2007年，日土县完成生产总值11058万元，增长18.5%；完成财政总收入730万元，增长15%；实现农牧业总收入3121.89万元，总产值完成11058万元，比2006年增长18.5%；农牧民人均纯收入达到2731元，同比增长15%；农畜产品综合商品率达66.5%；年末牲畜存栏数控制在41.83万头（只、匹），比上年减少2.12万头只匹，牲畜出栏率达30.5%，牲畜总增长率29%；畜产品完成山羊绒收购69.38吨，完成绵羊毛收购121.16吨；粮食播种面积完成347公顷，比上年减少23公顷，粮食产量达到820吨；共组织农牧民群众劳务输出2954人次，实现创收528.3万元，通过劳务输出创收脱贫360人。

【扎实推进新农村建设，“三农”工作取得新成效】以抓“三农”问题为重点，大力推进社会主义新农村建设，落实和完善了草场承包经营责任制，据统计，全县草场归户总面积达2917593公顷，约占全县可利用草场总面积的82%；“2131”和“村村通”工程建设力度进一步加大，广播、电视覆盖率分别已达到了80%和95%，全县单收站发展到207座；安居工程建设任务已完成944户；农田、草场、水利、交通、卫生、科技等农牧业设施得到明显改善。人民生活水平显著提高。一是以增加农牧民收入，增强经济发展后劲为重点，对农牧业产业结构进行了合理调整，使产业结构更加优化。2007年完成农作物播种369公顷，其中粮食播种面积347公顷，粮食总产量达到820吨，分别比2006年增长9%、8%和32%，实现农牧业总收入3121.89万元，全县粮经饲比例调整到76.8:7.7:15.5。二是农牧民增收机制逐步建立和完善，2007年全县组织农牧民群众劳务创收2451人次，实现创收值438.38万元，增加了农牧民的现金收入；人民群众消费水平保持平稳增长态势。安居工程群众得实惠。2007年日土县计划建设户数为227户，由于2006年建设计划内有47户未完成，因此2007年实际建设住房274户，其中日土镇50户，日松乡86户，多玛乡34户，热帮乡73户，东汝乡33户。已有223户安居工程住房全面竣工，并初步通过县级目标验收；2007年，安居工程资金到位情况：实际到位安居工程国家补助资金1445万元，其中2006年国家补助资金1026万元（实际到位832万元），贷款540.255万元，自筹104.1195万元。疫灾情有效遏制。2007年，日土县发生了历史上最为严重蝗虫灾害等疫情，疫灾情发生后，各级干部职工以扑灭疫情、灾情，确保群众财产安全为己任，紧急动员、迅速行动，克服恶劣的自然条件、艰苦的生活和工作条件，放弃与家人共度中秋佳节的机会，连续作战在疫情、灾情防治一线，直至疫灾情彻底扑灭。在蝗灾扑灭过程中共设置监测点40个，派出干部职工3批45人，投入人力1204人次、车辆36台次、灭蝗资金10万元，使蝗灾得到有效治理；在疫情防治中，共设立检查站10处，先后选派人员达15120人次，动用车辆250台次，往返行程6万余公里，各方面投入资金317万元，目前到位资金255.53万元，宰杀患病羊和同群畜9100只。受灾群众生活救助上，出台了《日土县人民政府关于对绝畜户群众救助安置及恢复生产实施方案》，充分发动群众，倡导“一方有难、八方支援”，全面动员其他乡镇群众，积极开展为受灾群众献爱心捐赠活动，解决燃料、肉食，支持帮助受灾群众度过难关，在上级划拨资金还未全部到位的情况下，县财政拿出8.0088万元，干部捐款12235元，确保了受灾群众安全过冬和局势稳定。

【社会事业长足进步】科教文卫等各项社会事业充满生机和活力。教育教学质量明显提高，全县中专学历以上教师由2002年的29人增加到现在的50人，学历合格率达到100%。适龄儿童入学率由2002年的87%提高到96.11%，在校生巩固率已达99%；“普六”工作得到巩固，“普九”工作基础夯牢，扫盲工作顺利通过地区验收。农牧区合作医疗制度全面实施，家庭医疗账户发放率达100%，医疗卫生机构发展到7个，各类医疗技术人员达到44名。以合作医疗为主的县、乡、村三级医疗服务体系进一步健全，农牧区医疗改革大力推进。社会保障体系建设大力推进，养老保险金征缴率达到100%，失业保险金征缴率达100%，养老金、失业保险金清欠率达100%。日土县符合条件的救助对象有209户641 人，其中年人均收入800元以下的救助对象有182户614人。

【实施项目带动战略，以投资拉动经济社会跨越式发展成效显著，发展后劲明显增强】加强了在建项目的质量监督和后续管理工作，逐步完善了项目组织措施、技术措施、管理措施，建立了项目建设和管理的长效机制。一是调整充实了“项目建设领导小组”和“工程质检监察领导小组”，项目建设领导小组由四大班子领导和相关部门领导组成，工程质检监察领导小组由纪委、发改委等部门领导组成，项目安排由领导小组会议决定，进一步增加了透明度，理顺了关系。二是充实了“项目技术小组”，全面负责项目的实施，以保证项目执行和管理中的科学性和先进性。三是强化项目管理，完善了项目计划管理、工程管理、财务管理和运行管理措施，杜绝了“重建设、轻管理”的现象，项目效益得到了充分发挥。特别是对项目建设资金设立专款账户，指定专人负责管理，并实行项目建设领导小组组长“一支笔”审批资金制度，做到专款专用，严禁项目资金挪用、挤占，提高了项目资金效益。2007年，全县各项基建在建工程及跨年工程等项目实现总投资达1497.2922万元。其中原种场综合楼冻精车间、县乡干部职工周转房、卫生服务中心住院部、村级组织活动室及卫生所、广电大楼附属工程等13个新建项目实现总投资1031.2822万元；广电楼、日土县看守所、县完小教学楼等续建工程完成投资466.01万元。

【大力扶持个体私营经济，经济发展的软环境明显改善】坚持“落实四项措施、建设两大环境”的思路，加大招商引资力度，私营经济蓬勃发展。立足本地特色和优势，采取以诚招商、以商招商的举措，紧紧围绕增加农牧民收入、发展县域经济这个目标，主抓招商引资，为全县经济社会发展注入了新的活力。全县个体工商户发展到222户，从业人员达到309人，注册资金达268万元。在矿产资源开发方面，通过优化投资环境，与内地企业集团、西藏的企业集团达成合作意向，实施矿业开发战略，带动经济发展。

革吉县

【经济发展情况】2007年，革吉县完成GDP11471.8万元，同比增长18.5%，财政收入达820万元，同比增长15%，各项税收收入完成1420万元，全县牲畜出栏率为30.1%，牧民人均收入达到2397.38元，同比增长16.9%，社会固定投资总额达4439.6万元。

【加快产业结构调整，特色经济战略纵深发展】第一产业上，加大牧业内部结构调整力度，提高牧业经济发展质量，严格按照50：45：4.5：0.5的比例对畜群内部结构进行调整，提高经济畜的比例。目前，革吉县牲畜存栏总数达65万头（只、匹），出栏率为30.1%，幼畜成活率为85.1%，主要畜产品产量分别为羊毛233.55吨、羊绒55.2吨、牛绒0.44吨、肉类3054.1吨、奶类1129.3吨、各类皮张9万多张，农畜产品综合商品率达到60%。通过采取以畜换畜、以畜换粮、出栏非经济畜等措施，山羊、绵羊、牦牛、马比例达到了50：45.5：4.01：0.14，畜群结构更加合理。第一产业实现产值4828.67万元，同比增长18.3%。

第二产业上，狠抓能源建设，加强了矿产资源开发和管理，充分利用自治区地勘局定点扶贫革吉县的有利机会，积极争取资金加大矿产资源的勘探力度。为进一步做大做强矿产业，地区行署与朋成公司签订了《扎仓茶卡盐湖资源综合开发合同》，明确规定朋成公司在4年内投资1.6亿元建设3个矿产品加工厂，解决1000人左右的就业问题，正式开发后，年均可创税费1.3亿元，另外该公司将投资200万元改善盐湖乡基础设施建设。在抓好新开发的聂尔湖湖底矿生产的基础上，引进资金建成了盐湖乡低品位加工厂，狠抓了低品位硼镁的加工工作，促进了硼镁矿的开发和利用。同时，针对盐湖乡粗盐生产经济效益低，又积极筹措碘盐加工厂，提高原有粗盐的经济效益，为加快革吉县经济发展，增加财政收入起到了积极的推动作用。目前二产实现产值1551.28万元，同比增长40.2%。全年各矿区硼镁矿完成产量9

万吨，自来水完成3.1万立方米，发电量完成292万千瓦时，生产预制砖瓦139万块。

第三产业上，大力发展商贸、餐饮、旅馆等传统服务业。截止目前，革吉县共有个体工商户235户，其中牧民群众经商户达89户，出售酥油536斤，奶渣1400斤，藏靴180双，氆氇220圈，皮帽160顶。邮政、电信、移动业务量增大，邮政完成业务总量12万元，电信完成业务总量206万元（包括移动公司），全县社会消费品零售总额达1442.4万元，同比增长12.9%，粮油公司调运粮食382吨，实现利税7万元，有力促进了第三产业发展。目前，三产实现产值5091.85万元，同比增长18.2%。

【大力实施安居工程建设，不断改善牧民生产生活条件】2007年革吉县计划续建安居工程479户，新建砖木结构200户，建筑总面积达40740㎡，国家补助资金701.5万元，实际到位383万元，国家补助资金使用141.8万元，群众自筹60.7万元。2007年实际完成491户，其中土木结构352户，砖木结构139户。

【千方百计抓好群众增产增收工作】专门成立了领导小组，抽调了两名县级干部，全面负责牧民群众增产增收和劳务创收工作，同时与各乡镇签定了责任书，明确了创收任务，为牧民群众增收创造有利条件。劳务创收方面：一是制定了切实可行的牧民群众劳务创收实施方案；二是充分利用实施各种项目的有利时机，组织群众开采硼镁矿、食用盐和参加安居工程等项目建设，以增加群众现金收入；三是加大牲畜出栏力度；四是抓好畜产品流通等中介服务工作，帮助群众增收；五是组织有劳力的群众到地区和其它县进行劳务输出。县委、政府针对革吉县经济实际情况，继续狠抓了群众增收“十一项”措施的落实。即：一是加强教育引导，提高群众自力更生脱贫致富的积极性；二是实施“两白”战略，坚持牧矿致富；三是提高牲畜出栏率，加快畜群周转；四是鼓励发展多种经营，拓宽群众增收渠道；五是搞好特色产品产加销，加快牧业经济发展；六是搞好中介服务和市场流通，为群众增收创造良好条件；七是加强牧业内部结构调整，促进牧业经济发展；八是狠抓劳务输出，增加群众现金收入；九是加强扶贫工作，改善贫困群众生产生活条件；十是大力开展群众劳动技能培训，提高增收能力；十一是帮助群众减支增收，加快脱贫致富步伐。通过采取以上措施，全年共组织农牧民群众参加技能培训790人次，组织群众参加农村公路养护、挖矿、参与安居工程建设等7000多人次，参与建设项目13个，群众创收达916.4万元（不包括畜产品收入），其中安居工程创收40万元，退牧还草创收269.5万元，扶贫项目创收38万元，修路创收260万元，以工代赈项目创收70万元，运输创收100万元，其他方面创收138.9万元，牧民人均纯收入保持16%的增长速度。

【加大“项目强县”战略实施力度，为基础设施建设注入新的活力】以牧业基础设施建设为重点，继续坚持“远抓发展必须从近抓项目着手”的工作思路，全面做好外向工作，加大项目投资力度。全年，共上报项目63项，上级部门审批21项，社会固定资产投资总额达4439.6万元。2007年修建项目包括：安居工程1100万元、草场围栏1210万元、县城干部职工周转房673万元、检察院两房建设229万元、法院两房建设201万元、修建公安大楼及附属工程350万元、县人民医院住院部维修扩建175万元、县自来水工程80万元、县看守所160万元、乡镇玻璃温室修建30万元，革吉镇、亚热乡派出所96万元、农牧区水井建设50万元、文布民政库房建设15.6万元、乡镇维修公路70万元；明年已立项审批的项目包括：县城排水工程500万元、亚热和文布整乡推进项目500万元、游牧民定居工程配套设施建设551万元、亚热乡光电站扩容工程230万元、农牧区基础设施建设1700万元、盐湖乡羌堆村公路转场建设85万元。另外，大力出台土地优惠政策，积极鼓励私人投资和个人投资。私人投资120万元在县城修建1200平方米的商品房，进一步改善投资结构，促进了革吉县经济的发展。同时，受援工作力度进一步加大，资金投入从原来的400多万增加到每年600万元，为革吉县基础设施建设注入了新的活力。

【注重统筹协调，社会各项事业全面发展，社会文明不断提升】科技工作成绩明显。县农牧局积极协调，争取资金151.1万元扩建扩繁场，开展牧业生产实用技术培训，把牧业发展、牧业致富纳入依靠科技进步和提高劳动者素质的轨道上来；狠抓绒山羊推广示范户的培养和扶持工作。目前，已推广优良种羊200多只，良种牲畜选育达800多只，核心群产羔率达100%，成活率达98%；及时开展草原“三灭”工作，特别是灭醉马草及灭蝗工作；全年完成人工种草53公顷，草场围栏53333公顷，休牧23333公顷，禁牧30000公顷，草场补播16667公顷。牲畜疫苗注射工作顺利完成，牲畜各类疫苗注射率都达到100%。

教育事业取得喜人成绩。2007年，革吉县被自治区人民政府确定为“扫盲县”。全县15-50周岁青壮年人口6998人，15-50周岁人口中文盲人口为5752人，共设立扫盲教学点215个。对实施扫盲工作进行了大力宣传，在资金筹划上，本着少花钱多办事的原则，切实将扫盲经费列入同级财政预算，设立扫盲经费专项制度，确保了“扫盲”所需经费。在师资力量建设上，针对革吉县扫盲教师严重不足的实际，从各乡（镇）、县直各单位中抽派135名有文化、有能力、责任心强的干部职工担任扫盲教师，同时，从各乡（镇）知识分子和优秀脱盲人员中聘请120名人员协助扫盲教学，提高了教育教学质量。顺利通过了自治区委托阿里地区对革吉县扫盲工作的全面评估验收。截止11月底已脱盲5553人，脱盲率达96.6%；全县19个行政村和1个居委会已脱盲，村脱盲率达100%，从整体上提高了牧民文化素质。

大力开展“普六”教育巩固活动，2007年革吉县用于教育的财政投入达264万元；建立健全“控辍保学”双线目标责任制和义务教育适龄人口登记、入学通知、辍学报告和辍学情况通报制度，狠抓“控辍保学”工作；加强师资队伍建设，全面提高教育教学质量；加大教育工作督导力度；进一步完善了“三包”经费管理使用制度；全县目前共有适龄儿童1594人（其中三类残疾儿童54人），适龄儿童在校生1414人，适龄儿童入学率达96.3%，比2006年提高了1个百分点，升学率达100%。同时2007年革吉县开办了初中班和职业中学，在校生人数分别为77人、 45人。

文化广播事业健康发展。大力实施“村村通”工程，2007年新建电视单收站1座，电视转收站2座，使革吉县的电视单收站达到了113座。全年下派专业技术人员240人次，行程6600公里，检修维护了乡村卫星单收站110座，并对电视单收站的管理人员进行了业务培训。积极筹措资金，为雄巴乡安装了一座“6+3”广播电视收转设备，为亚热乡新建了一座“4+3”广播电视收转设备，使全县电视广播覆盖率分别达到74%和71%；为了抓好“2131”工程，在县文广局的积极协调下，自治区配备了一辆流动电影放映车，同时派出专业放映员为各乡镇放映电影516场，观看人数达15481人次，使文化广播事业更加贴近生活、更加贴近牧民群众、更加贴近干部职工，进一步丰富了干部群众的文化生活。加强文化广播电视管理工作，确保“三满”播出，电视转播每天达18小时。

卫生工作得到进一步加强。加强了对合作医疗资金的管理，共追缴乡镇拖欠合作医疗资金5万元；加强了合作医疗药品进购力度，共购进44.8万元的合作医疗药品，加强了合作医疗报销力度，共为34名群众报销医疗费用27.6万元（其中包括为学生报销1.24万元），各乡镇为群众核销医疗费用37.5万元，按照自治区的有关要求为群众报销计划生育手术费用1.11万元；正式开通了干部职工医疗保险刷卡业务，使干部职工真正享受应有的医疗待遇；加强了食品药品监管力度，检查食品药品14次，其中下乡检查5次，未发生食品药品安全事故。

改则县

【经济发展情况】2007 年，改则县实现生产总值 20486.6 万元，同比增长 18%。其中牧业增加值达 10386.5 万元，第二产业产值达 3839.04 万元，第三产业产值达 6459.06 万元；地方财政收入完成 1003 万元，同比增长 15%；牧民人均纯收入达到 2491.3 元，同比增长 16%；牲畜存栏达到 887274 头（只、匹），基本与上年持平；牲畜出栏率达到 32.5%；成畜死亡率控制在 6.5%以内；完成绒毛收购量 519 吨，与往年基本持平；畜产品综合商品率达到 61%；实现新增就业 31 人；牧区脱贫 692 人；实现劳务创收 1027.86 万元；“普六”验收顺利通过，适龄儿童入学率达到 95.7%。

【牧业发展，牧民群众的生产生活条件得到极大改善】改则县是一个纯牧业大县，以牧业增效、牧民增收和牧区发展为目标，落实各项增产增收措施。加强体制改革，认真贯彻落实党在农牧区的一系列支农惠农政策，广大牧民群众得到了更多实惠。2007 年牲畜总存栏达 887274 头（只、匹），草畜矛盾得到进一步缓解。大力调整畜牧业内部结构，发展改则县优势畜牧业资源优势，积极推广繁育优质白绒山羊，当前共推广养殖白绒羊 258 户，绒山羊存栏达 6370 只。引导牧民因地制宜调整牲畜品种养殖比例，经济畜比重已调整至 65%左右。采取压缩马匹多养牛羊、推广优质牲畜品种放养，牲畜出栏率和商品率有新的提高，促进了牧区经济的大发展。草场承包自主经营体制顺利完成，后续管理工作良好。劳务创收成为牧民增收的新亮点，在解决了一大批牧区富余劳动力的同时，增加了群众的现金收入，2007 年牧区劳务创收人数就达 9162 人次，增收 1027.8617 万元。游牧定居、扶贫搬迁工程和总投资 5236 多万元的牧民安居工程项目的实施，极大的改善了牧民群众居住条件，牧民人均住房面积由 4.6 平米提升到 8 平米以上，截至目前，安居工程建设 2026 户建设任务已完成 1945 户，占总任务的 96%，完工的 65%的牧民已喜迁新居。安居工程配套设施建设计划在今明两年全部完成；群众的恩格尔系数发生了积极变化，生活水平得到明显改善；牧区税费改革成效明显；牧民群众的医疗救助、救灾救济、特困人员生活救助、残疾人救助、“三老”人员补助、城镇居民最低生活保障等社会保障体系进一步健全，发挥了积极作用。养老金、失业保险金、低保金的征缴发放率为 100%；城镇居民人均可支配收入达 3100 元，牧民人均可支配收入达 1800 元左右；城镇居民年存款余额突破 6000 万元。

【基础设施建设稳步推进】牧区基础设施建设步伐加快。牧区基础设施建设投资增长保持在年增 18%以上，重点实施了人畜安全饮水工程、无水草场开发、乡村公路修建、牧民安居工程建设、特色产业开发、扶贫开发、城镇基础设施建设等。政府整合资金加大城镇基础设施建设，全年投入基建项目资金近亿元，城镇规模化建设初具规模，县城路面硬化改造已经初步完成，干部职工办公、居住条件得到明显改善。修建改造乡村道路 2 条，长 230 多公里。目前乡村公路网络基本形成，95%以上的村实现了四季通车。扶贫开发促进了牧区的发展。通过对扶贫项目和资金的积极争取，加大实施力度，扶贫工作已覆盖全县 49 个行政村一个居委会，在扶贫模式上采取整乡推进与集中扶贫相结合的方式，充分发挥资金的最大效益。

加大项目申报、管理、落实和监管工作。在县政府的高度重视和相关部门的积极争取下，2007 年改则县基础设施投资共 9520.5 万元，新建基建项目 8 个。在工程施工建设中转变以前“重建设、轻管理”的工作局面，县基建领导小组加大各工程项目的监管力度，狠抓工程质量和工程进度，截至 10 月底，全县所有工程项目均按年度建设计划进行了落实，并通地、县二级相关部门的验收。改则县水电站前期工作基本完成，现已进入工程招投标阶段，在明年开工建设。在矿产资源开发上坚持“开发与保护并重的原则”，进一步整顿和规范矿产资源的勘探秩序，做到经济、社会、生态效益协调发展。在上级有关部门的大力支持下，2007 年改则县完成 4 个矿点的回填工作。在土地管理方面，针对以往改则县土地管理中存在的问题，在深入开展调查、研究的基础上，制定了《改则县关于治理整顿土地市场秩序的紧急通知》和《改则县关于治理整顿土地市场秩序的实施方案》。一年来累计发放国有土地使用证 19 本，依法登记国有土地使用面积 71652.81 平方米。通过努力，有效解决了改则县与仲巴县的草场边界纠纷问题。

【"三农"工作力度加强。】狠抓"三农"工作，大力推进社会主义新牧区建设。"三农"工作历来是改则县的中心工作，随着社会主义新农村建设步伐的加快，改则县紧紧抓住历史赋予的大好机遇，努力改善群众生产、生活条件，城乡经济走上协调发展的道路。稳步提高牧民群众收入，改善生产、生活条件是"三农"工作的出发点和落脚点，县政府及各部门一直把此项工作当作重中之重来抓。一年来，为切实做好牧民增收工作，从多方入手：一是结合年初地委、行署为改则县下达的增收指标，进一步给各乡镇细化量化增收任务，明确增收工作第一责任人，将增收工作完成情况纳入年终目标管理范围；二是积极组织开展好牧区劳务技能培训和输出工作；三是在畜产品收购工作中，认真落实地区"三统"收购政策，组织工商、公安等部门加大畜产品市场清理整顿工作，进一步规范畜产品流通市场，保护牧民群众的正当利益，在收购工作中实行超额完成奖励制度，2007 年全县共有 603 户牧民家庭超额完成了定购任务，争取到了超额奖金 45.85 万元，此项奖惩制度的实施进一步调动了牧民群众对"三统"政策的支持积极性；四是加大科技投入，进一步调整优化牧业产业结构，提高牲畜出栏率、商品率，针对畜牧业增产不增收的不良态势，县上专门组织有关人员下基层、跑市场进行广泛调研，分析原因，找出对策，在品种改良上做文章，在动物防疫、科学饲养上打基础，努力增大经济畜比重，进一步调动了广大牧民发展专业放养的积极性。

【社会事业全面进步】坚持教育事业优先发展的战略不动摇，全县中小学办学条件、办学质量、师资队伍建设等方面明显加强；在中国移动公司和国家、上级部门的大力支持和重视下，教室、师生宿舍、食堂、活动场所等硬件设施得到极大改善；通过全县干部职工及广大教育工作者的不懈努力，"普六"攻坚胜利完成，群众参与教育工作的自觉性得到明显提高，各级党委、政府重视教育、发展教育，全县人民关心教育、支持教育的局面正在形成，"两基"攻坚正在扎实推进。牧区文化事业得到发展，当前广播电视"村村通"覆盖率达到 85%，城镇有线电视转播台达到 45 个，广播电视"村村通"单收站 117 座，"2131"工程得到较好落实，全年在牧区共放映电影 753 场次，极大丰富了牧区群众的文化生活；一年一度举办的民俗文化艺术节，使改则县的民族文化、高原艺术得到继承与发展。全县医疗设施、医疗条件得到改善，医护人员队伍得到充实，医疗水平明显提高，牧区特困医疗救助制度、牧区合作医疗等社会医疗保障体系基本形成，当前新型牧区合作医疗制度覆盖率达到 100%，从 2006 年 6 月——2007 年 6 月，从新型合作医疗制度中得到实惠的有 588 名牧民群众，共报销医疗费用 15.7086 万元。卫生服务人员的医务技能也得到进一步提高。干部职工医疗保险体系运作正常，城镇居民基本医疗保险投保工作已经启动。城镇居民最低生活保障和特困救助、医疗救助等社会保障事业不断加强，有效保障了各社会弱势群体的利益。建立统一的牧区特困群众档案，2007 年共有 823 户、3234 人建立的牧区特困群众救助档案，特困救助标准由每月每人 4 元提高到每人每月 20 元，全年累计发放特困群众救助资金 388080 元。各项自然灾害应急救助体系逐步完善，截至 11 月，全年共累计支出专项救灾资金 92.3 万元，共救济灾民 1284 户、5393 人；享受特困医疗群众 227 户 782 人，全年共为 178 人报销医疗救助资金 101529 元。全面落实促进就业和再就业的各项优惠政策，建立部门分工负责、齐抓共管的就业责任体系和工作机制。2007 年全县城镇新增就业岗位 30 个，实现"3545"人员和零就业家庭就业 8 个。牧民技能培训 378 人次。金融、邮政、通讯、工商、税务、征稽、气象等公共事业也得到了积极发展，基本满足了人民群众的社会需求。

措勤县

【经济发展情况】2007年，措勤县实现生产总值1.13亿元，比上年增长19%；实现牧业生产总值5223.5万元，比上年增长3.11%；实现地方财政收入402万元，比上年同期增长15%；完成固定资产投资4487万元，比上年增长64%；城镇居民人均可支配收入达到8327元，比上年增长10.01%；农牧民人均纯收入达到2296元，比上年增长16%；金融机构各项存、贷款余额分别为4250.4万元和2932.1万元，比上年分别增长12%和15%；各项税收完成250万元，比上年增长14%。劳务创收完成470万元，比上年增长85.7万元，增长22%。实现脱贫480人。2007年，各类牲畜存栏数51万（头、只、匹），牲畜总增率达30.3%；牲畜出栏率和畜产品综合商品率将分别达29%和48.90%。收购山羊绒35.4吨、绵羊毛165.8吨、绒毛总产量236.1吨。

【基础设施建设情况】一是完成了较齐全的措勤县"十一五"规划项目库建设工作，共计上报370个项目，总投资概算为14亿元，其中，措勤县水电站建设项目已通过国家评审；二是争取国家投资4487万元，实施了县医院住院楼、县乡职工周转房、县看守所、公安办公楼、镇派出所、村级办公场所、县农行营业楼等建设项目。三是国家电网公司投资1600万元修建了县委、县政府综合办公大楼、措勤县驻狮泉河办事处和44套牧民安居工程住房。四是2006年底，经过上级党委、政府、县委、县政府和援藏干部的积极努力，从2007年起，国家电网公司在原来每年援助1000万元的基础上，进一步加大援助力度，每年将达到1750万元，援助资金重点向牧区倾斜。这些资金的注入，将极大地改善措勤县基础设施条件。

【牧民安居工程实施情况】进一步加强安居工程的组织领导，明确工作职责，强化工作措施，工程建设进展顺利。对施工的全过程进行严格的监管，县安居办对已完成的项目进行严格验收，并按建设质量情况，扣出相应的保修金，有力地保证了项目建设的后续管理。通过上述措施，54支建筑施工队（本地牧民施工队11支）圆满地完成了地区2007年下达的400户和国家电网公司援助的44套牧民安居房建设任务。截止目前，措勤县已完成牧民安居房建设1275户（其中游牧定居1055户、扶贫搬迁170户、地方病搬迁50户），完成计划的91%，剩余的

123户将于2008年全部完工。

【牧业生产情况】畜产品生产和购销方面，按照“一产上水平”的要求，狠抓了畜产品的生产和购销工作。一是加强组织领导，成立了县、乡、村三级畜产品生产和购销领导小组，具体指导、督促畜产品“产前、产中、产后”的各项工作。二是明确任务，狠抓落实。为了有效防止主要畜产品的流失，县政府与乡、乡与村、村与组、组与户之间分别签订了主要畜产品生产购销责任书。三是严格实施“三统”政策，加强了畜产品“产前、产中、产后”的跟踪管理，有效地防止了主要畜产品的外流和税收的流失，确保了牧民群众的现金收入。四是活跃市场搞促销。八月份成功地举办了第四届扎日南木措物资交流会，物资交流会期间各乡（镇）共销售酥油1.2万斤、奶渣1.2万斤，实现创收32万元。五是根据区内牦牛、绵羊的市场价格，提出了每头牦牛不低于2200元、每只绵羊不低于200元的市场指导价格，合理调控畜产品价格，对增加牧民收入起到了积极作用。 六是重视牧业科技推广工作。2007年4月组织78名兽医参加了为期十天的培训，5月份组织了108名牧民参加了抓绒技术培训，有效提高了牲畜疫病的防治能力和牧业生产的技术含量。争取资金20万元，给曲洛乡三个村的240户配备了251台奶油分离机，改变了原始的奶油分离方法，提高了酥油产量，三个村酥油产量将达到7892.5公斤，奶渣产量将达13175公斤，为牧民创收23.2万元。争取资金143万元，加快紫绒山羊原种场的建设和原种推广工作。县原种场共有紫绒山羊700只，其中适龄母羊402只，核心母羊230只，基础母羊200只，公羊100只，核心种公羊20只，共推广紫绒山羊500只，建立示范户158户。截止目前，全县共有紫绒山羊24万余只，占全县牲畜总数的47%。通过科技的推广，措勤县紫绒山羊的数量和单位产量均有大幅提高，2007年紫绒产量34.7吨，比2006年增产4.4吨，实现牧民增收659.3万元。

【劳务创收工作开展情况】紧紧抓住首要任务和“三大年”活动的具体要求，狠抓了劳务输出工作。一是加强了组织工作。成立了县、乡、村三级劳务创收工作领导小组。二是狠抓了“统一安排、统一组织、统一管理”的工作。以城镇建设、“安居工程”、农发项目、公路建设和养护等基础设施项目建设为契机，严格执行了地委、行署规定的“凡是适合牧民干的项目和工程，都必须不折不扣地交给农牧民做”的工作要求。县发改委和农牧局对全县的项目进行了筛选。县政府与相关部门签订责任书，对筛选出的项目实行统一安排；同时，县里专门抽出5名县级干部和十余名科级干部直接负责劳务创收的组织引导工作，实现了劳务创收工作的统一组织和统一管理。三是为切实提升创收队的硬件水平和竞争力，投入援藏资金200万元，为牧民创收队解决了一台挖掘机、五台东风翻斗车、两台双桥翻斗车和五台四轮拖拉机。四是大力加强劳动技能培训。一年来共开设培训驾驶等课程9门，培训人数692人，提高了牧民进入市场的能力。2007年措勤县共组建创收队7支，牧民参与劳务创收85353人次，全县累计创收达470万元，人均创收380元。

【扶贫工作开展情况】自治区1个单位，地直8个单位，县直、中直27个单位还与措勤县1个乡、21个行政村建立了对口帮扶关系。一年来，通过开展“送温暖、献爱心”等活动，各对口联系单位累计捐款及衣物折合人民币72.8余万，下派蹲点干部111人，平均蹲点2个月以上，帮助480多人实现了脱贫。

【社会事业进展情况】始终把教育摆在优先发展的地位，加大财政投入，落实支教资金80.4万元，并以“普及、巩固、提高”为主题，以改革为动力，举全县之力，加快教育事业的发展。全县中小学基本消除危房。积极推行新课程改革，实施素质教育。相继出台了《措勤县为教育办实事的决定》和《措勤县关于加快教育改革和发展的决定》。全县适龄儿童在校生为1646人，适龄儿童入学率为98.63%。初中在校生687名，适龄少年入学率为92.6%，巩固率均达到100%，年 10月通过国家“普九”验收。

始终坚持文化、卫生、科技等社会事业的协调发展。开展了丰富多彩的“三下乡”活动。活动期间，共发放各种宣传资料220份，各类图片190张，为群众诊断965人次，发放药品20多种，为牲畜诊断450头（只、匹），发放药品10多种，维修卫星单收站24座，播放电影5场。成功地举办了第四届扎日南木措物资交流会。针对县城环卫工作滞后，“脏、乱、差” 比较突出这一现象，加强了环境卫生管理，修建了多个简易垃圾堆放点。进一步加强了“村村通”广播电视工程，“2131”工程、西新工程的实施。2007年实现了与地区电视台联网的目标；积极组织6支放映队为全县27个放映点放爱国教育片、科普科教片590场次，观众达2.9万人次。通过进一步深化科技体制改革，加大科普知识宣传力度，适用科技得到进一步推广和应用。2007年，全县五所学校和县城全面推广碘盐，城镇居民和学校食用碘盐人数达4234人；同时，从地区外贸公司购买20吨加碘盐，由各乡（镇）负责销售给牧民，初步统计食用碘盐牧民人数4000余人。全县碘盐覆盖率70%以上。

出台了《措勤县推行新型合作医疗暂行办法》，把预防保健和推行新型牧区医疗改革作为重点，积极稳妥地推进城镇医疗卫生体制改革，同时加强了农牧区计划生育宣传工作、计生技术服务工作以及地方病、传染病的防治工作，努力提高群众的健康水平；加强乡村医生的培训工作，培训乡村医生21人；加强了医药、食品卫生、公共卫生的监管，开展了食品卫生专项整治活动6次。截止目前，全县四乡一镇已全面推行合作医疗制度，合作医疗参合人数达12373人，占牧业人口的100%。

林 芝 地 区

林芝地区

【经济社会发展情况】2007 年，林芝地区紧紧围绕“1231”发展思路，坚持落实年狠抓落实，取得了经济平稳快速发展、人民生活明显改善、各项事业全面进步、社会局势持续稳定的喜人成绩。全年地区生产总值完成 33.71 亿元，同比增长 15.9%。其中，第一、二、三产分别实现 5.04 亿元、11.98 亿元和 16.69 亿元，分别同比增长 4%、12.9%、22.3%；固定资产投资完成 32.3 亿元，同比增长 14.6%；财政收入完成 2.02 亿元，同比增长 30.3%；农牧民人均纯收入 3596 元，同比增长 14.21%；社会消费品零售总额 6.55 亿元，同比增长 29.59%。

【农牧业经济稳步发展】2007 年，林芝地区农牧业总产值完成 6.82 亿元，同比增长 9.01%。粮食总产量达到 7.85 万吨，油菜籽产量达到 0.33 万吨；牲畜存栏 72.55 万头，同比增长 3.66%，肉类总产量达 1.17 万吨，同比增长 6.83%；牲畜出栏 16.8 万头，出栏率 26%；乡镇企业总产值达到 1.91 亿元，同比增长 17%，多种经营总收入达到 2.74 亿元，同比增长 17%。

【农牧业结构进一步优化】2007 年，林芝地区农作物播种面积 21100 公顷，其中优质粮油种植面积 15333 公顷，粮经饲比例调整为 69：19：14。农牧业特色乡村逐步形成，全地区共建立农牧业专业乡（镇）4 个、专业村 43 个。其中，藏猪养殖乡（镇）3 个、辣椒专业乡 1 个；蔬菜村 11 个、花椒村 8 个、核桃村 20 个、奶牛村 4 个。订单农业实现新突破，林芝县 200 公顷玉米、77 公顷马铃薯分别被尼洋河养殖场和内地一家加工企业成功订购。

【农牧区发展能力不断增强】安排落实资金 1755 万元，支持 15 个特色产业项目开发建设。全面落实种粮农民各项政策性补贴，粮食直补、良种补贴、农机化补贴达到 534 万元。认真贯彻促进生猪生产发展政策措施，落实能繁母猪补贴资金 238.8 万元，全地区生猪自给率达到 61%。农牧民实用技术培训力度加大，举办各类培训班 149 期，培训农牧民及乡镇干部 9231 人、农村经纪人 40 名。农牧民施工队伍进一步壮大，已成功组建施工队 22 家，其中 15 家取得建筑企业资质证书，实现劳务输出增收 2000 万元。龙头企业扶持力度加大，在投资 100 万元帮扶全区最大养猪场——尼洋河养殖场的同时，重点培育了波密县粮油加工厂和朗县朗香传统美食加工厂 2 家。

【安居工程建设扎实推进】全年完成 5000 户安居工程、53 个村级组织活动场所和 17 个村道路硬化建设任务，总投资 6 亿元，总受益人口 4 万人，确保了林芝地区农牧民安居工程继续走在全区前列。进一步加强督促检查，严格控制建房面积及木材使用量，鼓励农牧民使用环保铁皮、钢材、水泥砖等替代建筑材料。进一步加大资金监管力度，实行专人、专帐、专户管理，确保安居工程资金安全和使用效益。同时，进一步加快沼气能源建设，投入资金 1143 万元，建成沼气池 3024 座，实现了农村沼气能源新突破。

【特色农牧业快速发展】进一步扩大特色农作物种植面积，林芝、米林、波密三县种植饲料玉米 373 公顷，朗县、林芝县连片种植脱毒马铃薯 133 公顷，察隅农场种植生姜 40 公顷，朗县种植辣椒 107 公顷，米林农场种植各种优质水果 240 公顷，察隅、墨脱两县发展优质水稻 667 公顷。继续加强对藏猪、藏鸡的项目管理，进一步完善了以林芝、米林、工布江达三县为主的藏猪、藏鸡规模化繁育与饲养示范区建设。以朗县、米林县为重点，继续实施黄牛改良工程，目前全地区改良牛存栏 2969 头。大力发展城郊奶牛业，扶持奶牛养殖专业户 22 户。

【藏药业规模不断扩大】投资 45 万元，在地区种畜场和波密县建立天麻种子生产示范点，种植天麻 2000 多平方米。工布江达县藏丹参人工种植“富民强县”项目已获批准，投资 150 万元，完成藏丹参种植 87 公顷。藏药研发成效明显，已研制藏药制剂品种 160 个，其中 21 个品种获国药准字号，3 个品种由宇拓藏药有限公司生产并投放市场。

【生态旅游业迅猛发展】全年接待游客 82 万人次，同比增长 31%，实现旅游收入 4.2 亿元，同比增长 70%。农牧民直接参与旅游服务达 531 户 1317 人，实现收入 597.4 万元，同比增长 14.3%，户均增收 1.1 万元，人均增收 4536 元。旅游规划体系建设加快，完成《林芝地区农牧区旅游发展规划》初稿的编辑和《巴松错生态旅游区总体规划》的评审工作。旅游宣传力度不断加大，积极参加第八届中国成都西部国际博览会、2007 云南昆明国际旅游交易会和广东国际旅游文化节，印制并发行《林芝旅游精品手册》、《2007 林芝冬季旅游线路册》等，进一步扩大宣传面，提高了林芝旅游知名度。旅游招商引资工作成效显著，成功引进项目 6 个，其中 5 个通过规划评审，协议资金 10.28 亿元，到位资金 3720 万元。高度重视旅游安全工作，与 30 家旅游企业签订了《旅游行业社会治安综合治理目标管理责任书》，进一步规范了旅游市场，旅游服务质量明显提高。

【交通、水利等建设力度不断增强】全年落实交通项目 22 个，其中续建项目 1 个，新开工项目 21 个，总投资约 1.5 亿元，改扩建砂石路 294.4 公里，延伸四级油路 38.7 公里，新建硬化路面 2.4 公里，新修桥梁53座1870米。水利设施建设加强，落实国家投资水利项目18个，涉及三期农网改造、乡村小水电、农牧业灌区工程、农村安全饮水、城市防洪等五项内容，落实水利建设资金1.41亿元。城建设施日益完善，八一镇完成社会投资3.77亿元，建筑面积30.64万平方米，同比增长26.5%；各县完成社会投资2.26亿元，建筑面积44.1万平方米，工程质量验收合格率达100%。

【重点项目建设力度加大】八一二桥如期完工，巴河雪卡电站、老虎嘴电站、米林至朗县油路、八盖公路相继开工建设。项目前期工作进一步加强，林芝地区天然草场综合治理、八一镇河西区防洪堤、工布江达县防洪堤、察隅县防洪堤等项目资金正在落实。尼洋河流域综合开发、林芝机场周边沙化治理等项目正在开展前期工作。

【项目管理工作进一步加强】严格实行项目法人负责制，增强了对重点项目规划、资金筹集、建设实施、后续管理等全过程的责任。严格实行招投标制，深入贯彻藏政办发[2006]44号文件精神，进一步完善对招投标活动的监督，建立地区招标代理机构和从业人员及评审专家的信息档案。严格项目资金管理制度，执行中央专项资金和国债资金管理有关规定，按项目设立资金专户，实行专户存储，单独建账，单独核算，做到了专款专用，提高了项目资金使用情况透明度。认真落实工程监理制，选择有资质的建设单位，对重点工程建设的投资、工期、质量和合同进行全面监督。

【援藏工作进一步深入】第四、五批援藏交接工作圆满完成，第五批援藏项目初步确定392项，投入资金8.24亿元，其中：广东省242项，资金总计5.28亿元，福建省150项，资金总计2.96亿元。全年援藏项目（包括物质设备）共完成5173.56万元，完成年初计划任务的103.27%，其中第五批援藏项目开工建设21个，完成投资809万元，支援地区物资设备1714.56万元。

【农牧区改革不断加强】巩固农牧区税费改革成果，落实农牧区税费改革资金1005.6万元。农牧区社会救助制度进一步健全，特困群众救助起点从年收入500元以下扩大到年收入800元以下，特困群众医疗救助年度最高救助限额由3000元提高到8000元。农牧区“五保户”年人均生活费提高到1500元，村干部误工补贴年人均提高500元，村级运转经费标准人均提高3元，专项安排落实自然灾害救助资金628.8万元，确保了农牧区的稳定繁荣。

【财政改革不断深入】全面实施政府收支分类改革，完善预算管理制度，地直55个部门推行了部门预算改革。积极做好国库集中支付制度改革试点工作，24个地直行政事业单位和林芝、波密等四县试点工作顺利开展。政府采购工作不断强化，采购范围进一步扩大。“收支两条线”管理改革继续深化，六县后勤服务社会化改革全面推开。积极推行公务员收入分配、行政事业单位工作人员出差休假、接待管理和乡镇财政体制等改革，加快了金财工程建设步伐，完成了金财工程网络安全与管理一期建设工作，提高了设施水平和技术保障。

【国有企业改革进一步深化】制定《林芝地区国有企业改革改制规划》，初步研究制定了地区医药公司、厦林路桥和林芝宾馆的改制方案。支付国有农场税费改革转移资金45.4万元，减轻了国有农场负担。协助林芝水泥厂和更张林场按照破产程序开展了破产工作，目前，林芝水泥厂破产工作已进入法定程序，更张林场也开始了前期准备工作。通过招商引资和职工集资等方式，累计投入5300万元，分别建成了地区运输公司、汽修汽配汽贸综合市场、地区建筑公司幸福岛商贸城和客运公司临街商铺及职工周转房等工程。国有企业住房制度改革稳步推进，审核了地直国有企业、县属国有企业上报的企业房改方案，积极落实在企业改制中未享受房改优惠政策的21人的住房补贴。2家企业实现扭亏为盈、2家农业企业全面脱困。

【对外开放成效显著】加大招商引资力度，成功举办林芝地区第五届投资贸易洽谈会，组织有关县、企业参加了“西洽会”、“渝洽会”等大型贸易活动，进一步提高了招商引资的影响力，其中，林芝地区第五届投资贸易洽谈会签定协议45个，总投资16.23亿元，第十一届中国国际投资贸易洽谈会签约项目20项，签约金额9.73亿元。加强对招商项目实施力度的督促检查，共跟踪落实项目57个。招商引资（民间投资）到位资金11.35亿元，同比增长22%，目前，已有5家企业入驻生物科技园，总投资为1.72亿元。

【对外贸易发展较快】坚持“外向带动”战略，积极扩大对外贸易规模，全年外贸进出口总额完成400万美元，同比增长54%。大力培育外向型经营主体，全地区共有外贸进出口企业20家。进一步加强出口产品基地建设，成功争取法国朗德鹅肥肝出口基地和米林县绿色食品开发基地两个项目，总投资190万元。扎实做好边贸市场建设，努力扩大察隅县吉太市场贸易规模，完成总投资130万元的米林县南伊边贸市场建设项目的市场初设和可行性报告。

【非公有制经济快速发展】积极落实有关政策措施，切实加强领导和协调，凝聚各方面的力量，形成支持非公有制经济发展的强大合力，增强民营企业和个体工商户的生存和发展能力，民间投资呈现良好的发展态势。全地区共有个体工商户6734户，从业人员13749人，注册资金近1.28亿元。

【社会消费持续活跃】实现社会消费品零售总额6.55亿元，同比增长29.59%，占全地区三产总量的40%，占全地区GDP总量的20%。积极实施“万村千乡市场工程”建设和改造农家店100家，验收合格90家，进一步改善了农牧区消费条件。加大碘盐食用推广力度，建立碘盐销售网络226个，销售碘盐918吨，碘盐覆盖率达到77%，碘盐食用合格率达到92%。

社会事业全面发展

【教育事业优先发展】全地区现有各级各类学校163所，在校生31539人，其中小学在校生21091人，入学率达100%，同比增长 0.79%；初中在校生 8058 人，入学率达 100%，同比增长 9.5%；高中在校生 2390 人，入学率达 50%，同比增长 3.4%。两基攻坚成效显著，朗县、察隅县通过自治区“普九”复查，米林、工布江达、波密三县通过地区复查，墨脱县“普九”顺利通过自治区验收。教育基础设施建设不断加强，总投资 8118.8 万元，完成重点建设项目 7 个，同时做好了地区第二幼儿园、第二高级中学、第三小学三个建设项目的筹备工作。教育教学条件进一步改善，全地区共有光盘播放点 96 个、卫星教学收视点 80 套、计算机网络教室 33 个，基本实现乡完全小学有卫星 IP 数据接收系统、县中小学和地直中小学有计算机网络教室的目标。职业教育大力开展，共有职教基地 4.7 公顷、职业技术学校 1 所、县职教中心 7 所，开展技能培训 50 期，培训农牧民 5000 人次。

【科技工作得到加强】切实加强科技项目建设，科技引进推广力度不断加大，全年科技项目投入 276 万元，安排落实科技项目 22 个，投入“三农”的科技经费占到 70%以上，科技对农牧业的贡献率达到 40%，科技普及率达到 60%。科技培训成效显著，全年投入培训经费 40 万元，开展科技培训 20 期，培训农牧民群众 1 万余人次。科技援藏优势进一步发挥，广东第五批援藏安排资金 200 万元，重点支持地区科技局天麻培育基地建设。科技特派员工作稳步推进，累计聘任科技特派员 18 名，科技示范和辐射作用进一步发挥。

【文化、广电事业扎实推进】大力加强基层文化阵地建设，先后完成 33 个村文化室的新建和改扩建任务。组织开展广场文化活动 843 场次，参与人数 65.7 万人次，深入农牧区、社区巡回演出 55 场，创作音乐、舞蹈、书画等林芝特色文艺作品 40 多个，进一步丰富了广大城镇居民的精神文化生活。积极开展非物质文化遗产普查，新筛选非物质文化遗产项目 11 类 75 个。深入开展重点文物建档工作，完成扎木中心县委红楼、冲康庄园等 3 处自治区级文物保护单位的建档。广播影视事业繁荣发展，相继建成新闻演播控制室、机房自动播出系统，节目录制质量明显提高，并在完成本台节目录制编辑播出的同时，向自治区电视台上送新闻 268 条。完成“村村通”广播电视收转站建设和改扩建 50 座、农村电影室外转室内数字放映室 10 座，完成电影“2131”工程放映任务 14000 余场，免费为城乡居民放映电影 2112 场。“西新工程”“三满”安全播出圆满完成，累计转播中央人民广播电台节目和西藏藏语、汉语节目 23906 小时。

【卫生事业进一步发展】卫生基础设施建设进一步加强，争取到朗县疾控中心、地区藏药制剂中心等建设项目资金 1638 万元，完成工布江达、察隅两县医院和地区人民医院外科大楼等建设项目前期工作并立项。农牧区医疗保障深入开展，医疗制度人口覆盖率 100%，免费医疗经费到位率 100%，农牧民个人筹资覆盖面达 95.2%，建立家庭账户率达 100%。疾病预防和控制工作进一步加强，儿童计划免疫“五苗”接种率保持在 85%以上，疫情报告发病率 437.52／10 万，同比下降 42.16%。卫生执法力度进一步加强，检查餐饮单位 241 家，停业整顿并限期整改 16 家，责令停业 2 家，取缔非法从事餐饮业 1 家。继续开展医院管理年活动和医药卫生领域商业贿赂专项治理工作。地区血液中心正式成立，积极开展无偿献血活动，临床用血得到保障。妇幼保健和人口计生工作得到加强，妇女儿童健康水平显著提高，农牧区住院分娩率 69.16%，婴儿死亡率 10.76‰，孕产妇死亡率 56.65/10 万，人口自然增长率 10.2‰。

【社会保障日益完善】就业再就业工作扎实推进，城镇登记失业率控制在 3.5%以内；组织 812 人参加职业技能鉴定，开展职业指导 3229 人次，职业介绍 3256 人次，介绍成功就业 2657 人次，开发就业岗位 2467 个。养老保险进一步深化，发放基本养老金 3585 万元，社会化发放率达 100%。医疗保险工作继续推进，网络化管理系统全面建成并投入使用，全地区医疗保险参保单位 112 家 16639 人，征收医疗保险金 3470 万元。生育保险工作全面启动，参保单位 89 家 8171 人，征收保险基金 28 万元。工伤保险、失业保险工作进展顺利，共 31 家单位 2149 人实现参保，征收工伤保险金 30 万元。劳动保障执法力度加强，清理“双拖欠”成效明显，帮助民工追讨工资 1665.38 万元。城乡社会救助体系进一步健全，农牧区特困群众医疗救助初步实施，农牧区救灾救济工作扎实有效。

【反分裂斗争深入开展】坚持“旗帜鲜明、针锋相对、主动治理、强基固本”的反分裂斗争方针，严密防范和严厉打击达赖集团、敌对势力、民族分裂势力、暴力恐怖势力和“法轮功”邪教组织的分裂破坏活动，保证了党的十七大、“11.04”重点时期、敏感时段社会局势的稳定。强化情报网络建设，拓宽情报信息来源渠道，实现了信息情报的进一步突破。认真开展国家安全人民防线建设工作，加大查缴反动宣传品力度。严格落实重大节日和敏感日期实行 24 小时值班、领导带班制度，确保了社会局势稳定。

【社会治安综合治理不断加强】健全社会治安综合治理责任制，层层签订目标管理责任书，社会治安综合治理取得成效，荣获全区年终考评第 2 名。坚决贯彻“严打”方针，不断改进“严打”方式，以“打黑除恶”为龙头，以“命案侦破”为主攻方向，有针对性的组织开展了多种形式的集中专项打击行动，全地区共立刑事案件 371 起，破案 295 起，破案率 80%。认真开展矛盾纠纷排查调处工作，共排查调处矛盾纠纷 25 起。切实加强安全生产和安全事故防范工作，受理各类治安案件 352 起，查处 346 起，查处率为 98%。进一步加强边境管控，加大检查力度，共查获非法出境人员 8 人（不含察隅县非法入境缅民）。

【领导名录】

地委副书记、行署专员：赵合

地委副书记、行署常务副专员：陈秋雄 李宏

地委委员、行署副专员：多吉次仁

行署副专员：红卫、田大刚、刘来兴、周金城、平措多吉、格桑、杨方宇

行署副秘书长：赵俊

林芝地区纪委监察工作

【多措并举，深入开展领导干部廉洁自律工作】2007 年，林芝地区纪委加大了党风廉政建设的宣传教育力度。认真组织党员干部学习廉洁自律有关规定，重点以“四大纪律、八项要求”和“五个不许”为主要内容，开展纪律条规教育，增强党员领导干部廉洁自律意识。二是狠刹领导干部借婚丧等事宜大操大办收钱敛财之风。实行领导干部办理重大事项提前报告制度，截止目前有65名党政领导干部执行了重大事项提前报告。对党员干部操办婚庆、子女上学等事宜进行调查摸底，对涉及操办婚庆、摆设学生宴等事宜的领导干部，明确要求进行个人申报，接受群众监督。三是严格执行领导干部不准驾驶公车的规定，坚决纠正领导干部驾驶公车的行为，对 4 名领导干部驾驶公车发生交通事故的行为进行了初查，1 名领导干部驾车问题正在处理中。四是按照自治区要求，对各县、各单位的小汽车配备情况进行了全面清理统计和收缴处理工作。先后于 9 月 20 日、11 月 8 日两次向社会进行了公开拍卖，但由于无人参与竞拍，未能卖出，后经请示自治区党风廉政和反腐败工作协调领导小组办公室同意，作为公务接待用车对车辆予以了调剂处理。五是认真开展了 2007 年度领导干部廉政情况年度考核填报工作，已报领导干部廉政情况考核表 2286 人。六是按照自治区相关文件和地委、行署的要求，会同财政、审计等部门对全地区公务接待情况进行了摸底调查。七是根据自治区关于加强农牧区基层党风廉政建设的实施意见，结合地区实际，制定下发了林芝地区基层党风廉政建设实施方案，并专门组成 2 个工作组，从 7 月 17 日至 7 月 28 日深入工布江达县、察隅县、米林县、波密县、林芝县、朗县六个县进行了督查调研。八是进一步严肃换届中组织人事纪律。全地区各级纪检监察机关认真贯彻落实中、区、地三级关于在换届中进一步严肃组织人事纪律和加强监督检查工作的要求，高度重视，行动迅速，认真履行检查监督职责，切实防止和纠正用人上出现的问题，营造了风清气正的换届环境，确保了林芝地区换届工作的顺利进行。

【认真落实党风廉政建设责任制】认真履行“一岗双责”，切实抓好职责范围内的党风廉政建设和反腐败工作，真正形成了地委带头履行党风廉政建设责任制、带头反腐倡廉的新局面。一是着重抓了党风廉政建设责任目标的分解与落实。从地委办、行署办、纪委、组织部、宣传部抽调 8 名同志，分成 2 个考核组，自 1 月 11 日至 1 月 23 日，分别对 1 个县 11 个地（中、区）直党政机关、企事业单位 2006 年度党风廉政建设责任制落实情况进行了抽查考核，12 个单位均被评定为达标单位。为确保各项任务落到实处，按照“谁主管、谁负责”的原则，对 2007 年党风廉政建设和反腐败工作任务进行了细化分解，确定牵头单位和协作部门，并加大了监督检查力度，形成了齐抓共管、共担责任的局面。二是对党风廉政建设责任书进行了完善与修改，在地区工作会议上，地委、行署与各县、各单位签订了新一轮（2007 年—2008 年）落实党风廉政建设责任制合同书。三是严格执行“三谈两述”和询问质询制度，建立提前打招呼的预警机制。2007 年，纪委主要领导同下级党政主要负责人谈话累计 54 人次；党政领导干部任前廉政谈话 135 人次；诫勉谈话 41 人次；领导干部述职述廉 420 人次；询问质询 3 人次。四是转发相关文件并组织开展了以加强领导干部作风建设为主题开好县以上党政机关党员领导干部专题民主生活会，现已有 56 个单位上报了民主生活会情况。

【严肃党纪政纪，案件查办工作稳步进行】始终把查办案件作为反腐败三项工作的重中之重，作为治标的切入点和突破口，在加强领导、落实责任、力量调整、后勤保障等方面都向办案一线倾斜，有力遏制了腐败现象蔓延的势头。2007 年以来，不断加强对基层的检查指导和催办力度，组织全地区各级纪检监察机关广泛挖掘案件线索，积极探索办案有效途径，以制度保证案件工作质量提高，使查办案件工作保持了良好的发展态势。据统计，2007 年以来，全地区各级纪检监察机关受理群众举报 111 件（次），初步核实违纪案件 38 件，立案 22 件，结案 20 件。给予党纪处分 10 人，其中：开除党籍 2 人，留党察看 2 人，严重警告 1 人，警告 5 人；给予政纪处分 17 人，其中：开除公职 1 人，撤职 4 人，记大过 2 人，记过 2 人，警告 8 人，受双重处分 5 人。刑事处理 2 人。为国家挽回经济损失 102.64 万元，为 19 名举报失实人员澄清了事实。

【认真开展了执法监察】一是认真开展了工程建设招投标执法活动的监督检查工作。地区监察局共派 30 人（次）参与监督 18 项招投标活动，并对个别重点工程项目开展了专项检查，同时配合有关部门参与了个别工程验收的监督工作，充分发挥了执法监察的有效工作职能。此外，加大了对工程招投标中违规操作的处罚力度，初核了 5 件工程招投标方面的举报。二是加大监督检查力度，督促有关部门认真落实宏观调控政策措施，加强土地管理。深入开展查处土地违法违规案件专项治理。全年地区协议出让和挂牌出让国有土地使用权 119 宗，面积为 25 公顷，成交价为 1365.29 万元，纯收益为 1092.29 万元。三是认真开展了政务公开工作，从组织保障、完善制度、拓展内容、强化监管、注重创新等方面开展工作，结合地区实际，制定下发了《林芝地区 2007 年政务公开工作实施方案》。为进一步推进此项工作的顺利开展，2007 年 9 月 24 日至 28 日，地区政务公开领导小组办公室从地委办、行署办、监察局、人事局抽调人员组成两个督查组，分别对地（中、区）直 36 个单位的政务公开工作开展情况进行了专项督促检查。四是根据自治区监察厅执法监察室的要求，加大了对高考、中考、内地西藏班等各类招生、函授等考试的监督力度，对林芝地区高考报名、资格审查、加分等事项进行了全过程监督，共派 30 人（次）参与各类考试的巡视工作，对 82 人的作弊行为给予了处理，有效杜绝了考试中的徇私舞弊现象。五是协助地区林业局对 1 起举报案件进行了核查。六是协助自治区劳动厅，会同地区有关部门检查了医保设备、医保经费的落实情况。七是会同地区劳动局、国资委，对易贡茶场1967年参加工作的扩场工开展了摸底调查工作。八是为进一步转变工作作风、促进依法行政，建设办事高效、运转协调、行为规范的管理体系，在林芝、工布江达、米林、波密、墨脱五县深入开展了效能建设工作。同时，协调、督促地区国资委制定了效能监察实施方案，深入开展了企业效能监察工作。

【纠风工作】积极配合新农村建设，加强农民负担监督管理。一是协调地区农牧局等部门，继续把减轻农牧民负担工作作为稳定局势、促进农村经济发展的大事抓紧抓好，加大了对农牧业和农牧民补贴政策落实情况的监督检查力度。通过检查，各项支农惠民政策资金2985.23万元全部落实到位，查处哄抬农资价格等行为2件，涉及金额0.95万元。积极鼓励农牧民群众参与工程建设，全年共输出农牧民工2万余人次，实现劳务收入3500余万元。二是加大政府集中招标采购工作力度。截止目前，全地区政府采购总金额达3578万元，与预算相比，节约资金335万元，节约率达8.64%。三是积极推行学校收费公示制，严格实行“一费制”，会同教育、发改委等部门，对六县教育收费、“三包”经费兑现情况进行了认真检查，同时，督促地区教育局以重点抓好加大学校纠风工作力度、完善各项规章制度等10项工作，并会同地区教育、发改委等相关部门对地区中、小学校收费情况进行检查，全面落实免除学杂费、免费提供教科书、补助贫困寄宿生生活费等政策，免除学杂费413.26万元；免费提供教科书资金为338.71万元；补助贫困寄宿生生活费资金为1831.90万元，受益学生2.85万人。通过取消代收费、服务性收费减轻学生家庭负担0.1万元，清理有关部门和学校的违规收费项目1件。四是积极推行民主推荐、民主评议、任前公示、公开选拔和竞争上岗等制度，加大了对干部的考察考核力度，共派8人（次），对115名同志进行了考察。五是为及时清理公路设立的临时检查站（点），协调地区交通局、公安处、林业局等有关部门组成联合检查组对林芝地区国道、省道未经自治区人民政府批准擅自设立的临时检查站（点）进行了认真检查清理，对非法设立的7个公路临时检查站（点）予以了取缔，占站（点）总数的77.5%，进一步规范了公路执法行为。严格执行涉及机动车的相关收费政策，清理不符合减免机动车通行费规定的文件1件。六是为切实解决评比达标表彰活动过多过滥问题，进一步减轻基层、企事业单位和群众的负担，严格控制各种名目的节庆评比达标表彰活动，对各种项目进行了认真清理，清理项目34项，撤销、合并20项，占原项目总数的58.8%，减少节庆活动4个，所占比例为67%。并及时将清理情况上报到自治区纠风办。七是会同地区卫生、药监、发改委等部门，加强对地区各医疗机构收费项目和收费标准执行情况，药品价格、质量和安全情况等的监督检查，切实纠正医药购销和医疗服务中的不正之风。通过执法检查，共清查出973个品种，价值13.32万元的假劣药械，325个品种的过期失效药品，价值为10.64万元；米林县清理药品560种，医疗器械17种，总价值208万元；察隅县销毁了价值3000元的过期及“三无”药品、食品，确保了人民群众的利益不受损害。督促地区药监局对地区四个城镇职工基本医疗保险定点药店的药品价格开展了执法检查，进一步规范了药品价格。督促地区卫生局狠抓了医疗机构药品医疗收费整改工作。全面推行药品集中招标采购工作，将18家公立医疗机构的临床常用药品全部纳入采购范围，采购总金额1723.60万元，占全年用药量的89%，省级定价药品降价25.55万元全部让利于群众。督促地区人民医院、地区妇保院等开展了“回头看”活动，在地直2个学校开展了民主评议行风试点活动，进一步巩固了民主评议行风成果。并对地区人民医院2种中标价有误的药品和2项不合理收费医疗服务项目进行了调整，对其它医疗单位4项收费过高的项目进行了纠正，对县、乡医院检查中发现的62种过期药品进行了销毁。八是协助自治区纠风办对4县及地区卫生、教育、医疗单位、药监、林业、公安等部门，就公路“三乱”、中小学“三包”经费兑现、医疗收费等情况进行了检查，多次督促有关部门进行整改。九是进一步加强了对行风评议的指导工作。督促地区教育局结合开展民主评议行风、校务公开工作，制定了治理教育乱收费工作方案。

【继续深入开展了治理商业贿赂专项工作】一是根据《林芝地区治理商业贿赂专项工作实施方案》的安排部署，在抓好各阶段工作任务的同时，按照自治区关于对不正当交易行为自查自纠工作进行检查评估的通知，结合林芝实际，制定下发了《林芝地区对不正当交易行为自查自纠工作量化考核评分细则》，认真组织开展了自查自纠和整改工作，并进一步完善了防止商业贿赂的有效机制；二是为认真贯彻落实自治区治理商业贿赂工作座谈会精神，6月8日，组织召开了地区治理商业贿赂工作会议。各县治理商业贿赂领导小组组长、治贿办主任，地区治理商业贿赂领导小组成员单位，地区发改委、米林农场、更张林厂、教育局、林业局、农牧局、水利局等地直单位主要领导，地区治贿办成员参加了会议。会议传达了全国、全区治理商业贿赂工作座谈会精神，工布江达县、林芝县、卫生局、国土局结合本县、本单位实际，就各自治理商业贿赂专项工作开展情况作了交流发言。对继续深入开展好各项工作进行了再次部署并提出了明确要求，保障了林芝地区治理商业贿赂工作的扎实推进。

【获奖情况】2007年，地区纪委监察局获中纪委、人事部、监察部颁发的“全国纪检监察系统先进集体”荣誉称号。

林芝地区
组织、人事、编制工作

【有序推进县、乡（镇）人大、政府和县政协换届工作】2007年，林芝地区组织部坚持把县乡换届选举工作作为2007年组织工作的一项重要任务，从年初开始，通过层层成立领导机构，组建工作指导组，制定工作方案，精心组织实施，先后对地直各单位和7个县进行干部考察，认真做好县、乡（镇）人大、政府和县政协换届干部调整配备工作，有序推进县乡换届选举工作。截止12月中旬，

全地区县、乡（镇）人大、政府和县政协换届工作圆满完成，共选举产生县人大主任7名、副主任25名；县政府县长7名，副县长56名；县政协主席7名，副主席25名；法院院长7名、检察院院长7名；乡镇人大主席、副主席103名，乡（镇）长、副乡（镇）长191名。

【大力加强党的基层组织建设】以贯彻落实中央关于共产党员先进性教育四个长效机制文件和《西藏自治区村级党组织和农牧民党员保持先进性十项制度》为载体，结合“三级联创”活动，进一步加强党的基层组织建设，巩固和扩大先进性教育活动成果。主要是：制定《关于进一步加强农牧区基层组织建设工作的意见》，建立2个非公有制企业党支部，做好边防派出所兼任边境村“两委”班子成员的工作。按照“抓源头、重培养”的工作思路，发展党员700多名，利用地委党校集中培训50名入党积极分子。设立流动党员管理咨询服务电话，成立流动党员党支部，加强流动党员的管理工作。扎实做好党建宣传工作，分别在《林芝报》、地区电视台推出8期专栏和7期专题片（其中自治区党委组织部采用1部）。大力加强基层组织硬件设施建设，投资900余万元，新建、改扩建村级组织活动场所53个。扎实开展“三大节日”慰问工作，共慰问党员347名，发放慰问金17.8万元。

【全面落实大规模培训干部工作】立足地区实际，起草了《2006—2010年干部教育培训规划》和《林芝地区关于贯彻落实〈干部教育培训工作条例（试行）〉的实施办法》，地委予以印发，为加强林芝地区干部教育培训工作提供了有力保障。采取中央和国家机关部委及自治区组织部等部门调训、地委党校和地区职业技术学校自主培训、整合西藏农牧学院培训资源促进培训、协调广东福建两省市院校（培训中心）委托培训和挂职锻炼等方式，扎实开展大规模培训干部工作。全面登记干部接受教育培训情况，健全档案库，实行动态管理。据统计，2007年，共培训干部3500余人次，其中，少数民族干部2000余人次，女干部1400余人次，分别占培训总数的57.3%和40%。此外，发挥牵头作用，与地委党校、地区财政局、地区公安处和地区公安边防支队采取党校集中培训、送训到察隅和委托墨脱县组织部培训等方式，对4个县17个乡镇的376名边境县村干部就边境管理等方面的法律法规知识进行了培训。全面总结十六大以来林芝地区大规模培训干部情况以及取得的工作经验。

【扎实抓好领导班子和干部队伍建设】以县、乡（镇）人大、政府和县政协换届选举为契机，按照《党政领导干部选拔任用工作条例》，认真做好干部选拔任用工作，全年共提拔11名正县级干部（少数民族干部6名），30名副县级干部（少数民族干部14名、女干部4名），125名科级干部。通过完善领导干部理论学习制度、建立组织部门与执纪执法部门联系通报制度、探索和建立领导干部任前、届中、届满及离任经济责任审计制度等，领导班子和干部队伍建设逐步实现制度化和规范化。采取轮岗交流、挂职锻炼等方式，大力加强后备干部队伍建设，全地区副地级和县级后备干部达230人。按照自治区和地区的统一部署，协调广东、福建省委组织部，精心组织，认真实施，圆满完成第四、五批广东福建两省援藏干部轮换工作。严格按照干部管理权限，认真做好干部退休工作，共报批25名干部退休。

【不断强化干部监督管理工作】把干部监督工作贯穿于干部选拔任用工作全过程，通过干部考察预告、任前公示、设立举报电话等手段，了解掌握干部有关现实问题，做好干部任前、任中、任后等环节的监督，全年共收到群众举报件13件，接听举报电话2次，全面进行了调查核实，为地委正确选拔任用干部提供了依据。采取计划审计和离任审计相结合办法，加强对县级领导干部的任期经济责任审计工作，共审计13名县领导干部。扎实开展领导干部个人重大事项报告、领导干部个人收入申报工作，积极推进该项工作制度化、规范化建设。加强出国（境）备案政审工作，为14名领导干部办理了政审手续。

【进一步深化人事制度改革】继续完善干部选拔任用、民主推荐、任前审核、任前公示等制度。坚持以人为本，从保护和关心干部成长的角度出发，在加大县级干部交流工作力度的同时，进一步抓好边远艰苦地区干部的交流工作，共调整交流县级干部61名、科级干部112名，调配干部63名。按照精简、高效、协调和规范的原则，进一步完善机构职责，审查职位说明书，开展乡镇机构完善和职位设置试点工作，实行编制卡片和编制实名制管理，加强编制人员信息数据库建设，汇编1990年以来的机构编制文件。深入推进大中专毕业生就业制度改革，共接收高校毕业生246名、“三支一扶”人员48名，完成墨脱县18名在公务员岗位上工作不具备公务员身份的人口较少民族人员的公开考录公务员工作。根据地直相关单位用人实际，认真开展2007年地区公开招考工作。成立林芝地区军队转业干部安置办公室，及时启动工作，2007年共安置自主择业军转干部34名、计划内安置军转干部8名，做好2005、2006年军转干部数据库建设及其退役金核算、工资卡发放、实行医疗保险等工作。坚持“严、准、实”，扎实做好公务员登记工作，共登记各级各类公务员3832人。抓好年度考核，按要求兑现干部考核结果，充分调动干部的积极性。认真做好工资制度改革工作，全部兑现了工改增资。

【深入开展人才工作】积极推进人事人才网络系统前期建设，草拟《林芝地区高层次、紧缺专业人才引进暂行办法》等5个配套人才工作相关政策性文件，并通过地区人才工作协调领导小组的初审，为下一步加强林芝地区人事人才工作奠定了基础。以提高思想政治素质和业务技能为重点，大力实施人才工作项目化建设，有计划地实施专业技术人员继续教育工程。积极组织900余人次聆听人事部留学回国专家赴西藏服务团的讲学。认真组织465人次进行英语、经济等专业职称考试。继续做好职称评聘工作，10人取得高级专业技术资格，149人取得中级专业技术资格。

【认真做好老干部工作】在改选两个驻八一镇离退休党支部的同时，认真落实

"三会一课"制度，健全离退休老干部党支部《组织生活制度》、《学习活动制度》、《工作报告制度》，不断加强离退休老干部党支部建设。广东省援藏投资80万元建设的地区第四离退休老干部党支部活动室投入使用，促进了地区离退休老干部支部及其阵地建设。开展"关爱老干部"活动，逢年过节慰问老干部，认真办理老干部来信来访，落实老干部"两费"保障机制，全面落实老干部的政治待遇和生活待遇。及时向老干部传达党的路线方针政策、通报情况和征求工作意见，精心组织老干部参加"爱我林芝、歌唱林芝、繁荣林芝"和广场文化表演活动等，组织16名地区离退休老干部到拉萨、山南、日喀则等地参观考察，充分发挥老干部的积极作用。

林芝地区宣传工作

【着力用马克思主义中国化最新成果武装党员、教育群众】2007年，林芝地区宣传部坚持以"三个代表"重要思想和科学发展观为统领，加强理论武装，凝聚发展力量，坚定发展信心。

一是以县处级以上党员领导干部为重点对象，以各级党委（党组）理论学习中心组学习为主渠道，深入学习宣传贯彻胡锦涛总书记"6•25"重要讲话、党的十七大精神、区党委七届三次全委会、全区和地区党员领导干部大会精神。截至目前，地委理论学习中心组集中学习共14次，全面带动全地区理论学习的深入开展。各级党委（党组）理论学习中心组学习活动日趋规范，用马克思主义中国化最新成果武装头脑、指导实践、推动工作，逐步成为各级领导干部的自觉行动。

二是发挥重点理论文章写作队伍作用，以林芝地区重大现实为主攻方向，围绕建设西藏经济强地、构建和谐林芝等重点课题加强理论研究，全年征集到相关理论文章80余篇；召开了林芝地区纪念邓小平同志"立足民族平等，加快西藏发展"重要谈话发表20周年理论研讨会，征集到43篇相关论文，交流和表彰10篇优秀论文。

三是充分发挥《林芝报》理论宣传阵地作用，不断拓展理论宣传的广度和深度，增强了宣传的针对性和实效性。

四是积极开展形势政策教育，引导广大党员干部和各族群众不断提高分析和认识形势的能力，不断提高贯彻执行各级党委、政府各项方针政策的自觉性。

五是扎实开展十七大精神宣讲工作。成功举办了林芝地区学习宣传贯彻党的十七大精神宣讲人员培训班，为成功开展各项宣讲工作打下了基础；印发《关于认真学习贯彻党的十七大精神的通知》、《林芝地区十七大精神宣讲提纲》，对全地区的学习活动进行部署；制定了《中共林芝地委理论学习中心组学习十七大精神的安排意见》，服务、指导全地区各级党委（党组）理论学习中心组的学习活动；以区万名干部下基层活动为载体，深入开展宣讲活动，使党的十七大精神家喻户晓，人人皆知。作为地委理论学习中心组成员学习十七大精神的初步成果《学习体会》一书正在抓紧编辑，元月份将与读者见面。

【坚持把握导向，服务大局，为建设西藏经济强地营造民主、团结、求实、鼓劲的舆论氛围】一是迎接、学习、宣传、贯彻党的十七大精神活动隆重热烈。召开地区宣传部长座谈会对全地区迎接、学习、宣传、贯彻党的十七大精神活动进行安排，部署的28项工作均得到有效落实。起草了《中共林芝地委宣传部关于认真学习宣传贯彻胡锦涛总书记在中央党校重要讲话精神为迎接党的十七大胜利召开营造良好思想舆论氛围的意见》，报地委批转各县、地（中、区）直各单位执行。下发了《关于迎接党的十七大宣传报道意见》和《林芝地区学习宣传贯彻十七大精神宣传报道工作方案》。按照相关精神，各县委宣传部、地区各新闻媒体认真抓落实，《林芝报》开辟了《科学发展共创和谐》转版，地区电视台开辟了《喜迎十七大建设新林芝》和《学习十七大宣传十七大贯彻十七大》专栏，进一步唱响了共产党好、社会主义好、民族区域自治制度好、改革开放好的时代主旋律。

二是围绕不同阶段工作重点，本级媒体精心策划，先后推出了新农村建设、平安林芝、森林防火、援藏工作、学习胡锦涛总书记"6•25"重要讲话、迎接学习宣传贯彻党的十七大等系列专题报道，大力宣传新发展、新变化、新生活，强化主流舆论，特别是社会主义新农村建设的宣传报道工作有深度、有广度、有力度，为地区改革发展稳定提供了有力的舆论引导，得到了地委的充分肯定、社会各界的高度评价和人民群众的热烈欢迎。

三是为全面展示林芝各条战线在推进和谐林芝建设进程中的突出成绩和典型经验，林芝地区宣传部与西藏音像出版社合作编辑出版《和谐林芝》光盘。目前，该项工作已进入编辑整理阶段。

四是巧借平台扩大林芝在区内外的知名度和影响力，先后20余次协助中央、自治区及广东、福建的新闻媒体在林芝的采访活动。

五是围绕弘扬以爱国主义为核心的民族精神和以改革创新为核心的时代精神，兴起了学习时代典型和先进人物的热潮。在全地区深入开展向方永刚同志学习活动，掀起了学习许晓珠同志先进事迹的热潮；在教育系统掀起学习桑杰顿珠同志先进事迹高潮；波密县在"五一"前后，推出人物宣传专栏《劳动者之歌》，报道了一批生活、工作、战斗在基层一线的普通劳动者的事迹，讴歌了他们的奋斗精神和奉献精神；"七一"前后，《林芝报》和林芝电视台重点推出了基层党建宣传专栏。

六是大力宣传援藏干部奉献高原、建功立业的感人事迹，歌颂"缺氧不缺精神，艰苦不降标准的"援藏干部精神。

七是本地媒体运行平稳。《林芝报》办报质量和水平不断提升；林芝电视台自办节目健康有序。

八是卫星广播电视转星工作进展顺利，各级广播电视播出转播机构规范操作，安全播出。

九是全民国防教育活动扎实开展，进一步增强了干部群众国防意识。

十是认真做好县乡人大换届选举宣传报道工作，为换届选举工作营造良好的舆论氛围。

【以"文明林芝从我做起"为品牌的精神文明创建工作喜获佳绩】以"文明林芝从我做起"为平台，以服务人、提高人、发展人为核心，大力开展群众性精神文明创建活动，有效提升了城乡文明程度和群众文明素质。

一是抓好社会主义荣辱观进机关、进单位、进校园、进社区、进农村、进寺庙、进家庭“七进”工作，广泛倡导爱国、诚信、友善、勤俭、敬业等道德规范，积极开展社会公德、职业道德、家庭美德教育，开展“知荣辱、讲正气、促和谐”道德实践活动，集中解决公民行为习惯和社会风气中存在的突出问题。

二是以建设和谐文化为主题，各类群众性精神文明创建活动蓬勃兴起，全地区“迎奥运、讲文明、树新风”活动有序开展。

三是组织了多次大型城乡环境卫生综合整治活动，增强了广大干部群众美化林芝、净化林芝的自觉性。

四是自治区级文明单位争创工作成效明显。召开了林芝地区精神文明创建活动表彰大会，对10个自治区级文明村镇、10个自治区级文明单位、100户自治区级文明户、2个自治区级百城万店无假货示范店进行了表彰。在全地区各窗口行业内部组织开展了迎“五一”优质服务活动；协同地区旅游局完成对地区旅游定点宾馆、饭店的检查评比，并对“优质服务单位”进行了授牌。

五是“西部开发助学工程”和“宏志班”的各项工作进展顺利，林芝地区共有9名高中毕业生和3名初中毕业生获得“西部开发助学工程”资助，让受助对象切实感受到了党和政府的温暖。

六是全国道德模范申报工作圆满完成，地区边防支队贡秋顿珠获“全国助人为乐模范”提名奖，受到中央文明办表彰。

七是电视进万家工程活动按期完成，1300台21英寸彩色电视机全部于十七大召开前发放到受赠群众手中。

八是组织实施林芝地区第五个“公民道德宣传日”各项宣传活动。

九是协调地区文广局、农牧局、卫生局、人民医院、团地委、妇联等单位，组织文艺、卫生和科技工作者深入田间地头，开展了送医送药、捐款捐物、扶困助残、慰问演出等活动，把党和政府的温暖送到群众心坎上。

【坚持内外有别，把握基调，对外宣传工作提升林芝知名度和影响力的能力得到加强】紧紧围绕地区工作大局，不断拓宽对外宣传的领域和渠道，客观全面地向外界介绍林芝、宣传林芝，为促进林芝的改革开放和现代化建设营造良好的外部舆论环境。

一是不断加大外宣阵地建设。充分发挥现有外宣点作用，规划了一批新外宣参观、采访点，报上级部门审批；不断丰富林芝外宣网页内容，客观地向外介绍林芝经济社会发展取得的新进展新成绩，点击率不断上升；积极与有关部门协调，推动外宣品上飞机，拓宽对外宣传渠道。

二是积极配合中央媒体《和谐西藏纪行》、人民网“迎接十七大地方成就联展”、广西电视台《寻找金花》等栏目组在林芝地区的采访活动，向外界宣传了林芝蓬勃发展的新形象，有力地回击了达赖集团及西方反华势力对我的造谣生事。

三是外宣品制作发行成效明显。林芝地区宣传部与中国国际图书出版社联合出版的《魅力林芝》画册成功发行；争取到自治区外宣办和福建省委宣传部支持，一本全面介绍林芝地区的外宣品——《雪域江南——林芝》外宣画册，目前正在福建省编辑出版；林芝、波密、米林、察隅等县分别出版发行了各自的宣传画册。

四是进一步规范政府新闻发言工作，积极派人参加外宣、新闻发布工作的培训，提高相关工作人员的必备素质。

林芝地区统战工作

【狠抓民族宗教工作，为建设小康林芝、平安林芝、和谐林芝创造良好的社会环境】2007年，林芝地区统战部民族工作方面，积极实施“兴边富民行动”，共安排落实农牧民安居工程1995户，落实兴边富民资金2394万元；大力推进民族团结进步事业；严格执行国家法律法规和自治区有关法规条例，充分尊重和有效保证少数民族的合法权益。宗教工作方面，完善了县、乡、村三级宗教事务管理网络，建立了地、县领导干部联系重点寺庙制度；积极鼓励寺庙开展以寺养寺，支持宗教界开展社会公益事业，引导宗教与社会主义社会相适应；深入开展寺庙爱国主义教育、创建和谐寺庙和反分裂斗争，确保寺庙领导权牢牢掌握在爱国爱教人士手中；按照区党委统战部的总体要求，精心组织，周密部署，确保了党的十七大、“11•04”重点时期、敏感时段统战和宗教领域的绝对稳定；加强爱国宗教人士的教育培养；加大对爱国宗教人士政治上关心，生活上照顾的力度。目前，各级政协、佛协组织共安排爱国宗教人士32人，享受生活补贴的30人。

【狠抓考察推荐工作，认真推荐区地两级政协委员】在广泛征求拟推荐人选所在单位意见的基础上，对党内、党外人选进行了认真考察筛选。2007年，共向区党委推荐第九届西藏自治区政协委员23人，其中：党内委员9名、党外委员14人，分别占委员总数的39.13%和60.87%。同时，向地委推荐第六届林芝地区政协委员131名，其中：党内委员53名、党外委员78名，分别占委员总数的40.45%和59.55%。

【狠抓机制创新工作，切实加强和改善党对统一战线工作的领导】同级党委常委担任统战部长的决定得到全面落实，全地区地县统战部长全部进入同级党委领导班子。建立和完善了由地委统战部负责牵头，地直有关部门、单位参与的统战民宗寺教工作协调机制；建立了统战民宗寺教工作联席会议制度，定期研究统战民宗寺教工作中的重大问题；建立了地委统战部与地区政协工作联系制度，加强了统战工作的协调配合。

林芝地区政法综治工作

【深入开展反分裂斗争，确保社会政治局势稳定】2007年，林芝地区政法综治委针对当前反分裂斗争中出现的新情况、新特点，全地区各级党委、政府和政法、综治各部门始终保持高度的政治敏锐性和政治鉴别力，严密防范和严厉打击达赖集团、敌对势力、民族分裂势力、暴力恐怖势力和"法轮功"邪教组织的种种分裂破坏活动。同时，切实加大了对边境地区的管理力度，有效防范和打击非法出入境活动，确保社会政治局势稳定。

【深入开展"严打"和"打黑除恶"专项整治斗争，严厉打击各类刑事犯罪活动】在地委、行署的统一领导下，地区政法各部门充分发挥职能作用，始终坚持"严打"方针不动摇，不断改进"严打"方式，以"打黑除恶"为龙头，以"命案侦破"为主攻方向，始终保持对各类刑事犯罪的高压态势，有针对性地组织开展了多种形式的集中专项打击行动。通过"严打"整治斗争，使各类刑事案件得到有效遏制，社会治安明显好转，人民群众的安全感明显增强。

【严格落实领导责任制，层层签订目标管理责任书】年初，地委、行署党政"一把手"与林芝地区7个县、74个地直、区直、中直单位综治目标管理责任书签订率达到100%；各县委、政府与全地区54个乡（镇）目标管理责任书签订率达到100%；各乡镇与各行政村、各行政村与各户、各县（乡镇）与个体工商户综治目标管理责任书签订率达到98%以上；各县、乡（镇）按属地管理原则把机关、企事业单位、社会团体和寺庙都纳入综合治理工作范围，责任书签订率达到100%。地直、区直、中直各单位全部都成立了综治领导小组，并有1名领导分管综治工作，切实做到了"管好自己的人，看好自己的门，办好自己的事"，以签订责任书的形式把目标任务层层分解到了各科室，落实到了人头。由于各项工作措施落实到位，2007年林芝地区被区党委、政府评为2007年度全区社会治安综合治理工作第二名。

【地、县、乡（镇）、村综治机构健全，制度完善，配齐了专、兼职工作人员】地、县两级综治机构健全，全地区54个乡镇中，绝大多数是一、二把手兼任乡镇综治委主任，全部成立了综治办，都有专门的办公室，全部配齐了乡镇专抓社会治安综合治理工作的副职，公安特派员、司法助理员、治保员、调解员四员到位，乡镇综治机构健全，制度完善。截止2007年年底，全地区共有基层综治领导小组54个，成员149人，基层派出所36个，民警115人，公安边防派出所4个，109人，治保小组665个，成员1658人，司法助理员45人，人民调解委员会500个，调解员1425人，保卫科（股）142个，成员395人。治安防控站点52个，人员251人，治安联防队390个，2761人。地区综治办还编制了《林芝地区综治工作规章制度手册》、《林芝地区综治文件汇编》，下发到各县、各乡镇。各乡镇、村级治保、调解组织也结合各自的实际，制定了相应的工作制度。通过制度的约束，使基层民警的执法水平、执法效率和办案质量进一步提高，使治保、调解组织的作用进一步加强，推动了基层综治工作的健康发展。

【加强群防群治队伍建设，完善区域防范机制】各乡镇和有条件的村委会、企事业单位都因地制宜地建立了一批治安巡逻、看楼护院组织，并严格管理，加强教育，不断提高人员素质。在工作中，积极探索群防群治组织的新途径、新办法，大力开展各种形式的军警民治安联防工作，完善区域防范机制。一是按照地委、行署制定出台的《林芝地区社会治安防控体系建设五年规划》，全地区政法、综治部门切实加强了以公安干警为骨干，以社会治安综合治理防范站（点）为基础，以治安室、治安岗亭为依托，以专职、义务巡逻队为主体的多层次治安联防网络，加强动态管理，严格社会面的控制。二是在八一镇各主要路口新建了一批城市道路交通红绿灯系统，街面视频监控系统建设也已列入援藏建设项目。三是在八一镇、林芝县、工布江达县、察隅县、波密县、朗县等地和部分乡镇、村挂牌成立社会治安综合治理防范站（点）52个，各防范站（点）都制定了《工作措施》、《工作方案》和有关规章制度，落实了人员。四是一些乡镇、村成立了治安联防队和治安巡逻队，制定了《治安联防管理工作实施方案》，设立了报警点，充分发挥了治安联防工作面向全社会的积极作用。

【切实加强了人民内部矛盾纠纷排查调处工作，有效地遏制和防止了重特大群体性事件的发生】在各级党委、政府的领导下，林芝地区各级综治组织积极配合相关部门，采取强有力的措施，深入排查各类社会矛盾，妥善处置突发性事件。一是召开了林芝地区矛盾纠纷排查调处工作领导小组全体会议。会议研究分析了当前的形势，并对有关工作进行了安排部署，提出了具体要求。二是各级党政领导在处理群体性事件中，靠前指挥，直接面对群众。三是各县都成立了由县委、政府主要领导挂帅，公安等有关部门参与的"预防、排查矛盾纠纷领导小组"，及时发现、化解各种矛盾。四是以案说法，积极组织地、县两级工作组深入到各乡（镇）、村，对农牧民群众进行法制宣传教育和思想教育，并对焦点地区和敏感地带派出专人进驻蹲点。五是在虫草采挖季节，对采挖虫草人员进行登记造册，并抽调警力，深入采挖区，及时发现和掌握治安动态。六是认真制定了《林芝地区矛盾纠纷排查调处工作机制》，进一步明确了各有关部门的工作责任，使矛盾纠纷排查调处工作制度化、规范化，有力地推进了全地区社会治安防控体系的建设，促进了社会政治局势的稳定。

林芝地区政协工作

【政协会议】2007年6月16日至19日，政协林芝地区委员会五届二次会议在八一召开。本次会议应到委员131人，实到委员90人。会议主要议程有：听取和审议政协林芝地区五届委员会常委会工作报告；听取和审议政协林芝地区五届委员会第一次会议以来关于提案工作情况的报告；通过《选举办法》；听取地委组织部负责同志所作的有关人事安排情况的说明；传达学习《中共西藏自治区委员会关于贯彻<中共中央关于加强人民政协工作的意见>的实施意见》、《中共林芝地委关于贯彻落实中央和区党委关于加强人民政协工作意见精神的实施意见》；选举；审议通过政协林芝地区五届委员会第二次会议政治决议以及其它各项决议。地委书记、地区人大工委主任白玛朗杰，地委副书记、地区行署常务副专员施文，地委委员、地区行署常务副专员李宏，地委委员、组织部部长唐明英，地委委员、统战部部长琼巴等到会祝贺。邀请列席本次会议的有在八一的全国政协委员、区政协常委以及地委组织部、统战部、地区民宗局、佛协、工商联等有关单位的负责同志。会议增补常委 2 名。本次会议上选举玉拉同志当选为地区政协五届委员会主席，程尊祥同志当选副主席。

2007 年 12 月 12 日至 15 日，政协林芝地区委员会六届一次会议在八一召开。本次会议应到委员 131 人，实到委员 101 人。

会议主要议程有：审议通过政协林芝地区六届一次会议议程；听取和审议政协林芝地区五届委员会常委会工作报告；听取审议政协林芝地区五届委员会常委会关于政协五届委员会以来提案工作情况的报告；听取林芝地区行署关于 2007 年经济运行情况的通报；传达学习“十七大”精神和自治区关于认真学习贯彻“十七大”精神，大力加强基层基础工作若干问题的决定；选举产生政协林芝地区六届委员会的主席、副主席、秘书长、常委；审议通过政协林芝地区六届一次会议政治决议；审议通过政协林芝地区五届委员会常委会工作报告的决议；审议通过政协林芝地区五届委员会常务委员会关于提案工作报告的决议。地区人大工委主任白玛朗杰，地委副书记、地区行署常务副专员陈秋雄，地委委员、组织部部长唐明英、地委委员、统战部部长琼巴，地区人大工委副主任多吉等到会祝贺。此次会议选举玉拉为地区政协主席，琼巴、周金城、甲央土登、旦白尼玛、郑维列、嘎玛、程尊祥、薛光明为政协副主席，卢治安为政协秘书长。

2007 年 6 月 15 日，政协林芝地区五届委员会第三次常委会会议在八一召开。本次会议应到常委 27 人，实到 17 人。本次会议审议通过了关于召开政协林芝地区五届二次会议的决定和会议议程；审议和通过了政协林芝地区五届委员会第二次会议主席团和秘书长名单（草案）；审议通过政协林芝地区委员会常务委员会工作报告和关于政协五届一次会议以来提案办理情况的报告；听取地委组织部负责同志所作的关于主席、副主席侯选人的基本情况的介绍；增补程尊祥同志为政协五届委员会委员。

2007 年 11 月 30 日，政协林芝地区五届委员会第四次常委会会议在八一召开。本次会议应到常委 25 人，实到 15 人。本次会议审议通过政协林芝地区五届委员会常委会第五次会议议程（草案）；审议通过关于召开政协林芝地区六届一次会议的决定（草案）；审议通过政协林芝地区六届一次会议议程（草案）；审议通过政协林芝地区五届委员会常委会工作报告（草案），并推举报告人；审议通过政协林芝地区五届委员会常委会关于提案工作情况的报告（草案），并推举报告人；地委组织部、统战部介绍政协林芝地区五届委员会委员组成情况；审议通过政协林芝地区六届委员会委员名单；传达党的十七大精神；传达中共西藏自治区委员会关于认真学习贯彻十七大精神，大力加强基层基础工作若干问题的决定；传达巴桑顿珠同志在政协第八届西藏自治区委员会常务委员会第十七次会议闭幕会上的讲话；审议通过选举办法（草案）；审议通过六届一次会议主席团和秘书长名单（草案）；审议通过六届一次会议提案审查委员会组成人员名单（草案）

【考察调研】2007 年 9 月 6 日，地区政协组织全国政协委员、自治区政协委员、地区政协委员，对雪卡电站、老虎嘴电站的生态环境保护进行了视察调研。通过实地考察、座谈、听取汇报等多种形式，对电站建设中的环保工作进行了详细了解，对电站建设中的环保资金的保障问题、巴河鱼的保护问题、库区的地质结构问题、农牧民参与建设问题、电站纳入旅游发展的问题、关于保护措施的落实问题等方面提出了意见和建议。

【提案工作】五届委员会二次会议期间，共收到提案 67 件，经会期初审和会后定审共立案 58 件，立案率 90%，决定不立案 9 件，（原因是理由不充分 3 件，作为意见转有关部门研究处理的 6 件）。这些提案注重经济社会的全面协调和可持续发展，内容翔实可靠，具有较强的针对性和可行性，反映的问题，关注的热点、难点相对集中。在立案的提案中，交通方面有 12 件，占总数的 20.7%；林业环保方面的有 8 件，占总数的 13.8%；教育卫生方面的有 9 件，占总数的 15.5%；旅游方面有 6 件，占总数的 10.3%；城市建设方面的有 7 件，占总数的 12.1%；涉及“三农”问题的有 8 件，占总数的 13.8%；其他方面有 8 件，占总数的 13.8%。

【六届委员会一次会议期间】共收到提案 64 件，经会期初审和会后定审共立案 59 件，占总数的 92.19%，作为委员来信转送有关部门研究处理的 5 件。在立案的提案中，涉及“三农”方面的有 13 件，占总数的 22.03%；教育医疗文化方面的有 10 件，占总数的 16.95%；农田水利方面的有 12 件，占总数的 20.34%；交通方面的 5 件，占总数的 8.47%；林业环保方面的有 4 件，占总数的 6.8%；城市建设方面的有 3 件，占总数的 5.1%；工矿业方面的有 4 件，占总数的 6.78%；机关建设方面的有 4 件，占总数的 6.78%；其他方面 4 件，占总数的 6.78%。

【制度建设】2007 年，制定了《中共林芝地区政协党组会议制度》、《政协林芝地区委员会关于对政协委员参加全体会议常务委员会会议及有关活动进行考勤的制度》、《政协林芝地区委员会关于政治协商、民主监督、参政议政的规定》、《政协林芝地区委员会主席会议制度》、《政协主席、副主席、秘书长、驻会常委联系委员制度》。

2007 年，制定政协林芝地区委员会秘书长会议制度。

2007 年，制定政协林芝地区委员会常务委员会会议工作规则。

【围绕中心，履行职能，服务大局献计献策】紧紧围绕“一产上水平、二产抓重点、三产大发展”的经济发展战略，抓住综合性、全局性、前瞻性的重大问题，把调研、视察、提案等履职形式有机结合起来，充分挖掘政协潜力，整合人才智力资源，突出整体功能，联合各方，形成合力，建言献策的质量和水平有了新的提高。一年来，由各分管主席带队，深入各县场企事业单位、建设工地现场和农村、牧区开展视察、调研 8

次，形成视察、调研报告 4 个，提出意见、建议 30 多条。

共青团林芝地区委员会

【全面推进了青春建功新农村活动】在年初工作会议上，团地委将青春建功新农村行动作为 2007 年的一项重点工作写入 2007 年度共青团和青年工作目标责任书，从增收成才、劳务输出、领办项目、农牧区青年文化建设等方面就各级团组织如何开展青春建功新农村行动，服务新农村建设进行了量化规定。各县团委根据目标责任书的要求，以青春建功新农村行动为统揽，以培养有文化、懂技术、会经营的新型青年农牧民为重点，在推进农牧业和农牧区现代化进程，开发农牧区青年人才资源，培养新型创业致富能手，促进农牧区青年转移就业创业等方面进行了有益的探索，并取得了一定的成效，为林芝地区的新农村建设做出了积极的贡献。

【保护母亲河行动进一步深化】根据全国保护母亲河行动领导小组 2007 年的总体部署和团区委的统一安排，团地委组织发动地区各级团组织动员团员青年 20000 余人次于 3 月 12 日—20 日在世界柏树王园林、尼洋河沿岸、林芝机场各路沿线种植柳树、杨树、杉树等共计 50070 棵。共青团朗县委员会从 3 月 12 日起，利用 4 天的时间，组织全县团员青年及驻地部队官兵共 263 人，在仲达镇巴布塘进行植树造林活动，种植各类经济林木 13 公顷（共 5200 株）；墨脱县、察隅县、工布江达县、林芝县等地共青团组织发动青年 700 余人次参加植树，种植柳树、杨树等共计 5870 棵。

3 月 22 日（世界水日），团地委联合地区环保、水利、气象、环卫、地区一中、地区二中、职业学校、边防支队、森警支队、内卫支队等单位在全地区开展了以“保护母亲河---绿色和谐你我同行”为主题的大型环保活动。组织了近千人对尼洋河白色垃圾污染比较严重的近 5 公里的河堤进行了彻底清理。为了增强活动效果，团地委还特地筹资近万元，印刷了精美的保护母亲河温馨宣传卡片 8000 余张，组织大学生志愿者分别在厦门广场设置宣传台和沿临街商铺散发，并向社会广大民众宣传和讲解相关知识，受到了广大市民的热烈欢迎。工布江达、米林等地在团县委的牵头组织下，也同时启动了“保护母亲河---绿色和谐你我同行”活动。通过此次活动，对于进一步组织引导全地区青少年和社会公众为建设资源节约型、环境友好型社会贡献力量，号召全地区青少年和社会公众积极参与环境保护活动，倡导绿色文明意识、环境保护意识和可持续发展意识，推动绿色和谐林芝建设起到了积极的促进作用。

【青年志愿者工作稳步推进】一年来，在区项目办的大力支持和地区项目办的努力下，青年志愿者工作稳步推进。2 月初，团地委组织青年志愿者参加了地委、行署组织的“三下乡”活动，前往米林县多卡小集镇开展志愿服务活动，为多卡小学送去了价值 3000 多元的各类书籍和学习用品，并组织青年志愿者现场书写赠送春联，受到了当地干部群众的热烈欢迎，仅半天时间就书写赠送春联达 100 余幅。在植树节来临之际，团地委西部计划项目办与园林局协调，组织第四批 13 名西部计划志愿者开展了“绿化林芝、美化家园”主题植树活动。团地委西部计划项目办还针对 2007 年西部大学生志愿者 2007 年将进行自主择业的实际情况，未雨绸缪，加强了对 2007 年服务期满志愿者的思想教育工作。鼓励他们正确面对就业压力，转变就业观念，在服务岗位上站好最后一班岗，为自己的志愿服务期划上一个圆满的句号。在团地委的引导和鼓励下，2007 年林芝地区有 20 名志愿者参加了全区公开招录乡镇公务员、乡镇农牧技术员和中小学教师考试，其中有 13 人被录取走上了新的工作岗位。7 月，林芝地区第一支“农牧民青年志愿者服务队”在林芝县八一镇加丁嘎村正式成立。林芝县“农牧民青年志愿者服务队”的成立，为全地区各级团组织参与农牧区政治文明、精神文明、物质文明建设，推动农牧区基层团组织建设、服务农牧区共青团和青年工作提供了有益的借鉴。8 月初，由原上海印钞厂副厂长陈正先生带队的“爱洒天路”上海外国语大学支教团赴墨脱县开展了为期一周的支教活动，通过调动广泛的教育资源给墨脱的孩子们带去了他们渴求的知识和希望。8 月 30 日，第五批 14 名大学生志愿服务西部计划志愿者抵达林芝地区开展服务工作。志愿者们先后参加了“9.16”建设平安西藏日、“9.20”公道道德宣传日等各项宣传活动，志愿者们设立咨询台、走街串巷，为广大市民发放各类宣传资料 4000 余份；利用双休日组织志愿者集中学习、看望刑释人员、与孤寡老人共庆节日，并力所能及的给予帮助；积极协助地区招商办发放调查问卷；圆满完成了西部计划志愿者的个人信息录入工作，方便了全国项目办的动态跟踪管理。通过这些活动，进一步激发了大学生志愿者扎根西部、服务西部的热情。

【青年文明号工作不断深化】一年来，地区青年文明号创建办围绕和谐诚信主题，在全地区广泛开展了青年文明号促和谐行动，引导青年职工弘扬信用道德，投身信用实践，为群众提供优质服务，以实际行动为建设和谐林芝做贡献。在春节、藏历新年之际，团地委、地区创建青年文明号活动领导小组办公室组织地区各级青年文明号单位前往米林鲁霞边防派出所开展了“青春暖流献边防，警民携手促和谐”慰问活动，为边防部队官兵购买并送去了价值 8000 多元的报刊、杂志、VCD 歌碟及各类水（糖）果等节日慰问品，并组织青年志愿者为官兵们献上了丰富多彩的文艺节目，使边防官兵感受到林芝地区各级团组织和青年文明号单位的关心和温暖。建军节前夕，团地委组织地区各青年文明号单位与驻地武警官兵开展“青春飞扬、军歌嘹亮”文艺联欢活动，为广大官兵送去了节日的问候与祝福。5 月份，团地委、地区创建办举行了林芝地区第十一批青年文明号命名授牌仪式，地区建设银行深圳大道营业厅、林芝机场地面服务部等 5 家单位获此殊荣。6 月，中国人保林芝分公司、工布江达县公安局交警大队被命名为第十六批自治区级青年文明号集体；移动林芝分公司营业厅被命名为 2006 年度全国“青年文明号”集体。12 月，珠江工商所荣获 2007 年度全区青年文明号流动红旗集体，米林县国税局被命名为第十七批自治区级青年文明号。

【希望工程工作成效显著】完成了第三批福建援藏干部助学金、明德奖学金的发放工作，发放金额达88500余元，资助学生达311余人次。与林芝地区名愿饮食城总经理赵春吉先生签订了“赵春吉希望之星助学基金”协议，将50万元基金每年的利息用于资助林芝地区希望小学的优秀管理人员、教师和学生。在团地委希望工程办公室的协调和努力下，中国移动林芝分公司全体党、团员和地区一小、二小、二中团支部为就读于中央司法警官大学的贫困生尼玛同学捐款2900元，帮助他度过了面临缀学的难关。从广东深圳市直机关工委争取资金10万余元，为工布江达县金达镇百丽希望小学建起了电脑室，配置了1台复印机和12台电脑，这是团地委继米林县里龙乡小学电脑室之后建设的第二间乡级小学电脑室。5月，墨脱县上海印钞厂背崩乡希望小学副校长新卫同志，获全国希望小学和西部贫困地区农村小学百名优秀教师“2006东芝希望工程园丁奖”，受到了中国青少年发展基金会的表彰。8月，深圳蓝韵数字医疗实业有限公司捐资25万元建立波密县多吉乡角落村希望小学，其全体员工还自发捐款30200元用于捐建该小学图书室；中国青少年发展基金会领导一行对林芝地区附近县几所希望小学进行调查了解，对林芝地区希望工程工作开展情况给予了高度评价。9月，雪花啤酒相关负责人一行对米林县南伊乡雪花啤酒希望小学进行回访，并赠送了价值2000余元的文体用品。

林芝地区审判工作

【围绕确保“双百”工作目标，审判工作稳中有进】2007年，林芝地区两级法院共受理各类案件1025件，审执结1024件，案件审结率100%、案件执结率99.09%，连续五年实现了案件审结率100%、执行案件执结率达到98%以上。

在刑事案件的审理中，两级法院牢固树立稳定压倒一切的思想，深入开展“严打”斗争和打黑除恶专项整治工作，始终把打击的锋芒对准危害国家安全犯罪、黑恶势力犯罪和杀人、毒品犯罪等严重刑事犯罪。注重打击犯罪与保障人权的有机结合，坚持宽严相济、惩罚与教育相结合，慎重审理青少年犯罪的案件和性质轻微的刑事犯罪，全年共宣告无罪6人。坚决杜绝超期羁押和超审限现象，全年无一起超期羁押和超审限案件。同时，两级法院还通过积极参与社会治安综合治理等工作，充分延伸司法触角，大力提升刑事司法服务的广度和深度。

在民事案件的审理中，两级法院始终将关注和保障民生放在第一位，将化解矛盾纠纷作为为小康、平安、和谐林芝建设提供司法保障的切入点，建立把调解贯穿于诉讼全过程的立案、庭前、庭中、庭后调解制度，创新情势融合调解法、换位思考调解法和冷静择机调解法等一系列行之有效的调解方法，充分发挥诉讼调解在营造和谐社会氛围方面的独特职能作用，全年，民事一审案件调解率达到50.13%，民事案件二审调解率达到26.7%；认真落实繁简分流审判制度，扩大适用简易程序审理案件范围，一年来，依法适用简易程序审理民商事案件率达到43.67%；严把案件质量关，通过质量意识教育，抓庭审和裁判文书质量，使民事案件整体质量有了新的提高；全面强化对基层人民调解组织的指导、扶持力度，充分发挥基层调解组织在和谐社会建设中的基础性作用，全年共指导基层调解组织调解民间纠纷19件，对人民调解员进行培训、辅导169人次，经费均由法院予以解决。

在行政审判工作中，两级法院围绕社会关注的热点、难点问题，以推进依法治地方略全面实施为目标，以妥善解决行政争议，营造和谐“官民”关系为主线，监督与支持并重，积极探索和运用协调解决机制，所受理的行政案件均以协调解决方式结案。

在执行工作中，强化领导机制，将执行工作摆到院党组的重要议事日程上，定期分析研究执行工作情况；健全管理机制，严格内部管理，案件到人、责任到人；改进执行措施，针对不同的案件制定不同的执行措施，采取执行和解、分期执行、抵债返租等方法，努力使债权人的合法权益得到实现；加强请示汇报，对事关群体性纠纷和重大、敏感执行案件，及时向党委、人大请示汇报，向政府及有关部门通报情况，争取支持，防止矛盾激化，为执和载作营造良好的社会氛围。

立案工作中，建立老弱等困难群体的“绿色通道”，凡是困难群众、涉及农民工的案件均做到简化程序、优先立案、优先送审。擦亮立案窗口，实施“一小时立案”、“立等可受理”、“不让当事人跑第二趟”等承诺制度，推行诉讼风险提示、诉讼引导、巡回立案、电话立案等便民措施。认真办理信访工作，访必答、信必复，认真做好息诉息访工作，不外推、不上交，努力将矛盾纠纷解决在萌芽，全年共接待来信来访1532人次。加大司法求助力度，对经济确有困难的当事人缓交诉讼费8.1045万元、减免诉讼费6.27万元，指定辩护人53人次，及时解决了困难群众打官司难的问题。

审监工作中，积极规范再审程序，完善内部纠错机制，加强与人大、政法委、信访等部门的沟通协调。全面强化对基层法院的业务指导力度，制定《法院工作考核办法》，对两级法院各项工作进行全面考核，认真开展案件质量评查活动，全面促进审判工作质量和效率的提高。

【全面加强调解工作】两级法院因应建设社会主义和谐社会的时代要求，在探索和谐司法方式上着力，一是按照年度工作任务，中级法院及时制定下发了《关于全面加强人民法院诉讼调解工作的若干意见》，推行庭前、庭中、庭后全过程和立案、审判、执行全方位的调解、和解制度，有力推进了诉讼调解工作的开展。二是根据司法改革精神，两级法院创造性开展了立案调解、轻微刑事自诉案件调解、行政协调机制，丰富了和谐司法的深刻内涵。三是积极搭建温馨调解室等调解平台，通过座谈、圆桌协商等为当事人喜闻乐见的轻松方式开展调解工作，缓和双方对立情绪，为调解工作的顺利开展创造良好的氛围。四是加大对调解结案案件的监督、检查力度，确保调解合法且系当事人自愿，加大回访力度，敦促义务人履行义务，将法律效果与社会效果统一起来。

【深化改革，全面提高案件质量和效率】一是向制度要效率，对已有29项制度进行梳理、修订和补充，对其中具有现实针对性、科学指导性、富有林芝法院特色的17项规章制度印刷成册，建立了一套涉及审判工作方方面面的科学管理运行机制，以完善的制度促进司法水平的提高。二是印发《人民法院仪表形象、司法形象、服务形象规范性标准》52条，增进责任意识，树立良好形象。三是实施庭审考核与定期开展案件质量评查工作有机结合起来，确保案件质量。

【领导名录】
党组书记、院长：达瓦
党组副书记、副院长：向巴次仁、邱宝建、史尊魁
党组成员、副院长：尼玛次仁、康林
党组成员、民事审判一庭庭长：冯国勇
党组成员、司法行政装备处处长：叶斌

林芝地区公安工作

【严厉打击各类刑事犯罪活动】2007年，林芝地区命案高发，严重暴力犯罪居高不下，性质恶劣，手段残忍，危害加剧。针对日趋严峻的犯罪形势，全地区各级公安机关始终保持严打态势，按照“什么犯罪突出就打击什么犯罪”，“哪里问题严重就整治哪里”的原则，以命案侦破为主攻方向，严厉打击各种刑事犯罪活动。2007年，全地区共立各类刑事案件371起，破295起，破案率80%，抓获各类违法犯罪分子354人；打掉犯罪团伙27个144人；缴获财物总价值72.9万余元，刑事案件造成29人死亡，27人受伤，财物损失折合人民币105.95万元。

【以安全保卫工作为重点，力保党的十七大及敏感日、节假日期间的安全】党的十七大、敏感日及节假日期间，全地区各级公安机关超前部署，未雨绸缪，及时成立了安全保卫工作领导小组和指挥部，研究制定了各种安全保卫工作方案，召开了全体民警动员部署大会，连续下发了有关做好党的十七大、敏感日、节假日安全保卫工作的紧急通知，提出了具体要求，明确了工作任务，落实了责任追究，加强了预案演练。同时，针对达赖授奖事件，进一步强化情报信息收集力度，强化了对敌斗争意识，加强了寺庙和重点人员的管理，加大了社会面巡逻防控力度，严厉打击了敌对势力、敌对分子和各种刑事犯罪活动，依法查处了治安案件、交通事故和火灾隐患，有力地维护了社会稳定。

【大力加强重点人员的管控工作】2007林芝地区各级公安机关在2006年工作的基础上，再次对辖区列管的重点人员进行了一次全面的调查、摸排，切实掌握了重点人员的现实情况和思想动态；对已建立的档案进行了深入细致的补充和完善；对现有刑嫌分子、危安分子纳入视线，加强列管，实行等级管理。

【大力加强危安案件防范和打击工作】2007年以来，林芝地区各级公安机关充分依靠基层党组织和社会各界力量，加强了危安案件防范和打击工作。如：3月3日，国保、网监部门查处一起利用互联网QQ空间贴传播达赖和嘎玛巴的照片，共查控15个QQ空间中粘贴的此类照片59张。各级公安机关共收缴了达赖像29张。依法妥善处理了“5.1”浙江籍男子陈方格在墨脱县城内传播基督教事件和个别农牧区群众在屋檐挂红布事件，及时消除了社会影响，有力地维护了林芝地区社会局势的稳定。

【大力加强出入境管理】2007年，林芝地区各级公安机关集中优势兵力加大了对科学考察、旅游观光、回国探亲人员的管控工作，严格依法查处非法出入境人员，严密掌握境外探亲人员期间的有关活动情况。

【严厉打击各种邪教组织】2007年，全地区各级公安机关进一步加强了对“法轮功”练习人员全面的调查摸底工作，对原“法轮功”练习人员开展了回访工作，逐人落实管控措施，及时开展了案件侦破及反动宣传品收缴工作。目前，林芝地区原“法轮功”人员思想稳定，未出现异常情况。2007年，查出“法轮功”案件1起2人，“法轮功”书籍4本，“法轮功”小册子2本，“法轮功”反动宣传单27份，“法轮功”反宣光碟1张。

【深入开展“命案侦破”专项行动】上半年，林芝地区命案十分突出，严重侵害了人民群众生命财产安全，影响了社会治安秩序和群众安全感。为严厉打击犯罪分子的嚣张气焰，有效遏制“命案”发生，3月29日，地委、行署召开了全地区公安机关“命案侦破”专项行动动员大会，对命案侦破工作进行了全面部署，有力推动了专项行动的深入开展。公安处及时下发了《林芝地区公安机关命案侦破专项行动工作方案》。各级公安机关在加强领导、明确任务、落实责任的基础上，组织专案力量对命案重新进行了梳理，逐案专题研究，并实行了领导挂帅、全警动员、分片包案责任制，充分发挥了多警联动、整体作战的优势，有力地打击了犯罪分子嚣张气焰。2007年，全地区共立命案20起，破17起，破案率85%。

【深入开展“打黑除恶”专项斗争】2007年，林芝地区各级公安机关为充分发挥“打黑除恶”主力军作用，公安处及时调整充实了打黑除恶专项行动领导小组，完善了工作预案，进一步建立和完善了打黑除恶的长效机制，提高了打黑除恶队伍的战斗力。2007年9月份，成功打掉了以木材老板曹洪军为首涉恶势力团伙，共抓获犯罪嫌疑人20人，现已批捕12人。“打黑除恶”工作取得了阶段性成效。

【深入开展“两抢一盗”专项斗争】2007年，林芝地区侵财犯罪不断攀升，特别是“两抢一盗”案件尤为突出。林芝地区各级公安机关及时分析研究特点和规律，不断加强防范工作的同时，多策并举，有针对性地组织开展了“两抢一盗”专项行动，加大了对重特大案件的侦查力度，攻坚克难成功侦破了一批大要案，抓获了一批犯罪嫌疑人，狠狠打击了犯罪分子的嚣张气焰。2007年，全地区共立抢劫案件20起，破15起；共立盗窃案件240起，破189起，破案率89%。

【深入开展缉毒工作】2007年，全地区各级公安机关按照“堵源截流，标本兼治”的工作方针，成功破获了一批贩毒案件，抓获了一批吸毒人员，缴获了一批毒品。共破获了毒品案件10起，查处涉毒娱乐场所8家，收缴毒品海洛因24克，K粉967克，查处吸毒人员35人，抓获各类毒品犯罪分子14人，其中公安部网上通缉在逃犯2人，云南省昆明市公安局协查在逃犯1名。

【严厉打击各类经济犯罪活动】全地区各级公安机关切实履行经济犯罪侦查职能，不断提高经济犯罪侦查水平，深入开展整顿和规范市场经济秩序工作，严厉打击各类经济犯罪活动。2007年，共受理经济案件4起，抓获犯罪嫌疑人1人，挽回涉案经济损失5400元。

【积极预防和稳妥处置各类群体性事件】各级公安机关严格坚持“分类指导、区别对待”，和“正面教育、法制宣传”的工作方针，有效地排查出因企业改制、拆迁补偿、民工工资、“的士”停运等方面引起的社会不稳定因素，把苗头性矛盾化解在了初始阶段，解决在了萌芽状态，有效地维护了社会秩序。2007年，排查化解了几起群体性矛盾纠纷起。

【依法查处治安案件】共受理各类治安案件383起，查处377起，查处率98.4%；查处违法人员810人，办理临时身份证1076张，制发二代身份证4.37万张。

林芝地区司法工作

【法制宣传教育工作】2007年，林芝地区司法处结合林芝地区普法依法治理工作的实际，制定了《地委宣传部、地区司法处关于在公民中开展法制宣传教育的第五个五年规划》，地委、行署也及时地进行了批转。按照“五五”普法规划的总体目标的要求，将普法依法治理工作纳入到综治检查验收考评中，进一步落实了“党委领导、人大监督、政府实施”的工作体制，全地区调整充实了普法领导小组102个779人，其中地（中、区）直各单位46个252人，县、乡（镇）56个527人，为“五五”普法规划的落实提供了组织保障。根据工作需要，征订了“五五”普法学习的各类法律读本1886本，其中：干部法律知识读本489本，企业管理人员法律读本88本，青少年法律读本281本，农民法律知识读本292本，公民法律读本184本，“五五”普法学习读本312本，“五五”普法学习问答240本。

2007年，在深入广泛宣传“五五”普法规划的基础上，以“法律七进”活动为载体和宗旨，按照“三五七七”的工作思路，大力开展了法律“七进”活动，取得明显成效。

【积极开展法律服务工作】充分发挥公律管理科的职能作用，大力开展职业道德和执业纪律教育，经常按照《律师法》、“律师办案十不准”、“公证员办证十不准”及林芝地区司法处制定的各项规章制度检查律师、公证员办案、办证情况，发现问题，及时处理，从源头上避免了服务队伍和服务领域中的各种腐败现象的发生。并协调相关部门，为律师办案、公证员办证创造了良好的环境。

深化律师事务所改革，狠抓业务知识的学习，切实提高办案质量。2007年，林芝地区司法处在律师事务所内部，实行了全员聘任制，按照优胜劣汰的管理方式，实行竞争上岗。对不服从管理、办案能力差、经常违法办案、丧失执业道德的律师及时予以了解聘，调动全所人员的工作积极性。与此同时，鼓励和引导律师发扬刻苦钻研、理论联系实际的学风，多渠道、多方式地培训和学习各类法律知识，不断丰富自身的业务知识。同时，狠抓了服务质量，保障法律服务工作良性循环。2007年，林芝地区司法处尼洋河律师事务所共提供法律咨询315余人次；代书89份（刑事、民事及其他法律文书17份），担任法律顾问3家；代理民事案件47起；刑事辩护13起；提供法律援助3起。

为了使林芝地区各族人民深入了解公证的职能作用，关心和支持公证工作，公证处抓住《公证法》颁布出台的机遇，广泛宣传了公证业务知识。2007年，林芝地区司法处公证处共办理公证事项380件，其中经济类7见（贷款协议5见、招投标2见）；各类民事协议373件；其他类41件，免费法律咨询130人次，代写或修改协议书31件。

积极开展法律援助工作。2007年，地区法律援助中心在自治区法律援助中心的关心指导和处党组的直接领导下，各项工作取得了长足的成效，较好地满足了社会贫弱群体的法律需求，为社会稳定和经济发展做出了贡献。

挂牌成立法律援助中心，使更多社会弱势群体的合法权益得到了有效的法律保障。2007年，法律援助中心完成法律援助任务149件；其中劳务、工伤类共计20余人次，法律援助53件（刑事法律援助案件20件、民事法律援助案件21件、非诉讼调解案件12件）；律师事务所义务法律援助3件；代写法律文书93件；法律援助宣传5次，共发放藏汉文字宣传材料5000余份，“148”法律服务咨询907人次（来电咨询343人次、接待来访564人次），为下一步法律援助工作的开展奠定了良好的基础。

【着力开展人调、帮教工作，努力夯实基层基础】2007年，从选好、配齐、配强各县乡镇司法助理员入手，努力将法律素质高、政策理论水平强的人员充实到司法助理员队伍中来，关心他们的疾苦，帮助落实司法助理员每天0.6元的补助，协调解决相关问题，为他们安心一线工作和确保队伍的稳定起到了促进作用。截至目前，林芝地区已有司法助理员45人、人民调解员3785人、调委会742个，基层司法助理员、人民调解员在乡、镇、村举办法制宣讲145场次，受教育人数达64532余人次，协助基层政府调处矛盾纠纷112件；参与严打整治斗争85场次（580余人次）；排查民间纠纷289件；调处民间纠纷120件；防止激化民间纠纷12件。

切实抓好“两劳”人员的帮教转化工作。“两劳”释放人员回归社会后，由于受环境变化、社会不良风气等诸多因素的影响，容易导致第二次违法犯罪。2007年，林芝地区司法处党组认真抓好抓紧了该项工作。组织基层科、劳教办对林芝地区的“两劳”释放人员进行摸底调查，了解他们的思想状况和生活态度，全面掌握了他们的工作、生活和学习的基本情况，帮助他们解决了困难，尽最大努力避免了他们再次重新违法犯罪，2007 年，帮教刑释解教人员 87 人，安置帮教 54 人，同时，接受法律咨询 85 人次、代写法律文书 112 份、发放法律手册 5400 余册、散发宣传单 36700 余份，避免和挽回经济损失 97.3 万元。

【全力做好招生工作，为司法警官学院输送合格人才】根据教育部、司法部的有关文件精神，按照自治区司法厅的要求，本着认真负责的态度，林芝地区司法处顺利完成了 2007 年司法警官学院的招生工作。协同地区教育局招生办、地委纪检委，依据《司法院校 2007 年招生、政审工作方案》所列的招生对象及条件，保质保量地完成了面试、体能测试、体检和政审工作。从报考司法警官学院的考生 176 人中筛选出 63 名合格者，为林芝地区监狱、劳教单位输送了合格人才。在此次政审、面试工作过程中，处党组本着公平、公正、公开的原则，做到了周密部署、严密安排，保证了该项工作的顺利开展。

【援藏工作取得新突破】关于林芝地区司法处第五批援藏项目计划，撰写了近 5000 字的援藏项目报告。并向广东省司法厅党委进行了详细的汇报，得到了厅党委的高度重视，并立即派出考察团到对口支援的林芝地区司法处进行援藏项目的调研、论证，并原则上同意了修建林芝地区法律服务大楼（需资金 258 万元），购置交通工具一辆（需资金 57 万元），解决部分办公用品（需资金 19 万元），培训 20 名业务骨干（需资金 70 万元）四个大项目，将投资 405 万元。目前，广东省司法厅援助的交通工具丰田霸道车已运抵林芝地区司法处，并投入使用，缓解了交通工具紧张的问题。

林芝地区民族宗教工作

【民族工作快速推进】2007 年，林芝地区民宗局全面贯彻落实《中共中央、国务院关于进一步加强民族工作，加快少数民族和民族地区经济社会发展的决定》。一是在广大职工和农牧区群众中大力宣传《决定》及其对林芝地区民族工作的重要意义，使之做到家喻户晓，人人皆知；二是统一思想，提高认识，要求各部门、各单位积极配合《决定》的落实；三是加大扶持力度，制定特殊优惠政策，帮助少数民族经济社会加快发展，以实际行动诠释《决定》。这些措施，极大地促进了《决定》在林芝地区的贯彻落实。

【少数民族社会事业全面进步】截止 2007 年 11 月份，林芝地区人口较少民族适龄儿童入学率达到 99.2%、巩固率达到 98.35%，“普六”人口覆盖率达到 100%，“普九”人口覆盖率达到 93.73%；人口较少民族覆盖区域各级医疗卫生机构 13 所，每千人拥有床位 3.4 张、卫生技术人员 4.15 人，农牧区医疗制度覆盖率达到 100%，人口出生率为 11‰，人口自然增长率为 8.3‰；基层文化基础设施进一步改善，广播、电视覆盖率分别达到 89.68%和 89.79%；社会劳动保障体系进一步完善，城镇登记失业率低于 4%；科技工作不断加强，科技对经济增长的贡献率达到 40%。

【“兴边富民行动”成果菲然】2007 年，林芝地区在边境人口较少数民族地区投入各类建设资金 1214.52 万元，完成建设项目 27 个，其中在“兴边富民行动”重点县（米林县）落实项目 3 个，投入资金 376.5 万元（附：典型材料）；墨脱县落实项目 9 个，投入资金 546.97 万元；察隅县落实项目 4 个，投入资金 216.33 万元，林芝县落实项目 11 个，投入资金 1102.53 万元。这些建设项目涉及到人口较少少数民族地区的交通、能源、文教卫生、农田水利、农业开发、安居工程、生产资料等各个方面，有力地改变了人口较少少数民族和边远少数民族地区的基础设施，有效地改善了群众的生产生活条件。

【认真做好人口较少民族聚居村动态监测以及边境县和民族乡经济发展统计工作】根据国家民委和区民宗委的要求，林芝地区民族宗教局组织各县民宗局、民族乡对林芝地区边境县、民族乡和人口较少民族村，涉及经济发展、基础设施建设、交通、文化教育、邮电通讯、农牧业、卫生医疗等方面进行了全面的调查统计，调查面积覆盖了林芝地区所有人口较少民族聚居村，全面掌握了林芝地区人口较少民族的发展动态，并建立健全了每年统计报表制度，由专人负责，形成了长效机制。此项工作，为国家民委和区民宗委以及林芝地区进一步贯彻落实《决定》提供了可靠的依据，打下了坚实的基础。

【切实加大对人口较少少数民族干部的培养力度】一是提高现有的干部队伍整体素质，积极鼓励在职干部进行脱产、不脱产理论学习和文化知识学习。2007 年，林芝地区人口较少民族干部通过在广东、福建的一些大专院校进行学习深造，在两省的一些地、县挂职锻炼，进行高等教育脱产或函授学习，在林芝地委党校培训等方式进行了培训提高，培训人次达 59 人，有效提高了人口较少民族干部的理论素养和综合素质。二是加强少数民族后备干部的培养。在平时工作中着重把一些具有较高文化水平、具有坚定的政治立场、工作能力强、能够带领广大少数民族群众脱贫致富的年青优秀民族干部推选到领导岗位上来，不断壮大少数民族干部队伍，增强民族干部的活力。

【不断推进民族团结进步事业】充分利用 2007 年九月的第十七个民族团结月活动，采取多种形式，在各单位、各部门和广大农牧民群众、青少年中广泛宣传党的民族政策和民族区域自治法，收到了良好的社会效应。

【宗教工作深入扎实】(一)认真贯彻《宗教事务条例》，加大宗教事务管理力度。2007 年，把学习贯彻《宗教事务条例》作为民族宗教工作中的一项重要任务。按照《条例》的有关规定，理顺工作关系，落实学习贯彻措施，根据实施办法的要求，制定好寺庙以及宗教事务的管理制度，使《条例》的内容家喻户晓，深入人心，以促进管理工作的正规化。

【进一步深化寺庙爱国主义教育，彻底清除达赖在宗教领域的反动影响】在区地两级党员领导干部大会结束后，林芝地区寺教办立即向各县统战、寺教及民宗部门下发了通知，要求各级统战、寺教和民宗部门，在党委、政府的领导下，认真学习贯彻区地两级党员干部大会精神和白玛朗杰书记的讲话，并在学习贯彻会议精神的基础上，立即行动起来深入各寺庙，宣传贯彻会议精神，进一步开展以“四增强、四热爱”为主的爱国主义教育、社会主义荣辱观教育和法制宣传教育以及《宗教事务条例》的学习，特别是加大对民管会班子成员的教育力度，增强寺庙民管会班子成员对党的民族宗教政策的理解，提高他们的法制观念。进一步完善寺庙政治学习的各项措施，改进方式方法，做到了政治学习的制度化、经常化和时间、人员、内容、措施、效果五保证。通过政治学习和教育活动的深入开展，进一步增强了僧尼的祖国观念、政府观念、法制观念、公民意识和抵御渗透的能力。

【全面贯彻落实党的宗教信仰自由政策】在往年工作的基础上，2007 年林芝地区民族宗教局进一步加大了全面贯彻落实党的宗教信仰自由政策的力度。一是利用地区民族宗教工作会议和地区寺教工作会议，采取以会代训的方式，大力宣传党的宗教信仰自由政策，使党的宗教信仰自由政策更加深入人心；二是依照宪法和有关法律、政策的规定，依法保护寺庙的正常宗教活动，依法保护信教群众的信教自由，依法保护不信教群众的利益，营造一种宗教和睦、社会和谐的良好局面；三是加大以寺养寺工作力度，促进寺庙创收，不断提高僧尼的生活水平和生活质量；四是积极引导宗教与社会主义社会相适应，支持广大僧尼对宗教教义作出符合社会进步要求的阐释，支持他们与各族人民一道反对一切利用宗教进行危害社会主义祖国和人民利益的非法活动，为民族团结、社会发展和祖国统一多做贡献，鼓励和支持宗教界发扬爱国爱教、团结进步、服务社会的优良传统。

【属地管理原则得到进一步贯彻落实】始终坚持“一把手负总责，分管领导亲自抓，职能部门具体抓，有关部门协调抓”的原则，完善了领导干部联系重点寺庙制度和县、乡、村三级宗教工作管理网络，并对各县的宗教工作管理网络进行了检查，对宗教工作管理网络中人员出现变动后，立即进行了填补，防止出现工作漏洞。同时坚持领导干部责任制和责任追究制，把对寺庙的管理情况作为考核干部的重要内容，与政绩挂钩。

【积极开展寺庙摸底排查工作】根据区地两级党员领导干部大会精神，林芝地区寺教办组织寺教成员单位抽调 8 名同志组成两个寺教调研工作组，于 5 月 8 日至 18 日深入除墨脱县以外的六个县的各重点寺庙进行了全面的调研，深入了解和掌握了寺庙僧尼的思想动态和一些带有倾向性的问题，及时排查了寺庙内潜在的各种不稳定因素，随时掌握动态，切实加强了对朝佛人员、社会流散僧尼和外来僧尼的管理。

【加强民管会班子建设，强化寺庙管理】一是在深入寺庙教育的同时，对现有的寺庙民管会班子进行了一次全面系统的调查摸底，对寺庙民管会班子中的成员要逐一排队，对班子的情况要做到了如指掌，对政治上不合格、对达赖态度暧昧的必须清除出民管会班子，把那些政治上可靠、爱国爱教、年富力强、宗教造诣较高、在广大僧尼和信教群众中有较高威信、民主管理能力强的僧人吸收到民管会班子中来，确保了寺庙领导权牢牢掌握在爱国爱教的宗教人士手中。二是严格按照区地两级党员领导干部大会精神和自治区有关文件精神，牢牢把握“两条底线”原则，坚决执行寺庙僧尼定员定编，坚决制止新建、扩建宗教活动场所，决不允许乱建滥招，切实把好关，对于信教群众擅自修建的简易宗教活动场所，在做好群众工作的基础上坚决予以取缔，切实强化了寺庙管理。切实加强对新转世活佛的培养教育工作。波密县曲宗寺的第五世达妥·益西久乃活佛，是林芝地区自西藏民改以来，经政府批准转世的第一个活佛，为了很好地培养，现在由林芝地区政协副主席、地区佛协会长、拉鲁寺活佛旦白尼玛负责培养，更进一步地从政治思想、宗教学识等各个方面加强培养，争取将其送往中国佛学院进行深造，使其成为政治立场坚定，具备渊博的宗教学识，爱国爱教，护国利民的新一代活佛。

林芝地区扶贫(农发)工作

【年度情况】2007 年，林芝地区扶贫（农发）办围绕“跑两头、促中间”的工作思路，狠抓落实，扶贫农发工作呈现出“三个着力加强”、“五个扎实推进”的良好态势。

【“三个着力加强”】着力加强农发土地治理工作。朗县农业综合开发区三年规划通过了自治区审查。认真组织开展了林芝和朗县 2 个农业综合开发区建设。

着力加强农发产业化工作。实施了林芝县果绕村 5 万斤鱼产品养殖基地、林芝县米瑞乡犏奶牛养殖和米林县蕨根粉加工扩建 3 个产业项目。

着力加强调研督查工作。2006 年扶贫农发项目通过了自治区验收。完成了《林芝地区农牧区贫困状况及扶贫开发情况的调研报告》、《贫困户安居工程调研报告》、《社会扶贫和对口援藏调研报告》等。

【“五个扎实推进”】项目工作扎实推进。2007 年，林芝地区立项实施扶贫农发项目 31 个，总投资 5594.08 万元，国家投资 3955.9 万元。其中：扶贫项目 28 个，总投资 2650.08 万元，国家投资 2107.9 万元；农发项目 5 个，总投资 2944 万元，国家投资 1848 万元。

整乡扶贫扎实推进。朗县登木乡、波密县玉普乡、工布江达县江达乡实施整乡推进扶贫项目 14 个，总投资 695.49 万元，其中：国家投资 523.9 万元。察隅县竹瓦根镇三年整乡推进规划和该乡以及波密县玉普乡 2008 年整乡扶贫项目已通过自治区扶贫办审查。

面上扶贫扎实推进。面上扶贫项目 10 个，总投资 574.59 万元，国家投资 501.5 万元。实施特色建材项目 2 个，总投资 477.5 万元，国家投资 180 万元。完成了全地区重点扶持人口 4085 户 21054 人的电子录入工作，并编制了重点扶持户分布情况手册。完成了贫困残疾人2196人的统计工作。

扶贫培训扎实推进。对18-25周岁的青壮年贫困人口进行了调查摸底，将1150人纳入“十一五”期间劳动力转移培训后备库。组织农牧民实用技术培训841人次。组织8名农牧民青年赴内地参加劳动力转移就业培训。

定点扶贫扎实推进。《林芝地区“十一五”定点扶贫工作安排意见》经林芝地委、行署批转实施。41个地（中、区）直单位定点扶贫工作正陆续展开。

【存在问题】个别县存在重项目争取，轻项目建管的现象；特色产业规模小、层次低，缺乏龙头企业支撑；信息工作滞后；扶贫农发机构设置不完善，编制人员少，扶贫农发干部的整体素质与新形势、新任务的要求还不相适应，有待提高。

林芝地区发展改革工作

【年度情况与特点】2007年，林芝地区发改委沿着“1231”发展思路，坚持落实年狠抓落实，取得了经济平稳快速发展、人民生活明显改善、各项事业全面进步、社会局势持续稳定的喜人成绩。地区生产总值完成33.6亿元，同比增长16.8%，人均生产总值近2万元，是2002年的2.1倍；财政收入首次突破2亿元，达到2.02亿元，是2002年的3.3倍；固定资产投资完成32.3亿元，同比增长14.6%，是2002年的3.1倍；农牧民人均纯收入达3680元，同比增长16.7%，其中现金收入达2682元，同比增长16.3%，分别是2002年的1.7倍和2倍。

【经济平稳快速发展】特色农牧业纵深推进，各具特色的农牧业专业乡（镇）达4个，专业村39个，特色经济作物种植面积达1427公顷，特别是察隅农场40公顷生姜种植取得成功，开创了西藏大面积种植生姜的先河；建立了特色养殖专业乡（镇）3个，专业村10个，藏猪存栏25万头、藏鸡养殖规模达42万只。生态旅游业势头强劲，共接待国内外游客82万人次，实现收入4.2亿元，分别同比增长31%、70%，参与旅游服务的农牧民群众达531户1317人，实现收入597万元，同比增长14.3%，户均增收1.1万元，人均增收4500元。藏医藏药业持续发展，研制藏药品种160个，其中21个品种获得了国药准字号。科技工作得到加强，共争取国家和自治区科技项目经费298.5万元，地区财政投入科技经费112万元，科技对经济增长的贡献率达40%以上。对外开放力度加大，招商引进项目90个，到位资金11.35亿元，同比增长22%，外贸进出口总额完成400万美元，同比增长54%。非公有制经济彰显活力，个体工商户达6734户，从业人员13749人，注册资金近1.28亿元。基础设施日益完善，巴河雪卡电站、老虎嘴电站、米林至朗县油路、八盖公路等一大批涉及能源、交通的重大项目相继开工建设，“瓶颈”制约将有效缓解。第四、五批援藏工作顺利交接，第五批援藏项目基本确定，部分项目已开工建设。

【民生问题不断改善】从2002年开始至2007年底，共投入资金19亿元，完成农牧民安居工程18297户，受益人口9.6万人，全地区81.4%的农牧民住上了安全适用的新房。全地区适龄儿童入学率达99.5%，巩固率达98%，“普九”攻坚战顺利实现，“普六”、“普九”人口覆盖率达100%。医疗卫生事业稳步推进，农牧区医疗制度人口覆盖率、免费医疗经费到位率、建立家庭账户率达100%。食品药品质量监管工作得到加强。城乡社会保障体系逐步完善。举办各类就业培训班31期，培训人员2700人，新增就业岗位2467个，城镇登记失业率控制在3.5%以内。落实资金422.2万元，救灾救助工作得到加强。投入2325.1万元，建设廉租住房11栋264套，低收入群体的住房状况进一步改善。筹集资金1714万元，兑现了1959年3月28日以前参加工作的，国有企事业单位443名老工人的一次性住房补贴。投入资金5594万元，立项实施扶贫农发项目33个。气象、邮政、通信、金融、工商、税务等部门服务经济社会发展的能力进一步提升。

【固定资产投资完成情况】全地区固定资产投资完成32.3亿元，同比增长14.6%，超额完成年度投资任务，是2002年的3.1倍。

【突出重点，狠抓落实，自觉承担项目管理服务协调工作】1.180个项目衔接落实工作情况。林芝地区发改委依据年初行署对“十一五”规划项目按行业任务分解情况，进一步整合部门力量，加强与各县和各行业部门沟通衔接服务力度，营造了全地区多渠道筹措资金，多部门争取项目的工作氛围。通过大家共同努力，项目落实取得了较好成绩。截至10月底，共争取和落实180个规划项目子项目140项，投资44.4亿元。其中农牧林水及生态项目3.36亿元，交通15.23亿元，能源20.12亿元，社会发展1.53亿元，城市基础设施1.7亿元，公检法司项目0.62亿元，党政机关周转房建设项目0.67亿元，邮政通讯项目1.16亿元等。

2．项目管理工作情况。一是加快项目审批速度，按工程进度拨付资金，确保了项目的顺利实施。按照地委、行署统一部署和工作要求，林芝地区发改委制定了全地区投资任务分解计划，各县、各部门根据任务计划，积极向自治区有关厅局汇报，加快了评审周期和资金落实速度；对已下达的建设资金，协调相关部门做好资金的审核和拨付，减少资金在途时间；完善建设单位财务管理；协调有关部门做好项目竣工决算节余资金的管理，做到专款专用。二是及时协调解决建设中存在的问题。通过重点工程建设进度情况月统计工作，及时沟通信息，了解工程建设进展情况。重点办先后多次组织人员对八盖公路建设工程、八一二桥、市政供水等工程项目开展督促检查，现场办公，及时解决工程建设中出现的新情况、新问题。三是加强检查和稽查工作。2007年，林芝地区发改委先后多次组织工作组及分赴各县对重点工程进行了稽查。稽查项目涉及交通、能源、水利、教育、城市基础设施建设等方面。7、8月间，积极配合自治区项目稽查工作组对地区八一二桥、米林中学、米朗油路重点工程项目建设情况进行了检查。及时掌握工程建设的第一手资料，分析问题存在的原因，研究解决办法，提出整改措施，督促有关部门和单位进行整改，对整改落实情况进行检查。促进了全地区重点项目的顺利实施，确保了投资效益的正常发挥。四是加强项目衔接工作。从年初开始，就安排一名副主任常驻拉萨，了解国家及自治区投资动向，及时掌握投资信息，加强与区发展改革委及有关厅局的项目协调和衔接；积极与上级业务部门进行项目衔接，及时了解国家及自治区投资动向，掌握投资信息，加强与区发展改革委及有关厅局的项目协调和衔接；通过项目协调会议和项目调度会议，积极与地区主要项目单位进行了项目衔接、业务沟通。五是提早安排部署2008年的项目申报工作。2007年6月份，按照国家投资方向，林芝地区发改委积极抓好项目衔接和论证工作，并上报了一批项目供自治区发展改革委筛选，争取列入明年自治区规划项目盘子。同时，还抓紧已落实或有眉目项目的前期工作，为明年项目实施打下了良好的基础。

【努力抓好粮食、物价工作】按照新形势新任务的要求，粮食部门着力转变工作职能，进一步深化粮食流通体制改革工作，切实加强和改善粮食宏观调控，强化粮食市场监管，确保粮食市场稳定和粮食安全，较好地完成了各项工作任务。地区粮食部门通过加强管理，促进市场公平竞争，进一步搞活全地区的粮食市场流通，使全地区基本形成了粮食经营户83户（其中国营16户、私营67户）的粮食市场经营格局；配合财政部门落实兑现种粮农民的粮食直补资金，保护种粮农民利益；大力开展农副产品加工，促进粮食企业多种经营的发展；在制定出台《林芝地区粮食应急预案》基础上，建立粮食市场监测报告制度，并协同工商等部门强化粮食市场监管，共组织采购粮食180.81万公斤、收购粮食36.7万公斤、加工当地粮67.14万公斤、销售粮食164.7万公斤，有力维护了粮食市场正常流通秩序，保证了粮油价格稳定；发放粮食经营统计台帐报表，建立非国有粮食经营企业经营档案，开展对非国有粮食经营企业的粮食经营情况摸底调查，对符合粮食收购资格的经营户，审核发放了《粮食收购许可证》；加强全地区储备粮和周转粮的检查工作，重点检查了粮食的品种、数量、质量和安全储存情况。

物价部门积极整顿和规范市场秩序，不断提高调控监管水平，努力保持价格总水平基本稳定，取得了显著成效。一是加强价格调控管理，保持市场物价涨幅基本平稳。2007年，受内地副食品、肉、禽、蛋等价格大幅上涨的影响，全地区部分商品也被动出现了一定程度的上涨。通过落实价格调控目标责任制，严格执行“两条控制线”，2007年全地区居民消费价格指数达到4.4%，超出年初调控目标的1.4%。二是落实价格监测目标责任制。2007年共采集、汇总、上报主要商品和服务价格、粮食价格监测种类34个，监测数据5448个，报表112份，为全地区制定价格调控政策提供重要决策依据。同时，加大对肉类、水产品价格的监测，敦促市场做好明码标价和收费公示工作，并做好涉及活畜禽检疫、防疫环节收费项目及标准公示到位，保持市场物价总水平的基本稳定。三是全面规范教育收费行为。对14所学校开展教育收费大检查，检查义务教育阶段“一费制”收费办法执行情况，检查公办高中招收择校生的“三限”政策落实情况，检查对符合条件就读的外来人员一律免收借读费的政策落实情况。四是加大药品及医疗服务行业检查，对精氨酸等802种药品和278种中成药最高零售价格进行了专项检查；对地区30家营利性民办诊所医疗收费项目进行收费备案，开展了明码标价工作；对地区5家医保药品定点药房进行审查监控，确保医保改革政策落实到位。五是认真做好收费年审工作。通过查看收费凭证、账册，结合自治区公布的收费目录，对全地区136家单位进行了收费年审，年审率达94%，行政区内收费总额4857.29万元，其中，行政收费1629.87万元，事业性收费3227.42万元。一定程度提高了各行政事业单位依法收费的自觉性。六是严格执行农资价格政策。加强对4个品种农资价格的监测，开展农资价格及涉农收费项目检查。2007年共出动检查人员10人次，检查农资经营单位5家，对未执行明码标价的经销企业限期整改。通过市场监测和巡查，规范了农资市场价格经营秩序，强化了涉农收费规范化管理，保护了农牧民的利益。七是开展价格服务进万家为主题的价格宣传活动。出动检查人员15人次，检查单位门店100余家，发放宣传资料3000余份，发售明码价签5万余张，监管覆盖面地区、县达85%以上。同时，做好案件查处举报工作，2007年共受理价格举报32件，办结32起。八是做好价格签证工作。2007年价格认证中心共评估涉案标底金额474.68万元，案件48件，无一出现行政复议现象。

林芝地区商务工作

【招商引资情况】2007年，林芝地区招商引资（民间投资）工作取得显著成效，招商引资（民间投资）到位资金11.35亿元，完成年度目标任务11亿元的103%，同比增长22%。招商引资到位资金7.17亿元，完成年度目标任务7亿元的102%，同比增长28%。民间投资到位资金4.18亿元，完成年度目标任务4亿元的104%，同比增长13%。

【内贸工作】国内贸易快速发展，消费品市场快速增长，社会消费品零售总额完成6.53亿元，完成年目标任务6.5亿元的101%，同比增长30%。

积极实施了“万村千乡市场工程”。全年建设和改造农家店100家，截止目前验收合格的农家店95家，其中县级店6个，乡镇级店18个，村级店71个，完成年度目标任务。

加大碘盐推广力度。建立碘盐销售网络226个，其中零售网点219个，批发商7个，销售碘盐918吨，其中农牧区碘盐配送556.62吨，碘盐覆盖率达到77%，比年初计划任务增长7%，居民碘盐食用合格率达到92%，比年初计划任务增长7%。

2007年全地区实现社会消费品零售总额6.55亿元，同比增长30%，截止目前，通过检查验收合格的“万村千乡市场工程”农家店130家（其中35家农家店专项资金补贴已到位，已经商务部同意挂牌），农家店遍布全地区6县30个乡镇70个行政村，以城区为龙头，以乡镇为骨干，村级店为基础的新型农村流通网络初现雏形。

【外贸工作】2007年外贸进出口完成400万美元，完成年度目标任务350万美元的114%，同比增长54%，其中：出口为379万美元，同比增长62%，进口为21万美元，同比增长24%，日东吉太边贸市场互市贸易额达8.03万美元，同比增长4倍。

【整顿和规范市场经济秩序工作】标本兼治，整顿、规范市场秩序工作取得新进展。一是加强了食品安全工作，加强了对《流通领域食品安全管理办法》的宣传。在元旦、春节、藏历年、五一黄金周、十一黄金周长假等重要节日期间，林芝地区商务局和相关单位开展了市场大检查。通过检查，规范了市场秩序，对保护消费者的合法权益起到了良好的作用。二是加强了知识产权保护工作。在“4.26”世界知识产权日期间，协同科技局组织开展了知识产权宣传和市场检查，共检查了3家音像制品销售商店、3家超市、4家服装专卖店、1家药品销售商店。执法检查人员当场收缴盗版VCD光碟、磁带、DVD压缩带100多张，带有迷信内容的书籍31本，价值人民币1500多元，责令20件没有中文标识的儿童玩具、3件没有生产厂家的白酒、3个品种270袋无QS标志的食品下架。三是加强食盐市场管理，净化盐业市场环境。对林芝地区盐业市场的批发和零售实行许可证制度，宣传《西藏自治区食盐专营办法》，推广食用碘盐的重要意义、目的，截止目前共销售碘盐918吨，其中农牧区配送556.62吨。组织地区相关职能部门和西藏盐业公司林芝分公司加强了对食盐市场的清理整顿力度，对违反国家规定，从事食盐批发、零售、储运业务的单位和个人，责令其停业整顿，查获的物品一律没收。积极开展碘盐推广工作，深入到六县30多个乡镇60多个村进行调研，与县政府沟通，和乡镇村干部座谈，向老百姓宣讲党的政策，加大了对农牧区碘盐市场的宣传和推广工作。四是认真开展了成品油、液化气市场安全工作的专项检查。为切实做好成品油（液化气）市场供应和安全防范工作，加强市场监督，确保市场平稳运行。2007年以来已5次组织协调地区质监局、工商局、安监局、税务局、消防支队、环保局等单位对地区9个加油站、7个液化气站安全防范工作进行了检查。通过检查，发现各加油站、液化气站虽然配置了消防安全设施，但是不够完善。工作人员虽然都着正装、持证上岗但安全意识淡薄，虽然经营资格证件齐全，但没有将证件上墙等问题，进行了严格的检查和管理，发现问题立即停业整顿和整改，取得了一些实效。

加大协调力度，积极开展各项专项整治。积极协调组织各成员单位扎实有效地开展了药品、农资、旅游、汽车、集贸市场以及商业欺诈行为等各项专项整治，取得了良好成效。

【外经工作】一是加大外援项目申报工作。为巩固2006年外援工作的成果，根据林芝经济社会发展需要，积极向自治区商务厅申报了8个项目，申报资金为267.73万元。分别是工布江达县朱拉乡扎热村温室建设、蔬菜种植技术培训、墨脱县语音室建设、波密县康玉乡卫生院护理人员基础医疗培训、察隅县僜人语言文化培训保护项目、艾滋病知识培训、墨脱县疾病控制中心设备项目、米林县高效温室节能建设。

二是加强对外援项目库的建设。为使申报的项目符合林芝地区实际情况，林芝地区商务局着重从农牧区医疗设施改善、人员培训、农牧民增收、环境保护等方面收集、筛选、编制不同类别国家的外援项目，力争使外援项目申报质量得到提高，取得新进展。

【存在的主要问题】对外开放程度不够，外商、外资引进和外贸出口困难；招商引资环境有待进一步改善；招商引资基础工作不够规范；招商引资队伍建设跟不上全地区招商引资工作的发展需要；出口商品结构单一，市场开拓能力有待进一步增强，外贸企业发展后劲不足；商业网点规划与商业基础设施建设滞后，现代流通方式比例小；缺少完善的重要商品储备机制，市场调控手段和能力不强；市场运行监测分析薄弱，市场监管和行业管理力度有待加强；整规工作人员都是兼职，经费缺乏，严重制约了整规工作的开展；市场监管缺乏有效手段，缺乏专业人员和检测设备。

【获奖情况】2007年被西藏自治区商务厅评为全区“万村千乡市场工程”先进集体，2007年被西藏自治区商务厅评为全区“碘盐推广”先进单位。

毛智萍同志2007年被授予全国商务系统先进工作者荣誉称号，李莉峰同志2007年被授予全区成品油管理先进工作者荣誉称号。

林芝地区财政工作

【财政预算执行情况】2007年，林芝地区国民经济持续快速健康发展，全地区财政收入继续保持了较快增长的良好态势，财政支出有力保障了地区改革发展稳定的支出需要，预算执行情况良好。全地区总财力为113,915万元，比上年增加43,180万元，增长61%，其中：上级补助收入92,491万元，比上年增加38,451万元，71.2%；地方财政一般预算收入完成20,321万元，比上年增加4,798万元，增长31%(其中：地区本级完成10,218万元，比上年增加1,936万元，增长23.4%；县级完成10,103万元，比上年增加2,862万元，增长39.5%；林芝县、工布江达县、波密县财政收入突破2000万元，分别完成2508万元、2400万元、2010万元)；上年结余1103万元。地方财政一般预算收入中各项税收完成9471万元，比上年增加754万元，增长8.6%；政府非税收入完成10,850万元，比上年增加4,044万元，增长59.4%。

全地区财政一般预算支出完成112,025万元，比上年决算数增加42,393万元，增长60.88%（主要是工改增资及津补贴因素所致），其中：地区本级财政支出完成39,858万元，比上年增加11,942万元，增长42.78%；县级财政支出完成72,167万元，比上年增加30,451万元，增长73%。收支相抵，实现了收支平衡，略有节余。

【狠抓收入组织，财政收入实现较快增长】2007年，地委、行署及各县县委、人民政府全面贯彻落实科学发展观，确保经济持续快速健康发展，为财政收入稳步增长创造了良好条件。地县财政部门加强财政收入组织工作，确保财政收入增长高于 GDP 增幅，全年财政收入增长达到 31%，创历史新高。

【落实区地经济发展战略，积极培植财源】全力支持农牧业经济发展。一是围绕农业结构调整，各级财政加大对农牧业特色产业发展的投入。2007 年，财政安排落实农牧业特色产业项目资金 1755 万元，支持蔬菜生产基地、优质水稻生产基地、辣椒生产基地、生姜生产基地、优质水果基地、天麻有性繁殖基地、中药材基地、经济林木、奶牛养殖基地、藏猪藏鸡养殖基地等 15 个特色农牧业开发项目的建设，农牧区经济结构调整步伐进一步加快。二是安排资金 50 万元，扶持地区级龙头企业 2—3 家。三是安排科技三项费 115 万元，重点用于 13 个农业科技项目的推广和应用。四是安排落实资金 3133.45 万元，用于扶贫项目 12 个、农业综合开发项目 7 个、小型农田水利设施建设以及贷款贴息、病虫害防治、测土配方等。这些措施，对促进农牧区发展，农牧业增效，农牧民增收起到了重要作用。

全力支持工业经济发展。认真落实财政奖励扶持政策，兑现了奇正藏药厂等 15 家纳税大户 2006 年度奖励资金 525 万元，增强企业加快发展的信心。争取自治区技改项目到位资金 230 万元，用于地区客运公司、林芝县农特商贸公司、波密天麻加工厂、香猪加工厂、朗县核桃加工厂、米林县油菜籽加工厂、察隅县蕨菜加工厂、藏香猪加工基地、木碗加工基地等技术改造。争取自治区外贸发展促进资金 190 万元，专项用于林芝地区法国朗德鹅肥肝出口基地项目及米林县生态绿色食品开发项目建设。安排林芝生物科技园工作经费 5 万元。安排资金 88 万元，支持招商引资工作，拓宽了产业建设融资渠道。积极发展城市公共事业，安排资金 560 万元，用于八一镇城市道路维修改造和道路交通设施建设，营造了良好的发展环境。通过鼓励农牧民在安居工程建设中使用混凝土、水泥砖、铝合金等替代建筑材料，促进了建材市场的进一步发展壮大。

全力支持以旅游业为带动作用的第三产业发展。认真落实加快旅游业发展的财税政策，安排落实资金 140 万元，支持雅鲁藏布大峡谷旅游节及旅游项目的开发和建设。通过支持旅游业的发展，促进了交通运输、餐饮娱乐、零售贸易、商品批发的大发展。争取到位旅游企业发展资金 130 万元，用于重建古生态民俗村和开发工布民族传统服饰及民间工艺品，解决了 60 多名农村剩余劳动力就业，带动 80 户农牧民参与旅游服务。争取自治区“万村千乡市场工程”到位资金 22.7 万元，建设乡级农家店 18 个、村级农家店 17 个及补助惠好超市、国贸新发超市农家店及配送中心建设，进一步拓宽了城乡消费市场，扩大了内需。

结合地区投资拉动型经济增长的特点，加强资金调度，加大财政基本建设资金监管。全地区财政基本建设支出完成 2.65 亿元，全部实行了财政直接支付，与上年基本持平。在上级财政安排补助资金的基础上，地区财政安排补助资金 1500 万元，加大支持安居工程建设，带动银行信贷资金和民间投资 6 亿元（含群众投工投劳折资）。

【积极服务“三农”，大力推进社会主义新农村建设】2007 年，地县财政预算安排支农资金 1241 万元，比上年增长 49.9%。全地区财政涉农支出 14,418 万元，比上年增加 6,518 万元，增长 82.5%。全年，完成安居工程 5000 户，受益人口 26445 人；完成投资 55883.36 万元。完成村委会建设 53 个、行政村道路硬化 17 个，完成投资 2773.68 万元，受益人口 15549 人。

2007 年林芝地区安排农村沼气建设任务 3000 户，自治区安排补助资金 780 万元，地区财政安排资金 60 万元，完成沼气建设 3000 户，进一步改善了农牧区能源结构，保护了环境。

【突出以人为本，促进和谐林芝建设】一是加大教育事业的投入。2007 年，地县财政安排教育配套资金 1,876 万元，比上年增长 23.18%。全地区教育支出 19,253 万元，比上年增加 7,265 万元，增长 60.6%。二是支持农业科技推广和应用，加快推进农业科技创新和农业技术推广体系建设。2007 年，地县财政安排科技三项费 115 万元，比 2006 年增长 83%。全地区科学技术支出 575 万元，比上年增加 336 万元，增长 140.59%。三是支持公共卫生事业发展。2007 年，全地区医疗卫生支出 8,396 万元，比上年增加 3,210 万元，增长 61.9%。重点加大公共卫生专项资金投入，用于大骨节病、碘缺乏病、高氟水病、白内障等地方病防治。四是支持文化体育与传媒事业发展。全地区文化体育与传媒支出 2,332 万元，同比增加 901 万元，增长 63%。用于支持公益性文化事业、乡村文化工程建设和体育事业发展。五是支持就业和社会保障工作。认真落实就业再就业补助政策，财政安排就业补助资金 94 万元，培训各类就业人员 420 人，实现再就业人员 330 人。安排资金 133.5 万元，用于政府购买公益性岗位 250 个，促进城镇失业人员就业，确保城镇登记失业率控制在 3.5%以内。积极支持基本养老金自治区级统筹，通过全清缴欠账大户，扩大养老金征缴面，完善党政机关、事业单位和企业职工养老保险金征缴手段，千方百计增加基本养老保险金，2007 年，全地区基本养老保险金收入 3449 万元（其中财政补贴 1564 万元），养老保险支出 3523 万元，离退休人员养老保险金发放率达到 100%。全地区社会保障和就业支出 6946 万元。积极推进城镇职工基本医疗保险制度，112 个单位 16653 人参加了医疗保险，财政安排落实地区参保人员补贴资金 713 万元（其中：地区本级配套 430 万元），确保了参保人员基本医疗支出。认真贯彻城镇特困居民医疗救助办法，2007 年财政安排城镇特困居民医疗救助资金 66.6 万元（其中地县财政配套 26.6 万元），缓解了城镇特困居民看病难、看病贵的问题。积极做好城镇低保工作，全年享受城镇低保 866 户、2374 人，全年支出 285 万元；认真落实自治区党委、政府保障城镇低保人员基本生活的各项政策措施，对城镇低保对象实行临时物价补贴和成品油价格补贴，人均补贴标准达到 38 元，财政共安排落实补贴资金 40.75 万元，做到了应保尽保。

林芝地区税务工作

【组织收入情况】2007 年，自治区国税局给林芝国税下达了1.73亿元（比上年实际完成数增长12%）的指导性税收计划。2008年，全地区两级税务部门共组织入库各项税收17611万元，同比增长14.19%，增收2188万元，超额完成了全年税收计划。地区所在地的直属税务分局、林芝县国税局和车购办，以及工布江达、察隅、墨脱县局共6个单位均提前圆满实现了全年收入目标。

【加强重点税源监控】通过完善重点税源月报告制度、加强重点税源监控企业数据审核，结合税收管理员制度的深入推行，把税源数据资料的案头分析同税收管理员深入经营实地开展调查相结合，较好地提升了重点税源监控效果，实现了税收管理科学化、精细化；选派税收管理员在企业生产旺季进驻工厂，全方位把握企业运营流程，促进企业税款及时足额入库，掌握企业在政策方面和发展途中遇到的困难，帮助企业解决实际问题，壮大税源基础。2007年，全地区排名靠前的10户重点税源企业累计实现税收6910万元，占2007年税收总收入的40%，其中奇正藏药厂一家就入库税款2847万元，比上年增收401万元，重点企业均保持了较好的发展势头。

【加强建筑行业的税收征管】由于2007年正值第四、五批援藏干部交替，新援藏工程项目偏少，加上林芝机场已全面竣工投入使用，建筑安装行业税收减收因素较多。针对这些情况，林芝地区税务局结合实际把工程税收征管的重点放在了加大清理工程税款力度上，千方百计的对垫资工程欠缴的税款以及跨年度工程税款加以清理，清理入库了税款200多万元。对于控管难度大的工程，首先理清工程发包程序及途径，从资金源头加强控制，全力取得承建单位和拨款单位配合，经常性的深入工程实地，及时签订税款扣缴协议或者进驻实地征收税款；对管理上存在严重困难、征收上存在巨大阻力、税收漏洞较大的项目，指定专门科室、专门人员牵头开展调研，查找原因、提出解决办法，形成调研材料，经地区局领导出面，争取地委、行署领导的支持以及相关部门的配合，共同解决问题，确保工程税款的足额入库。一年来，全地区税务系统共组织入库各项工程税收3610万元，占税收总收入的20%。

【适时调整森工行业税收征管措施】由于2007年林业政策偏紧，森工企业产品销售范围限制过窄，影响了企业收入和行业税收，加上部分管理不规范的个体木材加工点充斥市场，无证生产、超方装载、非法运输等情况较严重。针对这些情况，林芝地区税务局制订了全地区木材销售指导计税价格，要求那些内部控制不规范、帐务处理不健全的企业在销售木材产品时，发票填开的销售价格低于实际销售价格的，一律按指导价计算征收税款，有效堵塞了税收漏洞，公平了税收负担，促进了税收增收；扩大了以票管税范围的方式，主动加强与林政部门联系，及时掌握全年的木材销售指标分配情况，从总体上把握森工行业加工销售等业务情况以及行业税收总规模，便于开展动态监控，一旦发现该行业企业纳税申报出现异常，及时开展约谈、检查，及时找出原因加以整改。2007年以来，通过与企业负责人和财务人员约谈，补征了漏缴税款160余万元；通过评估，对异常列支的50多万元费用进行了调整。同时，各税源管理单位还在政府部门的大力支持下，有效查处了一系列超方装运木材偷逃税款行为，全年查补税款57万元。稽查局和林芝县国税局不定期深入各个经营场所比较隐蔽的个体木材加工点，实施突击检查，共查处未办理税务登记的带锯加工点5家，追缴税款6万余元。

【大力做好车购税征收管理工作】全年共征收车购税1078万元，完成年度计划的103%，比上年实际完成数增收193万元。其中，对4辆欠缴漏税车辆补征税款5.4万元，并依照税法规定进行了处罚，很好地警示教育了车主。

【加强个体工商户及其他核定征收户的税收管理】确立林芝县国税局为税收管理员试点单位，探索税收管理员在个体工商户管理中的有效方法。通过合理划分税收管理员职责范围，实行分类管理和分片管理相结合的方式，把实地调查与健全台帐相统一，结合综合征管软件的普遍运用，做到税源清、底数明、数据真实、信息可靠。各税收征管单位还在地区局的统一安排下，加大对个体工商户的日常检查和清理力度，严格税务登记管理，全面清查漏征漏管户，从细小税源着手，强化管理促进增收。上半年，各单位相继开展了对纳税户核定营业额情况的重新调查和测算，及时改正以往营业额核定不到位或不合理的地方，切实解决“大户不高、小户不低”的问题。仅林芝县国税局就对地区所在地的113户营业额偏低的核定征收大户进行了重新调整，月增税款124,746.87元，同时还对26户经营情况不好的纳税户调减了税额，月减税款5,847.27元。所有核定调整结果都经过了“双定”领导小组会议审定，同时在办税服务厅予以公示。另外，各征管单位还统一行动，对各自辖区内的个体工商户发票使用情况开展了检查，对发票使用保管中存在的问题进行了处理和处罚，并与发票使用者签订了责任书，增强广大纳税人规范用票的意识，便于更好地推进“以票管税”。

【认真开展企业所得税汇算清缴工作】严格审查企业纳税申报资料，并结合企业所得税扣除项目的认定及调整，开展对企业整体纳税情况的检查，做到以查促管、以查促收。2007年以来，地区直属税务分局完成了对10余户企业的纳税检查，调整入库税款400余万元。同时，各县国税局也按照地区局统一部署，同步开展了企业所得税汇算清缴工作。

【加强税务稽查工作力度】全年实现查补税款、滞纳金、罚款431.54万元，对进一步整顿和规范税收秩序、严厉打击税收违法行为、净化全地区税收环境起到积极作用。2007年，地区国税局稽查局按照全区税收稽查工作安排，一是对食品、药品生产加工业，大型商业零售行业，石油石化行业，以农副产品为主要原料的生产加工企业，高收入行业、高收入个人的个人所得税，烟草经销，出版发行，中国银行等行业实施了专项检查，共计检查纳税户12户，查处有问题户9户，结案9户，共计查补各项税款罚款及滞纳金 219 万元。二是以整顿和规范税收秩序为契机，进一步加强对藏药业、森工业、建筑业、租赁业等行业以及移动电信合作营业厅的日常税收检查，共计查补各项税款、罚款 203 万元。同时，进一步加大举报案件查处力度，认真落实了“一案双查、一案双报告”制度，切实做到以查促管，推动治税环境和征管水平共同提升。

【加大税源培植力度】认真做好林芝机场客票税收属地征收的可行性分析和前期协调工作；落实各项税收优惠政策，配合地区做好招商引资工作，壮大林芝地区税源基础；规范旅游门票印制领购管理，实现旅游行业“以票管税”，把旅游发展效果体现到税收增收上来。

人行林芝地区中心支行

【加强金融研究，维护金融稳定，推进金融生态环境建设】2007 年，人行林芝地区中心支行统一认识，将建设良好的金融生态环境，作为金融生存和发展的基础。地区行署成立了以常务副专员为组长的金融生态环境建设领导小组，出台了《关于营造良好金融生态环境推动诚信林芝建设的意见》，进一步加强领导，明确职责，落实责任，加大金融知识和诚信宣传教育力度，增强社会各界对经济金融良性互动发展重要性的认识，积极促进金融与经济的融合、银行与企业的合作，在辖内形成加快金融业发展的强大合力。二是加强征信宣传，结合打造诚信政府、诚信林芝、诚信企业，各级党政和相关部门进一步统一思想认识，充分尊重金融机构的经营自主权，切实加强对金融工作的指导、协调和服务。建立了银行支持重点项目资金联动长效机制和金融突发事件应急处置机制，有效防范了金融风险。此外，地区公、检、法等部门密切与金融机构配合，采取有力措施严厉打击逃废债行为，依法维护金融机构债权，推进了区域金融生态环境建设的深入开展。

【加强货币政策窗口指导作用】按季召开经济金融形势分析会，研究辖内金融运行问题，督促引导辖内金融机构改善金融服务，创新金融产品，合理投放信贷资金.制定《货币信贷工作指导意见》，引导辖内金融机构切实加大对“三农”、扩大内需、企业自主创新、中小企业以及助学等薄弱环节信贷支持力度。引导辖内农业银行加大“三农”经济扶持力度，改进加强农村金融服务。加强利率管理，建立重大利率政策调整专题调查反馈制度。一是加强了对金融支持新农村建设的指导，切实做好金融支持新农村建设各项工作，深得地方党政和群众的好评。积极引导农行做好农牧民小额信用贷款和农房改造贷款发放工作，支持农牧民脱贫致富，改善生活水平；在深入辖区含墨脱县在内的 6 县进行专题调查的基础上，撰写了关于林芝农牧区金融改革实证分析、银行业支持民族边疆地区和谐社会建设情况、金融支持社会主义新农村建设情况等调研报告，提出了金融支持新农村建设的工作建议，引导地区农行各级机构更新理念，进行信贷产品创新，积极探索支农新途径。截止 2007 年 12 月末，林芝地区农牧民安居工程贷款余额为 8571 万元，惠及农牧民 4841 户。其中农房改造贷款余额为 8545 万元，惠及农牧民 4819 户。二是制定实施了 2007 年林芝地区信贷工作指导意见，明确辖区信贷支持重点及工作措施，引导金融机构在有效防范风险的前提下，加大信贷投放力度，确保了全年信贷总量适度增长，促进可持续发展。同时，加强了“十一五”期间特殊优惠货币政策的宣传，专门组织三批工作组，前往各县进行了货币信贷政策宣传。9 月份，由一名副行长带队的调研工作组历时近半个月，到全国唯一不通公路的墨脱县开展了宣传调研活动，取得了较好的工作效果。截至 2007 年 12 月末，辖区金融机构各项存款余额为 38.01 亿元，较年初增长 10.86%；各项贷款余额为 9.3 亿元，较年初下降 5.33%。三是坚持了经济金融形势分析制度。按季组织召开经济金融形势分析会，全面了解并准确掌握区域经济金融运行态势。同时，加强经济金融运行监测，对重点、热点、难点问题予以充分关注并进行深入调查，有针对性地搞好货币政策传导，增强宏观调控政策措施实施的效果。2007 年，中支共组织 15 个调研工作组，深入包括墨脱在内的各县 30 余乡镇开展了调研工作，完成了调研材料 21 篇、工作信息 14 篇，多篇调研报告被上级行（含总行）采用。其中，《西藏林芝地区农牧区金融服务亟待加强》被总行采用；《人行林芝地区中心支行充分发挥职能作用，全力支持社会主义新农村建设》被自治区《西藏农村工作简报》采用；《林芝地区生物科技产业园建设调查及金融支持园区企业融资建议》、《对林芝地区中小企业发展状况的调查研究》、《对林芝地区民间借贷行为与农牧民安居工程建设关系的调查与思考》、《人民银行林芝地区中心支行关于地区中小企业信用体系建设工作情况的报告》四份调研材料得到地区党政领导的肯定性批示；另有多篇调研材料被《成都分行调研》、《西藏银行业协会通讯》、《西藏日报》、《金融研究报告》和地区《信息专报》、《政务信息》等刊物和媒体刊发。在深入调研掌握第一手资料的基础上，中支及时调整工作重点和工作措施，确保了特殊优惠货币信贷政策在林芝地区的贯彻落实。四是有重点地开展了信贷专项工作。(1) 截止 2007 年 12 月末，辖区金融机构发放扶贫贷款余额为 4312 万元，1—12 月累计发放 2371 万元，扶持了农牧民 3371 户；助学贷款余额为 629 万元，小额信用贷款余额为 18419 万元。(2) 积极指导地区农行进一步推动信用乡（镇）评定工作，做好农牧户贷款证发放管理，稳步推进“钻石卡”发展，促进信贷产品创新。截至 2007 年 12 月末，全地区评定 12 个信用乡(镇)，171 个信用村，累计发放农牧户贷款卡 17998 张，发卡面达 93.5%。

【搞好基础业务，提升金融服务水平】一是开展中央银行会计集中核算系统应急演练和中央银行会计凭证影像事后监督系统推广运行工作，加强印、押（机）、证管理，完成年终决算工作。二是维护辖区支付、清算系统正常运行，完成账户管理系统（二期）升级换版和全国联网核查公民身份信息系统、支票影像交换系统上线运行工作。加强银行结算账户管理，加大对签发空头支票行为的行政处罚力度。三是加强反洗钱工作，贯彻落实大额和可疑交易报告制度。

【加强征信系统建设和管理】认真开展统计调查，搞好了信贷征信建设。一方面，有效执行总行2007金融调查与统计制度，加强统计业务检查和指导，搞好银行家问卷调查、城镇居民储蓄问卷调查等专题调查，为上级行科学决策提供了及时准确的统计信息数据及第一手资料。另一方面，制定了《林芝地区中小企业信用体系建设实施方案》并已由地区政府批转实施，成立了以行署分管金融的常务副专员为组长的林芝地区中小企业信用体系建设领导小组，推动了地区信用体系建设。按照《征信管理工作宣传教育工作计划》开展了针对西藏大学农牧学院在校大学生的“征信知识进校园”活动、针对城镇居民和农村农牧民群众的“征信知识下乡镇”活动和“诚信兴商宣传月”等4次征信宣传活动，加大了征信宣传力度。搞好了企业征信系统和个人征信系统建设，率先在西藏自治区开展了中小企业信用体系建设工作，出台了《林芝地区中小企业信用体系建设实施方案》，确定了96家中小企业进入林芝地区首批次中小企业信用信息征集名单并逐步录入各项数据，中小企业信用体系建设初具规模。规范办理贷款卡，严把贷款卡年审关，加强对商业银行录入银行信贷登记咨询系统数据质量的核查和清理，有效利用系统数据信息，加强关联企业风险分析，促进对系统信息的有效查询利用，充分发挥了信贷登记咨询系统的作用。

【单位/个人受到自治区级以上表彰奖励情况】林芝中支于6月份被西藏自治区精神文明建设指导委员会授予了“文明单位”荣誉称号。

单位职工代杨于2007年12月被中国人民银行总行授予“知识型职工标兵”荣誉称号。

单位职工次仁旺久于2007年2月被中国人民银行总行工会授予“中国人民银行国库系统先进个人”荣誉称号。

林芝地区保险分公司

【健全内部管理机制，切实做到依法合规经营】2007年，林芝地区分公司进一步规范法律授权事务办理程序，细化业务管理权限，严格执行统一法人制度，加强法制教育，严肃查处违法违纪案件和违反“六条禁令”的行为，设立举报箱、公告栏，坚决查处违规违纪行为，促进廉政建设。首先，对原有内控制度进行修订和完善，建立符合实际、简洁明确、系统科学的基本制度框架，确保业务发展的各个环节都有章可循，倡导依法合规经营；其次，加大内控制度的落实力度，明晰管理权限，通过完善制度和提高制度执行力二者并举，防范经营风险。目前，公司经营状况良好，全年共上缴地方税收120余万元，有力地支援了地区经济建设。

【强化服务意识，提高理赔质量，加快理赔速度】分公司坚持服务中求生存、服务中求发展的原则，在理赔人员少，业务量大的情况下，改进工作作风，在严格执行区公司制定的各险种报案、立案流程相关规定的基础上，从简化理赔程序，提高理赔人员素质，强化服务意识着手，进一步规范工作程序，提高工作效率。依照上级要求，分公司坚持实行重大赔案集中定損和领导亲临现场制度，努力加大第一现场勘察率，加强对勘察定损．配件报价等关键环节的管控，着力控制赔付比率。截止11月底，处理各类赔案530起，结案率达90%，现场勘察率也达到95%以上。

【保持品牌优势，合理配置资源，确保公司健康发展】分公司充分认识人保长期形成的品牌优势，格外注重品牌策略在竞争中的应用，在提高服务质量的前提下，努力提升客户群体对人保品牌的忠诚度；工作中，努力克服保源单一的缺点，鼓励业务人员开拓其他险种市场，努力挖掘市场潜力，推进了市场占有率和服务水平不断提高；另外，全体员工都认识到在激烈的行业竞争中个人对公司的兴衰负有不可推卸的责任，分公司努力调整人员结构，强化绩效考核，做到一人多岗，人人胜岗，个人的服务意识、服务作风得到全面改善，在承保、理赔等窗口部门开展争创地区“巾帼文明示范岗”活动，并荣获自治区级“青年文明号”称号，充分展示了林芝人保的精神风貌和积极向上的企业形象。

【努力调整险种结构，保障经营业务稳步发展】分公司从领导到员工十分重视竞争主体增加引发的新情况、新问题，把掌握对手动态、学习借鉴对手策略、适应竞争环境等作为必须补修的一门功课，公司上下积极行动起来，努力加强同当地政府、各级业务主管部门的联系沟通、协作，争取他们的支持，在资金、人员紧张的情况下，在地区波密、工布江达两县设立营销服务机构，努力建立覆盖全地区的服务网络，同时，对原有业务流程、管理流程进行优化完善，精简管理环节，在员工中树立牢固的服务意识，提高效率，以适应地区保险市场发展的需求。

林芝地区国资工作

【企业经营及负债情况】2007年，林芝地区国资委直接监管的9户企业（除厦林路桥无决算报表外），年末职工人数583人，实现营业收入4085.98万元，同比增长28.12%；亏损企业2户、盈利企业6户，与2006年同期相比企业盈利面由37.5%提高到66.7%，6户企业共实现盈利311.53万元；盈亏相抵后共盈利162.4万元。拥有资产总额34646.43万元；负债总额14378.39万元，上交税金188.24万元，同比增长5.9%。

【主要经济指标完成情况】2007年全年，林芝地区国资委监管的交通运输企业完成货运量1272吨，交通客运企业完成客运量20万人次；自来水厂完成供水量497万吨，售水量完成416万吨，同比增长15.58%、13.66%，监管企业营业收入显著增长，尤其是企业盈利面提高了29.2%，上缴税金也进一步增加，较好地实现了国有资产保值增值任务。

【企业改革工作稳步推进】深入动员，加强领导，强化责任，完善制度，同时在深入调研的基础上，聘请中介组织对改制企业进行了清产核资并初步研究制订了地区医药公司、自来水公司等企业的改制方案。

【企业破产工作稳步进行】现林芝水泥厂破产工作已进入法定程序，并由破产清算小组开展破产工作。更张林场的破产也已开始了前期准备工作，正在按破产程序运作。

【认真做好全地区国有企业基本情况调查摸底工作】截止2006年底全地区共有国有及国有控股企业47户，其中国资委直接监管企业9户，间接监管企业5户，县属国有企业23户，粮食系统10户。为进一步深化林芝地区国有企业改革提供了第一手资料。

【房改工作】继续做好了企业房改工作。及时成立了国企住房制度改革领导小组办公室，目前林芝地区国企房改工作，已走在全区各地、市的前列。

关、停、并、转无挂靠企业主体的退休职工和破产企业退休职工中未享受房改优惠政策的21人的住房补贴已通过自治区企业房改部门的审核。对地直国有企业、县属国有企业上报的企业房改方案进行了认真、细致的核查并按要求进行了最终认定。

【援藏工作进展顺利】在地委、行署的高度重视和支持下，2007年7月林芝地区国资委迎来了第一位援藏干部，委主要领导和全委职工都十分珍惜这一援藏机遇，高度重视援藏工作，对援藏干部在政治上充分信任，在生活上热情帮助，在工作上积极支持，充分调动了援藏干部的工作热情，截止2007年11月已争取援藏资金近80万元，有效的改善了林芝地区国资委的办公条件。

林芝地区国土资源工作

【规范土地登记】2007年，林芝地区国土资源局优化服务，突出重点，加强土地登记工作。一是简化申请环节手续，将土地登记申请表与审批表合二为一，减少了许多填写内容，极大地方便了群众办证；二是在土地抵押登记中，对各银行实行了登记要件的备案，避免了各银行对相关资料进行多次重复递交；三是落实了土地登记中委托代征税款关系，强化了土地登记对土地市场的监管职责；四是理顺了房地产变更登记关系，与建设局协商，按有关规定，房地产变更登记时，先进行房产变更登记，再进行土地变更登记。

突出了工作重点，加强了对土地登记中地籍调查环节的管理，以委托的方式进行权属调查和地籍测量，健全了相关的手续，保证土地登记准确性，使土地登记达到“权属合法、界址清楚、面积准确”的标准。地籍科完成土地登记902宗，面积78公顷；登记他项权利102宗，面积12公顷；房地产抵押贷款额高达6574.6万元。全地区土地登记1348宗，其中已办理国有土地使用证1221本，面积237公顷；集体土地使用证1本，面积0.03公顷；土地他顶权利证书126本。

【着重规范，加强指导，提高地籍管理水平】以局名义下发了《林芝地区国土资源局关于进一步规范地籍管理工作的通知》，在通知中对加大投入、尽快完成城镇地籍调查工作、严格规范土地登记发证手续、严格执行地籍档案管理作了规定，提高档案的服务功能、实行土地登记人员持证上岗制度、进一步规范土地变更调查工作等问题，结合林芝地区业务工作开展实际，提出了具体的要求，指导各县进一步提高管理水平自身的业务水平。

4月16日至19日，地籍科派人参加了局里组织的工作组，对波密县、察隅县的地籍管理工作进行了检查和指导。2007年以“以岗代训”方式培训工布江达县、察隅县、波密县国土资源局地籍管理人员3名。

【认真搞好土地变更调查工作】认真落实土地管理和耕地保护责任制的新要求。2007年土地变更调查的结果，一是可作为确定实际耕地面积和新增建设用地面积的基本依据；二是将作为核定本年度各地新增建设用地有偿使用费缴纳情况的重要依据；三是将作为2007年计划执行考核的重要依据。2007年全地区土地变更面积265公顷。

【积极启动第二次土地调查工作】林芝地区全面启动了第二次土地调查工作（以下简称“二调”），组织人员参加培训工作，全地区有1人参加了国土资源部“二调”培训班，有14人参加了自治区国土资源厅“二调”培训班的培训。按照自治区土地调查实施方案，现正在成立相应的调查领导小组及其办公室，编制地区土地调查的实施方案。

【土地利用】严格土地使用权出让程序。为进一步认真贯彻执行国有土地的有偿使用制度，确保国有土地资产不流失，加快建立与社会主义市场经济体制相适应的城镇住房制度，根据自治区藏政发[2001]126号文件精神和国土资源部21令的要求，2007年全地区共协议、挂牌、划拨国有土地使用权119宗，面积为25公顷，土地成交价为1365.29万元，土地纯收益为1092.39万元。

协议出让国有土地使用权105宗，面积为12.75公顷，成交价为1178.26万元，纯收益为908.36万元。

截止目前全地区挂牌出让国有土地使用权4宗，面积为0.65公顷，成交价为187.03万元，纯收益为184.03万元（其中地区挂牌一宗，面积为0.3公顷，成交价为66万元，纯收益为65万元；工布江达县挂牌一宗，面积为0.22公顷，成交价为89.28万元，纯收益为87.28万元；察隅县挂牌一宗，面积为0.02公顷，成交价为1.51万元，纯收益为1.51万元；米林县挂牌一宗，面积为0.11公顷，成交价为30.24万元，纯收益为30.24万元）。

划拨国有土地使用权10宗，面积为11.6公顷（其中地区划拨一宗，面积为0.03公顷，米林县划拨一宗，面积为1.9公顷，波密县划拨2宗，面积为8.35公顷，郎县划拨3宗，面积为0.94公顷，工布江达县划拨2宗，面积为0.38公顷）。

【土地储备及土地评估工作】规范土地出让程序。建立健全土地公开、公平、公正的土地市场，充分利用土地储备中心这一有效途径，提高土地公开出让的范围、层次和水平，运用价格机制抑制多占、滥占和浪费土地。除按现行规定必须实行招标、拍卖、挂牌出让的用地外，对工业用地实行招标、拍卖、挂牌出让。逐步树立“要用地，找市场”的观念。

以全国开展的“土地执法百日行动”活动为契机，对地区“以租代征”、违反土地利用总体规划、未批先用等违法违规用地行为及闲置土地、拖欠出让金的情况进行了清理。通过清理整顿，对林芝地区进一步完善土地管理制度，将产生积极的作用。

认真落实经营性土地使用权招标拍卖挂牌出让制度。截止到目前，以挂牌方式出让国有建设用地 1 宗，收取出让金 66 万元。

同时林芝地区国土资源局对现有扎西农场、毕日神山弃耕地及新区、二桥对面拟征用地用地加强管理，保持土地利用现状，为八一镇城镇发展提供用地保障，并根据市场情况适时的投入市场。管理好原行署办公区、原政协办公区、珠海路原物资局大院，日常工作中注重收集闲置地信息，及时纳入土地储备。坚持尽量供应熟地，保证土地规划实施，提高土地利用效率。

林芝地区工商行政管理局

【强化服务，促进企业深化改革和发展】 2007 年，林芝地区工商局应检企业 331 户，参检率 90%，合格率 100%，办理注销登记内资企业和私营有限公司 13 户，依法对 13 家企业发布了吊销公告。同时，为了进一步完善企业年检工作，规范企业吊销程序，通过当地媒体发布了两期催检公告，公告后有 15 户企业进行了年检。目前建立企业电子档案 313 份。其中内资企业 122 份，私营企业有限责任公司 191 份。截止目前，全地区共有注册登记各类企业 476 户，注册资金 125761.07 万元，与 2006 年同期相比分别增长了 17%、21.3%；其中国有、集体企业 250 户，注册资本（金）55538 万元，同比相比分别增长了 5.5%、2%。

【落实政策，加强服务，促进非公有制经济快速发展】 全地区共有个体工商户 6734 户，从业人员 13749 人，注册资金 12792.01 万元，与 2006 年同期相比分别增长了 13.3%、27.5%、33.3%。注册登记私营企业 226 户，注册资金 70223.07 万元，雇工人数 4156 人，与 2006 年同期相比分别增长了 34%、43%、28%。

【认真落实再就业优惠政策，为地方政府排忧解难】 截止目前，从事个体私营经济的就业再就业人员达 328 人，其中：私营企业吸纳就业再就业人员 149 人；从事个体 179 人（扶持大学生自主创业 22 人），全年共减免各项费用 14.8 万元。

【发挥职能作用，促进农牧区经济的健康快速发展】 目前全地区共有农牧区经济实体 1917 户；农牧区经纪人 404 人，带动农牧民 2000 余人，实现交易额 1890 万元。

【加强商标培育，推进品牌战略实施】 目前，林芝地区累计共有有效注册商标 39 件，其中 2007 年发展有效注册商标 13 件。正在申请和国家工商商标局正在受理之中的商标 40 余件。

【认真开展农牧区食品市场专项整治工作】 全年，全地区各级工商部门累计检查农牧区食品经营主体 5533 户次，查缴过期、变质及“三无”食品 4232.1 公斤，取缔无照经营户 37 户；查处制售假冒伪劣食品案件 173 起，案值 4.02 万元，罚款 0.22 万元。

【加强农资市场监管】 全年，累计检查农资经营户 183 家；向农牧民发放宣传材料 2000 余份，提供各类咨询 500 人次；收缴过期农药 44 公斤，没收各类“三无”、过期及不合格种子 431.84 公斤，过期兽药 11 公斤，总价值 0.95 万元。

【突出重点，加大旅游市场监管力度，保证游客消费安全】 全年，全地区各级工商行政管理机关累计检查旅游市场主体 2612 户，检查旅游景区景点 8 个，对 10 家不符合卫生要求的饭店下发了整改通知，并督促按要求整改。配合相关部门检查市场主体 224 户，检查旅游市场景区景点 4 个。

同时，全地区各级工商行政管理机关深入扎实开展了土特产品市场专项检查。整治过程中，累计检查重要土特产品市场主体 546 户（家）。没收、查扣和强行下架各类土特产品 25 个品种 11829 盒，总价值人民币 35.16 万元。没收印有已注销企业“西藏福星商贸有限公司”字样的各类过度包装盒 10550 个；没收夸大其辞、虚假宣传单 2600 余份。

【切实加强产品质量和食品安全监管工作】 及时召开了林芝地区工商局开展流通环节产品质量和食品安全专项整治动员部署大会。制定下发了《林芝地区工商局开展流通环节产品质量和食品安全专项整治行动工作方案》和《林芝地区工商局贯彻落实〈自治区工商局流通环节产品质量和食品安全专项整治行动方案〉任务分解表》，专项整治工作开展至今，累计检查食品等产品经营主体 11144 户，检查各类市场 127 个，整治重点区域 97 处，取缔无照经营 16 户，强制退市包括不合格食品和假冒伪劣食品 2963.37 公斤在类的不合格产品，总价值人民币 4.82 万元，查处制售假冒伪劣案件 61 起，罚款金额 0.2 万元，受理和处理消费者申诉和举报 36 件，为消费者挽回经济损失 6.71 万元。

【不断加大虚假违法广告专项整治力度】 全地区各级工商行政管理机关采取有力措施，对虚假违法广告开展整治工作。全年，受理各类广告申请 150 件，暂停未经登记或擅自变更广告内容的各类广告 40 余件，没收横幅 80 条，宣传单 1 万余份，罚款 0.48 万元。

【积极发挥“12315”申诉举报作用，保证维权到位】 截止目前，通过“12315”消费者申诉举报电话接受消费者咨询 2137 人次、受理消费者申诉举报 252 起，调解成功 242 起，调解成功率 96%；移交相关部门 17 件；为消费者挽回经济损失 25.07 万元。使消费者申诉举报工作做到了事事有着落，件件有回音，从而有效地维护了消费者的合法权益。

林芝地区统计工作

【理清思路，狠抓重点，努力提高统计工作的服务水平】 2007 年，林芝地区统计局进一步理清了工作思路，明确了统计工作的重点。一是加强了对全地区固定资产投资项目的统计工作。林芝地区统计局向各县专门下发了《关于进一步做好固定资产投资统计工作的意见》，积极与发改委投资科、地区建设局、地区商务局等项目重点单位互通情况，加强沟通，确保数据质量真实可靠。二是结合林芝地区当前新农村建设现状、产业结构调整特点、农牧民收入结构等情况，提出了如何调整优化农牧区产业结构、挖掘经济增长潜力、增加农牧民收入的建议和意见。三是认真分析全地区经济运行情况，撰写了具有一定水准的各类统计信息和分析共50余篇，为各级领导及时提供了准确的统计数据和分析资料，为地委、行署准确把握各个阶段经济发展情况提供了可靠的参考资料和决策依据。特别是《林芝地区2007年1-11月份经济运行情况和全年预测调研报告》，受到了地委、行署领导的高度重视和充分肯定。

【克服困难，扎实工作，圆满完成了调查队各项工作任务】随着统计调查制度改革的逐步发展，农调和城调工作在统计工作中的位置越来越重要，任务也越加繁重。林芝地区统计局农调和城调队工作人员克服调查点分散、路途遥远、交通不便等困难，深入100户城镇居民和160户农村居民户中进行细致的调查，圆满地完成了自治区统计局、国家统计局西藏调查总队布置的工作任务，也为地委、行署领导机关掌握林芝地区城镇住户和农村住户的实际情况提供了详实的数据。

自新的样本调查点正式启动运行以来，调查队工作严格按照国家、自治区调查总队基础工作规范化的要求进行运作，调查统计报表已全面实行了计算机处理和网络传输。为确保调查数据的质量，国家统计局西藏调查总队的工作人员坚持直接调查、直接上报，减少中间环节的影响。在日常的调查工作中深入基层，及时掌握、了解农业生产情况和农牧民收入、城镇居民收入状况，做到心中有数、分析有据。

【创新工作方式，提高工作效率，高质量完成了全国第二次农业普查等工作】为认真搞好2007年各项重大国情国力调查，切实摸清家底，给上级领导提供科学合理的产业政策建议，林芝地区统计局进一步加强了对工作的组织领导，采取富有成效的措施，使林芝地区重大普查及各项调查工作取得了显著的成果。一是按照“统一领导，分工协作，分工负责，共同参与”的原则，认真组织实施第二次全国农业普查工作。自2005年开展农业普查工作以来，针对新时期农业普查任务的复杂性、艰巨性，创新工作思路，精心组织，加强协调，集中力量，加班加点，于2007年5月上旬高质量地完成了普查资料的光电录入工作，顺利通过了自治区普查领导小组的验收。这次林芝地区农业普查涉及面广、工作量大，地区和各县普查领导小组高度重视，在人员选配和经费落实方面给予了大力支持，为全地区农业普查工作的顺利进行奠定了坚实基础。二是积极组织开展劳动力调查工作，劳动力调查内容涉及劳动力基本情况、就业和失业状况、劳动力迁移流动状况、就业者劳动收入和失业者生活来源、城乡社会保障等内容。根据国家和自治区业务要求，从2007年开始劳动力调查工作将实行季报制度。对此，专门组织业务人员对调查做了详细安排部署，为摸清林芝地区劳动力情况奠定了工作基础。

【全国统计系统对口援藏工作】林芝地区高度重视统计援藏工作，按照上级部门的要求，专门成立了对口援藏办公室。积极与对口援藏省协调，编写出未来3年林芝地区统计援藏工作计划。并于2007年11月份在自治区统计局、国家统计局西藏调查总队的统一安排下，前往广东、福建两个援藏省进行工作回访，进一步协商统计援藏各项事宜，取得了十分好的效果，已争取到援藏资金150万元。目前，林芝地区的统计援藏工作开展情况进展顺利，受到了地委、行署和自治区统计局、国家统计局西藏调查总队的一致好评。

【存在的问题】一是向党政领导和部门提供服务的深度不够，服务质量和层次有待进一步提高；二是个别统计调查对象对统计工作认识不够，对统计工作配合不够；三是个别单位缺乏依法统计和权威发布统计数据意识，数出多门的现象仍然存在。

林芝地区质监工作

【质量监督管理工作】2007年，林芝地区已初步形成了生产许可、监督抽查、扶优扶强（名牌战略）等较为系统的质量监督管理办法。通过开展质量状况普查，基本掌握了地区生产加工企业的质量管理和产品质量情况，对涉及人身健康和安全的5类重点生产企业100%建立了质量档案。

【食品质量安全监管领域】结合产品质量和食品安全专项整治工作，加强对食品生产加工环节的质量安全监管工作。一是10人以上食品生产加工企业100%取得了食品生产许可证。二是对食品生产加工小作坊进行专项检查，与79家食品加工小作坊重新签订了《食品质量安全承诺书》，签订率达到100%。三是对5家蛋糕加工小作坊生产的糕点、18家餐饮业的食用油进行了监督抽查；按区局安排，完成了食品生产领域和流通领域的食品专项抽查送检工作。四是对八一镇的豆腐加工作坊进行了专项整治。

【标准化工作领域】一是对林芝地区生产加工企业采用标准的情况进行全面调查，共调查生产加工企业13家，产品18个。二是推动农业标准化、产业化，消灭工业无标生产，及时向有关企业下发了《关于消灭无标生产的通知》。同时，积极向广东省质监系统呼吁，请求援助，与深圳标准院达成了向西藏自治区提供标准信息平台的协议。三是大力推动林芝松茸地理标志产品保护工作。成立了林芝松茸地理标志产品保护工作领导小组，制定了《关于开展林芝松茸地理标志产品保护工作方案》。目前，申报材料的收集、整理工作已基本完成。四是对经营化妆品商店、美容美发店进行了商品条码检查工作。

【计量工作领域】利用“5·20世界计量日”开展了内容丰富、形式多样的宣传活动。开展计量器具普查建档工作。目前，地区在用计量器具建档283台（件）。扎实开展计量器具强制检定工作，全年检定计量器具387台（件），在档计量器具的检定率达到100%。有效开展定量包装检查工作，对土特产品、茶叶定量包装及瓶装液化气的计量工作进行计量抽查，共检查30家经营单位，查处违法案件4起。对通过计量认证的3家实验室开展了专项监督检查工作。

【执法打假领域】严厉打击有关标准、计量、工业产品质量、食品安全、特种设备安全等方面违法的行为。年度立案29起，结案29起，依法取缔食品加工小作坊3家，罚没收入10.04万元。全年行政事业收费和罚没收入共计30.3万元，比上年增长21%。

【特种设备安全监管工作领域】一是加强对特种设备安装单位、使用单位的安全监察工作，确保依法申报安装、监督检验和定期检验到位、人员持证上岗、安全管理制度齐全，逐步完善特种设备的使用登记工作，目前已完成32台新安装特种设备的使用登记工作。二是11月份举办了一期锅炉、压力容器、气瓶充装等承压类特种设备作业人员培训班，培训特种设备作业人员21人。三是加强对气瓶充装单位安全管理，目前已完成7家液化石油气站的充装评审工作。四是开展起重机械的专项整治工作，对9家13台在用起重机械进行了普查登记，并逐步落实安全性能的检验检测工作。五是积极引导、帮助企业建立了一条液化石油气钢瓶定期检验检测线，目前调试、验收及人员培训工作正在紧张进行。六是安排2人去广东省特种设备检测院进行特种设备监督检验和定期检验业务培训。七是制定了《林芝地区特种设备事故应急预案》（征求意见稿），落实特种设备事故应急措施及应急救援演练工作。

【条码代码工作领域】全年共办理组织机构代码371份，数据录入准确率达到98.65%。

【受援工作】广东省质监局作为林芝质监局的对口援藏单位，历来十分重视林芝质监事业的发展。经广东省第五批质监系统援藏干部的争取，广东省质监局确定对林芝质监局附属大楼建设、技术机构建设及人员培训方面给予大力支持，其中援助附属大楼建设250万元、技术机构实验室建设50万元、专业技术人员培训费用约40万元。目前，林芝质监局已有两批技术人员9人次赴广东省质监系统培训。西藏生产加工企业所需的工业产品和食品安全强制标准也已与深圳标准院洽谈落实；广东省有关方面捐赠的1台小型汽车已经到位。

【获奖情况】林芝质监局获2007年度"西藏自治区质监系统先进集体"称号。

【林芝地区召开首次质量工作会议，开展产品质量和食品安全专项整治工作】9月13日林芝地区召开首次质量工作会议，成立了以田大刚副专员为组长、主管秘书长及质监局局长为副组长、有关职能部门主管领导为成员的林芝地区产品质量和食品安全领导小组，制定了《林芝地区产品质量和食品安全专项整治行动方案》。赵合专员亲自到会并做了重要讲话，田大刚副专员亲自部署有关工作并代表行署与各县签订了《产品质量和食品安全目标责任书》。会后，在厦门广场举行了专项整治行动启动仪式。

专项整治期间，林芝地委、行署高度重视，田大刚副专员多次参加有关行动并对发现的问题进行指示、跟踪落实。专项整治工作各项目标任务全面完成。地区各有关部门共出动执法人员0.8万人次、执法车辆2500台次，累计检查各类市场经营主体4.6万户次，检查批发市场、集贸市场300个，整治重点区域180处，依法取缔了1家桶装饮用水和1家白酒无证生产小作坊，强制退市不合格食品和假冒伪劣食品0.7万公斤，查缴不合格家用电器、儿童玩具55件，查缴不合格电线电缆350米、建筑建材210公斤，总价值约10万元。

林芝地区
食品药品监督管理工作

【强化机制建设，筑牢食品安全工作基础】2007年，林芝地区食品药品监督管理局加强农村食品安全监管网络建设。为建立上下联动、齐抓共管的农村食品安全监管网络，按照地区食品安全工作会议和《关于加强农村食品安全监督网络建设的通知》要求，各县建立以县食品安全委员为主，乡（镇）食品安全领导小组为副，行政村协管员为补充的食品安全长效机制。切实做到了组织、措施、任务三落实，形成了地、县、乡、村上下联动、齐抓共管的工作格局，有力的推进了林芝地区农村食品安全监管网络建设。

二是健全食品安全监管机制。2007年以来，起草制定了《林芝地区2007年食品安全工作计划》、《林芝地区食品安全宣传教育纲要（2007—2010）》、《关于进一步加强预防和控制春季食物中毒的紧急通知》、《关于做好十七大期间食品安全工作的紧急通知》、《林芝地区食品安全委员会联合执法工作制度》、《林芝地区重大食品安全事故应急预案手册》等一系列规范性文件35份。进一步强化了各部门的综合监管意识，初步形成了统一、权威、高效、协调的食品安全综合监管机制。

三是构建食品安全信息平台。为构建食品安全信息平台，及时收集整理各县、各部门信息，以"林芝地区食品安全动态"的形式，反馈至各县、各相关部门。全年共编印食品安全动态49期，印发1800份。通过编发信息动态，确保了信息畅通，实现了综合资源共享。

【狠抓食品安全专项整治】坚持"统筹全局，协调各方"的原则，加大综合执法力度，积极组织协调相关职能部门，在各重大节日期间，集中力量开展食品安全专项联合检查行动，形成了执法合力，取得了良好的效果。在深入开展食品安全专项整治工作中，坚持集中专项整治与日常综合监督相结合，严格执法与科学管理、打假治劣与扶优扶强相结合的原则，以粮、肉、食用油、食盐、边销茶、儿童食品为重点品种，以城乡结合部、旅游风景区以及农牧区为重点区域进行专项整治。据统计，2007年共组织开展专项检查18次，出动人员112人次，出动车辆27台次，检查市场主体

7384户（次），查处过期大米425公斤，变质食品348公斤，私盐100公斤，变质调味品9个品种，未经检疫冻猪肉20余公斤，野生动物肉1.2公斤，干大脚菇6.1公斤，总货值近8万元。同时，针对工地食堂监管薄弱环节，组织联合检查组对辖区工地食堂及餐饮店进行了专项检查，对1家卫生条件不达标、“三防”措施不健全的餐饮店进行了停业整顿处理。有效地维护了广大人民群众的利益，得到了广大群众的好评。

【认真开展食品安全“示范县”创建工作】针对2007年波密县确定为我区唯一一个全国示范县，为抓好示范县创建工作，林芝地区食品药品监督管理局充分发挥食品综合监管和组织协调职能，先后两次组织工作组深入波密县检查指导示范县各项工作，起草制定《波密县乡镇食品安全领导小组工作制度》、《波密县食品安全协管员工作职责》等相关制度，并制作了《波密县农牧区集体聚餐备案表》，这些基础工作的开展，确保了各项措施的落实，为波密县开展食品安全工作奠定了坚实基础。

【深入整顿和规范药品市场秩序】药品生产环节监管进一步规范。全年共对辖区2家药品生产企业检查了两次，分别从人员、设施设备、原料的采购、生产管理、质量管理、产品销售等方面进行了检查，进一步规范了药品生产秩序。

【药品流通环节监管不断深化】一是对已通过GSP认证的企业进行跟踪检查，重点从药品、医疗器械进货渠道、购进记录、销售凭证、入库验收、在库养护情况，以及从业人员在职在岗等进行监督检查，检查中，针对违反GSP规定和药师不在岗的企业，现场提出整改18家，停业整顿2家，并对3家企业药师不在岗给予了《暂停销售处方药和甲类非处方药》的处理；二是对已核发《药品经营许可证》的企业，及时建立《药品经营企业数据库》；三是对新开办企业，积极组织人员深入企业进行帮促指导，确保企业在规定时限内上报GSP认证申请。同时，制定《企业申办药品（零售）药店资料审核记录》，进一步提高了申办企业资料的审核效率；四是重点对涉及藏（中）药材销售的药品经营户进行专项检查，以城乡结合部、旅游风景区为重点区域进行专项检查，主要检查冬虫夏草、西红花、红景天、手掌参等地产药材在购进、验收、养护、销售、出库等环节。查没劣质中药材1个品种，价值260元；没收不符合要求的包装盒350个。

【药品使用环节监管呈现新亮点】在日常监管的基础上，结合地、县、乡医疗机构实际，林芝地区食品药品监督管理局与波密县分局先后会同卫生部门制定下发了《关于规范医疗机构药房药库管理工作的通知》以及评分标准，并在地、县、乡三级医疗机构全面开展。会同卫生、监察部门下发了《关于全面清理医疗机构过期失效药品的紧急通知》，对清理过期失效药品工作做了硬性规定。波密县分局在药品使用环节的监管上，围绕药品进货渠道、养护、验收、使用情况等进行全面检查，没收销毁过期失效药品价值1.6万余元。同时，根据国家局和自治区局《关于医疗机构制剂注册和再注册》要求，在2006年对医疗机构制剂监督检查的基础上，对地区6家医院制剂264个制剂品种进行了专项检查，未发现无《医疗机构制剂许可证》，擅自配制和医疗机构制剂流向社会的现象。

【集中力量，开展专项整治，严厉打击各种违法违规行为】全年，共计出动执法人员500余人次，检查药品经营、使用单位近220家，查没过期失效药品、假劣药械（包括企业及医疗机构主动清理上交）973个品批次，特殊药品2个品种，价值近16万元；全年立案32起（有3起正在处理中），结案29起，涉案经额6.3万元，收取罚金9.5万元；取缔无证经营2户。

【加大医疗器械流通、使用环节监管力度】全年共完成了18家医疗器械经营企业、41家医疗器械使用单位的检查工作。在日常监管中，以乡镇以下为重点区域，采取巡回检查的方式，对各医疗器械经营单位重点监控品种进行了全面检查。同时，对骨科植入器、宫内节育器、一次性输液器、美容植入器等品种进行了专项检查，有效规范了药械市场秩序。

【以技术支撑为依托，加大药品抽验工作力度】全年完成了21个品种的抽验工作，其中，医疗器械4个品种5个批次，药品17个品种，检验反馈有2个品种为劣药。与此同时，为有效发挥药品检测车的作用，专门从对口援藏单位聘请专家到林芝地区食品药品监督管理局以理论知识培训和实际操作技能进行传、帮、带，培训主要以车载系统中的近红外、化学药品检测项目为重点，深入4县8个乡镇35家涉药单位，并对上半年药品监管中出现的假“人血白蛋白”及中成药非法添加剂情况进行检测，筛查药品162个批次。通过理论和实践操作技能的培训，进一步拓展了药品检测车的应用空间，对提高车载工作人员的操作技能起了积极的促进作用，为深入开展整顿和规范药品市场秩序，打击制售假劣药品提供了技术支撑。

【加强药品、医疗器械广告监测】为加大药品、医疗器械非法广告的监管力度，进一步规范广告发布行为，结合实际，积极会同工商、卫生、公安、宣传等部门，开展药品医疗器械广告集中监测整治行动。2007年以来，对辖区电视、报刊等媒体药品、医疗器械广告进行了4次专项检查，接待广告发布申请6条，并将其中2条移送地区工商部门处理。

【强化药品不良反应、医疗器械不良事件监测工作】全年，上报ADR报表27例，可疑《医疗器械可疑不良事件》报表2例，填报《药物滥用监测调查表》27份。同时，结合实际，制定出台了《林芝地区药品医疗器械安全突发事件应急预案》和《林芝地区药品医疗器械不良事件稽查应急处理办法》，进一步完善了林芝地区药械突发事件保障机制。在药品不良反应监测工作中，因林芝地区食品药品监督管理局工作扎实，受到了自治区药品不良反应监测中心的表彰。

林芝地区农牧工作

【年度情况】2007年，林芝地区农牧业总产值完成 6.82 亿元，同比增长 10%，农牧民人均纯收入达 3595 元，同比增长 16.4%，其中现金收入达 2682 元，同比增长 16.3%。农作物播种面积 21100 公顷，粮油总产量达到 8.4 万吨。牲畜存栏总头数为 70 万头（只、匹），同比增长 4.5%；牲畜出栏 16.8 万头（只），出栏率 26%；肉产量 1.21 万吨、蔬菜产量 2.25 万吨，外销蔬菜 1000 余吨、瓜果 150 吨；乡镇企业总产值完成 1.91 亿元，同比增长 17%；多种经营总收入 2.74 亿元，同比增长 17%；完成劳务收入 7035 万元，同比增长 20%。

【结构调整步伐加快，特色产业稳步发展，订单农牧业实现新突破】把发展特色农牧业作为现阶段的农牧业经济新的增长点，以特色农牧业产业化经营带动农牧业结构调整，从而实现了农牧区和农牧业经济的可持续发展。一是压缩低劣品质粮食作物播种面积，发展经济作物、蔬菜和饲草料，种植业“三元”结构由 2006 年的 70:18:12 调整为 67：19：14。二是继续加强对藏猪、藏鸡项目进行管理，并进一步完善了以林芝、米林、工布江达三县为主的藏猪、藏鸡规模化繁育与饲养示范区，2007 年全地区藏猪存栏达到 25 万头，藏鸡养殖规模达到 42 万只。三是“一乡一业”、“一村一品”亮点纷呈，把特色产业作为产业发展的基础来抓，积极推进产业强村，大力发展蔬菜、饲料、干鲜果品、特色养殖，整合品牌资源，发展“一村一品”、“一村一业”。全地区特色专业村雏形逐步形成，共发展农牧业特色乡镇 4 个，专业村 39 个。四是订单农牧业实现新突破，林芝县与尼洋河养殖场签订合同，订购林芝县 200 公顷玉米，并和内地一家加工企业订购 77 公顷马铃薯，订单农牧业实现零的突破。

【积极探索现代高效农牧业发展的新路子，加快传统农牧业向现代农牧业的转变进程】一是壮龙头，为发挥好龙头企业的带动作用，地区投资 100 万元解决了全区最大的养猪场——尼洋河养殖有限公司周转资金不足问题，并为该企业配备冻精设备，用于扩大养殖规模，增强发展后劲。重新培育了波密县粮油加工厂等 4 家龙头企业，新组建波堆建筑建设有限公司等四个农牧民施工队。二是兴基地，运用市场机制和政策导向，不断促进生产要素向优质粮油等传统优势农牧业产业流动和集中，构建区域明显、优势突出的农牧业布局。1. 加大良种繁育基地建设，提高统繁统供能力。在波密县建立麦类作物良种繁育基地 77 公顷，改造中低产田面积 3200 公顷；良种推广面积 16000 公顷，建立高稳产农田 10267 公顷，技术承包面积 14733 公顷。2. 科技示范点工作取得成效，投入资金 45 万元，建立林芝地区天麻种子生产示范点，引进内地成熟技术在地区种畜场和波密县建立天麻试验示范点，完成天麻有性繁殖和无性种植工作，种植天麻 2000 多平方米；投入资金 120 万元在林芝县建立农牧业示范点 1 公顷，种植无公害蔬菜已收获，目前正在种植葡萄；建立林芝县饲料玉米种植基地、马铃薯种植基地、林芝地区优质粮油生产基地；投入资金 9 万元加大了对色定村奶牛基地基础设施建设。三是抓培训，着眼于不断满足现代农牧业发展的新要求和广大农牧民对科技知识的迫切需求，大量培养农牧区实用人才，2007 年共举办各种类型的农牧民技术培训班 149 期，培训农牧民及乡镇干部 9231 人，其中 130 名获得了国家劳动部、农牧业部颁发的沼气初级技能《职业资格证书》，农牧民素质得到较大提高，培养农牧区经纪人 40 名。四是重服务，通过项目引导，培育 74 个农牧民专业合作经济组织，使农牧业各类合作经济组织和行业协会成为农牧业产业化经营中最活跃的主体；积极探索现代农牧业发展的有效形式和途径，订单农牧业、公司+基地+农户、公司+基地+协会、龙头企业+基地+农户等农牧业产业化经营形式得到了推广应用，产生了良好的经济、社会和生态效益。五是农牧业信息化工作得到加强，按照信息化带动产业化，加快农牧区信息化体系建设的总体思路，在积极探索构建覆盖面广，带动能力强，增产增收效果明显的特色农牧业信息化网络建设方面，进行了大胆的尝试，建立了林芝地区农牧业信息网，为农牧民提供了快捷、方便、及时、有效的致富信息，努力提高林芝地区农牧区信息化水平，同时加强了与自治区农牧厅、各个县的信息交流与沟通。

【农牧业投入持续增加，综合服务水平提高】坚持以“特色产业”为载体，打牢农牧民增收基础，拓宽增收领域，多渠道增收。一是重点项目建设进展顺利，2007 年起动农牧业项目 11 个，项目总投资 3708.5 万元。二是通过财政部门各种政策性补贴得以落实，在种子、农药、化肥、农机等方面继续实行补贴政策，补贴资金达到 568 万元。三是地区财政支农资金大幅度增加，2007 年地区财政支农资金实际到位为 600 万元，增加了 100 万元，增长 20%。各种补贴政策的落实，使农牧民真正得到了实惠。

【农牧业服务体系得到加强，农牧业基础建设工作取得新进展】一是农牧民生产的组织化程度不断提高，采取有效措施，以政府推动和农牧民自愿结合，在农牧民互利的基础上，引导和扶持农牧民自愿地进行劳动和资本联合，兴办多种形式的合作经济组织和流通组织。二是农牧业服务体系建设得到加强，已完成四个县的动物防疫、化验室建设；地区增设了兽医科和农机站，动物疫病防控中心新增加兽医专业技术人员 8 名，农机管理人员 1 名。

【千方百计增加农牧民收入】一是劳动力输出转移力度加大。充分利用林邛公路、巴河雪卡电站等一批大型工程建设，充分吸纳农牧区劳动力，增加农牧民收入。组建施工队已达 22 个，劳务输出增收 2000 万元。二是农产品加工呈现新亮点，如波密县食用油加工、米林县蕨菜加工、兴旺松茸加工、丹参酮加工、尼洋河养殖场饲料加工等一批加工企业，对农牧民增收起到带动促进作用。三是结构调整和虫草销售价格大幅度上涨，促使农牧民群众收入大幅度增加。林芝、米林、波密种植玉米增收 150 万元；林芝县、朗县连片种植脱毒马铃薯增收 150 万元；种植生姜增收 50 万元；各种菌类、中药材种植增收 80 万元；种植辣椒增收 80 万元；虫草增收 3000 万元；蔬菜种植增收 390 万元；优质瓜果增收大约 200 万元；藏猪藏鸡增收 500 万元；其他特色产业项目增收300万元。为全年完成地区下达的人均增收目标奠定了基础。

【农牧业基础工作扎实有效，生产后劲工作得到加强】一是农区农用物资供应充足，2007年全地区共组织调运农药品种10个，169吨。组织协调化肥调运4000多吨。给林芝、米林、波密调运玉米播种机15台、小麦收割机1台、种子包衣机3套、拖拉机2套，协调联系玉米种子2.8万斤，下调农膜4.5吨；购买兽药10多万元。二是测土配方工作进展顺利，安排资金22万元，完成波密、察隅两个粮食主产县的测土配方施肥取样送检任务，共取样972个，覆盖面积6480公顷，为下一步开展“沃土工程”奠定了基础。三是进一步加强防抗灾工作，稳定农牧业生产，完成以蝗虫为主的农作物病虫害预测预报工作，直接减少因病虫害带来的损失。将价值11.9万元的防、抗灾兽药下发给各县，储备饲草2469万斤，精料752.95万斤。调运救灾物资、抗灾化肥50吨，救灾饲料5万斤，解决救灾资金10万元，解决喷雾器80多部。四是重大动物疫病防治工作扎实有效，在动物疫病的防治工作中，建立了“一户一卡”制度，全年注射猪三联、羊四联、炭疽、鸡Ⅰ系等其它疫苗达到90余万份，五号病免疫牲畜149万头份，免疫率达到99%以上，禽流感免疫家禽55万余羽，免疫率达到99.8%，保质保量地完成了春、秋两季牲畜免疫工作。在开展羊X疫情防控工作期间，抓好了防控工作，林芝地区全年没有爆发1例羊X疫病或疑似病例，防控工作取得了阶段性成效。确保了全地区无重大动物疫情。五是加大执法力度、搞好渔政管理，禁渔期间，在尼洋河和雅鲁藏布江水域实行禁渔期管理制度，积极开展水上巡查工作，有效地遏制了非法捕鱼现象的发生。六是加大虫草采集管理力度，确保采集有序开展，根据西藏自治区人民政府第70号主席令《西藏自治区冬虫夏草采集管理暂行办法》，加强了虫草采集管理工作，对采挖人员登记造册，实行一人一证制度，加大打击虫草采集期滥采乱挖现象，做到开发与保护并重。七是落实生猪生产，稳定市场供应，通过财政等部门认真贯彻了国家有关促进生猪生产发展的各项扶持政策，及时落实了能繁母猪补贴制度，落实能繁母猪补贴资金238.8万元，林芝地区全年生猪自给率达到61%。针对2007年猪肉供应紧张和价格上涨现象，林芝地区农牧局还立足当前，着眼长远，制定规划，确定目标，积极建立保障生猪生产稳定发展的长效机制，制定了《林芝地区生猪产业“十一五”规划》，力争到2010年，林芝地区生猪自给率将实现100%的生产目标。八是地区种畜场充分发挥自身优势，加强种牛饲养和管理，在嘎拉村通过人工授精配种良种牛70头，向全地区推广种牛10头，加快了全地区良种牛的推广步伐。

【新农村建设稳步推进，新能源建设实现了新突破】按照“生产发展、生活宽裕、乡风文明、村容整洁、管理民主”的总体要求，一是发展农村沼气，建设生态家园，并把发展农村沼气作为建设生态家园增加农民收入的一项重要富民的民心工程和重大举措来抓，投入资金1143万元在五个县开展沼气工程建设，已建成沼气池3024座，通过沼气工程建设使农村“脏、乱、差”状况从根本上得到治理、人居环境明显改善，实现了清洁家园、清洁水源、清洁生产，乡村风貌显著改观，农村新能源建设实现了新突破；二是作为农房改造和安居工程的协助单位，积极配合地区有关单位做好安居工程建设工作。

林芝地区林业工作

【认真自查整改，强化供应调度，圆满完成了农牧民安居工程木材供应任务】2007年，林芝地区地、县林业局开展了安居工程木材供应整改工作，对照文件指出的问题逐项加以落实，3月，国家林业局成都森林资源督查专员办进行了整改验收，表示满意。5月，国家林业局同意西藏恢复安居工程木材供应工作。

2007年，自治区下达林芝地区安居工程木材供应计划172575立方米(原木，以下均为原木)。各地市计划分别为：日喀则61235 m^3，山南38950 m^3，那曲35120m^3，拉萨35950m^3，阿里1320 m^3，现已全部调运完成。

【吸取教训，总结经验，加强森林防火工作】2006年11月1日至2007年10月31日的一个森防年度里，林芝地区共发生森林火灾10起（一般森林火灾2起，森林火警8起），森林过火面积185公顷，森林受害面积102公顷，造成直接经济损失80余万元，间接经济损失近100万元，没有造成人员伤亡。与2006年度相比，森林过火面积上升60%，直接经济损失和间接经济损失同期相比分别上升4.79%和95%，为近年来森林防火形势最为严峻的一年。但各项损失均低于全国平均水平。值得说明的是，2007年5月地区召开森林防火紧急会议以来，由于各级党委政府高度重视，工作部署到位，具体措施得力，再没有发生一起森林火灾（火警）事故。

【进一步完善措施，深入推进林政管理】2007年以来，全地区林业系统以农牧民安居木材供应整改为契机，特别是7月新的领导班子上任以来采取一系列针对性很强的林政管理措施，严格木材加工、运输和执检等各环节的管理，林政管理水平上了一个新的台阶。一是严格执行先装车、后量方、再开票的程序，规范检尺行为。二是结合各县运输距离、道路情况，对木材运输票证的有效期区别对待，明确具体天数。三是严格执行一车一证、证随货行的要求，强化木材执检行为。四是木材检查站实行夏季6:30--21:30、冬季7:00—20:00的限时放行制度，减少夜间检尺可能出现的不规范行为。五是详细登记被执检的木材运输车辆的有关情况，严格木材检查站台帐管理。六是在林芝百巴木材检查站和工布江达松多木材检查站实行蹲点制度，局领导和各科室负责人轮流值班，和检查站工作人员同吃同住，驻站监督，帮助开展工作。七是加强木材检查站工作人员纪律建设，对3起木材执检过程中的违规行为，纪检监察及时介入调查和处理。八是加强领导，强化各部门、各环节的责任。九是严肃查处各类林政案件。全年共发生各类林业案件146起（其中刑事案件6起，治安案件13起，林业行政案件127起），查处143起，没收木料1100余立方米，收缴猎枪13支。罚款28万元，为国家挽回经济损失59万余元。

【开展营造林，全年各项造林任务圆满完成】全年全地区完成义务植树21.23万株，四旁植树15.88万株，成片造林13.13万株，绿色通道植树1.14万株，经济林木32.63万株。

2007年林芝地区退耕还林任务1333公顷，工程涉及地区7县，工作进展顺利。2007年下拨各工程县退耕还林种苗费99.97万元。

2007年，林芝地区开展了重点区域造林项目，项目总投资265.1万元，造林任务208公顷。项目开始以来，各县严格按照工程设计开展作业，认真抓好树木栽后管理，进展顺利。11月13日至23日，自治区林业局对项目进行了抽查验收，平均成活率达85%以上，验收通过。

八一镇城区园林绿化工作取得新成效。2007年以来，园林局狠抓八一园林绿化日常维护、死树补植、树木种植、空地种草工作，园林绿化工作取得新成效。据不完全统计，截止年底，八一镇城市绿化面积已达135.27万平方米，城市人均占有公共绿化面积26.48平方米，比2006年同期人均增长2.1倍，城市绿化覆盖率12.3%，增长0.4%。

【自然保护区建设工程有序进行，工作取得了新进展】西藏工布自然保护区建设工程，3月份开工建设，9月份在工布江达县举行开工仪式，自治区领导张庆黎、向巴平措、赫鹏等参加。目前，2007年度8000万元工程项目建设进展顺利。其中：2000万元工程项目于3月开工，工程内容包括4个管理分局、17个管理站的基础设施建设和交通工具购置等，目前工程已完工进行了初验；6000万元工程正按计划向自治区进行报批，资金有望在12月到位，招投标前期准备工作已经就绪。主要建设内容包括立标定界、森林防火设施建设、社区发展项目等。

雅鲁藏布大峡谷国家级自然保护区，一期工程尾款420万元已全部到位。实施方案已上报自治区林业局待批。二期建设工程总投资987万元，初步设计和施工图设计方案已上报自治区林业局，正待批。

察隅慈巴沟国家级自然保护区建设工程总投资465万元。2007年下拨400万元，已完成投资330万元。

【加大林业项目工作申报，藏东南防沙治沙建设项目得到立项】通过努力，2007年10月，藏东南防沙治沙建设工程总体规划通过自治区发改委、自治区林业局的评审。项目投资5500万元，其中林芝地区投资2900万元，2008年正式开工。目前正在开展项目施工图纸工作。实地勘查等外业作业已经完成，内业作业正在进行。

【搞好沟通协调，援藏工作取得新成果】三年来，广东省林业厅累计投入资金582万元。其中，地区粤林住宅小区及职工周转房工程建设项目329万元，占地面积19912平方米，建筑面积10458平方米，新建12套周转房，54套集资房。三年中投入经费138万元开展了70余人次的培训和考察活动，投入115万元发送了地区林业局及基层县林业局、下属事业单位的办公条件，购买了电脑、打印机、传真机、摄像机、数码相机等。

林芝地区水利工作

【年度情况】2007年，林芝地区水利局共争取到国家水利投资项目18个，涉及第三期农网改造、乡村小水电站、农牧业灌区工程、农村安全饮水工程、城市防洪等五大项内容，共落实水利资金1.41亿元。

【三期农网改造工程】2007年，林芝地区第三期农网改造工程包括：朗县、波密、察隅和墨脱四个县，总投资1600万元。截至10月底，工程已竣工并投入使用。该项目的实施，很好地解决了1639户近9000人的生产生活用电问题。同时，通过积极争取资金96万元，解决了工布江达县松多木材检查站的用电问题，共延伸10kv线路13.4km，0.4kv线路80m。

【小水电建设】2007年，林芝地区水利局共落实小水电站6座，改扩建电话1座，总投资4604.23万元，其中已开工建设的4座：墨脱县波弄贡电站，投资419.93万元；墨脱县格当电站，投资792.37万元；墨脱县旁辛电站，投资768.93万元；波密县康玉电站，投资970万元。即将开工建设的3座：察隅县沙堆电站，装机容量400kW，投资1053万元；波密县八盖电站，总装机容量2×55kw，投资540万元。以上这些电站的建设可彻底解决1166户、6781人用电难的问题。

【农村饮水安全工程】2007年，林芝地区农村饮水安全工程总投资4199万元，共解决了全地区7个县243个行政村，7987户，42911人，193367头（匹、只）牲畜的饮水安全及错高乡2100人的乡镇供水问题。目前工程已顺利完成项目建设任务。

【防洪工程】2007年，林芝地区水利局共落实防洪工程建设资金1518.34万元，即：波密县城区二期堤防工程，堤长2.07km，总投资718.34万元；林芝县和谐小区堤防工程，建设长度1.3km，总投资800万元。此两项工程即将开工建设。同时，2007年通过积极努力，共争取到八一镇、林芝、波密县等部分堤防修复经费190万元。

【农田水利工程】2007年，林芝地区水利局共落实灌区续建配套工程共两项，总投资1796.59万元。一是在建的工布江达县下巴灌区续建与节水改造项目，建设渠道总长5.2公里，灌溉面积193公顷，总投资427.59万元。二是已进入招投标阶段的林芝县米瑞灌区续建配套工程，新建主干渠15.42公里，控灌面积1000公顷，总投资1369万元。

【小农水项目】2007年，林芝地区水利局共落实小农水项目资金100万元，分别为：林芝县林芝镇，工布江达县江达乡和金达镇，米林县派镇，朗县洞嘎镇和拉多乡，波密县扎木镇，察隅县古玉乡，竹瓦根乡和察瓦龙乡。

【防汛抗灾工作】2007年，林芝地区水

利局坚持把防汛抗旱工作列入重要议事日程，进一步调整充实了防汛抗旱指挥部领导班子及成员单位，明确了工作职责和工作任务，实行了行政一把手负总责的行政首长负责制，使防汛抗旱工作有人抓、有人管、有检查、有落实，形成了主要领导带头抓、分管领导具体抓、一级抓一级、层层抓落实；并制定完善了《林芝地区河道采砂管理暂行规定》、《林芝地区八一镇城区防洪预案》、《林芝地区错木及日水库防洪预案》、《山地灾害预案》、《在建水利工程安全度汛预案》以及内部管理和值班巡查等制度。

4月11日林芝地区水利局组织召开了林芝地区2007年防汛工作会议，总结了防汛工作经验，安排部署了防汛工作任务，地区防汛抗旱指挥部与各县防汛抗旱指挥部签订了《2007年防汛目标责任书》，做到了防汛工作目标明确、责任到人；汛期从6月1日至9月30日，地县防汛办坚持了每日24小时的防汛值班制度，实行了防汛工作的监测监报。同时，对八一防汛堤T1段200米工程在汛前及时进行了抢修，保证了安全渡汛。

由于林芝地区特殊的地理环境，洪涝、泥石流、干旱等自然灾害频繁发生，防汛抗灾的任务十分繁重。据初步统计，2007年全地区共墨脱、察隅、波密、工布江达、朗县、米林、林芝等7个县、21个乡(镇)、4000多人受到不同程度的自然灾害。洪涝灾害共冲毁水渠63条、总长20、82千米；冲毁防洪堤1处30米；冲跨桥梁、涵洞6座；冲毁乡村道路0.9千米；毁坏水泥电杆33根、变压器1台、输电线路3.5千米；毁坏人畜饮水渠1处，PE管1000米；13公顷农作物受灾，毁坏耕地6.4公顷；淹没木材加工点一处，冲走块石11车，死亡大牲畜21头(匹、只)，直接经济损失达787、4万元。

【水土保持工作】2007年，林芝地区水土保持工作在继续做好马崩弄沟小流域监测工作的同时，完成了监测年鉴工作和奴下水文站的水文资料整理工作。为了掌握雪卡电站建设引起的水土流失情况、危害及水土保持防治成效，使该工程水土保持方案得以顺利实施并达到预期效果，积极协助自治区水保局一道共同实施了该项目的监测工作，同时达到了以干代训的目的，2007年5月配合自治区水保局和厅德援办水土保持专家对波密县、林芝县、工布江达县的部分小流域治理进行了六天的实地考察，并选中工布江达县甲兴乡电站附近列入下步综合治理示范区。6月完成了《林芝地区林芝县马崩弄沟水土保持生态修复试点》设计初步审查，现已报水利厅待审查后立项建设。7月对马崩弄沟小流域监测点进行了技术性改造，对径流小区坡面植被的覆盖度10%、50%、80%进行了技术剪修，同时对量水堰处因水冲刷严重造成渗漏现象进行了维修。编制上报了林芝地区“十一五”期间水土保持方案的项目巩固和提高了林芝地区水土保持监测职能的地位。12月，林芝地区水利局将根据国家水利部及区水利厅的总结安排，对地区内的开发建设项目进行专项治理，目前已进行工作方案的制定。此次行动将地区重点开发建设项目水土保持监测的逐步规范、增强相关行业水土保持意识、推动林芝地区水土保持方案落实监督执法奠定了基础。

【工程管理】2007年，林芝地区水利局严格按照水利项目建设程序对项目工程进行招投标，加强对工程建设的管理，确保工程质量。一是严格项目审查。由广东、福建两省的援藏干部负责全地区水利项目审查工作，严把项目审查关。二是严格项目法人制。通过行署批准，承担全地区投资500万元以上5000万元以下水利工程项目法人。三是严格工程招标制。投资50万元以上的水利工程严格实行招标投标，对投资300万元以上的工程全部安排在拉萨开标，评标专家从全区水利专家库中抽取。四是严格工程监理制。工程监理单位采取邀请招标的形式，由各相关部门统一对监理单位进行综合评估，最终确定工程监理单位；五是严把工程验收关。工程初步验收由各水利工程项目法人主持，地区各相关部门参加，严格按照《水利水电工程验收规程》和《西藏自治区水利工程建设管理验收暂行规定》的有关要求对工程现场和工程档案资料进行全面细致的检查和验收，对不具备验收条件的工程绝不进行验收。

【第五批援藏工作开局良好】2007年，广东、福建两省各选派了1名优秀干部到林芝地区水利局援助水利工作，完成了第四批援藏工作的顺利交接。两名第五批援藏干部思想解放，有一定的水利专业技术和管理指导能力。在工作中，林芝地区水利局积极配合，大胆使用，充分发挥他们的才华和作用。他们到单位后，不顾劳累，克服高原反应带来的身体不适，深入开展调查研究，及时了解和掌握林芝地区水利建设工作现状，对林芝地区水利局将要援助的项目，进行了可行性的分析。通过开展调查研究，结合林芝地区水利事业发展的需要，制订了广东、福建两省第五批援藏建设项目规划，并及时向两省水利厅汇报，积极争取和协调援藏建设项目资金，为做好两省援助林芝水利工作打下了良好坚实的基础。

【表彰奖励情况】2007年，林芝地区水利局获地区先进单位称号；尼玛拉宗同志获全国防洪模范称号；同时，林芝地区水利局扎西达瓦、李娜、吴茂云、陈志刚等同志分别获地区科技进步一等奖、二等奖2项。

【存在的问题】一是由于人员编制较少，单位无法引进一些急需人才，特别是一些专业技术人员的引进，目前林芝地区水利局存在着一个机构几块牌子一套人马现象；二是前期工作相对滞后，项目前期经费严重不足，造成勘测、规划、设计等前期工作力度不够，不但影响项目质量，同时对项目的申报立项造成困难；三是由于近年来，水利工作任务重，工作人员出差、下乡频繁，造成公用经费严重不足，严重影响了水利工作效率。

林芝地区交通工作

【年度情况与特点】2007年，林芝地区交通局紧紧围绕农村公路建设这个中心，以实施通达工程为重点，在区交通厅和区公路局的大力支持下，积极开展农村公路建设，共落实项目22个，总投资14958.69万元，改扩建砂石路294.435公里，延伸四级油路38.7公里，新建硬化路面2.4公里,新修桥梁53座1870米。并从一般项目中调剂资金新增公路1条，改建公路1条，维修桥梁2座，解决了2个乡42个行政村6423人的通行问题，极大的改善了农牧区和农牧民的通行条件，为当地经济发展和人民群众的生产生活提供了强有力的支撑。

【扎实做好公路建设的前期工作】在项目实施前期，选择有实力、负责任的设计队伍进行设计，或由局设计室对一般公路进行设计。局项目办严格对设计图纸进行审查，并结合现场进行图审，优化设计，同时考虑支线工程，将沿途村庄同乡村公路主干道相连，既解决了老百姓由于道路不通出门难问题，又合理的使用了有限的投资。另外，对公路建设统一规划，将项目计划进行细分，把“十一五”规划同年度计划相结合，并同当地经济发展同交通厅、公路局实际情况相结合，把前期工作做好、做充足，确保了项目前期工作顺利进行。

【严格招投标制度】成立了项目招投标领导小组，加大对项目工作的领导、监督和管理，采用邀请招标或公开招标的方式，选择实力强、技术力量好、施工经验丰富的队伍进行施工，为项目建设打下了坚实的基础。

【项目资金专款专用】严格执行中央专项资金和国债资金管理有关规定，建设资金按项目设立专户，实行专户储存，单独建帐，单独核算，做到专款专用，没有出现截留、挤占、挪用和超范围使用项目资金的情况。同审计部门认真配合，使项目资金使用情况透明度提高。严格计量制度，项目办会同监理、施工单位对每月工程完成情况进行现场监督，严格执行交通厅、公路管理局对工程计量的相关规定，对不合格工程质量或存在质量隐患的工程坚决不给予计量，要求其整改，并制定一系列规章制度，使项目资金合理使用。项目一旦计量，立即同地区财政局沟通，使计量工程款能按时发放。

【不定期对工程进行检查】为了对农村公路建设基本情况有一个最直观的掌握，局相关领导和质量监督站技术人员对公路建设进行不定期检查指导，通过检测仪器、实验等手段进行抽检并实施质量监督，对工期、安全、环保、民工工资等问题进行现场指导和处理，把矛盾、错误解决在萌芽状态。

【严格交（竣）工验收制度】局项目中心、质量监督站会同监理单位、设计单位、施工方、接管单位对项目进行验收，对路基边坡、纵坡、防护工程、转弯半径、排水设施、桥涵等逐一检查，及时提出存在的问题，以书面形式下发给施工单位。对竣工资料进行严格审查，对基础资料、施工总结、施工日志、实验资料、竣工结算、各分项、分部、单位工程质量评定、施工中的原始资料认真审查，使竣工资料编制同自治区公路管理局要求相符合，对工程不合格、竣工资料不完善的，坚决不给予验收，并要求限期整改。

【公路养护管理】牢固树立“建设是发展，养护也是发展”的理念，坚持“日常养护与突击养护相结合，重点养护与全面养护相结合”的原则，以强化路面养护为中心，不断完善养护手段，使养护方法更加注重科学，劳动效率和养护质量得到了进一步提高。完成省道道路备料32185立方米,铺料523221平方米，修补土路1268794平方米，清理边沟973890米，整修路肩247918平方米，疏通涵洞500道，清理塌方22690立方米，修补缺316立方米/处,修补路基缺口103处，整修边坡7125平方米，清扫路面573340平方米，清理流沙2459立方米。

通过对经常性养护的526公里公路中284公里养护质量的检查和综合评定，优等路51.3公里,良等路127.500公里，次等路90.067公里，差等路15.133公里，好路率62.94%，综合值70.9%。较好完成了区公路局下达的养护任务。

与各县签订农村公路养护目标责任书，框定了养护里程和养护经费、确定养护标准。农村公路完成备料279703立方米，铺料242124平方米，修补土路539219平方米，清理边沟2236645米，整修路肩13308平方米，疏通涵洞882道，清理塌方28450立方米，修补缺口19637立方米/188处，整修边坡17481平方米，清理流沙1140立方米。

【大中修及专项工程】对管养路段进行路况调查，及时掌握道路病害情况，综合考虑安全、环保、经济、实用等因素，坚持因地制宜的原则，统筹考虑设计方案并上报区公路局，待批复后，通过招投标组织施工队伍进行修复。在养护工程管理中，严格按照《公路养护大中修工程管理办法》、《公路养护大中修工程施工监理大纲》和《施工承包合同》规定进行监督管理。2007年区公路管理局重点给林芝地区交通局安排下达了大中修专项工程6项，总投资527.67万元。其中：S201线浆砌片石挡墙、铅丝笼挡墙以及S306线仲达桥维修，投资91.69万元；S201线K148+960竹瓦根桥危桥改建，投资75.8万元；S201线K148+960空当桥，投资156.54万元；S201线四道班800W太阳能照明，投资7.8万元；S201K141+500、K141+900挡墙，投资66.13万元；S306线K44+178片石挡墙、水泥混凝土基层、水泥混凝土面层和S201瀑布桥维修，投资89.15万元（正实施中）。施工管理中，严格按照规定的操作规程办事，设专人管理，对工程质量进度进行全过程跟踪监理，并做好抽检工作，经初验工程合格率达100%。

【桥涵管理工作】加强对桥涵的管理，制订了《桥梁日常养护管理制度》、《桥涵检查管理办法》，要求各公路段和各县交通局对桥梁进行经常性检查和定期检查，发现问题及时上报处理；并要求各道班班长及路段责任人，每天对所管辖的桥梁、涵洞进行日常巡视观察，对存在的问题及时进行小修保养，汛期加大巡查力度，确保所管辖的桥梁、涵洞安全畅通无阻。

【农村公路养护体制改革工作】全面贯彻落实《西藏自治区农村公路管理养护体制改革实施方案》，推行农村公路养护体制改革。一是从加大宣传力度入手，采取电视宣传、走村串户等多种形式宣传《公路法》和农村公路养护。二是在养护管理农村公路工作中，统一规范和明确了养管内容、任务标准，使养护生产有计划有检查。三是因地制宜、创造性地开展农村公路养护管理工作，做到季节性和突击性养护相结合，注重实效。改变过去农村公路“重建轻养”的现象，明确了政府为养护主体责任单位，交通行业部门和农牧民群众互相配合形成了公路养护社会合力。目前，设养的2834.236 公里农村公路都有人管养，大大改善了农牧民群众的出行条件和农村公路的通行能力。

【依法行政依法治路，维护公路路产路权】2007 年路政工作坚持依法行政、文明执法的原则，打击各种公路违法行为，制止违章现象，依法严厉查处各种侵占、损坏路产及其他违反公路管理法律、法规规定的行为。2007 年 1-10 月，林芝地区共发生路政案件 12 起、破案 12 起、结案 12 起，破案率 100%、结案率 100%。收回公路赔(补)偿费 222116.35 元，罚款 600.00 元。办理路政许可 11 件。

【加大治超和治理“三乱”工作力度】按照“巩固成果、力度不减、突出重点、有效推进”的工作思路，加强与相关部门的协作，狠抓了治理超限超载工作。查处超限超载车辆 28 台。收回公路损坏补偿费 5,860.00 元。

与地区相关部门协同作战，对国、省道公路“三乱”情况进行了检查，并延伸到县、乡公路。经检查，林芝地区有 7 个林业及交通方面的合法检查站，这些检查站都有完善的规章制度及许可证，没有发现有乱收费、乱罚款等现象。

检查中发现巴松错专用公路旅游收费站，为工布江达县旅游局设置的没有自治区批复的检查站，属非法设站，建议进行了拆除。同时还拆除了部分临时性木材检查站和森林防火检查站在公路上设置的横杆 3 处。

【援藏工作不断发展】第四批援藏工作结出硕果。3 年来，广东福建两省援藏干部，多方争取资金，累计投资 1467.6 万元，其中：广东援藏投资 767.6 万元，福建援藏投资 700 万元，实施了林芝交通学生公寓、林芝地区交通工程质量检测中心、林芝地区交通职工周转房、交通局办公大楼、公路管理段和工区改造、人才培训等项目，在发展思路、管理经验、技术指导、人员培训、资金投入等方面给予林芝交通发展以大力支持，取得了良好的效果。

顺利实现了第四、第五批援藏工作的轮换。两省第五批援藏干部到位后，积极主动开展工作，克服重重困难，下基层调研、编制三年援藏计划，并已着手实施部分项目，第五批援藏工作开局良好。

林芝地区邮政工作

【通信建设】2007 年，林芝地区新区东三路邮政所经邮政营业标准化装修后正式开业，极大地满足了林芝新区广大用户的用邮需求。

对墨脱县邮政局进行营业标准化装修；对朗县局、波密县局、工布江达县局的生产生活用房进行了维修改造；对地局通信楼进行了装修装饰。

新增一辆行政车、一辆投递车、一辆物流配送车、一辆速递车，更新一辆投递车。

营业系统和网运系统两网互通全面上线，加强了信息化建设，提高了邮件从前台收寄到后台转运处理管理流程，提升了邮件全段处理质量；九台 ATM 机全国统一版本系统成功上线，方便了各种 ATM 等自助设备的接入，提高了林芝邮政邮储窗口形象及网点吸储能力。

【业务发展】2007 年，邮政业务收入累计完成 2001.57 万元，比上年同期增长 14.94%。其中函件收入 112.76 万元，比上年同期增长 58.35%；特快专递收入 266.62 万元，比上年同期增长 18.89%；汇兑收入 163.58 万元，比上年同期增长 62.23%；邮政储蓄收入 806.98 万元，比上年同期下降 0.39%；物流收入 103.39 万元，比上年同期增长 0.61%。2007 年邮政业务总量完成 1667.57 万元，比上年同期增长 23.43%。

【经营措施】开展了函件业务“春天行动”竞赛活动；新开发了吾金扎菩及千年核桃民俗文化村的景点门票；波密县邮政局与波密县旅游局合作开发了《波密风光》普通邮资明信片；米林县邮政局开发了“圣地南伊，风情珞巴”邮资明信片 2000 枚；成功开展了全国第三届少年儿童书信文化活动；在全地区范围内开展复退军人包裹专项营销活动；充分利用“建军 80 周年”邮票发行的契机，积极拓展集邮文化市场，开展了“中国人民解放军建军八十周年”集邮主题营销活动；开展了速递“优+”服务、速递专项检查、“思乡月”等活动，促进了速递业务的发展；物流公司先后与多家单位签订运输货物的协议，波密县邮政局、察隅县邮政局与县教育部门签订了运送教材及器材的合同，全面带动了地区县级邮政物流业务的发展；分别与地区明旺大酒店、新世纪大酒店及波密县神鹰大酒店签订了邮政特约商户受理银联卡协议，安装了 POS 系统，促进林芝地区刷卡消费；于 3 月 22 日正式启动林芝邮政储蓄存单小额质押贷款服务；7 月 1 日起在地局营业大厅、林芝新区东三路邮政所、农牧学院邮政所同时开办代收电信话费业务；8 月 1 日起正式对外办理代销基金业务；开展了“思乡月”专项营销活动，实现利润 14.58 万元；10 月份起在全地区范围内开展了邮政服务中小企业走访调查活动；米林县邮政局开发制作了米林县商务局的“米林县2007—2008 投资项目推介”宣传册，在县局营销工作中取得了新的突破。

【通讯服务】不断强调服务工作对于邮政企业发展的重要性，地局营业班坚持每周晨会和每周四晚业务学习制度；开展邮政营业、投递岗位业务大比武，选拔成绩优秀的选手进行集中培训，并积极参加区公司组织的比赛；开展了邮政速递“优+”服务，严格按照规范、时限、安全、投递和客服五个工程推进速递“优+”服务项目；在高考录取及“十七大”召开的特殊时期，切实抓好了投递、服务工作；于年底召开了社会监督员座谈会，为改进服务工作提供了指导意见；地局领导亲自深入墨脱进行考察调研，为墨脱通邮工作收集了第一手资料并提供科学的依据；于 3 月份召开了林芝地区农牧区通信首次工作会议；开通了米林县卧龙镇阿拉塘村、角木拉村、仲塘村三个村的农牧区邮政通信邮路。

【企业管理】一是深化人事制度改革，于年初举行了中层管理干部竞聘演说暨测评大会。二是做好了职工教育工作，认真筛选人员进修送培；5月份，选派了18位干部到福建省考察学习，拓宽了视野，推进了员工素质提升进程。三是组织开展了“五五”普法教育工作，增强职工法制意识，有力地推动了林芝地区邮政局“五五”普法教育工作。四是加强财务管理，努力增收节支，在“两确保、双平衡”的基础上，统筹兼顾，促进结构调整和增长方式的转变；于8月1日正式推行收支两条线，达到资金及时回笼的目的；通过严格预算管理，强化执行监控，围绕业务发展，加大财务支撑力度，为邮政业务发展提供了财力保障。五是规范通信市场秩序，通过开展一系列检查治理工作，进一步规范了林芝邮政通信市场秩序，维护了邮政企业合法权益，对林芝地区快递、货运市场进行了检查，增强了邮政行业管理的紧迫感和使命感；在地区工商局、安全局的大力支持下，开展了寄递市场通信安全联合大检查，进一步规范了林芝邮政市场经营秩序；对报刊市场进行专项检查和“扫黄打非”专项治理，净化了邮政报刊渠道，维护了地区文化环境。六是于4月份制定了《林芝地区邮政局现场检查考核办法》，努力提高林芝邮政技术管理的整体水平。七是安全生产管理得到加强，对干部职工进行安全知识教育和培训，提高职工安全生产观念、自我保护意识和群体防护水平，专门设立了安全生产督察员岗位，并多次组织开展安全生产自查、抽查及检查，排查潜在的隐患，堵塞安全漏洞，确保了储汇资金安全、邮件运输安全、信息技术网络与机房安全、消防安全等；年中，组织保卫科全体人员进行实弹射击演习，提高了全员执勤能力和应急战斗能力；在“十七大”及重大节假日期间，局领导24小时亲自带班，加大巡视密度，确保了林芝地区邮政局范围内的安全稳定。八是做好了综合治理工作，在林芝地区2008年工作会议上，被评为“林芝地区2007年度社会治安综合治理工作先进单位”。九是作为林芝地区首批开展平安创建试点单位，成立了创建平安单位活动领导小组，制定了实施方案，分步抓重点，分步实施，逐步推进，积极深入地开展“平安林芝邮政”创建活动，营造平安林芝邮政建设的和谐氛围。

【获奖情况】地区局被西藏自治区精神建设指导委员会评为“自治区文明单位”；地区局经营服务部被授予“巾帼文明岗”荣誉称号；地区局客户服务中心荣获全国邮政“营销创百优”劳动竞赛优秀营销团队；朗县局局长王学龙同志被评为“全国邮政系统优秀支局长”。

（供稿：袁扬）

林芝移动通信分公司

【经济指标完成情况】2007年，林芝移动分公司在网客户累计达到61269户。年累计净增长放号15067户，完成年计划的251.12%，与2006年同期相比增长45.18%。

1月至12月，移动通信业务收入累计完成5238万元，完成年计划的79.37%。

1月至12月，运营支出2802万元，完成年计划的67.11%，净利润2528万元，完成年计划的92.97%。

1月至12月新业务收入898万元，完成年计划的80.66%，占收入的13.22%。

1月至12月发展集团46户；集团客户净增5406户，其中新入网1438户；完成集团客户业务收入1498万元，占收入的28.60%。

【配合区公司开展各项营销活动，积极挖掘市场潜力】1月到3月开展“岁末迎新，移动随行”低端手机营销活动，共计赠送手机1980部，新发展客户1980户，吸纳预存话费162万元。

2月到3月开展“神州行高端客户转全球通品牌，优惠购机”营销活动，共有361名客户参与，购机款总额35万元，吸纳预存话费61万元，扣减积分225万分。

8月1日至10日，配合区公司开展八一建军节活动，吸纳存话费48万元，赠送话费41万元，发展手机报用户451户，5元GPRS套餐用户232户，彩铃用户271户；参加预存话费购机送话费用户4户，赠送话费4000元。

9月，全区统一开展教师节营销活动，林芝分公司共计有514户客户参加，吸纳预存话费28万元，赠送话费9万元。

9月末，配合区公司开展动感地带迎新活动，本次共计有12户用户参加，其中售出联想e216手机9部，波导s665手机3部。

11月至12月底，林芝分公司配合全区开展“积分兑换一奥运大礼，触手可得”活动。

【做好新业务宣传推广工作，新业务发展取得新的进展】2007年是中国移动西藏公司新业务快速发展的一年，推出了飞信、手机报、无线音乐俱乐部、手机证券、手机钱包、一转即发、来电提醒、号薄管家、移动新华资讯、个股行情等多种新业务。每发展一项新业务分公司即积极组织员工分析业务特点，找准目标客户群，制定业务宣传、推广方案。开展了针对性业务宣传推广工作，取得了预期的效果。

【做好客户服务，提升服务质量】客户服务工作是一项细节工程，从营业厅的服务设施、环境，营业员的服务技能、业务技能等方面存在的短板入手进行了改进，取得了较好的成绩。1—11月在第三方服务质量检测中，共取得5次第一名和3次第二名的好成绩。尼洋河路营业厅、新区营业厅分别在2月和10月被评为全区标杆营业厅；徐丽、尹晓磊、周小敬被评为全区标兵营业员；中山路营业厅和机场营业厅被集团公司评为全国百家“沟通100”营业厅。

【紧跟网络建设步伐，大力发展农村市场】6月，分公司抽调业务好、懂双语的两名营业员，组建村通营销组，跟随网络建设步伐，开展村通营销工作。营销小组边发展业务，边调研分析，寻找解决所遇到问题的方法，足迹遍布44个村。截止目前共发展手机客户398户，赠送手机393部。发展移动座机20户、6家卡类代销点，吸纳预存话费337630元，取得了较好的成绩。

【开展个性化营销服务，提升客户感知度、满意度】利用春节、藏历年契机，开展集团重要客户“1元购机”营销活动；针对高端客户和重要客户，开展个性化服务工作，如发展2007年第五批援藏干部成为集团客户工作。提前联系并获得第一手客户资料，在福建援藏队进藏前就为他们办好卡，让他们在成都就使用上了林芝移动通信分公司的手机号；广东援藏队一到林芝就拿到了卡，90名援藏干部全部都被发展成集团客户，并且使用的都是全球通品牌。在中秋节来临之际，开展了中秋节集团重要客户亲情维系营销活动。利用“八一”建军节，到地区大型部队开展节日慰问，宣传推广针对部队客户的建军节营销活动。通过这些服务，提升了客户满意度，加强了与客户的沟通，进一步掌握了重要客户的详细资料。

建立健全了2007年所有VIP客户的详细档案，并全部录入大客户系统；为钻石卡、金卡客户购买意外伤害保险并送保单到客户。对一些集团重要客户赠送特殊VIP卡，配备一对一的客户经理进行不定期的上门服务。

林芝地区电信分公司

【年度情况与特点】2007年，林芝电信分公司通信业务收入累计完成7072.13万元，同比增长率9.51%，总用户数累计达到59206户，电话普及率达到35部/百人。全员劳动生产率39.95万元/人。

【优化资源配置，提升服务质量，加强自身竞争优势】2007年，林芝电信分公司以区电信公司《2007年西藏电信进一步加强和改善服务质量，提高服务水平的措施办法》为统领，根据区公司市场部制定的“十七条”的检查标准和方法，确定专人督办。认真组织贯彻落实到每项、每节、每科。

通过聘请深圳欧顾得咨询公司对一线服务人员进行现场培训指导，加强一线服务人员服务规范执行能力，提升营销人员的“服务四力”。

建立健全内部制约和社会监督的内外结合的电信服务监督机制。采取内部调查与外部征询、普遍调查与重点抽查、上级督促与单位自查、明查与暗访等相结合的方法进行监督检查。向社会聘请关心、支持电信事业、敢于坚持原则的人员，担任电信服务质量社会监督员，由社会监督员不定期的进行检查，将检查结果报市场拓展部，纳入绩效管理进行考核。同时通过电话回访部分新装、故障等用户，关注社区、大客的服务管理工作和营销能力等。

及时处理10000号工单，对10000号工单进行抽查处理。积极配合10000号客户服务中心对业务、服务申请、申告、投诉的处理。

针对好易通终端质量差、售后服务兑现难、故障终端维修流程不畅、维修不及时、维修价格偏高等影响好易通品牌信誉度的主要问题。出台了好易通终端免费维修方案，对好易通故障终端进行免费维修。激活了部分因终端问题造成的零次用户、报停用户；降低了好易通用户因终端售后服务问题的拆机离网率，达到了保存量的目的。

扎实做好客户端服务保障基础工作。加强前后端协调联动，加强了对端业务电路售中、售后服务保障工作，完成大客户维护服务保障的自查和整改，使客户感知得到有效提升。逐步开展客户端维护作业的服务规范，重点加强了预约安装、礼貌用语等客户直接体验的服务，提高维护服务的规范性和服务工作效率。

【网络维护及建设】加强无线网络优化，提升网络质量，持续推进村通工程。2007年共新建450基站和直放站点10个，解决318国道、306省道沿线好易通的覆盖，从整体上提升了无线网络的综合支撑能力，扩大了无线网络覆盖。同时完成了地区及县局部分基站的扩容、优化工作。在过去几年建设的基础上，搬迁了十五卫星站点17个，解决了部分乡村的通信。在2007年11月14日开通了察瓦龙无线好易通电话，从而解决了察瓦龙乡及周边村庄通信难的问题。2007年林芝电信分公司通过光缆、“十五”卫星、无线市话等通信方式，解决了全地区所有乡镇的通信问题，累计开通507个行政村的电话，行政村电话通达率73.8%。

完成林芝本地网管线资源数据的迁移工作，全地区传输、数据、交换资源的清查、采集整理和数据入库工作，建立和完善日常网络运行需求引发的网络资源数据调配管理流程与制度，初步实现了管线、传输资源的动态管理。

林芝地区建设工作

【重点项目建设进展顺利】2007年，林芝地区建设局通过一年多的努力，八一二桥已竣工并通过成桥荷载试验，现已上报行署确定通车典礼的具体时间。八一二桥为自治区大庆项目，全长3116米，其中桥梁段长1009.04米，东岸引道长423.43米，西岸引道长1683.53米，桥梁宽17.5米，双向四车道。八一二桥的建设，完善市政基础设施都将起到积极的促进作用。同时，八一镇自来水跨河工程进展顺利，现已接近尾声。工布特色商业街及生物科技园的配套设施和基础设施建设已全面完成。

【市政工程和基础设施建设管理有效加强】截止目前，林芝地区的社会投资6.03亿元(其中地区完成社会投资3.77万元，建筑面积30.637万平方米，比2006年增长26.5%；各县完成社会投资2.26亿元，建筑面积达44.1万平方米）。同时，积极配合广东、福建两省援藏工作队，申报了第五批援藏项目并协助援藏队认真做好规划、设计等工作，城市基础设施建设进一步加强，城市功能日趋完善。

【城市规划日趋合理】完成了《八一镇城市总体规划修编（2006-2020）》，并于2007年5月9日通过自治区人民政府审定。2007年2月林芝地区建设局会同地区发改委、国土局、环保局、消防支队等相关单位对《西藏林芝毛纺厂小区规划设计方案》、《林芝地区农畜产品综合批发市场设计》进行了评审。目前该项目已开工建设；同时，还召开了老城区、香港路片区改造征求意见会，广泛征求各方面的意见和建议，编制了深圳大道民族特色改造、八阖广场设计方案。目前，该项目的规划设计已全部完成。进一步加强生物科技园区的规划和建设，并编制了规划文本组织实施。配合地区发改委对八一镇滨河路做了规划和初步设计，滨河路全长3.91公里，工程概算4761.23万元，目前该项目初设已报自治区发改委。根据行署的安排，林芝地区建设局对八一镇公交车线路进行了规划，提出了拟建站点并上报行署。

【工程质量显著提高】2007年，全地区累计受监工程52项，建筑面积205644㎡，总投资2亿元。其中：市政工程1项，给排水7.5Km；已竣工房屋12项，建筑面积30371.86㎡，完成总投资3148.69万元。发出施工现场整改通知8起，返工通知1起，停工通知3起，工程质量、安全通报7起，组织工程质量巡查、检查9次，竣工房屋12项，工程质量竣工验收合格率100%，全地区监督覆盖率96%。严把建筑工程材料进场关，2007年受监督工程材料（试样、试件）的见证取样送检率100%。完成砼试块（砂浆）试配185组，试压砼600组，砖74组，钢筋（含焊件）力学测试858组，砂石分析44组，水泥检验33组，防水材料20组，铝合金13樘。严把办理工程质量监督手续关，办证率为100%。转变原有的监督模式，将职能转变为对参建单位的质量行为的监督执法。

【建筑行业管理进一步规范】在工程建设中积极推广木材替代品，引导农牧民群众在安居工程建设中，减少木材使用量，截止2007年10月份，根据对林芝地区在建53个项目检查情况来看，在合理使用木材，推广使用木材替代品执行情况较好，钢管脚手架基本替代了原来的木脚手架，大面积现浇板分部分项工程中均使用了胶合板，节约木材17000多立方米。加大对农牧民技能培训，2007年计划培训农牧民工300名，实际培训农牧民工500多人次。同时，加强对新建项目的管理，共办理41个施工许可证，正在申请办理的项目有12个。积极扶持农牧民施工企业，新组建8家地区级农牧民建筑施工企业，使林芝地区农牧民施工企业达到23家。还进一步加强了对有形建筑市场的管理，严格招投标制度，截止目前已对25个工程建设项目进行了公开的招投标，并将招标结果向社会公示，投标总额为14053.43万元，建筑面积为111993.65㎡，初步建立起竞争有序的建筑市场秩序。

【"两房"建设全面铺开】地区廉租住房一期工程2007年在地区所在地八一镇实施，分别建设在"和谐小区"和青年公寓及林芝县电站处，共11栋34单元264套，总建筑面积16621.68平方米，总投资2325.1万元，于2007年4月28日正式开工。

目前，青年公寓内的1栋3单元24套住房（建筑面积为1833.36㎡）已经竣工，并通过了验收，完成投资200万元。"和谐小区"内的住房第一标段4栋11单元88套，建筑面积6068.5平方米，主体工程已完成，内外装修（含装饰、安装）已完成80%；第二标段3栋7单元56套，建筑面积3609.2平方米，已完成主体工程，内外装修（含装饰、安装）已完成85%；第三标段2栋11单元88套，建筑面积5100平方米，已完成主体工程，内外装修（含装饰、安装）已完成95%；林芝县水电站处住房1栋2单元8套，总建筑面积444.96平方米，已经完成主体工程，内外装修（含装饰、安装）已完成95%。12月5日前房屋建设工程可以竣工。配套设施明年5月1日竣工。

地直机关事业单位周转房工程总建设规模412套49个单元5种户型，总建筑面积32739平方米，总投资3763万元，工程于2007年9月29日正式开工。第一标段公安处院内50套5层框架结构住房，总建筑面积4011.50平方米。第二标段人民医院院内50套5层框架结构住房，总建筑面积4017.50平方米。第三四标段集中建在青年公寓小区内312套，总建筑面积24710平方米，计划于明年7月1日前全部竣工。

【社会主义新农村建设有序进行】2007年，林芝地区农牧民安居工程建设任务为5000户，截止10月底完成2966户，正在建设中有1377户。在大力推进农村建设的同时，严格执行《西藏自治区农牧民安居工程木材供应管理办法》和《林芝地区2006年农牧民安居工程用材管理办法》，按照每户20立方米的指标，积极推广使用水泥、钢材、胶合板等木材替代品，每户节约木材18.65立方米，共节约木材45450立方米。2007年，各县小城镇建设已完成村级组织活动场所建设项目和村道路硬化项目14个，在建项目27个，其中村级组织活动场所22个，道路5个，有效的改善了农牧民的生活环境。

林芝地区旅游工作

【旅游经济运行情况】2007年，林芝地区游客接待量、旅游收入增势强劲。2007年全地区接待海内外游客82万人次，同比增长31%，完成年度计划的102%；旅游总收入4.2亿元，同比增长75%，完成年度计划的105%。

【假日旅游继续走旺】春节藏历年黄金周期间，林芝地区共接待国内外旅游者4892人次，同比增长11%，实现旅游总收入118万元，同比增长13%；"五一"黄金周期间，林芝地区共接待国内外旅游者38087人次，同比增长33%，其中过夜游客为29047人次，同比增长35%，一日游客为9040人次，同比增长27%。实现旅游总收入913.7万元，同比增长36%。"十一"黄金周期间，林芝地区共接待国内外旅游者38651人次，同比增长22%，其中过夜游客为30521人次，一日游客为8130人次，实现旅游总收入1084万元，同比增长32%。三个黄金周旅游经济总量均创历史新高。

【农牧民参与旅游的积极性高涨】随着休闲、度假、乡村体验等个性化旅游的兴起，前往农牧区的游客有较大幅度增加，进一步调动了农牧民参与旅游开发和旅游服务的积极性。截止目前，全地区通过各种渠道直接参与旅游服务的农牧民群众有531户1317人，直接收入597.43万余元，同比增长14.3%，户均增收1.13万元，人均增收4536元。其中：阿沛村、公众村、鲁朗五村、吾金扎普等景区（点）逐步成为林芝地区发展农牧区旅游的亮点。阿沛村共有32户32名农牧民通过各种渠道参与旅游经营和服务，直接收入19.2万元，户均增收6000元；公众村共有92户170名农牧民通过各种渠道参与旅游经营和服务，直接收入51.66万元，户均增收5615.21元，人均增收3038.82元；鲁朗五村共有51户274名农牧民通过各种渠道参与旅游经营和服务，直接收入55.91万元，户均增收1.1万元，人均增收2000元；吾金扎嘗景区共有25户25名农牧民通过各种渠道参与旅游经营和服务，直接收入3万元，户均增收1200元。

【基础配套设施进一步改善，接待能力不断改善】全地区共有各类宾馆饭店129家（其中二星级4家，三星级4家，客房550间，床位1045张)，客房3615间，床位6988张，年接待量为200余万人次，旅游从业人员5400人；国内旅行社2家，旅游开发公司14家，旅游车辆39辆，旅游船队两支18艘游船，旅游购物店11家，餐饮店60家；文化娱乐场所25处，农牧民歌舞表演队5支，家庭旅馆57户。

【召开地区旅游工作会议，全面部署2007年旅游工作】1月7日，地区召开了2007年旅游工作会议，会议客观、公正、实事求是地总结了2006年旅游工作所取得的成绩，客观分析了存在的困难和问题，全面部署了当前和今后一段时期的工作任务。周金城副专员出席会议并作了重要讲话，对林芝地区今后一段时间旅游工作提出了明确要求。会后林芝地区旅游局和各县旅游局对讲话精神进行了认真学习和讨论，并提出了具体的贯彻落实措施。

【发挥资源优势，加快旅游开发步伐】扎实做好项目工作。一是围绕区发改委和区旅游局下达的重点项目前期计划，按照“抓大放小、以大带小”的策略，突出重点景区、重点设施、重点工程，共向国家申请2007年旅游基础设施建设项目2个(分别是巴松错和鲁朗景区基础设施建设项目)，总投资1300万；申请“十一五”旅游项目28个，总投资4.1亿元。二是按照“早准备、早介入、早收效”的原则，积极申报第五批旅游援藏项目17个，总投资1.4亿元，项目涉及景区基础设施、旅游规划、旅游配套设施、人才培训等多个方面。目前，在广东省第五批援藏队的高度重视和积极努力下，其中有10个有望落实，总投1701万元，分别是各县的旅游发展总体规划、波密县嘎朗湖景区开发、旅游干线标识系统、更张门巴民俗旅游村开发、旅游示范点规划等。

加快旅游规划体系建设。按照景区开发、规划先行的要求，在《林芝地区旅游发展总体规划》的框架下，始终坚持规划的严肃性、权威性和科学性，继续加大了各县、各旅游景区的规划建设，有效扭转了部分县和部分景区轻规划、重开发的思想，实现了景区开发的良性发展。一是根据吴英杰常务副主席指示和区发改委、旅游局要求，在区地两级旅游部门的共同努力下，完成《巴松错生态旅游区总体规划》的评审工作。二是完成了《林芝地区农牧区旅游发展规划》初稿，涉及的重点项目正在抓紧申报之中。三是受行署委托，会同地区有关部门，并邀请有关专家组成评审组，对帕龙藏布景区规划和尼洋河文化艺术度假村规划进行了评审。截止目前，全地区规划已通过评审的景区有9个，分别为尼洋河中下游及雅鲁藏布下游水上旅游区、鲁朗景区、鲁朗五寨、南伊沟、喇嘛岭、琼果林、帕龙藏布景区、尼洋河文化艺术度假村。即将组织评审的有卡定沟景区规划。正在编制的有朗县旅游发展总体规划、波密县旅游发展总体规划和米堆冰川景区规划。

积极开展旅游招商引资工作。截至目前，林芝地区引进的6个旅游招商引资项目（鲁朗五寨、卡定沟景点、雅江水上游、鲁朗景区和南伊沟景区、琼果林与喇嘛岭景点开发）中有5个已通过规划评审，卡定沟景区规划正在编修之中。协议投资金额总计10.28亿元，目前累计到位资金3720万元。

认真做好农牧区旅游工作。一是2006年争取到农牧区旅游示范点项目1个，总投资40万元，目前资金已经到位，并交由林芝县鲁朗镇政府组织实施。二是积极协助自治区做好“可持续发展旅游——藏家乐示范点”（联合国开发计划署扶持项目）选点和申报工作。

【以加大宣传促销力度为手段，大力扩展客源市场】着力加大宣传促销力度，进一步拓展旅游客源市场。坚持加大宣传就是加快发展的思想，积极完善促销手段，努力开拓旅游客源市场，大力提高林芝旅游知名度和美誉度，千方百计把林芝打造成进藏旅游的适应性平台和全区生态旅游的目的地，采取硬件软件齐上、区内区外同步、平面立体共进的宣传思路，一是大力丰富和完善旅游宣传硬件设施，填补林芝地区旅游书刊市场的空白，集中力量制作印刷了以资源介绍、线路推介为重点的《林芝旅游精品手册》、《林芝旅游四季宣传单》、《2007林芝冬季旅游线路册》。本着以人为本、服务游客的原则，立足吃、住、行、游、购、娱六要素，完成了以旅游咨询服务为重点的《林芝旅游一览通》书籍的文字编撰、图片采集和版式设计等前期工作，准备在广东出版后发行。二是采取主动促销、走出去宣传的策略，组织西藏旅游股份有限公司林芝分公司、香巴拉旅行社等企业，随自治区旅游局成功参展了第八届中国成都西部国际博览会、2007云南昆明国际旅游交易会、广东国际旅游文化节，特别是在广东国际旅游文化节期间，借机在东莞、珠海两地成功举办了林芝旅游产品推介会。三是广泛利用报刊杂志、电视广播、网络等宣传平台，先后与西藏电视台、西藏旅游网、西藏商报、北京东方之旅杂志、西藏旅游杂志、地区电视台等媒体进行合作，重点就林芝优势旅游资源、五一黄金周旅游促销、林芝冬季旅游、雅鲁藏布大峡谷旅游节系列活动进行了采编报道，引起了社会各界对林芝旅游业的广泛关注。四是全面加大了林芝旅游的宣传促销力度，在广东深圳市政设计研究院的鼎力援助下，加快了林芝旅游网的更新升级，于大峡谷旅游节期间正式开通。五是为配合林芝雅鲁藏布大峡谷旅游节暨西藏冬季旅游推介会的成功举办，筛选图片150余幅，于2007年10月12日至14日在地区会展中心展厅内举办了“冬游西藏·醉美林芝”旅游摄影展，吸引大峡谷旅游节邀请嘉宾、区内外游客、人民群众2000人到此参观，较好展示了林芝丰富多彩的旅游资源，为大峡谷旅游节暨西藏冬季旅游推介会的圆满成功起到了预热及推波助澜的作用。

认真做好雅鲁藏布大峡谷旅游节相关工作。始终把雅鲁藏布大峡谷旅游节作为全年工作的重点，根据地委、行署的要求，于年初全面启动了旅游节的各项谋划工作。集中力量开展了方案制定、线路安排等前期筹划工作，配合雅鲁藏布大峡谷旅游节开幕式，组织开展了成都新闻发布会、广东推介会、成都至林芝万里自驾游、2007 西藏冬季旅游推介会等系列活动，取得了明显成效。一是在地委、行署、广东省第五批援藏工作队、广东省旅游局的高度重视下，于 9 月 3 日在广州市成功举办了广东 2007 西藏林芝雅鲁藏布大峡谷文化旅游节即林芝旅游推介会，进一步扩大了林芝在珠三角乃至全国的影响力。二是从地委办、行署办、人大工委办、妇联、团地委各抽调了 1 人，旅游局抽调 3 人组成专门工作班子负责旅游节的组织筹备工作。三是旅游节前夕，西藏旅游股份有限公司协调中央电视台在黄金时段连续一个星期播出了大峡谷旅游节专题广告，起到了前期造势和推波助澜的效果；在宣传组的组织协调下，西藏日报、西藏电视台、林芝报、林芝电视台等区内媒体也积极参与旅游节（推介会）的宣传报道工作，积极营造舆论氛围。四是林芝电视台从 9 月 1 日起开辟了《林芝旅游》专栏，并多次向西藏电视台选送旅游节（推介会）广告片和新闻素材；《林芝报》从 8 月 1 日起开辟了《林芝旅游》专栏；在旅游节（推介会）期间，中国旅游报、西藏日报、西藏电视台、新华社西藏分社、中国西藏信息中心、新浪网、西藏旅游信息网、西藏新闻网、林芝报、林芝电视台等媒体派出采编人员对各项活动进行了跟踪报道；活动结束后，各大新闻媒体还作了相应的后续报道，部分网站、报纸、电视台进行了转载，形成了强大的宣传阵势。五是为延长旅游旺季，缩短旅游淡季，林芝地区旅游局协调国航驻林芝办事处、各宾馆（饭店）及各旅游景区（点）负责人共同制定了冬季旅游优惠促销计划及旅游线路推介。于 10 月 13 日下午，成功承办了全区首届冬季旅游推介会，吸引区内外 10 多家主流媒体、20 多家大型旅行社及旅游批发商出席推介会。

林芝地区气象工作

【基础业务稳步提升于】2007 年 1 月 1 日林芝地区气象局顺利完成了林芝、波密、察隅三站新型业务切换。米林县局完成自动气象站单轨业务切换。同日林芝地区气象局新增观测项目酸雨业务也正式投入运行。

林芝地区气象局承建的朗县、工布江达二县的JICA自动气象站、现已全面建成并投入业务试用行，结束了两县无气象站的历史。全地区除墨脱县因交通制约等因素未安装自动站，其他6县都已建立了气象站。

为全面掌握和科学地评估林芝地区气象台站的观测环境，林芝地区气象局于8月14日，顺利完成了局地面组、探空组、波密、察隅、米林、工布江达6站的探测环境报告书、站址平面示意图和500米范围示意图绘制等工作。

截止目前为止，林芝地区气象局基础业务各项业务质量稳中有升，达到区局相关业务质量考核标准。2007年林芝地区气象局共申报21人次“百班无错情”，1人次地面250班无错情。迄今为止，林芝地区气象局共有54人次荣获“百班无错情”称号，1人荣获250班无错情称号，气象测报质量正在稳步增长。

【防灾减灾效益显著】搞好气象服务是气象工作的出发点和归宿。2007年，林芝地区降水时空分布不均，各种灾害性天气发生频繁。为确保各类天气预报信息能及时准确发出，林芝地区气象局采取以定时电视天气预报节目文字播出、手机短信、上门发送纸质气象服务产品、采取预报高工上电视，直接面对观众讲解天气等多种形式，及时向社会公众发布气象服务信息。在做好常规气象服务的同时，特别制作了节假日、高考等与人民群众息息相关的天气预报服务。

【气象科研成果显著】历经二年的《林芝气象与防灾减灾》一书的修改、审稿等工作，已全面完成，该书已于近日由气象出版社出版，为林芝地区气象防灾减灾工作发挥积极的指导作用。完成了向地区科技局申报《气候变化对林芝中部冬小麦播种期的影响》课题，该科研项目已于2007年6月15日由地区科技局正式下文立项。申报的8个局设项目，现有4个已全部通过验收，其余4个在待验收中。完成了《林芝地区气象灾害风险区划》。完成2008年度区局科研项目需求计划上报和地区科研项目的申报工作和本局局设课题申报收集工作。

【气象服务能力得到提升】新一代天气雷达的正式进入试运行阶段，这为预报服务、防灾减灾提供了准确、科学的资料，为林芝地区气象服务工作提供了坚实技术支撑。

2月8日，林芝地区气象局综合气象信息业务平台正式投入业务运行，该业务平台的建成，极大地增强了气象服务的能力和服务的效率。

认真细致的完成色季拉山立体气候观测站站点维护和数据卸载、报表制作和上报工作；完成了JICA项目中的工布江达县、朗县二县自动站建设任务；林芝地区气象局申报的12个地面百班和6个探空百班全部通过区局监网处的验收，其中县局7人获地面百班无错荣誉，1个探空250班无错已通过区局初审；加强制氢设备的维护管理，及时保障电解水制氢的正常工作状态，上报电解水制氢设备的大修报告，及时更换调整损坏的仪器和部件，全力保证业务运行的正常运行。

于4月19日到23日13时，全面完成林芝地区局、米林局、波密局、察隅局仪器撤换工作，保证了业务工作的连续性和正常性；截止目前为止，林芝地区气象局各项业务质量稳中有升，没有出现任何责任性事故；及时完成上报林芝地区气象局气象基本业务汛期检查的自查报告和林芝地区气象局气象探测环境保护情况检查报告；全力协助中国气象局气科院组织的GPS水汽站定标对比观测组为期三天的对比观测工作，确保施放气球时次与机场航班起降时次不冲突，顺利完成了GPS对比观测任务和资料收集工作。

【圆满完成西南地区滑坡和泥石流灾害会议及全区大气成分工作会议在西藏林芝地区召开的各项工作】9月25日上午，西南地区滑坡和泥石流灾害气象监测预警业务服务系统项目会议在西藏林芝地区召开，来自四川、重庆、贵州、云南、西藏五省的与会代表参加了此次会议。林芝地区是泥石流、山体滑坡的多发区，西南地区滑坡泥石流工作项目会议在此召开具有非凡的意义，不仅增强了西南地区科研部门的交流与沟通，也为林芝地区气象局开展林芝地区地质灾害气象服务工作提供了许多良好的思路。11月27日在林芝地区举行的全区大气成分工作会议在西藏林芝地区召开，来自区局监网处、科研所及全区5个地市局的各位会议代表参加了些次会议，为保证会议的顺利召开，林芝地区气象局专门成立了会务小组，精心组织和策利，圆满完成了各次会议的准备及保障工作，得到了会议代表的充分肯定。

【人影工作得到长足进步】2007年上半年，林芝地区先后发生四起森林火灾。林芝地区气象局在接到人工增雨作业通知后，不论路途多远，立即组织人影作业人员连夜奔赴火灾现场。以高度的责任感，彻夜坚守在人影岗位，随时捕捉有利的作业时机，全力以赴完成每次人影作业，得到了地方政府的充分肯定。对此，林芝地区行署为林芝地区气象局投入了经费，购置了新式火箭炮架及人影车辆，极大的改善了林芝地区气象局人影中心设备落后的现状。同时人影轨道相关的制度建设也在逐步完善中。

【气象科技服务与产业稳步】2007年上半年林芝地区气象局气象科技服务与产业稳步发展，防雷工程施工合同已签订3项，房地产出租率达99%，资金到位率均达到100%，彩球服务效益比2006年有所增长。各县局充分依托地缘优势积极寻找新的产业增长点，努力提高产业收入。

【获奖情况】2007年林芝地区米林、察隅二县气象局被评为自治区级文明单位，地区气象局荣获西藏科协表彰的“全国科普日”先进集体荣誉称号。

林芝地区电力工作

【强化措施、狠抓落实，各项指标完成较好】2007年，林芝地区电力局全年累计完成发电量 5628.29 万千瓦时（含外购电量 1050.69 万千瓦时），同比增长20.23%；完成售电量5241.24万千瓦时，同比增长18.29%；电费回收率98.98%；电网最高负荷 1.76 万千瓦，同比增长12.8%；综合损耗率 7.23%（其中线损率3.64%、网损率2.45%、厂用电率1.14%）。

【狠抓安全生产管理，电网保持了平稳运行态势】安全生产是公司发展的基础，始终坚持“安全第一、预防为主、综合治理”的方针，认真学习贯彻区公司安全生产专题会议和地区安委会会议精神，进一步分解、细化安全生产责任，修改完善了安全生产管理制度和台帐记录。根据林芝电网存在的问题，加大整改和投入力度，共完成改造项目 8 项；认真组织开展安全生产隐患排查专项治理、安全性评价等工作，结合国家电网公司安全生产管理诊断分析专家组提出的要求，组织开展安全大检查 6 次，共完成影响电网安全运行缺陷整治84项。经过公司全体职工的共同努力，设备的故障、障碍同比下降63%，输配电线路故障、障碍同比下降27%，没有发生重、特大电网和设备事故。截止 2008 年 11 月30日，累计连续安全生产499天。

【加强管理、谋划措施，全力做好电力供应工作】近年来，随着林芝地区经济社会的快速发展，人民生活水平的不断提高，电力供需矛盾日显突出。面对今冬明春严重缺电的压力，组织好、落实好电力供应是主要的责任和首要任务。从2007年上半年林芝地区电力公司就几次召开会议，对林芝电网迎峰度冬工作进行安排部署，制定了林芝电网迎峰度冬实施方案，明确职责，提前安排了设备检修和消缺工作，挖掘发电潜力由2006年的15500千瓦提高到16500千瓦，加强对用电大户的计划性用电管理，签订计划用电协议83份，让用户自己采取措施控制内部用电量，加强冬季用电宣传工作，召开用户座谈会 2 次，上街宣传和利用报刊、电视等新闻媒体宣传电力供应形势，大力倡导节约用电，争取广大电力客户的理解和支持，发送错峰避峰通知书 127 份，采取措施积极开展让电于民活动。到目前为止，限电时间由2006年的11月10日推迟到2007年的11月23日，限电量没有超过1000KW，保证了重要用户的正常电力供用。

【加强电力营销管理，努力提高优质服务水平】电力营销情系千家万户，按照区电力公司加强营销建设的要求，结合林芝电力营销现状，召开了电力营销专题会议，进一步统一了对营销工作重要性的认识，制定了电力营销实施方案，完善了组织机构，修改完善了21项管理制度，明确了岗位职责、工作标准和服务流程，全面系统地开展了营业普查工作，共检查出存在的问题 381 项，目前已全部整改完成。客户数由1611户减少到现在的1355户，消户256家。通过营业普查摸清了公司营业范围内客户的真实情况，锻炼了队伍，为今后客户测量管理、增供扩销、科学降损、规范营业统计等工作打下了良好的基础。

根据区公司的安排部署，组织开展了安全生产和优质服务、百问百查活动，制定了具体的实施方案，并组织干部职工学习讨论，使大家充分认识百问百查活动的重要性和必要性。通过问查相结合的方式对照管理上跑、冒、滴、漏现象进行了检查，查出存在的主要问题 13 项，目前已整改完成 9 项，建立了行风监督员联系制度，聘请行风监督员 5 名，对优质服务工作进行适时监督，定期走访客户听取意见和建议，以纠促建，努力塑造西藏电力服务品牌形象，较好地完成了林芝地区重要保电任务 9 项，一般保电任务20项，全年未发生用户投诉事件，服务满意率不断提高。

林芝地区环保工作

【以土壤污染状况调查为重点，狠抓自然生态保护】2007 年，林芝地区环保局进行土壤污染状况调查。西藏自改革开放以来，随着工农业生产的快速发展，企业建设、矿山开发、农药化肥的施用，给土壤造成了不同程度的污染，为了解西藏土壤污染现状和土壤环境质量状况，获取基础数据，自治区环保局安排2007 年进行全区土壤污染状况调查。5月，根据自治区安排，以林芝地区为试点的土壤污染召开调查正式开展，为给全区土壤污染状况调查探索经验。林芝地区环保局高度重视，积极配合，精心安排，确定专人负责，千方百计为调查队解决实际困难和问题，确保调查工作顺利进行。经过一个多月的实地调查取样，圆满完成了林芝地区样品采集任务，形成了《土壤环境质量调查与评价》、《土壤背景对比分析》、《土壤环境污染风险评估与安全性划分》、《土壤环境质量监督管理体系建设》及《林芝地区主体功能区规划评价意见》等成果，将提高环境监督管理工作的针对性。

开展绿色机关、绿色学校、绿色社区创建活动，制定了2007年度地区绿色机关、绿色学校、绿色社区创建活动方案，报行署审批。完成了林芝花园国家级绿色社区的申报工作，制作了《雪域高原的绿色家园——林芝花园社区》的电视短片。

开展了《林芝生态大地区保护与建设规划》编制的前期准备工作，通过与中科院成都山地所反复多次协商，完成了《林芝生态大地区保护与建设规划》大纲，并根据《林芝生态大地区保护与建设》大纲，提出《林芝生态大地区保护与建设实施意见》（草案），在地区环保大会上提交讨论。目前，正在全面征求意见之中。

了解掌握了自然保护区建设和保护现状，掌握自然保护区基本情况。目前，全地区有自然保护区 3 个，其中国家级自然保护区2个，自治区级自然保护区1个，保护区面积约为232.04万公顷，使该区域的珍稀动植物、独特生态系统以及地质、文化遗址得到有效保护。

【以环境影响评价为抓手，狠抓环境安全】认真落实建设项目环境影响评价制度，抓好建设项目环境管理。全面落实“三同时”制度，严把“三关”，防止新污染、新破坏源的产生，切实保障环境安全。一是严把环评关，把环评关口前置，要求所有建设项目（包括新建、改建、扩建项目）必须严格执行环境影响评价制度；对所有建设项目严格实行环保设施和生态恢复措施与主体工程同时设计、同时施工、同时投入使用的“三同时”制度，对可能造成重大环境污染的项目不予环评，坚决予以禁止，防止新污染、新破坏源的产生，努力从源头上控制污染。二是把好项目建设关，在项目建设过程中，通过采取与建设单位签订环境保护目标责任书，明确项目法人为环保第一责任人等方式，落实环保责任，并将环保任务层层分解，落实到人，落实到每一个环节，做到每个项目、每个环节都有专人抓环保、专人管环保.三是把好项目验收关，对未落实环评要求及“三同时”制度的，坚决不予验收，不得投入试生产或交付使用。加强施工现场的扬尘治理，采取定时洒水、现场覆盖等措施，减少扬尘污染。2007 年，审批办理建设项目环境影响登记表 55 个，参与评审并出具评审意见的建设项目环境影响报告书5个。

开展电磁辐射设备申报登记工作。根据自治区环保局《关于印发西藏自治区电磁辐射设备（设施）申报登记工作方案的通知》即藏环发(2007)136号文件精神。林芝地区环保局十分重视，成立了以分管领导为组长工作班子，专项负责这项工作。按照自治区工作方案的要求，9月——10月，利用两个月的时间，首先对全地区拥有电磁辐射设备（设施）的单位进行调查摸底；11月——12月，再利用两个月时间，开展电磁辐射设备（设施）的申报登记。到12月底申报登记工作全面结束，先后对电视台、中波台、气象台、林芝机场、电信、移动、联通等单位的电磁辐射设备（设施）进行了申报登记。并将在 2007 年年底至2008年3月末进行复查及总结。

节能减排工作进展顺利，主要污染物总量控制目标已分解完成，并与各县签订了责任书。按照国家对西藏到 2010年底主要污染物 COD（化学需氧量）和 SO2（二氧化硫）排放总量在 2005 年的基础上保持零增长，不安排削减任务的要求，自治区给林芝地区安排的控制目标为：COD排放总量控制在1480吨，SO2排放总量控制在 100 吨。为准确把握地区主要污染源，完成污染物总量控制指标分解任务，林芝地区环保局对全地区主要污染源进行了认真调查摸底、仔细分析研究，最后确定以人口、燃煤消耗量及工业发展情况作为分解的主要依据，将控制指标分解到各县，分解方案出来后，又将方案发到各县，征求各县人民政府的意见，在综合考虑各县反馈意见的基础上最终形成了各县总量控制任务。

加强环境监督检查。加强对重点建设项目老虎嘴电站、雪卡电站、米朗公路、八一第二大桥等的监督检查，通过邀请人大代表、政协委员、监察部门等一同参与检查等形式，不断改进监督方式，强化监督力度，提高监督实效。加强矿产资源开发勘查阶段环境保护工作监督检查，为全面加强矿产资源勘查阶段的环境保护工作，进一步整顿和规范矿产资源开发秩序，切实保护好矿区生态环境，促进矿产的持续利用，全面加强了对矿产资源开发及勘查阶段的环境保护工作，深入现场，检查了解采（探）矿点的环境保护情况，召开了采（探）矿企业业主座谈会，宣传《西藏自治区人民政府办公厅关于加强矿产资源勘查阶段环境保护工作的紧急通知》精神，通报目前采（探）矿点环境保护方面存在实际问题，加强沟通，提高采（探）矿企业的环保意识。加强林芝、米林、工布江达国道、省道沿线渔庄环境治理。同时汽车尾气、白色污染治理工作正在开展之中。2007 年，对重点建设项目督查12次，其中邀请人大代表、三级政协委员、监察部门等一同检查 6 次；检查矿产资源开发环境保护情况 5 次；审批通过采（探）矿环境保护方案28家；检查渔庄17家。

【以环境执法检查为切入口，狠抓环境监察】加强城镇集中式饮用水水源保护区建设执法检查。制定了《2007 年林芝地区城镇集中式饮用水水源保护区环境保护专项执法检查方案》，明确执法检查的主要内容。进一步摸清了集中式饮用水水源的基本情况，了解了威胁饮用水水源安全的污染及隐患，清理了集中式饮用水水源保护区的污染源，制定了饮用水水源突发性环境事件应急预案，确保城镇集中式饮用水水源安全。目前，各饮用水水源保护区均已制定了饮用水水源突发环境事件应急预案，都有较为完善的保护区管理制度，管理设施齐全，管理人员明确，饮用水水源得到有效保护。

加强重点建设项目环境执法检查。检查了米朗公路、雪卡电站、老虎嘴电站、八一二桥等重点建设项目，查处施工造成生态破坏与环境污染、工程开工后没有及时到环保部门备案、民工营地随意丢弃生活垃圾、污水未经处理直接排放、施工现场扬尘治理不力、储油罐等危险品管理不规范等环境违法行为6起，其中对北京海龙公司、西藏天路公司、武警交通三支队破坏生态、污染环境严重环境违法案件，分别给予行政罚款。

加强旅游景区及旅游开发项目执法检查。对巴松错、秀巴古堡景点、卡定沟景区、鲁朗景区及圣地雅江水上游项目、圣地巴松错旅游开发项目、鲁朗五寨旅游开发项目进行了不定期检查，查处环境违法行为5起，下达环境违法限期改正通知书5份，叫停1家旅游开发建设项目。

开展城市、重点道路、矿山环境综合整治。对城区群众反映强烈、严重影响居民工作和生活的噪声、粉尘、烟、油烟污染进行了综合整治，治理污染源20个。对建设项目夜间施工、酒吧等娱乐场所噪声超标进行整顿，采取施工审批、发布施工公告、限期整改等多种措施进行治理。规范公路养护料场，划定公路养护料场21个，并以立牌提示。加强矿产资源开发环境执法检查。专项检查矿产企业环境保护开展情况，对地区矿产资源开发企业进行拉网式现场执法检查，进一步了解了采（探）点的环境保护现状，对没有履行环保手续、环境保护方案不全的企业责令限期整改。

加强重点污染源检查，检查了林芝机场、地区人民医院、地区藏医院等3家单位的污染源，检查了污水排放及垃圾处理情况。下发《关于禁止焚烧秸秆的紧急通知》，查处了一批焚烧秸秆的环境违法行为。2007年，查处典型大气环境污染案件4起。

加强处理12369环境举报电话管理。2007年，共接到群众举报25起，均以全部办结，其中2起较为严重，一是毛纺厂垃圾焚烧污染大气环境案，一起是唐朝宾馆排放烟尘案，已做出严肃处理，对毛纺厂、唐朝宾馆都给予了行政罚款。开展中、高考期间的噪声治理；加强排污费征收工作，指导检查开展排污收费，2007年已有林芝、米林开展了排污收费。

开展环保专项行动。围绕民生问题，深入开展“整治违法排污企业保障群众健康”环保专项行动，对资源开发、重点工程项目、自然保护区管护等领域进行重点检查。

2007年全年共征收排污费120余万元，行政罚款20余万元，进行环保专项行动一次，专项执法检查30次，共出动执法人员300余人次，执法车辆40台次。

林芝地区科技工作

【加大农牧业科技推广力度，农牧业科技水平稳步提升】2007年，林芝地区科技局在优势中找亮点，把优势做强，把特色做大，加快形成“一县一业”、“一乡一品”的主导产品和主导产业的要求。2007年，全地区科技工作紧紧围绕“1231”发展思路，服务“三农”工作。全年科技经费投入累计达276万元，共安排落实科技项目22个，实施“星火项目”2个。加大农牧业科技推广力度，积极组织实施特色产业领域内的科研项目，稳步提升农牧业科技水平，取得成效。主要有：

工布江达县藏丹参人工种植“富民强县”项目顺利实施，截至2007年底，累计完成种植藏丹参87公顷，其中扶持甲热村38户农牧民群众种植藏丹参33公顷，增加群众收入人均达300元。项目的实施也带动85名农牧民群众掌握了一定的藏丹参种植技术。

波密县天麻人工种植项目取得较好成效，天麻商品率达到60%。2007年进一步加强管理和技术指导，在巴吉村科技示范园扩大天麻试种面积，培育天麻菌种48900多瓶，为波密县提供仔麻1690斤。波密县高度重视此项工作，积极开展技术培训，指导群众种植。不少群众得到了实惠、尝到了甜头，当地群众种植野生天麻的积极性越来越高。

林芝县积极推广机械化作业，在米瑞乡、百巴镇推广脱毒马铃薯机械化播种79公顷，平均亩产量达到4500斤，户均增收15700元，人均增收3020元。在仲萨巴村向农牧民群众培训科学种植技术，扶持当地群众种植玉米29公顷、野桃嫁接100株、蔬菜大棚3.8公顷、油菜2公顷，积极探索建设科技支撑示范村之路。

米林县蕨菜加工技术引进与研究项目取得进展，通过聘请技术人员，开展培训，以公司加农户的形式，带动当地农牧民增收60万元。

朗县辣椒生产基地建设项目实施顺利，已建成104座温棚，种植面积达33公顷，同时积极开展辣椒枯萎病的防治研究和技术培训工作，增加群众收入人均达400元。

察隅县当地优质水稻提纯复壮项目正在实施中，已建立10公顷繁育基地，可以提供优质水稻种子4万公斤，推广面积达267公顷，增加经济效益40万元。

墨脱县依靠科技进步，引进水稻、玉米和热带水果新品种，在当地示范推广，取得成效，水稻亩产由300多斤提高到800斤左右，玉米亩产由350斤提高到800斤左右。

林芝地区清洁能源（沼气）示范项目取得阶段性成果，林芝县多布村37户、色定村15户和朗县200余户农牧民群众，用上了充足的沼气，有效保护了生态环境，即节省了劳力又改变了卫生条件，受到当地农牧民群众的欢迎。为沼气在林芝地区示范、推广起到了积极的促进作用。

抓住区域特点，围绕地方党委、政府中心任务开展科技工作，加快农牧业科技推广进程，这是2007年林芝地区科技工作的亮点，科技对农牧业的贡献率达到了40%，科学普及率达到了60%。

【科技特派员工作稳步推进，为林芝地区特色产业发展、增加农牧民收入，发挥了科技示范和辐射作用】2005年全区科技特派员试点工作全面启动，截至2007年底，林芝地区已聘任科技特派员18名，科技特派员工作稳步推进。

朗县堆巴塘2名科技特派员指导当地农牧民群众高效节能温室反季节蔬菜种植技术，覆盖面达14座温室，受益群众达14户，每座温室为群众增加年收入达8000余元。工布江达县结定村、林芝县甲丁嘎村的科技特派员，积极扶持农牧民群众发展特色产业，手把手地教会农牧民群众大棚蔬菜种植技术和管理经验，受益群众达到77户、300余人，每户农牧民群众年增加收入达5000余元。林芝县科技特派员积极指导当地群众发展西瓜、草莓等特色经济，2007年在布久乡仲萨巴村种植40座西瓜温室大棚，实现销售收入12万元。米林农场科技特派员结合科技项目的实施，因地制宜，在大棚里种植西瓜、西红柿和葡萄等经济作物，单位耕地面积产值由原来的300元左右大幅度提高到6000元以上。

【科技培训结硕果，农牧民群众科技意识和科技文化素质普遍提高】2007年林芝地区林芝县被评为全国科普示范县。2007年全地区科技培训经费投入40万元，全地区开展科技培训20余期，培训农牧民群众达1万余人次。主要有：

1. 蔬菜种植技术培训。2007年3月21日至28日，林芝地区科技局举办蔬菜种植技术培训，来自工布江达县、林芝县、米林县、朗县45名种植专业户参加了培训。

2. 特色种植培训。由林芝地区科技局协调，地区行署邀请，陕西杨凌示范区梁宗锁等专家、教授于2007年4月5日至12日专程赴林芝地区为"特色种植培训班"授课。重点安排藏药材种植、管理和果树栽培、嫁接及管理等内容，由杨凌示范区安排专家、教授授课。来自全地区基层科技管理人员、基层技术人员、农牧民致富带头人等45学员参加了培训。

3. 果树修剪和管理培训。2007年3月19日至23日，林芝地区科技局对四大果园(米林农场、雪巴农场强嘎果园、林芝县果园和察隅农场果园)进行新品种引进、老旧品种改良以及果树修剪和管理培训，近50名技术人员和群众参加了培训，对进一步提高林芝地区果园管理水平，提高果品质量和产量，提供了科技服务。林芝县、工布江达县、米林县、朗县大棚蔬菜种植培训，培训1600人次。林芝县、工布江达县、米林县、朗县果树管理培训，培训1500人次。工布江达县巴河镇雪卡村农牧特色种植、特色养殖技术培训，培训1600人次。

4. 《全民科学素质行动计划纲要》和科普示范县检查评估方法及科普工作交流培训，全国科普示范县（市、区）创建单位负责本和全区7地（市）科协主席及工作人员30余人参加了培训。

5. 天麻种植技术培训。2007年11月2-4日，林芝地区科技局安排技术人员到波密县现场指导、实地培训农牧民群众天麻种植技术，培训群众达100人次。

【积极发挥科协的桥梁和纽带作用，加强科普惠农兴村示范点建设】地区科协为林芝地区争取到科普惠农兴村项目3个。通过几年的努力林芝地区现已逐步建成了优质果树示范点，群众公共卫生示范点、文化建设示范点、特色藏药材人工种植示范园、蔬菜示范村、野桃嫁接村等科普示范项目，为建立农村科普示范基地、培育科普示范户、促进农业新技术推广、提高农业效益、增加农民收入打下了良好的基础。

【积极开展知识产权宣传、专利申请工作】2007年积极开展知识产权宣传活动，通过发放知识产权宣传材料、开播知识产权知识和工作动态电视专栏等形式，让群众对知识产权保护等知识有了进一步的了解。积极向企业和个体户发放专利申请的有关知识，协助申请专利工作。目前，全地区获得专利申请共10件。指导有关单位注册了"宇妥藏药"、"工布藏香猪（鸡）"、"波密天麻"、"墨脱石锅"等带有西藏特色、具有现代商业价值的商标，为保护原产地商标做出了应有贡献。

【存在的主要困难和问题】（一）科技意识淡薄。一些地方对依靠科技提高劳动者素质振兴林芝地区经济的认识不足，观念陈旧，缺少科学发展的意识，科技工作"说起来重要，做起来次要，有时可以不要"的现象不同程度存在。

（二）科技投入不足。科技投入力度不够，科技经费投入层次少、渠道少，投入量偏低。与加快发展的要求不适应，科技投入无论是总量还是在国民生产总值中的比值都处于较低水平。

（三）体制不健全。目前，林芝地区还没有一个独立设置的县科技局，对开展科基层技工作带来很多不便。

林芝地区教育工作

【"两基"工作成绩显著】2007年1月，林芝地区召开了第五次教育工作会议，对"两基"攻坚工作进行了再次安排部署。4月初，又召开了林芝地区"两基"攻坚暨教育督导工作会议，建立完善了地、县两级教育督导机构，聘任了第一届教育督学。5月，朗县、察隅县通过了自治区的"普九"复查。11月，米林、工布江达、波密三个县通过了地区的复查。9月20日至25日，墨脱县接受了自治区"普九"评估验收，各项指标全部合格，全地区全面实现"两基"目标，"两基"人口覆盖率达100%，成为继拉萨、山南之后全区第三个全面完成"普及九年义务教育"的地区之一。2007年，全地区各级各类学校共有163所，其中：高级中学1所，初级中学9所，小学63所，教学点90个。全地区小学生达21091人，小学入学率达到99.21%，初中在校生达8058人，初中入学率达到95.7%。

【高中教育发展迅速】林芝地区第一中学的办学条件继续得到改善，2007年，由广东省援建的图书馆已经建成使用，总投资达500万元；由国家投资3000多万元实施的地区一中改扩建工程，各种建设项目大多已经完成并投入使用。2007年，全校共有教职工164人，教学班级40多个，在校生达2390人，基本达到建校时的最大规模。学校教学质量不断提高，被挂牌成为"成都军区国防生源基地"。全地区高中阶段入学率达到了50%。

【职业教育快速发展】全地区职教基地达4.7公顷，有职业技术学校1所，县职业技术教育中心7所。地区职业技术学校完成招生1050人，各县职教班学生达1356人，职业高中达450人。2007年全地区共下拨职业教育专项资金136万元，共投资113万元对波密县职教中心进行了重点建设。各种技能培训取得明显成效，全年共完成农牧民培训任务3000人次，同时还协同有关部门开展各种培训共50多期，培训农牧民达5000人次，仅教育部门就投入资金23.5万元。2007年，全地区职业教育形成了"向市场靠拢，校企联合，一县一特"的发展思路，如波密县的木工专业，工布江达县的卡垫编织专业，林芝县的服装制作专业，米林县的汽车修理专业，地区职校的旅游导游及酒店服务专业等，一些职教中心还开始与相关企业实行了联合办学，成立了一些职业教育经济实体，迈出了市场化之路。

【学前教育稳步发展】全地区认真贯彻实施《幼儿园管理条例》，进一步规范了幼儿园办园行为，全地区幼儿园办学逐步实现了规范化、科学化管理。2007，全地区共有幼儿园9所，其中公立幼儿园7所，民办幼儿园2所。全地区的适龄幼儿基本能接受学前3年教育，城镇幼儿入园率达90%以上，农牧区相当一部分地方已经开始普及学前1年教育，基本形成了地、县、乡三级幼儿教育格局。

【办学条件得到迅速改善】学校建设方面，2007年共完成重点建设项目有7个，总投资达8118.8万元。同时，还投资245万元为14个乡镇完小配备了计算机网络室，进一步改善了这些学校的办学条件。

【教学质量显明提高】基础教育新课程改革得到全面实施，地区教研室开展的“韵语教学实验班”取得明显成果，申报的国家级课题子课题“语感教学研究与实验”获得批准立项。2007年，全地区组织了初、高中学生共700多人参加了全国初中数学联赛、高中数学联赛和英语能力竞赛，共有40多名学生获奖；组织47名师生参加了第三届全国语文规范化知识大赛，共有8名师生获得荣誉证书。9月，地区一小一名老师代表西藏自治区参加了“首届全国青年教师师德演讲大赛”，获得三等奖。2007年，林芝地区还对林芝县巴河镇小学、林芝县中学进行了办学水平综合评估。

【教师队伍不断壮大】到2007年底，全地区共有专任教师1908人，其中高中132人，初中478人，小学1209人，职校55人，幼儿园34人。小学、初中、高中教师的学历合格率分别达到了96.3%、97.5%和98.6%，其中小学教师专科学历达到了60.9%，初中教师本科学历达到了68.1%，高中阶段教育硕士(包括在读人数)达到了9人。2007年，林芝地区共有1名教师被评为国家级优秀老师，83名教师获自治区级名校长、名教师、骨干教师、优秀班主任、师德标兵等荣誉称号。一支规模适度、结构合理、师德高尚、业务精湛、充满活力、相对稳定的教师队伍已经初步形成。

【青少年校外教育全面加强】地区青少年活动中心全年共举办各类培训班达50多期，参加培训人数累计达7000多人次。同时开展了许多生动活泼的活动，进一步加强了对青少年思想品德教育和爱国主义教育，成为地区青少年校外教育的示范点。2007年10月，地区青少年活动中心在全区青少年校外活动中心评估中，取得了全区第一的好成绩，被自治区授予“2007年西藏自治区一级（优秀）青少年活动中心场所”的荣誉称号，并获得奖励资金5万元。

【不断加大教育救助力度】2007年，全地区开始实施义务教育阶段实行全部免费教育，学校除代收一些校服等费用外，不再收取任何费用。据统计仅地直学校，全年就向贫困生发放助学金达20多万元，共为困难学生捐款达5万多元。2007年林芝地区还按照地委行署联席会议要求，决定从2008年开始，按照“三包”经费标准从地区财政收入20%投入教育经费中解决农业企业困难职工子女上学费用，标准按农牧区中小学生“三包”经费标准执行，深受广大农业企业职工欢迎。社会各界更加支持关心教育发展，据不完全统计，社会各办为学校捐助资金达100多万元。此外，由共青团福建省委、福建省第五批援藏工作队共同牵头，福建省青年企业家协会出资600万元成立的“闽藏青年育才工程”也开始正式启动，首批15名学生已奔赴内地开始了三年的学习生活。

【存在的问题】一是“两基”攻坚巩固提高难度较大，控辍保学任务十分繁重；二是高中教育资源严重不足，地区仅有的一所高级中学已经不能满足社会对高中教育的需求，建设地区第二高级中学已迫在眉睫；三是全地区学校的教育教学管理还不够规范，教育教学质量偏低，必须进一步加强学校管理工作；四是城乡之间、各类教育之间发展不平衡的问题仍然比较突出，优质教育资源匮乏，教育信息化步伐需进一步加快；五是教师队伍的教育观念、培养模式乃至管理体制、运行机制还不能完全适应现代教育发展的需要，教师的整体素质有待进一步提高，师德教育必须常抓不懈；六是教育服务经济和社会的能力不强，农科教结合还缺乏体制支撑和政策支持，农村教育特别是职业教育、成人教育为“三农”服务的成效不够明显；七是职业教育还没有形成大的规模，资金投入不足，而且专业师资力量薄弱，“双师型”教师缺乏，中等职业技术教育招生面临很多困难。

林芝地区
文化广播电影电视工作

【加强领导，非遗保护有新突破】2007年，林芝地区文化广播电影电视局对收集的非物质文化遗产各种文字、图片、录像资料进行了多次审核，组织非物质文化遗产保护领导小组办公室在全地区范围内开展了非物质文化遗产普查工作。新筛选出具有保护价值的非物质文化遗产项目11类75个，为今后申报自治区级、国家级非物质文化遗产保护名录贮备了项目。

2007年初，从项目库96个非物质文化遗产项目中，评审出17个项目推荐到自治区参评自治区级非物质文化遗产项目名录。8月，林芝毕秀（工布响箭）竞技活动、米林珞巴族织布技艺、察隅僜人服饰等12个项目被命名为第二批自治区级保护项目名录。林芝毕秀竞技活动等7个项目，已被国家非物质文化遗产领导小组办公室受理为第二批国家级非物质文化遗产保护项目，有望实现林芝地区国家级非物质文化遗产保护名录零的突破。

【完善制度，文物保护成绩斐然】2007年，林芝地区文化广播电影电视局建立了地区56处重要文物点文物业余管理保护小组。开展了第三次全国文物普查和第二批县级文物保护单位公布的准备工作。完成了2007年新增3处自治区级文物保护单位（扎木中心县委红楼、冲康庄园和崩仁曲德）的建档工作。

深入开展了重要历史革命文物调查保护工作。地区重要历史和革命文物调查工作组多次召开专题会议，协商具体事宜，组建7个调查小组，用时6个月，全面深入地对7县13处重要历史和革命文物保存现状进行调查并建档，同时，对流散的重要历史和革命文物也进行了建档。

认真开展了“贝叶经”复查工作。全地区组织建立了7个复查小组，相继深入7县进行了3个多月的复查工作。对80余处文物点（寺庙、拉康、经堂等）进行了复查。

【明确责任，文化市场监管有力】2007年，林芝地区文化广播电影电视局始终坚持一手抓繁荣，一手抓管理。加大了对全地区文化市场的整顿力度，特别是加大了对打击非法政治性出版物为重点的专项治理行动，坚决查缴政治性非法出版物、带有严重错误的宗教出版物和达赖集团反动出版物。全年检查音像制品经营单位245家，查处并没收盗版、淫秽光盘2300余张，没收盗版书籍355本。受理群众举报38件，检查网吧298家次，对违规经营的网吧给予不同程度的处罚。联合相关部门收缴违法经营电子游戏机5台、苹果机4台。

【更新观念，图书事业创佳绩】2007年，林芝地区文化广播电影电视局与地区消防支队共建了全区第一个“流动图书馆”；在第13个“世界阅读日”期间，举办了免费阅读活动，为400多名读者提供了服务；4月帮助察隅县培训了设计图书编目、排架、手工借还登记等知识的图书管理员；全年共购进新书608册（价值2万余元）；向国家图书馆争取到各类图书10000册；全年外借图书16400余册次，接待读者5470人次；完成录入电脑和编目上架图书2622种5122册。

完成了春、秋两季教材的征订、发行、汇总工作，教材发行码洋为408.5万元，实现利润41万元；完成了地区征订《党的十七大文件学习辅导读物》的任务，征订各类学习辅导读物近万册；争取到广东省新华发行集团援助资金50万元；1-10月新华书店门市销售码洋10万元。

给农牧民群众送书下乡1100余册（价值5000余元）。

【唱响主旋律，文化宣传活动扎实开展】2007年，充分利用“4.26”反盗版宣传日、“5·18”国际博物馆日、“6·9”文化遗产日和常规的“3·15”、“12·4”法制宣传日，通过林芝移动、电信等网络发送短信宣传了文化广电法律、法规。全年共散发法律法规传单10000余张。其中在6月9日，林芝地区科技局联合各县开展了主题为“保护文化遗产、构建和谐社会”的宣传活动。期间散发宣传手册3600余本、表演原生态的民族歌舞30多个，较好地展示了林芝浓郁民族文化，增强了林芝人民对非物质文化遗产保护的意识。

【务求实效，圆满完成十七大广播电视节目转播转星调整工作】制定了相关方案和制度。于7月31日对地、县、乡、村四级广播电视站的转星调整工作进行了统一部署，并比自治区规定时间提前20天完成了地、县、乡、村四级广播电视站518面天线接收转星调整任务；按照《关于接受亚太2R卫星8B转发器传送西藏广播电视节目有关事宜的紧急通知》的要求，林芝地区于9月24日完成了乡、村两级广播电视站292面天线接收转星调整任务。

【注重质量，电视上下行运行良好】2007年，在加快技术装备建设的同时，积极争取援藏资金和财政资金整体规划，分布推进，相继建成新闻演播控制室、机房自动播出系统，狠抓节目录制、剪接质量关，在完成本台节目录制编辑播出的同时，向自治区电视台上送新闻268条；重新编辑播出各县台上传新闻407条、通讯员稿件66条。

【狠抓基建，有线电视稳步推进】2007年，在八一镇铺设有线电视光缆5百米，电缆1万米，新安装、搬迁有线电视500多户，已建成的小区信号入户率达76%，完成所承建各小康村有线电视的巡查和检修任务。受理有线电视用户电话请求维护事故300多起，先后6次对八一镇城区内所有宾馆、酒店的有线电视收视效果进行普查，及时对收视效果不好的单位实施了线路改造。特别是在党的“十七大”盛会召开期间，外线人员发扬“舍小家，顾大家”的优良作风，长时间在一线工作，早出晚归，确保了有线用户保质保量看上“十七大”盛会和相关电视节目。

【夯实基础，“村村通”工程进展顺利】2007年，在林芝县拉丁嘎村建立了林芝地区第二个“13+1”数字电视收转站。完成“村村通”工程50座站的建设和改扩建任务。

为了加大卫星地面设施的管理，地、县两级广电工作人员对破坏广播电视设施、非法销售、安装卫星地面接收设备等违规违法行为加大了打击力度。2007年，全地区共组织专项检查40余次，收缴非法设备37套，并利用下乡机会多次向广大群众讲解广电设施管理相关法规条例。

为保证广播电视长期通，首先是提高广电工作人员的技术水平，地、县采取参加区广电局举办的培训班、自办培训班、技术骨干传帮带、开展技术考核等方式提高广电技术人员的业务素质。如：林芝县用8天时间培训了84名乡村级广播电视管理人员。其次是地、县广电部门加大了对各站型设备的维护力度，并多次派出维护人员到各站开展维护工作。全年共派出375余人次、车辆186台次深入7县55个乡镇村级地面站进行了广电设备的维护维修工作。更换了2.4米卫星接收天线27套、接收机10台、调制器12台、发射机10台、高频头32个。

【活跃基层，电影“2131工程”成效显著】按照在农牧区确保每村每月放映电影1.6场以上，让农牧民看到、看懂、看好电影的工作要求，广泛开展了“电影进农牧区”等电影主题公益放映活动，电影“2131工程”2007年为农牧民放映电影14000余场，观众达80多万人次，各项放映指标均超过既定目标。2007年，免费为城乡居民放映电影2112场，观众达291456人次。完成10个农村电影室外转室内数字放映室的新建任务。解决察隅、墨脱两县流动电影放映车各一辆。完成地区财政下达68万元的上缴任务。

【加强监管，“西新工程”安全推进】各站值机人员认真执行值班制度，加大监听、巡机、监测力度，收听质量有了大幅度提高。地区调频转播台1-10月安全优质地转播中央人民广播电台节目7884小时；转播西藏藏语节目8136小时；转播西藏汉语节目7885.5小时，圆满完成“三满”安全播出任务。

【获奖情况】林芝地区文化广播电影电视局文化市场管理科被文化部授予“2006年度全国文化市场行政执法先进单位”荣誉称号；新华书店宋西林被授予“全国新华书店系统先进工作者”光荣称号；文物科多布杰同志被评为全国文化遗产保护工作先进个人；市场科赵小兵同志被评为“全区扫黄打非先进个人”荣誉称号。电视台4件作品分获全区电视好新闻二、三等奖。

林芝地区卫生工作

【切实推进农牧区医疗制度工作】2007年，林芝地区农牧区新型合作医疗制度人口覆盖率达100%，免费医疗经费到位率100%（林芝地区共下拨资金1224.32万元，其中：中央、自治区财政下拨1164.8万元；地、县财政59.52万元）；农牧民参加个人筹资116490人，个人筹集资金132.93万元，个人筹资率达95.2%。建立家庭帐户率100%。仅上半年累计就诊85287人次，就诊总费用554.9万元，补偿总费用达408.9万元，补偿总费用占总费用的73.69%。

【进一步加强疾病预防和控制工作】狠抓纳入计划免疫的疫苗接种工作。一是认真组织开展了全地区两轮脊髓灰质炎强化免疫工作，第一轮、第二轮实际投服糖丸分别为8421人、9118人，投服率分别达到97.53%和98.69%；二是儿童计划免疫“五苗”接种率持续保持在85%以上，使林芝地区“五苗”控制严重危害人民群众健康的七种传染病的发病率大幅度下降；三是为规范计划免疫接种工作，拨专款在地区疾控中心建立了规范化预防接种室。

进一步完善突发公共卫生事件应急机制，提高应对能力。2007年共处理突发公共卫生事件共发生5起，均为水痘疫情，共报告发病158例，无死亡病例。

进一步加大了对法定传染病疫情的管理力度，强化网络疫情上报管理。加强地、县、乡三级疫情报告网络，使疫情报告的及时性、准确性和完整性进一步提高。2007年共报告法定传染病12种，共745例，报告发病率为437.52/10万，与2006年同期相比下降42.16%。

加强寄生虫防治工作。针对墨脱县疟疾疫情，要求国家卫生部组派疾控专家组，在地、县两级疾控中心的参与下，深入墨脱、察隅两县开展疟疾流行病学调查。并对当地县、乡两级医务人员进行了针对性地培训，共培训47人。在调查中对发现的12例病例进行了积极的治疗。在墨脱和察隅县的传染媒介调查中，共捕获按蚊5345只，证实林芝地区墨脱县疟疾传疟媒介按蚊以多斑按蚊为主要传播媒介。

继续加强地方病防治工作。一是以鼠疫为重点，开展了鼠疫疫源县、交通要道、旅游景点的鼠疫监测工作，监测面积7970公顷。采集狗血清48份，未发现阳性样本。二是积极开展碘缺乏病防治工作，以推进了食盐加碘为主，投服碘油丸为辅的碘缺乏病综合防治工作，2007年，全地区共检测居民食用盐1980份，其中碘盐1221份，通过检测，林芝地区碘盐覆盖率为61.67%。

积极开展麻风病、结核病防治工作。严格执行“查出必治、治必彻底”，实行地、县、乡分级转诊、分级全程管理和治疗和投药承包责任制。

加强对重点人群和重点场所艾滋病的防治宣传工作，强化了对艾滋病防治工作的主动监测力度，对娱乐场所和监管场所等重点人群进行HIV初筛检测。

【狠抓基础设施建设】2007年林芝地区卫生局工作重点放在了2006年完成前期工作并立项，未下达概算批复的项目资金争取工作上，共争取到项目资金1638万元(朗县疾控中心81万元，墨脱县疾控中心115万元，通麦急救治50万元，工布江达县卫生服务中心155万元，朗县医技楼91万元，林芝县医技楼105万元，地区藏药制剂中心1041万元)。

2007年立项并争取到的项目是地区妇幼保健院医技、门诊楼建设项目，投资370万元，4个乡镇卫生院建设项目，投资126万元和乡村卫生机构设备资金217万元，共计713万元。

2007年完成前期工作并立项的项目有工布江达、察隅县藏医院建设项目，投资280万元，地区人民医院外科大楼建设项目，投资1510万元，共计1790万元。

积极与广东、福建衔接“十一五”卫生援藏项目，“十一五”提出的项目有18个，总资金需要3825.1万元。

【加大卫生执法力度，保障人民群众医疗和食品卫生安全】加强重大节日和专项检查工作，确保饮食安全。2007年共检查餐饮单位241家，未取得卫生许可证19家，停业整顿并限期整改16家，责令停业2家，取缔非法从事餐饮业1家，没收过期变质食品3327.51公斤，价值34300元。出动卫生监督执法人员20人次，执法车辆6台次。

全面开展食品卫生监督量化分级管理工作。通过二年的试点验收，在20家试点的单位中确定了8家生产经营单位为首批食品卫生监督量化分级管理等级单位并予以授（挂）牌。其中A级企业2家，B级企业5家，C级企业1家。

深入开展学校食堂卫生专项监督检查，保障学生饮食安全从2007年4月至6月间，先后多次对学校食堂、学校周边餐饮业、副食品店进行了食品专项检查工作。共检查学校周边餐饮单位30余户次，从业人员36人次，均已做到持证上岗，持证率100%。检查学校8所，从业人员37人，持证上岗31人，持证率86%，没收发芽土豆966公斤，价值579元，过期调味品204公斤，价值2500元，限期整改1家。并对大中小餐饮单位、学校食堂主要负责及法人与卫生局签订食品安全责任书，共241户。

加强生活饮用水监管，保障饮水安全，2007年5月，组织对八一镇自来水厂进行了卫生监督检查和水源采样鉴定工作。

加强日常卫生监督管理工作，确保消费者饮食安全。2007 年共监督检查食品及公共场所 3000 余户次，其中餐饮单位 1482 户次，依法取缔不符合食品卫生标准的餐饮单位 3 户次，共审核办理食品及公共场所卫生许可证 1024 户，从业人员健康合格证 1412 本，“五病”调离 50 余人，调离率 100%。

进一步加大社会医疗机构监管力度。2007 年 4 月，以八一镇为重点，以整治现有各级各类医疗机构外设门诊和个体诊所为重点，严厉打击各种非法行医行为、规范医疗机构的执业活动。

【继续加大藏医药产业建设】一是进一步加大研制开发力度，目前已研制藏药品种（申报的制剂品种）160 种，其中 21 个品种获得了国药准字号；二是狠抓了地区藏医院的内涵建设，以开展医院管理年活动为契机，巩固二甲成果；三是结合实际，以可持续发展为目标，林芝地区野生藏药材资源普查工作前期准备基本就绪，即将实施；四是与杨凌无为制药有限公司签订了 4 个藏药品种共同发展合作意向书；五是投资 50 多万对工布江达县藏医急诊急救能力、察隅县感染性疾病科室进行建设。

【积极开展妇幼与人口和计划生育工作管理和服务工作】加强产科建设，降低两个死亡率。2007 年林芝地区农牧区新法接生率 98%，住院分娩率 69.16%，比 2006 年提高了 0.85 个百分点，婴儿死亡率 10.76‰，比 2006 年下降了 4.96 个千分点，孕产妇死亡率 56.65/10 万。

林芝地区制定下发了《林芝地区流动人口服务和管理实施办法》，成立了林芝地区流动人口计划生育管理工作协调领导小组，对流动人口实行登记、建档等项试点工作。

2007 年，组成计划生育技术服务小组，深入朗县、米林县各乡（镇）、村开展计划生育技术服务活动，免费为 32 名育龄妇女做了皮埋手术，同时对米林南伊珞巴民族乡部分育龄妇女进行了妇科病普查，提供避孕药具 780 余人次，生殖保健服务 63 例，宣传咨询 2569 人次。

扎扎实实地做好了 2007 年度农村部分计划生育家庭奖励扶助人群确认工作。2007 年，林芝地区 7 个县最终确定的目标人群 1224 人，其中：无子女的 100 人、一孩 850 人、双女户 274 人。

2007 年，人口出生率为 13‰，死亡率 2.8‰，自然增长率 10.2‰。

【卫生援藏工作成就显著】一是广东、福建两省第四、五批卫生援藏干部顺利交接工作；二是广东、福建两省 11 名援藏医疗队在林芝地区地直医疗单位援藏一年来，积极开展医疗、教学、科研等项工作，起到了很好的“传、帮、带”作用；三是林芝地区组派了 8 名卫生技术人员到广东、福建两省进修深造；四是两省第五批卫生援藏干部通过调研完成了卫生援藏项目规划。

林芝地区民政工作

【救灾救济工作卓有成效】2007 年，林芝地区各县财政下拨救灾资金 54 万余元，调拨铁丝 12 吨、编织袋 51500 个，组织群众修筑防护堤 12000 多米，紧急调运救灾粮食 115000 斤、药品 2 箱、鞋子 1000 多双。林芝地区民政局调运救灾帐篷 95 顶，下拨救灾资金 575.6 万元（其中自治区下拨 425.6 万元，地区下拨各县救灾资金捐赠款 50 万元，下拨救灾应急资金 100 万元），专项用于灾后重建及恢复生产，捐赠衣物 5600 多件.

【城市低保成效显著】始终做到坚持制度建设，坚持资金专户管理，坚持属地管理，坚持动态管理；严格按照《条例》和政策办事；虚心倾听群众的情况反映，工作严谨、扎实、有效、公开、公平、公正。全年共发放城市低保金 406.99 万元，且人均补差 137.57 元，使低保对象 2374 人的生活权益得到保障。对 358 户 1338 人办理了停发手续，对因失业造成家庭困难的 24 户 46 人及时纳入城市低保。依法维护了低保对象的基本生活权益，对促进社会稳定起到了积极作用。

【农村低保进展顺利】林芝地区顺利由农牧区特困群众救助制度过度为农村最低生活保障制度，克服了传统救济工作的不稳定性和随意性。目前林芝地区有农村低保对象 2016 户、7910 人。2007 年支出农村低保资金 146.74 万元。农村低保的实施，缩短了城乡差别，为农村困难群体解决了基本生活，推动了城乡协调发展和党的“三农”工作。

【社会捐助工作形势大好】2007 年，地区接收捐助衣物 26269 件（双），折合人民币 109 万元。

【农牧区特困群众医疗救助得到落实】对农牧区特困群众进行医疗救助，是党和政府对农牧区特困群众的特别关照。2007 年共救助 210 人，支出救助资金 53.85 万元.

【城市医疗救助工作全面推开】林芝地区医疗救助工作在林芝、米林两县试点的基础上，2007 年全地区 7 县全面推开。2006 年共救助 91 人，支出救助资金 43.72 万元。

【教育救助逐步规范】2007 年林芝地区对 11 名大学生发放救助证，并落实救助资金 4.3 万元，为品学兼优的贫困孩子成材提供了经济支持。

【五保供养工作持续向好】全地区五保户全部纳入保障范围，实现了应保尽保。目前，全地区五保户 1259 户 1431 人在享受物质保障的同时也享受到一定的服务保障。自治区民政厅解决资金 90 万元，新建米林、林芝、波密三县乡级敬老院 3 所，波密县投入援藏资金 20 万元，新建了 1 栋敬老院住宿楼。

【加强流浪乞讨人员的救助工作力度】2007 年林芝地区共救助流浪乞讨人员 29 人，其中区内 4 人、区外 25 人，落实救助资金 16000 元。完成了林芝地区儿童福利院及 6 县社会福利院项目立项申报工作。

【村民自治制度有序】不断完善村民自治制度，为实现民主选举，民主决策，民主管理和民主监督而努力。2007 年上半年村务公开率达到 96%。使民主决策、民主管理、民主监督正在朝规范化、民主化、制度化发展。

【地名公共服务工程有新改观】2007年，八一镇路名、路牌、巷牌的普查登记工作已经完成，路名和路牌按主要街道和次要街道分别设立了一级和二级路牌，其中更换一级路牌70柱、140片，新建二级路牌76柱、152片。

【启动了农村社区试点工作】将林芝县加丁嘎村作为地区农村社区建设试点。

【双拥模范城创建工作做到经常化、社会化】一是政府引导，部门协作。地委、行署在元旦、春节和“八一”期间专门组成各级政府、部门拥军慰问组，对驻林芝的解放军、武警、空军部队的全体官兵和优抚对象进行重点慰问。2007年，全地区共投入慰问经费40万元，走访驻军89个，优抚对象403户。二是军地互动，群众参与，双拥活动逐步实现社会化。据统计驻军部队与41家单位、学校建立了共建关系，开展军民共建活动18次。三是广泛宣传，全面引导。纪念建军80周年之际，林芝电视台播出双拥新闻20条，双拥宣传标语12条，《林芝报》刊登相关文章9篇，图片4张。

【各项优抚政策得到落实】2007年林芝地区享受优抚金和困难补助的优抚对象有123人（户），其中“三属”20户，带病回乡退伍军人3人、无军籍退休职工30人、伤残人员63人、复员干部7人，落实抚恤事业费65万元，军队离退休人员工资、医疗费等105.3万元。

【安置工作扎实推进】2007年接收2006年冬季退役士兵87人，其中农村籍义务兵59人，异地安置退役士兵2人，城镇退伍义务兵26人。按照《西藏自治区退伍义务兵安置条例实施细则》规定，87名退役士兵全部得到妥善安置，完成2006年冬季退役士兵安置任务，切实维护了士兵的合法权益，解除了服役军人的后顾之忧，有力的支持了国防建设。2007年林芝地区民政局被地区行署和林芝军分区评为“征兵工作先进集体”。

【福利院工作受到社会关注】2007年地区社会福利院共支付收养人员生活费、学杂费、医疗费40231元。接收社会捐赠款4500元。

【福利彩票销售强劲】全年完成销售额4515610元。

【寿星老人健康补贴的发放工作完成】2007年林芝地区民政局积极协调地区财政部门，完成了地直80岁以上老人的健康补贴资金预算，共计39850元全部兑现。

【婚姻管理登记工作不断进步】全年办理结婚登记485对、离婚36对。

【社团与收养规范管理】全年办理社团登记1个，即林芝地区美容美发保健化妆品协会。按照收养法，依法办理收养登记21起。

林芝地区劳动和社会保障工作

【高度重视就业再就业工作】2007年，林芝地区各级组织切实把就业再就业作为“一把手”工程，摆到重要位置，强化各项措施，精心组织实施，积极开展“春风行动”、“再就业政策扶持援助月活动”，大力开发公益性就业岗位，深入国有、集体、民营、个体私营企业，搜集用工信息、挖掘空岗，拓宽了就业再就业渠道。财政、税务、工商、建设、城管、卫生等部门积极贯彻促进就业再就业的各项方针政策，在社保补贴、岗位补贴、就业服务、税费减免、工商登记、场地安排等方面对再就业人员给予倾斜。全年共为符合条件的21名失业人员办理了《再就业优惠证》，享受政策的人数为12人。想方设法拓宽开发公益性岗位渠道，共收集岗位489个，落实政府购买公益性250人，解决“零就业家庭”人员45人，“3545”人员95人，公益性岗位人员到85家单位实现了就业。通过各种措施，2007年全地区共实现城镇新增就业1721人，城镇登记失业率为3.5%。

【切实强化就业再就业培训】坚持把培训作为促进就业再就业工作重要环节，结合林芝地区实际，着力构建培训体系，创新工作机制，积极协调有关方面整合了全地区各行业培训资源，构建了以林芝地区职业中学为依托，以农牧学院短期培训班为基础，单位培训和就业服务机构培训为补充的多层次的就业培训体系，基本形成了运转协调、资源共享的就业培训工作机制，为广大求职人员较好的提供了集就业培训、职业介绍、技能鉴定为一体的就业服务。同时，立足于提高就业再就业人员的就业技能，坚持培训与就业信息、技能鉴定相结合，全面落实培训补贴、免费再就业培训政策，组织开展了多层次、多形式、“订单式”的培训，使一大批失业人员和农村剩余劳动力掌握了就业技能。全年共举办城镇各类人员就业培训班20期，其中企业转岗和失业人员培训1308人，组织农牧民技能培训17期1431人，职业指导3573人/次，职业介绍3600人次，介绍成功就业2932人次。职业技能鉴定812人，其中443人获得了职业资格证书。

【全力以赴发展劳务经济】结合林芝实际，依托劳动力资源优势，切实加强引导协调，努力加大资金投入，着力打造林芝劳务品牌，使劳务输出和劳务收入实现了质量、数量“双突破”。2007年全地区劳务输出农牧民转移就业人数3724人。

【社会保险工作稳步向前】高度重视社会保险工作，加强宣传，结合实际，采取各种办法，加大保险基金征缴力度，努力促进社会保险工作向前迈进。全年征收养老金1871万元，领取养老金人数2361人，按时足额发放基本养老金4288.97万元，全地区参保离退休人员基本养老金按时足额发放和社会化发放率均实现100%。医疗保险参保单位有114家，参保人数达16886人，征缴医疗保险金5168.6万元，统筹支付医疗保险金1998.2万元，统筹基金支出人数为2176人；失业保险金征缴423.88万元。全地区参加工伤保险单位共有36家，参保人数2549人，征收工伤保险金45.5万元，工伤待遇支出3.4万元；生育保险参保单位有91家，参保人数达8342人，征缴生育保险金87.9万元，统筹支付生育保险金2.4万元。

【积极推进社会保险扩面工作】按照自治区劳动保障厅统一安排，进一步加大力度，完善机制，坚持不懈抓扩面、抓续保、抓征缴、抓稽核，使全地区非公有制经济组织和灵活就业人员社会保险扩面工作取得突破。全年全地区非公有制经济组织和灵活就业人员参加社保共76人。同时，本着为政府分忧、为企业解愁的原则，积极争取自治区有关部门支持，努力抓好将困难国有企业职工纳入养老保险范畴工作，全年共有148名职工纳入了养老保险范畴，办理了退休手续，解决了这些曾为西藏经济社会发展做出贡献的职工的后顾之忧，有效维护了全地区的社会稳定。

【规范和协调劳动关系，依法维护劳动者的合法权益】一年来，在抓好日常清欠工作的同时，注重建立预防和解决建筑行业农民工工资拖欠问题的长效机制。一是建立诚信档案，严格用工登记制度，加大对劳动法律法规的宣传力度，对劳资纠纷进行认真调处，依法维护农民工的合法权益。二是严格执行《劳动保障监察条例》，采用日常巡查、定期检查、不定期抽查等多种形式，严格执法。2007年，林芝地区劳动和社会保障局共受理民工投诉案件201起，涉及民工2731人，帮助民工追讨工资1665.38万元(其中米林至朗县公路修路工人420余万)，结案率98.63%；积极协调、成功调解四川籍民工辜钦军死亡一案，帮助其家属获得赔偿金4.12万元；报劳动部门集体合同单位84户。其中国营企业签订合同18家，涉及387人；私营企业签订合同66户，涉及人数189人，其中：服务行业76个，合同覆盖率为46.2%。对18名工伤职工进行了劳动能力（伤残程度）鉴定，共认定工伤11起。进一步推行劳动合同制度实施三年行动计划，在全地区党政机关、事业单位、国有集体企业和私营企业中统一建立了用人档案登记制度，共对1576份劳动合同进行了鉴证、建档。三是贯彻落实《西藏自治区清理整顿劳动力市场秩序专项行动工作方案》、《关于开展劳动用工情况监督检查活动的通知》等文件精神，共进行法规宣传和执法检查12次，认真开展了法制宣传月活动，检查单位251家（户）、8956人，接受咨询人数8356人/次、出动车辆130台/次，法规宣传268人/次，发放宣传单76994余份、合同范本42份，纠正违法合同、协议182份，督促补签劳动合同339份；建立诚信档案216份；签订不拖欠民工工资责任书164份，责令整改45家。通过行之有效的措施和方法，为农村劳动力转移就业创造了良好的环境，维护了广大进城农牧民的合法权益，有效净化了全地区的劳动力市场，收到了28名农民工联名赠送的锦旗一面，取得了良好的社会效益。

【努力做好援藏衔接工作】配合相关部门认真做好第四、第五批援藏干部工作交接事宜，确保援藏工作的连续性。同时，实事求是，争取项目。援藏干部也从实际出发，积极主动地争取资金、项目，争取到奥托小轿车一部。并且，通过调查分析，制订规划，经过认真调查研究，制订了《援藏工作三年规划》。该规划得到了广东省第五批援藏工作队及省劳动保障厅的充分肯定和认可。

林芝县

【基本县情】林芝县藏语意为“娘氏家族的宝座”。县府原驻林芝镇，于2005年5月搬迁至八一镇新区。全县总面积10238平方公里。其中耕地面积2533公顷，草场面积37667公顷。全县总人口6.1万人，农牧民人口15381人。

【国民经济再攀新高】2007年，林芝县生产总值完成171722万元，同比增长19.28%；财政收入完成2508万元，同比增长41.6%；乡镇企业产值完成5676万元，同比增长15.7%，多种经营收入完成5800万元，同比增长38.1%；农牧民人均纯收入完成4145元，其中现金收入达到3155元，分别同比增长15.56%和18.9%。

【产业结构实现优化】一、二、三产业比例由2006年的5:38:57调整为5:35:60。投资168万元，扶持发展藏鸡养殖专业户300户，饲养藏鸡15万只，养殖藏猪5.6万头，种植饲草281公顷；投资119.5万元，从区外引进西门塔尔奶牛200头、犏奶牛200头，藏鸡、藏猪、奶牛养殖业共为群众创收500多万元。种植大棚蔬菜、脱毒马铃薯和优质玉米707公顷，实现收入831万元。全年共接待区内外游客41.2万人，同比增长104%，实现旅游总收入1859.6万元，同比增长195.3%，带动相关产业创收6099.7万元，同比增长106%。

【新农村建设不断深入】大力实施农牧民安居工程建设，全年共完成农房改造726户，改造面积达17.82万平方米，受益人数达3472人，其中有125户群众使用了木材替代材料建房，县政府为每户增加补贴5000元，共节约木材5539立方米；大力发展区域性、专业性合作经济组织和协会，积极组建了藏鸡、蔬菜、运输、旅游等4个专业合作经济组织，提高了农牧民进入市场的组织化程度；投资400.5万元完成沼气池1143户；投资20万元，培训新型农牧民10760人次；实现劳务收入1860万元，同比增长15.5%。其中人力收入744万元、机械收入1116万元。

【基础设施明显改善】全县共完成固定投资37856万元，同比增长7.99%；完成10个项目的前期准备工作，总投资达3613万元；县财政共安排为民办实事资金514万元，主要用于特色产业扶持、农房改造补贴、改善农牧民生产生活条件、村容村貌整治等方面；投资310.8万元，解决了全县4镇3乡32个自然村的972户4367人的饮水、通电、通话、通路等问题，目前，1个行政村不通自来水，人口通水率达95%；通话率达100%；7个乡(镇)通柏油路，通油路率达98.8%。全县有1个行政村不通电，通电率达97.2%；乡村通路率为96%；投资158万元，重点加快了8个规范化小康示范村的基础设施建设，共修建村公房面积1054.8平方米、行政村硬底化路面2883米；第四、五批援藏干部工作顺利交接，共拟定第五批援藏项目43个，总投资5088万元，目前已争取到东莞市社会各方面的援藏资金636万元以及价值近80万元的捐赠物资（广东省财政和东莞市财政的援助资金除外）。

【社会事业协调发展】教育、卫生、文化等各项社会事业协调发展。全年共投入教育资金733万元，各小学适龄儿童在校生1887人,入学率为99.3%;初中在校生757人,入学率为96.3%,巩固率为100%。进一步改善农牧区医疗条件，推进合作医疗，农牧民参与合作医疗人口覆盖率达100%；基层文化基础设施进一步改善，广播、电视覆盖率分别达到88.86%和88.2%。民政事业健康发展，共发放城镇低保金20.03万元、农村低保金10.46万元，安置退伍军人5人，投资28万元帮助35户特困户重建或维修了住房。继续实施积极的就业和再就业政策，进一步拓宽就业渠道，共解决就业岗位62个，城镇失业率降低到2.78%。

【单位及个人获自治区级以上表彰奖励情况】获表彰单位：林芝县劳动和社会保障局，2007年度获中华人民共和国劳动和社会保障部颁发的“全国劳动和社会保障系统2006——2007年度优质服务窗口”荣誉称号。

林芝县林业局：2007年12月被国家林业局评为“林政案件管理先进单位”。

林芝县教育系统：2007年度荣获由国家民族事务委员会、国家体育总局颁发的“全国民族体育先进集体”；荣获由自治区教育督导委员会颁发的“全区教育督导先进集体”。

获表彰个人：林芝县法院院长李平获2007年度全区“优秀法官”称号；民宗局格桑央金获2007年度全区民宗系统信息报送先进个人；公安局古都获2007年度由公安部颁发的全国三电专项斗争先进个人；陈剑钊获中华人民共和国劳动和社会保障部颁发的2007年度“全国劳动和社会保障系统个人一等功”荣誉；唐树英获2007年度“全国工会系统先进工作者”荣誉称号；张一军获2007年度“自治区农发扶贫先进工作者”荣誉称号；德吉永宗获2007年度荣“国家反渎职侵权局优秀局长”称号；索朗加措获2007年度“自治区检察机关先进个人”称号；拉巴获2007年度“自治区名校长”荣誉称号。

【领导名录】
县委书记：黄贵田
县委常务副书记、县长：索朗罗布
县委副书记、人大主任：张海波
县委常委、政协主席：多布杰

工布江达县

【经济再上新台阶】2007年，工布江达县生产总值完成32482万元，同比增长21.51%，其中，第一产业完成10349万元，第二产业完成10004万元，第三产业达到12129万元。全县粮油总产量达9255吨，同比增长1.44%，其中粮食产量达8676吨，油菜产量达579吨；肉食产量达到3500吨，酥油产量235.85吨。农牧民人均纯收入达4149元，同比增长19.81%；农牧民现金收入达3062元，同比增长20.11%。全县财政收入突破2000万元，完成2400万元，同比增长71%；税收收入完成926万元，同比增长19%。全县乡镇企业总产值完成2623万元，同比增长16.32%。多种经营收入完成8098万元，同比增长32.99%；劳务输出收入完成1523.6万元，同比增长41.73%，输出农牧民务工达10407人次。

2007年，全县新开工建设项目57个，续建项目10个，基本建设项目前期工作完成22个，固定资产投资完成81243万元，同比增长41%。其中：国家投资54267万元（雪卡、老虎嘴电站投资43000万元），社会投资26976万元（其中：农房改造14850万元，民间投资2087万元，招商引资10039万元）。

全县共接待游客48.96万人次，旅游业总收入达6030万元，同比增长67%。其中巴松错门票收入达2000万元（含环保车票），与同期相比翻了一番。

【紧紧围绕服务“三农”，援藏项目顺利落实】工布江达县第五批援藏工作队顺利完成与第四批援藏工作队的交接，并紧紧围绕县委、县政府中心工作，立即铺开了援藏工作，第五批援藏项目迅速确定，拟定总投资4600万元21个（含招商项目2个)。投资主要分为四个部分：一是农牧民安居工程建设部分，主要为800户农房改造，“六通”建设，米日、嘎让、松多三个示范村建设，10个村村部建设。二是农牧区生产发展及农牧民生活改善部分。主要为林则大桥建设，特色养殖业项目，农牧区能源项目，乡村文化室建设，乡村生活设施建设。三是基础设施建设部分，主要有县城新区市政道路，县城新区林下资源物流中心等项目。四是社会事业发展部分，主要有县小学学生宿舍，编制全县旅游规划和旅游基础设施建设开发、县藏药制剂室建设等。按照援藏项目重点向农牧区倾斜、向农牧民倾斜的要求，在21项目中把10个项目倾向农牧区，投资3410万元，占援藏资金总数的74%。

【紧紧围绕安居乐业，社会主义新农村建设全面推进】到2007年底，全县共计完成农牧民建房3256户，其中2006年以前完成692户，2006年以后农牧民安居工程建设年完成2564户（2006年完成1323户，2007年完成1241户），完成地区下达总任务2224户的115.3%。2007年2个级组织活动场所和3个村路面基础设施配套建设全面完成。目前，剩余户数中在建135户，备料517户。

【紧紧围绕民生之本，社会事业协调发展】用足用好中央赋予的优惠政策，紧紧抓住福建援助的有利机遇，积极改善民生，实现学有所教、娱有所乐、病有所医、老有所养的目标，进一步完善了社会保障体系。教育事业全面加强，制定出台了《工布江达县劝学工作实施方案》，狠抓初中生入学率和巩固率，三年巩固提高验收顺利完成，全县适龄儿童入学率为99.6%，巩固率为99.7%；初中入学率为92.4%，巩固率达98%；教育“三包”经费到位率达100%。文化广电事业日趋繁荣，全县乡、村级文化室增加到了64个，广播电视机站达到117个，广播电视覆盖率分别达到94.3%和98.5%。卫生服务质量明显提升，医疗技术培训力度进一步加大，继续做好泉州市第一人民医院与县医院结对帮扶工作，提高卫生技术人员水平，农牧区妇幼保健全面加强。认真做好就业再就业工作，以职业教育为载体，加大对县中学职业教育投入力度，加强了各类职业技术培训，让各族劳动就业者就业有岗位、创业有门路、致富有盼头。

米林县

【经济发展情况】2007 年米林县生产总值达 3.7 亿元，同比增长 25%，农牧民人均纯收达 4513 元，同比增长 21%，其中：现金收入 3468 元，同比增长 17%；财政收入 1654 万元，同比增长 25.5%；全年社会消费品零售总额达 5590 万元，同比增长 1.05%；乡镇企业总产值达 2400 万元，同比增长 12.3%；多种经营收入达 6103 万元，同比增长 16%。

【推进产业结构优化升级，特色产业得到大力发展】在保持粮食稳定增产的基础上，调整优化经济结构，多渠道筹集资金 400 万余元，大力发展特色农牧业，逐步建立了藏鸡养殖、藏猪养殖、优势养羊、优势奶牛养殖、辣椒种植、无公害蔬菜瓜果生产、藏药材种植和保护、核桃产业带等“七区一带”的特色产业。加强农牧业生产，大力维护农田水利等基础设施，加大农作物田间管理，全县各类农作物播种面积达 2967 公顷，粮油总产量达到 9388.87 吨。狠抓牲畜疫病防治，全县无疫情发生。扶持特色产业发展，建立了藏鸡养殖示范基地，加强了藏猪原种保护区、藏猪繁育基地建设，重点扶持养殖专业户、养殖专业村的发展。2007 年，全县藏猪存栏 4.4 万多头、藏鸡 5.9 万多只，共为群众创收 930 万元。发展无公害蔬菜、瓜果种植，建立了帮仲江心岛等无公害蔬菜种植基地，进行了辣椒和玉米试种，成功推广种植玉米 67 公顷。加强核桃产业带建设，积极发展庭院经济，完成 100 公顷补种及 133 公顷新种核桃种植任务。着力发展生态旅游业，成功举办了珞巴民俗暨藏医药文化节，全年接待游客 3.5 万余人次，实现旅游收入 147 万元。加强招商引资工作，优化投资环境，南伊沟、大峡谷旅游开发项目进展顺利。大力发展经济合作组织，建立了藏猪养殖、藏鸡养殖协会。加快培育龙头企业，扶持了南迦巴瓦绿色食品有限公司、雅江绿色食品有限公司、扎西乐食品有限公司的发展。2007 年，米林县特色产业为农牧民群众增收 1874 万元，其中种植蔬菜增收 844 万元。

【社会主义新农村建设得到全面推进】2007 年，米林县继续把农牧民安居工程作为新农村建设的突破口，加强农房改造力度。按照宜建则建、宜改则改、宜迁则迁、整村推进的原则，充分尊重群众意愿，突出民族特色，严格按照新村镇、新产业、新农民、新风貌、新生活、新机制的“六新”工作要求，加强新村水电路、广播、电视、通讯等基础设施建设，扎实推进安居工程建设，全年完成农牧民安居工程 870 户，各乡镇均超额完成目标任务，全县 73%的农牧民住上了安全、舒适、适用的新房，极大地改善了农牧民群众的生活条件。此外，为切实帮助困难户建房，县财政专门安排资金 100 万元，用于部分村配套设施建设和解决了 50 户困难户的建房问题。进一步加快了多卡、卧龙、派、丹娘等小集镇建设步伐，并不断完善功能，充分发挥了小集镇辐射带动作用，小集镇建房户数达到了 400 多户。

【发展多种经营，农牧民增收渠道进一步拓宽】加大劳务输出力度，多渠道、多方面鼓励和组织农牧民参与第三期农网改造、米朗公路、岗扎公路、安居工程等工程建设。进一步壮大农牧民施工队，提高了劳务输出的组织化程度。全年，劳务输出 1.3 万余人次，劳务收入达 1488 万元，与 2006 年同期相比增长 1.34%。积极引导农牧民合理开发林下资源，实现林下资源采集收入 787.3 万元，虫草收入 1500 多万元。发放粮食直补、能繁母猪补贴等资金 100 万余元。鼓励农牧民发展家庭旅馆、马匹租赁等方式参与旅游服务，为群众增收 40 多万元。2007 年，农牧民多种经营收入达到 6103 万元，与 2006 年同比增长 16%，农牧民群众收入得到切实增加。

【狠抓重点项目建设，基础设施得到切实改善】。2007 年实施项目 79 个，完成投资 2.88 亿元，其中国家投资 9111.5 万元、招商引资 7379.1 万元、社会投资 6134.8 万元。目前米林县乡镇通车率为 100%，建制村通车率为 90%，乡通电率 100%，村通电率达到了 95%，全县安全通水率达到 79.8%。建有 7 个乡级文化站，54 座村级文化室，城乡广播电视覆盖率达到了 100%，农牧民电视覆盖率达 98.6%，调频广播覆盖率达 87%。电话普及率达 55%，全县固定电话和好易通电话总数达 6000 多部，其中农村电话总数达 2850 部。积极做好项目库建设，完成项目前期工作 12 个。

【对口援藏工作进展顺利，项目建设取得良好效益】2007 年 7 月份，顺利完成了第四、五批援藏工作的交接。第五批援藏干部进藏以来，迅速进入工作角色，在深入调研、仔细分析、充分论证、广泛征求意见的基础上，按照中央、福建省和厦门市关于实施援藏项目的要求和原则，结合米林县经济社会发展实际，提出了立足“七个结合”的三年援藏项目规划指导思路，确立了第五批援藏项目，共 8 大类 31 个子项目，项目涉及新农村建设、特色产业建设、基础设施建设、教育、卫生、文化、人才培训、党建等 8 个领域，援藏项目总资金 3550 万元（不包含福建省队资金、招商引资和争取的社会援藏资金），到位资金 650 万元，投入农牧区资金达到了 70%以上。在已开工建设的扎绕乡彩门村整村搬迁工程、米林县公安局巴木卓玛派出所工程是全区新一批援藏项目中率先开工的项目，得到了自治区张庆黎书记的肯定。同时，五位厦门援藏干部利用参加“9.8”招商机会，争取社会援藏资金和物资 100 多万元。

【致力改善民生，各项社会事业全面发展】优先发展教育事业，不断改善了教学条件。实行教育资源共享，推进远程教育进程。加快职业教育步伐，全面推进素质教育。认真落实“两免一补”和“三包”政策，顺利完成了“普九”复查工作。加强“两基”攻坚，教育教学质量明显提高。加强对农牧民群众科技培训，科学技术对经济发展的贡献率进一步增强。扎实开展农牧区合作医疗，覆盖率达到了 100%，参合率达到 97%。努力提高医疗技术服务水平，全县医务人员数量达到 196 名，农牧民每百人拥有医务人员 1.07 名。进一步收集整理民间文化，开发特色人文资源，有序开展非物质文化遗产普查申报工作，进一步加大了寺庙等文物保护力度。建成了广电大楼、白鹭文化艺术中心、2 个电视差转站等。认真实施“西新工程”、广播电视“村村通”工程，放映电影 1700 余场。进一步完善社会保障体系，养老保险、失业保险、医疗保险工作全面加强。高度重视就业和再就业工作，新增就业岗位 57 个，公益性岗位 19 个。积极申报了 8 个乡镇敬老院建设项目，派镇敬老点、羌纳乡敬老点已建设完工。

墨脱县

【经济发展情况】2007 年，墨脱县深入贯彻落实科学发展观，围绕“迎接十七大、宣传十七大、贯彻十七大”这条主线，团结带领全县人民，坚持落实年狠抓落实，取得了经济平稳快速发展、人民生活明显改善、各项事业全面进步、社会局势持续稳定的喜人成绩。全年生产总值达到 7600 万元，其中第一、二、三产分别实现 1157 万元、2368 万元、4075 万元；固定资产投资完成 8771.39 万元；本级财政总收入 201 万元；农村经济总收入 2394.9 万元；农牧民人均纯收入达到 2314 元；人均现金收入达到 1448.62 元；社会商品零售总额达到 927.9 万元。

【农牧业发展稳步推进】2007 年墨脱县农牧业总产值达到 1028.96 万元；农作物播种面积达到 1451 公顷；粮食总产量达到 5162.2 吨；油菜籽总产量达到 0.9 吨；牲畜存栏达到 1.46 万头；肉类总产量达 153.31 吨；牲畜出栏 3295 头；乡镇企业总产值 155 万元；多种经营收入 366 万元。

【农牧业特色产业推广力度进一步加强】加大热带果林栽培，现有 12 个热带水果品种，果树 1342 株。农牧业项目建设进展顺利，一年来共争取农牧业项目 6 个，共 335 万元。分别是：120 万元的优质水稻项目，40 万元的反季节蔬菜项目，30 万元的石锅加工项目，50 万元的兰草开发项目，45 万元的杂交水稻及玉米项目，50 万元的科技培训项目。

【农牧业科技推广进一步加强】积极开展农牧民科技培训和信息服务工作，培育有文化、懂技术、会经营的新型农牧民，充分发挥农牧民群众建设新农村的主体作用，举办农牧民科技培训班 2 场，技术讲座 1 场（次），培训农牧民 140 人（次）；为各乡（镇）40 名兽防人员进行了各种兽防技能培训；农牧业服务条件得到进一步改善，并结合有关项目的实施，强化动物防疫化验室的功效，配备各类化验设备 200 台；引进优质杂交水稻 12 吨、化肥 5.5 吨；免费向农牧民群众提供农药 2.4 吨；为群众提供山地步犁 70 部、喷雾器 150 部；为农牧业的发展奠定了基础。

【动物疫病防控不断加强】落实防疫责任制，制定各项防控措施，全面加强以动物五号病、牲畜口蹄疫、高致病性禽流感为主的重大动物疫病防控工作，免疫密度达到 98%。

【安居工程建设扎实推进】重点突出了改善农牧区生产生活条件，全面推进社会主义新农村建设这个首要任务。按照“生产发展、生活宽裕、乡风文明、村容整洁、管理民主”的要求，坚持“抓两头、促中间”，以农牧民安居工程为突破口，着力改善农牧民生产生活条件。全年完成 300 户，投资 1349.5 万元，新建住房面积 14830 平方米，直接受益人口 1394 人。

【项目建设力度加大】2007 年，全县共争取基建类项目 13 个，分别是：投资 800 万元的背崩公路；投资 220 万元的墨脱县人民医院住院部；投资 45 万元的墨脱县背崩乡派出所；投资 52.8 万元的墨脱县司法局办公楼；投资 55 万元的墨脱县格当乡人民法庭；投资 580 万元的县政府接待楼；投资 115 万元的县疾控中心；投资 922 万元的乡镇周转房；投资 775 万元的旁辛乡水电站；投资 797 万元的格当乡水电站；投资 419 万元的 80K 波弄贡电站；投资 348 万元的墨脱县较少民族发展资金项目；资金 260 万元的县公路保通项目。扶贫开发项目 3 个，分别是：投资 50 万元的亚东至巴日骡马驿道；投资 59.67 万元的背崩波东水渠；投资 54.8 万元的马迪水渠。

【交通、教育、市政等基础建设的投入力度加大】一年来，国家投资项目 41 个，完成投资 8112.89 万元，其中：新建项目 32 个，总投资 9074.23 万元，完成投资 6188.89 万元；续建项目 9 个，完成投资 1924 万元。社会投资项目 3 个，投资 2079 万元，完成投资 413 万元。

【援藏工作进一步深入】第四、五批援藏干部交接工作圆满完成。第五批援藏项目初步确定 9 项，投入资金 1540 万元。2007 年援藏项目共完成 245.5 万元，其中第五批援藏项目开工建设 6 个，完成投资 215.5 万元。

【旅游资源开发不断加强】对全县旅游资源景区进行普查，规划出五大旅游景区，确定了旅游景点 19 个，充分利用区内外的各种活动、传媒进行墨脱旅游产品推介，积极招商引资；制作发行墨脱旅游宣传手册，大力宣传墨脱的自然风光和独特的民俗文化，不断提升墨脱的知名度，为发展墨脱旅游奠定了坚实的基础。2007 年，接待旅游人数达到 592 人，实现旅游收入 130.24 万元，同比增加 22.57%。

波密县

【基本县情】波密，古称博窝，藏文意为祖先，据认为是第一代藏王聂赤赞普的出生地。位于西藏东南部，东邻八宿县，北靠洛隆、边坝县，西与嘉黎、工布江达县接壤，南连察隅、墨脱、林芝县，川藏公路 318 国道横贯东西，距自治区首府拉萨市 636 公里，距地区所在地八一镇 234 公里。全县下辖 3 镇 7 乡 84 个村委会，总人口 3.2 万，其中农牧业人口 2.2 万，总面积 16578 平方公里。境内旅游资源、森林资源、林下资源极为丰富，享有“冰川之乡”、“高原氧吧”、“藏王故里”、“绿海中的明珠”之美誉。

波密县境内水利资源十分丰富，并

且多分布于峡谷，水头高，水流急，落差大，主要河流年径流量31.5亿立方米，可开发装机总容量77万千瓦。目前，已开发利用4100千瓦。草场面积3384平方公里，占总面积的20.41%，其中可利用草场2944平方公里，占87%。全县实际耕种面积为3475公顷。

【**经济发展情况**】2007年，全县生产总值完成49857万元，同比增长17%；农牧民人均纯收入达到4172元，现金收入达到3343元，分别同比增长16.8%和17%；财政收入完成2008.8万元，同比增长37.6%；乡镇企业总产值达到5302万元，多种经营收入达到7185万元，分别同比增长9.1%和16.8%；社会消费品零售总额达到4708万元，同比增长15%。

【**产业建设实现新突破**】特色农牧业发展步伐稳步加快，农牧民收入得到明显增加。2007年，以扎木、古乡、松宗、易贡、倾多等乡镇为重点，共建立6大特色农牧业基地，发展特色农牧业专业乡镇4个、专业村21个；推广种植野生天麻13公顷、油菜133公顷、玉米80公顷、易贡辣椒40公顷、优质种子繁育基地1133公顷、城郊蔬菜267公顷等；新建奶牛养殖基地3个，养殖头数4000多头。特色产业建设直接为群众实现增收576万元。发展地区级龙头企业1家、县级龙头企业3家、乡镇企业26家，组建农牧民施工队3家，成立各类专业合作社22个，注册波密天麻等特色产品商标7个。完成劳务输出6060余人，实现劳务收入1105万元。接待国内外游客8.4万余人次，实现旅游相关收入2565万元。特别是投资354万元启动米堆冰川景区开发，实现了波密县旅游门票收入"零"的突破。

【**新农村建设取得新进展**】将着力改善农牧民生产生活条件作为突出的首要任务，全年共投入10185万元完成1018户安居工程任务，受益群众5859人。完成扎木、巴穷、格尼等3个小康示范村建设。大力实施"万村千乡"市场工程，完成21家"农牧家店"的改造建设。有效开展碘盐配送工作，覆盖面达98%。完成沼气建设1140户。大力发展非公有制经济，全县有个体工商户1283户、从业人员2876人，注册资金2673万元，个体私营税收同比增长17%。累计投入资金30万元，培训新型农民5419人次，发展科技示范户420户。

【**基础设施建设呈现新跨越**】全年实施重点建设项目38个，累计完成全社会固定资产投资29973万元。累计实现9个乡镇76个村3490户通路，通路率达86.5%；8个乡镇3352户通电，通电率达76%；全县97个点17200人喝上了安全、洁净的饮用水。

【**社会事业凸现新气象**】教育事业稳步推进。加强了教育基础设施建设，紧紧围绕巩固"两基"成果这个核心，进一步加大教育投入力度，改善教育教学条件，切实提高适龄儿童入学率和在校生巩固率。2007年全县适龄儿童入学率和巩固率分别达99.2%和99.6%；中学生入学率和巩固率分别达96.1%和98%。

继续实施广播电视"西新工程"、"村村通"工程、电影"2131"工程，县城及周边地区有线电视节目增加到41套，广播电视覆盖率分别达到85.1%和97.1%。加强科技、文化、卫生、法制"四下乡"活动，深入农牧区放映各类影片2500余场次，加快推进以村文化室为重点的乡村文化活动场所建设。积极开展非物质文化遗产保护工作，大力弘扬民族文化。波密波卓、波密"白"、波密易贡藏刀制作技艺及八盖木制锁制作技艺等4个项目纳入第二批自治区非物质文化遗产代表作项目。文物保护工作成效明显，扎木中心县委红楼被列为第四批自治区级文物保护单位。

波密县被评为"全国食品安全示范县"。切实加强以乡镇卫生院建设为重点的农牧区公共卫生基础设施建设，配备了相关的医疗设备，提高县、乡医院的医疗服务水平，建成了以县带乡的农牧区医疗服务体系。专门聘请7名区内外医学院校毕业生到边远乡镇、村工作，缓解群众看病难状况。全县农牧区医疗覆盖率达100%，免费医疗经费到位率达100%，个人筹资率达到98%。

【**援藏工作纵深发展**】顺利完成了第四、五批援藏交接，制定了操作性强的《三年援藏工作计划》，编制完成了第五批援藏项目计划，第五批援藏工作全面启动。积极申报广东第五批援藏项目62个，计划投资达5000万元，目前已到位资金551.3万元，其中古乡玉米加工厂和蜂蜜加工厂、松宗镇角达村文化室已开工建设。组团赴广东省对口援助市、县（区）汇报援藏工作，衔接援藏项目，取得积极成效。全面推进教育、人才、医疗等多层次的援藏工作，组织26名当地干部赴内地培训，改善宣传广电设备和乡镇小学办学条件，援助药品，支援救灾，基本构建了全方位、宽领域的援藏格局。获自治区级以上表彰奖励情况。

【**单位获奖情况**】波密县森林公安局被评为"全国绿盾二号先进集体"称号。

波密县旅游局被评为"全区环保系统先进集体"称号。

波密县林业局被评为"全区林业管理先进集体"称号。

波密县乡企局被评为"全区乡镇企业先进单位"。

波密县检察院被评为全国"反贪污贿赂"优质案件、全区"三房"建设先进集体。

波密县宣传部被评为"自治区宣传思想工作先进集体"。

波密县教育局被评为第四批全国"绿色学校"创建活动优秀自治单位。

2007年，波密县先后被评为全区双拥模范县、全区"喜迎十七、新发展、新变化、新生活"文艺调演优秀组织奖，并获1个金奖、2个银奖、2个铜奖；全区广播电视工作先进集体等。

【**个人获奖情况**】波密县林业局扎西次仁同志被评为"全国林政管理先进个人"称号。

波密县工妇委次旦卓嘎同志被评为"全国妇联先进工作者"。

波密县宣传部西绕江村同志被评为"全国文化广电工作先进个人"。

波密县老干局央金同志被评为"全区老干工作先进个人"。

波密县森林公安局扎西旺秋同志被评为"全区消防志愿者金鹰"称号。

波密县检察院全胜同志被评为"全

区检察系统先进个人”。

波密县商务局文权同志被评为全区商务系统“万村千乡”先进个人。

波密县委办邹艺梅同志被评为“全区信息工作先进个人”。

波密县宣传部吉美才登同志被评为“自治区广播电视台优秀通讯员”。

波密县中学索朗旺堆同志被评为“自治区中小学名教师”。

波密县中学巴桑同志被评为“自治区中小学骨干教师”。

波密县古乡小学张军同志被评为“自治区优秀教师”。

波密县玉普乡卫生院拉贵同志被评为“全区卫生先进工作者”。

【存在的问题】一是基础设施建设“瓶颈”制约因素依然存在。二是在发展特色产业积极性高涨的同时，企业拓展市场的能力不强、产业规模效益不高。三是生态环境脆弱，洪涝、干旱、泥石流、流沙、滑坡、地震及农作物病虫害等自然灾害频繁，生态环境保护形势严峻。四是安全生产形势依然严峻。但随着318国道的进一步整治和旅游开发工作的进一步深入，进出波密县的商旅人员日愈剧增，道路、森防、民房火灾等安全事故隐患较大，安全生产形势不容乐观。

【领导名录】

县委书记：左孟新

县委副书记、人大主任：吴兴友

县委副书记、县长：格桑

县委副书记、政协主席：蒲晓军

察隅县

【基本县情】察隅县地处西藏东南部，与印度、缅甸接壤，与区内外6县毗邻，是距地区最远、通县公路条件最差、发展较为滞后的县，距八一镇537公里，距拉萨934公里。全县总面积31659平方公里（实控面积19200平方公里），辖3乡3镇、96个行政村、26790人，其中农牧民4140户、23818人。

察隅县是自治区重要边境县之一，占全区边境线的八分之一还多。边境线总长588.64公里，其中中印边境401公里，中缅边境187.64公里。

“全县平均海拔2800米，县城海拔2360米。地势由西北向东南倾斜，相对高差3600米。独特的亚热带气候，造就了察隅“一山有四季，十里不同天”的神奇自然景观，赢得了“雪域小江南”的美誉。

【经济再创佳绩】察隅县经济总量连续7年保持两位数以上的增长幅度。2007年，GDP达到18880万元，同比增长14.3%，一、二、三产业比重为28：20：52。财政收入连续7年增长额保持在100万元以上。达到919万元，同比增加151万元，增长19.7%。税收收入达到612万元，同比增加109余万元，增长21%。固定资产投资快速增长。全社会固定资产投资完成20414万元，同比增长128.9%。粮食产量稳步增收。粮油总产量达18889吨，同比增长314吨；出栏牲畜2.7万余头。农牧民人均纯收入达到2427元，其中现金收入达到1851元，分别同比增长13.1%和21.5%。

【产业建设取得新进展】一产水平得到提升，实现农业总产值7546万元。特色农牧业项目建设和林下资源采集，有效地促进农牧业增效、农牧民增收。二产平稳发展。全县工业企业完成总产值985万元，同比增长14%。完成发电量430万千瓦时，同比增长23.6%。三产发展势头强劲。社会商品零售总额达到2785万元，同比增长12%。全年签订招商引资项目4个，总投资5300万元。旅游开发已经起步，达成上亿元的旅游资源开发意向。

【项目建设取得新突破】公路建设实现突破性进展，古拉公路、竹瓦根镇然益桥竣工通车，察目公路、本阿公路项目启动，贡察公路恢复通车；加大了病险水渠等农田水利设施的除险加固工作力度，全面完成三期农网改造工程；“西新工程”、“村村通”工程进展顺利，电视和广播综合覆盖率分别达到96%和68%。项目前期工作力度加大，沙堆电站等项目已完成开工前准备工作。

【援藏工作大力开展】在充分调研、广泛征求意见的基础上，察隅广东第五批援藏工作组以科学发展观为出发点、以社会主义新农村建设为落脚点，准确把握西藏的政治特殊性，紧紧抓住发展和稳定中的突出问题，按照援藏项目向基层和农牧区倾斜的要求，筛选制定了《察隅县第五批援藏项目》，计划在三年内分批上马建设39个项目，共投入资金近4000万元，着力解决农牧民最关心、最直接、最现实的利益问题。

【新农村建设再上新台阶】2007年国家投资1913万元，其中县级配套79万元，完成安居工程1200户，受益群众7200余人；乡镇企业完成总产值2130万元，同比增长21.7%。实现多种经营收入2900万元，同比增长16.9%。劳务输出2789人，实现劳务收入459万元。传统民族手工业得到较大发展，农牧区市场繁荣，已全面完成25个“万村千乡”市场工程建设。建成村级组织活动场所18个，完成村级道路建设项目2个。

【社会建设取得新进步】基层医疗卫生条件有了较大改善，全面落实各项防治措施。“两基”攻坚步伐加快，不断巩固扫除青壮年文盲和“普九”成果，适龄儿童入学率达到99%，初中适龄少年入学率达到90.5%，县级财政投入教育资金确保在当年财政收入的20%。成功申报2个非物质文化遗产项目，县图书馆建成运营。生态建设全面启动，完成县城饮用水水源地保护区划定工作，植树造林71公顷。军民鱼水情进一步加深，2007年被评为“全区双拥模范县”。

【领导名录】

县委书记：彭聪恩

人大主人:丁真多吉

县长:洪强

政协主席：巴里龙

朗　县

【基本县情】朗，藏语意为“显现、光明”，是林芝地区的一边陲小县。位于西藏自治区东南部，林芝地区西南部，隶属林芝地区，东与米林县相邻，南与隆子县接壤，西与加查县近靠，北与工布江达县毗连。地处喜马拉雅山北麓，雅鲁藏布江中下游，面积4200平方公里，中印边境线长约100公里，雅鲁藏布江、林邛公路穿境而过。辖6个乡镇，59个行政村，136个自然村，1.5万人口。境内主要有藏族、汉族、珞巴族、门巴族、蒙古族等民族。朗县属典型的高山峡谷地貌，雅江流域小气候条件优越，平均海拔3700米，日照强，年日照时数2512小时，年均气温11.2度。现有耕地面积1233公顷，主要种植小麦、青稞、豆类、油菜、辣椒、马铃薯等；草场面积1200平方公里。

【经济综合实力不断增强】2007年，朗县国民经济和社会发展保持稳步发展。实现全县生产总值18677万元，比上年同期增长16.42%。其中：第一产业增加值5070万元，同比增长7.4%；第二产业增加值6118万元，同比增长17.6%；第三产业增加值7489万元，同比增长10.3%。在全县生产总值中，第一、第二、第三产比重分别为28%、30%、42%；乡镇企业产值和多种经营收入达到1102.59万元、4463.51万元；农牧民人均纯收入达到3766元，同比增长11.7%（其中：现金收入2899.17元，同比增长16.2%）。完成社会消费品零售总额2000万元，同比增长12.44%。

年末牲畜总存栏数为116002头（匹、只），同比增长0.2%；肉食产量达1490吨，同比增长0.07%；酥油产量达274.85吨，同比增长9.32%；羊毛产量达34.4吨，同比减少20%；牲畜出栏率为26%，同比增长3.45%；农畜产品综合商品率为42.95%，同比增长5.79%。

【以安居工程为突破口，全面推进社会主义新农村建设】2007年，林芝地区下达朗县安居工程建设任务为349户，全年实际完成1427户，完成地区安排户数的408%。总投资11509.96万元（其中：群众自筹10339.35万元、银行贷款456.35万元、国家投资714.26万元），总建筑面积达28.70万平方米、总受益人口达5901人。

以实施安居工程为契机，加快了水、电、路、通讯等基础设施建设，完成了东雄村、卧巴村2个村级道路硬化，使全县实现村道硬化的村达到7个。积极引导农牧民群众改厕、改圈、改厨，使农牧民人居环境和生产生活条件得到有效改善。同时大力推进农村教育、科技、文化、卫生事业和精神文明建设，完成了秀村、拉多村等9个村级组织活动场所建设。

【以特色种植、养殖为核心推进“一产上水平”】科学划分经济区域带。结合朗县三乡三镇区位情况和气候特点，将全县划分为三大经济区域带。一是沿江经济区域带，大力发展“两椒两桃”特色产业，建立“两椒两桃”种植基地；二是中部经济区域带，实行农牧结合的战略，重点发展优质青稞、油菜种植业和城郊畜牧业；三是高寒畜牧业经济发展区，重点发展牦牛、犏奶牛养殖业并推进畜产品开发加工业。

“两椒两桃”种植规模不断壮大。2007年，全县组织干部群众以巴布塘为重点，共成片种植经济林木达到80公顷。国家投资383万元的辣椒生产基地建设项目已建成温棚104座，使年规模种植能力达到53公顷以上，2007年，全县辣椒年产量达242.9万斤，为项目区群众人均增收1063元以上。

特色养殖业成效明显。短期育肥、黄牛改良、藏猪、藏鸡养殖等逐步从传统养殖模式向集约化方向发展。2007年全县藏猪存栏5428头、藏鸡养殖16680只；藏猪、藏鸡出售分别达到3256头、8173只，出栏率分别为60%、49%；短期育肥7350只羊单位，共为群众创收81.97万元。

【以培育龙头企业为重心推进“二产抓重点”】积极推动并完成了由粮食局、乡企局、辣椒协会共同经营的朗香传统美食加工厂的股份制改造，注资近50万元新添置了一条农畜产品加工生产线，使该厂实现年利润13万元。农牧林综合示范场体制改革基本完成，成功引入承包经营机制，使示范园区建设、辐射、带动作用更加明显。顺利实施县农电公司企业机制改革，自来水厂逐渐走出困境并首次实现盈利。招商引资工作成效显著，全年到位资金1210万元，完成年度计划的110%。

【以特色旅游业为载体推进“三产大发展”】稳步推进旅游开发，投资25万元，委托中科院地理科学与资源研究所旅游研究与规划设计中心编制《朗县旅游总体发展规划》；成功注册了“列山古墓”、“仁布圣水”、“拉多藏湖”等旅游景点（区）商标；旅游业招商引资取得初步成效，珠穆朗玛集团西藏蕃隆建设装饰工程有限公司、西藏神湖集团、西藏林芝地区香巴拉旅游有限公司等企业均对参与开发朗县旅游资源表示了极大的兴趣，并已经初步形成旅游开发意向。通过努力，朗县旅游业健康发展，并开始显现经济效益，2007年共接待中外游客1064人次，实现旅游收入263万元。

以发展旅游业为契机，继续大力推进服务业发展。积极改造和建设农牧区商业流通网点及服务体系，县、乡商业网点分别累计达345家，其中餐饮业达80家。新区农贸市场也即将投入使用，商业基础设施进一步改善。与此同时，政府加强调控职能，大力整顿和规范市场经济秩序，深入开展产品质量和食品安全专项整治，确保了服务业规范、有序地发展。

【以农牧民增收为重点，不断拓展增收渠道】加大乐业富民的工作力度，采取六条有效措施，广开致富路，确保农牧民持续快速增收。一是政策引导促增收。2007年县委、县政府继续出台优惠政策，鼓励农牧民组建农村经济合作组织。二是科技推动促增收。继续实施科技特派员制度，开展农业科技承包工作，2007年，全县农业科技承包面积达800公顷。三是劳务输出促增收。紧紧围绕米朗油路、基础设施建设等项目带来的广阔就业空间，加大劳务输出力度。2007年，全县实现劳务输出6894人次，为群众增收242.66万元。四是资源管理促增收。制定出台了《朗县2007年虫草资源管理工作实施方案》，组织公安、乡企、工商、边防等相关单位对虫草采集及收购秩序进行规范化管理。2007年全县虫草采挖量达1860.62斤，为群众增收4233.43万元。五是经济实体促增收。继续培育、壮大和完善农牧民经济合作组织，朗县辣椒协会、朗县塔布建筑建材有限公司、民营采砂场等3个合作组织的带动作用进一步增强，其中朗县塔布建筑建材有限责任公司承包了米朗油路甲格段18公里路肩工程，吸收本县富余劳动力160多人，为群众增收30余万元。六是扶贫项目促增收。2007年完成了登木乡牛羊短期育肥、优质土豆、大蒜种植等整乡推进项目和诺村引水干渠等扶贫项目，诺村引水干渠等项目初显效益。

【以改善民生为重心，全面促进社会事业发展】一是"两基"成果得到全面巩固和提高。2007年全县适龄儿童入学率达到98.65%，巩固率达到98%，初中毛入学率达100.45%，顺利通过自治区"普九"复查。二是卫生事业得以稳步推进，疾病预防控制和传染病救治体系建设得到加强，人口与计划生育工作深入扎实。三是文化事业得到繁荣发展，全县电视行政村覆盖率达到100%，广播行政村覆盖率达到86%，电视台建设得到加强，第五批援藏投资60余万元，添置部分设备，改善了电视台办公条件。四是民生问题得到高度关注，就业再就业工作切实推进，城镇失业率控制在4%以内，社会保险工作全面推进，五大保险参保率均达100%，弱势群体生活进一步改善，全县享受城镇低保共有30户43人，农村低保的243户840人，救灾救济工作不断加强，全年用于救灾救济的资金共计27万元。

【以援藏工作顺利交接为基础，不断深化对口支援】在与第四批援藏顺利交接后，第五批援藏干部很快融入朗县，在广泛调研、充分论证的基础上，提出"一倾斜，二结合，三重点"工作思路。即：援藏资金向农牧区、农牧民倾斜；"输血"功能与"造血"功能相结合，培育朗县新的经济增长点；援藏资金投入与引导社会投资相结合，做大朗县特色经济产业；重点做好雅江两岸经济林木开发、农牧民安居工程和改善社会事业建设三大工程。福州市计划投入资金3000万元以上，比第四批援藏投入资金增长13.3%。新扎村、昌巴新村整体搬迁、政务服务中心、新区福州市场配套设施、洞嘎镇公安派出所、农村文化室配套设施、文化广电设施、环保设施建设等项目已全面启动。

第七篇 政府2007年大事记

一月

1日

拉萨市各族各界代表在布达拉宫广场隆重举行“升国旗、唱国歌"仪式，自治区领导张庆黎、张裔炯、郝鹏、巴桑顿珠、吴英杰、王宾宜、崔玉英、洛桑江村、金书波、尹德明等出席仪式。

◆全区第二次全国农业普查在堆龙德庆县古荣乡加入村正式启动，自治区常务副主席郝鹏出席现场启动仪式。

5日

全区2007年度教育工作会议在拉萨召开，自治区常务副主席吴英杰出席并讲话。

8—9日

自治区党委政协工作会议在拉萨召开，区党委书记张庆黎、自治区主席向巴平措分别发表重要讲话，全国政协副主席、自治区政协主席帕巴拉·格列朗杰应邀出席会议并在主席台就座，自治区领导列确、张裔炯、郝鹏、巴桑、吴英杰、王宾宜、崔玉英、洛桑江村、尹德明、公保扎西等出席会议。

12日

自治区八届人大六次会议在拉萨召开，自治区主席向巴平措代表自治区人民政府向大会作政府工作报告。

16日

自治区人民政府举行2006年度全区纳税大户表彰大会，自治区主席向巴平措出席表彰大会，自治区常务副主席郝鹏发表讲话，自治区副主席白玛才旺主持大会。

◆全区农牧民安居工程建设领导小组工作会议在拉萨召开，自治区主席向巴平措出席并讲话，区党委副书记张裔炯主持会议，自治区领导郝鹏、崔玉英、次仁、多吉泽仁、宫蒲光出席会议。

18日

自治区打击走私综合治理领导小组工作会议在拉萨召开，自治区副主席邓小刚出席并讲话。

21日

自治区区国土资源工作会议在拉萨召开，自治区常务副主席吴英杰出席并讲话。

22日

全区统计工作会议在拉萨召开，自治区常务副主席吴英杰出席并讲话。

◆2007年自治区通信管理工作会议在拉萨召开，自治区副主席多吉泽仁出席并讲话。

25日

2007年西藏电力工作会议暨西藏电力公司一届二次职工代表大会在拉萨召开，自治区副主席杨海滨出席并讲话。

29日

自治区副主席次仁在拉萨会见前来我区考察的国家气象局党组成员、人事教育司司长沈晓农一行。

30日

自治区金融运行分析会在拉萨召开，自治区副主席德吉出席并讲话。

31日

全区法院院长会议在拉萨召开，自治区常务副主席白玛赤林出席并讲话。

二月

1日

全区乡镇企业工作会议在拉萨召开，自治区副主席次仁出席会议并讲话。

◆中国石油西藏分公司2007年工作会议暨二届一次职工代表大会在拉萨召开，自治区副主席宫蒲光出席并讲话。

三月

1日

自治区布置春季工作电视电话会议在拉萨召开，区党委副书记张裔炯主持会议，自治区常务副主席郝鹏出席并讲话，自治区领导董贵山、吴英杰、王宾宜、白玛赤林等出席会议。

12日

中国人民银行拉萨中心支行2007年工作会议在拉萨召开，自治区副主席白玛才旺出席会议并讲话。

14日

自治区高校毕业生就业制度改革协调领导小组会议在拉萨召开，自治区常务副主席郝鹏出席会议并讲话，自治区领导吴英杰、尹德明、白玛才旺等出席会议。

21日

自治区副主席尼玛次仁出席2007年全区定点扶贫干部培训班并讲话。

22日

自治区副主席甲热·洛桑丹增出席自治区邮政储蓄小额质押贷款业务启动仪式。

26日

全区贯彻落实国务院常务会议精神暨分解落实"十一五"规划项目会议在拉萨召开，区党委书记张庆黎、自治区主席向巴平措分别发表讲话，区党委副书记张裔炯主持会议，自治区常务副主席郝鹏传达国务院第167次常务会议精神暨全区"十一五"规划项目方案情况，自治区领导列确、董贵山、吴英杰、王宾宜、崔玉英、洛桑江村、金书波、尹德明、公保扎西等出席会议。

◆全区粮食工作专员（市长）负责制座谈会在拉萨召开，自治区常务副主席郝鹏出席并讲话。

27日

全区重点工程建设工作会议在拉萨召开，自治区常务副主席郝鹏出席并发表讲话。

◆全区证券监管工作会议在拉萨召开，自治区副主席白玛才旺出席并讲话。

30日

自治区常务副主席郝鹏出席自治区党校（行政学院）教研综合楼开工典礼并为工程奠基。

四月

12日

全国整顿和规范市场经济秩序电视电话会议在北京召开，自治区副主席邓小刚出席西藏分会场会议并讲话。

◆全区水利工作会议在拉萨召开，自治区副主席德吉出席并讲话。

13日

2007年全区招生考试工作会议在拉萨召开，自治区常务副主席吴英杰出席并讲话。

18日

自治区地勘局2007年工作会议在拉萨召开，自治区常务副主席郝鹏出席并讲话。

12日

第二次全区流浪乞讨人员救助管理工作联席会议在拉萨召开，自治区副主席甲热·洛桑丹增出席并讲话。

20日

自治区常务副主席郝鹏在拉萨会见中化集团执行官杜克平率领的赴藏工作组并进行座谈。

◆全国煤矿瓦斯防治工作电视电话会议在北京召开，自治区副主席尼玛次仁出席西藏分会场会议并讲话。

24日

自治区政府召开全体会议，通报今年第一季度我区经济运行情况，自治区主席向巴平措出席并对做好下一步我区经济工作提出了要求，自治区常务副主席郝鹏出席并通报了今年第一季度我区经济运行情况，自治区常务副主席吴英杰、白玛赤林，副主席尼玛次仁、杨海滨、甲热·洛桑丹增、秦宜智、德吉等出席会议。

◆全区信访工作电视电话会议在拉萨召开，自治区常务副主席白玛赤林出席并讲话。

27日

国务院召开全国节能减排工作电视电话会议，自治区主席向巴平措出席西藏分会场并发表讲话，自治区常务副主席吴英杰出席并主持西藏分会场会议。

◆全区2007年"五一"黄金周旅游工作电视电话会议在拉萨召开，自治区常务副主席吴英杰出席并讲话。

30日

我区第一座城市立交桥——拉萨柳梧大桥正式建成通车，自治区领导张庆黎、董贵山、公保扎西等为大桥建成通车剪彩，自治区主席向巴平措发表讲话，副主席秦宜智主持通车庆典活动。

五月

1日

自治区主席向巴平措在区直有关单位和拉萨市负责人的陪同下，视察达孜县金田青稞酒业有限公司。

9日

自治区主席向巴平措主持召开自治区政府常务会议，讨论并原则同意《中共西藏自治区委员会、西藏自治区人民政府关于进一步加快发展旅游业的决定》。

11日

自治区主席向巴平措主持召开自治区政府常务会议，决定从2007年9月1日起免除我区义务教育阶段城镇学生学杂费。

13日

自治区主席向巴平措在拉萨会见斯里兰卡统一国民党领袖、前总理拉尼尔·维克拉巴辛哈为团长的斯里兰卡统一国民党代表团一行。

◆自治区副主席尼玛次仁在拉萨会见西班牙中国友好协会主席奥苏纳。

14日

全区整顿和规范矿产资源开发秩序第一阶段总结暨2007年工作部署电视电话会议在拉萨召开，自治区常务副主席吴英杰出席并讲话。

◆全区外事涉外干部培训会议在拉萨举行，自治区常务副主席吴英杰出席并讲话。

16日

自治区主席向巴平措在拉萨会见以国家体育总局党组副书记、副局长胡家燕为团长的国家体育总局赴藏考察团一行。

20日

全区森林防火工作会议在拉萨召开，自治区主席向巴平措出席并讲话，副主席次仁主持会议。

22日

自治区主席向巴平措前往自治区歌舞团考察调研，自治区常务副主席吴英杰、区党委常委、宣传部部长崔玉英、自治区副主席次仁一同考察调研。

◆首届扬州大学农牧业硕士研究生西藏班在拉萨举行开学典礼，自治区副主席次仁出席并讲话。

◆自治区政府与国家开发银行在北京联合召开开发性金融合作高层联席会议，自治区副主席白玛才旺出席并讲话。

23日

自治区常务副主席吴英杰在拉萨会见国家民委山东泰安赴藏调研组一行。

25日

国务院召开加强青少年体育、增强青少年体质电视电话会议，自治区副主席甲热·洛桑丹增出席西藏分会场会议并讲话。

◆全国关爱农村留守流动儿童大行动启动电视电话会议在北京召开，自治区副主席德吉出席西藏分会场会议。

30日

自治区常务副主席吴英杰在拉萨会见以西安交通大学党委副书记、副校长丘进为团长的西安交通大学赴藏考察团一行。

六月

6日

全区环保工作座谈会在拉萨召开，自治区副主席宫浦光出席并讲话。

12日

自治区常务副主席吴英杰在拉萨看望了国家交通部赴藏调研组一行。

14日

自治区副主席德吉与前来我区考察的国家卫生部考察团座谈。

18日

全国军队转业干部安置工作电视电话会议在北京召开，自治区副主席尼玛次仁出席西藏分会场会议并讲话。

◆中国银行西藏分行召开行长接离任会议，自治区副主席次仁出席并讲话。

19日

自治区副主席尼玛次仁在拉萨会见赴藏考察的印度记者代表团。

20日

国务院新闻办举行新闻发布会，自治区主席向巴平措就有关西藏经济社会发展问题回答记者提问。

◆自治区常务副主席白玛赤林在拉萨会见由公安部消防局副政委冯凯文少将带队的工作组。

22日

第二次全国土地调查工作电视电话会议在北京召开，自治区副主席尼玛次仁出席西藏分会场会议并讲话。

23日

自治区常务副主席吴英杰在拉萨会见德国贝塔斯曼传媒集团总裁冈特·蒂伦一行。

24日

自治区常务副主席吴英杰在拉萨会见前来参加全国科技援藏工作经验交流会的科技部党组成员、纪检组组长吴忠泽一行。

26－27日

全区农业综合开发产业化项目座谈会拉萨召开，自治区副主席次仁出席并讲话。

28日

全国统计系统对口援藏工作会议在拉萨召开，自治区常务副主席郝鹏出席并讲话。

◆自治区副主席尼玛次仁在拉萨会见新西兰驻华大使包逸之。

◆中国人口出版社向自治区人口计生委捐赠车辆和书籍，自治区副主席德吉出席捐增仪式。

七月

1日

自治区主席向巴平措在拉萨会见建设部部长傅雯娟率领的赴藏考察团一行。

2日

自治区常务副主席郝鹏与铁道部副部长卢春房率领的赴藏考察团一行座谈，自治区副主席邓小刚参加了座谈会。

◆自治区副主席白玛才旺与人保财险总公司赴藏考察组座谈。

◆自治区副主席德吉与国家税务总局赴藏工作组座谈。

6日

自治区副主席尼玛次仁在拉萨会见美国凯悦集团总裁托马斯先生。

9日

由中华“健康快车"基金会和自治区有关部门主办的2007“健康快车”中国石化西藏光明行开诊仪式在拉萨火车站举行，自治区主席向巴平措出席仪式，副主席德吉出席并讲话。

11日

自治区主席向巴平措在拉萨会见前来我区访问的以匈牙利国会匈中友好小组主席沃尔尤·拉斯洛为团长的匈牙利国会匈中友好小组代表团一行。

◆自治区在拉萨召开国有企业改革工作领导小组第一次会议，自治区常务副主席郝鹏出席并讲话，副主席白玛才旺出席，副主席邓小刚出席并主持会议。

13日

自治区主席向巴平措出席《西藏自治区志·政务志》终审会议并发表重要讲话。

16日

自治区主席向巴平措在拉萨会见前来我区访问的德国黑森州州长罗兰德·科赫一行。

17日

自治区副主席德吉与国家食品药品

监督管理局副局长张敬礼率领的国家食品药品监督管理局赴藏考察组一行进行了座谈。

21日

自治区副主席白玛才旺与中国建设银行总行副行长辛树森率领的中国建设银行总行赴藏考察团进行了座谈。

24日

自治区常务副主席郝鹏在拉萨会见以国家民委人事司司长林涛为团长的由中组部、统战部、国家民委三部委组织的中央国家有关部委赴藏考察团一行。

◆自治区常务副主席郝鹏在拉萨会见了国家粮食局副局长郄建伟率领的赴藏考察组。

25日

我区2006年度大学生志愿服务西部计划志愿者座谈会暨2007年度志愿者出征仪式在西藏大学举行，自治区副主席尼玛次仁出席并讲话。

◆自治区副主席白玛才旺与上海援藏联谊会赴藏考察团座谈。

◆自治区副主席邓小刚会见我国驻尼泊尔大使郑祥林和驻印度使馆参赞孙卫东一行。

29日

自治区常务副主席吴英杰在拉萨会见宝钢集团有限公司党委副书记欧阳英鹏率领的宝钢集团有限公司赴藏考察团一行。

30日

自治区召开经济形势通报电视电话会议，区党委书记张庆黎主持并发表重要讲话，自治区主席向巴平措通报我区当前经济形势并安排部署下半年经济工作，自治区领导列确、张裔炯、郝鹏、董贵山、巴桑顿珠、吴英杰、崔玉英、白玛赤林、金书波、尹德明、公保扎西等出席主会场会议。

八月

1日

自治区常务副主席郝鹏在全国“菜篮子”工作电视电话会议西藏分会场上讲话。

2日

自治区常务副主席郝鹏、自治区副主席尼玛次仁在自治区举行的记者招待会上接受外国记者采访。

3日

自治区主席向巴平措主持召开自治区政府常务会议。

12日

自治区主席向巴平措、副主席吴英杰与国家科技部赴藏考察组座谈。

21日

自治区主席向巴平措、副主席白玛才旺看望国家审计署副审计长余效明。

21日

自治区主席向巴平措、副主席宫蒲光出席全国环保系统对口援藏工作会议并讲话。

26日

自治区主席向巴平措与国务院应急办主任陆俊华座谈。

28日

自治区人民政府在拉萨隆重召开中国西藏攀登世界14座海拔8000米以上高峰探险队庆功表彰大会，自治区主席向巴平措出席表彰大会并为自治区登山运动管理中心颁发奖匾。

29日

自治区主席向巴平措会见香港驻北京办事处主任曹万泰一行。

九月

3日

全区质量工作会议在拉萨召开，自治区主席向巴平措出席并发表讲话。

◆自治区副主席尼玛次仁在拉萨接受《华盛顿时报》外事主编戴维·琼斯的专访。

5日

全区地（市）安监局长座谈会在拉萨召开，自治区常务副主席白玛赤林出席会议并讲话。

7日

自治区主席向巴平措在拉萨会见前来我区考察的国家发改委项目投资评审中心主任任树本一行，自治区副主席甲热·洛桑丹增参加了会见。

9日

自治区主席向巴平措、副主席杨海滨与前来我区考察的交通部副部长翁孟勇一行座谈。

13日

自治区副主席宫蒲光在拉萨会见世界银行东亚及太平洋地区副行长詹姆斯·亚当斯。

10—15日

自治区主席向巴平措在日 喀则地区南木林、吉隆、定日 三县进行调研。

14日

全区第17个“民族团结月”活动各族各界座谈会在拉萨召开，自治区副主席多吉泽仁出席并讲话。

◆自治区副主席多吉泽仁在拉萨会见加拿大驻华使馆商务公使卢克府一行。

17日

全区城乡规划管理工作会议在拉萨召开，自治区主席向巴平措出席并发表讲话，自治区副主席宫蒲光出席会议。

◆全区工商系统文化周活动在拉萨开幕，自治区副主席甲热·洛桑丹增出席开幕式。

18日

自治区副主席尼玛次仁在拉萨接受奥地利记者团的采访。

◆全区城乡规划管理工作会议在拉萨闭幕，自治区副主席宫蒲光出席并发表讲话。

26日

华能西藏发电有限公司在拉萨成立，区常委书记张庆黎、华能集团公司党组书记李小鹏为公司成立揭牌，自治区主席向巴平措出席揭牌仪式，自治区常务副主席郝鹏发表讲话。

◆全区“十一"旅游黄金周工作电视电话会议在拉萨召开，自治区常务副主席吴英杰出席并讲话。

28日

青藏铁路那曲物流中心正式开工，自治区主席向巴平措出席开工仪式并奠基，铁道部副部长卢春房、自治区常务副主席郝鹏出席并讲话，自治区副主席邓小刚主持开工仪式。

十月

3日

受区党委书记张庆黎和自治区政府主席向巴平措委托，自治区常务副主席郝鹏看望慰问国庆节值班人员。

◆自治区常务副主席吴英杰、副主席多吉泽仁视察拉萨节日市场。

8日

全区重点工程建设调度会议在拉萨召开，自治区副主席吴英杰出席并讲话。

11日

自治区常务副主席吴英杰在拉萨会见国家旅游局副局长杜江一行。

13日

全区安全生产工作会议在拉萨召开，自治区常务副主席吴英杰出席并讲话。

◆第六次西部地区口岸办委主任会议在拉萨召开，自治区副主席白玛才旺出席并讲话。

18日

自治区主席向巴平措在北京十七大新闻中心接受媒体采访。

26日

拉萨市城关区举行廉租房工程开工奠基仪式，自治区主席向巴平措、副主席秦宜智、宫蒲光为工程开工奠基。

30日

自治区副主席多吉泽仁出席在拉萨举行的自治区2007年冬季征兵宣传日活动。

31日

自治区人民政府召开全体会议通报2007年1至9月份经济运行情况，自治区主席向巴平措出席并讲话，自治区常务副主席郝鹏通报情况，自治区常务副主席吴英杰主持会议，自治区常务副主席白玛赤林、副主席尼玛次仁、杨海滨、白玛才旺、多吉泽仁、秦宜智、邓小刚、宫蒲光、德吉出席会议。

十一月

2日

自治区万名干部下基层活动赴山南地区加查县联合工作组在加查县召开宣讲大会，自治区主席向巴平措在宣传大会上作了重要讲话，自治区政府秘书长周春来主持宣讲大会。

5日

自治区常务副主席郝鹏在拉萨会见由建设部原副部长宋春华率领的工作组一行。

11日

中央宣讲团党的十七大精神报告会在拉萨隆重举行，中央宣讲团成员、中央统战部常务副部长朱维群作报告，区党委书记张庆黎主持会议并作重要讲话，自治区主席向巴平措、常务副主席郝鹏等出席会议。

12日

自治区常务副主席郝鹏在拉萨与中国水电工程顾问集团公司评估专家组座谈。

13日

拉萨市柳梧新区正式成立，自治区常务副主席郝鹏、副主席秦宜智出席挂牌典礼并为四条市政道路奠基。

14日

自治区主席向巴平措、常务副主席郝鹏、吴英杰，副主席秦宜智、邓小刚等在有关部门负责人陪同下视察拉萨市城市规划及建设情况。

16日

自治区在拉萨召开“两基”攻坚领导小组会议，自治区主席向巴平措出席并讲话，常务副主席吴英杰主持会议。

◆全区气象防灾减灾会议在拉萨召开，自治区副主席多吉泽仁出席并讲话。

28日

自治区常务副主席郝鹏、副主席德吉在拉萨市就重要生活物资供应、物价波动和政策补贴落实等事关民生的重要问题进行专题调研。

29日

区科协主办的我区首届博士论坛在拉萨开幕，自治区副主席多吉泽仁出席并讲话。

◆第20个世界艾滋病日暨区重大疾病防治协调领导小组工作会议在拉萨召开，自治区副主席德吉出席并讲话。

十二月

4日

布达拉宫模范消防大队先进事迹报告团载誉归来，自治区常务副主席郝鹏前往机场迎接。

12日

自治区经济委员会在拉萨正式挂牌成立，自治区常务副主席郝鹏为区经济委员会揭牌，自治区副主席邓小刚发表讲话。

◆自治区全民科学素质工作领导小组第二次会议在拉萨召开，自治区常务副主席吴英杰出席并讲话。

17日

自治区主席向巴平措在拉萨会见国家旅游局副局长杜江一行，自治区常务副主席吴英杰一同会见。

16－17日

全区经济工作会议在拉萨召开，区党委书记张庆黎、自治区主席向巴平措发表重要讲话，全国政协副主席、自治区政协主席帕巴拉·格列朗杰出席会议，自治区常务副主席郝鹏作会议总结，自治区领导巴桑顿珠、吴英杰、王宾宜、崔玉英、洛桑江村、白玛赤林、金书波、尹德明、公保扎西等出席会议。

18－19日

全区旅游产业发展大会在拉萨召开，区党委书记张庆黎、自治区主席向巴平措发表重要讲话，国家旅游局副局长杜江莅临会议并讲话，自治区常务副主席郝鹏、白玛赤林分别主持会议，自治区常务副主席吴英杰作会议总结，自治区领导王宾宜、崔玉英、洛桑江村、金书波、尹德明、公保扎西等出席会议。

19日

全区落实耕地保护目标责任制工作座谈会在拉萨召开，自治区主席向巴平措出席并发表讲话，自治区常务副主席郝鹏代表自治区人民政府与7地市专员（市长）签订全区2008年耕地保护目标责任书。

20日

自治区藏毯产业发展协调领导小组会议在拉萨召开，自治区副主席邓小刚出席并发表讲话。

21日

自治区主席向巴平措在拉萨会见并宴请尼泊尔王国新任驻拉萨总领事乌帕达雅。

◆自治区玉龙铜矿开发建设领导小组第四次会议在拉萨召开，自治区常务副主席郝鹏出席并讲话。

25日

全区统计工作会议在拉萨召开，自治区常务副主席郝鹏出席并发表讲话。

◆自治区口岸工作协调领导小组在拉萨召开会议，自治区副主席邓小刚主持会议并发表讲话。

26日

自治区主席向巴平措在自治区常务副主席白玛赤林陪同下前往西藏公安边防总队视察。

28日

自治区主席向巴平措率自治区慰问总团到武警西藏总队医院、西藏军区总医院开展慰问活动。

第八篇 统计资料

全国各省市自治区国民经济主要指标

地区	国土面积及排位（万平方千米）		年末总人口（万人）	城镇居民人均总收入（元）	农村居民人均纯收入（元）	地区生产总值（亿元）	人均地区生产总值（元）	全社会固定资产投资（亿元）	社会消费品零售总额（亿元）
全　国	960		132129	14908.6	4140.4	249529.9	18934	137239.0	89210.0
北　京	1.68	29	1633	24576.5	9439.6	9006.2	56044	3907.2	3800.2
天　津	1.19	30	1115	17828.2	7010.1	5018.3	45829	2353.1	1603.7
河　北	18.77	12	6943	12336.0	4293.4	13863.5	20033	6880.9	3986.2
山　西	15.63	20	3393	12468.4	3665.7	5696.2	16835	2861.4	1914.1
内蒙古	118.30	3	2405	12977.1	3953.1	6018.8	25092	4375.3	1904.1
辽　宁	14.59	21	4298	13438.4	4773.4	11021.7	25725	7435.2	4030.1
吉　林	18.74	13	2730	11798.6	4191.3	5226.1	19168	3658.1	1999.2
黑龙江	45.46	6	3824	10882.2	4132.3	7077.2	18510	2864.2	2331.1
上　海	0.63	31	1858	26101.5	10144.6	12001.2	65347	4420.4	3847.8
江　苏	10.26	24	7625	17686.5	6561.0	25560.1	33689	12270.6	7838.1
浙　江	10.18	25	5060	22583.8	8265.2	18638.4	37128	8432.8	6214.0
安　徽	13.96	22	6118	12499.6	3556.3	7345.7	12015	5105.9	2403.7
福　建	12.14	23	3581	16983.3	5467.1	9160.1	25662	4287.8	3187.9
江　西	16.69	18	4368	11984.0	4044.7	5469.3	12562	3300.1	1683.1
山　东	15.67	19	9367	15366.3	4985.3	25887.7	27723	12537.0	8438.8
河　南	16.70	17	9360	12083.0	3851.6	15058.1	16060	8010.1	4597.5
湖　北	18.59	14	5699	12382.9	3997.5	9150.0	16064	4328.3	4028.5
湖　南	21.18	10	6355	12997.9	3904.2	9145.0	14405	4154.5	3356.5
广　东	17.79	15	9449	19618.9	5624.0	30673.7	32713	9290.4	10598.1
广　西	23.60	9	4768	13182.6	3224.1	5885.9	12408	2942.9	1897.9
海　南	3.39	28	845	11792.1	3791.4	1229.6	14631	499.0	362.0
重　庆	8.24	26	2816	13441.2	3509.3	4111.8	14622	3130.4	1661.2
四　川	48.50	5	8127	12009.8	3546.7	10505.3	12893	5639.7	4015.6
贵　州	17.60	16	3762	11066.4	2374.0	2710.3	6835	1485.6	821.8
云　南	39.40	8	4514	12296.4	2634.1	4721.8	10496	2705.2	1394.5
西　藏	122.84	2	284	11984.0	2788.2	342.2	12109	271.1	112.0
陕　西	20.56	11	3748	11482.1	2644.7	5369.9	14350	3414.8	1800.9
甘　肃	45.40	7	2617	10859.7	2328.9	2699.2	10335	1302.9	833.3
青　海	72.12	4	552	11428.3	2683.8	761.0	13836	482.8	208.3
宁　夏	5.18	27	610	11793.1	3180.8	834.2	13743	599.8	233.3
新　疆	165.00	1	2095	11303.0	3183.0	3494.4	16860	1845.1	847.7

行政区划(表一)

地区	市辖区	县级市	县	乡	民族乡	镇	街道	居民委员会	村民委员会
总计	1	1	71	542	8	140	9	158	5746
拉萨市	1		7	48		9	7	28	241
昌都地区			11	110	1	28		12	1307
山南地区			12	58	4	24		52	542
日喀则地区		1	17	174		27	2	25	1732
那曲地区			10	89		25		28	1262
阿里地区			7	29		7		6	136
林芝地区			7	34	3	20		7	526

行政区划(表二)

拉萨市	城关区 墨竹工卡县 达孜县 堆龙德庆县 曲水县 尼木县 当雄县 林周县
昌都地区	左贡县 芒康县 洛隆县 边坝县 昌都县 江达县 贡觉县 类乌齐县 丁青县 察雅县 八宿县
山南地区	乃东县 扎囊县 贡嘎县 桑日县 琼结县 洛扎县 加查县 隆子县 曲松县 措美县 错那县 浪卡子县
日喀则地区	日喀则市 南木林县 江孜县 定日县 萨迦县 拉孜县 昂仁县 谢通门县 白朗县 仁布县 康马县 定结县 仲巴县 亚东县 吉隆县 聂拉木县 萨嘎县 岗巴县
那曲地区	申扎县 班戈县 那曲县 聂荣县 安多县 嘉黎县 巴青县 比如县 索县 尼玛县
阿里地区	普兰县 札达县 噶尔县 日土县 革吉县 改则县 措勤县
林芝地区	林芝县 米林县 朗县 工布江达县 波密县 察隅县 墨脱县

行政区划(表三)

分类	个数	县(市、区)名称
边境县	21	墨脱县 米林县 察隅县 朗县 洛扎县 隆子县 错那县 浪卡子县 定日县 康马县 定结县 仲巴县 亚东县 吉隆县 聂拉木县 萨嘎县 岗巴县 普兰县 札达县 噶尔县 日土县
农业县	35	城关区 墨竹工卡县 达孜县 堆龙德庆县 曲水县 尼木县 墨脱县 米林县 林芝县 波密县 察隅县 朗县 芒康县 左贡县 洛隆县 边坝县 乃东县 扎囊县 贡嘎县 桑日县 琼结县 洛扎县 加查县 隆子县 日喀则市 南木林县 江孜县 定日县 萨迦县 拉孜县 白朗县 仁布县 定结县 吉隆县 聂拉木县
牧业县	14	当雄县 仲巴县 萨嘎县 那曲县 嘉黎县 聂荣县 安多县 申扎县 班戈县 巴青县 尼玛县 革吉县 改则县 措勤县
半农半牧县	24	林周县 工布江达县 昌都县 江达县 贡觉县 类乌齐县 丁青县 察雅县 八宿县 曲松县 措美县 错那县 浪卡子县 昂仁县 谢通门县 康马县 亚东县 岗巴县 比如县 索县 普兰县 札达县 噶尔县 日土县
“一江两河”开发县	18	城关区 墨竹工卡县 达孜县 堆龙德庆县 曲水县 尼木县 林周县 乃东县 扎囊县 贡嘎县 桑日县 琼结县 日喀则市 南木林县 江孜县 白朗县 拉孜县 谢通门县
粮食基地县	11	堆龙德庆县 林周县 波密县 芒康县 乃东县 扎囊县 贡嘎县 江孜县 白朗县 日喀则市 拉孜县

全区主要经济指标

指标名称	单位	2006 年实际	2007 年实际	同比增长%
生产总值	亿元	290.05	342.19	14
人均 GDP	元	10396	12109	12.6
第一产业	亿元	51.04	55.33	4.3
第二产业	亿元	80.03	96.57	15.9
第三产业	亿元	158.98	190.29	16.2
农林牧渔总产值	亿元	73.75	79.8	8.6
粮食产量	万吨	92.37	93.86	1.6
肉类产量	万吨	22.21	22.88	0.8
木材产量	万立方米		35.68	0.3
工业增加值	亿元	21.74	25.71	17.1
发电量	亿千瓦时		15.17	14.7
地方财政收入	亿元	17.27	23.14	34.0
地方财政支出	亿元	202.29	279.36	38.1
全社会固定资产投资总额	亿元	232.35	271.18	16.7
各项存款余额	亿元	545.74	643.36	17.9
各项贷款余额	亿元	204.14	223.83	9.7
社会消费品零售总额	亿元	89.70	112.01	24.9
货运总量	万吨	359.63	384.82	6.7
客运总量	万人次	605.61	680.1	12.3
进出口总额	亿美元	3.28	3.93	19.8
出口总额	亿美元	2.22	3.26	46.8
进口总额	亿美元	1.06	0.67	-36.8
旅游总收入	亿元	27.71	48.52	75.1
接待国内外旅游者	万人次	251.21	402.94	60.4
接待国内旅游者	万人次	235.73	366.4	55.5
接待海外旅游者	万人次	15.48	36.54	136.0
农牧民年人均纯收入	元	2435	2788	14.5
城镇居民人均可支配收入	元	8941	11131	24.5

全区各地（市）国民经济主要指标及排位

地　区	总计	拉萨	昌都	山南	日喀则	那曲	阿里	林芝
年末总人口(括号内为常住人口)(万人)	273.59 (284.15)	46.47	59.89	33.01	67.98	41.46	8.35	16.43
排位		3	2	5	1	4	7	6
人口出生率（‰）	11.3	12.7	6.9	10.4	13.2	13.3	17.0	9.1
人口死亡率（‰）	4.3	3.1	4.1	4.6	5.0	4.4	6.0	3.6
人口自然增长率‰	7.0	9.6	2.8	5.8	8.2	8.9	11.0	5.5
地方财政收入（亿元）		5.75	1.83	2.08	2.16	1.44	0.81	2.03
排位		1	5	3	2	6	7	4
地方预算内财政支出（亿元）		24.62	17.26	16.46	23.20	14.86	7.58	11.20
排位		1	3	4	2	5	7	6
财政收入占地区生产总值比重(%)		4.7	4.1	6.3	3.7	3.9	6.0	6.0
地区生产总值(万元)(按当年价格计算)		1219147	443603	331800	588841	372415	134320	337451
排位		1	3	6	2	4	7	5
地区生产总值增速%(按可比价格计算)		15.8	13.5	12.6	14.8	10.8	10.2	15.9
第一产业(万元)(按当年价格计算)		74245	126800	33600	162406	77439	28541	50426
第二产业(万元)(按当年价格计算)		312068	148100	124100	142078	90103	33088	120100
第三产业(万元)(按当年价格计算)		832834	168703	174100	284357	204873	72691	166925
农林牧渔总值（万元）(按当年价格计算)	798309	116473	186534	59992	222011	109835	37155	66002
排位		3	2	6	1	4	7	5
社会消费品零售总额（万元）	1120107	558212	85041	98841	206697	77314	28525	65477
排位		1	4	3	2	5	7	6

全区各县(市、区)主要统计指标

地区	人口（人）	工业总产值（万元）	农林牧渔业产值合计（万元）	农作物播种面积（公顷）	粮食产量（万吨）	肉类（吨）	年末牲畜存栏头数（万头、只）
拉萨市	464736						
城关区	181991	117944	7132	1524	0.39	977	2.68
林周县	58426	11570	20642	11321	6.01	4764	29.09
当雄县	43534	11971	18504	2885		7568	58.31
尼木县	30394	612	7221	2443	1.27	1834	16.84
曲水县	33159	8033	11576	4222	2.45	2334	10.77
堆龙德庆县	45551	30279	15317	5545	2.48	2014	15.01
达孜县	26723	12169	12496	4568	2.48	2653	11.57
墨竹工卡县	44958	28903	22674	5215	2.32	6674	24.46
昌都地区	598862						
昌都县	87387	27311	24855	5596	1.76	7914	39.85
江达县	75238	157	23163	4814	1.22	9798	51.58
贡觉县	38741	70	12836	3865	1.33	3849	27.00
类乌齐县	40813	658	15715	2980	0.74	3991	23.04
丁青县	63209	522	21565	7896	2.40	4643	27.89
察雅县	53130	242	14783	3378	1.37	6348	35.42
八宿县	41163	146	11710	3238	1.08	4579	30.20
左贡县	40819	806	17952	3719	1.62	5299	31.33
芒康县	81659	403	24052	6911	2.53	7828	48.85
洛隆县	44241	491	15761	5977	2.05	4677	22.08
边坝县	32462	131	13907	3533	1.06	4130	23.46
山南地区	330152						
乃东县	57334	58289	13540	4227	2.27	2187	15.30
扎囊县	38268		6064	4333	2.05	2103	16.88
贡嘎县	47255	6956	6831	4921	2.95	1937	23.27
桑日县	16453	5853	3940	1531	0.75	1573	10.76
琼结县	18089	771	2848	1823	1.14	643	8.06
曲松县	16943	0	3205	1656	0.71	1638	12.75
措美县	14320	126	2924	990	0.27	930	21.69
洛扎县	18511	227	3777	1913	0.88	637	10.55
隆子县	34097	4428	6226	3233	1.48	1899	23.87
错那县	14901	176	2461	1480	0.43	662	12.49
浪卡子县	35235	73	5088	2484	0.75	1985	38.53
加查县	18746	73	6415	1617	0.77	1739	8.07
日喀则地区	679771						
日喀则市	102894	21407	36431	12230	6.67	3300	32.92
南木林县	79909	37	28724	7751	2.20	2083	40.76
定日县	49108	135	14451	6803	2.60	2518	36.34
萨迦县	46118	115	13275	7533	2.39	2007	36.75
拉孜县	49575	35	19567	7874	3.54	1296	33.19

地区	人口（人）	工业总产值（万元）	农林牧渔业产值合计（万元）	农作物播种面积（公顷）	粮食产量（万吨）	肉类（吨）	年末牲畜存栏头数（万头、只）
昂仁县	47195	86	13035	4969	1.79	2633	69.34
谢通门县	43532	6057	14448	4012	1.54	1861	38.23
定结县	18458	141	4773	2564	0.55	827	24.70
仲巴县	19493	177	13154	54		3599	73.45
吉隆县	13329	147	4021	1187	0.46	767	14.98
聂拉木县	15147	3699	6304	1400	0.61	1455	17.75
萨嘎县	12939	170	3938	468	0.14	1872	31.45
江孜县	63398	2840	24386	10799	5.89	2135	36.09
白朗县	44240	0	17107	8154	3.81	792	25.98
仁布县	31288	8	6457	3420	0.84	628	19.47
康马县	20912	86	6429	3140	1.11	1577	23.54
岗巴县	10047	1121	3139	1352	0.31	863	18.73
亚东县	12189	590	4283	827	0.13	673	9.68
那曲地区	414554						
那曲县	91859	5396	19057			10935	108.68
嘉黎县	27955	28001	9738	344	0.08	3035	24.25
比如县	51473	68	17640	1575	0.30	6815	34.99
聂荣县	31292	22	5919			5708	48.10
安多县	35947	1650	8685			8784	113.20
申扎县	18030	1391	5308			4541	62.92
索县	39036	205	9380	2585	0.50	3164	21.14
班戈县	35780	17	8813			5603	106.31
巴青县	45257	204	16940	160	0.01	5872	45.50
尼玛县	37925	16	9721	210	0.02	6537	11.55
阿里地区	83461						
普兰县	8658	813	2787	637	0.29	234	14.07
札达县	6567	546	1929	500	0.09	499	13.43
噶尔县	13367	13138	3118	626	0.03	809	23.27
日土县	8292	409	4641	354	0.11	1707	43.30
革吉县	13524	1668	7020			2235	65.09
改则县	20870		14142			4179	88.55
措勤县	12183		5579			2109	50.99
林芝林区	164331						
林芝县	40496	48297	10799	2805	0.96	1614	10.45
工布江达县	25677	1359	13525	2943	1.03	3467	15.83
米林县	18509	1663	9700	2744	0.89	1295	10.76
墨脱县	10623		1421	1630	0.51	194	1.46
波密县	28288	1671	15593	4167	1.76	2061	10.60
察隅县	25784	216	7553	4394	1.90	1073	11.07
朗县	14954	416	8100	1236	0.63	1490	11.60

西部十二省(区、市)行政区划(2006)

省级行政区划名称	地级区划数	#地级市	县级区划数	#县级市	#市辖区	乡镇级区划数
全　国	333	283	2860	369	856	41040
西　藏	7	1	73	1	1	682
重　庆			40		19	1026
四　川	21	18	181	14	43	4657
贵　州	9	4	88	9	10	1543
云　南	16	8	129	9	12	1370
内蒙古	12	9	101	11	21	854
广　西	14	14	109	7	34	1230
陕　西	10	10	107	3	24	1745
甘　肃	14	12	86	4	17	1343
青　海	8	1	43	2	4	396
宁　夏	5	5	21	2	8	231
新　疆	14	2	98	19	11	1009

西部十二省(区、市)主要经济指标(2006)

地　区	地区生产总值(亿元)	人均地区生产总值(元)	货物进出口总额(万元)	农林牧渔业总产值(百万)	农林牧渔业总产值比上年增长(%)
全国合计	249529.9	18934	21738.3	48893.0	3.9
西　藏	342.2	12109	3.9	79.8	8.6
重　庆	4111.8	14622	71.6	720.7	9.5
四　川	10505.3	12893	136.2	3377.0	3.5
贵　州	2710.3	6835	32.0	697.0	3.4
云　南	4721.8	10496	87.9	1331.7	5.6
内蒙古	6018.8	25092	91.0	1085.86	4.0
广　西	5885.9	12408	104.7	1648.07	5.8
陕　西	5369.9	14350	82.2	818.74	6.3
甘　肃	2699.2	10335	58.4	561.36	4.3
青　海	761.0	13836	6.8	100.60	8.2
宁　夏	834.2	13743	19.6	152.18	7.0
新　疆	3494.4	16860	154.5	883.50	5.3